清代同治朝
黑龙江治边档案选编（上）

黑龙江档案馆 编

五洲传播出版社

图书在版编目（CIP）数据

清代同治朝黑龙江治边档案选编 / 黑龙江省档案馆编. -- 北京：五洲传播出版社，2024.9. --ISBN 978-7-5085-5271-2

Ⅰ．D673.5

中国国家版本馆 CIP 数据核字第 20246W6D12 号

清代同治朝黑龙江治边档案选编

编　　者：	黑龙江省档案馆
出 版 人：	关　宏
责任编辑：	苏　谦
助理编辑：	李逸群
装帧设计：	北京禾风雅艺文化发展有限公司
出版发行：	五洲传播出版社
地　　址：	北京市海淀区北三环中路31号生产力大楼B座6层
邮　　编：	100088
电　　话：	010-82005927，82007837
网　　址：	www.cicc.org.cn，www.thatsbooks.com
印　　刷：	北京利丰雅高长城印刷有限公司
版　　次：	2024年9月第1版第1次印刷
开　　本：	210mm×285mm，1/16
印　　张：	64.25
字　　数：	1080千字
定　　价：	798.00 元（全两册）

《清代同治朝黑龙江治边档案选编》编委会

主　　编：王丹菊　石巍巍
副 主 编：李春艳
编辑人员：刘秀忠　王　芳　陈静升　韩　峰
　　　　　李　悦　王大奇　朱芮莹

前言

黑龙江自古山水形胜，人文荟萃。自唐代地方始设治理以来，各民族人民在白山黑水间繁衍生息、励精图治。在千百年历史发展的长河中，黑龙江积淀了具有浓郁地域特点和民族特色的历史文化，特别是遗留下来的大量历史档案文献，以其承载信息之丰富、涉及范围之广泛，令全国瞩目。这些历史档案文献，见证了龙江各族儿女为东北边疆地区领土完整和国防边防安全，为龙江地区经济发展繁荣和社会进步作出的巨大历史贡献。

近年来，黑龙江省档案馆紧紧围绕省委、省政府中心工作大局及全省经济社会发展战略部署，坚持深入挖掘丰富历史档案资源，持续打造历史档案精品开发成果，切实把古老厚重的档案史料打造成为"思想库""文化库""知识库"，不断丰富龙江社会厚重的历史文化滋养，充分发挥档案工作在服务龙江振兴发展中的支撑作用。

今年，黑龙江省档案馆立足馆藏清代时期历史档案资源，以编年叙事、图文并茂的方式，推出《清代同治朝黑龙江治边档案选编》上、下卷，旨在还原再现清代同治朝时期黑龙江各族人民守边、戍边、兴边的历史进程，为龙江人民不断增强历史自信、文化自信提供丰富的档案支撑。

同治帝是清朝统治时期的第十个皇帝，其登基第二年启用同治年号，自同治元年持续至同治十三年，即公元 1862 年至 1874 年，时间跨度 13 年。同治皇帝年幼登基，朝政由东、西两宫皇太后"垂帘听政"，直至同治十二年（1873 年）亲政，亲政仅一年多时间后病逝。清朝同治年间，在经历道光及咸丰年间两次鸦片战争后，国力逐渐走向衰落。为巩固皇权统治，摆脱内外交加的困境，同治年间，清政府一方面实行"攘外必先安内"的军事政策，镇压持续 14 年之久的太平天国运动，剿灭东、西捻军起义，先后平定陕甘回变和新疆回乱；另一方面采取"师夷长技以制夷"的发展政策，启用洋务派兴办洋务新政，创办军事工业，兴办新式学堂，发展民办实业，开办铁路运输，掀起了一场发展图变的自强运动，改变了清政府长期封闭的格局，也使清朝中晚期的中国社会出现了短暂的安定局面。

在当时国内大环境相对稳定的情况下，黑龙江也进入一段较平稳的发展时期，在政治、经济、军事等方面取得了一定成效。在政治方面，随着土地开发和移民的到来，因"佃民日众，烟户渐繁"，黑龙江将军衙门原设旗官对民人管理不暇，同治二年（1863年），黑龙江第一家民治机构——呼兰厅设立，以民治为主的"厅、府、州、县"等地方行政治理机构登上历史舞台，打破了清朝黑龙江设治以来兵民共管、军政一体的军府制政治格局。在边疆防务方面，咸丰八年（1858年）中俄《瑷珲条约》签订后，黑龙江成为中俄两国界河，东北地区失去了以外兴安岭山脉为界的天然保护屏障，加之俄国开始大量移民，在新占领的土地上兴建城镇、发展生产，对中国东北边境地区仍然虎视眈眈。同治年间，东北边防抵御俄国入侵的压力不断增大，黑龙江将军衙门不断整顿边防，完善黑龙江沿线卡伦、驿站体制，兴办团练，储饷足兵，勤加训练，采取多项措施筑牢东北地区边境防线。在土地开发方面，为了放荒济饷解决财政困难，也为了移民实边巩固边防，清政府于咸丰十年（1860年）打破了黑龙江土地封禁状态，开放部分土地招民试垦。咸丰和同治时期，采取"先交押租，亦曰荒价，限期升科，按垧征钱"的办法，出放呼兰及所属蒙古尔山、巴彦苏苏（今巴彦）、北团林子（今绥化）一带的土地招民试垦。据统计，同治元年至同治十三年，呼兰城民垦熟地72 195垧；同治四年，北团林子查出民垦熟地25 800垧，当年升科；至同治十年，巴彦苏苏八段出放余荒达24 513.2垧，大木兰达九段出放荒地18 249垧[1]。但清政府为在黑龙江这一根脉地区维护旗人生计、防止满族汉化，同治时期，黑龙江土地在经历了短暂的开放之后又再次封禁。在经济社会发展方面，土地弛禁后的黑龙江迎来了第一次"闯关东"移民高潮。黑龙江将军衙门采取多项措施招募汉民垦荒，通过广发告示晓谕百姓放荒招垦政策，就地安置私垦民户，追收押租照章纳租，与此同时还委派官员赴吉林等地广为招募民户。多措并举之下，民户闻风踊跃，陆续前来领地交租。招募而来的移民为黑龙江土地开发和农业发展提供了大量劳动力，也带来了中原地区较为先进的农业生产技术，打破了黑龙江原著居民与八旗驻防兵丁"向习游牧，不讲农桑""精于骑射，不谙农事"的习惯，改变了原来以牧业和渔猎业为主的生产结构，促进了城镇发展和工商业兴起。至清末时期，

---

[1] 李随安、石方、刘涧南等：《黑龙江通史·清朝卷（下）》，北京：社会科学文献出版社，2019年，第104页。

黑龙江逐步形成了具有区域特色、以农产品加工工业为中心的产业结构，榨油、酿酒、制粉成为三大支柱产业，不仅壮大了民族资本的实力，还对外国资本的入侵起到了抵制作用。

《清代同治朝黑龙江治边档案选编》一书全部取材于黑龙江省档案馆馆藏黑龙江将军衙门档案，所选档案史料皆为首次公开。该书选取同治元年至同治十三年（1862—1874年）历史档案文献共计517件，为便于阅读、利用及展现清代历史档案原貌，采取点校、校勘档案原文，搭配部分档案电子图像的方式编纂而成，共点校文字约53.3万字，选取折子卷档案原件104件，主要包括边疆防务、土地开发、旗民事务、军队建设、贸易往来、兴办实业、交通驿路、中外交流及社会风情民俗等方面的内容，对于考察和研究清史、黑龙江流域文明史、东北边防史、黑龙江地方发展史、中外关系史等都有着重要的史料价值、学术价值和文化价值。

镌刻历史足迹，传承文明薪火。让我们透过档案泛黄的历史记忆，去追溯和再现黑龙江各族人民在白山黑水间生生不息、奋斗发展的昨天，传承和弘扬在中国共产党领导下黑龙江省振兴发展、昂首新征程的今天，启迪和开创龙江全面振兴、全方位振兴和实现中华民族伟大复兴的明天。

编　者

2024年3月

凡例

1.档案文件按照档案原文实际内容进行点校,按照清代档案公文行文方式与特点拟定格式、加注标点符号、划分段落等。

2.档案文件题名按照《明清档案著录细则》(DA/T8—2022)重新拟写。

3.全书按照时间顺序编排。档案文件时间以文件形成时间即落款时间为准;没有落款时间的,按照档案文件处理单时间在题名中进行录入,点校文字以档案实际照录。

4.档案文件题名中的机构、官职名称,按照通用格式适当简化。

5.档案文件点校过程中,遇有人名不全的情况,如能考证出全名,则录入全名,加"()"标识;如无法考证,则按原文照录。

6.档案文件点校过程中,档案原文中遇有错别字,按原文照录并将正确的字录入加六角号"〔〕"标识;遇有字迹缺损、无法识别的字,则以"□"代之,多个字用多个"□"代替。

7.档案文件点校过程中,档案原文中遇有漏字,根据上下文适当补齐,并加六角号"〔〕"标识。

8.档案文件点校过程中,档案原文中遇有繁体字、异体字,则录入其对应的规范字。

目录

前　言
凡　例

上 卷

◎ 同治元年（一八六二年）

黑龙江水师营署理四品官事务协领诺们德勒和尔为请领拆造、

　　补修船只需用物料事的呈……………………………………………… 001

黑龙江将军衙门为迅速征齐同治元年私垦现租并呈报下年续开地亩

　　现租事的咨…………………………………………………………… 002

特普钦为遵章将现出员缺咨送军营拣放事致都京兵部、

　　都京理藩院的咨……………………………………………………… 004

工部为拨发同治元年齐齐哈尔、黑龙江等处操演所需药、

　　铅等项事致黑龙江将军的咨………………………………………… 005

工部为齐齐哈尔等四处岁修仓库等工所用工料银两应准开销

　　及嗣后兴修工程需减成数事致黑龙江将军的咨…………………… 008

黑龙江将军衙门为呼兰招垦拟请仿照吉林伯都讷添设有司官治理

　　并应筹各项事宜事致都京户部的咨………………………………… 011

工部为齐齐哈尔见新船只用过物料并给过盘费银两应准开销事

　　致黑龙江将军的咨……………………………………………………………… 014

黑龙江将军衙门为查明船只淤陷各情及能否修补等事致呼兰河城守尉

　　集拉明阿的札……………………………………………………………… 016

盛京工部为碍难补解亏短药、铅事致黑龙江将军衙门的咨……………… 018

工部为准修呼兰河年字号仓房事致黑龙江将军的咨……………………… 022

呼兰河城守尉集拉明阿为佐领赓音布包修沉陷运船事致黑龙江将军衙门的呈

　　附：印结…………………………………………………………………… 024

工部为派员将前项颁发之官秤解部查验更换事致黑龙江将军的咨……… 026

工部为循照旧制交替运送补解药、铅未便准行事致黑龙江将军的咨…… 029

盛京工部为嗣后黑龙江请领操演药、铅可否派员赴部自行领取事

　　致黑龙江将军衙门的咨…………………………………………………… 030

呼兰河城守尉集拉明阿为具报库内实存火药、铅丸等项数目事

　　致黑龙江将军衙门的呈…………………………………………………… 033

盛京将军衙门为饬库发给齐齐哈尔咸丰七年所欠药、铅等项及咸丰

　　八至十年份所欠药、铅等项碍难补解事致黑龙江将军衙门的咨……… 036

黑龙江将军特普钦等为嗣后遇有公件遵照和约酌核妥办事致总理各国

　　事务衙门等的咨呈、札…………………………………………………… 038

黑龙江将军衙门为俄官诉请中国禁卖烧酒给俄人碍难准行事

　　致黑龙江城副都统衙门的咨……………………………………………… 040

黑龙江将军衙门为具报俄商至呼伦贝尔贸易往返日期事

　　致总理各国事务衙门的咨呈……………………………………………… 041

黑龙江将军衙门为将私垦现租迅速征齐并呈报押租追找章程事

　　致委员主事成山、呼兰城守尉集拉明阿等的札………………………… 042

黑龙江将军衙门为造送咸丰年号印照三百张事致委员巴彦孟库等的札…… 043

黑龙江将军衙门为应准为孙彦平补发印照事致委员骁骑校巴彦孟库、

　　伯东阿等的札……………………………………………………………… 044

黑龙江将军衙门为造送咸丰十一年呼兰所放荒地垧数、所收银两册结事

　　致都京户部的咨…………………………………………………………… 045

黑龙江将军衙门为造送咸丰十年、十一年拨荒官兵所用工食、柴薪

　　等钱项数目清册事致都京户部的咨……………………………………… 047

黑龙江将军衙门为具报招民开垦闲荒各项事宜办理缘由事的咨…………050

黑龙江将军衙门为严催丈地委员出放官荒并马乾支发标准等事
　　致委员巴彦孟库等的札…………………………………………………053

黑龙江将军衙门为详查各段官荒择要添设卡伦绘图呈报事致呼兰城
　　守尉集拉明阿、委员佐领额哲通额等的札…………………………054

黑龙江将军衙门为请将咸丰十一年欠租及同治元年现租收齐并拟定追找
　　押租定章呈报事致呼兰城守尉集拉明阿、委员主事成山等的札………055

黑龙江将军衙门为官荒不准私占并发放同治年号印照事致呼兰城
　　守尉集拉明阿、委员巴彦孟库等的札…………………………………056

黑龙江将军衙门为未便将熟地量为拨给旗营、官屯人等并饬尽快收租事
　　致呼兰城守尉集拉明阿、委员巴彦孟库等的札………………………057

黑龙江将军衙门为进省面禀事宜俟现租收齐再行核示及饬迅速收租事
　　致委员主事成山、呼兰城守尉集拉明阿等的札………………………058

黑龙江将军衙门为严饬各丈地委员奋勉出放官荒并转饬富勒珲
　　等将欠丈荒数补丈事致委员巴彦孟库等的札…………………………059

黑龙江将军衙门为查明私垦荒田地主能否交纳押租及自耕旧地是否
　　已按垧收租事致呼兰城守尉集拉明阿、委员主事成山的札……………060

黑龙江将军衙门为饬迅速收租并著城守尉暂行回省会办地租案件事
　　致呼兰城守尉集拉明阿、委员主事成山的札…………………………062

黑龙江将军衙门为严催各丈地委员奋勉出放官荒并将欠丈荒数补丈事
　　致委员巴彦孟库等的札…………………………………………………063

黑龙江将军衙门为照准在呼兰官荒添设卡伦、会哨封堆并将各卡绘图事
　　致呼兰城守尉集拉明阿、委员额哲通额的札…………………………064

黑龙江将军衙门为迅速查明呼兰河北未开官荒私占一案事致
　　呼兰城守尉集拉明阿的札………………………………………………065

黑龙江将军衙门为造送一百五十张同治年号印照事
　　致委员巴彦孟库等的札…………………………………………………066

黑龙江将军衙门为出具私招民户地主能否呈交押租钱文切结事
　　致呼兰城守尉集拉明阿的札……………………………………………067

黑龙江将军衙门为迅速收齐应征现租事致呼兰城守尉集拉明阿的札………068

黑龙江将军衙门为赓音布务于明年开江后将十只船补修并出具押结
　　等事致呼兰城守尉集拉明阿的札……………………………………… 070
拉三泰段内佃民承领毛荒交过押荒钱文数目及四至毗连四邻
　　等信息清册……………………………………………………………… 074
本城各庙住持僧录簿册……………………………………………………… 080
黑龙江将军衙门为请将齐齐哈尔训练幼丁所用火药、苘麻等项
　　及年例操演药、铅一并解送事致都京兵部、工部的咨………………… 082

◎ 同治二年（一八六三年）

呼兰河城守尉集拉明阿为呈报捕匪用过药、铅、火绳等项浮冒缘由事致
　　黑龙江将军衙门的呈………………………………………………………084
盛京工部为委官觉罗钰纯请领咸丰十一年黑龙江等处操演所用铅丸
　　情形事致黑龙江将军衙门的咨……………………………………………087
黑龙江水师营四品官阿常阿等为呈请拆造、修船所需物料事的呈……… 088
盛京工部为委派库使博克硕昆运送黑龙江等处操演枪炮应用
　　铅丸事致黑龙江将军衙门的咨……………………………………………090
工部为应准修整齐齐哈尔备、公仓房并将用过工料银两等造册送部事致
　　黑龙江将军的咨……………………………………………………………092
黑龙江将军衙门为抄录六部核办呼兰地方添设官员办理赋课刑名
　　旗民交涉应遵成例事致工司的札
　　　附：部议奏案…………………………………………………………… 094
工部为照数发给呼兰河补修运粮船所需物料并将所用油篓、
　　车辆数目查明报部事致黑龙江将军的咨………………………………… 106
呼兰河城守尉集拉明阿为情愿描赔实亏火药事致黑龙江将军衙门的呈…… 108
工部为应准支领黑龙江、呼兰河补修船只所需物料事致
　　黑龙江将军的咨…………………………………………………………… 112
盛京工部为照例准发补修船只应用条铁、线麻事致
　　黑龙江将军衙门的咨……………………………………………………… 115
工部为所解官称较兑无异请领回应用并将收到之日报部事致
　　黑龙江将军的咨…………………………………………………………… 116

盛京将军衙门为塔奇布忽患疯症札饬承德县带医调治并饬传其

  家属接回事致黑龙江将军衙门的咨……………………………………………… 118

黑龙江水师营署理四品官事务五品官胡克吉布、六品官德升额等

  为呈报修补船只销算物料数目事的呈……………………………………… 120

盛京工部为塔奇布忽患疯症请另派妥员领取麻、铁事致

  黑龙江将军衙门的咨…………………………………………………………… 126

盛京将军衙门为饬令骁骑校塔奇布与玉山一同回省事致

  黑龙江将军衙门的咨…………………………………………………………… 128

工部为将收到操演枪炮需用药、铅等项数目、日期报部备查事致

  黑龙江将军的咨………………………………………………………………… 134

盛京工部为塔奇布忽患疯症改派六品官玉山收领麻、

  铁事致黑龙江将军衙门的咨…………………………………………………… 136

呼兰河城守尉集拉明阿为兴修城守尉衙门大堂之款暂由归公私垦

  地亩小租项下动支事致黑龙江将军衙门的呈……………………………… 140

呼兰河城守尉集拉明阿为筹酌采办修建衙署所需各工料事致

  黑龙江将军衙门的呈…………………………………………………………… 142

吉林将军景纶、吉林副都统麟瑞为差员解送火药等项请按数查收

  并将原秤带回事致黑龙江将军衙门的咨…………………………………… 144

呼兰河城守尉集拉明阿为添派骁骑校霍卿额等赴省抄录修建衙署所估

  工程丈尺、做法、式样事致黑龙江将军衙门的呈………………………… 148

吉林将军景纶为原断喀尔喀、巴尔虎互争地址前后图奏不符缘由条

  陈具奏事致黑龙江将军衙门的咨…………………………………………… 150

工部为将同治三年修船所需物料造册送部事致黑龙江将军的咨……………… 155

黑龙江将军衙门为奏俄人越界耕种、建房等情一折奉旨事致

  总理各国事务衙门的咨呈…………………………………………………… 156

黑龙江将军衙门为所送钤印戳式存查事致呼兰理事同知文祺的札………… 160

呼兰河城守尉集拉明阿为可否先行将衙门大堂工费造册呈报事致

  黑龙江将军衙门的呈…………………………………………………………… 161

工部为出具文领派已故海全家属持文赴部支领葬碑银事致

  黑龙江镶黄旗满洲都统的咨催……………………………………………… 164

工部为应准修理宙字号仓房并将用过工料银两等造册送部事致
　　黑龙江将军的咨…………………………………………………………… 166
黑龙江将军衙门为护送黑龙江阵亡官兵灵柩回旗之官兵沿途配给
　　车马廪粮事致茂兴等站站官福增的札…………………………………… 168
黑龙江将军衙门为同知到任之先遇有新授巡检文件照与本处仓屯官
　　之式办理事致呼兰城守尉的札…………………………………………… 170
黑龙江将军衙门为奉旨简放同知、巡检兼办旗民交涉事张贴告示
　　俾众悉知事致呼兰城守尉集拉明阿、理事同知文祺的札……………… 171
黑龙江将军衙门为城守尉、同知各职掌范围及会办案件行文字样事致
　　呼兰城守尉集拉明阿、理事同知文祺的札……………………………… 172
黑龙江将军衙门为迅速张贴理事同知文祺于七月间到省赴任告示
　　晓谕民众事致呼兰城守尉集拉明阿的札………………………………… 173
黑龙江将军衙门为将团练用过火药裁除另报并将延迟承办各员职名
　　查送事致呼兰河城守尉集拉明阿的札…………………………………… 174
黑龙江将军衙门为饬令赔补咸丰十一年剿匪所亏药、铅等项事致
　　呼兰河城守尉集拉明阿的札……………………………………………… 178
黑龙江将军衙门为领取修船物料之官员骁骑校塔奇布患病由玉山
　　接替请领事致盛京工部、盛京将军衙门等的咨、札…………………… 182
黑龙江将军衙门为已将较兑相符原秤领回存库事致都京工部的咨………… 186
黑龙江将军衙门为请将补修船只物料发交委员塔奇布事致
　　都京工部的咨……………………………………………………………… 188

◎ 同治三年（一八六四年）

盛京工部为照数发给齐齐哈尔、黑龙江等处同治二年操演所需药、
　　铅等项事致黑龙江将军衙门的咨………………………………………… 190
理藩院为派员查勘喀尔喀、巴尔虎互争界址情形恭呈御览事的奏折……… 192
工部为齐齐哈尔等四处岁修仓库所用工料银两应准开销并嗣后兴修工程
　　需减成数事致黑龙江将军的咨…………………………………………… 196
呼兰河城守尉集拉明阿为造送年终治立牛犋银两清册事的呈……………… 198
呼兰河城守尉集拉明阿为呈报咸丰十年春季借给治立牛犋银两、
　　兵丁等旗佐花名册事的呈………………………………………………… 200

呼兰河城守尉集拉明阿为汇报年终各项借银册籍事致

  黑龙江将军衙门的呈……………………………………………………………… 202

齐齐哈尔水师营家奴比丁另册…………………………………………………… 208

工部为遵旨请领齐齐哈尔、呼兰修理船只物料事致黑龙江将军的咨……… 210

总理各国事务衙门为已给俄国照会令其饬禁俄官于不通商处所不准发给

  俄商执照事致黑龙江将军的咨…………………………………………… 212

呼兰河城守尉集拉明阿为严密探访俄人入境情形并饬令旗民毋得与之交易

  事致黑龙江将军衙门的呈………………………………………………… 213

呼兰理事厅为报俄人入境情形及民人拾其字迹一纸转送城守尉衙门

  事致黑龙江将军衙门的申………………………………………………… 215

呼兰河城守尉集拉明阿为侦探入境之俄船勿得任其搅扰事致

  黑龙江将军衙门的咨……………………………………………………… 216

吉林将军衙门为劝阻入境俄人回国并严密防范事致

  黑龙江将军衙门的咨……………………………………………………… 217

增禄、庆奎为请领民荒之人均属无业之户事的禀呈………………………… 219

呼兰河城守尉集拉明阿为唐混河下口松花江北岸一带无俄船声迹及吉林

  折回俄船亦无入境事致黑龙江将军衙门的呈…………………………… 220

呼兰河城守尉集拉明阿为饬派都凌阿带兵查看入界之俄船有无登岸搅扰

  事致黑龙江将军衙门的呈………………………………………………… 221

吉林将军衙门为查报俄人船只入境情形及与俄官驱逐依力河淘金民夫事致

  黑龙江将军衙门的咨

    附：往来照会…………………………………………………………… 222

呼兰城守尉集拉明阿为具报探查俄船下驶情形事致

  黑龙江将军衙门的呈……………………………………………………… 226

黑龙江将军衙门为换发怀塔布等人功牌事致湖北总督衙门的咨…………… 227

工部为应准修理齐齐哈尔文昌帝君阁前祭器楼等事致黑龙江将军的咨…… 228

工部为修整齐齐哈尔城备仓、公仓所用料银应准开销事致

  黑龙江将军的咨…………………………………………………………… 230

工部为海全家属领到葬碑银切结及所领日期报部查核事

  致黑龙江将军的咨………………………………………………………… 232

工部为照数发给运粮船只所用物料事致黑龙江将军的咨 …………………………… 234

工部为照数发给修补船只物料并将本部给过油篓、车辆数目查明报部事致
　　黑龙江将军的咨 ……………………………………………………………………… 238

工部为前欠黑龙江棕绳折价补给自行采买及齐齐哈尔等三处物料俟到省
　　再行给发事致黑龙江将军的咨 …………………………………………………… 240

武备院为限于同治四年四月内将所需箭杆、雕翎等项解交到院事致
　　黑龙江将军衙门的咨 ……………………………………………………………… 244

工部为派参领率同海全家属赴部支领葬碑价银并将领到银两日期报部
　　核查事致黑龙江将军的咨 ………………………………………………………… 246

工部为俟库存充裕再行补发白布等项事致黑龙江将军的咨 ……………………… 247

黑龙江将军衙门为议定喀尔喀、巴尔虎界址绘图分送事致库伦办事大臣、
　　吉林将军衙门的咨 ………………………………………………………………… 249

黑龙江将军衙门为请知会两省接壤处所山河方向形势阔狭情形事致
　　吉林将军衙门的咨 ………………………………………………………………… 250

黑龙江将军衙门为禁止俄人赴墨尔根城贸易并派员尾随严加管束事致
　　黑龙江城副都统衙门、墨尔根城副都统衙门等的咨 ………………………… 251

黑龙江将军衙门为已照会俄国驻京公使令欲至吉林之俄人回国事致
　　黑龙江副都统衙门、呼伦贝尔副都统衔总管的咨 …………………………… 253

黑龙江将军衙门为抄录依力河淘金民夫查拿逃散一案及俄人由下江
　　乘坐轮船欲赴三姓贸易不服拦阻一案照会事致黑龙江城副都统衙门、
　　呼伦贝尔副都统衔总管的咨
　　附：往来照会 ……………………………………………………………………… 255

黑龙江将军衙门为已照会俄国任凭中国平毁在夹心滩越界耕种地亩
　　事致黑龙江城副都统衙门的咨
　　附：往来照会 ……………………………………………………………………… 257

黑龙江将军衙门为同治二年十二月至同治三年三月除俄人复在夹心滩一处案
　　未结外无其他与俄国交涉案件转行总理各国事务衙门事致都京兵部的咨
　　附：咨呈 …………………………………………………………………………… 259

黑龙江城官差借银数目四柱清册 ……………………………………………………… 260

墨尔根城官兵出差借银及扣收现存银两数目四柱清册 ……………………………… 264

增禄、庆奎为请领地输租事的呈 ……………………………………………………… 267

镶蓝旗汉军穆精阿佐领下旗佐、姓氏、城池花名清册……………………268

墨尔根城库存借银内官兵出差借给银两及扣收、

 现存银两数目四柱清册……………………269

黑龙江将军衙门为迅速将搁浅滩上之船挽到陶赖昭与各船合帮并待春融

 迅速挽运到省事致六品官玉山的札……………………272

绰克坦为勘定黑龙江、杜尔伯特、郭尔罗斯新界址事致都京兵部、

 理藩院的咨……………………274

◎ 同治四年（一八六五年）

工部为已督催盛京工部迅速发放亏欠熟铁事致黑龙江将军的咨……………276

盛京工部为照数给发齐齐哈尔等四处动用船只所需物料事致

 黑龙江将军衙门的咨……………………278

工部为修理药库房等工所用银两应准开销事致黑龙江将军的咨…………280

盛京工部为照数给发熟铁事致黑龙江将军衙门的咨……………………282

工部为捐修呼兰新设台站官房等工遵照咸丰八年奏定新章办理事致

 黑龙江将军的咨……………………284

盖州正黄旗闲散王治丰等旗佐、年岁、三代户口清册…………………285

盖州正红旗闲散王连云等旗佐、年岁、三代户口清册…………………286

盖州镶蓝旗闲散黄士奎等三代旗佐、年岁、花名清册…………………287

工部为应准核发修补齐齐哈尔等处船只所用物料事致黑龙江将军的咨……288

工部为应准修理齐齐哈尔城盔甲等楼房事致黑龙江将军的咨………………290

工部为应准核销齐齐哈尔等四处修补工程所用工料银两事致

 黑龙江将军的咨……………………292

工部为所修齐齐哈尔城备、公仓房工程应准开销事致黑龙江将军的咨……294

黑龙江将军衙门为将捐修呼兰新设台站官房等工用过工料银两等项造册

 事致管理茂兴等站站官富增的札……………………296

工部为阵亡西安将军多隆阿全葬碑价银已交该故员之子双全事致

 黑龙江将军衙门的咨……………………298

墨尔根城水师营已故水手根喜寡妻夏氏守节事迹保结…………………299

墨尔根城镶蓝旗汉军托精阿佐领下已故闲散全喜儿寡妻

 李氏守节事迹保结……………………300

墨尔根城正蓝旗汉军胜德佐领下已故领催顺成寡妻陈氏守节事迹保结……301

工部为差员赴部请领修船需用物料事致黑龙江将军的咨………………302

呼兰城镶蓝旗满洲绰拉洪阿佐领下已故幼丁永海寡妻

 王氏守节事迹保结……………………………………………………303

呼兰城镶白旗满洲依尔卿阿佐领下已故披甲建銮保寡妻

 马氏守节事迹保结……………………………………………………304

工部为应准将齐齐哈尔城仓房糟朽木植按三成变价并将银两抵用修理仓房

 事致黑龙江将军的咨…………………………………………………306

工部为所修呼兰土坯仓房工程应准开销事致黑龙江将军的咨…………308

呼兰理事同知为造送添盖卡房所需土木工估算清单事致黑龙江将军衙门的呈

 附：估工单……………………………………………………………310

黑龙江将军克蒙额为造送黑龙江省现署理副都统、记名副都统等衔名、

 年岁、旗分等清册事致办理军机处等的咨呈、咨

 附：呈册………………………………………………………………313

齐齐哈尔城水师营已故幼丁汪长安寡妻范氏守节事迹保结……………317

齐齐哈尔城水师营已故幼丁刘三小寡妻岳氏守节事迹保结……………318

齐齐哈尔城水师营已故幼丁刘景寡妻马氏守节事迹保结………………319

齐齐哈尔城镶红旗满洲博清阿佐领下已故披甲萨炳阿寡妻

 乌扎拉氏守节事迹保结………………………………………………320

齐齐哈尔城镶黄旗汉军苏楞额佐领下已故幼丁巴恒额寡妻

 崔氏守节事迹保结……………………………………………………321

齐齐哈尔城多耐站已故幼丁王保安寡妻曹氏守节事迹保结……………322

工部为照数给发齐齐哈尔、黑龙江等处同治三年分操演枪炮所需药、

 铅等项事致黑龙江将军的咨…………………………………………324

呼兰理事厅为更正原册事致黑龙江将军衙门户司的咨…………………326

工部为应准添建理事同知衙署房间并前奏未收到请查明声覆事致

 黑龙江将军的咨………………………………………………………328

黑龙江将军衙门为添盖钤押稿案等房俟明年春融开工等事致呼兰城守尉

 集拉明阿、理事同知文祺等的札……………………………………330

黑龙江将军衙门为前奏请再添盖钤押稿案等房公文于本月二十五日送至

 吉林所属伯德讷站事致都京工部的咨………………………………332

兵部为刷单礼部封开印信一折知照事
  附：奏折……………………………………………………………… 335
黑龙江将军衙门为应准修理呼兰土坯仓房事致呼兰城守尉
  集拉明阿的札…………………………………………………… 336
呼兰河城守尉集拉明阿为添建钤押稿案等房工程待明年春融再行修理事致
  黑龙江将军衙门的呈……………………………………………… 338
呼兰河城守尉集拉明阿为请缓修狱神庙狱墙工程事致
  黑龙江将军衙门的呈……………………………………………… 340
张国庆为请将原领地段内夹荒归还事的呈……………………………… 341
黑龙江将军衙门为迅速呈报被风刮坏之花船能否运回事致
  委员六品官玉山的札……………………………………………… 342
陈希文、马焕元为请将原领地段内夹荒归还事的呈…………………… 344
陈希文、张国庆、马焕元为请承领原佃地段内毛荒事的呈…………… 345
黑龙江将军衙门为再行添盖钤押稿案等房事致都京工部的咨
  附：清单…………………………………………………………… 346
黑龙江将军衙门为修理黑龙江、墨尔根、齐齐哈尔各城届限船只事致
  都京工部的咨……………………………………………………… 348
黑龙江将军衙门为将不能修补大船所存各项钉铁照数捡齐及出具
  被伤次船能否治出押结事致差员六品官玉山的札……………… 350
黑龙江将军衙门为迅速前往大西里口停船处补修船只事致
  委员四品官春凌、六品官玉山等的札…………………………… 353
黑龙江将军衙门为迅速兴修同知衙署事致呼兰城守尉集拉明阿的札……… 354
黑龙江将军衙门为造送动用船只用过物料数目细册请照数发给
  事致都京工部的咨………………………………………………… 356
黑龙江将军衙门为请领齐齐哈尔、墨尔根城拆造、补修船只需用物料事致
  都京工部的咨……………………………………………………… 358
黑龙江将军衙门为动用船只用过物料数目造册请领事致都京工部的咨…… 359
黑龙江将军衙门为齐齐哈尔、黑龙江、墨尔根、呼兰同治三年欠给棕绳、
  篷绳等各项造册补领事致都京工部的咨………………………… 360
齐齐哈尔城驻扎吉林处水师营已故闲散程志明寡妻萧氏守节事迹保结…… 365

呼兰城镶黄旗满洲佛尔清阿佐领下已故幼丁尼仑保寡妻李氏

  守节事迹保结…………………………………………………………………… 366

正红旗汉军英凯佐领下前往双城堡闲散花名册…………………………… 367

盛京镶白旗汉军乌尔棍珍佐领下搬移边外谋食人员清册………………… 368

盛京镶白旗汉军锡朗阿佐领下迁居双城堡旗丁花名册…………………… 369

黑龙江将军衙门为应准添盖卡房事致呼兰城守尉集拉明阿、呼兰

  理事同知文祺等的札……………………………………………………… 371

黑龙江将军衙门为应准酌量发给击匪所需火药、铅丸事致呼兰城守尉

  集拉明阿的札……………………………………………………………… 372

为将修船回省途中闯坏船只之六品官玉山交部议处事的奏折…………… 374

◎ 同治五年（一八六六年）

黑龙江将军衙门为兵勇操练鸟枪所需药、铅应自行设法筹办毋得

  动支库存项内事致呼兰城守尉集拉明阿的札…………………………… 376

总理各国事务衙门为各省遇有洋人交涉事件均应迅速办结事致

  黑龙江将军的咨

    附：奏折………………………………………………………………… 378

总理各国事务衙门为俄人前往黑龙江内地贸易应按约办理事致

  黑龙江将军的咨

    附：往来照会…………………………………………………………… 379

总理各国事务衙门为咨商俄人在黑龙江内地贸易事致黑龙江将军的咨

    附：往来照会…………………………………………………………… 381

总理开垦官局为请移覆省城银价易换事致户司的移付……………………… 384

督师办理吉林军务将军为详报俄人欲在吉林等处通商有无妨碍并筹办

  边防各情形事致黑龙江将军衙门的咨…………………………………… 385

总理各国事务衙门为请将札文递交章京志刚事致黑龙江将军的咨………… 388

总理各国事务衙门为英国欲派轮船赴中国海面以北等处丈量并绘图事

  致黑龙江将军的咨………………………………………………………… 389

总办开垦局为请递送省城原立开垦账目事致户司的移……………………… 390

呼兰河城守尉集拉明阿为具报俄人入境停泊及劝阻回帆情形事致

  黑龙江将军衙门的呈……………………………………………………… 391

黑龙江将军衙门为俄商欲赴内地通商令由库克多博行走若不从改由

　　阿巴该图顺草道行走事致都京兵部的咨 ……………………………… 392

户部为大荒沟私垦之荒地免征押租自开垦之日起纳租事致

　　黑龙江将军的咨 ……………………………………………………… 393

吉林将军衙门为随时详查不得任由俄人安设铜线事致

　　黑龙江将军衙门的咨 …………………………………………………… 395

户部为奉旨报捐武职永远停止事致各直省督抚、将军、府尹的咨

　　附：原奏 ……………………………………………………………… 396

总理各国事务衙门为招考天文、算学人员奏折请知照事致黑龙江将军的咨

　　附：奏折 ……………………………………………………………… 398

署理呼兰理事同知松英额为佃民刘顺承领之荒重复归入十月内

　　呈报错误事致黑龙江将军衙门户司的移 ……………………………… 400

署理呼兰理事同知松英额为将经收各项银钱数目造册事致

　　黑龙江将军衙门户司的移 ……………………………………………… 402

工部为应准修理宇字号仓房事致黑龙江将军的咨 …………………………… 404

盛京将军衙门为俄人过境贸易路过扎萨克等旗妥为照料事致

　　黑龙江将军衙门的咨 …………………………………………………… 406

盛京将军衙门为加广东三省八旗满、蒙学额等事致黑龙江将军衙门的咨

　　附：奏折 ……………………………………………………………… 407

总理各国事务衙门为续刷招考天文、算学人员以期通晓洋务一折

　　原奏事致黑龙江将军的咨

　　附：奏折 ……………………………………………………………… 409

礼部为将应行入祠并酌加入祠之官员、兵丁查明造册核办事的咨

　　附：清册 ……………………………………………………………… 412

黑龙江将军衙门为动用船只用过物料数目造册请照数发给

　　事致盛京工部的咨 ……………………………………………………… 414

黑龙江将军衙门为知照俄船上驶行程并其欲换购米粮事致总理各国事务衙门

　　等的咨呈、咨 …………………………………………………………… 415

黑龙江将军衙门为饬令禁止与俄人互换货物并探明俄船行止事致

　　呼兰城守尉集拉明阿、署理同知松英额的札 ………………………… 416

黑龙江将军衙门为造送同治五年二月至五月与俄国交涉已结案件事致
　　总理各国事务衙门的咨呈
　　　　附：清册 …………………………………………………………………… 417
总理各国事务衙门为太仆寺卿徐继畬充总管同文馆事务大臣及办发招考
　　天文、算学人员告示传饬各属知照事致黑龙江将军的咨 ……………… 421

◎ 同治六年（一八六七年）

特普钦、克蒙额为具报年老精力未衰应请留任各员名单事的奏折
　　　　附：清册 …………………………………………………………………… 422
工部为题销齐齐哈尔补修船只用过物料并应准给发过盘费银两事致
　　黑龙江将军的咨 ……………………………………………………………… 424
呼兰河城守尉集拉明阿为云盛患病属实无法赴省事致
　　黑龙江将军衙门的呈 ………………………………………………………… 426
黑龙江将军衙门为黑龙江各旗考试文武童生应仿照吉林文学办理并请酌
　　定增设学额事致吉林将军衙门的咨 ………………………………………… 428
工部为题销齐齐哈尔等处见新、补修船只用过物料及给过盘费银两应准
　　开销事致黑龙江将军的咨 …………………………………………………… 432
黑龙江将军特普钦为抄录酌议增定保举章程奏折事致钦差、
　　督兵大臣等的咨
　　　　附：奏折 …………………………………………………………………… 434
工部为应准补解督办吉林军务将军打仗所用火药等项物料事致
　　黑龙江将军的咨 ……………………………………………………………… 438
工部为所修齐齐哈尔城盔甲等楼房工程应准开销事致黑龙江将军的咨 …… 440
按察使衔分巡奉天、锦州等处海防兵备道督理山海钞门为英国领事密迪乐
　　拟赴吉林等处游历请妥为照料事致黑龙江将军的申 ……………………… 442
工部为转饬盛京工部补解所亏药、铅等项事致黑龙江将军的咨 …………… 444
署理呼兰河城守尉阿奇郭勒为修补银库、衙署、群墙等项工程事致
　　黑龙江将军衙门的呈 ………………………………………………………… 446
吉林将军衙门为英国领事入境游历请妥为照料并将入境、离境日期随时
　　驰报事致黑龙江将军衙门的咨 ……………………………………………… 448

兵部为所挑选官兵齐备即可起程并由户部拨解所需银两事致

　　黑龙江将军的咨……450

吏部为抄录盛京将军都兴阿等奏会商昌图地方添设文武酌议八条

　　请知照事致黑龙江将军衙门的咨

　　附：奏折……451

黑龙江将军衙门为遵照前札将应交钱文从佛尔清阿名下照数追出事致

　　署理呼兰城守尉萨英额的札……458

署理呼兰河城守尉萨英额为已拣派精壮马兵查拿流匪事致

　　黑龙江将军衙门的呈……459

署理呼兰河城守尉萨英额为集拉明阿、富崇阿等人患病不能动履前

　　请路引、公文暂行邀回事致黑龙江将军衙门的呈……461

总理各国事务衙门为俄商欲赴满洲以北诸城采买兵粮请妥为筹画事致

　　黑龙江将军的咨

　　附：照会……462

兵部为查管带黑龙江官兵前往湖北军营委营总济隆额捏报倒毙马匹一案

　　事致黑龙江将军的咨……464

呼兰理事同知文瑞为具报法国天主教士施若亚敬入境情形事致

　　黑龙江将军衙门的咨

　　附：执照……466

署理呼兰河城守尉萨英额为查核吉林伯都讷小场院及阿勒楚喀有无贼匪

　　事致黑龙江将军衙门的呈……468

署理呼兰河城守尉萨英额为详报吉林伯都讷剿匪各节及已缉捕余匪事致

　　黑龙江将军衙门的呈……469

黑龙江将军衙门为请修船只未蒙大部示覆可否造册具题事致

　　都京工部的咨……471

特普钦为具奏派员管带遣赴山东壮丁起程日期事致都京兵部、

　　盛京将军衙门等的咨……473

特普钦为久病难痊请准开缺离任调理可咨调克蒙额暂署将军印务事致

　　都京兵部的咨……475

克蒙额为黑龙江将军病休遵旨到省接署将军印务事的奏折……476

黑龙江将军特普钦为酌拟捐马及解马章程事致多罗醇郡王等的咨呈、咨

　　附：章程……………………………………………………………………… 477

黑龙江将军特普钦为准拟照前定捐马章程办理并将实能捐办马匹细册

　　解送事致多罗醇郡王等的咨呈、咨、札…………………………………… 480

黑龙江将军特普钦为请转送劝捐马匹验收、解送章程事致都京兵部的咨

　　附：章程……………………………………………………………………… 482

黑龙江将军特普钦为所解捐马改由张家口行走请饬官兵接解

　　照料事致神机营王大臣的咨呈……………………………………………… 484

黑龙江将军特普钦为造送遣戍革员人犯报捐马匹数目、犯案缘由情形事致

　　神机营王大臣等的咨呈、札

　　附：清单……………………………………………………………………… 485

克蒙额、特普钦为承办劝捐解马得力官员拟请给奖事致神机营

　　王大臣、吉林将军的咨呈

　　附：清单……………………………………………………………………… 487

特普钦、克蒙额为递送神机营给捐马人等执照事致黑龙江城副都统衙门等

　　的咨札、札

　　附：清单……………………………………………………………………… 489

署理黑龙江将军、吉林副都统德英为可否赏给转世达喇嘛

　　罗布桑拉西纳木济勒诺们罕名号事致吉林将军的咨………………………… 490

下 卷

◎ 同治七年（一八六八年）

为黑龙江、呼兰新建同知衙署大堂等工所用银两二成银在承办之员名下照数

　　追缴事致黑龙江将军的咨…………………………………………………… 493

黑龙江将军衙门为照数发给墨尔根、呼兰河拆造船只所用物料事致

　　墨尔根副都统衙门暨署理呼兰河城守尉萨英额的咨………………………… 494

黑龙江将军衙门为动用船只所用篷绳、抱桅竹等项俟南省物料解到再行

　　补发事致墨尔根副都统衙门等的咨…………………………………………… 495

黑龙江将军衙门为在地租项下动支狱房开销已请示报部事致

  呼兰理事同知的札………………………………………………………………… 497

墨尔根城副都统克蒙额为订期会勘杜尔伯特界址恭报起程日期及就近借用

  将军印信事致黑龙江将军衙门的咨………………………………………… 498

墨尔根城副都统克蒙额、扎萨克多罗郡王阿勒坦鄂绰尔等为遵旨会办

  黑龙江省属与杜尔伯特蒙古交界情形事致黑龙江将军衙门的咨………… 499

工部为应准修理呼兰城泰字仓事致黑龙江将军的咨……………………………… 503

墨尔根城副都统克蒙额、扎萨克多罗郡王阿勒坦鄂绰尔等为具奏会勘黑龙江省

  属与杜尔伯特界址秉公核断缘由事致都京兵部、理藩院等的咨………… 504

黑龙江将军衙门为将已糟朽大、小木植全行变价并嗣后仍循照旧制造报

  文册事致都京工部的咨……………………………………………………… 505

理藩院为抄出会勘黑龙江省属与杜尔伯特蒙古地方界址一折事致

  齐齐哈尔副都统的咨………………………………………………………… 507

呼兰理事同知文祺为可否将佃民于廷辅集厂地基清丈收租等事致

  黑龙江将军衙门户司的移…………………………………………………… 508

黑龙江将军衙门为查核岁修工程是否有侵蚀入己情事即行取供严参事致

  黑龙江副都统衙门的咨……………………………………………………… 510

黑龙江将军衙门兵司为人地衔缺不宜者按名查明造册互相调转事致

  阿勒楚喀副都统衙门左司的移付…………………………………………… 511

盛京工部为黑龙江打仗用过铅丸俟灌造后补解事致

  黑龙江将军衙门的咨………………………………………………………… 512

为赏给在河南打仗阵亡之花连布云骑尉予亲子双寿承袭并准

  再袭一次的圣旨……………………………………………………………… 514

黑龙江将军衙门为务必严行查拿贼盗、赌棍及开设烟馆、小压匪徒事致

  黑龙江等处的咨札…………………………………………………………… 515

黑龙江将军衙门为新修呼兰同知、巡检衙署所用物料钱文应准开销事致

  呼兰理事同知文瑞的札……………………………………………………… 516

黑龙江将军衙门为请修黑龙江、呼兰届限船只请发物料事致

  都京工部的咨………………………………………………………………… 518

黑龙江将军衙门为运粮动用船只所用物料造册请照数发给

  事致都京工部的咨…………………………………………………………… 519

大荒沟、格木克等地段届限升科地亩应收押租钱清册……………………… 520

◎ 同治八年（一八六九年）

黑龙江将军衙门为奏呼兰招垦新荒拟请暂行停放折奉旨允准事
  致都京户部等的咨、札
   附：告示…………………………………………………………… 523
黑龙江将军衙门为拟请议定栽种罂粟罪名事致盛京将军衙门等的咨……… 526
黑龙江将军衙门为出示旗屯界内不准续招黑户事致呼兰城守尉阿克敦的札
   附：告示…………………………………………………………… 528
黑龙江将军衙门为拟请酌拨呼兰营制事致都京兵部、户部等的咨、札…… 530
总理各国事务衙门为法国传教士过呼兰境内事致黑龙江将军的咨………… 533
黑龙江将军衙门为奏墨尔根副都统印纽被贼砍窃折奉旨事致都京礼部、
  兵部等的咨………………………………………………………………… 534
吉林将军衙门为奏将五常堡垦地旗丁编旗入档及添设协佐等官事
  致黑龙江将军衙门等的咨………………………………………………… 535
黑龙江将军衙门为出示不准外来民户入境事致八旗、营等处各官的札…… 538
总理各国事务衙门为俄人越界私垦事致黑龙江将军的咨
   附：照会…………………………………………………………… 539
新任齐齐哈尔副都统全英为恭报到任日期的奏折………………………… 541
呼兰河城守尉阿克敦为查报旗民招来喀尔沁蒙古户口册事致黑龙江
  将军衙门的呈
   附：名单、印结…………………………………………………… 542
呼兰河城守尉阿克敦为俄船擅入呼兰河事致黑龙江将军衙门的呈………… 546
黑龙江将军衙门为报抽纳呼兰所属蒙古尔山采伐木植税钱数目清册事
  致都京户部、工部的咨
   附：清册…………………………………………………………… 548
黑龙江将军衙门为报呼兰厅征收牛马烟麻等税情形事致都京户部的咨…… 551
德英、全英为奏挑选貂皮数目的奏折
   附：清单…………………………………………………………… 553
呼兰河城守尉阿克敦为报俄船擅入属境事致黑龙江将军衙门的呈………… 555

德英、全英为奏俄轮入境通商按约阻回事致总理各国事务衙门、

  吉林将军衙门等的咨呈·· 557

吉林将军衙门为俄船擅入松花江事致黑龙江将军衙门的咨············ 559

新任黑龙江副都统爱绅泰为恭报到任日期的奏折························ 560

黑龙江将军衙门为出示不准领地佃户隐匿地内界边浮多余荒事

  致理事同知文瑞、办理荒务委员托蒙阿等的札

  附：告示·· 561

德英为奏已革布伦托海办事大臣李云麟到省充差的奏折················ 563

吉林将军衙门为中俄边境贸易事致黑龙江将军衙门的咨················ 564

总办开垦行局事务委员托蒙阿等为报清丈届限升科地亩毗连汇册事

  致黑龙江将军衙门的呈·· 566

吉林将军衙门为变通双城堡营制事致黑龙江将军衙门的咨············ 567

礼部为议复德英奏各省驻防考试均庄原隶旗籍送考折奉旨允准事

  致各省驻防将军、都统等的咨

  附：原奏·· 570

呼兰河城守尉阿克敦为报铺商丰顺贞开设烧锅事致黑龙江将军衙门的呈··· 572

新授双城堡总管三都克多尔济为奏谢恩及请赏假两月养病的奏折······ 573

吉林将军衙门为巡查属城事致黑龙江将军衙门的咨······················· 574

总理各国事务衙门为与俄国新改陆路通商章程事致黑龙江将军的咨

  附：原奏·· 575

吉林将军衙门为俄拟设廓米萨尔官员事致黑龙江将军衙门的咨

  附：往来照会·· 580

黑龙江将军衙门为出示禁挖黄芪事致所属各城的咨、札·················· 586

吉林将军衙门为奏请暂照黑龙江抚恤成案发给孤寡旗人仓粮事

  致黑龙江将军衙门的咨·· 587

吉林将军衙门为户部等议准五常堡添设协领等官事致吉林将军的咨

  附：奏折·· 589

德英为奏操猎情形并回任日期事致神机营王大臣、吉林将军

  衙门等的咨呈··· 594

吉林将军衙门为本属商民赴江省贩买马匹须持票照事致黑龙江

  将军衙门的咨··· 595

黑龙江将军衙门为奏巡查呼伦贝尔俄罗斯边界折奉旨事致都京兵部、

  吉林将军衙门的咨 …………………………………………………………… 597

黑龙江城副都统爱绅泰为裁撤三处卡伦事致黑龙江将军衙门的咨………… 599

吉林将军衙门为新授墨尔根副都统依克唐阿赴京陛见事

  致黑龙江将军衙门的咨 ………………………………………………… 600

呼兰理事同知文瑞为法国传教士过境事致黑龙江将军衙门的呈………… 601

呼兰河城守尉阿克敦为报升科红户续招黑户加开地数等册事

  致黑龙江将军衙门的呈 ………………………………………………… 602

黑龙江将军衙门为声明呈控民人岳广太审明拟结缘由事致都察院的咨…… 604

德英、全英为酌派赴甘官兵预拟起程日期事致都京兵部、

  吉林将军衙门的咨 …………………………………………………… 609

黑龙江将军衙门为瑷珲商人拟往吉、黑沿江两界贸易事致吉林将军衙门、

  黑龙江副都统衙门的咨 ………………………………………………… 611

黑龙江将军衙门为请酌撤卡伦事致都京兵部、黑龙江副都统衙门的咨…… 613

德英为奏巡阅属城并与俄人会晤等事致总理各国事务衙门、

  吉林将军衙门等的咨呈 ………………………………………………… 614

黑龙江将军衙门为俄轮擅入呼兰河事致吉林将军衙门、

  墨尔根副都统衙门等的咨 ……………………………………………… 616

黑龙江将军衙门为俄拟设廓米萨尔官员专司交涉事致吉林将军衙门

  等的咨、札

    附：往来照会 ………………………………………………………… 617

黑龙江将军衙门为办理与俄国交涉事件造具清册事致总理各国

  事务衙门的咨呈

    附：清册 ……………………………………………………………… 620

◎ 同治九年（一八七〇年）

呼兰理事同知文瑞为请示商农油榨纳税钱文数目事致黑龙江

  将军衙门的呈 …………………………………………………………… 624

署理黑龙江将军德英为报副都统全英因病出缺事致都京兵部、

  吉林将军衙门的咨 ……………………………………………………… 625

署理黑龙江将军德英为安设巴彦苏苏旗营事致都京礼部、吏部等的咨······ 626
总办开垦行局事务委员佛尔果春为报巴彦苏苏等段烧锅开火日期事
　　致黑龙江将军衙门的呈
　　　附：清单·· 630
德英为呼伦贝尔副都统衔总管布尔和德赴任事致都京兵部等
　　的咨、札·· 633
署理黑龙江将军德英为报各站、台额设牛马并无缺短废乏事
　　致都京兵部的咨·· 634
德英为奏请齐齐哈尔等城添设笔帖式事致都京吏部、兵部的咨······ 635
黑龙江将军衙门为报各城官学义学情形事致都京礼部的咨
　　附：清册·· 637
德英奏为官兵缺饷旗丁被灾请饬部催解欠饷的奏折······················ 640
黑龙江城副都统爱绅泰为请筹拨欠饷分借兵丁置买马牛事致黑龙江
　　将军衙门的咨·· 642
呼兰河城守尉阿克敦为请示五台站丁私招民户可否容留事
　　致黑龙江将军衙门的呈·· 644
署理黑龙江将军德英为查报俄人在雅克萨对岸之夹心滩种地现尚无碍
　　旗人生计事致总理各国事务衙门的咨呈······························· 646
总办开垦行局事务委员佛尔果春为报应征租钱事致黑龙江将军衙门的呈 ··· 648
总办开垦行局事务委员佛尔果春为报同治八年弩敏等段佃民领荒毗连册事
　　致黑龙江将军衙门的呈·· 649
黑龙江将军衙门为饬将呼兰六界续招黑户赶紧驱逐事
　　致呼兰城守尉阿克敦的札·· 650
吉林将军衙门为双城堡副都统衔总管三都克多尔济接任日期事致黑龙江
　　将军衙门的咨·· 651
黑龙江将军衙门为地方荒佃税务随时结报事的谕·························· 652
呼兰理事同知文瑞为巡检陈炳六年俸满报送该员履历事实清册事
　　致黑龙江将军衙门的呈
　　　附：履历、事实清册··· 653
署理黑龙江将军德英为报俄国神父入出境日期事致总理各国事务衙门、
　　盛京将军衙门等的咨呈、札··· 656

署理黑龙江将军德英为俄商雅嘎尔布等擅赴墨尔根城贸易事致总理各国
　　事务衙门等的咨呈、札……………………………………………………………… 658
黑龙江将军衙门为倘有俄船赴松花江上游贸易据约阻回事致黑龙江、
　　墨尔根副都统衙门等的咨、札
　　附：往来照会……………………………………………………………………… 660
总办开垦行局事务委员佛尔果春为报去年大木兰达等段放荒数目
　　事致黑龙江将军衙门的呈………………………………………………………… 666
理藩院为转饬所属蒙古汗王各旗造报家谱事致黑龙江将军的咨…………………… 667
盛京将军衙门等为挑选官兵由何路驰赴古北口驻扎事致黑龙江将军
　　衙门的咨…………………………………………………………………………… 668
署理黑龙江将军德英为俄人在黑龙江口左岸格勒沁屯附近盖房耕种
　　事致总理各国事务衙门、黑龙江城副都统衙门的咨呈………………………… 669
黑龙江将军衙门为嗣后与俄国交涉行文用满文书写事致吉林将军
　　衙门等的咨札……………………………………………………………………… 671
热河都统库克吉泰为驻古北口之吉林、黑龙江马队撤回事致黑龙江将军的咨
　　附：原奏…………………………………………………………………………… 672
户部为补放墨尔根城副都统员缺事致黑龙江将军的咨……………………………… 674
黑龙江将军衙门为报同治八年齐齐哈尔等处收支银两数目清册事的咨…………… 675
署理呼兰河城守尉富隆阿为报大荒沟以北等处历年私垦地亩垧数清册事
　　致黑龙江将军衙门的呈…………………………………………………………… 680
黑龙江将军衙门为征收私垦地租事致都京户部的咨………………………………… 682
盛京将军衙门等为撤回吉林、黑龙江官兵调赴乌里雅苏台助剿事
　　致黑龙江将军衙门的咨…………………………………………………………… 683
德英为谢恩事的奏折…………………………………………………………………… 685
德英为奏同治九年边界卡伦处所经过俄商起数事的奏折…………………………… 686
黑龙江将军衙门为奏将截留官兵饬赴乌里雅苏台助剿事致都京兵部、
　　户部等的咨………………………………………………………………………… 687
黑龙江将军衙门为吉林将军等奏绅士复恳捐建考棚义学书院事
　　致黑龙江、墨尔根副都统衙门等的咨、札
　　附：原奏、片……………………………………………………………………… 689

黑龙江将军衙门为出放夹荒不准邻靠之人把持事致呼兰委员

  佐领巴彦诺尔布、理事同知文瑞等的札……………………………… 692

托克托布等为分设营制事的禀……………………………………………… 693

黑龙江将军衙门为奏查明呼兰同知文瑞被参各节并刑书等诈索缘由

  按例定拟事致吏部、刑部等的咨、札………………………………… 694

德英为呼兰厅拟请分设营制事致都京兵部、户部、工部的咨…………… 697

总办开垦行局事务副总管托蒙阿、年满屯官奇祥为报同治九年巴彦苏苏等

  段放荒细册事致黑龙江将军衙门的呈………………………………… 698

黑龙江将军德英为补放理刑主事事致都京吏部等的咨、札……………… 699

德英为奏整顿差操农务添筹牛马事的奏折………………………………… 701

德英为奏秋成分数及被灾丁户事的奏折

  附：清单………………………………………………………………… 703

德英为奏挑选貂皮数目事的奏折

  附：清单………………………………………………………………… 706

黑龙江将军衙门为巡猎事致管理官屯屯官佛銮等的札…………………… 708

署理黑龙江将军德英为与俄商议边界事宜事致总理各国事务衙门

  等的咨呈、札…………………………………………………………… 709

署理黑龙江将军德英为报送所有副都统清册事致办理军机处、

  都京兵部的咨呈、咨

  附：清册………………………………………………………………… 711

黑龙江将军德英为请添笔帖式事致都京吏部、兵部等的咨、札………… 715

德英为呼兰城守尉阿克敦呈报开缺请旨简放事致都京兵部等的咨……… 717

德英为奏协领、总管员缺循例调转、拟补事的奏折……………………… 718

黑龙江将军衙门为承领夹荒事致办理荒务委员佛尔果春、

  理事同知文瑞的札……………………………………………………… 719

黑龙江将军衙门为详查续招黑户开成熟地等事致呼兰城守尉

  阿克敦的札……………………………………………………………… 720

德英为奏拣选总管员缺事的奏折…………………………………………… 721

◎ 同治十年（一八七一年）

署理黑龙江驻吉林水师营四品官事务额勒和图为报户口清册事
　　致总管衙门的呈……………………………………………………… 722

黑龙江将军衙门为出示严禁旗民承领蒙古荒地事致呼兰城守尉、
　　理事同知文祺等的札…………………………………………………… 724

黑龙江将军衙门为不准呼兰厅商民姜振铎开设香房事致代行理事
　　同知事务巡检陈炳的札………………………………………………… 726

署理黑龙江将军托克湍为俄商违约前往瑷珲贸易事致总理各国事务衙门等
　　的咨呈、札……………………………………………………………… 727

黑龙江将军衙门为出示阿里罕山等段商户私设集场照章纳租事
　　致委员总管托克托布、委员副管托蒙阿等的札
　　附：告示………………………………………………………………… 728

黑龙江将军衙门为饬呼兰旗丁私招黑户驱逐事致呼兰城守尉
　　乌云布的札……………………………………………………………… 731

黑龙江将军衙门为巴彦苏苏商民在省呈交售货钱款发照回厅领款事
　　致呼兰理事同知文瑞的札……………………………………………… 733

托克湍为奏挑选貂皮数目事的奏折
　　附：清单………………………………………………………………… 734

黑龙江将军衙门为报同治九年齐齐哈尔等处收支银两数目清册事
　　致都京户部的咨………………………………………………………… 736

黑龙江将军衙门为奏已革副都统穆腾额到省效力赎罪折奉旨事
　　致兵部、刑部等的咨…………………………………………………… 740

吉林将军衙门为礼部议复奕榕等奏请吉林举行考试章程折奉旨允准事
　　致吉林将军的咨
　　附：原奏………………………………………………………………… 741

署理黑龙江将军托克湍为俄人越界在黑龙江右岸扎克达泡等处垦地事
　　致总理各国事务衙门的咨呈…………………………………………… 743

吉林将军衙门为英国领事雅妥玛由省城往赴宁古塔等处游历事
　　致黑龙江将军衙门的咨………………………………………………… 745

托克湍为奏交代署将军印务事的奏折……………………………………… 746

总办开垦行局事务委员巴彦诺尔布等为报同治十年清丈升科熟地垧数等事

　　致黑龙江将军衙门的呈⋯⋯⋯⋯⋯⋯⋯⋯⋯⋯⋯⋯⋯⋯⋯⋯⋯⋯⋯⋯⋯⋯⋯⋯⋯ 747

户部为议复盛京将军都兴阿等奏请领东三省官兵俸饷折片奉旨事

　　致黑龙江将军的咨

　　　附：原奏、片⋯⋯⋯⋯⋯⋯⋯⋯⋯⋯⋯⋯⋯⋯⋯⋯⋯⋯⋯⋯⋯⋯⋯⋯⋯⋯⋯⋯⋯ 748

黑龙江将军衙门为奏擒获邻省巨盗伙匪审明就地正法事致兵司等的咨⋯⋯⋯⋯ 752

巴彦苏苏委协领额哲通额为报法国教士施若亚敬入出境日期事

　　致黑龙江将军衙门的呈

　　　附：执照⋯⋯⋯⋯⋯⋯⋯⋯⋯⋯⋯⋯⋯⋯⋯⋯⋯⋯⋯⋯⋯⋯⋯⋯⋯⋯⋯⋯⋯⋯⋯ 754

总理各国事务衙门为饬查俄商拟过鄂博图卡伦至尼布楚城如何窒碍事

　　致黑龙江将军的咨

　　　附：往来照会、章程⋯⋯⋯⋯⋯⋯⋯⋯⋯⋯⋯⋯⋯⋯⋯⋯⋯⋯⋯⋯⋯⋯⋯⋯⋯⋯⋯ 756

◎ 同治十一年（一八七二年）

黑龙江将军衙门为报各城同治十年秋成分数事致都京户部等的咨、札

　　　附：清册⋯⋯⋯⋯⋯⋯⋯⋯⋯⋯⋯⋯⋯⋯⋯⋯⋯⋯⋯⋯⋯⋯⋯⋯⋯⋯⋯⋯⋯⋯⋯ 763

黑龙江将军衙门为驱逐呼兰封禁地界私招民户并查办私招之委官事

　　致呼兰城守尉乌云布等的札⋯⋯⋯⋯⋯⋯⋯⋯⋯⋯⋯⋯⋯⋯⋯⋯⋯⋯⋯⋯⋯⋯⋯⋯ 767

黑龙江将军德英等为俄商拟改道由本属内地行走至尼布楚城窒碍难行事

　　致总理各国事务衙门的咨呈⋯⋯⋯⋯⋯⋯⋯⋯⋯⋯⋯⋯⋯⋯⋯⋯⋯⋯⋯⋯⋯⋯⋯⋯ 769

黑龙江将军衙门为出示不准民户在通肯等封禁段内私垦事致办理荒务委员

　　佐领巴彦诺尔布、署理同知佛尔果春等的札

　　　附：告示⋯⋯⋯⋯⋯⋯⋯⋯⋯⋯⋯⋯⋯⋯⋯⋯⋯⋯⋯⋯⋯⋯⋯⋯⋯⋯⋯⋯⋯⋯⋯ 771

呼兰城守尉乌云布为将拿获偷伐木植把头王才等送省事

　　致黑龙江将军衙门的呈

　　　附：清单⋯⋯⋯⋯⋯⋯⋯⋯⋯⋯⋯⋯⋯⋯⋯⋯⋯⋯⋯⋯⋯⋯⋯⋯⋯⋯⋯⋯⋯⋯⋯ 773

新授双城堡总管依常阿为奏叩谢天恩并请陛见折奉旨允准事

　　致黑龙江将军衙门的咨呈

　　　附：原奏⋯⋯⋯⋯⋯⋯⋯⋯⋯⋯⋯⋯⋯⋯⋯⋯⋯⋯⋯⋯⋯⋯⋯⋯⋯⋯⋯⋯⋯⋯⋯ 776

德英、托克湍为奏请拨围猎官兵新陈资装银两事的奏折

　　　附：清单⋯⋯⋯⋯⋯⋯⋯⋯⋯⋯⋯⋯⋯⋯⋯⋯⋯⋯⋯⋯⋯⋯⋯⋯⋯⋯⋯⋯⋯⋯⋯ 777

内务府为奏各省应进贡品方物花色数目折奉旨允准事致黑龙江将军的咨
　　附：原奏、清单 …………………………………………………………… 779
黑龙江将军衙门为查禁栽种罂粟事致黑龙江、墨尔根副都统
　　衙门等的咨、札 …………………………………………………………… 782
黑龙江将军衙门为奏成员遣犯恭逢恩旨可否释免折奉旨事的咨
　　附：清册 …………………………………………………………………… 783
黑龙江将军衙门为奏查明奉省前来领地旗户数目请编入旗档折奉旨事
　　致都京户部的咨 …………………………………………………………… 786
署理呼兰理事同知佛尔果春为报同治十年厅属烧商家数等项细册事
　　致黑龙江将军衙门的呈 …………………………………………………… 788
户部为议复德英等奏奉省旗户赴黑龙江垦地请编入旗档折奉旨允准事
　　致黑龙江将军的咨
　　附：原奏 …………………………………………………………………… 790
呼兰城守尉乌云布为奉旨赏加副都统衔请代谢恩事致黑龙江
　　将军衙门的呈 ……………………………………………………………… 792
黑龙江将军衙门为报同治十年齐齐哈尔等处收支银两数目清册事
　　致都京户部的咨 …………………………………………………………… 793
德英、托克湍为奏挑选貂皮数目事的奏折
　　附：清单 …………………………………………………………………… 797
黑龙江将军德英等为俄商违约经墨尔根、黑龙江城等处赴海兰泡贸易事
　　致总理各国事务衙门等的咨呈、札 ……………………………………… 799
黑龙江将军德英等为报俄轮驶抵省城要求通商及回帆下驶情形事致总理
　　各国事务衙门等的咨呈、咨 ……………………………………………… 801
黑龙江将军德英等为俄人越界在黑龙江右岸霍托玛勒等处种地事致总理
　　各国事务衙门等的咨呈、咨 ……………………………………………… 804
德英、托克湍为奏请旨复催各省筹解新陈欠饷事的奏折 ………………………… 806
总办开垦行局事务委员苏隆阿等为报巴彦苏苏等段升科地毗连册事
　　致黑龙江将军衙门的呈 …………………………………………………… 808
黑龙江将军德英等为奏准齐齐哈尔城协领倭和署理黑龙江副都统
　　事致都京兵部等的咨、札 ………………………………………………… 809
黑龙江副都统倭和为请代奏谢恩事致黑龙江将军衙门的呈 …………………… 810

黑龙江将军德英等为奏黑龙江城副都统爱绅泰因病出缺请旨简放折奉旨
　　事致都京兵部等的咨、札 …………………………………………………… 811

德英、托克湍为奏同治十一年边界卡伦处所经过俄商起数事的奏折 ……… 812

黑龙江将军衙门为奏请赏给布特哈无饷鄂伦春佐领等官减半俸银折奉旨事
　　致都京户部的咨 …………………………………………………………… 813

总办开垦行局事务委员巴彦诺尔布等为报同治十一年丈地放荒垧数事
　　致黑龙江将军衙门的呈 …………………………………………………… 814

黑龙江将军衙门为备设京旗界内不准续招民户私垦事致呼兰城
　　守尉乌云布的札 …………………………………………………………… 815

户部为奏催各省拨解东三省同治十二年俸饷及历年欠银折片奉旨允准事
　　致黑龙江将军的咨
　　附：原奏、片 ……………………………………………………………… 818

巴彦苏苏委协领额哲通额为报户口清册事的呈 ……………………………… 821

◎ 同治十二年（一八七三年）

黑龙江将军衙门为催报呼兰厅现存各现银细册事致署理同知佛尔果春、
　　新授同知郁文等的札 ……………………………………………………… 822

黑龙江将军衙门为催查万宝山屯丁罗得令等私招民人垦荒
　　事致呼兰城守尉乌云布、署理同知佛尔果春等的札 …………………… 823

黑龙江将军衙门为分晰造报北团林子等处旗丁花名细册事
　　致武营委协领额哲通额的札 ……………………………………………… 824

黑龙江将军衙门为呼兰征收牛马等税与同治十一年数目不符事
　　致理事同知郁文的札 ……………………………………………………… 825

黑龙江将军衙门为严催呼兰限期征齐租赋事致呼兰同知郁文、
　　委员巴彦诺尔布的札 ……………………………………………………… 826

黑龙江将军衙门为将拿获脱逃闲散德林保从严惩治事致呼兰城守尉
　　乌云布的札 ………………………………………………………………… 827

黑龙江将军衙门为呼兰崔凤鸣控李景青一案按例惩办事致呼兰城
　　守尉乌云布的札 …………………………………………………………… 828

黑龙江将军衙门为造具比丁细册报省事致委协领额哲通额的札 …………… 829

黑龙江将军衙门为查缉究办擅行出售封禁边荒之乡约恶徒事

  致同知郁文的札……………………………………………………………… 830

黑龙江将军衙门为催征巴彦苏苏等段租赋事致同知郁文、

  委员巴彦诺尔布的札……………………………………………………… 831

黑龙江将军衙门为饬上紧催征租赋事致呼兰城守尉乌云布的札………… 832

黑龙江将军德英等为绘图呈报连环炮式样事致都京工部的咨…………… 833

黑龙江将军衙门为催征呼兰同治十一年应缴各项租钱事致同知郁文、

  委员巴彦诺尔布等的札…………………………………………………… 834

黑龙江将军衙门为呼兰屯丁呈控勘丈不公事致城守尉乌云布等的札……… 836

黑龙江将军衙门为派员查丈地亩事致委员巴彦诺尔布等的札…………… 837

黑龙江将军衙门为严行禁止于封禁界内垦荒事致署理黑龙江副都统衙门

  等的咨、札………………………………………………………………… 838

黑龙江将军衙门为追缴刘张氏所欠租钱事致委员吉雅图等的札………… 839

黑龙江将军衙门为呼兰旗人越界在恒升堡私招民人垦荒事

  致呼兰城守尉乌云布等的札……………………………………………… 841

德英、托克淯为奏请照例补修墨尔根、呼兰船只事的奏折……………… 844

黑龙江将军衙门为呼兰绅商恳准捐资设立义塾事

  致呼兰理事同知郁文的札………………………………………………… 845

黑龙江将军衙门为呼兰民人李会成来省呈控地亩事致呼兰城守尉

  乌云布的札………………………………………………………………… 846

黑龙江将军衙门为严行催追北团林子佃民刘瑞应纳租赋事致同知郁文、

  委员吉雅图等的札………………………………………………………… 848

黑龙江将军衙门为私招民户开垦熟地归公升科等事

  致呼兰城守尉乌云布等的札……………………………………………… 849

黑龙江将军衙门为呼兰旗丁杨得安等私招民人垦荒事

  致呼兰城守尉乌云布的札………………………………………………… 851

黑龙江将军衙门为详查呼兰旗丁等所招红黑各户事致呼兰城守尉

  乌云布等的札……………………………………………………………… 853

黑龙江将军衙门为勘丈界址事致城守尉乌云布等的札…………………… 854

黑龙江将军衙门为饬呼兰地方迅速收纳荒价事致呼兰理事同知郁文、

  委员佐领吉雅图等的札…………………………………………………… 857

黑龙江将军衙门为饬同知郁文查对同治十一年分牛马烟酒等税销册具文呈

　　报事致理事同知郁文的札

　　　　附：清册 ··· 859

黑龙江将军衙门为严查刘张氏变卖街基、荒地事致理事

　　同知郁文等的札 ··· 861

黑龙江将军衙门为赶紧判结五台站开垦毛荒案事致站官依兴阿的札 ········· 865

黑龙江将军衙门为严禁越界私招事致呼兰城守尉乌云布、

　　站官依兴阿等的札 ··· 866

黑龙江将军衙门为严惩私招民户等事致呼兰城守尉乌云布、

　　站官依兴阿等的札 ··· 867

黑龙江将军衙门为捕打贡鱼事致呼兰城守尉乌云布、

　　官屯屯官苏札布的札 ··· 868

黑龙江将军衙门为严办海凌阿违禁招垦及陈俊强占来成地亩一案事

　　致呼兰城守尉乌云布的札 ··· 870

黑龙江将军衙门为禁止开垦荒地事致水师营总管的札 ································ 872

黑龙江将军衙门为拟定铺商开帖章程出示晓谕事致管理理民厅总管

　　诺蒙额等的札

　　　　附：条款 ··· 874

黑龙江将军衙门为清丈限届之地事致委员吉雅图等的札 ···························· 875

黑龙江将军衙门为饬再行勘丈地亩呈报事致办理荒务委员

　　吉雅图等的札 ··· 876

黑龙江将军衙门为饬查明呼兰城界升科地亩、佃民数目等情形事

　　致呼兰城守尉乌云布的札 ··· 878

黑龙江将军衙门为添设副甲发给工食钱文并补领巡防口分事

　　致委协领额哲通额的札 ·· 879

黑龙江将军衙门为呼兰呈报各段荒场地图与原图不符重新呈报事

　　致署理同知佐领佛尔果春等的札 ·· 880

◎ 同治十三年（一八七四年）

依克唐阿为具奏接护黑龙江将军印务事致都京兵部等的咨 ·········· 881

黑龙江将军衙门为派员赴盛京请领俸饷事致盛京将军衙门、

　　户司的咨……………………………………………………………………… 883

户部为奉旨稽查旗民迁移事致黑龙江将军的咨……………………………… 885

黑龙江将军衙门为请领续拨俸饷银两仍由前派委员一并领回事

　　致盛京将军衙门、户部等的咨、札…………………………………… 886

总办开垦行局事务委员色勒春等为报征收同治十二年分租赋清单事

　　致黑龙江将军衙门的呈

　　附：清单………………………………………………………………… 888

黑龙江将军衙门为限期催征租赋事致理事同知郁文、

　　委员吉雅图等的札……………………………………………………… 889

黑龙江将军衙门为声明续添新安台壮丁等情系援案办理事致都京户部、

　　兵部的咨………………………………………………………………… 891

总办开垦行局事务委员色勒春等为报送同治十二年放荒数目及请领印照事

　　致黑龙江将军衙门的呈………………………………………………… 893

总办开垦行局事务委员色勒春等为报送升科熟地数目清册

　　事致黑龙江将军衙门的呈……………………………………………… 894

黑龙江将军衙门为报送同治十二年核销齐齐哈尔等四处先农坛存粮

　　数目册档事致都京户部的咨…………………………………………… 895

黑龙江将军衙门为报送同治十二年核销齐齐哈尔等四处备仓存粮

　　数目册档事致都京户部的咨…………………………………………… 897

黑龙江将军衙门为严禁丈地委员随绳放荒及造报各项清册事

　　致委员吉雅图、同知郁文等的札……………………………………… 901

黑龙江将军衙门为派员稽查蒙古尔山等处荒段并造报清册事

　　致委员佐领吉雅图、委协领额哲通额等的札………………………… 902

呼兰理事同知郁文为报旧设烧锅关闭日期事致黑龙江将军衙门的呈

　　附：清单………………………………………………………………… 904

黑龙江将军衙门为杜绝承领余荒弊端、严惩刁民事致同知郁文、

　　委员吉雅图等的札

　　附：告示………………………………………………………………… 905

总办开垦行局事务委员色勒春等为会衔上报按限征收同治十二年分租赋

　　钱文清单事致黑龙江将军衙门的呈…………………………………… 907

户部为具奏议拨黑龙江因灾接济银两奉旨允准事致黑龙江将军的咨
　　附：原奏 …………………………………………………………………… 908
总理各国事务衙门为知照俄官照章审理俄人私行过江杀人事
　　致黑龙江将军的咨 ………………………………………………………… 910
呼兰理事同知郁文为造报同治十二年分征收烧锅课银清册事
　　致黑龙江将军衙门的呈 …………………………………………………… 911
黑龙江将军衙门为造报进奉貂皮等第、数目清单事的奏折 ……………………… 912
黑龙江将军衙门为严禁私行买卖貂皮及滋生事端事的告示 …………………… 913
户部为黑龙江打牲丁饷银核销事致黑龙江将军的咨 …………………………… 914
盛京户部为催解积欠黑龙江俸饷及由部库暂借饷银事致黑龙江
　　将军衙门的咨
　　附：原奏 …………………………………………………………………… 915
黑龙江将军衙门为报送齐齐哈尔等六处一年征收使用税课房租等项
　　银两数目册档事致都京户部的咨 ………………………………………… 917
丰绅等为酌拟搭放新陈官兵俸饷以纾营困事的奏折 …………………………… 920
黑龙江将军衙门为宁古塔地方贼匪窜扰飞饬严防堵击事
　　致呼兰城守尉等的札、咨 ………………………………………………… 922
黑龙江将军衙门为邻省通报剿除贼匪情形暨飞饬严防堵击逃匪事
　　致呼兰城守尉等的札 ……………………………………………………… 924
户部为题销齐齐哈尔等处同治十年分征收牛马税课等项银两
　　事致黑龙江将军的咨 ……………………………………………………… 927
户部为核复黑龙江同治十一年分公仓粮石动存各数事的咨 …………………… 930
黑龙江将军衙门为严饬堵缉邻匪窜扰事致呼兰城守尉乌云布等的札 ……… 931
依克唐阿、托克湍为奏请变通轮送官缺章程事致都京兵部的咨 …………… 932
黑龙江将军衙门为三姓属界贼匪窜扰飞饬严防堵缉事致呼兰城守
　　尉乌云布等的札 …………………………………………………………… 933
依克唐阿、托克湍为上报三个月内与俄交涉案件清册事
　　致总理各国事务衙门的咨呈 ……………………………………………… 935
黑龙江将军衙门为查办孙长发与王福堂互争地亩一案事致署理同知德色勒布、
　　局员巴彦孟库等的札 ……………………………………………………… 937
依克唐阿等为奉旨预挑防剿邻匪官兵事致都京兵部等的咨、札 ………… 939

依克唐阿等为奉旨挑派马队官兵赴奉剿匪事致都京兵部等的咨……941
依克唐阿、托克湍为奏请循例督率官兵行围事致都京兵部、户部等的咨…943
黑龙江将军衙门为查办民人王亮与旗丁英山等人争控地亩一案事
　　致城守尉乌云布、署理委协领富隆阿的札……944
黑龙江将军衙门为严禁开垦京旗荒地事致呼兰城守尉乌云布的札……945
吏部为佛鋆补授黑龙江理刑主事奉旨允准事致黑龙江将军的咨……946
署理巴彦苏苏等处委协领富隆阿为整肃街面严防盗匪事致黑龙江
　　将军衙门的呈……947
黑龙江将军衙门为审核色勒春等人所报勘查巴彦苏苏荒段所绘文册图结事
　　致署理城守尉成庆等的札……948
黑龙江将军衙门为查禁外来民户携眷潜居致妨旗人生计事致水师营总管
　　托克托布的札……951
兵部为通报遣撤黑龙江马队官兵名册事致黑龙江将军的咨……952
署理呼兰城守尉成庆为拟请添设副甲并拨派设防堵缉逃匪事致黑龙江
　　将军衙门的呈……953
委员巴彦孟库等为拟请整顿荒务除弊安民事致黑龙江将军衙门的呈……955
黑龙江将军衙门为严禁赌博以靖地方而安善良事致水师营总管
　　托克托布的札……958
黑龙江将军衙门为请催解甲戌年饷银以重边防事致钦差大臣太子太保
　　大学士直隶总督李鸿章的咨……960
黑龙江将军衙门为奏请拨给驿站差丁津贴以示抚恤奉旨照准事
　　致都京户部的咨……962
黑龙江将军衙门为遵旨发给驿站站丁津贴钱文事致都京户部的咨呈……964
盛京户部为拨解黑龙江冬围资装银两事致黑龙江将军衙门的咨
　　附：原奏……965
呼兰理事同知郁文为报开设烧锅事致黑龙江将军衙门的呈……967
黑龙江将军衙门为奏请催解历年积欠俸饷事致都京户部的咨……968
呼兰理事同知郁文为报邻境贼匪窜扰选派弁兵巡查防堵事致黑龙江
　　将军衙门的呈……970
署理巴彦苏苏委协领富隆阿为报派员侦探邻境贼匪抢掠情形暨督饬官兵
　　巡防事致黑龙江将军衙门的呈……971

呼兰理事同知郁文为遵札办理法国传教士购买地基事致黑龙江将军衙门的呈

  附：白契、印照……………………………………………………………… 972

黑龙江将军衙门为造具同治十二年分应交应免粮石暨展缓前借籽种、

  口粮、银米等事致都京户部的咨………………………………………… 974

户部为遵旨拨给站丁津贴事致黑龙江将军的咨………………………………… 977

委员富隆阿等为报放荒、升科地亩及征收租钱数目清单

  事致黑龙江将军衙门的呈………………………………………………… 978

呼兰理事同知郁文为征缴网场课银事致黑龙江将军衙门的呈………………… 980

后　记

黑龙江水师营署理四品官事务协领诺们德勒和尔为请领拆造、补修船只需用物料事的呈

同治元年二月初一日

黑龙江水师营署理四品官事务协领诺们德勒和尔为呈请讨木料事。

查得咸丰二年二月二十八日动工，五月十八日告竣，明年应该拆造月字第三十三号至四十三号花船十一只，共用顶粗一尺二寸长一丈七尺五寸果松木三百三十根、顶粗一尺长二丈果松木四百四十根、顶粗一尺长二丈七尺五寸做櫼果松木四十四根、顶粗九寸长三丈二尺五寸做龙骨果松木四十四根，顶粗一尺长一丈榆木梁头一百七十六根、顶粗一尺三寸长一丈一尺榆木面梁十一根、顶粗一尺二寸长一丈榆木舵斤〔筋〕十一根、顶粗一尺长八尺榆木桅夹十一根、顶粗一尺三寸长三尺五寸榆木舵榄子二十二根、顶粗七寸长一丈二尺榆木舵杆二十二根、顶粗三寸长五尺榆木罗框柱二百七十五根、顶粗一尺三寸长四尺榆木桅坐子十一根、顶粗一尺二寸长九尺榆木象鼻子十一根、顶粗八寸长九尺榆木草鞋底十一根、顶粗八寸长一丈三尺榆木小迁十一根、顶粗七寸长七尺五寸榆木将军柱十一根、顶粗一尺长七尺五寸榆木小面梁十一根、顶粗七寸长八尺榆木桨迎子二十二根、顶粗八寸长八尺榆木绞杆十一根、顶粗四寸长八尺榆木仙人椿十一根，顶粗六寸长四丈五尺杉松木桅杆十一根、顶粗四寸长二丈五尺杉松木提头拉草二十二根、顶粗四寸长二丈五尺杉松木小桅杆二根、顶粗三寸长一丈七尺五寸杉松木提头拉草四根，顶粗二寸二分长一丈五尺做槁榆木一百四十三根、宽八寸长八尺做招榆木板五十五块。

以上拆造十一只花船，共用粗细长短不等果松木八百五十八根、榆木七百八十一根、榆木板五十五块、杉松木三十九根，打新钉、锔，理旧钉、锔共用木炭二万三千三百七十五斤、舱船石灰十三石二斗。此十一只花船至五年本地大修共用顶粗一尺二寸长一丈七尺五果松木四十四根、顶粗一尺长二丈果松木四十四根。

以上大修花船十一只共用果松木八十八根、舱船石灰七石七斗。

黑龙江将军衙门为迅速征齐同治元年私垦现租并呈报下年续开地亩现租事的咨

同治元年二月

镇守黑龙江等处地方将军衙门为查明咨报事。

户司案呈：同治元年二月初八日准户部咨开，议覆署黑龙江将军特（普钦）等片奏，据城守尉等册报，在于大荒沟等处先后查出私招民四千一百余名新陈私垦地一万五千余垧，该佃户等均盖有房间不肯舍置，原招地主又不能清还欠项，彼此觭轕不清，数月间仅迁移五十余户，其余均未迁移。此等私招之户驱逐非易，且恐别生枝节，拟请自本年起科令每年按垧交纳现租钱六百六十文，免其再交押租。等语。咸丰十一年九月十六日奉旨：户部议奏。钦此。臣等查私垦官荒原干例禁，第该佃户人数积至四千余名之多，概行驱逐诚恐别滋事端，该将军等请宽其既往就地安置，令自本年起科每年按垧交纳租钱六百六十文，免其再交押租，系为安辑民户起见，应如所奏办理。惟查向来开垦官荒章程应先交纳押租，此项押租钱文各该佃户承招试垦之初系预向地主交纳，今既据该将军等请令民户每年按垧交纳租钱免交押租，所有押租一项自应着落从前私行招垦之地主照数呈交，应令该将军等体察情形，妥为办理。其所称现时查出私招各户多在大荒沟以北南北团林子等处，原在前奏官荒之外，除私报地面尚有余荒请由官为招办之处，应令该将军迅饬委员查清赶贤〔紧〕招佃，先令交纳押租钱文，俾地利不致抛荒，而收取租钱亦可以济要用。所有臣等核议缘由谨附片具奏，奉旨：依议。钦此。钦遵。等因咨行前来。

本衙门详核部咨，饬将押租一项自应着落从前私行招垦之地主照数呈交，应令体察情形妥为办理。其查出私招各户之外尚有余荒，应令迅饬委员查清，赶紧招佃纳租。等语。本衙门遵即遴派主事成山前往呼兰，一面认真周历清查私垦地亩，一面会同该城守尉并拨放官荒委员等催征现租，着饬该地主呈交押租。等因。派委去后，旋据各该员报称，查出附近官荒之大荒沟有旗户所招私垦熟地一千六百余垧，并旗屯、营站、官庄界内私垦熟地一万八千八百余垧，内有旗户等从前自力开成熟地四千五百余垧，今因家计贫苦，租给民垦，希图分粮。等情。除将此项地亩仍请归回各该地主耕种以资糊口外，现在查有私垦地亩一万五千九百余垧，每垧计征大小租钱六百六十文，已将上年应纳大小现租京钱一万零四百九十余吊文如数征齐。惟着饬呈交押租一项，查各该处地主皆系旗户、官屯人等，乃因家寒无力耕种，将其余荒招民开垦，但期得租，随意批写或俟三年、五年甚至十年后取租，目下只图分粮数斗或以盖房、穿井等项需费抵补押租。等情。叠经严催交纳押租，而各该地主俱称穷苦无业可倚，实系不能呈交。等因。节据各该管官加具印结呈报前来。查该处旗户、官屯人等将自开熟地四千五百余垧租给民垦，希图分粮糊口，本应将其地亩归公，惟查内有承种公田照数纳粮之户，每年饬令该管各官严催耕作，今若将其熟地一律归公征租，而该旗户、官屯人等转以生计无由，难期度日纳粮等情藉口应请将其熟地仍归原主，责令自耕，以重农业，并饬该城守尉等官不时严查，倘有再将熟地租给民垦者，即行严加惩治，以示儆戒。至查该处旗户、官屯人等将其余荒随意招民批写，只图分粮或抵需项等情，今遵部咨，着饬呈交押租，而据各该地主均称穷苦无力呈交。复据该管各官加结呈报前来，系属实在情形。查本衙门原议，此项私垦地亩因其人数积至四千余名，垦地一万五千余垧，若急切操办，殊非易易，且恐别生枝节，是以奏请就地安置，宽其既往，自上年起即行升科，每垧按年征收现租京钱六百六十文，核与现办官荒先收押租二吊一百文，予限五年再行升科征租六百六十文章程，较之每年多增租钱三千六百余吊，如以五年核计，共多增租钱一万八千余吊，若再续开续征，更与公项有裨。今既将该旗户、官屯人等招垦荒田概行归公，核收租钱与官荒章程有赢无亏，若再令其呈交押租，不惟该户苦累，而且力实未建，应请宽免，以示体恤。现将所征上年私垦升科大租京钱九千五百四十余吊按照本月市行每两以三吊零五十文，易银三千一百二十九两，归于官荒押租一并留充拨用，其小租钱九百五十余吊文作为心红纸张、查地官兵工食等项之需。除札饬该城守尉即将本年私垦现租催征齐妥，并将下年续开地亩一律升科现租随时呈报以济经费外，所有本衙门遵奉部咨，体察情形酌核办理缘由，相应声明咨报大部，希请查照施行可也。

特普钦为遵章将现出员缺咨送军营拣放事致都京兵部、都京理藩院的咨
同治元年五月

奴才特普钦跪奏，为遵照议定章程将存营官缺咨送军营相间拔补，恭折具奏，仰祈圣鉴事。

窃照同治元年五月间准兵部咨开：覆议奏准遇有本省所出应拔之缺，将出征员弁与存营人员循例相间拔补，当经拟定章程，遇有各项缺出，各按旗翼以一缺拣用，存营人员以一缺分送军营。嗣因奏补军营记名人员经都兴阿奏请改补，复经奏明，嗣后遇有应送军营缺分，无论有无记名人员，均不指名补放，止将缺分咨送军营，由各该统兵大臣随时量功拣补，奉旨：依议。各在案。

兹查有布特哈处所出厢〔镶〕蓝旗索伦骁骑校二缺，除将一缺按照旗翼拣选照例送部引见外，拟请将布特哈厢〔镶〕蓝旗富勒胡讷佐领下索伦骁骑校特蒙额一缺咨送钦命督办奉天军务都兴阿军营，由该大臣将应补、应升人员随时量功拣放，恭候命下之日钦遵办理。所有奴才遵照议定章程，将现出员缺咨送军营拣放缘由理合，恭折具奏，伏乞皇太后、皇上圣鉴。谨奏请旨。等因具奏之处相应呈请咨报兵部、理藩院备核施行。须至咨者。

右咨都京兵部、都京理藩院。

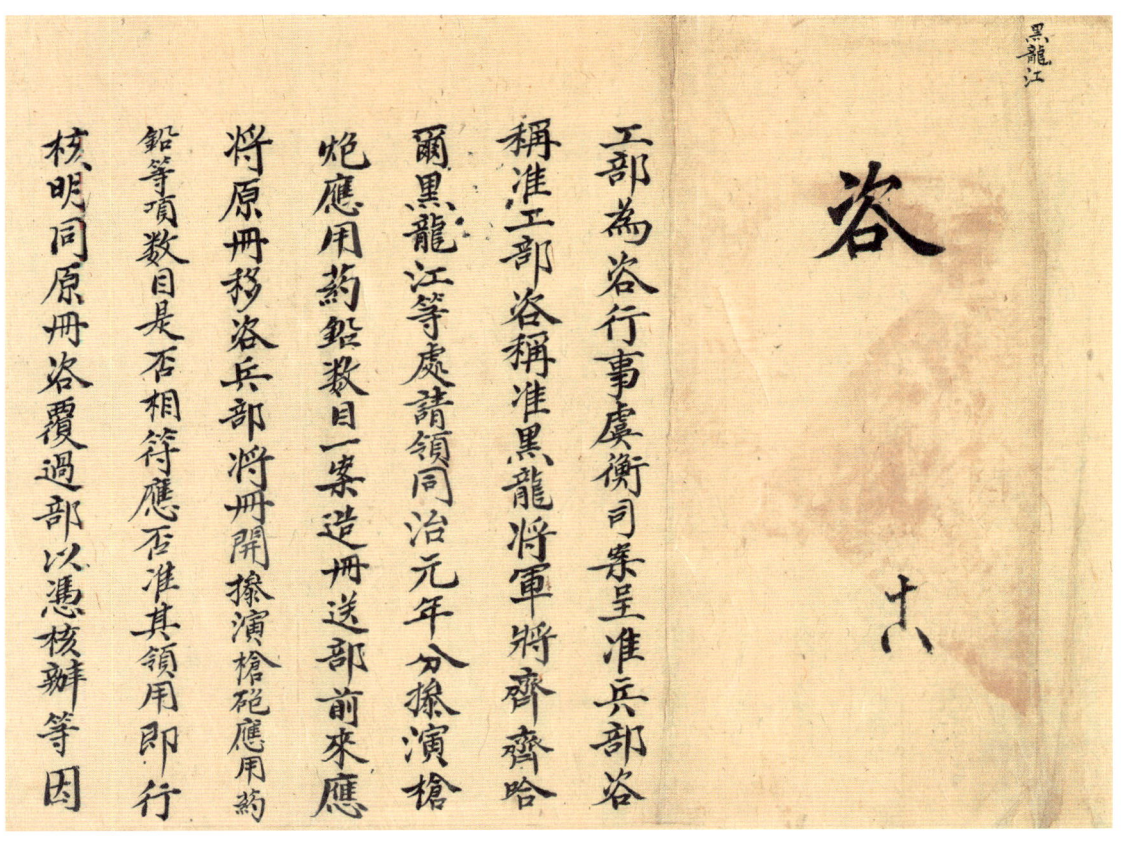

工部为拨发同治元年齐齐哈尔、黑龙江等处操演所需药、铅等项事致黑龙江将军的咨

同治元年六月十三日

工部为咨行事。

虞衡司案呈：准兵部咨称，准工部咨称，准黑龙〔江〕将军将齐齐哈尔、黑龙江等处请领同治元年分操演枪炮应用药、铅数目一案造册送部前来。应将原册移咨兵部，将册开操演枪炮应用药、铅等项数目是否相符、应否准其领用即行核明，同原册咨覆过部，以凭核办。等因。查齐齐哈尔、黑龙江等处请领同治元年分操演枪炮应用药、铅等项，本部核与历办成案相符，应准其领用。相应咨覆工部并将原册送回。等因前来。

查兵部咨，黑龙江、齐齐哈尔等处请领同治元年操演枪炮需用药、铅等项既经兵部核明相符准其请领。本部查册开共请领火药一万一千四百九十四

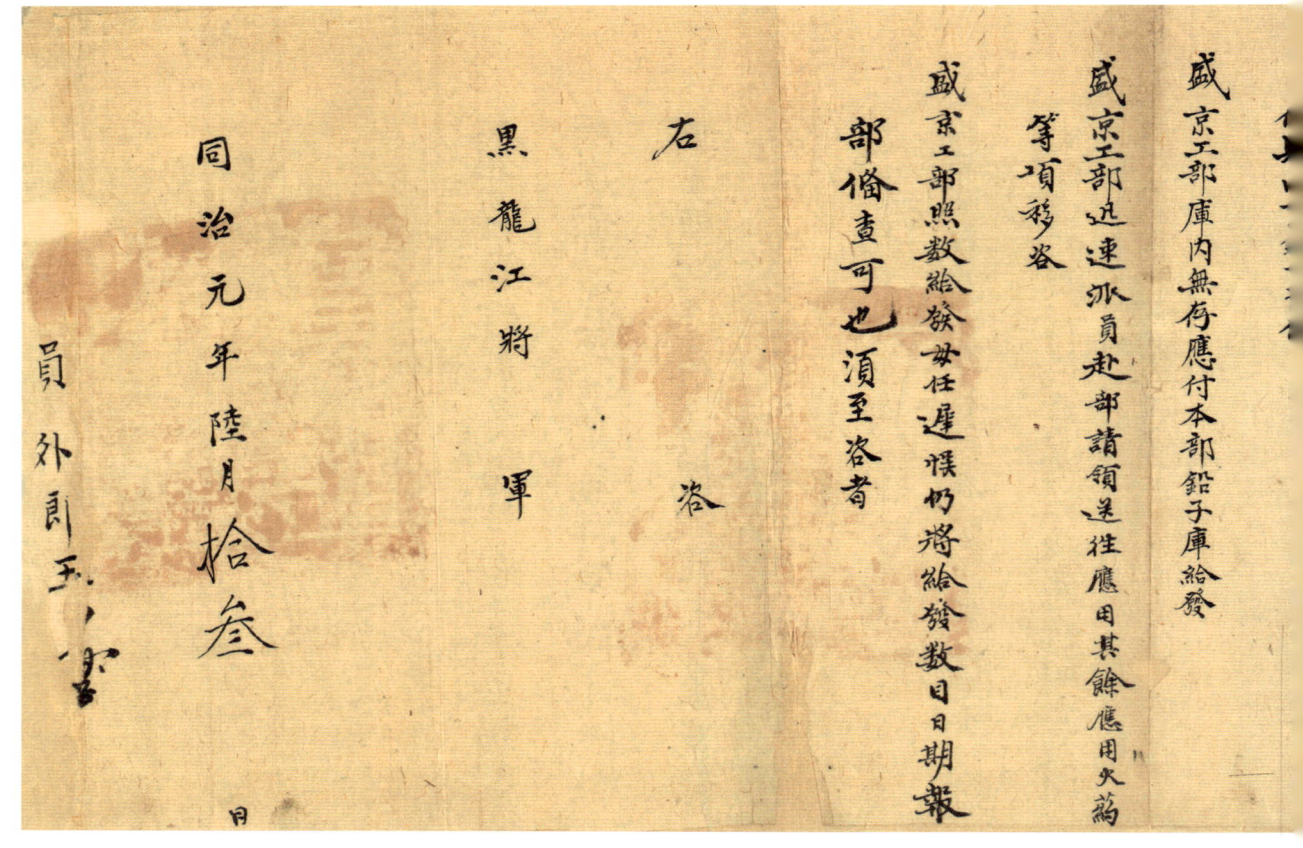

斤十一两三钱、烘药一百五斤十二两五钱二分、九斤重铅子二十个、一斤二两重铅子八十五个、五两重铅子一百二十五个、四两四钱重铅子二个、四两重铅子二个、鸟枪二项铅子六万六千八百七十个、一两二钱重铅子五千四百个、白布宽一尺六寸长十丈一寸一分八厘、火绳十八丈四尺五寸、麻一千四百八十四斤八两，按册核算应领数目相符。内除请领九斤重铅子二十个、一斤二两铅子八十五个、五两重铅子一百二十五个、四两四钱重铅子二个、四两重铅子二个，盛京工部库内无存应付本部铅子库给发，盛京工部迅速派员赴部请领送往应用。其余应用火药等项移咨盛京工部照数给发，毋任迟误，仍将给发数目、日期报部备查可也。须至咨者。

右咨黑龙江将军。

查齊齊哈爾黑龍江等處請領同治元年分操演槍炮應用藥鉛等項本部核與歷辦成案相符應准其領用相應咨覆工部並將原冊送回等因前來查兵部咨黑龍江齊齊哈爾等處請領同治元年操演槍砲需用藥鉛等項既經兵部核明相符准其請領本部查冊開共請領火藥壹萬壹千肆百玖拾肆斤拾壹兩叁錢烘藥壹百伍拾貳兩玖分玖厘鉛子貳拾個壹斤貳兩捌拾伍兩重鉛子壹百貳拾伍個肆兩肆錢重鉛子貳個肆兩重鉛子貳個鳥槍貳項鉛子陸萬陸千捌百柒拾個壹兩貳錢重鉛子伍千肆百個白布寬壹尺陸寸長拾丈壹分捌厘火繩拾捌丈肆尺伍寸蘇壹千肆百捌拾肆斤捌兩按冊核筭應領數目相符內除請領玖斤重鉛子貳拾個壹

支绌之际嗣后应令该将军转饬暂行停止旋据黑龙江将军以该省一切衙署仓库等项公所皆系土筑草苫之工兼之边地风多狂暴若将岁修概行停止不数年间必致坍塌再行修建需费浩繁除衙署各项公所可缓之工暂行停止外其仓库监狱等属紧要势难稍缓拟请嗣后于每年离银玖百馀两内酌减四五成通共准开销银伍百馀两以作粘补紧要工程之需咨部核覆当经臣部查系定在情形准其办理在案今咸丰十一年分齐齐哈尔等四处库等工据黑龙江将军特等转饬撙节要补修完竣所有用过工料银肆百拾两柒钱捌分柒厘贰毫在於各该处库存银内动撙造具册结题销等因臣部遵前项岁修各工用过银两核与题明酌减原额成数有减无增自应准其报销查毋开齐齐哈尔用过银贰百玖拾伍两陆钱肆分黑龙江用过银叁拾玖两柒钱玖分肆毫呼兰河用过城用过银

工部为齐齐哈尔等四处岁修仓库等工所用工料银两应准开销及嗣后兴修工程需减成数事致黑龙江将军的咨

同治元年七月二十八日

工部为题销事。

营缮司案呈：本部具题内开，工科抄出户科外抄，该臣等查得黑龙江将军特（普钦）等疏称，咸丰十一年分齐齐哈尔、黑龙江、墨尔根、呼兰河等四处仓库等房实不可缓要工，遵照部文撙节补修去后。今据承办各员补修完竣，将用过工料共银伍百拾捌两陆钱玖厘内每两各贰钱计减存银壹百叁两柒钱贰分壹厘捌毫外，实在用过银肆百拾肆两柒钱捌分柒厘贰毫造具细册呈递，即委协领等官查验相符，出具切实印结，由该处副都统等造册呈递，覆查无异，用过银两由各该处库存银内动支。除将册结咨送工部照例核销外，理合具题。等因前来。

查齐齐哈尔等四处岁修仓库等工，先经臣部于题销咸丰三年岁修案内，以现当款项支绌之际，嗣后应令该将军转饬暂行停止。旋据黑龙江将

工部為題銷事營繕司案呈本部題內開工
科抄出戶科抄該臣等查得黑龍江將軍特等
跪稱咸豐十一年分齊齊哈爾黑龍江墨爾根呼蘭河等
四處倉庫等房定不可緩要工遵照部文撙節補修
去後今據承辦各員補修完竣將用過工料共銀伍
百拾捌兩陸錢玖釐內每兩各貳錢計減存銀壹百
叁兩柒錢貳分壹釐捌毫外定在用過銀肆百
肆兩柒錢捌分柒釐貳毫造具細冊呈送委協領等
官查驗相符出具切定印結由該處副都統等造冊
呈遞覆查無異用過銀兩由各該處庫存銀內動支
除將冊結咨送工部照例核銷外理合具

銀貳拾柒兩肆錢伍分肆毫所用工料銀兩均屬與
例無浮應准開銷嗣後仍令該將軍轉飭將倉庫
等工核定撙節若係必不可緩之工始行補修務須
查照酌減成數每年通省歲修不得過伍百餘兩以
節經費而重要工俟
命下之日臣部行文戶部並該將軍等遵照等因同治
元年六月二十一日題本月二十三日奉
旨依議欽此相應移咨黑龍江將軍遵照可也須至咨者

右

咨

黑龍江將軍

同治元年柒月　貳拾捌　日

主事朱

军以该省一切衙署仓库等项公所皆系土筑草苫之工，兼之边地风多狂暴，若将岁修概行停止，不数年间必致倾圮，再行修建需费浩繁。除衙署各项公所可缓之工暂行停止外，其仓库、监狱等工均属紧要，势难稍缓，拟请嗣后于每年需银玖百余两原额内酌减四五成，通省共准开销银伍百余两以作粘补紧要工程之需，咨部核覆，当经臣部查系实在情形，准其办理在案。今咸丰十一年分齐齐哈尔等四处仓库等工据黑龙江将军特（普钦）等转饬撙节择要补修完竣，所有用过工料银肆百拾肆两柒钱捌分柒厘贰毫在于各该处库存银内动拨，造具册结题销。等因。臣部查前项岁修各工用过银两核与题明酌减原额成数有减无增，自应准其报销。查册开齐齐哈尔用过银贰百玖拾伍两陆钱肆分、黑龙江用过银伍拾壹两玖钱陆厘肆毫、墨尔根城用过银叁拾玖两柒钱玖分肆毫、呼兰河用过银贰拾柒两肆钱伍分肆毫，所用工料银两均属与例无浮，应准开销。嗣后仍令该将军转饬将仓库等工核实撙节，若系必不可缓之工，始行补修，务须查照酌减成数，每年通省岁修不得过伍百余两，以节经费而重要工。俟命下之日，臣部行文户部并该将军等遵照。等因。同治元年六月二十一日题。本月二十三日奉旨：依议。钦此。相应移咨黑龙江将军遵照可也。须至咨者。

右咨黑龙江将军。

黑龙江将军衙门为呼兰招垦拟请仿照吉林伯都讷添设有司官治理并应筹各项事宜事致都京户部的咨

同治元年七月

镇守黑龙江等处地方将军衙门为咨报事。

户司案呈：本衙门于同治元年七月二十七日恭折具奏，为呼兰属界招垦闲荒，农民踊跃，日渐增多，拟请仿照吉林伯都讷添设有司官以资治理，并应筹各项事宜，敬陈管见，请旨饬部核议，恭折奏祈圣鉴事。窃自咸丰九年九月奴才接署黑龙江将军印务以来，留心体察，边要重地俸饷屡亏，官兵困苦，一切差徭均形拮据。采访舆情，因呼兰所属之蒙古尔山等处地方有闲荒百万余垧，曾经御史条陈屡次查办，奴才复检核成案，详细陈明，仰蒙恩旨俯准试办。当即遴员竭力料理，嗣经该委员等前往招办，各佃民闻风踊跃，陆续前来领地交租。自十一年二月起至八月十一日止，计征押荒大小租银二万八千余两，京钱七千余吊，并先后办理情形节经奏明，经户部议准咨覆在案。本年开印以后，奴才复饬前派委员分往拨放，春夏之间连上年八月十一日以后共又收大小押租京钱十万余吊。除俟本年秋后再将出放荒地垧数暨征收押租钱文另行咨部核办外，惟自招垦以来，农民日渐增多，现在核计已放地十四万余垧，招民二千一百余户，虽招垦之户类皆殷实良民，各以资本买地谋生，自图永业。第烟户渐繁，人数日众，即难免有良莠间杂之虑，欲求奠安之方，不得不预筹经久之计，若非添设有司官员专司经理，则听断词讼、管束民情、缉捕、催科难期周密，且既经开禁，所有该处山林、河道、伐木、捕鱼及渡口船只均应设立界限，添派官兵稽查弹压，酌征税课，以资经久。奴才督率所属悉心详核，谨就管见所及，酌筹五条详陈于后，是否有当，伏乞皇上圣鉴，饬部核议施行。

——佃民日众，烟户渐繁，已招之民亟须管束，此后逐年招聚，日益加多，尤不可不预筹抚字。查呼兰额设城守尉一员，总司该城旗务兼理官庄并地方命盗案件。近年以来案牍繁增，倍于往昔，加以新辟荒原相距该城二百余里，不惟有鞭长莫及之虞，且编氓设甲、听讼讦奸非武职所长，非熟谙民社、习于法律文员操办难期裕如。拟请援照吉林所属伯都讷成案，吁恳天恩俯准添设理事同知一员，管理赋课、刑名、旗民交涉事件，巡检一员，管理监狱捕务，庶文武交相为治，于地方可期，经画得宜。惟同知、巡检二缺设官伊始，规模甫创，正当酌定章程事务纷繁之际，断非初任之员所能胜任，如蒙允准设立，应请勅下部臣于曾任繁缺理事同知、曾任巡检人员内拣选带领引见补放，庶于要缺有裨。其印信、钤记、仓库、监狱、俸廉、工食、衙署等事由，奴才核照成案酌定再行咨报，各该部核覆到日遵行。

——呼兰所属松花江北岸一带旧有旗民人等结伙搭铺私立网笾捕鱼售卖情事。查该处通江河道原有限制，前经奴才访闻其弊，叠经饬查严禁，先后详报数目多寡不一，概多牵混。本年春间奴才复经遴派年满站官瑞保等饬令前往，沿江溯流逐细周查，不准再有隐匿。兹据禀称，查得沿江一带自呼兰河以西至爱尔珲河上口止，沿江水程约计五十余里，旧有网场二处，查系该处捕打贡鱼处所。自呼兰河以东起至布雅密河西岸止，沿江水程约计二百七十余里，界连旗屯、官庄等处附近江岸人家，远近不等，多有私招渔户并自置网笾暨搭盖窝铺，所占地段大小不一，获鱼则随时售卖，按股分利，赔累则弃置窝铺而去，后来者亦遂占据，多则结伙二、三人或雇工数人，亦有只身结绳拦江下钩者，近则时往时来，远则搭铺住守。又有于夏秋捕鱼入圈，封江后起出售卖者。此项江鱼向为本地出产，穷苦人丁多藉以为谋生之计。与其令沿江人户私招图利，莫若统令归公输课，以清弊端，拟请仿照乾隆二十六年经钦差奏准吉林省与蒙古分界设网之案，每网场一处按年征收课银二十两，如有冲毁，报官验实裁撤，按段分清界址，酌留网场十一处，其余零星渔户各归附近网场钤束。如有容留匪徒滋生事端，一经查出，即将鱼网入官，仍将网户惩办，治以应得之罪。等因禀请核办前来。奴才伏查该渔户等均在江面捕鱼，所搭窝铺亦皆滨临江岸，缘该处河道有汇流入江之处向以采珠封禁，而愚民牟利，罔知界限，纷纷占据，逐渐增多。自道光年间即有互相争控之案，嗣因议垦闲荒，经前任将军奕（山）会同吉林将军景（纶）遵旨查明覆奏，该处河道自嘉庆年间捕珠一次，并无捕获，旋即停止采捕，开垦地亩并无窒碍。是以复经奴才奏准招垦，今沿江结设网笾，历年既久，相习为业，若概行驱逐，不惟附近穷苦人民有碍生计，且此等游手之徒一旦失业，恐流而为匪，亦属堪虞。查有渔课成案，未便再任令私捕，应请仿照吉林伯都讷鱼笾纳课章程，除呼兰河以西网场二处留于该处捕打贡鱼，其呼兰河以东所有酌留网场十一处既经前次查明无珠可捕，拟请每一处按年征课银二十两，试办一二年后如有成效，再行定额。倘江岸有水冲滩面，不堪设网，报官验实裁撤。其所收课银统归每年税银项下报部核销。

——查呼兰开荒百万余垧，现在招垦系自松花江北岸就近巴彦苏苏等处，挨次出放十万余垧，而领荒农民日众，其山林、木植若概皆查禁，既与民户盖房、穿井等项之需有所窒碍，若任听砍伐，又恐有图利售卖之弊，将来林木稀少与续招亦属有碍，应请酌中核拟，示以限制。查该处林木多在蒙古尔山东北一带，今拟将该佃民等已领荒段内如有零星木植听该民伐用，其所领荒地以外直至山边等处均请择要添设卡伦，轮派官兵常川稽查，如该佃民等盖房、穿井等项需用木植，饬由官处领票，准其进山砍伐，照例纳税。如有私行砍伐售卖图利者，核其多寡治罪。如此分别稽查，则林木不致稀疏，而先后佃民均可资益，庶与招办有裨。

——查呼兰所属原设官渡二处附近城西官道应用渡船二只，历系官为修造，现在开垦官荒地段皆在城之以东，所招佃民俱来自松花江南，其经过江河渡口，应即酌设船只，以利往来。第一经添设官船，不惟需用物料、水手、工食等项繁费，皆须筹画，而造办亦需时日。兹经委员查报，松花江北岸一带以及各处河道现有渡口七处，经该佃户等自置小船济渡来往农民，拟请不动官项，准其该佃民用自置小船济渡，以利行人，择其要路设渡五处发给执照，仍拨派官兵轮流稽查。如有偷渡匪民，将船只入官销毁并将船户严加惩办。其余二处均饬禁止，如此辗转办理，庶与佃民有益，而官项亦可节省，并与管查地面均有裨益。

——查呼兰河城守尉一缺系属专城大员，距省八百余里所有地方事件全资该员料理，关系最为紧要。溯查该处前任各员，类皆在任未久告病回旗，致有连年旷缺派员署理之时，殊与公务无裨。奴才悉心体察，缘历任各员由京营拣放四千余里远赴任所，耗费资斧迥非在籍之员可比，查该员每年应食俸银一百三十两，除减扣二成六分外，仅领实银九十余两，并无养廉津贴，所领俸银实不敷该员日用薪水之资，以致履斯任者均各视为畏途。现当该处招垦征租，事务倍益纷繁，若不量为筹计，不惟现任者难以久留，即继来者亦难措置。奴才伏查所属各城，如黑龙江、墨尔根两副都统各有养廉银两，呼伦贝尔总管亦有按年开销盐菜实银一百二十余两。兹呼兰城守尉一缺可否仿照呼伦贝尔总管，每年由地租项下拨给薪水实银一百二十两以资接济之处，出自天恩饬议施行，谨奏请旨，于同治元年闰八月初二日接到回折，议政王、军机大臣奉旨：该部妥议具奏。钦此。等因前来。相应咨报大部可也。

右咨都京〔户〕部。

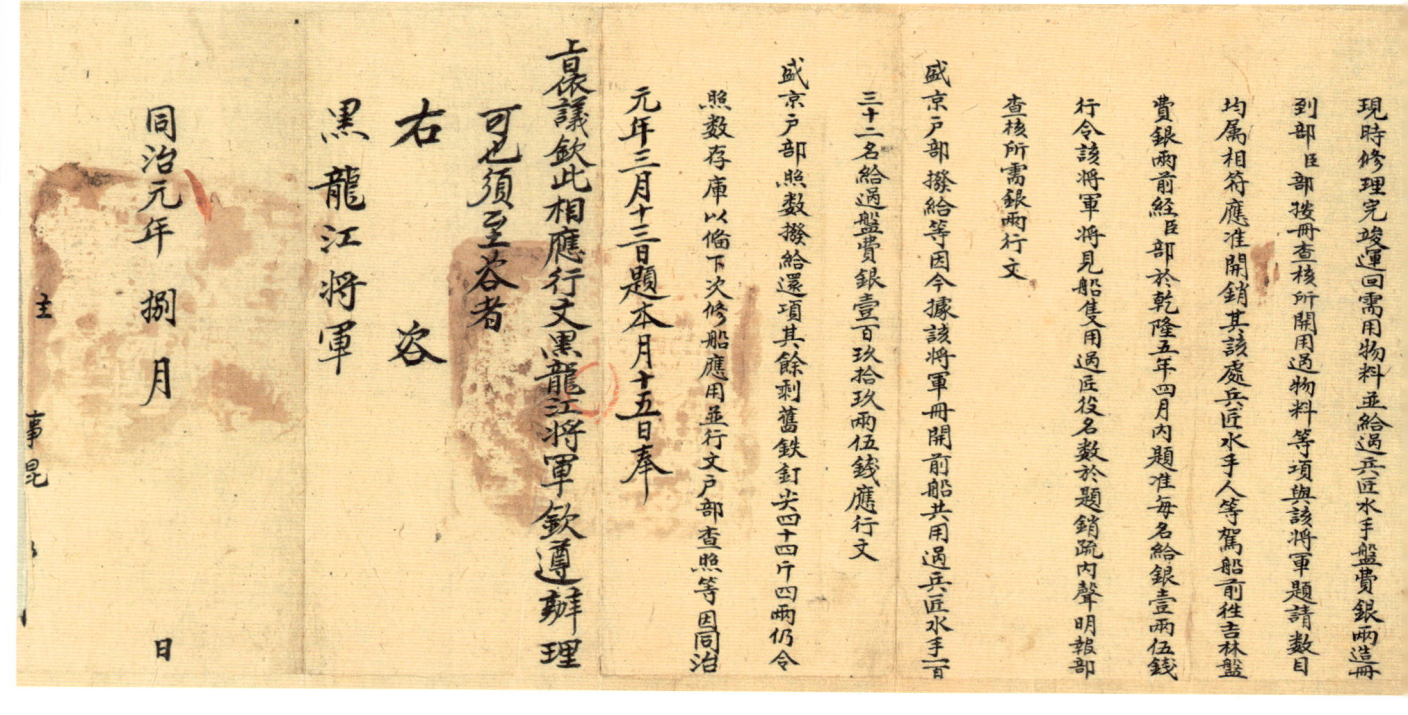

工部为齐齐哈尔见新船只用过物料并给过盘费银两应准开销事致黑龙江将军的咨

同治元年八月

工部为题销齐齐哈尔见新船只用过物料并给过盘费银两数目相符应准开销事。

都水司案呈：工科抄出黑龙江将军特（普钦）等题销齐齐哈尔见新船只用过物料并给过盘费银两一案，于咸丰十一年九月二十三日题，十月二十八日奉旨该部察核具奏。钦此。钦遵。抄出到部。该臣等查得黑龙江将军特（普钦）等疏称齐齐哈尔次船九只、渡船二只均届年限不堪应用，应行见新。于咸丰九年五月内具奏将需用物料照例差员赴部请领，齐齐哈尔拆造次船九只、渡船二只交领催额特布运至吉林修理时遇冰溜船不能行，均届守冻，本年运回查验坚固如式，用过物料数目并兵匠、水手等照例给过盘费银壹百玖拾玖两伍钱，其余剩旧铁钉尖四十四斤四两存库，以备次年修船之用，将用过物料给过盘费银两数目造册具题。等因前来。

查咸丰九年齐齐哈尔、黑龙江、莫〔墨〕尔根等三处见新修造大船九只、渡船二只、次船九只、渡船二只、江船二只，先据该将军将需用物料等项造册题请给发。等因。当经臣部题覆准其支领，并令该将军俟前船修理完竣将实用物料数目造册题销在案。今据黑龙江将军将齐齐哈尔次船九只、渡船二只均届守冻，现时修理完竣运回，需用物料并给过兵匠、水手盘费银两造册到部，臣部按册查核所开用过物料等项与该将军题请数目均属相符，应准开销。其该处兵匠、水手人等驾船前往吉林盘费银两前经臣部于乾隆五年四月内题准，每名给银壹两伍钱，行令该将军将见〔新〕船只用过匠役名数于题销疏内声明报部查核，所需银两行文盛京户部拨给。等因。今据该将军册开，前船共用过兵匠、水手一百三十二名，给过盘费银壹百玖拾玖两伍钱，应行文盛京户部照数拨给还项，其余剩旧铁钉尖四十四斤四两仍令照数存库，以备下次修船应用，并行文户部查照。等因。同治元年三月十三日题。本月十五日奉旨依议。钦此。相应行文黑龙江将军钦遵办理可也。须至咨者。

右咨黑龙江将军。

黑龙江将军衙门为查明船只淤陷各情及能否修补等事致呼兰河城守尉集拉明阿的札

同治元年闰八月

将军衙门为严札迅报事。

工司案呈：适据胡〔呼〕兰城守尉呈文内开，接奉前札之呼兰城守尉即面饬该管官竭力将从前淤陷船只设法挖出。等因。严饬之后，旋于闰八月初三日复据管理水师营事务屯官郭希布呈报，前被水漫沙泥淤陷船只夏秋因河水涨发，沉埋不能挖出。沿〔延〕至闰八月初一日起，河水虽经稍落，仅露两只船边，无论如何设法竟不能挖出。等因呈报。

该城守尉据此转详前来，查该城守尉自经将此项船只呈报被沙泥淤陷之后，即屡次札催勒限设法刨挖，并著将该管及接管各员分晰年月，查明

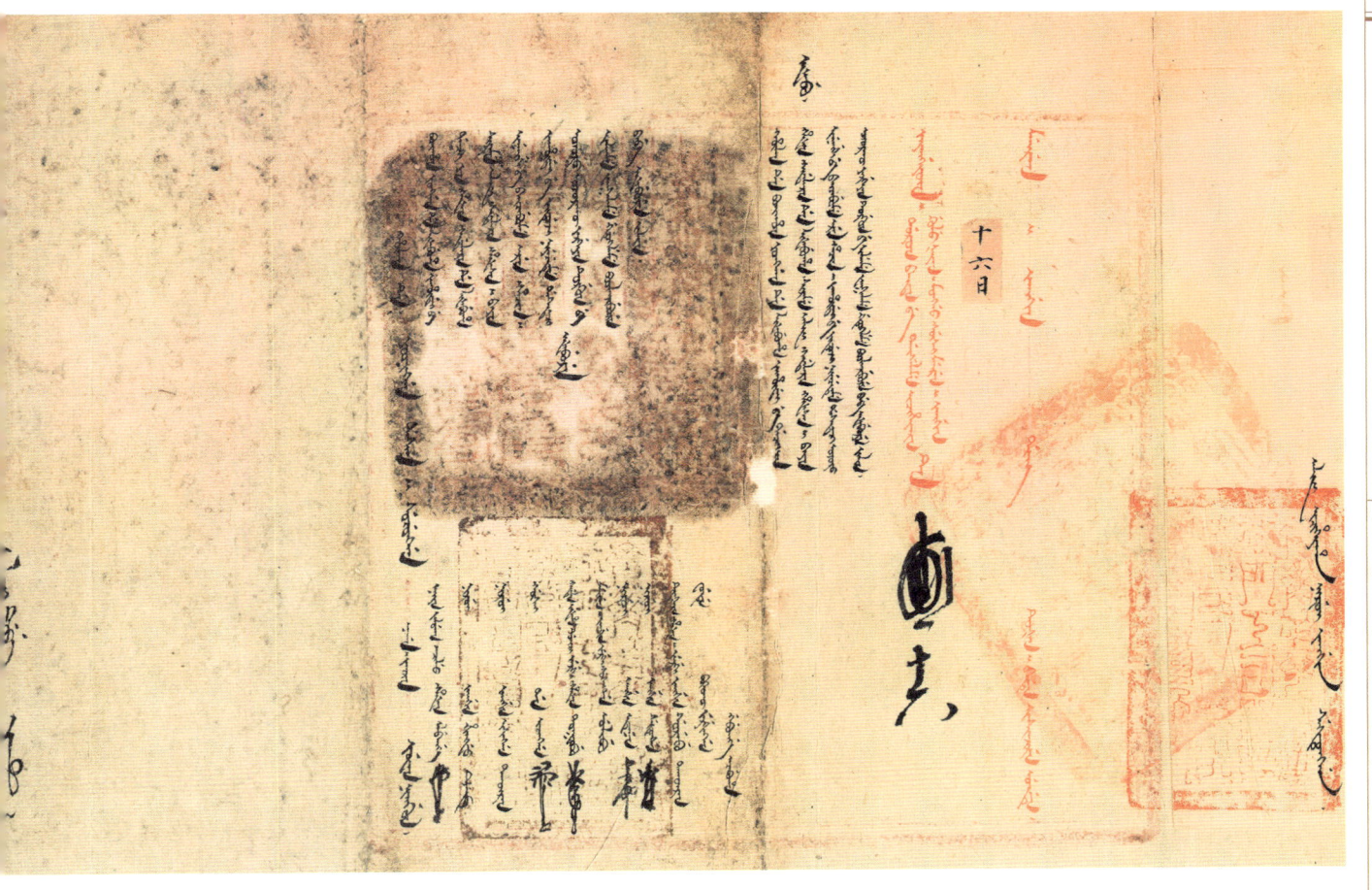

呈报，以凭核办。乃该城守尉始以水小不能刨挖转详，继以水大又复不能挖出呈报。至此项船只究经〔竟〕能否堪以粘补使用之处并未据实声报，且究系何员□内淤陷之事亦不遵札分晰声叙，似此含混塞责本衙门，何凭查办，殊属不晓事体，应著查明按照指示详报到日，再行核办。相应呈请迅速札饬胡〔呼〕兰河城守尉吉〔集〕拉明阿遵办，毋任再有含混至干咎处可也。

右札胡〔呼〕兰河城守尉吉〔集〕拉明阿准此。

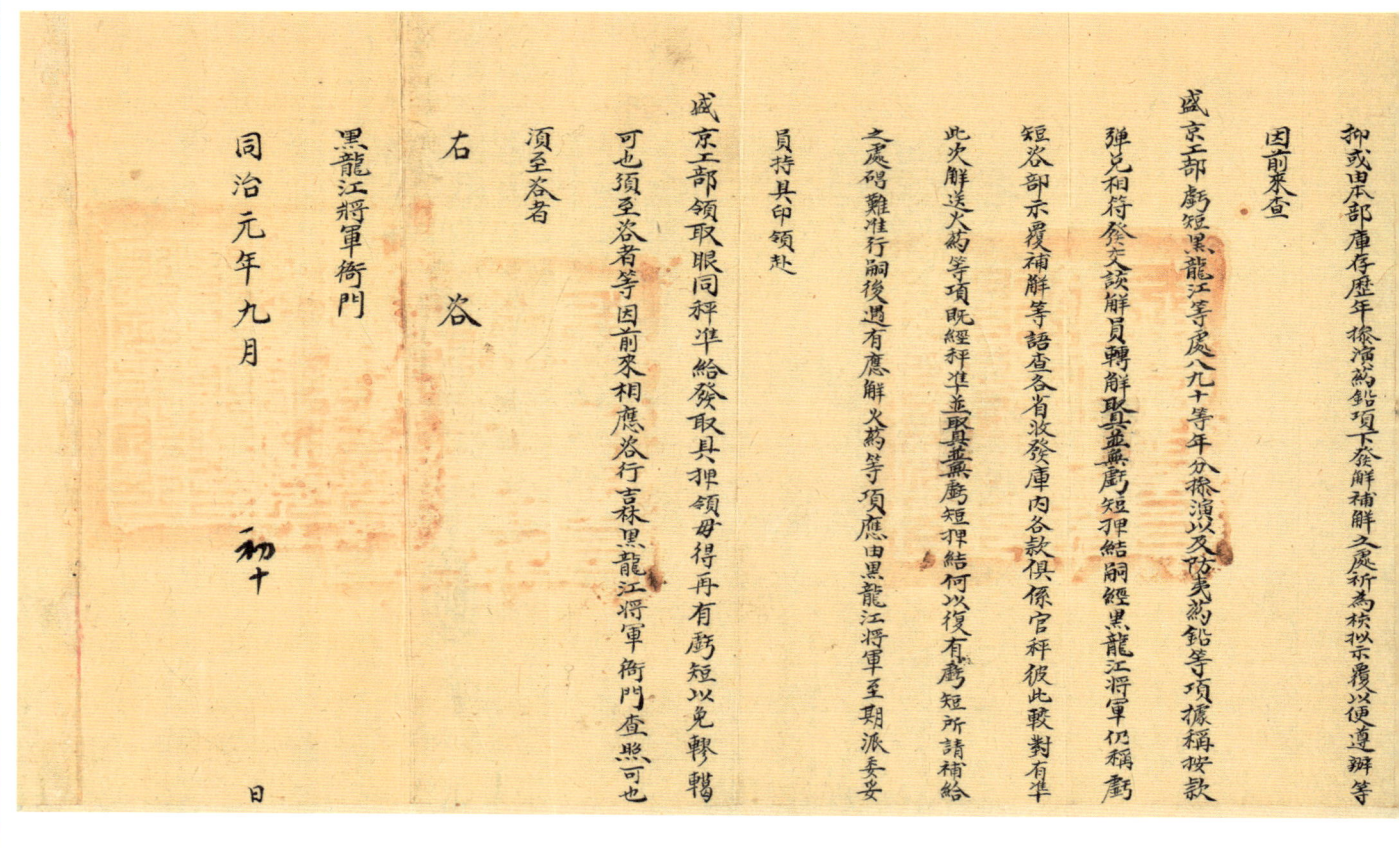

盛京工部为碍难补解亏短药、铅事致黑龙江将军衙门的咨
同治元年九月初十日

盛京工部为咨行事。

右清吏司案呈：准工部为咨行事。虞衡司案呈，准盛京工部咨称，奉部咨行补给欠解黑龙江等处请领咸丰七、八、九、十等年分操演枪炮以及防夷应需药、铅等项，行令照数发给归还原款以便应用。等语。溯查接准黑龙江将军衙门咨行补解亏短药、铅粘单内开，外郎明庆解送咸丰七年分操演药、铅内亏短火药一千二百二十四斤四两八钱三分及二钱八分重铅丸九十八斤零三钱，当经本部先行饬库发给运送咸丰八年药、铅之员，一并运往应用，俟该员赔补后再行还款，并咨报工部在案。其解送咸丰八年分操演药、铅系照工部准给数目，至于亏短铅丸，本部无凭查核。再解送咸丰九年、十年分操演药、铅，接准吉林将军衙门咨开，拣派佐领万全眼

盛京工部为咨行事右清吏司案呈准工部为咨行事虞衡司案呈准盛京工部咨称奉部咨行补给久解黑龙江等处请领咸丰八九十等年分操演枪炮以及防夷应需药铅等项行令照数发给归运原款以便应日等语溯查接准黑龙江将军衙门咨行补解亏短药铅粘单内开外郎明庆解送咸丰七年分操演药铅内药短火药二百二十四斤四两八钱三分及二钱八分重铅丸十斤零三钱当经本部先行饬库发给运送咸丰八年药铅各员挨运徒应用候该员聪补复再行置款并各报二部在案其解送咸丰八年分操演药铅喇骑工部准给数目至参蔚短铅丸来部兹悉查核再解咸丰九年十年分操演药铅接准该将军衙门咨同操派佐领萬全眼同按照原解数目秤兑相符发交委员骑尉佐领萬頭酬解去讫两该将军衙门来咨何以仍稱亏短实属轇轕碍难悬拟除另案咨行黑龙江将军衙门径行查办外至欠解防夷火药一万零五百四十七斤十四两六钱九分三厘烘药二百七十六斤十四两八钱三分二毫铅丸一万三千二百零八斤一两零三分六厘五毫本部检查解送黑龙江防夷药铅丸派出佐领董广和与本部委员眼同解送药铅之佐领業普崇阿等按款弹兑相符发交该解员等收领转解

同接解员弁与本部委员按照原解数目秤兑相符，发交委员云骑尉倭兴额转解去讫。而该将军衙门来咨何以仍称亏短，实属轇轕，碍难悬拟。除另案咨行黑龙江将军衙门径行查办外，至欠解防夷火药一万零五百四十七斤十四两六钱九分三厘、烘药二百七十六斤十四两八钱三分二毫、铅丸一万三千二百零八斤一两零三分六厘五毫，本部检查解送黑龙江防夷火药、铅丸，派出佐领董广和与本部委员眼同解送药、铅之佐领业普崇阿等按款弹兑相符，发交该解员等收领转解去讫。复经本部取具该员等如数收领，并无亏短，切实押结备查，暨咨报工部亦在案。今准咨行补解此项药、铅前来，本部碍难擅专。相应咨请工部将此项药、铅可否另行派员制办，抑或由本部库存历年操演药、铅项下发解补解之处，祈为核拟示覆以便遵办。等因前来。

查盛京工部亏短黑龙江等处八、九、十年分操演以及防夷药、铅等项据称按款弹兑相符，发交该解员转解取具并无亏短押结，嗣经黑龙江将军仍称亏短咨部示覆补解。等语。查各省收发库内各款俱系官秤，彼此校对有准，此次解送火药等项既经秤准并取具并无亏短押结，何以复有亏短，所请补给之处碍难准行。嗣后遇有应解火药等项应由黑龙江将军至期派委妥员持具印领赴盛京工部领取，眼同秤准给发，取具押领，毋得再有亏短以免轇轕可也。须至咨者。等因前来。相应咨行吉林、黑龙江将军衙门查照可也。须至咨者。

右咨黑龙江将军衙门。

稱准工部咨稱准黑龍江將軍齊齊
爾黑龍江等處請領同治元年分操演槍
炮應用藥鉛數目一案造冊送部前來應
將原冊移咨兵部將冊開操演槍炮應用藥
鉛等項數目是否相符應否准其領用即行
核明同原冊咨覆過部以憑核辦等因

工部为准修呼兰河年字号仓房事致黑龙江将军的咨
同治元年十月初十日

工部为估报事。

营缮司案呈：准黑龙江将军咨称，据呼兰河城守御呈报呼兰地方原建备仓房六十五所内被风刮倒仓房九所，现今满存粮石五十六所，本年存收粮石应需仓房自应预行修理，以备装存。等情。理合将道光二十三年被风刮倒之年字号仓房二所十间按照旧式见新修理，委派佐领赓音布估计工料银贰百贰拾陆两捌钱叁分柒厘，请在于本处库存银两内动用，造册呈报，覆派副管领乌勒喜图查核无异。查前奉部文各项工程全行停止，惟此项仓房系本年装存粮石攸关，实不可缓之工，理合将该处造送估册，先行报部，俟示覆到日再行转饬遵办。等因前来。

查呼兰河备仓房据黑龙江将军咨称，原建仓房六十五所内被风刮倒九所，现今满存粮石仓房五十六所，本年交粮不敷应用，请将道光二十三年被风刮倒之年字号仓房二所十间照旧修盖，以备存粮。估需工料银贰百贰

咨

同治二年二月

工部为估报事营缮司案呈准黑龙江将军咨称瑷珲呼兰河城守御呈报呼兰地方原建储仓房六十五所内被风刮倒仓房九所现今满存粮石五十六所本年收粮石应需仓房自应预行修理以备装存等情理合将道光二十三年被风刮倒之年字号仓房二所十间按照旧式见新修理委派佐领赓音布估计工料银贰百贰拾陆两捌钱叁分柒厘请在于本处库存银两内动用造册呈报覆派副管领马勒喜图查核无异查前奉部文各项工程全行停止惟此项仓房系本年装存粮石攸关买不可缓之工理合将该处造送估册先行报部俟示覆到日再行转饬遵办等因前来查呼兰河备仓房据黑龙江将军

拾陆两捌钱叁分柒厘，请在于本处库存银内动用，造册咨部示覆。等语。本部查前项仓房收存粮石积储攸关，应如所咨，准其估办。除将送到估册存查外，相应移咨黑龙江将军转饬妥协修理，俟工竣之日将修过丈尺、做法、用过工料银两造具册结送部核销。至动支银款事隶户部，应咨户部核办可也。须至咨者。

右咨黑龙江将军。

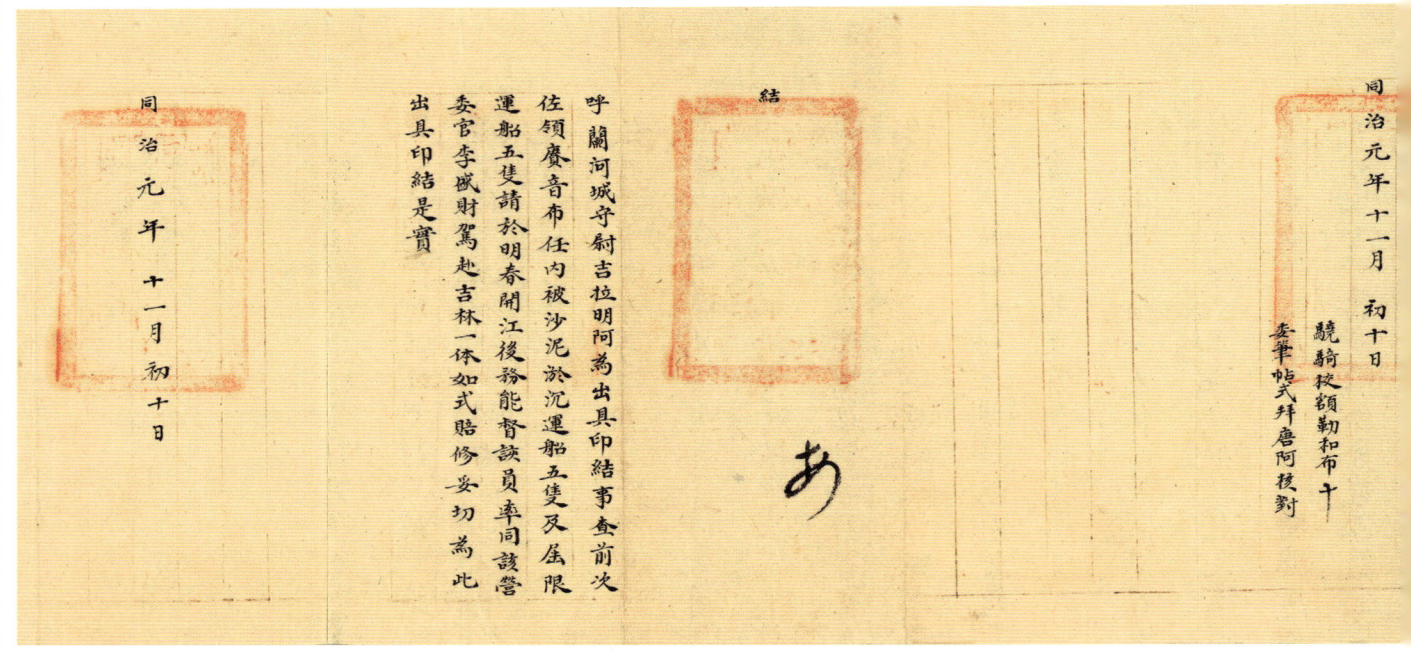

呼兰河城守尉集拉明阿为佐领赓音布包修沉陷运船事致黑龙江将军衙门的呈
附：印结
同治元年十一月初十日

呼兰河城守尉吉〔集〕拉明阿为呈请赔修事。

左司案呈：查前次呈参佐领赓音布之案，惟运船沉陷一节最关紧要，若因细故参革该员反得置身事外，而赓音布亦自知前非罪过，恳求将伊任内被沙泥淤沉运船五只及届限运船五只请于明年开江后率同该营委官李盛财驾赴吉林，一体如式赔修。倘工不坚固不保例限，彼时甘领严参重罪。等情。职伏思船工重大需费浩繁，难以苦累他员赔修，是以因公起见，叩恳将军赏限令其戴罪包修，以赎前愆而观后效。其别项款迹，俟干证获案船工完竣时再为另行查办。为此出具印结，明春务能督饬佐领赓音布将运船十只迅速驾往吉林补修妥切。理合备文呈报将军衙门鉴核，格外恩准施行。须至呈者。

右呈将军衙门。

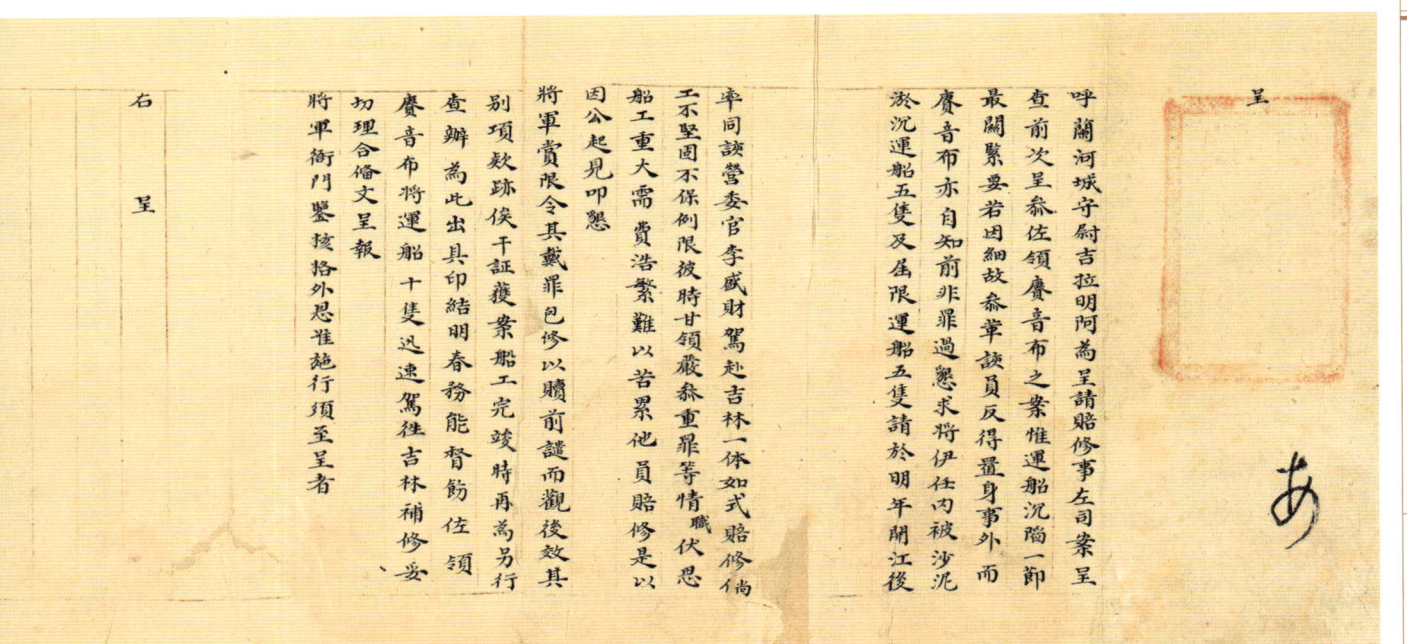

附：印结

呼兰河城守尉吉〔集〕拉明阿为出具印结事。

查前次佐领赓音布任内被沙泥淤沉运船五只及届限运船五只，请于明春开江后务能督该员率同该营委官李盛财驾赴吉林，一体如式赔修妥切。为此出具印结是实。同治元年十一月初十日。

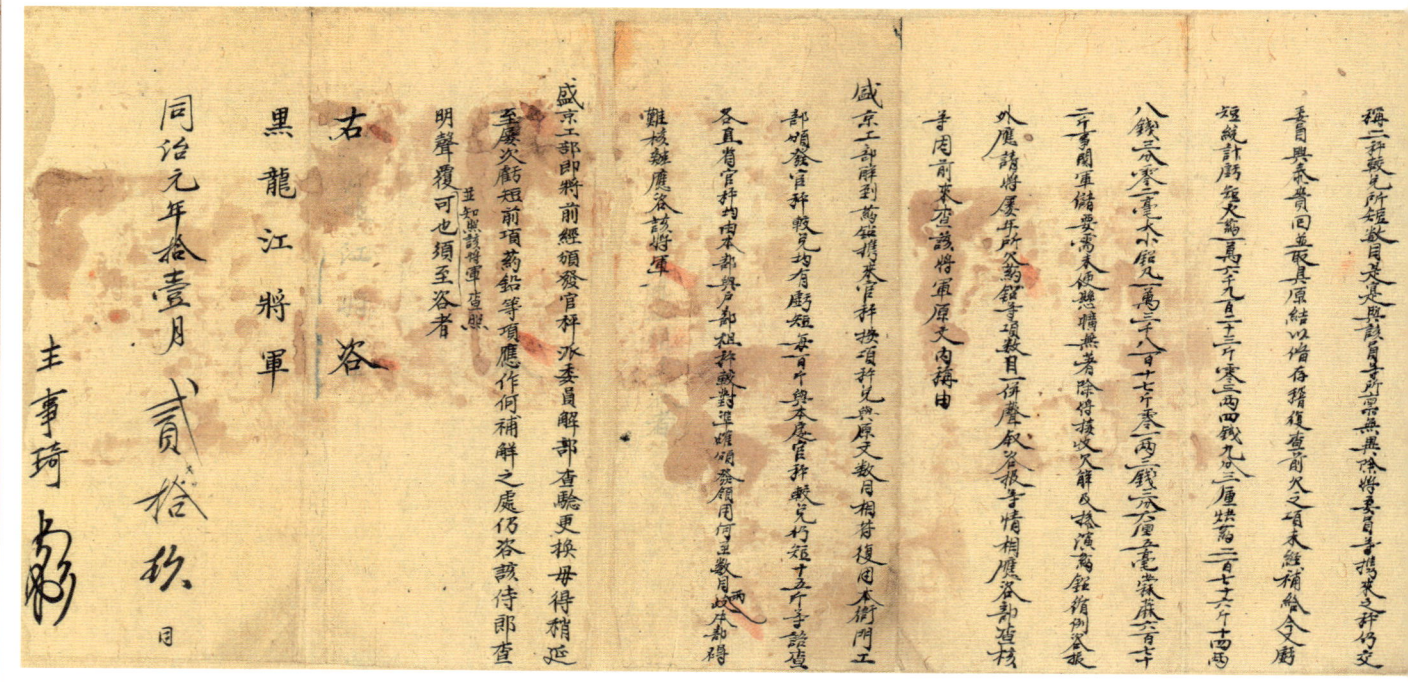

工部为派员将前项颁发之官秤解部查验更换事致黑龙江将军的咨

同治元年十一月二十九日

工部为咨行事。

虞衡司案呈：准黑龙江将军特（普钦）咨称，准□咨称，准盛京工部咨开，运送黑龙江等处火药一万一千四百九十四斤十一两三钱，每二百五十斤装用篓一个，计篓四十六个；烘药一百五斤十二两五钱二分，装用篓一个；火绳十八丈四尺五寸，计捻子绳六条四尺五寸；五两重铅丸一百二十五个，计重三十九斤一两；三钱及二钱八分重铅丸六万六千八百七十个，计重一千二百十二斤零三钱，每一百五斤装用一匣，计装八匣；白布宽一尺六寸，长十丈一寸一分八厘；荷麻一千四百八十四斤八两，随带部发官秤一杆，改派库使博克硕昆运送吉林将军衙门，仍将接收之处咨覆本部。随将火药等物饬发差员三品衔佐领乌尔滚图、骁骑校德喜等携带原秤持文解交伯都讷副都统衙门，更换弁兵转解黑龙江秤兑查收。等因。

兹经伯都讷副都统衙门派委骁骑校兴泰、领催奖赏蓝翎春林将火药、铅丸等项解到，当饬火器营参领等官将现在送到药、铅等物按款验收去后。旋据禀称，眼同伯都讷解员先以该员携来官秤按项秤兑，与原文数目尚属相符，复用本衙门库存工部颁发官秤较兑，此次解到火药、铅丸、苘麻内火药亏短一千六百五十七斤三钱及二钱，八分重铅丸内亏短二百八十二斤，苘麻内亏短二百二十二斤。并据声称查验盛京工部发来之秤仅止秤锤有官铸记号，其秤杆上并无官印记号，与本衙门官秤较兑，每百斤仍较短十五斤余。并据伯都讷委员兴泰等呈递押结内称，二秤较兑缩短数目是实，与该员等所禀无异。除将委员等携来之秤仍交委员兴泰赍回，并取具原结以备存稽。复查前欠之项未经补给今又亏短，统计亏短火药一万六千九百二十三斤零三两四钱九分三厘、烘药二百七十六斤十四两八钱三分零二毫、大小铅丸一万三千八百十七斤零一两三钱三分六厘五毫、苘麻六百七十二斤。事关军储要需，未便悬旷无著。除将接收欠解及操演药、铅徇例咨报外，应请将屡年所欠药、铅等项数目一并声叙咨报。等情。相应咨部查核。等因前来。查该将军原文内称，由盛京工部解到药、铅携来官秤按项秤兑与原文数目相符，复用本衙门工部颁发官秤较兑均有亏短，每百斤与本处官秤较兑亏短十五斤。等语。查各直省官秤均由本部与户部祖秤较对准确颁发领用，何至数目两歧，本部碍难核办。应咨该将军盛京工部即将前经颁发官秤派委员解部查验更换，毋得稍延。至屡次亏短前项药、铅等项应作何补解之处，仍咨该侍郎查明声复，并知照该将军查照可也。须至咨者。

右咨黑龙江将军。

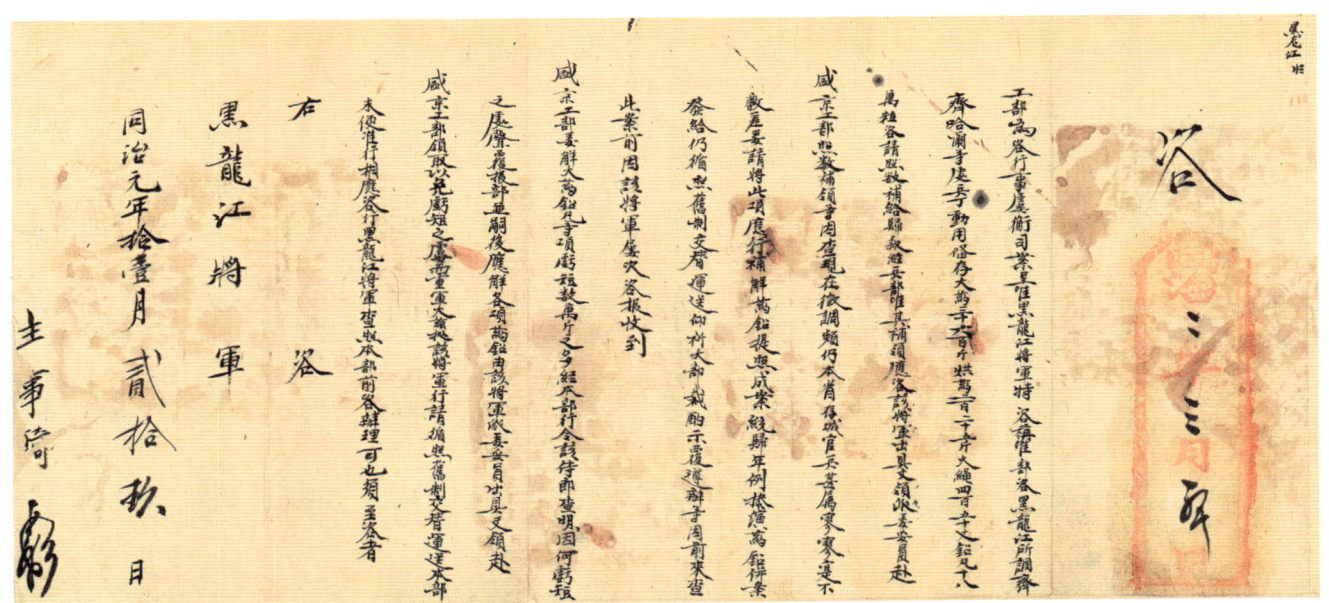

工部为循照旧制交替运送补解药、铅未便准行事致黑龙江将军的咨

同治元年十一月二十九日

工部为咨行事。

虞衡司案呈：准黑龙江将军特（普钦）咨称，准部咨，黑龙江所调齐齐哈尔等处兵丁动用备存火药三千六百斤、烘药二百二十五斤、火绳四百五十丈、铅丸十八万粒，咨请照数补给归款。经兵部准其补领，应咨该将军出具文领，派委妥员赴盛京工部照数补领。等因。查现在征调频仍本省存城官兵甚属寥寥，实不敷差委，请将此项应行补解药、铅提照成案统归年例操演药、铅并案发给，仍循照旧制交替运送，仰祈大部裁酌示覆遵办。等因前来。

查此案前因该将军屡次咨报收到盛京工部委解火药、铅丸等项亏短数万斤之多，经本部行令该侍郎查明因何亏短之处声覆报部，并嗣后应解各项药、铅由该将军派委妥员出具文领赴盛京工部领取，以免亏短之虞而重军火。兹据该将军行请循照旧制交替运送，本部未便准行，相应咨行黑龙江将军查照本部前咨办理可也。须至咨者。

右咨黑龙江将军。

盛京工部为嗣后黑龙江请领操演药、铅可否派员赴部自行领取事致黑龙江将军衙门的咨

同治元年十二月初六日

盛京工部为咨行事。

右清吏司案呈：准工部咨给运送黑龙江等处操演枪炮应需火药一万一千四百九十四斤十一两三钱、烘药一百五斤十二两五钱二分、火绳十八丈四尺五寸、五两重铅子一百二十五个、三钱及二钱八分重铅子六万六千八百七十个，计重一千二百一十二斤零三钱。再查咸丰十一年分黑龙江等处操演枪炮应用九斤重铅子二十个、一斤二两重铅子八十五个、四两四钱重铅子二个、四两重铅子二个、一两二钱重铅子五千四百个，业已派员赴部领取，尚未领到。俟领取到日再行派员运送白布宽一尺六寸长十丈一寸一分八厘、荷麻一千四百八十四斤八两，其同治元年分黑龙江等处操演枪炮应用九斤重铅子二十个、一斤二两重铅子八十五个、四两四钱重铅子二个、四两重铅子二个、一两

洛 十六

盛京工部 为洛行事右清吏司案呈准工部洛开
送黑龙江等处操演枪炮应需火药一万一千四元
十四斤十二两三钱烘药一百五十二斤十二两五钱二分火绳十
八丈四尺五寸九两四重铅子一百二十五个三钱及二钱八分
重铅子六万六千八百七十个计重二百一十二斤零
三钱再查咸丰十一年分黑龙江等处操演枪炮应
九斤重铅子二十个一斤二两四重铅子八十五个四重
铅子二个四两二重铅子二两二钱重铅子五十四个业
已派员赴部领取尚未领到俟领取到日再行派员
运送白布宽一尺六寸长十丈一分八厘蔴麻一千四
八十四斤八两共同治元年分黑龙江等处操演枪炮
应用九斤重铅子二十个一斤二两重铅子八十四
两四钱重铅子二个四两一钱重铅子五
千四百个俟派员赴部领取日再行一并运送外除
将给发火药铅子等物数目洛报工部暨剳饬库使
博克硕昆前往运送将装载车辆等物估计算请
再查历年运送黑龙江等处操演火药俱係本部

另有别秤所有收发各项物料俱用此秤较克永
无亏短通运送此项药铅屡次接准洛俱各处
短尾属辗辘除将奉部准给本年分操演药铅剋
饬该员前往运送外相应洛请工部嗣后黑龙江
请领历年操演药铅可否照依奉部给补领出营
兵携带药铅之案由该处自行委员赴部领取
以免驳诘布为核撥示覆以便遵办并洛行吉林将
军衙门照数接收之处洛覆本部俗查暨知照黑
龙江将军衙门可也须至洛者

右 洛

黑龙江将军衙门

同治元年十二月 初六 日
笔帖弍绍龄

二钱重铅子五千四百个,俟派员赴部领取到日再行一并运送外,除将给发火药、铅子等物数目咨报工部,暨札饬库使博克硕昆前往运送,将装载车辆等物估计呈请。再查历年运送黑龙江等处操演火药俱系本部派员解交,吉林将军衙门眼同接解员弁按款弹兑相符,解交伯都讷都统衙门更换弁兵转解黑龙江将军衙门查收。乃今年以来,接准黑龙江将军衙门咨开,运送防夷药、铅及历年操演药、铅俱各亏短不敷原额,当经本部咨请工部,可否准其补解之处核拟示覆。嗣准工部咨覆,查各省收发库内各款俱系官秤,彼此较兑有准,此次解送火药等项既经秤准并取具并无亏短押结,何以复有亏短,所请补给之处碍难准行,嗣后遇有应解火药等项应由该将军至期派委妥员赴盛京工部领取,眼同秤准取具押领,毋得再行亏短,以免棼轕。等因。咨行黑龙江将军衙门在案。今准黑龙江将军衙门咨称运送咸丰十一年分操演药、铅内仍行亏短火药一千六百五十七斤、铅丸二百八十二斤、苘麻二百二十二斤,并声称本部颁发官秤与该衙门库存官秤较兑每百斤亏短十五斤余。咨行照数补给。等语。随札饬运送药、铅之库使博克硕昆查明究系有无亏短之处,据实声明呈报。续据该员呈称,运送此项药、铅等项已于本年二月间解交吉林将军衙门,眼同该处委员按款弹兑相符并无亏短。现有吉林将军衙门收明回文可凭,复经接准吉林将军衙门咨开,运送此项药、铅亦无亏短之处与该运员无异。再查本部历年收发各项物料行使官秤系由工部颁发秤兑有准,并无另有别秤,所有收发各项物料俱用此秤较兑,亦无亏短。乃运送此项药、铅屡次接准来咨俱各亏短,实属棼轕。除将奉部准给本年分操演药、铅札饬该员前往运送外,相应咨请工部嗣后黑龙江请领历年操演药、铅可否照依奉部准给补领出征官兵携带药、铅之案由,由该处自行委员赴部领取,以免驳诘。希为核拟示覆以便遵办,并咨行吉林将军衙门照数接收之处咨覆本部备查,暨知照黑龙江将军衙门可也。须至咨者。

右咨黑龙江将军衙门。

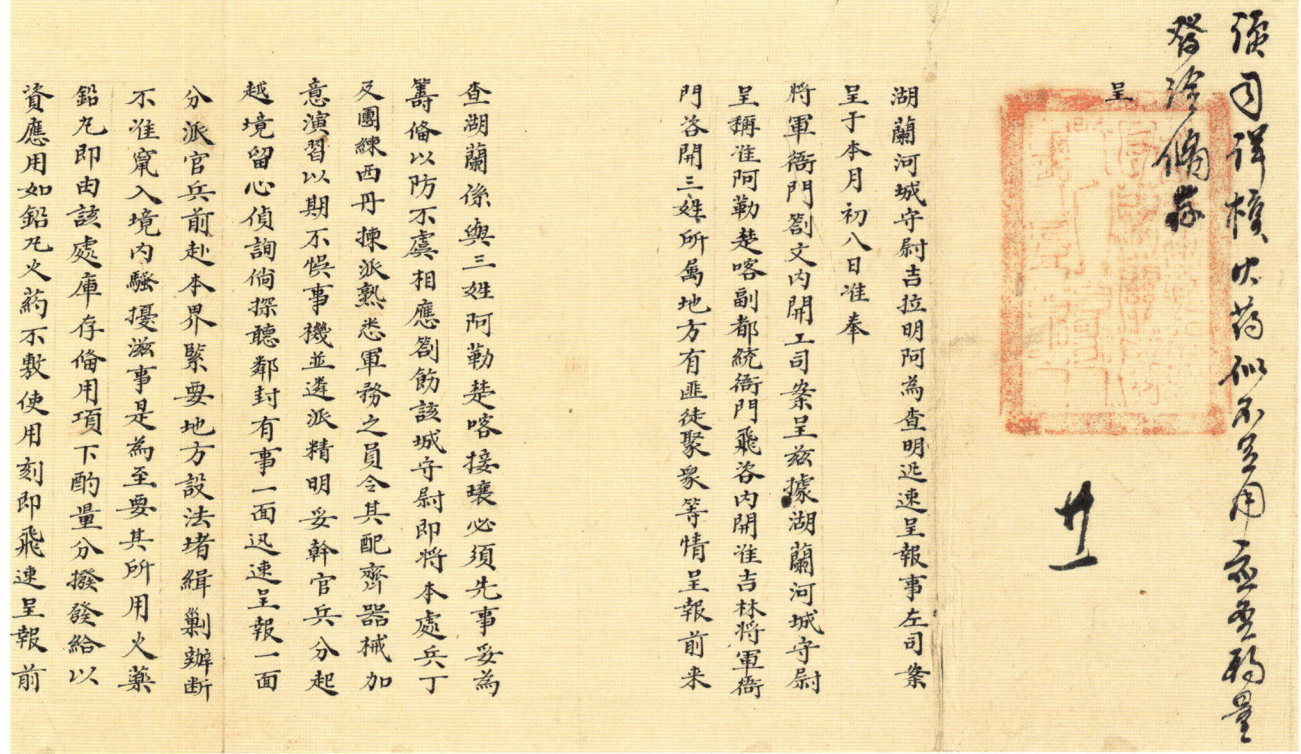

呼兰河城守尉集拉明阿为具报库内实存火药、铅丸等项数目事致黑龙江将军衙门的呈

同治元年十二月十五日

湖〔呼〕兰河城守尉吉〔集〕拉明阿为查明迅速呈报事。

左司案呈：于本月初八日准奉将军衙门札文内开，工司案呈，兹据湖〔呼〕兰河城守尉呈称，准阿勒楚喀副都统衙门飞咨内开，准吉林将军衙门咨开，三姓所属地方有匪徒聚众。等情呈报前来。

查湖〔呼〕兰系与三姓、阿勒楚喀接壤，必须先事妥为筹备，以防不虞。相应札饬该城守尉即将本处兵丁及团练西丹拣派熟悉军务之员，令其配齐器械加意演习，以期不误事机，并遴派精明妥干官兵，分起越境留心侦询，倘探听邻封有事，一面迅速呈报，一面分派官兵前赴本界紧要地方设法堵缉剿办，断不准窜入境内骚扰滋事，是为至要。其所用火药、铅丸即由该处库存备用项下酌量分拨发给，以资应用，如铅丸、火药不敷使

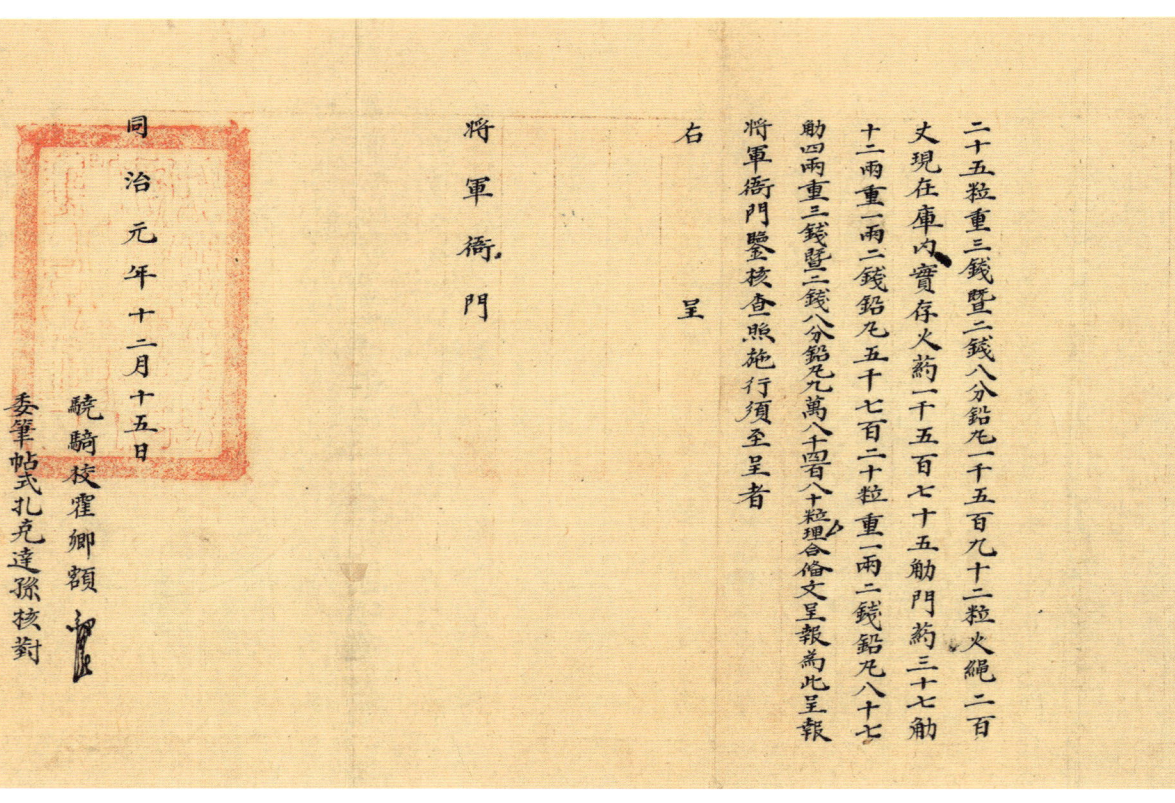

用，刻即飞速呈报前来，本衙门再为陆续解送，以为源源接济，断不致有误急需。等情。相应呈请飞速札饬湖〔呼〕兰河城守尉吉〔集〕拉明阿，所有设防保护本境要隘、缉捕一切事宜，在在均关紧要，务须妥为悉心相机筹备，致临期稍有贻误自干重咎。等饬前来。

当即遵查本处库内原存咸丰十年间重复修治火药二千一百二十八斤三两、重一两二钱铅丸三千一百五十粒，十一年间两次由将军衙门解到火药一千二百八十六斤八两、门药五十一斤零二钱、重一两二钱铅丸五千六百二十粒、青麻六斤十二两、火绳二百丈，本年解到火药一百五十斤十二两、门药五两四钱、重一两二钱铅丸八十七斤四两、青麻三斤，统计库存火药三千五百六十五斤七两、门药五十一斤零二钱、重一两二钱铅丸八千七百七十粒、重三钱暨二钱八分铅丸十万粒、青麻九斤十二两、火绳二百丈，内除十年、十一年、同治元年此三年操演抬枪十杆费用火药五百零六斤四两、门药一斤零三钱、铅丸四千零五十粒内捡回铅丸二千零二十五粒、修治火绳费用青麻九斤十二两，十一年十二月间搜捕匪徒费用火药一千四百八十四斤三两、门药十二斤四两、重一两二钱铅丸一千零二十五粒、重三钱暨二钱八分铅丸一千五百九十二粒、火绳二百丈，现在库内实存火药一千五百七十五斤、门药三十七斤十二两、重一两二钱铅丸五千七百二十粒、重一两二钱铅丸八十七斤四两、重三钱暨二钱八分铅丸九万八千四百八十粒，理合备文呈报，为此呈报将军衙门鉴核，查照施行。须至呈者。

右呈将军衙门。

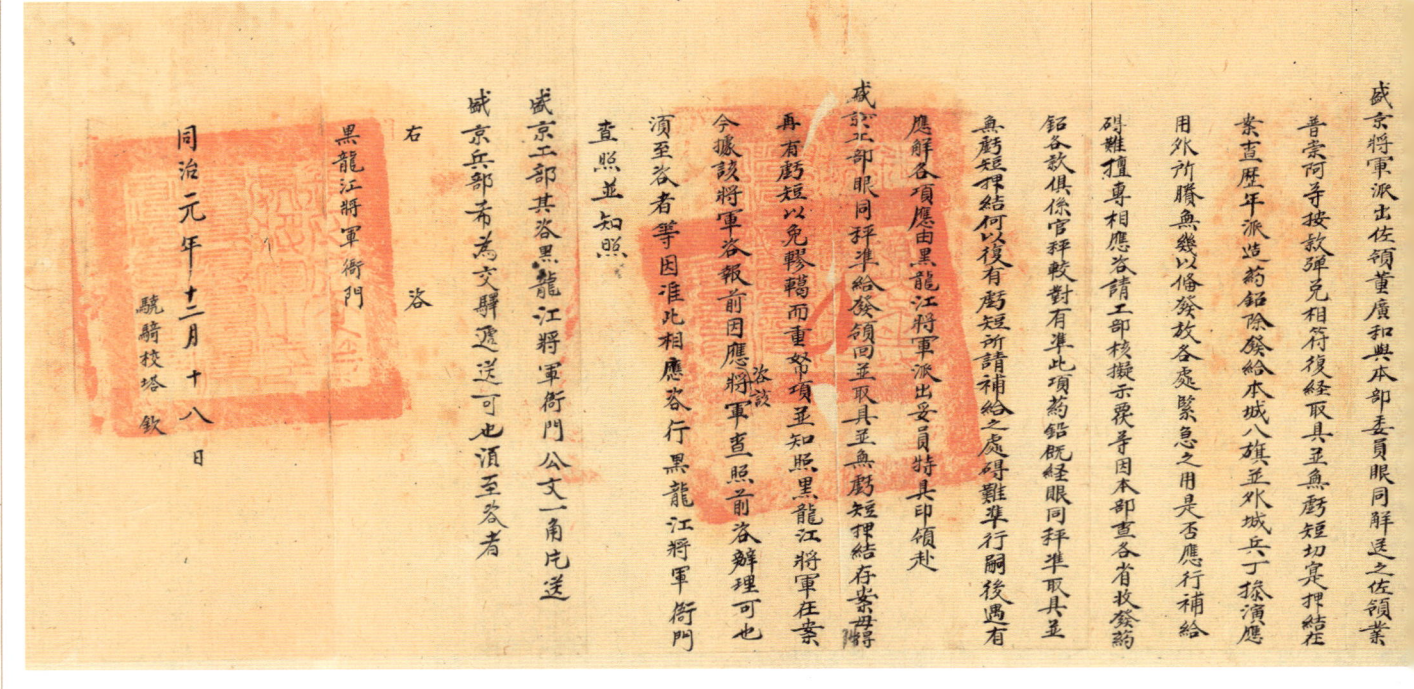

盛京将军衙门为饬库发给齐齐哈尔咸丰七年所欠药、铅等项及咸丰八至十年份所欠药、铅等项碍难补解事致黑龙江将军衙门的咨

同治元年十二月十八日

镇守盛京等处将军衙门为咨行事。

左工司案呈：准工部咨开为咨行事。虞衡司案呈：准黑龙江将军特（普钦）将该处并齐齐哈尔等处请领咸丰七、八、九、十等年前后亏短操演枪炮并防夷征兵携带药、铅以及遣赴黑龙江团练壮丁用过各项，均由备用项下支给，咨部请销，归补原款，以上共亏短欠解火药二万四千九百七十六斤五两四钱九分三厘、烘药六百三十九斤六两二钱零、铅丸一万八千七百三十三斤零、荷麻五百九十八斤零，前经屡催，至今概未补解，请部再为转饬盛京工部将欠解防夷团练操演、征兵携带欠项亏短药、铅一并如数拨补原额，咨部酌核。等因前来。

查咸丰七、八、九、十等年所有亏短各项已据盛京工部咨报，内称七年分亏短之项先行饬库发给运送咸丰八年药、铅之员一并运往，应俟该员赔补再行还款。其八年分亏短铅丸无凭查核。至九、十两年分操演药、铅，接准吉林将军衙门咨开，拣派佐领万全眼同接解员牟秤兑相符，何以仍有亏短，实属辖辘，应咨黑龙江将军径行查办。至欠解防夷案内药、铅等项，检查咸丰八、九等年解送之时，准盛京将军派出佐领董广和，与本部委员眼同解送之佐领业普崇阿额等按款弹兑相符，复经取具并无亏短切实押结在案。查历年派造药、铅，除发给本城八旗并外城兵丁操演应用外，所剩无几，以备发放各处紧急之用，是否应行补给，碍难擅专，相应咨请工部核拟示覆。等因。本部查各省收发药、铅各款俱系官秤较对有准，此项药、铅既经眼同秤准取具并无亏短押结，何以复有亏短，所请补给之处碍难准行。嗣后遇有应解各项，应由黑龙江将军派出妥员特具印领赴盛京工部眼同秤准发给领回，并取具并无亏短押结存案，毋得再有亏短，以免辖辘而重帑项，并知照黑龙江将军在案。今据该将军咨报前因，应咨该将军查照前咨办理可也。须至咨者。等因。准此，相应咨行黑龙江将军衙门查照并知照盛京工部，其咨黑龙江将军衙门公文一角片送盛京兵部，希为交驿递送可也。须至咨者。

右咨黑龙江将军衙门。

黑龙江将军特普钦等为嗣后遇有公件遵照和约酌核妥办事致总理各国事务衙门等的咨呈、札
同治元年

镇守署黑龙江等处地方将军正白旗蒙古副都统特普钦、乾清门侍卫、齐齐哈尔副都统那敷德为咨呈事。

兵司案呈：咸丰十一年十月初三日据黑龙江署副都统爱绅泰详称，经江左居住夷酋差夷目等来见该署副都统声称，给铺商洋钱五千个，定买牛一千五百余条，至明年四五月间将银、牛互清，惟恐商民难靠，求官处给一保结为凭。当经署副都统告以现定通商条约俱系该商人等自相商定买卖，官处不为作保，况至临期该商民等能否足数亦难预料。该夷答称，如不给保结，只可另往齐齐哈尔等处购买，言讫去后。经该署副都统将许卖牛条过多并致该夷向官处讨保之商民等传唤申斥，仍饬该管通商各官，务将赊卖牛条之事按照条约，官处难为具保详加剖辩，毋得节外生枝。经该员等带同该商民与该夷等商定自相买卖，遵照条约不向官处讨保，亦不往别城购买。等因详报前来。

嗣于咸丰十一年十一月又据该署副都统报称，黑龙江城南六十余里江右船套子地方留养柳条被夷人偷伐，经该看船人等查阻不听，该署副都统带同协领等官前赴海兰泡面见夷酋布色依告以前情。该夷酋答称系因管束不严，以致越界私伐木植，实属有愧，即将失查伐木头目及窃伐木植人等一并从重惩办，俟来年春融，令该伐木人等赴原处照数栽植，以敦和好。并据该夷酋声称，贵处禁止米面过严，以致夷人不得易换，每次商期所带米面不充数而已。等语。该署副都统答以近年以来秋收歉薄，本地人等食用不足，不能不令量为撙节易换，向该夷酋反复辩论，并告以两国和好总宜互相严加管束属下人等，毋得违约妄为。遇有应议之事，两国各派妥员一员秉公办理，以敦和好。并准令该商人等酌量易换喂养牲畜麦豆，不准私赴各屯易换。该夷酋允服，互相晓谕属下人等遵行。等因呈报前来。查该夷酋遵照开导，尚属恭顺，除札行该署副都统嗣后遇有公件务遵照和约并相机酌核妥办外，所有据报缘由相应咨呈钦差总理各国事务衙门鉴核外，并札饬黑龙江城署副都统爱绅泰遵照可也。须至咨呈者。

右咨呈钦差大臣大学士桂、钦差大臣和硕恭亲王、钦差大臣户部左侍郎文、钦差总理各国事务衙门。

右札黑龙江署副都统爱绅泰准此。

黑龙江将军衙门为俄官诉请中国禁卖烧酒给俄人碍难准行事致黑龙江城副都统衙门的咨

同治元年

将军衙门为飞速咨行事。

兵司案呈：兹于八月十七日据黑龙江城副都统衙门报称，海兰泡俄酋布色衣遣夷官通事执送俄字公文一纸，诉称现奉该王命，嗣后严禁海兰泡夷人，不准卖与中国人鸟枪、火药及雅〔鸦〕片、烟土，中国人烧酒亦禁卖与俄国人。等情。缮写俄字咨送前来。当饬此次通商铺民，暂行禁卖烧酒。等谕去讫。仍请嗣后永为禁卖夷人烧酒，可否之处以俟示覆遵行，并送夷文一纸前来。

查瑷珲通商本系俄夷所请，彼时该处商人皆不欲往，自换和约以来，每逢通商俱遵和约第七条，两国商人准其随便买卖，该处官员不必拦阻，且烧酒一项本非毒物，中国向不禁止，该国如不愿买，应由该夷酋自行严禁其夷人不买而已，中国碍难违约示禁。至送到俄字文一纸所书何言，本衙门向无认识夷字之人，如彼此认真和睦，即当翻译咨送，以便核办，若仅据其遣使通事无凭之词，即接准照办，或收存备核，倘日后其中复有要求别情，彼时恐无词答覆，尤多窒碍。事关办理疆理界案件，何可如此率行轻忽，相应呈请将原咨夷字一纸驳回，该副都统衙门详加查考披约核办，以期经久和睦而免别生枝节可也。须至咨者。

右咨黑龙江城副都统衙门。

黑龙江将军衙门为具报俄商至呼伦贝尔贸易往返日期事致总理各国事务衙门的咨呈
同治元年

镇守黑龙江等处将军衙门为咨呈事。

兵司案呈：查本年五月三十日据署呼伦贝尔副都统衔总管那尔胡善详称，据巡查俄夷卡官呈报，有俄罗斯奇勒库帕〔幅〕启领商人数名援引条约欲至呼伦贝尔贸易。等因。查与条款章程相符，饬覆该署总管详核办理。据该处报称，俄商拟报贸易日期，及本衙门严饬该署总管俟夷商到卡之时详加查照路票，若与定约不符，仍须善言开导，务令悉遵条约办理之处，本年六月初十日呈报总理各国事务衙门在案。续于闰八月初三日据署呼伦贝尔副都统衔总管那尔胡善呈报称，俄人奇勒库幅启于七月二十八日带领商人共二十六名，大小货包五十九件、车牛三十条、马一百四十八匹，至该处街市通商。当即饬令总管依凌阿弹压，通商二十日诸属安静，于八月十九日该夷商等仍由原道俱行旋回，已于本月二十二日出库克多博卡伦去讫之处呈报前来。相应据报缘由咨呈总理各国事务衙门鉴核施行可也。须至呈者。

右咨呈总理各国事务衙门。

黑龙江将军衙门为将私垦现租迅速征齐并呈报押租追找章程事致委员主事成山、呼兰城守尉集拉明阿等的札

同治元年

将军衙门为札覆遵照事。

户司案呈：七月二十八日据委员成山禀称，统计共查得私垦一万八千余垧，已将核算租赋数目查清，开明垧数、花名移付该衙门查照，兹已派员催征矣。至押租一项与城守尉吉〔集〕拉明阿筹商，已经先行严传各旗该管等官，务须实力认真追收，毋得稍徇情面，作速呈报，容俟报到之日即与该城守尉详查地方情形，再行据实禀报。再私垦内有将熟地抵还铺账，该铺将此地亦有转租与本人，亦有租与民人耕种者，查地既在该铺名下，勿论更与何人耕种，应征大小全租拟请即向该铺追收，以归简易。再有正白旗披甲色克精阿将熟地四十四垧租给本旗披甲西凌阿、水师营闲散李国泰、聂甫耕种，西凌阿等并未耕种，又转租与民人王江耕种，拟请饬令该城守尉于秋成后即将其地仍断归本人，将民人王江逐境，仍将西凌阿等酌量鞭责完结，再将连河泡并生荒招民扎笺捕鱼耕种之旗佐并民人姓名片移查办河道之年满站官瑞保查办外，其开种地段仍归私垦办理。等因禀报前来。

查所禀各情尚属妥善，除饬该城守尉着照该委员所请各节认真查办外，应饬该委员会同该城守尉遵照部咨，核计私垦垧数，即将现租赶紧催征齐妥，其押租一项应如何拟定章程追找之处饬即据实呈报，以凭核办。惟事关奏咨要案，亟宜妥速办理，毋得再行延缓，致干咎处，是为至要。相应札饬该委员并该城守尉遵照可也。

右札委员主事成山、呼兰城守尉吉〔集〕拉明阿等准此。

黑龙江将军衙门为造送咸丰年号印照三百张事致委员巴彦孟库等的札

同治元年

将军衙门为札送执照事。

户司案呈：于七月二十八日据委员巴彦孟库等呈称，前后请过咸丰年号印照三百张、同治年号印照三百张，今分毗小界，换领印照尚不止此数，现在严催各段赶紧分毗小界，将旧照全行缴回换领新照，除前请空写咸丰年号印照，现仅存十二张，不敷应用，仍请迅发空写咸丰年号印照三百张，以备佃民续领。等因呈报前来。

当即刷印空写咸丰年号印照三百张，请用堂印严密包封，饬站递交该委员巴彦孟库等照数查收，以备填写地段垧数、佃户姓名各字样，发给该佃民等祗领毋误。相应据此札饬该委员巴彦孟库等遵照可也。

右札委员巴彦孟库等准此。

黑龙江将军衙门为应准为孙彦平补发印照事致委员骁骑校巴彦孟库、伯东阿等的札

同治元年

将军衙门为札饬遵照事。

户司案呈：于七月十四日据委员巴彦孟库等呈称，请换印照之佃民孙彦平原领印照于去岁十月间因荒火猝至，窝铺及一切物件被焚，以致印照亦被焚毁，当将该佃民孙彦平饬传到局面讯，实系被焚，当取诉供存案，或将佃民孙彦平解省，或应如何查办之处请示遵行，并将被焚印照一张一并呈送。等因呈报前来。

查呈递被焚印照一张俱系碎片，用纸托裱，印色字迹均皆不全。惟官发印照亟应慎重收存，因荒火猝至出其不意，究属失防，更恐别有舞弊，应饬该委员巴彦孟库等将佃民孙彦平传局究讯并加意访查，该佃民若有希图取巧从中舞弊等情，务即据实呈报，以凭案例究治，如讯舞〔无〕别情，实系失防无意被焚者，著该委员等应即遵照前札补发印照，注明补发字样，令该佃民孙彦平祗领。如该佃民嗣后倘再有焚失印照等情，即饬该委员等务须严究确情，秉公查办，毋得稍涉含混，是为至要。相应札饬该委员巴彦孟库等遵照可也。

右札委员骁骑校巴彦孟库、委员骁骑校伯东阿等准此。

黑龙江将军衙门为造送咸丰十一年呼兰所放荒地垧数、所收银两册结事致都京户部的咨

同治元年

镇守黑龙江等处将军衙门为造册声明咨送事。

今将上年呼兰垦荒放过地段垧数暨按照各月报部市行银价折收银两并收现钱数目查明，开列于后。

计开：

——咸丰十一年二月内征收押租京钱一万五千二百四十四吊三百七十文内，按照是月市行每两三吊五百文计收银三千六百六十五两八钱二分，合钱一万二千八百三十吊零三百七十文，净收钱二千四百一十四吊。

——三月内征收押租京钱一万零六百三十五吊二百九十六文内，按照是月市行每两三吊五百文计收银二千七百零六两三钱七分，合钱九千四百七十二吊二百九十六文，净收钱一千一百六十三吊。

——四月内征收押租京钱一万六千九百八十吊零五百六十二文内，按照是月市行每两三吊七百文计收银四千一百六十两零五钱四分三厘，合钱一万五千三百九十四吊零八文，净收钱一千五百八十六吊五百五十四文。

——五月内征收押租京钱四万七千一百零七吊七百三十八文内，按照是月市行每两三吊七百文计收银一万二千四百九十八两四钱一分，合钱四万六千二百四十四吊一百一十六文，净收钱八百六十三吊六百二十二文。

——六月内征收押租京钱七千四百六十六吊八百五十文内，按照是月市行每两三吊七百文计收银一千九百三十八两五钱五分，合钱七千一百七十二吊六百三十四文，净收钱二百九十四吊二百一十六文。

——七月内征收押租京钱七千四百九十八吊九百三十八文内，按照是月市行每两三吊七百文计收银一千九百四十四两九钱七分，合钱七千一百九十六吊三百八十八文，净收钱三百零二吊五百五十文。

——八月初一日至十一日止征收押租京钱八千零一十九吊五百七十六文内，按照是月市行每两三吊七百文计收银一千九百八十一两三钱四分，合钱七千三百三十吊零九百五十八文，净收钱六百八十吊六百一十八文。

以上自咸丰十一年二月起至八月十一日止，共实放过可垦地五万三千七百八十七垧三亩，每垧计押租京钱二吊一百文，共应收钱十一万二千九百五十三吊三百三十文内按照各月报部银行折收银二万八千八百九十六两零三厘，合钱十万零五千六百四十吊零七百七十文，净收押租现钱七千三百一十二吊五百六十文内，除小租钱五千三百七十八吊七百三十文外，净存大租京钱一千九百三十三吊八百三十文。为此造具清册咨送大部查核可也。

右咨都京户部。

黑龙江将军衙门为造送咸丰十年、十一年拨荒官兵所用工食、柴薪等钱项数目清册事致都京户部的咨

同治元年

镇守黑龙江等处地方将军衙门为造册咨报事。

准户部咨开：议奏呼兰开垦折内，饬将每垧现收押租钱二吊一百文内以二吊文归公，一百文作为承办开垦公用，仍令将每年支给心红纸张等项钱数分别造册送部查核。等因。遵咨，今将该承办开垦官局应领心红纸张并酌拟撙节定章发给来往拨荒各起官兵工食、薪灶、马乾、丈地绳索、纸张等项钱数分别开列于后。

计开十年：

头起验看地势指拨大段荒落约丈里数等项事务去之官二员，每员日支工食钱二百四十文；每员一灶，日支柴薪钱二百四十文；兵十名，每名日支工食钱一百二十文；计四兵一灶，每名日支柴薪钱六十文；官二员，坐车各一辆，车马各二匹，兵十名，骑马各一匹，官兵口食车三辆，车马各二匹，共计车马、骑马二十匹，每匹日支草豆钱一百二十文。自咸丰十年九月初一日起至十二月十二日止，除小建一日，共计一百零一日。

以上此一起所需工食钱一百六十九吊六百八十文、柴薪钱一百零九吊八十文、马乾钱二百四十二吊四百文。

二起验看地势指拨大段荒落约丈里数等项事务，去之官六员，每员日支工食钱二百四十文；每员一灶，日支柴薪钱二百四十文；兵十八名，每名日支工食钱一百二十文；计四兵一灶，每名日支柴薪钱六十文；官六员，坐车各一辆，车马各二匹，兵十八名，骑马各一匹，官兵口食车六辆，车马各二匹，共计车马骑马四十二匹，每匹日支草豆钱一百二十文。自本年九月初一日起至十一月十一日止，除小建一日，共计十七日。

以上此一起所需工食钱二百五十二吊文、柴薪钱一百七十六吊四百文、马乾钱三百五十二吊八百文，共发给市钱七百八十一吊二百文。

——承办开垦官局及来往拨荒各起需用扛连纸六匹，每匹价钱二吊一百文；双毛头纸十匹，每匹价钱一吊一百文；单毛头纸二十匹，每匹价钱九百文；二连纸一十六匹，每匹价钱一吊九百五十文；双红纸五张，每张价

钱二百二十文；尚古墨五十五锭，每锭价钱四十文；笔七十五只〔支〕，每只〔支〕价钱八十文；银硃十一两，每两价钱二百七十文；白蜡六十五斤，每斤价钱二百四十文；白面七斤，每斤价钱五十文；丈地绳索九斤，每斤价钱二百文，共需心红纸张一切钱一百零二吊八百二十文。

计开十一年：

头起出派拨荒官二员，每员日支工食钱二百四十文，每员一灶，日支柴薪钱二百四十文；兵十名，每名日支工食钱一百二十文；计四兵一灶，每名日支柴薪钱六十文；官二员，坐车各一辆，车马各二匹，兵十名，骑马各一匹，官兵口食车三辆，车马各二匹，共计车马骑马二十匹，每匹日支草豆钱一百二十文。自咸丰十一年二月初四日起至八月十一日止，除小建二日，共计一百八十六日。

以上此一起所需工食钱三百一十二吊四百八十文、柴薪钱二百吊零八百八十文、马乾钱四百四十六吊四百文，共发给市钱九百五十九吊七百六十文。

二起出派拨荒官四员，每员日支工食钱二百四十文；每员一灶，日支柴薪钱二百四十文；兵十二名，每名日支工食钱一百二十文；计四兵一灶，每名日支柴薪钱六十文；官四员，坐车各一辆，车马各二匹，兵十二名，骑马各一匹，官兵口食车四辆，车马各二匹，共计车马、骑马二十八匹，每匹日支草豆钱一百二十文。自本年三月十二日起至八月十一日止，除小建二日，共计一百四十八日。

以上此一起所需工食钱三百五十五吊二百文、柴薪钱二百四十八吊六百四十文、马乾钱四百九十七吊二百八十文，共发给市钱一千一百零一吊一百二十文。

三起出派拨荒官一员，日支工食钱二百四十文，柴薪钱二百四十文；兵三名，每名日支工食钱一百二十文，柴薪钱六十文；官一员，坐车一辆，车马各二匹，兵三名骑马各一匹，官兵口食车一辆，车马二匹，共计车马、骑马七匹，每匹日支草豆钱一百二十文。自本年四月初二日起至八月十一日止，除小建二日，共计一百二十八日。

以上此一起所需工食钱七十吊八百文、柴薪钱五十三吊七百六十文、马乾钱一百零七吊五百二十文，共发给市钱二百三十八吊八十文。

四起出派拨荒官六员，每员日支工食钱二百四十文，每员一灶，日支柴薪钱二百四十文；兵十六名，每名日支工食钱一百二十文；计四兵一灶，每名日支柴薪钱六十文；官六员，每员坐车一辆，车马各二匹，兵十六名，每名骑马各一匹，官兵口食车五辆半，车马十一匹，共计车马、骑马三十九匹，每匹日支草豆钱一百二十文。自本年四月初六日起至八月十一日止，除小建二日，共计一百二十四日。

以上此一起所需工食钱四百一十六吊六百四十文、柴薪钱二百九十七吊六百文、马乾钱五百八十吊零三百二十文，共发给市钱一千二百九十四吊五百六十文。

——承办开垦官局及来往拨荒各起需用扛连纸十五匹，每匹价钱二吊一百文；双毛头纸二十二匹，每匹价钱一吊一百文；单毛头纸三十八匹，每匹价钱九百文；二连纸五十五匹，每匹价钱一吊九百五十文；双红纸二十张，每张价钱二百二十文；尚古墨一百八十锭，每锭价钱四十文；笔二百八十支，每支价钱八十文；银硃一斤零九两，每两价钱二百七十文；白蜡二百六十斤，每斤价钱二百四十文；白面三十斤，每斤价钱五十文；丈地绳索三十八斤，每斤价钱二百文。共需心红纸张一切钱三百零九吊四百文。

以上两年统计共发给各项钱五千三百零八吊一百文，为此造具清册咨送大部查核可也。

黑龙江将军衙门为具报招民开垦闲荒各项事宜办理缘由事的咨

同治元年

镇守黑龙江等处地方将军衙门为咨报事。

户司案呈：于本年二月初八日准户部咨开，谨奏为遵旨议奏事。署黑龙江将军特普钦等奏，招民开垦闲荒，现收押租成数并先后办理缘由一折，咸丰十一年九月十六日奉旨：户部议奏。钦此。据原奏内称：窃奴才等前因黑龙江省地方困苦，俸饷久亏，官兵拮据日甚，拟请仿照吉林夹信沟招垦章程酌核试办，将呼兰所属蒙古尔山等处闲荒招民开垦，征收租钱，以资接济。适有民人刘兆麟等具呈，恳请预出保帖前往邻省招来佃民。奴才等据情陈奏，于上年八月二十日奉到朱批，著照所拟办理。钦此。奴才等遵即遴派四品官托克托布等前往该处指拨大段荒厂，催令刘兆麟等分往吉林所属阿勒楚喀等处招来佃户去后。嗣据报称，时近隆冬，该处天寒大冻，隔省佃户一时未能前来。至今春饬催，又据报称，吉林界内各处现亦查办招垦，各佃户多有就近领地者，以致未能踊跃，仅凑交押租钱一万余吊，复请从宽勒限。等因呈报前来。奴才等访闻，刘兆麟等有从中取巧希图渔利情事，随将刘兆麟等提省究讯，一面添派委员前往该处催办，一切官为经理不准从前具保各户从中抑勒。又查吉林原奏章程，各自领地之日起，予限五年至六年起租，除去房、园、井、道、沟甸三成，实以七成计算，按垧交现租市钱六百六十文，呈领时每垧先交押租市钱二吊一百文。奴才等先经出示晓谕，饬令以毛荒核计交纳押租，该佃民等以该处山林稠密、沟甸较多试垦较难，并以隔省运送现钱不易，以致裹足不前。奴才等复经筹商剀切晓谕，准其扣除沟甸三成，实以七成可垦之地按垧交纳押租钱二吊一百文，即以本年起限至第六年，按垧复查，所垦地亩全行升科，每垧征收现租钱六百六十文，并准其银钱两便，如愿交银者，即以按月本省市行银价核计交收。自出示晓谕以后，该佃民等始陆续领地交项，日渐踊跃。据该委员等先后报称，现已拨放巴彦苏苏等处毛荒七万六千八百余垧，按三七扣算，先后征收押租京钱十一万二千九百余吊，内有以银核计者，计银二万八千八百余两，以现月银价市行核计，与交钱之数有盈无绌。除饬该委员等将已经拨放地段佃户花名、收钱细数造册呈送核办，务再广为招徕以资接济外，至现收之项，奴才等伏查通省官兵连年未得俸饷，各省至今均未解到，所刻难稍缓者，如防夷坐卡以及一切外出差徭全资借款接济，且茂兴等站应补领马匹口粮等项银两尤难再缓，拟请将先收押租钱尽此二项量为抵补，如有盈余，再将前借铺商垫办官兵整装银两少为补还。至每垧征收押租钱二吊一百文，照吉林章程，以二吊文作为正项，以一百文作为承办开垦官局心红纸张并来往拨荒官兵车马、饭食、勘地绳索等项之需。等语。臣等伏查咸丰七年十二月间前任黑龙江将军宗室奕山等会奏，覆查蒙古尔山荒地约有一百二十万三千余垧，请弛禁开垦。当经臣部查核，该地方情形均有关碍，奏令该将军妥议章程覆奏，旋经奏请，照旧封禁。嗣据署黑龙江将军特普钦等奏，呼兰所属蒙古尔山等处封闭闲荒现已查出私垦地八千余垧，农民二千五百余名，业据民佃刘兆麟等具有保结，每垧先交押租钱二千一百文，五年后按年起租，每垧征租钱六百六十文，拟请试办。等因。钦奉朱批：着照所拟办理。钦此。兹据特普钦以现已拨放巴彦苏苏等处荒地七万六千八百余垧，除去沟甸三成，以七成可垦之地按垧交纳押租京钱十一万二千九百余吊，内有以银核计者，照现月市价合银二万八千八百余两，每垧所征押租钱二千一百文内以二千文归公，一百文作为心红纸张等项之需。等因具奏前来。臣等查该将军等所奏现拨荒地以三七计算，按每垧先收押租钱二千一百文，以二千归公，一百文作为办公之用，核与吉林夹信沟等处办理开垦章程相符，应准照办。仍令将此次拨放荒地段落四至暨佃户花名以及每年支给心红纸张等项钱数分别造具细册，送部查核。其所称共收押租京钱十一万二千九百余吊内，有以银核计者，按现月市价合银二万八千八百余两，究竟每两合钱若干，并此项钱文内折合银二万八千八百余两外尚余钱若干，亦应令声覆。至声称各省拨解银两均未解到，所需各卡官兵俸饷等项刻不容缓，请将现收押租钱折银两抵补之处，自系为放给要需起见，应准其暂行借动，俟各省解银到日，归还原款，报部拨用。再蒙古尔山等处荒地，前经奏报约有一百二十万三千余垧，此次仅拨放地七万余垧，未报各地正复不少，应令转饬该委员详细查明，除向来产参、产珠之区毗连荒地应照案仍行封禁，以杜偷越，其余如有业经私垦成熟逼近产参、产珠之地亦应一律封禁，不得概行拨放外，所有实在闲荒各地即行广为招垦，务令先交押荒钱文，以裕饷需。毋得任意延搁，致干参办。谨将臣等核议缘由恭折具奏，伏乞皇上圣鉴。谨奏。本日议政王、军机大臣奉旨：依议。

钦此。等因前来。详核部咨，令将本省此次拨放荒地段落四至暨佃户花名以及每年支给心红纸张等项钱数分别造册，送部查核。等语。据该委员等详称，上年所放荒地均系拨领大段，虽经当时发给总数，印照注清升科年限，而仍须散户佃民分毗小段，认领之后收还大照，按户发给散照，俾期征科顺绪而免届限开辟不齐，即地段四至亦归核实，佃户花名并可着准。等情。节经呈报，复核属实，所有上年拨放荒地段落四至未便草率造报，请俟事竣查明即行逐细造报外，至每垧征收押租钱二吊一百文，以二吊文归公，以一百文作为承办开垦官局及拨荒委员心红纸张、官兵车马、饭食、勘地绳索等项之需，今奉咨文，饬将所需各项钱数分别造册，送部查核。等语。查自咸丰十年奏准开办荒务以来，惟查该处荒原俱系旷野，向无人烟路径，一旦开辟生荒，初招试垦，所有应办一切之事诸皆匪易，是以即于是年九月初一日由省拣派官兵前往该处，带领各佃户等分起至各段荒场验看地势、指拨大段荒落、约丈里数、安置窝铺预办一切之事。至十一年又复陆续加派官兵分起前往催征押租、丈量垧数地段、分发执照、载注姓名，该官兵等寒暑无间，拨放荒地数万垧之多，其应需工食等各项尽其略为敷用，撙节出放两年以来，共发给工食、柴薪、马匹草豆、心红纸张、拉地绳索等项京钱五千三百零八吊一百文。查将十一年自春至秋共收小租京钱五千三百七十八吊七百三十文，除抵放已需各项钱文外仍剩京钱七十吊零六百三十文，归入续收小租项内，俟于下起办荒动用咨报，并奉咨查上年共收押租钱内，有以银核计者，按现月市价合银究竟每两合钱若干，并此项钱文内折合银两外尚余钱若干，亦应令声覆。等语。今将十一年自二月起至八月十一日止该佃民等按月所交押租钱内，按照本省每月报部市价折收银两暨收现钱数目并将动用小租钱一并分别造册咨送大部查核外，至今转饬该委员详细查明，除向来产参、产珠之区毗连荒地应照案仍行封禁，以杜偷越。等语。查本衙门前奏内称，所踩荒原与参、珠并无窒碍，复遴派妥员前往该处周查，续于七月间据该委员等呈报各情已经奏咨在案。现在除将深山以内招垦不到之处轮派官兵查禁外，其附近荒场山河、林木应请听民樵采渔猎，以广招徕而裕租课。相应声明缘由咨报大部，希请查核施行可也。

黑龙江将军衙门为严催丈地委员出放官荒并马乾支发标准等事致委员巴彦孟库等的札

同治元年

将军衙门为札饬遵照事。

户司案呈：于七月二十五日奉将军衙门堂谕，查呼兰官荒自奏准招垦以来，所有佃民接踵而至具呈交项，领荒日见起色，第拨放荒地之事尤关紧要，设若迟缓，不惟与升科年限有碍，而与佃民待垦亦属无益，亟应严饬赶紧丈量出放，以重国课而利民耕。查该处现有佃民等交项未经拨给荒地者不少，是以遴派委员佐领富勒珲等八员分为四起饬往呼兰荒场分别该佃民等交项次序，遵照定章赶紧认真丈量，迅速出放，俾令该佃民等即早认领，而免有误升科年限，是为至要。毋得稍形延缓，惮劳怠惰，颟顸草率从事，致干参处。饬该委员富勒珲等将各起拨放地亩若干垧按月移报行局承办委员处，饬由该处转行呈报，以凭核办。该委员富勒珲等倘视堂谕为具文，任意因循迟缓偷安，徒耗工食，以致拨荒较少等情，定行从重参办，并将所领工食等项钱文如数追出归公，以示惩儆而免效尤。该委员等各宜凛遵，莫谓告诫之不先也。等谕。遵此，札饬该委员衙门孟库等不时严行催令各起丈地委员等，即将本年所有交项佃户等应领荒地务须赶紧拨放，按月据实呈报，并饬巴彦孟库等加意访查，倘该丈地委员等有因循迟缓、疏惰偷安等情，即行呈报，以凭究办。如该委员等承催不力，定即一并查办，断不宽贷。现将上年官兵所需工食、柴薪、心红纸张查核报部，因查原拟马乾钱数较多，恐与报销有碍，是以每马每日均照一百二十文发给马乾，已经咨报在案，所有本年先后起行局及各起丈地官兵等已领马乾钱文，均饬统照报部章程核计支领，以示画一办理，毋得逾额，应饬该委员等转饬各起丈地官兵等一体遵照，毋得浮冒。至行局委员及各起丈地委员等所需心红纸张均宜力加撙节支用，倘稍有浮冒多销之处，务即照数追缴，以重官项。相应遵奉堂谕，札饬该委员巴彦孟库等一体遵照可也。

右札委员巴彦孟库等准此。

黑龙江将军衙门为详查各段官荒择要添设卡伦绘图呈报事致呼兰城守尉集拉明阿、委员佐领额哲通额等的札
同治元年

  将军衙门为严行札饬遵照事。
  户司案呈：查呼兰未经出放官荒段内所有荒场暨山林木植均应严查，概不准有私行越占、窃伐售卖等弊。是以前派佐领额哲通额前往该处周查，相度地势，择要添设卡伦，并将旧卡挪移接连新卡会哨巡查，堵截各该要路，以防弊端。等情。著该委员会同该城守尉妥议章程，绘图呈报。等因。札行遵照在案。现奉将军堂谕，访闻呼兰近有贪利人民任意将未放官荒场内山川林木纷纷砍伐运往江南各处售卖之弊。查未放荒场尚多，所有林木亟应严禁，该处各官何得如此毫不觉察，任听贪利之徒肆无己〔忌〕惮，实属不成事体。将来续领官荒之民盖房等项乏木，难免不无裹足不前之虞，所关甚巨，应饬除将已领官荒段内木植听该佃民伐用外，其未经佃民呈领荒场并山川林木概行禁止，不准私行越占、窃伐。至该佃民等如有在已领荒段内盖房等项需用木植，应饬报名官处，须待前奏奉准部议，再行领票，经官兵带领入卡砍伐，照例纳税，不准运往他省贩卖。应令转饬各该界官等不时严加巡查，若有不报官处，私越未放官荒段内占地并窃伐木植者，即行严拿，解交该城守尉加重惩办。仍饬该城守尉按月遴派妥干职官前往各段上紧周履访查前项弊端，严行搜拿，倘各该界官有同通徇隐舞弊等情者，务即一并严加重惩，以示儆戒。经此次严札之后，若再不加意设法上紧严查究惩，倘仍前漫不经心并不觉察，致令该处贪利不肖人民再有私越未放官荒段内占地、砍伐木植等弊，定将该城守尉并各官严加参办，决不有贷。并饬委员额哲通额遵照前札，赶紧详查各段官荒，相度地势，择要添设卡伦，接连会哨严防各路，以杜私行伐木、占地之弊。著即查明会同该城守尉妥议章程，绘图据实呈报，以凭核办。该委员即宜认真查办，务须经久，与事有益，不得含混塞责，草率从事，致干咎处，是为至要。等谕。遵此，相应严饬该城守尉并委员额哲通额遵照，加意妥速办理可也。
  右札呼兰城守尉吉〔集〕拉明阿、委员佐领额哲通额等准此。

黑龙江将军衙门为请将咸丰十一年欠租及同治元年现租收齐并拟定追找押租定章呈报事致呼兰城守尉集拉明阿、委员主事成山等的札

同治元年

将军衙门为再行严札遵照事。

户司案呈：查前据该委员主事成山禀报，查出私垦熟地一万八千余垧。等因前来。当经著饬该委员会同该城守尉遵照部议，按照垧数即将升科现租赶紧催征齐妥，并将押租一项斟查地方情形应如何追找之处著赶紧定章呈报。等因。节经札催在案。

现奉将军堂谕，查前准部议催征私垦现租追找押租咨文，即遴派委员主事成山前往该处清查私垦，著速催征两项租赋，已逾半载有逾，迄无着落，屡经延缓，至今未据呈报。查私垦之事系关奏奉部议饬征租赋之要案，该委员何得如此任意延缓，实属疏怠之至。应再行严饬该委员主事成山会同该城守尉吉〔集〕拉明阿遵照部咨并节次札文，即将应行补征上年、催征本年现租赶紧照数收齐，并将押租一项应如何追找，即着据实拟定妥章，迅速呈报，以凭查核报部。毋得再稍延缓，任意积压，有误咨覆要案，致干参处，是为至要。等谕。遵此，相应再行严札该委员主事并该城守尉遵照可也。

右札呼兰城守尉吉〔集〕拉明阿、委员主事成山等准此。

黑龙江将军衙门为官荒不准私占并发放同治年号印照事致呼兰城守尉集拉明阿、委员巴彦孟库等的札

同治元年

将军衙门为札饬事。

总办开垦处案呈：闰八月十二日据委员巴彦孟库等呈称，风闻呼兰河以北未经开办荒段内有私占之户，若任纷纷私占不交钱项，将来开办必致碍手。移咨该衙门迅速派员往查，究系有无潜占及开地穿井之处，一面令其据实呈报，一面驱逐境外。等因呈报前来。详查各段官荒未经开办以前不准有私行潜占之处，节经札饬该衙门遵办，何得任民私占，毫无觉查，应再行札饬该城守尉迅速派员不时严查，毋任遗漏。如有擅自私占未交押租者，即行驱逐界外，以清境地，仍移咨该承办委员处以凭查办外，并据委员等报称，前闻各荒场夹荒内有新来各户踩占，当即传饬各该界官乡地等务须详查，如有踩占不能交项者，即驱逐境外。并称自移行各起丈地委员就近斟查，毋任遗漏，并赶紧拉地，如丈有余富者，即令原占之人承领，速交租项。等因，移饬去后，始渐有起色。等情。查所办尚属认真周妥，著饬该委员巴彦孟库等务将一切应办之事随时相机妥筹办理，毋得稍有含混，致负委任，是为至要。并将请领同治年号印照一百五十张请用堂印严密包封，饬站递交该委员巴彦孟库等照数查收，以备发给佃民等祗领毋误。相应札饬城守尉吉〔集〕拉明阿并该委员巴彦孟库等遵照可也。

右札呼兰城守尉吉〔集〕拉明阿、委员巴彦孟库等准此。

黑龙江将军衙门为未便将熟地量为拨给旗营、官屯人等并饬尽快收租事致呼兰城守尉集拉明阿、委员巴彦孟库等的札

同治元年

将军衙门为札覆事。

总办开垦处案呈：本月十二日据呼兰城守尉报称，拟将主事成山所查河东、河西熟地四千七百余晌，均系旗屯人等熟地，因无过度，租与民人耕种，赖租度日，若行归公，伊等必致饥毙，恳请将河东、河西熟地量为拨赏旗营、官屯人等，作为糊口之资。等因呈报前来。

查该处旗屯人等招民私收租项，大干律禁，前将该处私垦地数查出之时，即应将贪利人等按名惩治，因念其愚昧无知，故节经剀切开导并从宽辗转办理。所有私行招垦人等亟应痛改前非，本年夏间何得又有贪利之徒私行招垦之弊，实属贪顽，罔知法纪，前经札饬该城守尉严查重惩在案。今据声称河之东、西熟地四千余晌均系旗营官屯人等无度之家，不能耕种，故将其地租与民人耕种，赖租度日，恳请赏拨糊口。等语。查该处旗营、官屯、站人等得赖膏腴之地，向系自行动耕，以重农业而资度日，不得任令怠惰农业，人等将旗屯余地随意舞弊招民私垦，坐享其利，既经奏将私垦地租一律归公，亟应遵奉部议，以重租赋并严禁弊端，何得转与该废耕贪利之徒请给私租，实属不晓事体，设若该处务农人等将来纷纷效尤，久而相习成风，各求安逸，懒于耕作，欲图私租，岂不与农业生计大有关碍。再查通省事同一体，如照所请，而别城土脉最属硗薄，倘该旗屯人等若称无力耕种，恳求租项糊口，又当作何办理。今据该城守尉请给该处人等租项之事，着不准行。除将该城守尉所报私招民垦人等无力呈缴押租之处另行核办外，应饬城守尉即会商该委员主事成山，务将所有私垦现租赶紧催征齐妥，并饬会同委员巴彦孟库等即将大荒沟北暨濠河一带所有私垦现租一并赶紧收齐，迅速呈报，以凭核办，勿再延缓，致干咎处。相应札饬该城守尉并该委员遵照可也。

右札呼兰城守尉吉〔集〕拉明阿、委员巴彦孟库等准此。

黑龙江将军衙门为进省面禀事宜俟现租收齐再行核示及饬迅速收租事致委员主事成山、呼兰城守尉集拉明阿等的札

同治元年

将军衙门为札行事。

总办开垦处案呈：闰八月十二日据委员主事成山禀称，据旗营、官屯等官呈称，屡向该地主等严追押租之项，委因贫穷无力呈交等情呈递。经该城守尉具文呈报，并奉严催应行追找押租之项如何办理之处，饬令迅急呈报，自应设法办理，无如督催日久，竟无一人能有措交者，实无把握，惟有仰恳俯念私垦大局紧要，准职暂时进省面陈一切，与司通筹，庶与〔于〕追找押租一切章程有所期望。如蒙允请，职即督任一年租项收齐，即行起程回省。等因禀报前来。

查所称押租之项督催日久，毫无一人能交者，恳请进省面陈一切，饬司与职通筹，庶于追找押租章程有所期望。等情。应饬该委员即将追找押租澈底情形详细具禀，迅速呈报，以凭得悉确实而可酌核办理，并称如蒙允请，职即督任一年租项收齐，即行起程回省。等语。即饬该委员将应征现租赶紧如数催收齐妥，呈报到日再行核示。查该委员承差查办私垦之事，已逾半载有余，迄无成效，实属延玩。除将该城守尉呈报追找押租各情另行核办外，应再行严饬该委员即会同该城守尉务将应征两年现租急速照数收齐呈报，以凭咨部，毋得再稍延缓，致误租赋，而干咎处，是为至要。相应札饬该委员并该城守尉遵照可也。

右札委员主事成山、呼兰城守尉吉〔集〕拉明阿等准此。

黑龙江将军衙门为严饬各丈地委员奋勉出放官荒并转饬富勒珲等将欠丈荒数补丈事致委员巴彦孟库等的札

同治元年

将军衙门为飞速札饬事。

总办开垦处案呈：本月十八日据委员巴彦蒙〔孟〕库等呈报，据佐领富勒浑、年满屯官色勒春移称，斟查交项各户印收钱数合垧，即带领该佃户等丈量出放巴彦苏苏等处荒段，自八月十六日起至闰八月十三日止共出放毛荒三千八百二十三垧。等因移报前来。其濠河以北丈地各起委员迄今尚未移到，赶紧严催之处先行声明。等因呈报前来。

查前因上起丈地委员等放地较少，虚耗工食，罚令前往荒场赶紧拉丈荒地，以补前愆，并节经严饬委员巴彦蒙〔孟〕库及各起丈地委员等不得稍有因循迟缓偷安，以致拨荒较少，而干参办。等因。叠经严饬在案。兹现查核佐领富勒浑等二员所放地数每日仅放三方有余，为数甚少，并未将因何少放情形一并声明。查该员等均系上年放地熟手，自应上紧出放，何得如此偷安懈怠，即应再饬该委员巴彦孟库等严行转饬富勒珲等，一面奋勉出放官荒，一面即将欠丈荒数赶紧补丈，以赎前愆。倘不知奋力，再有怠惰少放荒地，虚费工食之处，定行参办。仍饬该委员巴彦孟库等严催各起委员一体赶紧出放，随时呈报，以凭查核勤惰而示劝惩，毋得稍有疏懈，致干究查。等情。相应札饬该委员巴彦孟库等遵照可也。

右札委员巴彦孟库等准此。

黑龙江将军衙门为查明私垦荒田地主能否交纳押租及自耕旧地是否已按垧收租事致呼兰城守尉集拉明阿、委员主事成山的札

同治元年

将军衙门为札饬声覆事。

总办开垦处案呈：于本月十二日据呼兰城守尉吉〔集〕拉明阿报称，遵奉札文将私招民户、旗屯人等应交押租，严饬该管各官将该属招民私垦地亩按垧催交押租钱二吊一百文。等因。节经札饬去后。旋据该管各官等呈称，遵札向私招民户地主等催收押租钱项，追比催征，不能呈交。复据招民地主等公同呈恳：伊等以耕种为生，屡遭偏灾，从未丰收，又因贫苦已极将荒原给民耕种，甘以认罪，今将自己旧地及民户所垦之地一并丈入官地，又按垧征收押租钱文，若能呈交何肯受责，执迷不遵，惟因无力筹办呈交，恳请宽免。等情。节据该管官呈递前来。城守尉复加传讯私招民户、地主等，多系贫苦无业可倚，押租钱文不能呈交属实。等因呈报前来。

查该处旗屯人等于未经议开官荒以前先自图利，潜将各该处就近余荒任意招民耕种，收取私租，殊属违法干禁，贪玩已极。迨经查出奏奉部议追找押租以后，仍敢私招，不知悛改，现在派员催收押租复称以耕种为生，屡遭偏灾，卒未丰收，系因贫苦招民耕垦，希冀多得，今因无力呈交恳请宽免等语。查该处节年详报秋成丰稔有案，何得妄称偏灾，尤属虚谎习惯，怙恶不悛。而该管各官亦竟任由其便，毫无驳斥，并不将实在能否完交押租情形详细声明。事关奏咨之案，未便草率从事，应再行严饬该城守尉悉心认真确查，务须据实详细声明，不得捏词蒙蔽，妄行牵混，致干参处。除将各该地主究竟能否呈交押租之处，著该城守尉暨该管各官出具切实印结，迅速呈报，以凭核办外，并据私招民垦人等所称，今将自己旧地及民户所垦之地一并丈入官地，又按垧数征收押租钱文。等语。查该处旗营、屯站各界荒田止准本地人等自行耕种，向不准私招民垦，舞弊取租，今既经查出贪利将地擅自纷纷招民私垦，即应遵照部议一律归公追找押租，以昭核实而杜弊端，何得又称将其自己旧地一并丈入官地，而该管各官竟不驳结〔诘〕，任听转报，殊属有意含混，是否该委员主事有将该

处自耕旧地一并查入官地情事，曷得竟无分晰，致有藉口。应饬该城守尉会同该委员主事详加斟酌核实声明，急速会报，以凭查核，毋得隐混迁就，是为至要。相应呈请札饬该城守尉并该委员主事遵照可也。

右札呼兰城守尉吉〔集〕拉明阿、委员主事成山准此。

黑龙江将军衙门为饬迅速收租并著城守尉暂行回省会办地租案件事致呼兰城守尉集拉明阿、委员主事成山的札

同治元年

将军衙门为札饬事。

总办开垦处案呈：查前据城守尉吉〔集〕拉明阿呈文内开，称催征押租该处私招地主等所称将自己旧地及民户所垦之地一并丈入官地，又按垧数征收押租钱文，惟因无力筹办呈交。等情呈报前来。当将该私招民垦违法干禁贪利各弊逐层驳诘，是否该委员主事有无将该处自耕旧地查入官荒之处，著即会同该城守尉详加斟酌核实声明，急速会报。等因札行在案。应饬遵照前札迅速核实声报，毋得延缓，并饬该委员主事会同该城守尉将应征上年现租赶紧征齐，毋再迟延。其本年应征现租仍饬该城守尉照数催收，不得以委员回省迟延贻误。至该委员主事成山将上年现租征齐，著暂行回省与该司会办咨报查地征租案件，以昭核实。相应呈请札饬委员主事成山、城守尉吉〔集〕拉明阿遵照可也。

右札呼兰城守尉吉〔集〕拉明阿、委员主事成山准此。

黑龙江将军衙门为严催各丈地委员奋勉出放官荒并将欠丈荒数补丈事致委员巴彦孟库等的札

同治元年

将军衙门为飞速札饬事。

总办开垦处案呈：于九月初一日据委员巴彦孟库等呈报，据防御苏勒布、委笔帖式穆克得春移称，出放濠河以北荒场，自八月十七日起至闰八月十七日止共出放毛荒七千七百三十七垧。又据云骑尉吉庆、骁骑校富明阿移称，自八月十七日起至闰八月十六日止共出放毛荒五千五百垧。又据骁骑校富勒明阿、蓝翎凌善移称，自八月十七日至闰八月十七日止共出放毛荒四千四百五十五垧。等因呈报前来。查前因丈地佐领富勒浑等二员所放地数甚少，已饬该委员巴彦孟库等督催各起丈地委员等，不得稍有偷安，以致拨荒较少而干参办。等因严饬在案。兹复查核防御苏勒布、云骑尉吉庆、骁骑校富明阿、富勒明阿等所放地数每日仅四五方不等，为数较少，并未将因何少放情形声明，应再饬该委员巴彦孟库等严行转催各该起委员，一面奋勉出放官荒，一面即将欠丈荒数赶紧补丈，倘不奋力，再有疏懈少放荒地虚费工食等情，定行参办，并饬将该委员等出放地数随时呈报，以凭查核，毋得稍有怠惰，致干未便。相应札饬该委员巴彦孟库等遵照可也。

右札委员巴彦孟库等准此。

黑龙江将军衙门为照准在呼兰官荒添设卡伦、会哨封堆并将各卡绘图事致呼兰城守尉集拉明阿、委员额哲通额的札

同治元年

将军衙门为札覆事。

总办开垦处案呈：本年九月初一日据呼兰城守尉吉〔集〕拉明阿、委员额哲通额等报称，额哲通额遵奉札谕，亲历周勘呼兰所属官荒，查有原设绰罗等三卡现在民界之内，应行移至要隘，拟将旧有绰罗等三卡移至布雅密河岸等处，仍在朱克特淇河等四处添设四卡，与原设弩敏卡伦接连会哨，巡查越卡偷伐木植、私占官荒等弊，请将每卡一处拟派官一员、兵五名，不时稽察，三个月更替一次，仍由城守尉衙门按四季添派官兵查勘，具结呈报。今将所有吉〔集〕拉明阿等酌商拟办挪移、添设各卡等情绘图呈报，如蒙准照所请办理，额哲通额即带领原派官兵前往设立卡伦封堆、会哨封堆，并将各该处所埋立满、汉字标木，从高设立之处应行听候指示遵行。等因呈报前来。

查该委员佐领额哲通额所称亲历应设卡伦各该处所认真周查，与城守尉熟商，请将原设绰罗等三卡挪在布雅密河等三处移设坐守，并于朱克特淇河等四处添设四卡，以期严加防范偷伐木植、私占官荒等弊，所拟尚属周妥。惟称请将坐卡官兵按三个月更换一次，按四季添派官兵巡查等语，查该处每有差务率多疏慢，若限期既久，不惟难免生懈，更恐藉滋弊端。应饬该城守尉按月出派官兵轮流常川坐卡会哨，每月加派官兵巡察，饬将有无越卡偷伐木植、私占官荒之处一并具结按月呈报以备查核外，其该委员额哲通额等查报酌拟各节，仍饬与该城守尉悉心熟商，如果保其所设各卡能以接连会哨防查严密，以资经久而杜偷越弊端之处，著准照所请办理。即饬该委员额哲通额带领原派官兵迅速前往各该处，妥为设立卡伦封堆、会哨封堆，并将各该处所相距里数若干于图内再行详细注清声明呈报，以凭查核，不得虚名塞责，草率从事，致干究查，是为至要。相应札饬该委员额哲通额并该城守尉吉〔集〕拉明阿遵照可也。

右札呼兰城守尉吉〔集〕拉明阿、委员额哲通额准此。

黑龙江将军衙门为迅速查明呼兰河北未开官荒私占一案事致呼兰城守尉集拉明阿的札
同治元年

将军衙门为饬查迅速呈报事。

总办开垦处案呈：九月初一日据委员额哲通额报称，前往各界设立卡伦，风闻通肯呼兰河北未开官荒有民私占。随经渡河认真查勘，见有许多民户于本年潜往私占垦地四十余晌，移付城守尉衙门出派官兵赶紧驱逐，以清地界。等因呈报前来。查前据委员主事成山呈报，本年尚有私招之户等情，当奉堂谕，札饬严查各界，不准本地人等再有续行私招，严饬该城守尉吉〔集〕拉明阿，即派委妥干官兵分起即将本年私招地主悉数严行访拿，一面据实呈报，一面将该地主严行惩办，不得遗漏。并令传饬该管各官嗣后各该管地面究系有无再行私招之弊，按月具结呈报，以凭查核。等谕札行在案。已逾数月之久，迄今未将查办情形呈报，该城守尉何得一味任意颟顸，实属怠忽已极，应饬遵照前札赶紧查报，毋再稍缓。至查呼兰河北通肯等处系未经开放官荒，因何任听纷纷私行开垦，应饬该城守尉即派妥员务将此项私招民垦之各该地主严行查拿，加重惩治，并饬将私占官荒之民户立即驱逐，倘有违抗者即行严惩，以清界限而儆弊端。仍饬将派委何员前往如何查办之处一并详细声明，据实呈报，以凭覆查，不得再有迟缓，致干严参。相应札饬城守尉吉〔集〕拉明阿遵照可也。

右札呼兰城守尉吉〔集〕拉明阿准此。

黑龙江将军衙门为造送一百五十张同治年号印照事致委员巴彦孟库等的札

同治元年

将军衙门为札送执照事。

总办开垦处案呈：于九月十九日据委员巴彦孟库等呈称，查今岁承领荒地各户应发同治年号印照，除发领之数外，所存印照仍不敷用，呈请预刷同治年号印一百五十张，交站迅发，以备佃民续领。等因呈报前来。当即印刷同治年号印照一百五十张，请用堂印严密包封，饬站递交该局员巴彦孟库等照数查收，以备填写地段垧数、佃户姓名各字样，发给该佃民等祗领毋误。相应据此札该委员巴彦孟库等遵照可也。

右札委员巴彦孟库等准此。

黑龙江将军衙门为出具私招民户地主能否呈交押租钱文切结事致呼兰城守尉集拉明阿的札

同治元年

将军衙门为迅速札催事。

总办开垦处案呈：前据该城守尉吉〔集〕拉明阿呈称，私招民户地主等多系贫苦，无业可倚，押租钱文不能呈交属实。等因呈报前来。当即札饬该城守尉悉心确查，将各该地主究竟能否呈交押租之处务须据实详细声明，并著该尉暨该管各官出具切实印结呈报。等因。于闰八月二十三日札行在案。

查该城守尉迄今一月之久并未呈报，事关奏咨之案，该城守尉何得任意延缓，致烦案牍行催，有干时限。应再行严饬该城守尉遵照前札，速将各该地主究竟能否呈交押租之处，著该尉并该管各官出具切实印结，迅速呈报，立待核办。相应呈请迅札该城守尉遵办，毋得再行延缓，致干咎处可也。

右札呼兰城守尉吉〔集〕拉明阿准此。

黑龙江将军衙门为迅速收齐应征现租事致呼兰城守尉集拉明阿的札

同治元年

将军衙门为札催事。

总办开垦处案呈：闰八月十九日据呼兰城守尉吉〔集〕拉明阿呈称，现在查出私垦新陈地亩内有河之东西四千七百二十余垧熟地，均系旗营、官屯人等毫无过度之家不能耕种，将其熟地租与民垦，赖租度日，若将其熟地归公致必饥毙，恳恩量为拨赏，以资糊口。等语。续于十月二十三日复据该城守尉呈称，遵奉部咨，着交押荒。等情。即饬将私招民垦各该地主一一传讯，均各禀称无业可倚，实系贫苦，不能呈纳押租是实。等因。据各该管官出具印结，城守尉复查呈递情形无异，相应声明缘由呈报前来。

查该城守尉所称，若将此项熟地归公，该旗营、官屯人等致必饥毙，恳请拨赏，以资糊口，并称私招民垦各该地主均因无业可倚，实系贫苦，不能呈纳押租是实。等语。自应酌核各情，咨请部示，以凭办理。本月十八日报部案内，拟将该处旗户、官屯人等自开熟地租给民垦四千五百余垧仍请归回原主，责令自耕，以重农业，并饬该城守尉等官不时严查，倘有再将熟地租给民垦者，即行严加惩治，以示儆戒。至查该处旗户、官屯人等将闲荒随意招民私垦等情，今遵部咨，着饬呈交押租。而据各该地主均称穷苦无力呈交，复据该管各官加结呈报应请宽免，并札饬该城守尉即将本年私垦现租催征齐妥，并将下年续开地亩一律升科现租随时呈报，以济经费。等因咨报在案。查前曾叠经札饬该城守尉即将上年升科私垦、本年应征现租赶紧收齐，以重赋课。等因各在案。今已逾数月之久，未据呈报，实属疏懈之至。应再严行札饬该城守尉查照报部之案，将前经委员主事成山查出私垦地亩一万八千八百三十三垧内除熟地四千五百九十六垧著听候部议，其所征此项上年现租暂存该衙门，一俟示覆到日再行遵办外，应饬将抵还欠账熟地一百二十四垧，连私招民垦之地一万四千一百一十三垧一并归公，共应升科地亩一万四千二百三十七垧，务饬该城守尉速将两年应征现租京钱一万八千七百九十二吊余文务于封印以前赶紧收齐，迅速呈报，以重租赋。倘再稍有迟延逾限等情，即饬该城守尉将承催地租各官呈请参办，毋得稍徇情面，任意颟顸，致滋贻误，而干咎处，是为至要。至大荒沟以北私垦现租，著暂缓征，暨私招民垦各该地主著交押租之项一并听候部议再行办理。据此，相应严行札饬该城守尉遵照可也。

右札呼兰城守尉吉〔集〕拉明阿准此。

黑龙江将军衙门为赓音布务于明年开江后将十只船补修并出具押结等事致呼兰城守尉集拉明阿的札

同治元年

将军衙门为札饬遵办事。

兵、刑二司会案呈：查前经呼兰城守尉呈报，民人苏占发具呈控告伊弟妻祁氏并幼女被民人刘振栋抢去一案，饬听审讯，该城守尉于军政回任后，经右司掌图记佐领赓音布禀称，苏占发所控之事讯系伊父苏万库自己主婚将伊媳祁氏许给刘振栋为妻，并非抢去，苏占发因有疯狂病□□，伊父苏万库将苏占发素有疯症及祁氏许字与人亦有媒妁等情具结呈阅。该城守尉以从前苏万库父子同在舆前呈控，后何反认为苏占发因被疯症诬控，其中难保不无别情。随向赓音布询问案内一干人证，控称预备听审，迨经传讯全行遣回并无一名。又查正黄旗佐领图记原委骁骑校额勒和布署理，而此佐领图记于何月日著委披甲花翎乌勒喜布移署之处私行专擅并未

回明。该城守尉于回任后面饬，将沙泥淤沉运船五只如何办理作速据实呈递，而赓音布意不为事，如何办理之处亦不回禀。又银库值班骁骑校额勒和布因派差外出，自应更换职官看守，赓音布并未请换看守之员，致旷班一昼夜。又赓音布至署呈递验委笔帖式履历牌时，该城守尉向询如何拣选，赓音布并不详细回禀，亦殊有失体制。等情。经该城守尉将赓音布呈请查办前来，当即札令将赓音布送省，以备查讯。一面饬将苏占发所控祁氏等被民人刘振栋抢去一案澈底公断，仍将如何定拟之处作速呈报，以备并案查核。等因。

复据该城守尉详报，据乡约黄珍供称，苏占发所控之事系民人徐焕武从中说合，令刘振栋出钱一百九十吊，给右司掌图记佐领赓音布一百五十吊，给写呈人四十吊，以为完事之费，徐焕武随遣讨账民人孙恭同伊先向刘振栋要出钱八十吊，经孙恭交给徐焕武等供，当即饬拿徐焕武。据报，徐焕武脱逃，复添派官兵分路查拿徐焕武及案内一干人证，续经查拿委员呈报，案内人等全行脱逃。除仍饬查拿，俟获案时秉公讯明再行呈报核办外，先将赓音布送省。等因呈报前来。当即饬司将赓音布按款研讯。据赓音布呈称，前奉城守尉指委兼水师营事务时已届补修限期，运船五只沉水

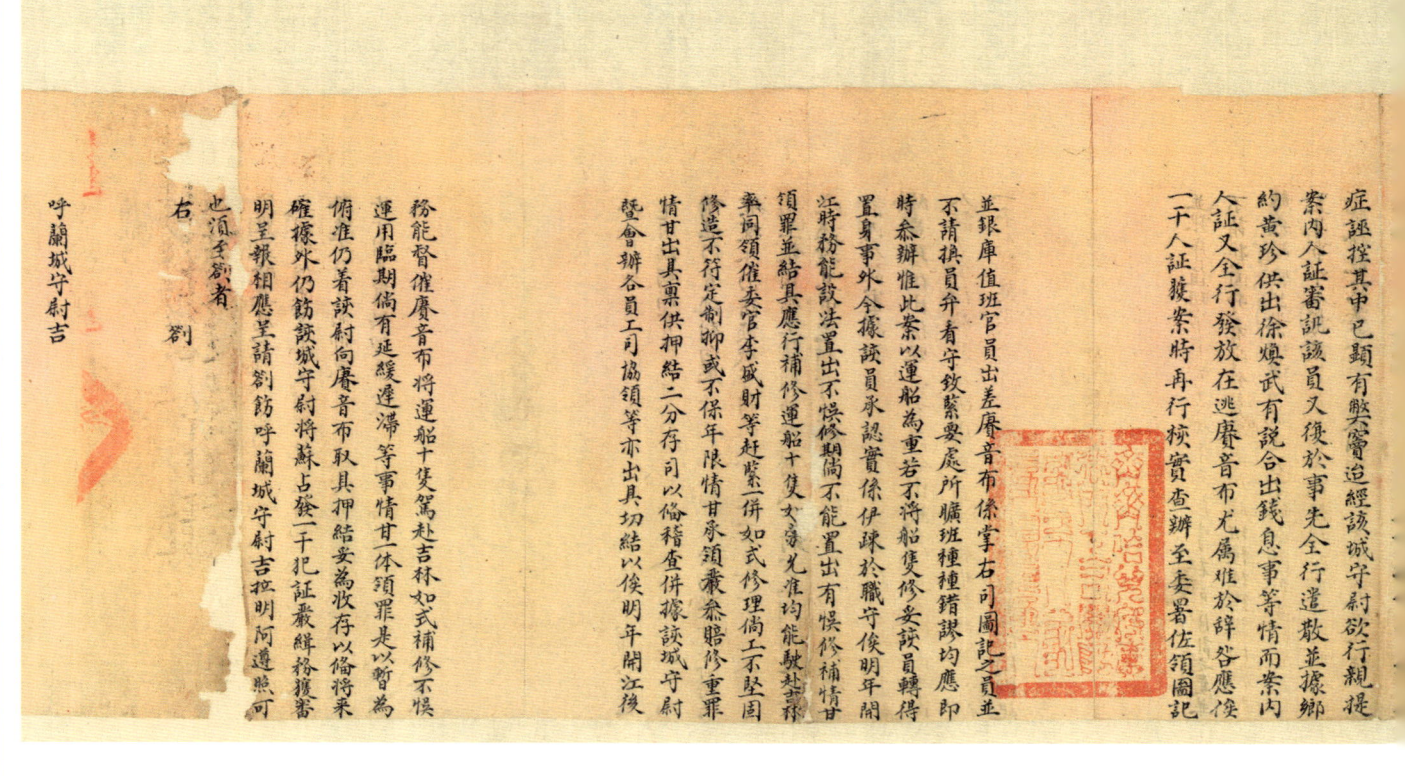

被沙壅淤，实系职疏于职守，俟明年开江务能设法置出，不误修期，倘不能置出有误修期，自甘领罪。至甘茂林之民人苏万库等呈控伊寡媳祁氏被民人刘占兴、刘振栋等纠会人众抢去之事，当即传饬界官乡约传集案内人证备讯，因苏万库乃是原告未便看押去后。旋据苏万库复称，原是伊自主婚已许刘振栋为妻，因刘振栋误听讹言以致会人抢去，仍符前约已经合婚，甘领诬告之罪，并有乡约众佃户保结婚书。等因。伊既事出两歧，理宜看押候案。又交界官乡约传集人证备讯者是赓音布素不谙公之罪，及派委署理之事缘骁骑校额勒和布署理三旗事务又兼催租事繁，故委花翎委笔帖式乌勒喜布分署一旗，其时城守尉赴省军政未及详报，至回任始行回禀者是赓音布迟误之罪。再巡查银库值班之事，因骁骑校额勒和布由银库值班，派往验尸差使当夜未回，为无职官赓音布亲身巡查一宿，因想无故次日未回禀者是赓音布疏忽之罪。又拣放委笔帖式缺事呈阅履历牌时以致城守尉动怒，事因赓音布为人愚憨回话不周起见，非敢有意冒犯，是赓音布糊涂之罪。等情呈禀。查赓音布职属司员，于城守尉交讯苏占发所控祁氏被抢一案，苏占发先经在城守尉舆前控告，嗣又认为疯症诬控，其中已显有弊窦，迨经城守尉欲行亲提案内人证审讯，该员又复于事先全行遣散，拿委员呈报案内人等全行脱逃，除仍饬查拿得获缓索时束公讯明再行呈报核办外，先将赓音布送省。固呈报前来。当即饬司将赓音布按款研讯。据赓音布供称：前奉城守尉指委兼水师营事务时，已届补修限期。运船五只沉水被沙壅淤。赏系职，踈於职守，俟明年间江时务能设法置出，不惧修期，倘不能置出，有惧修期，甘自领罪至甘茂杯之民人苏万库等呈控伊窝隐祁氏被民人刘占兴刘振栋等纠会人泉抢去之事。当即传饬界官乡约人证俾讯问苏万库乃是原告未便押去，后旋据苏万库复称：原是伊自主婚，已许刘振栋为妻，因刘振栋误听訛言，以致会人抢去，幷匈荷前约已经合婚。甘领证吉之罪，并有乡约众佃户保结婚书等囚伊既事出两岐，理宜看押候索，又交界官乡约傅集人证俾讯者，是赓音布素不谙公之罪及派委署理之事緣，委花翎委笔帖式乌勒喜布分署一旗事务，又焦催租事繁故骁骑校颉勒和布署理三旗事务，赴省军政未及详报至始行回禀，省是赓音布遲慎之罪再巡查银库值班之事，因骁骑校颉勒和布由银库值班派往验尾盖使当夜不回为无职官赓音布亲身巡查，一宿因想无故次日未回票，省是赓音布踈忽之罪，又擅放委笔帖式赴事呈阁履座脚时以

并据乡约黄珍供出徐焕武有说合出钱息事等情，而案内人证又全行发放在逃，赓音布尤属难于辞咎，应俟一干人证获案时再行核实查办。至委署佐领图记并银库值班官员出差，赓音布系掌右司图记之员，并不请换员弁看守，致紧要处所旷班，种种错谬均应即时参办。惟此案以运船为重，若不将船只修妥，该员转得置身事外。今据该员承认实系伊疏于职守，俟明年开江时务能设法置出，不误修期，倘不能置出有误修补，情甘领罪，并结具应行补修运船十只，如蒙允准，均能驶赴吉林率同领催委官李盛财等赶紧一并如式修理，倘工不坚固修造不符定制，抑或不保年限，情甘承领严参赔修重罪，情甘出具禀供押结二分存司，以备稽查。并据该城守尉暨会办各员工司协领等亦出具切结，以俟明年开江后务能督催赓音布将运船十只驾赴吉林如式补修，不误运用，临期倘有延缓迟滞等事，情甘一体领罪，是以暂为俯准。仍着该尉向赓音布取具押结妥为收存，以备将来确据外，仍饬该城守尉将苏占发一干犯证严缉务获审明呈报。相应呈请札饬呼兰城守尉吉〔集〕拉明阿遵照可也。须至札者。

右札呼兰城守尉吉〔集〕（拉明阿）。

拉三泰段内佃民承领毛荒交过押荒钱文数目及四至毗连四邻等信息清册

同治元年

拉三泰段内佃民承领毛荒交过押荒钱文数目及四至毗连四邻联名互保花名并发过印照号头数目清册。

谨将拉三泰段内佃民等承领毛荒垧数扣除三成实以七成计算，可垦地垧数每垧按二千一百文，核计交过押荒钱文数目及四至毗连四邻联名互保花名，并发过同治年号印照号头数目开列于后：

佃民孙廷玉，承领毛荒八十五垧五亩，扣除三成实以七成计算，可垦地五十九垧八亩五分，交过押荒京钱一百二十五吊六百八十四文。

互保佃户：贾士贵、张荣、王福盛、萧起。

东至王福盛，西至水沟，南至林子，北至王元敬。

宙字第一号

佃民王福盛，承领毛荒八十五垧五亩，扣除三成实以七成计算，可垦地五十九垧八亩五分，交过押荒京钱一百二十五吊六百八十四文。

互保佃户：孙廷玉、张荣、贾士贵、萧起。

东至贾士贵，西至孙廷玉，南至林子，北至萧起。

宙字第二号

佃民贾士贵，承领毛荒四十五垧，扣除三成实以七成计算，可垦地三十一垧五亩，交过押荒京钱六十六吊一百五十文。

互保佃户：孙廷玉、王福盛、张荣、萧起。

东至单和，西至王福盛，南至林子，北至萧起。

宙字第三号

佃民单和，承领毛荒四十五垧，扣除三成实以七成计算，可垦地三十一垧五亩，交过押荒京钱六十六吊一百五十文。

互保佃户：孙廷玉、张荣、萧起、贾士贵。

东至张荣，西至贾士贵，南至林子，北至宴文发。

宙字第四号

佃民张荣，承领毛荒四十五垧，扣除三成实以七成计算，可垦地三十一垧五亩，交过押荒京钱六十六吊一百五十文。

互保佃户：孙廷玉、单和、萧起、宴文发。

东至沟子，西至单和，南至林子，北至宴文发。

宙字第五号

佃民宴文发，承领毛荒九十垧，扣除三成实以七成计算，可垦地六十三垧，交过押荒京钱一百三十二吊三百文。

互保佃户：单和、王元敬、孙廷玉、萧起。

东至沟子，西至萧起，南至张荣、单和，北至周继有。

宙字第六号

佃民萧起，承领毛荒一百七十一垧，扣除三成实以七成计算，可垦地一百一十九垧七亩，交过押荒京钱二百五十一吊三百七十文。

互保佃户：周继有、宴文发、孙廷玉、王元敬。

东至宴文发，西至王元敬，南至贾士贵、王福盛，北至陈维增。

宙字第七号

佃民王元敬，承领毛荒一百三十垧，扣除三成实以七成计算，可垦地九十一垧三亩五分，交过押荒京钱一百九十一吊八百三十六文。

互保佃户：孙廷玉、宴文发、周继有、萧起。

东至陈维增、萧起，西至沟子，南至孙廷玉，北至周广仁。

宙字第八号

佃民陈维增、杨富，承领毛荒一百二十六垧，扣除三成实以七成计算，可垦地八十八垧二亩，交过押荒京钱一百八十五吊二百二十文。

互保佃户：宴文发、周继有、张荣、萧起。

东至周继有，西至王元敬，南至萧起，北至董宽、周广仁。

宙字第九号

佃民张荣、周继有、张忠成，承领毛荒一百七十八垧六亩，扣除三成实以七成计算，可垦地一百二十五垧零二分，交过押荒京钱二百六十二吊五百四十二文。

互保佃户：陈维增、董宽、萧起、王元敬。

东至沟子，西至陈维增，南至宴文发，北至董宽。

宙字第十号

佃民董宽，承领毛荒九十垧，扣除三成实以七成计算，可垦地六十三垧，交过押荒京钱一百三十二吊三百文。

互保佃户：周广仁、王成水、杜成旺、周继有。

东至水沟，西至周广仁，南至陈维增、周继有，北至杜永、王成水。

宙字第十一号

佃民周广仁，承领毛荒五十八垧，扣除三成实以七成计算，可垦地四十垧零九亩五分，交过押荒京钱八十五吊九百九十四文。

互保佃户：杜存、王成水、萧起、宴文发。

东至董宽，西至沟子，南至王元敬、陈维增，北至杜成旺、杜永。

宙字第十二号

佃民王成水，承领毛荒八十一垧，扣除三成实以七成计算，可垦地五十六垧七亩，交过押荒京钱一百一十九吊零七十文。

互保佃户：周继有、杜成旺、杜永、周广仁。

东至沟子，西至杜永，南至董宽，北至濠河。

宙字第十三号

佃民杜永，承领毛荒四十五垧，扣除三成实以七成计算，可垦地三十一垧五亩，交过押荒京钱六十六吊一百五十文。

互保佃户：周继有、杜成旺、王成水、周广仁。

东至王成水，西至杜成旺，南至周广仁、董宽，北至濠河。

宙字第十四号

佃民杜成旺，承领毛荒一百二十一垧五亩，扣除三成实以七成计算，可垦地八十五垧零五分，交过押荒京钱一百七十八吊六百零四文。

互保佃户：周继有、杜永、王成水、周广仁。

东至杜永，西至沟子，南至周广仁，北至濠河。

宙字第十五号

佃民董大志，承领毛荒二百九十六垧五亩，扣除三成实以七成计算，可垦地二百零七垧五亩五分，交过押荒京钱四百三十五吊八百五十六文。

互保佃户：姜泰、周广仁、陈维增、张荣。

东至沟子，西至沟子，南至林子，北至濠河。

宙字第十六号

佃民姜泰，承领毛荒二百五十垧零二亩，扣除三成实以七成计算，可垦地一百七十五垧一亩四分，交过押荒京钱三百六十七吊七百九十四文。

互保佃户：陈维增、董大志、周继有、张荣。

东至濠河，西至沟子，南至林子，北至濠河。

宙字第十七号

佃民吴开泰、崔文富，承领毛荒四十五垧，扣除三成实以七成计算，可垦地三十一垧五亩，交过押荒京钱六十六吊一百五十文。

互保佃户：周文举、王显、徐文发、王永辉。

东至林边，西至林边，南至分水岭，北至王永辉。

宙字第十八号

佃民王永辉，承领毛荒三百四十二垧四亩，扣除三成实以七成计算，可垦地二百三十九垧六亩八分，交过押荒京钱五百零三吊三百二十八文。

互保佃户：王显、刘斌、韩富德、狄强。

东至水沟，西至水沟，南至林子、吴开泰，北至水沟。

宙字第十九号

佃民王显，承领毛荒两段四百五十五垧四亩，扣除三成实以七成计算，可垦地三百一十八垧七亩八分，交过押荒京钱六百六十九吊四百三十八文。

互保佃户：狄强、刘斌、韩富德、王永辉。

南一段二百三十垧零四亩，东至水沟，西至水沟，南至林子，北至刘斌。北一段二百二十五垧，东至水沟，西至水沟，南至韩富德、狄强，北至王金功。

宙字第二十号

佃民刘斌，承领毛荒九十垧，扣除三成实以七成计算，可垦地六十三垧，交过押荒京钱一百三十二吊三百文。

互保佃户：王永辉、韩富德、王显、狄强。

东至水沟，西至水沟，南至王显，北至狄强、韩富德。

宙字第二十一号

佃民狄强，承领毛荒四十五垧，扣除三成实以七成计算，可垦地三十一垧五亩，交过押荒京钱六十六吊一百五十文。

互保佃户：王永辉、韩富德、王显、刘斌。

东至水沟，西至韩富德，南至刘斌，北至王显。

宙字第二十二号

佃民韩富德，承领毛荒九十垧，扣除三成实以七成计算，可垦地六十三垧，交过押荒京钱一百三十二吊三百文。

互保佃户：王永辉、王显、狄强、刘斌。

东至狄强，西至水沟，南至刘斌，北至王显。

宙字第二十三号

佃民徐文发，承领毛荒二百四十五垧九亩，扣除三成实以七成计算，可垦地一百七十二垧一亩三分，交过押荒京钱三百六十一吊四百七十四文。

互保佃户：张宗龙、汤成德、蒋玉斌、刘义国。

东至张宗龙，西至水沟，南至水沟，北至濠河。

宙字第二十四号

佃民张宗龙，承领毛荒六十七垧五亩，扣除三成实以七成计算，可垦地四十七垧二亩五分，交过押荒京钱九十九吊二百二十四文。

互保佃户：汤成德、徐文发、蒋玉斌、刘义国。

东至汤成德，西至徐文发，南至水沟，北至濠河。

宙字第二十五号

佃民蒋玉斌，承领毛荒一百一十二垧五亩，扣除三成实以七成计算，可垦地七十八垧七亩五分，交过押荒京钱一百六十五吊三百七十六文。

互保佃户：徐文发、张宗龙、刘永顺、汤成德。

东至刘义国，西至汤成德，南至水沟，北至濠河。

宙字第二十六号

佃民汤成德，承领毛荒四十五垧，扣除三成实以七成计算，可垦地三十一垧五亩，交过押荒京钱六十六吊一百五十文。

互保佃户：姜玉龙、徐文发、刘义国、王臣。

东至蒋玉斌，西至张宗龙，南至水沟，北至濠河。

宙字第二十七号

佃民刘义国、刘永顺，承领毛荒四十五垧，扣除三成实以七成计算，可垦地三十一垧五亩，交过押荒京钱六十六吊一百五十文。

互保佃户：仲绪俭、王臣、徐文发、蒋玉斌。

东至仲绪俭，西至蒋玉斌，南至水沟，北至水沟。

宙字第二十八号

佃民仲绪俭，承领毛荒四十五垧，扣除三成实以七成计算，可垦地三十一垧五亩，交过押荒京钱六十六吊一百五十文。

互保佃户：刘义国、张宗龙、徐文发、蒋玉斌。

东至王臣，西至刘义国，南至水沟、王臣，北至水沟。

宙字第二十九号

佃民王臣，承领毛荒四十五垧，扣除三成实以七成计算，可垦地三十一垧五亩，交过押荒京钱六十六吊一百五十文。

互保佃户：王金功、刘义国、汤成德、仲绪俭。

东至沟子，西至沟子，南至王金功，北至仲绪俭。

宙字第三十号

佃民王金功，承领毛荒四十五垧，扣除三成实以七成计算，可垦地三十一垧五亩，交过押荒京钱六十六吊一百五十文。

互保佃户：王臣、蒋玉斌、张宗龙、徐文发。

东至水沟，西至水沟，南至王显，北至王臣。

宙字第三十一号

佃民周祥，承领毛荒七十垧，扣除三成实以七成计算，可垦地四十九垧，交过押荒京钱一百零二吊九百文。

互保佃户：王永辉、刘克功、周元恺、周文举。

东至水沟，西至水沟，南至林子，北至周元恺。

宙字第三十二号

佃民周元恺毛荒七十垧，扣除三成实以七成计算，可垦地四十九垧，交过押荒京钱一百零二吊九百文。

互保佃户：王永辉、刘克功、周文举、周祥。

东至水沟，西至水沟，南至周祥，北至周文举。

宙字第三十三号

佃民周文举、刘克功，承领毛荒九十二垧二亩，扣除三成实以七成计算，可垦地六十四垧五亩四分，交过押荒京钱一百三十五吊五百三十四文。

互保佃户：周祥、徐文发、周元恺、王永辉。

东至水沟，西至水沟，南至周元恺，北至水沟。

宙字第三十四号

以上佃民三十四户，承领毛荒三千八百十五垧七亩，实以七成计算，可垦地二千七百二十六垧九亩九分，交过押荒京钱五千七百二十六吊六百七十八文，领过印照三十四张，谨按各户注明，理合造具细册呈报将军衙门备核。须至呈册者。

本城各庙住持僧录簿册
同治元年

同治元年呈报户司本城各庙住持僧录簿册。

普恩寺：住持僧官一名，同克，年三十八岁，系水师营人氏，道光十三年披剃。徒弟僧一名，沙明，年十五岁，系河南漳得府唐仪县人氏，同治元年四月十一日披剃。

大悲寺：住持僧沙哆，年四十二岁，道光十二年二月披剃。

关帝庙：住持戒僧一名，心然，年五十三岁，系山西太原府太原县人氏，道光九年四月披剃。

城隍庙：住持僧一名，安甯，年二十二岁，系温托河站人氏，道光三十年二月披剃。

三官庙：住持僧一名，心荣，年三十八岁，系福建漳州府平和县人氏，道光十二年四月披剃。

马神庙：住持僧一名，安福，年二十九岁，系官屯人氏，道光二十三年二月披剃。

万寿寺：住持僧一名，回乘，年六十岁，系山东登州府黄县人氏。

斗母宫：住持僧一名，本宽，年二十岁，系温特河站人氏，咸丰五年二月披剃。

烏鎗一百桿飭令合併弓箭一體加意輪演先以僅裝火藥教習釋放之法如俟訓練較熟再發鉛丸以期有準至每鎗每演三出每出需用火藥二錢四厘烘藥二厘四絲造火繩蔴四分統計訓練四十日共用過火藥一百五十三觔烘藥一觔零八兩四錢八分蔴三十觔餘暫由庫存防夷項下動用發給查所此項若由倫存防夷數內銷除嗣後歷年練習動用要儲之項勢必屢虧且黑龍江省地處極邊所有倫用防夷藥鉛等項均關緊要是以擬將暫行用過此項訓練人丁火藥蔴之

黑龙江将军衙门为请将齐齐哈尔训练幼丁所用火药、茼麻等项及年例操演药、铅一并解送事致都京兵部、工部的咨

同治元年

镇守黑龙江等处地方将军衙门为请领事。

工司案呈：查本衙门于同治元年正月二十四日附片具奏：请由齐齐哈尔城八旗闲散幼丁内挑选二百名，于春秋农隙之时加意教练枪箭各四五十日，遇有兵缺即从此项人丁挑选，仍行陆续补足二百名之数。嗣后如能加多或将已经操演娴熟者酌量更替，再选新丁一体教演，以广其数而备应用。应需火药报部核销，至马匹枪箭由各旗通融办理，其所需工食钱文请由压〔押〕租项下动支。等因具奏。旋经户部议覆，应如所奏办理。等因咨行前来。

本省遵即挑选齐齐哈尔省城八旗闲散幼丁二百名，于上年秋季起操，以每二名计给鸟枪一杆，共操演鸟枪一百杆。饬令合并弓箭一体加意轮演，先以仅装火药教习释放之法，如俟训练较熟再发铅丸以期有准。至每枪每日操演三出，每出需用火药二钱四厘、烘药二厘四丝、造火绳苘麻四分，统计训练四十日共用过火药一百五十三斤、烘药一斤零八两四钱八分、苘麻三十斤，系暂由库存防夷项下动用发给。查所支此项若由备存防夷数内销除，嗣后历年练习动用要备之项势必屡亏，且黑龙江省地处极边，所有备用防夷药、铅等项均关紧要，是以拟将暂行用过此项训练人丁火药、苘麻之项，请于本年解送年例操演药、铅等项之便一并补行运送，以足原额而重要备。据此，相应咨报大部，希请查核可也。须至咨者。

右咨都京兵部、工部。

呼兰河城守尉集拉明阿为呈报捕匪用过药、铅、火绳等项浮冒缘由事致黑龙江将军衙门的呈

同治二年正月初八日

呼兰河城守尉吉〔集〕拉明阿为遵札查明呈覆事。

左司案呈：于十二月二十八日遵奉将军衙门札开，工司案呈，十二月二十一日据呼兰城守尉吉〔集〕拉明阿呈称，查本处库存火药三千五百六十六斤零七两、烘药五十一斤零七两四钱、抬枪铅丸八千七百七十个、鸟枪铅丸十万个、火绳二百丈，内除操演火药五百零六斤四两、烘药一斤零二钱、抬枪铅丸二千零二十五个，又除捕匪火药一千四百八十四斤余、烘药一十二斤零四两、抬枪铅丸一千零二十五个、鸟枪铅丸一千五百九十二个、火绳二百丈外，现在实存火药一千五百七十五斤、烘药三十七斤十二两、一两二钱重铅丸五千七百二十个、一两二钱重铅丸八十七斤四两，又三钱暨二钱八分重铅

呈

呼蘭河城守尉吉拉明阿為遵劄查明呈覆事左司
案呈於十二月二十八日遵奉
將軍衙門劄開工司案呈十二月二十一日據呼蘭城守尉
吉拉明阿呈稱查本處庫存火藥三十五百六十六觔零
七兩烘藥五十一觔零七兩四錢拾鎗鉛九八七百七十佃鳥
鎗鉛九十萬佃火繩二百丈內除操演火藥五百零六觔四
兩烘藥一觔零二錢拾鎗鉛二千零二十五佃又除捕匪火
藥二千四百八十四觔餘烘藥一十二觔零四兩拾鎗鉛九十
零二十五佃鳥鎗鉛一千五百九十二佃火繩二百丈外現在
實存火藥二千五百七十五觔烘藥三十七觔十二兩一錢
重鉛九五百二十佃一兩二錢重鉛九八十七兩
又三錢暨二錢八分重鉛九九萬八千四百八十個等因呈報
前來查該處於上年捕匪用過大小鉛九共二十六百一十七
佃核計其數共應需用火藥一百四十八觔餘烘藥七兩三十
錢九匙二十八八合可得多用總火藥一十三百三十

右呈

將軍衙門

同治二年正月初八日

筆帖式委司員花林保
委筆帖式德克德春核對

丸九万八千四百八十个。等因呈报前来。查该处于上年捕匪用过大小铅丸共二千六百一十七个，核计其数共应需用火药一百四十八斤余、烘药七两三钱、火绳一十八丈五尺，今何得多冒用过火药一千三百三十六斤余、烘药一十一斤余、火绳一百八十一丈余之多，况捕匪之事已逾一年之久，始行呈请核销，如何咨部请领补款。该处办事之员实属草率玩懈之至，应饬该城守尉认真诘询该承办各员，即将上年捕匪用过药、铅、火绳等项究系因何浮冒许多，任意迟延等情著即切实查明呈报，以凭查核，毋得含混掩饰，致干究查，除将历年以铅丸之轻重每丸计需药若干之报部章程另行开单札知外，相应饬覆该城守尉吉〔集〕拉明阿遵照可也。等因札饬前来。职遵札当即诘询该承办各员，该员等诉称，去岁捕匪用过药、铅、火绳等项恐其碍难核销，拟定本处展转筹办。现又奉派副总管乌林布、佐领佛尔卿阿等员带队捕匪应用药、铅、火绳等项多广，本处实难筹办，因此将去岁捕匪用过药、铅、火绳等项先行核销，此次捕匪费用药、铅、火绳若干再行核销以致迟延至今，再多用药、绳因去岁捕匪兵团逐日演队俱放空枪，又备用饱枪每日清晨出放一次并不用铅丸以致多费药、绳。等情。拟合据此呈报，为此呈报将军衙门鉴核，查照施行。须至呈者。

右呈将军衙门。

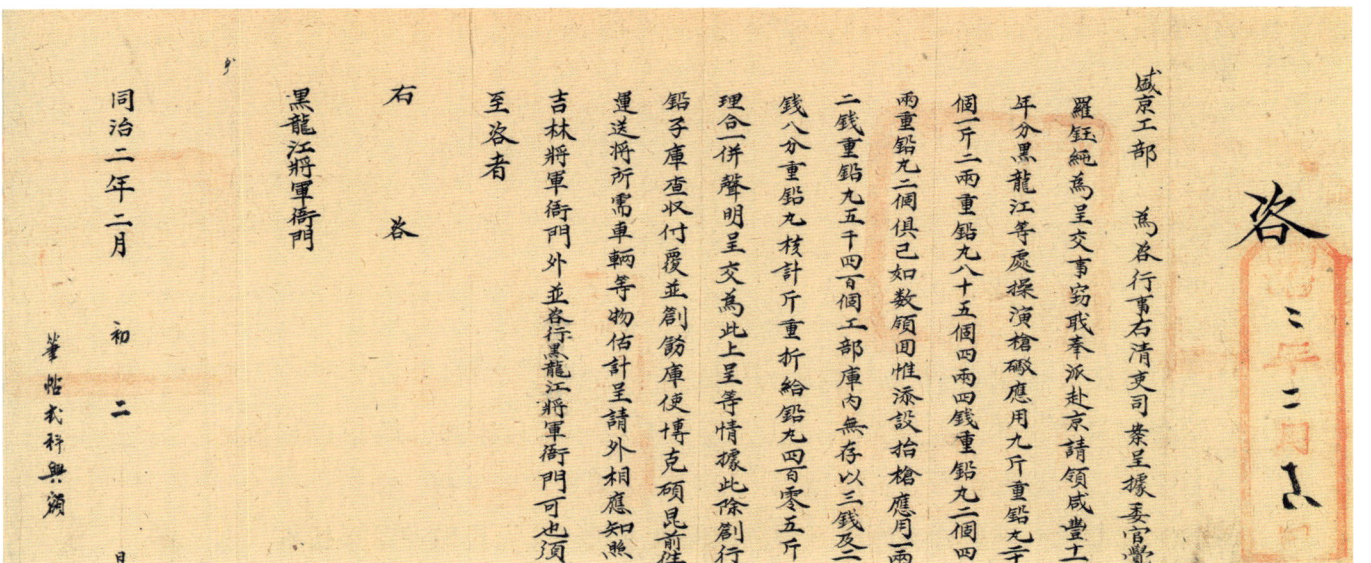

盛京工部为委官觉罗钰纯请领咸丰十一年黑龙江等处操演所用铅丸情形事致黑龙江将军衙门的咨

同治二年二月初二日

盛京工部为咨行事。

右清吏司案呈：据委官觉罗钰纯为呈交事。窃职奉派赴京请领咸丰十一年分黑龙江等处操演枪炮应用九斤重铅丸二十个、一斤二两重铅丸八十五个、四两四钱重铅丸二个、四两重铅丸二个，俱已如数领回。惟添设抬枪应用一两二钱重铅丸五千四百个工部库内无存，以三钱及二钱八分重铅丸核计斤重，折给铅丸四百零五斤。理合一并声明呈交，为此上呈。等情。据此，除札行铅子库查收付覆并札饬库使博克硕昆前往运送，将所需车辆等物估计呈请外，相应知照吉林将军衙门外并咨行黑龙江将军衙门可也。须至咨者。

右咨黑龙江将军衙门。

黑龙江水师营四品官阿常阿等为呈请拆造、修船所需物料事的呈
同治二年二月初五日

黑龙江水师营四品官阿常阿等为呈报请讨木料事。

查得咸丰三年二月十六日动工，至五月二十六日告竣，明年应该拆造日字第二十号大船一只，用顶粗一尺长二丈果松木五十根、顶粗一尺二寸长一丈七尺五寸果松木四十五根、顶粗九寸长三丈五尺做龙骨果松木二根、顶粗九寸长二丈七尺五寸又做龙骨果松木四根、顶粗九寸长三丈做橝果松木三根、顶粗九寸长二丈五尺做橝果松木一根、顶粗一尺长二丈二尺五寸做橹果松木二根，顶粗一尺一寸长一丈二尺五寸做梁头榆木六根、顶粗一尺长一丈一尺做梁头榆木八根、顶粗一尺长一丈做梁头榆木三根、顶粗一尺五寸长一丈三尺做面梁榆木一根、顶粗一尺一寸长九尺做桅夹榆木一根、顶粗一尺二寸长一丈二尺做舵斤〔筋〕榆木一根、顶粗八寸长一丈二尺五寸做舵杆榆木二根、顶粗一尺长一丈二尺五寸做象鼻子榆木一根、顶粗九寸长一丈五尺做小杆榆木二根、顶粗八寸长一丈做毛梁榆木一根、顶粗一尺二寸长一丈做小面梁榆木一根、顶粗九寸长八尺做小桅夹榆木一根、顶粗三寸长七尺五寸做罗框柱榆木二十五根、顶粗一尺五寸长五尺做桅坐子榆木一根、顶粗一尺长一丈做绞杆榆木一根、顶粗一尺三寸长三尺五寸做舵兰子榆木二根、顶粗八寸长一丈二尺五寸做草鞋底榆木一根，顶粗六寸长六丈二尺五寸杉松木大桅杆一根、顶粗四寸长三丈二尺五寸杉松木小桅杆一根、顶粗四寸长三丈五尺杉松木提头拉草二根、顶粗三寸长二丈杉松木提头拉草二根，顶粗二寸五分长二丈二尺做篙榆木十九根、宽一尺长一丈二尺做招榆木板四块。

以上拆造大船一只，共用粗细长短不等果松木一百零七根、榆木七十七根、杉松木六根、榆木板四块、艌船石灰三石八斗，拆片铁打新钉、局〔锔〕理旧钉、局〔锔〕共用木炭五千九百四十斤。此一只大船至五年本地大修用顶粗一尺二寸长一丈七尺五寸果松木八根、顶粗一尺长二丈果松木八根。以上大修大船一只，共用果松木十六根、艌船石灰一石四斗五升。

又查得咸丰三年二月十六日动工，至五月二十六日告竣，拆造月字第四十四号至五十五号花船十二只，明年应该拆造花船十二只，共用顶粗一尺二寸长一丈七尺五寸果松木三百六十根、顶粗一尺长二丈果松木四百八十根、顶粗九〔寸〕长二丈七尺五寸做橵果松木四十八根、顶粗九寸长三丈二尺五寸做龙骨果松木四十八根，顶粗一尺长一丈一尺榆木梁头三十根、顶粗一尺长一丈榆木梁头一百六十二根、顶粗一尺三寸长一丈一尺榆木面梁十二根、顶粗一尺二寸长一丈榆木舵斤〔筋〕十二根、顶粗一尺长八尺榆木桅夹十二根、顶粗一尺三寸长三尺五寸榆木舵兰子二十四根、顶粗七寸长一丈二尺榆木舵杆二十四根、顶粗三寸长五尺榆木罗框柱三百根、顶粗一尺三寸长四尺榆木桅坐子十二根、顶粗一尺二寸长九尺榆木象鼻子十二根、顶粗八寸长九尺榆木草鞋底十二根、顶粗八寸长一丈三尺榆木小杆十二根、顶粗七寸长七尺五寸榆木将军柱十二根、顶粗一尺长七尺五寸榆木小面梁十二根、顶粗七寸长八尺榆木桨迎子二十四根、顶粗八寸长八尺榆木绞杆十二根、顶粗四寸长八尺榆木仙人椿十二根，顶粗六寸长四丈五尺杉松木桅杆十二根、顶粗四寸长二丈五尺杉松木提头拉草二十四根、顶粗四寸长二丈五尺杉松木小桅杆二根、顶粗三寸长一丈七尺五寸杉松木提头拉草四根，顶粗二寸二分长一丈五尺做篙榆木一百五十六根、宽八寸长八尺做招榆木板六十块。

以上共用粗细长短不等果松木九百三十六根、榆木八百五十二根、榆木板六十块、杉松木四十二根，打新钉、锔共用木炭二万五千三百一十五斤、舱船石灰十四石四斗。此十二只花船至五年本地大修用顶粗一尺二寸长一丈七尺五寸果松木四十八根、顶粗一尺长二丈果松木四十八根。以上十二只花船共用果松木九十六根、舱船石灰八石四斗。

以上大船一只、花船十二只拆造、大修共用果松木一千一百五十五根、榆木九百二十九根、榆木板六十四块、杉松木四十八根。打新钉、锔理旧钉、锔用木炭三万一千二百五十五斤、舱船石灰二十八石零五升。

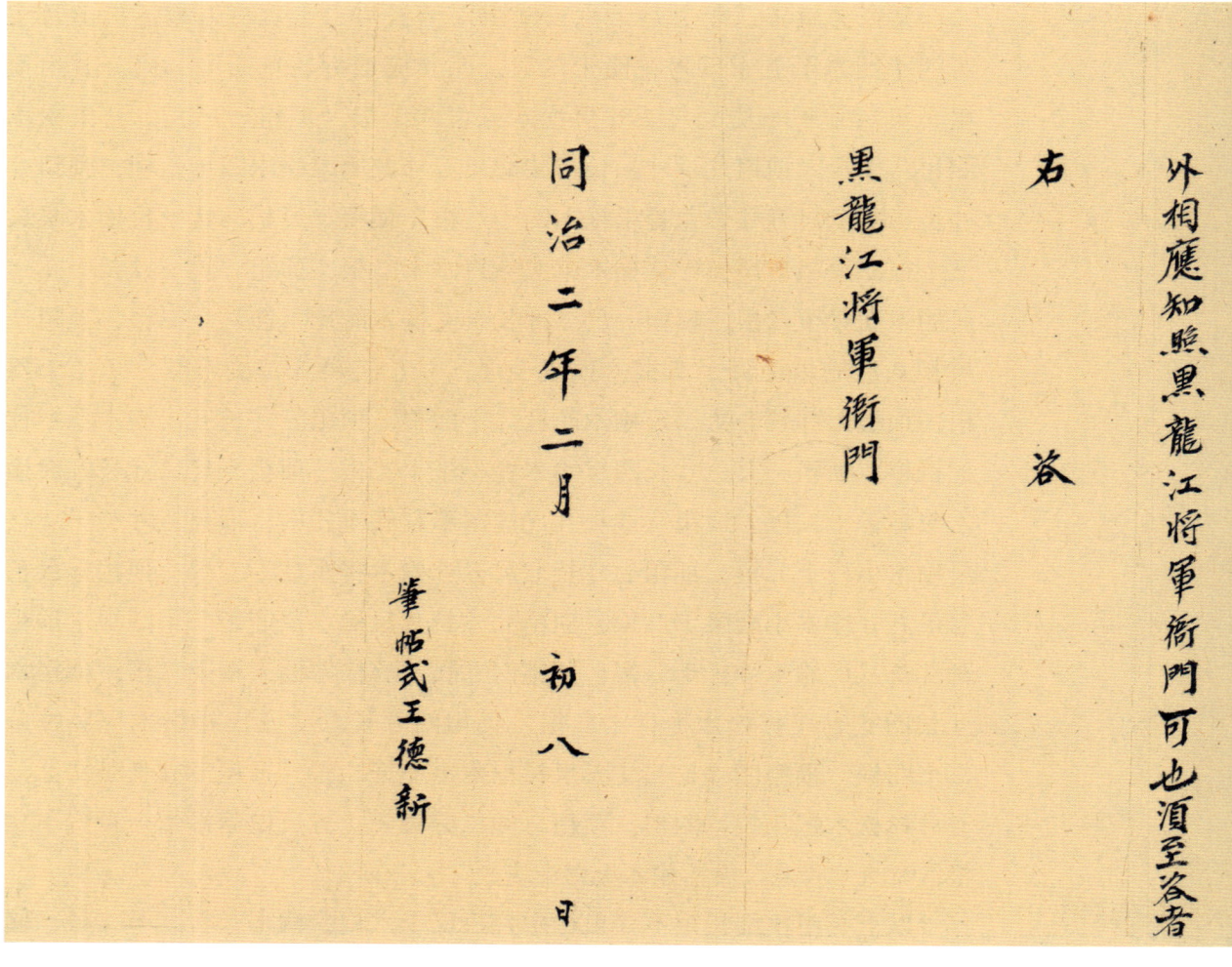

盛京工部为委派库使博克硕昆运送黑龙江等处操演枪炮应用铅丸事致黑龙江将军衙门的咨
同治二年二月初八日

　　盛京工部为咨行事。
　　右清吏司案呈：据库使博克硕昆呈请奉派运送黑龙江等处操演枪炮，应用九斤重铅丸二十个、一斤二两重铅丸八十五个、四两四钱重铅丸二个、四两重铅丸二个、一两二钱重铅丸五千四百个，折给三钱及二钱八分重铅丸四百零五斤。等情。除咨行吉林将军衙门照数接收之处咨覆本部备

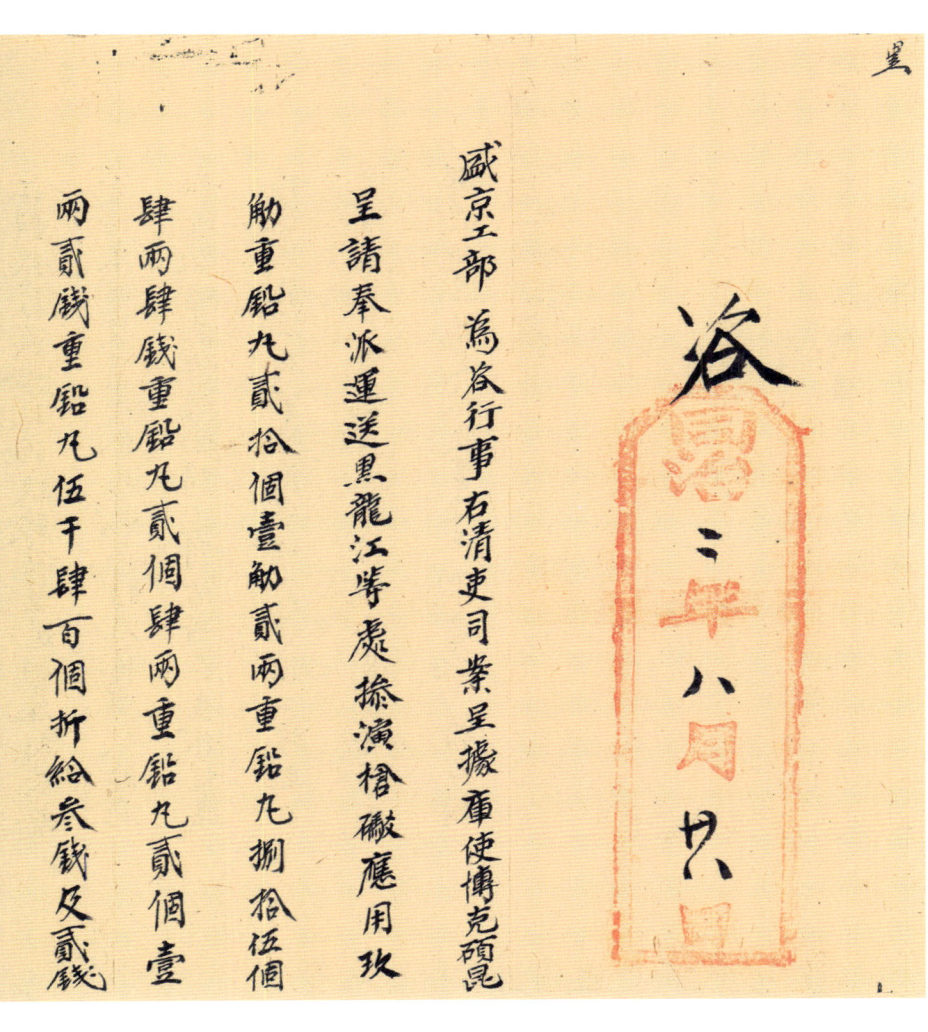

查外,相应知照黑龙江将军衙门可也。须至咨者。
右咨黑龙江将军衙门。

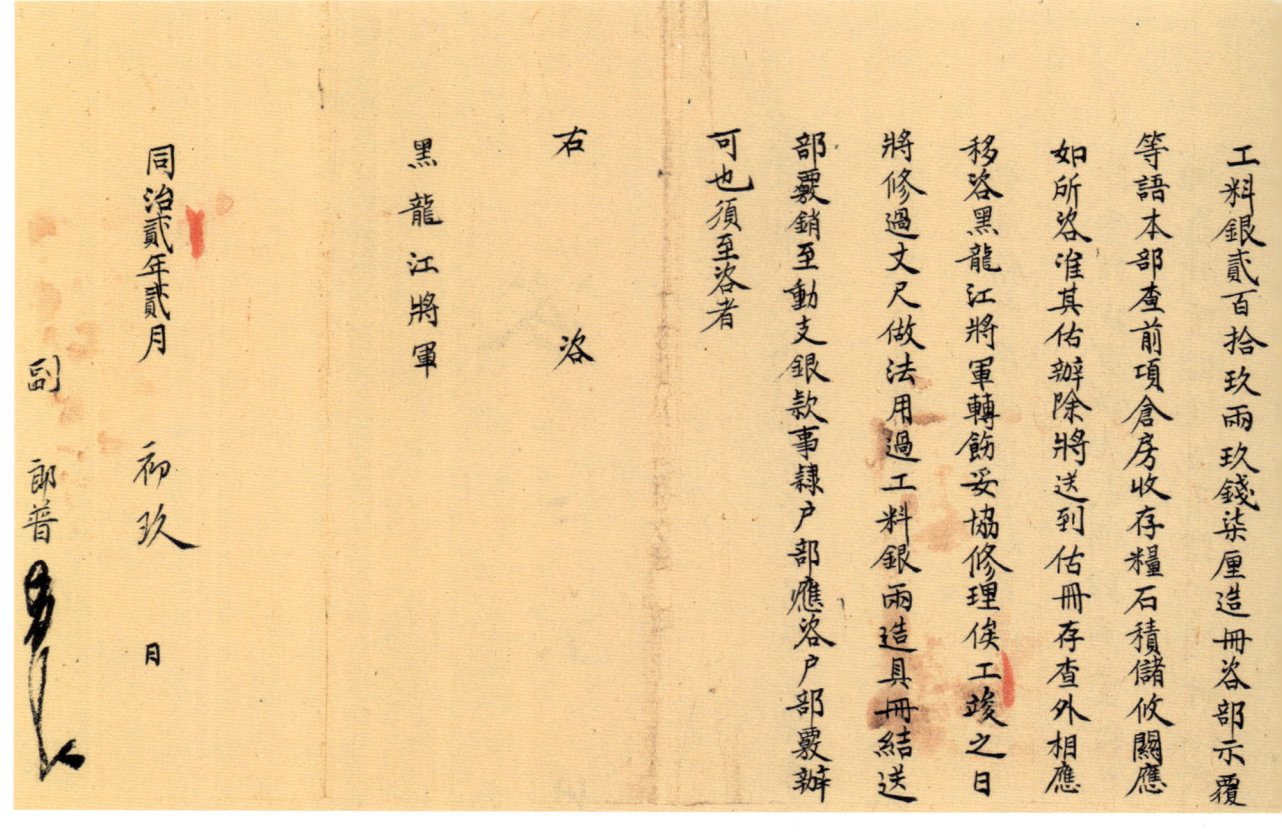

工部为应准修整齐齐哈尔备、公仓房并将用过工料银两等造册送部事致黑龙江将军的咨

同治二年二月初九日

工部为估报事。

营缮司案呈：准黑龙江将军咨称，据仓官富呢布呈报，齐齐哈尔城现有备、公仓房七所三十五间，均于道光二十四年成盖，现已逾限，糟朽渗漏，围墙坍塌，关系存粮，实不堪缓之工，理合将备、公仓房七所三十五间估需物料银贰百壹拾玖两玖钱柒厘，造册咨部示覆再行遵办。等因前来。

查齐齐哈尔备、公仓房七所三十五间，据黑龙江将军咨称系道光〔二十〕四年修盖，年久糟朽，即应修整，以备存粮，估需工料银贰百〔壹〕拾玖两玖钱柒厘，造册咨部示覆。等语。本部查前项仓房收存工部為估報事營繕司案呈准黑龍江將軍咨稱據倉官富呢布呈報齊齊哈爾城現有備公倉房柒所叁拾伍間均於道光二十四年成盖現已逾限歟朽滲漏圍牆坍塌關係存糧實不堪緩之工理合將備公倉房柒所叁拾伍間估需物料銀貳百壹拾玖兩玖錢柒厘造冊咨部示覆再行遵辦等因來查齊齊哈爾備公倉房

粮石积储攸关，应如所咨，准其估办。除将送到估册存查外，相应移咨黑龙江将军转饬妥协修理，俟工竣之日将修过丈尺、做法、用过工料银两造具册结送部核销。至动支银款事隶户部，应咨户部核办可也。须至咨者。

右咨黑龙江将军。

黑龙江将军衙门为抄录六部核办呼兰地方添设官员办理赋课刑名旗民交涉应遵成例事致工司的札
附：部议奏案
同治二年三月十五日

将军衙门为札饬各司遵照部议奏案汇入档案查办事。

总办开垦处案呈：于上年八月间蒙堂宪条奏，呼兰地方添设同知等官及该处山林、河道、伐木、捕鱼、渡口船只定立界限，加派官兵稽查弹压，酌征税课。等因。奏奉饬部妥议具奏。钦此。兹于三月初十日准吏部咨开，经六部会议，所有条奏事均准照所请办理。等因具奏。奉旨：依议。钦此。钦遵。咨照前来。遵即按款详加酌核，除将同知等官廉俸、工食等项及佃民入山伐木纳课拟由开垦处会同户司核议咨覆外，其网户、渡口、税课等事，应由户司催纳核销。至请领印记、稽查卡伦、考成处分等

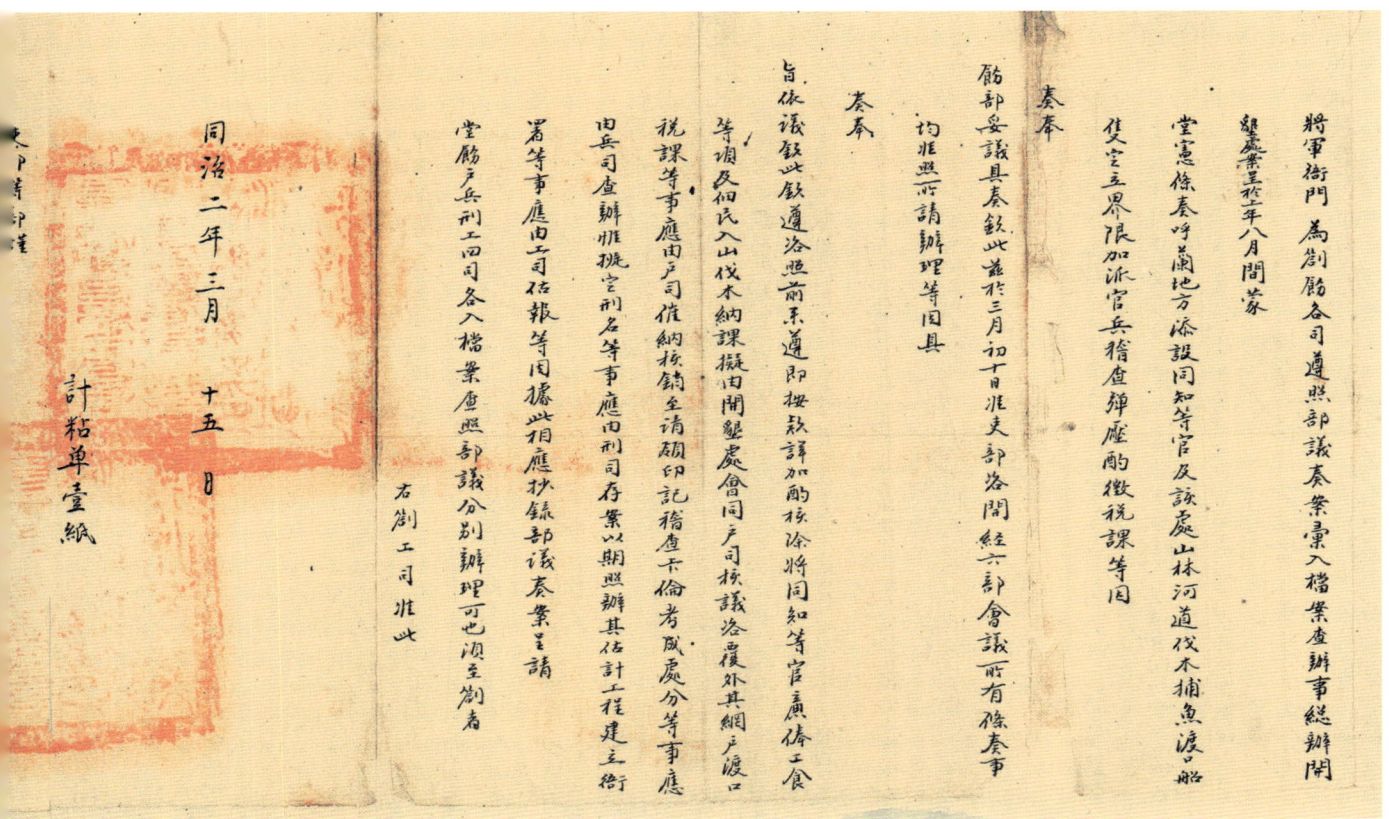

事，应由兵司查办。惟拟定刑名等事，应由刑司存案，以期照办。其估计工程、建立衙署等事，应由工司估报。等因。据此，相应抄录部议奏案，呈请堂饬户、兵、刑、工四司各入档案，查照部议分别办理可也。须至札者。

右札工司准此。

计粘单一纸。

附：部议奏案

吏部等部谨奏，为遵旨妥议具奏事。

内阁抄出署黑龙江将军特（普钦）奏称：窃自咸丰九年九月奴才接署黑龙江将军印务以来，留心体察边要重地，俸饷屡亏，官兵困苦，一切差徭均形拮据。采访舆情，因呼兰所属之蒙古尔山等处地方有闲荒一百余万垧，曾经御史条陈屡次查办，奴才复检核成案详细陈明，仰蒙恩旨俯准试办。当即遴员竭力料理，嗣经该委员等前往招办，各佃民闻风踊跃，陆续前来领地交租。自十一年二月起至八月十一日止，计征押荒大小租银二万八千余两，京钱七千余吊，并先后办理情形节经奏明，经户部议准咨

◎ 同治二年（一八六三年）

檢呑一員亦經吏部核推自應添鑄臣知陵行一顆巡核司印一顆以昭信守茶倍
命下由吏部撰擬字樣到部鑄造頒給兵部查呼蘭原設城守尉繼司
該旗旗務兼理官莊並地方命盜案件令既添設城守尉理事同知檢管
理賦課兼理監獄捕務旗民交涉事件其該處呼蘭務並官莊事務仍
肉該城守尉管理刑部查例載凡在禁囚犯日給倉米升冬給絮衣
一件病給醫藥看犯支更禁卒夜給燈油並於本處有司在官錢
粮內支放獄官領期申明閱給毋致鈌誤又肉外刑獄醫治罪因各選
用醫生二名每遇年底稽考優劣如醫治痊愈者多照例候六
年已滿在外授典科訓科不能治癒病多死者即責革更換又肉外
斬絞監候之犯每遇秋審時責令獄官監看雜髮一次軍流人犯每
專管監獄之司獄支官奏官有將有監禁犯姓名申送上司查閱外並令
照例設立循環簿填註每月呈出入監犯管徒名開載填註登案
李雜髮一次仍令留項心一片又各首府廳州縣凡有監獄之責者除
事監察年月及現在任何審訊之處造具清冊按月申送盧於如有監察海情弊
即將有獄官隨時查處其有填註隱漏為將有獄官營獄官一倂奏處凡開刑
衙門不許於獄內用梱枷違者官革職枝一百流三千里祭卒枝一百流各等語
以上各條均係監獄應辦事宜應令該將軍遵照定例辦理工部查黑龍江將
軍奏呼蘭所屬地方招徠農民日漸增多擬請添設理事同知一員檢管
以資彈壓亦有倉庫監獄衙署等項應如所奏淮其虛從成案酌核辦理擬
例選冊送部佐銷以晩檢辦又呼蘭所屬松花江北岸一帶田旗民人等結夥
搭棚私立網罟捕魚售賣情事查該處通江河道原有限制前經欽年訪聞

詣員年以佈江奏酌品冊複奏數飭前處即典律請擬每一處按年徵課銀
高試辦二年後如有成效再行奏請倘江岸有水衝雛面又撞設網報官驗賣
我撤其听收課銀統歸每年稅項銀兩報部核銷支部查地方如有寫隱盜賊之
家許令保立甲長牌調據實東首立即拿究閃與典律治罪將各該
之員每年彙錄一次倘失於查拿經別處獲犯供出將地方官降二級調用嗣後
呼蘭所如有寓隱盜賊之家應將該同知逆徐例議叙議處各
漁戶如有寫隱盜賊之家應該同知地方官例議叙議處戶部
查呼蘭以東擬該網場上之每處按年徵課銀二十兩所收課銀統歸每年稅銀
項下報銷之處核尚向例徵收網稅銀數相符應淮試辦如二年後果有成效
即行報部言韵核查例載容留外省流棍者照句引未屆不明之人例發近邊
充軍等語嗣後如有漁戶容留匪徒往還生事端即照容留流棍之例斷
又呼蘭閉荒百萬餘晌現在招徠自松花江北岸就近巴彥蘇等處按次十萬
餘晌雨領荒農民日衆其山林木植若概容虛察院與戶盖房宇井等項盡
有所窒礙若任所欲伐夭怒有閱利借賣之繋將未林木稀少典績將亦屬有
即應振部言韵部查例載客冒外省流棍者照句引未屆不明之人例發近邊
應請酌中核擬下以限制查該處林木多在蒙古爾山東北一帶令撿將該佃戶等
已領荒殷內如有零星木植听該民伐用其听領荒地松花江北岸
處均請擇要安設卡倫派官兵常川稽查如該佃民等蓋房
穿井等項需不著由官處顏東准其推出砍伐照例觀辦有裕甚多者治罪為分
別稽查別林木不致稀踈議詔佃民均可資以興辦有裡部查呼蘭開荒招該民現在松花江北岸
換次撥徵所有該佃民已領荒殷內如有零星木植准該民伐用其所領荒
處均請擇要安設卡倫派官兵常川稽查如該佃民等蓋房
以外直至蒙古願山邊各處均擇要安設卡倫派兵常川稽查之處應斷奏辦理至
例進山砍伐照例領納稅一即查蒙古爾山向樣產杉之區又與吉林
個民蓋房需用木植請領票進山砍伐照例觀稅

詰奸均非武弁所長非熟諳民社習於法律之員接辦難期諸如擬

請援照吉林所屬伯都訥成案顧懇

天恩俯準添設理事同知一員管理賦刑名旗民交涉事件巡檢一員管理監
獄捕務庶天武相交為治於地方可期經畫得宜惟同知巡檢
二缺設官伊始規模有創正當酌令章程事務紛繁之際非
初任之員所能膺任如蒙

勒下部臣於曾任繁缺理事同知曾任巡檢曾任倉庫監獄人員內揀選帶領引
見補放庶與要缺有裨其印信鈐記倉庫監獄俱廉俸工食衙署等事由
臣才核照成案酌定再行咨報各該部核覆到日遵行等語臣部查
呼蘭屬界招墾閒荒農民踴躍日漸增多現經該將軍因地制宜
擬請添設理事同知一員管理賦課刑名旗民交涉事件巡檢一員管理
監獄捕務等語均如該將軍所奏黑龍江所屬呼蘭添設理事同知
一員巡檢一員管理賦課刑名監獄捕務庶文武相交為治於地方可
期經畫得宜查該處既經添設理事同知巡檢嗣後遇有命盜案件
俱照州縣例辦理如有遲延亦照州縣例議處以巡檢為捕官同知為
印官其承審旗民交涉事件仍由城守尉會同審辦巡檢經管
獄自到任之日起於獄肉重囚能董率提牢役嚴加防守扣足年並無疎
失給與議叙如有人犯越獄及監斃等事俱照例議處至該將
軍所請印信鈐記倉庫監獄俸廉工食衙署戶部查議
添設理事同知一員巡檢一員所有俸廉工食等項應令將軍

其鮮魚經唐唐嚴緊先後譯振數目多寡不一概多寡混未春開始
復經遴派唐唐渴詫官瑞保等分令前往沿江湖流逐細週歷不准再有遺
匿嗣據稟稱虞得沿江一帶有呼蘭河以西至愛新溢河古山沿江水程約計五
十餘里舊有網場一處像沿捕打
官莊等處附近江岸人家遠近不等多有私撥漁戶蓋自置網具暨搭蓋窩
鋪於隙地殆不止一獲魚則將時陸賣按股分利賺累則網具置窩鋪另去
後來乖負近居多則結夥二三人或八載唔多亦有失身結繩網以下鈞為業
則祥往時朱遠則搭舖住宿又有於夏秋捕魚入圖封江後起出隆貴為此項江
魚為本地出產實多人者多藉以為謀生之計其共沿江人戶私撥圖利莫非
食歸公翰課以冯樂瑞擬請倣巡乾隆二十六年經

欽差委非吉林有商岳分界設網之策各網場一處按年徵收課銀三兩有衙陵捕驗
堂武撒捻按股分清界地酌測網場一十二處其餘塞星渔戶各歸洲近網場給票
如有吞名匪徒陳淋生事瑞一經查出即將漁網入官仍將網戶憑力治以應得之罪
等因票請數辦前來臣復查該漁戶等均以江面捕魚瑞搭窩鋪為
臨江錫徐該河道自有匯流入江之處內亦操珠封禁愚民不知恃利開荒經
紛紛作居遂漸增多前經先年間即有互相爭控之案嗣因議這開界限
前任將軍奐山會同吉林將軍景綸道
旨會明慶奉該處河道自嘉慶年間捕珠一次並無捕獲旋即停止操捕間墾地歇業
媽足以復經牧才零涯招是念沿江結設網罷歷年所處相習為業若概行驅逐不
無擾害非人民有礙生計且此等漁者之徒一旦失業流離無進所屬憲查有

附
雖寫

覆在案。本年开印以后，奴才复饬前派委员分往拨入，春夏之间连上年八月十一日以后共又收大小押租京钱十万余吊。除俟本年秋后再将出放荒地垧数暨征收押租钱文另行咨部核办外，惟自招垦以来，农民日渐增多，现在核计已放地十四万余垧，招民二千一百余户，虽招垦之户数皆殷实良民，以资本写地谋生自图永业，第烟户渐繁，人数日众，难免有良莠间杂之处，欲求奠安之方，不得不预筹经久之计。若非添设有司官员专司经理，则听断词讼、管束民情、缉捕、催课难期周密，且既经开禁，所有该处山林、河道、伐木、捕鱼以及渡口船只均应设立界限，添派官兵稽查弹压，酌征税课，以资经久。奴才督率所属悉心详核，谨就管见所及酌筹五条详陈于后。等因具奏。同治元年八月十五日议政王、军机大臣奉旨：该部妥议具奏。钦此。钦遵。抄出到部。查该将军原奏内称，佃民日众，烟户渐繁，已招民户亟须管束，此后逐年招众，日益加多，尤不可不预筹抚字。查呼兰额设城守尉一员，总司该旗旗务，兼理官庄并地方命盗案件。近年以来案牍繁增，倍于往昔，加以新辟荒原相距该城二百余里，不惟有鞭长莫及之虞，且编氓设甲、听讼诘奸均非武秩所长，非熟谙民社、习于参山摈坏现在参所暂行停採原为长养参苗以待丰旺之年再行採捕佃民等领票进山砍伐木植尚恐於十倫数處亦恐稽查难周應令該將軍查照户部指出情節悉心酌議設卡倫派兵常川稽查既查訣處領荒以外直至蒙古尔山所產参之區准佃民砍伐木植珠多闲碍经户部查蒙古尔山係產参之區准佃民砍伐木植珠多闲碍民入炎應將訣當官照失察偷度闲隘例議處刑部查例載

盛京附近圍場處所擎獲偷伐木植犯審寔係身為財主雇倩多人教

一百流千里若無財主一時會合各出本錢並雇人偷伐木植趕度邊隘口者较

一百徒三年為從及販賣並偷竊者各減為首及己得一等又

盛京各處山場商人領票砍伐木植如夾帶偷砍果松者按照株数多寡定罪砍至数十根者笞五十百根者杖六十每百根加一等罪止杖一百徒三年所砍木植變價入官各等語嗣後遇有此等私行砍伐木植案件應令訣將軍遵照定例辦理又呼蘭屬界原設官渡二處附近城西官道應用渡船二隻歷係官為修造現在開墾官荒地段皆在城之迤東所招佃民俱來自松花江其经過江河渡口應即酌設船隻以利往來弟一经添設官船不惟需用物料水手工食等項繁費皆须等畫而造辦亦需時日兹经委員查振松花江北岸一帶以及各處河道現有渡船戶等自置小船濟渡來往農民擬請不動官項仍撥派官兵輪流稽查如有偷渡匪民將利行人捧其要路設渡五處嵌給抗照佃民用自置小船濟渡以船隻入官銷毁並將船戶嚴加懲辦其餘二處均飭禁止如有滑並令丁部省五臣查地即均有諍益更部查

养廉津貼所領銀寔不敷訣員日用薪水之資以致虧斯任者均各視為畏途現當訣處招墾增租事務倍孟紛繁若不量為籌計不惟現任者難以久留即繼來者亦准指資效力復查所屬各城如黑龙江墨尔根兩副都統各有养廉銀兩呼倫貝尔總管鹽菜實銀一百二十餘兩茲可否仿照呼倫貝尔總管每年田地租項下撥給新水定銀一百二十兩以資接济亦應准其照數勁支在於地租項下撥給振明户部查核謹將臣部會同户禮兵刑工等部妥議緣由繕摺具

奏伏乞

皇上聖鑒

訓示遵行再此摺係吏部主稿合併聲明謹

奏奉

旨依議欽此

奏同治元年十一月初十日具

法律文员接办，难期裕如。拟请援照吉林所属伯都讷成案，吁恳天恩，俯准添设理事同知一员管理赋课、刑名、旗民交涉事件，巡检一员管理监狱捕务，庶文武相交为治，于地方可期经画得宜。惟同知、巡检二缺设官伊始，规模甫创，正当酌定章程事务纷繁之际，非初任之员所能胜任，如蒙敕下，部臣于曾任繁缺理事同知、曾任巡检人员内拣选带领引见补放，庶与要缺有裨。其印信、钤记、仓库、监狱、俸廉、工食、衙署等事，由奴才核照成案酌定，再行咨报各该部，核覆到日遵行。等语。

吏部查呼兰属界招垦开荒，农民踊跃，日渐增多，现经该将军因地制宜，拟请添设理事同知一员管理赋课、刑名、旗民交涉事件，巡检一员管理监狱捕务等语，均如该将军所奏。黑龙江所属呼兰添设理事同知一员、巡检一员，管理赋课、刑名、监狱捕务，庶文武相交为治，于地方可期经画得宜。查该处既经添设理事同知、巡检，嗣后遇有命盗案件，俱照州、县例限办理，如有延迟，亦照州、县例议处。以巡检为捕官，同知为印官，其承审旗民交涉事件，仍由城守尉会同审办。巡检经管监狱，自到任之日起，于狱内重囚，能董率提牢，吏役严加防守，扣足一年并无疏失，给与议叙。如有人犯越狱以及监毙等事，俱以巡检为管狱官，同知为有狱官，由该将军题参，按照该犯罪名照例议处。

至该将军所称印信、钤记、仓库、监狱、俸廉、工食、衙署，户部查该处添设理事同知一员、巡检一员，所有俸廉、工食等项应令该将军照例酌定报明户部核办。礼部查定例。文职官员印信关防由吏部议准，撰拟字样到部，付铸印局铸造。等语。今黑龙江呼兰地方添设理事同知并巡检各一员，既经吏部核准，自应添铸同知关防一颗、巡检司印一颗，以昭信守。恭候命下，由吏部撰拟字样到部铸造颁给。

兵部查呼兰原设城守尉总司该旗旗务兼理官庄并地方命盗案件，今既添设理事同知、巡检管理赋课、刑名、监狱、捕务、旗民交涉事件，其该处旗务并官庄事务仍由该城守尉管理。刑部查例载。凡在禁囚犯，日给仓米一升，冬给絮衣一件，病给医药，看犯支更、禁卒夜给灯油，并令于本处有司在官钱粮内支放，狱官预期申明关给，毋致缺误。又内外刑狱医治罪囚，各选用医生二名，每遇年底稽考优劣，如医治痊愈者多，照例俟六年已满在外授典科、训科，不能医治病多死者，即责革更换。又内外斩绞监候之犯，每遇秋审时责令狱官监看剃发一次，军流人犯每季剃发一次，仍令留顶心一片。又各省府、厅、州、县凡有监狱之责者，除照向例设立循环簿填注每日出入监犯姓名，申送上司查阅外，并令专管监狱之司狱吏目、典吏等官，各将监禁人犯无论新收、旧管逐名开载，填注犯案事由、监禁年月及现在作何审断之处，造具清册，按月申送查核。如有滥禁淹禁情敝，即将有狱官随时参处。其有填注隐漏者，将有狱官、管狱官一并参处。又凡问刑，衙门不许于狱内用匣床，违者官革职、杖一百、流三千里，禁卒杖一百，革役。各等语。以上各条均系监狱应办事宜，应令该将军遵照定例办理。

工部查黑龙江将军奏呼兰所属地方招垦农民日渐增多，拟请添设理事同知一员、巡检一员，以资弹压。所有仓库、监狱、衙署等项应如所奏，准其查照成案酌核办理，照例造册送部估销，以凭核办。

又呼兰所属松花江北岸一带旧有旗、民人等结伙搭铺，私立网笯捕鱼售卖情事。查该处通江河道原有限制，前经奴才访闻其弊，叠经饬查严禁，先后详报，数目多寡不一概多牵混。本年春间奴才复经遴派年满站官瑞保等，饬令前往沿江溯流逐细周查，不准再有隐匿。兹据禀称，查得沿江一带自呼兰河以西至爱尔浑河上口止，沿江水程约计五十余里，旧有网场一处，查系该处捕打贡鱼处所。自呼兰河以东起至布雅密河西岸止，沿江水程约计二百七十余里，界连旗屯、官庄等处，附近江岸人家远近不等，多有私招渔户，并自置网笯暨搭盖窝铺，所占地段大小不一，获鱼则随时售卖，按股分利，赔累则弃置窝铺而去，后来者亦遂占居，多则结伙二三人或雇工数人，亦有只身结绳拦江下钩者，近则时往时来，远则搭铺住守。又有于夏秋捕鱼入圈，封江后起出售卖者。此项江鱼向为本地出产，穷苦人丁多藉以为谋生之计，与其令沿江人户私招图利，莫若统令归公输课，以清弊端。拟请仿照乾隆二十六年经钦差奏准吉林有与蒙古分界设网之案，每网场一处按年征收课银二十两，如有冲段，报官验实裁撤，按段分清界址，酌留网场十一处，其余零星渔户各归附近网场钤束。如有容留匪徒滋生事端，一经查出，即将渔网入官，仍将网户惩办，治以应得之罪。等因。禀请覆办前来。奴才复查该渔户等均在江面捕鱼，所搭窝铺亦皆滨〔濒〕临江岸。缘该处河道有汇流入江之处，向亦采珠封禁，而愚民牟利，罔知界限，纷纷占居，遂渐增多。自道光年间即有互相挣控之案，嗣因议垦闲荒，经前任将军奕山会同吉林将军景纶遵旨查明覆奏，该处河道自嘉庆年间捕珠一次，并无捕获，旋即停止采捕，开垦地亩并无窒碍，是以复经奴才奏准招垦。今沿江结设网笯，历年既久，相习为业，若概行驱逐，不惟附近穷苦人民有碍生计，且此等游手之徒一旦失业，恐流而为匪，亦属堪虞。查有渔课成案，未便再任令私捕，应请仿照吉林伯都讷鱼网纳课章程，除呼兰河以西网场二处留于该处捕打贡鱼，其呼兰河以东所有酌留网场十一处，既经前次查明无珠可捕，拟请每一处按年征课银二十两，试办一二年后如有成效，再行定额。倘江岸有水冲滩面，不堪设网，报官验实裁撤。其所收课银统归每年税银项下报部核销。

吏部查地方如有窝隐盗贼之家，许令保正、甲长、牌头据实禀首，立即往拿，究问得实，按律治罪，将拿获之员每案纪录二次，倘失于查拿，经别处获犯供出，将该地方官降二级调用。嗣后各渔户等如有窝隐盗贼之家，应将该同知、巡检即照地方官例议叙议处。户部查呼兰以东拟该网场十一处，每处按年征课银二十两，所收课银统归每年税银项下报销之处，核与向例征收网税银数相符，应准试办，如一二年后果有成效，即行报部定额。刑部查例载容留外省流棍者，照勾引来历不明之人例发近边充军。等语。嗣后如有渔户容留匪徒滋生事端，应即照容留流棍之例科断。

又呼兰闲荒百万余垧现在招垦，自松花江北岸就近巴彦苏〔苏〕等处，挨次出放十万余垧，而领荒农民日众，其山林、木植若概皆查禁，既与民户盖房、穿井等项之需有所窒碍，若任听砍伐，又恐有图利售卖之弊，将来林木稀少，与续招亦属有碍，应请酌中核拟，示以限制。查该处林木多在蒙古尔山东北一带，今拟将该佃民等已领荒段内如有零星木植，听该民伐用，其所领荒地以外直至山边等处，均请择要安设卡伦，轮派官兵常川稽查。如该佃民等盖房、穿井等项需用木植，饬由官处领票，准其进山砍伐，照例纳税。如有私行砍伐售卖图利者，核其多寡治罪，为分别稽查，则林木不致稀疏，而该佃民均可资盖，庶与核办有裨。

户部查呼兰闲荒招民开垦，现在松花江北岸挨次拨放，所有该佃民等已领荒段内如有零星木植，准该民伐用，其领荒以外直至蒙古尔山边等处，均请择要安设卡伦，派兵常川稽查之处，应如所奏办理。至佃民盖房需用木植，请领票进山砍伐，照例纳税一节，查蒙古尔山向系产参之区，又与吉林参山接壤，现在参斤暂行停采，原为长养参苗，以待丰旺之年再行开采。一经准佃民等领票进山砍伐木植，窃恐于产参处所殊多关碍，虽设有卡伦数处，亦恐稽查难周，应令该将军查照户部指出情节，悉心酌核办理，以昭慎重。吏部查该处领荒以外直至蒙古尔山边等处，均请择要安设卡伦，派兵常川稽查，既经户部查蒙古尔山系产参之区，一准佃民砍伐木植，殊多关碍。嗣后如有民人出入，应将该管官照失察偷度关隘例议处。刑部查例载盛京附近围场处所拿获偷伐木植人犯，审实果系身为财主雇请多人者，杖一百，流三千里。若无财主，一时会合各出本钱，并雇人偷伐木植越度边关隘口者，杖一百，徒三年。为从及贩卖并偷窃者，各减为首及已得一等。又盛京各处山场商人领票砍伐木植，如有夹带偷砍果松者，按照株数多寡定罪，砍至数十根者，笞五十，百根者，杖六十，每百根加一等，罪止杖一百，徒三年，所砍木植变价入官。各等语。嗣后遇有此等私行砍伐木植案件，应令该将军遵照定例办理。

又呼兰属界原设官渡二处，附近城西官道应用渡船二只，历系官为修造，现在开垦官荒地段皆在城之以东，所招佃民俱来自松花江，其经过江河渡口，应即酌设船只，以利往来。第一经添设官船，不惟需用物料、水手、工食等项繁费皆须筹画，而造办亦需时日。兹经委员查报，松花江北岸一带以及各处河道现有渡口七处，经该佃户等自置小船济渡来往农民，拟请不动官项，准该佃民用自置小船济渡，以利行人。择其要路涉渡五处发给执照，仍拨派官兵轮流稽查，如有偷渡匪民，将船只入官销毁，并将船户严加惩办，其余二处均饬禁止。如此辗转办理，庶与佃民有益，而官项亦可节省，且与管查地面均有裨益。

吏部查松花江北岸一带各处河道现择要路设渡五处，准该佃民自置小船济渡，给发执照，仍拨官兵轮流稽查，嗣后如有偷渡匪民，应将失察之该管官照逸犯逃遣窜入台湾之例议处。户部查呼兰原设官渡二处，渡船二只，历系官为修造。现在垦荒佃民来自松花江经过，现在添设渡口五处发给执照，由佃民自置小船济渡，以利行人，自系节省官项起见，应准照办。刑部查例载闽省不法棍徒如有充作客头在沿海地方引诱偷渡之人包揽过台，索取银两，用小船载出澳口，复上大船者，为首发近边充军，为从及澳甲地保舵工人等知而不举者，杖一百，徒三年。遇有拿获揽载偷渡船支〔只〕，将搭载大船及雇倩小船各船户俱照客头例，分别首从治罪，船只变价充公，出具连环互结之船户并原保澳甲及开张歇寓之人，知情容隐者，俱杖一百，枷号一个月，不准折赎，其偷渡之人照私渡关津律杖八十。又例载沿海一应采捕及内河通海之各色小船地方官取具澳甲邻佑甘结，一体印烙编号给票查验，如有私造、私卖及偷越出口者，俱照违禁例治罪，甲邻不行呈报，一体连坐。其呈报遭风船只，必查讯实处，方准销号，捏报者即行究治。又奉天锦、复、熊、盖四城俱系海疆，嗣后无论天津、山东等处商船，俱著于设有官兵处所停泊上岸，以便稽查，仍饬轮班兵役严行防查，如拿获无票船支〔只〕私渡民人者，船户、民人俱照越渡缘边关塞律治罪，船支〔只〕入官，若有票商船私带票内无名之人查出，将本人照私渡关津律治罪，递回原籍，船户照违制律治罪，船支〔只〕免其入官。各等语。嗣后遇有船户偷渡匪民案件，应即遵照定例科断。

又呼兰河城守尉一缺系属专城大员，该城距省八百余里，所有地方事件全资该员料理，关系最为紧要。溯查该处前任各员类皆在任未久告病回旗，致有连年旷缺，派员署理之时，殊与公务无裨。奴才悉心体察，缘历任各员由京营拣放四千余里，远赴任所，耗费资斧，迥非在籍之员可比。查该员每年应食俸银一百三十两，除减扣二成六分外，仅领实银九十余两，并无养廉津贴，所领俸银实不敷该员日用薪水之资，以致履斯任者均各视为畏途。现当该处招垦增租，事务倍益纷繁，若不量为筹计，不惟现任者难以久留，即继来者亦难措资。奴才复查所属各城，如黑龙江、墨尔根两副都统各有养廉银两，呼伦贝尔总管亦有按年开销盐菜实银一百二十余两，兹呼兰城守尉一缺可否仿照呼伦贝尔总管，每年由地租项下拨给薪水实银一百二十两，以资接济，亦应准其照数动支在于地租项下拨给，报明户部查核。

谨将臣部会同户、礼、兵、刑、工等部妥议缘由缮折具奏，伏乞皇上圣鉴，训示遵行。再，此折系吏部主稿，合并声明，谨奏。

同治元年十一月初十日具奏，奉旨：依议。钦此。

擬定本處屢轉籌辦現又奉派副總管烏林布佐領佛爾卿阿等員帶隊捕匪應用藥鉛火繩等項多廣本處實難籌辦因此將去歲捕匪用過藥鉛火繩等項先行核銷此次捕匪費用藥鉛火繩等項多用藥鉛火繩若干再行核銷以致遲延至今再多用藥繩因去歲捕匪兵團逐日演隊俱放空鎗又儉用飽鎗每日清晨出放一次並不用鉛丸以致多費藥繩等情擬合據此呈報為此呈報
將軍衙門鑒核查照施行須至呈者

工部为照数发给呼兰河补修运粮船所需物料并将所用油篓、车辆数目查明报部事致黑龙江将军的咨

同治二年四月十八日

工部为呈明事。

都水司案呈：据黑龙江将军请领呼兰河补修运粮船十只，共需桐油、条铁、线麻，前经该将军专折奏明，并经本部覆奏后，核题准其支领在案。应将桐油一千六百九十五斤移咨户部给发，好条铁一千七百六十三斤十四两三钱、线麻六百八十二斤八两移咨盛京工部给发。每桐油一百斤准用有盖油篓一个，每十个准备空油篓一个，共给油篓十八个。其装载桐油每一千三百斤装一车，共给车一辆三分四毫，照例核银在于本部发给，该将军差员骁骑校塔奇布自行雇车运至盛京，由驿站运送该处应用，其护送

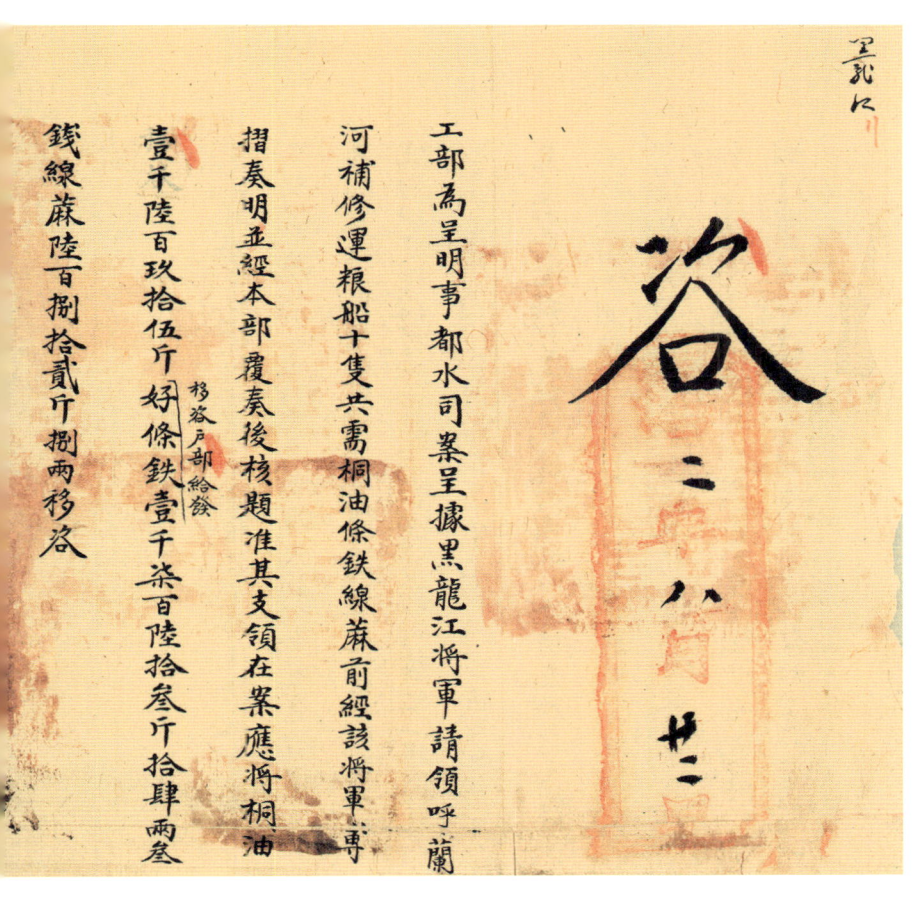

绿旗官兵出山海关照票，移咨兵部给发，仍札行山海关监督，将本部给过油篓、车辆数目查明报部，相应咨覆黑龙江将军可也。须至咨者。

右咨黑龙江将军。

呼兰河城守尉集拉明阿为情愿描赔实亏火药事致黑龙江将军衙门的呈

同治二年四月二十五日

呼兰河城守尉集拉明阿为出具情形呈请赔补火药事。

左司案呈：于三月初六日遵奉将军衙门札开，工司案呈，正月初十日据呼兰城守尉集拉明阿呈称，去岁捕匪用过药、铅、火绳等项恐其碍难核销，拟定本处辗转筹办。现又奉派副管乌林布、佐领佛尔清阿等员带队捕匪，应用药、铅、火绳等项多广，本处实难筹办，因此将去岁捕匪用过药、铅、火绳等项先行核销，此次捕匪费用药、铅、火绳若干再行核销，以致迟延至今。再多用药、绳因去岁捕匪兵团逐日演队俱放空枪，又备用饱枪每日清晨出放一次，并不用铅丸以致多费药、绳。等情呈报前来。

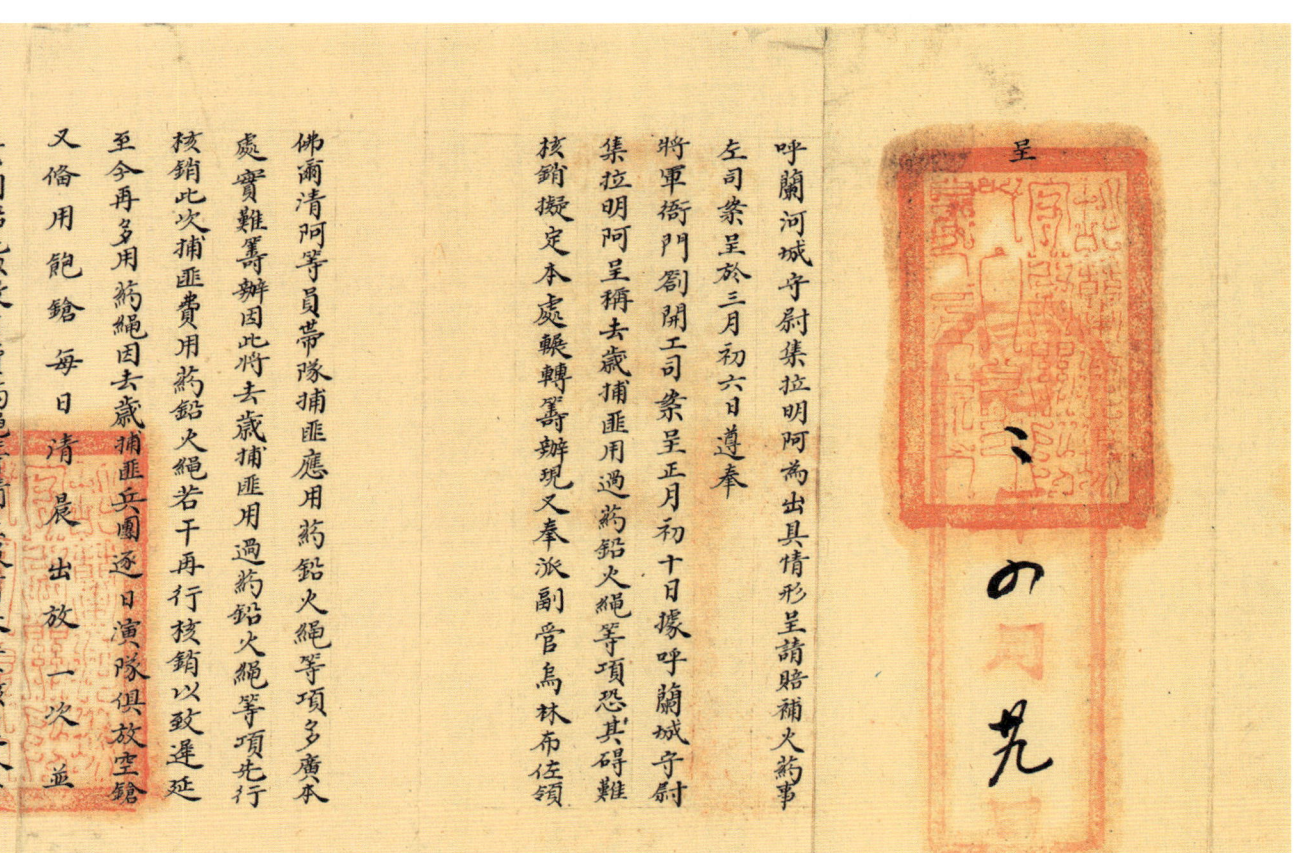

查该处于十一年十二月间捕匪动用药、绳等项应宜随即呈报，以凭咨部补请而重要需为是，因何迟延一年之久，迨经年前三姓匪徒滋事始行捕请核销，且多浮冒，实属草率怠慢之至，应饬该城守尉即将从前该处官兵在阿里罕山前击匪究系用过药、铅等项若干，务须按款着实查明，照数造具细册，并将击匪所获火药一篓究有若干、是否敷其已需之数，即著一并查明迅速呈报，以凭查核办理，毋得稍有浮冒，致干咎处，仍饬将积压一年之久并未呈请补领已需药、铅等项之承办官职名查取呈送以凭查办外，至该处随时团练以备捕匪所需火药等项，不准动用备存官药，倘有缓急或该匪有拒捕等情，方准动用备存官药等项，务将所需实数随即呈报，以凭查核而重要需。等因。据此，相应呈请札饬该城守尉遵照可也。须至札者。等因札饬前来。

当即遵查，咸丰十一年冬间捕匪接仗在队逐日操练兵团队伍用过药、铅、火绳等项，按款分析，造具细册呈请核销外，至查捕匪官兵自同治元年三月间撤队回城后至十一月间，该左司图记事务均经屯官郭西布掌管

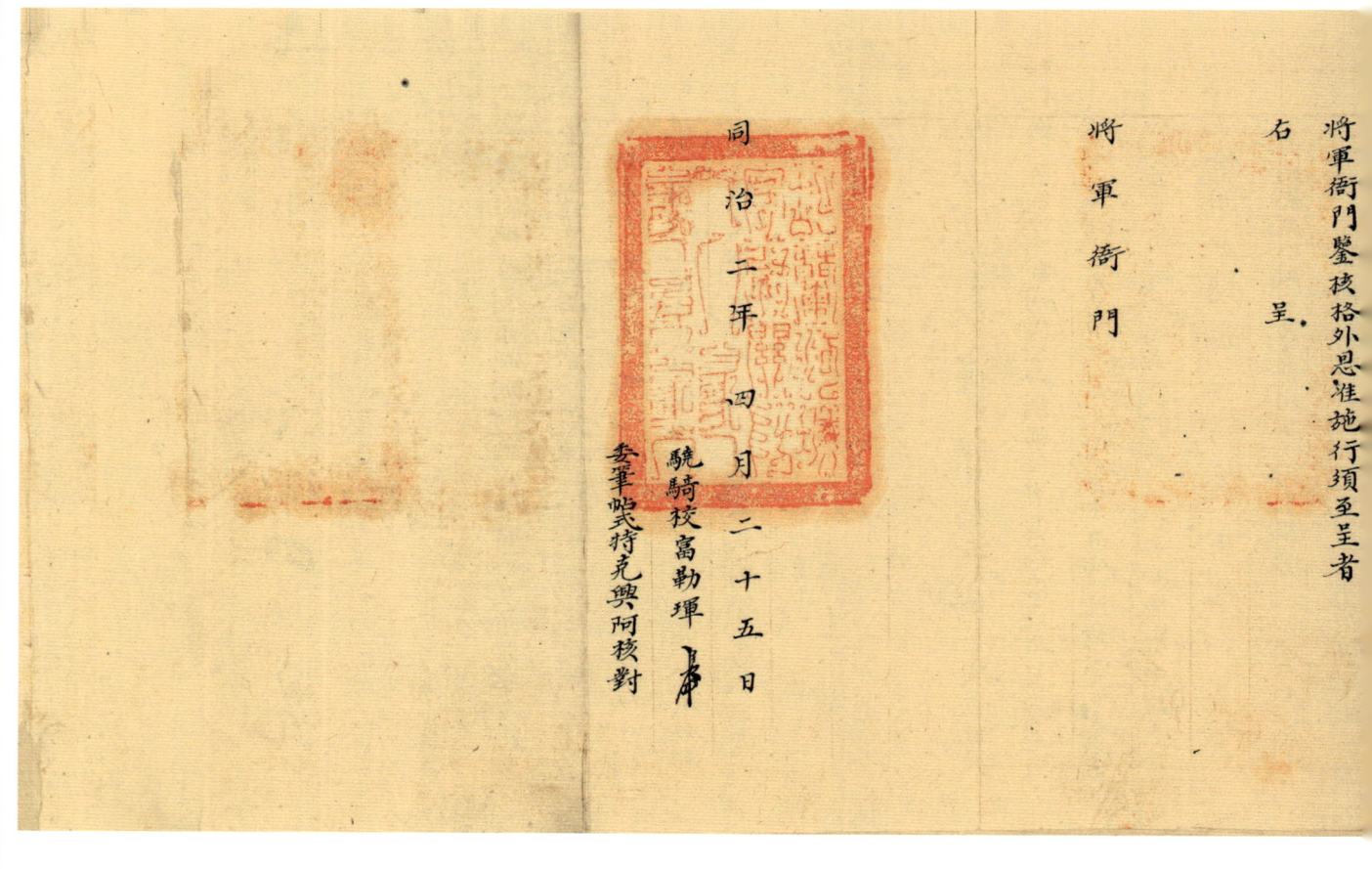

承办，该员于同治元年十一月初二日病故后，于十二月间查出呈请核销，今遵饬查为此出具情形呈覆，以凭查办，相应一并呈报。等因前来。查团练兵丁西丹用过药、铅于去岁十一月初六日曾经指示，此非奏明团练碍难补请，续于正月二十一日复札，令该处随时团练以备捕匪，不准动用备存药、铅，各在案。现乃又将团练用过火药数目开写册内，并多增加火药一百余斤，任意率请开销，殊属不以札文为事，应请将原文册驳回，饬将用过团练火药裁除，另造妥确文册呈报外，至查取迟延呈报捕匪药、铅承办各员职名，该司率将已故之员职名查送，希图搪塞了事，尤属不合，即令果系已之员，该司岂无帮办之员，何得以故员推托。应再札饬务将从前承办各员职名另行查送，毋得含混，致干咎处，相应札饬城守尉集拉明阿遵照可也。须至札者。等因札饬前来。遵即应将从前承办各员职名呈送，以备查核。惟因从前掌管左司之图记屯官郭西布现时病故，兼副管乌勒西图已经调用，再年满屯官依萨布候补京缺之闲职，其余并无职官，实系无有呈送之职员。是以呈请将军衙门将此项呈请开销之火药一百四十八

團練兵丁西丹用過藥鉛于去歲十一月初六日曾經指示此非
奏明團練礙難補請續于正月二十一日復劄令該處隨時
團練以備捕匪不准動用儲存藥鉛各在案現逾又將
團練用過火藥數目開寫冊內並多增加火藥二百餘觔
任意率請開銷殊屬不以劄文為事應請將原文冊
駁回飭將用過團練火藥裁除另造妥確文冊呈報外
至查取遲延並呈報捕匪藥鉛承辦各員職名該司率
將已故之員職名查送
令果係已之員該司堂無幫辦之員何得以故員
希圖搪塞了事尤屬不合即
推託應再劄飭務將從前承辦各員職名另行查送毋得
舍混致干咎處相應劄飭
至劄者等因劄飭前來遵即應將從前承辦各員職名呈
送以俯查核惟因從前掌管左司之國記屯官郭西布現
時病故薫副管烏勒西圈已經調用再年滿屯官依璧布侯補
京缺之閒職其餘並無職官實係無有呈送之職員是以呈請
將軍衙門將此項呈請開銷之火藥一百四十八觔內以捕匪奪

斤内，以捕匪夺获火药一篓重一百余斤抵补外，实亏火药四十五斤十二两，情愿本城描赔，务须抵补此项请销火药之数，以入备存项内。可否之处谨侯指示到日再行遵办，理合备文呈报将军衙门鉴核格外恩准施行。须至呈者。

右呈将军衙门。

工部为应准支领黑龙江、呼兰河补修船只所需物料事致黑龙江将军的咨

同治二年五月十八日

　　工部为题请补修黑龙江、呼兰河二处拣选紧要船只需用物料，核与定例相符，应准支领事。

　　都水司案呈：工科抄出黑龙江将军特普钦等题请黑龙江、呼兰河等处择要补修船二十只，以备运粮出差应用需用物料一案。于同治元年十一月十二日题，十二月十六日奉旨：该部察核具奏。钦此。钦遵。抄出到部。该臣等查得黑龙江将军特普钦等疏称，所属各属船只内已届年限不堪应用船六十五只内拣选紧要船二十只补修外，其余船四十五只俟库款充裕再行请修。同治元年六月内具奏本部议覆，应如所奏修理。再该将军奏请领修船物料，造具清册委员送部，并动用押荒粗银行文户部查照，并行文黑龙江将军转饬各城办理去后。今据呼兰城守尉吉〔集〕拉明阿呈称，次年应补修粮船十只内，咸丰五年见新粮船五只、七年见新粮船五只，再黑龙江应修江

工部为题请补修黑龙江呼兰河二处拣选紧要船只
需用物料核与定例相符应准交领事都水司案呈
工科抄出黑龙江将军特普钦等题请黑龙江呼兰
河等处择要补修船二十只以备运粮出差应用需
物料一案于同治元年十月十二日题十二月十三日奉
旨该部察核具奏钦此钦遵抄出到部该臣等查得黑龙
江将军特普钦等疏称所属各属船只内已届年限不堪应
用船六十五只内拣选紧要船二十只补修外其余船四
十五只俟库款充裕再行请修同治元年六月内具奏本部议
覆应如所奏修理再该将军奏请领修船物料造具清册
委员送部并动用押荒租银行文户部查照并行文黑龙江
将军转饬各城辨理去后今据呼兰城守尉吉拉明阿呈称
次年应补修粮船十只内咸丰五年见新粮船五只七年见新

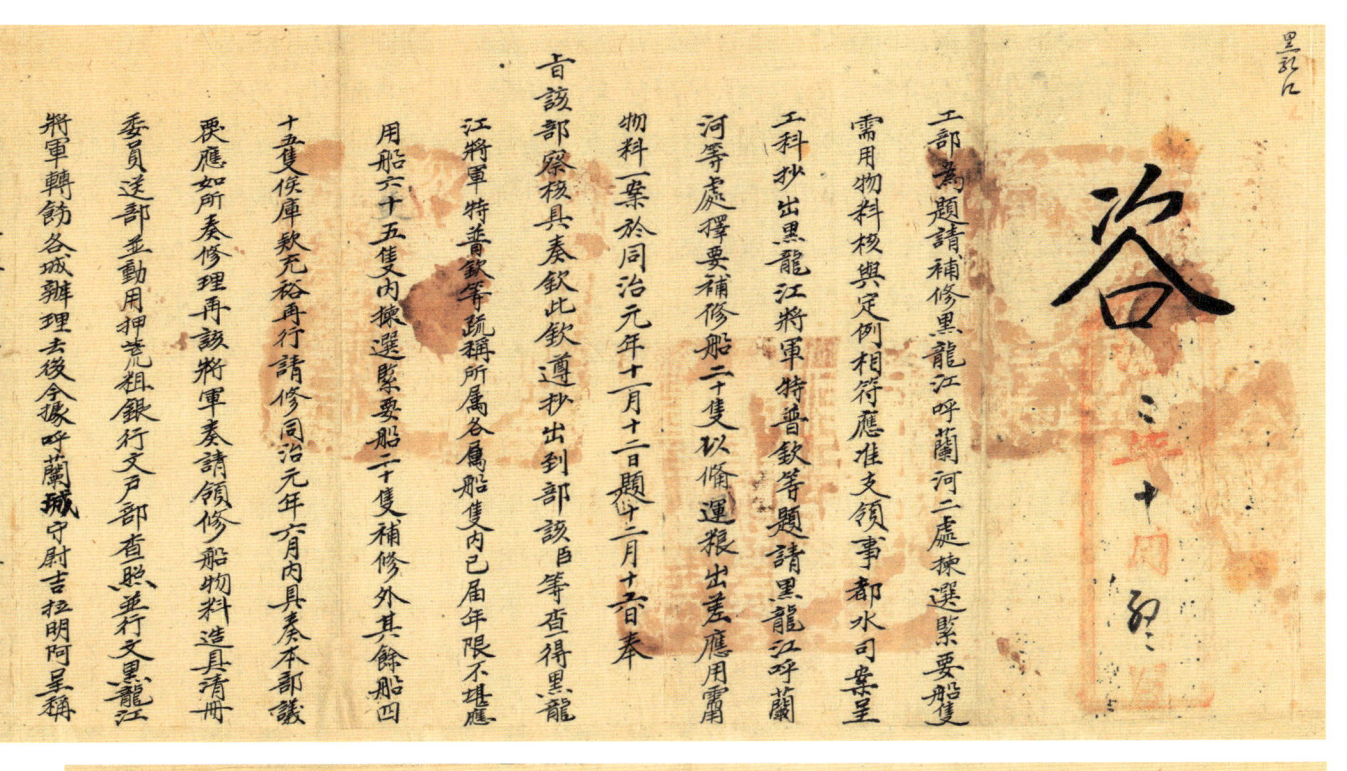

七百六十三斤十四两三钱桐油二千六百九十五斤线蔴六百八十二斤两
其需用桐油照该将军请领教目行文户部给发好条钦线蔴
应开单移咨
盛京工部照数给发运送车辆在于臣部核给该将军奏员
支领运至
盛京工部照此物料咨造册送部题销并行文户部暨
咨即将用过物料教目造册送部题销并行文户部暨
盛京工部查照等因同治二年三月初八日题本月初十日奉
旨依议钦此相应行文黑龙江将军钦遵查照可也
须至咨者
右

咨
黑龙江将军

同治贰年伍月　拾捌日

主事黄（押）

船十只，咸丰六年拆造时本处补修物料一并领过，将此项数目一同开除，其余应补修船十只需用物料造具清册呈送前来，按册核算，共应用好条铁一千七百六十三斤十四两三钱、桐油一千六百九十五斤、线麻六百八十二斤八两，复核数目均属相符，应用物料造具清册委员赴部请领，俟船只造竣时将用过物料数目另行题销。等因具题前来。

　　查黑龙江、齐齐哈尔、呼兰河等三处各项船只定例自新造之年为始，五年补修十年拆造，历年遵照办理。先据黑龙江将军特普钦等查明应请分别缓急变通办理，择其紧要先行补修，拟将去岁展缓黑龙江江船十只查照成案，在本地先行补修，又呼兰河运粮船十只现已届限，均应补修，事关挽运，碍难停缓。等因具奏。随经臣部行令将需用物料照例造册具题，差员赴部请领应用，并将此次修理船只年限详细声明，以凭查核在案。今据黑龙江将军特普钦等将呼兰河应补修粮船十只、于咸丰五年见新粮船五只、七年见新粮船五只，又黑龙江补修江船十只、于咸丰六年拆造时将补修物料先行领去，俟补修时开除物料数目，其余补修粮船十只需用物料数目造册，题请给发前来。臣部查册开，呼兰河补修粮船十只，共应用好条铁一千七百六十三斤十四两三钱、桐油一千六百九十五斤、线麻六百八十二斤八两，其需用桐油照该将军请领数目行文户部给发，好条铁、线麻应开单移咨盛京工部照数给发，运送车辆在于臣部核给，该将军差员支领运至盛京，由驲站运送该处应用。仍令该将军俟前船修造完竣即将用过物料数目造册送部题销，并行文户部暨盛京工部查照。等因。

　　同治二年三月初八日题，本月初十日奉旨：依议。钦此。相应行文黑龙江将军钦遵查照可也。须至咨者。

　　右咨黑龙江将军。

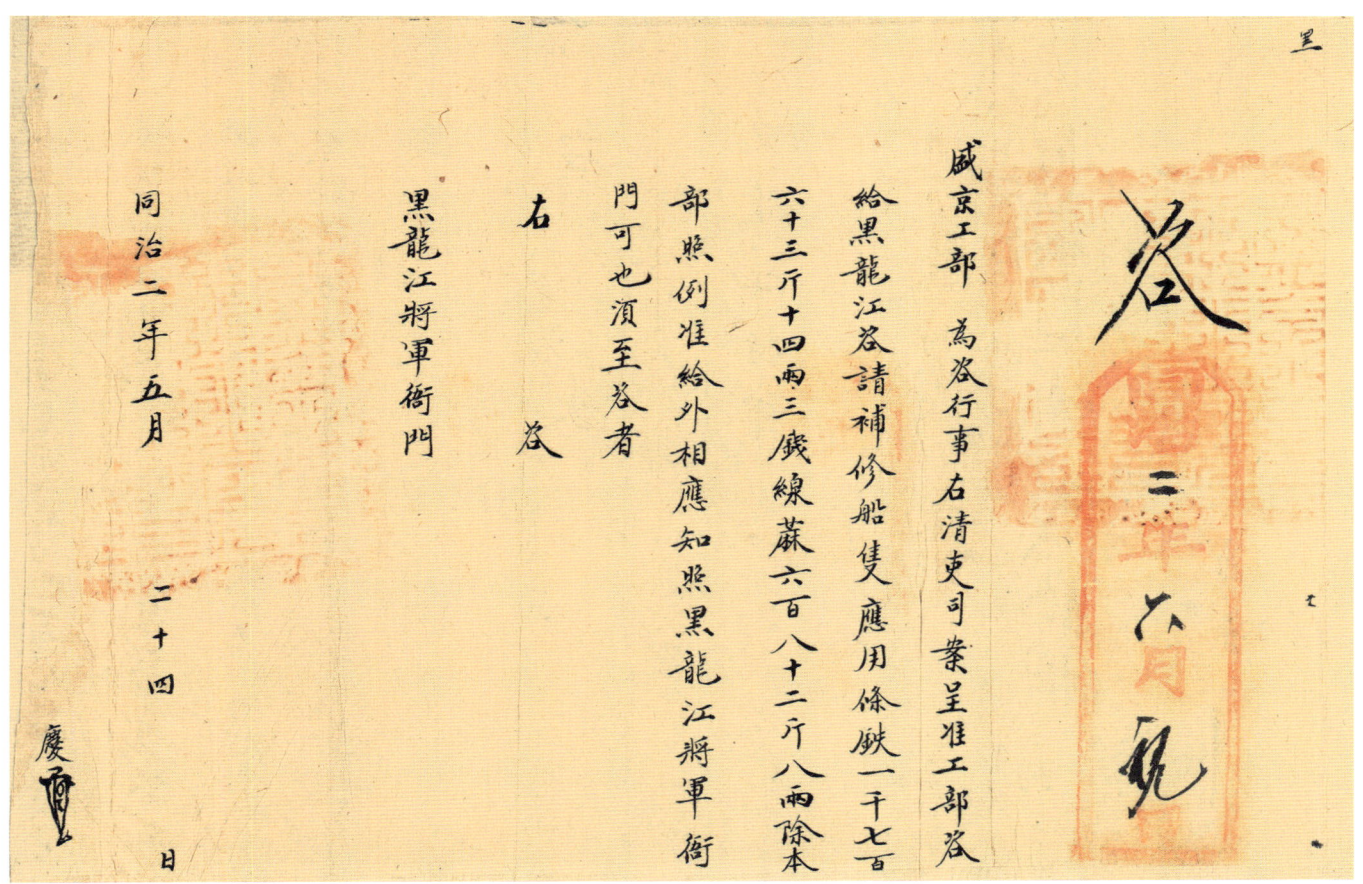

盛京工部为照例准发补修船只应用条铁、线麻事致黑龙江将军衙门的咨

同治二年五月二十四日

盛京工部为咨行事。

右清吏司案呈：准工部咨给黑龙江咨请补修船只应用条铁一千七百六十三斤十四两三钱、线麻六百八十二斤八两。除本部照例准给外，相应知照黑龙江将军衙门可也。须至咨者。

右咨黑龙江将军衙门。

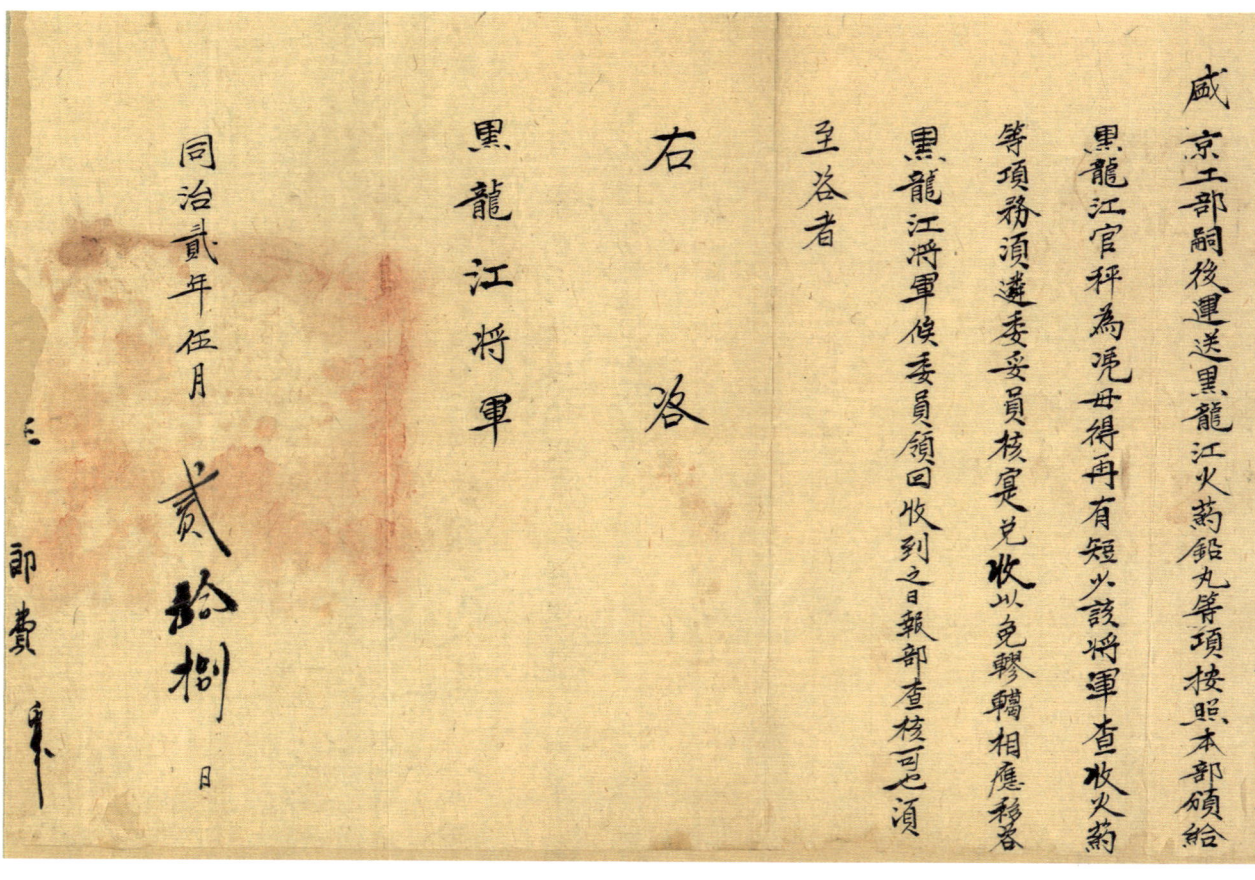

工部为所解官称较兑无异请领回应用并将收到之日报部事致黑龙江将军的咨

同治二年五月二十八日

工部为咨行事。

虞衡司案呈：准黑龙江将军特（普钦）咨称，准部咨，盛京工部运送黑龙江火药短少，数目不符。等因。今派委骁骑校哲尔精阿将官秤一分送往，以备查验较兑。俟该员携秤返回时，仍需驼马票并出关隘及口米票，祈为转咨户、兵二部照例发给。等因前来。

查黑龙江委员骁骑校哲尔精阿将本部道光十八年颁发官秤解交到部查验较兑，本部当即眼同委员与库存秤砝较兑相符，并无舛错，仍将原秤交给委员领回应用。所需门票、口票、驼马及沿途需用口粮移咨户、兵二部工部为咨行事虞衡司案呈准黑龙江将军咨称准部咨盛京工部运送黑龙江火药短少数目不符等因今派委骁骑校哲尔精阿将官秤一分送往以备查验较兑俟该员携秤返回时仍需配马票并出关隘及口米票祈为转咨户兵二部与例发给等因前来查黑龙江委员骁骑校哲尔精阿将本部道光十八年颁发官秤解交到部查验较兑本部当即眼同委员与库存秤砝较兑相符并

照例发给，并咨行盛京工部，嗣后运送黑龙江火药、铅丸等项按照本部颁给黑龙江官秤为凭，毋得再有短少。该将军查收火药等项务须遴委妥员核实兑收，以免觉轕。相应移咨黑龙江将军，俟委员领回收到之日报部查核可也。须至咨者。

右咨黑龙江将军。

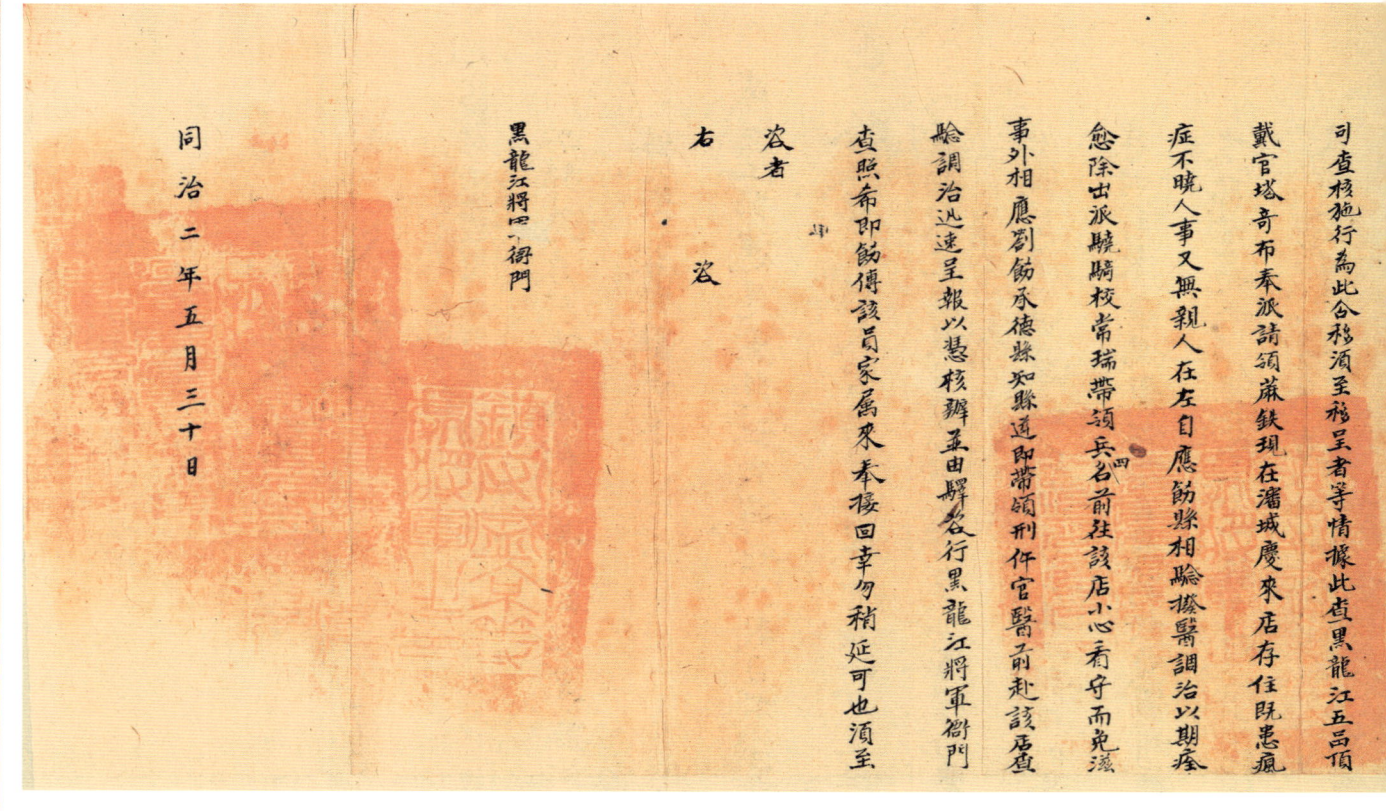

盛京将军衙门为塔奇布忽患疯症札饬承德县带医调治并饬传其家属接回事致黑龙江将军衙门的咨

同治二年五月三十日

镇守盛京等处将军衙门为咨行事。

右兵司案呈：本年五月二十九日据汉军左翼厢〔镶〕黄正白旗协领移开，为移付事。据本翼厢〔镶〕黄旗佐领惠林、骁骑校郝士秀等呈称，为呈报事。据属界内庆来店执事人孙辉呈称呈为报明北省差官在店偶患疯症惊扰阖店不安恳恩转详查验免受拖累事。昨于月之十五日有黑龙江五品顶戴官塔奇布带领跟役一名至身店内存住，至十九日该官命跟役人随本省差官北去。伊于二十四日晚饭时忽受疯症不晓人事，及身知至伊屋内瞧看，果然属实。近见病势愈觉猖狂，官差重大，日久恐有不测之非，兼系领麻、铁之差，在店倘有舛错恐有干系，是以将该差官在店患病情节据实

镇守
盛京等处将军衙门

为咨行事 右兵司案呈本年五月二十九日据汉军左翼厢黄正白旗协领移开为移付事据本翼厢黄旗佐领惠林骁骑校郝士秀等呈称为呈报事据属界内庆来店执事人孙辉呈称为报明事偶患疯症惊恐恩辗阁店不安惊恩转详查验免受拖累事昨於月之十五日有黑龙江五品顶戴官塔奇布带领跟役一名内存住至十九日该官命跟役人随本省差官北去伊於二十四日晚饭时忽觉疯症不晓人事及身知至伊屋内瞧看果然属实众见病势愈觉猖狂官差重大日久恐有不测之非莫杂麻铁之差在店倘有舛错恐有干系是以将该差官在店患病情节据实报明伏祈案下恩准转详衙门布为查验免其有干系与店则感恩无暨矣等情据此职等合将所属界内庆来店

报明，伏祈案下恩准转详衙门，希为查验，免其有干系与店，则感恩无暨矣。等情。据此，职等合将所属界内庆来店执事人孙辉所呈之缘由备文声明呈报协领衙门，祈为转详施行，为此申呈，须至呈者。等情。据此合将该佐领所呈之缘由移付右兵司查核施行，为此合移，须至移呈者。等情。据此，查黑龙江五品顶戴官塔奇布奉派请领麻、铁，现在沈城庆来店存住，既患疯症不晓人事，又无亲人在左，自应饬县相验拨医调治，以期痊愈。除出派骁骑校常瑞带领兵四名前往该店小心看守而免滋事外，相应札饬承德县知县，遵即带领刑仵官医前赴该店查验调治，迅速呈报，以凭核办。并由驿咨行黑龙江将军衙门查照，希即饬传该员家属来奉接回，幸勿稍延可也。须至咨者。

右咨黑龙江将军衙门。

黑龙江水师营署理四品官事务五品官胡克吉布、六品官德升额等为呈报修补船只销算物料数目事的呈

同治二年六月初一日

黑龙江水师营署理四品官事务五品官胡克吉布、六品官德升额等为呈报修补船只销算物料数目事。

同治二年五月二十八日本地修补告竣,黑龙江处盈字第六号起,第七号、第八号、第九号、第十号、第十一号、第十二号、第十三号、第十四号至十五号桨船十只,每只船身长五丈二尺,头宽一尺九寸,中宽八尺二寸,稍宽一尺五寸,十四仓,每仓深二尺八寸。十只桨船内有楼桨船四只,每只船换补底用长一丈三尺宽八寸厚一寸八分果松木板二块,挑用旧操钉三十六根、扒头钉十二根、巴局〔锔〕二个、钻心局〔锔〕四个,添用新操钉四十五根、扒头钉十六根、巴局〔锔〕四个、钻心局〔锔〕六个,又用长一丈一尺宽八寸厚一寸八分果松木板二块,挑用旧操钉三十二根、扒头钉十个、巴局〔锔〕三个、钻心局〔锔〕三个,添用新操钉三十七根、扒头钉十二根、巴局〔锔〕三个、钻心局〔锔〕五个。

换补拖泥用长九尺宽八寸厚一寸八分果松木板二块,挑用旧操钉二十四根、扒头钉八根、巴局〔锔〕二个、万字局〔锔〕二个,添用新操钉三十三根、扒头钉八根、巴局〔锔〕二个、万字局〔锔〕二个,添用新操钉三十三根、扒头钉八根、巴局〔锔〕二个、字局〔锔〕四个,又用长一丈二尺宽八寸厚一寸八分果松木板三块,挑用旧操钉五十一根、扒头钉十二根、巴局〔锔〕二个、万字局〔锔〕二个,添用新操钉四十九根、扒头钉十二根、巴局〔锔〕五个、万字局〔锔〕七个,又用长一丈一尺宽八寸厚一寸八分果松木板一块、章达松木板一块,挑用旧操钉三十三根、扒头钉九根、巴局〔锔〕二个、万字局〔锔〕三个,添用新操钉三十六根、扒头钉十三根、巴局〔锔〕四个、万字局〔锔〕五个。

换两边站板用长一丈五尺宽八寸厚一寸八分章达松木板三块,挑用旧操钉五十二根、扒头钉十六根、巴局〔锔〕二个、万字局〔锔〕四个,添用新操钉七十二根、扒头钉二十根、巴锔六个、万字锔八个,又用长一丈宽八寸厚一寸八分章达松木板二块,挑用旧操钉四十一根、扒头钉八根、

巴锔二个、万字锔二个，添用新操钉二十二根、扒头钉十一根、巴锔三个、万字锔四个，又用长一丈二尺宽八寸厚一寸八分章达松木板三块，挑用旧操钉三十五根、扒头钉十二根、巴局〔锔〕二个、万字局〔锔〕四个，添用新操钉六十九根、扒头钉十九根、巴局〔锔〕六个、万字锔八个。

换櫊用长一丈三尺粗五寸章达松木一根，挑用旧操钉十三根、扒头钉八根、万字锔六个，添用新操钉十四根、扒头钉十根、万字锔八个，又用长一丈五尺粗五寸章达松木一根，挑用旧操钉十一根、扒头钉七根、万字锔二个，添用新操钉二十根、扒头钉九根、万字锔八个。

换扶子头用长九尺宽六寸厚二寸榆木板二块，挑用旧操钉十七根、扒头钉八根，添用新操钉二十五根、扒头钉十二根。

换赶塘〔用〕一丈六尺宽七寸厚一寸八分章达松木板三块，挑用旧操钉五十二根、扒头钉十四根，添用新操钉八十根、扒头钉十六根，又用长一丈三尺宽八寸厚一寸八分章达松木板三块，挑用旧操钉四十三根、扒头钉十六根，添用新操钉六十五根、扒头钉二十根。

换官仓楼子用长一丈七尺宽七寸厚一寸八分章达松木板二块，挑用旧操钉三十七根、扒头钉十六根，添用新操钉六十八根、扒头钉十八根。

换罗框柱用长一丈八尺宽八寸厚一寸五分章达松木板二块，挑用旧操钉三十根，添用新操钉四十四根，又用长一丈三尺宽八寸厚一寸五分章达松木板四块，挑用旧操钉四十一根，添用新操钉六十七根。

换罗框柱用长三尺粗二寸榆木十八根，挑用旧扒头钉二十四根，添用新扒头钉四十八根。

换押沿条用长一丈一尺宽三寸厚一寸八分章达松木板三块，挑用旧扒头钉二十六根，添用新扒头钉四十三根，又用长一丈三尺宽三寸厚一寸八分章达松木板二块，挑用旧扒头钉二十二根，添用新扒头钉二十八根。

换面梁用长八尺宽一尺一寸厚六寸榆木一根，挑用旧大扒头钉四根，添用新大扒头钉四根。

换舵斤〔筋〕用长五尺宽一尺厚三寸榆木板一块，挑用旧扒头钉四根，添用新扒头钉四根，收什旧舵一管、搧新舵一管，用长七尺粗五寸榆木二根、长七尺宽四寸厚一寸八分章达松木板四块，挑用旧操钉二十八根、扒头钉八根，添用新操钉五十二根、扒头钉九根。

换桨迎子用长八寸宽五寸厚二寸五分榆木板八块，挑用旧扒头钉十二根，添用新扒头钉二十根。

一只船共用果松木板十块、章达松木板三十二块、櫊木二根、榆木板十一块、大小榆木二十一根，挑用旧操钉五伯〔百〕七十六根，一斤十六根，重三十六斤；扒头钉二伯〔百〕五十二根，一斤九根，重二十八斤；巴锔、万字锔、钻心局〔锔〕三样锔共四十九个，一斤七个，重七斤；大扒头钉四根，一根八两，重二斤。共挑用各项旧钉、锔八伯〔百〕八十一根，重七十三斤，添用新操钉七伯〔百〕九十八根，一斤十四根，重五十七斤；扒头钉三伯〔百〕四十八根，一斤八根，重四十三斤八两；巴锔、万字锔、钻心局〔锔〕共九十六个，一斤六个，重十六斤；大扒头钉四根，一根十两，重二斤八两。

一只船请来铁一伯〔百〕七十斤、桐油一伯〔百〕一十三斤、线麻一伯〔百〕一十五斤。铁打新钉、锔除涉耗铁五十一斤，实添用各项新钉、锔一千二百四十六个，重一百一十九斤。桐油合灰舱船二次上缝用桐油九十三斤，油船通身用桐油二十斤，共用过桐油一百一十三斤。线麻、招绒麻、除麻头粗皮涉耗麻三十四斤八两，实用过净绒麻八十斤零八两。有楼四只桨船所用各项物料等件合算俱一相同。

又修补无楼桨船六只，每只船换补底用长一丈三尺宽八寸厚一寸八分果松木板二块，挑用旧操钉三十七根、扒头钉十一根，巴锔二个钻心局〔锔〕四个，添用新操钉四十四根、扒头钉十三根，巴锔二个、钻心锔六个，又用长一丈宽八寸厚一寸八分果松木板二块，挑用旧操钉二十五根、扒头钉八根、巴锔二个、钻心锔二个，添用新操钉三十八根、扒头钉十根、巴锔二个、钻心锔三个，又用长一丈宽八寸厚一寸八分果松木板二块，挑用旧操钉十三根、扒头钉十根、巴锔二个、钻心锔二个，添用新操钉五十根、扒头钉十二根、巴锔二个、钻心锔五个，又用长一丈三尺宽八寸厚一寸八分果松木板三块，挑用旧操钉三十七根、扒头钉十二根、巴锔二个、钻心锔三个，添用新操钉七十一根、扒头钉十六根、巴锔三个、钻心锔五个。

换补底用长一丈四尺宽八寸厚一寸八分果松木板一块、章达松木板二块，挑用旧操钉五十四根、扒头钉十二根、巴局〔锔〕二个、万字局〔锔〕三个，添用新操钉六十二根、扒头钉十八根、巴局〔锔〕四个、万字局〔锔〕六个，用长八尺宽八寸厚一寸八分章达松木板二块，挑用旧操钉二十五根、扒头钉七根、巴局〔锔〕二个、万字局〔锔〕二个，添用新操钉二十六根、扒头钉九根、巴局〔锔〕二个、万字局〔锔〕三个。

换两边站板用长九尺宽八寸厚一寸八分章达松木板二块，挑用旧操钉二十根、扒头钉八根、巴局〔锔〕二个、万字局〔锔〕三个，添用新操钉三十七根、扒头钉十根、巴局〔锔〕二个、万字局〔锔〕四个，又用长八尺宽八寸厚一寸八分章达松木板二块，挑用旧操钉二十一根、扒头钉六根、巴局〔锔〕一个、万字局〔锔〕二个，添用新操钉三十根、扒头钉八根、巴局〔锔〕二个、万字局〔锔〕三个，又用长九尺五寸宽八寸厚一寸八分章达松木板三块，挑用旧操钉三十二根、扒头钉十三根、巴局〔锔〕二个、万字局〔锔〕四个，添用新操钉四十八根、扒头钉十八根、巴局〔锔〕三个、万字局〔锔〕六个。

换櫼用长一丈二尺五寸粗五寸章达松木二根，挑用旧操钉二十根、扒头钉十根、万字局〔锔〕四个，添用新操钉三十二根、扒头钉十七根、万字局〔锔〕六个，又用长九尺粗五寸章达松木一根，挑用旧操钉七根、扒头钉五根、万字局〔锔〕三个，添用新参〔操〕钉十二根、扒头钉十一根、万字局〔锔〕三个。

换脚梁用长八尺宽六寸厚二寸榆木板三块，挑用旧参〔操〕钉三十八根、扒头钉三十根，添用新参〔操〕钉四十六根、扒头钉三十六根。

换扶子头用长九尺宽六寸厚二寸榆木板二块，挑用旧参〔操〕钉十六根、扒头钉十五根，添用新参〔操〕钉十九根、扒头钉十七根。

换小赶用长八尺宽六寸厚二寸榆木板二块，挑用旧扒头钉十三根，添用新扒头钉十六根。

换赶塘用长一丈三尺五寸宽八寸厚一寸八分章达松木板三块，挑用旧操钉四十五根、扒头钉十二根，添用新操钉六十七根、扒头钉十八根，又用长六尺宽七寸厚一寸八分章达松木板二块，挑用旧操钉十八根、扒头钉七根，添用新操钉三十四根、扒头钉八根，又用长九尺宽八寸厚一寸八分章达松木板二块，挑用旧操钉二十二根、扒头钉十根，添用新操钉三十五根、扒头钉十二根，又用长九尺五寸宽八寸厚一寸八分章达松木板三块，挑用旧操钉二十四根、扒头钉十二根，添用新操钉五十六根、扒头钉十六根。

换櫼幅用长一丈七尺宽八寸厚一寸八分章达松木板四块，挑用旧操钉四十九根、扒头钉十四根，添用新操钉六十三根、扒头钉二十根。

换面梁用长八尺宽一尺一寸厚六寸榆木一根，挑用旧大扒头钉四根，添用新大扒头钉四根。

换桨迎子用长八寸宽五寸厚二寸五分榆木板六块，挑用旧大扒头钉十根，添用新大头钉十四根。收什旧舵一管、搧新舵一管，用长七尺粗五寸榆木二根、长七尺宽四寸厚一寸八分章达松木板四块，挑用旧操钉三十三根、扒头钉九根，添用新操钉四十九根、扒头钉十三根。

此一只船共用果松木板十块、章达松木板二十九块、章达松木橛三根、榆木板十三块、榆木三根，挑用旧操钉五百三十六根、一斤十六根，重三十三斤八两；扒头钉二百三十四根，一斤九根，重二十六斤；巴局〔锔〕、万字局〔锔〕、钻心局〔锔〕共四十九个，一斤七个，重七斤；大扒头钉四根，一根八两，重二斤。共挑用各项旧钉、锔八百二十三个，重六十八斤八两；添用新操钉八百一十九根，一斤十四根，重五十八斤八两；扒头钉三百一十二根，一斤八根，重三十九斤；钻心锔、万字锔、巴锔共七十二个，一斤六个，重十二斤；大扒头钉四根，一根十两，重二斤八两。一只船请来铁一百六十斤、桐油一百零五斤、线麻一百一十斤。铁打新钉、锔除涉耗铁四十八斤，实添用各项新钉、锔一千二百零七个，重一百一十二斤。桐油合灰舱船二次上缝用桐油八十八斤，油船通身用桐油十七斤，共用过桐油一百零五斤。线麻、招绒麻除麻头粗皮涉耗麻三十三斤，实用过净绒麻七十七斤。此六只无楼桨船所用各项物料等件合算俱一相同。

以上修补桨船十只共用过果松木板一百块、章达松木板三百零二块、章达松木橛二十六根、榆木板一百二十二块、大小榆木一百零二根，共挑用各项旧钉、锔八千四百六十二个，重七百零三斤，挑剩不堪废烂钉头十七斤存库。十只桨船请来铁一千六百四十斤，桐油一千零八十二斤，线麻一千一百二十斤。铁打新钉、锔除涉耗铁四百九十二斤，实添用各项新钉、锔一万二千二百二十六个，重一千一百四十八斤。桐油合灰舱船二次上缝、油船通身共用过桐油一千零八十二斤，线麻、招绒麻除麻头粗皮涉耗麻三百三十六斤，实用过净绒麻七百八十四斤。修补桨船十只，每只船用食、钱、粮、木匠五十工、舱匠六十工、铁匠二十二工，共用仓〔食〕、钱、粮、木匠五百工、舱匠六百工、铁匠二百二十工。

差弁官在店患病身故店倘有外錯恐有干係是以將該差官在店患病情節據寔呈報伏乞案下思准轉詳衙門希為查驗覓其有干係與店則感恩無暨矣等情據此戚將所屬界內慶來店執事人孫輝所呈之緣由俻文聲明呈報恊領衙門祈為轉詳施行為此申呈須至呈者據此合將該佐領所呈之緣由移付右兵司查核施行此合移須至移呈者等情據此查五龍江五品頂戴官塔

盛京工部为塔奇布忽患疯症请另派妥员领取麻、铁事致黑龙江将军衙门的咨

同治二年六月初四日

盛京工部为咨行事。

右清吏司案呈：准盛京将军衙门为咨行事。右兵司案呈，本年五月二十九日据汉军左翼厢〔镶〕黄正白旗协领移开，为移付事。据本翼厢〔镶〕黄旗佐领惠林、骁骑校郝士秀等呈称，为呈报事。据属界内庆来店执事人孙辉呈称，呈为报明北省差官在店偶患疯症惊扰阖店不安恳恩转详查验免受拖累事。昨于月之十五日有黑龙江五品顶戴官塔奇布带领跟役一名至身店内存住，至十九日该官命跟役人随本省差官北去。伊于二十四日晚饭时忽受疯症不晓人事，及身知至伊屋内瞧看，果然属实，近见病势愈觉猖狂，官差重大，日久恐有不测之非，兼系领麻、铁之差，在店倘有舛错恐有干系，是以将该差官在店患病情节据实呈报，伏乞案下恩准转详衙门，希为查验，免其有干系与店，则感恩无暨矣。等情。

据此，职等合将所属界内庆来店执事人孙辉所呈之缘由备文声明，呈报协领衙门，祈为转详施行，为此申呈，须至呈者。等情。据此，合将该佐领所呈之缘由移付右兵司查核施行，为此合移，须至移呈者。等情。据此，查黑龙江五品顶戴官塔奇布奉派请领麻、铁，现在沈城庆来店存住，既患疯症不晓人事，又无亲人在左，自应饬县相验拨医调治，以期痊愈。除出派骁骑校常瑞带领兵四名前往该〔店〕小心看守而免滋生外，相应札饬承德县知县，遵即带领刑仵官医前赴该店查验调治，迅速呈报，以凭核办。并由驿咨行黑龙江将军衙门查照，希即饬传该员家属来奉接回，幸勿稍延。知照盛京工部可也。须至咨者。等因前来。查前准工部咨行黑龙江咨请补修船只应需铁麻当经札库照数发给该处差员收领在案。今准来咨，差员塔奇布现患疯疾不晓人事。等语。除札知铁麻库遵照暂行毋庸发给外，相应咨行黑龙江将军衙门，希为另派妥员咨覆本部，以便饬库发给可也。须至咨者。

右咨黑龙江将军衙门。

盛京将军衙门为饬令骁骑校塔奇布与玉山一同回省事致黑龙江将军衙门的咨

同治二年七月初八日

镇守盛京等处将军衙门为咨行事。

右兵司案呈：本年六月十三日据承德县呈称，为呈覆事。同治二年六月初一日蒙将军衙门札开，右兵司案呈，本年五月二十九日据汉军右翼厢〔镶〕黄、正白旗协领移开，为移付事。据本翼厢〔镶〕黄旗佐领惠林、骁骑校郝士秀等呈称，为呈报事。据属界内庆来店执事人孙辉呈称，呈为报明北省差官在店偶患疯症，惊扰合店不安，恳恩转详查验免受拖累事。昨于月之十五日有黑龙江五品顶戴官塔奇布带领跟役一名至身店内住，至十九日该官命跟役人随本省差官北去，伊于二十四日晚饭时忽受疯症不晓人事，及身知至伊屋内瞧看，果然属实，近见病势愈觉猖狂，官差重大，日久恐有不测之非，兼系领麻、铁之差，在店倘有舛错恐有干系，是以将该差官在店患病情节据实报明，伏祈案下恩准转详衙门，希为查验，免其干系与店，则感恩无暨矣。等情。据此，职等合将所属界内庆来店执事人孙辉所呈之缘由备文声明呈报协领衙门，祈为转详施行，为此申呈，须至呈者。等情。据此，合将该佐领所呈之缘由移付右兵司查核施行，为此合移。须至移者。等情。据此，查黑龙江五品顶戴塔奇布奉派请领麻、铁，现在沈城庆来店存住，既患疯症不晓人事，又无亲人在店，自应饬县相验拨医调治，以期痊愈。除出派骁骑校常瑞带领兵四名前往该店小心看守而免滋事外，相应札饬承德县知县，遵即带领刑仵官医前赴该店查验调治，迅速呈报，以凭核办可也。等因。蒙此卑职遵即带领官医前诣该处，据该店执事人孙辉面禀，塔奇布于五月二十六日因疯发至魁星庙内扰闹，被人绑缚接回店内延医调治，现在病已渐痊言语明晰。等情禀报前来。随验得差官塔奇布左肩甲蹭破油皮伤一处，斜长九分宽六分；左胳膊绳缚伤二处，围长七寸八分宽二分；左手腕近上绳缚伤四处，围长五寸六分均宽二分；右

塔奇布病已漸痊語言明晰了令蒙驗訊這差官塔奇
布兩胳膊繩縛傷痕因在小的店裡存住忽患瘋癲病症
到魁星廟裡攪鬧推倒神像被守廟橋們用繩綁的左肩甲
左胯的傷是他自已摔的並沒別故在小的店裡僅有塔奇
布衣服箱物現蒙逐件查明間單仍在小的店內存放塔奇
布委沒在小的櫃上寄存銀錢事的所供是實據驍騎校塔奇
布供職是黑龍江滿洲廂紅旗富克金阿佐領下人年四十二
歲在本省烏蘭河居住父母俱故弟兄二人職居長女人催
氏胞弟愛勒金阿職有大兒愛勒春二兒乳名小春別無親
人未年正月十三日職奉黑龍江將軍差委執持公文赴都京
工部承領蘇鐵等物復回都京工部領文到
盛京工部承領五月初二日同跟役諸根喜顧坐
五日卡伺時走到這城大南門裡慶來居存住十六日赴工部
投文等候承領十九日職著跟役諸根喜同黑龍江本旗
送信以後職在店等候內焦燥染患瘋癲病症只覺心裡
糊塗不知怎樣走出居外到魁星廟攪鬧推倒神像被人

腕近上繩縛傷四處圓長五寸六分均寬二分右
胳膊繩縛傷二處圓長七寸六分寬二分右手
腕近上繩縛傷二處圓長五寸六分均寬二分左
膝槽破油皮傷一處斜長一寸寬七分右膝蓋偏
外槽破油皮傷一處斜長一寸二分寬五分左腳
面槽破油皮傷一處斜長一寸五分寬八分餘無別傷
記草附卷訊據孫輝供小的是直隸撫甯縣民年
四十歲早年出關在索下城禮營運本年正月初四日
小的在大南門裡開設慶來店生理五月十五日
下晌時有墨龍江五品頂戴差官塔奇布帶領
跟役一人諸根喜坐車到小的店裡存住小的查問
塔奇布告說他由都京到這城工部承領蔴鐵差
使十九日塔奇布著諸根喜先回黑龍江去了到
二十四日下晚時塔奇布忽患瘋癲病症不曉人事小的赴
旗界報明轉報將軍衙門行文案下查驗二十六下晌時塔
奇布瘋病復發乘空逃出店外到大東關魁星廟內把神像

看見綁縛店內掌櫃人聞知接同店內醫治現在心內覺
得明白今蒙驗訊所供是實各等供據此除諭令趕緊
醫治塔奇布傷病痊外理合具文呈覆衙門查核施行
須至呈者等情正在辦理間旋據黑龍江號騎校塔奇布
呈稱既於本年五月十六日奉文赴瀋呈顧蔴鐵等物不意到
瀋投文後即患風寒病症不能動履時好時發現今醫治不敢久
延理合呈明懇恩賞領連歸本署充差等情呈請前來查號騎校塔奇
布病症雖已痊愈惟該首業已另派委員玉山前來領取自未便准其
押運除諭令該員隨同至山回省外相應咨行黑龍江將軍衙門
查照可也須至咨者

右

咨

黑龍江將軍衙門

同治二年七月初八日

胳膊绳缚伤二处，围长七寸八分宽二分；右手腕近上绳缚伤二处，围长五寸六分均宽二分；左胯蹭破油皮伤一处，斜长一寸宽七分；右膝盖偏外蹭破油皮伤一处，斜长一寸一分宽五分；左脚面蹭破油皮伤一处，斜长一寸五分宽八分，余无别伤。

记单附卷讯，据孙辉供："小的是直隶抚宁县民，年四十岁，早年出关，在案下城里营运，本年正月初四日小的在大南门里开设庆来店生理，五月十五日下晌时有黑龙江五品顶戴差官塔奇布带领跟役一人褚根喜坐车到小的店里存住，小的查问，塔奇布告说他由都京到这城工部承领麻、铁差使，十九日塔奇布着褚根喜先回黑龙江去了，到二十四日下晚时塔奇布忽患疯癫病症不晓人事，小的赴旗界报明转报将军衙门行文案下，查验二十六日下晌时塔奇布疯病复发乘空逃出店外，到大东关魁星庙内把神像推倒，被那庙教书人李星桥、张焕章把塔奇布用绳绑上，给小的送信到去把塔奇布接回店里看守请医调治，现在塔奇布病已渐痊，语言明晰了，今蒙验讯，这差官塔奇布两胳膊绳缚伤实因在小的店里存住忽患疯癫病症到魁星庙里搅闹推倒神像被李星桥们用绳绑的，左肩甲、左胯的伤是他自己蹭的，并没别故，在小的店里仅有塔奇布衣服箱物，现蒙逐件查明开单，仍在小的店内存放，塔奇布委没在小的柜上寄存银钱的事，所供是实。"据骁骑校塔奇布供："职是黑龙江满洲厢〔镶〕红旗富克金阿佐领下人，年四十二岁，在本省乌兰河居住，父母俱故，弟兄二人，职居长，女人催〔崔〕氏，胞弟爱勒金阿，职有大儿爱勒春，二儿乳名小春，别无亲人。本年正月十三日职奉黑龙江将军差委，执持公文赴都京工部承领麻、铁等物，复由都京工部领文到盛京工部承领，五月初二日同跟役褚根喜雇坐□十五日下晌时走到这城大南门里庆来店存住，十六日赴工部投文等候承领，十九日职着跟役褚根喜回黑龙江本旗送信以后，职在店等候内心焦躁，染患疯癫病症，只觉心里糊涂，不知咋样走出店外到魁星庙搅闹推倒神像，被人看见绑缚店〔庙〕内，掌柜人闻知接回店内医治，现在内心觉得明白了，今蒙验讯，所供是实。"各等供。

据此，除谕令赶紧医治塔奇布伤病务痊外，理合具文呈覆衙门查核施行。须至呈者。等情。正在办理间，旋据黑龙江骁骑校塔奇布呈称，职于本年五月十六日奉文赴沈呈领麻、铁等物，不意到沈投文后即患风寒病症不能动履，时好时发，现今医治全〔痊〕愈，不敢久延，理合呈明，恳恩赏领速归本署充差。等情呈请前来。查骁骑校塔奇布病症虽已痊愈，惟该省业已另派委员玉山前来领取,自未便准其押运。除谕令该员随同玉山回省外,相应咨行黑龙江将军衙门查照可也。须至咨者。

右咨黑龙江将军衙门。

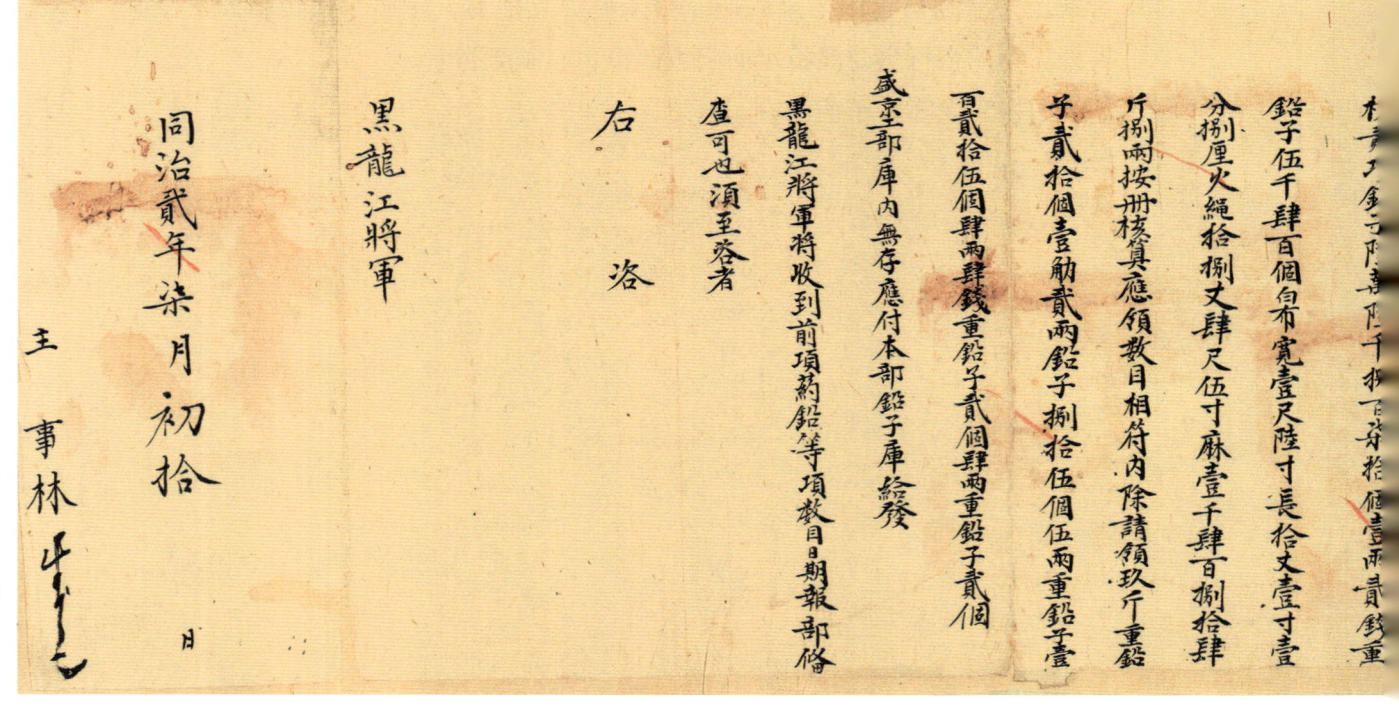

工部为将收到操演枪炮需用药、铅等项数目、日期报部备查事致黑龙江将军的咨

同治二年七月初十日

工部为咨行事。

案呈：准兵部咨称，准工部咨称，准黑龙江将军将齐齐哈尔、黑龙江等处请领同治二年分操演枪炮应用药、铅数目一案造册送部前来，应将原册移咨兵部，将册开操演枪炮应用药、铅等项数目是否相符、应否准其领用即行核明，同原册咨覆过部，以凭核办。等因。查齐齐哈尔、黑龙江等处请领同治二年分操演枪炮应用药、铅等项，本部核与历办成案相符，应准其领用，相应咨覆工部并将原册送回。等因前来。

查兵部咨，黑龙江、齐齐哈尔等处请领同治二年操演枪炮需用药、铅等项既经兵部核明相符准其请领。本部查册开共请领火药一万一千四百九十四斤十一两三钱、烘药一百五斤十二两五钱二分、九斤重铅子二十个、一斤二两重铅子八十五个、五两重铅子一百二十五个、四

咨 三十二月 九日

工部为咨行事案呈准兵部咨称准工部咨称黑龙江将军将齐齐哈尔黑龙江等处请领同治二年分椿演枪砲应用药铅数目一案造册送部前来应将原册移咨兵部将册开椿演枪砲应用药铅等项数目是否相符应否准其领用即行核明同原册咨覆过部以凭核办等因查齐齐哈尔黑龙江等处请领同治二年分椿演枪砲应用药铅等项本部核与应办成案相符应准其领用相应咨覆工部并将原册送回等因前来查兵部咨黑龙江齐齐哈尔等处请领同治二年椿演枪砲需用药铅等项既经兵部核明相符准其请领本部查册开共请领火药壹万壹千肆百玖拾肆觔拾壹两叁钱烘药壹百伍斤拾贰两伍钱贰分玖觔重铅子贰拾

两四钱重铅子二个、四两重铅子二个、鸟枪二项铅子六万六千八百七十个、一两二钱重铅子五千四百个、白布宽一尺六寸长十丈一寸一分八厘、火绳十八丈四尺五寸、麻一千四百八十四斤八两，按册核算，应领数目相符。内除请领九斤重铅子二十个、一斤二两铅子八十五个、五两重铅子一百二十五个、四两四钱重铅子二个、四两重铅子二个，盛京工部库内无存，应付本部铅子库给发，黑龙江将军将收到前项药、铅等项数目、日期报部备查可也。须至咨者。

右咨黑龙江将军。

盛京工部为塔奇布忽患疯症改派六品官玉山收领麻、铁事致黑龙江将军衙门的咨

同治二年七月十二日

盛京工部为咨行事。

右清吏司案呈：准镇守黑龙江等处地方将军衙门为咨覆事。工司案呈，于同治二年六月初九日准盛京将军衙门来咨内开，右兵司案呈，本年五月二十九日据汉军左翼厢〔镶〕黄正白旗协领移开，为移付事。据本翼厢〔镶〕黄旗佐领惠林、骁骑校郝士秀等呈称，为呈报事。据属界内庆来店执事人孙辉呈称，呈为报明北省差官在店偶患疯症惊扰阖店不安恳恩转详查验免受拖累事。昨于月之十五日有黑龙江五品顶戴官塔奇布带领跟役一名至身店内存住。至十九日该官命跟役人随本省差官北去，伊于二十四

盛京工部 为咨行事右清吏司案呈催镇守黑龙江等处地方将军衙门为咨覆事工司案呈於同治二年六月初九日准

盛京将军衙门来咨内开右兵司案呈本年五月二十九日据汉军左翼厢黄正白旗协领移开为移付事据本翼厢黄旗佐领惠林骁骑校郝士秀等呈称为呈报事据属界内庆来店执事人孙辉呈称呈为报明北省差官在店偶患疯症惊扰阖店不安懇恩转详查验免受拖累事缘於月之十五日有黑龙江五品顶戴官塔奇布带领跟役一名至店内存住至十九日该官命跟役人随本省差官北去伊於二

日晚饭时忽受疯症不晓人事，及身知至伊屋内瞧看，果然属实，近见病势愈觉猖狂，官差重大，日久恐有不测之非，兼系领麻、铁之差，在店倘有舛错恐有干系，是以将该差官在店患病情节据实报明，伏祈案下恩准转详衙门，希为查验，免其有干系与店，则感恩无暨矣。等情。据此，职等合将所属界内庆来店执事人孙辉所呈之缘由备文声明呈报协领衙门，祈为转详施行，为此申呈，须至呈者。等情。据此，合将该佐领所呈之缘由移付右兵司查核施行，为此合移。须至移呈者。等情。据此，查黑龙江五品顶戴官塔奇布奉派请领麻、铁，现在沈城庆来店存住，既患疯症不晓人事，又无亲人在左，自应饬县相验拨医调治，以期痊愈。除出派骁骑校常瑞带领兵四名前往该店小心看守而免滋事外，相应札饬承德县知县，遵即带领刑忤官医前赴该店查验调治，迅速呈报，以凭核办。并由驿咨行黑龙江将军衙门查照，希即饬传该员家属来奉接回，幸勿稍延。等因前来。

查领取物料去之骁骑校塔奇布偶患疯症不晓事体亦属难令承差，惟此项物料现在立待修造船工急需，实难迟缓，应即差派六品官玉山带

劄庫照數發給該處差員驍騎校塔奇布收領

嗣准

盛京將軍衙門咨行黑龍江差員塔奇布偶患瘋

疾不曉人事應領鐵麻自應暫行毋庸發給等因

咨行黑龍江將軍衙門另派委員赴部領取在案

今准咨行改派六品官玉山赴部領取前項鐵麻前

來相應劄飭鐵麻庫遵照前劄照數發給改派

之六品官玉山驗領暨知照黑龍江將軍衙門可也

須至咨者

右　咨

黑龍江將軍衙門

同治二年七月　十二　日

外郎恒康

同领催、兵丁、文票前赴盛京，接替从前委员。由都京工部领回桐油一千六百九十五斤，由盛京工部应领条铁一千七百六十三斤十四两三钱、线麻六百八十二斤八两以重官物。如前委员骁骑校塔奇布已将物料承领，着玉山务须点验明确照数接领。倘塔奇布因患病尚未领齐，即令玉山持文前诣盛京工部照数领取，其接解物料差员返回应得车辆、口票希即照例发给，以期不误船工要需。再前委员塔奇布既染疯症亦饬该差员六品官玉山就便带领，并请转饬各属沿途驿站拨派兵丁轮替妥为照料旋回之处，相应咨行盛京工部查照可也。须至咨者。等因前来。查前准工部咨行黑龙江咨请补修船只应需铁麻，当经札库照数发给该处差员骁骑校塔奇布收领，嗣准盛京将军衙门咨行黑龙江差员塔奇布偶患疯疾不晓人事，应领铁麻自应暂行毋庸发给。等因。咨行黑龙江将军衙门另派妥员赴部领取在案，今准咨行改派六品官玉山赴部领取前项铁麻前来，相应札饬铁麻库遵照前札照來查領取物料去之驍騎校塔奇布偶患瘋症不曉事体亦属難令承差惟此項物料現在立待修造船工急需實難遲緩應即差派六品官玉山帶同領催兵丁文票前赴

盛京接替從前委員由都京工部領回桐油一千六百九十五觔由

盛京工部應領條鐵一千七百六十三觔十四兩三錢線蘇六百八十二觔八兩以重官物如前委員驍騎校塔奇布已将物料承領着玉山於須点驗明確照數接領倘塔奇布因患病尚未領齊即令玉山持文前詣盛京工部照數領取其接解物料差員返回應得車輛口票希即照例發給以期不誤船工要需再前委員塔奇布既染瘋症亦飭該差員六品官玉山就便帶領並請轉飭各属沿途驛站撥派兵丁輪替妥為照料旋回之處相應咨行

数发给改派之六品官玉山收领，暨知照黑龙江将军衙门可也。须至咨者。

右咨黑龙江将军衙门。

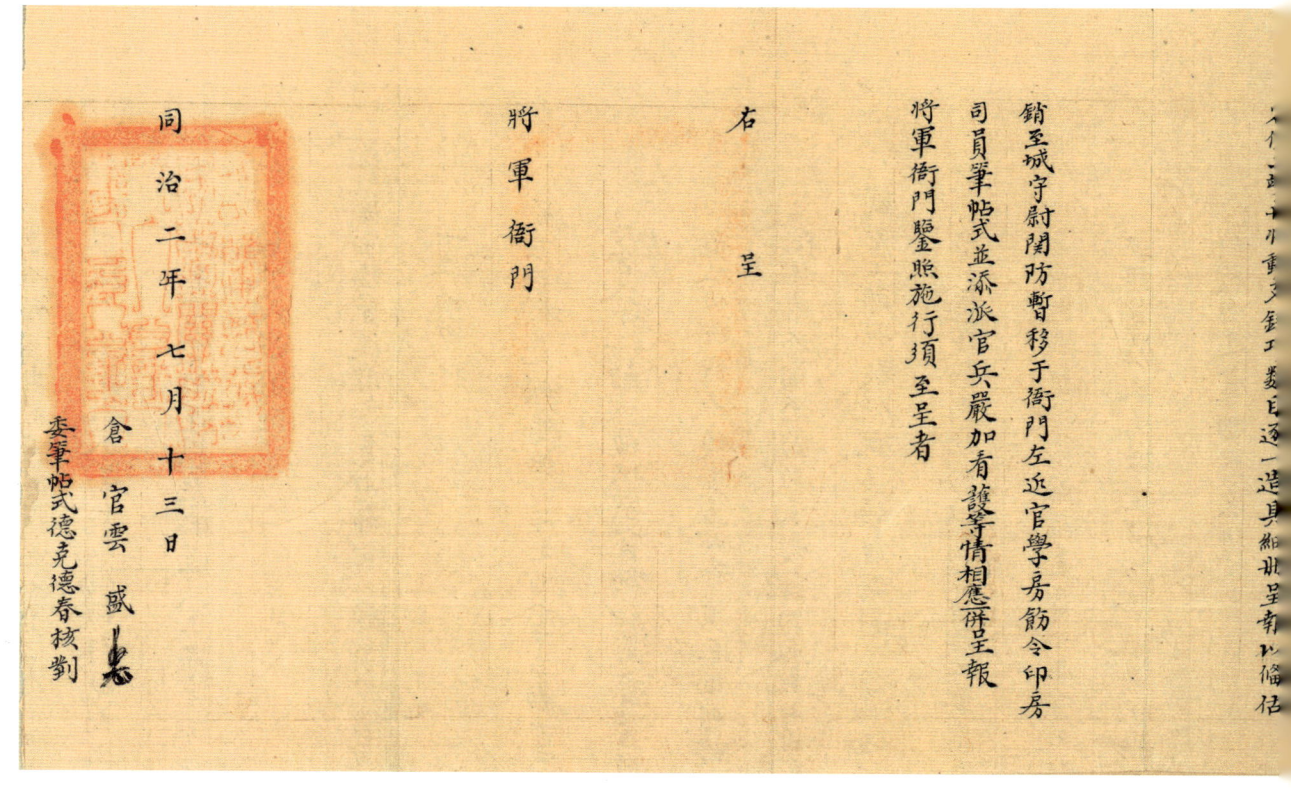

呼兰河城守尉集拉明阿为兴修城守尉衙门大堂之款暂由归公私垦地亩小租项下动支事致黑龙江将军衙门的呈

同治二年七月十三日

呼兰河城守尉集拉明阿为声明呈报事。

左司案呈：查城守尉衙门原设大堂一所五间，本系城守尉与众官议办公务紧要之处，且系军民瞻仰之所。自嘉庆元年建修至今六十余年并未重修另补，经年已久，柱根朽烂，墙框歪侧，以致檩檩拔榫，兼之苫草被雨冲霖，渗漏交加，椽芭亦皆糟烂。近来秋雨连绵，坍塌其半，实不堪重苫另补。如任其倒塌木料亦皆糟烂，忆及呈请兴修现今又值停工之际，意欲在本处旗营、官屯、铺商捐办兴修，而今饷项欠放数年，兼之地方时势情形甚属拮据，而且时值青黄不接，一时碍难捐敛。如不兴修不惟无办公之所，亦不镇压军民。据此，会同众官悉心筹商，于公有裨，派委佐领博通额、笔帖式等督同兵丁将旧砖木料拣出，如不敷用，撙节购买砖木草芭等

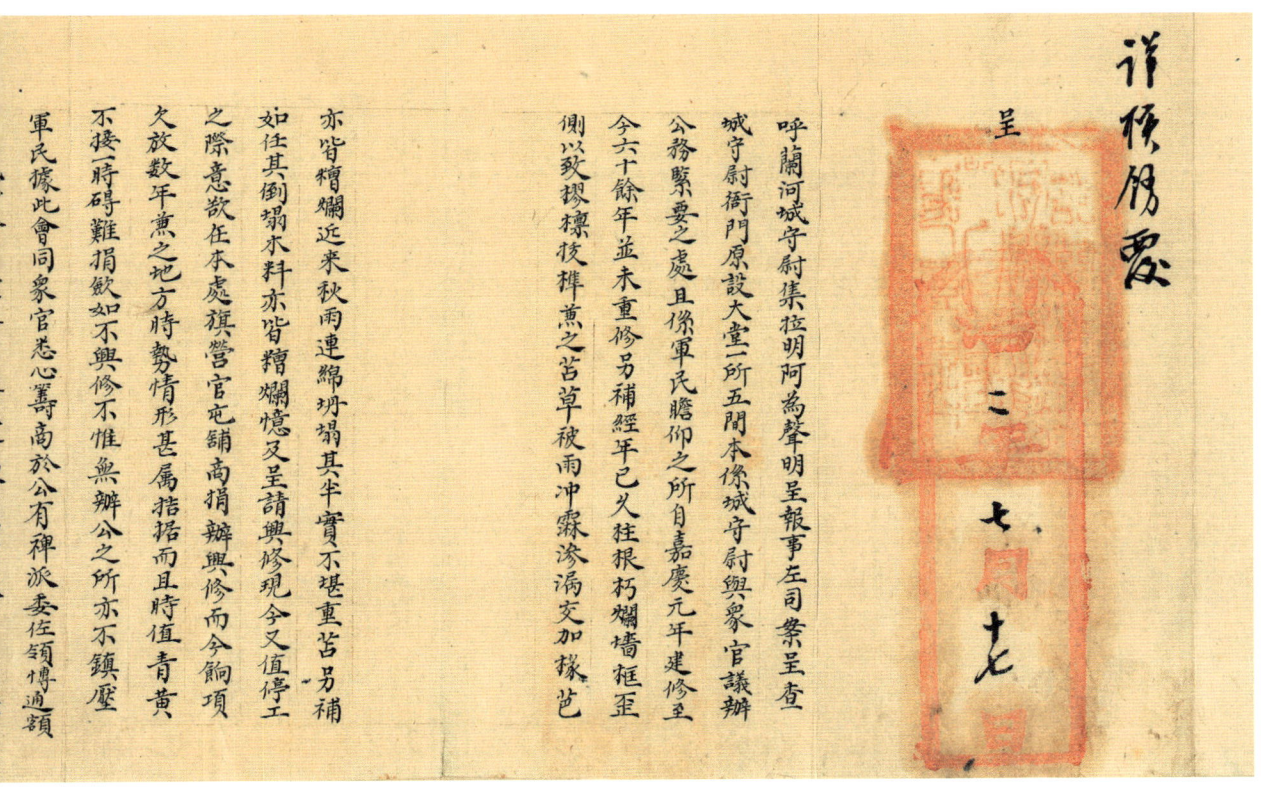

料加固兴修，所需添买砖灰木草等料一及工费之资，暂由归公私垦地亩呈交小租项下动支，容俟工竣再将动支钱项数目逐一造具细册呈报，以备估销。至城守尉关防，暂移于衙门左近官学房，饬令印房司员、笔帖式并添派官兵严加看护。等情。相应一并呈报将军衙门鉴照施行。须至呈者。

右呈将军衙门。

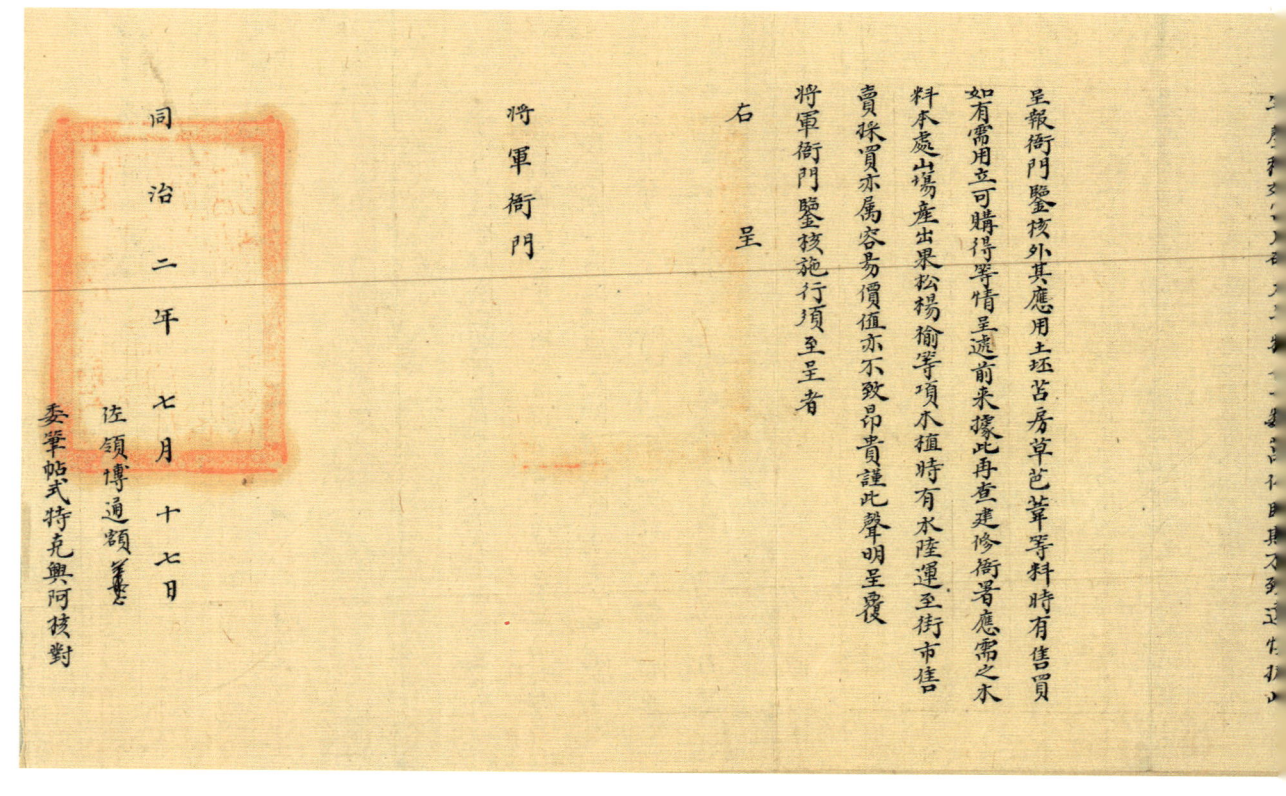

呼兰河城守尉集拉明阿为筹酌采办修建衙署所需各工料事致黑龙江将军衙门的呈

同治二年七月十七日

呼兰河城守尉集拉明阿为遵札查明呈覆事。

左司案呈：于六月二十七日遵奉将军衙门札饬，为建修新设同知、巡检衙署正宜备办各项工料之际，所有应用砖瓦、土坯、苫房、草、芭、苇等料，著该尉派委妥员在该处按照时价撙节预定采办，其所需木料更当预为筹酌，若能在该处附近堪以购买可期敷用尚属简便，以免来省购运跋涉之劳。第彼此究系何处木料妥协价值较轻，难以悬揣，应饬该尉率属悉心熟商，详加核议。此项工程应需木植或在该处采买，或雇觅人夫遣员弹压赴山砍伐，或派委官兵来省购办，以资工需之处，务即相机筹酌妥拟，迅速呈报，以凭核办，毋得浮冒需费延宕时日，总期以收实效，是为至要。据此，相应呈请札饬该城守尉集拉明阿遵照可也。

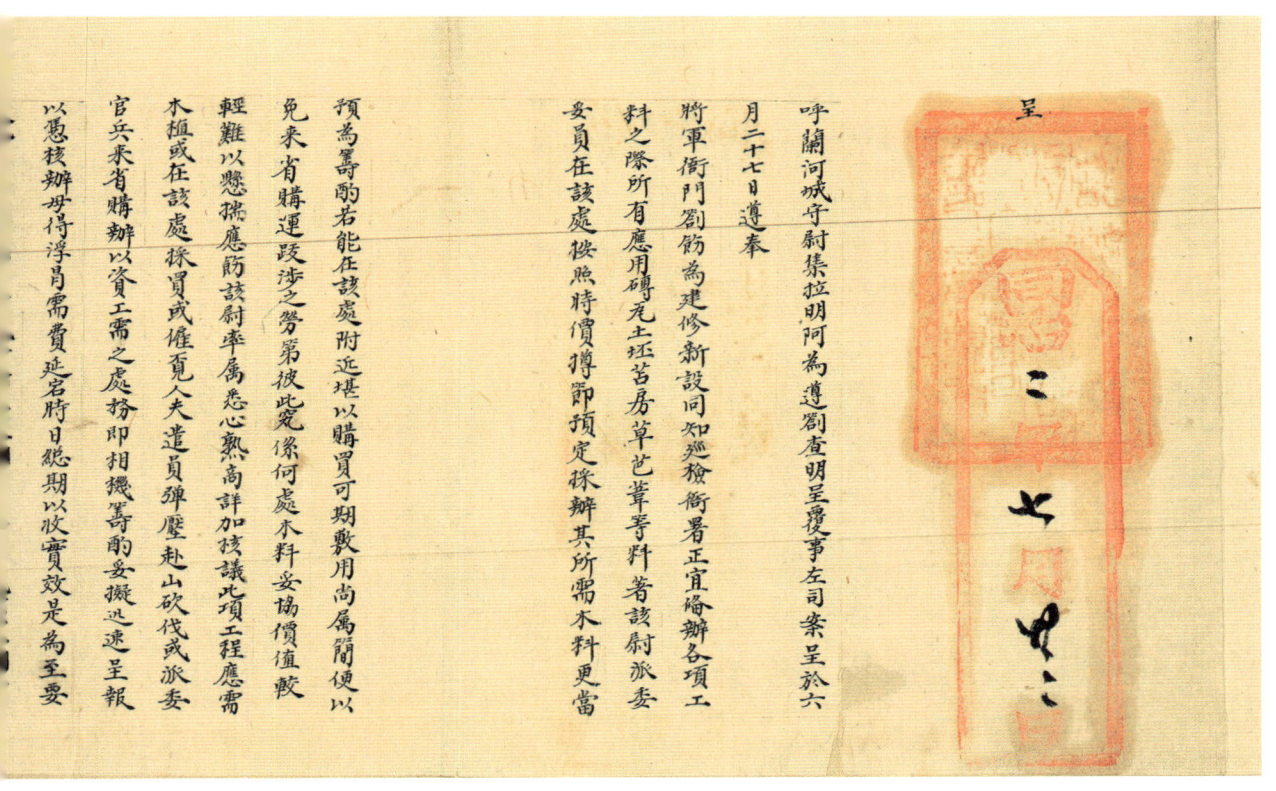

须至札者。等因札饬前来。

　　遵即派委仓官云盛前去采办，旋据云盛呈称，遵饬即赴烧造砖窑向窑户李德等定买砖瓦。据李德等声称，如需用砖瓦等料各十数万件临期不致违误，据此呈报衙门鉴核外，其应用土坯、苫房、草、芭、苇等料时有售买，如有需用立可购得。等情呈递前来。据此再查建修衙署应需之木料，本处山场产出果、松、杨、榆等项木植时有水陆运至街市售卖，采买亦属容易，价值亦不致昂贵，谨此声明，呈覆将军衙门鉴核施行。须至呈者。

　　右呈将军衙门。

吉林将军景纶、吉林副都统麟瑞为差员解送火药等项请按数查收并将原秤带回事致黑龙江将军衙门的咨

同治二年七月二十二日

　　镇守吉林等处地方将军兼理打牲乌拉拣选官员等事景（纶）、头品顶戴吉林副都统莽阿巴图鲁麟（瑞）为咨行事。

　　工司案呈：准盛京工部咨开，右清吏司案呈，准工部咨给运送黑龙江等处火药一万一千四百九十四斤十一两三钱，每二百五十斤装用篓一个，计篓四十六个；烘药一百五斤十二两五钱二分，装用篓一个；火绳十八丈四尺五寸，计捻子绳六条四尺五寸；五两重铅丸一百二十五个，计重三十九斤一两；三钱及二钱八分重铅丸六万六千八百七十个，计重一千二百一十二斤零三钱，每一百五十斤装用一匣，计装八匣；白布宽一尺六寸，长十丈一寸一分八厘；苘麻一千四百八十四斤八两。操演枪炮应用九斤重铅丸二十个、一斤二两重铅丸八十五个、四两四钱重铅丸二个、四两重铅丸二个、一两二钱重铅丸五千四百个，折给三钱及二钱八分重铅

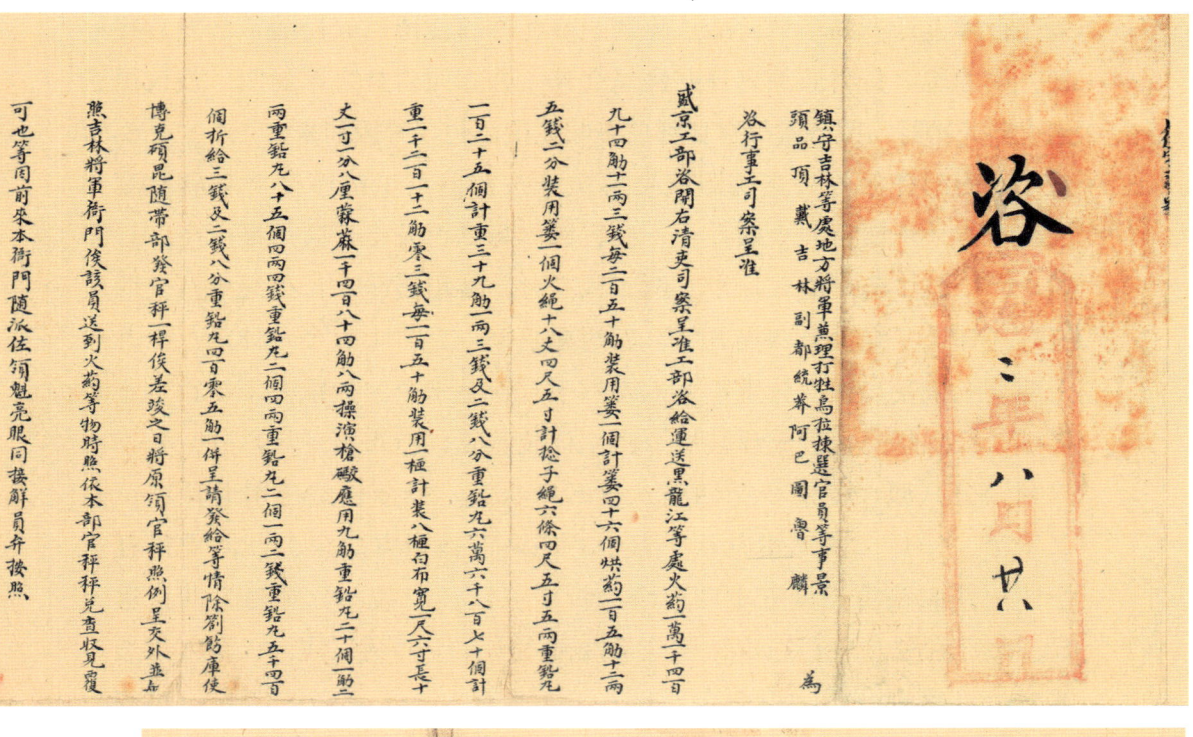

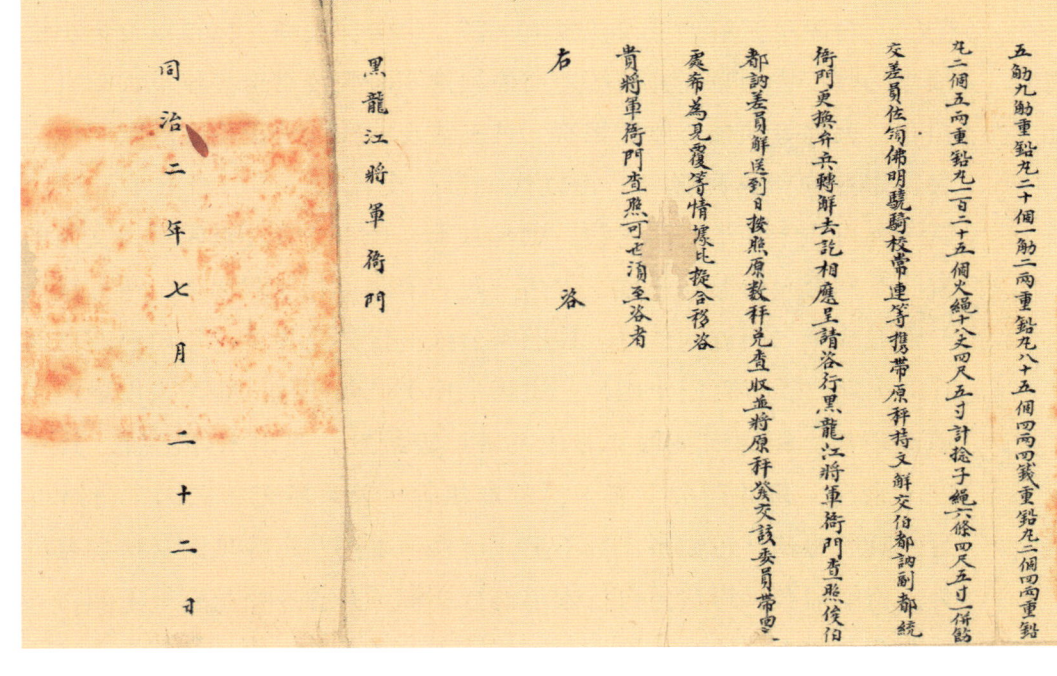

丸四百零五斤一并呈请发给。等情。除札饬库使博克硕昆随带部发官秤一杆，俟差竣之日将原领官秤照例呈交外，并知照吉林将军衙门，俟该员送到火药等物时，照依本部官秤秤兑查收见覆可也。等因前来。

本衙门随派佐领魁亮眼同接解员弁按照盛京工部库使博克硕昆解到火药一万一千四百九十四斤十一两三钱，每二百五十斤装用篓一个，计篓四十六个；烘药一百五斤十二两五钱二分，装用篓一个；火绳十八丈四尺五寸，计捻子绳六条四尺五寸；五两重铅丸一百二十五个，计重三十九斤一两；三钱及二钱八分重铅丸六万六千八百七十个，计重一千二百一十二斤零三钱，每一百五十斤装用一匣，计装八匣；白布宽一尺六寸，长十丈一寸一分八厘；苘麻一千四百八十四斤八两。操演枪炮应用九斤重铅丸二十个、一斤二两重铅丸八十五个、四两四钱铅丸二个、四两重铅丸二个、一两二钱重铅丸五千四百个，折给三钱及二钱八分重铅丸四百零五斤，现已秤兑。火药连皮计重八千九百六十斤十一两三钱，火药九十五斤零二分，铅丸一千一百七十五斤，下短火药二千五百三十四斤，烘药□十二两五钱，铅丸四百四十二斤。查此亏短药、铅等项据库使博克硕昆□□，窃职奉派解到黑龙江操演火药、烘药、火绳、白布以及大小铅丸等项当□收，佐领魁亮并接解差员佐领佛明骁骑校常连等将重大铅丸、□、白布、火绳等项核与原数相符，惟三钱及二钱八分重铅丸随眼同监□□解各员遵照原带官秤弹兑，铅丸代〔带〕皮计重一千一百七十五斤，火药八千九百六十斤十一两三钱，烘药九十五斤零二分。查职所持文内应解铅丸一千六百一十七斤三钱，火药一万一千四百九十四斤十一两三钱，烘药一百五斤十二两五钱二分，现已秉公代〔带〕皮弹兑。亏短铅四百四十二斤，火药二千五百三十四斤，烘药十斤十二两五钱，如再去皮更加多欠，第此项药、铅由库关领并非代〔带〕篓给发，系用木斗出放，其斗约重四十余斤，每斗药数重若干，职难知确。兼系奉宪差派因未分辨以致数亏，其所短药、铅委系库数不足，请将弹妥药、铅等项饬交接解差员往运外，将缩短药、铅数目咨行本部再行补解，并称应交苘麻一千四百八十四斤八两系由本部库内动价采买，每斤例价银一分五厘，共银二十二两，俱各银票各半，现时接奉京部来文，银票暂行停止，嗣后另有来文酌办章程部文到日之时与下次差便一并补送，伏祈转咨。等情。

据此，除咨盛京工部查核外，随将火药四十三篓，代〔带〕篓计重八千九百六十斤十一两三钱；烘药一篓，代〔带〕篓计重九十五斤零二分；三钱及二钱八分重铅丸七匣，代〔带〕匣计重一千一百七十五斤；九斤重铅丸二十个；一斤二两重铅丸八十五个；四两四钱重铅丸二个；四两重铅丸二个；五两重铅丸一百二十五个；火绳十八丈四尺五寸，计捻子绳六条四尺五寸一并饬交差员佐领佛明、骁骑校常连等携带原秤持文解交伯都讷副都统衙门更换弁兵转解去讫，相应呈请咨行黑龙江将军衙门查照，俟伯都讷差员解送到日，按照原数秤兑查收，并将原秤发交该委员带回□处，希为见覆。等情。据此，拟合移咨贵将军衙门查照可也。须至咨者。

右咨黑龙江将军衙门。

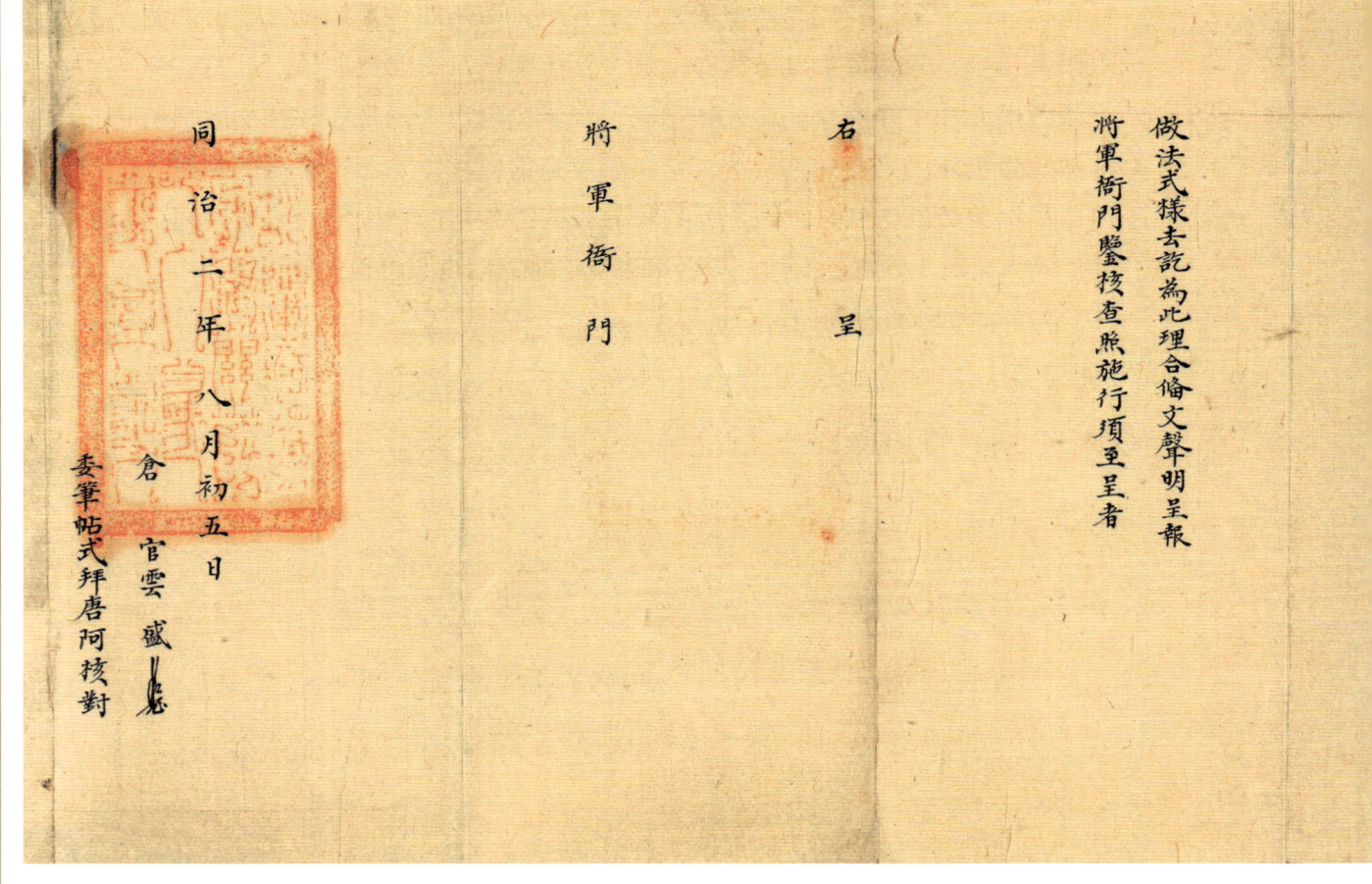

呼兰河城守尉集拉明阿为添派骁骑校霍卿额等赴省抄录修建衙署所估工程丈尺、做法、式样事致黑龙江将军衙门的呈

同治二年八月初五日

呼兰河城守尉集拉明阿为呈报事。

左司案呈：于七月二十七日遵奉将军衙门札文内开，工司案呈，现查奏准呼兰添设同知等官衙署房间现今正值采办各项工料之际，前饬该处赶紧酌妥，迅速呈报，以凭核办。等因。于六月二十三日札行在案，究系如何酌拟，迄今一月之久尚未呈报，殊属颟顸怠懈之至。此系奏明咨准之案，即应今秋采办工料，明春兴修，若不趁时预先采办，届期何以兴工。应再行札饬该尉即率属拟妥迅速呈报，并饬派委兼工妥员二员再派笔帖式

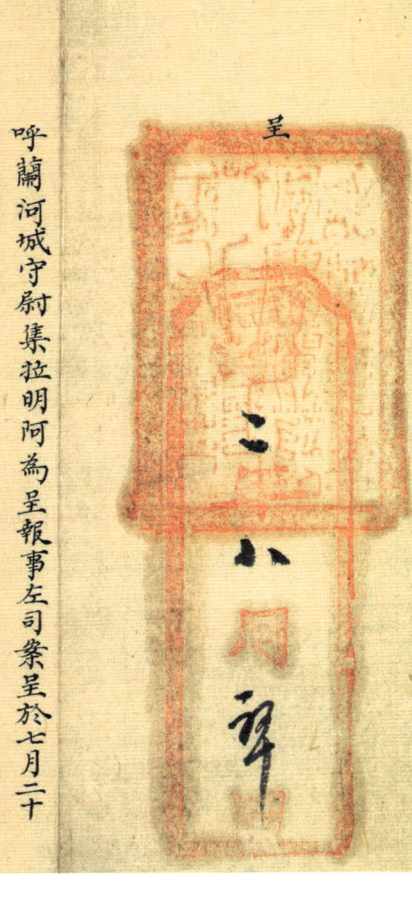

呼兰河城守尉集拉明阿为呈报事左司案呈於七月二十七日遵奉

将军衙门剳文内开工司案呈现查奏准呼兰添设同知等官衙署房间现今正值採办各项工料之际前饬该处赶紧酌妥迅速呈报以凭核办等因於六月二十三日剳行任案究像如何酌擬迄今一月之久尚未呈报殊属颟顸息懈之至此像奏明咨惟之案即應令秋採办工料明春興修若不趁時預先採办届期何以興工應再行剳饬該尉即率属擬妥迅速呈报並饬派委兼工委員二員再派筆帖式帶領帖書來省抄錄新估工程丈尺做法工料價值案件以備照式採办庶期工竣錄册報銷據此相應合併呈請剳饬呼蘭河城守尉集拉明阿遵办毋任浮冒遲延致干重处可也須至剳者等因剳饬前來當即遵查前次派委倉官雲盛採办磚瓦木料等情於七月十七日

带领帖书来省抄录新估工程丈尺、做法、工料价值案件，以备照式采办，庶期工竣录册报销。据此，相应合并呈请札饬呼兰河城守尉集拉明阿遵办，毋任浮冒迟延致干重处可也。须至札者。等因札饬前来。当即遵查前次派委仓官云盛采办砖瓦木料等情，于七月十七日已经呈报在案，又添派骁骑校霍卿额、笔帖式花林保崇裕带领领催委官常春帖书领催等趋赴省城抄录所估工程丈尺、做法、式样去讫。为此理合备文声明，呈报将军衙门鉴核查照施行。须至呈者。

右呈将军衙门。

吉林将军景纶为原断喀尔喀、巴尔虎互争地址前后图奏不符缘由条陈具奏事致黑龙江将军衙门的咨

同治二年八月二十五日

镇守吉林等处地方将军景纶为飞行咨会事。

本年七月二十七日本衙门恭折具奏，为遵旨查明原断喀尔喀、巴尔虎互争地界先后图奏不符缘由，分条晰缕，据实覆奏，恭折仰祈圣鉴事。窃照六月二十四日承准议政王、军机大臣字寄，同治二年六月十七日奉上谕：前因特普钦奏喀尔喀、巴尔虎互争界址，该王旗不候三省咨文，意存要挟。景纶奏喀尔喀争控地界，巴尔虎翻悔糜常各一折，当交议政王、军机大臣会同理藩院议奏。兹据议政王等奏称，特普钦与景纶所奏各折情词互有不符，又景纶前次勘断界址折件与此次折内所称各情节及两次照绘雍正十二年地界陈图方向亦多有自不相符之处，并将应查各条陈明，请饬景纶等会同查明，速行勘办覆奏。等语。喀尔喀与巴尔虎互争莫端哈沙图等两处卡伦地界事阅多年，并未勘断完结，景纶与特普钦既各执一词，即景纶前后所奏两折与所绘陈图方向亦复自相矛盾，案关外藩交涉事件，岂容如此草率稽延。著景纶、特普钦、特克慎迅速派委妥员驰赴西巴尔台地方，将莫端哈沙图、阿鲁布拉克两卡伦方向会同详细履勘，有无侵占那〔挪〕移确切查明，限于数月内即行断结，不准再事迟延。该将军等务将秉公办理，毋许授意委员预存成见。景纶系原行勘办之员，尤不得回护前奏，自干咎戾。并著特普钦、景纶、特克慎将议政王等所指各条查明，据实覆奏，不准稍涉含混。原折著抄给阅看。等因。钦此。

跪读之下诚惶诚恐，伏查喀尔喀与巴尔虎互争地界，奴才于咸丰八年奉旨驰往查办，曾将勘断情形先后陈明。嗣于本年四月间准库抡〔伦〕办事大臣以喀尔喀争控地界，巴尔虎翻悔前断等情咨照听候核办，当经据实陈奏在案。今经王大臣等逐条议驳，奏蒙谕旨饬令查明覆奏，遵将抄折详加阅看。如原议，据巴尔虎总管格尼音等声称，莫端哈沙图、阿鲁布拉克封堆原在西巴尔台西北至音陈卡伦中间设立二卡作为分界地址，今委员所立标记由西巴尔台偏向正北安设巴尔虎地方须抛弃宽长约百余里，与雍正十二年陈图方向不符，覆加详核，其所指方向均属相符。等语。景纶所奏

则称，此二处封堆按照雍正十二年图册应在郭尔板、西巴尔台以北，接连莫尔根哈玛尔山，顺克鲁伦河至西拉钦山一带为界。等语。同一按照陈图方向，而一则称应在西巴尔台西北，一则称应在西巴尔台以北，彼此互不相符一节。查莫端哈沙图、阿鲁布拉克二处卡伦前后图说界址本涉两歧方向，故难一辙，稽查雍正十二年分界卷册，仅载郭尔板、西巴尔台以北接连莫尔根哈玛尔山，顺克鲁伦河至西拉钦一带为界，莫端哈沙图、阿鲁布拉克两卡伦并未叙及，以其图说考之，莫端哈沙图卡伦应在西巴尔台、东绿泡之西，中绿泡之东，由是偏至西北之阿鲁布拉克卡伦，其地南对中绿泡，北即直折至音陈卡伦为界，而莫尔根哈玛尔山即在音陈以北，推其册内该二卡伦所以并未叙明之故，诚以在西巴尔台以北，西拉钦等山以南，即以起止接连等字统之也，故其地势有如弓弦。迨考阅道光二十九年图注，则莫端哈沙图卡伦其地已在西巴尔台之西，由是偏至西北之阿鲁布拉克，复弯环北向接连音陈卡伦分界，故其地势竟如弓背。至咸丰八年间查勘，则二处卡伦不特在西巴尔台之西，且绕越西南二百五十余里之遥，其为侵占无疑。至音陈之地，论雍正年间图说应在西巴尔台以北，按道光年间图注则在西巴尔台西北，地址似亦不符。当经传据接界之喀尔喀头等台吉明珠尔多尔济，结称并无那〔挪〕移情弊在卷，因与原控无涉，是以前两次折内并未声叙。其莫端沙哈图、阿鲁布拉克两卡伦如照雍正年以北界址而断，则巴尔虎所占之地全须撤退，固不甘心。若按道光年间西北界址而断，则喀尔喀旧有之地仍被侵占，焉能折服。是以比照雍正年间陈图，拟由西巴尔台之中绿泡起西北六十余里作为莫端哈沙图卡伦，七千余里作为阿鲁布拉克卡伦，暂设木桩标记，仍复北向弯环归至音陈分界，虽较弓弦之势稍弯，而视弓背之势稍直。原属酌中核断，冀杜两造纷争。今巴尔虎总管格尼音等声称，该二卡伦原在西巴尔台西北，此系道光年间图注界址，本已展越，该总管等指为雍正十二年所分之界，是否迁东就西，抑或别有依据，应俟委员确查覆奏。

又如原议，咸丰八年六月景纶前奏有莫端哈沙图、阿鲁布拉克两卡伦越境占入西巴尔台西南喀尔喀游牧地方。等语。此次特普钦所奏有封堆原在西巴尔台西北之语，一则称越占西南，一则称原在西北，彼此又互不相符一节。查特普钦所称莫端哈沙图等卡伦原在西巴尔台西北者，或系凭道光年间图载界址而言，奴才所称越境占入西巴尔台西南者，系指咸丰八年查出占越地址而论，各有指归。

又如原议，景纶前奏所称该二卡伦已绕过西巴尔台二百五〔十〕余里，与此次所奏占越二百余里，及巴尔虎所供抛弃宽长约百余里里数亦不相符。查阅此次照绘雍正十二年陈图，该二卡伦本由西巴尔台西北接连库勒封堆音陈卡伦，与此次所奏应由西巴尔台以北接连莫尔根哈玛尔山等山为界之语，一在西北，一称以北，图与折又两不相符一节。查本年所奏该二卡伦应在西巴尔台以北直接莫尔根哈马〔玛〕尔山者，系就雍正年间册载界址而言。前递之图拟西巴尔台西北弯连音陈卡伦者，系照咸丰年间现断界址而绘，委因前系附折陈递并未声明，致王大臣等以为照绘陈图。至原奏该二卡伦已绕过西巴尔台二百五十余里，系就咸丰年间查出展占地址而论，巴尔虎所供抛弃宽长约百余里，或依照道光年间图内所绘界址为凭。迨本年覆，奏特（普钦）因查该旗展占情形初奏已经详细声明，是以仅称展越二百余里，希图就简，转致两歧，实则已占二百五十余里。

又如原议，景（纶）前奏勘断界址折曾照绘雍正十二年陈图并附折陈递之照绘陈图一件，核对两图，莫端哈沙图卡伦均由郭尔板、西巴尔台之西绿泡起，方向尚属相符。惟本〔年〕五月间，又据照绘雍正十二年清字陈图咨送军机处查阅，此图莫端哈沙图卡伦由中绿泡起，与前次两图及折内方向全不相符一节。查前后随折陈递地图两件，一系清字贴说，一用汉字注释，均属咸丰八年查办拟断之图。迨本年五月咨送军机处一分，方是照绘雍正十二年清字图册，勘断本有不同，方向不无歧异。惟雍正年间初定时，莫端哈沙图卡伦固由西巴尔台之中绿泡起，咸丰八年间拟断本仿照雍正年间办理，亦由中绿泡起界，并非前两图由西绿泡起界，后一图由中绿泡起界也。

又如原议，景（纶）前奏有比照雍正十二年地图，由西巴尔台西北六十余里作为莫端哈沙图卡伦，西北七十余里作为阿鲁布拉克卡伦，暂设木桩等语。此次折内所奏始则称此二处封堆应在西巴尔台以北，续又称拟将二处封堆移西巴尔台西北，不独与特（普钦）所奏委员所立标记伦向正北之语不符，即一人折内之语而前与又自不相符一节。查咸丰八年间勘断界址，拟于西巴尔台西北六十余里作为莫端哈沙图卡伦，七十余里作为阿鲁布拉克卡伦，暂设木桩标记之处，其地在雍正年间图载界址偏西，道〔光〕年间图载界址偏东，本属从中酌断，并非旧日地址，以方向而论，则尚在西巴尔台西北。前奏始称应在以北者系按雍正年间图册而言，继称移在西北，系就咸丰年间拟断而言。兹将军特（普钦）奏称有委员所立标记偏向正北之语，查该处所设木桩原系仿照雍正年间陈图，派令三省委员带同两造，用日晷对准西北方向计里，前往设桩标记，今该将军所称为偏向正北，应俟委员查明会同覆奏。

又如原议，特（普钦）奏准吉林将军咨称该二处卡伦接连音陈断以为界，与雍正十二年原定地图粘签限制相符。等语。景（纶）折内并未将现在商办此节文移往返情词奏及，但称应照前次勘断，方符旧章，彼此情词亦互不相符一节。查莫端哈沙图等二处卡伦咸丰八年间拟断界址，原系仿照雍正十二年图载界址，虽设卡之处略有不同，而其接连音陈断以为界则一故。前咨该将军文内声称与雍正十二年原定地图粘签限制相符，至前次具奏时，因思勘断情形当年曾经先后陈明，前节文移不过声明两造争执，咨商委员覆查等情，故未详细声叙。

又如原议，据特（普钦）奏该王旗来文内有阿鲁布拉克谓有山泉之处，莫端哈沙图谓有井水之处，若那〔挪〕移他处则无水无泉，即与原定界址不符，是以咨商吉林将军等会同派员覆查。等语。据景（纶）所奏则称喀尔喀无力供应乌拉，势难往办，似属藉词推阻。又奏称如必寻有井有泉之处那〔挪〕移卡伦，不惟事隔一百数十年，难以为据，转恐启喀尔喀争执之渐。等语。查该二卡伦本因有泉有井始有此名，现在是否可凭此为断，必须履勘情形明确后方能定议，未便以事隔年久预存一难以为据之见延不查办一节。查莫端哈沙图、阿鲁布拉克二卡伦考阅前后陈图，道光年间图内界址较之雍正年间图内已由西巴尔台以北展至西北，迨咸丰八年查勘更由西巴尔台绕越西南，虽该二卡伦取名之义本系有井有泉，第事隔百数十年，无论井或干枯泉，或淤塞不可不虑，即使有泉有井，亦应在西巴尔台以北地方，如果以此为凭，则巴尔虎占越之区尽须撤出，倘予宽展，诚恐巴尔虎前占喀尔喀之阿达克诺尔等处亦有井泉，设因该二卡伦之名即予那〔挪〕移其地，虽偿巴尔虎侵占之愿，何以息喀尔喀争竞之心？如寻雍正年旧址断分，则喀尔喀固可不争，而巴尔虎岂肯无事？转恐互相构衅，酿成事端。是以前次奏称难以为据，不过奴才愚昧之虑，非敢预存成见也。至咸丰八年查办具奏，后经大学士伯葰等议驳，时值冬令，冰雪载途，委员等马不能前，是以奏明暂缓，迨九年间三省会派委员驰往覆勘，讵巴尔虎忽翻前断悬宕至今，亦不敢有意久延也。再查驰往蒙古查办事件道路遥远，并无旅舍，所需车马、毡房等项，向由该蒙古供应。前准黑龙江将军咨商内称，设该王旗不能供应，应如何办理。等语。奴才当思该王旗既称无力供应预为声明，如仍委员往查，应需乌拉恐非易易，是以前奏声称难以往办，更不敢藉词推阻也。

总之，莫端哈沙图、阿鲁布拉克二卡伦界址，据雍正年间图册所载则在西巴尔台以北，据道光年间存图而论则在西巴尔台西北。咸丰八年查勘则又占越西巴尔台西南，诚如王大臣等所云，系属紧要关键，眉目既清头绪自见。至原拟改设木桩标记即西巴尔台西北，拟设莫端哈沙图、阿鲁布拉克二卡伦之地，因前后随折陈递图内已将该二卡伦贴说声明，故于拟设木桩并未绘入，惟究当如何分断，应否以泉井为凭。前据黑龙江将军、库抡〔伦〕办事大臣先后咨会，择定八月十五日三省委员同在郭尔板、西巴尔台地方会查等情，现已遵旨遴派协领三隆、六品官王寿昌、年满助教官穆克登额、笔帖式常永等于七月十四日由省启程驰往会勘矣。奴才身受重恩，断不敢授意委员回护前奏，惟既仰蒙指饬，自应逐条声明。至王大臣等原议喀尔喀庙宇究在何属地方，前此〔次〕勘界时未据查覆，饬令一并查明。溯查咸丰八年夏间勘明，庙在贝尔鄂汉以北，原属巴尔虎游牧之地，乾隆五十年间将军恒秀因查系喀尔喀为恭逢万寿圣节诵经而设，是以奏准容留，曾于咸丰八年十二月间拟派委员会勘，折内随奏声明在案。其余各情或前后各折屡经陈明，或应由黑龙江将军等详查覆奏，除俟三省委员查明断结后，再行会同具奏外，理合将原断喀尔喀、巴尔虎互争地址前后图奏不符缘由分条晰缕，据〔实〕恭折由驿覆奏，并将雍正、道光年间先后陈图分别照绘，暨咸丰八年间拟断界址重加图绘详细贴说，恭呈御览。

再，奴才衙门备存雍正、道光年间各图说系前次查办时由黑龙江将军衙门所存陈图照会，合并声明，伏乞皇上圣鉴。谨奏。等因。于八月十二日奉到回折，议政王、军机大臣奉旨：原议。王大臣知道。图二件并发。钦此。钦遵前来。除呈报军机处、理藩院暨咨行库抡〔伦〕办事大臣衙门查照外，相应呈请咨照。等情。据此，拟合飞咨贵将军衙门查照可也。须至咨者。

右咨黑龙江将军衙门。

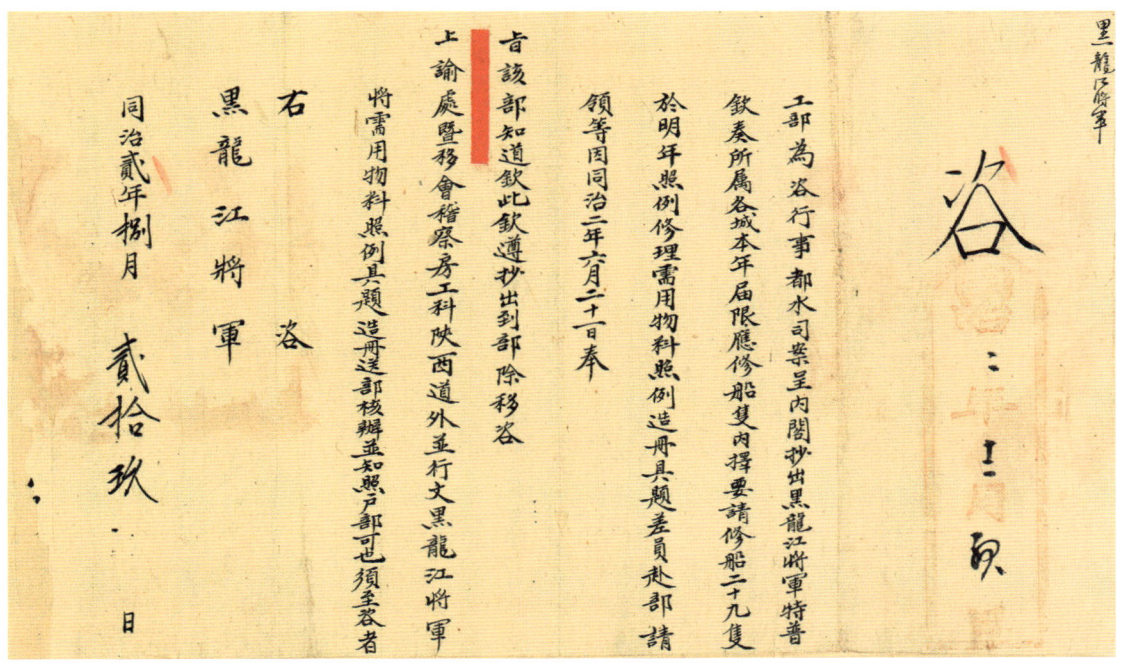

工部为将同治三年修船所需物料造册送部事致黑龙江将军的咨

同治二年八月二十九日

工部为咨行事。

都水司案呈：内阁抄出黑龙江将军特普钦奏，所属各城本年届限应修船只内择要请修船二十九只，于明年照例修理，需用物料照例造册具题，差员赴部请领。等因。同治二年六月二十一日奉旨：该部知道。钦此。钦遵。抄出到部。除移咨上谕处暨移会稽察房工科陕西道外，并行文黑龙江将军将需用物料照例具题造册送部核办，并知照户部可也。须至咨者。

右咨黑龙江将军。

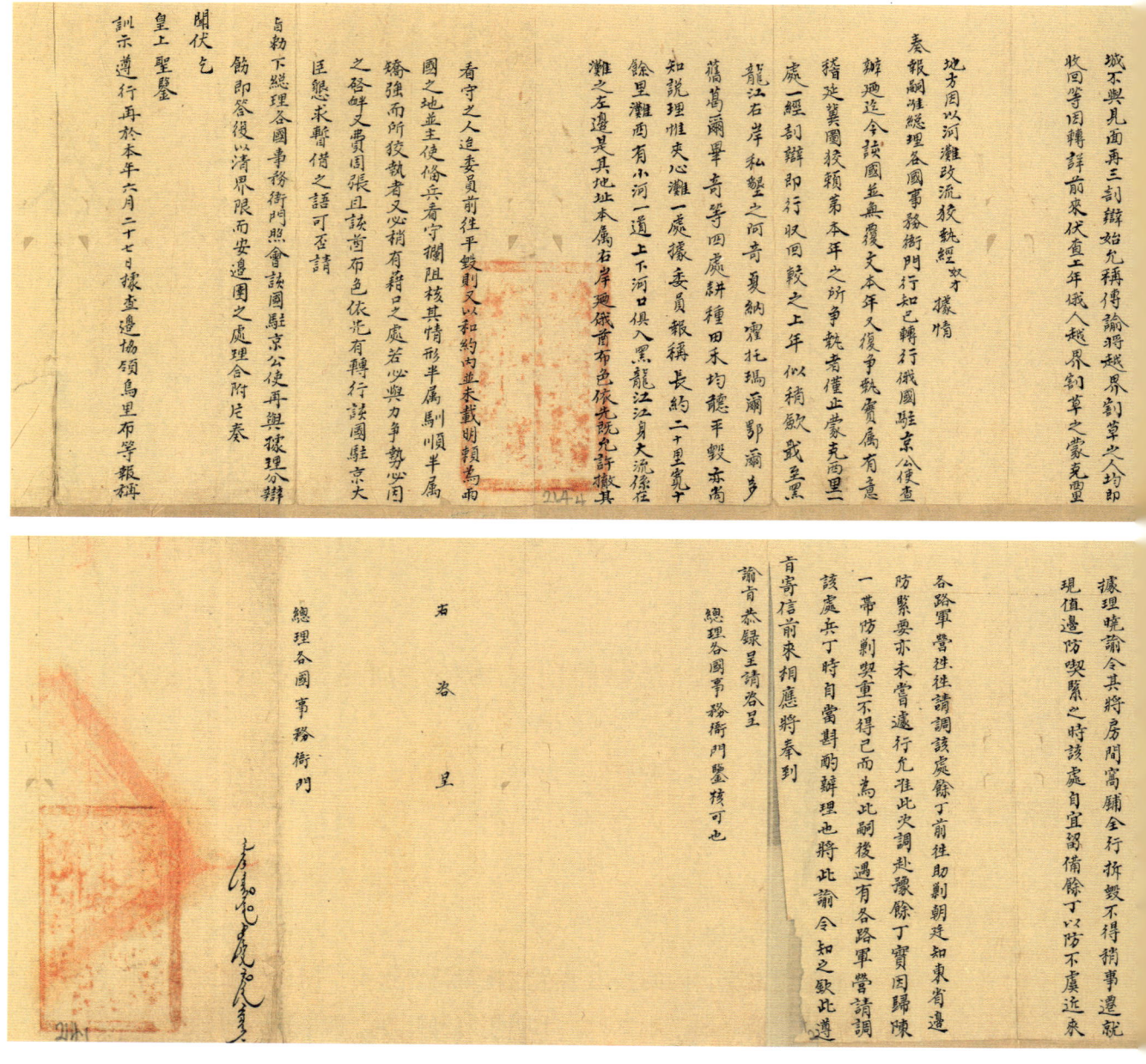

黑龙江将军衙门为奏俄人越界耕种、建房等情一折奉旨事致总理各国事务衙门的咨呈

同治二年八月

镇守黑龙江等处地方将军衙门为咨呈事。

兵司案呈：本衙门于同治二年八月初七日附片具奏，再查自本年四

镇守黑龙江等处地方将军衙门为咨呈事

兵司案呈本衙门于同治二年八月初七日附片具奏再查自本年四月间俄酋差员进省要求假道通商借地耕种经奴才按约驳正

奏明后随即行令副都统关保派员在沿江一带严密巡查嗣据该副都统覆称俄酋布色依复差人恳求免其平毁地亩经该副都统节次面见婉转开导该酋始则声称他处之地均听平毁惟雅克萨对过夹心滩地方系两国公中地址已种田禾拨兵看守不准平毁又经该副都统执约辩论始许饬散看守之人并言俟秋后伊亲见该悉毕尔将军转行该国驻京大臣恳

求将雅克萨对过地方暂借垦种等语随经该副都统札饬前后差派委员遵办兹于七月二十九日复据该副都统咨称委员佐领桂典额等先后禀请遣剧前往江右岸处查在阿哥夏纳地方查有俄人越界耕种禾稼十余晌当即率兵平毁又至霍尔玛尔即见俄人越界种地向郭多地方见有俄人越界种地五晌均经平毁又至富葛尔奇等地方见俄人越界种地二余晌即时饬谕俄人将所种之平毁并于雅克萨对过夹心滩地方查有俄人越界耕种禾稼十余晌当即率兵平毁旋见俄人在地方持禀不准平毁并撵该委员等回国禀称遣剧前住江右岸处查有俄人越界耕种禾稼十余晌当即率兵平毁经过晓谕亦淮平毁惟于该地方见有俄人越界种地三句余约即随时平毁又至富葛尔奇等地方见有俄人越界种地余晌即饬谕俄人将所种之地平毁并于他处地方闻俄酋布色依禀船夏纳地方查有俄人越界耕种禾稼十余晌当即率兵平毁旋见俄人在地方持禀不准平毁并撵该委员等回国禀称

念登船驶赴上海该员等复会合前住该处见俄人两国公中地址所换和约并未指明复兴理论墼至道

之实在情形也又查呼伦贝尔属界上年俄人割滩两百余名各执铅刀排立关阻并声言交心

额尔固韵河南岸略拉尔河口有俄人越界安设水磨坊二所现在磨麺一道又顺咯拉尔河有搭盖柳条窝铺三处并越界辙跟二道现在无人居住明勾开州遵合委员查见雍玛两窝执持和约以理拒阻明勾开州遵令其房间鸣铺全行拆毁不准再有越界行走之事应俟办理完结再行洛报悉国事务衙门孩合併陈明谨

奏於同治二年八月十八日接到回后奏

旨另有旨欽此同接到

上谕待普钦奉军机大臣字寄同治二年八月二十九日接到回后奉

议政王军机大臣字寄同治二年八月十八日奉

免调餘丁各得定俄人在伊犁之博罗胡吉尔下伦与防堵官兵接仗虽保我军获胜而该国寻衅之心未已既在两路构衅断难保不於东省交界地方别肆诡谋特著现钦各城副都统总管将存营兵额补足并将软弱者更换整顿军械认真训练密令遣卜委员侦探预防等

畫尚属周妥该将军惟当随时督率认真辨理不得徒以空言塞责致形废懒俄人在阿奇夏霍托玛尔旧蒿倫贝尔等处越界耕种禾稼复有俄人越界割草经营

尔奇等处济与该玛两尔理论俄人欲即收回惟交心三都克多尔济与该玛两尔理论俄人欲即收回惟交心侵占现已谕令总理各国事务衙门向该国住京公使言理借之语实属狡诈异常该处地址本属右岸宣得任令该国主使现已谕令总理各国事务衙门向该国住京公使言理

滩一处该商布色依瓠以和约又有转行该国驻京使臣恳求暂

月间，俄酋差员进省，要求假道通商，借地耕种，经奴才按约驳正奏明，后随即行令副都统关保派员在沿江一带严密巡查。嗣据该副都统覆称，俄酋布色依复差人恳求免其平毁地亩，经该副都统节次面见婉转开导，该酋始则声称他处之地均听平毁，惟雅克萨对过夹心滩地方系两国公中地址，已种田禾，拨兵看守不准平毁。又经该副都统执约辩论，始许饬散看守之人，并言俟秋后伊亲见该〔东〕悉毕尔将军，转行该国驻京大臣，恳求将雅克萨对过地方暂借垦种。等语。随经该副都统札饬前后差派委员遵办。

兹于七月二十九日复据该副都统咨，据委员佐领倭兴额等先后禀称，遵札前往沿江右岸巡查，在阿奇夏纳地方查有俄人越界耕种禾稼八十余晌，当即率兵平毁。又至霍托玛尔地方见有俄人越界种地十晌余，在鄂尔多地方见有俄人越界种地三晌余，均即随时平毁。又至旧葛尔毕奇地方见有俄人种地五十余晌，始则拦阻，继而晓谕，亦准平毁。惟于雅克萨对过夹心滩地方查有俄人种地二百余晌，聚众持械不准平毁。并据该委员等禀称，在哈彦地方闻俄酋布色依乘船经过前往会见，诘以夹心滩田地不准平毁情形，夷酋不听理谕，气忿登船驶赴上游，该员等复会合前往该处，见俄人马步兵等一百余名各执枪刀排立拦阻，并声言夹心滩系两国公中地址，所换和约并未指明，复与理论坚不遵循，以致未能平毁。等因据情转咨前来。此东路接壤之实在情形也。又查呼伦贝尔属界上年俄人割草之蒙克西里地方，据署总管那尔胡善详称，本年复有俄人越界割草，卡官拦阻不听，派令总管三都克多尔吉往见该玛雨尔与之理论，据称系遵大玛雨尔饬令在此割草，该总管欲面见大玛雨尔，又称现在别城不与见面，再三剖辩，始允称传谕将越界割草之人均即收回。等因转详前来。伏查上年俄人越界割草之蒙克西里地方，因以河滩改流狡执，经奴才据情奏报，嗣准总理各国事务衙门行知，已转行俄国驻京公使查办。乃迄今该国并无覆文，本年又复争执，实属有意稽延，翼图狡赖，第本年之所争执者，仅止蒙克西里一处，一经剖辩即行收回，较之上年似稍敛戢。至黑龙江右岸私垦之阿奇夏纳、霍托玛尔、鄂尔多、旧葛尔毕奇等四处耕种田禾均听平毁，亦尚知说理。惟夹心滩一处据委员报称，长约二十里宽十余里滩西有小河一道，上下河口俱入黑龙江江身大流，系在滩之左边，是其地址本属右岸，乃俄酋布色依先既允许撤其看守之人，迨委员前往平毁，则又以合约内并未载明赖为两国之地，并主使备兵看守拦阻，核其情形半属驯顺，半属矫强，而所狡执者又必稍有藉口之处，若必与力争，势必因之启衅，又费周张，且该酋布色依先有转行该国驻京大臣恳求暂借之语，可否请旨勒下总理各国事务衙门照会该国驻京公使，再与据理分辩，饬即答复，以清界限而安边圉之处，理合附片奏闻，伏乞皇上圣鉴训示遵行。再于本年六月二十七日据查边协领乌里布等报称，额尔固讷河南岸喀拉尔河口有俄人越界安设水磨板房一所，现在磨面。又顺喀拉尔河有搭盖柳条窝铺三处并越界辙迹二道，现在无人居住行走，奴才当即严饬该管各员面见该玛雨尔，执持和约以理拒阻，明白开导，令其房间窝铺全行拆毁，不准再有越界行走之事。应俟查办完结再行咨报总理各国事务衙门核办，合并陈明谨奏。

于同治二年八月二十九日接到回片奉旨：另有旨。钦此。同接到议政王、军机大臣字寄，同治二年八月十八日奉上谕：特普钦奏筹备边防并俄人越界占垦办理情形及请免调余丁各折片。俄人在伊犁之博罗胡吉尔卡伦与防堵官兵接仗，虽经我军获胜，而该国寻衅之心未已，既在西路构衅，难保不于东省交界地方别肆诡谋。特普钦现饬各城副都统总管将存营兵额补足，并将软弱者更换，整顿军械，认真训练，密令边卡委员侦探预防筹画，尚属周妥。该将军惟当随时督率认真办理，不得徒以空言塞责，致形疏懈。俄人在阿奇夏、霍托玛尔、旧葛尔奇等处越界耕种禾稼，经副都统关保率兵平毁，呼伦贝尔所属之蒙克西里地方复有俄人越界割草，经总管三都克多尔济与该玛雨尔理论，俄人旋即收回。惟夹心滩一处，该酋布色依辄以和约内并未载明强称为两国之地，主使俄兵看守，不听平毁，又有转行该国驻京使臣恳求暂借之语，实属狡诈异常。该处地址本属右岸，岂得任令该国侵占，现已谕令总理各国事务衙门向该国住京公使据理剖辩，令其知会该〔东〕悉毕尔，将夹心滩占垦地方退出。特普钦仍当向俄酋布色依严词驳斥，不得听其久行侵占，以清界限。其喀拉尔河口有俄人越界安设水磨板房一所及顺喀拉尔河所盖之柳条窝铺三处，均著饬令委员向该玛雨尔据理晓谕，令其将房间窝铺全行拆毁，不得稍事迁就。现值边防吃紧之时，该处自宜留备余丁，以防不虞。近来各路军营往往请调该处余丁前往助剿，朝廷知东省边防紧要，亦未尝遽行允准，此次调赴豫余丁，实因归陈一带防剿吃重，不得已而为此。嗣后遇有各路军营请调该处兵丁时，自当斟酌办理，也将谕令知之。钦此。遵旨寄信前来。相应将奉到谕旨恭录呈请咨呈总理各国事务衙门鉴核可也。

右咨呈总理各国事务衙门。

黑龙江将军衙门为所送钤印戳式存查事致呼兰理事同知文祺的札

同治二年九月

将军衙门为札覆遵行事。

兵司案呈：同治二年九月初七日据胡〔呼〕兰理事同知详称，前准兵司移开，遵奉堂谕，准照禀请发给戳式。遵即选觅得刻字匠人一名，照式当面镌刻同知关防木戳一颗、巡检图记木戳一颗，于是月二十八日一并造妥，随取具铺保、该刻字匠人姓名、年貌、籍贯暨不敢出外私造甘结一纸存卷，暨将图记木戳面发巡检陈炳收讫。兹于九月初二日钤用关防，理合将关防图记首颗式样并钤用日期备文申覆宪台查核，为此备由具申，伏乞照验施行。须至申者。等因详报前来。

除将送到钤印戳式存查外，相应札覆该同知，嗣遇本省内详报事件着即钤用，以凭信行。其未领到关防以前，设有越省拘缉出票事件，自毋得概行钤用，仍应随时禀明，听候指示遵办可也。须至札者。

右札胡〔呼〕兰理事同知文祺。

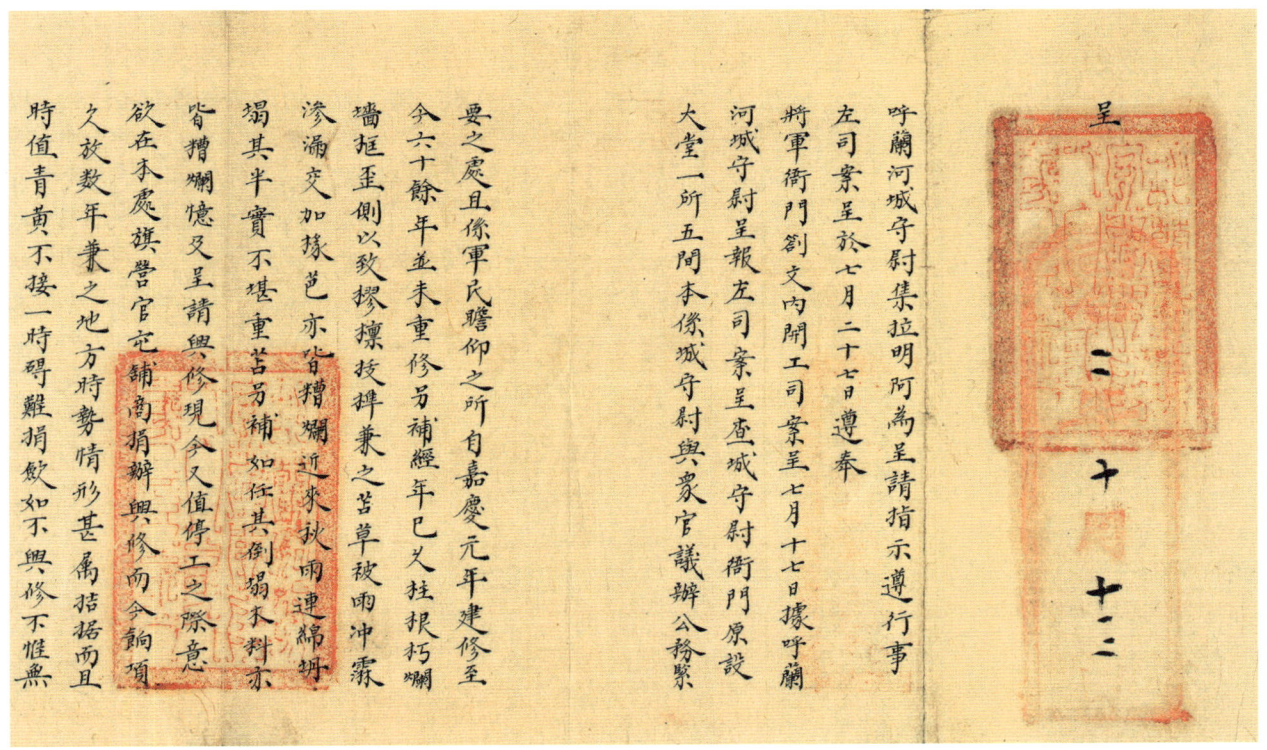

呼兰河城守尉集拉明阿为可否先行将衙门大堂工费造册呈报事致黑龙江将军衙门的呈

同治二年十月初七日

呼兰河城守尉集拉明阿为呈请指示遵行事。

左司案呈：于七月二十七日遵奉将军衙门札文内开，工司案呈，七月十七日据呼兰河城守尉呈报左司案呈，查城守尉衙门原设大堂一所五间，本系城守尉与众官议办公务紧要之处，且系军民瞻仰之所。自嘉庆元年建修至今六十余年并未重修另补，经年已久，柱根朽烂，墙框歪侧，以致檩椽拔榫，兼之苫草被雨冲霖，渗漏交加，椽芭亦皆糟烂。近来秋雨连绵，坍塌其半，实不堪重苫另补，如任其倒塌木料亦皆糟烂，忆及呈请兴修现今又值停工之际，意欲在本处旗营、官屯、铺商捐办兴修，而今饷项欠放数年，兼之地方时势情形甚属拮据，而且时值青黄不接，一时碍难捐敛。如不兴修不惟无办公之所，亦不镇压军民。据此，会同众官悉心筹商，于公有裨，派委佐领博通额、笔帖式等督同兵丁将旧砖木料拣出，如有不敷

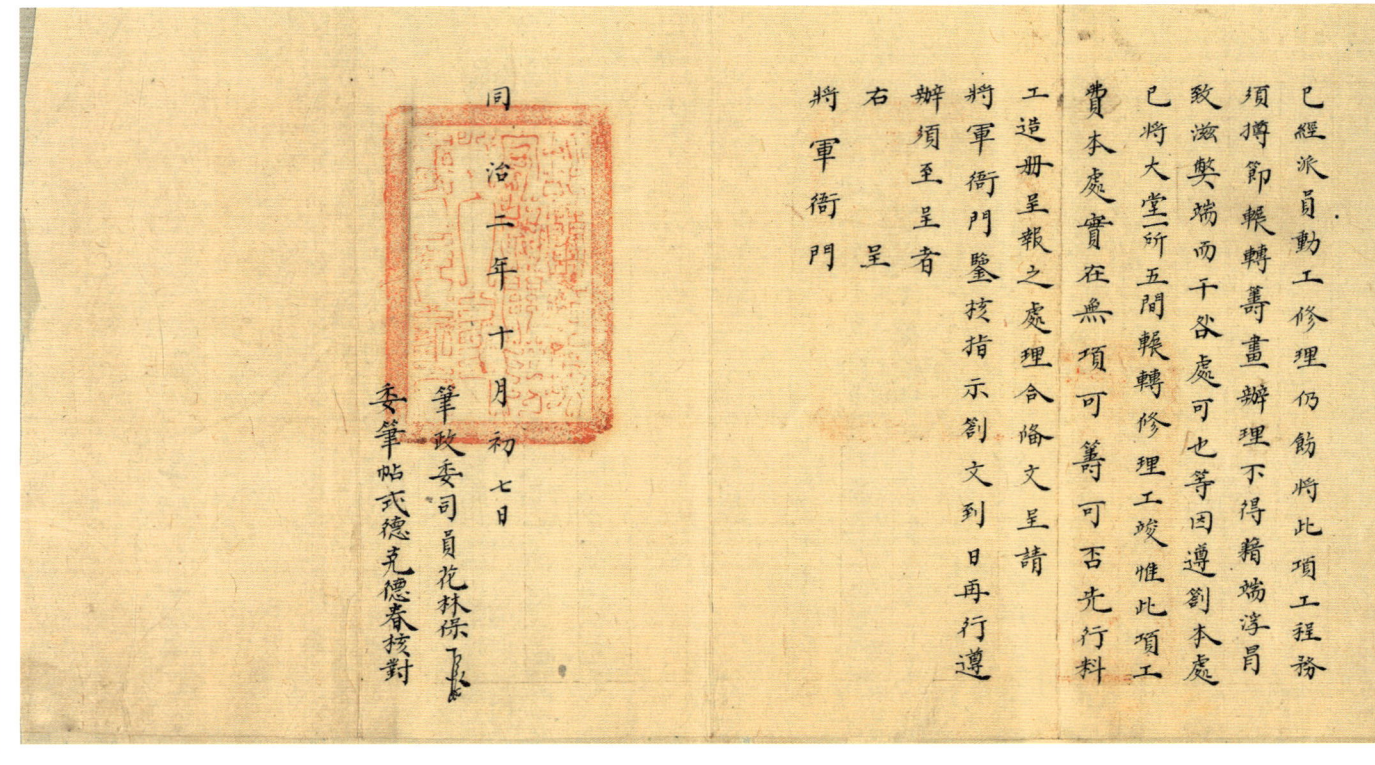

用，撙节购买砖木草苫等料加固兴修，所需添买砖灰木草等料一〔以〕及工费之资，暂由归公私垦地亩呈交小租项下动支，容俟工竣再将动支钱项数目逐一造具细册呈报，以备估销。至城守尉关防，暂移于衙门左近官学房，饬令印房司员、笔帖式并添派官兵严加看护。等情。相应一并呈报将军衙门鉴照施行。等因呈报前来。

　　查城守尉衙门大堂渗漏木料糟朽，不堪补修，系属奏案，惟今停工，该处大堂既非今岁届限不堪修补之工，应宜先行声请再为遵办，何竟率行派员拆毁，擅由私垦小租项下动支，已经兴工，该司员等实属不合之至。查现在通省内各项公所多有逾限不堪补修者，若皆仿照该处请动私垦之项酌拟兴修，岂敷应用。所请由私垦小租项下动支修工，著不准行，其私垦小租另有开销之处。至该衙门大堂既未预先声请奏明修办，亦不能报部开销，然该处已经派员动工修理，仍饬将此项工程务须撙节辗转筹画办理，不得籍端浮冒致滋弊端而干咎处可也。等因。遵札本处已将大堂一所五间辗转修理工竣，惟此项工费本处实在无项可筹，可否先行料工造册呈报之处，理合备文呈请将军衙门鉴核指示，札文到日再行遵办。须至呈者。

　　右呈将军衙门。

办公之所亦不镇压军民据此会同蒙官志心筹

高於公有砰派委佐领傅通额笔帖式等督同兵丁将旧砖木料拣出如有不敷用撙节购买砖木草邑等料加固兴修所需添买砖瓦木草等料一及工费之资暂由归公私垦地献呈交小租项下动支容俟工竣再将动支钱项数目逐一造具细册呈报以俗估销至城守尉阁防暂移于衙门左近官学房饬令印房司员笔帖式并添派官兵严加有护等情相应一併呈报

将军衙门鉴照施行等因呈报前来查城守尉衙门大堂渗漏木料糟朽不堪补修係属奏案惟今停工该处大堂既非今岁届限不堪补修之工应宜先行声请再为遵办何竟率行派员折毁擅由私垦小租项下动支已经兴工该司员等实属不合之至查现在通省内各项必所多有逾限不堪补修奇若皆仿照该处请动私垦之项胡拟兴修堂敷应用所请由私垦小租项下的动支修工著不准行其私垦小租

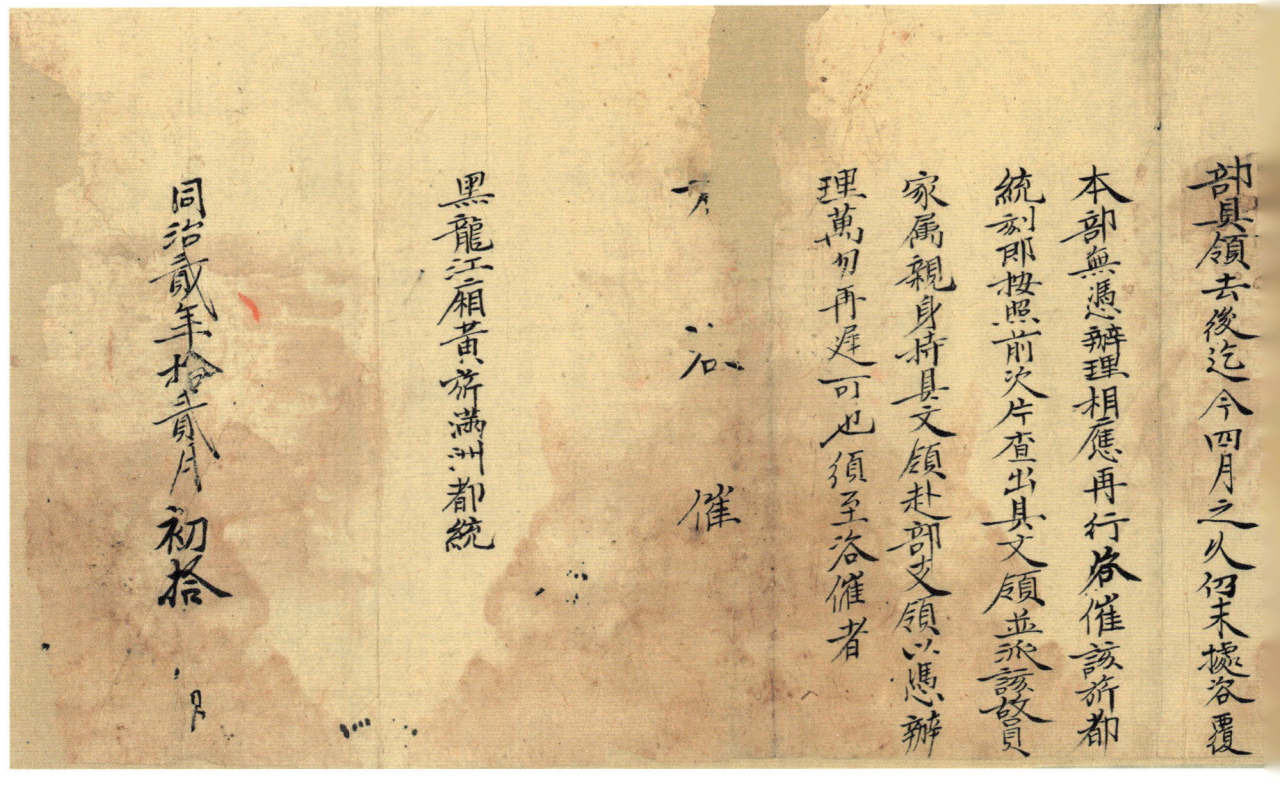

工部为出具文领派已故海全家属持文赴部支领葬碑银事致黑龙江镶黄旗满洲都统的咨催

同治二年十二月初十日

工部为再行咨催事。

屯田司案呈：前经礼部咨称，阵亡已革都统京口副都统海全葬碑银两咨行工部照例办理。等因。随经移咨兵部查取复□□后，嗣据查明片覆前来。

查已革都统京口副都统海全照一品官例应领葬碑银两曾经本部于八月内行文黑龙江厢〔镶〕黄旗满洲都统出具文领，转饬该故员家属赴部具领去后，迄今四月之久，仍未据咨覆，本部无凭办理。相应再行咨催该旗都统，刻即按照前次片查出具文领，并派该故员家属亲身持具文领赴部支领，以凭办理，万勿再迟可也。须至咨催者。

右咨催黑龙江厢〔镶〕黄旗满洲都统。

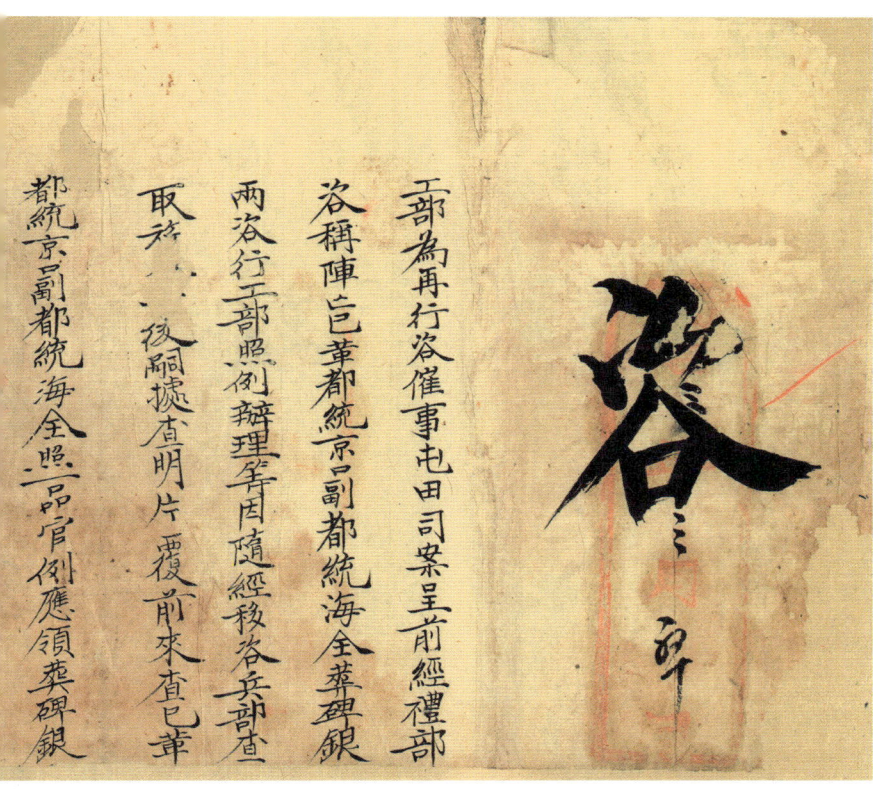

工部為再行咨催事屯田司案呈前經禮部

咨稱陣亡革都統京口副都統海全葬碑銀

兩咨行工部照例辦理等因隨經移咨兵部查

取袚……後嗣擥查明片覆前來查已革

都統京口副都統海全照二品官例應領葬碑銀

工部为应准修理宙字号仓房并将用过工料银两等造册送部事致黑龙江将军的咨

同治二年十二月十七日

工部为估报事。

营缮司案呈：准黑龙江将军咨称，据呼兰河城守尉呈报呼兰地方原设备仓房六十五所内，被风刮倒仓房九所内，上年报请见新修理六所，尚余被风刮倒仓房三所内，本年报销见新修理二所，尚余被风刮倒仓房一所，收藏仓谷□□□□所，本年所交粮石不敷收藏，应请将被风吹倒仓房一所见新修理，以备收藏。等因。请将被风吹倒宙字号仓房一所五间照旧见新修理，委骁骑校富勒珲估需工料银壹百拾叁两肆钱壹分捌厘，请在于本处库存银内动用造册呈报，覆派委署副总管事屯官叶布铿查核无异，惟此项仓房事关收藏交纳粮石，实不可缓之工，理合将该处造送估册报部，俟示覆到日再行转饬遵办。等因前来。

查呼兰河备仓房据黑龙江将军咨称，原设仓房六十五所内，被风刮倒九所内，上年报请修理见新六所，尚余被风刮倒仓房三所内，本年报修见新修理二所，尚余被风刮倒仓房一所，本年交粮不敷收藏，请将宙字号仓房一所五间照旧修盖，以备存粮，估需工料银壹百拾叁两肆钱壹分捌厘，请在于齐齐哈尔库存银内动用造册咨部示覆。等语。本部查前项仓房积储攸关，应如所咨，准其估办。除将送到估册存查外，相应移咨黑龙江将军转饬妥协修理，俟工竣之日将修过丈尺、做法、用过工料银两据实造具册结送部核销。至动支银款事隶户部，应咨户部核办可也。须至咨者。

右咨黑龙江将军。

黑龙江将军衙门为护送黑龙江阵亡官兵灵柩回旗之官兵沿途配给车马廪粮事致茂兴等站站官福增的札

同治二年

将军衙门为札饬遵行事。

兵司案呈：于本年五月三十日准兵部咨开，车驾司案呈，准钦差大臣官文咨称，前在孝感阵亡之记名副都统德克登额灵柩一副，派委黑龙江花翎领催即补防御委防御雅尔吉讷、齐齐哈尔蓝翎披甲委骁骑校凌寿、同德都统胞弟花翎即补防御委防御倭升额随带伤病兵丁，呼伦贝尔索伦正红旗西和勒岱佐领下披甲兰〔蓝〕翎巴彦图、布特哈厢〔镶〕黄旗精福佐领下披甲花翎额勒德木布、齐齐哈尔城正白旗富隆额佐领下披甲花翎即补骁骑校多伦太、正红旗吉勒杭阿佐领下披甲永恰布、正黄旗那苏巴图佐领下西丹兰〔蓝〕翎富庆、厢兰〔镶蓝〕旗巴杨阿佐领下西丹兰〔蓝〕翎托布等六名一同扶送回旗。惟德都统灵柩现次回旗安葬，沿途例应给夫十六名，随马四匹，又例有跟役二十四名，每五名合给驼马二匹，共驼马八匹八分，再获〔护〕送官三员、兵六名及跟役等应拨车六辆，请传知前途州县一体遵照应付。再即补防御雅尔吉讷俟护送到旗后仍回军营当差，除缮发传牌并移行经过沿途照例应付夫、马、车辆外，相应咨部查照。等因前来。

查咸丰七年本部奏明，遣撤官兵照凯旋例酌减应付，按每官二员给车一辆，兵丁六名给车一辆，均连跟役军装在内，官兵廪粮均各减半支给，其未经奏明咨回原处者，车辆、廪粮概不支给。等语。今该大臣咨称，护送阵亡之记名副都统德克登额灵柩回旗官三员、兵六名及跟役等拨车六辆之处，核与本部奏定章程不符。再查军营病故官员，武职游击以上，陆路给夫十六名、马四匹等语，今该病故副都统德克发〔登〕额灵柩回旗给夫十六名、马四匹，核与定例相符，其例有跟役二十四名，每五名合给驼马二匹之处，本部例无明文，碍难率准。相应由驲行文黑龙江将军转饬沿途各站一体查照可也。等因前来。查由湖北军营护送黑龙江阵亡记名副都统德克发〔登〕额灵柩回旗之官兵，相应遵照兵部奏明遣撤官兵凯旋例酌减应付，每官二员给车一辆，兵丁六名给车一辆，均连跟役军装在内，官兵廪粮均减半支给。其未经奏明咨回原处者，车辆廪粮概不支给。惟该记名副都统德克登额灵柩给夫十六名、马四匹，核与定例相符，其例有跟役二十四名，每五名合给驼马二匹之处，兵部例无明文，碍难率准。等语。呈请札饬茂兴等站站官福增遵照，转饬沿途各该站遵，俟此项官兵到时，即照依兵部酌减章程妥为应付可也。

右札茂兴等站站官福增准此。

黑龙江将军衙门为同知到任之先遇有新授巡检文件照与本处仓屯官之式办理事致呼兰城守尉的札
同治二年

将军衙门为札覆事。

兵司案呈：于六月二十二日据胡〔呼〕兰城守尉吉〔集〕拉明阿呈称，遵奉将军衙门札文内开，新授巡检陈炳于六月初九日到胡〔呼〕兰任所接任之处呈报外，查八旗佐领遇有详递左右司翼文件具名呈递，至巡检有应递报之公事，宜用何等字样？具名否？并城守尉衙门及左右司札其传文，再左右翼与其有移会之事用何等字样之处，谨请将军衙门指示遵行。等因呈递前来。详核该巡检本无与城守尉衙门及司翼行文之责，相应拟合札饬呼兰城守尉，俟其同知到任之先，遇有与之应行来往事件，即照城守尉衙门司翼与本处仓屯官行事之式办理可也。须至札者。

右札胡〔呼〕兰城守尉。

黑龙江将军衙门为奉旨简放同知、巡检兼办旗民交涉事张贴告示俾众悉知事致呼兰城守尉集拉明阿、理事同知文祺的札

同治二年

镇守黑龙江等处地方将军衙门为出示晓谕事。

兵司、开垦局会案呈：适奉将军堂谕，照得前因蒙古尔山等处开垦闲荒，招民日众，烟户渐繁，恐良莠不齐，奏准添设有司官员听断词讼、编立保甲、经征租赋，以资治理。兹奉旨简放同知、巡检已各到任，呼兰地本旗区所有旗民交涉案件同知例应兼办，旗民人等各宜守分循规，统听约束。该城守尉尤宜都率属员和衷共济，协力办公，不得意存歧视，致有掣肘。所属兵丁尤不得妄分畛域，恃有专辖，干犯藐视，自取谴尤。著即由该司颁发告示，在呼兰城乡张贴晓谕旗民人等，俾共知悉，并饬知该城守尉遵即严饬所属一体遵照，倘敢故违，定行重惩不贷。该同知亦宜都率巡检洁己办公，慎选书差，严防丁役，毋令滋事扰民。庶文武协恭交相为治，俾旗民乐业永享太平，本将军实有厚望焉。等因。奉谕，除将颁发告示由该城守尉衙门张贴城乡外，仍呈请札饬胡〔呼〕兰城守尉吉〔集〕拉明阿、新授理事同知文祺一体遵照可也。须至札者。

右札呼兰城守尉吉〔集〕拉明阿、新授理事同知文祺。

黑龙江将军衙门为城守尉、同知各职掌范围及会办案件行文字样事致呼兰城守尉集拉明阿、理事同知文祺的札

同治二年

将军衙门为札覆遵照事。

兵司、形〔刑〕司会案呈：本月初一日据呼兰城守尉吉〔集〕拉明阿呈称，遵奉札文内开，理事同知、巡检已经先后到任，嗣后遇有旗民交涉案件，应由城守尉衙门会同同知办理，其单民案件专归同知办理，单旗案件仍归城守尉办理。等语。惟请嗣后如有旗民交涉案件，或由城守尉衙门主稿，或由同知主稿。至城守尉衙门会同同知办理一切公事，该同知可否在司会办案呈，至城守尉衙门札该同知暨同知递报城守尉衙门文件用何等字样？具名否？再左右司与其有移会之事宜用何等字样之处，谨请指示遵行。等因呈报前来。

查呼兰地方议添理事同知折内，拟定专管民词及旗民交涉事件，与城守尉交相为治而设。续准吏部议覆内称，遇有旗民交涉事件，仍由城守尉会同审办。等语。原属文武各不相辖，虽城守尉系属三品武职，同知亦系五品文职，乃同系掌用关防人员，分管地方事务，既经议准会办案件，则往来公牍自应照议准章程咨行。兹据该城守尉声请同知可否在司会办案呈等语，亦未允协。令饬该城守尉、同知彼此行文均用咨行字样，毋庸列名。城守尉衙门、三司与同知移行事件均用移付字样，亦毋庸列名。遇有旗民交涉事件，核其案情，何属案情较重，即归何属主稿。至城守尉呈报事件，于咸丰十年始有案呈，同知虽设科房，向无案呈，此后会办案件应由该城守尉先派各该司掌记、司员等先行会审，该尉应行会同复审，其会详文内城守尉列衔于首，同知于次，仍将会审司员于文内声明，俾其各专责成，而期与原定体制相符。该员等嗣遇会办案件，亟宜和衷共济，秉公商断，务期同心合力，整饬地方，是为至要。等情。相应呈请札覆呼兰城守尉、同知文祺等一体遵照可也。须至札者。

右札胡〔呼〕兰城守尉吉〔集〕拉明阿、理事同知文祺。

黑龙江将军衙门为迅速张贴理事同知文祺于七月间到省赴任告示晓谕民众事致呼兰城守尉集拉明阿的札
同治二年

将军衙门为札行事。

兵司案呈：查理事同知文祺前于七月间到省饬即赴任，因恐该处街市、乡村军民人等未能周知，是以于八月十四日发给告示，饬令城守尉遵照张挂去讫。今据该同知禀称，到〔呼〕兰二十余日，未见张挂。等语。相应札行该尉于札到之日即将前发告示张挂城乡，晓谕旗民人等遵照循行，各听约束，不得再有稽延。仍将因何情形未经即时张挂之处着该城守尉据实声明呈报，以凭查办可也。须至札者。

右札呼兰城守尉吉〔集〕拉明阿。

黑龙江将军衙门为将团练用过火药裁除另报并将延迟承办各员职名查送事致呼兰河城守尉集拉明阿的札
同治二年

将军衙门为札饬遵办事。

工司案呈：据呼兰城守尉吉〔集〕拉明阿呈称，于正月二十三日遵奉将军衙门札开，工司案呈，正月初十日据呼兰城守尉吉〔集〕拉明阿呈称，去岁捕匪用过药、铅、火绳等项恐其碍难核销，拟定本处辗转筹办。现又奉派副管乌林布、佐领佛尔清阿等员带队捕匪，应用药、铅、火绳等项多广，本处实难筹办，因此将去岁捕匪用过药、铅、火绳等项先行核销，此次捕匪费用药、铅、火绳若干再行核销，以致延迟至今。再多用药、绳，因去岁捕匪兵团逐日演队俱放空枪，又备用饱枪每日清晨出放一次，并不用铅丸，以致多费药、绳。等情呈报前来。

查该处于十一年十二月间捕匪动用药、铅等项应宜随即呈报，以凭咨

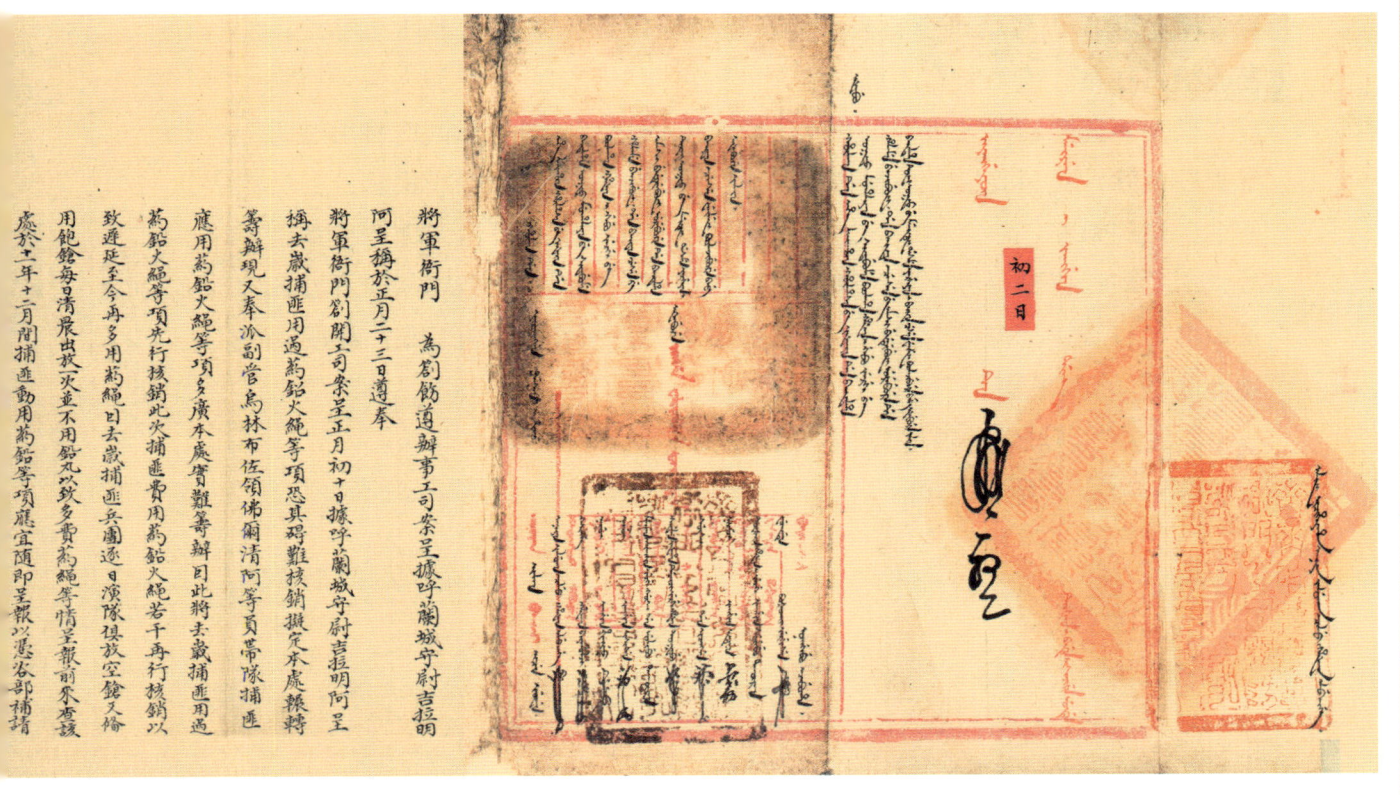

部补请而重要需为是，因何迟延一年之久，迨经年前三姓匪徒滋事始行补请核销，且多浮冒实属草率怠慢之至。应饬该城守尉即将从前该处官兵在阿里罕山前击匪究系用过药、铅等项若干务须按款着实查明，照数造具细册，并将击匪所获火药一篓究有若干、是否敷其已需之数，即著一并查明迅速呈报，以凭查核办理，毋得稍有浮冒，致干咎处。仍饬将积压一年之久并未呈请补领已需药、铅等项之承办官职名查取呈送以凭查办外，至该处随时团练以备捕匪所需火药等项，不准动用备存官药，倘有缓急或该匪有拒捕等情，方准动用备存官药等项，务将所需实数随即呈报，以凭查核而重要需。等因。据此，相应呈请札饬该城守尉遵照可也。须至札者。等因札饬前来。

当即遵查咸丰十一年冬间捕匪接仗在队逐日操练兵团队伍用过药、铅、火绳等项，按款分析造具细册呈请核销外，至查捕匪官兵，自同治元年三月间撤队回城后至十一月间，该左司图记事物均经屯官郭西布掌管承办，该员于同治元年十一月初二日病故后，于十二月间查出，呈请核销。今遵饬查，为此出具情形呈覆，以凭查办，相应一并呈报。等因前来。查团练兵丁西丹用过药、铅于去岁十一月初六日曾经指示，此非奏明团练碍难补请，续于正月二十一日复札令该处随时团练以备捕匪不准动用备存药、铅各在案。现乃又将团练用过火药数目开写册内并多增加火药一百余斤，任意率请开销，殊属不以札文为事，应请将原文册驳回，饬将用过团练火药裁除，另造妥确文册呈报外，至札取迟延呈报捕匪药、铅承办各员职名，该司率将已故之员职名查送希图搪塞了事，尤属不合，即令果系已故之员，该司岂无帮办之员，何得以故员推托，应再札饬务将从前承办各员职名另行查送，毋得含混，致干咎处。相应札饬城守尉吉〔集〕拉明阿遵办可也。须至札者。

右札呼兰河城守尉吉〔集〕拉明阿准此。

為繩等項應宜隨即呈報以憑咨部補請而重要需為是因何
遲延二年之久迨經年前三姓匪徒滋事始行補請核銷且多浮冒
實屬草率怠慢之至應飭該城守尉即將從前該處官兵在阿畢
罕山前擊匪究係用過鉛藥等項若干務須搜欵着實查明照
數造具細冊並將擊匪所獲火藥一簍究有若干是否敷甚需
之數即著一併查明迅速呈報以憑查核辦理毋得稍有浮冒欵
于各處仍飭將積壓二年之久並未呈請補領已需藥鉛等項
辦官職名查取呈送以憑查辦外至該處隨時團練以備捕匪所需
火藥等項不佳動用備存官藥尚有緩急或該匪有拒捕等情方

黑龙江将军衙门为饬令赔补咸丰十一年剿匪所亏药、铅等项事致呼兰河城守尉集拉明阿的札

同治二年

将军衙门为札饬遵行事。

工司案呈：于四月二十九日据呼兰城守尉吉〔集〕拉明阿呈报，于三月初六日遵奉将军衙门札开，工司案呈，正月初十日据呼兰城守尉吉〔集〕拉明阿呈称，去岁捕匪用过药、铅、火绳等项恐其碍难核销，拟定本处辗转筹办。现又奉派副管乌林布佐领佛尔清阿等员带队捕匪，应用药、铅、火绳等项多广，本处实难筹办，因此将去岁捕匪用过药、铅、火绳等项先行核销，此次捕匪费用药、铅、火绳若干再行核销，以致迟延至今。再多用药、绳因去岁捕匪兵团逐日演队俱放空枪，又备用饱枪每日清晨出放一次，并不用铅丸以致多费药、绳。等情呈报前来。

將軍衙門 為劄飭遵行事司案奏於二月二十九日據呼蘭城守尉吉拉明阿呈報於三月初六日遵奉

將軍衙門劉間工司案呈正月初十日據呼蘭城守尉吉拉明阿呈稱去歲捕匪用過鉛火繩等項恐其碍難核銷擬定本處輾轉籌辦現文奉派副管烏林布佐領佛爾清阿等員帶隊捕匪應用藥鉛火繩等項多廣本處實難籌辦因此將去歲捕匪用過藥鉛火繩等項先行核銷此次捕匪費用藥鉛火繩若干再行核銷以致遲延至今再多用藥繩因去歲捕匪兵團逐日演隊俱放空鎗久僅用飽鎗每日清最出放一次並不用鉛丸以致多費藥繩等情呈報前來查該處於十一年十二月間捕匪動用藥繩等項應即查明呈報以憑咨部補請而重要需為是因何遲延一年之久並未呈請補領已需藥鉛等項之家實屬草率急慢之至應飭該城守尉即將從前該處官兵在阿里罕山前擊匪究係用過藥鉛等項若干務須按欵著實查明照數造具細册並將擊匪所獲火藥一簍究有若干是否敷其餙之數即著一併查明迅速呈報以憑查核辦理毋得稍有浮冒于咎處仍飭將積壓一年之久並未呈請補領已需藥鉛等項隨時團練以備捕匪所需辦官職名查取呈送以憑查辦外至該處有拒捕等情方准動用倘存官藥項務將所需實數隨即呈報以憑查核而火藥等項不准動用倘存官藥項將所需實數隨即呈報以憑查核

實係無有呈送之職員是以呈請將軍衙門將此項呈請開銷之火藥一百四十八觔內以捕匪奪獲火藥一簍重二百餘觔抵補外寔虧火藥四十五觔十二兩情願本城捐賠務須抵補此請銷火藥之數以入俗存項內可否之處謹候指示到日再行遵辦理合俗文呈報

將軍衙門鑒核格外恩准施行等因呈報前來查此項藥鉛該處聲稱將捕匪所獲火藥一簍抵補動用俗存項下外仍欠火藥四十五觔十二兩情願如數賠補歸欵其承辦錯誤各員職名既經該尉呈請現無應送職官著暫從寬免其查送惟用過烘藥火繩鉛丸尚未聲明作何著落由此觀之該處辦司員等難免不無迴護意存蒙混寔屬草率之至著該尉嚴加申斥外仍著該員等將用過火藥烘藥鉛丸火繩撥項知數賠補毋得稍有短欠將此仍飭呼蘭城守尉吉拉明阿俗文申詳前來以憑查核可也須至劄者

右劄呼蘭河城守尉吉拉明阿准此

查该处于十一年十二月间捕匪动用药、绳等项应宜随即呈报，以凭咨部补请而重要需为是，因何迟延一年之久，迨经年前三姓匪徒滋事始行补请核销，且多浮冒，实属草率怠慢之至，应饬该城守尉即将从前该处官兵在阿里罕山前击匪究系用过药、铅等项若干，务须按款着实查明，照数造具细册，并将击匪所获火药一篓究有若干、是否敷其已需之数，即著一并查明迅速呈报，以凭查核办理，毋得稍有浮冒，致干咎处，仍饬将积压一年之久并未呈请补领已需药、铅等项之承办官职名查取呈送以凭查办外，至该处随时团练以备捕匪所需火药等项不准动用备存官药，倘有缓急或该匪有拒捕等情，方准动用备存官药等项，务将所需实数随即呈报，以凭查核而重要需。等因。据此，相应呈请札饬该城守尉遵照可也。须至札者。等因札饬前来。

当即遵查咸丰十一年冬间捕匪接仗在队逐日操练兵团队伍用过药、铅、火绳等项，按款分析，造具细册呈请核销外，至查捕匪官兵自同治元年三月间撤队回城后至十一月间，该左司图记事务均经屯官郭西布掌管承办，该员于同治元年十一月初二日病故后，于十二月间查出呈请核销，今遵饬查为此出具情形呈覆，以凭查办，相应一并呈报。等因前来。查团练兵丁西丹用过药、铅于去岁十一月初六日曾经指示，此非奏明团练碍难补请，续于正月二十一日复札，令该处随时团练以备捕匪，不准动用备存药、铅，各在案。现乃又将团练用过火药数目开写册内，并多增加火药一百余斤，任意率请开销，殊属不以札文为事，应请将原文册驳回，饬将用过团练火药裁除，另造妥确文册呈报外，至查取迟延呈报捕匪药、铅承办各员职名，该司率将已故之员职名查送，希图搪塞了事，尤属不合，即令果系已故之员，该司岂无帮办之员，何得以故员推托。应再札饬务将从前承办各员职名另行查送，毋得含混，致干咎处，相应札饬城守尉吉〔集〕拉明阿遵照可也。须至札者。等因札饬前来。遵即应将从前承办各员职名呈送，以备查核。惟因从前掌管左司之图记屯官郭西布现时病故，兼副管乌勒西图已经调用，再年满屯官依萨布候补京缺之间职，其余并无职官，实系无有呈送之职员。是以呈请将军衙门将此项呈请开销之火药一百四十八斤内，以捕匪夺获火药一篓重一百余斤抵补外，实亏火药四十五斤十二两，情愿本城描赔，务须抵补此项请销火药之数，以入备存项内，可否之处谨候指示到日再行遵办，理合备文呈报将军衙门鉴核格外恩准施行。等因呈报前来。

查此项药、铅该处声称将捕匪所获火药一篓抵补动用备存项下外，仍欠火药四十五斤十二两，情愿如数赔补归款，其承办错误各员职名既经该尉呈请，现无应送职官，著暂从宽免其查送。惟用过烘药、火绳、铅丸尚未声明作何著落，由此观之，该现办司员等难免不无回护，意存蒙混，实属草率之至。著该尉严加申斥外，仍著该员等将用过火药、烘药、铅丸、火绳按项如数赔补，毋得稍有短欠，将此仍饬呼兰城守尉吉〔集〕拉明阿备文申详前来，以凭查核可也。须至札者。

右札呼兰河城守尉吉〔集〕拉明阿准此。

黑龙江将军衙门为领取修船物料之官员骁骑校塔奇布患病由玉山接替请领事致盛京工部、盛京将军衙门等的咨、札
同治二年

镇守黑龙江等处地方将军衙门为咨覆事。

工司案呈：于同治二年六月初九日准盛京将军衙门来咨内开，右兵司案呈，本年五月二十九日据汉军左翼厢〔镶〕黄、正白旗协领移开，为移付事。据本翼厢〔镶〕黄旗佐领惠林、骁骑校郝士秀等呈称，为呈报事。据属界内庆来店执事人孙辉呈称，呈为报明北省差官在店偶患疯症，惊扰阖店不安，恳恩转详查验免受拖累事。昨于月之十五日有黑龙江五品顶戴官塔奇布带领跟役一名至身店内存住，至十九日该官命跟役人随本省差官北去，伊于二十四日晚饭时忽受疯症不晓人事，及身知至伊屋内瞧看，果然属实，近见病势愈觉猖狂，官差重大，日久恐有不测之非，兼系领麻、

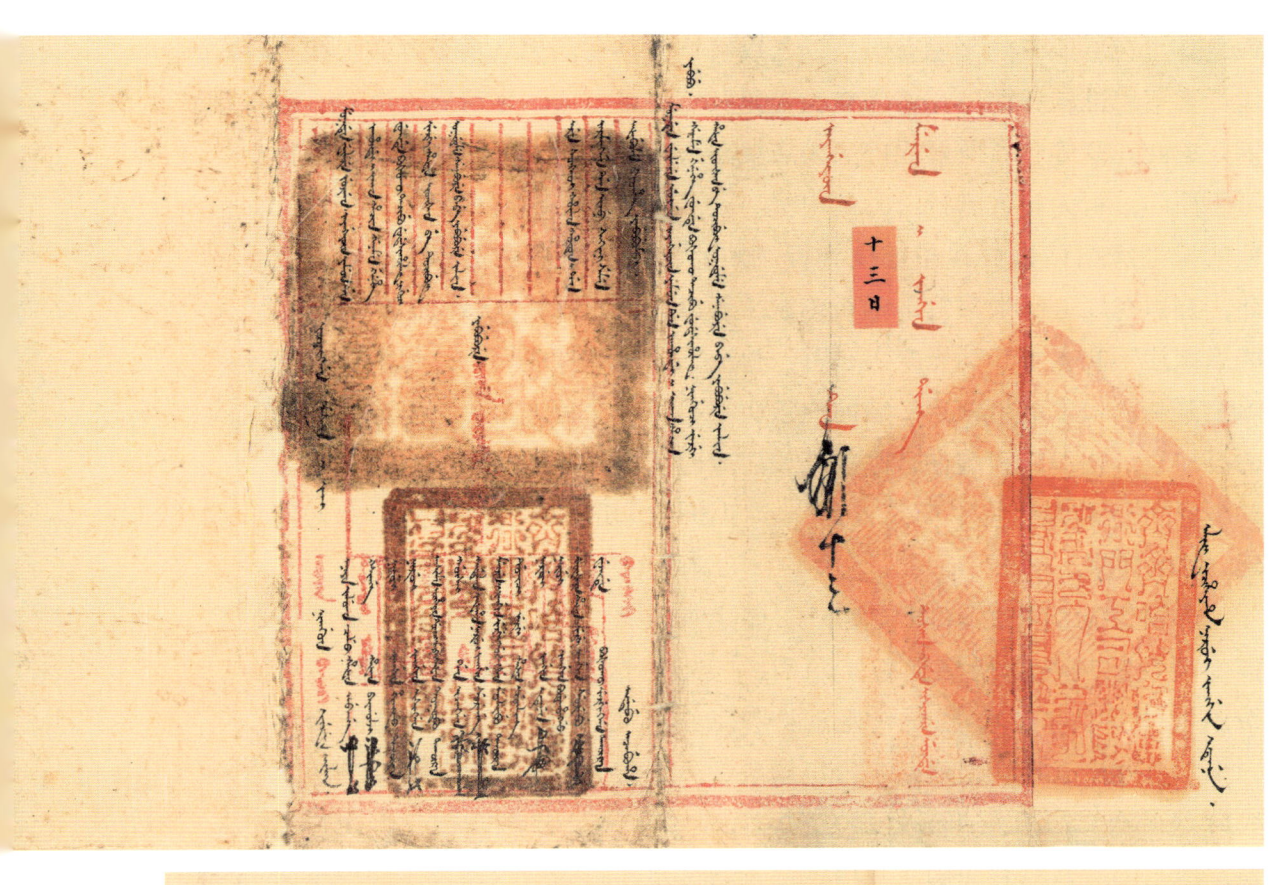

患瘋症不曉事体亦屬難令承差惟此項物料現在立待修造船工急需
難遲緩應即差冰六品官玉山帶同領催兵丁文票前赴
盛京接替俟前委員由部京工部領回桐油一千六百九十五觔由
盛京工部應領條鐵一千七百六十三觔十四兩三錢線蔴六百八十二觔八兩等
官物如前委員驍騎校塔奇布已將物料承領著玉山務湏点聽明確
照數接領倘塔奇布因患病尚未領齊即令玉山持文前詣
盛京工部照數領取其接胖物料差員返回應得車輛口票即照例發
給以期不誤船工要需再前委員塔奇布既染瘋症亦飭該差員六品官
玉山就便帶領並請轉飭各屬沿途驛站撥派兵丁輪督妥為照料旋回
之處相應咨行
右咨
盛京工部
盛京將軍衙門請煩查照外仍劄知呼蘭河城守尉吉拉明阿可也須至
咨者
右劄呼蘭河城守尉吉拉明阿准此

铁之差，在店倘有舛错恐有干系，是以将该差官在店患病情节据实报明，伏祈案下恩准转详衙门，希为查验，免其有干系与店，则感恩无暨矣。等情。据此，职等合将所属界内庆来店执事人孙辉所呈之缘由备文声明呈报协领衙门，祈为转详施行，为此申呈。须至呈者。等情。据此，合将该佐领所呈之缘由移付右兵司查核施行，为此合移。须至移呈者。等情。据此，查黑龙江五品顶戴官塔奇布奉派请领麻、铁，现在沈城庆来店存住，既患疯症不晓人事，又无亲人在左，自应饬县相验拨医调治，以期痊愈。除出派骁骑校常瑞带领兵四名前往该店小心看守而免滋事外，相应札饬承德县知县，遵即带领刑件官医前赴该店查验调治，迅速呈报，以凭核办。并由驿咨行黑龙江将军衙门查照，希即饬传该员家属来奉接回，幸勿稍延。等因前来。

查领取物料去之骁骑校塔奇布偶患疯症不晓事体亦属难令承差，惟此项物料现在立待修造船工急需，实难迟缓，应即差派六品官玉山带同领催、兵丁、文票前赴盛京接替从前委员，由都京工部领回桐油一千六百九十五斤，由盛京工部应领条铁一千七百六十三斤十四两三钱、线麻六百八十二斤八两，以重官物。如前委员骁骑校塔奇布已将物料承领，着玉山务须点验明确照数接领。倘塔奇布因患病尚未领齐，即令玉山持文前诣盛京工部照数领取，其接解物料差员返回应得车辆、口票希即照例发给，以期不误船工要需。再前委员塔奇布既染疯症亦饬该差员六品官玉山就便带领，并请转饬各属沿途驿站拨派兵丁轮替妥为照料旋回之处，相应咨行盛京工部并知会将军衙门请烦查照外，仍札知呼兰河城守尉吉〔集〕拉明阿可也。须至咨者。

右咨盛京工部、盛京将军衙门。

右札呼兰河城守尉吉〔集〕拉明阿准此。

致延船工有誤運送額粮應即輾轉預夫辦理現將本處備
存物料暫行借動以濟急需而重要工查此項補修運船十隻
共應需鐵二千七百六十三觔十四兩三錢油二千六百九十五觔蘇六
百八十二觔零八兩除將該處備存物料動夫外其不敷之桐油
四百八十三觔著候該委員領回物料經抵吉林船廠時截留應
用現仍虧短鐵八百十八觔暫由齊齊哈爾省城庫存備用鐵內
先行如數借墊發交承修官佐領廣音布領往應用以期無
誤船工暨運送額粮所有預支及暫行借動備存之項請候
應項勿料刊日卯數歸還原欸以實庫項而備要需等因據

黑龙江将军衙门为已将较兑相符原秤领回存库事致都京工部的咨

同治二年

镇守黑龙江等处地方将军衙门为咨报事。

工司案呈：于同治二年十月初二日准工部咨开，虞衡司案呈，准黑龙江将军特（普钦）咨称，准部咨，盛京工部运送黑龙江火药短少，数目不符。等因。今派委骁骑校哲尔精阿将官秤一分送往，以备查验较兑。俟该员携秤返回时仍需驼马票并出关隘及口米票，祈为转咨户、兵二部，照例发给。等因前来。查黑龙江委员骁骑校哲尔精阿将本部道光十八年颁发官秤解交到部查验较兑，本部当即眼同委员与库存秤砝较兑相符，并无舛

镇守黑龙江等处地方将军衙门　为咨报事工司案呈

於同治二年十月初二日准工部咨开虞衡司案呈准黑龙江将军咨称准部咨

盛京工部运送黑龙江火药短少数目不符等因令派委骁骑校哲尔精阿将官秤一分送往以俗查验较兑俟该员携秤返回时仍需驼马票并出关隘及口米票祈为转咨户兵二部照例发给等因前来查黑龙江委员骁骑校哲尔精阿将本部道光十八年颁发官秤解交到部查验较兑本部当即眼同委员与库存秤砝较兑相符并无舛错仍将原秤交给委员领回应用所需门票口票驼马及沿途需用口粮移咨户兵二部照例发给并咨行

盛京工部嗣后运送黑龙江火药铅丸等项按照本部领给黑龙江官秤为凭毋得再有短少该将军查收火药等项务须遴委

官员核实兑收以免舛错相应移咨黑龙江将军俟委员

错，仍将原秤交给委员领回应用。所需门票、口票、驼马及沿途需用口粮移咨户、兵二部照例发给，并咨行盛京工部嗣后运送黑龙江火药、铅丸等项按照本部颁给黑龙江官秤为凭，毋得再有短少。该将军查收火药等项务须遴委妥员核实兑收，以免舛轇。相应移咨黑龙江将军，俟委员领回收到之日报部查核可也。等因前来。

查本年四月间遵奉部咨，遴派骁骑校哲尔精阿解去官秤一分，奉部查验，较兑相符。仍将原秤交该委员哲尔精阿领回，已于七月十二日到省，经本衙门接收存库。据此，相应咨报大部查照可也。须至咨者。

右咨都京工部。

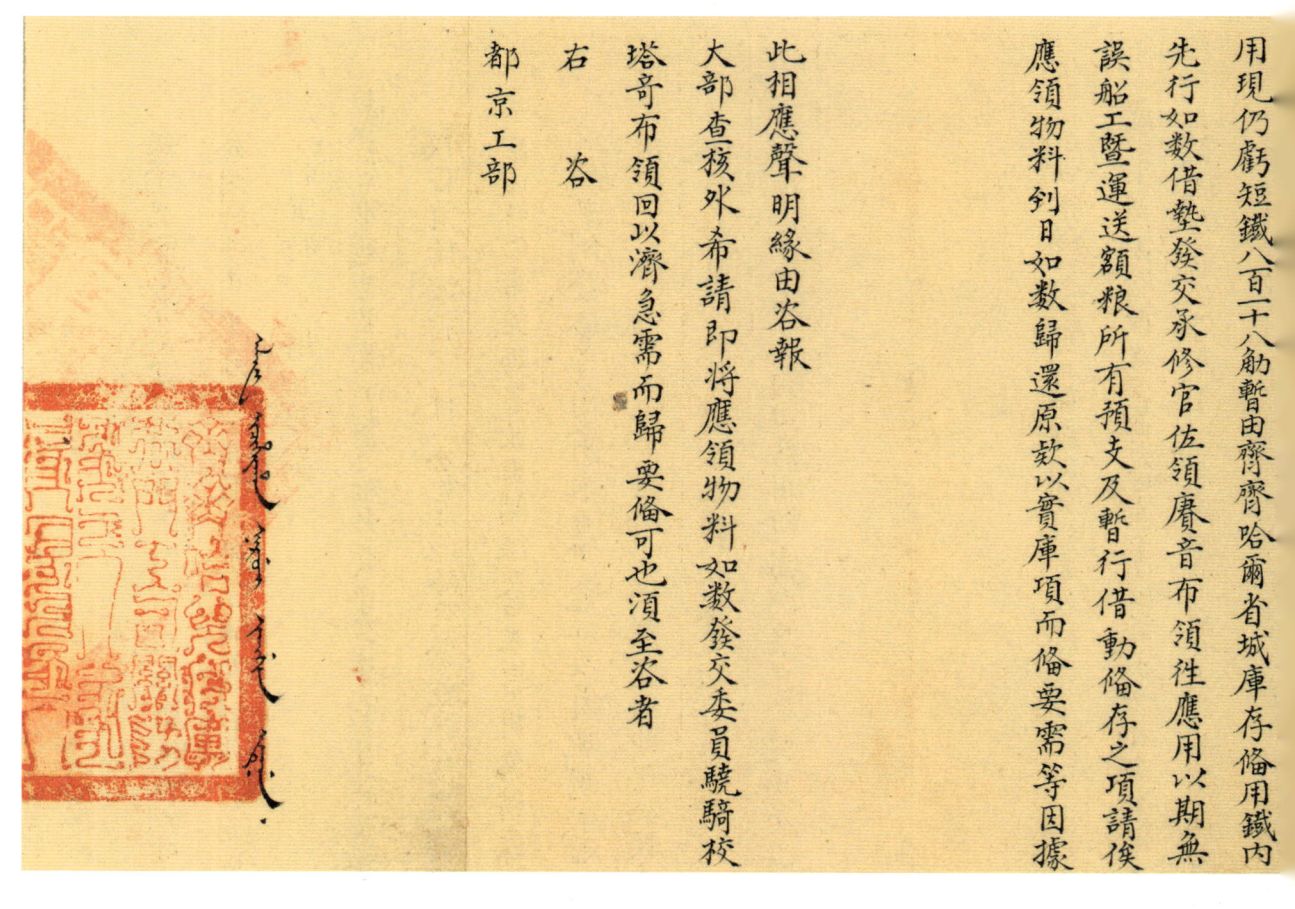

黑龙江将军衙门为请将补修船只物料发交委员塔奇布事致都京工部的咨

同治二年

镇守黑龙江等处地方将军衙门为咨报事。

工司案呈：查本衙门前遵部覆，将本年补修呼兰运船十只应请物料数目造具清、汉细册，出派委官李盛财等于上年十一月十二日赴部领取去后。旋于正月十九日，据该委官李盛财回称，中途遇匪被劫，未能前进。等情禀报前来。

查李盛财承差前往多日，据报中途被劫，率自旋回已属不应，且难保其中不另有规避别情。除由本衙门另行究讯查办外，随改派骁骑校塔奇布持文前赴大部请领在案。兹经本衙门奏明，于本年援照旧章运送粮石，惟镇守黑龙江等处地方将军衙门　为咨报事工司案呈查本衙门前遵部覆将本年补修呼兰运船十只应请物料数目造具清汉细册出派委官李盛财等於上年十一月十二日赴部领取後旋於正月十九日据该委官李盛财回称中途遇匪被刼未能前进等情禀报前来查李盛财承差前往多日据报中途被刼率自旋回已属不应且难保其中不另有规避别情除由本衙门另行究讯查办外随改派骁骑校塔奇布持文前赴

大部请领在案兹经本衙门奏明於本年援照旧章运送粮石惟因呼兰额船均届年限现待物料补修以资运用讵李盛财等中途被刼而回虽复改派委员往领物料尤恐需时致延船工有误运送额粮应即辗转预支办理现将本处备存物料暂行借动以济急需而重要工查此项补修运船十隻共惠需铁一千七百六十三斤一十四两三钱油一千六百九十五斤蔴六

因呼兰额船均届年限，现待物料补修，以资运用。讵李盛财等中途被劫而回，虽复改派委员往领物料，尤恐需时致延船工，有误运送额粮，应即辗转预支办理，现将本处备存物料暂行借动，以济急需而重要工。查此项补修运船十只共应需铁一千七百六十三斤一十四两三钱、油一千六百九十五斤、麻六百八十二斤零八两。除将该处备存物料动支外，其不敷之桐油四百八十三斤著俟该委员领回物料经抵吉林船厂时截留应用。现仍亏短铁八百一十八斤，暂由齐齐哈尔省城库存备用铁内先行如数借垫，发交承修官佐领赓音布领往应用，以期无误船工。暨运送额粮所有预支及暂行借动备存之项，请俟应领物料到日如数归还原款，以实库项而备要需。等因。据此相应声明缘由咨报大部查核外，希请即将应领物料如数发交委员骁骑校塔奇布领回，以济急需而归要备可也。须至咨者。

右咨都京工部。

盛京工部为照数发给齐齐哈尔、黑龙江等处同治二年操演所需药、铅等项事致黑龙江将军衙门的咨

同治三年正月二十六日

盛京工部为咨行事。

右清吏司案呈：准工部为咨行事。虞衡司案呈，准兵部咨称，准工部咨称，准黑龙江将军将齐齐哈尔、黑龙江等处请领同治二年分操演枪炮应用药、铅数目一案造册送部前来。应将原册移咨兵部，将册开操演枪炮应用药、铅等项数目是否相符、应否准其领用即行核明，同原册咨覆过部，以凭核办。等因。查齐齐哈尔、黑龙江等处请领同治二年分操演枪炮应用药、铅等项，本部核与历办成案相符，应准其领用。相应咨覆工部并将原册送回。等因前来。

查兵部咨，黑龙江、齐齐哈尔等处请领同治二年操演枪炮需用药、铅等项既经兵部核明相符准其请领。本部查册开共请领火药一万一千四百九十四斤十一两三钱、烘药一百五斤十二两五钱二分、九斤重铅子二十个、一斤二两重铅子八十五个、五两重铅子一百二十五个、四两四钱重铅子二个、四两重铅子二个、鸟枪二项铅子六万六千八百七十个、一两二钱重铅子五千四百个、白布宽一尺六寸长十丈一寸一分八厘、

火绳十八丈四尺五寸、麻一千四百八十四斤八两,按册核算应领数目相符。内除请领九斤重铅子二十个、一斤二两重铅子八十五个、五两重铅子一百二十五个、四两四钱重铅子二个、四两重二个,盛京工部库内无存,应付本部铅子库给发,盛京工部迅速派员赴部请领送往应用。其余应用火药等项移咨盛京工部照数发,毋任迟误,仍将给发数目、日期报部备查,并咨行黑龙江将军收到前项药、铅等项数目、日期报部备查可也。须至咨者。等因前来。查黑龙江等处应需火药等物,兹奉部文行令发给。等语。查火药一万一千四百九十四斤十一两三钱、烘药一百五斤十二两五钱二分、火绳十八丈四尺五寸、五两重铅丸一百二十五个、三钱及二钱八分重铅子六万六千八百七十个,再查同治元年分黑龙江操演枪炮应用九斤重铅丸二十个、一斤二两重铅丸八十五个、四两四钱重铅丸二个、四两重铅丸二个、一两二钱重铅丸五千四百个,业已派员赴部领回呈交存库,应一并札行铅子库发给白布宽一尺六寸长十丈一寸一分八厘、荷麻一千四百八十四斤八两,其同治二年分黑龙江操演枪炮应用九斤重铅丸二十个、一斤二两重铅丸八十五个、一两二钱重铅子五千四百个、四两四钱重铅丸二个、四两重铅丸二个,俟派员赴部领取到日再行运送。除札饬库使恩庆前往运送外,相应咨行吉林将军衙门照数接收之处咨覆本部,暨知照黑龙江将军衙门可也。须至咨者。

右咨黑龙江将军衙门。

理藩院为派员查勘喀尔喀、巴尔虎互争界址情形恭呈御览事的奏折

同治三年三月

奏为遵旨会议事。

同治三年三月十五日，据吉林将军景纶、黑龙江将军特普钦、库伦办事大臣文盛等会奏，派员查勘喀尔喀、巴尔虎互争界址情形，绘图呈览，请饬军机大臣、理藩院核议定断一折，奉旨：著仍交原议，王大臣会同该衙门妥议具奏，图并发。钦此。

臣等查景纶等原奏内称，派员赴该处带同两造人等由西巴尔台交界处所查起，按罗经方向履勘，三绿泡形势系由东北斜向西南，检查不独与咸丰八年咨奏内所引道光二十六、九等年案件并九年巴尔虎所递委员各图不符，且与雍正十二年旧图亦不相符。又巴尔虎所指之莫端哈沙图旧井基址，喀尔喀则指称该处为多伦胡都克。所指之阿鲁布拉克，喀尔喀则指称系胡鲁苏台。其东北十二里许土岗中碱水泡，巴尔虎指谓山泉旧址，喀尔喀则称系甘奇胡吉尔。至喀尔喀指称莫端哈沙图有井二眼，巴尔虎则称该处为特克胡都克。喀尔喀指称阿鲁布拉克正北半里许有土岗背阴渗流水泉，巴尔虎则指为敖奇布拉克。现查方向、里数与雍正十二年旧图、陈册多有不符。又查咸丰八年委员标记方向，系由中绿泡北面起向西北埋木，为莫端哈沙图标记，巴尔虎则指为胡拉依，该处无井。其标记之阿鲁布克拉克，巴尔虎则指名为威拉海，该处无泉。又查旧图粘签方向，莫端哈沙图在东绿泡之西北，而为界之处则实写在西绿泡之下。又旧图所绘之三绿泡系东西平列，现勘地址实系由东北斜向西南，以旧图方向核计既误，以东南为正南则移步换形，其方向似亦应转计。等语。臣等查景纶前次查勘地界时，委员埋改行标记莫端哈沙图等两卡伦处所，现在既据巴尔虎指称另有地名，且现查三绿泡斜向西南与旧图三绿泡平列方向不符，自系该将军前次未查明，确应即照现在查明方向核断。惟雍正十二年旧图粘签处所在东绿泡之西，而为界之处则又写在西绿泡下，本属两歧。现在巴尔虎、喀尔喀所指莫端哈沙图等两卡井泉处所，该两造既各指称另有地名，且与陈册所载里数不符，臣等未便遽行悬断。又查景纶等所绘新图，巴尔虎现

设之莫端哈沙图卡伦系由所指之碱水泡南湾向西北，喀尔喀所指之阿鲁布拉克卡伦系由山阴流泉处湾向西南，是此二地均为方向湾折处紧要关键。惟查喀尔喀章京那逊、梅楞根敦等向景纶供称，但云有泉地方是阿鲁布拉克，并未指为山泉。该王旗与特普钦文内则称，阿鲁布拉克谓为有山泉之处等语，亦未专指为山阴流泉。此次景纶等奏称，巴尔虎所指之周围土岗中有碱水泡，其中有无泉源并未详叙，如果有泉即停而不流，亦不得谓非山泉。又巴尔虎所指之碱水泡距所指之阿鲁布拉克地方东北十二里之遥，相距似属较远，是否实系该卡伦地方，亦须详查。又查雍正十二年陈图，该二卡伦系由中绿泡斜向西北，径抵音陈，并无湾曲。今巴尔虎现设卡伦与喀尔喀现指之旧有卡伦一则湾向西北，一则湾向西南，均系弓背，与旧图亦不符合。又巴尔虎现设二卡伦系由正西折向东北，仅止一湾，而喀尔喀所指之旧有二卡伦，一则由东南湾向西北折而向西，又由正西湾向西南复多添一湾折。又据现绘新图，喀尔喀所指之该二卡旧有界址偏向西北处，距绿泡太近，而直向正西及折向西南处太多，且转在库勒东北，与雍正十二年陈图直指西北径抵音陈之方向大相悬殊。又查新图粘签贴说内，委员标记之阿鲁布拉克已在标记之莫端哈沙图以西三十四里余，而喀尔喀现指之莫端哈沙图则又在委员标记之阿鲁布拉克以西，与委员标记之里数相距过远。喀尔喀与巴尔虎争界多年，所有井泉旧基方向及相距里数若干，自应深悉已久，何以于委员设立标记时并不指明更定，且屡次呈催欲照标记处所移设卡伦，至此次三省委员会勘时始将井泉旧基址〔指〕明，至与委员所立标记处所里数向不相符，其中实多疑窦。又新图内黄签所注于喀尔喀现指之莫端哈沙图井，但称为距委员标记处十八里，并未注明相距之标记处所系何卡伦殊未明晰。

以上各条均须详细查核。又据景纶等奏称，由该将军等按断，恐两造各疑为偏袒，请饬下臣等定断。惟臣等现指以上各条尚有应行详核之处，非亲历该处地方履勘，碍难于数千里以外悬揣定拟，相应请旨于盛京将军、副都统、五部侍郎内简派一人就近驰驿前往，会同景纶及各该处将军、大臣等率同两造人员亲行履勘，将景纶等原奏并所绘新图及臣等所指各条逐细勘明，以期事归核实。又查景纶等折内声称，据喀尔喀文称，该二卡伦系于乾隆四十七年挪移，检查陈案，乾隆四十七年喀尔喀控称，呼伦贝尔总管三保、将英等十卡挪移，嗣于四十八年经三保会同喀尔喀王桑齐多尔济等斟看地图，由卡界挖出旧设卡伦所埋记木，该贝勒多尔济将其所属人等全行收回，惟桑齐多尔济仍称阿鲁布拉克一卡有往外展占四五十里。等情。续于乾隆五十年间经将军恒秀查办时，喀尔喀人等自行报称并无挪移展占，桑齐多尔济词穷认诬，是该卡近年并无挪移已可概见，若谓当年之案为不足凭，何自断案以后相安已久，今事越一百余年，忽又欲翻前案，情节均难臆断。等语。臣等查该两造所指卡伦井泉之处，按之旧图陈册既无确切吻合凭据，自应以旧办案为凭。检查历次成案，乾隆五十年桑齐多尔济控案认诬以后，道光二十九年间托克托呼图鲁复行呈报，乌木克依布拉克等四卡有迁移情弊。而所属之台吉则供称，该郡王呈报虚妄，阿鲁布拉克等两卡伦亦无迁移。托克托呼图鲁亦称，亲往履勘，委无迁移，出具将来绝不翻案甘结，经前任黑龙江将军英隆拟结具奏。咸丰七年间轮应修理卡伦之年，托克托呼图鲁又以不干己事妄行牵扯，欲于哈勒浑河口建立鄂博后，再修莫端哈沙图等卡伦，挑唆参领达木定车林翻控，又恃符不遵传讯。据前任黑龙江将军奕山于咸丰七年十一月间奏请钦派大臣查办，经景纶奉派往勘，该将军于咸丰八年六月间奏称，查明喀尔喀图上并无年月，复将注载字迹涂抹，询据达木定车林供称，盟长贡楚克扎布带本旗扎萨克王亲勘，并无迁移，将卡伦照旧修理。其随同控告之台吉等供称，均受达木定车林唆使控告，此案原委实不知情。又据托克托呼图鲁供称，系英隆于二十九年查办时，勒令出具并无迁移卡伦甘结。等语。臣等查道光二十九年该郡王所具甘结，如果出自英隆抑勒，何以于咸丰八年查办时，所属之参领达木定车林尚向景纶供称，并无迁移，随同控告之台吉等又向景纶供称系受唆使并不知此案原委。至原任呼伦贝尔总管格尼音于景纶委员改立标记时亦曾出具甘结，何以又行翻控。上年四月间特普钦奏称，据格尼音供，系委员勒令具结。现据景纶等奏称，随同具结之巴尔虎总管巴凌声称，前具结时因恐委员回禀参办，乃同格尼音具结。等语。臣等查巴尔虎卡伦如果确无迁移，何以又恐委员等回禀参办，种种疑窦均须彻底清查，方昭核实。如奉旨照依臣等所议，应请旨饬下派出之员将旧案情节逐细查明，秉公核断，并由臣院将从前历节成案及现在景纶等奏折共二十二件，由库伦办事大臣照绘雍正十二年陈图及历次黑龙江吉林各将军奏呈界址各图共九件，一并捡齐另开清单，交派出之员逐细核对，务将新旧图册陈案与履勘该处地址方向参酌定议，应否以巴尔虎现有封堆为界，抑应以喀尔喀现有井泉之处另立界卡封堆，总期折衷至当，不可预存成见，以期两造心服，永息争端。至托克托呼图鲁前称音陈亦有挪移之处，既据景纶等查明系属狡执，应毋庸议。至所称莫〔墨〕尔根哈玛尔山之南音陈以北原有霍凯图、哈沙图两卡伦，并非由西巴尔台即直向莫〔墨〕尔根哈玛尔山安设莫端哈沙图二卡伦,且音陈、库勒中间又粘有分界之签。等语。既据该将军等查覆,明确此后音陈以北各卡伦均应以此次所定为准,如喀尔喀再有争执,应即毋庸查办,以杜狡执而息刁风。

臣等谨将盛京将军、副都统、五部侍郎衔名另缮清单,恭呈御览,伏乞钦简一员,以便亲往会同查办,所有臣等会议缘由是否有当,理合恭折覆奏,伏候圣裁,俟命下之日臣等敬谨遵行。再,此折系理藩院主稿,合并声明。为此,谨奏请旨。

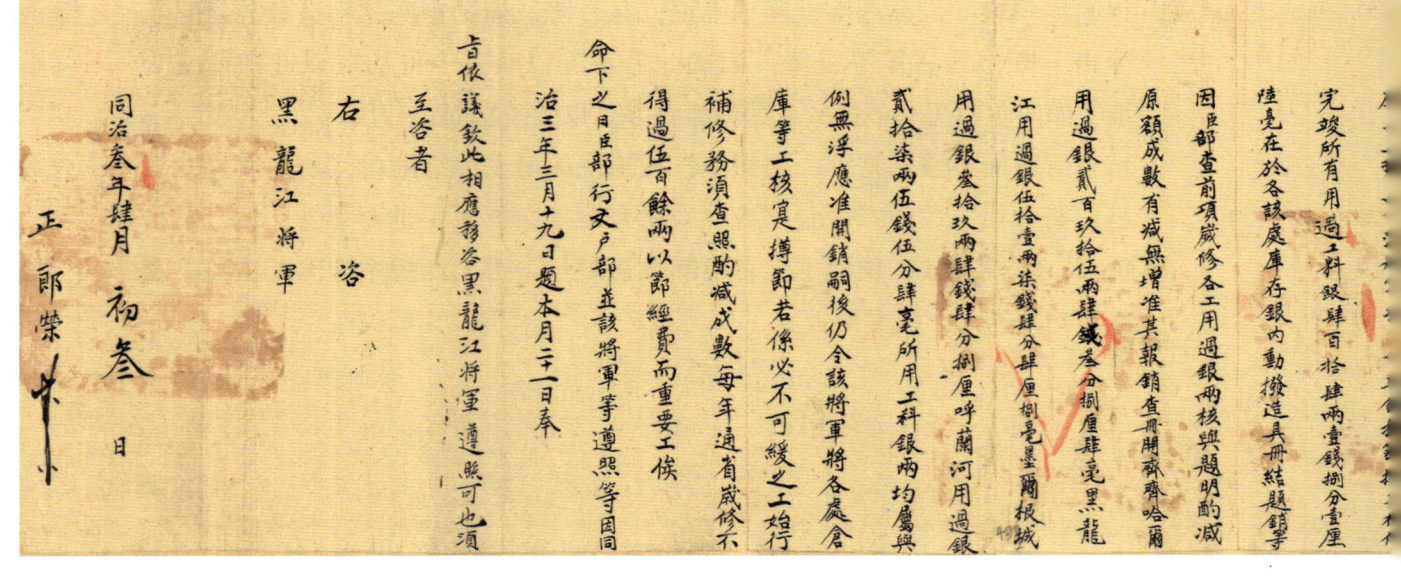

工部为齐齐哈尔等四处岁修仓库所用工料银两应准开销并嗣后兴修工程需减成数事致黑龙江将军的咨

同治三年四月初三日

工部为题销事。

营缮司案呈：本部具题内开，工科抄出该臣等查得黑龙江将军特（普钦）等疏称，同治二年分齐齐哈尔、黑龙江、莫〔墨〕尔根城、呼兰河等四处仓库等房实不可缓要工，今据各员将补修完竣用过物料、匠夫银共伍百拾柒两柒钱贰分柒厘内每两各减扣贰钱，计扣银壹百叁两伍钱肆分伍厘肆毫，实用银肆百拾肆两壹钱捌分壹厘陆毫造册呈报，复派协领等官查验相符。据该副统都〔都统〕等造具细册咨送前来，覆查无异，所需银两请在于各该处库存银内给发，除将册结咨送工部照例核销外，理合具题请销。等因前来。

查齐齐哈尔等四处岁修仓库等工，先经臣部于题销咸丰三年岁修案内，以现当款项支绌之际，嗣后应令该将军转饬暂行停止。旋据黑龙江将军以该省一切衙署、仓库等项公所皆系土筑草苫之工，兼之边地风多狂暴，若将岁修概行停止，不敷年间必致倾圮，再行修建需费浩繁。除衙署各项公所可缓之工暂行停止外，其仓库、监狱等工均属紧要，势难稍缓，

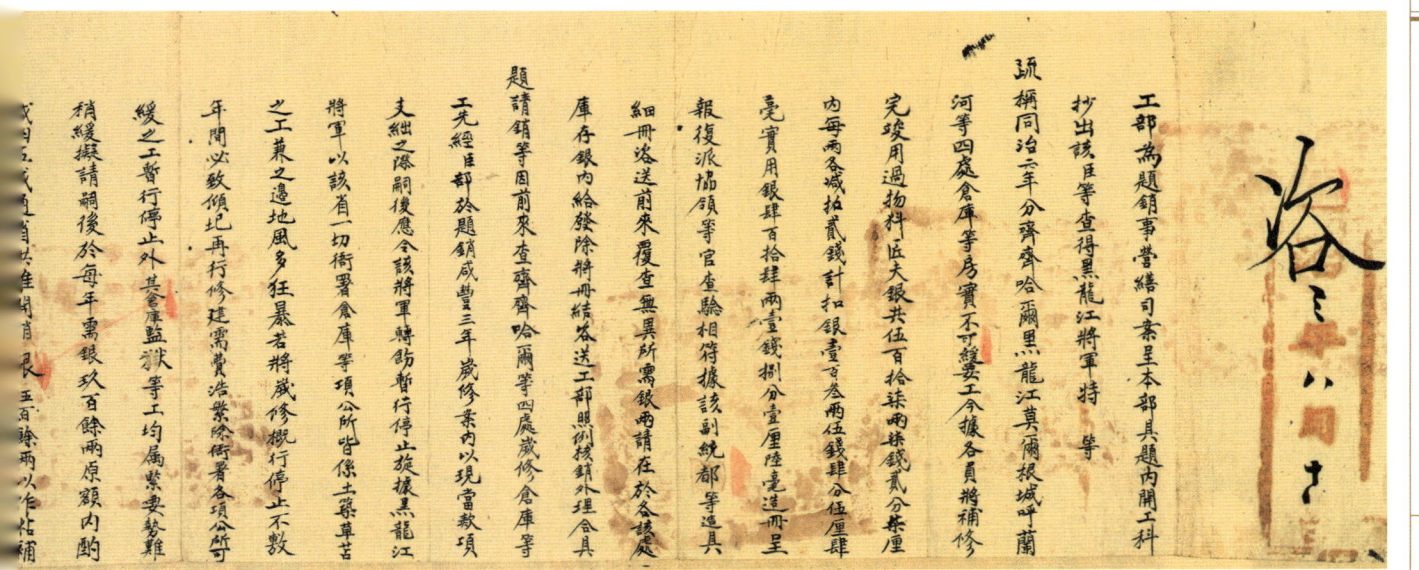

拟请嗣后于每年需银九百余两原额内酌减四五成，通省共准开销银五百余两以作粘补紧要工程之需，咨部核覆，当经臣部查系实在情形，准其办理在案。今同治二年分齐齐哈尔等四处仓库等工据黑龙江将军特（普钦）等转饬撙节择要补修完竣，所有用过工料银肆百拾肆两壹钱捌分壹厘陆毫在于各该处库存银内动拨，造具册结题销。等因。臣部查前项岁修各工用过银两核与题明酌减原额成数有减无增，准其报销。

查册开，齐齐哈尔用过银贰百玖拾伍两肆钱叁分捌厘肆毫，黑龙江用过银伍拾壹两柒钱肆分肆厘捌毫，墨尔根城用过银叁拾玖两肆钱肆分捌厘，呼兰河用过银贰拾柒两伍钱伍分肆毫，所用工料银两均属与列无浮，应准开销。嗣后仍令该将军将各处仓库等工核实撙节，若系必不可缓之工，始行补修，务须查照酌减成数，每年通省岁修不得过五百余两，以节经费而重要工。俟命下之日臣部行文户部并该将军等遵照。等因。同治三年三月十九日题，本月二十一日奉旨：依议。钦此。相应移咨黑龙江将军遵照可也。须至咨者。

右咨黑龙江将军。

呼兰河城守尉集拉明阿为造送年终治立牛犋银两清册事的呈

同治三年四月二十五日

呼兰河城守尉集拉明阿为汇报年终治立牛犋银两册籍事。

旧管：原设借给不能治立牛犋兵丁等银三千两，同治元年间呈报，将军衙门核销册内库内存银九两五钱，尚未扣完银二千七百一十六两五钱，头次出征停扣银十二两，二次出征停扣银八十八两，三次出征停扣银一百五十四两，四次出征停扣银八两，七次出征停扣银十二两。

新收：二年春季借给停止尚未扣完二次出征撤回披甲舒通保、德依亮、吉良保、常春保等名下尚未扣完一季银四两，于九年春季扣完。三年春季借给停止尚未扣完三次出征撤回披甲哈英阿、富德依、富尼善等名下尚未扣完一季银三两，于九年春间一季扣完。二年春季借给停止尚未扣完二次出征撤回披甲富色布名下尚未扣完二季银二两，于九年春秋二季扣完。

二年春季借给停止尚未扣完二次出征撤回披甲巴哈布名下尚未扣完三季银内，于九年春秋二季扣银二两。咸丰二年春季借给停止尚未扣完二次出征撤回披甲得胜保名下尚未扣完四季银内，于九年春秋二季扣银二两。二年春季借给停止尚未扣完三次出征撤回领催富崇阿、披甲关凌阿、富亮阿、庆玉、福顺等名下尚未扣完二季银十两，于九年春秋二季扣完。三年春季借给停止尚未扣完三次出征撤回披甲双福、福顺、托克通阿、依三保等名下尚未扣完四季银内，于九年春秋二季扣银八两。元年春季借给停止尚未扣完二次出征撤回披甲胜景阿名下尚未扣完三季银内，于九年春秋二季扣银二两。二年春季借给停止尚未扣完三次出征撤回披甲奇克兴阿名下尚未扣完三季银内，于九年春秋二季扣银二两。元年春季借给停止尚未扣完二次出征撤回披甲佛隆阿名下尚未扣完四季银内，于九年春秋二季扣银二两。元年春季借给停止尚未扣完三次出征撤回披甲巴尔当阿、达哈布等名下尚未扣完二季银四两，于九年春秋二季扣完。三年春季借给停止尚未扣完三次出征撤回披甲卓凌阿名下尚未扣完六季银内，于九年春秋二季扣银二两。五年春季借给尚未扣完一季银一百一十七两七钱五分，于九年春间一季扣完。六年春季借给尚未扣完三季银三百一十七两二钱五分内，除八次出征去之披甲巴尔吉春、赓音保等名下停扣三季银六两，其余三百一十一两二钱五分于九年春秋二季扣银二百零七两五钱，尚未扣完一季银一百零三两七钱五分。七年春季借给尚未扣完五季银五百七十两内，除八次出征去之披甲阿勒吉春名下停扣五季银五两，其余银五百六十五两于九年春秋二季扣银二百二十六两，尚未扣完三季银三百三十九两。八年春季借给尚未扣完七季银七百八十七两五钱，于九年春秋二季扣银二百二十五两，尚未扣完五季银五百六十二五钱。九年春季借给银九百二十四两，于九年秋间一季扣银一百一十五两五钱，尚未扣完七季银八百零八两五钱。

以上旧管、新收银九百四十四两二钱五分。

销开：咸丰十年春季借给银九百三十六两，实有库内现存银八两二钱五分，尚未扣完银二千七百四十九两七钱五分。头次出征停扣银十二两，二次出征停扣银七十四两，三次出征停扣银一百二十五两，四次出征停扣银八两，七次出征停扣银十二两，八次出征停扣银十一两。

呼兰河城守尉集拉明阿为呈报咸丰十年春季借给治立牛犋银两、兵丁等旗佐花名册事的呈

同治三年四月二十五日

呼兰河城守尉集拉明阿为呈报册籍事。

谨将咸丰十年春季借给治立牛犋银两、兵丁等旗佐花名暨银两数目开列于后：

厢〔镶〕黄旗佛尔清阿佐领下披甲尼克通阿、彭寿、丰绅布、太分布、珠尔当阿、西隆德、色普清阿、齐普通阿、德崇阿、来成阿、纳清阿、法富隆阿、闲散富尔通阿、杨保等十四名，每名按八两核计，借给银一百一十二两。

正黄旗博通额佐领下讷恩德善、太分布、德克、德春、巴克清阿、依萨布、乌凌阿、海山明、安保、朱洪阿、寿德、闲散台尚阿、甚思秀明、扎楞阿等十〔四〕名，每名按八两核计，借给银一百一十二两。

正白旗恩特恒额佐领下刘成保、色普真、布珠尔苏布、塔克西布、李春禄、富成阿、胜精阿、富色布、尼克布、顺昌、双寿、金升阿、珠春保、全成阿等十四名，每名按八两核计，借给银一百一十二两。

正红旗明通阿佐领下闲散勒魁、托普散、幼丁托克通武、色普真、布德依亮、德普清额、桂春、乌勒西、苏成明、德依海、七十八、德尔锦布、郭勒敏布、德春等十四名，每名按八两核计，借给银一百一十二两。

厢〔镶〕白旗依尔清阿佐领下披甲德明阿、万德依、七十九、寿福、穆力善、奇世布、卓林泰、成山、德新保、齐凌阿、富森布、万布全、幼丁周保、井德禄等十四名，每名按八两核计，借给银一百一十二两。

厢〔镶〕红旗乌绷额佐领下披甲倭里布、依铿额、依吉斯珲、依铿阿、依兴阿、双喜、富喜、蓬尔强阿、富森布、诺霍吉、闲散恩特恒额、胡松阿、福庆、幼丁巴音仓等十四名，每名按八两核计，借给银一百一十二两。

正蓝旗赓音布佐领下披甲格通阿、巴彦扎拉、明庆保、依勒珲保、杨金保、富兴阿、苏隆阿、巴尔当阿、乌绷阿、富色布、幼丁索保住、富里善、色克精阿、才明保等十四名，每名按八两核计，借给银一百一十二两。

厢〔镶〕蓝旗福寿佐领下披甲成寿、网林、额勒和布、来丰阿、双福、阿尔唐阿、富凌阿、祥钦保、吴平、常喜、永林、德尔吉春、倭克吉布等十三名，每名按八两核计，借给银一百零四两。

水师营水手褚根喜、王平安、聂高杰、聂明海、孙广海、王索来、王寿等七名，每名八两核计，借给银五十六两。

以上缺牛人等一百一十八两〔名〕，每名按八两核计，借给银九百四十四两。须至呈者。

呼兰河城守尉集拉明阿为汇报年终各项借银册籍事致黑龙江将军衙门的呈

同治三年四月二十五日

呼兰河城守尉集拉明阿为汇报年终各项借银册籍事。

旧管：官差红白事借银三千两，同治元年五月间库内实存银一千六百零八两七钱五分，尚未扣完银一千二百八十五两。四年出征停扣银六十两零七钱五分，四次出征停扣银十九两，七次出征停扣银二十八两五钱，一项河南出征兵丁名下停扣。

咸丰三年春季借给尚未扣完四季银八十一两七钱五分内，将由军营撤回二次出征去之披甲佛尔洪武、博寿、刘住尔等名下尚未扣完一季银二两二钱五分，于九年春间一季扣完。四年春季借给尚未扣完四季银三十五两二钱五分内，将由军营撤回三次出征去之披甲卧勒吉布、全德、富亮阿、舒明阿、双新保等名下尚未扣完一季银四两二钱五分，于九年春间一季扣完。二年秋季借给尚未扣完四季银五十六两内，将由军营撤回二次出征去之披甲胜精阿名下尚未扣完一季银一两，于九年春间一季扣完。三年春季借给尚未扣完四季银七十五两内，将由军营撤回二次出征去之披甲胜精阿名下尚未扣完二季银一两，于九年春秋二季扣完。五年秋季借给尚未扣完四季银二十两零五钱内，将由军营撤回四次出征去之披甲扎普山名下尚未扣完一季银七钱五分，于九年春间一季扣完。二年春季借给尚未扣完四季银十八两内，将由军营撤回二次出征去之披甲德林保名下尚未扣完一季银五钱，于九年春间一季扣完。三年春季借给尚未扣完四季银七十三两五钱内，将由军营撤回二次出征去之披甲德林保名下尚未扣完三季银一两五钱，于九年春秋二季扣银一两，尚未扣完一季银五钱。二年秋季借给尚未扣完四季银五十四两内，将由军营撤回二次出征去之披甲佛隆阿名下尚未扣完二季银四两，于九年春秋二季扣完。三年春季借给尚未扣完四季银二十四两二钱五分内，将由军营撤回三次出征去之披甲孤色和布、巴尔当阿等名下尚未扣完一季银一两二钱五分，于九年春间一季扣完。四年春季借给尚未扣完四季银二十二两五钱内，将由军营撤回三次出征去之披甲巴尔当阿名下尚未扣完三季银三两，于九年春秋二季扣银二两，尚未扣完一季银一两。咸丰七年春季借给尚未扣完一季银三百一十九两七钱五分内，除出征去之披甲乌尔恭阿、富成阿、西保、郭希布、西彦保、佛尼音保、托隆阿、库克吉布、德珠、善巴尔、吉春、富森布、常深保、喜林、巴杨阿、良顺、赓音保等名下尚未扣完一季银十六两，其余银三百零三两七钱五分，于九年春间一季扣完。七年秋季借给尚未扣完二季银一百八十一两内，除出征去之披甲鸦尔吉善名下尚未扣完二季银五钱，其余银一百八十两零五钱于九年春间一季扣银九十两零二钱五分，其余一季银九十两零二钱五分内，除出征去之披甲乌勒新保、全福等名下尚未扣完一季银五钱，其余一季银八十九两七钱五分于九年秋间一季扣完。八年秋季借给尚未扣完三季银七百七十九两二钱五分内，除出征去之骁骑校西成阿、披甲舒明阿、德里布、巴彦泰、鸦尔洪阿、色克精阿、额林布、明山保、李春禄、富成阿、鸦尔吉善、萨普、西图万、明西保、胡凌阿、郭希布、西彦保、丁福、富隆阿、佛尼音保、托隆阿、库克吉布、德珠善、巴尔吉春、常深保、乌常保、喜临、富庆阿、阿勒吉春等名下尚未扣完三季银一百二十二两二钱五分，其余三季银六百六十两内，除九年春间一季扣银二百二十两，其余二季银四百四十两内，除出征去之披甲乌尔新保、卓兴阿、全福等名下尚未扣完二季银七两五钱，其余二季银四百三十二两五钱内，于九年秋间一季扣银二百一十五两二钱五分，尚未扣完一季银二百一十六两二钱五分，停扣尚未扣完银一百四十两零五钱。

以上新收银九百三十六两，尚未扣完银二百一十六两七钱五分。

销开：自咸丰八年八月初一日起至九年正月三十日止，派往与三姓连界卡伦去之领催诺凌阿、乌勒西苏等二名，每名按月二两，披甲乌勒新布、讷钦保、富尔通阿、富顺、关凌阿、富良阿、舒通保、关保、德福、蒙卧力图、富克锦保、额尔德穆图等十二名，每名按月一两五钱，核计借给两月银四十四两。派往弩敏卡伦去之披甲郭勒明阿、乌尔古图、格通阿、泰尚阿、阿常阿、扎普山、富凌阿、乌林泰、色通阿、春明阿等十名，每名按一两五钱，核计借给银十五两。自八年八月初一日起至九年正月三十日止，派察松花江河道去之佐领奈明阿、恩骑尉班住尔等每员六两，披甲乌林泰、德兴阿、德胜、秀明、富森布、勒丰阿、舒明阿、塔克西布、增福、亮福、色楞图、吉良保、杨金保、玛福、郭勒敏布、乌通阿等十六名，每名按月一两五钱，核计借给两月银六十两。派往库木讷城湍河西岸驻防鄂〔俄〕罗斯踪迹卡伦去之恩骑尉乌勒兴阿、霍尔乡阿等员六两，领催依齐朗、依能尼等每名四两，披甲珠勒新保、乌凌额、卓兴阿、来喜、德尔吉布、萨林布、和色布、都庆阿、巴彦扎拉、吉勒丰阿、富尼善、常春保等十二名，每名按月一两五钱，核计两月银五十六两。派往赴京领取船只物料去之骁骑校阿克占保二十两，披甲常新保、寿德等二名，每名十两，水手褚根喜、王全来、王祯亮、聂常财、毕文亮、王德海、王索来、王德安、王义庆、聂广、李广海、李明、聂春喜、李春祯、陈全海、陈万顺、陈万智、王德金等十八名，每名按六两，核计借给银一百四十八两。差送贡鱼、野鸡去之披甲巴杨阿、德新保、富克吉布、依朗阿、色克精阿、顺常、刘成保、德福、色普清额等九名，每名按一两，核计借给银九两。派往齐齐哈尔解送犯人去之领催海隆阿，披甲巴尔通阿、亮福、安成、苏奇纳、巴达山、乌绷阿、富喜、富兴阿等九名，每名按一两，核计借给银九两。派往齐齐哈尔呈送箭杆去之披甲讷音布、依克坦布、乌凌阿、富森布、依春保等五名，每名按一两，核计借给银五两。领催红、白事七项，每项按六两，核计借给银四十二两。披甲红、白事九项，每项按四两，核计借给银三十六两。匠役、水手红、白事七项，每项按二两，核计借给银十四两。

　　以上共借给银四百三十八两内，八次出征去之官兵等名下停扣四季银三两，其余四季银四百三十五两，于九年春间一季扣银一百零八两七钱五分，其余三季银三百二十六两二钱五分内，除九次出征去之披甲卓兴阿名下尚未扣完三季银二两二钱五分，其余三季银三百二十四两内，秋间一季扣银一百零八两，尚未扣完二季银二百一十六两。

　　自九年二月起至七月二十九日止，派往与三姓连界卡伦去之领催富崇阿、额尔德恩等二名，每名按月二两，披甲巴里布、德胜保、巴克唐阿、春升阿、孝顺、布秀英、敦吉、德依亮、穆力善、西保、乌通阿、依勒珲保等十二名，每名按月一两五钱，核计借给两月银四十四两。派往弩敏卡伦去之披甲佛尔洪武、西凌额、卓林泰、永山、倭力善、穆力善、依吉斯珲、依铿阿、乌通阿、格布春等十名，每名按一两五钱，核计借给银十五两。自九年二月起至七月二十九日止，派察松花江河道去之骁骑校图瓦强阿、恩骑尉班住尔等每员六两，披甲富庆阿、泰分布、常新保、德崇阿、西凌额、色克精额、勒魁、鸦哈赉、安成、乌尔古图、富林布、杨金保、扎普山、乌凌阿、郭烈、明山等十六名，每名按月一两五钱，核计借给两月银六十两。派往库木讷城湍河西岸驻防鄂〔俄〕罗斯卡伦去之骁骑校富勒珲、恩骑尉乌勒兴阿等每员六两，领催乌能尼、都凌阿等每名四两，披甲泥克通阿、德崇阿、西凌额、色克精额、寿德、安成、富克金保、巴尔当阿、阿尔唐阿、彭寿、来成阿、富亮武等十二名，每名按月一两五钱，核计借给两月银五十六两。派往巡察巴兰河去之领催依能尼、扎克桑阿，披甲阿尔苏朗、富顺、同春、卓凌阿等六名，每名按月一两五钱，核计借给银十八两。派往巡察舒勒和河去之领催依齐朗、胡常，披甲寿福、佛尔洪武、来成阿、富亮武等六名，每名按月一两五钱，核计借给银十八两。派往巡察讷敏河去之领催扎克当阿、富尔松阿，披甲成明、德依亮、讷音布、成寿等六名，每名按月一两五钱，核计借给银十八两。派往巡察依吉密河去之领催绰哈纳、库克精阿，披甲佛尔洪武、全成阿、富森布、依铿阿等六名，每名按月一两五钱，核计借给银十八两。派往吉林放运果松、桄木去之披甲蓝翎孤色和布、披甲吉勒通阿、亮福、哈英阿、佛尔洪武等五名，每名按八两，核计借给银四十两。派往砍伐箭杆去之披甲扎克达苶、同春，弓匠二贵、全寿、全成阿、同仓、色克锦布、丁朗、双喜、阿尔唐阿等十名，每名按二两，核计借给银二十两。差派放运笺条去之领催常春，披甲德常阿、明安保、刘成保、成明、安成、拜塔布、依勒珲保、成寿、巴克唐阿、珠勒新保、永山等十二名，每名按二两，核计借给银二十四两。差派搜山巡察贼匪去之领催库克精阿，披甲德胜保、双虎、文哲善、卓林泰、扎普山、富尼善、卧尔通阿等六名，每名按三两，核计借给银十八两。派往齐齐哈尔运送粮石去之骁骑校赓音布十两，领催扎克桑阿、胡常，披甲巴哈布、佛尔珲保、成山、德明阿、巴銮布、双住尔格、特洪阿、乌凌阿、依勒兴阿、德林保、富顺、来保、霍尔庆阿、泰平、郭吉、王德富、依兴阿、会山、塔鸦尔、莫尔根奇、哈诺霍、德普清额、文哲善、同山依里、布德仓、富喜、倭力善、珠尔洪阿、德依永、永山、托克通阿、乌尔新布、色楞图、富德依、德明阿、依吉斯珲、巴彦扎拉、杨金保、格通阿、富林布、保凌、才明保、刘住尔、乌平、胡庆阿、富密洋阿、洋钦保、德信保、郭尔敏布、富尼善、依兴阿、吉尔丰阿、乌通阿等五十五名，每名按四两，水手徐凤虎、徐凤和、孙广山、杨俊住、聂秋喜、王海、陈万祥、陈万智、王索来、王平安等十名，每名按二两，核计借给银二百五十两。派往齐齐哈尔解送犯人去之披甲乌凌阿、徐明、穆力善、卓凌阿、佛隆阿等五名，每名按一两，核计借给银五两。领催白事二项，每项按六两，核计借给银十二两。披甲白事四项，每项按四两，核计借给银十六两。匠役白事一项，借给银二两。

以上共借给银六百三十四两内，于九年秋间一季扣银一百五十八两五钱，尚未扣完三季银四百七十五两五钱。

咸丰八年九月间造册呈报将军衙门后，借给银一千零七十二两内，扣银三百七十五两二钱五分，尚未扣完银六百九十一两五钱，库内实存银一千八百三十八两二钱五分，尚未扣完银九百零七两七钱五分。七次出征停扣银二十八两五钱，四年停扣银五十四两五钱，四次出征停扣银十九两，八次出征停扣银一百四十一两七钱五分，九次出征停扣银一十两零二钱五分，又二次出征撤回兵丁名下扣银九两七钱五分。呈送将军衙门以备补还动用备用银款项，尚未扣完停扣银五钱。须至呈者。

致延船工有誤運送額糧應即輾轉預支辦理現將本處儲存物料暫行借動以濟急需而重要工查此項補修運船十隻共應需鐵一千七百六十三觔十四兩三錢油二千六百九十五觔蔴六百八十二觔零八兩除將該處儲存物料動夫外其不敷之桐油四百八十三觔者俟該委員領回物料經抵吉林船廠時截留應用現仍虧短鐵八百十八觔暫由齊齊哈爾省城庫存儲用鐵內先行如數借墊發交承修官佐領庚音布領往應用以期無誤船工暨運送額糧所有預支及暫行借動儲存之項請毋貽勿斗引目口致歸還原欵以實庫項而儲要需等因據

齐齐哈尔水师营家奴比丁另册
同治三年四月

齐齐哈尔家奴比丁另册。

齐齐哈尔水师营：

已故闲散林天德，于嘉庆十三年原赏家奴黄长楷，系四川人，陈家奴一名。

已故水手刘恺，于咸丰四年原赏家奴刘东山，系河南人，陈家奴一名。

水手张广德，于咸丰四年原赏家奴皮英照，系河南人，陈家奴一名。

闲散额时布，于咸丰五年原赏家奴魏绕文，系四川彭县人，陈家奴一名。

水手音得布，于咸丰五年原赏家奴魏马儿，系桂洲〔贵州〕兴邑〔义〕县人，陈家奴一名。

已故委官陈致兴，于咸丰五年原赏家奴杨者四，系桂〔贵〕州浦〔普〕定县人，陈家奴一名。

已故水手杨禄，于咸丰五年原赏家奴杨兴奎，系桂〔贵〕州安顺府人，陈家奴一名。

已故领催陈致悦，于咸丰五年原赏家奴王朝自，系浙江镇海县人，陈家奴一名。

水手张耀，于咸丰六年原赏家奴康福娃儿，系四川青申〔神〕县人，陈家奴一名。

已故水手王得喜，于咸丰六年原赏家奴梁汉，系山东河第县人，陈家奴一名。

已故水手李长福，于咸丰六年原赏家奴刘元，系山东玉太〔鱼台〕县人，陈家奴一名。

水手刘福喜，于咸丰六年原赏家奴胡福娃，系陕西滨州人，陈家奴一名。

水手陈双玉，于咸丰六年原赏家奴段崇信，系直隶蓟州人，陈家奴一名，转发。

共家奴十三名，转发二名。

已故水手常三抱养不知缘故何人所弃之子为儿，已故闲散常茂林之男、已故水手常士杰之男、已故闲散常怀仁之次男幼丁、双都之三重孙、水手常玉珊，于咸丰五年原赏家奴姜朝端，系四川沛州人，陈家奴一名。

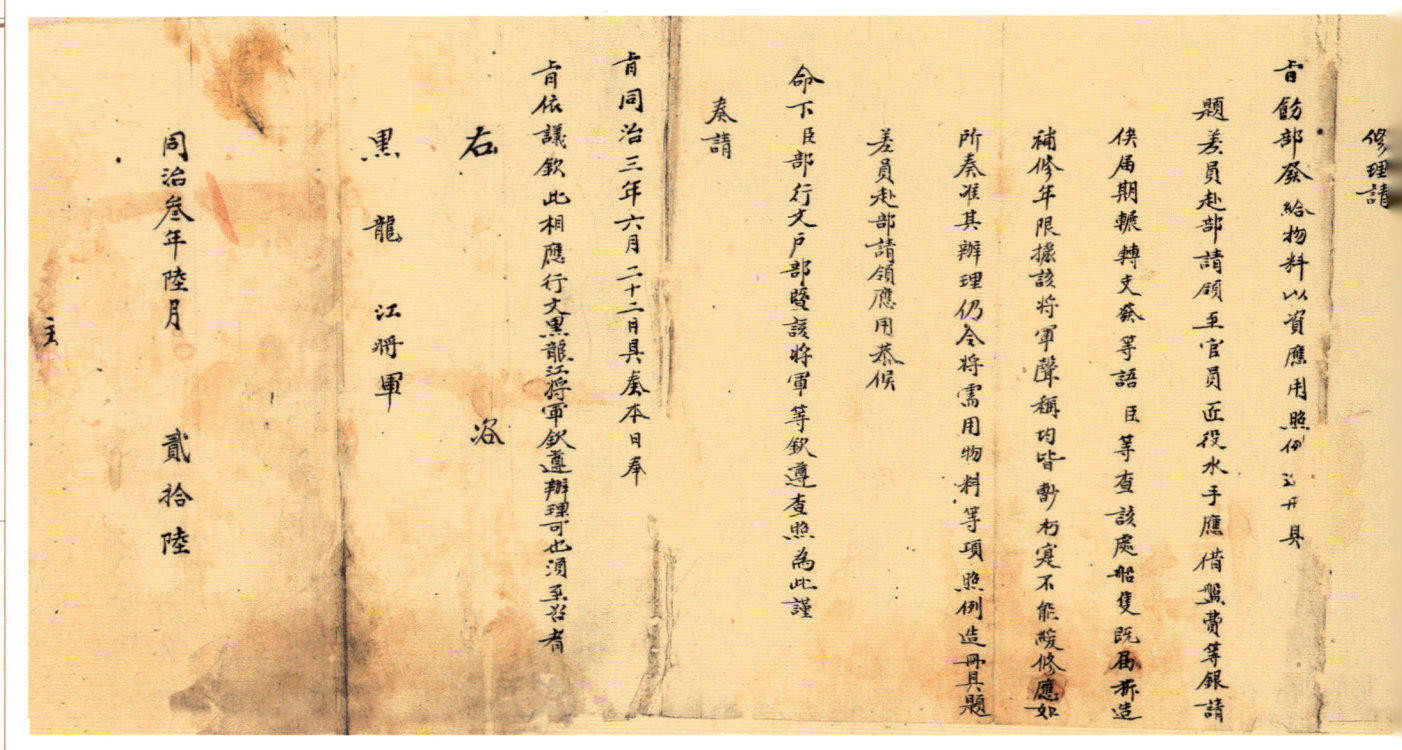

工部为遵旨请领齐齐哈尔、呼兰修理船只物料事致黑龙江将军的咨

同治三年六月二十六日

工部为遵旨议奏事。

都水司案呈：内阁抄出黑龙江将军特普钦奏黑龙江所属各城船只已届年限请于明年拆造补修一折，于同治三年六月初四日议政王、军机大臣奉旨：该部议奏。钦此。钦遵。抄出到部。查原奏内称黑龙江额设大小船一百二十只，前因库款支绌，兵力拮据，南省物料多未解京，曾将已届例限船四十五只节经声明奏请展缓停修，各在案。兹据各属报称齐齐哈尔应补修次船九只、渡船二只，呼兰拆修渡船二只均已糟朽不堪应用，请于明年修造，以备运防应用。除上年展缓修理各项船四十五只请仍照前奏，俟库款充裕，兵力稍舒，南省物料解京，奉到部咨准领之日再请修造。现在各城仅存大小船六十二只，如再停缓，实不敷运防差务应用。请将齐齐哈尔、呼兰二处本年届限例应拆造补修船十三只于明年照例修理，请旨饬部

工部为咨

旨议奏事都水司案呈内阁抄出黑龙江将军特普钦

奏黑龙江所属各城船只已届年限请於明年拆造

补修一摺於同治三年六月初四日议政王军机大臣奉

旨该部议奏钦此钦遵抄出到部查原奏内称黑龙江

额设大小船一百二十只前因库款支绌兵力拮据南省物

料多未解京曾将已届例限船四十五只剴切声明

奏请展缓停修各在案兹据各属报称齐齐哈尔应

补修次船九只渡船二只呼兰拆修渡船二只均已剽朽

不堪应用请於明年修造以俻运防应用除上年展缓

修理各项船四十五只请仍照前

奏俟库款充裕兵力稍舒南省物料解京奉到部咨准

领之日再请修造现在各城仅存大小船六十二只如再

十月十二日

发给物料，以资应用，照例造册具题，差员赴部请领。至官员、匠役、水手应借盘费等银，请俟届期辗转支发。等语。臣等查该处船只既届拆造补修年限，据该将军声称均皆糟朽，实不能缓修，应如所奏，准其办理。仍令将需用物料等项照例造册具题，差员赴部请领应用，恭候命下。臣部行文户部暨该将军等钦遵查照。为此，谨奏请旨。同治三年六月二十二日具奏，本日奉旨：依议。钦此。相应行文黑龙江将军钦遵办理可也。须至咨者。

右咨黑龙江将军。

总理各国事务衙门为已给俄国照会令其饬禁俄官于不通商处所不准发给俄商执照事致黑龙江将军的咨

同治三年七月十二日

钦命总理各国事务衙门为咨覆事。

本年七月初六日准贵将军咨开：俄国卡目雅嘎尔布与商人批宽等共十一人车载货物持有恰克图领事官执照赴墨尔根城等处贸易，屡阻不听，行至黑龙江城界，经该副都统派员送交海兰泡俄官与之理论，虽经俄官自认违约，难保此后不再有似此滥发执照之事，请即照会俄国驻京公使严禁。等因前来。

本衙门查墨尔根城等处既非通商处所，该国领事官自不应任意发给执照，以致该商等执照滥行。本衙门业经据情给与俄国照会，令其饬禁俄官，于不通商处所不准滥给俄商执照。等因。除俟照覆到日再行抄录知照外，相应先行咨覆贵将军查照可也。须至咨者。

右咨黑龙江将军。

呼兰河城守尉集拉明阿为严密探访俄人入境情形并饬令旗民毋得与之交易事致黑龙江将军衙门的呈

同治三年七月十八日

呼兰河城守尉集拉明阿为迅速声明呈报事。

右司案呈：兹于七月十七日申刻接奉将军衙门札开，兵司案呈，于本年七月十五日准吉林将军衙门咨开，承办处案呈，于本年七月十一日据三姓副都统衙门驰报，据巡防黑河口防御常明、云骑尉承清等报称，于七月初一日申刻据姜君奇林、巡探弁兵呈报，由下上往大小火轮船二只，随带大船一只，直入松花江口上驶。等因旋报前来。顷刻，大火轮船在距卡一里之遥停站，其小火轮船随带大船抵卡，行驶如飞，并不停泊。职等会同瑷珲差官带领弁兵赫哲驾舟往迎，该夷手抢〔持〕刀等械不容近前，令熟通满语通事告说："此船有大官石沙木勒幅一名，彻拉呢扬也幅一名，带同小官九名，夷兵五十余名，奉我国大皇帝之命，前往三姓、吉林等处见你们将军大人，有紧要公事办理，现有满字一张与你们阅看。"职等随向该夷告说："尔等虽系官船，要进松花江有事，我们亦系奉我大皇帝之命，专以在此守卡之处，现有两国会立界牌、条约，尔等更应停船议轮〔论〕，亦无硬行上往之理。"

该夷怒称："我国特来大火轮船一只，内大将军一名，大官十余名，带兵一百余名前来护送，我们谅尔等亦无法拦阻。"略言之间用小舟将夷人送下五名，往赴大火轮船而去，该夷立即飞行上往去讫。职等随即旋奔在卡以下停占〔站〕大火轮船进前意欲登船向其理论，该夷等排列两傍〔旁〕，仍持器械不容登船答话，硬行飞奔〔黑〕龙江上往去讫。等语。详核职等既受重委，敢不极力截阻？乃因俄夷拥众乘驾火轮船持械硬进松花江上往，并不容登船理阻，实属凶横之极。是以特派委官依尔哈奔、甲兵庆寿跟踪尾随，密探沿途动作若何，以俟该弁到城另行面禀。再查江水刻下日日消澈，该火轮船行驶难定，并派甲兵恩贵持文旋城飞报外，将俄夷留下满字一纸附入封筒飞详。等因飞报前来。本衙门详细〔核〕该夷官既已恃强率众闯入松〔花〕江，不服理阻，难保不另有要挟之举。付〔副〕都统富尼扬阿随札派通晓清语之防御葛浑、笔帖式莫尔根额、呈翎委官安明等带兵六名乘舟驰往，会同前派协领富庆等按照条约照会严词拦阻，断不准俄夷火轮船前进，亦不得轻启衅端是要外。等情。

据此，本衙门合将夷人桀骜闯入松〔花〕江，并该夷在卡呈出满字原单附封飞报。等因前来。当奉宪谕，即咨覆该衙门查照，无论夷人如何强横，断不可稍事畏难，致误大局。并著派署阿勒楚喀副都统德英选带得力官兵、役勇，即日乘雇商船星赴三姓截阻俄夷，断不准纵其蔓越，致坏合省大局，是为致〔至〕要。此事所关綦重，且系奉旨节节严拒之件，无论该夷如何强横，万勿稍事示弱，致其欺侮。所有马队应否带往，听自酌之可也。等谕。遵此，除飞札署阿勒楚喀副都统德英遵照办理外，相应呈请由六百里飞咨三姓、伯都讷、阿勒楚喀副都统衙门一体遵照严防，断不可递以专委，有人辄行观望，致有疏虞自干严参外，暨飞咨贵将军衙门查照，转饬呼兰城守尉衙门一体严防可也。等因前来。查俄夷火轮船闯入松花江，已经吉林出派官兵前往迎阻，惟呼兰地方切近松〔花〕江，尤须查探。今饬呼兰城守尉一面严饬沿江要隘卡官不时查探，如遇夷船，务即设法拦阻，一面出派妥干晓事官员带同兵丁前往迎探，如遇夷船前来，务须按照条约善为开导，不准闯入本界。即将查探情形、夷人数目随时呈报，并严传沿江旗、民人等，如遇夷人前来，不得擅行交易及卖给劈柴，一切均宜先事剀切严传，以免不肖人等乘间图利。尤宜示以镇静，不得张皇，有该〔亥〕闻听，是为至要。等情。相应呈请札饬呼兰城守尉吉〔集〕拉明阿遵照可也。须至札者。等因札饬前来。查十四、十五、十六等日俄夷出入境界并遵吉林札文出卡侦探缘由，并传饬各卡严防已经声明在案。遵此，相应续派弁兵再行前赴唐混河下口、松〔花〕江等处探防，如遇夷船续入境界，必须前迎，遵照条约开导拦阻。并严传沿江一带各卡，务须遵札晓谕所有江左居住旗、民人等，如遇夷人前来，不得擅行交易取利。等情。据此，遴派佐领恩特恒额、恩骑尉霍尔清阿等带同弁兵前往迎探，并饬传沿江各卡遵札禁止各旗、民人等，勿得擅行交易，各节缘由除咨会同知衙门遵照外，合并声明，为此呈报将军衙门备核施行。须至呈者。

右呈将军衙门。

呼兰理事厅为报俄人入境情形及民人拾其字迹一纸转送城守尉衙门事致黑龙江将军衙门的申

同治三年七月二十三日

呼兰理事厅为声明申报事。

于七月十七日遵奉将军衙门札文内开：准吉林将军衙门咨开，据三姓副都统衙门驰报，据巡防黑河口防御常明、云骑尉承清等报称，七月初一日申刻据姜君奇林巡探弁兵呈报，俄夷由下上往大小火轮船二只，随带大船一只，直入松花江口上驶。等因前来。查俄夷火轮船闯入松花江已经吉林出派官兵前往迎阻，惟呼兰地方切近松花江，尤须查探，并严传沿江旗民人等，如遇夷人前来，不得擅行交易及卖劈柴乘间图利。等因札饬前来。

卑职当即遵札差派干役乡地访查去后，旋据巴彦苏苏界官刘住并乡约张百川、孙廷弼等呈报，于七月十八日据江沿渔鱼之人声说："前十四日午刻江中过去大船一只，并无撑橹登杆之人，但见船中烟筒冒烟，船走如飞，又响如铜声，船头站立一人试水，其余不见别人，惟有船尾索练小舟一只，内有十数人，象〔相〕貌奇异。"等语。伊等随至江边查问各网房之人，均言属实。又有割草之人在江边拾其破字迹一块，一并禀报。等因前来。卑职因不识俄夷字迹，当即仍饬该界官转送城守尉衙门查照外，理合备文声明申报，伏乞宪台鉴核查照施行。须至申者。

右申黑龙江将军衙门。

呼兰河城守尉集拉明阿为侦探入境之俄船勿得任其搅扰事致黑龙江将军衙门的咨

同治三年七月二十五日

　　呼兰河城守尉集拉明阿为迅速声明呈报事。

　　右司案呈：本月二十五日未刻接奉吉林将军衙门六百里札开，承办处案呈，照得俄酋轮船于七月二十日酉刻到省，石酋屡令通事登岸至街道厅，礼貌甚恭，具言该酋必欲面见将军商办要事，当经派员向询究有何事相商，该夷坚不吐露，亦不献出文移支吾。至二十一日，该夷要求赴街鬻买零物，经地方官照伊单开代为备办，概不收其物价，仍不准其赴街搅扰。讵该夷变诈多端，突然进街游荡，经查街官兵翻捕吓阻，而市商亦无与其交易，致该夷凶焰莫逞，伎俩难施，始行淡而思返。辄于二十二日未刻令通事登岸执持清字文移一角、洋钱十七个并有礼物数种径至街道厅掷几，折回登船拔锚顺游东下，是以追送不及。除将其置留钱物饬驿递至三姓副都统衙门，专差妥员送还边界俄官查收，并另缮折奏报外，惟查该夷此次来省尚未得志，旋即拔锚回帆，不知途间又何施其鬼蜮。合亟预饬经过城池严为堤备，若该夷临境停泊，万勿张皇示弱，亦不准任其搅扰，是为至要。等情。据此，拟合由六百里加紧飞咨胡〔呼〕兰城守尉衙门遵照一体保卫，并各防其勾引续来大股人船恣行扰害，仍拣派妥干弁兵、丁役水陆侦探，各将出境情形随时驰报，万勿疏忽，致干未便可也。须至咨者。等因前来。遵即除札饬佐领恩特恒额、恩骑尉霍尔清阿及各卡卡官遵照吉林札文，该夷船于本月二十二日由吉林顺游东来，若该夷临境停泊，万勿张皇示弱，亦不准任其搅扰，该夷船何时入境出界之处迅速呈报，勿得耽延，是为至要。所有札饬各卡备防情形并咨会同知衙门查照外，理合具文迅速声明呈报将军衙门鉴照施行。须至呈者。

　　右咨将军衙门。

吉林将军衙门为劝阻入境俄人回国并严密防范事致黑龙江将军衙门的咨

同治三年七月三十日

镇守吉林等处将军衙门为飞咨事。

承办处案呈：本年七月十六日本衙门恭折具奏，为俄酋欲至吉林，理阻不服恃强深入缘由恭折由驿奏祈圣鉴事。窃查前据三姓副都统富呢扬阿报称，俄人于六月十五日由下江驾驶火轮船载同原由内地前往传教法士飞奔松江西上，称赴三姓贸易并送法士旋回。卡官阻拦不允，驶至拉哈苏苏地方，复经尽先协领讷尔吉差次迎见登船力辩，始将法士人船留在富替薪〔新〕，轮船回帆，并称此来试探深浅，随后必有双轮火船仍进松江。等因飞报前来。并准黑龙江将军咨照，是月二十五日有海兰泡夷酋往见副都统关保，通事述称，伊接噶尔萨果幅札文，因驻守东海奇矶阔邨固毕尔那托尔欲与吉林会晤商办事件，故派头目乘火轮船进松花江，求给转咨吉林，为其沿途预备柴木，以待船至取用。等语。经该副都统据理开导，不欢而返。等情。奴才等当即先后飞呈总理各国事务衙门，请与驻京俄使据约剖辩，一面飞札三姓副都统督同该处尽先协领讷尔吉等设法阻拒去后。旋据咨报，七月初一日法士杜柏随带从人数名旋抵三姓。据称，法士包安德等仍在下江夷境等情。是日并有俄夷乘火轮船两只，随带板船一只，驶至黑河口卡伦停泊，巡防官云骑尉承庆欲向理阻，该夷不容近前，仅以清语告称，大小轮船内有大官石沙木勒幅，同三品官车拉尼扬也幅，带领小官九名、兵五十余名，奉国王命，由三姓往见吉林将军议办要事，大火轮船内有大将军带领大官十余名，兵百余名，时来护送闯卡，语毕递给清字开写人船数目一纸，即向松花江上驶。报经奴才等添派员弁处处严防，节节阻止，并调署阿勒楚喀副都统德英选带兵勇顺江迎阻。嗣据富尼扬阿报称，协领富庆等迎至霍悦洛处，向其阻止，坚不允从。复经防御葛浑在厄音莽嘎地方登船与语，而该酋石沙木勒幅托睡不见，当与俄官车拉尼杨也幅照约理论，据称持有公文，必须往见吉林将军面投，非来贸易。等语。许以将文转递，执意不从，并于沿途观绘山川形势。又经二品顶戴协领永祥驰往迎阻，亦复不允，俄酋献出夷文一纸，飞送到省详加批阅，系用清文、俄字开写官兵人数，述及欲来吉林，声明由三姓进省，如遇水浅轮船不能上驶，即就陆路遄行，为其筹备车马，伊必给资。等情。当经永祥严词拒阻，不听伊意。近日霪雨连绵，江河涨发，夷酋竟乘火轮船一只，据报已于本月初九日行过胡尔哈河，向小古洞河一带上驶。等情。奴才等伏查该夷贪鄙成性，诡谲多端，屡欲闯入三姓通商，而于吉林、松花江尤为垂涎窥伺，久在圣明洞鉴之中。今果藉称公事，蓄意要求越境，恃强乘船深入，节经理阻，置若罔闻。现既驶越三姓上游，相距省垣不过数百里，夷船迅疾，旦暮可至，虽称会商公事，难免包藏祸心，拒之过严固恐藉端生变，示之以弱必肆无厌之求，第既有约在先，断难自我开禁，惟有据理辩论，随机应变而已。除派委员并饬所属拣选兵勇布置防闲，并将节次咨报情形暨该夷来文呈送总理各国事务衙门，速向俄国驻京公使按约剖辩，转饬即日回国外，所有夷酋欲至吉林理阻不服恃强深入缘由，理合恭折由五百里驰奏，伏乞皇上圣鉴，训示遵行。谨奏。等因具奏之处，于七月二十九日奉到回折，议政王、军机大臣奉旨：另有旨。钦此。同日承准议政王、军机大臣字寄吉林将军景（纶）、副都统麟（瑞）。

　　同治三年七月二十二日奉上谕：景（纶）、麟（瑞）奏俄酋欲吉林理阻不服一折。据称俄官石沙目勒幅等乘坐轮船带领兵役多名向松花江上驶，声称欲由三姓见吉林将军议办要事，经景（纶）等派员迎阻，坚不允从，并在沿途观绘山川形势，已于本月初九日行过胡尔哈河，向小古洞河一带上驶。等情。并据议政王等面奏，总理各国事务衙门前接到该将军等咨文时，业经照会俄国驻京公使，据理与之剖辩，现尚未接照覆。吉林、三姓等处并非条约内所载准行通商地方，该酋恃强深入理阻不服，且沿途绘写山川形势，包藏祸心，深属叵测。现在该夷轮船已向松花江上驶越过三姓将抵吉林，著景纶、麟瑞该俄官到城来见时，告以总理各国事务衙门已照会该国驻京公使，由三姓至吉林均非条约内准行通商地方，按约辩论，令其即行回国，并仍拣派兵勇加意防维，如续有夷船肆行闯入，即当妥为理谕，毋任沿江上驶。并饬令三姓副都统等一体严密防范，以固边围，勿稍疏懈，将此由四百里各谕令知之。钦此。遵旨寄信前来。相应照抄原折恭录谕旨，呈请飞咨黑龙江将军衙门知照可也。须至咨者。

　　右咨黑龙江将军衙门。

增禄、庆奎为请领民荒之人均属无业之户事的禀呈
同治三年七月

具禀呈人：增禄、庆奎

呈为禀明缘由事。

情因闲散等于道光十五等年、咸丰三、四年间由盛京等城屡续奔往双城堡就食者颇多，不可胜数，一概不准入名，奉文逐境，幸有希大人怜念旗人，行文保留，姑能安居度日，是以为浮丁入册，赁房雇工，现在巴彦苏苏、团林子等处居住之户，并无在双城堡领地之人，闲散等在民荒领地均属无业之户，为此出具禀呈是实。

具禀呈人：增禄、庆奎

呼兰河城守尉集拉明阿为唐混河下口松花江北岸一带无俄船声迹及吉林折回俄船亦无入境事致黑龙江将军衙门的呈

同治三年八月初一日

呼兰河城守尉集拉明阿为呈报事。

右司案呈：七月三十日据遵派前赴唐混河下口松花江一带迎探俄夷去之差员佐领恩特恒额、恩骑尉霍尔清阿报称，自奉派起程，于二十日起，二十九日止，行抵唐混河下口松花江北岸一带，当即觅舟，不时轮流顺江下往，悉心侦探，至今十数日，并无夷船前来声迹亦无信息外，其由吉林折回夷船迄今亦无入境之信，再夷船入境之时另行呈报，为此合并具文声明呈报城守尉衙门鉴核施行。须至呈者。等情呈报前来。遵此，相应呈请呈报将军衙门备核施行。须至呈者。

右呈将军衙门。

呼兰河城守尉集拉明阿为饬派都凌阿带兵查看入界之俄船有无登岸搅扰事致黑龙江将军衙门的呈

同治三年八月初一日

呼兰河城守尉集拉明阿为声明呈事。

右司案呈：适于八月初一日申时据四方台侦探夷船去之卡官孝顺布、都凌阿报称，自奉差到卡，于八月初一日巳时夷船入界顺游下往，查其船上仅有十数余人，即行用手召唤，该夷竟作不闻，下驶如飞，并不停泊。等因呈报前来。

据此，当派都凌阿带同兵丁随夷船踪迹防探出境沿江一带，究系有无停船登岸搅扰旗民情事，迅速呈报，毋致耽延，是为至要。兹将该夷船入境下驶之处相应呈请，先行声明呈报将军衙门备核施行。须至呈者。

右呈将军衙门。

吉林将军衙门为查报俄人船只入境情形及与俄官驱逐依力河淘金民夫事致黑龙江将军衙门的咨
附：往来照会
同治三年八月二十二日

镇守吉林等处地方将军衙门为飞咨事。

承办处案呈：本年八月初八日本衙门恭折具奏，为夷船回帆远去，遵旨将续办情形恭折驰奏，仰祈圣鉴事。窃照前因俄酋请见不遂，当将回帆情形驰奏。兹于八月初六日递到回折，奉旨：另有旨。钦此。同日承准议政王、军机大臣字寄，七月三十日奉上谕：景纶等奏，俄酋石沙木勒幅等乘坐轮船驶抵吉林，欲面见该将军商办要事，经景纶等派令佐领那斯洪阿等谕令该夷酋与常明、明禄相见商议，并询以因何公事，该夷酋并不实言，旋递来清字、俄文一纸称，该将军不与接见，与约不符，遂即回帆东去，其因何前来始络〔终〕亦未浅露。等语。吉林、三姓本非通商地方，此次俄夷违约越界，其曲在彼。该夷酋既称欲面见将军商办要事，景纶等固不宜自行往见，致乖体制，然亦何妨传其来见，责以违约越界之罪，以折其虚骄之心，并可询悉该夷来意，以凭办理。乃计不出此，反令该夷得所藉口，且任令沿途绘画山川形势，来去自如，究竟因何前来，该将军等仍茫不知悉，似此畏首畏尾，岂不令外国人轻视，边臣益复毫无雇〔顾〕忌耶。至总理衙门与该国驻京公使争论，若不知该夷因何前来，亦无从与之辩难。该将军身任地方，既不能阻其不来，又不敢传见该夷据理驳斥，殊不知所办何事。现在俄夷船只尚未驶出三姓乌苏里江口，难保不复回帆上驶，著景纶等即将以后续办情形随时驰奏，如该夷仍欲求见，即著传令来见，按据条约与之驳诘，无〔勿〕再仍前颟顸了事。将此由五百里各谕令知之。钦此。遵旨寄信前来。

奴才等跪读之下惶悚难名，遵查该夷酋石沙木勒幅等于七月二十日酉刻乘船抵省，二十二日未刻回帆东去，二十三日行抵乌拉锦珠哈达地方，水浅被搁该处。总管禄权等恐其逗遛〔留〕滋事，当即派员给与照会，欲督兵壮助其推船，该酋始而见疑，排列刀枪不容相近，浅搁一日，继经委员面见谕知通事述明本意，即据祈恳令各兵等帮同扯牵行过浅处，该酋免冠拍胸、手伸拇指作感谢状，取出随带零物散酬官兵，经委员等辞而不受，谕以帮助牵船系我国体恤远人之意。该夷等即于二十五日开船下驶，嗣至萨尔哈巴屯、黄毛屯三分山口各哨遇有搁浅，均系官兵帮牵而行，并经伯都讷、阿勒楚喀等处顺流下往，亦未登岸。兹于八月初六日接据探报，夷船已于初二日驶入三姓首站属界。等因。伏念俄夷自分界以后虽复频加窥伺，包藏祸心，然数年来从未深入，奴才等前据探报人船有欲来省之信，当即遴派多员处处严防，节节阻止，奈该酋素称狂悖，不服理论，而各委员又恐伤和，未敢力拒。迨七月二十日酉刻抵省时已日暮，停船江心，仅令通事乘坐威虎登岸请见，因思该酋既不肯亲身上岸，妄自矜遵，奴才等亦未便遽尔登船，致乖体制。本拟探明来因，如果有紧要事件，然后与之接见，讵经委员就船与语，据约辩论，而其究为何来，始终坚不吐露。正在往返辩驳间，时值天雨新晴，江水骤退，该夷虑恐轮船难以回驶，即于二十二日急投俄文开帆径去，此俄酋来去之原委也。惟是奴才等即不能坚阻于前，又未经传见于后，扪心自问，惭愧靡已。复于八月初七日据三姓副都统富尼扬阿转据城边巡哨六品军功德英、富山等报称，由省旋回俄酋火轮船一只，傍带大船一只，已于初二日巳时由罗拉密经过。富山等随即乘舟尾随至城西北三江口地方，见其夷船行驶如飞，顺流东去。等因。查夷船已过三姓，谅已扬帆去远，不致转舵回行。除俟驶出乌苏里江口探报到日再行随时具奏外，理合将夷船去远暨续办情形恭折驰奏，伏乞皇上圣鉴。谨奏。等因。于八月二十一日奉到回折，议政王、军机大臣奉旨：该衙门知道。钦此。钦遵前来。详查此案前于八月十八日准总理各国事务衙门咨开，据贵将军咨报，俄人驾驶轮船欲由三姓径赴吉林面商事件，拦阻不听。等因。复于七月二十九日咨报，俄官石沙木勒幅等来省请见不遂，回船情形均经贵将军先后具奏，业已奉有寄谕，由军机处恭录知照在案，谅必钦遵办理矣。

本衙门查此文未到之先，于七月初一、初五等日据贵将军咨报，依力河淘金民夫闻拿逃散及俄人由下江乘坐轮船欲赴三姓贸易不服拦阻，并黑龙江将军咨报，俄国卡目雅嘎尔布与商人批宽等赴墨尔根城贸易。各等情。当即据咨并案给与俄国公事照会，按照条约与之反复辩论，业于七月十二日备文先行知照，并另具密函详细布闻各在案。兹准照复据称，尚未接到东悉毕尔总督移文，现已据情行查。等因。除俟续有照复前来再行知照外，相应抄录往来照会各一件咨行贵将军查照可也。等因。奉此，复查俄夷轮船已于八月初二日巳时经过三姓下驶并未停留，其由三姓东行尚有千有余里始出乌苏里口，其间轮船有无浅阻及曾否上岸等情，本衙门已咨三姓副都统富尼杨阿严饬卡伦节节侦探在案。除俟报到情形再行咨呈，除恭录本衙门续奏回折，钦奉谕旨备文呈报总理衙门谨请查照外，相应粘抄京中往来照会，呈请飞咨贵将军衙门知照可也。须至咨者。

右咨黑龙江将军衙门。

计粘单一纸。

附：往来照会

照录给俄国照会

为照会事。

准吉林将军文称：本年六月间有俄官带人至珲春街，经查街官查问据称一系俄国查边图勒斌官，一系摩阔崴官，现因沿海摩阔崴北岸依力河地方有民人相聚洵〔淘〕金，恐人多生事，希为驱逐。等语。当即派出官兵会同前往依力河地方驱逐，洵〔淘〕金民夫等俱各畏罪潜逃，追缉无踪。又文称本年六月间，黑河口巡防官哨见由下江突来火轮船一只，随带小船，并载有传教法国人，由齐齐喀直奔松花江口，蓦越西上，经卡官迎阻至拉哈苏苏始从火船下来俄人混侵等三名，持有庙尔俄官给发执照，令赴三姓贸易并送法国教士。等语。该弁等因条约内并无三姓城准其通商明文，权〔劝〕阻不听，复令其听候请示，亦不听从。该弁等登火船理论，该俄人等即拔锚开船，强载该弁等赴卡上行十余里停泊，该弁等始设法下船回报。又黑龙江将军文称，本年四月间据呼伦贝尔总管报称，有对岸俄国卡人哩吧奇声称，俄国卡目雅嘎尔布与商人批宽等十一人车载货物，恃有恰克图领事官发给执照，由此过界赴墨尔根城贸易，由彼前赴瑷珲。等语。查墨尔根城并非通商处所，随饬沿途劝阻，令其折回，乃俄人恃有熟〔执〕照，坚不肯回。于五月二十日到黑龙江城界，当派员送交海兰泡俄官，告以此来俄商虽执有票照，核与条约不符，该处俄官答以来商虽属违约，系由恰克图领事官准行之事以不知情，嗣后再不准俄人如此通商。等语。以上各案均请照会俄国驻京公使查办。等因咨行前来。本王大臣查中国民人违约赴依力河淘金，业已聚集多人，断非一朝一夕之事，该处俄官不于初聚之时即行知照驱逐，乃容其聚集人多，万一人众势强，岂不酿成巨患，以致贻累该处地方。此系中国民人违约之事，俄官无所回护，何以俟查边国勒斌官到后始行知照，殊不可解。兹吉林将军一闻贵国官员查报因系中国民人违约，即时派员会同驱逐，实系按照条约办理，嗣后再有此等情事，仍望随时知照，以便照约惩办，中国绝不袒护。但中国于违约之事既已照惩，贵国人有违背之事亦宜照禁，即如三姓及墨尔根城等处均非通商处所，该商等不应违约前往，乃俄官发给前往三姓执照以致该商乘船越卡，不服拦阻，复挟带该弁等驶十数里，似此行为殊失遵守条约之意，但其咎固在商人，亦因俄官滥发执照所致，该俄官似难辞咎。至赴墨尔根城贸易之俄商恃有恰克图执票，不听劝阻，经派员送交海兰泡俄官，虽认该商为违约，然此事究系恰克图领事官错误。以上各情形相应照会贵大臣转饬严禁各商人务须遵守条约，于不通商处不准任意前往，并饬边界各官此后须查明实系通商之地，与条约相符方准发给执照，否则不得滥给，以免该商等任意肆行，自蹈违约之咎，是为至要。须至照会者。七月十五日。

照录俄国照会

为照复〔覆〕事。

本年七月十五日来照会所称：沿海摩阔崴北岸依力河地方有中国民人私聚淘金。各等案。本大臣现尚未接到东悉毕尔总督移文，未知其详，拟将贵王大臣来照抄录转行并请查照详复，俟复文到时再行照复贵王大臣。至船内所载法国教士一名，本大臣微有怪异，缘夙闻本国该处并无法国传教之人也。为此照会。须至照会者。七月二十七日。

呼兰城守尉集拉明阿为具报探查俄船下驶情形事致黑龙江将军衙门的呈

同治三年八月二十七日

呼兰河城守尉集拉明阿为声明呈报事。

右司案呈：兹于八月二十六日准三姓副都统衙门咨开，承办处案呈，查前据附近哨巡之六品军功德英并前派在玛彦口水路一带密防俄夷上岸骚扰居民去之六品官军功富山等先后报称，由省返回俄酋火轮船一只及练带大船一只，于八月初二日巳时经过罗拉密地方，富山等随即乘舟接连尾随至城西北三江口地方，而夷船并未停泊，于申时顺游北溜下驶。等因探报前来。本衙门除派员尾随密探，正拟照会间，适有贵衙门派来尾探俄夷火轮船之记名协领佐领恩特恒厄〔额〕、恩骑尉霍尔清阿带兵二名于本月十三日抵姓，次于十八日由彼启程旋回。等情。据此，本衙门合将夷人火船由省旋返至姓并未停锚，随时下游缘由，相应备文咨会贵城守尉衙门查照可也。须至咨者。等因咨会前来。又据奉派沿江一带探防夷船声息委员佐领恩特恒额、恩骑尉霍尔清阿等报称，职等带兵尾随夷船踪迹，顺江岸下往悉心侦探至唐混河口，探得夷船于八月初二日戌刻经过唐混河口，顺游下溜，如飞而去，该夷船沿江一带并未停泊，实无上岸骚扰之处。职等于本月十三日抵姓投司探询夷船于初二日申刻由该处经过。等情呈报前来。相应呈请呈报。等情。据此，一面饬将委员佐领恩特恒额、恩骑尉霍尔清阿等撤回，一面具文声明呈报将军衙门鉴核施行。须至呈者。

右呈将军衙门。

黑龙江将军衙门为换发怀塔布等人功牌事致湖北总督衙门的咨

同治三年八月

镇守黑龙江等处地方将军衙门为咨送换发功牌事。

户司案呈：同治三年八月二十七日本衙门接准钦差大臣湖北总督来咨内开，准贵将军咨，湖北委员副都统富劝捐军装案内，捐给七品功牌怀塔布、六品军功窦玉林二名，前已报捐监生，可否将怀塔布所捐功牌移给西丹穆克敦布，窦玉林所捐功牌移给壮丁窦永安之处，请酌夺见覆。等因。

准此，查西丹怀塔布、窦玉林既有报捐监生执照，所捐功牌准其移给穆克敦布、窦永安名下顶戴，惟前发功牌应令呈缴移送来楚，以便另行发给，相应咨覆贵将军请烦查照饬遵施行。须至咨者。等因前来。当经本衙门咨行黑龙江副都统衙门遵照去后，咨准该副都统衙门前次捐给怀塔布、窦玉林二名六、七品功牌咨送前来，相应将此功牌二分咨送贵总督衙门查收外，并希将怀塔布所捐功牌移给西丹穆克敦布、窦玉林所捐功牌移给壮丁窦永安名下戴顶，另行发给功牌可也。

右咨湖北总督衙门。

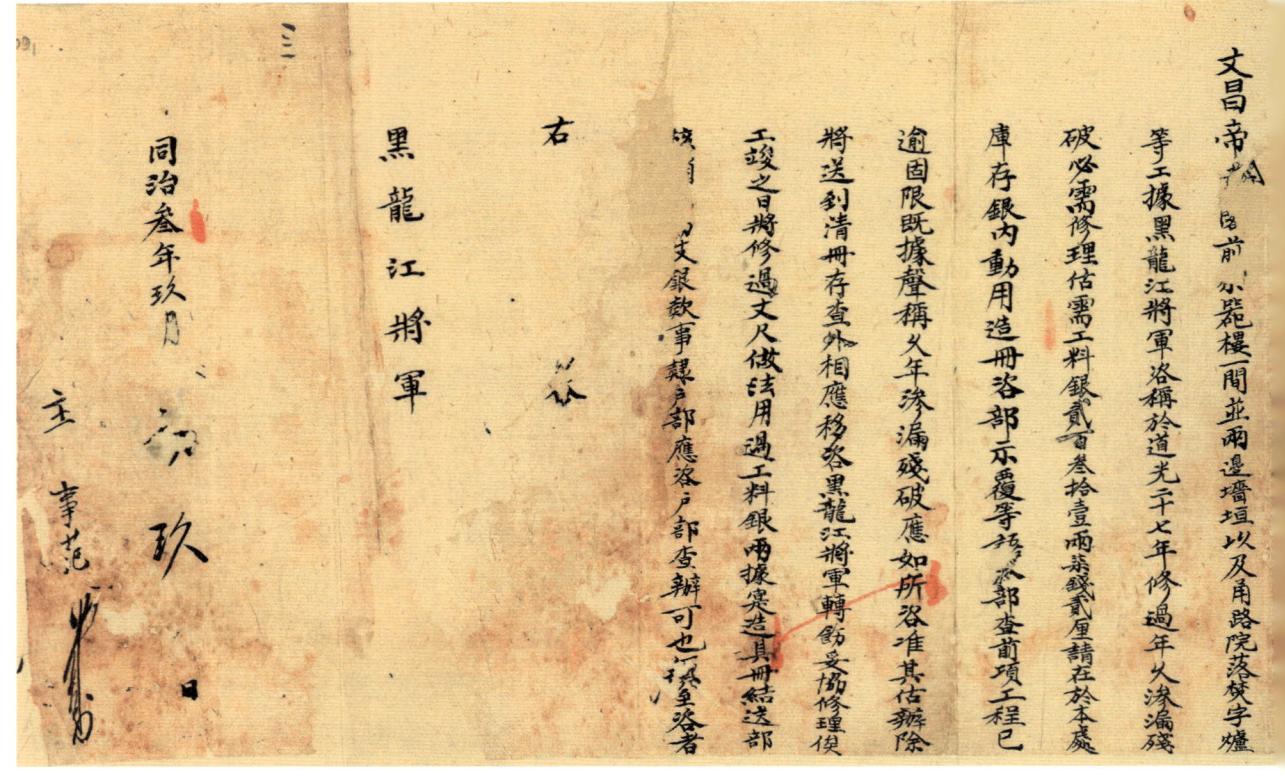

工部为应准修理齐齐哈尔文昌帝君阁前祭器楼等事致黑龙江将军的咨

同治三年九月初九日

工部为咨报事。

营缮司案呈：准黑龙江将军咨称，查齐齐哈尔城内文昌帝君阁前祭器楼一所房一间阁两廊墙垣以及甬路院落焚字炉等工于道光二十七年修过，迄今年久，楼顶渗漏，祭品被污不堪供献，两廊墙垣以及院路砖瓦损伤残破。

查咸丰元年工部遵旨坛庙之要工仍随时修理，此项楼房等工必须修理，派佐领德勒克呢吗估需工料银贰百叁拾壹两柒钱贰厘造册呈递，即派署固山达佐领文和查核相符，复查无异。除将旧料变抵外，其不敷银两在于本处库存银内动用，先将估计细册咨报工部，听候部覆，以凭遵行。等因前来。

查齐齐哈尔文昌帝君阁前祭器楼一间并两边墙垣以及甬路院落焚字

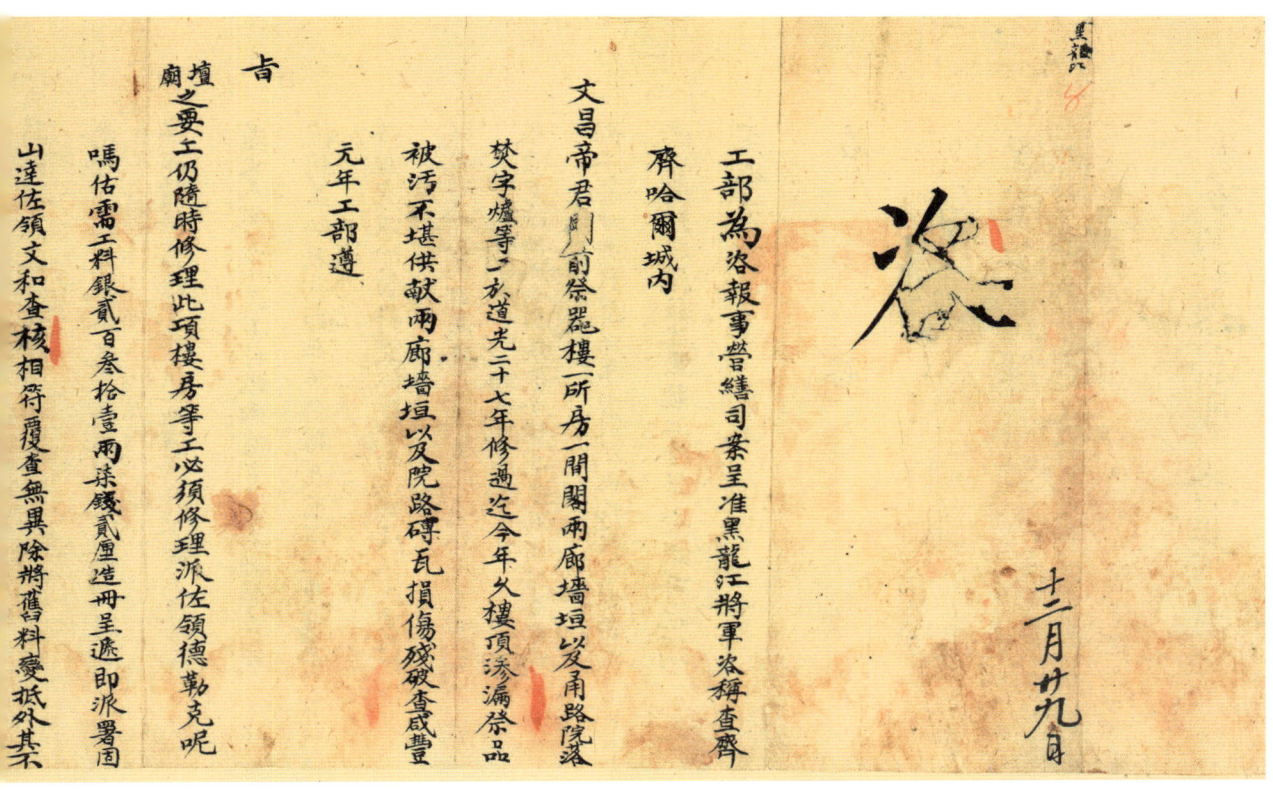

炉等工据黑龙江将军咨称，于道光二十七年修过，年久渗漏残破必需修理，估需工料银贰百叁拾壹两柒钱贰厘，请在于本处库存银内动用造册咨部示覆。等语。咨部查，前项工程已逾固限，既据声称久年渗漏残破，应如所咨，准其估办。除将送到清册存查外，相应移咨黑龙江将军转饬妥协修理，俟工竣之日将修过丈尺、做法、用过工料银两据实造具册结送部核销，〔至〕动支银款事隶户部，应咨户部查办可也。须至咨者。

右咨黑龙江将军。

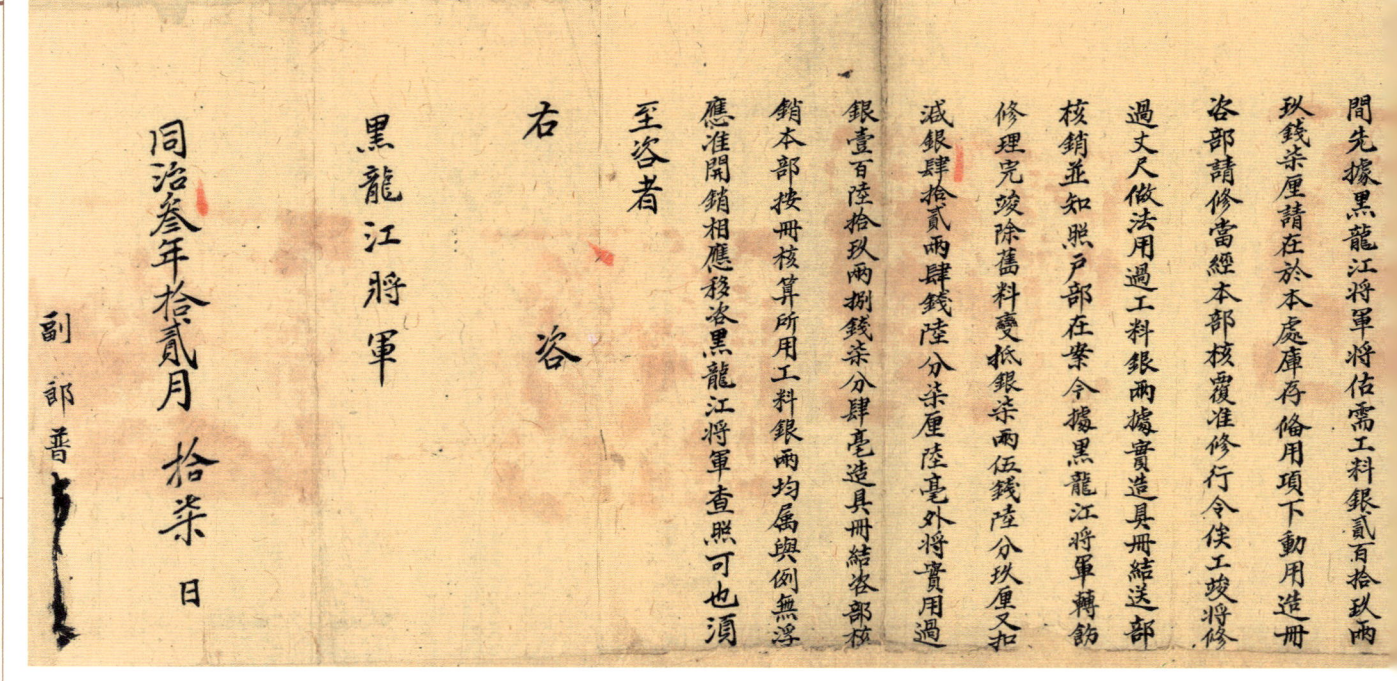

工部为修整齐齐哈尔城备仓、公仓所用料银应准开销事致黑龙江将军的咨

同治三年十二月十七日

工部为报销事。

营缮司案呈：准黑龙江将军咨称，准工部咨，准黑龙江将军咨，齐齐哈尔城备仓五所二十五间、公仓二所十间共七所三十五间，系乾隆二十六等年修过，年久糟朽，被风坍塌，收存粮石关系紧要，实不可缓，亟应修理，估需工料银贰百拾玖两玖钱柒厘，由本处库存备用银内动用，造册咨部指示遵办。

查前项仓房收存粮石积储攸关，自应准其估办。应咨黑龙江将军转饬妥协修理，俟工竣时将修过丈尺、做法、用过工料银两造具册结送部核销。当即派委四品官托克托布等修理完竣，造具册结呈递，复派署理正白旗事务佐领希里布查核相符，具结呈递覆查无异。除旧木变价银柒两伍钱陆分玖厘并减扣银肆拾贰两肆钱陆分柒厘陆毫外，实由库动用银壹百陆拾玖两捌钱柒分肆毫，相应造具册结呈送工部照例核销。等因前来。

查齐齐哈尔城备、公仓七所三十五间，先据黑龙江将军将估需工料银贰百拾玖两玖钱柒厘请在于本处库存备用项下动用造册咨部请修，当经本部核覆准修行令，俟工竣将修过丈尺、做法、用过工料银两据实造具册结送部核销，并知照户部在案。今据黑龙江将军转饬修理完竣，除旧料变抵银七两五钱六分九厘，又扣减银肆拾贰两肆钱陆分柒厘陆毫外，将实用过银壹百陆拾玖两捌钱柒分肆毫造具册结咨部核销，本部按册核算，所用工料银两均属与例无浮，应准开销。相应移咨黑龙江将军查照可也，须至咨者。

右咨黑龙江将军。

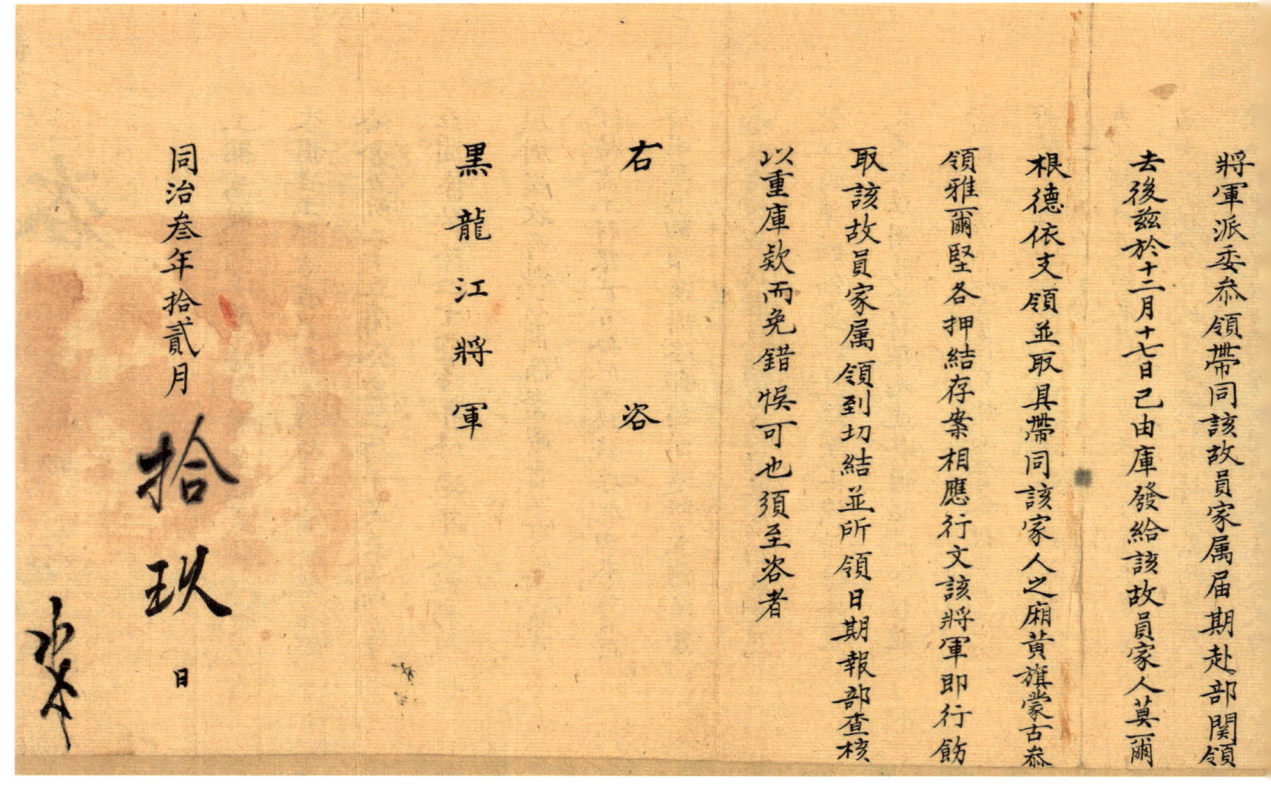

工部为海全家属领到葬碑银切结及所领日期报部查核事致黑龙江将军的咨

同治三年十二月十九日

工部为咨行事。

屯田司案呈：前据节慎库付〔覆〕称，本库定于十二月十七日开库发给副都统海全全葬碑价一半实银肆百贰拾伍两，移付屯田司转传该家属于是日赴部支领，经本部于十二月十三日行文该将军饬传该故员家属赴部关支在案。嗣复据节慎库付称，本库于十二月十七日开库放给京口副都统海全全葬碑价一半银肆百贰拾伍两，于是日据该故员之家人莫尔根德依具呈赴库关领讫，移付到司，转行知照该处，速即报部。等因前来。

查副都统海全应领全葬碑价一半实银肆百贰拾伍两，前经本部移咨黑龙江将军派委参领带同该故员家属届期赴部关领去后，兹于十二月十七日已由库发给该故员家人莫尔根德依支领，并取具带同该家人之厢〔镶〕黄

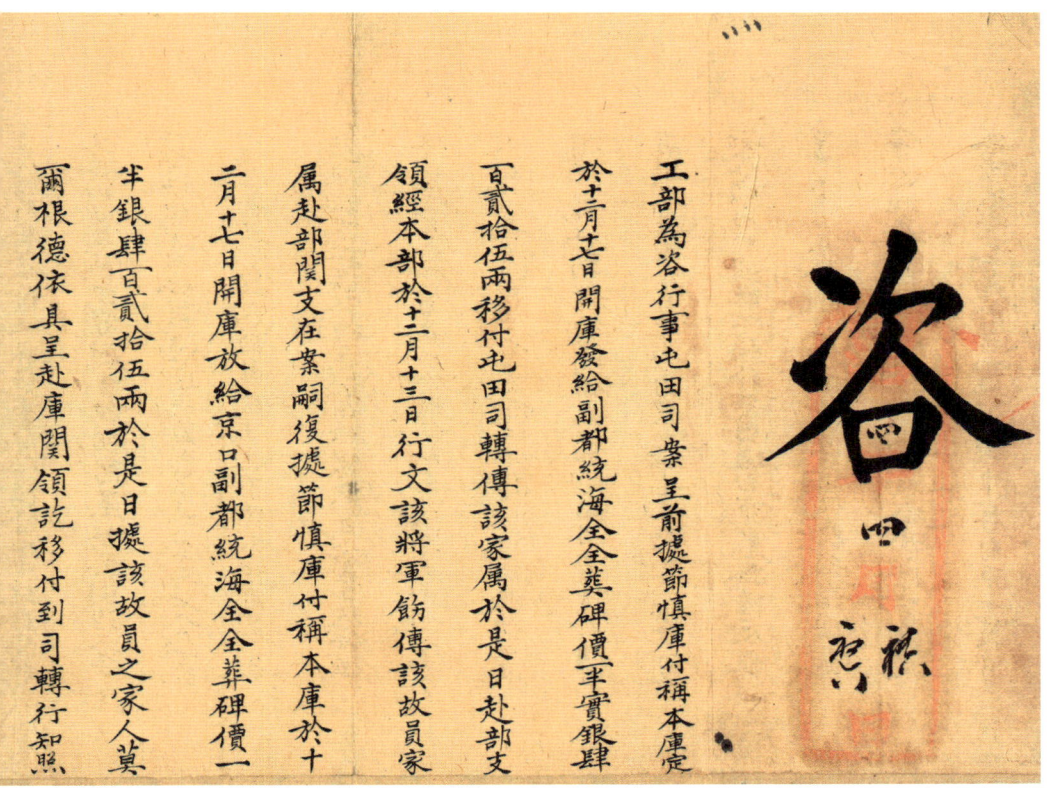

旗蒙古参领雅尔坚各押结存案。相应行文该将军即行饬取该故员家属领到切结并所领日期报部查核，以重库款而免错误可也。须至咨者。

右咨黑龙江将军。

工部为照数发给运粮船只所用物料事致黑龙江将军的咨
同治三年十二月二十日

工部为补领事。

都水司案呈：准黑龙江将军文开，据署齐齐哈尔关防事务协领依常阿呈称，于同治三年往呼兰运粮一次，动用新修月字一号至八号次船八只，内次船四只初次动用铁、油、麻不领外，次船四只二次动用，共用过铁一百七十一斤十二两四钱、桐油一百十二斤、线麻一百二十斤。次船八只共用过白布二十四匹、风竿竹八十八根、抱柁竹四十片、篷绳二十四根、长短粗不等棕绳二十四条、线麻绳一百六十八条。又据署理墨尔根副都统协领乌里布呈称，于同治三年前往呼兰运粮动用月字六十一号次船一只初次运粮，动用盈字十六、十七号江船二只，由省借动初次动用次船一只，又本年前往呼兰带运粮石，齐齐哈尔新修次船一只、墨尔根新修次船二只，此船七只均届初次动用铁、油、麻不领外，共用过白布十五匹、风竿竹五十五根、抱柁竹二十五片、长短粗细不等棕绳十七条、线麻绳一百十五条、篷绳十七根。

又据呼兰河城守尉吉〔集〕拉明阿呈称，于同治三年前往齐齐哈尔运送粮石，动用昃字六、七、八、九、十号运粮船五只，初次动用铁、油、麻不领外，共用过长短粗细不等苘麻绳二十五条、线麻绳一百九十五条、棕绳三十条、簧绳五十根、白布二十四匹二丈一尺、棉线二斤、风竿竹二十五根、抱桅竹二十五片。又据黑龙江副都统关保咨称，于同治三年前往呼兰带运粮石月字四十四号起至五十五号次船十二只初次动用，铁、油、麻不领外，共用过白布三十六匹、风竿竹一百三十二根、抱桅竹六十片、长短粗细不等棕绳三十六条、线麻绳二百五十二条、簧绳三十六根，以上各处用过物料均由库存白布等项内动用，此项动用过备存物料照例由部请领，以归原款，分析各造具满汉文册咨部照数给发，差往之六品官伯广、委官张成均领回。各等因前来。

查同治三年齐齐哈尔往呼兰运粮动用次船八只，又墨尔根三年往呼兰运粮动用次船五只、江船二只，又呼兰三年往齐齐哈尔运送粮石动用粮船五只，又黑龙江三年动用次船十二只，共用过好条铁、桐油、线麻、白布、棉线、风竿竹、抱桅竹、簧绳、棕绳、线麻绳、苘麻绳等项，先据黑龙江将军专折奏明并经本部议覆知照户部在案，自应准其支领以补原款，应将桐油一百十二斤、白布九十九匹二丈一尺、棉线二斤照该将军册开补领数目移咨户部给发。好条铁一百七十一斤十二两四钱、线麻一百二十

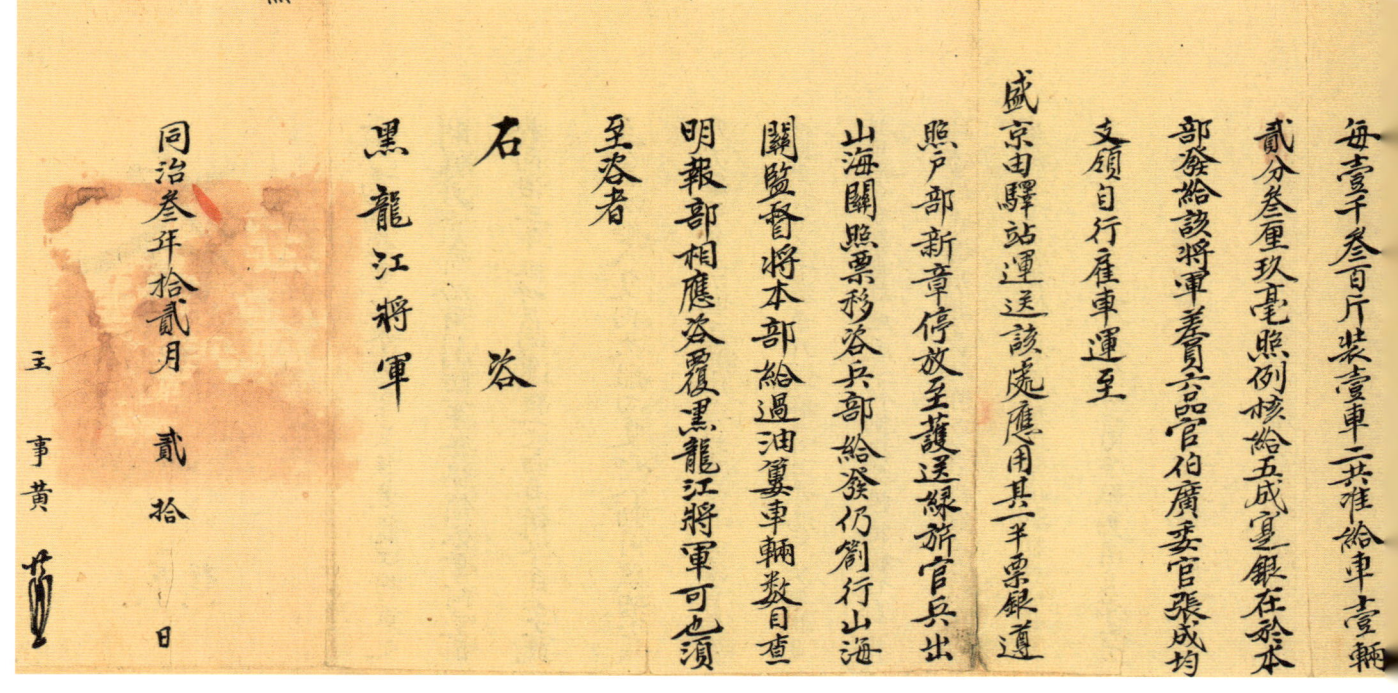

斤、线麻绳七百三十根、苘麻绳二十五根开单移咨盛京工部照数给发。其簟绳一百二十七根、三处棕绳七十一根、抱桅竹一百五十片，现在库内均无收存，不敷发给，应俟江南省解到时，再行知照该将军差员赴部请领应用。其黑龙江现请棕绳三十六根现在按照成案奏请折价发给，每桐油一百斤准用有盖油篓一个，每十个准备空油篓一个，共给油篓二个。又风竿竹三百根，每四百根装一车，以及装载桐油等项每一千三百斤装一车，二共准给车一辆二分三厘九毫，照例核给五成实银，在于本部发给，该将军差员六品官伯广、委官张成均支领，自行雇车运至盛京，由驿站运送该处应用，其一半票银遵照户部新章停放。至护送绿旗官兵出山海关照票移咨兵部给发，仍札行山海关监督，将本部给过油篓、车辆数目查明报部。相应咨覆黑龙江将军可也。须至咨者。

右咨黑龙江将军。

又臺爾根三年往呼蘭運糧動用次船五隻江船二隻又呼蘭三年往齊齊哈爾運送糧石動用糧船五隻又黑龍江三年動用次船十二隻共用過好條鐵桐油線麻白布棉線風竿竹抱桅竹篷繩棕繩線麻繩蒜麻繩等項先據黑龍江將軍專摺奏明並經本部議覆知照戶部在案自應准其支領以補原款應將桐油壹百貳拾貳斤玖拾玖足貳文壹尺婦線貳斤照該將軍冊開補領數目移谷戶部給發好條鐵壹百柒拾壹斤拾捌囬建鐵線麻壹百貳拾斤繰麻繩柒百叁拾根蒜麻繩貳拾伍根開單移咨

盛京工部照數給發其篷繩壹百貳拾柒根三處繩柒拾壹根抱桅竹壹百伍拾片現在庫内均無存不敷發給應俟江南省鮮到時再行知照該將軍差員赴部請領應用其黑龍江現請給棕繩叁拾陸根現在檄照成案奏請折價盔給每桐油壹百斤准用有蓋油簍壹個每拾個

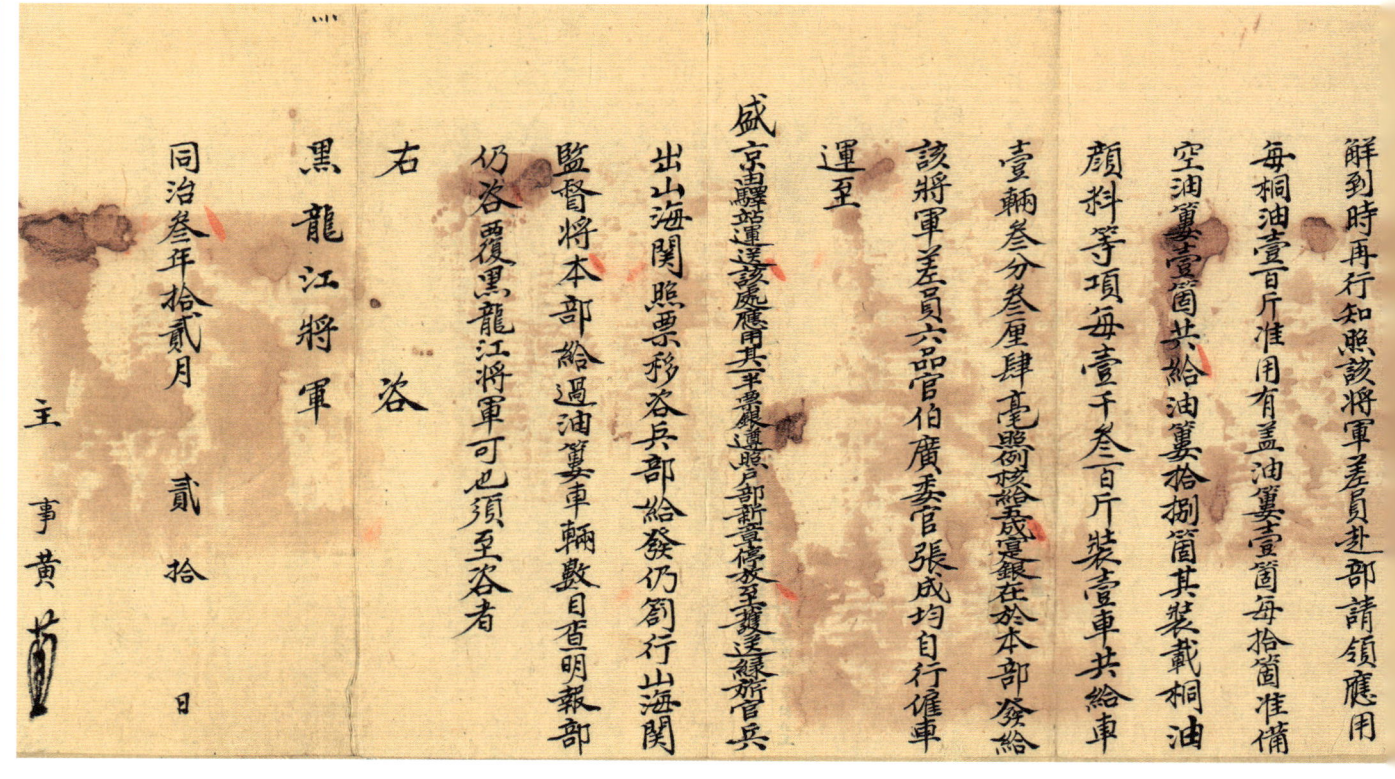

工部为照数发给修补船只物料并将本部给过油篓、车辆数目查明报部事致黑龙江将军的咨

同治三年十二月二十日

工部为呈明事。

都水司案呈：据黑龙江将军请领齐齐哈尔补修次船九只、渡船二只、呼兰拆造渡船二只，共需桐油、颜料、篢绳、条铁、线麻等项。前经该将军专折奏明并经本部议覆准其支领在案。应将桐油一千六百五十六斤六两四钱、银硃二斤四两、黄丹三斤十两五钱、石黄三斤一两五钱、腾黄二斤四两九钱、大碌三斤一两五钱、铜碌二斤四两九钱、靛花三斤一两五钱、定粉四斤十五两二钱、土子一斤十三两七钱、水胶六斤三两、烟子十八斤、红土二十七斤开单移咨户部给发。条铁二千四百七十三斤十二两、线麻一千六百六十斤开单移咨盛京工部给发。篢绳十八根现在库内无存，应俟南省解到时再行知照该将军差员赴部请领应用。每桐油一百斤准用有盖

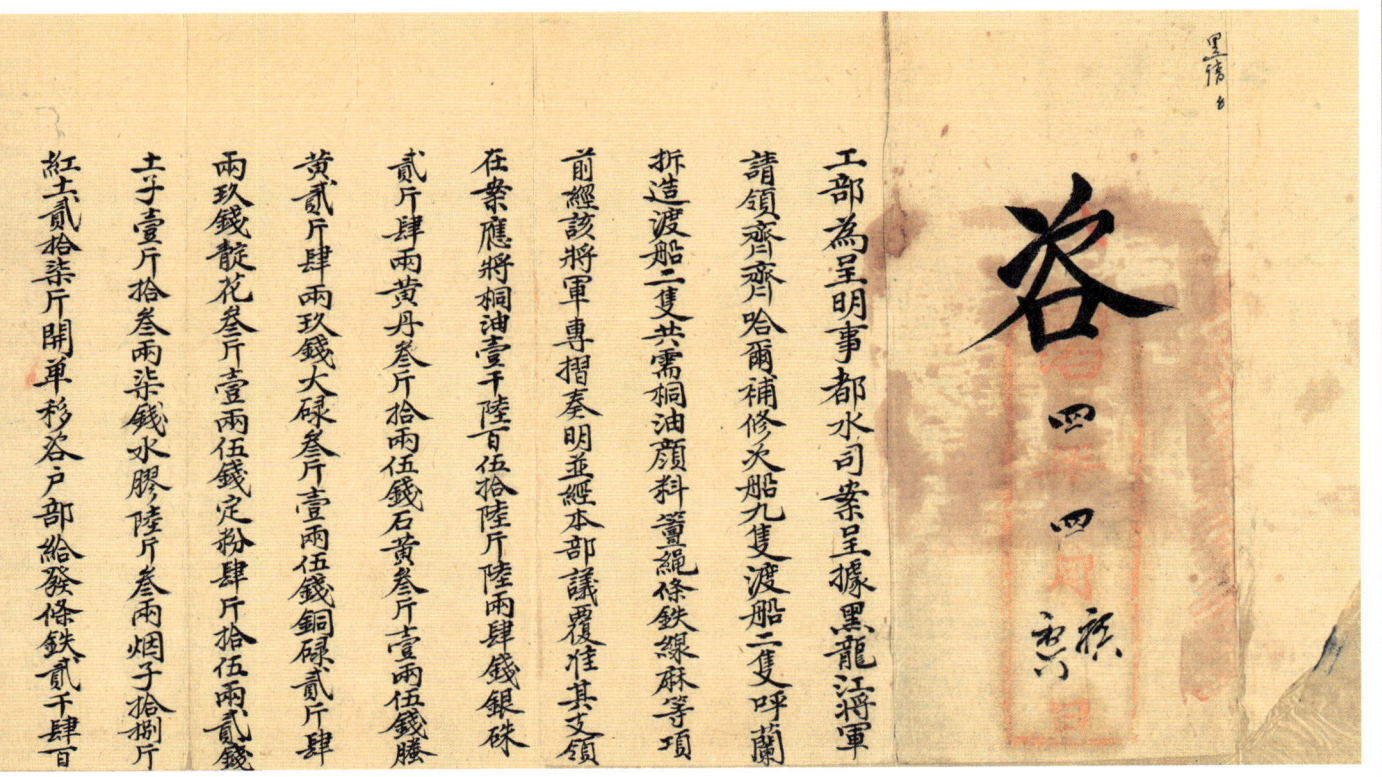

油篓一个,每十个准备空油篓一个,共给油篓十八个。其装载桐油、颜料等项,每一千三百斤装一车,共给车一辆三分三厘四毫,照例核给五成实银在于本部发给,该将军差员六品官伯广、委官张成均自行雇车运至盛京,由驿站运送该处应用。其一半票银遵照户部新章停放,至护送绿旗官兵出山海关照票,移咨兵部给发。仍札行山海关监督,将本部给过油篓、车辆数目查明报部,仍咨覆黑龙江将军可也。须至咨者。

右咨黑龙江将军。

工部为前欠黑龙江棕绳折价补给自行采买及齐齐哈尔等三处物料俟到省再行给发事致黑龙江将军的咨

同治三年十二月二十七日

壹千贰百贰拾伍片白布伍百贰贰丈壹尺捌寸棉线拾陆斤捌两各该处造具清册补领等因查前项部欠未发棕绳等项俱是战船粮船随用俺存之项尤关紧急之需理应补给以俺需用按城分晰造具满汉文册咨请照数发给由本衙门派六品官伯广委官张成均领回以归原欠等因前来随经本部以库存棕毛不敷发给若俟行令江南省办解到日再行给发恐需时日应仿照咸丰七八九叁年并同治贰年办过成案再将咸丰捌玖两年旧欠棕绳贰百伍拾叁根又本年黑龙江现请补领案内应用棕绳叁拾陆根计核正耗棕毛先行折价

工部为呈明事。

都水司案呈：先据黑龙江将军咨称，齐齐哈尔、黑龙江、莫〔墨〕尔根、呼兰河四处历年拆造补修船只及运粮动用船只欠给未发棕绳内，除同治二年由部发给咸丰七年旧欠棕绳一百七十根，又发给同治二年黑龙江现请棕绳一百二十九根开除外，其余自八年起，齐齐哈尔、莫〔墨〕尔根、呼兰河三处拆造补修船只及运粮船只欠给未发棕绳五百六十八根，又六年起齐齐哈尔等四处拆造补修及运粮船只欠给未发籫绳九百九十七根、抱桅竹一千二百二十五片、白布五百二匹二丈一尺八寸、棉线十六斤八两，各该处造具清册补领。等因。

咨

工部為呈明事都水司案呈先據黑龍江將軍咨稱齊齊哈爾黑龍江莫爾根呼蘭河四處歷年折造補修船隻及運糧動用船隻欠給未發棕繩內除同治貳年由部發給咸豐柒年舊欠棕繩壹百柒拾根又發給同治貳年黑龍江現請棕繩壹百貳拾玖根開除外其餘自捌年起齊齊哈爾莫爾根呼蘭河三處折造補修船隻及運糧船隻欠給未發棕繩伍百陸拾捌根又陸年起齊齊

查前項部欠未發棕繩等項俱是戰船、糧船隨用備存之項，尤關緊急之需，理應補給以備需用。按城分析造具滿、漢文冊咨請照數發給，由本衙門派六品官伯廣、委官張成均領回，以歸原款。等因前來。隨經本部以庫存棕毛不敷發給，若俟行令江南省辦解到日再行給發恐需時日，應仿照咸豐七、八、九三年並同治二年辦過成案，再將咸豐八、九兩年舊欠棕繩二百五十三根又本年黑龍江現補領案內應用棕繩三十六根計核正耗棕毛先行折價發給該差員支領，就近採買，打造繩斤應用。其運送車輛銀兩照例核給，至造繩工價錢文，另行照案核給，在於本部節慎庫照數發給。于同治三年十二月二十五日專折具奏，本日奉旨：依議。欽此。欽遵在案。

查咸豐八、九兩年舊欠暨同治三年黑龍江現請補領案內棕繩共二百八十九根，共合正耗棕二萬六千一百九十斤十五兩五錢並需用車價、棕價二共發給五成實銀七百三十五兩八錢一分六厘。其一半票銀遵照戶部新章停放，墊車稻草實銀七錢九分一厘均具領行節慎庫給與該將軍差員六品官伯廣、委官張成均就近如數採買棕毛打造棕繩二百八十九根，雇車運至盛京，由馹站運送該處應用，其護送綠旗官兵出山海關照票，移咨兵

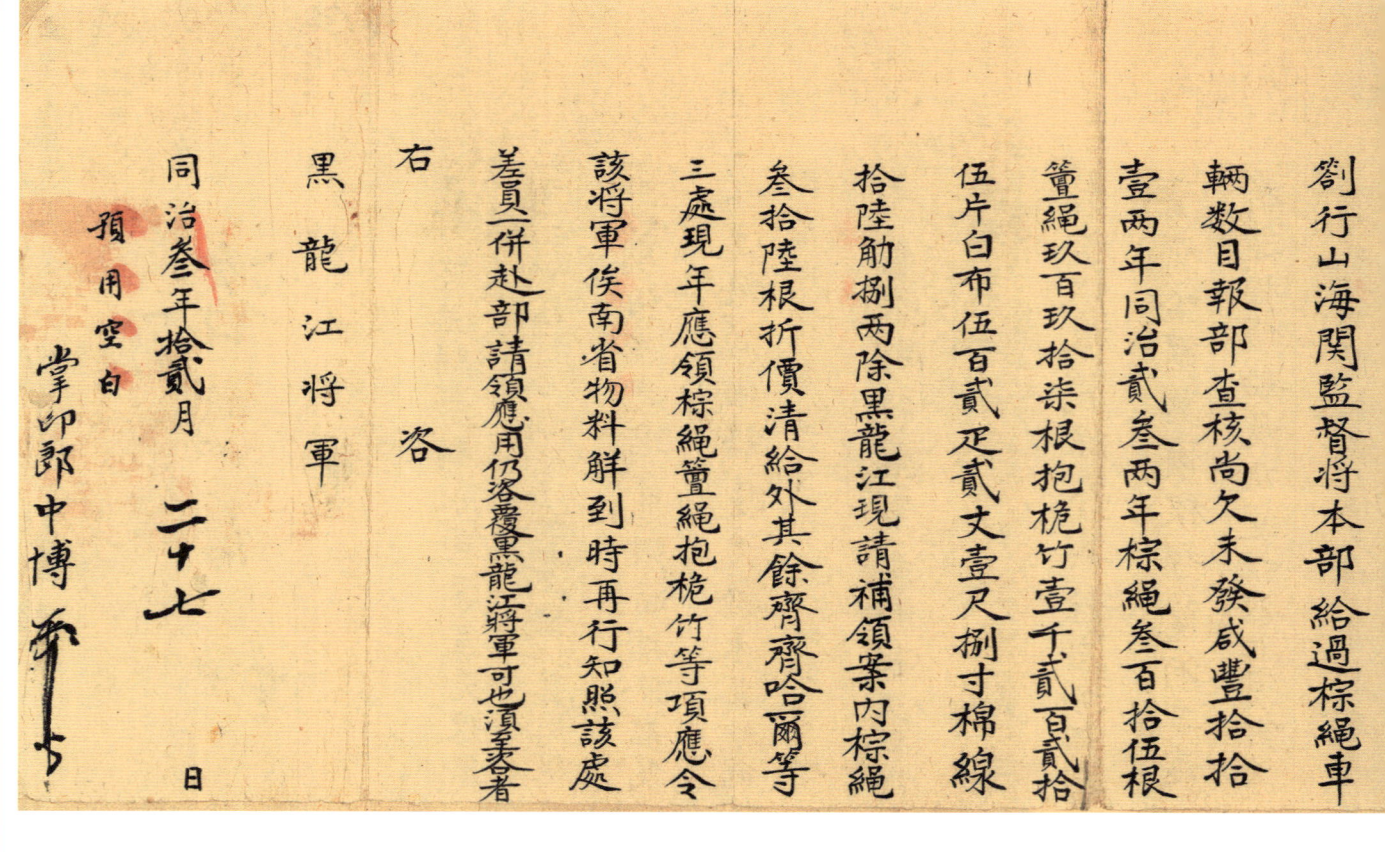

部给发，仍札行山海关监督，将本部给过棕绳车辆数目报部查核，尚欠未发咸丰十、十一两年、同治二、三两年棕绳三百十五根、簀绳九百九十七根、抱桅竹一千二百二十五片、白布五百二四二丈一尺八寸、棉线十六斤八两，除黑龙江现请补领案内棕绳三十六根折价清给外，其余齐齐哈尔等三处现年应领棕绳、簀绳、抱桅竹等项，应令该将军俟南省物料解到时再行知照该处差员一并赴部请领应用，仍咨覆黑龙江将军可也。须至咨者。

右咨黑龙江将军。

发给该差员支领就近採买小造绳觔应
用其运送车辆银两照例核给在於本部
节慎库照数发给於同治叁年十二月
二十五日专摺具奏本日奉
旨依议钦此钦遵在案查咸丰捌年
旧欠暨同治叁年黑龙江现请补领案
内棕绳共贰百捌拾玖根共合正耗棕
贰万陆千壹百玖拾斤拾伍两伍钱
并需用车价棕价二共发给五成实
银柒百叁拾伍两捌钱壹分陆厘其半票
银遵照户部新章停放垫车稻草实
银柒钱玖分壹厘均具领行节慎库给与
该将军著员六品管伯广委官张成均就近如数
採买棕毛打造棕绳贰百捌拾玖根僱
车运至

武备院为限于同治四年四月内将所需箭杆、雕翎等项解交到院事致黑龙江将军衙门的咨

同治三年十二月

武备院为咨覆事。

毡库案呈：准黑龙江将军来文内称本院行取年例白圆桦木箭杆八千根、雕翎八千副、桃枝八千枝，并本年补造端门楼归款白圆桦木箭杆八千根、雕翎四千副、桃枝五千枝，又为补造库存箭枝应添行白圆桦木箭杆一万六千根、雕翎一万四千副、桃枝二万枝，派出主事连英、仓官额拉瑃额等解送武备院见覆。等因前来。本院于十二月二十一日如数收讫，相应咨覆外，其应交同治四年分年例白圆桦木箭杆八千根、雕翎八千副、桃枝八千枝，选其上好者仍按届期解交本院。查端门楼归款箭枝现已如数造齐

咨覆

印信 遵封

五月初五日

武備院為咨覆事現庫案呈准黑龍江將軍來文內稱本院行取年例白圓樺木箭桿捌千根鵰翎捌千副桃枝捌千枝並本年補造

端門樓歸欵白圓樺木箭桿捌千根鵰翎肆千副桃枝伍千枝

又為補造庫存箭枝應添行白圓樺木箭桿壹萬陸千根鵰翎壹萬肆千副桃枝貳萬枝派出主事連英倉官額拉瑃額等解送武備院見覆等因前來本院於拾貳月貳拾壹如數收訖相應咨覆外其應交同治肆年分年例白圓樺木箭桿捌千根鵰翎捌千副桃枝捌千枝選其上好者仍按屆期解交本院查

毋庸添行外，查同治二年三月二十二日军机处片交本日议政王、军机大臣面奉谕旨，多隆阿奏请饬发战箭五万枝解营。等语。着武备院照数备齐迅速解赴多隆阿军营，毋稍迟误。钦此。相应传知贵院钦遵办理。当经本院由库存梅针箭项下拨给箭五万枝，查此项箭枝遇有动用例应补造归款，其所需箭杆、雕翎、桃枝等项呈明，咨行黑龙江添行白圆桦木箭杆二万根、雕翎一万八千副、桃枝三万枝，务饬挑选上好者，限于明年四月内解交到院，此系军需紧要差务，万勿迟缓可也。须至咨覆者。

右咨覆黑龙江将军衙门。

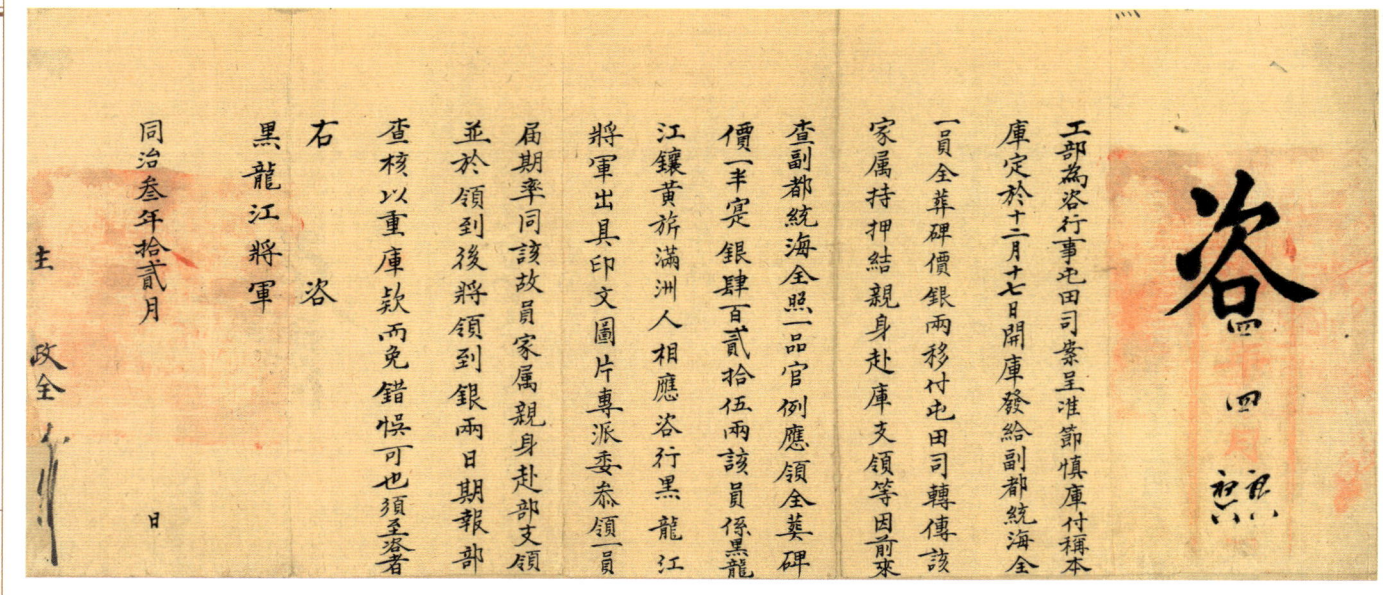

工部为派参领率同海全家属赴部支领葬碑价银并将领到银两日期报部核查事致黑龙江将军的咨

同治三年十二月

工部为咨行事。

屯田司案呈：准节慎库付称，本库定于十二月十七日开库发给副都统海全一员全葬碑价银两，移付屯田司转传该家属持押结亲身赴库支领。等因前来。

查副都统海全照一品官例应领全葬碑价一半实银肆百贰拾伍两，该员系黑龙江镶黄旗满洲人，相应咨行黑龙江将军出具印文图片，专派委参领一员届期率同该故员家属亲身赴部支领，并于领到后将领到银两日期报部查核，以重库款而免错误可也。须至咨者。

右咨黑龙江将军。

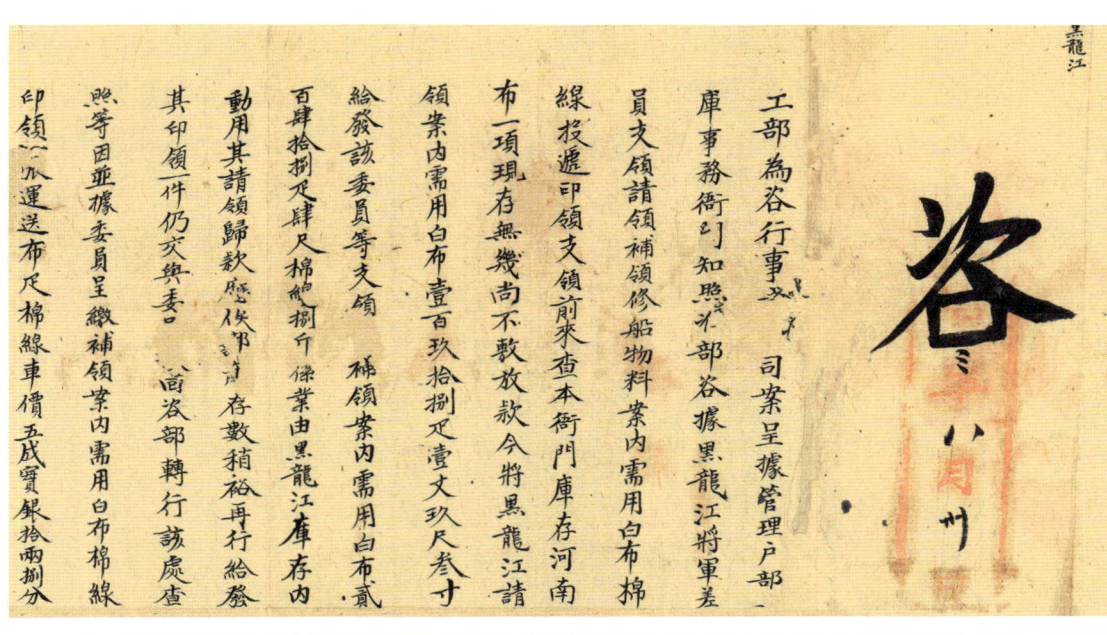

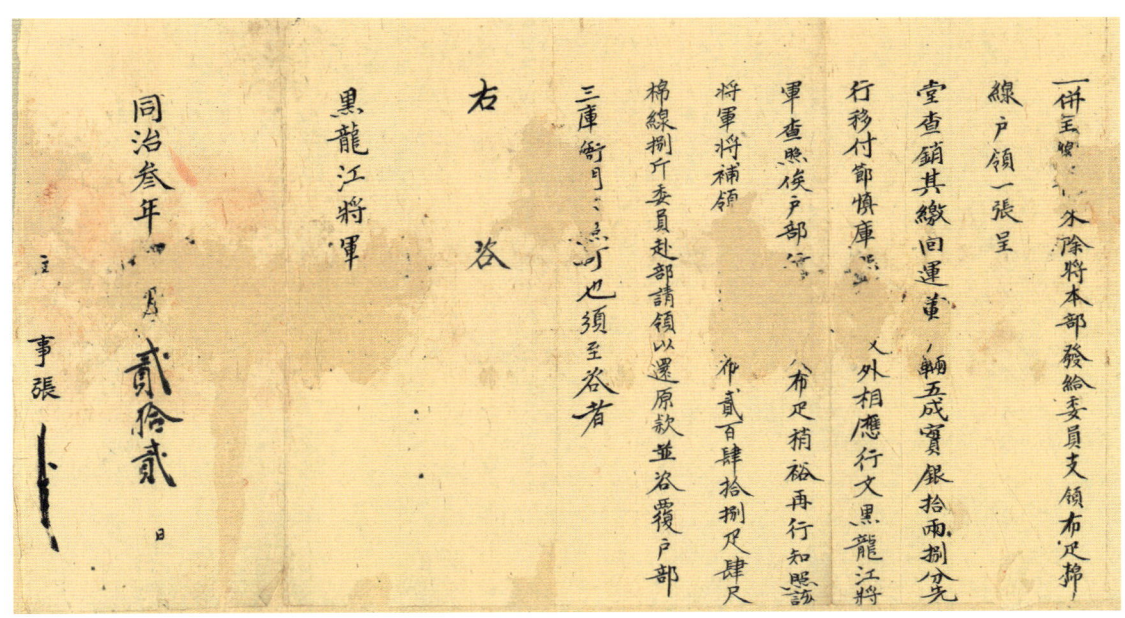

工部为俟库存充裕再行补发白布等项事致黑龙江将军的咨

同治三年□月二十二日

工部为咨行事。

□□司案呈：据管理户部库事务衙门知照准部咨，据黑龙江将军差员支领、请领、补领修船物料案内，需用白布、棉线投递印领支领前来。查本衙门库存河南布一项现存无几，尚不敷放款，今将黑龙江请领案内需用白布一百九十八匹一丈九尺三寸发给该委员等。支领、请领、补领案内需用白布二百四十八匹四尺棉线八斤，系业由黑龙江库存内动用，其请领归款应俟部库存数稍裕再行给发。其印领一件仍交与委员带回，咨部转行该处查照。等因。并据委员呈缴补领案内需用白布、棉线印领派运送布匹、棉线车价五成实银十两八分一并全□前来，除将本部发给委员支领布匹、棉线户领一张呈堂查销，其缴回运送车辆五成实银十两八分先行移付节慎库照数□外，相应行文黑龙江将军查照，俟户部□布匹稍裕，再行知照该将军将补领白布二百四十八匹四尺、棉线八斤委员赴部请领以还原款，并咨覆户部三库衙门查照可也。须至咨者。

右咨黑龙江将军。

黑龙江将军衙门为议定喀尔喀、巴尔虎界址绘图分送事致库伦办事大臣、吉林将军衙门的咨

同治三年

镇守黑龙江等处地方将军衙门为飞速咨送事。

兵司案呈：查上年秋间遵奉谕旨，饬交三省将军、大臣拣派委员约期会同详细履勘喀尔喀、巴尔虎互争界卡一案，即经三省派员查勘绘图分递后，往返咨商拟定，会衔具奏请旨，饬交军机、理藩院勘断之处意见相同，由本衙门酌拟折底分送二省，呈请酌改书奏，并咨询库伦大臣应书衔名汉字去后。旋于正月十二日接到吉林将军书奏折稿，二月初十日接到库伦办事大臣书奏折稿，续于二月二十五日又准库伦将贵大臣衔名书写汉字送到本衙门，随即遵照会衔原稿缮折绘图，于二月二十八日差员具奏，并由本衙门照录原奏、绘画地图咨呈军机大臣、理藩院备核去讫，应请将原绘地图并照录奏折各一分分送吉林、库伦二省存案。等因。相应咨行贵将军、贵大臣查照。再，本衙门前准库伦会商更正三签，并添前任办事大臣特克慎因病开缺，新任办事大臣文盛到任接办之处，当经本衙门添写时误落一扣，经贵将军衙门查核行知前来，当将错误之处仍照前稿更正，并将该司司员、笔帖式等由本衙门分别惩办之处一并知照贵将军衙门，仍札饬呼伦贝尔副都统衔总管，今由将军衙门咨行库伦公文封筒一角，到日速为转递毋误可也。须至咨者。

右咨库伦办事大臣、吉林将军衙门。

黑龙江将军衙门为请知会两省接壤处所山河方向形势阔狭情形事致吉林将军衙门的咨
同治三年

镇守黑龙江等处地方将军衙门为飞速咨送事。

兵司案呈：案查前准吉林将军衙门咨开，准总理各国事务衙门咨开，奏请沿海、沿边省分应令绘具地图一折，奉旨：依议。钦此。抄录原折知行〔行知〕前来。当即钦遵分别咨札照办外，查吉林疆域东北与黑龙江接壤，现虽出派委员分路履勘，而交界之处山河方向形势阔狭，将来绘具图说诚恐彼此分歧，惟有查竣时各将贴说绘图互相知会，庶昭画一。等因。当经本衙门将饬查情形咨覆在案。今据所属各城将查勘形势绘图咨报前来，应请先将黑龙江、胡〔呼〕兰二城属界与吉林省接壤处所山河形势绘图贴说飞行咨送，以备查照外，查旧案，松花江北岸古木讷古城等处设有封堆十二处，此封堆以南乃系吉林省移驻旗户，又设有台站五座，现在本衙门图内仅将界限封堆、河道、台站绘入贴说，其村落人户无从查考，并未绘入之处合并声明，亟应呈请飞咨。等情。据此飞咨，即希贵将军衙门，仍希将贵省所绘搭界处所山河方向形势阔狭详细情形迅速知会，以凭照办可也。须至咨者。

右咨吉林将军衙门。

黑龙江将军衙门为禁止俄人赴墨尔根城贸易并派员尾随严加管束事致黑龙江城副都统衙门、墨尔根城副都统衙门等的咨

同治三年

将军衙门为飞速咨会事。

兵司案呈：于本年五月初一日据呼伦贝尔总管详，据库克多博俄罗斯玛雨尔声言，伊国人等赶带牲畜执持本国印票于四月二十四日顺根河由你们查边道路往赴墨尔根城贸易，由彼前往瑷珲等语，阻止不听。等情详报前来。当已查照俄国陆路通商章程第一款内载：两国边界贸易在百里均不纳税，其稽查章程任便两国各按本国边界限制办理。又第二款内载：俄商小本营生准许前往中国所属设官之蒙古各处及该官所属之各盟贸易，亦不纳税，其不设官之蒙古地方如该商欲前往贸易，中国亦断不拦阻。又第三款内载：俄商运俄国货物前往天津，应有俄国边界官并恰克图部员盖印执照，内用两国文字注商目及随人姓名、货色、包件数目，此项货帮止准由张家口、东坝、通州直抵天津，任凭沿途各关口，中国官员迅速点数抽查验照，盖戳放行。又第七款内载：俄商所运无论何项货物，如至天津查有拆动、抽换或张家口截留之货数目多于十分之二及绕越他处不按第三款之路而行，一经中国官查出某商违例，其货物全行入官，要语驳斥。等因。飞饬该总管，务须派委干练总管等速赴库克多博卡所会见该玛两尔，明白晓谕，按约剖辩，不得由此达彼违约而行。倘不听拒阻，伊报知伊驻京大臣，回覆后准许行走，总以善言开导阻止，不可藉端起衅为要。等因札覆去讫。惟思该夷来意已定，倘不遵拦阻，径奔墨尔根城亦未可定，亟应飞咨该副都统务须预派干练妥员迎往该处查边路口寻会该夷，务期遵照俄国陆路通商章程明白开导，晓谕该城本非与伊搭界通商处所等语，要词拒阻，不得令其擅入城中互换货物，有违定制。并告以瑷珲原许通商处所，自应由水路前往，断不准由陆路而行。倘该夷固执往赴瑷珲，由该处派委妥员尾随查看出境，仍将出境无事之处作速飞报前来，以备查核。等情。相应飞咨墨尔根城副都统知照外，并飞咨黑龙江城副都统，该夷等倘到该处，不准通商，即派人送到海兰泡交与该酋，告以该国人等虽携有执照，奈不河〔合〕定章，两国和好，自此以后不可再行等语告知，并将该夷何

日送到海兰泡无事之处飞速咨报，以凭查核，并札饬墨尔根等站站官西兰保，倘该夷到站，务须择派晓事笔帖式、领催等尾随查看，并严加管束各站人等，不得图利交易，滋生事端为要。等因。据此，合将原报清文抄录粘单咨行各该处一体遵照可也。

右咨黑龙江城副都统衙门、墨尔根城副都统衙门、管理墨尔根等站站官西兰保。

黑龙江将军衙门为已照会俄国驻京公使令欲至吉林之俄人回国事致黑龙江副都统衙门、呼伦贝尔副都统衔总管的咨

同治三年

将军衙门为咨行事。

兵司案呈：于本年八月初六日准吉林将军衙门咨开，承办处案呈，本年七月十六日本衙门恭折具奏，为俄酋欲至吉林，理阻不服，恃强深入缘由恭折由驲祈圣鉴事。窃查前据三姓副都统富尼扬阿报称，俄人于六月十五日由下江驾驶火轮船载同原由内地前往传教法士飞奔松花江西上，称赴三姓贸易并送法士旋回，卡官拦阻不允，驶至拉哈苏苏地方，复经尽先协领讷尔吉差次迎见登船力办〔辩〕，始将法士人船留在富替新，轮船回航，并称此来试探江水深浅，随后必有双轮火船仍进松江。等因飞报前来。并准黑龙江将军咨照，是月二十五日有海兰泡夷酋往见副都统关保，通事述称，伊接嘎尔萨果幅札文，因驻守东海奇矶阔邨固毕尔那托尔欲与吉林将会晤商办事件，故派头目乘火轮船进松花江，求给转咨吉林，为其沿途预备柴木，以待船至取用。等语。经该副都统据理开导，不欢而返。等情。奴才等当即先后飞呈总理各国事务衙门，请与驻京俄使据约剖辩，一面飞札三姓副都统督同该处尽先协领讷尔吉等设法阻报去后。旋据咨报，七月初一日法士杜柏随带从人数名旋抵三姓，据称，法士包安德等仍在下江夷境。等情。是日并有俄夷乘火轮船两只，随带板船一只，驶至黑河口卡伦停泊，巡防官云骑尉承庆欲向理阻，该夷不容近前，仅以清语告称，小火轮船内有大官石沙木勒幅同三品官车拉尼扬七幅带领小官九名、兵五十余名，奉国王命由三姓往见吉林将军议办要事，大火轮船内有大将军带领大官十余名、兵百余名，特来护送闯卡，语毕递给清字开写人船数目一纸，即向松花江上驶。报经奴才等添派员弁处处严防，节节阻止，并调署阿勒楚喀副都统德英选带兵勇顺江迎阻。嗣据富尼扬阿报称，协领富庆等迎至霍悦洛处，向其阻止，坚不允从。复经防御葛浑在厄音莽嘎地方登船与语，而该酋石沙木勒幅托睡不见，当与俄官车拉尼扬厄幅照约理论，据称持有公文，必须往见吉林将军面投，非来贸易等语。许以将文转递，执意不从，并于沿途观绘山川形势。又经二品顶戴协领永祥驰

往迎阻，亦复不允，俄酋献出夷文一纸，飞送到省详加披阅，系用清、俄字开写官兵人数，述及欲来吉林，声明由三姓进省，如遇水浅轮船不能上驶，即就陆路巡行，为其筹备车马，伊必给资。等情。当经永祥严词拒阻不听。讵意近日霪雨连绵，江河涨发，夷酋竟乘火轮一只，据报已于本月初九日行过胡尔哈河，向小右洞河一带上驶。等情。奴才等伏查该夷贪鄙成性，诡谲多端，屡欲闯入三姓通商，而于吉林、松花江尤为垂涎窥伺，先在圣明洞鉴之中，今果藉称公事，蓄意要求越境，恃强乘船深入，节经理阻，置若罔闻。现既驶越三姓上游，相距省垣不过数百里，夷船迅疾，旦暮可至。虽称会商公事，难免包藏祸心，拒之过严，固恐藉端生变，示之以弱，必肆无厌之求，第既有约在先，断难自俄开禁，惟有据理辩论，随机应变而已。除派委员并饬所属拣选兵勇布置防闲，并将节次咨报情形暨该夷来文呈送总理各国事务衙门，速向俄国驻京公事〔使〕按约剖辩，转饬即日回国外，所有夷酋欲至吉林，理阻不服，恃强深入缘由，理合恭折由五百里驰奏，伏乞皇上圣鉴训示遵行。谨奏。等因具奏之处于七月二十九日奉到回折，议政王、军机大臣奉旨：另有旨。钦此。同日承准议政王、军机大臣字寄吉林将军景纶、副都统麟瑞，同治三年七月二十二日奉上谕：景纶、麟瑞奏，俄酋欲至吉林，理阻不服一折，据称俄官石沙木勒幅等乘坐轮船带领兵役多名向松花江上驶，声称欲由三姓往见吉林将军议办要事，经景纶等派员迎阻，坚不允从，并在沿途观绘山川形势，已于本月初九日行过胡尔哈河，向小古洞河一带上驶。等情。并据议政王等面奏，总理各国事务衙门前接到该将军等次〔咨〕文时，业经照会俄国驻京公使，据理与之剖辩，现尚未接照覆，吉林、三姓等处并非条约内所载准行通商地方，该酋恃强深入，理阻不服，且沿途绘写山川形势，包藏祸心，深属叵测。现在该夷轮船已向松花江上驶，越过三姓将抵吉林，著景纶、麟瑞于该俄官到城来见时，告以总理各国事务衙门已照会该国驻京公使，由三姓至吉林均非条约内准行通商地方，按约辩论，令其即行回国，并仍拣派兵勇加意防维，如续有夷船肆行闯入，即当妥为理论，毋任沿江上驶。并饬令三姓副都统等一体严密防范，以固边围，勿稍疏懈，将此由四百里各谕令知之。钦此。钦遵旨寄信前来。相应抄录原折恭录谕旨，呈请飞咨黑龙江将军衙门知照可也。等因前来。相应咨行黑龙江城副都统衙门并札饬呼伦贝尔副都统衔总管知照可也。须至咨者。

右咨黑龙江副都统衙门、呼伦贝尔副都统衔总管。

黑龙江将军衙门为抄录依力河淘金民夫查拿逃散一案及俄人由下江乘坐轮船欲赴三姓贸易不服拦阻一案照会事致黑龙江城副都统衙门、呼伦贝尔副都统衔总管的咨
附：往来照会
同治三年

将军衙门为咨行事。

兵司案呈：本年八月十五日准钦命总理各国事务衙门咨，本年七月初一日据吉林将军咨报依力河掏〔淘〕金民夫门〔们〕拿逃散一案，又于七月初五日咨报俄人由下江乘坐轮船欲赴三姓贸易不服拦阻一案。复于七月初六日准贵将军咨，俄国卡目雅嘎尔布与商人批宽等赴墨根城贸易，派员送交海兰泡俄官一案。本衙门当据咨据报各情并案给与俄国公使照会，与之逐层辩论，业于七月十二日备文知照在案。兹准照覆，据称尚未接到东悉毕尔总督移文，现已据情行查。等因。虽未自认违约之咎，其理屈词穷，已可概见。除俟续有照覆前来再行知照外，相应抄录往来照会各一件咨行贵将军查照可也。等因前来。相应将来咨照会抄录粘单咨行黑龙江城副都统衙门并札饬呼伦贝尔副都统衔总管查照可也。须至咨者。

右咨黑龙江城副都统衙门、呼伦贝尔副都统衔总管。

计照会一纸。

附：往来照会
照录给俄国照会
为照会事。

准吉林将军文称：本年六月间有该俄官带人至珲春街，经查街官查问，据称一系俄国查边图勒斌官，一系摩阔崴官，现因沿海摩阔崴北岸依力河地方有民人相聚掏〔淘〕金，恐人多生事，希为驱逐。等语。当即派出官兵会同前往依力河地方驱逐，掏〔淘〕金民夫等俱各畏罪潜逃，追缉无踪。又文称本年六月间黑河口巡防官哨见由下江突来火轮船一只，随带小船并载有传教法国人，由齐齐喀直奔松花江口暮越西上，经卡官迎阻至拉哈苏苏，始从火船下来俄人混侵等三名，持有庙尔俄官给发执照，今赴三姓贸易，并送法国教士等语。该弁等因条约内并无三姓城准其通商，明文劝阻不听，复令其听候请示，亦不听从，该弁等登火船理论，该俄人等即拔锚开船，强载该

弁等越卡上行十余里停泊，该弁等始设法下船回报。又黑龙江将军文称，本年四月间据呼伦贝尔总管报称，有对岸俄国卡人哩吧奇声称，俄国卡目雅嘎尔布与商人批宽等共十一人车载货物，恃有恰克图领事官发给执照由此过界赴墨尔根城贸易，由彼前赴瑷珲。等语。查墨尔根城并非通商处所，随饬沿途劝阻，令其折回，乃俄人恃有执照，坚不肯回，于五月二十日到黑龙江城界，当派员送交海兰泡俄官告以此来俄商虽执有票照，核与条约不符，该处俄官答以来商虽属违约，系由恰克图领事官准行之事，伊不知情。嗣后再不准俄人如此通商。等语。以上各案均请照会俄国驻京公使查办。等因咨行前来。本王大臣查中国民人违约赴依力河淘金，业已聚集多人，断非一朝一夕之事，该处俄官不于初聚之时即行知照驱逐，乃容其聚集人多，万一人众势强，岂不酿成巨患，以致贻累该处地方。此系中国民人违约之事，俄官无所回获，何以俟查边图勒斌官到后始行知照，殊不可能，兹吉林将军一闻贵国官员查报因系中国民人违约，即时派员会同驱逐，实系按照条约办理，嗣后再有此等情事仍望随时知照，以便照约惩办，中国绝不袒护。但中国于违约之事既已照惩，贵国人有违背之事亦宜照约禁阻，即如三姓及墨尔根城等处均非通商处所，该商等不应违约前往，乃俄官发给前往三姓执照以致该商乘船越卡，不服拦阻，复挟带该弁等行驶十数里，似此行为殊失遵守条约之意，但其咎固在商人，亦因俄官滥发执照所致，该俄官似难辞咎。至赴墨尔根城贸易之俄商恃有恰克图执照不听劝阻，经派员送交海兰泡，俄官虽认该商为违约，然此事究系恰克图领事官错误。以上各情行相应照会贵大臣转饬严禁各商人务须遵守条约，于不通商处不准任意前往，并饬边界各官此后须查明实系通商之地与条约相符，方准发给执照，否则不得滥给，以免该商等任意肆行，自蹈违约之咎，是为至要。须至照会者。

照录俄国照会
为照覆事。

本年七月十五日来照会所称沿海摩阔崴北岸依力河地方有中国民人私聚淘金各等案，本大臣现尚未接到东悉毕尔总督移文，未知其详，拟将贵王大臣来照抄录转行并请查照详覆，俟覆文到时再行照覆贵王大臣。至船内所载法国教士一名，本大臣微有怪异，缘夙闻本国该处并无法国传教之人也。为此照会。须至照会者。七月二十七日。

黑龙江将军衙门为已照会俄国任凭中国平毁在夹心滩越界耕种地亩事致黑龙江城副都统衙门的咨
附：往来照会

同治三年

将军衙门为咨行事。

兵司案呈：于同治三年十月二十三日准钦命总理各国事务衙门咨开，同治三年九月二十三日准黑龙江将军咨称，本年八月间仍有俄人在雅克萨对岸夹心滩地方越界耕种地亩，当经该副都统面见俄官理论禁止。据俄官声称，去岁驻京公使咨开并无不准在夹心滩耕种明文，不准平毁。请示遵办。等因前来。

本衙门当即照会俄国驻京公使，再为切实转行东悉毕尔总督，严饬边界官将私垦地亩任凭中国平毁，嗣后不准再有越界私垦情事去后。旋据照会覆称，此事已将前照会译成俄文东悉毕尔总督查办。等语。相应抄录往来照会咨行贵将军查照可也。等因前来。相应将来咨照会抄录粘单咨行黑龙江城副都统衙门查照可也。须至咨者。

右咨黑龙江城副都统衙门。

计粘单。

附：往来照会
照录给俄国照会
为照会事。

上年七月间因俄人在雅克萨对过黑龙江右岸江滩地方越界私垦，当经本王大臣于上年八月二十六日及十一月十二日两次照会转饬禁止，于本年四月十九日接准贵大臣照覆，业已札行阿穆尔省固毕尔那托尔将在黑龙江右岸江滩越界私垦之处严行禁止，并取有边界官饬禁下年越界耕种俄字禀据各在案。兹复据黑龙江将军咨报，本年八月间仍有俄人在雅克萨对岸夹心滩地方越界耕种地亩，当经该副都统面见俄官详加理论，以上年俄人越界耕种地曾经驻京公使转饬禁止，何以本年仍复违禁。俄官覆称，去岁驻京公使咨开仅有禁止俄人在沿右岸耕种之语，并无不准在夹心滩耕种明文，并称系由上司饬行耕种，不准平毁，若俄门〔国〕驻京公使札令不准在夹心滩耕种，当即遵行。等情请示遵办前来。本王大臣查此夹心滩紧靠黑龙江右岸，实系中国专管地方。和约所载以黑龙江左右分岸，自当以江身大流为断，该滩既靠右岸，自应统归中国所属，亦如中国人不能违约赴右〔左〕岸夹心滩耕种，其理相同也。况上年既经贵大臣将在黑龙江右岸夹心滩私垦之处严行饬禁，并由黑龙江地方官所有俄官字据，均属确有凭证，何以现在俄人又赴右岸夹心滩私垦，并称上年并无禁止夹心滩耕种明文，显系有意故违，意图侵占。惟既据称如奉驻京公使饬禁不准在夹心滩耕地，立即遵行，相应照会贵大臣查照，在〔再〕为切实转行东悉毕尔总督严饬边界官，将不应耕种之中国右岸夹心滩地亩任凭中国平毁，嗣后不准再有越江私垦情事，以重信守而敦和好，即希见覆可也。须至咨者。九月二十九日。

照录给俄国照会

为照覆事。

九月二十九日接到贵王大臣照会内称：俄人仍在黑龙江右岸夹心滩耕地。等情。本大臣已将此照会译成俄文转行东悉毕尔总督查照，并咨请饬属查明此事，将其情形详细咨覆，俟接到该总督覆文时再行照会贵王大臣可也。为此照覆，即希查照。须至照会者。十月初七日。

黑龙江将军衙门为同治二年十二月至同治三年三月除俄人复在夹心滩一处案未结外无其他与俄国交涉案件转行总理各国事务衙门事致都京兵部的咨
附：咨呈

同治三年

镇守黑龙江等处地方将军衙门为咨报转行事。

兵司案呈：照得本衙门现在咨呈钦命总理各国事务衙门公文一角，一并附入封筒咨送大部，希为转行总理各国事务衙门查照可也。须至咨者。

右咨都京兵部。

附：咨呈

镇守黑龙江等处地方将军衙门为咨呈事。

兵司案呈：照得同治二年七月二十八日承准钦命总理各国事务衙门咨开，所有办理交涉各国事件，嗣后每届三个月各将应办外国之事造具已结、未结清册，咨送本衙门在案，不致互有乖舛，是为至要。等因前来。

本衙门当经遵咨按照三个月将所有办理与俄国交涉奏咨及由本处办理已结、未结各案分别造册，呈送备核在案。兹自去岁十二月十二日起至本年三月十二日止又届三个月，查此一季本衙门办理与俄国交涉事务内，除上年俄人复在夹心滩一处案遵咨听候俄国照覆仍未完结外，此三个月内别无办理与俄国交涉案件，相应声明呈报钦命总理各国事务衙门鉴核施行。须至咨呈者。

右咨呈总理各国事务衙门。

黑龙江城官差借银数目四柱清册
同治三年

　　黑龙江城官差借银数目造具四注〔柱〕清册。
　　黑龙江城官差借银数目造具四注〔柱〕清册开列于后。
　　旧管：原有官差借银九千两。四年由将军衙门初次、二次出征官兵等名下未扣停止银缺项填入银七百六十三两。同治元年五月内咨报将军衙门册内库内现存银六千二百三十九两八钱七分五厘，借给未扣完银二千六百三十三两三钱七分五厘。
　　四年停止银内撤回官兵等名下除扣银下剩停止银一百二十二两。七次停止银四两七钱五分。
　　新收：咸丰元年春季借给未扣完出征河南官兵等三年春季起停止银三十九两三钱七分五厘。九年六月初一日撤回佐领巴依尔胡兰名下未扣一季银五两，九年秋季扣完。
　　元年秋季借给未扣完出征河南官兵等三年春季起停止银三十二两。八年二月二十九日撤回披甲玛勒洪阿名下未扣一季银一两，九年春季扣完。三次出征官兵等三年秋季起停止银二十二两。
　　二年春季借给未扣完出征河南官兵等三年春季起停止银六十三两七钱五分。八年正月十二日撤回披甲博魁名下未扣一季银七钱五分，领催博勒与阿名下未扣一季银二两，披甲乌尔功额名下未扣一季银一两，共应扣一季银三两七钱五分，九年春季扣完。八年二月二十九日撤回领催诺们德勒和尔名下未扣二季银一两五钱，披甲铁福名下未扣二季银七钱五分，领催德山名下未扣二季银三两，披甲玛勒洪阿名下未扣二季银二两，披甲永强阿名下未扣二季银四两，共应扣二季银十一两二钱五分，九年春、秋二季扣完。二次出征官兵等三年秋季起停止银七十一两。八年五月十三日撤回披甲富庆额名下未扣一季银一两，九年春季扣完。
　　二年秋季借给未扣完出征河南官兵等三年春季起停止银一百七十两。九年六月初一日撤回佐领巴依尔胡兰名下未扣四季银三十两，领催委笔帖式依升阿名下未扣四季银六两，共应扣四季银三十六两，九年秋一季扣银九两，仍未扣三季银二十七两。二次出征官兵等三年秋季起停止银四十六两五钱。七年九月十一日撤回披甲色尔森保名下未扣一季银一两，九年春季扣完。八年五月十三日撤回披甲博泰名下未扣二季银二两，九年春、秋二季扣完。三次出征官兵等四年秋季起停止银三十二两七钱五分。

三年春季借给未扣完二次出征兵丁等三年秋季起停止银四两。三次出征官兵等四年秋季起停止银八十四两七钱五分。八年五月十三日撤回披甲金山保名下未扣一季银三钱七分五厘，九年春季扣完。

四年春季借给未扣完三次出征兵丁等四年秋季起停止银九两。

六年秋季借给未扣完往通州调去兵丁等八年秋季起停止银二钱五分。

七年春季借给未扣完往通州调去兵丁等八年秋季起停止银四两五钱。七年春季借给未扣完一季银五百九十五两二钱五分内，除往安徽、天津调去兵丁等名下九年春季起停止银内六钱二分五厘，仍应扣银五百八十六两六钱二分五厘，九年春一季扣完。七年秋季借给未扣完二季银三百五十八两五钱，九年春、秋二季扣完。

八年春季借给未扣完三季银一千六百七十九两二钱五分内，除往安徽、天津调去兵丁等名下九年春季起停止银六十四两八钱七分五厘，仍应扣三季银一千六百十四两三钱七分五厘，九年春、秋二季扣银一千七十六两二钱五分，仍未扣一季银五百三十八两一钱二分五厘。

以上新收银二千五十五两七钱五分，仍未扣银五百六十五两一钱二分五厘。

开除：咸丰八年八月初一日起至九年正月三十日止，都京引见去之骁骑校二员，每员二十五两，领催前锋三名，每人十五两，核计借给银九十五两。贡野鸡、树鸡、打鱼、取桃皮去之官、领催十六名，每人三两，披甲一百四十四名，每人二两，核计借给银三百三十六两。拣派好汉都京引见去之佐领一员三十两，骁骑校一员二十两，核计借给银五十两。榔图鄂咈啰地方防备鄂〔俄〕罗斯坐卡伦去之官五员，每员每月三两，兵五十名，每人每月一两五钱，核计借给一个月银九十两。上下江巡察鄂〔俄〕罗斯去之官六员，每员每月三两，兵三十名，每人每月一两五钱，核计借给两个月银一百二十六两。由下江旋回鄂〔俄〕罗斯往上江送去之官五员，每员每月三两，兵二十名，每人每月一两五钱，核计借给一个月银四十五两。旧瑷珲、黑河京奇里屯地方防备鄂〔俄〕罗斯坐卡伦去之官九员，每员每月三两，兵三十六名，每人每月一两五钱，核计借给月银一百六十二两。前往都京领取上年部欠棕绳去之四品官一员三十两，领催、水手十三名，每人六两，核计借给银一百八两。上下江左岸照管鄂〔俄〕罗斯木垛去之官三员，每员每月三两，兵六名，每人每月一两五钱，核计借给六个月银一百六十二两。厢〔镶〕黄旗屯托里尔、哈达、霍尔莫勒金屯地方防备鄂〔俄〕罗斯坐卡伦去之官三员，每员每月三两，兵六名，每人每月一两五钱，核计借给六个月银一百八两。下江扯勒地方探听鄂〔俄〕罗斯去之官二员，每员每月三两，兵十八名，每人每月一两五钱，核计借给三个月银九十九两。前往都京奏折去之骁骑校一员二十两，兵二名，每人十两，核计借给银四十两。由陆路前往牛满地方哨探鄂〔俄〕罗斯去之官四员，每员每月三两，兵二十名，每人每月一两五钱，核计借给一个〔月〕银四十二两。

以上共借给银一千四百六十三两，内除往安徽、天津调去兵丁等名下九年春季起停止银七两，仍应扣银一千四百五十六两，九年春、秋二季扣银七百二十八两，仍未扣二季银七百二十八两。

九年二月初一日起至七月二十九日止，都京引见去之骁骑校一员二十五两，领催前锋三名，每人十五两，共核计借给银七十两。巡查格尔毕齐边界去之官五员，每员每月三两，兵十八名，每人每月一两五钱，核计借给两个月银二百七十两。西莫齐、奇木尼坐卡伦去之官二员，每员每月三两，兵丁八十名，每人每月一两五钱，核计借给三个月银九十九两。牛满、逊讷莫尔、苏楚那、胡玛尔等处地方坐卡伦往下查河去之官十一员，每员每月三两，兵七十五名，每人每月一两五钱，核计借给两个月银二百九十一两。巡查黑河、京奇里、逊讷莫尔等处并放扎哈板去之官六员，每员每月三两，兵六十六名，每人每月一两五钱，核计借给一个月银一百一十七两。榔图鄂咈啰地方防备鄂〔俄〕罗斯坐卡伦去之官二员，每员每月三两，兵三十名，每人每月一两五钱，核计借给一个月银五十一两。乌噜苏地方防备鄂〔俄〕罗斯坐卡伦去之官四员，每员每月三两，兵七十二名，每人每月二两，核计借给一个月银一百五十六两。乌噜苏牡丹地方探听下驶鄂〔俄〕罗斯去之官一员，每月三两，兵十名，每人每月一两五钱，核计借给六个月银一百八两。上江毕拉地方防备鄂〔俄〕罗斯坐卡伦去之官一员，每月三两，兵九名，每人每月一两五钱，核计借给六个月银九十九两。旧瑷珲、黑河、京奇里地方防备鄂〔俄〕罗斯坐卡伦去之探报由上江来之鄂〔俄〕罗斯官十员，每员每月三两，兵五十名，每人每月一两五钱，核计借给两个月银二百十一两。厢〔镶〕黄旗屯托里尔、哈达、霍尔莫勒金屯地方禀报逆流而上行鄂〔俄〕罗斯去之官三员，每员每月三两，兵四十八名，每人每月一两五钱，核计借给六个月银四百八十六两。下江探听鄂〔俄〕罗斯去之官一员，每月三两，兵九名，每人每月一两五钱，核计借给六个月银九十九两。由上江下驶鄂啰嘶〔俄罗斯〕护后尾送至松花江口去之官三员，每员每月三两，兵十五名，每人每月一两五钱，核计借给两个月银六十三两。都京引见奏折去之骁骑校一员，二次借给银三十五两。

以上共借给银二千一百五十四两。

九年秋一季扣银五百三十八两五钱，仍未扣三季银一千六百一十五两五钱。

同治元年咨报将军衙门册籍后，借给银三千六百一十七两，内除往安徽、天津调去兵丁等名下停止银七两，应扣银一千二百六十六两五钱，仍未扣银二千三百四十三两五钱。

实在：库内现存银五千九百一十一两一钱二分五厘，仍应未扣银二千八百八十一两六钱二分五厘。

四年停止银内撤回官兵等名下除扣银下剩停止银一百二十二两。

七次往通州调去官兵等名下停止银四两七钱五分。

八次往安徽、天津调去兵丁等名下停止银八十两五钱，撤回官兵等名下停止银三十四两，填补原动备用银项，仍未扣银二十七两。

墨尔根城官兵出差借银及扣收现存银两数目四柱清册
同治三年

墨尔根城库存借银内官兵出差借给银两及扣收现存银两数目造具四注〔柱〕清册。

旧管：官兵出差红白事件借银四千两，于同治元年三月咨报。将军衙门清册内，库存实银二千一百九十七两八钱七分五厘，未扣结银一千五百八十两八钱七分五厘，第三次停扣银一百四十八两二钱五分，第四次停扣银四两五钱，第六次停扣银三两五钱，第七次停扣银六十五两。

新收：咸丰七年春季借给未扣一季银内，除八年十、冬、腊月出征人等名下停扣一季银二十三两三钱七分五厘外，剩银二百一十二两一钱二分五厘，于九年春季扣完。七年秋季借给未扣二季银内，除八年十、冬、腊月出征人等名下停扣二季银二十二两外，剩银三百九十三两内九年春季扣银一百九十六两五钱，剩银内除九年三月出征人等名下停扣一季银六两二钱五分外，剩银一百九十两二钱五分，于九年秋季扣完。八年春季借给未扣三季银内除八年十、冬、腊月出征人等名下停扣三季银一百二十两外，剩银八百五两五钱内九年春季扣银二百六十八两五钱，剩银内除九年三月出征人等名下停扣二季银四十四两二钱五分外，剩银四百九十二两七钱五分内九年秋季扣银二百四十六两三钱七分五厘，仍未扣一季银二百四十六两三钱七分五厘。又新收咸丰二年秋季借给停扣第二次出征撤回领催西拉布、披甲内通、瑷土善、扎克都善、衣里布、金新、赛生阿、赛凌阿、琦车布、德林山、乌尔恭额等名下未扣一季银六两七钱五分，于九年春季扣完。三年秋季借给停扣第三次出征撤回披甲土西善、库尔库讷、色兴阿、福安等名下未扣一季银一两六钱二分五厘，于九年春季扣完。三年春季借给停扣第三次出征撤回披甲西蒙克喜名下未扣一季银二两，于九年春季扣完。三年秋季借给停扣第三次出征撤回披甲西蒙克喜名下未扣二季银一两，于九年春秋二季扣完。二年秋季借给头次出征停扣未结第四次出征撤回前锋德沣阿名下未扣结一季银五钱，于九年春季扣完。五年春季借给停扣第四出征撤回前锋德沣阿名下未扣一季银二钱五分，于九年春季扣完。

以上新收银一千一百一十八两六钱二分五厘，仍未扣银二百四十六两三钱七分五厘，头次、第二次出征撤回人等名下扣银七两二钱五分。

除出：咸丰八年八月初一日起至九年正月三十日止，赴京引佐领二员，每员二十五两，领催一名，十五两，共借给银六十五两。赴京城领取船只所用物料等项水师营领催一名、水手二名，每名六两，共借给银十八两。捕进贡野鸡、树鸡兵十名，每名二两，共借给银二十两。捕打进贡鱼领催一名，三两，兵十七名，每名二两，共借给银二十七两。砍伐进贡桃皮领催一名，三两，兵二十一名，每名二两，共借给银四十五两。砍伐进贡火茸领催一名，三两，兵八名，每名二两，共借给银十九两。防鄂〔俄〕罗斯坐卡官兵一百八十员名，每名一两，共借给银一百八十两。巡察偷刨私参坐卡官五员，每员每月三两，兵五十五名，每名每月一两五钱，共借给两个月银一百九十五两。查巡察偷刨私参之卡路官二员，每员三两，兵五名，每名一两五钱，共借给银十三两五钱。往齐齐哈尔、黑龙江解送人犯官兵三十员名，每名一两，共借给银三十两。往黑龙江送火药、铅丸官兵六员名，每名一两，共借给银六两。

以上共借给银六百三十八两五钱，内除八年十、冬、腊月出征人等名下停扣银十四两外，剩银六百一十四两五钱内九年春季扣银一百五十三两六钱二分五厘，剩银内除九年三月出征人等名下停扣三季银九两三钱七分五厘外，剩银四百五十一两五钱内九年秋季扣银一百五十两五钱，仍未扣二季银三百一两。

咸丰九年二月初一日起至七月二十九日止，赴吉林补修船只骁骑校一员十五两，兵四名，每名八两，匠役水手十四名，每名四两，共借给银一百三两。砍伐进贡箭杆领催一名二两，兵十二名，每名一两五钱，共借给银二十两。巡察偷刨私参坐卡官二员，每员每月三两，兵十四名，每名每月一两五钱，共借给两个月银五十四两。查巡察偷刨私参之卡路官一员三两，兵二名，每名一两五钱，共借给银六两。巡察偷捕东珠坐卡官一员，每月三两，兵六名，每名每月一两五钱，共借给三个月银三十六两。巡察鄂〔俄〕罗斯边界协领一员二十两，佐领二员，每员十五两，骁骑校二员，每员十两，兵九十名，每名四两，共借给银四百三十两。防鄂〔俄〕罗斯坐卡官兵一百八十员，每名一两，共借给银一百八十两。往齐齐哈尔、黑龙江解送人犯官兵十三员名，每名一两，共借给银十三两。

以上共借给银八百四十二两，内除九年三月出征人等名下停扣银一两外，剩银八百四十一两内九年秋季扣银二百一十两二钱五分，仍未扣三季银六百三十两七钱五分。

以上咨报咸丰八年核销借银册后借给银一千四百七十两五钱内第八、九次出征人等名下停扣银外，剩银一千四百四十六两一钱二分五厘内扣银五百一十四两三钱七分五厘，仍未扣银九百三十一两七钱五分。

实有：库内存银二千三百六十两三钱七分五厘，仍未扣银一千一百七十八两一钱二分五厘，第三次停扣银一百四十八两二钱五分，第四次停扣银四两五钱，第六次停扣银三两五钱，第七次停扣银六十五两，第八次停扣银一百七十九两三钱七分五厘，第九次停扣银六十两八钱七分五厘。第二次出征撤回兵丁名下扣银七两二钱五分，归入备用项下收存。

增禄、庆奎为请领地输租事的呈
同治三年

具恳诉呈人增禄、庆奎，系湖〔呼〕兰界巴彦苏苏、团林子等处，呈为声请恳恩叩诉缘由事。

情因闲散等先人于早年间蒙皇上天恩，自都京八旗满、蒙、汗、西伯内拨往盛京金、复、辽、盖、凤、岫、义等城随旗当差效力，世受隆恩豢养，由来久矣，生齿日繁，人稠地窄。于道光年间，彼时连年未收，旱涝不均，如此荒歉数载，老幼号寒涕泣，殆有不可胜言者，生计难堪，万出无策，只得就食他乡。自嘉庆年间设立双城堡之际，遵文拨往旗户之人俱以领名种地，嗣有续往依亲就食者甚多，未能入册。幸得于咸丰十一年间，江北湖〔呼〕兰地界奉文出荒招佃，闲散等泣思无奈，扶老携幼，奔驰乐土，领地输租，以期无饥寒冻饿之虞。自去岁设立同知，均符民属，刻下狼狈无主，闲散等伏思祖籍原系皇王之奴辈、旗人之苗裔，一旦何敢忘旗人之名，置根本而不顾，其负于皇上之鸿恩、先人之基绪，为子孙者甚有愧焉，只得据实陈情，匍匐跪恳将军大人案下格外施恩，怜恤旗仆，勿失旗人之根本，则闲散等阖户生生世世顶祝公侯万代矣！

具恳恩呈人：增禄、庆奎

镶蓝旗汉军穆精阿佐领下旗佐、姓氏、城池花名清册
同治三年

厢〔镶〕蓝旗汉军穆精阿佐领下造送旗佐、姓氏、城池花名清册。
计开
辽阳正蓝旗界樱花园居住
闲散顾成富,年三十九岁。
妻罗氏,年三十二岁。

墨尔根城库存借银内官兵出差借给银两及扣收、现存银两数目四柱清册

同治三年

墨尔根城库存借银内官兵出差借给银两及扣收现存银两数目造具四注〔柱〕清册。

旧管：官兵出差红白事件借银四千两，于同治三年二月咨报，将军衙门清册内库存实银二千三百六十两三钱七分五厘，仍未扣银一千一百七十八两一钱二分五厘。第三次停扣银一百四十八两二钱五分，第五次停扣银四两五钱，第六次停扣银三两五钱，第七次停扣银六十五两，第八次停扣银一百七十九两三钱七分五厘，第九次停扣银六十两八千七分五厘。

新收：咸丰八年春季借给未扣一季银二百四十六两三钱七分五厘，内除九年八月出征人等名下停扣一季银三两五钱外，剩银二百四十三两八钱七分五厘，于十年春季扣完。八年秋季借给未扣二季银三百一两，内除九年八月出征人等名下停扣二季银一两五钱外，剩银二百九十九两五钱，于十年春秋二季扣完。九年春季借给未扣三季银六百三十两七钱五分，内除九年八月出征人等名下停扣三季银九两七钱五分外，剩银六百二十一两内，于十年春秋二季扣银四百一十四两，仍未扣一季银二百七两。

又新收咸丰元年秋季借给停扣第二次出征撤回前锋吉拉明阿、察普达尔扎普、披甲布凌阿、苏通阿、嫩德布、赓吉音布、富克金布等名下未扣一季银三两七钱五分，于十年秋季扣完。二年春季借给停扣第二次出征撤回骁骑校衣兴额、披甲苏通阿、衣林保、嫩德布、富克金阿等名下未扣二季银一十两五钱内，于十年秋一季扣银五两二钱五分，仍未扣一季银五两二钱五分。二年秋季借给停扣第二次出征撤回骁骑校衣兴额、前锋吉拉明阿、披甲苏通阿、讷凌额、衣林保、色克精阿、布凌阿、嫩德布、赓吉音布、衣能保、富克金布等名下未扣三季银二十三两二钱五分，内于十年秋一季扣银七两七钱五分，仍未扣二季银一十五两五钱。

以上新收银九百五十六两三钱七分五厘，仍未扣银二百七两，第二次出征撤回人等名下扣银一十六两七钱五分，仍未扣银二十两七钱五分。

除出：咸丰九年八月初一日起至十年正月三十日止，赴京引见骁骑校二员，每员照二十五两，前锋一名，照一十五两，借给银六十五两。赴京领取船只所用物料等项水师营领催一名、水手三名，每名照六两，借给银二十四两。以捕进贡野鸡、树鸡兵十名，每名照二两，借给银二十两。捕打进贡鱼领催一名，三两，兵一十七名，每名照二两，借给银三十七两。砍伐进贡桃皮领催一名，照三两，兵二十一名，每名照二两，借给银四十五两。砍伐进贡火茸领催一名，照三两，兵八名，每名照二两，借给银一十九两。赴吉林造船佐领一员，照二十两，兵一十四名，每名照八两，匠役、水手二十名，每名照四两，借给银二百一十二两。防范鄂〔俄〕罗斯坐卡官兵一百八十员，每员名照一两，借给银一百八十两。巡察偷刨私参坐卡官六员，每员每月照三两，兵五十四名，每名每月照一两五钱，借给两个月银一百九十八两。查巡察偷刨私参坐卡人等之官一员，照三两，兵三名，每名照一两五钱，借给银七两五钱。往齐齐哈尔、黑龙江解送人犯官兵三十七员名，每员名照一两，借给银三十七两。往黑龙江送火药、铅丸官兵六员名，每员名照一两，借给银六两。

以上共借给银八百五十两五钱，内十年春秋二季扣银四百二十五两二钱五分，仍未扣二季银四百二十五两二钱五分。

咸丰十年二月初一日起至七月三十日止，砍伐进贡箭杆领催一名，照二两，兵一十二名，每名照一两五钱，借给银二十两。巡察偷刨私参坐卡官二员，每员每月照三两，兵二十七名，每名每月照一两五钱，借给两个月银九十三两。查巡察偷刨私参坐卡人等之官二员，每员照三两，兵五名，每名照一两五钱，借给银一十三两五钱。巡查偷捕东珠坐卡官二员，每员每月照三两，兵六名，每名每月照一两五钱，借给三个月银四十五两。巡查鄂〔俄〕罗斯边界协领一名，照二十两，佐领二员，每员照一十五两，骁骑校二员，每员照一十两，兵九十名，每名照四两，借给银四百三十两。防范鄂〔俄〕罗斯坐卡官兵一百八十员，名每员名照一两，借给银一百八十两。往齐齐哈尔、黑龙江解送人犯之官兵八员，名每员名照一两，借给银八两。

以上共借给银七百八十九两五钱，内十年秋一季扣银一百九十七两三钱七分五厘，仍未扣三季银五百九十二两一钱二分五厘。

以上于咸丰九年借银造册核销报后，借给银一千六百四十两，内扣银六百二十二两六钱二分五厘，仍未扣银一千一十七两三钱七分五厘。

实有库存银二千二百九十九两三钱七分五厘，仍未扣银一千二百二十四两三钱七分五厘。第三次停扣银一百四十八两二钱五分，第五次停扣银四两五钱，第六次停扣银三两五钱，第七次停扣银六十五两，第八次停扣银一百七十九两三钱七分五厘，第九次停扣银六十两八钱七分五厘，第十次停扣银一十四两七钱五分，第二次出征撤回兵丁名下扣银一十六两七钱五分，归入备用银项下收存，仍未扣银二十两七钱五分。

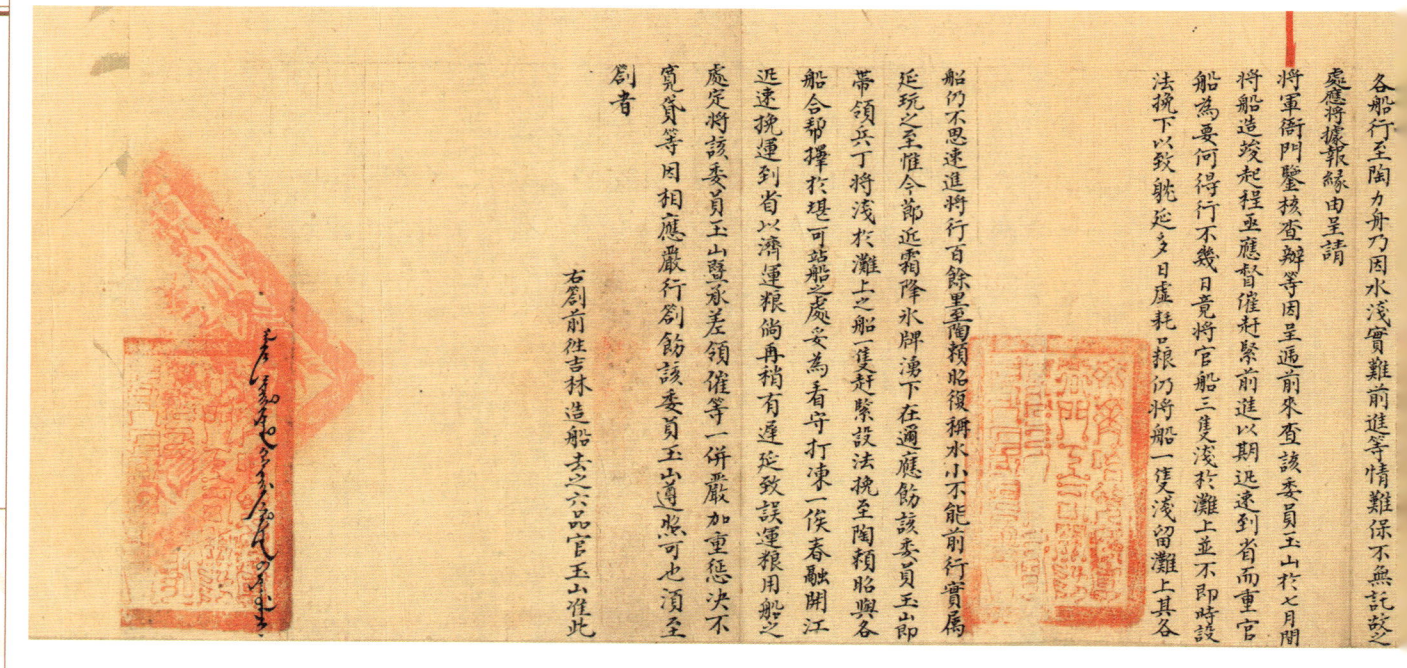

黑龙江将军衙门为迅速将搁浅滩上之船挽到陶赖昭与各船合帮并待春融迅速挽运到省事致六品官玉山的札
同治三年

将军衙门为飞行札催事。

工司案呈：本月十五日据署水师营总管依常阿呈称，今岁往吉林修船，旋回中途因水浅将船阻滞等情，呈请将军衙门鉴察事。四品官春凌案呈，于本月十三日，据往吉林造船去之六品官玉山报称：于七月二十一日船工告竣，于二十六日由吉省起程，于八月初一日行至查力巴哨后三家屯埃下将大船一只、花船二只被风浅于滩上，职立时率领兵丁扛抬，于初三日抗下大船一只，又兼江水落的甚急，于初七日扛下花船一只，惟有木匠领催张顺明领的花船一只设法抗抬实系不能动转，又因江水日日消落，周围尽〔仅〕剩水五六寸深，职带领兵丁设法挖沟二十余丈引水入沟，奈因水落入沟无多，实系不能治下。职伏思兵丁若累数日，糜费甚重，每船一日三食用米不足，一斗米价每斗京钱一吊五六百文，职又闻众兵日费过重，兵丁各有奔家之思，故此碍难久守。即着张顺明带领原船兵丁看守，候至水涨急速前行。职等领大船六只、花船四只于十二日由三家屯埃下开

将军衙门　为飞行刻催事工司案呈本月十五日据署水师营总管依常阿呈称令岁往吉林修船旋回中途因水浅将船阻滞等情呈请

将军衙门鉴察事四品官春凌柔呈於本月十三日据往吉林造船去之六品官玉山报称於七月二十日船工告竣於二十六日由吉省起程於八月初一日行至查力巴哨後三家屯埃下将大船隻花船二隻

被风浅於滩上职立时率领兵丁抗抬大船花船隻又

薰江水落的甚急於初七日抗下花船一隻惟有木匠领催张顺明领的花船一隻设法抗抬实係不能动转入因江水日日消落逓盡

剩水五六寸深职带领兵丁设法挖沟二十餘犬引水入沟奈因水落入

沟无多实係不能治下职伏思兵丁苦累数日糜费甚重每船日三食用米不足斗米價每斗京錢一吊五六百文职人閒象兵丁费過重兵丁各有奔家之思故此砠難久守即著张顺明帶领原船兵丁看守候至水漲急速前行职等领大船六隻花船四隻於十二日由三家屯埃下开船前往奈因江水甚小每日行走五六里之遥多有淺處无数水不過二尺深抗抬挖沟又兼日日大風天寒水冷兵丁甚屬苦累而且船隻為要於九月初八日行抵陶力舟站處职等见天亲身打探水勢不足二尺一二寸深實難前往方可守候水漲時務必趕緊前行再目下兵丁口米将盡

船前往，奈因江水甚小，每日行走五六里之遥，多有浅处无数，水不过二尺深，抗抬挖沟又兼日日大风，天寒水冷，兵丁甚属苦累，而且船只为要，于九月初八日行抵陶力舟站处，职等见天亲身打探水势不足二尺一二寸深，实难前往，方可守候水涨时务必赶紧前行，再目下兵丁口米将尽，职咎亦难辞，实在无能筹画，自请严办，为此详细缘由一并呈报总管衙门迅速指示遵行。等因前来。

查该委员漫不经心致将官船壅于查力巴哨滩上，三只虽挽下二只，仍有一只不能行动。查该处系属哨口，俟冰牌涌下设若闯坏关系非浅，并称各船行至陶力舟乃因水浅实难前进等情，难保不无托故之处，应将据报缘由呈请将军衙门鉴核查办。等因呈递前来。查该委员玉山于七月间将船造竣起程，亟应督催赶紧前进，以期迅速到省而重官船为要。何得行不几日竟将官船三只浅于滩上，并不即时设法挽下，以致耽延多日，虚耗口粮，仍将船一只浅留滩上，其各船仍不思速进，将行百余里至陶赖昭复称水小不能前行，实属延玩之至。惟今节近霜降冰牌涌下在迩，应饬该委员玉山即带领兵丁将浅于滩上之船一只赶紧设法挽至陶赖昭与各船合帮，择于堪可站船之处妥为看守打冻，一俟春融开江迅速挽运到省，以济运粮。倘再稍有延迟致误运粮用船之处，定将该委员玉山暨承差领催等一并严加重惩，绝不宽贷。等因。相应严行札饬该委员玉山遵照可也。须至札者。

右札前往吉林造船去之六品官玉山准此。

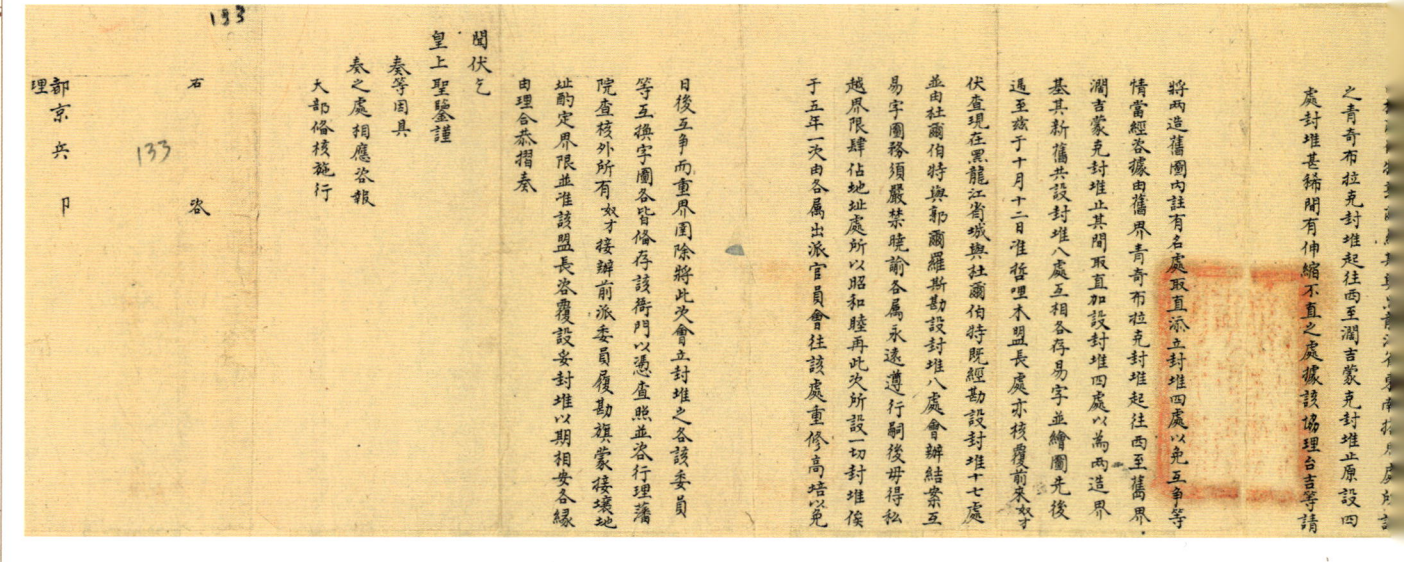

绰克坦为勘定黑龙江、杜尔伯特、郭尔罗斯新界址事致都京兵部、理藩院的咨

同治三年

绰克坦咨称：遵其盟界封堆重新设立，当经会查，该旗南与郭尔罗斯，北与黑龙江省城接界。前因康熙三十一年黑龙江将军奏请将与黑龙江省城以南接壤之杜尔伯特旗属之北界着让出二十里地址，安置新编喀尔喀巴尔虎二十佐人丁，复与杜尔伯特旗属以南接壤之郭尔罗斯旗属之北界着让出十里地址补还杜尔伯特，彼时曾未指定界限。等因。援引陈案，咨请查明，定断前来。

经特（普钦）咨会该蒙古盟长贝子公等，各派协理台吉等官捡带案卷舆图来省会同委员等查勘，缘康熙三十一年为安置巴尔虎二十佐人丁，着杜尔伯特让出二十里地址一案，乃嗣准部咨饬将巴尔虎人等移拨盛京所属开原义州等处，其杜尔伯特旗递让地址既未安佐亦无别设界堆，自应照旧界设立界堆。随复照案会勘黑龙江省城与杜尔伯特接壤旧界之二十颗〔棵〕树、巴勒该岗、牌莫多等三处旧界，与图案相符。惟查旧界巴勒该岗以北黑龙江属界内有杜尔伯特旗属人等居屯四处，又在旧界牌莫多以南杜尔伯特属界内有黑龙江省城所属人等居屯八处，详核该两项人等互越旧界占居旷地已经年久，并无交杂争竞情事，查其互越地数虽属多寡相若，然事关疆界，自应甄清妥设封堆。除旧界二十颗〔棵〕树仍为交界外，其旗蒙互越屯居既属相若，仍准各就其所，以安生计。应由各占地址余出割草牧厂地面，择要改设界堆，以清界限。即依杜尔伯特蒙古人等越进旧界巴勒该岗以北之南榆树改为新界，其黑龙江省城旗人占出旧界牌莫多以南之四方山改为新界之处。该委员等和衷相商，自东仍由旧界二十颗〔棵〕树起，向西南至新界南榆树四方山止，共勘立界堆十七处，此间并有黑龙江省所属温托河驲站，原设之初系与蒙古杂处，向不分界，仍遵旧章办理，均经互换字图以备查考。□□杜尔伯特北界既并未让出地址，其南界宜应照旧界设立界堆。惟查由杜尔伯特、郭尔罗斯与黑龙江省东南搭界处所设之青奇布拉克封堆起，往西至阔吉蒙克封堆止，原设四处封堆甚稀，间有伸缩不直之处，据该协理台吉等请将两造旧图内注有名处取直，添立封堆四处，以免互争。等情。当经咨据，由旧界青奇布拉克封堆起往西，至旧界阔吉蒙克封堆止，其间取直加设封堆四处以为两造界基，其新旧共设封堆八处，互相各存易字，并绘图先后递至。兹于十月十二日准哲哩〔里〕木盟长处亦核覆前来。

奴才伏查现在黑龙江省城与杜尔伯特既经勘设封堆十七处，并由杜尔伯特与郭尔罗斯勘设封堆八处，会办结案，互易字图，务须严禁晓谕各属永远遵行，嗣后毋得私越界限肆占地址处所，以昭和睦。再此次所设一切封堆俟于五年一次，由各属出派官员会往该处重修高培，以免日后互争而重界围。除将此次会立封堆之各该委员等互换字图各皆备存，该衙门以凭查照并咨行理藩院查核外，所有奴才接办前派委员履勘旗蒙接壤地址酌定界限，并准该盟长咨覆设妥封堆，以期相安，各缘由理合恭折奏闻，伏乞皇上圣鉴。谨奏。等因具奏之处，相应咨报大部备核施行。

右咨都京兵部、理（藩院）。

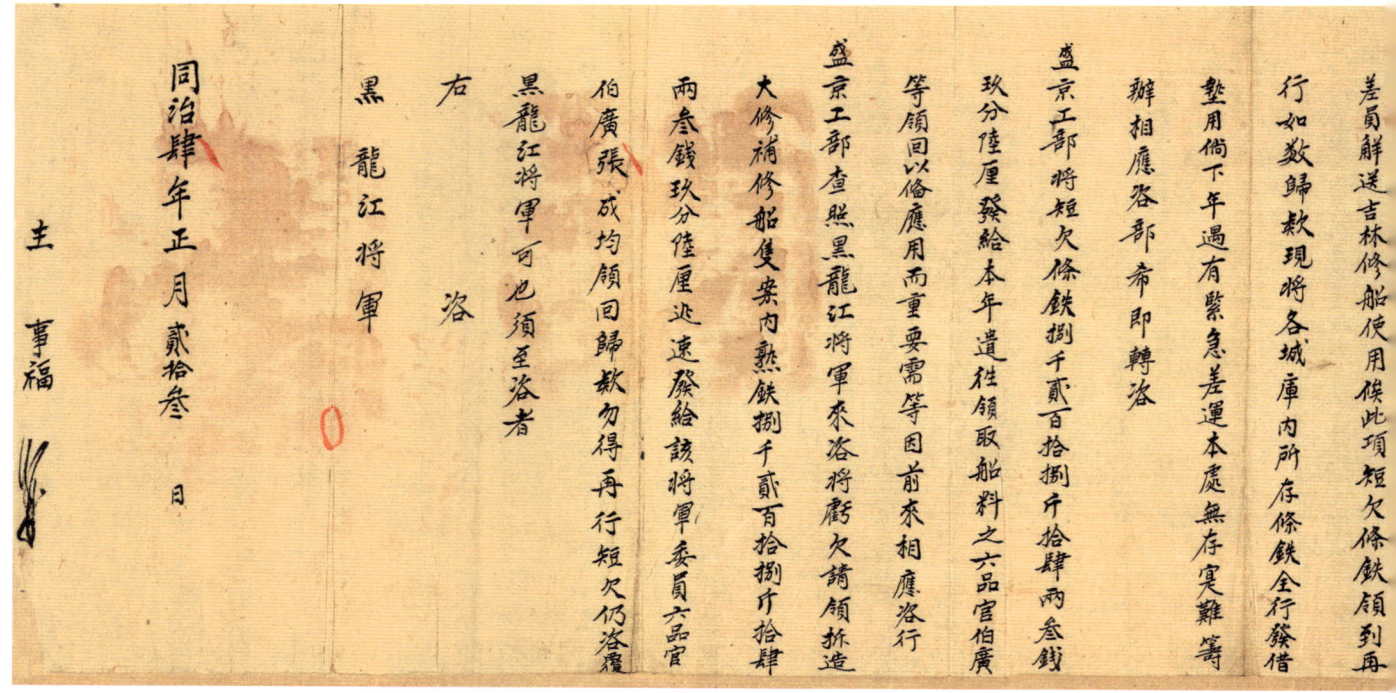

工部为已督催盛京工部迅速发放亏欠熟铁事致黑龙江将军的咨

同治四年正月二十三日

工部为转咨事。

据黑龙江将军咨称：同治三年请领齐齐哈尔等三处拆造、补修、大修船只案内应需好条铁一万四千九十八斤五钱五分，又补领齐齐哈尔等四处备用运粮等船案内应需好条铁一千一百二十二斤十两九钱，照册开单，移咨盛京工部照数发给。等因。准铁库付〔覆〕称，已将补领备用案内应需好条铁一千一百二十二斤十两九钱如数发给，又发给请领拆造、大修、补修案内条铁数目，除将库存熟铁五千八百七十九斤二两一钱五分四厘尽数发给外，尚不敷熟铁八千二百十八斤十四两三钱九分六厘，应咨黑龙江将军俟本部派员领取到日再行发给。等因。本衙门详核短欠铁斤领到需时与本年船工有误，是以将短欠铁斤仍在各城库存备用铁内暂行照数支借，差员解送吉林修船使用，俟此项短欠条铁领到再行如数归款。现将各城库内所存条铁全行发借垫用，倘下年遇有紧急差运，本处无存实难筹办，相应咨部，希即转咨盛京工部将短欠条铁八千二百十八斤十四两三钱九分六厘发给本年遣往领取船料之六品官伯广等领回，以备应用而重要需。等因前来。相应咨行盛京工部查照黑龙江将军来咨，将亏欠请领拆造、大修、补修船只案内熟铁八千二百十八斤十四两三钱九分六厘迅速发给该将军委员六品官伯广、张成均领回归款，毋得再行短欠。仍咨覆黑龙江将军可也。须至咨者。

右咨黑龙江将军。

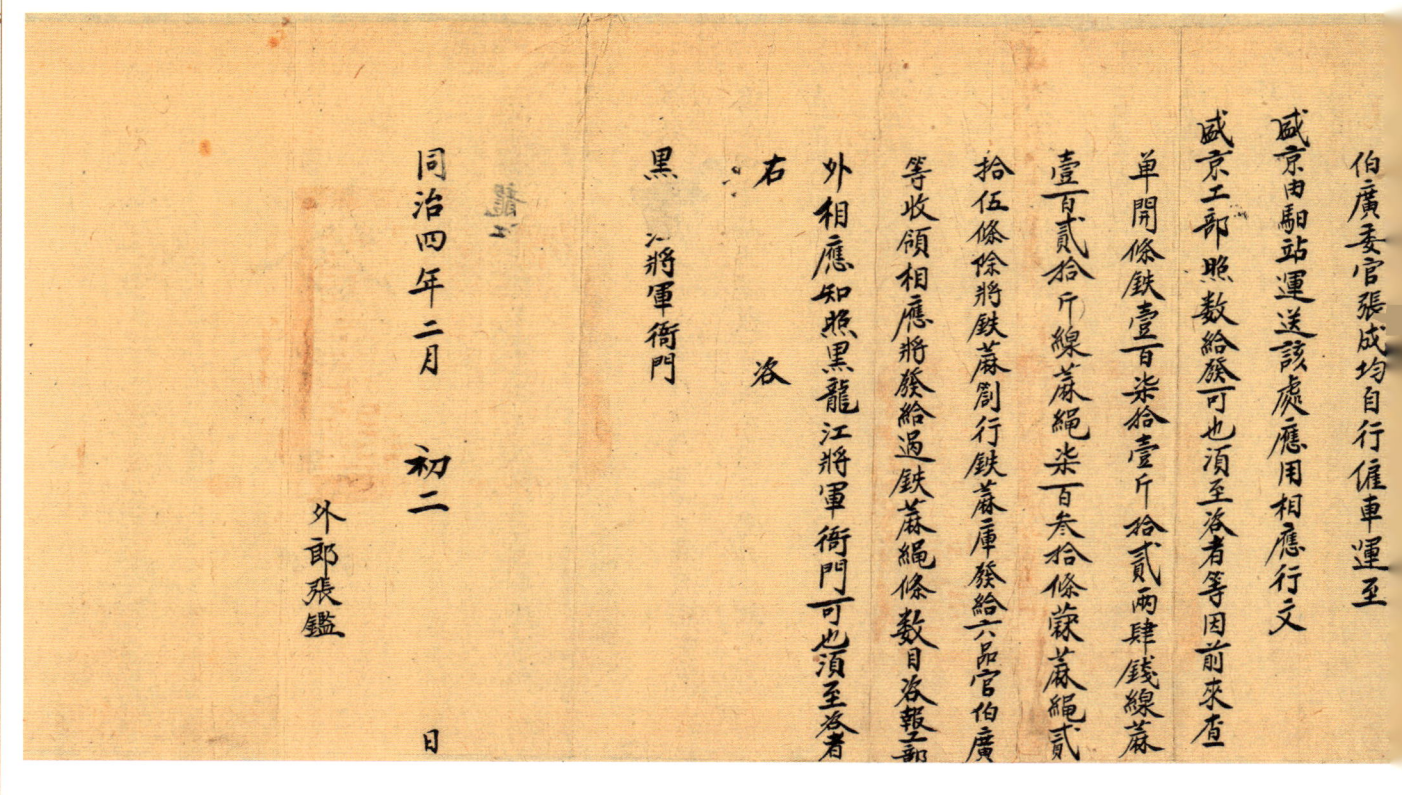

盛京工部为照数给发齐齐哈尔等四处动用船只所需物料事致黑龙江将军衙门的咨

同治四年二月初二日

盛京工部为咨行事。

右清吏司案呈：准工部为补领事。都水司案呈，准黑龙江将军文开，查同治三年齐齐哈尔往呼兰运粮动用次船八只，又莫〔墨〕尔根三年往呼兰运粮动用次船五只、江船二只，又呼兰三年往齐齐哈尔运送粮石动用粮船五只，又黑龙江三年动用次船十二只，共用过好条铁、桐油、线麻、白布、棉线、风竿竹、抱桅竹、篁绳、棕绳、线麻绳、苘麻绳等项。先据黑龙江将军专折奏明，并经本部议覆知照户部在案，自应准其支领。应需桐油一百十二斤、白布九十九匹二丈一尺、棉线二斤移咨户部给发。好条铁一百七十一斤十二两四钱、线麻一百二十斤、线麻绳七百三十根、苘麻绳二十五根开单移咨盛京工部给发。其装盛桐油油篓二个以及装载白布、棉

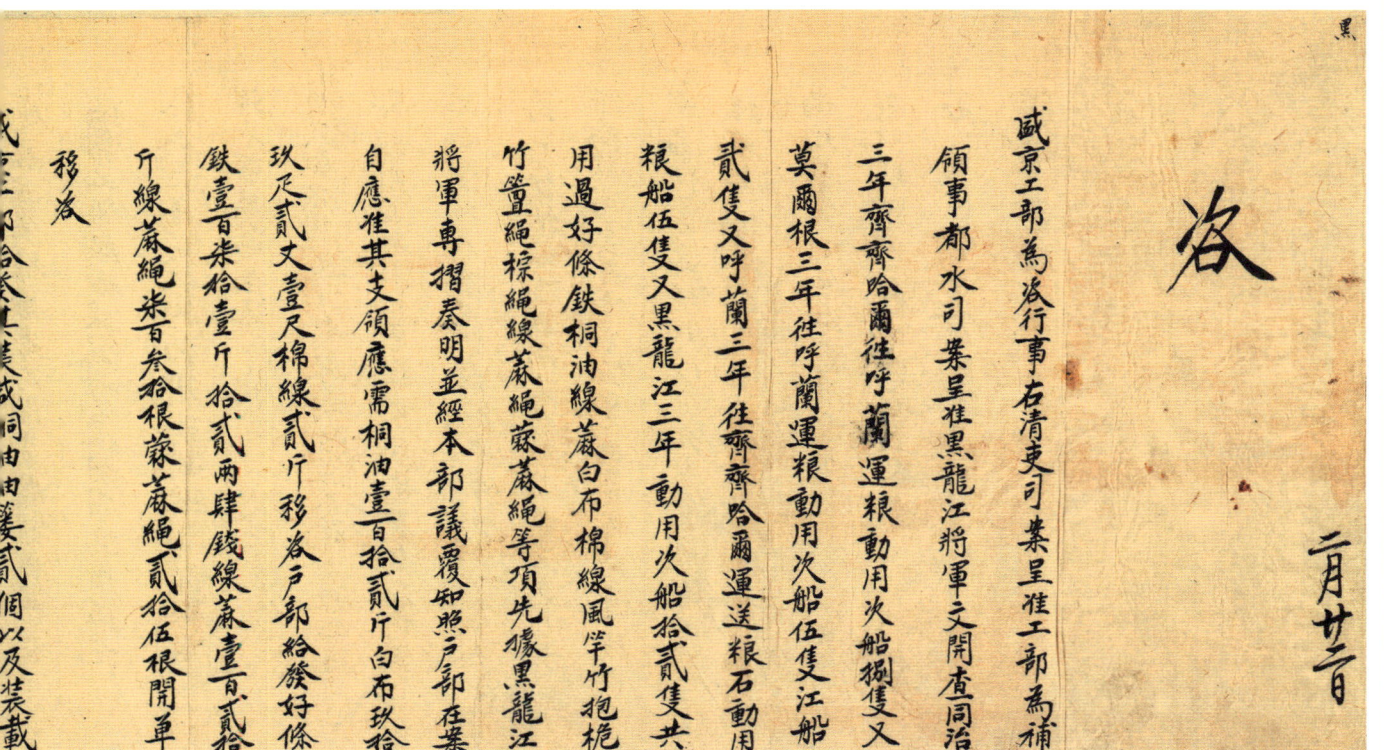

线、风竿竹，共准给车一辆二分三厘九毫，照例核银在于本部给发，该将军差员六品官伯广、委官张成均自行雇车运至盛京，由驿站运送该处应用，相应行文盛京工部照数给发可也。须至咨者。等因前来。查单开条铁一百七十一斤十二两四钱、线麻一百二十斤、线麻绳七百三十条、苘麻绳二十五条，除将铁、麻札行铁麻库发给六品官伯广等收领，相应将发给过铁麻绳条数目咨报工部外，相应知照黑龙江将军衙门可也。须至咨者。

右咨黑龙江将军衙门。

工部为修理药库房等工所用银两应准开销事致黑龙江将军的咨

同治四年二月初五日

工部为报销事。

营缮司案呈：准□称，准工部咨，准黑龙江将军咨，本处现有药库一所三间，又堆拨房一所两间，于嘉庆十六等年修过，迄今已逾年限，糟朽坍塌，亟应修理，估需工料银八十五两五钱九分七厘，在于本处库存银内动用，造册报部示覆。等因。

查前项药库房等工既据声称关系紧要，实不可缓，应如所请，准其估办。应咨黑龙江将军转饬妥协修理，俟工竣时将修过丈尺、做法、用过工料银两造具册结送部核销。当即派委佐领乌尔精阿修理完竣，造具册结呈报，复委固山达松精额查核相符，覆查无异。除旧料变价银十四两七钱六分八厘并扣减银拾肆两壹钱陆分伍厘捌毫外，实动用银伍拾陆两陆钱陆分叁厘贰毫，相应造具册结咨送工部照例核销。等因前来。查黑龙江药库房三间、堆拨房二间，先据该将军将估需工料银捌拾伍两伍钱玖分七柒厘，

工部為報銷事營繕司案呈內

稱准工部咨准黑龍江將軍咨本處現有藥庫一所三間又堆撥房一所兩間於嘉慶十六等年修過運今已逾年限勘朽坍塌亟應修理估需工料銀捌拾伍兩伍錢玖分柒毫壹等因查前項藥庫房等工既據聲稱關係繁要實不可緩應如所請准其估辦應咨黑龍江將軍轉飭委佐領烏爾精阿修理修過丈尺做法用過工料銀兩造具冊結送部核銷當即派委佐領烏爾精阿修理完竣造具冊結呈報復委圍山達松精額查核相符覆查無異除舊料變價銀拾肆兩柒錢陸分捌毫外實扣減銀拾肆兩壹錢陸分伍釐捌毫外實動用銀伍拾陸

请在于本处库存银内动用，造册咨部请修，当经本部核覆准修行令，俟工竣时将修过丈尺、做法、用过工料银两据实造具册结送部核销，并知照户部在案。

今据黑龙江将军咨称，前项药库房等工转饬修理完竣，除旧料变抵银拾肆两柒钱陆分捌厘又扣减银拾肆两壹钱陆分伍厘捌毫外，将实用过银伍拾陆两陆钱陆分叁厘贰毫造具册结咨部核销，本部按册核算，所用工料银两均属与例无浮，应准开销。相应移咨黑龙江将军查照可也。须至咨者。

右咨黑龙江将军。

盛京工部为照数给发熟铁事致黑龙江将军衙门的咨
同治四年二月十二日

盛京工部为咨行事。

右清吏司案呈：据黑龙江将军衙门差员六品官伯广等为呈请补领拆造船只需用熟铁事。窃职等接奉宪札，去岁本省咨请拆造次船等船应用熟铁一万四千零九十八斤五钱五分，曾经大部将库存熟铁五千八百七十九斤二两一钱五分仅数发给，下短熟铁八千二百一十八斤十四两三钱九分六厘，接准大部行文，俟派员赴部请领到日再行知照发给。今职等奉派请领本省补修船只应需铁、麻绳条，接奉宪札令职等将去岁大部亏短熟铁八千二百一十八斤十四两三钱九分六厘就近一并领回，以备应用。理合呈请伏乞恩准饬库发给，实为德便，为此上呈。等情。

盛京二部 为咨行事 右清吏司案呈据黑龙江将军衙门差员六品官伯广等为呈请补领拆造船只需用熟铁事窃职等接奉宪劄去岁本省咨请拆造次船等船应用熟铁一万四千零九十八斤五钱五分曾经大部将库存熟铁五千八百六十九斤二钱五分仅数发给熟铁八千二百一十八斤十四两三钱九分六厘接准大部行文俟派员赴部请领到日再行知照发给今职等奉派请领本省补修船只应需铁麻绳条接奉宪劄令职等将去岁大部亏短熟铁八千二百一十八斤十四两三钱九分六厘就近一并领回以俺应用理

三月初一日

据此，查该员等呈请补领拆造次船等船应用熟铁核与应领数目相符，理应准给熟铁八千二百一十八斤十四两三钱九分六厘，札行铁库照数发给该处差员收领。前次熟铁八千二百一十八斤十四两三钱九分六厘，每六百斤装一车，计装十三车七分，相应移咨盛京兵部照数发给该处差员六品官伯广等收领。除咨报工部外，相应咨行黑龙江将军衙门，俟收明此项铁斤之日咨覆本部备查可也。须至咨者。

右咨黑龙江将军衙门。

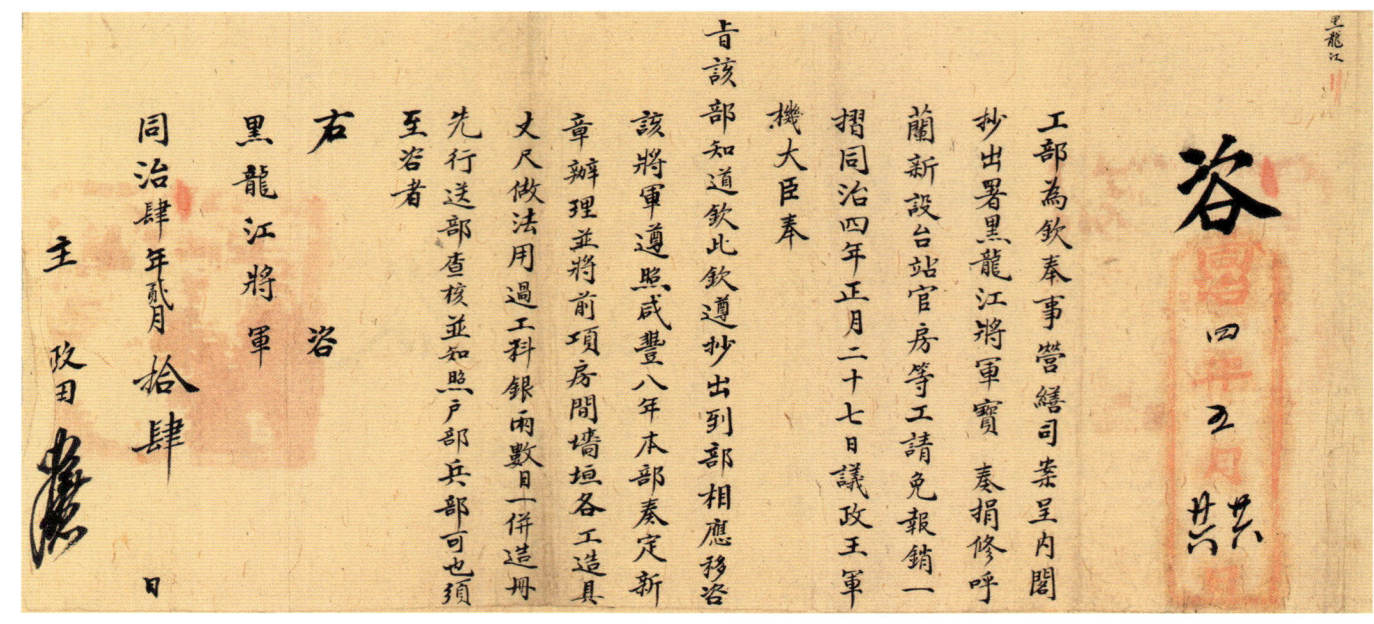

工部为捐修呼兰新设台站官房等工遵照咸丰八年奏定新章办理事致黑龙江将军的咨

同治四年二月十四日

工部为钦奉事。

营缮司案呈：内阁抄出署黑龙江将军宝（善）奏捐修呼兰新设台站官房等工请免报销一折。同治四年正月二十七日议政王、军机大臣奉旨：该部知道。钦此。钦遵。抄出到部。相应移咨该将军遵照咸丰八年本部奏定新章办理，并将前项房间、墙垣各工造具丈尺、做法、用过工料银两数目一并造册，先行送部查核并知照户部、兵部可也。须至咨者。

右咨黑龙江将军。

盖州正黄旗闲散王治丰等旗佐、年岁、三代户口清册
同治四年三月

盖州正黄旗造送闲散王治丰等旗佐、年岁、三代户口清册。

福佑佐领下

另户闲散王治丰，年三十三岁。父闲散王永信，故。祖闲散王朝佐，故。妻徐氏，年三十三岁。

另户闲散王治礼，年二十六岁。父闲散王永敏，故。祖闲散王朝佐，故。妻闫氏，年二十五岁。

另户闲散王治升，年三十六岁。父闲散王永甯，故。祖闲散王朝佐，故。妻夏氏，年三十六岁。弟闲散王治恒，年二十四岁。

另户闲散王治成，年二十二岁。父闲散王永计，故。祖闲散王朝佐，故。弟闲散王治君，年二十岁。

另户闲散王治昌，年二十一岁。父闲散王永槐，故。祖闲散王朝佐，故。弟闲散王治邦，年二十岁。

另户闲散王治远，年二十岁。父闲散王永惠，故。祖闲散王朝福，故。妻钟氏，年二十一岁。

盖州正红旗闲散王连云等旗佐、年岁、三代户口清册
同治四年三月

盖州正红旗造送闲散王连云等旗佐、年岁、三代户口清册。

朱勒赓额佐领下

另户闲散王连云，年三十八岁。父闲散王永玉。祖闲散王天良，故。妻王氏，三十八岁，长子闲散大小年十七岁。

另户闲散王连成，年三十七岁。父闲散王永生，故。祖闲散王天动，故。长子闲散大小年二十三岁。

盖州镶蓝旗闲散黄士奎等三代旗佐、年岁、花名清册
同治四年三月

盖州厢〔镶〕蓝旗造送闲散黄士奎等三代旗佐、年岁、花名清册。

计开

朱建佐领下闲散黄士奎，年二十一岁。父闲散黄效贤，故。祖闲散黄邦柱，故。

朱建佐领下闲散黄士俊，即小住，年二十三岁。父闲散黄增贤，故。祖闲散黄邦柱，故。

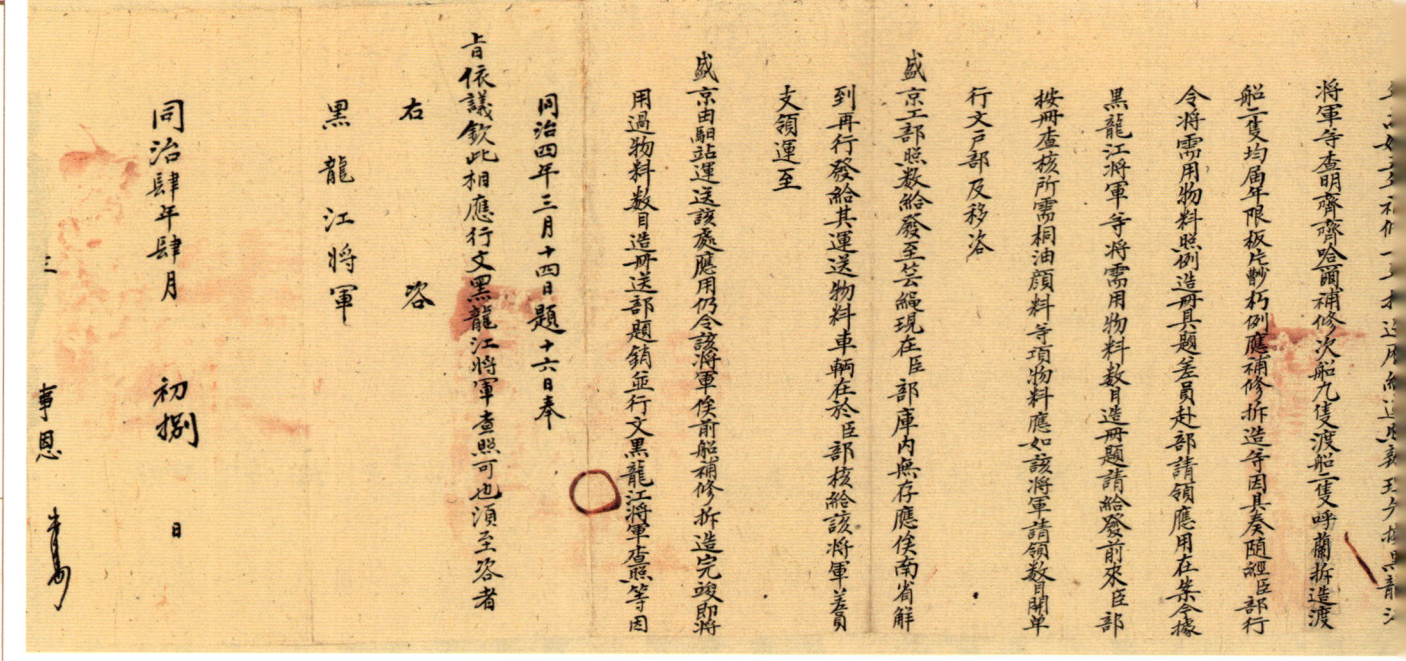

工部为应准核发修补齐齐哈尔等处船只所用物料事致黑龙江将军的咨

同治四年四月初八日

　　工部为题请补修、拆造黑龙江所属齐齐哈尔等处各项船只需用物料，核与定例相符应准支领事。

　　都水司案呈：工科抄出黑龙江将军等题请齐齐哈尔等处补修、拆造次船、渡船共十三只需用物料一案。于同治三年十一月十一日题，十二月十六日奉旨：该部查核具奏。钦此。钦遵。抄出到部。该臣等查得黑龙江将军等疏称，应修各城船只于同治三年五月内具奏，奉准部文行令将需用物料照例题请造册送部核办。等因。即行文各属去后，今据齐齐哈尔署水师营总管等将明年补修、拆造船只需用物料数目一并造册咨送前来，按册核算，共应用好条铁二千四百七十三斤十二两、桐油一千六百五十六斤六两四钱、线麻一千六百六十斤、银硃二斤四两、黄丹三斤十两五钱、石黄三斤一两五钱、腾黄二斤四两九钱、大碌三斤一两五钱、靛花三斤一两五钱、铜碌二斤四两九钱、定粉四斤十五两二钱、土子一斤十三两七钱、水胶六斤三两、烟子十八斤、红土二十七斤、长十六庹篷绳十八根，核计数目均属相符，造册咨部，派员赴部请领应用，俟船只修竣将用过物料另行题销。等因具题前来。查黑龙江所属齐齐哈尔等处各项船只定例自新造之年为始，五年补修，十年拆造，历经遵照办理。先据黑龙江将军等查明齐齐哈尔补修次船九只、渡船二只，呼兰拆造渡船二只、均届年限，板片糟朽，例应补修、拆造。等因具奏。随经臣部行令将需用物料照例造册具题，差员赴部请领应用在案。今据黑龙江将军等将需用物料数目造册题请给发前来，臣部按册查核，所需桐油、颜料等项物料应如该将军请领数目开单，行文户部及移咨盛京工部照数给发。至〔篷〕绳现在臣部库内无存，应俟南省解到再行发给，其运送物料车辆在于臣部核给，该将军差员支领运至盛京，由驯站运送该处应用。仍令该将军俟前船补修、拆造完竣，即将用过物料数目造册送部题销并行文黑龙江将军查照。等因。

同治四年三月十四日题，十六日奉旨：依议。钦此。相应行文黑龙江将军查照可也。须至咨者。

右咨黑龙江将军。

工部为应准修理齐齐哈尔城盔甲等楼房事致黑龙江将军的咨
同治四年五月初六日

工部为估报事。

营缮司案呈：准黑龙江将军咨称，据工司禀称，齐齐哈尔城棉甲敖尔布备枪楼房二所六间、盔甲楼房一所三间、堂司房一所三间、银库司房一所三间、将军衙门东西配房二所六间、穿堂房一所三间、两旁厢房二所六间、大门一所三间，均于道光二十六等年修盖，今已逾限，两坡间有渗漏，周围墙垣灰土倾颓，关系收藏军器以及办公，实不可缓之要工，理合将前项楼房等工十一所三十三间估需物料银贰百肆拾肆两肆钱伍分叁厘由本处库存银内动用，造册咨部示覆，再行遵办。等因前来。

查齐齐哈尔城盔甲等楼房十一所三十三间，据黑龙江将军咨称系道光二十六等年修盖，两坡间有渗漏，墙垣灰土倾颓，亟应修整以备收藏军器及栖止办公，估需工料银贰百肆拾肆两肆钱伍分叁厘由本处银内动用，

咨

工部為估報事營繕司案呈准黑龍江將軍咨稱據工司稟稱齊齊哈爾城棉甲敖爾布倫鎗樓房二所六間盔甲樓房一所三間堂司房一所三間銀庫司房一所三間將軍衙門東西配房二所六間穿堂房一所三間兩旁廂房二所六間大門一所三間均於道光二十六等年修蓋今已逾限兩坡間有滲漏週圍牆垣灰土傾頹關係收藏軍器以及辦公實不可緩之要工理合將前項樓房等工二十一所三十三間估需物料銀貳百

造册咨部示覆。等语。本部查〔前〕项楼房系收藏军器以及办公之所，应如所咨，准其估办。除将送到估册存查外，相应移咨黑龙江将军转饬妥协修理。俟工竣之日将修过丈尺、做法、用过工料银两造具册结送部核销可也。须至咨者。

右咨黑龙江将军。

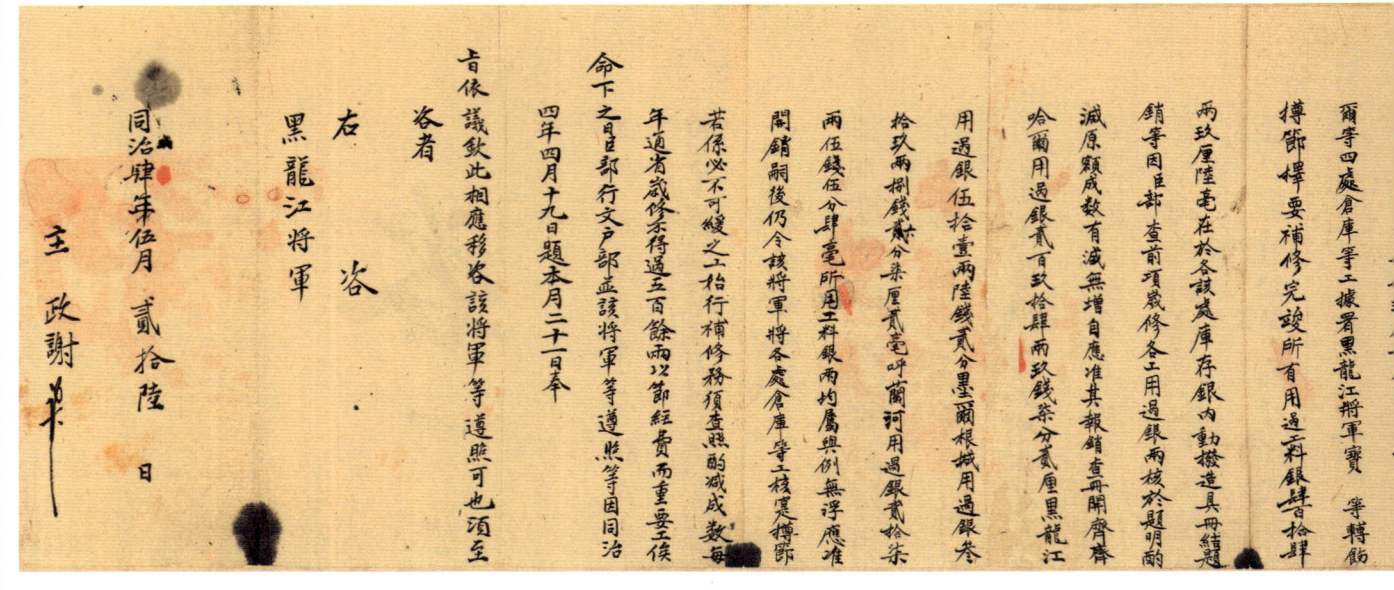

工部为应准核销齐齐哈尔等四处修补工程所用工料银两事致黑龙江将军的咨

同治四年五月二十六日

工部为题销事。

营缮司案呈：本部具题内开，工科抄出该臣等查得署黑龙江将军宝（善）等疏称，同治三年分齐齐哈尔、黑龙江、墨尔根城、呼兰河等四处仓库等工实不可缓要工，遵照部文撙节修补。兹据各员修补工竣，将用过工料银伍百拾柒两伍钱壹分贰厘内除每两扣银贰钱，共扣银壹百叁两伍钱贰厘肆毫，实用银肆百拾肆两玖厘陆毫造具细册呈递，复派委固山达等官查验相符，据该副都统等造具细册咨送前来，覆查无异，所需银两请在于该处库存银内动支。除将各承修官册结咨送工部照例核销外，理合具题。等因前来。

查齐齐哈尔等四处岁修仓库等工，先经臣部于题销咸丰三年岁修案内，以现当款项支绌之际，嗣后应令该将军转饬暂行停止。旋据黑龙江将军以该省一切衙署仓库等项公所皆系土筑草苫之工，兼之边地风多狂暴，若将岁修概行停止，不数年间必致倾圮，再行修建需费浩繁。除衙署各项公所可缓之工暂行停止外，其仓库、监狱等工均属紧要，势难稍缓，拟请嗣后于每

工部为题销事营缮司案呈本部具题内开工科抄

出该臣等查得署黑龙江将军宝等

疏称同治三年分齐齐哈尔黑龙江墨尔根城呼兰河等四处仓库等工实不可缓要工遵照部文撙节补兹据各员修补工竣将用过工料银伍百拾柒两伍钱壹分贰厘内除每两扣银贰钱共扣银壹百叁两伍钱贰厘肆毫实用银肆百拾肆两玖厘陆毫造具细册咨送前来覆查无异所需银两请于该库存银内动支除将各承修官册结咨送工部照例核销外理合具

题等因前来查齐齐哈尔等四处岁修仓库等工先经臣部于题销咸丰三年岁修案内以现当欵项支绌降旨俟应令该将军转饬暂行停止旋据黑龙江将军以该省一切衙署仓库等项公所皆係土筑草苫之工兼之边地风多狂暴若将岁修概行停止不数年间必致倾圮再行修建需费浩繁除衙署各项公所可缓之工暂行停止外其仓库监

年需银九百余两原额内酌减四五成，通省共准开销银五百余两，以作粘补紧要工程之需，咨部核覆。当经臣部查系实在情形，准其办理在案。

今同治三年分齐齐哈尔等四处仓库等工，据署黑龙江将军宝（善）等转饬撙节择要补修完竣，所有用过工料银肆百拾肆两玖厘陆毫在于各该处库存银内动拨，造具册结题销。等因。臣部查前项岁修各工用过银两核于题明，酌减原额成数有减无增，自应准其报销。查册开齐齐哈尔用过银贰百玖拾肆两玖钱柒分贰厘、黑龙江用过银伍拾壹两陆钱贰分、墨尔根城用过银叁拾玖两捌钱陆分柒厘贰毫、呼兰河用过银贰拾柒两伍钱伍分肆毫，所用工料银两均属与例无浮，应准开销。嗣后仍令该将军将各处仓库等工核实撙节，若系必不可缓之工，始行补修，务须查照酌减成数，每年通省岁修不得过五百余两，以节经费而重要工，俟命下之日臣部行文户部并该将军等遵照。等因。

同治四年四月十九日题，本月二十一日奉旨：依议。钦此。相应移咨该将军等遵照可也。须至咨者。

右咨黑龙江将军。

工部为所修齐齐哈尔城备、公仓房工程应准开销事致黑龙江将军的咨

同治四年五月二十六日

工部为报销事。

营缮司案呈：准黑龙江将军咨称，准工部咨，据黑龙江将军咨，齐齐哈尔备、公仓房七所三十五间系道光二十四年成盖，年久糟朽，理宜修盖，以备储粮，估需工料银贰百拾玖两玖钱柒厘，造册咨部示覆。查前项仓房收存粮石，积储攸关，自应准其估办。应咨黑龙江将军转饬妥协修理，俟工竣时将修过丈尺、做法、用过工料银两造具册结送部核销。当即派委佐领伊升阿等修理完竣，造具册结呈递，覆派署理镶白旗务佐领苏楞额查核相符，具结呈递，覆查无异。除旧木变价银柒两伍钱陆分玖厘并减扣银肆拾贰两肆钱陆分柒厘陆毫外，实由库动用银壹百陆拾玖两捌钱柒分肆毫，造具册结一并咨送工部照例核销。等因前来。查齐齐哈尔城备、公

咨

工部为报销事营缮司案呈准黑龙江将军咨称准工部咨据黑龙江将军咨齐齐哈尔俗公仓房七所三十五间係道光二十四年成盖年久勚朽理宜修盖以俗储粮估需工料银贰百拾玖两玖钱柒厘造册咨部示覆查前项仓房收存粮石积储攸关自应准其估办应咨黑龙江将军转饬委协修理俟工竣时将修过丈尺做法用过工料银两造具册结送部核销当即派委佐领伊陞阿等修理完竣造具册呈遴覆派署理镶白旗务佐领苏楞额查核相符具结呈遴覆查无异除旧木变价银柒两伍钱陆分玖厘並减扣银肆拾贰两肆钱陆分玖厘陆毫外实由库动用银壹百陆拾

仓房七所三十五间，先据黑龙江将军将估需工料银贰百拾玖两玖钱柒厘造册咨部请修，当经本部核覆准修行令，俟工竣将修过丈尺、做法、用过工料银两据实造具册结送部核销，并知照户部在案。今据黑龙江将军转饬将前项工程修理完竣，除旧料变抵银柒两伍钱陆分玖厘又扣减银肆拾贰两肆钱陆分柒厘陆毫外，将实用过银壹百陆拾玖两八捌钱柒分肆毫造具册结咨部核销，本部按册核算，所用工料银两均属与例无浮，应准开销。相应移咨黑龙江将军查照可也。须至咨者。

右咨黑龙江将军。

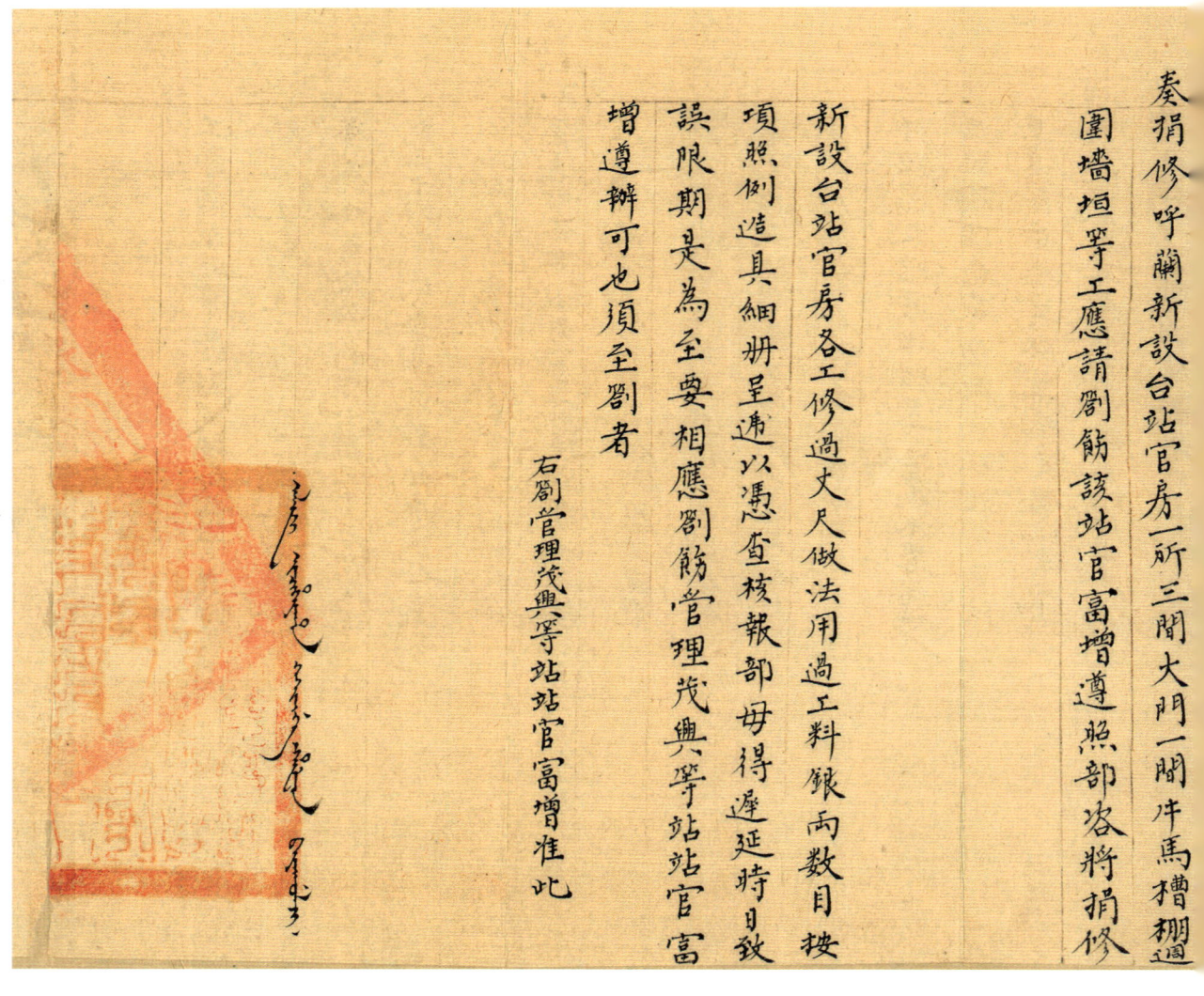

黑龙江将军衙门为将捐修呼兰新设台站官房等工用过工料银两等项造册事致管理茂兴等站站官富增的札
同治四年五月

将军衙门为札饬遵办事。

工司案呈：于同治四年五月二十六日准工部咨开，营缮司案呈，内阁抄出署黑龙江将军宝（善）奏捐修呼兰新设台站官房等工请免报销一折，同治四年正月二十七日议政王、军机大臣奉旨：该部知道。钦此。钦遵。抄出到部。相应移咨该将军遵照咸丰八年本部奏定新章办理，并将前项房

将军衙门　为劄饬遵办事工司案呈于同治四年五月二十六日准工部咨开营缮司案呈内阁抄出署黑龙江将军宝　奏捐修呼兰新设台站官房等工请免报销一摺同治四年正月二十七日议政王军机大臣奉
旨该部知道钦此钦遵抄出到部相应移咨该将军遵照咸丰八年本部奏定新章办理并将前项房间墙垣各工

间、墙垣各工造具丈尺、做法、用过工料银两数目一并造册，先行送部查核并知照户部、兵部可也。等因前来。

查前奏捐修呼兰新设台站官房一所三间、大门一间、牛马槽棚、周围墙垣等工，应请札饬该站官富增遵照部咨，将捐修新设台站官房各工修过丈尺、做法、用过工料银两数目按项照例造具细册呈递，以凭查核报部，毋得迟延时日，致误期限，是为至要。相应札饬管理茂兴等站站官富增遵办可也。须至札者。

右札管理茂兴等站站官富增准此。

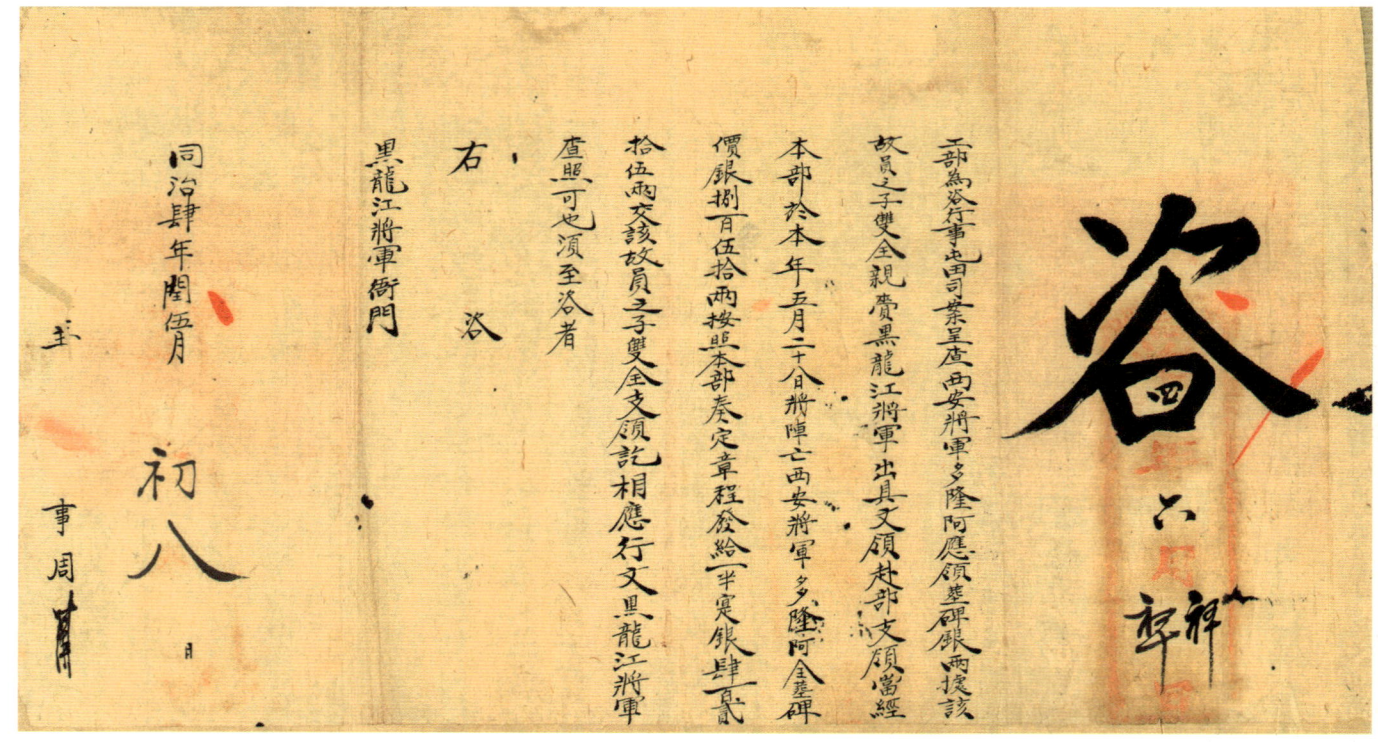

工部为阵亡西安将军多隆阿全葬碑价银已交该故员之子双全事致黑龙江将军衙门的咨

同治四年闰五月初八日

工部为咨行事。

屯田司案呈：查西安将军多隆阿应领葬碑银两据该故员之子双全亲赍黑龙江将军出具文领，赴部支领，当经本部于本年五月二十八日将阵亡西安将军多隆阿全葬碑价银捌百伍拾两按照本部奏定章程发给一半实银肆百贰拾伍两，交该故员之子双全支领讫。相应行文黑龙江将军查照可也。须至咨者。

右咨黑龙江将军衙门。

墨尔根城水师营已故水手根喜寡妻夏氏守节事迹保结

同治四年闰五月初十日

墨尔根城与例相符应给银建坊寡妇守节册。

墨尔根城水师营已故水手根喜原配妻夏氏，系本营已故闲散保安之女，道光十一年，氏年十六岁，聘嫁与根喜为妻。二十九岁时，其夫病故，计至本年守节二十二年。

查夏氏伊夫于道光二十四年病故之后，境处单微，甘心荼蓼，饥寒并迫，秉节愈坚，抚育四岁子文才、一岁子文元等至于成丁，以绵嗣续是实，现年五十岁。

兼管水师营协领巴克唐阿、领催富保、族长闲散赶照同保得夏氏守节事迹俱属确实并无虚捏，亦无再醮等项情敝，实与给银建坊定例相符，所具保结是实。

兼管水师营协领巴克唐阿覆核无异。

墨尔根城镶蓝旗汉军托精阿佐领下已故闲散全喜儿寡妻李氏守节事迹保结

同治四年闰五月初十日

墨尔根城与例相符应给银建坊寡妇守节册。

墨尔根城镶蓝旗汉军托精阿佐领下已故闲散全喜儿原配妻李氏,系正蓝旗汉军胜德佐领下已故闲散富荣之女,道光十二年,氏年十七岁,聘嫁与全喜儿为妻。三十岁时,其夫病故,计至本年守节二十一年。

查李氏伊夫于道光二十五年病故之后,境处单微,甘心荼蓼,饥寒并迫,秉节愈坚,抚育九岁子依凌额、六岁子德凌额、五岁子富隆额等至于成丁,以绵嗣续是实,现年五十岁。

署理托精阿佐领事务本佐领下骁骑校富祥、领催德克精阿、舒隆额、琦都善、族长闲散阿勒当阿同保得李氏守节事迹俱属确实并无虚捏,亦无再醮等项情弊,实与给银建坊定例相符,所具保结是实。

署理协领事务候补协领穆腾额覆核无异。

墨尔根城正蓝旗汉军胜德佐领下已故领催顺成寡妻陈氏守节事迹保结

同治四年闰五月初十日

墨尔根城与例相符应给银建坊寡妇守节册。

墨尔根城正蓝旗汉军胜德佐领下已故领催顺成继娶妻陈氏，系本佐领下已故闲散双成之女，道光十年，氏年十五岁，聘嫁与顺成为妻。二十八岁时，其夫病故，计至本年守节二十三年。

查陈氏伊夫于道光二十三年病故之后，境处单微，甘心荼蓼，饥寒并迫，秉节愈坚，抚育十一岁子赓吉音布、四岁子额勒德莫布等至于成丁，以绵嗣续是实，现年五十岁。

署理胜德佐领事务本佐领下骁骑校常明阿、领催富祥、郭勒明阿、组长闲散双福同保得陈氏守节事迹俱属确实并无虚捏，亦无再醮等项情敝，实与给银建坊定例相符，所具保结是实。

署理协领事务佐领西勒兴阿覆核无异。

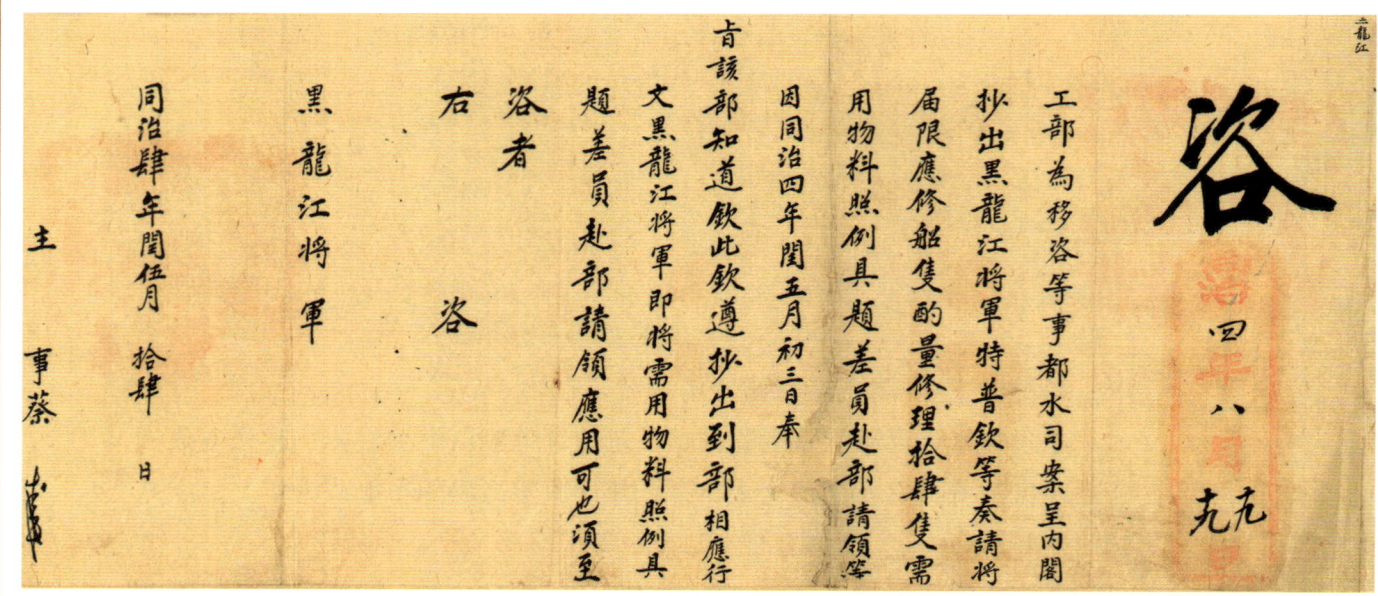

工部为差员赴部请领修船需用物料事致黑龙江将军的咨
同治四年闰五月十四日

工部为移咨等事。

都水司案呈：内阁抄出黑龙江将军特普钦等奏请将届限应修船只酌量修理十四只，需用物料照例具题差员赴部请领。等因。同治四年闰五月初三日奉旨该部知道。钦此。钦遵。抄出到部。相应行文黑龙江将军即将需用物料照例具题差员赴部请领应用可也。须至咨者。

右咨黑龙江将军。

呼兰城镶蓝旗满洲绰拉洪阿佐领下已故幼丁永海寡妻王氏守节事迹保结

同治四年闰五月二十日

呼兰城与例相符应给银建坊寡妇守节册。

呼兰城镶蓝旗满洲绰拉洪阿佐领下已故幼丁永海原配妻王氏，系正白旗满洲恩特衡额佐领下已故幼丁富明之女，于道光十二年，氏年十七岁，聘嫁与永海为妻。二十七岁时，其夫病故，计至本年守节二十四年。

查王氏伊夫于道光二十二年病故之后，并无子嗣，境处单微，甘心荼蓼，饥寒并迫，秉节愈坚是实，现年五十岁。

署理佐领事务领催蓝翎富崇阿、领催花翎委署骁骑校德克金布、族长闲散永林等同保得王氏守节事迹俱属确实并无虚捏，亦无再醮等项情敝，实与给银建坊定例相符，所具保结是实。

署理右翼副总管事务佐领赓音布复核无异。

呼兰城镶白旗满洲依尔卿阿佐领下已故披甲建銮保寡妻马氏守节事迹保结

同治四年闰五月二十日

呼兰城与例相符应给银建坊寡妇守节册。

呼兰城镶白旗满洲依尔卿阿佐领下已故披甲建銮保原配妻马氏，系本旗已故闲散马文儒之女，于道光十五年，氏年二十岁，聘嫁与建銮保为妻。二十七岁时，其夫病故，计至本年守节二十四年。

查马氏伊夫于道光二十二年病故之后，境处单微，甘心荼蓼，饥寒并迫，秉节愈坚，抚育六岁孤子舒凌阿至于成丁，以绵嗣续是实，现年五十岁。

署理佐领事务骁骑校富勒珲、领催委笔帖式委署骁骑校春林保、族长闲散舒明阿等同保得马氏守节事迹俱属确实并无虚捏，亦无再醮等项情敝，实与给银建坊定例相符，所具保结是实。

左翼副总管强恰苏复核无异。

將兩造舊圖內註有名處取直添立封堆四處以免互爭等情當經咨據由舊界青奇布拉克封堆起往西至舊界瀾吉蒙克封堆止其間取直加設封堆四處以為兩造基其新舊共設封堆八處互相各存易字並繪圖先後遞至茲于十月十二日准哲哩木盟長處亦核覆前來矣伏查現在黑龍江省城與杜爾伯特既經勘設封堆十七處並由杜爾伯特與郭爾羅斯勘設封堆八處會辦結案互易字圖務須嚴禁曉諭各屬永遠遵行嗣後毋得私踐界畫占也止處所又詔中臺再比文祈設一切封堆矣

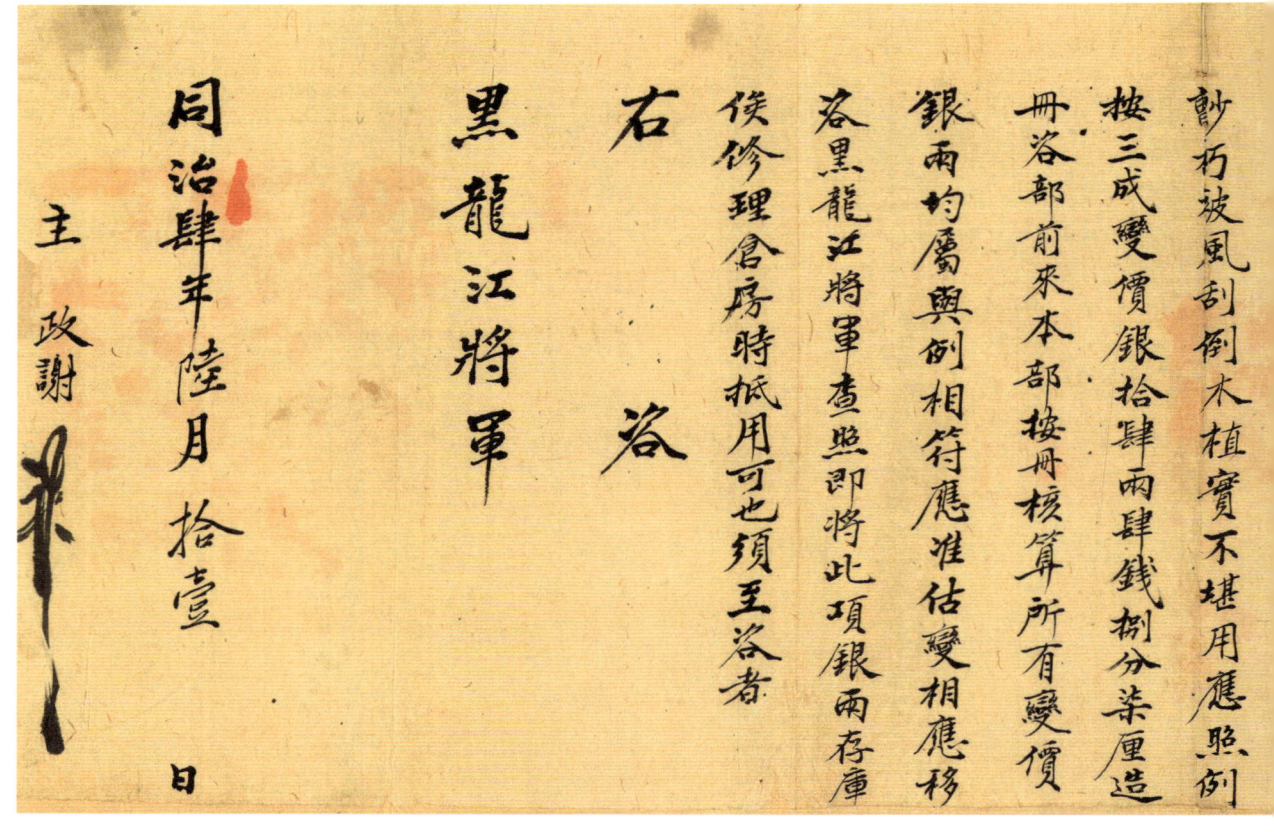

工部为应准将齐齐哈尔城仓房糟朽木植按三成变价并将银两抵用修理仓房事致黑龙江将军的咨

同治四年六月十一日

工部为咨报事。

营缮司案呈：准黑龙江将军咨称，据仓官德成额禀称，齐齐哈尔城有备仓房四十三所，内有乾隆十七年修过张字第六号仓房一所五间、宿字第八号仓房一所五间，年久糟朽被风刮倒，木植实不堪修工之用，应将旧木照例按三成变价银拾肆两肆钱捌分柒厘造册呈递，即委署理厢〔镶〕黄旗事务佐领倭和查核相符，覆查无异，造具册结咨部。等因前来。

查齐齐哈尔城张字号并宿字号仓房二所十间，据黑龙江将军咨称于乾隆十七年修过，年久糟朽被风刮倒，木植实不堪用，应照例按三成变价银拾肆两肆钱捌分柒厘造册咨部前来。本部按册核算，所有变价银两均属与

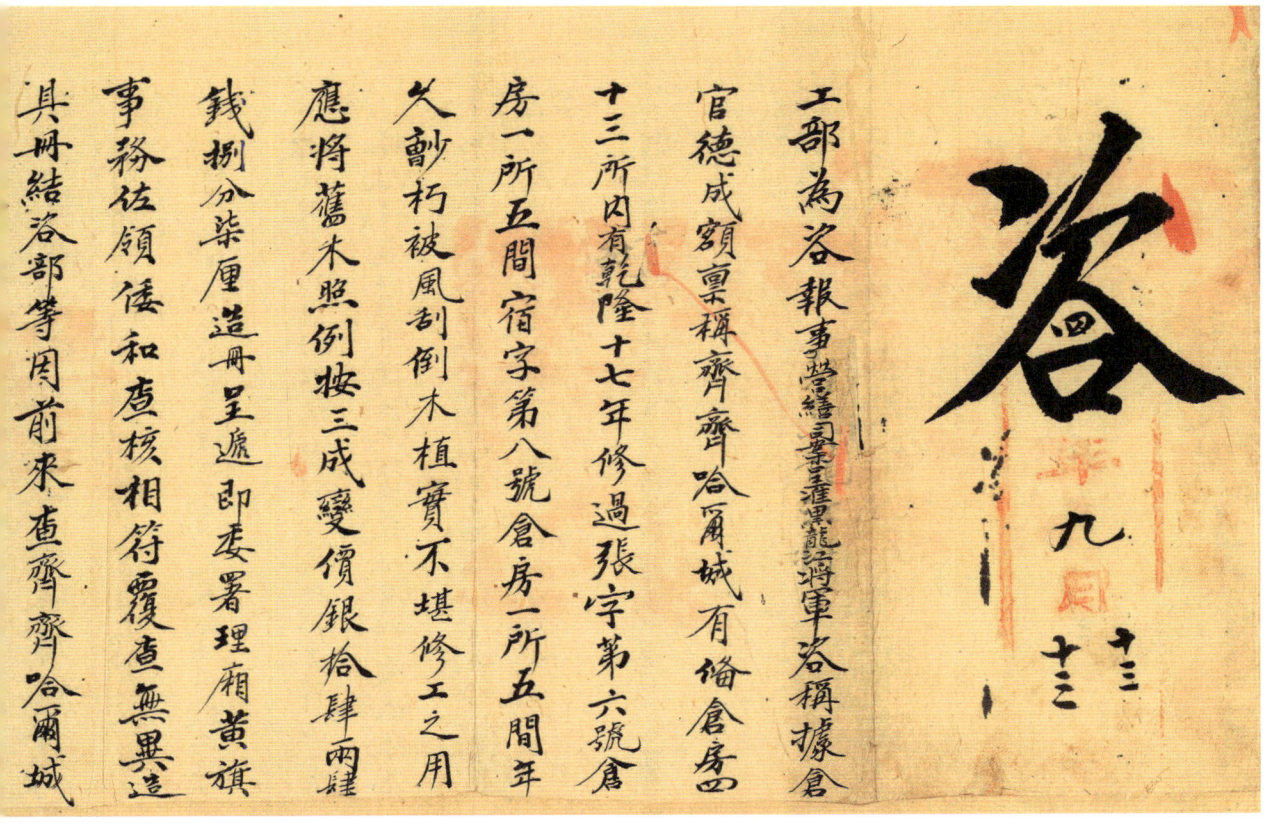

例相符,应准估变。相应移咨黑龙江将军查照,即将此项银两存库,俟修理仓房时抵用可也。须至咨者。

右咨黑龙江将军。

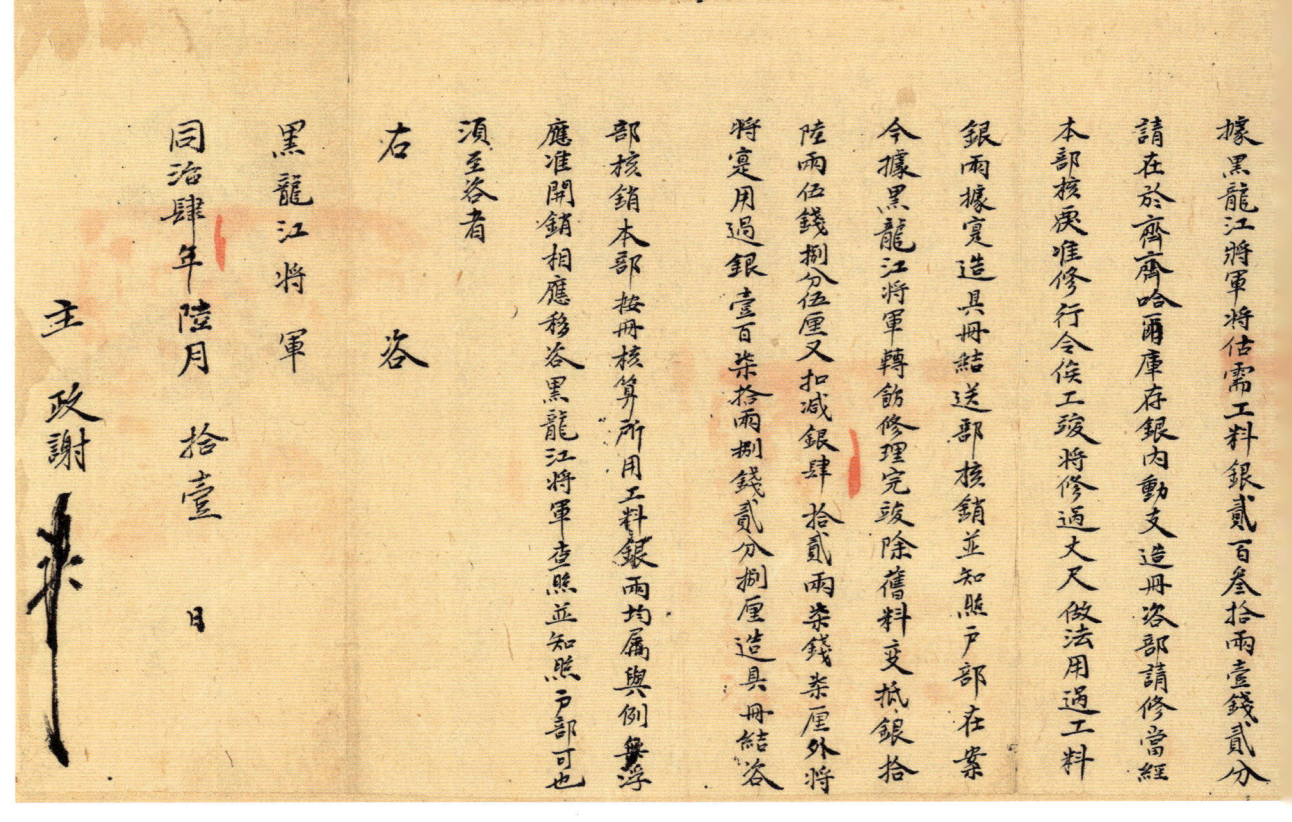

工部为所修呼兰土坯仓房工程应准开销事致黑龙江将军的咨
同治四年六月十一日

工部为咨报事。

营缮司案呈：准黑龙江将军咨称，准工部咨，据黑龙江将军咨，呼兰河地方现有土坯仓房十五所七十五间，糟朽渗漏不堪存储米石，应将此项仓房见新修理，估需工料银贰百叁拾两壹钱贰分，由齐齐哈尔库存银内动用，造册咨部示覆。查前项仓房收存粮石积储攸关，自应准其估办，应咨黑龙江将军转饬妥协修理，俟工竣时将修过丈尺、做法、用过工料银两造具册结送部核销。当派呼兰城守尉吉〔集〕拉明阿等修理完竣，造具册结呈递，复派副协领强恰舒查核相符，具结呈递，覆查无异。除旧木变价银拾陆两伍钱捌分伍厘并扣减银肆拾贰两柒钱柒厘外，实由库动用银壹百柒拾两捌钱贰分捌厘，相应造具册结咨送工部照例核销。等因前来。

查呼兰地方土坯仓房十五所七十五间，先据黑龙江将军将估需工料银贰百叁拾两壹钱贰分请在于齐齐哈尔库存银内动支造册咨部请修，当经本部核覆准修行令，俟工竣将修过丈尺、做法、用过工料银两据实造具册结送部核销并知照户部在案。今据黑龙江将军转饬修理完竣，除旧料变抵银拾陆两伍钱捌分伍厘又扣减银肆拾贰两柒钱柒厘外，将实用过银壹百柒拾两捌钱贰分捌厘造具册结咨部核销。本部按册核算，所用工料银两均属与例无浮，应准开销。相应移咨黑龙江将军查照并知照户部可也。须至咨者。

右咨黑龙江将军。

呼兰理事同知为造送添盖卡房所需土木工估算清单事致黑龙江将军衙门的呈
附：估工单
同治四年六月十四日

呼兰理事同知为呈报事。

本年四月十五日接奉宪札内开：户司案呈，查据称在东山一带设卡七处，估需盖房市钱三百五十吊，先由押租项下动用，交固勒明阿领讫。等语。查各城照例请修官房，俱系预将应需工料估计妥实咨请工部核准，议覆到日方能动项兴修，工竣查明报销。等因历办在案。

今该同知并未将估计数目预先呈请报部核议，率行动项兴工，殊与定制不合，即饬将发给固勒明阿钱文如数追回存库，以重官项。其该处应否添盖卡房之处，着该同知专案呈报，听候工司核议办理，以符定制。等因到厅。除遵即咨行城守尉衙门饬追固勒明阿将前经领去之项退还，以便存

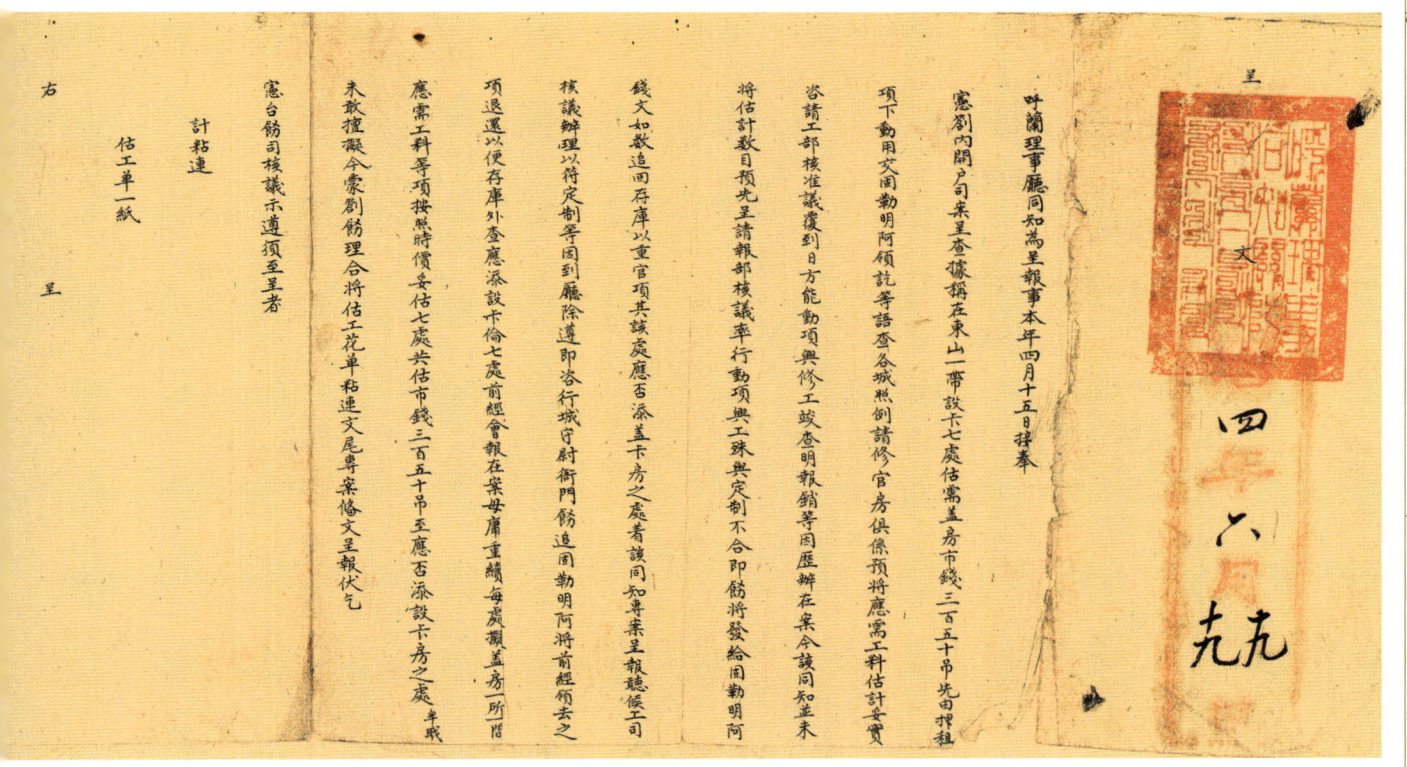

库外，查应添设卡伦七处，前经会报在案，毋庸重续，每处拟盖房一所一间，应需工料等项按照时价妥估，七处共估市钱三百五十吊。至应否添设卡房之处，卑职未敢擅拟，今蒙札饬，理合将估工花单粘连文尾，专案备文呈报，伏乞宪台饬司核议示遵。须至呈者。

右呈黑龙江将军衙门。

计粘连估工单一纸。

附：估工单

今将土木工估修房间数目等项列后。

计开：

每一间五檩五柩间宽一丈二尺，间长一丈八尺

大柁二根，合钱三吊八百文

柱脚四根，合钱二吊

二柁二根，合钱一吊四百文

柩五根，合钱二吊

檩子五根，合钱二吊五百文

挂柱六根，合钱一吊五百文

大橡子二十四根，合钱一吊八百文

树皮房薄，合钱一吊

土坯二千块，合钱三吊六百文

窗户塌板二块，合钱一吊

单寸板四块，合钱六百五十文

打窗户寸五板四块，合钱一吊

炕沿一根，合钱三百五十文

苫房草一千个，合钱四吊五百文

洋角草二百个，合钱九百文

铁丁〔钉〕子二斤，合钱五百文

泥水工三十个，合钱七吊五百文

泥水工吃食每人一日一百文，合钱三吊

木匠手工二十五个，合钱七吊五百文

木匠吃食每人一日一百文，合钱二吊五百文

上梁赏钱一吊

共盖房七间，每间应化〔花〕费钱五十吊，统共合钱三百五十吊。

黑龙江将军克蒙额为造送黑龙江省现署理副都统、记名副都统等衔名、年岁、旗分等清册事致办理军机处等的咨呈、咨 附：呈册

同治四年六月

　　暂署镇守黑龙江等处地方将军印务、墨尔根城副都统头品顶戴记录三次库奇勒巴图鲁克蒙额为造册飞速咨呈事。

　　兵司案呈：照得同治四年六月初六日承准办理军机处咨开，所有黑龙江省现署副都统人员希分晰开单，每月咨报兵部及本处。至保〔奏〕记名之副都统人员，并希将各该员年岁、旗分、籍贯一并开单知照兵部及本处备查。等因前来。

　　当已遵咨将本省各城军机处记名总管三都克多尔济等十四员，并续添记名副都统、副都统衔佐领图明额、乌珀讷依、索诺木、伊能额、前锋双寿等五员，署副都统协领穆腾额一员，共二十员年岁、旗分、籍贯，并将署副都统及奉旨副都统记名之年月日期、现在本处并在军营之处于各该名下注明，各造汉字清册一本，咨呈备核在案。兹自本年九月初一日起至二十九日止，又届一个月，查此月内据本省各城八旗查报，案内并无添减人员，相应将上月呈送军机处记名总管三都克多尔济等十九员名、署副都统协领穆腾额一员，共二十员名合并各造汉字清册一本，按月飞速咨呈办理军机处暨咨送兵部备核施行。须至咨呈者。

　　右咨呈办理军机处。
　　并咨都京兵部。
　　计呈册一本。

　　附：呈册
　　谨将黑龙江省现署副都统、记名副都统等衔名、年岁、旗分、籍贯、现在本处及在军营按名开列于后。
　　署墨尔根城副都统墨尔根正黄旗协领奖赏花翎穆腾额，系该城正黄旗平寿佐领下人，现年六十岁，于同治六年五月十三日由黑龙江将军衙门奏请，暂行署理墨尔根城副都统印务。现在任。
　　军机处记名呼伦贝尔左翼总管奖赏花翎三都克多尔济，系呼伦贝尔厢

〔镶〕黄旗双保佐领下人，现年五十九岁，于同治元年军政由黑龙江将军衙门荐举卓异，送部带领引见，于同治三年九月二十日奉旨：准其卓异，著交军机处记名。三都克多尔济现在呼伦贝尔本处。

副都统、记名副都统衔黑龙江城正白旗协领奖赏花翎哈丰阿巴图鲁托克吞，系黑龙江城厢〔镶〕白旗双寿佐领下人，现年三十三岁，因管解神机营洋枪等件，经钦命督办军务西安将军都兴阿保奏，于同治三年九月初三日奉旨：以副都统记名简放。托克吞现在甘肃军营。

副都统、记名都统衔即补总管布特哈正白旗副管奖赏花翎法尔沙泰巴图鲁苏彰阿，系布特哈正黄旗和昌佐领下人，现年五十二岁，因在陕西军营打仗奋勇，经钦差大臣多隆阿保奏，于同治二年九月十七日奉旨：交军机处记名，遇有副都统缺出请旨简放。苏彰阿现在甘肃军营。前准钦命督办奉天军务盛京将军都兴阿咨文内开，前阅邸抄荆州左翼副都统已奉旨：著苏彰阿补授。钦此。等因知照前来。查文内并未声叙何城、何旗人民，册内确难裁除，仍照原册造送，俟接有城池、旗佐相符明文，再行裁除。

副都统、记名副都统衔布特哈厢〔镶〕黄旗副管奖赏花翎额奇穆巴图鲁花尚阿，系齐齐哈尔城厢〔镶〕蓝旗依兴阿佐领下人，现年三十九岁，因在安徽军营打仗奋勇，经钦差大臣袁甲三保奏，于同治元年三月初五日奉旨：以副都统记名简放。花尚阿现在山东军营。

副都统、记名副都统衔头品顶戴布特哈厢〔镶〕白旗副管将〔奖〕赏花翎图桑阿巴图鲁和善，系布特哈正红旗萨朗阿佐领下人，现年四十九岁，因在安徽军营打仗奋勇，经钦差大臣袁甲三保奏，于同治元年三月初五日奉旨：以副都统记名简放。因在吉省军营打仗奋勇，经钦命督办吉林军务将军富明阿保奏，于同治五年六月十三日奉旨：赏给头品顶戴。和善现在调赴南苑。

副都统、记名副都统衔齐齐哈尔城正蓝旗世管佐领奖赏花翎胡尔察巴图鲁富庆阿，系齐齐哈尔城厢〔镶〕蓝旗双德佐领下人，现年四十岁，因在湖北军营打仗奋勇，经钦差大臣多隆阿保奏，于同治二年二月初十日奉旨：交军机处记名，遇有副都统缺出请旨简放。富庆阿现在齐齐哈尔本处。

副都统、记名副都统衔尽先即补协领墨尔根城厢〔镶〕红旗佐领奖赏花翎捷勇巴图鲁本福，系黑龙江城正白旗色普各勒珠尔佐领下人，现年四十岁，因在陕西军营打仗奋勇，经钦差大臣穆图善保奏，于同治三年十月三十日奉旨：以副都统记名简放。本福现在甘肃军营。

副都统、记名副都统衔呼兰厢〔镶〕蓝旗佐领奖赏花翎讷恩登额巴图鲁绰洪阿，系呼兰厢〔镶〕黄旗佛尔庆阿佐领下人，现年四十四岁，因在陕西军营打仗奋勇，经钦差大臣多隆阿保奏，于同治三年二月初七日奉旨：以副都统记名简放。绰勒洪阿现在呼兰本处。

副都统、记名副都统衔墨尔根城正白旗防御奖赏花翎图鲁巴图鲁库里布，系黑龙江城正白旗巴彦达赍佐领下人，现年四十三岁，因在陕西军营打仗奋勇，经钦差大臣穆图善保奏，于同治三年十月三十日奉旨：以副都统记名简放。库里布现在甘肃军营。

副都统、记名副都统衔布特哈厢〔镶〕黄旗佐领奖赏花翎荣勇巴图鲁敦奇祥阿，系齐齐哈尔城厢〔镶〕蓝旗莫尔根布佐领下人，现年四岁（年龄不可考），因在陕西军营打仗奋勇，经钦差大臣穆图善保奏，于同治三年十月三十日奉旨：以副都统记名简放。敦奇祥阿现在甘肃军营。

副都统、记名副都统衔即补协领布特哈正红旗佐领奖赏花翎铿色巴图鲁山善保，系布特哈正白旗庆明阿佐领下人，现年三十六岁，因在陕西军营打仗奋勇，经钦差大臣穆图善保奏，于同治三年十月三十日奉旨：以副都统记名简放。山善保现在甘肃军营。

副都统、记名副都统衔即补协领黑龙江城厢〔镶〕蓝旗防御奖赏花翎博清额巴图鲁依精阿，系黑龙江城厢〔镶〕白旗倭兴额佐领下，现年五十岁，因在陕西军营打仗奋勇，经钦差大臣穆图善保奏，于同治三年十月三十日奉旨：以副都统记名简放。依精阿现在甘肃军营。

副都统、记名副都统衔即补协领呼伦贝尔厢〔镶〕黄旗庆善佐领下骁骑校奖赏花翎伯勇巴图鲁巴尔佳布，系黑龙江城正红旗多祥佐领下人，现年三十二岁，因在甘肃军营打仗奋勇，经钦命督办军务西安将军都兴阿保奏，于同治四年二月二十一日奉旨：以副都统记名简放。巴尔佳布现在甘肃军营。

副都统、记名副都统衔即补协领布特哈正红旗佛尔德善佐领下领催奖赏花翎达春巴图鲁富魁，系呼兰正红旗德明保佐领下人，现年三十九岁，因在陕西军营打仗奋勇，经钦差大臣多隆阿保奏，于同治二年九月十七日奉旨：交军机处记名，遇有副都统缺出请旨简放。富魁现在布特哈本处。

副都统、记名副都统衔即补协领布特哈正红旗佐领奖赏花翎依尔固木图巴图鲁图明额，系齐齐哈尔城厢〔镶〕白旗景色布库佐领下人，现年四十四岁，因在陕西军营打仗奋勇，经钦差大臣多隆阿保奏，于同治二年六月十二日奉旨：以副都统记名简放。图明额现在布特哈本处。

副都统、记名副都统衔即补总管布特哈厢〔镶〕白旗佐领奖赏花翎爱兴阿巴图鲁乌珀讷依，系呼伦贝尔正红旗呢勒杭阿佐领下人，现年三十五岁，因在陕西军营打仗奋勇，经钦差大臣穆图善保奏，于同治三年四月二十六日奉旨：以副都统记名简放。乌珀讷依现在甘肃军营。

副都统、记名副都统衔布特哈正黄旗佐领奖赏花翎坤都巴图鲁索诺木，系呼伦贝尔厢〔镶〕蓝旗特尔庆阿佐领下人，现年三十八岁，因在甘肃军营打仗奋勇，经钦命督办军务西安将军都兴阿保奏，于同治四年八月二十四日奉旨：以副都统记名简放。索诺木现在甘肃军营。

副都统、记名副都统衔即补协领布特哈正白旗佐领奖赏花翎绷僧额巴图鲁伊能额，系布特哈正白旗永庆佐领下人，现年四十八岁，因在甘肃军营打仗奋勇，经钦命督办西安将军都兴阿保奏，于同治四年八月二十四日奉旨：以副都统记名简放。伊能额现在甘肃军营。

副都统、记名副都统衔即补协领呼伦贝尔厢〔镶〕黄旗奇木沁图佐领下前锋奖赏花翎双寿，系呼兰厢〔镶〕蓝旗绰勒洪阿佐领下人，现年四十四岁，因在甘肃军营打仗奋勇，经钦命督办军务西安将军都兴阿保奏，于同治四年八月二十四日奉旨：以副都统记名简放。双寿现在甘肃军营。

以上黑龙江省署副都统一员，记名副都统十九员名。

齐齐哈尔城水师营已故幼丁汪长安寡妻范氏守节事迹保结
同治四年七月初八日

齐齐哈尔城与例相符应给银建坊寡妇守节册。

齐齐哈尔城水师营已故幼丁汪长安原配妻范氏,系伯都讷已故民范文之女,道光十年,氏年十五岁,聘嫁与汪长安为妻。二十六岁时,其夫病故,计至本年守节二十五年。

查范氏伊夫于道光二十一年病故之后,境处单微,甘心荼蓼,饥寒并迫,秉节愈坚,抚育二岁孤子富清至于成丁,以绵嗣续是实,现年五十岁。

四品官托克托布、春凌、领催朱隆阿、族长幼丁汪双琳同保得范氏守节事迹俱属确实并无虚捏,亦无再醮等项情敝,实与给银建坊定例相符,所具保结是实。

署理总管事务协领依常阿覆核无异。

齐齐哈尔城水师营已故幼丁刘三小寡妻岳氏守节事迹保结
同治四年七月初八日

齐齐哈尔城与例相符应给银建坊寡妇守节册。

齐齐哈尔城水师营已故幼丁刘三小原配妻岳氏,系正红旗汉军琦臣布佐领下已故闲散岳德之女,道光十年,氏年十五岁,聘嫁与刘三小原为妻。二十六岁时,其夫病故,计至本年守节二十五年。

查岳氏伊夫于道光二十一年病故之后,境处单微,甘心茶蓼,饥寒并迫,秉节愈坚,抚育二岁孤子福喜至于成丁,以绵嗣续是实,现年五十岁。

四品官托克托布、春凌、领催刘俊、族长水手刘双顶同保得岳氏守节事迹俱属确实并无虚捏,亦无再醮等项情敝,实与给银建坊定例相符,所具保结是实。

署理总管事务协领依常阿覆核无异。

齐齐哈尔城水师营已故幼丁刘景寡妻马氏守节事迹保结

同治四年七月初八日

齐齐哈尔城与例相符应给银建坊寡妇守节册。

齐齐哈尔城水师营已故幼丁刘景原配妻马氏，系正红旗汉军琦臣布佐领下已故闲散马老格之女，道光十年，氏年十五岁聘嫁与刘景为妻。二十七岁时，其夫病故，计至本年守节二十四年。

查马氏伊夫于道光二十二年病故之后，境处单微，甘心茶蓼，饥寒并迫，秉节愈坚，抚育五岁孤子刘禄至于成丁，以绵嗣续是实，现年五十岁。

四品官托克托布、春凌、领催鹤凌、族长水手刘海同保得马氏守节事迹俱属确实并无虚捏，亦无再醮等项情敝，实与给银建坊定例相符，所具保结是实。

署理总管事务协领依常阿覆核无异。

齐齐哈尔城镶红旗满洲博清阿佐领下已故披甲萨炳阿寡妻乌扎拉氏守节事迹保结

同治四年七月初八日

齐齐哈尔城与例相符应给银建坊寡妇守节册。

齐齐哈尔城镶红旗满洲博清阿佐领下已故披甲萨炳阿原配妻乌扎拉氏，系本佐领下已故佐领富克金保之女，道光十三年，氏年十八岁，聘嫁与萨炳阿为妻。二十八岁时，其夫病故，计至本年守节二十三年。

查乌扎拉氏伊夫于道光二十三年病故之后，境处单微，甘心荼蓼，饥寒并迫，秉节愈坚，抚育四岁子启车布、二岁子芬车布等至于成丁，以绵嗣续是实，现年五十岁。

佐领博清阿、领催委笔帖式委骁骑校苏扎布、领催委官吉咩阿、领催奖赏蓝翎德寿、队长七十六、族长幼丁萨穆杭阿同保得乌扎拉氏守节事迹俱属确实并无虚捏，亦无再醮等项情敝，实与给银建坊定例相符，所具保结是实。

副都统衔协领爱伸泰覆核无异。

齐齐哈尔城镶黄旗汉军苏楞额佐领下已故幼丁巴恒额寡妻崔氏守节事迹保结

同治四年七月初八日

齐齐哈尔城与例相符应给银建坊寡妇守节册。

齐齐哈尔城镶黄旗汉军苏楞额佐领下已故幼丁巴恒额原配妻崔氏，系正黄旗汉军西里布佐领下已故披甲巴彦班珠尔之女，道光十四年，氏年十九岁，聘嫁与巴恒额为妻。二十二岁时，其夫病故，计至本年守节二十九年。

查崔氏伊夫于道光十七年病故，虽无子嗣，境处单微，甘心荼蓼，饥寒并迫，秉节愈坚，翁姑年老无倚，妇兼子职，奉养终身，以至送终，极尽妇道是实，现年五十岁。

佐领苏楞额、骁骑校多福、领催奖赏蓝翎赓锦阿、领催委官常明、领催海泰、和春、队长得成、族长披甲西楞额同保得崔氏守节事迹俱属确实并无虚捏，亦无再醮等项情敝，实与给银建坊定例相符，所具保结是实。

署理协领事务佐领倭和覆核无异。

齐齐哈尔城多耐站已故幼丁王保安寡妻曹氏守节事迹保结
同治四年七月初八日

齐齐哈尔城与例相符应给银建坊寡妇守节册。

多耐站已故幼丁王保安原配妻曹氏，系他尔哈站已故幼丁曹光祖之女，道光十三年，氏年十八岁，聘嫁与王保安为妻。二十七岁时，其夫病故，计至本年守节二十四年。

查曹氏伊夫于道光二十二年病故之后，境处单微，甘心荼蓼，饥寒并迫，秉节愈坚，抚育七岁孤子王云龙至于成丁，以绵嗣续是实，现年五十岁。

笔帖式济忠额、领催罗吉忠、族长壮丁王保珠同保得曹氏守节事迹俱属确实并无虚捏，亦无再醮等项情敝，实与给银建坊定例相符，所具保结是实。

站官富增覆核无异。

先行送部核辦等因前來查原擬同知巡檢衙署房間因不敷用
復請添建鈐押稿案等房工程今奉部文咨准添建即應派員修
理乃因霜降在邇核其興修非時應飭該城守尉即將此項工程
暫行緩候明年春融趕緊興修之處僅文呈報以憑查核報部展
限其所需工料務著先期預為妥辦以備明春興工便用再查上年
原擬修蓋同知巡檢衙署房間等工業經完竣逓將用過工料價
值銀兩數目照例造具冊結先行呈報前來立待題銷毋得遲延
致誤限期並著委派筆帖式帶領帖書來省抄錄續請添蓋
鈐押稿案等房丈尺做法工料價值案件以便照式修理工竣將

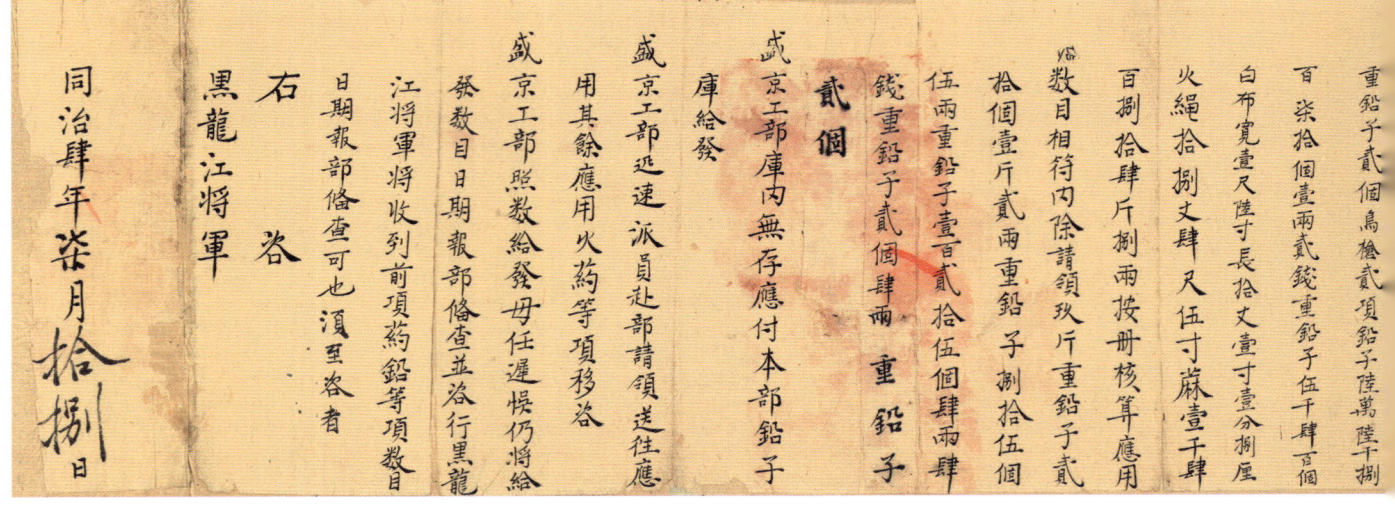

工部为照数给发齐齐哈尔、黑龙江等处同治三年分操演枪炮所需药、铅等项事致黑龙江将军的咨

同治四年七月十八日

工部为咨行事。

虞衡司案呈：同治四年闰五月二十九日准兵部咨称，准工部咨称，准黑龙江将军将齐齐哈尔、黑龙江等处请领同治三年分操演枪炮应用药、铅数目一案造册送部前来。应将原册移咨兵部，将册开操演枪炮应用药、铅等项数目是否相符、应否准其领用即行核明，同原册咨覆过部，以凭核办。等因。

查齐齐哈尔、黑龙江等处请领同治三年分操演枪炮应用药、铅等项，本部核与历办成案相符，应准其领用，相应咨覆工部并将原册送回。等因前来。查兵部咨，黑龙江、齐齐哈尔等处请领同治三年分操演枪炮需用药、铅等项既经兵部核明相符准其请领。本部查册开：共请领火药一万一千四百九十四斤十一两三钱、烘药一百五斤十二两五钱二分、九斤重铅子二十个、一斤二两重铅子八十五个、五两重铅子一百二十五、四两四钱重铅子二个、四两重铅子二个、鸟枪二项铅子六万六千八百七十个、一两二钱重铅子五千四百个、白布宽一尺六寸长十丈一寸一分八厘、火绳十八丈四尺五寸、麻一千四百八十四斤八两，按册核算应用数目相工部为咨行事虞衡司案呈同治肆年闰伍月贰拾玖日准兵部咨称准工部咨称准黑龙江将军齐齐哈尔黑龙江等处请领同治叁年分操演枪炮应用药铅江等处造册送部前来应将原册移咨兵部册开操演枪炮应用药铅数目一案造册送部前来应用药铅等项数目是否相符应否准其领用即行核明同原册咨覆过部以凭核办等因查齐齐哈尔黑龙江等处请领同治叁年分操演枪炮应用药铅等项本部核与历办成案相符应准其领用相应咨覆工部并将原册送回等因前来查兵部咨黑龙江齐齐哈尔等处请领同治叁年分操演枪炮需用药铅等项既经兵部核明相符准其请领本部查册开共请领火药壹万壹千肆百玖拾肆斤拾壹两叁钱 供药壹百伍斤肆拾贰

符。内除请领九斤重铅子二十个、一斤二两重铅子八十五个、五两重铅子一百二十五个、四两四钱重铅子二个、四两重铅子二个，盛京工部库内无存，应付本部铅子库给发，盛京工部迅速派员赴部请领送往应用。其余应用火药等项移咨盛京工部照数给发，毋任迟误，仍将给发数目、日期报部备查，并咨行黑龙江将军将收到前项药、铅等项数目、日期报部备查可也。须至咨者。

右咨黑龙江将军。

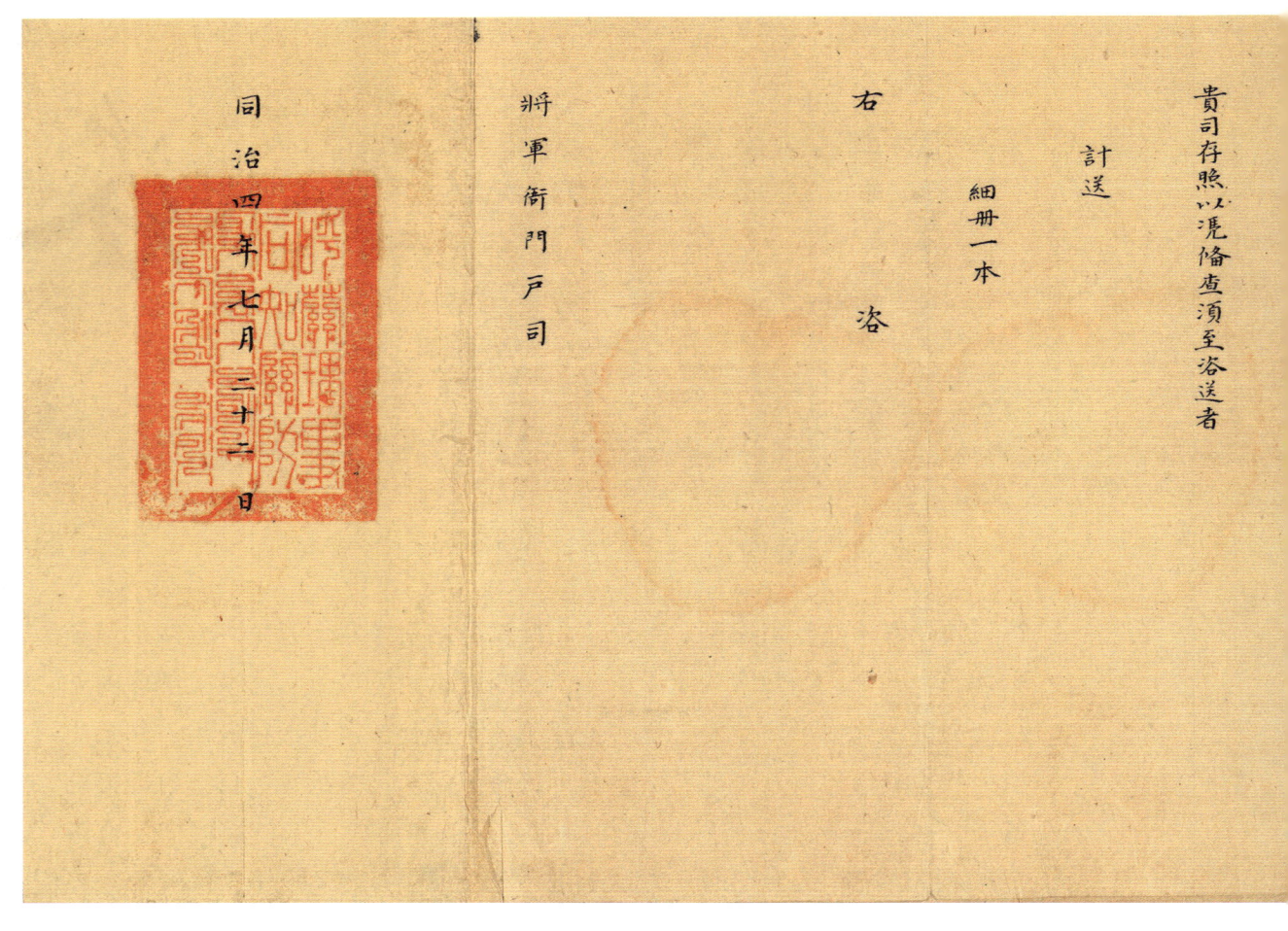

呼兰理事厅为更正原册事致黑龙江将军衙门户司的咨
同治四年七月二十二日

呼兰理事厅为咨送另行造妥细册事。

本月十五日准贵户司移文内开:于本年六月二十三日据贵厅呈册内开,上年实存押租银内出本年添设一台,由此款项下借用银二百三十两零七钱六分九厘二毫三丝,又本年征收押租银内出上年安设卡伦七处,借用银一百三十四两七钱一分五厘。等语。查安设台站并上年添设卡伦等工尚未报部核准,现不应由押租项下借动,其原册碍难存案,仍即送回,请将前项借动修盖卡房、台站银两之数删除,入于实存数内,更正妥协,仍载

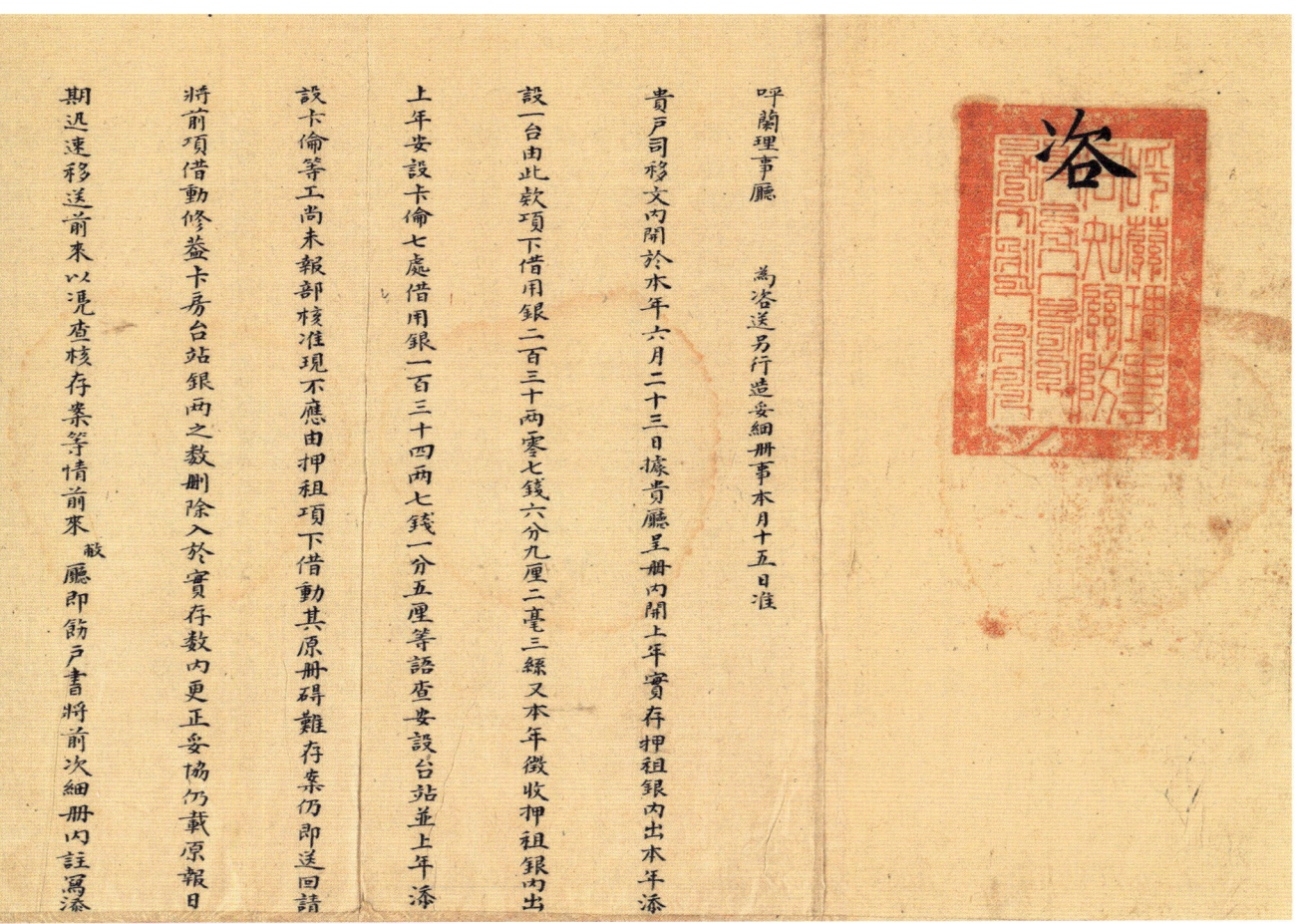

呼兰理事厅

为咨送另行造妥细册事本月十五日准

贵户司移文内开於本年六月二十三日据贵厅呈册内开上年实存押租银内出本年添设一台由此款项下借用银二百三十四两零七钱六分九厘二毫三丝又本年徵收押租银内出设卡伦七处借用银一百三十四两七钱一分五厘等语查要设台站并上年添设卡伦等工尚未报部核准现不应由押租项下借动其原册碍难存案仍即送回请将前项借动修盖卡房台站银两之数删除入於实存数内更正妥协仍载原报日期迅速移送前来以凭查核存案等情前来敝厅即饬户书将前次细册内注写添

原报日期迅速移送前来，以凭查核存案。等情前来。敝厅即饬户书将前次细册内注写添设卡伦、台站等项动用钱一并扣除，入于实存数内，今更正妥协，另行造具细册一本，理合咨送贵司存照，以凭备查。须至咨送者。

计送细册一本。

右咨将军衙门户司。

（注：无附件正文）

工部为应准添建理事同知衙署房间并前奏未收到请查明声覆事致黑龙江将军的咨

同治四年八月初八日

工部为咨行事。

营缮司案呈：准黑龙江将军咨称，本衙门前奏添设理事同知等官应修盖衙署房间，奉工部议准，应如所奏，酌核办理，照例造册送部估销。查本省向无修盖有司衙署成案，是以酌核拟修同知、巡检衙署等房二十一所计五十二间，其工程银两由押租项下动支，将房间数目报部在案。嗣据新设同知文祺到任呈称，前定同知、巡检衙署房间较少，将来势不敷用，拟请再行添盖钤押稿案等房十八所计三十八间，并开展群墙三十三丈。查此项衙署工程系属初创修建，前因无案可照，大概酌核房间之数报部办理。今据该同知所称前定房间不敷，覆核属实，可否准其添盖希请工部指示遵行，约需银一千五百余两，仍由押租项下动支，俟工竣再行报销，将续添房间数目开单咨部查核示覆遵办。于同治二年十月间咨报在案，应再行开单咨部示覆遵办。等因前来。

查前项添设衙署房间工程先据黑龙江将军奏请添设，经本部会议准其查照成案，酌核办理，照例造册送部估销奏明在案。今据咨称前拟房间数目较少势不敷用，请再行添盖钤押稿案等房十八所计三十八间并群墙等工，该将军所称自系实在情形，应如所咨，准其添建，即由该将军照例造具册结题估，工竣据实造具册结题销，以凭办理。至前奏添设同知、巡检衙署等房二十一所五十二间，一俟工竣迅即造具估销各册先行送部核办。至所称同治二年十月间曾经咨报本部并未接到来文，应由该将军确切查明，系由何处递送，即行声覆，相应由驲移咨黑龙江将军查照可也。须至咨者。

右咨黑龙江将军。

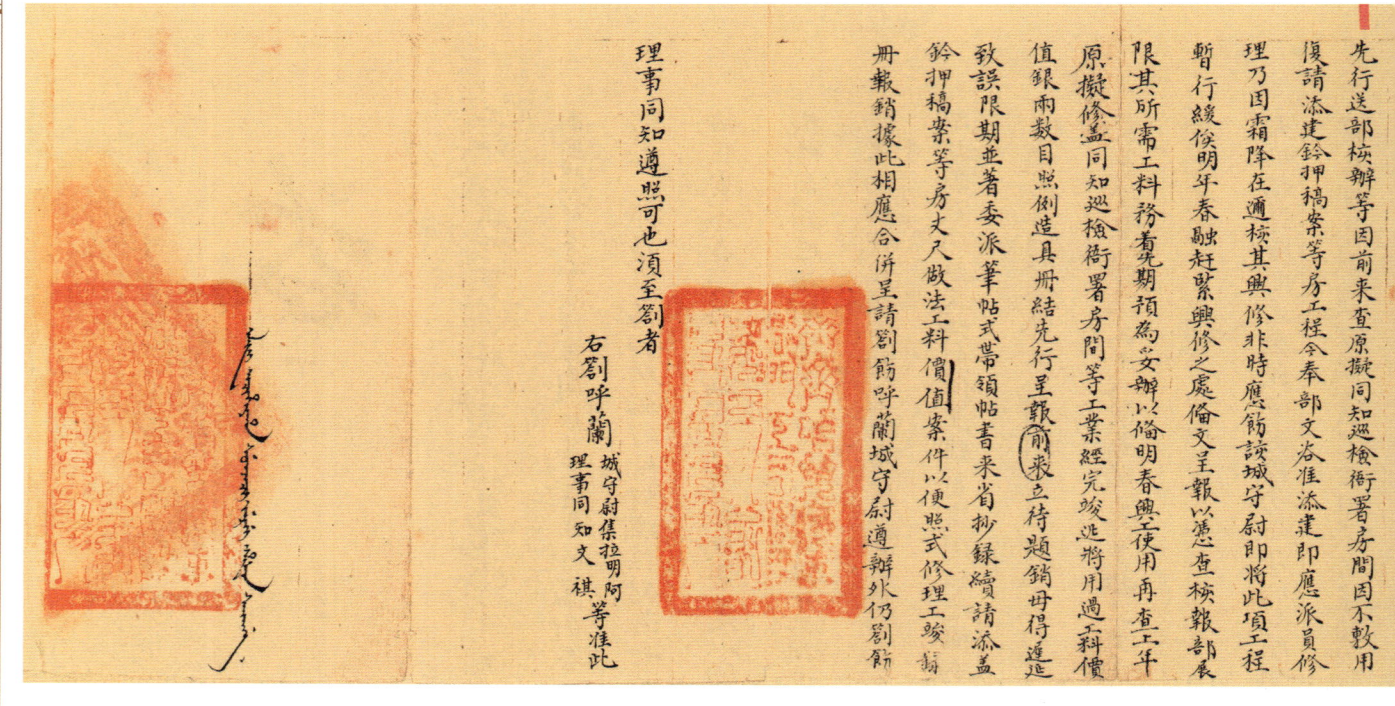

黑龙江将军衙门为添盖钤押稿案等房俟明年春融开工等事致呼兰城守尉集拉明阿、理事同知文祺等的札

同治四年八月

将军衙门为札饬遵办事。

工司案呈：于本年八月二十二日准工部咨开，营缮司案呈，准黑龙江将军咨称，本衙门前奏添设理事同知等官应修盖衙署房间，奉工部议准，应如所奏，酌核办理，照例造册送部估销。查本省向无修盖有司衙署成案，是以酌核拟修同知、巡检衙署等房二十一所计五十二间，其工程银两由押租项下动支，将房间数目报部在案。嗣据新设同知文祺到任呈称，前定同知、巡检衙署房间较少，将来势不敷用，拟请再行添盖钤押稿案等房十八所计三十八间，并开展群墙三十三丈。查此项衙署工程系属初创修建，前因无案可照，大概酌核房间之数报部办理。今据该同知所称前定房间不敷，覆核属实，可否准其添盖，希请工部指示遵行，约需银一千五百余两，仍由押租项下动支，俟工竣再行报销，将续添房间数目开单咨部查核示覆遵办。于同治二年十月间咨报在案，应再行开单咨部示覆遵办。等因前来。

将军衙门　为刘劼遵办事工司案呈於本年八月二十二日准工部咨开营缮司案呈准黑龙江将军咨称本衙门前奏添设理事同知等官应修盖衙署房间奉工部议准应如所奏酌核办理照例造册送部估销查本省向无修盖有司衙署成案是以酌核拟修同知巡检衙署等房二十一所计五十二间其工程银两由押祖项下动支将房间数目报部在案嗣据新设同知文祺到任呈称前定同知巡检衙署房间较少将来势不敷用拟请再行添盖钤押稿案等房十八所计三十八间并群墙三十三丈查此项衙署工程系属初创修建前因无案可照大概酌核房间之数报部办理今据谈同知所称前定房间不敷覆核属实可否

祖项下动支将房间数目报部在案嗣据新设同知文祺到任呈称前定同知巡检衙署房间较少将来势不敢用拟请再行添盖钤押稿案等房十八所计三十八间并群墙等工候工竣再行报销将续添房间数目开单咨部查核示覆遵办於同治二年十月间咨报在案应再行开单咨部示覆遵办等因前来查前项添设衙署房间工程先据黑龙江将军奏请添设经本部会议准其查照成案酌核办理照例造册送部估销奏明在案今据咨称前拟房间数目较少势不敷用请再行添盖钤押稿案等房十八所计三十八间并群墙等工该将军所称自系实在情形应如所咨准其添建即由该将军照例造具册结题销以凭办理至前奏添设同知巡检衙署房等房二十一所五十二间一俟工竣迅即造具册估销各册

查前项添设衙署房间工程先据黑龙江将军奏请添设，经本部会议准其查照成案，酌核办理，照例造册送部估销奏明在案。今据咨称前拟房间数目较少势不敷用，请再行添盖钤押稿案等房十八所计三十八间并群墙等工，该将军所称自系实在情形，应如所咨，准其添建，即由该将军照例造具册结题估，工竣据实造具册结题销，以凭办理。至前奏添设同知、巡检衙署等房二十一所五十二间，一俟工竣迅即造册估销各册先行送部核办。等因前来。

查原拟同知、巡检衙署房间因不敷用复请添建钤押稿案等房工程，今奉部文，咨准添建，即应派员修理，乃因霜降在迩，核其兴修非时，应饬该城守尉即将此项工程暂行缓俟明年春融赶紧兴修之处备文呈报，以凭查核，报部展限。其所需工料务着先期预为妥办，以备明春兴工使用。再查上年原拟修盖同知、巡检衙署房间等工业经完竣，迅将用过工料价值银两数目照例造具册结，先行呈报前来，立待题销，毋得迟延致误限期。并著委派笔帖式带领帖书来省抄录续请添盖钤押稿案等房丈尺、做法、工料价值案件，以便照式修理，工竣录册报销。据此，相应合并呈请札饬呼兰城守尉遵办外仍札饬理事、同知遵照可也。须至札者。

右札呼兰城守尉集拉明阿、理事同知文祺等准此。

黑龙江将军衙门为前奏请再添盖钤押稿案等房公文于本月二十五日送至吉林所属伯德讷站事致都京工部的咨

同治四年八月

镇守黑龙江等处地方将军衙门为声明缘由咨报事。

工司案呈：于同治四年八月二十二日准工部咨称，营缮司案呈，准黑龙江将军咨称，本衙门前奏添设理事同知等官，应修盖衙署房间，奉工部议准，应如所奏，酌核办理，照例造册送部估销。查本省向无修盖有司衙署成案，是以酌核拟修同知、巡检衙署等房二十一所计五十二间，其工程银两由押租项下动支，将房间数目报部在案。嗣据新设同知文祺到任呈称，前定同知、巡检衙署房间较少，将来势不敷用，拟请再行添盖钤押稿案等房十八所计三十八间，并开展群墙三十三丈。查此项衙署工程系属初创修建，前因无案可照，大概酌核房间之数报部办理，今据该同知所称前定房间不敷，复核属实，可否准其添盖希请工部指示遵行，约需银一千五百余两，仍由押租项下动支，俟工竣再行报销，将续添房间数目开单咨部查核示覆遵办，于同治二年十月间咨报在案，应再行开单咨部示覆遵办。等因前来。查前项添设衙

鎮守黑龍江等處地方將軍衙門 為聲明緣由咨報事

工司案呈於同治四年八月二十二日准工部咨稱營繕司案呈准黑龍江將軍咨稱本衙門前奏咨設理事同知等官應修蓋衙署房間奉工部議准如所奏酌核辦理照例造冊送部估銷查本省向無修蓋有司衙署成案是以酌核擬修同知巡檢衙署等房二十一所計五十二間其工程銀兩由押租項下動支將房間數目報部在案嗣據新設同知文祺到任呈稱前定同知巡檢衙署房間將來勢不敷用擬請再行添蓋鈴押稿索等房十八所計三十八間並開展葦墻三十三丈查此項衙署工程係屬

初創修建前因無案可照大概酌核房間之數報部辦理今據該同知所稱前定房間不敷覆核屬實可否准其添蓋希請工部指示遵行約需銀壹千伍百餘兩仍由押租項下動支俟工竣再行報銷將續添房間數目開單洛部查核示覆遵辦等因前來查前項添設衙署房間工程先據黑龍江將軍奏請添設經本部會議准其查照成案酌核辦理照例造冊送部估銷奏明在案今據咨稱前擬房間數目較少勢不敷用請再行添蓋鈴押稿索等房十八所計三十八間並葦墻等工該將軍所稱係實在情形應知所咨准其添建即由該將軍照例奏設同知巡檢衙署壹十一所五十二間一俟工竣速即造具冊結題估工竣據實造具冊結題銷以憑辦理至前奏添蓋

回收為憑等因呈遞前來查此項公文由本屬驛站已經送至伯德訥站交訖其外省所屬驛站本衙門礙難轉查合併聲明咨報

大部查核可也須至咨者

右 咨

都京工部

署房间工程先据黑龙江将军奏请添设，经本部会议准其查照成案，酌核办理，照例造册送部估销奏明在案。今据咨称前拟房间数目较少势不敷用，请再行添盖钤押稿案等房十八所计三十八间并群墙等工，该将军所称自系实在情形，应如所咨，准其添建。即由该将军照例造具册结题估，工竣据实造具册结题销，以凭办理。至前奏添设同知、巡检衙署等房二十一所五十二间，一俟工竣迅即造册估销，各册先行送部核办。至所称同治二年十月间曾经咨报本部并未接到来文，应由该将军确切查明，系由何处递送，即行声覆，相应由驲移咨黑龙江将军查照可也。等因前来。当即札饬呼兰城守尉集拉明阿遵奉部咨办理去后，今据该城守尉呈称续请添建钤押稿案等房工程应即遵照部咨办理。奈因时届霜降，地土封冻，实难兴修，请将所用工料预先采买妥备，以俟明年春融再行修理。等情呈报前来。查该城守尉呈报亦系实在情形，应如所请，将此项续添钤押稿案等房工程暂行展缓，容俟明春兴修完竣之时即行照例造具册结，送部题销。再查部文内称添建钤押稿案等房工程即由该将军照例造具册结题估，工竣据实造具册结题销，以凭办理。等语。溯查前次请修同知、巡检衙署工程实因赶办估册不及，当经声明，请俟工竣时循照成案造具册结一并具题送部核销。等因。曾奉部示应如所请办理在案，今若将此项添建钤押稿案等房工程先行造具册结题估，实与前案两歧，希请大部俯允援照前拟衙署章程，请免题估，亦俟工竣时再将丈尺、做法、用过工料价值银两照例造具册结送部题销，以归画一而节案牍。且如此办理实与公事有裨，亟应出具缘由咨报大部鉴核施行外，至所称同治二年十月间曾经咨报本部并未接到来文，应由该将军确切查明，系由何处递送，即行声覆等语，当即札饬管理茂兴等站站官福增详查究系何处遗失，确实声明呈递去后，今据该站官呈称，于同治二年十月二十二日由将军衙门交递都京工部等衙门公文共十四角，于本月二十五日差派茂兴站站丁葛宝喜送至吉林所属伯德讷站，将公文如数交明，并取图记回收为凭。等因呈递前来。查此项公文由本属驲站已经送至伯德讷站交讫，其外省所属驲站本衙门碍难斟查，合并声明咨报大部查核可也。须至咨者。

右咨都京工部。

兵部为刷单礼部封开印信一折知照事
附：奏折
同治四年九月二十四日

兵部为通行事。

武选司案呈：准礼部咨称，所有封开印信一案，相应刷单知照该将军转饬所属一体遵照可也。

计刷单一纸。

附：奏折

礼部谨题，为循例具题事。

查每年封开印信例由臣部预为题明，通行内外各衙门转饬所属一体遵照。兹据钦天监选择，得本年十二月二十日辛亥宜用午时封印吉，次年正月十九日宜用午时开印吉。等因到部。该臣等查得本年十二月二十日辛亥宜用午时封印，同治五年正月十九日已卯宜用午时开印。自封印日起至开印日止，照例不理刑名、不办事，有紧要事仍行办理。至元旦令节，自十二月二十七日起至月初一、初二、初四、初五等日，上元节十三、十五、十六等日，王以下文武各官均照定例常朝处穿朝服，其进内及公所办事俱穿蟒袍、补服，恭候命下，臣部通行内外各衙门遵奉施行，臣等未敢擅便，谨题请旨。

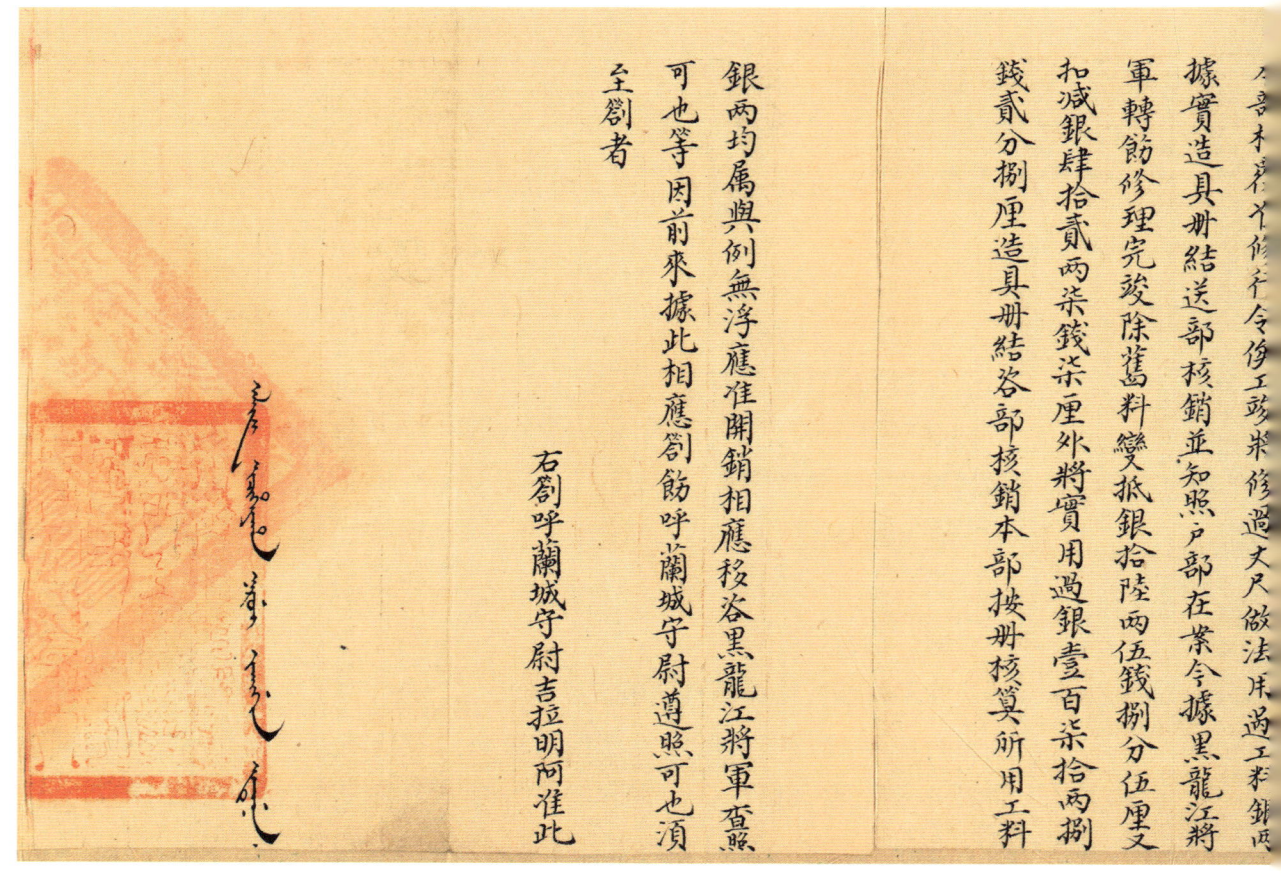

黑龙江将军衙门为应准修理呼兰土坯仓房事致呼兰城守尉集拉明阿的札

同治四年九月

将军衙门为札饬知照事。

工司案呈：于本年九月十三日准工部咨称，营缮司案呈，准黑龙江将军咨称，准工部咨，据黑龙江将军咨，呼兰地方现有土坯仓房十五所七十五间，糟朽渗漏不堪存储米石，应将此项仓房见新修理，估需工料银贰百叁拾两壹钱贰分，由齐齐哈尔库存银内动用，造册咨部示覆。查前项仓房收存粮石积储攸关，自应准其估办。应咨黑龙江将军转饬妥协修理，俟工竣时将修过丈尺、做法、用过工料银两造具册结送部核销。当派呼兰城守尉吉〔集〕拉明阿等修理完竣造具册结呈递，复委副协领强恰舒查核

将军衙门　为劄飭知照事工司案呈於本年九月十三日
准工部咨稱營繕司案呈准黑龍江將軍咨稱准工部咨據
黑龍江將軍咨呼蘭地方現有土坯倉房十五所七十五
間歇朽滲漏不堪存儲米石應將此項倉房現今新修理
估需工料銀貳百叁拾兩壹錢貳分由齊齊哈爾庫存
銀內動用造冊咨部示覆查前項倉房收存粮石積儲攸
關自應准其估辦應咨黑龍江將軍轉飭妥協修理俟工竣
時將修過丈尺做法用過工料銀兩造具冊結送部核銷當派
呼蘭城守尉吉拉明阿等修理完竣造具冊呈通復委副
協領強恰舒查核相符具結呈遞復查無異除舊木變價
銀拾陸兩伍錢捌分伍厘並扣減銀肆拾貳兩柒錢柒厘外實
由庫動用銀壹百柒拾兩捌錢貳分捌厘相應造具冊結咨送

相符，具结呈递复查无异。除旧木变价银十六两五钱八分五厘并扣减银肆拾贰两柒钱柒厘外，实由库动用银壹百柒拾两捌钱贰分捌厘，相应造具册结咨送工部照例核销。等因前来。查呼兰地方土坯仓房十五所七十五间，先据黑龙江将军将估需工料银贰百叁拾两壹钱贰分请在于齐齐哈尔库存银内动支，造册咨部请修，当经本部核覆准修行令，俟工竣将修过丈尺、做法、用过工料银两据实造具册结送部核销并知照户部在案。今据黑龙江将军转饬修理完竣，除旧料变抵银拾陆两伍钱捌分伍厘又扣减银肆拾贰两柒钱柒厘外，将实用过银壹百柒拾两捌钱贰分捌厘造具册结咨部核销。本部按册核算，所用工料银两均属与例无浮，应准开销。相应移咨黑龙江将军查照可也。等因前来。据此，相应札饬呼兰城守尉遵照可也。须至札者。

右札呼兰城守尉吉〔集〕拉明阿准此。

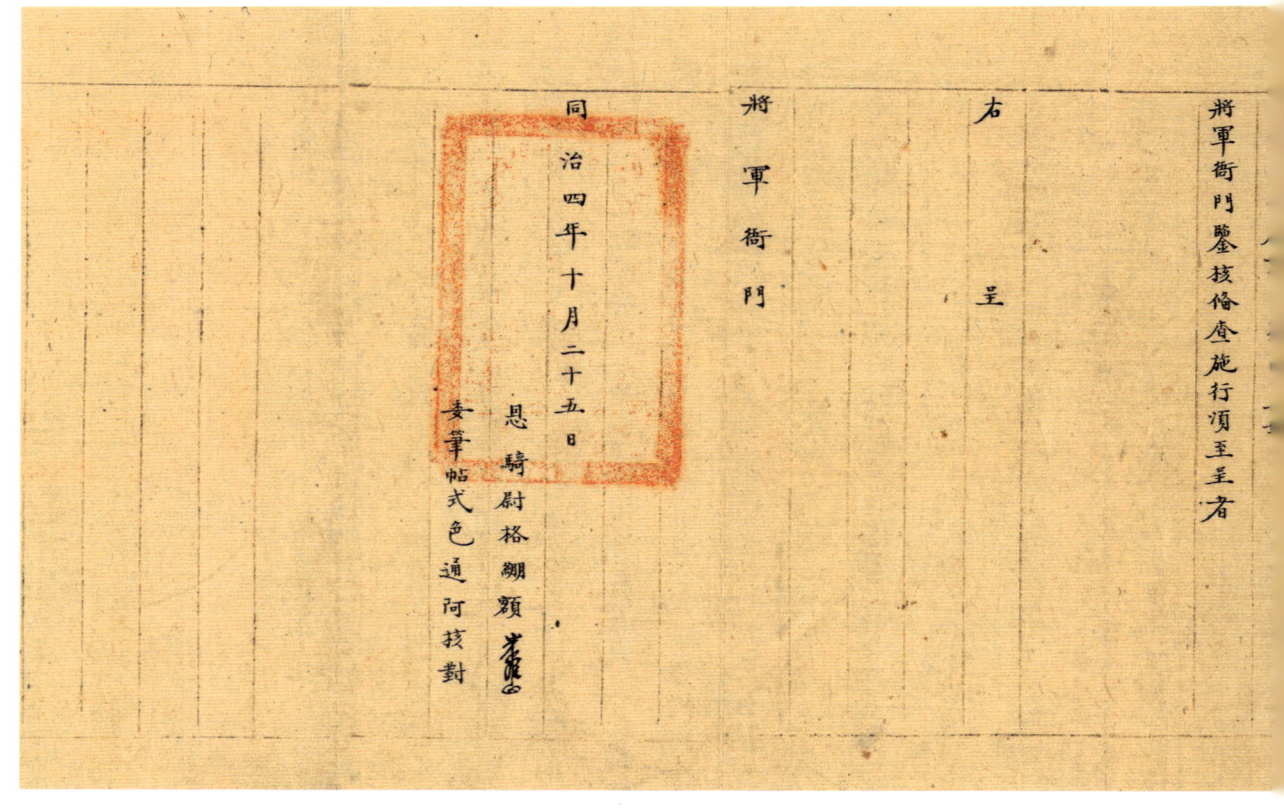

呼兰河城守尉集拉明阿为添建钤押稿案等房工程待明年春融再行修理事致黑龙江将军衙门的呈

同治四年十月二十五日

呼兰河城守尉集拉明阿为声明呈报事。

左司案呈：前奉将军衙门札文内开，查原拟同知、巡检衙署房间因不敷用，复请添建钤押稿案等房工程，今奉部文咨准添建，即应派员修理。乃因霜降在迩，核其兴修非时，应饬该城守尉即将此项工程暂行，缓俟明年春融赶紧兴修之处备文呈报，以凭查核。报部展限其所需工料务着先期预为妥办，以备明春兴工使用。再查上年修盖原拟同知、巡检衙署房间等工业经完竣，迅将用过工料价值银两数目照例造具册结先行呈报，立待题销，毋得迟延，致误限期。等因札饬前来。除将前经添设同知、巡检衙署等房二十一所计五十二间呈报业经告竣，其狱墙、库房等工程呈请停工在案，惟复请添建钤押稿案等房工程时至隆冬，核其兴修非时，仅将所用物

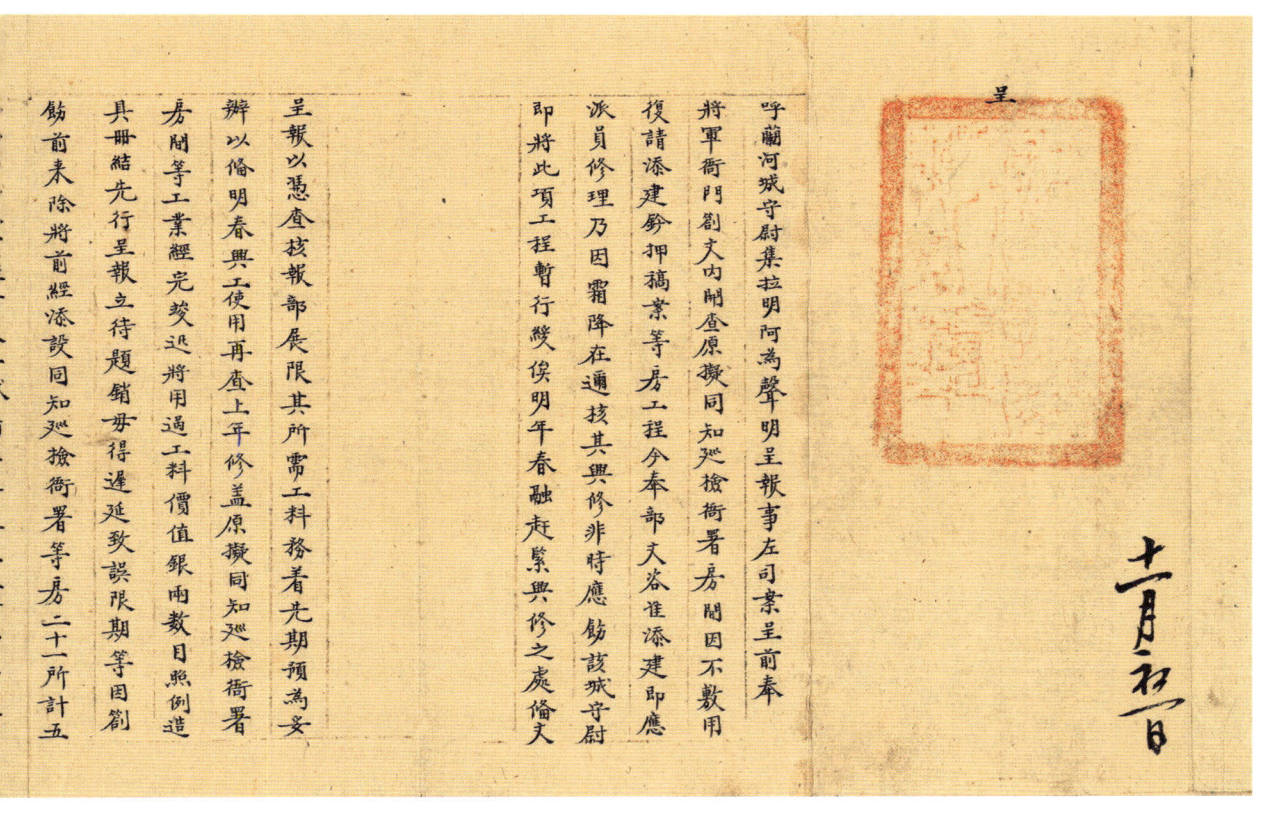

料预先采买妥备，以俟明年春融再行修理。等因。相应先行声明呈报将军衙门鉴核备查施行。须至呈者。

右呈将军衙门。

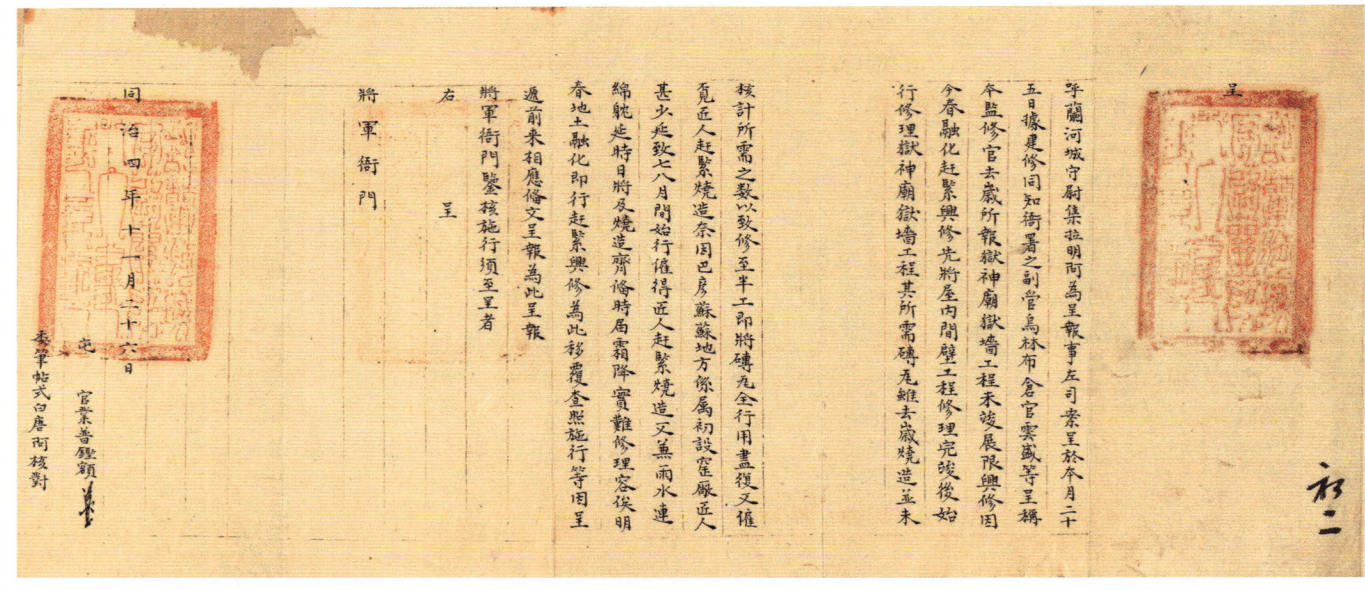

呼兰河城守尉集拉明阿为请缓修狱神庙狱墙工程事致黑龙江将军衙门的呈

同治四年十一月二十六日

呼兰河城守尉集拉明阿为呈报事。

左司案呈：于本月二十五日据建修同知衙署之副管乌林布、仓官云盛等呈称，本监修官去岁所报狱神庙狱墙工程未竣展限兴修。因今春融化赶紧兴修，先将屋内间壁工程修理完竣后，始行修理狱神庙狱墙工程，其所需砖瓦虽去岁烧造，并未核计所需之数，以致修至半工即将砖瓦全行用尽，复又雇觅匠人赶紧烧造，奈因巴彦苏苏地方系属初设窑厂，匠人甚少，延至七八月间始行雇得匠人赶紧烧造，又兼雨水连绵耽延时日，将及烧造齐备时届霜降，实难修理。容俟明春地土融化即行赶紧兴修，为此移覆查照施行。等因呈递前来。相应备文呈报，为此呈报将军衙门鉴核施行。须至呈者。

右呈将军衙门。

张国庆为请将原领地段内夹荒归还事的呈
同治四年

具诉呈人张国庆为依官吓民、宿占地界，恳恩叩诉缘由事。

情因小的于咸丰十一年间奉文领荒四段，共计二千九百零一垧，俱有四至毗连，发给执照，准其定章，如有浮多夹荒，俟六年头升科清查丈量多寡，照数情愿呈领输租，决不敢违。自去岁经委员额章印复行长立封堆，内外之界，俱已亲身查妥。于五月间府衙出示晓谕，原佃不准续领夹荒，准其旁人踩占，听其呈领。府衙并无传唤小的，实系不知底细。今有出家人苏道士并和尚，又有于广元、孙有等将小的封堆以内之地硬行开垦二十余垧，盖房三处，打井一面。小的向前拦阻，或有联名互保，或有地邻，而伊等不但不以礼论，反加毫〔豪〕横，口称庙地并无保邻，在府衙领的夹荒，并不私垦。伊等久日串通府衙，因此任意所行，虽敢强阻。小的伏思前恳委员老爷，领荒并无庙地，而今将庙设立小的咽喉地界封堆之内，倘有不实之处，小的情愿领罪。小的泣恩无奈，匍匐哀哀，跪叩将军大人案下恩准将小的夹荒如数得归，情愿呈领，则小的生生世世感德无尽矣！

具诉呈人：张国庆

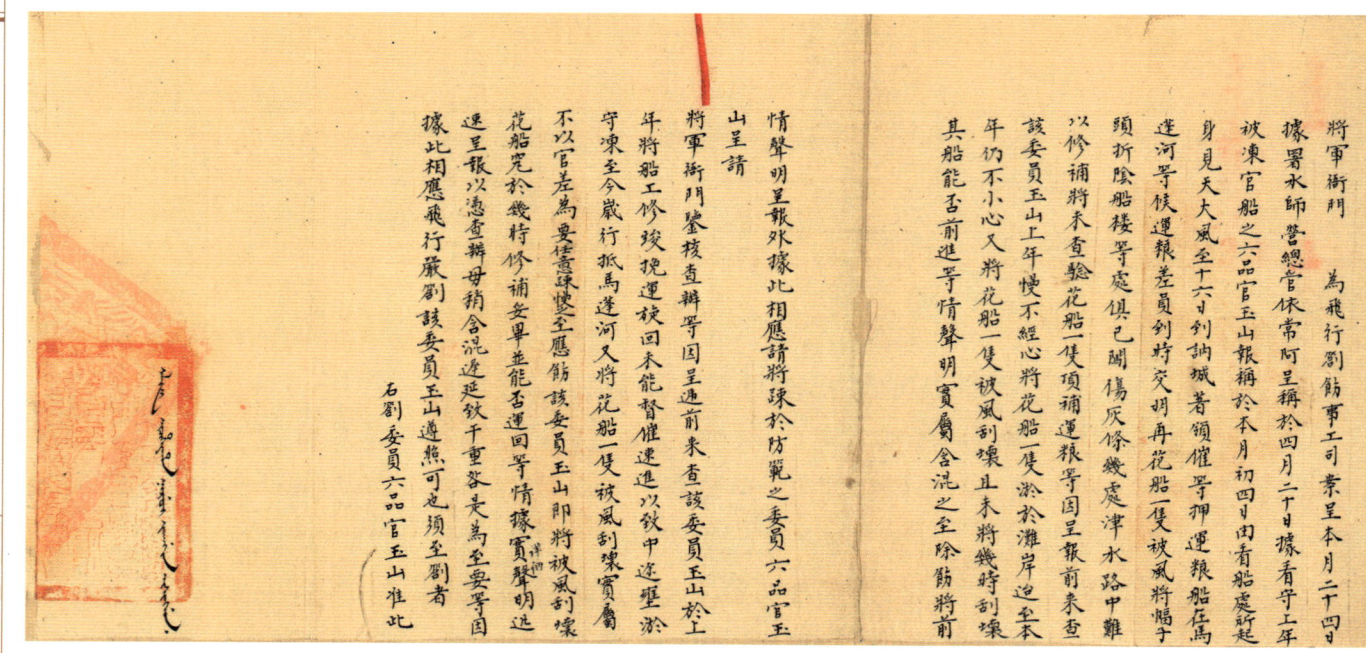

黑龙江将军衙门为迅速呈报被风刮坏之花船能否运回事致委员六品官玉山的札

同治四年

将军衙门为飞行札饬事。

工司案呈：本月二十四日据署水师营总管依常阿呈称，于四月二十日据看守上年被冻官船之六品官玉山报称，于本月初四日由看船处所起身，见天大风至十六日到讷城，著领催等押运粮船在马蓬河等候运粮差员到时交明再花船一只被风将幅子头折阴，船楼等处俱已闯伤，灰条几处津〔浸〕水，路中难以修补，将未查验花船一只顶补运粮。等因呈报前来。

查该委员玉山上年慢〔漫〕不经心将花船一只淤于滩岸，迨至本年仍不小心又将花船一只被风刮坏，且未将几时刮坏、其船能否前进等情声明，实属含混之至。除饬将前情声明呈报外，据此相应请将疏于防范之委员六品官玉山呈请将军衙门鉴核查办。等因呈递前来。查该委员玉山于上年将船工修竣挽运旋回，未能督催速进以致中途壅于守冻，至今岁行抵马蓬河又将花船一只被风刮坏，实属不以官差为要，任意疏慢之至，应饬该委员玉山即将被风刮坏花船究于几时修补妥毕，并能否运回等情据实详细声明，迅速呈报，以凭查办，勿稍含混迟延，致干重咎，是为至要。等因。据此，相应飞行严札该委员玉山遵照可也。须至札者。

右札委员六品官玉山准此。

陈希文、马焕元为请将原领地段内夹荒归还事的呈
同治四年

具诉人陈希文、马焕元为声请恳恩叩诉缘由事。

情因小的等于咸丰十一年间奉文呈领毛荒三千零五垧五亩，内有沟洼水泡不堪耕种，蒙委员老爷全行扣除，嗣于同治三、四等年旱既太甚，是以沟洼水泡之地渐渐退出，理宜静候征租之年清查丈量，准其执照定章，倘有浮多夹荒，小的等情愿如数续领输租。讵意同知衙门张挂告示晓谕佃民应出夹荒，前招佃民自应照押租数目放给地段，其余不准原佃续领，准其旁人踩占，听其呈领。小的等伏思地段并无官绳丈量，亦不知夹余荒多少，无论执照内外任其首报，倘有地主把持阻挠者，准领夹荒之人立即呈告，急着严拿，从重惩办，绝不宽贷。小的等前奉将军衙门委员老爷放给地段，俱有联名互保，设立四至封堆为界，自去岁委员额章印复行长立官封堆，俱以知其边界内外之情。今有民人商悦清、赵进庆、张永顺、程恭、王成发、柴姓等六人将陈希文咽喉荒界之内硬行踩占开垦，又有赵希尧将马焕元地界开垦四垧有余，而伊等皆口称在府衙门领的夹荒，亦有收付执照，并不私开。小的等泣思亦奉官长领地，因何被伊等侵吞，小的等涕泣无奈，只得匍匐哀哀跪恳将军大人案下恩准将小的等原地界夹荒得归，情愿呈领，则小的等生生世世感德无极矣！

具诉呈人：陈希文、马焕元

陈希文、张国庆、马焕元为请承领原佃地段内毛荒事的呈
同治四年

具领呈人陈希文、张国庆、马焕元为声请恳恩承领余荒事。

小的等今蒙将军大人恩准,将挨靠余荒地界准其原佃续领,小的等前奉委员放给地段,第一段陈希文承领毛荒三千零五垧五亩,分给小户四十一名,张国庆承领毛荒四段,共计二千九百零一垧,分给小户二十七名,小的等荒内皆有沟洼水泡,全行扣除。于同治三、四等年旱既太甚,是以洼甸水泡之地渐渐退出,堪可开垦,因此四至之内俱有余荒,多寡不一。陈希文除原领地数目以外封堆之内约计余荒三百余垧,又张国庆封堆以内约计余荒四百余垧,又有马焕元地界约计三十余垧,共约计余荒七百余垧。小的等情愿呈领,赶紧将押租钱项如数呈交,小的等静候委员清查丈量,发给执照。小的等跪恳案下恩准,则小的等感德无极矣!

具领呈人:陈希文、张国庆、马焕元

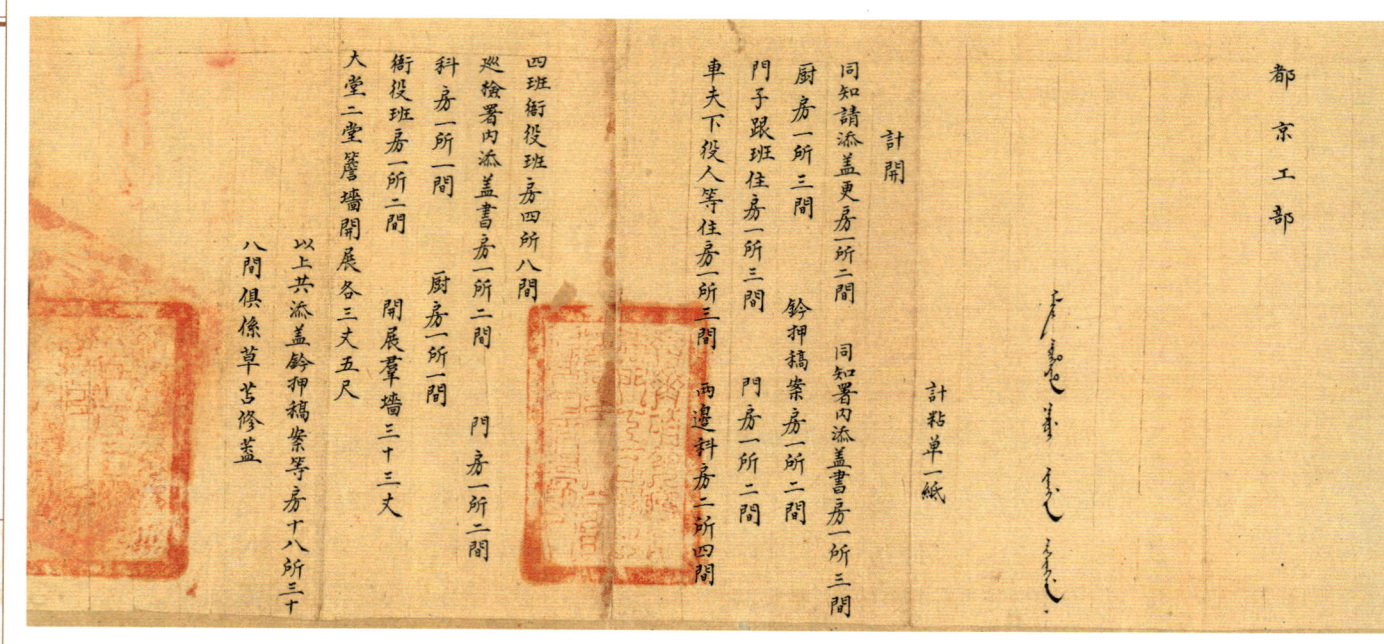

黑龙江将军衙门为再行添盖钤押稿案等房事致都京工部的咨
附：清单
同治四年

镇守黑龙江等处地方将军衙门为再行声明咨请事。

工司案呈：查本衙门前奏添设理事同知等官应行修盖衙署等项房间，奉工部议准，应如所奏，酌核办理，照例造册送部估销。等因前来。当查本省向无修盖有司衙署成案，是以酌核拟修同知、巡检衙署等房二十一所计五十二间，其约需工程银两酌由押租项下动支，并将各项房间数目开单，于二年四月十八日咨报大部在案。嗣于八月间新设同知文祺到任，至十月初六日呈称前定同知、巡检衙署房间较少，将来势必不敷应用，现覆酌核拟请再行添盖钤押稿案等房十八所计房三十八间，并开展群墙三十三丈。等因呈报前来。查此项衙署工程系属初创修建，本衙门前因无案可照，大概酌核房间之数报部办理，今据该同知所称前定衙署房间不敷应用。等情。覆核属实，可否准其添盖之处希请大部指示遵行，如蒙照准所请办理，其约需工程银一千五百余两，仍请由押租项下动支，俟于工竣再行合并报销。今将续请添盖房间数目开单先行声明咨请大部查核示覆遵

镇守黑龙江等处地方将军衙门

为再行声明咨请事

工司案呈查本衙门前奏添设理事同知等官应行修盖衙署等项房间奉工部议准应如所奏酌核办理照例造册送部佑销等因前来当查本省向无修盖有司衙署成案是以酌核拟修同巡检衙署房二十一所计五十二间其约需工程银两酌由押租项下动支并将各项房间数目开单於二年四月十八日咨报

大部在案嗣於八月间新设同知文祺到任至十月初六日呈称前定同知巡检衙署房间较少将来势必不敷应用现覆酌核拟请再行添盖钤押稿案等房十八所计房三十八间并开展围墙三十三丈等因呈报前来查此项衙署工程係属初创修建本衙门前因无案可照大概酌核房间之数报部办理今据该同知所称前定衙署房间不敷应用等情覆核属實可否准其添盖之处希请大部指示遵行如蒙准照所请办理其约需工程银一千五百馀两仍请由押租项下动支俟于工竣再行合併报销令将续请添盖房间数目开单先行声明咨请

大部查核示覆遵办等因於同治二年十月二十二日咨报在案协查此项续请添盖房间工程已逾年馀之久未蒙

大部鉴核相应再行声明前情复将房间开单咨请

大部鉴核希速示覆遵办并饬呼兰城守尉集拉明阿同知文祺等将原定同知巡检衙署房间工程即遵部

办。等因。于同治二年十月二十二日咨报在案。

兹查此项续请添盖房间工程已逾年余之久，未蒙咨覆，相应再行声明前情，复将房间开单咨请大部鉴核，希速示覆遵办外，并饬呼兰城守尉集拉明阿、同知文祺等将原定同知、巡检衙署房间工程即遵部覆章程赶紧修齐，查验如式，照例即行造具册结呈报，以凭查核题销。其续请添盖钤押稿案等房工程，仍着听候部覆到日再行遵照办理可也。须至咨者。

右咨都京工部。

计粘单一纸。

附：清单

计开：

同知请添盖更房一所二间。

同知署内添盖书房一所三间、厨房一所三间、钤押稿案房一所二间、门子跟班住房一所三间、门房一所二间、车夫下役人等住房一所三间、两边科房二所四间、四班衙役班房四所八间。

巡检署内添盖书房一所二间、门房一所二间、科房一所一间、厨房一所一间、衙役班房一所二间，开展群墙三十三丈，大堂、二堂檐墙开展各三丈五尺。

以上共添盖钤押稿案等房十八所三十八间，俱系草苫修盖。

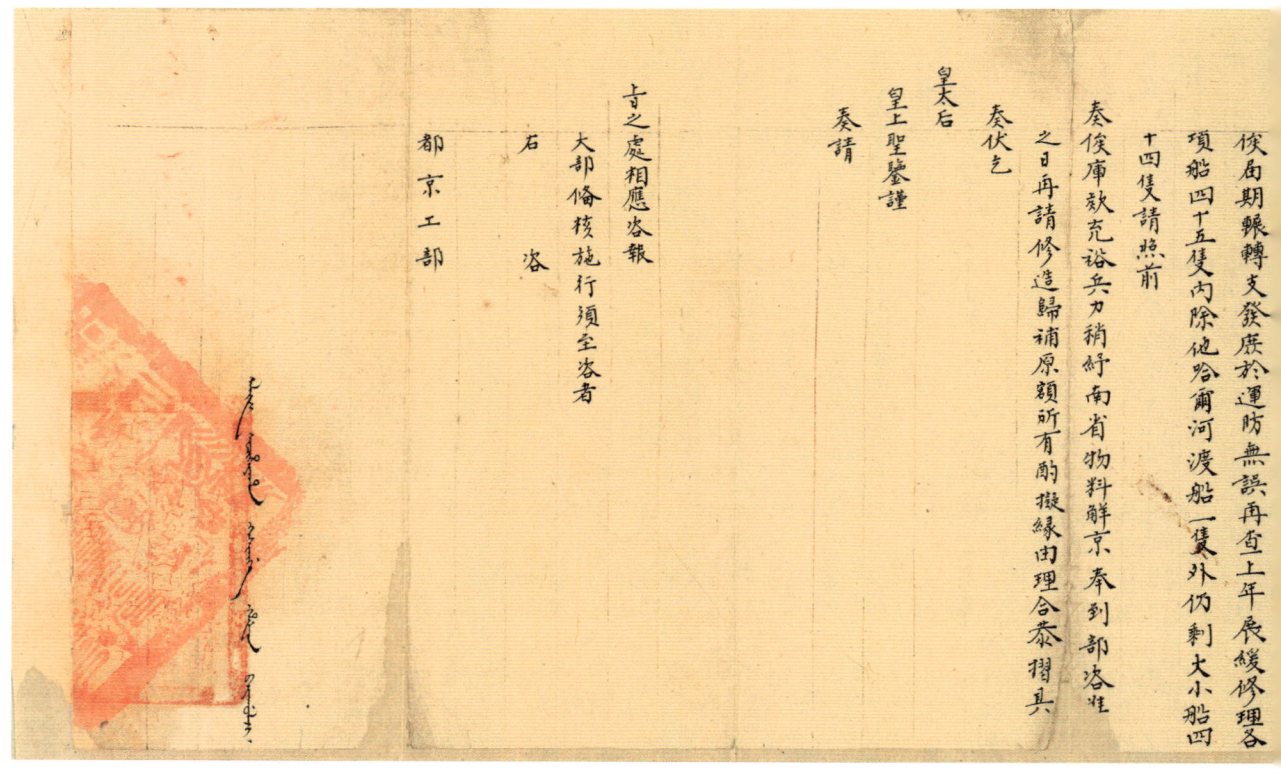

黑龙江将军衙门为修理黑龙江、墨尔根、齐齐哈尔各城届限船只事致都京工部的咨

同治四年

镇守黑龙江等处地方将军衙门为咨报事。

工司案呈：本衙门于同治四年五月初七日恭折具奏，为请将届限应修船只酌量修理以重运防，恭折具奏仰祈圣鉴事。窃查黑龙江通省额设大小船一百二十只，内除前因库款之绌，兵力拮据，并应用南省物料多未解京，曾将已届例限船四十五只节经声明奏请展缓停修，各在案。兹据各属报称本年届限黑龙江城例应补修大船九只、渡船二只，墨尔根城江船二只均已糟朽不堪应用，请于明年照例补修，以备差操运防应用。并上年奏明展缓停修各项船只内有齐齐哈尔城所属他〔塔〕哈尔河渡船一只，现已届限糟朽，应行拆造，若仍缓修，则渡往来公文差役实乏应用，亦请于明年照例修理。等因呈报前来。奴才等详核无异，现在各城仅存大小船六十二

镇守黑龙江等处地方将军衙门

本衙门于同治四年五月初七日恭摺具 为咨报事工司案呈

奏为请将届限应修船只酌量修理以重运防恭摺具

奏仰祈

圣鉴事窃查黑龙江通省额设大小船一百二十只内除前因库欵支绌兵力拮据并应用南省物料多未解京曾将已届例限船四十五只即经声明

奏请展缓停修各在案兹据各属报称本年届限黑龙江城例应补修大船九只渡船二只墨尔根城江船二只均已糟朽不堪应用请于明年照例补修以俭差操遵

防应用并上年

奏明展缓停修各项船只内有齐齐哈尔城所属他哈尔河渡船一只现已届限糟朽应行拆造若仍缓修则渡往来公文差役实乏应用亦请于明年照例修理等因

呈报前来奴才等详核无异现在各城仅存大小船六十二只如再停缓实不敷运防差操应用请将黑龙江墨尔根二处本年届限例应补修船十三只并齐齐哈尔所属他哈尔河届限应行拆造渡船一只均于明年照例修理请

旨饬部发给物料以资应用如蒙

俞允再行照例造册具

只，如再停缓，实不敷运防差操应用，请将黑龙江、墨尔根二处本年届限例应补修船十三只，并齐齐哈尔所属他〔塔〕哈尔河届限应行拆造渡船一只均于明年照例修理，请旨饬部发给物料，以咨应用。如蒙俞允，再行照例造册具题，差员赴部请领。至官兵、匠役、水手应借盘费等银，请俟届期辗转支发，庶于运防无误。再查上年展缓修理各项船四十五只内，除他〔塔〕哈尔河渡船一只外，仍剩大小船四十四只，请照前奏俟库款充裕，兵力稍舒，南省物料解京，奉到部咨准之日，再请修造归补原额。所有酌拟缘由，理合恭折具奏，伏乞皇太后、皇上圣鉴。谨奏请旨之处，相应咨报大部备核施行。须至咨者。

右咨都京工部。

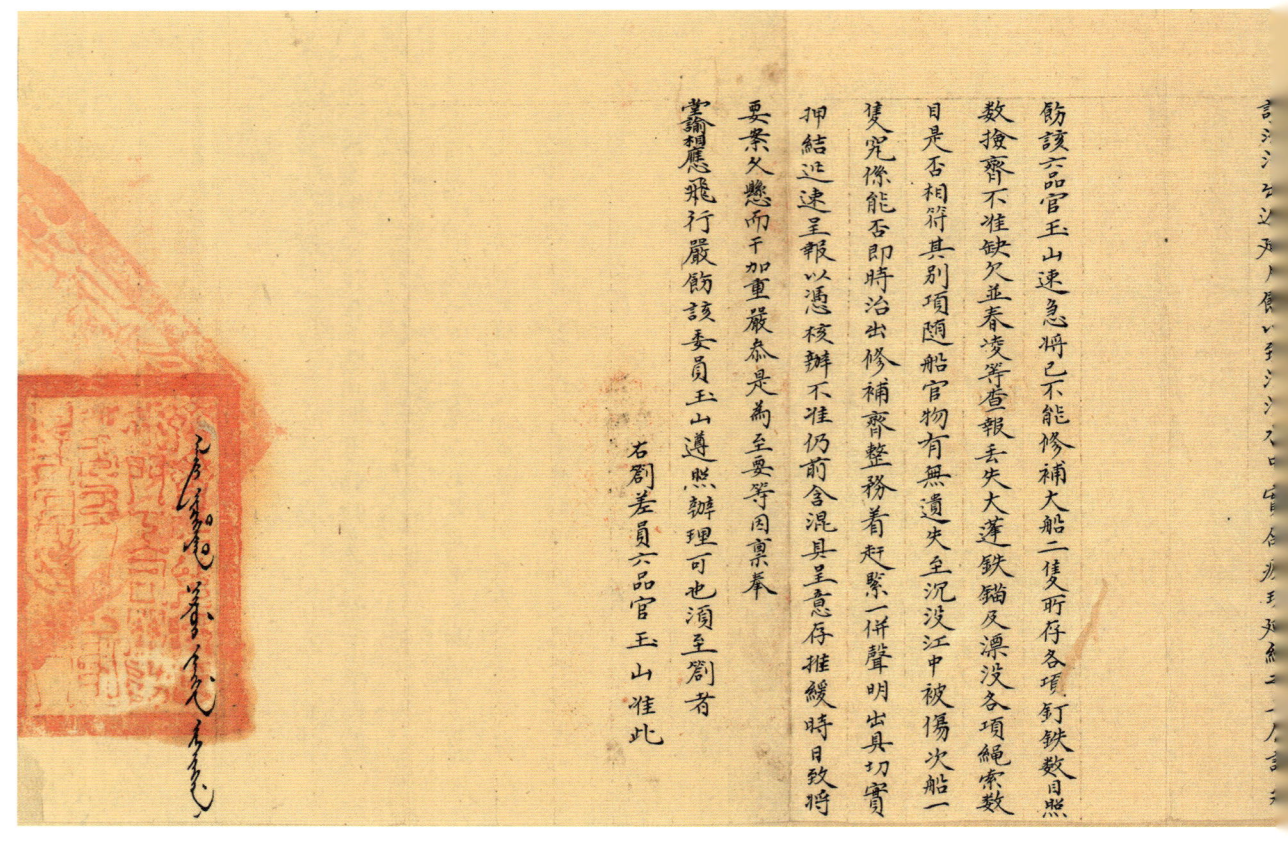

黑龙江将军衙门为将不能修补大船所存各项钉铁照数捡齐及出具被伤次船能否治出押结事致差员六品官玉山的札
同治四年

　　将军衙门为飞行札饬遵办事。

　　工司案呈：于闰五月二十四日据署水师营总管依常阿呈，据委员六品官玉山呈称，前被暴风刮坏大船二只已经全行损坏，仅剩船底零件，实难修理。目下江水微涨，恐再涨溢漂失，应请查核指示遵行。等因。至二十四日四品官春凌等由该停船处所查验回省禀称，前被暴风刮坏大船二只并江水渐涨等情与该委员玉山所报相符。等因。据情相应呈递查核施行。又于本日据委员四品官春凌等呈称，职等遵札行抵停船处所督催修补被风闯坏船只，当据该员玉山声称，除将运粮船只已交该委员起运外，其余大船二只全行闯坏实不能修理，次船二只亦被风闯伤，现已该员修理齐

将军衙门

为飞行刟饬遵办事工司案呈於闰五月二十四日据署水师营总管依常阿呈据委员六品官玉山呈称前被暴风刮坏大船二隻已经全行损坏仅剩船底零件实难修理目下江水微涨恐再派溢漂失应请查核指示遵行等因至二十四日四品官春凌等由该停船处所查禀称前被暴风刮坏大船二隻并江水渐涨等情与该委员玉山耶报相符等因擦情相应呈通查核施行又於本日据委员四品官春凌等呈称职等遵刟抵停船处督催修补被风阐坏船隻当擦该员玉山声称除将运粮船隻已交该委员起运外其馀大船二隻全行阐坏实不能修理次船二隻亦被风阐伤现已该员修理齐整一隻其一隻仍在水内实不能治动均经呈报在案职等详查全行阐坏船隻之大蓬〔篷〕二合铁锚二个俱已沉水丢失其绳索大半漂没即连日竭力督催该员玉山将水内被伤之船务须设法赶紧治出迅速修补以备验收讵至一月之久仍据该员声称水内被伤之船实不能治动现时江水涨发致将此船沉落并无形影容俟江水消落如能设法治出再行呈报修理是以出具诉呈等因职等复查江水现在涨发船隻沉落等情与

整一只，其一只仍在水内实不能治动，均经呈报在案。职等详查全行闯坏船只之大蓬〔篷〕二合、铁锚二个俱已沉水丢失，其绳索大半漂没，即连日竭力督催该员玉山将水内被伤之船务须设法赶紧治出，迅速修补以备验收。讵至一月之久，仍据该员声称水内被伤之船实不能治动，现时江水涨发致将此船沉落并无形影，容俟江水消落如能设法治出再行呈报修理，是以出具诉呈。等因。职等复查江水现在涨发船只沉落等情与该员具呈无异。等因各呈递前来。

查该委员玉山前因疏于防范致将大船二只被风闯坏，仅剩船底零件，实难修补，随船大蓬〔篷〕二合、铁锚二个俱已沉水丢失，绳索大半漂没，又闯伤次船一只并不赶紧设法治出，迟延月余以致沉没水中，实属疲玩延缓之至。应请飞饬该六品官玉山速急将已不能修补大船二只所存各项钉铁数目照数捡齐不准缺欠，并春凌等查报丢失大蓬〔篷〕、铁锚及漂没各项绳索数目是否相符，其别项随船官物有无遗失。至沉没江中被伤次船一只究系能否即时治出修补齐整，务着赶紧一并声明出具切实押结，迅速呈报，以凭核办，不准仍前含混具呈，意存推缓时日，致将要案久悬而干加重严参，是为至要。等因。禀奉堂谕。相应飞行严饬该委员玉山遵照办理可也。须至札者。

右札差员六品官玉山准此。

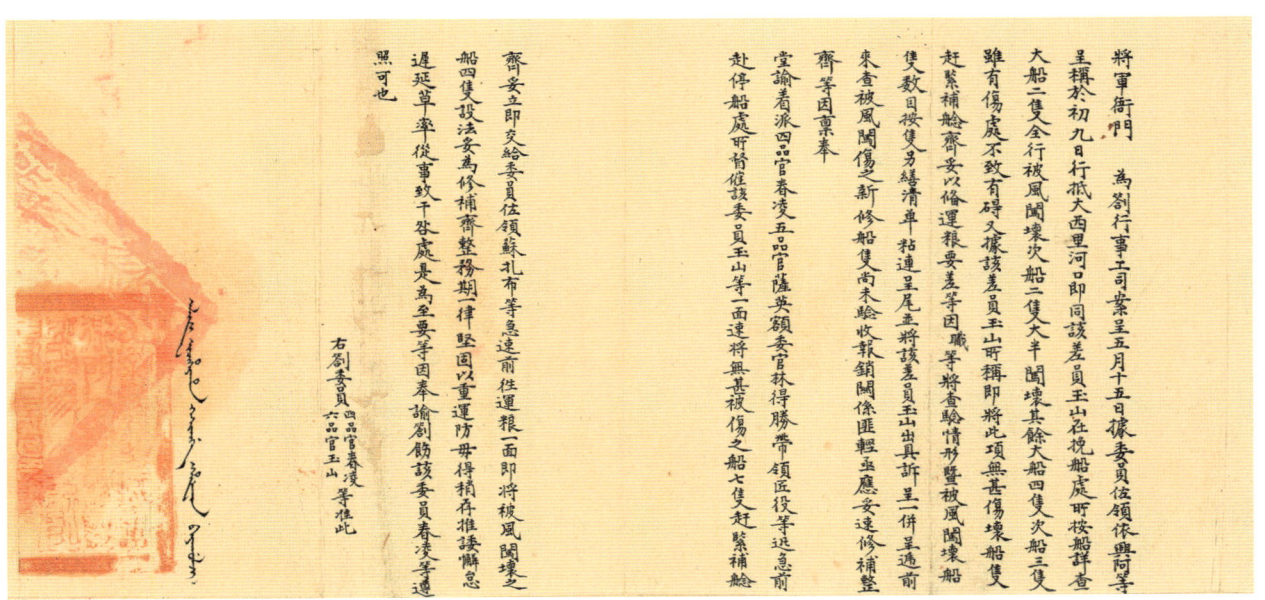

黑龙江将军衙门为迅速前往大西里口停船处补修船只事致委员四品官春凌、六品官玉山等的札

同治四年

将军衙门为札行事。

工司案呈：五月十五日据委员佐领依兴阿等呈称，于初九日行抵大西里河口，即同该差员玉山在挽船处所按船详查，大船二只全行被风闯坏，次船二只大半闯坏，其余大船四只、次船三只虽有伤处，不致有碍。又据该差员玉山所称，即将此项无甚伤坏船只赶紧补舱齐妥，以备运粮要差。等因。职等将查验情形暨被风闯坏船只数目按只另缮清单粘连呈尾，并将该差员玉山出具诉呈一并呈递前来。查被风闯伤之新修船只尚未验收报销，关系匪轻，亟应妥速修补整齐。等因。禀奉堂谕，着派四品官春凌、五品官萨英额、委官林得胜带领匠役等迅急前赴停船处所，督催该委员玉山等一面速将无甚被伤之船七只赶紧补舱齐妥，立即交给委员佐领苏扎布等急速前往运粮，一面即将被风闯坏之船四只设法妥为修补齐整，务期一律坚固，以重运防。毋得稍存推诿，懈怠迟延，草率从事，致干咎处，是为至要。等因。奉谕札饬该委员春凌等遵照可也。

右札委员四品官春凌、六品官玉山等准此。

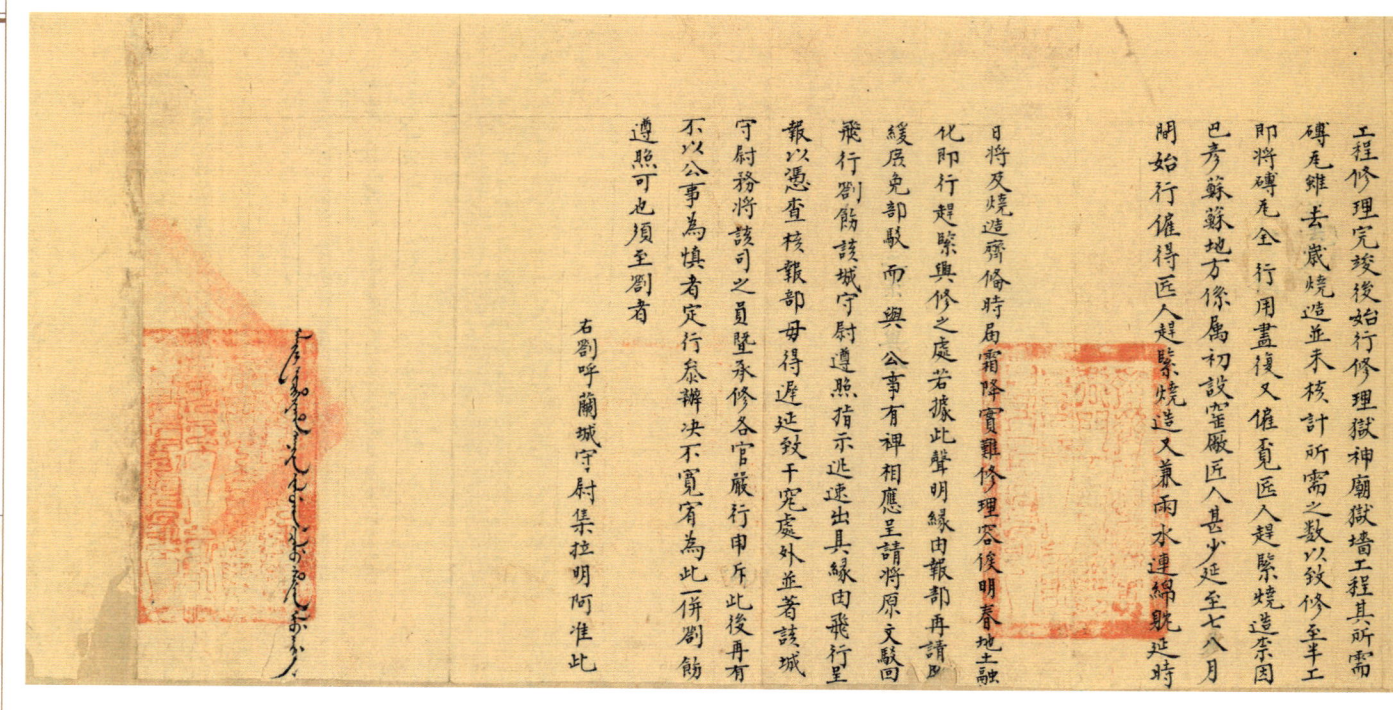

黑龙江将军衙门为迅速兴修同知衙署事致呼兰城守尉集拉明阿的札

同治四年

将军衙门为飞行札饬复具缘由呈报事。

工司案呈：适据呼兰城守尉集拉明阿呈称，遵奉将军衙门札文，当即饬查该承修同知衙署工程之副管乌林布等遵照省札据实核覆。等因去后。旋据乌林布等呈称，职等奉派在巴彦苏苏地方兴修同知衙署，该处系属荒片，所有砖窑亦属初设烧造，工人殊甚较少，去岁砖瓦未敷今年兴工使用，故此另觅匠人烧造。兼之七八月间雨水连绵，以致耽延时日，实系职等督催不力之过。至库房工程去岁建盖时因无瓦□，恐雨水冲刷，暂用草苫盖，今春有瓦再□，岂知砖瓦亦不充余未能换瓦，是以该同知亦即声明。等情。为此呈覆。等因。据此，相应声明呈报前来。

查去岁该处呈报，据该承修官乌林布等呈称，现在狱神庙狱墙工程需用砖瓦，虽然烧造妥备，时届霜降碍难□砌之处，据此报部展限在案。今据该承修官等复以去岁烧造砖瓦不敷今年兴工需用为辞，虽去岁烧造砖瓦不敷使用，当于三四月间赶紧烧造以备应用，因何迟致七八月间始行烧造，即或库房工程未能完竣，应于去岁呈报展限文内一并声明，何得遗漏，以致前后所报两歧，诚因监修各官不以工程为要，任意蒙混，实属不晓事体之至。而该司毫无觉察，竟依承修各官所据情节率行呈递，殊属搪塞了事，不以公事为慎。今若将库房工程未竣再行声明报部，实与前报不符，必致部驳，反致与公无益。应将此项漏报库房工程删除，以符前案而免部驳。再去岁所剩未竣工程因今春融化赶紧兴修，先将屋内间壁工程修理完竣，后始行修理狱神庙狱墙工程，其所需砖瓦虽去岁烧造，并未核计所需之数以致修至半工，即将砖瓦全行用尽，复又雇觅匠人赶紧烧造，奈因巴彦苏苏地方系属初设窑厂，匠人甚少，延至七八月间始行雇得匠人赶紧烧造，又兼雨水连绵耽延时日，将及烧造齐备时届霜降实难修理，容俟明春地土融化即行赶紧兴修之处，若据此声明缘由报部再请展缓庶免部驳而与公事有裨，相应呈请将原文驳回。飞行札饬该城守尉遵照指示迅速出具缘由飞行呈报，以凭查核报部，毋得迟延致干究处外，并著该城守尉务将该司之员暨承修各官严行申斥，此后再有不以公事为慎者定行参办，绝不宽宥，为此一并札饬遵照可也。须至札者。

右札呼兰城守尉集拉明阿准此。

黑龙江将军衙门为造送动用船只用过物料数目细册请照数发给事致都京工部的咨

同治四年

　　镇守黑龙江等处地方将军衙门为动用船只用过备存物料数目造具细册请领事。

　　据齐齐哈尔城署理水师营总管关防事务协领依常阿呈册内开：齐齐哈尔于同治四年往呼兰运粮一次，动用日字第一号起至第四号大船四只，初次动用铁、油、麻不领外，每船补蓬〔篷〕需用白布六匹、枫竹十四根、抱桅竹五块、竹簟绳四挂，此四只大船共用长四丈宽二尺一寸白布二十四匹，枫竹五十六根，长一丈宽二寸厚五分抱桅竹二十块，长六十庹簟绳十六挂，长二十五丈粗一寸六分锚本棕绳四条、长二十六丈粗一寸二分锚钉棕绳四条、长十八丈粗一寸二分前后代揽〔缆〕棕绳四条、长一丈五尺粗七分坐揽〔缆〕棕绳二条、长六丈五尺粗九分箍头棕绳四条、长二丈粗一寸吊舵棕绳二条，共用长短粗细不等棕绳二十条。长八丈粗一寸一分半条麻绳四条、长十三丈粗一寸走二麻绳四条、长十九丈五尺粗九分走三麻绳四条、长十九丈五尺粗九分云簟麻绳四条、长十五丈粗八分都管麻绳四条、长六丈五尺粗八分掀头麻绳四条、长十三丈粗七分前后攸麻绳八条、长六丈五尺粗八分关门麻绳四条、长三丈五尺粗八分蓬充麻绳四条、长二丈五尺粗八分上马索麻绳四条、长五丈五尺粗五分蓬缭麻绳八条、长十五丈粗五分旗线麻绳四条、长六丈粗七分边斤麻绳八条、长六丈五尺粗四分竖斤麻绳十二条、长四丈粗四分横斤麻绳十二条、长五丈粗四分千斤麻绳八条、前桅用长六丈五尺粗八分单抽麻绳四条、长十三丈五尺粗七分掀头麻绳四条、长六丈粗六分前后攸麻绳四条、长三丈粗七分都管麻绳四条、长三丈五尺粗六分边斤麻绳六条、长三丈五尺粗四分竖斤麻绳六条、长二丈五尺粗四分横斤麻绳八条、长三丈粗四分蓬缭麻绳八条，共用长短粗细不等麻绳一百四十条。

　　月字第十一号至十三号次船三只运粮一次，初次动用铁、油、麻不领外，每只船补蓬〔篷〕需用白布三匹、枫竹十一根、抱桅竹五块、竹簟绳三挂，此三只次船共用白布九匹，枫竹三十三根，长一丈宽二寸厚五分抱桅竹十五块，长六十庹竹簪绳九挂，长二十丈粗一寸三分锚本棕绳三条、长二十一丈粗一寸锚钉棕绳二条、长十四丈粗一寸前后代揽〔缆〕棕绳二条、长五丈粗七分箍头棕绳一条、长一丈五尺粗八分吊舵棕绳一条，共用长短粗细不等棕绳九条。长六丈粗一寸半条麻绳三条、长九丈粗九分走二麻绳三条、长十四丈粗八分走三麻绳三条、长十四丈粗八分云簪绳三条、长九丈五尺粗七分都管麻绳三条、长九丈粗七分前后攸麻绳三条、长五丈五尺粗八分掀头麻绳三条、长五丈五尺粗八分关门麻绳三条、长二丈粗八分上马索麻绳三条、长九丈五尺粗五分旗线麻绳三条、长四丈五尺粗六分边斤麻绳三条、长四丈五尺粗四分竖斤麻绳九条、长三丈五尺粗四分横斤麻绳九条、长五丈粗四分千斤麻绳三条、长四丈五尺粗四分蓬缭麻绳九条，共用长短粗细不等麻绳六十三条。

以上日字号大船四只，月字号次船三只，共大小船七只，补蓬〔篷〕用过白布三十三匹、枫竹八十九根、抱桅竹三十五块、竹簪绳二十五挂，共长短粗细不等棕绳二十九条、麻绳二百零三条，为此造具细册咨送大部，希请照数发给可也。须至册者。

右咨都京工部。

黑龙江将军衙门为请领齐齐哈尔、墨尔根城拆造、补修船只需用物料事致都京工部的咨
同治四年

镇守黑龙江等处地方将军衙门为齐齐哈尔、墨尔根等二处于明年拆造、补修船只需用物料数目造具细册请领事。

据齐齐哈尔城署理水师营总管关防事务协领依常阿呈册内开：拆造他〔塔〕哈尔河渡船一只，除将所有旧钉铁照例检用外，添用好条铁二百斤、桐油一百斤、线麻一百斤。等因呈递前来。署理墨尔根城副都统印务副都统衔总管乌里布呈册内开：补修盈字第十六号、十七号江船二只，有楼江船一只，需用好条铁一百七十斤、桐油一百一十三斤、线麻一百一十五斤，无楼江船一只，需用好条铁一百六十斤、桐油一百零五斤、线麻一百一十斤，每一只船需用长七丈粗八分单抽线麻绳二条、长六丈五尺粗六分前后攸线麻绳二条、长三丈五尺粗七分掀头线麻绳一条、长七丈粗六分都管线麻绳一条、长三丈五尺粗四分蓬缭线麻绳五条、长五丈粗四分千斤线麻绳三条、长一丈二尺粗七分吊舵棕绳一条、长三丈五尺粗六分箍头棕绳一条、长六十庹竹篾绳二挂，此江船二只共需用好条铁三百三十斤，应照数请领。内扣除同治三年拆造过次船二只、讷莫尔河渡船二只余剩旧钉尖九斤，按十成折打得二成五分铁二斤四两，实添请好条铁三百二十七斤十二两、桐油二百一十八斤、线麻二百二十五斤、长短粗细不等线麻绳二十八条、棕绳四条、竹篾绳四挂。等因呈报前来。以上齐齐哈尔、墨尔根等二处拆造、补修船三只，共请领好条铁五百二十七斤十二两、桐油三百一十八斤、线麻三百二十五斤、长短粗细不等线麻绳二十八条、棕绳四条、竹篾绳四挂，为此造具细册咨送大部，希请照数发给可也。须至册者。

右咨都京工部。

黑龙江将军衙门为动用船只用过物料数目造册请领事致都京工部的咨

同治四年

镇守黑龙江等处地方将军衙门为动用船只用过备存物料数目造具细册请领事。

据呼兰河城守尉集拉明阿呈册内开：呼兰河于同治四年一次往齐齐哈尔城运送粮石动用昃字第一、二、三、四、五号运粮船五只，每船用过钉、拘〔锔〕铁三十五斤四两，并打钉、拘〔锔〕耗铁三十三斤八两，共实用过铁五十八斤零十二两；合灰舱板缝处实用桐油七十二斤八两；舱船用过线麻二十一斤一两四钱并耗麻九斤零六两用，实用线麻三十斤零二两；每船随用粗一寸长三十庹细苘麻绳一条、粗一寸长十庹箍头苘麻绳一条、粗一寸长十庹掀头苘麻绳一条、粗一寸长四庹吊舵苘麻绳一条、粗一寸二分长二十四庹代揽〔缆〕苘麻绳一条、粗一寸二分长十庹绊条线麻绳二条、粗一寸二分长二十六庹走二线麻绳一条、粗一寸长二十六庹走三线麻绳一条、粗八分长二十庹攸绳线麻绳二条、粗八分长二十庹都管线麻绳一条、粗三分长十庹绞索细线麻绳三十一条、粗四分长二十庹旗线细线麻绳一条、粗二寸长四十庹锚本棕绳二条、粗一寸八分长四十庹锚钉棕绳二条、粗一寸六分长二十八庹代揽〔缆〕棕绳二条、长六十庹竹篢绳十挂。

以上运粮船五只共用过铁二百九十三斤十二两、桐油三百六十二斤零八两、线麻一百五十斤零十两、细苘麻绳五条、箍头苘麻绳五条、掀头苘麻绳五条、吊舵苘麻绳五条、代揽〔缆〕苘麻绳五条，共苘麻绳二十五条；绊条线麻绳十条、走二线麻绳五条、走三线麻绳五条、攸绳细线麻绳十条、都管线麻绳五条、绞索细线麻绳一百五十五条、旗线细线麻绳五条，共线麻绳一百九十五条；锚本棕绳十条、锚顶棕绳十条、代揽〔缆〕棕绳十条，共棕绳三十条；长六十庹竹篢绳五十挂、补船蓬〔篷〕用过白布二十四匹零二丈一尺、棉线二斤、枫竹二十五根、抱桅竹二十五块。为此造具细册咨送大部，希请照数发给可也。须至册者。

右咨都京工部。

黑龙江将军衙门为齐齐哈尔、黑龙江、墨尔根、呼兰同治三年欠给棕绳、篦绳等各项造册补领事致都京工部的咨
同治四年

镇守黑龙江等处地方将军衙门为齐齐哈尔、黑龙江、墨尔根、呼兰等四处上年欠给棕绳、篦绳、抱桅、白布、棉线造册补领事。

据齐齐哈尔署理水师营总管关防事务协领依常阿呈递册开：咸丰六年动用齐齐哈尔大船二只运粮一次，用过长六十庹竹篦绳四挂，抱桅竹十块。又动用齐齐哈尔次船五只运粮一次，用过长六十庹竹篦绳十五挂，抱桅竹二十五块。又齐齐哈尔咸丰七年补修江船五只，需用长六十庹竹篦绳十挂。

七年动用齐齐哈尔大船四只运粮一次，用过长六十庹竹篦绳十六挂，抱桅竹二十块。又动用齐齐哈尔次船十只运粮一次，用过长六十庹竹篦绳三十挂，抱桅竹五十块。八年动用齐齐哈尔大船四只运粮一次，用过长六十庹竹篦绳十六挂，抱桅竹二十块，长四丈宽二尺一寸补蓬〔篷〕用过白布二十四匹。仍欠未发竹篦绳十六挂，抱桅竹二十块、白布二十四匹。又动用齐齐哈尔次船十只运粮一次，用过长六十庹竹篦绳三十挂，抱桅竹五十块，长四丈宽二尺一寸补蓬〔篷〕用过白布三十匹。仍欠未发竹篦绳三十挂，抱桅竹五十块、白布三十匹。九年动用齐齐哈尔大船四只运粮一次，用过长六十庹竹篦绳十六挂、抱桅竹二十块。又动用齐齐哈尔江船五只运粮一次，用过长六十庹竹篦绳五挂。又齐齐哈尔咸丰九年新修大船六只，需用长六十庹竹篦绳十二挂、抱桅竹八十四块、长四丈宽二尺一寸做蓬〔篷〕需用白布一百三十九匹一丈五尺八寸、缝蓬〔篷〕棉线四斤八两。仍欠未发竹篦绳十二挂、抱桅竹八十四块、白布一百三十九匹一丈五尺八寸、棉线四斤八两。又齐齐哈尔补修次船六只，需用长六十庹竹篦绳十二挂。十年齐齐哈尔新修次船九只，需用长六十庹竹篦绳十八挂、抱桅竹八十一块。仍欠未发竹篦绳十八挂、抱桅竹八十一块。又动用齐齐哈尔大船四只运粮一次，用过长六十庹竹篦绳十六挂、抱桅竹二十块，长四丈宽二尺一寸补蓬〔篷〕需用白布二十四匹。仍欠未发竹篦绳十六挂、抱桅竹二十块、白布二十四匹。又动用齐齐哈尔江船五只运粮一次，用过棕箍

头绳三条、长一丈二尺粗七分棕吊舵绳二条、长六十庹竹簞绳五挂。仍欠未发棕绳五条、竹簞绳五挂。十一年动用齐齐哈尔大船二只运粮一次，用过长六十庹竹簞绳八挂，抱桅竹十块，长四丈宽二尺一寸补蓬〔篷〕需用白布二十匹。仍欠未发竹簞绳八挂，抱桅竹十块，白布十二匹。又动用齐齐哈尔次船五只运粮一次，用过长十六庹竹簞绳十五挂，抱桅竹二十五块，长四丈宽二尺一寸补蓬〔篷〕需用白布十五匹。仍欠未发竹簞绳十五挂、抱桅竹二十五块、白布十五匹。同治二年动用齐齐哈尔大船二只运粮一次，用过长二十五丈粗一寸六分棕锚本绳二条、长二十六丈粗一寸二分棕锚钉绳二条、长十八丈粗一寸二分前后棕代揽〔缆〕绳二条、长一丈五尺粗七分棕坐揽〔缆〕绳一条、长六丈五尺粗九分棕箍头绳二条、长二丈粗一寸棕吊舵绳一条，长六十庹竹簞绳八挂，抱桅竹十块，长四丈宽二尺一寸补蓬〔篷〕需用白布十二匹。仍欠未发棕绳十条、竹簞绳八挂、抱桅竹十块、白布十二匹。又动用齐齐哈尔次船五只运粮一次，用过长二十丈粗一寸三分棕锚本绳四条、长二十一丈粗一寸棕锚钉绳四条、长十四丈粗一寸前后棕代揽〔缆〕绳三条、长五丈七分棕箍头绳二条、长一丈五尺粗八分棕吊舵绳二条、长六十庹竹簞绳十五挂，抱桅竹二十五块，长四丈宽二尺一寸补蓬〔篷〕需用白布十五匹。仍欠未发棕绳十五条、竹簞绳十五挂、抱桅竹二十五块、白布十五匹。三年齐齐哈尔新修次船六只，需用长二十一丈粗一寸三分棕锚本绳六条、长二十一丈粗一寸棕锚钉绳六条、长十三丈粗一寸前后棕代揽〔缆〕绳十二条、长一丈五尺粗八分棕吊舵绳六条、长五丈粗七分棕箍头绳六条、长六十庹竹簞绳十二挂，抱桅竹五十四块。仍欠未发棕绳三十六条、竹簞绳十二挂、抱桅竹五十四块。又齐齐哈尔补修大船六只，需用长六十庹竹簞绳十二挂。三年动用齐齐哈尔次船八只运粮一次，用过长二十丈粗一寸三分棕锚本绳六条、长二十一丈粗一寸棕锚钉绳六条、长十三丈粗一寸前后棕代揽〔缆〕绳六条、长五丈粗七分棕箍头绳三条、长一丈五尺粗八分棕吊舵绳三条，长六十庹竹簞绳二十四挂，抱桅竹四十块。仍欠未发棕绳二十四条、竹簞绳二十四挂、抱桅竹四十块。四年齐齐哈尔补修次船九只，需用长六十庹竹簞绳十八挂。又动用齐齐哈尔大船四只运粮一次用过长二十二丈粗一寸六分棕锚本绳四条、长二十六丈粗一寸二分棕锚钉绳四条、长十八丈一寸二分前后棕代揽〔缆〕绳四条、长一丈五尺粗七分棕坐揽〔缆〕绳二条、长六丈五尺粗九分棕箍头绳四条、长二丈粗一寸棕吊舵绳二条，长六十庹竹簞绳十六挂，抱桅竹二十块。仍欠未发棕绳二十条、竹簞绳十六挂、抱桅竹二十块。又动用齐齐哈尔次船三只运粮一次，用过长二十丈粗一寸三分棕锚本绳三条、长二十一丈粗一寸棕锚钉绳二条、长十四丈粗一寸前后棕代揽〔缆〕绳二条、长五丈粗七分棕箍头绳一条、长一丈五尺粗八分棕吊舵绳一条，长六十庹竹簪绳九挂，抱桅竹十五块。仍欠未发棕绳九条、竹簪绳九挂、抱桅竹十五块。

以上齐齐哈尔新修、补修并动用运粮各项船只部欠未发长短粗细不等棕绳一百十四条、竹簪绳三百四十二挂、抱桅竹五百七十九块、白布二百七十一匹一丈五尺八寸、棉线四斤八两。等因呈递前来。

黑龙江副都统官保咨报册开：黑龙江咸丰十年新修大船九只、渡船二只，需用长六十庹竹簪绳三十一挂、抱桅竹一百二十六块。十一年动用黑龙江大船九只运粮一次，用过长六十庹竹簪绳三十六挂、抱桅竹四十五块，长四丈宽二尺一寸补蓬〔篷〕需用白布五十四匹。同治三年黑龙江新修大船一只、次船十二只，需用长六十庹竹簪绳二十七挂、抱桅竹一百二十二块。又动用黑龙江次船十二只运粮一次，用过长六十庹竹簪绳三十六挂、抱桅竹六十块。

以上黑龙江新修并运粮船只部欠未发竹簪绳一百三十挂、抱桅竹三百五十三块、白布五十四匹。等因咨报前来。

墨尔根城副都统印务副都统衔总管乌里布呈报册开：墨尔根咸丰七年新修补修江船二只，需用长六十庹竹簪绳三挂。八年墨尔根补修次船四只，需用长六十庹竹簪绳八挂。九年墨尔根补修次船二只，需用长六十庹竹簪绳四挂。十年墨尔根新修江船二只需用长六十庹竹簪绳二挂。六年动用墨尔根次船六只运粮一次，用过长六十庹竹簪绳十五挂、抱桅竹三十块。七年动用墨尔根次船六只运粮一次，用过长六十庹竹簪绳十八挂、抱桅竹三十块。八年动用墨尔根次船四只运粮一次，用过长六十庹竹簪绳十二挂，抱桅竹二十块，补蓬〔篷〕需用长四丈宽二尺一寸白布十二匹。仍欠未发竹簪绳十二挂、抱桅竹二十块、白布十二匹。又动用墨尔根江船四只运粮一次，用过长六十庹竹簪绳四挂。十一年动用墨尔根次船六只运粮一次，用过长六十庹竹簪绳十八挂，抱桅竹三十块，补蓬〔篷〕需用长四丈宽二尺一寸白布十八匹。仍欠未发竹簪绳十八挂、抱桅竹三十块白布十八匹。同治三年墨尔根新修次船二只，需用长二十丈粗一寸三分棕锚本绳二条、长二十一丈粗一寸棕锚钉绳二条、长十三丈粗一寸前后棕代揽〔缆〕绳四条、长一丈五尺粗八分棕吊舵绳二条、长五丈粗七分棕箍头绳二条、长六十庹竹簪绳四挂、抱桅竹十八块。仍欠未发棕绳十二条、竹籫绳四挂、抱桅竹十八块。又动用墨尔根次船五只运粮一次，用过长二十丈粗一寸三分棕锚本绳五条、长二十一丈粗一寸棕锚钉绳五条、长十三丈粗一寸棕代揽〔缆〕绳五条、长六十庹竹籫绳十五挂、抱桅竹二十五块。仍欠未发棕绳十五条、竹籫绳十五挂、抱桅竹二十五块。又动用墨尔根江船二只运粮一次，用过长三丈五尺粗六分棕箍头绳二条，长六十庹竹籫绳二挂。五年墨尔根补修江船二只，需用长一丈二尺粗七分棕吊舵绳二条、长三丈五尺粗六分棕箍头绳二条、长六十庹竹籫绳四挂。仍欠未发棕绳四条、竹籫绳四挂。

以上墨尔根新修补修并运粮船支〔只〕部欠未发长短粗细不等棕绳三十三条、竹籫绳一百零九挂、抱桅竹一百五十三块、白布三十匹。等因咨报前来。

呼兰城守尉集拉明阿呈册内开：咸丰六年动用运粮船五只运粮一次，用过长六十庹竹籫绳四十、挂抱桅竹二十五块。七年新修运粮船五只，需用长六十庹竹籫绳五十挂、抱桅竹五十块。又动用呼兰运粮船五只运粮二次，用过长六十庹竹籫绳一百挂、抱桅竹五十块。八年动用呼兰运粮船五只运粮二次，用过长六十庹竹籫绳一百挂、抱桅竹五十块。八年动用呼兰运粮船五只运粮二次，用过长六十庹竹籫绳一百挂、抱桅竹五十块，补蓬〔篷〕需用长四丈宽二尺一寸白布四十九匹二尺、线麻四斤。仍欠未发竹籫绳一百挂、抱桅竹五十块、白布四十九匹二尺、棉线四斤。九年动用呼兰运粮船五只运粮一次，用过长六十庹竹籫绳五十挂，抱桅竹二十五块。十年动用呼兰运粮船五只运粮二次，用过长六十庹竹籫绳一百挂、抱桅竹五十块，补蓬〔篷〕需用长四丈宽二尺一寸白布四十九匹、棉线四斤。仍欠未发竹籫绳一百挂、抱桅竹五十块、白布四十九匹二尺、棉线四斤。十一年动用呼兰运粮船五只运粮一次，用过长六十庹竹籫绳五十挂、抱桅竹二十五块，补蓬〔篷〕需用长四丈宽二尺一寸白布二十四匹二丈一尺、棉线二斤。仍欠未发竹籫绳五十挂、抱桅竹二十五块、白布二十四匹二丈一尺、棉线二斤。同治二年动用呼兰运粮船五只运粮一次，用过粗二寸长四十庹锚本棕绳十条、粗一寸八分长四十庹锚钉棕绳十条、粗一寸六分长二十八庹代揽〔缆〕棕绳十条，长六十庹竹籫绳五十挂，抱桅竹二十五块，补蓬〔篷〕需用长四丈宽二尺一寸白布二十四匹二丈一尺、棉线二斤。仍欠未发棕绳三十条、竹籫绳五十挂、抱桅竹二十五块、白布二十四匹二丈一尺、棉线二斤。三年动用呼兰运粮船五只运粮一次，用过粗二寸长四十庹锚本棕绳十条、粗一寸八分长四十庹锚钉棕绳十条、粗一寸六分长二十八庹代揽〔缆〕棕绳十条，长六十庹竹簟绳五十挂，抱桅竹二十五块。仍欠未发棕绳三十条、竹簟绳五十挂、抱桅竹二十五块。四年呼兰动用运粮船五只运粮一次，用过粗二寸长四十庹棕锚本绳十条、粗一寸八分长四十庹棕锚钉绳十条、粗一寸六分长二十八庹棕代揽〔缆〕绳十条，长六十庹竹簟绳五十挂，抱桅竹二十五块。仍欠未发棕绳三十条、竹簟绳五十挂、抱桅竹二十五块。

以上呼兰拆造补修并运粮船只部欠未发长短粗细不等棕绳九十条、竹簟绳六百四十挂、抱桅竹三百五十块、白布一百四十七匹六尺、棉线十二斤。等因呈递前来。

以上齐齐哈尔、黑龙江、墨尔根、呼兰等四处拆造补修并运粮船只部欠未发长短粗细不等棕绳二百三十七条、竹簟绳一千二百二十一挂、抱桅竹二千四百三十四块、白布五百零二匹二丈一尺八寸、白棉线十六斤八两。为此造具细册咨送大部，希请照数发给可也。须至册者。

右咨都京工部。

齐齐哈尔城驻扎吉林处水师营已故闲散程志明寡妻萧氏守节事迹保结

同治四年

齐齐哈尔城与例相符应给银建坊寡妇守节册。

驻札〔扎〕吉林处水师营已故闲散程志明原配妻萧氏，系吉林镶黄旗汉军依常阿佐领下闲散萧财住之女，道光十六年，氏年二十一岁，聘嫁与程志明为妻。三十岁时，其夫病故，计至本年守节二十一年。

查萧氏伊夫于道光二十五年病故，虽无子嗣，境处单微，甘心荼蓼，饥寒并迫，秉节愈坚，翁姑年老无倚，妇兼子职，奉养终身，以至送终，极尽妇道是实，现年五十岁。

四品官明福、五品官倭克金布、六品官得凌阿、领催徐永福、族长闲散程志顺同保得萧氏守节事迹俱属确实并无虚捏，亦无再醮等项情敝，实与给银建坊定例相符，所具保结是实。

署理总管事务协领依常阿覆核无异。

呼兰城镶黄旗满洲佛尔清阿佐领下已故幼丁尼仑保寡妻李氏守节事迹保结
同治四年

呼兰城与例相符应给银建坊寡妇守节册。

呼兰城镶黄旗满洲佛尔清阿佐领下已故幼丁尼仑保原配妻李氏，系正红旗满洲明通阿佐领下已故幼丁李德兴之女，于道光十五年，氏年十九岁聘嫁与尼仑保为妻。二十五岁时，其夫病故，计至本年守节二十六年。查李氏伊夫于道光二十年病故之后，并无子嗣，境处单微，甘心荼蓼饥寒并迫秉节愈坚是实，现年五十岁。

署理佐领事务佐领博通额、领催蓝翎委署骁骑校海隆阿、领催蓝翎德盛保、族长幼丁吉拉噶朗等同保得李氏守节事迹俱属确实并无虚捏，亦无再醮等项情弊，实与给银建坊定例相符，所具保结是实。

左翼副总管强恰苏复核无异。

正红旗汉军英凯佐领下前往双城堡闲散花名册
同治四年

正红旗汉军英凯佐领下造送前往双城堡闲散花名册。

计开

闲散王凤升，猪年，五十一岁。

父闲散王锦，故。

祖闲散王文相，故。

妻刘氏，鼠年，五十岁。

长子十一，猴年，三十岁。

次子二得，牛年，二十五岁。

三子得庆，狗年，十六岁。

盛京镶白旗汉军乌尔棍珍佐领下搬移边外谋食人员清册
同治四年

盛京厢〔镶〕白旗汉军乌尔棍珍佐领下造报搬移边外谋食男妇姓氏清册。计开

一户另户壮丁马会云，父壮丁马得政，故。祖壮丁马美，故。妻徐氏。

另户壮丁马双成，父壮丁马得山，故。祖壮丁马富，故。妻许氏。次弟壮丁马明喜。

另户壮丁马得太，父壮丁马杰，故。祖壮丁马文强，故。妻温氏，子壮丁二成，次子壮丁三成，三子壮丁四成。

另户壮丁马得学，父壮丁马珮，故。祖壮丁马文汉，故。子壮丁马兴云，妻张氏。子壮丁马述千，次子壮丁马述万。

另户壮丁马腾云，父壮丁马得茂，祖壮丁马顺，故。次子壮丁当子。

另户壮丁马得正〔政〕，父壮丁马美，故。祖壮丁马文招，故。妻佟氏。子壮丁马会云，妻徐氏。次子壮丁马为云，妻高氏。三子壮丁马明云，妻刘氏。四子壮丁马亮云。

一户另户壮丁陈士果，父壮丁兰住，祖壮丁陈作修，故。弟壮丁陈士茂。

盛京镶白旗汉军锡朗阿佐领下迁居双城堡旗丁花名册
同治四年

盛京厢〔镶〕白旗汉军锡朗阿佐领下造送迁居双城堡旗丁花名册。
计开
一户另户闲散樊永和，父闲散樊得春，祖闲散樊国爱，故。妻黄氏。
以上一户系本城驻防。
一户另户闲散候永昌，父闲散候国珍，故。祖闲散候廷莫，故。妻穆氏，长子成子，次子丁子。
次弟闲散候永才，妻王氏；长子候世奎，妻王氏；次子胖子，三子宽子。
三弟闲散候永保，妻刘氏，子满子。
以上一户系由本佐拨往中后所驻防。

理事同知詳稱查應添設卡倫七處前經會報在案毋庸重續
每處擬蓋房一所一間應需工料等項按照時價妥估七處共估
市錢三百五十吊至應否添設卡房之處卑職未敢擅擬理
合將估工花單粘連文尾專案備文呈報伏乞
憲台飭司核議示遵等因詳報前來隨移查兵司據稱查
前奏遵部議在蒙古爾山邊一帶擇要添設卡倫七處緣因
防禁山塲並未請修卡房等因於上年十二月間已經報
部在案今既據兵司移稱前議添設卡倫報部案內並無
請添修蓋卡房等情且查通省各卡亦從無動項修立

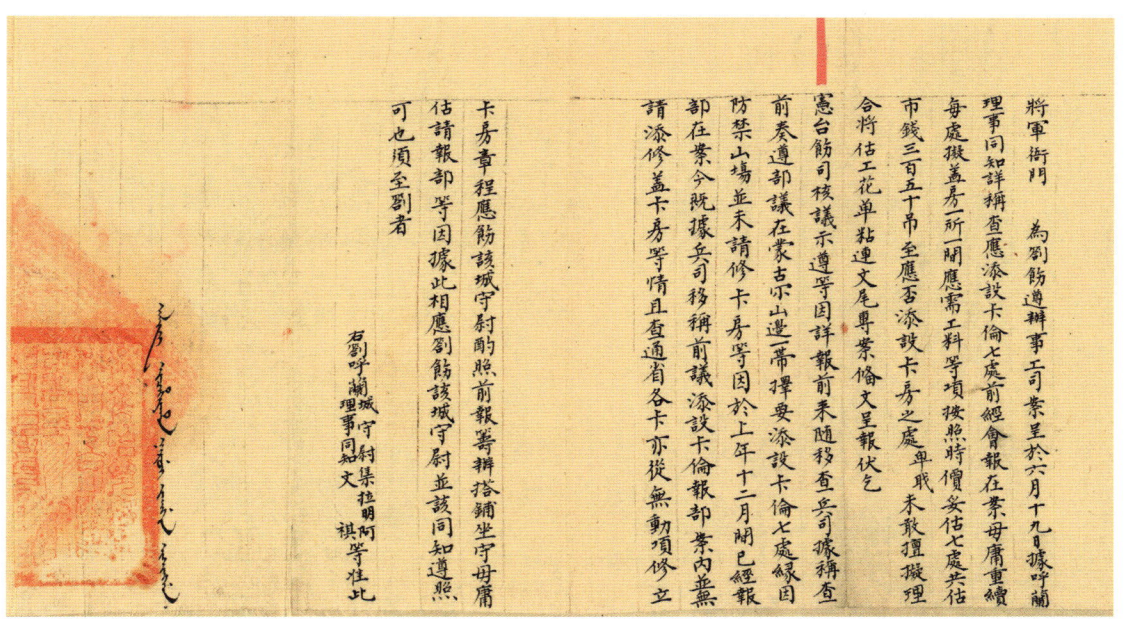

黑龙江将军衙门为应准添盖卡房事致呼兰城守尉集拉明阿、呼兰理事同知文祺等的札

同治四年

将军衙门为札饬遵办事。

工司案呈：于六月十九日据呼兰理事同知详称，查应添设卡伦七处前经会报在案，毋庸重续，每处拟盖房一所一间，应需工料等项按照时价妥估，七处共估市钱三百五十吊。至应否添设卡房之处，卑职未敢擅拟，理合将估工花单粘连文尾，专案备文呈报，伏乞宪台饬司核议示遵。等因详报前来。

随移查兵司据称，查前奏遵部议在蒙古尔山边一带择要添设卡伦七处缘因防禁山场并未请修卡房。等因。于上年十二月间已经报部在案。今既据兵司移称前议添设卡伦报部案内并无请添修盖卡房等情，且查通省各卡亦从无动项修立卡房章程，应饬该城守尉酌照前报筹办，搭铺坐守，毋庸估请报部。等因。据此，相应札饬该城守尉并该同知遵照可也。须至札者。

右札呼兰城守尉集拉明阿、呼兰理事同知文祺等准此。

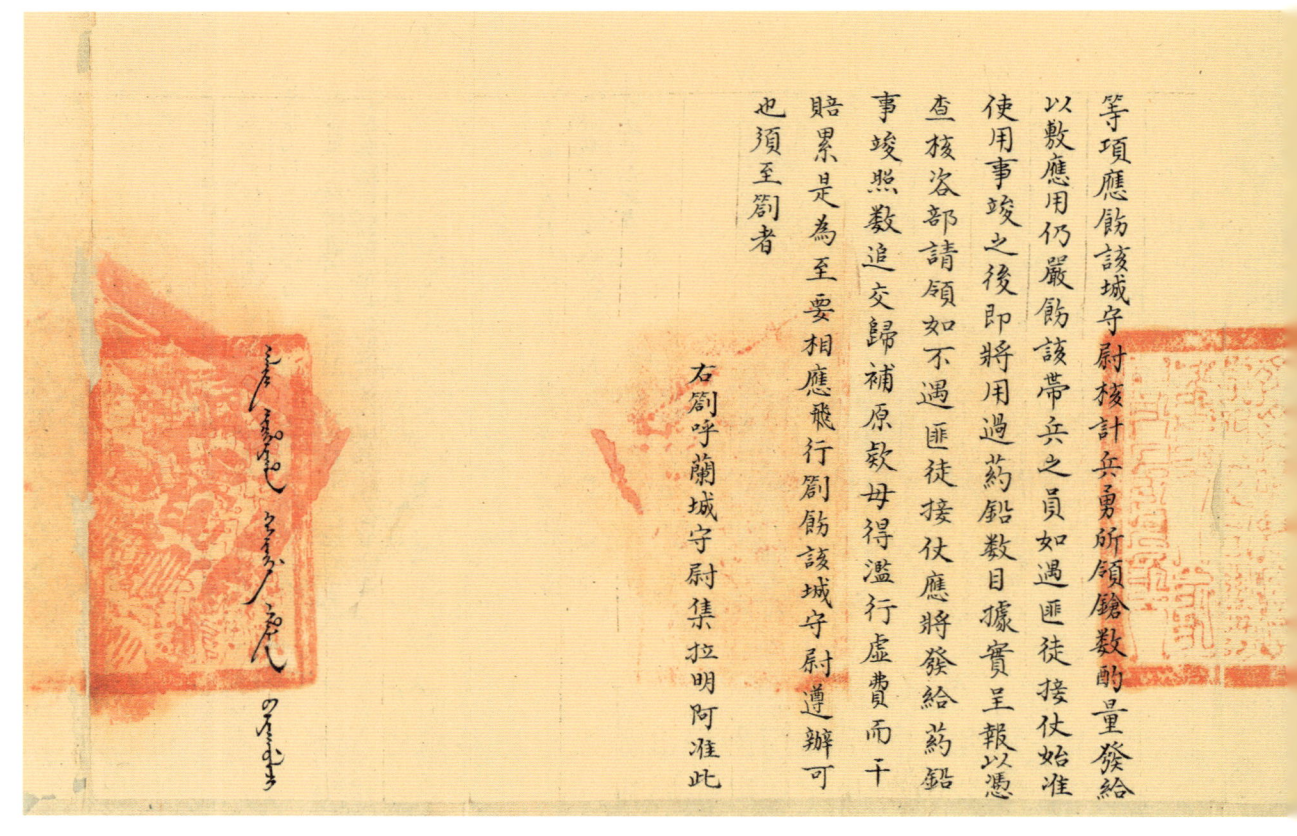

黑龙江将军衙门为应准酌量发给击匪所需火药、铅丸事致呼兰城守尉集拉明阿的札
同治四年

将军衙门为飞行札饬遵办事。

工司案呈：于本月二十三日准户司移付内开，据呼兰城守尉集拉明阿呈称，准阿勒楚喀副都统衙门咨称，据报往赴江西探得盗匪都归靠山屯等处盘踞，询悉匪首瘆痣李等共八九百名已将渡口船只霸住，其意东渡，理合飞行咨会该城守尉衙门一体拨兵合力堵击。等因。当将八旗及各屯团练会所调选年力精壮甲兵会勇共二百名，配齐鞍马器械，先行拣派佐领富兴阿带领兵勇五十名前往沿江一带要隘处所，不分雨夜严密侦探，妥为防守，并严饬各路要隘作〔坐〕卡官兵，务须认真防守，暨拣派委官一员带同兵丁四名前往沿江一带严查，如有私设渡船即行裁撤，仍饬各官渡口务

将军衙门 为飞行刻饬遵办事工司案呈於本月二十三日准户司移付内开据呼兰城守尉集拉明阿呈称准阿勒楚喀副都统衙门咨称据报往赴江西探得盗匪都归靠山屯等处盘踞询悉李等共八九百名已将渡口船隻霸住其意东渡理合飞行咨会该城守尉衙门一体拨兵合力堵击等因当将八旗及各屯团练会所调选年力精壮甲兵会勇共二百名配齐鞍马器械先行拣派佐领富兴阿带顾兵勇五十名前往沿江一带要隘处所不分雨夜严密侦探妥为防守并严饬各路要隘作卡官兵务须认真防守暨拣派委官一员带同兵丁四名前徃沿江一带严查如有私设渡船即行裁撤仍饬各官渡口务将船隻拴练北岸不准偷渡匪人倘有行跡可疑者即行盘诘毋得吉省被击散窜馀党偷入境界以致滋扰而干咎办外惟现备兵勇二百名内先著佐领富兴阿带顾防守去之兵勇五十名所有应支工食盐粮等项本城实属无项可筹再倘有紧急其应需铅丸火药等

将船只拴练北岸，不准偷渡匪人，倘有形迹可疑者，即行盘诘，毋得吉省被击散窜余党偷入境界，以致滋扰而干咎办外，惟现备兵勇二百名内先著佐领富兴阿带领防守去之兵勇五十名，所有应支工食、盐粮等项本城实属无项可筹，再倘有紧急其应需铅丸、火药等项如何筹拨之处，相应呈请备文飞速声明呈报将军衙门鉴核指示遵行。等因呈报。据此，相应移付前来。查该处现在拨派兵勇兜击匪徒所需药、铅等项，应饬该城守尉核计兵勇所领枪数，酌量发给，以敷应用。仍严饬该带兵之员如遇匪徒接仗始准使用，事竣之后即将用过药、铅数目据实呈报，以凭查核咨部请领。如不遇匪徒接仗，应将发给药、铅事竣照数追交，归补原款，毋得滥行虚费，而干赔累，是为至要。相应飞行札饬该城守尉遵办可也。须至札者。

右札呼兰城守尉集拉明阿准此。

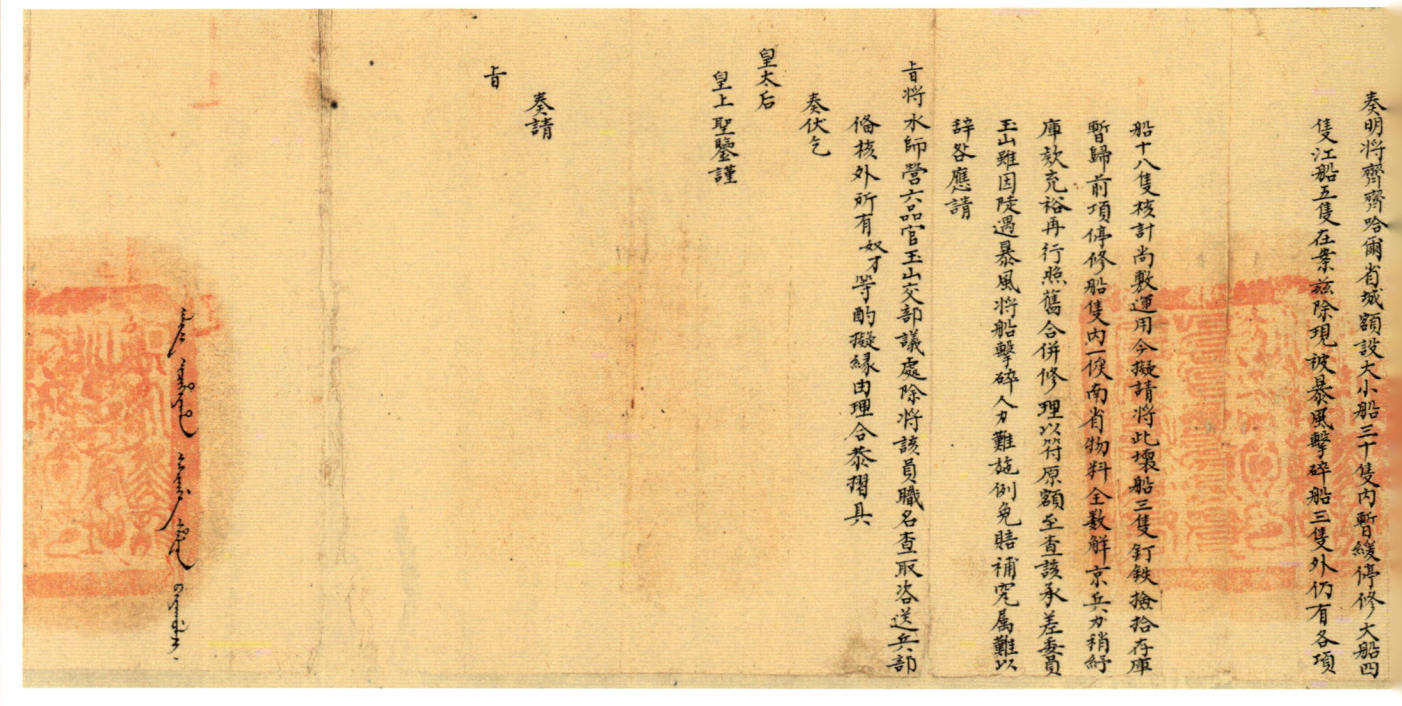

为将修船回省途中闯坏船只之六品官玉山交部议处事的奏折
同治四年

奏为据报赴厂修理船只工竣回省中途陡遇暴风击坏船只，将该承差六品官请旨交部议处，恭折奏祈圣鉴事。窃查奴才等所属齐齐哈尔省城上年应行拆造次船六只、补修大船六只，经该水师营六品官玉山带领兵丁、匠役前赴吉林修理，工竣回省行至吉林所属陶赖昭站，时值霜降，水牌〔冰排〕盛涌，船只不能前进，随就该处住冻。等因报部在案。兹于本年五月初四日据署水师营总管协领依常阿详称，据该六品官玉山呈报，于开江后即驾船只回省，至四月二十六日行抵伯都讷属界松花江湾陡遇非常暴风，即欲停泊，因风势狂猛，波浪紧急，人力无法可施，致将船只全行刮散，尽力救护不及，有被风击沉者，亦有转舵漂荡撞硼陡崖闯坏者，至二十七日风微息止，始将各船赶紧挽到，查点大船六只内击碎二只，次船六只内击碎一只，随船官物、兵用口米全行沉没。等情。奴才等当派佐领依兴阿等前往确实查验去后，旋据该委员等呈称，详查该六品官玉山于是日驾船行至伯都讷属界松花江湾，实系陡遇暴风狂猛刮散船只，人力难施救护不及，致将大船二只、次船一只被风撞礓陡崖击碎是实。等因结报。奴才等恐有不实不尽，复遴派参领松英额等前往该处查验，据称委系陡遇暴风狂猛，致将大船二只、次船一只撞礓陡崖击碎，人力难护属实，复行结报前来。奴才等核与前情无异，查例载陡遇暴风击碎船只该水师官员即速呈报，该将军等委员确验实系人力难施，并非管驾不慎，出结保题免其赔补，动支钱粮修造。等语。奴才等伏查此项大船二只、次船一只既叠据委员等查明实系暴风撞礓击碎，人力难施，应行动项修造。惟查前因南省物料不能解京，近年兵力拮据，库款支绌。前经奏明，将齐齐哈尔省城额设大小船三十只内暂缓停修大船四只、江船五只在案，兹除现被暴风击碎船三只外，仍有各项船十八只，核计尚敷运用。今拟请将此坏船三只钉铁捡拾存库暂归前项停修船只内，一俟南省物料全数解京，兵力稍舒，库款充裕，再行照旧合并修理，以符原额。至查该承差委员玉山虽因陡遇暴风将船击碎，人力难施，例免赔补，究属难以辞咎，应请旨将水师营六品官玉山交部议处，除将该员职名查取咨送兵部备核外，所有奴才等酌拟缘由，理合恭折具奏，伏乞皇太后、皇上圣鉴。谨奏请旨。

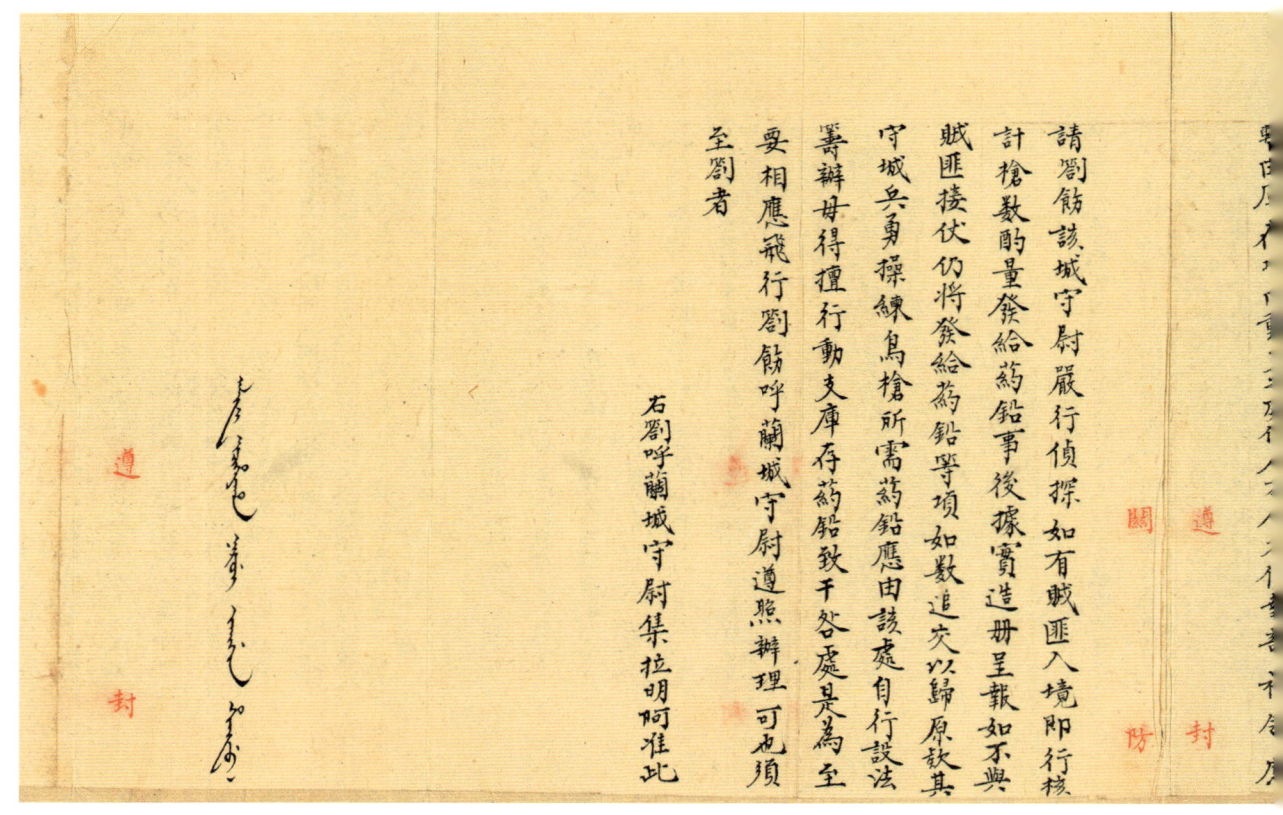

黑龙江将军衙门为兵勇操练鸟枪所需药、铅应自行设法筹办毋得动支库存项内事致呼兰城守尉集拉明阿的札

同治四年

将军衙门为飞行札饬遵办事。

工司案呈：适据户司移付内称，于本月二十一日据呼兰城守尉集拉明阿呈文内开，据防哨官兵声报，询据由江西等处搬家民人言及贼匪窜扰八面城等处，又据买卖商人声言闻听贼匪在黑林子等处滋扰等语。详核呼兰相距宽城子等处六七百里，兵力单微，筹商除将出各卡兵二百余名外，其余四百余名尽数传集到城，饬交看守仓库衙门等处不许稍离，内另选马兵一百二十名演枪，尚恐声势不振。另由各屯团练会勇内抽调八十名进城，遴派副管乌林布弹压操练，以彰声威。然此练兵会勇二百名拟酌各兵勇每日给口食钱一百文、草料钱五十文，核计日费京钱三十吊，拟请暂由私垦

将军衙门 为飞行劄饬遵办事工司呈适据户司移付内称於本月二十一日据呼兰城守尉集拉明阿呈文内开据防哨官兵声报询据由江西等处搬家民人言及贼匪窜扰八面城等处入据买卖商会声言闻听贼匪在黑林子等处滋扰等语详核呼兰相距宽城子等处六七百里兵力单微筹商除将出卡兵二百余名外其余四百余名仪数传集到城饬交看守仓库衙门等处不许稍离内另选马兵二百二十名演枪尚恐声势不振另由各屯团练会勇内抽调八十名进城选派副管乌林布弹压操练以彰声威然此练兵会勇百名拟酌各兵勇每日给口食钱二百文草料钱五十文核计日费京钱三十吊拟请暂由私垫租项动支至所需火药铅丸火绳门药等项拟请暂由库存内动支可否之处呈请指示遵行等情前来除将所请工食马乾由本司查核劄覆外至查该处所称此项练兵应否如此办理其药铅等项应否动支之处相应移付兵工二司查核劄覆等因移付前来查呼兰库

租项动支。至所需火药、铅丸、火绳、门药等项拟请暂由库存内动支，可否之处呈请指示遵行。等情前来。除将所请工食、马乾由本司查核札饬外，至查该处所称此项练兵应否如此办理，其药、铅等项应否动支之处，相应移付兵、工二司查核札覆。等因移付前来。查呼兰库存药、铅乃系备用紧急之物，遇有动用之处必须声明报部，照数补领，以充原额。今该处因贼匪滋扰八面城等处，传集兵勇守城操练鸟枪，以彰声势，应需药、铅暂由库存项内动支之处似属不合，未便报部补领。应请札饬该城守尉严行侦探，如有贼匪入境即行核计枪数酌量发给药、铅，事后据实造册呈报。如不与贼匪接仗，仍将发给药、铅等项如数追交，以归原款。其守城兵勇操练鸟枪所需药、铅应由该处自行设法筹办，毋得擅行动支库存药、铅，致干咎处，是为至要。相应飞行札饬呼兰城守尉遵照办理可也。须至札者。

右札呼兰城守尉集拉明阿准此。

总理各国事务衙门为各省遇有洋人交涉事件均应迅速办结事致黑龙江将军的咨
附：奏折
同治五年二月二十六日

钦命总理各国事务衙门为咨行事。

所有本衙门具奏各省交涉洋人事件，无论难结易结，请由各该督抚、大臣迅速办结。等因。附片一件，于同治五年二月十五日具奏，二月二十一日由军机处交出，奉旨：另有旨。钦此。相应抄录原奏，恭录谕旨，咨行贵将军钦遵办理可也。须至咨者。

右咨黑龙江将军。

计粘单一纸。

附：奏折

再，查洋人性多坚执，遇有交涉事件，必求悉如所愿，或当以理枝〔知〕之，或当以情谕之，在乎临事揆度机宜，而总不外于办理迅速，庶不致十分为难。乃近来各省往往因洋人狡执，不论事之难易，相率悬宕，甚至有数年不结者，在各省何尝非为慎重起见，而洋人遂有所藉口，始则谓我为不肯办，继且谓我为不能办，语处唐突，横生枝节，折服愈难。即为广东入潮州城一事，不立教堂、不设关卡、不开行栈三事言之已久，阿礼国断非近日始知，乃先不言，而今忽言之，则因迟而生疑，因疑而生愤，计图一逞，愈久而愈激也。臣等以为，中国与洋人交涉事件遇有易于了结者，应即随时妥办，不特彼族无可藉口，即有为难之事，我亦可以情理与彼辩证，万不可再事因循延误。相应请旨饬下各该督抚，转饬各地方官，务须振刷精神，将中外交涉事未了结各案迅为逐件查催，不可再事迟缓，庶几以后办理洋务或可少费周章。谨附片具奏，伏乞皇太后、皇上圣鉴。谨奏。

总理各国事务衙门为俄人前往黑龙江内地贸易应按约办理事致黑龙江将军的咨
附：往来照会
同治五年二月二十九日

钦命总理各国事务衙门为咨行事。

同治五年二月十五日准俄国公使照会称：俄人因买卖事前往附近黑龙江内地，该处官员拦阻不准。等情。前查俄人在黑龙江边界贸易俱已载在条约，此次照会各节意在任意大宗通商，自难照办。除由本衙门办结照覆外，相应抄录往来照会，咨行贵将军查照。嗣后俄人在黑龙江边界地方照约贸易，自应按理照看，如往黑龙江内地通商，务须查照条约妥为劝阻。其内地华商是否前往俄国交界贸易，有无暗相阻止情事，尚希查明详细情形速行咨覆。至俄人在该处贸易俱有条约可循，毋庸另议章程，如俄国边界官有与会商之处，可即将本衙门照覆各情妥为处置，总期照约办理，商人安谧，毋使藉端起衅，是为至要。仍希将该处现在中外交涉情形先行咨覆，以凭核夺可也。须至咨者。

右咨黑龙江将军。

计粘单一纸。

附：往来照会

照录俄国照会

为照会事。

自本大臣到京以来迭次面晤及行照会，以俄人因买卖事前往附近黑龙江内地，该处官员拦阻不准。等情在案。近接东悉毕尔总督来文内开：此事迄未定局，反致益形纷乱，现在不俱不准俄人在彼暂买暂卖，且华商有虽前往本国尼克来业福斯克城及东悉毕尔他处贸易亦皆暗相阻制，其故本国边疆大吏实出不能，复思两国和好似仍照旧，近年所定和约均有准许贸易之语，凡有中国违禁之货，本国亦皆严禁不准出口，俄人在外犯法无不及时治罪，不知禁止两国通商由何而来，或系该处未设领事宜照料所致耶，抑或奉有京都严饬不得不然耶，仍应委实。等情前来。查两国边界人民介在肘腋，自不能不通工易事，所谓以羡补不足也。今遏其交易，实属既未合于仁义，又令官民乖望，群生两国不合之疑。查黑龙江右岸俄人本属无多，商贾更形稀少，彼此通商均系以货互换，并无大贾，偶有前往黑龙江内地者，不过在附近地方或系路过城邑而已，即如墨尔根城西北之黑龙江形势，从阿巴该推〔图〕卡伦斜趋东北转而东南至爱〔瑷〕珲地界水路迂回，若陆路从该卡伦经过墨尔根、爱〔瑷〕珲等城至阿木〔穆〕尔省城较水路近几三倍，所以商人皆贪陆运。若使该处官员不禁华商，直抵本国境内贸易，俄商得其所需，往内地者自必更少。又查黑龙江、吉林以北为地既有大河，商船颇可来往，向后通商自必日盛，商贾既众，不但百姓富庶而安，国家亦享其利矣。

以上各情嗣后自应由本大臣与贵衙门从容会议，另定奉〔章〕程方妥。现在暂拟设法，如贵王大臣行文该处大员与本国阿木〔穆〕尔省固毕尔那特〔托〕尔，希即于就近会商，暂且随宜处置，庶免两界官民呈诉纷争，而封疆大臣亦不致渐生嫌隙矣，可否即望见履〔覆〕，转履〔覆〕该总督办理可也。相应照会。须至照会者。

照录给俄国照会
为照覆事。

同治五年二月十五日准贵大臣照会内称：俄人因买卖事前往附近黑龙江内地，该处官员拦阻不准。等情前来。本王大臣查续增和约第四条内载，交界各处准许两国所属之人随便贸易。又爱〔瑷〕珲和约内载，黑龙江、松花江居住两国所属之人一同交易，官员等在两岸彼时照看。各等语。既曰交界，则成专指边界而言，必飞〔非〕内地可知，既曰两岸，则是专指江岸而言，必飞〔非〕城邑可知，条约极为显明，各商应共知悉。前因俄商批宽等虽赴三姓及墨尔根城等处贸易，经该处派员与之理论，旋据俄官自认错误，曾于同治三年七月间将此事照会贵大臣，并据照覆已行查东悉毕尔总督。等因在案。兹贵大臣请两国边界人民介在肘腋，不能不通工易事，与本大臣意见相同，然必须谨守条约，方能和好日笃。现拟行文黑龙江将军等转饬边界官，凡两国民人照约贸易者，务须按理保护，不准暗相阻制。并希贵大臣行知东悉毕尔总督转饬贵国商民恪遵条约，则嗣后自必无珍〔纷〕争呈诉等事矣。为此照会贵大臣查照可也。须至照会者。

总理各国事务衙门为咨商俄人在黑龙江内地贸易事致黑龙江将军的咨
附：往来照会
同治五年四月十三日

钦命总理各国事务衙门为密咨事。

前于本年二月十五日，准俄国公使以俄人因买卖事前往附近黑龙江内地，该处官员拦阻不准。等情照会前来。当经本衙门抄录往来照会，于二月二十九日咨行贵将军查照，妥为处置，并将现在交涉情形先行咨覆，以凭核夺在案。至今未准贵将军咨覆。兹于三月初六日复据俄使照会，大致仍欲往黑龙江内地通商，并引《北京条约》第四款与英约第九款为辞，且以彼此通商均系以货互换，并无大贾，偶有前往黑龙江内地，不过在附近地方或系路过城邑，即如黑龙江形势从阿巴该推〔图〕卡伦叙趋东北转南，至爱〔瑷〕珲地界水路迂回，若陆路从该卡伦经过墨尔根、爱〔瑷〕珲等城至阿木〔穆〕尔省城较水路近几三倍，所以商人皆贪陆运。等情。再四渎请本衙门详加酌核。俄商由阿巴该推〔图〕卡伦持照赴阿木〔穆〕尔省城贸易，路过墨尔根、爱〔瑷〕珲等城，藉恤商力，并非在内地贸易，似难过于拒绝，现已允为照办，覆令执持边界官路照，以凭沿途查验放行。仍声明由伊国转饬俄商，毋许任意逗留，别行闯越，以示限制。惟查黑龙江地方与俄国接壤，该处向与俄人交易，来往情形本衙门无从深悉，俄人如欲往黑龙江内地贸易，于该处人情有无妨阻，其路过墨尔根、爱〔瑷〕珲等城沿途经过地方有无防守卡泛可资稽查，并华商由陆路从墨尔根、爱〔瑷〕珲等城至左岸阿木〔穆〕尔省贸易直抵俄境，现在是否有华商情愿前往买卖，俄使所称从前华商每年往该国贸易一次，是否实有其事，所携究系何等货物，贵将军自必深悉。统希将以上各节一并详细密行访查确实，迅速密行咨覆，幸勿迟延。至此次所议俄人由阿巴该推〔图〕卡伦持照赴阿木〔穆〕尔省贸易，路过墨尔根、爱〔瑷〕珲等城，其所持洋、满、汉各字执照应如何盖印给发，以及沿途如何查验放行之处，统由贵将军悉心筹画，与俄官从容商办，务期中外安谧，勿令激成事端，是为至要。相应抄录往来照会信函，由五百里密咨贵将军查〔照〕可也。须至咨者。

右咨黑龙江将军。

计开。

附：往来照会

照录俄国照会

为照会事。

同治五年二月二十九日准贵王大臣照会，内以俄商因买〔卖〕事前往黑龙江内地，经该处官员拦阻，意存袒护，引续和约第四条及爱〔瑷〕珲和约，并称既曰两岸，则是专指江岸而言，必非城邑可知。各等情前来。查所引《北京和约》第四条所言甚是，然此条并无禁止前往内地文意，而英国天和约第九款及他国和约均有准听持照前往内地各处通商之句，既系他国民人皆许前往，何能独禁俄人照办。乃木〔本〕国与贵国唇齿之邦，毗连几长二万余里，和好已二百余年，且在天津和约第十二款言明，凡有利益之事，俄人亦宜均沾。至黑龙江、松阿里江居住两国之人准许撑船往来贸易，本大臣前于同治三年十月二十九及十二月初一等日业经两次照会，亦颇详细，其所称专指江岸必非城邑之语，然约中即不言城邑，而城邑在内可知，否则必有不在城邑明文，矧暨两岸贸易专指人烟稠密之区，必非空地又可知，此情亦极显然，人所共知，毋庸多赘。前次本大臣照念和平调处，并非似在贵王大臣照念之意未明和约所准与否，贸〔冒〕昧言之也，实因边界交易之事，该处西国大员自然情形较熟，拟令和平会议，酌定章程，以便彼此相安为愿。为此拟行，不但与北京和约第十四条凡有两国交涉为〔事〕件直为家事处直〔置〕不至因小成大两面均受其害之意甚属相符，且凡比邻和好他邦以其商民断不能无往来交易，否则无益有捐，亦悉如此办理由望，贵王大臣意必相同，不料接据照会，反据寻绎均不谓然，实属可惜无奈。本大臣现拟将各件照会一并抄录送交东悉毕尔总督查阅，即将如何施行之处□悉与诸约相符，任其自行裁处可也。须至照会者。

照录俄国俄使来函

启者：日前在馆议定黑龙江、松阿里江等处一带交界贸易，如在百里内，准许两国人民任便，毋庸执照，其在百里外，如有俄商前往内地，应有边界官发给俄文、满文执照，画押盖印，经过地方官员查问立验看，并拟贵衙门即行札饬该处边界官遵照办理，勿得再行阻滞。本大臣亦即移文东悉毕尔总督转饬施行各节，今拟复行文该总督，前文作为无用，即请贵大臣速照所议见覆，以凭行办而无遗误可也。

顺颂日祉。

照录给俄国照会
为照会事。

前准案大臣照会，以俄人因买卖事前往附近黑龙江内地，该处官员拦阻，并云彼此通富〔商〕均系以货互换，并无大贾，偶有前往黑龙江内地，不过在附近地方或系路过城邑，即如黑龙江形势送〔从〕阿巴该推〔图〕卡伦起东北，而东南至〔瑷〕珲地界水路迂回，若陆路从该卡伦经至墨尔根、爱〔瑷〕珲等城至阿木〔穆〕尔省城较水路近几三倍，所以商人皆贪陆运。若使该处官员不禁华商，从此直抵本国境内贸易，俄商官所需往内地者自必更少。等情。本王大臣查读〔续〕增和约第四条指明，两国交界需所准许贸易，不至边界地方民人群常往来，如零星米面等事，历有旧案，原为体恤商民，以敦和好。今贵大臣次以俄商由陆路从阿巴该推〔图〕卡伦经过墨尔根、爱〔瑷〕珲等城至阿木〔穆〕尔省贸易较水近几三倍，此不过路过城邑，藉恤商力，本王大臣尚可推情照办，嗣后贵国商人如由阿巴该推〔图〕卡伦前往阿木〔穆〕尔省持有收路照印，当饬令中国官员沿途查验放行，不致拦阻。贵大臣亦应知照贵国边界官，转饬商人勿得无故逗留，别行闯越，是为至要。至俄人所持俄文、满文路照应如何盖印给发以及沿途如何查验，统由贵国边界官与黑龙江将军就近会商妥为办理，咨行知黑龙江将军照办外，相应照会贵大臣查照可也。须至照会。

照录给俄使信

径覆者，前接来函备悉，本大臣等前在贵馆面议黑龙江等处交界如在百里内，两国民人按照续约第四款、奉〔章〕程第一款按理贸易，不得拦阻。等语。现拟行文该处官员照约办理，所有华商前往贵国尼克来业福斯克城及东悉毕尔处贸易，亦不令再有阻制。至贵国商人由阿把〔巴〕该推〔图〕卡伦持照经过墨尔根、爱〔瑷〕珲等城前赴阿木〔穆〕尔省贸易之处既已推情照办，所有贵大臣前次照会内称，英约第九款一节昨经本处与贵国相总办言明，不必再行牵引，徒费彼此辩论。除另文照覆外，特此函覆。

顺顺〔颂〕日祉。

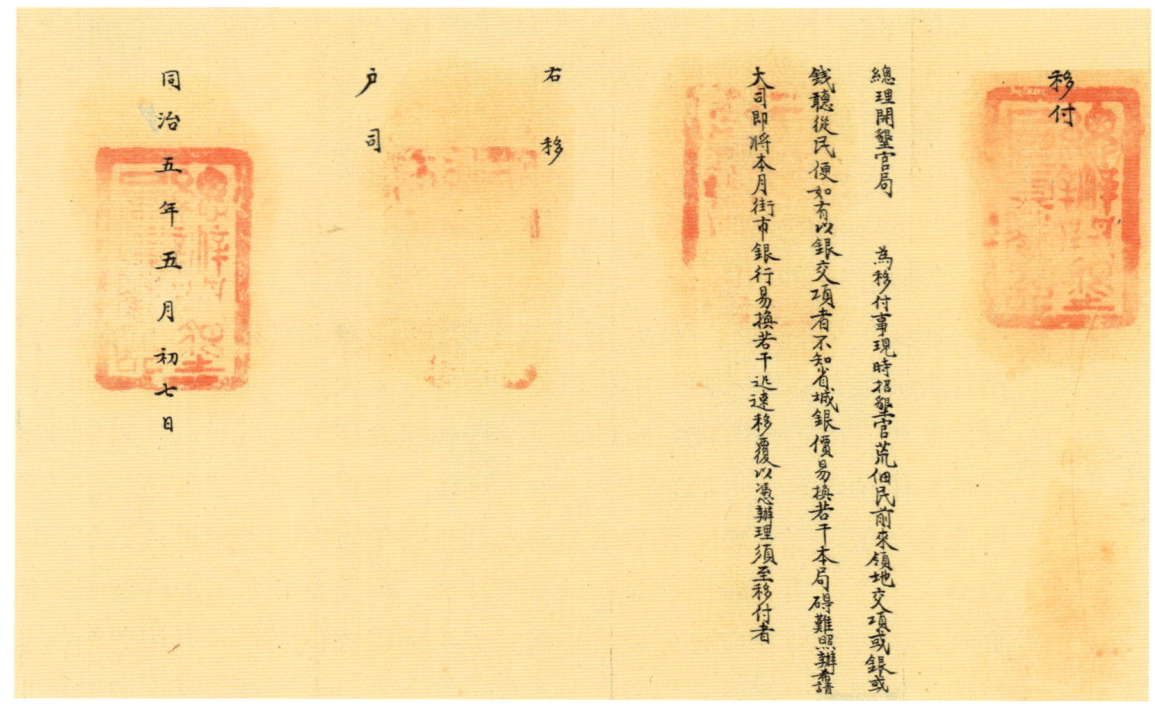

总理开垦官局为请移覆省城银价易换事致户司的移付
同治五年五月初七日

　　总理开垦官局为移付事。
　　现时招垦官荒，佃民前来领地，交项或银或钱听从民便，如有以银交项者，不知省城银价易换若干，本局碍难照办，希请大司即将本月街市银行易换若干迅速移覆，以凭办理。须至移付者。
　　右移户司。

督师办理吉林军务将军为详报俄人欲在吉林等处通商有无妨碍并筹办边防各情形事致黑龙江将军衙门的咨

同治五年五月十四日

钦命督师办理吉林军务将军世袭骑都尉奇车伯巴图鲁富为咨行事。

总理文案处案呈：于五月十三日本将军在行营由驿驰奏，为遵旨查明俄夷欲在吉林等处内地通商有无妨碍，并筹办边防，敬陈管见各缘由，恭折密覆，奏祈圣鉴事。窃奴才于五月初十日在管城子行营承准军机大臣密寄，五月初四日奉上谕：总理各国事务衙门奏俄国使臣请赴黑龙江内地通商现办情形，并请饬吉林等处筹办边防各折片。据称，俄国驻京使臣坚持成见，必欲往黑龙江内地通商，经该衙门与之约定，百里以内照章贸易，百里以外持照游历，不得以游历执照为通商之用，各节业经该衙门行文特普钦查照商办。该国驻京使臣一味矫强，并称先已行文东悉毕尔〔总〕督照办，请饬黑龙江查明办理。等语。俄使坚韧性成，语多狡赖，内地通商各节尚未经总理各国事务衙门与之商允，即欲行文该国照办，且并不声叙所允何事，预为日后藉口地步，难免将来无硬行闯入边界情事。著特普钦迅即密饬黑龙江所属守卡官弁，如俄国边界大臣前来黑龙江与该将军议及俄商假道行走给照验照等事，必须查照总理各国事务衙门咨文，果相符合方与商办，不可徒听该国人一面之词遽行允办，以杜狡诈。至由俄国阿巴该推〔图〕卡伦至阿木〔穆〕尔省经过爱〔瑷〕珲、墨尔根城内地，沿途有无兵卡可资防范，及俄人欲在黑龙江、吉林等处内地通商有无十分妨碍，各该城地势是否扼要，有无险隘可守，民情强弱如何，能否相安无事，均著富明阿、特普钦详细查明，迅速覆奏，以便该衙门酌度情形与俄使会商，俾办理较有把握，不至内外两歧。章京志刚现在奉天军营，前经总理各国事务衙门函商文祥，就近酌量札饬该章京前赴黑龙江察看情形，文祥现已启程回京，即著都兴阿转饬该章京赶紧前往，毋稍迟误。至奉天滨海地方原有牛庄通商口岸，黑龙江、吉林等省与俄国壤地相连，土旷人稀，边防最关紧要，防范稍疏难免不别滋事端，亟应整顿武备，以杜敌人觊觎之渐。著都兴阿、富明阿、特普钦各就本省情形预筹储饷足兵之计，覆实办理先为自强之策，不可徒托空言，有名无实。现在马贼余党未尽，该将军等正可藉剿匪之名，将所属营伍力行整顿，勤加训练，以期有备无患。吏治民情亦须认真经理，俾令日有起色。其边界地方与外国交涉事件，该管将军等尤须遴派明白晓事之员前往区画，不致缓急轻重措置失宜，方为妥善。总理各国事务衙门折一件、片一件均著抄给该将军等阅看，将此由五百里各密谕知之。钦此。钦遵前来。

奴才跪读之下忿恨交萦，窃恩我朝定鼎以来抚绥外夷，原设边防查勘山河，持险扼建设郡邑要隘按卡，所立规模严而且当，全赖天地自然生成水陆两险要区，是以二百数十年从未敢窥伺中华也。惟俄夷只准由恰克图北口一路进京，其由别路如有私行入境者，拿获解京或送库伦查办，虽道光年间英夷犯境，亦未任其猖肆通商。自军兴以来，各省官兵纷纷调遣，俄、英、法三夷乘我空虚，陡然起衅，犯我边疆，正遇内外时艰紧急之秋，万不得已权变缓急，准其和约通商、游历。彼时将黑龙江天险水路要区、江左沃壤旷土，奉省之海滨，吉林产参之绥芬、兴凯湖、乌苿哩〔苏里〕口等处假于该夷，任其江海驶驾，当时意见不过暂解燃〔燃〕眉，俟内患除净再图大举，然而三夷豺狼之性贪厌无已，得寸思尺，矫强愈增。若操之过遽，尤恐生变，任其矫矜，祸患将炽。奴才系黑龙江驻防世仆，忝任吉林将军，受恩深重，凡有管见所及，敢不敬为我皇上陈之？窃查俄夷必欲往黑龙江内地通商、游历，其意欲通陆路窥伺各处虚实，其诡谲叵测之谋显而易见，现在江海任其驶行，各省滨江带海马〔码〕头要口无不占踞通商，因我兵力不敷，尚不慑服，若陆路再准其通商，则我国所恃水路两险一无阻滞，任其游历，各省倘有不测，难免顾此失彼，措手无及之虞。奴才愚昧之见，仍照前约，凡有通商各口，只准百里之内验照游历，断不准由陆路通商，入内地通商。

溯查吉林所属惟三姓、珲春俄夷由水路可通，若黑龙江、松花江水小，轮船不能驶至三姓与该夷通商实系有碍无益，且该夷亦非捷径，其珲春相距海滨百数十里，乃偏僻之地，并无行商大贾，货物不全。奴才细询三姓、珲春两处随营官兵，若与俄夷通商有无窒碍，佥称该夷甚不说理，每以矫强谲诈欺人，稍有不遂其意，即以枪刀恐吓，若与通商，实与地方大有关碍。又据珲春防御富全等称，俄夷所分占我吉属集心河地方，现在招集朝鲜国人开地耕种，恐日久与其勾和，别生事端。等语。

奴才再四思维拙谋愚见，莫逾圣虑周详无微不至之明谕，若遇该国边界大臣议及俄商假道行走给照验照等事，必须查明总理各国事务衙门咨文，果相符合方与商办，不可徒听该国人一面之词遽行允办，以杜狡诈。及俄人欲在黑龙江、吉林等处内地通商有无十分妨碍，各该城地势是否扼要，有无险隘可守，民情强弱如何，能否相安无事，均著奴才详细查明，迅速覆奏。各谕恪遵之下，奴才正在围场山内，又甫经到任即携篆剿匪，若咨札各处查询，往返必致迟延时日，只可详问随营各城文武官弁，各据实情禀覆，奴才执中裁酌。至该夷使臣若来吉省会商事宜，奴才务必详细事机权变办理，总宜两国和好，与地方民害不抗〔亢〕不卑，办理裕如方不负倚异之重。惟吉林、黑龙江毗连，与俄国壤地相接，土旷人稀，虽有水陆山河要隘卡伦，所派官兵无多，仅可侦探动静，见势预防而已。若陆路再通，恐各地方军民不得安生，且官兵又在军营者甚多，实难兼顾。文开俄夷觊觎之渐，在我诚有鞭长莫及之虞，谨当凛遵训谕，藉此搜剿贼匪为名，将所属营务力行整顿，勤加训练，以期有备无患。吏治民情尤宜认真经理，各就现在情〔请〕预筹储饷足兵之计覆实理先为自强之策，仰见圣明洞澈万里。奴才自蒙恩补授吉林将军赴任以前，即拟整顿营伍，皆因吉省向不产马以致官兵马上技艺生疏，倘遇仓卒，不惯驰驱。故奴才奏明，在黑龙江省派员设局捐马，并买马凑足千匹，分起护解来吉。先补战马，其余分给各城官兵喂养操练，将来马贼剿尽凯撤黑龙江官兵时，将所乘战马给予半价一并截留，分散吉省各城官兵喂养，乘骑演练技艺，以振军威。倘东三省何处有警开报，即驰赴应援，如此联络一气，首尾相顾，则内奸外夷无所用其伎俩矣。并请将内省前调吉林、黑龙江官兵酌撤遣回，嗣后不得续调两省官兵，以厚兵力。惟吉林省自俄夷起衅，盗匪蜂起，办理防捕各事无项可筹，屡经前任将军景纶卑保德英连年劝办，捕贼糜费，并日厘各捐钱项，数载以来搜括殆尽，除三姓、宁古塔二城未经贼匪扰害外，其余各处均被烧掳蹂躏甚苦。奴才到任后，会商副都统富尔荪及合属文武各官、绅士、商民，申明大义开导至再。奴才等倡率捐输，拟筑土围，以固众心，而资保障。虽有此举，迄今尚无眉目，概因财空力薄之所致也。若再筹捐饷糈、马乾，实属万难措置，统俟奴才赶紧将山内藏匿股匪剿灭，将兵撤出围场，按山口要留兵，以操为防，恐至秋后山之内外剩有伏莽再生枝节，各处有备，庶死灰不能复燃。先将黑龙江官撤回一半，以固该省空虚之虞，并将本省招集炽勇、雇觅猎户量为裁撤，撙节糜费，接济练兵，奴才布置妥协回省后，再行设法筹办整顿一切事宜。奴才受恩深重，万不敢徒记空言，有名无实，以致辜负生成知遇之鸿施。所有奴才遵旨查明俄夷欲在吉林等处内通商有无妨碍，并筹边防及敬陈〔管〕见各情形，理合恭折由驲密奏，伏乞两宫皇太后、皇上圣鉴。谨奏。等因具奏之处相应照抄原折，呈请咨行贵将军衙门查照可也。须至咨者。

　　右咨黑龙江将军衙门。

总理各国事务衙门为请将札文递交章京志刚事致黑龙江将军的咨

同治五年五月二十日

钦命总理各国事务衙门为咨行事。

前因本衙门奏派章京志刚赴黑龙江等处查办俄界通商事宜，该章京现于五月初八日由奉起程前往吉林，现有来衙门行知该章京札文一件，如该章京现在已抵黑龙江省城，即希贵将军饬交遵，倘尚未到省，并希饬将此项札文严密封妥飞递黑龙江、吉林一路探明投递。事关紧要，万勿舛误迟延，相应由六百里飞咨贵将军查照办理可也。须至咨者。

附给本衙门章京志刚札文一件。

右咨黑龙江将军。

（注：无附件正文）

总理各国事务衙门为英国欲派轮船赴中国海面以北等处丈量并绘图事致黑龙江将军的咨

同治五年五月二十日

钦命总理各国事务衙门为咨行事。

同治五年四月二十日准英国公使阿照会内称：昨准本国来文内开，现拟派轮船一只前赴中国海面以北等处察看海岸形势，丈量靠岸海水深浅，绘图载明，俾嗣后行船来往均可预防危险，务须照会恭亲王协力设法使该轮船查看海边形势之时得以从优帮助，不致遇有留难之事。等因。理合照会查照。等因前来。相应咨行贵将军查照可也。须至咨者。

右咨黑龙江将军。

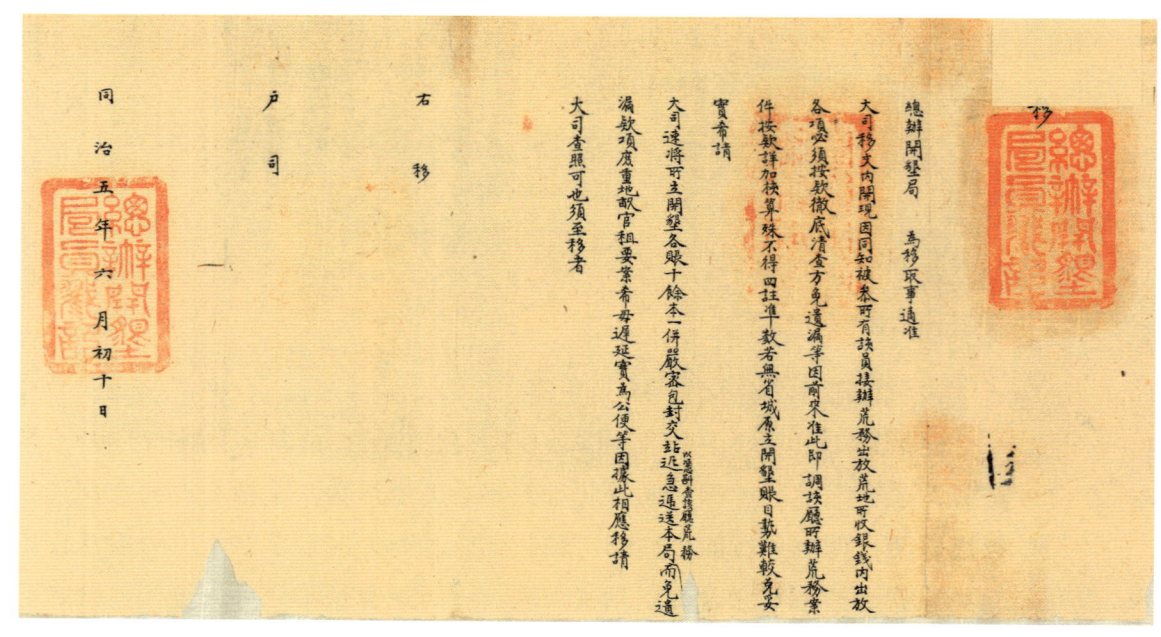

总办开垦局为请递送省城原立开垦账目事致户司的移
同治五年六月初十日

总办开垦局为移取事。

适准大司移文内开：现因同知被参，所有该员接办荒务、出放荒地所收银钱内出放各项必须按款彻底清查，方免遗漏。等因前来。准此，即调该厅所办荒务案件，按款详加核算，殊不得四注〔柱〕准数，若无省城原立开垦账目，势难较兑妥实，希请大司速将所立开垦各账十余本一并严密包封交站，迅急递送本局，以凭斟查该厅荒务，而免遗漏款项，庶重地亩官租要案，希毋迟延，实为公便。等因。据此，相应移请大司查照可也。须至移者。

右移户司。

呼兰河城守尉集拉明阿为具报俄人入境停泊及劝阻回帆情形事致黑龙江将军衙门的呈

同治五年六月二十九日

呼兰河城守尉集拉明阿为飞速声明呈报事。

右司案呈：于六月二十八日卯刻据前派骁骑校他奇布、恩保、呼兰口子坐卡官兵等报称，遵饬带领兵丁前往沿江下游往迎夷船，于二十七日辰刻迎见俄夷火轮船一只，练拴大船一只逆流上驶，职等乘坐小船欲要赶奔与其言论，夷船行之甚速，并不停止，是以上岸尾随瞭望直至戌刻，该夷船抵至呼兰河下口江之北岸下锚停泊。等情。据此，职集拉明阿当即带同副管阿奇郭勒、佐领佛尔清阿、即捕〔补〕协领珠尔逊布等前至呼兰河下口，登上夷船与俄人会面。副管阿奇郭勒以清语向其询问，据通事滚布业幅答称，夷目西尔轱瓦斯奎前在库克多博北五十里巴图鲁地方当过十二年玛雨尔，现已不当，随带俄商三十余人乘驾轮船前来呼兰并吉省一带购买小麦通商，别无他事。职等向其开导言说，通商一事和约内并未载进松花江通商之条，实不敢负约，再者，本处上年歉收，今年虽有新收小麦无多且不敷本处所用，何能出卖。西尔轱瓦斯奎令通事答覆："若不卖给小麦，我们进城瞧看形势，即行回帆。"职等再四开导劝阻回帆，并不准其进城，西尔轱瓦斯奎与通事滚布业幅二人狡展多时，是要停泊三五天收什船只就走。职等再四熟商，意欲当即逐其回帆，惟恐有失两国和好之虞，复向询问后边仍有多少船只，通事滚布业幅答说："后边无有船只，就是此船。"职等察其船只浮载吃粮、烧柴外，无别项物件，亦未见有器械，是以职等当饬骁骑校他奇布等暨坐卡官兵在彼防守，不准军民与其交涉，将来该夷船何时移动回帆抑或上驶之处另行呈报。等情。据此，拟合谨将俄夷轮船暂时停泊，一切劝阻缘由备文，呈请飞报将军衙门鉴照施核。须至呈者。

右呈将军衙门。

黑龙江将军衙门为俄商欲赴内地通商令由库克多博行走若不从改由阿巴该图顺草道行走事致都京兵部的咨

同治五年六月

镇守黑龙江等处地方将军衙门为飞速咨呈事。

兵司案呈：本衙门于同治五年五月二十日恭折由驲具奏，为遵旨密饬遵办并查明地方情形，恭折由驲覆奏，仰祈圣鉴事。窃奴才于五月十四日承准军机大臣密寄，同治五年五月初四日奉上谕，总理各国事务衙门奏称，俄国驻京使臣坚持成见，必欲往黑龙江内地通商。经该衙门行文特普钦查照商办，该国驻京使臣一味矫强，并称先已行文东悉毕尔总督照办，请饬黑龙江查明办理。等语。俄使坚韧性成，语尔正北之库克多博卡伦查边草道赴墨尔根城行走一次，今又欲由阿巴该推〔图〕行走，较之由库克多博卡伦行走迂绕数百里，若照其所请倘不由草道行走，则必须自呼伦贝尔站道经过省城，方能再向爱〔瑷〕珲。该夷谲诈性成，此意均未声明，本系舍近求远，反云为恤商力，未免有心含混，更难保不别存狡赖地步。奴才率属详筹，该国玛雨尔前于四月初一日在库克多博卡伦与该总管会商此事，曾经札饬与之理论，阻止回行，至今尚无复来信息，且库克多博卡伦为向来查边会哨必由之路，与俄国人等相见办事之所。奴才现复札饬呼伦贝尔总管明通等，俄商若有来信，迅即前往开导，令由库克多博行走，该商如果所从，似可省一枝节，倘必不所从，坚欲由阿巴该推〔图〕进边，务令顺草道行走，一切稽察护送均照前札办理，不得任由绕道，再呈省城，以免别滋事端。除咨明总理各国事务衙门查照，倘该国驻京公使再有照会，庶悉地方情形，不致内外办理两歧外，理合附片陈明。谨奏。于同治五年六月十一日接到回片。

右咨都京兵部。

户部为大荒沟私垦之荒地免征押租自开垦之日起纳租事致黑龙江将军的咨

同治五年八月十七日

户部为咨行事。

山东司案呈：准黑龙江将军咨称，大荒沟以北未垦余荒，委员查清该处私招民户开垦之地一万五千九百余垧外，查有各该旗营、官庄人等从前自垦成熟租给民人耕种之地四千五百余垧，请归各该地主自行耕种，不准再有私招，节经分晰报部在案。兹准部咨，查照兴福所奏各情，查明覆奏，复札饬呼兰城守尉集拉明阿并添派佐领德勒克尼玛等前往详查去后。据该城守尉并委员等呈报，查明该处除从前归公升科地亩外，又陆续开垦地七千二百余垧，均已按亩升科。并查明大荒沟以北南、北团林子等处归公招垦余荒二万五千八百余垧，现已出放完竣。等情。查该处地方辽阔，除现在升科招垦地界外，各该旗屯、营站、官庄界内如有可垦余荒，应仍准该处旗丁自力开垦，不准再招民户。至从前查出旗户招民私垦之地，仍请照案升科，藉裕饷项。等因。部议，查呼兰招垦地亩，仍照前奏就地升科，不必更张。又另片内称前议押租一项，著落私行招垦之地主呈交。现查该旗户等穷苦无力，仍请立时起科，即令每年按垧交纳现租，免再交押租。又查各旗户自垦成熟之地四千五百余垧，原系公中闲荒，并非封禁官荒，向准旗户尽力开垦，亦应请免交押租。所奏系为体恤旗民起见，既经奉旨允准，自应遵照办理。应令该将军即饬各该旗民等，于开垦之日起即行升科，按垧交纳现租，仍将应征租银数目报部查核。等因。遵照当饬呼兰城守尉等即将归公升科之地一万五千九百余垧及续垦地七千二百余垧免交押租，即于开垦之日起每年按垧即行升科，征收现租银钱数目汇于招垦征租案内一并详报，以凭查核，另行报部外，再查各该旗户自力开垦之地四千五百余垧，并不纳租，令应查照原奏，请将此项地亩仍归各该旗户自行耕种，免其纳租，以符定制而重农业，倘再租与民人蒙混取利，即行严惩。等因前来。

查呼兰属大荒沟等处查出私垦地亩，前据该将军奏请免交押租，当经本部以所奏系为体恤旗民起见核准咨照在案。兹据该将军咨称，遵饬呼兰城守尉等即将归公升科地一万五千九百余垧及续垦荒地七千二百余垧于开垦之日起每年按垧即行升科，征收现租汇于招垦征租案内报部。至各该旗户自力开垦之地四千五百余垧并不纳租，应照原奏，仍令自行耕种，免其交租。等语。查大荒沟开垦归公地一万五千九百余垧，既经奉准免交押租，其大小租额自应照数清完。兹查该将军历年咨报该处征收全租，自咸丰十一年起，迄今均有蒂欠，应令转饬该城守尉催追完缴，俾清课额。其续垦地七千二百余垧，亦令严饬详确查明续垦年月，按期起租，均毋隐混。至旗户自垦地四千五百余垧，查该将军前奏据称，此项地亩原系公中闲荒，并非封禁官荒，向准该旗户尽力开垦，并不交纳押租等语。是前奏仅称不交押租，并无全不纳租之说，自应按垧升科，以重课饷。此次请概免纳租，本部碍难核准，应仍饬令该城守尉按年追缴，悉数全完，报部备拨，毋任延宕。再查本部前奏该省嗣后再有续垦地亩，仍令照章先交押租，不得恃有准免成案，率行渎请，亦令该将军遵饬严查，毋稍遗漏，相应咨覆查照可也。须至咨者。

右咨黑龙江将军。

吉林将军衙门为随时详查不得任由俄人安设铜线事致黑龙江将军衙门的咨

同治五年九月初五日

钦命镇守吉林等处将军衙门为飞咨事。

承办处案呈：本年八月三十日准总理各国事务衙门咨开，同治五年八月十八日准贵将军文称，据珲春协领台斐音阿报称，摩阔崴俄官带人进街购买零星物件，当派人密探，即系摩阔崴停泊轮船之俄官，并据查报，本年自春徂夏经俄人由摩阔崴至绥芬等处沿途修理站道，意欲安设铜线。等因前来。查各国请设立铜线法，各该公使屡次渎请，均经本衙门以铜线之法施之中国诸多窒碍严行拒绝。现在俄人由摩阔崴至绥芬等处修理站道，意欲安设铜线，惟珲春、绥芬等处均与俄界毗连，若仅在伊本界自置铜线开通山路，固属碍难越境往阻，倘在中国界址，仍应由贵将军转饬该处各官不动声色随时详查，如有前情，务当坚辞峻绝，设法阻止，固不得所其肆行，亦不得激而生变，以杜后患而弭衅端，是为至要。等因前来。除飞咨宁古塔、三姓副都统衙门并札珲春协领等一体遵照，文内事理转饬所属各卡官弁不动声色随时详查，毋得任令肆行是为至要外，相应呈请飞咨贵黑龙江将军衙门查照可也。须至咨者。

右咨黑龙江将军衙门。

户部为奉旨报捐武职永远停止事致各直省督抚、将军、府尹的咨
附：原奏
同治五年十一月初九日

户部为通行事。

捐纳房案呈：内阁抄出调任闽浙总督左（宗棠）奏，闽省武营捐班太多，请分别办理，并请停止各省报捐武职一〔折〕，同治五年十一月初一日内阁奉上谕：左宗棠奏闽省武营捐班太多，请分别办理，并请停止报捐武职等语，所奏甚是，武营流品混杂，势豪策名右职，籍为护符，劣弁巧猎升阶，专为牟利，自应严加区别，以肃军政。所有福建省捐纳武职各员弁，即著该督抚一律送部引见，其未经引见人员并不准收标委署。惟此等情弊不独福建一省为然，嗣后各直省报捐武职均著永远停止。该部知道。钦此。钦遵。抄出到部。相应抄录原奏外，查报捐武职官阶既经钦奉谕旨停止报捐，应即自十一月初一日奉旨之日起，凡有在京呈捐武职及各直省捐输案内，报部捐请武职实官班次者，概行批驳。其外省捐案到部及京捐上兑在十一月初一日奉旨日期之前者，仍准核办，以严限制而示区别。此外，报捐各项武职虚衔仅系顶戴荣身，与军政尚无关系。又武职降革捐复人员应否准其捐复之处，向系行查兵部，由兵部查核案情，以定准驳。又原系候选武职加捐分发人员，均与初捐人员不同，自均不在停止之列，应仍照旧办理。相应飞咨各直省督抚、将军、府尹，并由各该督抚转行各该处统兵大臣及各粮台一体遵照可也。须至咨者。

计原奏。

附：原奏

左宗棠片。

再闽省营务积弊甚于他省，推原其政由武营捐班太多，流品混杂，势豪策名右职藉为护符，劣弁巧猎升阶专为谋利，一旦当缘得缺，竟敢靡恶不为，现在稍示区别，报捐者亦渐少于前，即此可知，从前报捐之多实为军政之蠹。所有闽省捐纳武职各员弁，应一律送部引见，其未引见者概不准收标委署。至捐例原为筹饷起见，武职官阶捐纳例银本属无多，除福建

一省外，各直省报捐武职者甚属寥寥，实亦得不偿失，应请旨饬部，将报捐武职一条永远停止，以杜贪竞而肃军政。臣愚昧之见是否有当，谨附片具奏，伏乞圣鉴施行。谨奏。

总理各国事务衙门为招考天文、算学人员奏折请知照事致黑龙江将军的咨
附：奏折
同治五年十一月十七日

钦命总理各国事务衙门为奏奉事。

所有本衙门具奏招考天文、算学人员，以期通晓洋务一折，于同治五年十一月初五日军机大臣奉旨：依议。钦此。相应刷印原奏恭录谕旨，行知贵将军查照可也。须至咨者。

右咨黑龙江将军。

计开。

附：奏折

谨奏为臣衙门现拟招考天文、算学人员，以期通晓洋务，恭折请旨事。窃维开馆求才，古无成格，惟延揽之方能广，斯聪明之士争来。查臣衙门于同治元年七月间设立同文馆，延请英、法、俄三国教师，分馆教习。各馆学生系由八旗咨取年在十四岁内外。迄今几及五载，各馆学生于洋文、洋话尚能领略，惟年幼学浅，于汉文文义尚难贯串，现仍督令该学生等将洋文翻译汉文，以异精进，只以功力分用，速效难期，若再令请求天文、算学等事，转恐博而不专。因思洋人制造机器、火器等件，以及行船、行军，无一不自天文、算学中来。现在上海、浙江等处请求轮船各项，若不从根本上用著实功夫，即学习皮毛，仍无裨于实用。臣等公同商酌，现拟添设一馆，招取满、汉举人及恩、拔、岁、副贡，汉文业已通顺，年二十以外者，取具同乡京官印结或本旗图片，赴臣衙门考试，并准令前项正途出身五品以下满汉京外各官年少聪慧愿入馆学习者，呈明分别出具本旗图片及同乡官印结，一体与考。由臣等录取后，即延聘西人在馆教习，务期天文、算学均能洞澈根源，斯道成于上，即势成于下，数年以后，必有成效。至现在已设之三馆，仍照旧办理。诚以取进之途，一经推广，必有奇技异能之士出乎其中。华人之智巧，聪明不在西人以下，举凡推算之学格致之理，制器尚象之法，钩河摘咨〔洛〕之方，倘能专精务实得其妙，则中国自强之道在此矣。其延聘洋人一事，前与总税务司赫德议

及，伊可代为招聘。所有一切办理章程及学习人员将来如有成效，应如何奖励之处，俟奉旨允准后，再由臣等详细酌定奏请施行。兹将现拟招考天文、算学人员以期通晓洋务缘由恭折具奏，伏片皇太后、皇上训示遵行，谨奏请旨。

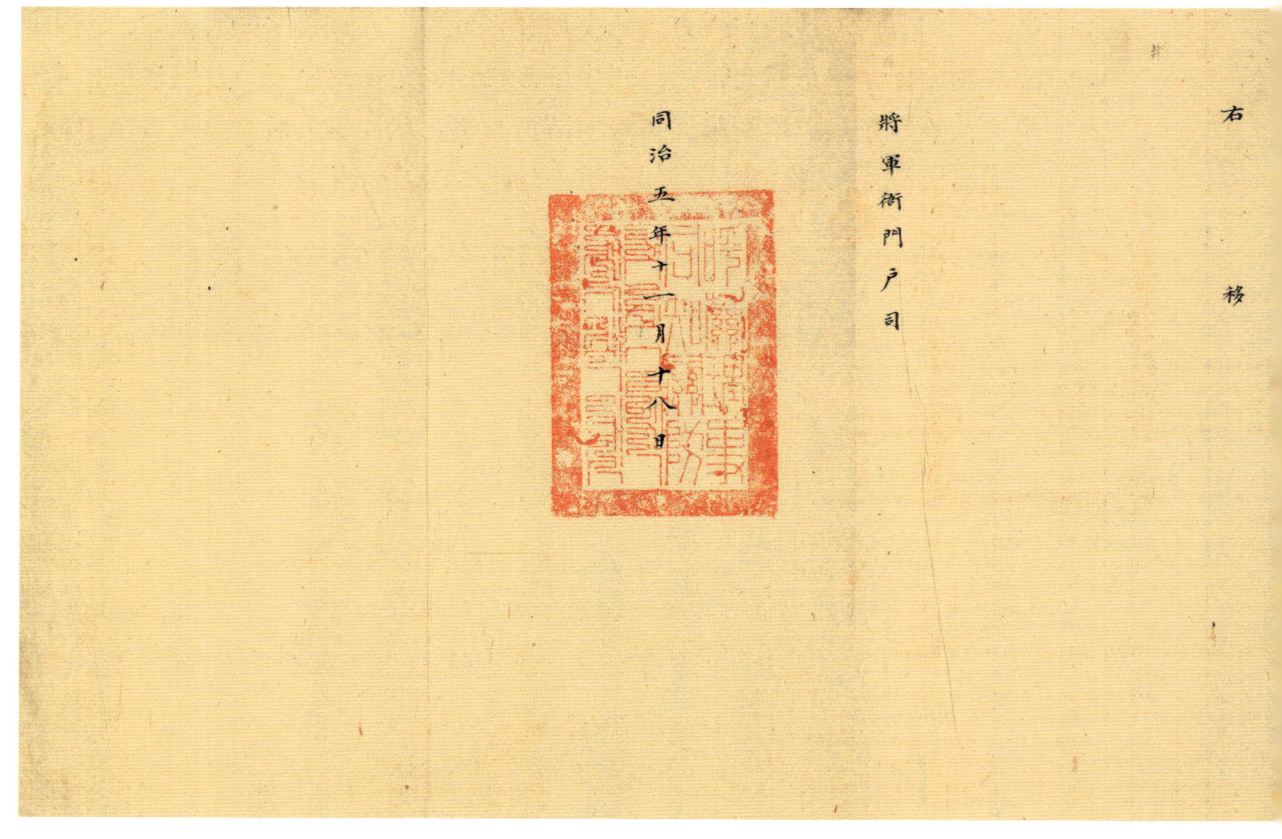

署理呼兰理事同知松英额为佃民刘顺承领之荒重复归入十月内呈报错误事致黑龙江将军衙门户司的移

同治五年十一月十八日

　　署呼兰理事同知事务参领松（英额）为飞速移会事。

　　查本厅呈报会同总办开垦局委员于十月初一日起至二十二日止，此一月内佃民等共踩占毛荒九百一十七垧，内有佃民刘顺承领毛荒三十九垧五亩，本厅已经归入九月一月内呈报在案。今将佃民刘顺承领之荒归于十月呈报，实属重复。再查本厅会同总办开垦局委员于十月初一日起至月底止，实系出放毛荒八百七十七垧五亩，应交押荒租钱一千二百八十九吊九百二十四文，并佃民苏智远承领巴彦苏苏段内夹荒二百二十垧，每垧以二吊一百文核计，押荒租钱四百六十二吊，共收钱一千七百五十一吊署呼兰理事同知事务泰领松　为飞速移会事查本厅呈报会同总办开垦局委员於十月初一日起至二十二日止此一月内佃民等共踏占三荒九百一十七晌内有佃民刘顺承领毛荒三十九晌五畆本厅已经归入九月一分呈报在案今将佃民刘顺领之荒归於十月呈报实属重复再查本厅会同总办开垦局委员於十月初一日起至月底止实係出放毛荒八百七十七晌五畆应交押荒租钱一千二百八十九吊九百十四文盖佃民苏智远承领巴彦苏苏段内夹荒二百二十晌每晌以二吊一百文核计押荒租钱四百六十二吊九百二十四文内共有小租钱一千七百五十一吊共收钱一千七百五十一吊九百二十四文内共有小租钱八十三吊四百二十四文除小租外净收大租钱一千六百六十八吊五百文今将本厅查出佃民刘顺

九百二十四文，内共有小租钱八十三吊四百二十四文，除小租外，净收大租钱一千六百六十八吊五百文。今将本厅查出佃民刘顺承领之荒重复归入十月内呈报错误缘由理合备文飞速移会贵司，希请查核可也。须至移付者。

右移将军衙门户司。

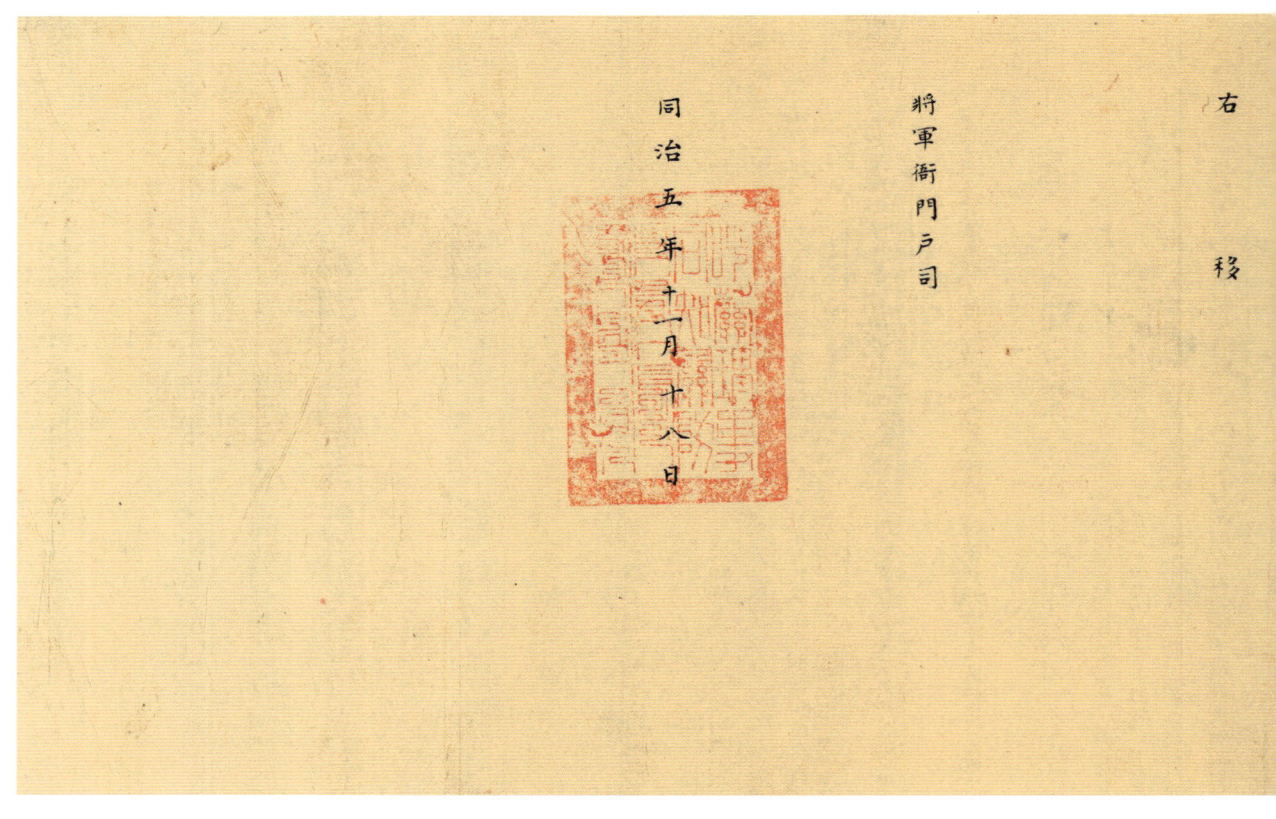

署理呼兰理事同知松英额为将经收各项银钱数目造册事致黑龙江将军衙门户司的移

同治五年十一月十八日

　　署呼兰理事同知事务参领松（英额）为飞速移会事。

　　查本厅于十一月初十日呈报所收各项银钱数目内遗漏大荒沟乡约孙自贵呈交拖欠去岁应征私垦租钱四百吊零零二百六十文，并将已归九月内呈报。佃民刘顺承领毛荒三十九垧五亩应交押租钱五十八吊零六十四文，本厅重复入于十月出放毛荒垧数内呈报错误之处查出，亟将本署府接署同知任务后，自五月起至十月底止所有经收动用呈解，实存各项银钱数目核算清楚，造具细册呈送备查，缘由理合飞速移会贵司，希请查照可也。须至移付者。

　　右移将军衙门户司。

署呼蘭理事同知事務奉領松

為飛速移會事查本廳于十一月

初十日呈報所收各項銀錢數目內遺漏大荒溝鄉約孫自貴呈交拖

欠去歲應徵私墾租錢四百吊零零二百六十文並將已歸九月內呈

報佃民劉順承領毛荒三十九晌五畝應交押租錢五十八吊零六十四

文本應重複入于十月出放毛荒晌數內呈報錯誤之處查出亟將本

署府接署同知任務後自五月起至十月底止所有經收動用呈解實

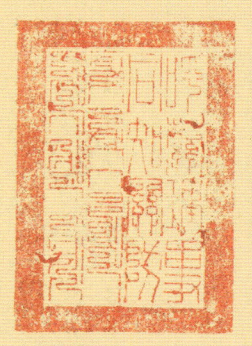

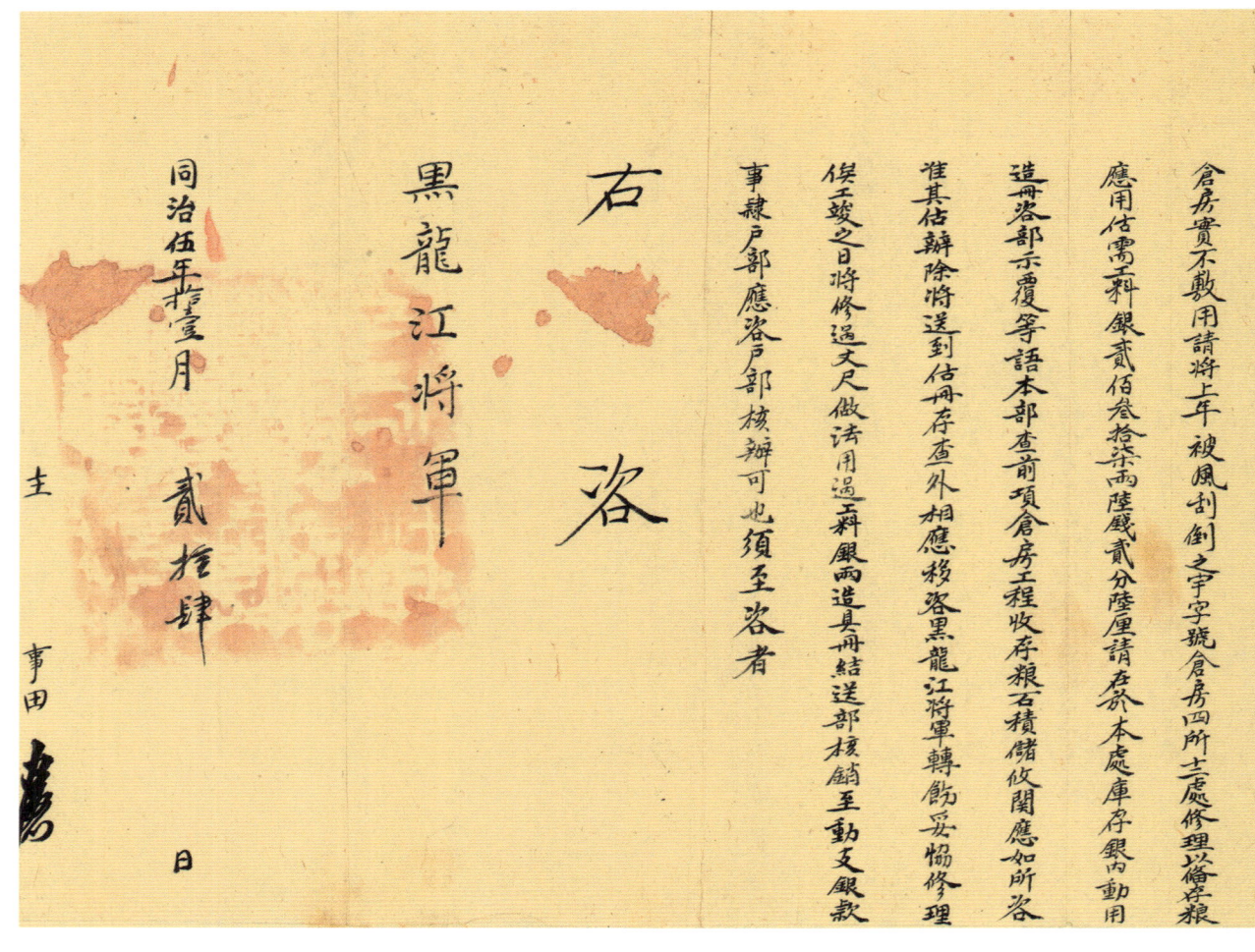

工部为应准修理宇字号仓房事致黑龙江将军的咨
同治五年十一月二十四日

工部为估报事。

营缮司案呈：准黑龙江将军咨称，据署理仓官、笔帖式富清阿呈称，查所署公仓二十所内，除存粮仓十五所外，其余不存粮空仓五所，备用仓二十所内除存粮仓十八所外，现余不存粮空仓二所。伏查明年若满收粮石，其公仓尚可足用，但备用仓实不敷用，请将上年被风刮倒之宇字号第一、第二、第三、第四仓房四所十二处修理，以备存粮。着派骁骑校该哈苏估需工料银共贰百叁拾柒两陆钱贰分陆厘，请在于本处库存银两内动用，造册呈报。复派翼长巴克唐阿查核，与原册均属相符，其所需银两由工部为估报事营缮司案呈准黑龙江将军咨称据署理仓官笔帖式富清阿呈称查所署公仓二所内除存粮仓十五所外其余不存粮空仓五所俭用仓二十所内除存粮仓十六所外现余不存粮空仓二所伏查明年若满收粮石其公仓尚可足用但俭用仓实不敷用请将上年被风刮倒之宇字号第壹第贰第叁第肆仓房四所十二处修理以备存粮著派骁骑校该路苏估需工料银共贰佰叁拾柒两陆钱贰分陆厘请在于本处库存银两内动用造册呈报复派翼长巴克唐阿查核兴原册均属相符其所需银两由本处库存银内动拨造具估册呈查

咨 六三月初二

本处库存银内动拨，造具估册呈报。查此项工程已逾年限，实不可缓，是以造具估册二本先行报部，俟示覆到日再行遵办。等因前来。

查黑〔墨〕尔根城备用仓房工程据黑龙江将军咨称，明年收粮仓房实不敷用，请将上年被风刮倒之宇字号仓房四所十二处修理，以备存粮应用，估需工料银贰百叁拾柒两陆钱贰分陆厘，请在于本处库存银内动用，造册咨部示覆。等语。本部查前项仓房工程收存粮石积储攸关，应如所咨，准其估办。除将送到估册存查外，相应移咨黑龙江将军转饬妥协修理，俟工竣之日将修过丈尺、做法、用过工料银两造具册结送部核销。至动支银款事隶户部，应咨户部核办可也。须至咨者。

右咨黑龙江将军。

盛京将军衙门为俄人过境贸易路过扎萨克等旗妥为照料事致黑龙江将军衙门的咨

同治五年十一月二十八日

镇守盛京等处将军衙门为咨行事。

右司案呈：本年十一月二十一日准会办通商处移开，为移付事。同治五年十一月初八日准哲里木盟长索特那木朋束〔彭苏〕克咨开，为咨报事。同治五年九月二十八日准钦差驻扎库伦办事大臣赛特车臣罕等印文内开，为咨行事。据总理东二部落卡伦公莫特多尔吉报称，咨据管理车臣罕部落卡伦扎沙克达尔吗扎布报称，总理库博、勒哲呼〔库〕等五卡伦扎兰吉、朴噶扎卜内、多尔吉等节次报称，于本年五月二十一日有本属华俄博噶图卡伦搭界俄罗斯所属扎卓吗即布里牙特策汪等九名携带骑驼马共二百二十匹，需车五辆，由本处该俄罗斯之多鸢烧〔挠〕尔领取往赴广敦等城留〔贸〕易过境执照。又于六月初三日本卡伦搭界俄罗斯所属沙拉呢处商人拉吞等三名领取赴该俄罗斯所属界多鸢挠尔贸易执照，共马五十四匹，需车五辆过境，均行逐次会同饬令巡查丁夫查验照料。等因详报前来。相应呈报总理二部卡伦公。等因。呈报之处详报大臣赛特车臣罕等，恳请飞行指示。等因呈报前来。查此案系俄罗斯之布里牙策汪等九名，俄罗斯之拉吞等三名，由该俄罗斯领取执照往赴多鸢挠尔、广敦等城贸易情形，路经华俄博噶图卡伦搭界，节次呈报过境缘由，相应将伊等经过游牧处飞咨克鲁伦巴里斯城明〔盟〕长王托克塔虎图鲁、两亦果勒之蒙长〔盟〕贝勒达克丹、哲里木盟长等，各迅速转饬该俄罗斯人等路过之扎沙克等旗默为照料，勿得滋生事端，以便伊等往返过境。等因呈报前来。相应出具缘由咨报贵将军衙门可也。等因前来。相应移付右兵司，转饬经过地方妥为照料可（也）。须至移者。等因移付前来。除札饬开原城守尉、广宁防守尉、铁岭防御遵照办理外，相应咨行黑龙江将军衙门查照可也。须至咨者。

右咨黑龙江将军衙门。

盛京将军衙门为加广东三省八旗满、蒙学额等事致黑龙江将军衙门的咨
附：奏折
同治五年十二月初四日

  镇守盛京等处将军衙门为咨行事。
  左礼司案呈：准户部咨开，为移会事。捐纳房案呈，本部议覆御史夏（献馨）奏，原任西安将军多隆阿攻克回巢，得银三十余万两充饷，请给优奖，附片一件。同治五年十一月初五日具奏，本日奉旨：依议。钦此。相应抄录附片飞咨盛京将军一体遵照。至加广中额、学额各名数已经本部奏准，其有无浮于原额及于何届取中、取进并加广东三省八旗满、蒙学定额十名，该三省应如何划分之处，或奏或咨，应由礼、兵二部会同办理，毋庸再会本部，以期迅速，而省案牍可也。须至咨者。等因前来。相应抄录原咨粘单，咨行黑龙江将军衙门可也。须至咨者。

  附：奏折
  户部片奏：再据御史夏献馨片奏，原任西安将军多隆阿前在陕西攻克回匪巢穴，得银三十余万两，除分赏将士外，以二十余万两提充军饷，舆论纷纷，皆以多隆阿急公忘私，为各路统兵大臣所未有，似未便听其湮没，请旨饬下户部，查明该将军报效银数，优给奖叙，以表贞廉而资观感。等语。同治五年十月十七日军机大臣面奉谕旨：御史夏献馨片奏，原任西安将军多隆阿攻克回匪巢，得银三十余万两充饷，请查明银数，优给奖叙。等语。著户部核议具奏。钦此。钦遵。交出到部。
  臣等伏查同治二年二月二十四日内阁奉上谕：多隆阿奏，各营兵勇在王阁村搜出窖银二十一万三千有零，运回封存，即将此项支发兵勇月饷，作正开销，具见该大臣办事认真。等因。钦此。是多隆阿不私货财，久在圣明洞鉴之中。该御史所称以二十余万两提充军饷，核与原案相符，其分赏将士银两虽未报部有案，既处该御史附片奏明，自应一体核算。臣等公同商酌，此项银两系攻克回巢所得，与自出己资者究属有间，若竟查明多隆阿子弟给予奖叙，似未允惬，且亦非该将军不私货财之本心，若听其湮没不彰，又无以励贞廉而示观感。溯查臣部成案，同治三年十一月广西提

督冯子材等奏，镇营积欠军饷全行报效，请以银九十余万两加广广东、湖南、江苏三省永远文武中额各一名，以银三十余万两加广四川、贵州、广西三省一次文武中额各一名。又四年二月河南巡抚张之万奏，副将尹嘉宾情愿将所部勇粮积欠银二万四千三百两作为捐输，请广原籍安徽阜阳县文武学永远定额各二名，一次文武学额各二名。等因。均经臣部奏，蒙俞允各在案。此次多隆阿分赏将士并提充军饷银三十余万两，其报效之忱与冯子材等捐助军饷各案实无异致。查多隆阿系黑龙江满洲旗人，凡东三省满、蒙生监俱与京旗生监一同乡试，东三省驻京满、蒙童生俱与京旗满、蒙童生一同取中入学。又查臣部会奏章程，一省捐银三十万两加文武乡试定额一名，一厅、州、县捐银一万两加文武学定额一名，均以十名为限。拟请将多隆阿前项报效银三十余万两仿照冯子材等成案，并臣部奏定加额章程，准予加广八旗满、蒙顺天乡试文武定额各一名，京旗满、蒙文武学定额各十名，东三省八旗满、蒙文武学定额各十名，毋庸另给多隆阿奖叙，庶旗仆咸知观感，而多隆阿报效之忱亦与皇仁俱永矣！可否之处出自皇上圣裁，臣等未敢擅便，如蒙俞允，俟命下之日应由臣部会同礼、兵二部照章办理。谨附片陈明请旨。

总理各国事务衙门为续刷招考天文、算学人员以期通晓洋务一折原奏事致黑龙江将军的咨
附：奏折
同治五年十二月三十日

钦命总理各国事务衙门为钦奉事。

所有本衙门具奏招考天文、算学人员以期通晓洋务一折，同治五年十一月初五日军机大臣奉旨：依议。钦此。业于十一月十七日刷印原奏，恭录谕旨行知在案。嗣于十二月二十三日本衙门又奏，酌议学习天文、算学章程并推广招考人员一折，当日军机大臣奉旨：依议。单并发。钦此。相应续刷原奏清单，恭录谕旨，再行知照钦遵可也。须至咨者。

右咨黑龙江将军。

计开。

附：奏折

谨奏为酌议学习天文、算学章程，并推广招考人员，恭折具陈，仰祈圣鉴事。

窃臣等前因制造机器、火器，必须讲求天文、算学〔之〕议，于同文馆内添设一馆，招取满、汉举人，恩、拔、副、岁、优贡生并前项正途出身之五品以下京外各官，考试录取，延聘西人在馆教习，并声明一切章程，俟奉旨允准后再行详细酌定，奏请施行。等因。于十一月初五日具奏，奉旨：依议。钦此。钦遵在案。臣等伏查此次招考天文、算学之议，并非矜奇好异，震于西人术数之学也。盖以西人制器之法，无不由度数而生。今中国议欲讲求制造轮船、机器诸法，苟不藉西士为先导，俾讲明机巧之原，制作之本，窃恐师心自用，徒费钱粮，仍无裨于实际。是以臣等衡量再三，而有此奏。

论者不察，必有以臣等此举为不急之务者，必有以舍中法而从西人为非者，甚且有以中国之人师法西人为深可耻者，此皆不识时务之论也。夫中国之宜谋自强，至今而已亟矣。识时务者，莫不以采西学、制洋器为自强之道。疆臣如左宗棠、李鸿章等，皆能深明其理，坚持其说，时于奏牍中详陈之。上年李鸿章在上海设立机器局，由京营拣派兵弁前往学习。近

日左宗棠亦请在闽设立垫〔艺〕局，选少年颖悟子弟，延聘洋人教以语言文字、算法、画法，以为将来制造轮船、机器之本。由此以观，是田〔西〕学之不可不急为肄习也，固非臣等数人之私见矣。

或谓雇货轮船，购买洋枪，各口均曾办过，既便且省，何必为此劳费？不知中国所当学者固不止轮船、枪炮一事。即以轮船、枪炮而论，雇买以应其用，计虽便而法终在人，讲求以澈其原〔源〕，法既明而用将在我。盖一则权宜之策，一则久远之谋，孰得孰失，不待办而自明矣。

至以舍中法而从西人为目为东来法，特其人性情缜密，善于运思，遂能办推陈出新，擅名海外耳。其实，法固中国之法也。天文、算学如此，其余亦无不如此。中国创其法，西人袭之，中国倘能驾而上之，则在我既已洞悉根原〔源〕，遇事不必外求，其利益正非浅鲜。且西人之术，我圣祖仁皇帝深韪之矣。当时列在台官，垂为时宪，兼容并包，智周无外，本朝掌故亦不宜数典而忘。况六艺之中，数居其一。古者农夫、戍卒，皆识天文，后世设为厉禁，知者始鲜。我朝康熙年间，特除私习天文之禁，由是人文蔚起，天学盛行。治经之儒，皆兼治数，各家著述，考证俱精。语曰："一物不知，儒者之耻。"士子士户，举目见天，顾不解列宿为何物，亦足羞也。即今日不设此馆，犹当肄业及之，况乎悬的以招哉？

若夫以师法西人为耻者，其说尤谬。夫天下之耻，莫耻于不若人。查西洋各国数十年来，讲求轮船之制，互相师法，制作日新。东洋日本近亦遣人赴英国学其文字，究其象数，为仿造轮船张本，不数年后亦必有成。西洋各国，雄长海邦，各不相下者，无论矣。若夫日本，蕞尔国耳，尚知发愤为雄，独中国狃于因循积习，不思振作，耻孰甚焉！今不以不如人为耻，转因蕲至其人，将来或可突过其人，而独以学其人为耻，将安于不如而终不学，遂可雪其耻乎！或谓制造乃土匠之事，儒者不屑为之，臣等尤有说焉。查《周礼》考工一记，所载皆梓匠轮舆之事。数千百年，黉序奉为经术，其故何也？盖匠人习其事，儒者明其理，理而用宏焉。今日之学，学其理也，乃儒者格物致知之事，并非强学士大夫以亲执艺事也，又何疑乎？

总之，学期适用，事贵因时。外人之疑议虽多，当局之权衡宜定。臣等于此筹之熟矣。惟是事属创始，立法宜详。大抵欲严课程，必须优给廪饩，欲斯鼓舞，必当量予升途。谨公同酌拟章程六条，缮呈御览，恭候钦定。

再，查翰林院编修、检讨、庶吉吉〔士〕等官，学问素优，差使较简，若令学习此项天文、算学，程功必易。又进士出身之五品以下京外各官，与举人、五项贡生事同一律，应请一惟推广招考，以资博采。是否有当，伏乞皇太后、皇上圣鉴训示遵行。谨奏。同治五年十二月二十四日奉旨：依议。单并发。钦此。谨将酌拟同文馆学习天文、算学章程六条抄录，恭呈御见〔览〕。

——请专取正途人员，以资肄习也。查天文、算术义蕴精深，非夙知勤学用心之人，难以渐窥底蕴。与专习外洋语言文字之学生不同，前议专取举人恩、拔、副、岁、优贡生及由此项出身人员，今拟推广凡翰林院庶吉士、编修、检讨并五品以下由进士出身之京外各官俾充其选，缘该员等研经有素，善用心思，致力果专，程功自易，服官者由京外各衙门保送，未仕者取具同乡京官印结及本旗图片径赴臣衙门具呈，由臣定期试以策论等项，考取送馆学习。其各省保送人员呈〔程〕途远近不齐，难以久候，应俟咨送到时陆续考试，以免耽延。至京外各衙门咨送此项人员，务须择其年在三十以内者，方可咨送。如有平日讲求天文、算学自愿来馆学习，藉资印证以精其业者，其年岁亦可不拘。

——请饬各员常川住馆，以资讲习也。查成事必由居肆，力学务在亲师，本馆留学各员必须朝夕在馆讲习问难，方可积渐见功。若朝出暮归，往来蹀躞，则晨夕之荒功不少，而心思亦因以不专。今议在馆学习人员，无论京外，均一概留馆住宿，饭食由臣衙门备给，其出入由该馆提调，设立号簿随时登记，以便稽查。至各本衙门如有应送差使以及考试等事，仍准照旧办理，以期而不相妨。

——请按月考试，以稽勤惰也。查在馆学习人员果能专心致志，自可日起用功，惟其中勤惰之分，亦必随时考察，用资策励。今议俟该员等学习半年之后，按月出题考试一次，由臣等亲加校阅，分别甲、乙，优者记功，劣者记过，功过分而勤惰见，相形之下，奋勉益生。

——请限年考试，以观成效也。查三载考绩，朝廷课吏之方试，以功力积至三年，优绌无不立见。今议每届三年举行大考一次，分别等第，高等者立予奏奖并酌量差遣试用，下等者照常学习，俟下届考试再行察看。

——请原给藉〔薪〕水，以期专致也。查此次留学各员难保无寒畯之士，必须优加体恤，乃可冀其用志不纷。今议在馆各员，除饭食由臣衙门备给外，每月仍各给薪水银十两，俾资津贴，庶内顾无忧，而心益专壹〔一〕矣。

——请优加奖叙，以资鼓励也。查该员等学习三年试罢〔居〕高等，足见其平日用心勤苦，始络〔终〕不懈，自应格外优奖，以为后之留学者劝。今议此项人员均准各按升阶，格外优保班次，以示鼓舞而广招练〔徕〕。

礼部为将应行入祠并酌加入祠之官员、兵丁查明造册核办事的咨

附：清册

同治五年

礼部为移咨事。

祠祭司案呈：本部议奏，尽先即补游击袁永清等请赐恤一折，于同治四年十二月初六日奏，本日奉旨：知道了。钦此。又汇奏参将衔广西抚标右营游击李宽富等请赐恤一折，于同治四年十二月初十日奏，本日奉旨：依议。钦此。又汇奏陕西镇靖堡都司金镇西等请赐恤一折，于同治四年十二月十四日奏，本日奉旨：依议。钦此。相应刷印各粘单，行文各该衙门查照本部原单，将应行入祠并酌加入祠之官员、兵丁等照例办理，并将各该故员注明姓氏及省分、县分、出身于何年月日、历升何职、从前曾否出兵、随剿何匪，于何年月日何处阵亡殉难淹毙，有无恤荫之处一并详细查明，造具清册送部办理，移咨该将军按照本部原单查明各该故员系何处阵亡、殉难，原籍系何省分、旗分抑系驻防，应由该将军自行知照各该处查办，仍咨覆本部暨户部查核可也。须至咨者。

计册一本。

附：清册

礼部谨奏，为汇奏赐恤事。

咸丰八年十一月二十三日经臣部具奏，阵亡三品以下人员改请随时缮单汇奏，奉旨：依议。钦此。臣等查定例内开：文武官员阵亡者，先由吏、兵二部议给荫恤〔恤荫〕，得旨后移文过部，奏请给与祭葬银两。三品官全葬银三百两，一次致祭银十六两；四品官全葬银一百两，一次致祭银十二两；五品官以下全葬银俱一百两，五品官一次致祭银十两；六品官一次致祭银八两；七品以下官一次致祭银俱六两，以上无祭文。伤亡者照阵亡例议恤，如奉旨减半议恤者，祭葬银俱减半；与军营病故者，亦给与减半祭葬银两；兵丁阵亡者无祭葬。又例载，凡临阵损躯守土授命之文武诸臣以及偏裨士卒赤心报国奋不顾身者，行查籍贯、事迹交翰林院，立传入祀各本籍城府昭忠祠。文职三品及八旗官员、兵丁行工部制造牌位，工

竣知照过部，札吉太常寺官送入京师昭忠祠，八旗驻防官员、兵丁入祀各驻防地方府城昭忠祠。革职官员在军营效力阵亡、伤亡，随营民壮阵亡、伤亡及弁兵之探贼被害，奉差溺毙，乡勇之自卫村堡力屈阵亡，各省水师追捕盗匪伤溺毙者并立传入祠。立功后在军营病故者，不立传，不入祠。各等语。

又咸丰三年十二月二十五日臣部具奏，酌议殉难官绅分别请谥入祠一折，内阁奉上谕：前因各直省殉难官绅忠义可嘉，深甚悯恻，特饬该部将应得恤典分别从优定拟，兹据遵旨覆奏一折，著照礼部所拟八旗及驻防三官员并汉文职三品官员，除例应入祀京师昭忠祠外，再入祀阵亡地方府城昭忠祠，文职四品武职三品人员著再入祀京师昭忠祠，文职五品武职四品以下著再入祀阵亡地方府城昭忠祠，额外外委及贡监生童有赠给职衔及照官员例议恤者，均一体入祀阵亡地方府城昭忠祠，其减半议恤各员，各按原衔照此次章程分别入祀各昭忠祠。等因。钦此。钦遵在案。今据吏、兵二部陆续将奏准题准荫恤文武官员、兵丁先后知照到部，除各该故应得恤荫之处，由吏、兵二部知照办理。至送到阵亡殉难各员内有钦奉谕旨建立专祠并附祀专祠之处，业由臣部另行知照各该督抚查明照例办理外，应将阵亡殉难各官按照品级给与祭葬银两，分别入祀各昭忠祠缮具清单，恭呈御览，伏候命下，臣部行文各该衙门遵照办理。再，阵亡殉难各员内如有各省咨报重复者，臣部即行查明更正，合并声明。为此，谨奏请旨。

尽先即补游击袁永清、谢春堂、游击衔都司王占鳌、游击朱寿元、谭松泰、欧秀芳、周万胜、喻与其、徐元庆、彭万年、李正照、谢葆芳，都司周庆恩、黄腾芳、屈禄益、武祥发、楚禄、萧福星、张贵知、许敬堂、刘德怀、胡清辉。

以上二十二员均照三品官阵亡例，给与全葬银各三百两，一次致祭银各十六两，应请照奏准章程，除入祀本籍城府昭忠祠外，均再入祀京师昭忠祠。再，以上官员内如有京旗及驻防三品官员，仍再入祀阵亡地方城府昭忠祠。

（注：以下文字略）

黑龙江将军衙门为动用船只用过物料数目造册请照数发给事致盛京工部的咨

同治五年

　　镇守黑龙江等处地方将军衙门为动用船只用过备存物料数目造具细册请领事。

　　据呼兰河城守尉集拉明阿呈册内开：呼兰河于同治五年一次往齐齐哈尔运送粮石动用昃字第一、二、三、四、五、六、七、八、九、十号运粮船十只，每船用过钉、拘〔锔〕铁三十五斤四两，并打钉、拘〔锔〕耗铁二十三斤八两，共实用过铁五十八斤零十二两；合灰舱板缝处实用桐油七十二斤八两；舱船用过线麻二十一斤一两四钱，并耗麻九斤零六钱，共实用线麻三十斤二两；每船随用粗一寸长三十庹细苘麻绳一条、粗一寸长十庹箍头苘麻绳一条、粗一寸长十庹掀头苘麻绳一条、粗一寸长四庹吊舵苘麻绳一条、粗一寸二分长二十四庹代揽苘麻绳一条、粗一寸二分长十庹绊条线麻绳二条、粗一寸二分长二十六庹走二线麻绳一条、粗一寸长二十六庹走三线麻绳一条、粗八分长二十庹攸绳线麻绳二条、粗八寸长二十庹都管线麻绳一条、粗三分长十庹绞索细线麻绳三十一条、粗四分长二十庹旗线细线麻绳一条、粗二寸长四十庹锚本棕绳二条、粗一寸八分长四十庹锚钉棕绳二条、粗一寸六分长二十八庹代揽棕绳二条、长六十庹竹簟绳十挂。

　　以上运粮船十只共用过铁五百八十七斤八两、桐油七百二十五斤、线麻三百零一斤四两、细苘麻绳十条、箍头苘麻绳十条、掀头苘麻绳十条、吊舵苘麻绳十条、代揽苘麻绳十条，共苘麻绳五十条；绊条线麻绳二十条、走二线麻绳十条、走三线麻绳十条、攸绳细线麻绳二十条、都管线麻绳十条、绞索细线麻绳三百一十条、旗线细线麻绳十条，共线麻绳三百九十条；锚本棕绳二十条、锚钉棕绳二十条、代揽棕绳二十条，共棕绳六十条；长六十庹竹簟绳一百挂、补船蓬〔篷〕用过白布四十九匹零二尺、棉线四斤、枫竹五十根、抱桅竹五十块。为此造具细册咨送大部，希请照数发给可也。须至册者。

　　右咨盛京工部。

黑龙江将军衙门为知照俄船上驶行程并其欲换购米粮事致总理各国事务衙门等的咨呈、咨
同治五年

镇守黑龙江等处地方将军衙门为飞速咨呈事。

兵司案呈：本年七月初二日据呼兰城守尉集拉明阿报称，据侦探官详报，六月二十八日瞭见俄国火轮船一只，练拴大船一只逆流上驶，当即迎往拦阻不听，恃其船势径至呼兰河口城之切近停泊，随即带同各官前赴该船以礼相见，按约拒阻。据该夷目西勒枯瓦斯亏总以奉伊国上司使令前来，务要购买麦粮，尽船装满，方可回帆，此处不得，须上齐齐哈尔换货。城守尉复将将军衙门札文各节告以呼兰系偏僻地方，产粮无多，且和约未载通商之区，向未曾来，断难擅准等语善加劝导。而散后该酋复至公署央恳换买途需口粮，以济行程，随派差监视换给米面零星等物，于初七日卯刻开船逆流去讫。续据茂兴等站站官探报，该船于初九日行抵茂兴站南四十里许之图什吐江三叉口停泊，再三劝导回帆不听，于初十日开船奔往松花江西南去讫。各等因飞报前来。除由本衙门飞行知照吉林伯都讷一体防探外，理合备文咨呈总理各国事务衙门鉴夺施行。须至咨呈者。

右咨呈钦命总理各国事务衙门。

并咨吉林将军衙门、伯都讷副都统衙门。

黑龙江将军衙门为饬令禁止与俄人互换货物并探明俄船行止事致呼兰城守尉集拉明阿、署理同知松英额的札
同治五年

将军衙门为飞速札覆事。

兵司案呈：适据呼兰城守尉等详称，前到该处俄夷头目、通事于七月初四日复行进城，言说仍欲购买大、小麦，尽船装运，若此处不卖与我们，即行上驶往齐齐哈尔城一带货换。等语。夷船兹于初七日起称逆流上驶去讫。等因呈报前来。当奉将军堂谕，俄夷火轮船虽由呼兰起程上驶，惟其诡谲多端，难保不去而复返，仍在该处狡展逗留，希图货换。该城守尉等务须严饬旗、民人等，断不准与俄夷互换货物，滋生事端。且难免不肖贪利人等偷换货物，该尉等务当随时严密稽查，不可稍有疏懈。等谕。相应飞速札饬呼兰城守尉集拉明阿，并饬知呼兰署同知松英额一体遵行，并跟踪探明夷船行止，随时呈报可也。须至札者。

右札呼兰城守尉集（拉明阿）、署同知松（英额）。

黑龙江将军衙门为造送同治五年二月至五月与俄国交涉已结案件事致总理各国事务衙门的咨呈
附：清册
同治五年

镇守黑龙江等处地方将军衙门为咨呈事。

兵〔司〕案呈：照得同治二年七月二十八日承准钦命总理各国事务衙门咨开，所有办理交涉各国事件，嗣后每届三个月，各将应办外国之事造具已结清册咨送本衙门存案，不致互有乖舛，是为至要。等因前来。

本衙门当经遵咨，按照三个月将所有办理与俄国交涉奏咨及由本处办理已结、未结各案分别造册呈送备核在案。兹自本年二月十二日起至五月十二日止又届二〔三〕个月，查此一季本衙门办理与俄国交涉事务内，除上年俄人复在夹心滩一处耕种一案，遵咨听候俄国照覆并未完结外，别无交涉未结案件。相应将此三个月内办理已结咨案二件抄录汉字清册一本，呈送钦命总理各国事务衙门备核施行。

右咨呈总理各国事务衙门。

计册一本。

附：清册

谨将本年二月十二日起至五月十二日止此三个月内由本衙门办理俄国交涉已结咨案二件查明抄录于后：

——体〔本〕衙门于同治五年四月十五日咨呈：于本年三月十四日承准钦命总理各国事务衙门咨开，同治五〔年〕二月十五日准俄国公使照会称，俄人因买卖事前往附近黑龙江内地，该处官员拦阻不准。等情前来。查俄人在黑龙江边界贸易俱已载在条约，此次照会各节意在任意大宗通商，自难照办。除由本衙门办结照覆外，相应抄录往来照会咨行贵将军查照。嗣后俄人在黑龙江边界地方照约贸易，自应按理照看，如往黑龙江内地通商，务须查照条约妥为劝阻。其内地华商是否前往俄国交界贸易，有无暗相阻止情事，查明祥〔详〕细情形速行咨覆。至俄人在该处贸易俱有条约可循，毋庸另议章程，如俄国边界官有与会商之处，可即将本衙门照覆各情妥为处置，总期照约办理，商人安谧，毋使藉端起衅，是为至要。

仍将该处现在中外交涉情形先行咨覆，以凭核夺。等因前来。当即抄录往来照会飞咨黑龙江城副都统、呼伦贝尔副都统衔总管悉遵照覆，妥为处置，按约办理。其内地华商是否前往俄国交界贸易，有无暗相阻止情事，并将各该处现在中外交涉情形逐一查明，速报核覆。等因去后。旋据黑龙江城副都统关保报称，查本处商人与俄国人在于边界贸易，两相出派官弁弹压管束，安静生理，并无争竞，并查其内地华商并无前往俄国交界贸易者，亦无暗相阻止情事，现令瑷珲与俄人中外交涉照常和好安静。继据呼伦贝尔副都统衔总管明通详称，据巡卡总管额尔德呢呈称，有俄国山丹城玛雨尔前来库克多博卡伦，声称面见该副都统衔总管有商办之事，拟于三月二十九日在该卡会面。等情。该总管明通随带总管三都克多尔济等亲诣库克多博卡伦会见该玛雨尔布斯结普迪音，据称："前年由本处前往瑷珲城贸易去之俄国商人等由库克多博卡伦出界，假道墨尔根径抵瑷珲，而去年贸易俄商仍欲由此陆路前赴瑷珲，你们地方因何拦阻，未经放过，今年俄人仍由此陆路前往贸易。"该总管等将前年俄商批宽等由库克多博卡伦硬行入界，假道墨尔根前往瑷珲，行至该处之即派员往送海兰泡交付俄酋，向其理论："嗣后不准俄人如此径行贸易。"又去年〔你〕们玛雨尔等屡次催迫俄商等欲由此陆路行走，我们曾与卡伦玛雨尔阿哩克三达尔按照条约拦阻，不能违约放行等情，写给拦阻字据在案。此间两国并未另议章程，何以年年狡执，违理伤和。布斯结普迪音复称："我们驻京公使及海兰泡地方接收批宽时，嗣后不准如此径行贸易各情，我们东悉毕尔固毕尔那托尔不但迄未传行，惟饬本年仍令由陆路行商，你们若不放行，即将前年因何放过，去年因何阻止之处写给字据，以凭请示东悉毕尔固毕尔那托尔。彼若札令停止陆路行走，嗣后再不由此径行，若札饬不宜拦阻，我们亦不能停止。"该总管等即将此次拦阻、前年放行、去年阻回各缘由书写蒙古字一纸交付该玛雨尔，始言暂停贸易人等由陆路行走，呈报该东悉毕尔固毕尔那托尔，以俟示覆遵行。

除此外并无暗相阻止华商，亦无交涉事件。等情详报前来。查墨尔根道路并非通商口岸，亦非蒙古地方，又非文〔交〕界处所，乃该国人等并不详查是否应往贸易之处，坚欲肆行前往，实属违约妄行。现据总管明通等会见该酋与之理论给字暂停，虽经阻止，难保该国商人不再有此滥行之事。相应呈请总理各国事务衙门，可否照会俄国驻京公使，严饬该国东悉毕尔固毕〔尔〕那托尔，速饬边界领事各官，嗣后按照条约指定处所前往贸易，庶免违约滥行而敦和好。谨将据报阻止俄人暂行停陆路径行外，无暗相阻止华商，亦无交涉情形，为此查明飞覆咨呈总理各国事务衙门。等因在案。

——本衙门于同治五年四月三十日咨呈：同治五年四月二十三日承准钦命总理各国事务衙门蜜〔密〕咨内开，前于本年二月十五日准俄国公使以俄人因买卖事前往黑龙江内地，该处官员拦阻不准。等情照会前来。当经本衙门抄录往来照会，于二月二十九日咨行贵将军查照，妥为处置，并将现在交涉情形先行咨覆，以凭核夺在案，至今未准贵将军咨覆。兹于三月初六日复据俄使照会，大致仍欲往黑龙江内地通商，并引《北京条约》弟〔第〕四款与英约第九款为辞，且以彼此通商均系以货互换，无大贾，偶有前往黑龙江内地，不过在附近地方或系路过城邑，即如黑龙江形势从阿巴该推〔图〕卡伦斜趋东北转而东南，至爱〔瑷〕珲地界水路迂回，若陆路从该卡伦经过墨尔根、爱〔瑷〕珲等城至阿木〔穆〕尔省城较水路近几三倍，所以商人皆贪陆运。等情。再四渎请本衙门详加酌核。俄商由阿巴该推〔图〕卡伦持照赴阿木〔穆〕尔省城贸易，路过墨尔根、爱〔瑷〕珲等城，藉恤商力，并非在内地贸易，似难过于拒绝，现已允为照办，覆令执持边界官路照，以凭沿途查验放行。仍声明由伊国转饬俄商，毋许任意逗留，别行闯越，以示限〔制〕。惟查黑龙江地方与俄国接壤，该处向与俄人交易，来往情形本衙门无从深悉，俄人如欲往黑龙江内地贸易，于该处人情有无妨阻，其路过墨尔根、爱〔瑷〕珲等城沿途经过地方有无防守卡泛可资稽查，并华商由陆路从墨尔根、爱〔瑷〕珲等城至左岸阿木〔穆〕尔省贸易直抵俄境，现在是否有华商情愿前往买卖，俄使所称从前华商每年往该国贸〔易〕一次，是否实有其事，所携究系何等货物，贵将军自必深悉。统希将以上各节一并详细密行访查确实，迅速密行咨覆，幸勿迟延。至此次所议俄人由阿巴该推〔图〕卡伦持照赴阿木〔穆〕尔省贸易，路过墨尔根、爱〔瑷〕珲等城，其所持洋、满、汉各字执照应如何盖印给发，以及沿途如何查验放行之处，统由贵将军悉心筹画，与俄官从容商办，务期中外安谧，勿令激成事端，是为至要。相应抄录往来照会信函，由五百里密咨贵将军查照。等因前来。

查本衙门前于三月十四日接总理各国事务衙门来咨，当将查办各情于四月十五日声覆咨呈在案。今准密咨，俄商由阿巴该推〔图〕卡伦持照赴阿木〔穆〕尔省城贸易，路过墨尔根、爱〔瑷〕珲等城，藉恤商力，并非在内地贸易，似难过于拒绝，现已允为照办，并饬悉筹议前来。应即札饬经过管界各官，查验俄商持执路照放行，毋许任意逗留，别行闯越，以示限制。至奉咨查询俄人往黑龙江内地贸易，于该处人情有无妨阻，查俄商如果实心贸易，沿途安静无所骚扰，自无妨阻。如以贸易为由沿途逗留，任意肆行，及换货交易希图便宜，互相争斗，亦恐别生事端。至路过墨尔根、爱〔瑷〕珲等城沿途径〔经〕过有呼伦贝尔、布特哈、墨尔根等处卡伦官弁可资稽查，惟各卡均无可盖印信，应饬卡站各官查验执照放行，拣派妥干弁兵接替尾随照料护送至爱〔瑷〕珲，再由副都统衙门出派官兵送至江左接界之俄城海兰泡处所交妥，以免逗留滋扰，别生枝节。又奉查俄使所称华商由陆路从墨尔根、爱〔瑷〕珲等城至左岸阿木〔穆〕尔省贸易直抵俄境，现在是否有华商情愿前往买卖等情。查咸丰九年与俄人拟出通商和约，止有黑龙江城商人每月一次赴海兰泡与俄人易换货物十日，现在按月照行，其俄人进爱〔瑷〕珲城贸易者亦不阻止，此外并无华商愿往该省贸易之人。又奉查俄使所称从前华商每年往该国贸易一次，是否实有其事，所携究系何等货物等情。查从前奏定齐齐哈尔、黑龙江、墨尔根等三处，每年出派官兵由水、旱路分巡与俄人接界处所一次，其往巡之便，该差官兵等携带布、油、米、面、茶、酒等项，所搭界之楚尔海图、莫哩〔里〕勒克、额尔固〔古〕讷〔纳〕河口三处与俄人贸易一二日，藉以聊示和好之意，并无多余物件，巡兵亦无力携带，至今照旧奉行，此外别无华商每年往该国贸易一次之事。除将应办各情密咨黑龙江、墨尔根城副都统衙门，并照会呼伦贝尔副都统衔总管、布特哈总管等一体遵办外，合将咨查各情亟层详细声明，密咨呈覆总理各国事务衙门。等因在案。

总理各国事务衙门为太仆寺卿徐继畬充总管同文馆事务大臣及办发招考天文、算学人员告示传饬各属知照事致黑龙江将军的咨

同治六年二月初五日

钦命总理各国事务衙门为钦奉咨行事。

所有本衙门奏派管理同文馆事务大臣一片，于同治六年正月二十一日具奏，本日内阁奉上谕：总理各国事务衙门奏请派员充总管新设同文馆事务大臣等语。太仆寺卿徐继畬老成望重，足为士林，务式著仍在总理各国事务衙门行走，充总管同文馆事务大臣，惟寺务恐难兼顾，著开太仆寺卿缺，以专责成而资表率。钦此。相应刷印原奏，恭录谕旨各十分，咨行贵将军钦遵，转饬各属查照办理。

本衙门现复办发招考天文、算学告示，一并印刷十分，咨行查照，务希一体出示晓谕。再，本衙门前次具奏招考天文、算学及酌议学习章程，普〔曾〕经通行各处遵照在案。现在报考人员寥寥，惟查此项学习天文、算学系奉旨招考事件，务须实力奉行，期有成效。仍希将本衙门前行原奏章程并此次恭奏谕旨以及奏片、告示各件迅即转传各属一体知照，俾愿考人员早报考。如前行原奏章程不敷分阅，尽可备文赴本衙门咨取，以免迟误可也。须至咨者。

右咨黑龙江将军。

特普钦、克蒙额为具报年老精力未衰应请留任各员名单事的奏折
附：清册
同治六年二月

奴才特普钦、克蒙额跪奏，为举行军政，考验年老精力未衰应请留任各员，恭折奏闻，仰祈圣鉴事。

窃于同治六年二月准兵部奏咨：本年举行军政，奴才特普钦循旧将各城大小官员轮替调省考验过半，嗣因患病蒙恩赏假后，奴才克蒙额遵旨署理，将余剩未考各员均行考验。查道光二年谕旨内开，嗣后各省驻防旗员，有年逾六十以上不能骑射者，俱不准保列卓异，其精力尚健，弓马娴熟，或曾经出兵著有劳绩，或实心经理营务，仍由该管大臣出具切实考语保荐，另册声明，给咨赴部引见。若年齿虽老精力未衰，亦由该管大臣详加查验，秉公甄覆，专折奏请留任，著为令。钦此。又于咸丰二年恭奉谕旨内开，嗣后如遇军政之年，将逾岁应行留任官员职名另行缮单，各名下将年岁写明具奏。钦此。钦遵在案。兹值本年举行军政，奴才等悉心商酌，秉公甄覆，详加考验总管额尔德呢等职官二十五员、八品监生依朗阿袭官一员，虽俱年逾六十，犹各精力未衰，弓马尚称娴熟，或曾经出兵著有劳绩，或实心经理营务，相应请旨将该员等留任供职，以观后效。谨钦遵谕旨，将该员等旗佐、衔名、年岁敬缮清单，恭呈御览。仍将该员等衔名、出身履历填注考语另行造册，咨送兵部，以备详核，理合恭折具奏，伏乞皇太后、皇上圣鉴。谨奏请旨。

计册。

附：清册
谨将年老精力未衰各员旗佐、衔名敬缮清单，恭呈御览。
呼伦贝尔厄鲁特总管额尔德呢，年六十三岁。
齐齐哈尔城厢〔镶〕黄旗协领恩特恒额，年六十岁。
齐齐哈尔城正红旗付〔副〕都统衔协领奖赏花翎萨英额，年六十岁。
墨尔根城厢〔镶〕黄旗协领蒙善，年六十岁。
墨尔根城正黄旗协领奖赏花翎穆腾额，年六十岁。

墨尔根城正红旗协领奖赏蓝翎巴克唐阿，年六十一岁。

呼伦贝尔厢兰〔镶蓝〕旗付〔副〕管金巴，年六十岁。

黑龙江城水师营四品官阿常阿，年六十二岁。

齐齐哈尔城厢〔镶〕黄旗佐领富僧阿，年六十岁。

齐齐哈尔城正黄旗佐领西里布，年六十岁。

齐齐哈尔城正红旗佐领春德讷，年六十岁。

齐齐哈尔城正红旗佐领琦臣布，年六十五岁。

黑龙江城厢〔镶〕白旗佐领奖赏蓝翎倭兴额，年六十六岁。

布特哈厢〔镶〕黄旗佐领西勒伯善，年六十二岁。

布特哈厢〔镶〕黄旗佐领奖赏花翎色楞栋鲁普，年六十岁。

布特哈厢〔镶〕黄旗佐领法依都善，年六十岁。

布特哈正黄旗佐领托普松阿，年六十四岁。

布特哈正黄旗佐领奖赏兰〔蓝〕翎阿尔栋阿，年六十岁。

布特哈正白旗佐领奖赏兰〔蓝〕翎永庆，年六十四岁。

布特哈正红旗佐领奖赏兰〔蓝〕翎哲库善，年六十三岁。

黑龙江城水师营五品官胡克吉布，年六十岁。

齐齐哈尔城厢〔镶〕红旗防御奖赏花翎常升，年六十岁。

齐齐哈尔城厢〔镶〕白旗吉隆阿佐领下骁骑校赛沙布，年六十三岁。

黑龙江城正黄旗倭兴阿佐领下骁骑校恒林，年六十八岁。

墨尔根城厢兰〔镶蓝〕旗托精阿佐领下骁骑校富祥，年六十六岁。

袭官：

布特哈正白旗常福佐领下八品监生伊朗阿，年六十一岁。

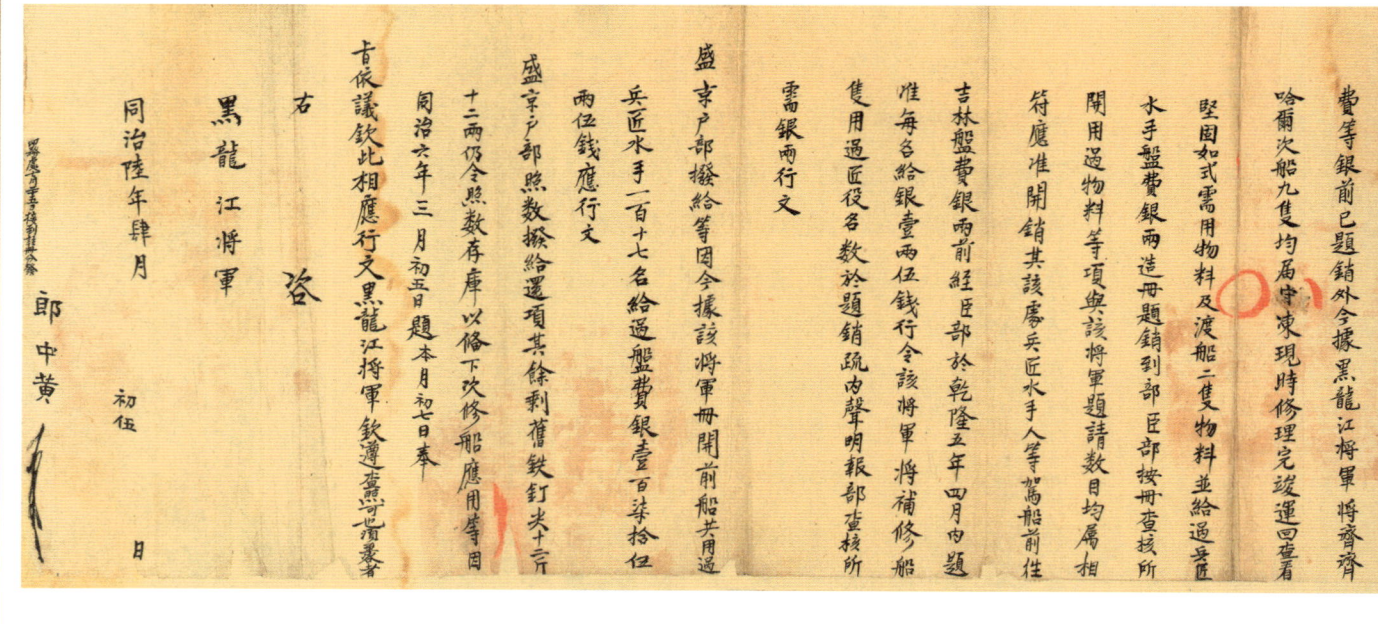

工部为题销齐齐哈尔补修船只用过物料并应准给发过盘费银两事致黑龙江将军的咨

同治六年四月初五日

　　工部为题销齐齐哈尔补修次船九只、渡船二只用过物料并给过盘费银两数目相符应准开销事。

　　都水司案呈：工科抄出黑龙江将军特普钦等题销齐齐哈尔补修次船、渡船用过物料并给过盘费银两一案，于同治五年十一月初一日题，十二月初七日奉旨：该部查核具奏。钦此。钦遵。抄出到部。该臣等查得黑龙江将军特普钦疏称，所属黑龙江额设船只内，除上年陆续奏明停修外，所有齐齐哈尔次船九只、渡船二只均已届限，不堪搭用，应行补修，于同治三年五月内具奏，准部议覆，应如所奏，准其办理，仍令将需用物料造册，差员赴部请领应用。等因。查齐齐哈尔渡船二只交本处补修，其次船九只交六品官爱仁布，于四年领至吉林修补，因值守冻，于今年驶回，查看均属坚固合式，用过物料数目、兵匠、水手照例支给盘费银壹百柒拾伍两伍钱，其余剩旧铁钉尖十二斤十二两存库，以备下年修船之用，将用过物料、给过盘费银两造册具题。等因前来。查同治三年齐齐哈尔补修次船九

咨

工部为题销齐齐哈尔补修次船九只渡船二只用过物料并给过盘费银两数目相符应准开销事都水司案呈工科抄出黑龙江将军特普钦等题销齐齐哈尔补修次船渡船用过物料并给过盘费银两一案于同治五年十一月初一日题十二月初七日奉

旨该部查核具奏钦此钦遵抄出到部该臣等查得黑龙江将军特普钦疏称所属黑龙江额设船只内除上年陆续奏明停修外所有齐齐哈尔次船九只渡船二只均已届限不堪搭用应行补修於同治三年五月内具奏准部议覆应如所奏准其办理仍令将需用物料造册差员赴部请领应用等因查齐齐哈尔渡船二只交本处修次船九只交六品官爱仁布於四年领至吉林修补因值守冻於今年驶回查看均属坚固合式用过物料数目兵匠水手照例支给盘费银壹百柒拾伍两伍钱其余剩旧铁钉尖十二斤十二两存库以俟下年修船之用将用过物料给过盘费银两造册具题并具题等因前来查同治三年齐齐哈尔补修次船九只渡船二只呼兰见新渡船二只需用物料等项先据黑龙江将军特

只、渡船二只、呼兰见新渡船二只需用物料等项，先据黑龙江将军特普钦造册题请给发。等因。当经臣部题覆准其支领，并令该将军俟前船修理完竣，将实用物料数目造册题销在案。除呼兰渡船二只物料、盘费等银前已题销外，今据黑龙江将军将齐齐哈尔次船九只均届守冻，现时修理完竣运回，查看坚固如式，需用物料及渡船二只物料并给过兵匠、水手盘费银两造册题销到部。臣部按册查核，所开用过物料等项与该将军题请数目均属相符，应准开销。其该处兵匠、水手人等驾船前往吉林盘费银两前经臣部于乾隆五年四月内题准，每名给银壹两伍钱，行令该将军将补修船只用过匠役名数于题销疏内声明，报部查核，所需银两行文盛京户部拨给。等因。今据该将军册开，前船共用过兵匠、水手一百十七名，给过盘费银壹百柒拾伍两伍钱，应行文盛京户部照数拨给还项。其余剩旧铁钉尖十二斤十二两仍令照数存库，以备下次修船应用。等因。同治六年三月初五日题，本月初七日奉旨：依议。钦此。相应行文黑龙江将军钦遵查照可也。须至咨者。

右咨黑龙江将军。

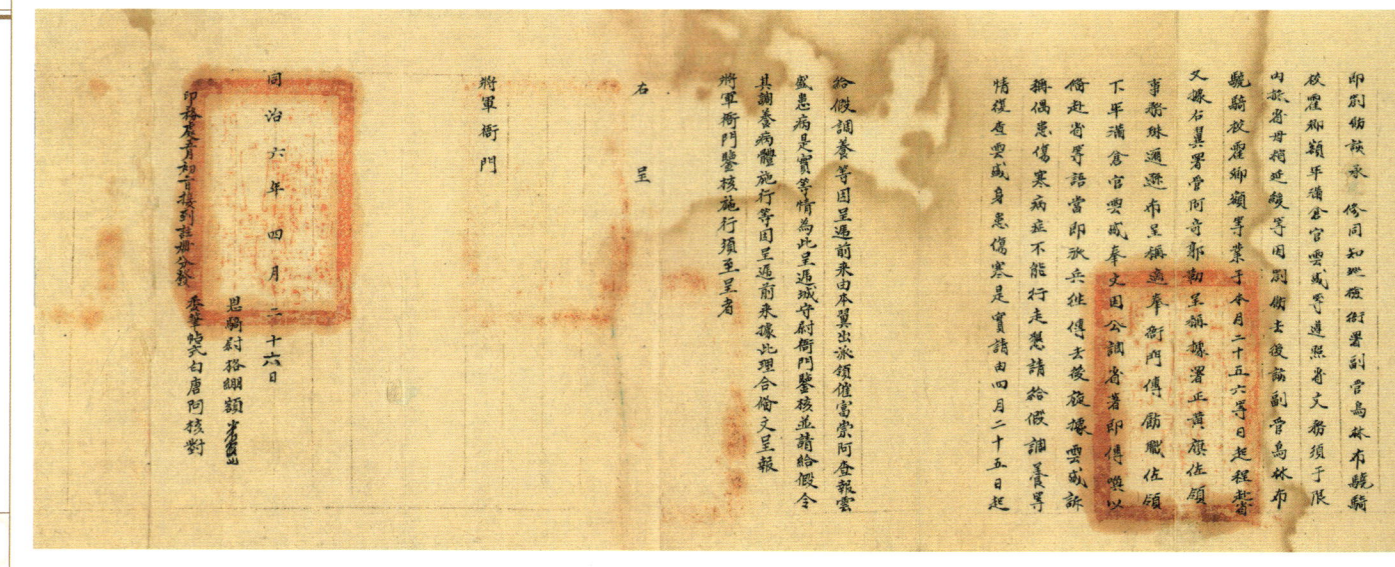

呼兰河城守尉集拉明阿为云盛患病属实无法赴省事致黑龙江将军衙门的呈

同治六年四月二十六日

呼兰河城守尉集拉明阿为呈报事。

左司案呈：于本月十八日遵奉将军衙门札开，工司案呈，兹查前据署同知呈称，遵奉将军衙门札文内开，将现已修竣同知、巡检衙署等工着派署同知松英额就近按项逐一详查，出具清字印结各二份，迅速呈报，立待题销。等因札饬前来。

当即职咨调呼兰城守尉衙门出派承修同知、巡检衙署之员去后。旋据副管乌林布隽〔携〕带建修同知、巡检衙署呈递报销底册抵厅，职随率同乌林布详查，该员先后承修同知、巡检衙署等项房间工程内有不坚之处。再职于接署任务以后因雨水连绵住宅等房内有被风雨倾圮者，当即催令副管乌林布等赶紧补修完竣，而今查看前着补修之墙复有坍倒多处，且工程亦不坚固。等情。呈请指示遵办。等因前来。

卷查此项同知、巡检衙署先后两起工程俱由该处调员赴省抄录代为估计原估册底，以备照式修盖而免两歧。今该承修之副管乌林布、骁骑校霍卿额、年满仓官云盛何不妥为修造，且未至保固年限，旋即坍坏多处，以致工程不坚。事关题销要案，曷得任意含混，实属玩忽之至。应请札调该委员副管乌林布、骁骑校霍卿额、年满仓官云盛刻即启程，于四月内迅速到省，立待斟讯工程各事，断不准稍有托故推诿迟延致干参办。等因。相应呈请札饬该城守尉遵照，刻即催令该副管乌林布等三员务于限内一并迅速到省，勿稍延误干咎可也。等因前来。当即札饬该承修同知、巡检衙署副管乌林布、骁骑校霍卿额、年满仓官云盛等遵照省文，务须于限内抵省，勿稍延缓。等因札饬去后。该副管乌林布、骁骑校霍卿额等业于本月二十五六等日启程赴省。又据右翼署管阿奇郭勒呈称，据署正黄旗佐领事务珠迓逊布呈称，适奉衙门传饬职佐领下年满仓官云盛奉文因公调省，著即传唤以备赴省。等语。当即派兵往传去后。旋据云盛诉称偶患伤寒病症不能行走，恳请给假调养。等情。复查云盛身患伤寒是实，请由四月二十五日起给假调养。等因呈递前来。由本翼出派领催富崇阿查报云盛患病是实。等情。为此呈递城守尉衙门鉴核并请给假令其调养病体施行。等因呈递前来。据此，理合备文呈报将军衙门鉴核施行。须至呈者。

　　右呈将军衙门。

黑龙江将军衙门为黑龙江各旗考试文武童生应仿照吉林文学办理并请酌定增设学额事致吉林将军衙门的咨

同治六年四月

镇守黑龙江等处地方将军衙门为咨覆事。

户司、兵司案呈：于四月二十日准吉林将军衙门咨开，本年三月十九日准吉林将军衙〔门〕咨开，本年三月十九日准奉天学政衙门咨开，为兹查事。同治六年三月十一日准礼部文开，准户部咨称，议覆御史夏献馨奏，原任西案〔安〕将军多隆阿攻克回巢，得银三十余万两充饷，请给优奖。附片一件内开，应照成案，准予加广八旗满、蒙顺天乡试文武定额各一名，京旗满、蒙文武学定额各十名，东三省八旗满、蒙文武学定额各十名。等因。于同治五年十一月初五日奏，奉旨：依议。钦此。相应抄录附片知照礼部，加广中额、学额各名数有无浮于原额，及于何届取中、取进，并加东三省八旗满、蒙学定额十名，该三省应如何划分之处，应由礼部主稿，会同兵部暨本部办理。等因前来。

查例开，盛京满洲、蒙古文学额十一名。等语。至吉林满号文学向无定额，计人数五六名取进一名。又黑龙江并无设立学额，向来有无应试文童附入何学取进，例内并无明文，所有东三省加满、蒙学额十名，应如何划分之处，相应札行奉天学政查明。东三省满、蒙文童向来如何分别进取及黑龙江是否在东三省之内，附何学进取之处，详细声覆以凭核办可也。等因。准此，本学政查黑龙江八旗满、蒙并无设立学额，向来有无应试文武童生附入吉省八旗满、蒙学额考试之处，相应咨查，为此合咨将军衙门，希即查明见覆，以便咨部，幸勿延缓，望速施行。等因咨查前来。

案查黑龙江省八旗满、蒙向来有无应试文武童生并附入吉省满、蒙学额考试之处，本衙门未经办理斯案。惟查吉林满、蒙童生均归满字号考试，计人数五六取一，向无定额。今准部议，加广东三省满、蒙学额应如何划分之处，所有黑龙江应分学额如何酌拟，考试能否附入吉省考试之处，望速见覆，以凭转咨之处，相应呈请咨查。等情。据此，拟合咨行，为此合咨贵将军衙门查照，望速咨覆，立待转咨。又于二十一日准吉林将军衙门咨开，本年四月初五日准钦命提督奉天等处学政咨催内开，准礼部文开，前准户部咨称，议覆御史夏献馨奏，原任西安将军多隆阿攻克回巢，得银三十余万两充饷，请给优奖。附片一件内开，应照成案，准予加广八旗满、蒙顺天乡试文武定额各一名，京旗满、蒙文武学定额各十名，东三省八旗满、蒙文武学定额各十名。等因。于同治五年十一月初五日具奏，奉旨：依议。钦此。相应抄录附片知照礼部。至加广中额、学额各名数有无浮于原额，及于何届取中、取进，并加东三省八旗满、蒙学定额十名，该三省应如何划分之处，应由礼部主稿，会同兵部暨本部办理。等因前来。当经本部查定例内开，盛京满洲、蒙古文学额十一名。等语。至吉林满号文学向无定额，计人数五六名。又黑龙江并无设立学额，向来有无应试文童，附入何学取进，例内并无明文，所有东三省加满、蒙学额十名应如何划分之处，经本部札行奉天学政查明，东三省满、蒙文童向来如何分别取进及黑龙江是否在东三省之内，向附何学取进之处，详细声覆，以凭核办。等因在案。迄今日久，未据声覆，且此案内有加广京旗学额，现在京旗不日考试，文童若具奏稍迟，势必赶办不及。相应札催奉天学政，速将本部前次札查之处，详细查明声覆，以凭办理，万勿再迟可也。等因。准此，案前经咨查在案，至今尚未咨覆，相应咨催，为此合咨贵将军衙门，希即查明黑龙江八旗满、蒙有无应试文武童生附入吉省考试之处，迅速见覆，立待报部，幸勿再延，望速施行。等因前来。

核查黑龙江省八旗满、蒙向来有无应试文武童生并附入吉省满、蒙学额考试之处，本衙门未经办理斯案。惟查吉林满、蒙童生均归满字号考试，计人数五六取一，向无定额。今准部议，加广东三省满、蒙学额应如何划分并贵省应分学额如何酌拟，考试能否附入吉省考试，希即望速见覆，以凭转咨。等因。前于本月初一日咨查在案，兹准前因，理合再行呈请咨催。等情。据此，拟合咨行，为此飞咨黑龙江将军衙门，希为查照，望速咨覆。各等因前来。案查前准奉天等处学政咨查本省是否在东三省之内，黑龙江八旗满、蒙并无设立学额，向来有无应试文武童生附入何学取进。等因。当由本衙门将黑龙江省向列东三省内，在奉天、吉林之次，每届乡试考试之年，即经礼部咨调本省文武生童系应附入奉天学政考试，其应进学额几名向无例定名数。今准来咨，详查本省八旗满、蒙、汉军各旗人内，因隔省路远，资斧维艰，虽未报有应试文武童生，仍各尚知功习肄业，以望进取。现在东三省准加满、蒙学额十名，且此咨充饷银三十万，又由本省带兵大员呈缴，似应一体均沾圣恩，以广进取之路，而励边省向学之风。应请咨商，嗣后黑龙江省各旗应行考试文武童生可否仿照吉林文学，每五六名取进一名，并此次所广学额应如何划分之处，相应呈请咨商钦命提督奉天等处学政酌定办理，实为德便，希为见覆。等因。业经咨覆去讫。兹准咨查，望速见覆，相应将咨覆奉天学政缘由呈请咨覆贵将军衙门，希即转咨核办可也。须至咨者。

右咨吉林将军衙门。

部憑核辦等因查此案用過药铅等項係防剿官兵應用之件應准其動用所有用缺药铅火繩應咨該將軍即行籌補歸額以寔軍儲並將原文送咨等因前來查黑龍江咨報吉林將軍前在各處打犺本處動用過庫存防夷火药二千斤烘药一百七兩六錢重鉛九十三個五兩重鉛九二百六十三個一兩二錢重鉛

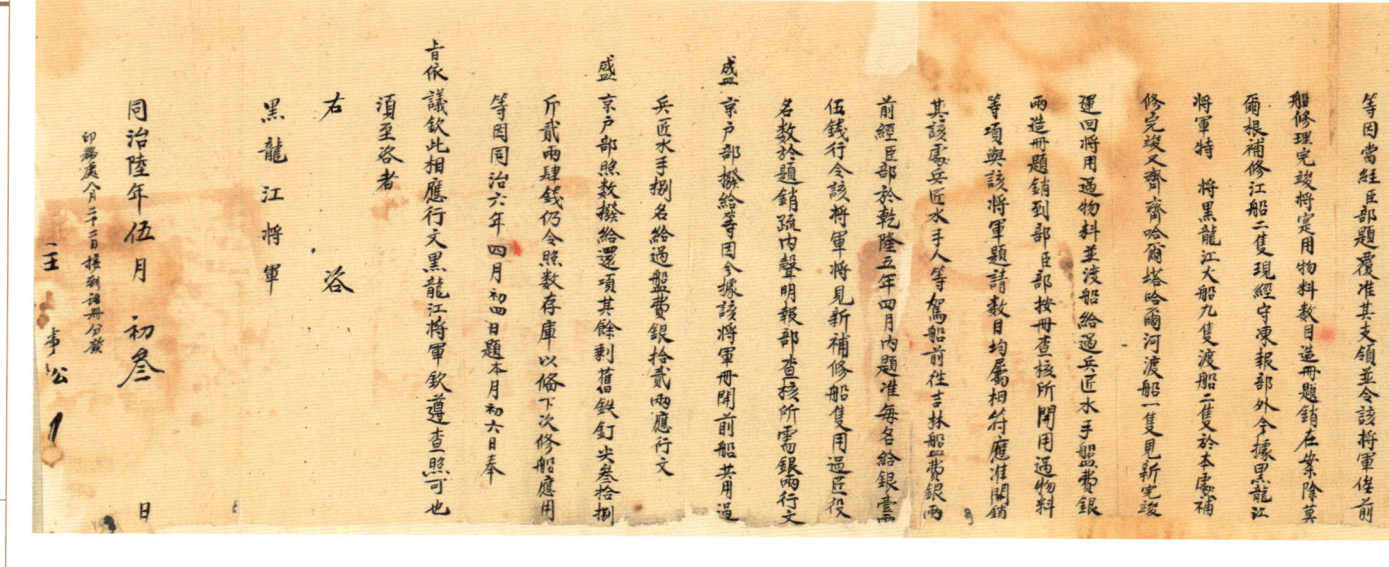

工部为题销齐齐哈尔等处见新、补修船只用过物料及给过盘费银两应准开销事致黑龙江将军的咨

同治六年五月初三日

工部为题销齐齐哈尔塔哈尔河见新渡船一只、墨尔根补修江船二只、黑龙江补修大船九只、渡船二只用过物料并给过盘费银两数目相符应准开销事。

都水司案呈：工科抄出黑龙江将军特普钦等题销齐齐哈尔、莫〔墨〕尔根、黑龙江三处见新补修船只用过物料并给过盘费银两一案，于同治五年十一月二十六日题，六年二月初三日奉旨：该部查核具奏。钦此。钦遵。抄出到部。该臣等查得黑龙江将军特（普钦）疏称，所属黑龙江全省额设船只内上年陆续奏明，除停缓修造外，齐齐哈尔塔哈尔河见新渡船一只、莫〔墨〕尔根补修江船二只、黑龙江补修大船九只、渡船二只均届年限，实不堪用，应行见新补修。于同治四年五月内具奏，由部咨行黑龙江将军将所需物料照例具题，派员赴部请领应用。等因。查莫〔墨〕尔根补修江船二只均皆守冻咨报工部，齐齐哈尔塔哈尔河渡船一只交六品官爱仁布运至吉林见新修造，完竣运回。又黑龙江大船九只、渡船二只亦于本处补修完竣，查看所修各船均皆坚固如式，所需物料数目、兵匠、水手照例

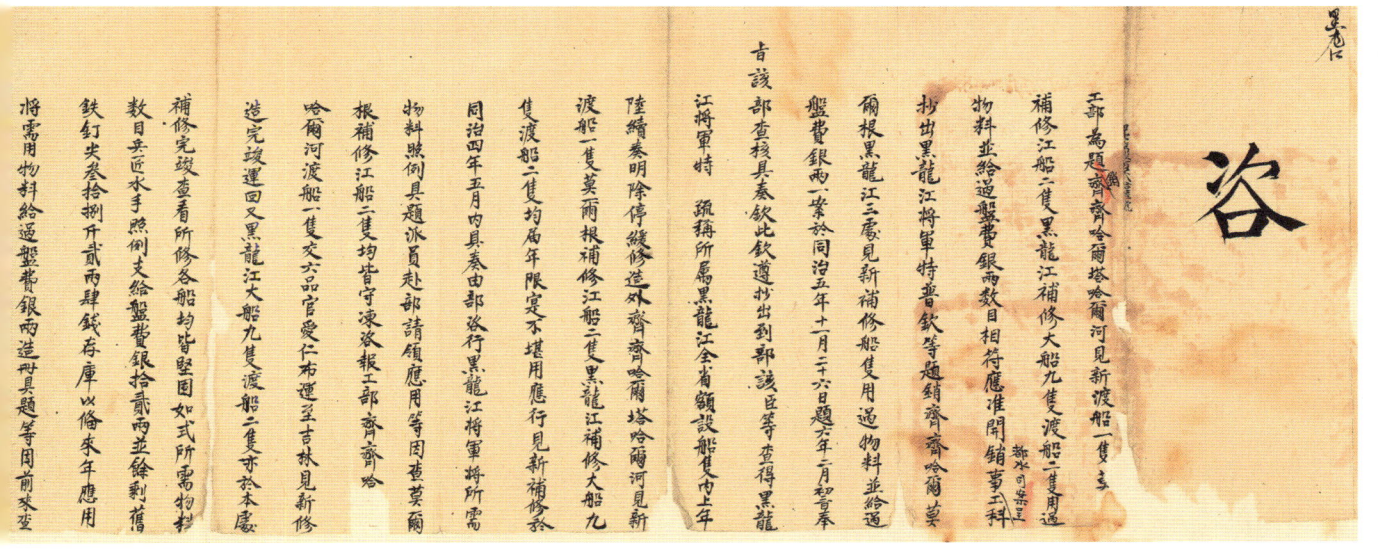

支给盘费银拾贰两并余剩旧铁钉尖三十八斤二两四钱存库，以备来年应用，将需用物料、给过盘费银两造册具题。等因前来。

查同治四年齐齐哈尔塔哈尔河见新渡船一只、莫〔墨〕尔根补修江船二只、黑龙江补修大船九只、渡船二只需用物料等项，先据黑龙江将军特（普钦）造册题请给发。等因。当经臣部题覆准其支领，并令该将军俟前船修理完竣，将实用物料数目造册题销在案。除莫〔墨〕尔根补修江船二只现经守冻报部外，今据黑龙江将军特（普钦）将黑龙江大船九只、渡船二只于本处补修完竣，又齐齐哈尔塔哈尔河渡船一只见新完竣运回，将用过物料并渡船给过兵匠、水手盘费银两造册题销到部。臣部按册查核，所开用过物料等项与该将军题请数目均属相符，应准开销。其该处兵匠、水手人等驾船前往吉林盘费银两，前经臣部于乾隆五年四月内题准，每名给银一两五钱，行令该将军将见新、补修船只用过匠役名数于题销疏内声明报部查核，所需银两行文盛京户部拨给。等因。今据该将军册开，前船共用过兵匠、水手八名，给过盘费银拾贰两，应行文盛京户部照数拨给还项。其余剩旧铁钉三十八斤二两四钱，仍令照数存库，以备下次修船应用。等因。同治六年四月初四日题，本月初六日奉旨：依议。钦此。相应行文黑龙江将军钦遵查照可也。须至咨者。

右咨黑龙江将军。

黑龙江将军特普钦为抄录酌议增定保举章程奏折事致钦差、督兵大臣等的咨
附：奏折

同治六年五月

镇守黑龙江等处地方将军特普钦为飞速转行事。

兵司案呈：于同治六年五月初七日准兵部咨开，文选司案呈，所有各省劳绩保举人员酌议章程奏明请旨一折，于同治五年十二月二十五日具奏，奉旨：依议。钦此。相应抄录原奏并条款知照该将军查照，并转行钦差、督兵大臣及各路军营一体遵照可也。

计粘单内开。

附：奏折

吏部谨奏，为酌议增定保举章程，请旨遵行事。

查臣部议覆陕甘总督杨岳斌奏请变通保举章程，请嗣后各省督抚、带兵大臣于著有劳绩各员仍按章程奏请奖励，倘属异常得力，实为营中必不可少之员，准其从优保奏。如奉谕旨允准者，臣部应即钦遵注册，如系奉旨交部议奏者，仍照原定章程分别核议。又附片奏明六条，无论何项劳绩，均在定章不准保举之列，嗣后各省督抚大臣如有指定保奏者，臣部仍应奏明请旨更正，以示限制。于本年四月十八日具奏，奉旨：依议。钦此。钦遵在案。臣等随时悉心酌覆前定章程，尚有未尽之处，自宜详加厘定，以免纷〔分〕歧而归画一。谨再增拟十二条，缮具清单，恭呈御览。如蒙俞允，应自奉旨之日始臣部遵照办理。其各省军营以臣部奏准缓行文之日起，按照限减半计算，扣至接到部文之日，一体遵照奉行，谨将臣部酌议缘由缮折具奏，伏乞皇上圣鉴，训示遵行。谨奏。

——查各省保举从前驳正及行查人员，有因续著劳绩保加升阶班次者，往往续保之案本系合例，只以曾经驳查未据原保大臣声覆更正，以致未能核准，恐日久延搁，不免转滋流弊。拟请嗣后遇有续在军营出力保加升阶班次者，令其将前案曾否核准随案声明。如经奉旨允准，应即钦遵注册，并将从前驳查之案一概查销。若仅保虚衔翎枝，应将升衔翎枝注册，其从前驳查之案，仍俟查覆到日再行覆办。其有奉旨交议者，查系异常劳绩

准其越级保升者，应将前案一并核准。如系寻常出力，仍按原定旧章办理。

——查从前行查各省保举人员均系臣部奏明之案，乃原保大臣往往于行查劳绩之案仅据该员禀称一面之词径行咨部，其行查何案候补候选者竟至日久并不声覆，致令该员自行遣丁赴部呈明，殊不足以昭慎重。拟请嗣后凡行查各案，应令原保大臣一律奏明声覆，不准径行咨部，并不准该员在部具呈。倘原保大臣已经离任，即由后任督抚查明原案具奏，如实系原案无存，后任督抚无凭查覆者，准该员在本旗籍及服官省分确切呈明，咨部核办。俟咨报到部，查原系行查劳绩之员，今既无凭查覆，只准照原案所叙最次劳绩核奖。其声明年限及何案候选者，查核相符，应即照章，分别准驳议结。

——查从前各省军功保举，有攻克城池、斩擒要逆之案，有率团助战、督队剿贼之案，各照本案核其劳绩优绌悬殊，向来仅因清单内未逐员分叙劳绩，遂将全案行查，未免徒滋纷扰。拟请嗣后各省军功保举，除业经奉旨允准者应即钦遵注册，其奉旨交议之件，查系分案保奏清单内已逐员分叙劳绩，自应照单核办。如清单内虽未逐员详细分〔叙〕，而已将在事出力各员统归各本案开列请奖者，应即各照本案核定，准驳议结，无庸再事行查。其有并案保奏，如清单内并未逐员分叙劳绩，仍俟行查声覆到日再行核办。

——粮台文案团练防堵各员，定章应扣二年始准予保。如未声明年限，向俟行查声覆再行核办，往返需时，徒滋流弊。拟请嗣后此项人员保举，除业经奉旨允准者应即钦遵注册，其奉旨交议之件，查系归入剿贼出力案内保奏者，如照定章分别准驳覆议，无庸行查年限。若并未遇贼接仗，仍应按照定章扣足二年限期，方准奏保。

——查各省劳绩保奏人员，每有合并，数员笼统声称，或斩擒要逆，或随同助剿，或制办军火，或襄理文案，并不指实何员系何项劳绩。经臣部照章奏明行查，乃往往有迟至数年尚未咨覆者，即间有咨覆到部，而所叙各员俱系异常劳绩，是行查反不足以昭核实。拟请嗣后各省保举，务将逐员劳绩详细分叙清楚，以便核办。如有仍照从前笼统声叙，除业经奉旨允准者应即钦遵注册，其奉旨交议之件，臣部即照所叙最次劳绩核议，以杜牵混取巧之弊，并免往来驳查之烦。

——查五品以上始准戴用花翎，从前由六品以下保举花翎，查其并无加五品衔者，历经奏驳在案，前于议覆杨岳斌片内未曾议及。拟请嗣后如有由六品以下并未加五品衔保举花翎已奉旨允准者，仍应奏明更正。

——查旧定章程内开，无论实缺分发及指省尚未验看但系军务省分人员，如有经别省督抚、带兵大臣因劳绩保奏者，应即一律议驳撤销，饬令迅速赴省赴部。等语。原恐军务省分人员规避本省钻营他省转得优保升阶，是以无论著何劳绩，一律撤销定章，本属綦严。惟前于议覆杨岳斌片奏内未曾议及，恐以后军务省分人员不愿在本省，皆得趋赴他省谋保升阶，适以开钻营规避之端。拟请嗣后军务省分人员，如投效非军务省分，著有劳绩得邀保举已奉旨允准者，臣部查其未声明先经调营，应仍按定章奏请撤销，以杜趋避。

——丁忧人员例应回旗、回籍，近来往往托足军营钻营保举，于朝廷教孝之道殊有关系。拟请嗣后此项人员如经军营保奏，令其将丁忧事故随案声明，除丁忧以前著有劳绩仍准予保外，其在营丁忧人员未经该督抚大臣先行奏留，他处人员未经先行奏调遽行列入保举者，应奏请撤销奉旨允准之件，仍应奏明更正。

——定章无论何项劳绩概不准保举各项正班前先用，因思各项正班后用、各项正班间用均事同一律，应亦不准保举方为允当。惟前议覆杨岳斌片内未曾议及，应请嗣后无论何项劳绩，概不准保举各项正班前先用及各项正班后用、各项正班间用等名目。如有指定保奏者，已经奉旨允准，臣部仍应奏明更正。

——查从前由候选及未掣定省分人员保留出力省分补用者，向系核准，其有由分发别省人员保留出力省分者，因其迹近取巧，向系议驳。惟查议驳成案，有照官阶班次已改驳令另掣省分者，有照不准援引指省名目驳令另奖者，办理未得画一。查保留出力省分究与指省不同，惟系分发别省人员亦未便遽准改留。拟请嗣后有由分发别省人员保留出力省分者，如经奉旨允准应即钦遵注册，其奉旨交议之件，查非总督保留兼辖省分，如所保官阶班次，核其劳绩，已与准保越级免补章程相符者，应即准其改留出力省分补用，如劳绩稍次，仅准保加班次及补缺后以升阶用者，应仍改归原省补用。如此分别核议，庶足以资鼓励而杜取巧。

——定章军务省分人员经别省保奏，应将保案撤销，指省人员经别省保奏，官阶班次已改者，应改掣省分补用。其中有系奏调、咨调或本系随营并未离营及服官省分札委差委赴别省并缘事在籍尚未出任者，历经声明，准予更正在案。查此项人员保奏到部时，本无调营差委及在籍案据可查，是以照章奏驳，及至声明揆其情理又不能不准予更正，但先既奏驳，后复核准纷纷更正，殊属不成事体。嗣后各省保举人员，应令其将奏调、咨调及奉差派往并在籍各缘由随保案分别声明，以便稽核。如保奏时本未声明，经臣部奏驳后复声明到部者，除准其更正外，应将原保大臣及本员遗漏声明之处均各分别议处。其在此次定章以前奏驳人员，应仍准照旧更正，毋庸议给处分，以示区别。

——降革人员保举开复及保举免缴银两系奉旨交议者，仍照旧章分别准驳核办。其奉旨允准者，如核与章程不符，亦仍照旧请旨撤销，不得因定有新章将获咎开复之员与未经获咎保举之员一律办理。至降革人员或尚未保奏开复或开复之案已驳，或行查尚未议准，或开复之案已准，仍饬令补交银两，该员如续有劳绩保举，不得将前案一概查销。惟近来军营保举之案，仅止开列衔名，其中人数众多，有无曾经降革开复之员，一时难于记忆，若逐名一一检查，势必稽延时日，转致保举之案未能即为照准。应请旨饬下各省督抚及统兵大臣等，遇有此项人员列入保案，务令该员将前案曾否开复、有无准驳自行详细呈明，即于保案内择要声叙，以便稽查。如该员不呈明前案，致令后案蒙混照准，一经发觉，即将该员照规避例革职。等因前来。相应呈请转咨湖广总督李、宁夏将军穆（图善）、西安将军库（克泰）、署山东巡抚丁（宝桢）、安徽巡抚英、河南巡抚李、陕西巡抚乔、湖北巡抚曾、两江总督曾、杭州将军崑、乌什庆、喀什噶尔办事大臣常、喀拉沙尔扎、吉林将军富（明阿）、盛京将军都（兴阿）等一体遵照可也。须至咨者。

右咨湖广总督李、宁夏将军穆（图善）、西安将军库、署山东巡抚丁（宝桢）、安徽巡抚英、河南巡抚李、陕西巡抚乔、湖北巡抚曾、两江总督曾、杭州将军崑、乌什庆、喀什噶尔办事大臣常、喀拉沙尔扎、吉林将军富（明阿）、盛京将军都（兴阿）。

工部为应准补解督办吉林军务将军打仗所用火药等项物料事致黑龙江将军的咨

同治六年六月初三日

工部为咨行事。

虞衡司案呈：准兵部咨称，准工部咨称，准黑龙江将军特（普钦）咨，督办吉林军务将军前在各处节次打仗，由本处动用过火药、铅丸、火绳等项均于接仗用完，或由库存防夷项下开销，抑或如数补解归还原额，咨部示覆。应将原文移咨兵部，查明数目是否相符、应否准其动用如数补解，即行核明，同原文咨覆过部，以凭核办。等因。查此案用过药、铅等项系防剿官兵应用之件，应准其动用，所有用缺药、铅、火绳应咨该将军

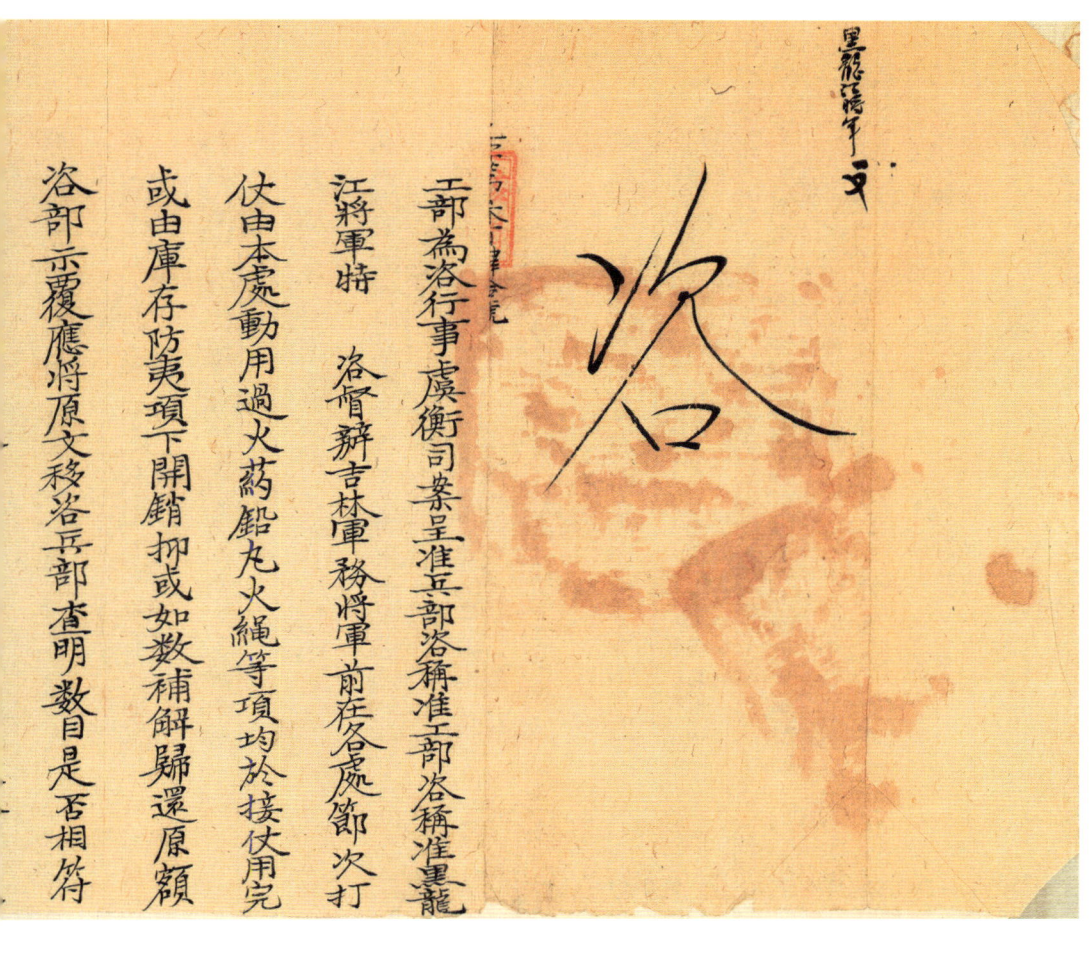

即行筹补归额，以实军储，并将原文送回。等因前来。查黑龙江咨报，吉林将军前在各处打仗，由本处动用过库存防夷火药二千斤、烘药一百斤、七两六钱重铅丸十三个、五两重铅丸二百六十三个、一两二钱重铅丸一千个、三钱及二钱八分重铅丸一千个、火绳一千丈。既经兵部准其动用，自应准其如数补解，归还原额，相应咨行该将军查照可也。须至咨者。

右咨黑龙江将军。

工部为所修齐齐哈尔城盔甲等楼房工程应准开销事致黑龙江将军的咨

同治六年七月初三日

工部为报销事。

营缮司案呈：准黑龙江将军咨称，准工部咨，据黑龙江将军咨称，齐齐哈尔城棉甲敖尔布备枪楼房二所计六间、盔甲楼房一所三间、堂司房一所三间、银库司堂一所三间、将军衙门东西配房二所六间、穿堂一所三间、两旁耳房二所六间、大门一所计三间，均于道光二十六等年修过，今已逾限，理宜修盖，估需工料银贰百肆拾肆两肆钱伍分叁厘造册报部示覆。查前项楼房系存储军器以及办公之所，准其估办，应咨黑龙江将军转饬妥协修理，俟工竣时将修过丈尺、做法、用过工料银两造具册结送部核销。当派委佐领额特讷、年满仓官额拉绷额等修理完竣，造具册结呈递，复委副都统衔防御爱仁泰查核相符，覆查无异。除旧木变价银拾玖两叁钱伍分并扣减银肆拾伍两贰分陆毫外，实由库动用银壹百捌拾两捌分贰厘肆

工部為報销事營繕司案呈准黑龍江將軍咨

部咨據黑龍江將軍咨稱齊齊哈爾城棉甲款項布

倫鎗樓房二所計六間盔甲樓房二所三間堂司房所

三間銀庫司堂一所三間將軍衙門東西配房二所六間

穿堂一所三間兩旁耳房二所六間大門一所計三間均

於道光二十六等年修過今已逾限理宜修蓋估需工

料銀貳百肆拾肆兩肆錢伍分叁厘造冊報部示覆壹

前項樓房係存儲軍器以及辦公之所准其估辦應

咨黑龍江將軍轉飭委協修理俟工竣時將修過丈尺

做法用過工料銀兩造具冊結送部核銷當派委佐領

額特訥年滿倉官額拉繃額等修理完竣造具冊結

呈邀復委副都統銜防禦愛仁泰查核相符覆

查無異除舊木變價銀拾玖兩叁錢伍分並扣減

毫，造具册结一并咨送工部照例核销。等因前来。查齐齐哈尔城盔甲等楼房十一所共三十三间，先据黑龙江将军将估需工料银贰百肆拾肆两肆钱伍分叁厘造册咨部请修，当经本部核覆准修，行令俟工竣将修过丈尺、做法、用过工料银两据实造具册结送部核销并知照户部在案。今据黑龙江将军转饬将前项工程修理完竣，除旧料变价银拾玖两叁钱伍分又扣减银肆拾伍两贰分陆毫外，将实用过银壹百捌拾两捌分贰厘肆毫造具册结咨部核销。本部按册核算，所有工料银两均属与例无浮，应准开销。相应移咨黑龙江将军查照并知照户部可也。须至咨者。

右咨黑龙江将军。

按察使衔分巡奉天、锦州等处海防兵备道督理山海钞门为英国领事密迪乐拟赴吉林等处游历请妥为照料事致黑龙江将军的申

同治六年七月初六日

按察使衔分巡奉天、锦州等处海防兵备道督理山海钞门为申报事。

本年六月二十九日据英国领事密迪乐函称：本领事拟赴吉林、黑龙江、承德府等处游历，合行持照前往，以符条约。兹特备五十九号执照一纸函送贵道，请烦钤盖关防，用昭凭信。等情到道。

据此，除将送到执照钤盖关防交该领事收讫，并分别申呈总理各国事务衙门办理三口通商大臣暨盛京将军、奉天府府尹等衙门查照，并饬牛海、盖尉县转移前途一体妥为照料外，理合具文申报宪台，请烦查照，转饬所属，一俟该领事入境妥为照料。为此备由具申，伏乞照验施行。须至咨者。

右申镇守黑龙江等处地方将军。

開銷之時再行修補需項必須浩繁無已矣故揀派佐
緯勒洪阿驍騎校額勒和布等督工修補再查庫存手鎗弓
箭等項器械寶因近年勦匪使用多有損壞不全者再庫存
火藥歷經過夏經受潮濕多致跑散硝黃施放不能致遠況連年
土匪出沒無常若不籌備於先臨時必費周章切恐有悮事機
關係非細是以揀派愚騎尉格繃額記名佐領勒爾充善等覉覓
匠役務將軍械從齊補篩並將火藥另行炮製總期施放應手
且比次擬辦修補銀庫衙署羣墻等項工程理宜先行請項修補
奈正值停工之際未便擅請開銷為此和衷商酌在於本處展轉辦

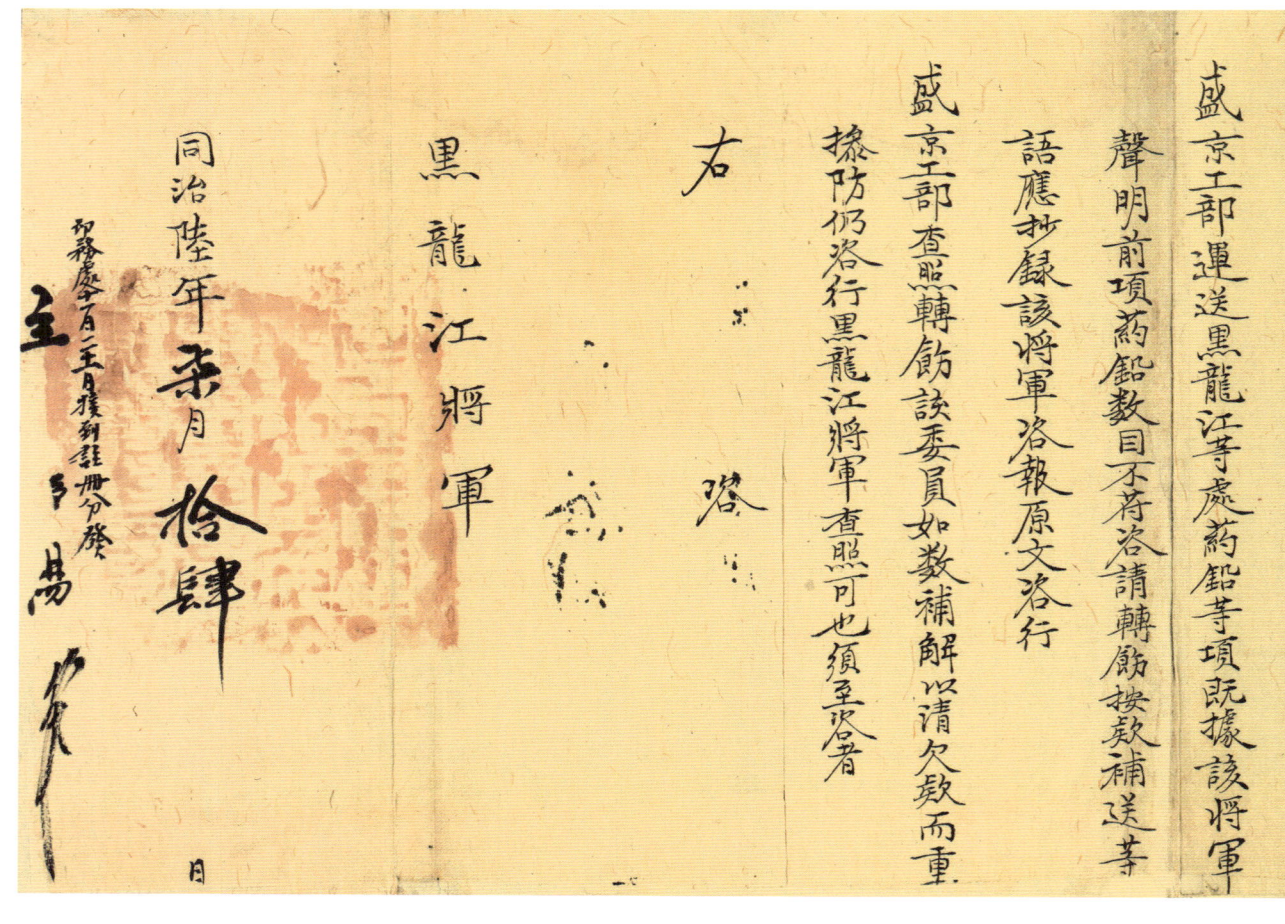

工部为转饬盛京工部补解所亏药、铅等项事致黑龙江将军的咨

同治六年七月十四日

工部为咨行事。

虞衡司案呈：准黑龙江将军特（普钦）咨称，准盛京工部委员运送同治三年分黑龙江等处火、烘药、火绳、铅丸、白布、苘麻等项数目，扎〔札〕饬库使吉庆海前往运送。等因。经本衙门秤兑，火药等项数目均不相符，咨部希请转饬盛京工部按款查明，将此次亏短药、铅等项如数补送，以归原额。等因前来。

查盛京工部运送黑龙江等处药、铅等项，既据该将军声明前项药、铅数目不符，咨请转饬按款补送。等语。应抄录该将军咨报原文，咨行盛京

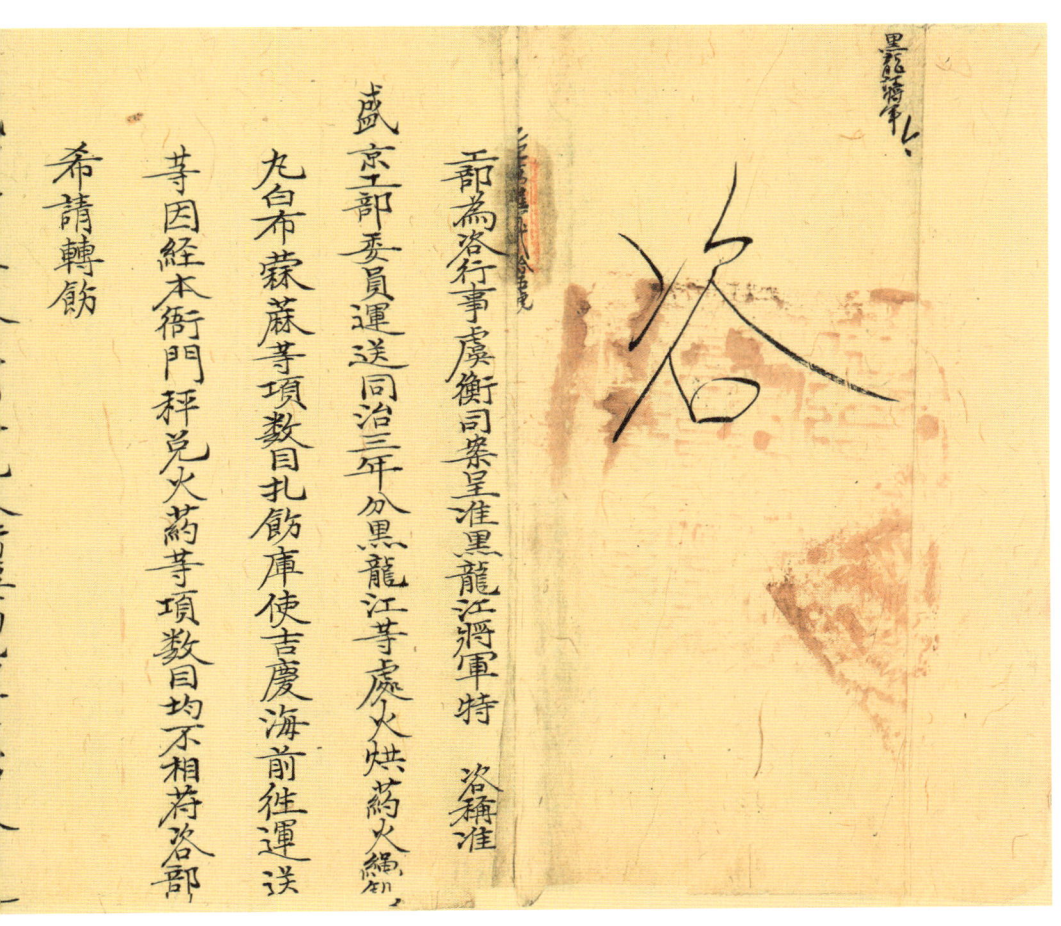

工部查照，转饬该委员如数补解，以清欠款而重操防。仍咨行黑龙江将军查照可也。须至咨者。

右咨黑龙江将军。

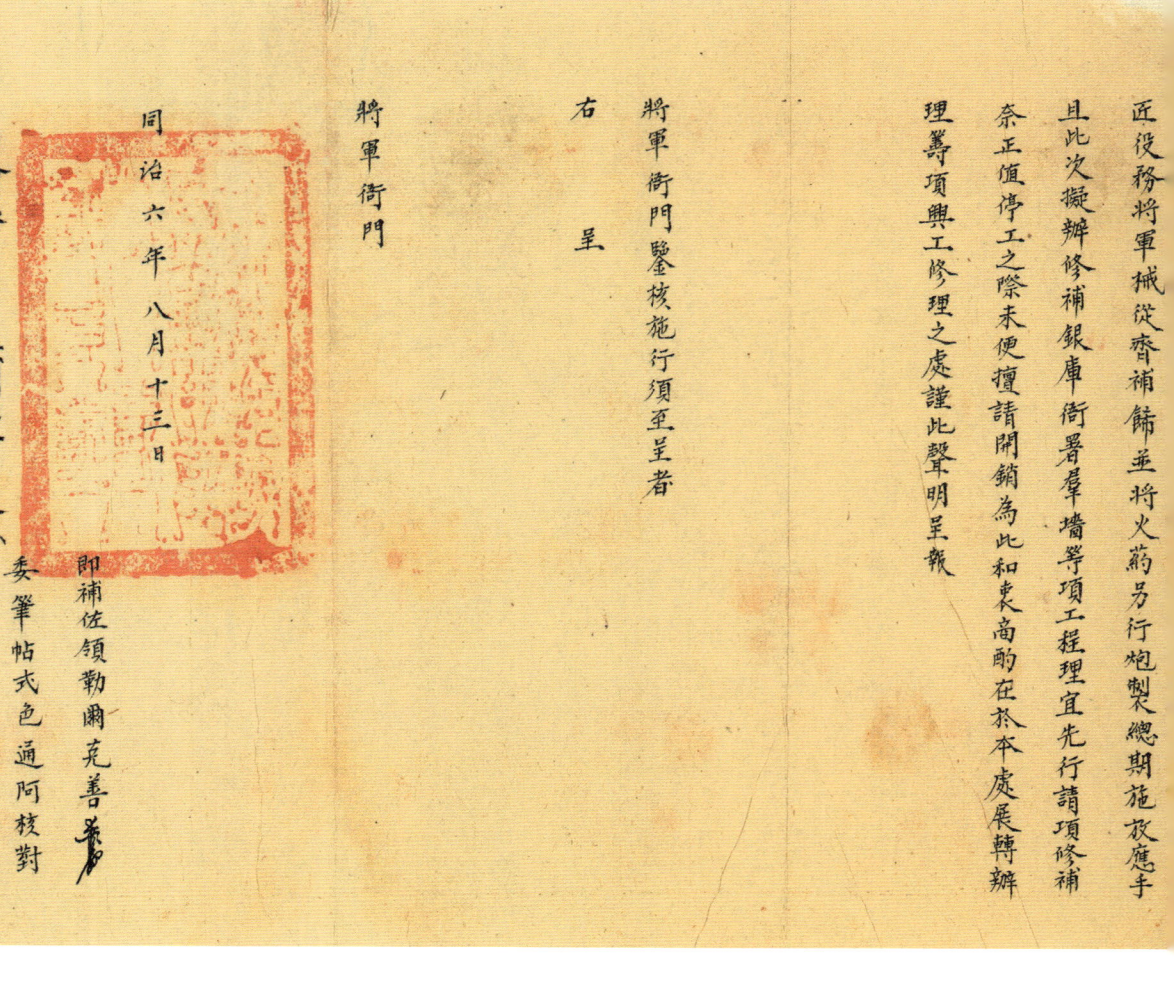

署理呼兰河城守尉阿奇郭勒为修补银库、衙署、群墙等项工程事致黑龙江将军衙门的呈

同治六年八月十三日

署理呼兰河城守尉关防事务副管阿奇郭勒为声明呈报事。

左司案呈：伏查城守尉衙门及银库并衙门周围群墙暨城守尉公署房屋以及外围墙院均自道光二十年间先后重修，迄今皆逾二十余年并未修补苫砌，所有群墙大半倾倒，银库上盖□板糟朽坍塌，渗漏不堪，若不随时修补，诚恐将来开销之时再行修补需项必须浩繁无已矣。故拣派佐领绰勒洪阿、骁骑校额勒和布等督工修补。再查库存手枪、弓箭等项器械实因近

署理呼蘭城守尉關防事務副管阿奇郭勒為聲明呈報事

左司案呈伏查城守尉衙門及銀庫併衙門週圍羣墻暨城守尉公署房屋以及外圍墻院均自道光二十年間先後重修造今皆逾二十餘年並未修補苦砌所有羣墻大半傾倒銀庫上蓋寬板糟朽坍塌滲漏不堪若不隨時修補誠恐將來開銷之時再行修補需項必須浩繁無已矣敬揀派佐領綽勒洪阿驍騎校額勒和布等督工修補再查庫存手鎗弓箭等項器械實因近年勦匪使用多有損壞不全者再庫存火藥歷經過夏經受潮濕多致跑散硝黃施放不能致遠況連年

年剿匪使用，多有损坏不全者。再库存火药历经过夏经受潮湿，多致跑散硝黄，施放不能致远，况连年土匪出没无常，若不筹备于先，临时必费周章，切恐有误事机，关系非细，是以拣派恩骑尉格绷额、记名佐领勒尔克善等雇觅匠役，务将军械从齐补饰，并将火药另行炮制，总期施放应手。且此次拟办修补银库、衙署、群墙等项工程理宜先行请项修补，奈正值停工之际，未便擅请开销，为此和衷商酌，在于本处辗转办理筹项，兴工修理之处谨此声明，呈报将军衙门鉴核施行。须至呈者。

右呈将军衙门。

吉林将军衙门为英国领事入境游历请妥为照料并将入境、离境日期随时驰报事致黑龙江将军衙门的咨

同治六年九月初五日

镇守吉林等处地方将军衙门为飞咨事。

承办处案呈：本年九月初一日准盛京将军、奉天府府尹等衙门咨开，会办通商处案呈，本年八月二十二日据牛庄防守尉呈称，为呈报事。准海关道移开，为移知事。案查前因英国密领事拟赴省城吉林、黑龙江等处游历，所有应行知照前程妥为照料缘由业经移知在案。兹据密领事来署面称，约于本月十三四日自营起身，由海城县取道辽阳、承德出法库边门赴吉林、黑龙江等处游历，惟因以前各处城厢〔乡〕内外客店多有藉称并无空房不肯留住，以致耽延时刻，请为知会前途，凡属通衢城市洁净客寓，俗名为公馆店者，均由地方官先为传谕各店商知悉，如遇该领事到店，速为接待，勿得以无房推阻不留，其应付房租以及买取食物均照民价公平交易，并不免〔勉〕强抑勒，如跟随人等但有不安分者，店中向伊告知，必定严行管束。各处地方官员如遇伊因事前往拜会时，不妨接见，如果在属并未公出，不可以公出有事等词托故不见。等语。

本道查密领事系属外国官员，现由营取道海城、辽阳、承德前赴吉林等处游历，所有经过之通衢城市客店人等目〔自〕应速为接待，不得藉故推阻，如其有事须晤地方官者，亦应接见。该领事颇晓内地官话，无虑不通语言，不得假称公出有意推托，致令藉口。相应备文移知，为此合移贵尉衙门烦为查照事理，迅即专人知会前途一体逐站转为行知，妥协照料，万勿刻迟。如遇密领事游历到时，必须优予礼貌，以敦和好而免饶舌。须至移者。等因。准此，除札行厢〔镶〕黄、正红、厢〔镶〕白、厢兰〔镶蓝〕等五旗界官，遵即派差传谕所属各界店坊人等，如遇该领事到店，自应速为接待，不得故为推阻，致令藉口。仍饬差妥为照料，勿得迟延，并移会海城县、辽阳、尉州查照办理，仍祈行知前途一体照料外，理合具文呈报衙门查核施行。须至呈者。等情。据此，除札饬内城八界协领、承德县知县、开原、铁岭旗民地方官、法库边门章京、昌图厅通判遵即出派妥干兵役在于各属界址守候，一俟英国密领事抵境时，务须拘验执照，即照

条约妥为保安照料，按城接替护送，仍将密领事于何日入境、出境各日期一并随时驰报，以凭接办，并咨行六边奉天府府尹等衙门，希即饬属一体照约办理外，相应咨行吉林将军衙门查照可也。等因前来。

查前准奉省咨照英国密领事拟赴吉林、黑龙江等处游历等情，当即咨札各处地方文武一体出派妥干兵役在于所属界址守候，一俟密领事抵境，务须拘验执照，按约妥为照料，接替护送，不准欺凌肇衅。等因。行令遵办在案。兹据咨称，该国密领事请为预先知会前途，凡属通衢城市洁净客寓，俗名为公馆店者，均由地方官先为传谕到时接待，又称均照民价公平交易，所有地方官员如遇该领事须晤时，亦应接待，不可假称公出有意推托，致令藉口等情，自应准咨遵行，方免致生枝节。除咨札各处一处一体遵照文内事理妥为遵办，仍即预派妥干兵役在于属界守候，一俟该领事抵境时，务须拘验执照，即照和约条款妥为保安照料，按城接替护送。仍将密领事于何日入境、出境各日期一并随时驰报以凭核办外，相应呈请贵将军衙门查照可也。须至咨者。

右咨黑龙江将军衙门。

兵部为所挑选官兵齐备即可起程并由户部拨解所需银两事致黑龙江将军的咨

同治六年九月二十三日

兵部为咨行事。

车驾司案呈：同治六年九月十二日据当月司移付军机处片交，特普钦等奏，遵旨挑备官兵听候调遣，至现派官兵应需鞍马整装银两若不随时发给实难起程，而奴才衙门现既无款可垫，前向铺商筹借，又因历次垫办积欠至两万余两，为数已多，无项补还，坚辞不能再垫。奴才等虽竭力敦迫，终恐不能济事，不得不叩恳天恩，勅部迅速拨解银四万两，以备放给该官兵等整顿鞍马衣履，庶可期其无误等因一折。九月十一日军机大臣奉旨：览奏均悉。官兵一千五百名俟挑选齐备即行起程，毋庸再候谕旨，所需银四万两已谕令户部如数拨解矣。钦此。钦遵。交出到部。相应恭录谕旨，由驿行文黑龙江将军遵照可也。须至咨者。

右咨黑龙江将军。

吏部为抄录盛京将军都兴阿等奏会商昌图地方添设文武酌议八条请知照事致黑龙江将军衙门的咨
附：奏折

同治六年九月二十四日

吏部为知照事。

文选司案呈：内阁抄出盛京将军都兴阿等奏会商昌图地方添设文武，酌议八条遵旨会奏一折，于同治六年九月十三日具奏，奉旨：依议。钦此。相应抄录原奏知照可也。须至咨者。

右咨黑龙江将军衙门。

计开。

附：奏折

吏部等部谨奏，为遵旨议奏事。

内阁抄出盛京将军都兴〔阿〕等奏称：前奉上谕内开，伯彦诺谟祜等奏，察看地方情形，会商应办事件，酌拟八条开单呈览一折。等因。奴才等伏查原奏条目，均关整饬地方要务，除遵部咨行吉林将军钦遵谕旨一体办理外，按照原奏八条悉心核议，详细会商，惟拟设学校请增广学额，查该厅绅民等两次捐输，或垫充公项，或助办军需，自应核实援案，奏恳恩施，惟均在未立学校之前，应否准其增额，请旨饬部核覆。所有会商昌图地方按照原奏八条筹办缘由敬缮清单，恭呈御览。等因。同治六年六月二十九日军机大臣奉旨：该部议奏，单并发。钦此。钦遵。抄出到部。臣等谨就该将军等会议八条悉心酌核，另缮清单，恭呈御览。至原奏内称该厅绅民等两次捐输，均在未设立学校之前，应否准其增额，请旨饬部核覆一节，户部查该厅绅民两次捐案，尚未据该将军府尹等奏咨报部，此项银两报捐虽在未立学校之前，该〔核〕与加额章程相符，应仍准其增广，以示鼓励。应令该将军等即将捐输款目及支销缘由查明报部，再由户部将应广学额会同礼、兵等部奏明办理，是否有当，伏乞皇上圣鉴，训示遵行。再，此折系吏部主稿，合并声明。谨奏。谨将臣等遵旨核议盛京将军都兴阿等会商昌图地方原奏八条敬缮清单，恭呈御览。

——保甲宜实力编查一条。据该将军等奏称，保甲之法仿自周官，乃此间族党之遗制。嘉庆、道光年间叠奉上谕，久经饬属遵行，旧定规条本极详备，无如日久生懈，良法几等虚文，今欲力挽积习，必须设法整理。昌图地处边隅，北接蒙古，东界吉林，周围千有余里，土旷人稀，村落星散，编查殊多不易。按照旧章相度地势，悉心参酌，拟饬该厅同知分防照磨，并新设经历各分界址，照十家为牌、十牌为甲、十甲为保之法编查户册，填给门牌。于偏僻村屯畸零户口，远则独为一甲，近则附于别牌。应设牌长、甲长、保正，饬令民间公举，务期选择得人，遇有死生、迁徙、逃亡，责成牌长记存，按月报官。如有居民曾经为盗隐匿悔过者，予限自新；怙恶不悛者，访拿严办；举首及获盗者，计功论赏；窝留及诬告者，按律重惩。仍按季抽查底簿，以昭确实。严定赏罚章程，以示激劝。余皆照旧办理，毋庸再事更张。等语。

户部查例载。顺天府五城所属村庄暨直省各州县、城市、乡村，每户由该地方官岁给门牌，书家长姓名、生业，附注男丁名数，出注所往，入积所来。有不遵照编挂者治罪。甲、保各长果能稽察详慎，首报得实，酌量奖赏。倘应查不查应报不报，按例分别治罪地方官。奉行保甲若虚文塞责，滥任匪人，或更藉端滋扰者，题参议处。等语。是保甲之设所以语奸究清盗源，地方官果能实力稽查，立法原极详备，令该将军等奏请昌图地方添设保甲，系为慎重边防起见，所拟章程尚属周妥，相应请旨饬下盛京将军、奉天府尹严饬昌图厅同知分防照磨，并新设经历体察地方形势，划定界址，按照所议章程严密查察，并严饬各州、县一体照旧遵办，倘查有虚应故事及藉端滋扰等弊，应即照例参处，勿稍瞻徇。

刑部查例载。州、县、城、乡十户立一牌头，十牌立一甲头，十甲立一保长，户给印牌一张，书写姓名、丁数，出则注明所往，入则稽其所来。其客店亦令各立一簿，每夜宿客姓名、几人、行李、牲口几何、作何生理、往来何处，逐一登记明白。至于寺观，亦分给印牌，上写僧道口数、姓名，稽查出入，如有虚文应事徒委，捕官、吏胥需索扰害者，该上司查参治罪。又例载，编牌保正、甲长、牌头须选勤慎练达之人点充，如豪横之徒藉名武断，该管官严查究革，从重治罪。果实力查访盗贼，据实举报，照捕役获盗过半以上例，按名给赏。倘知有为盗、窝盗之人，瞻徇隐匿者，杖八十。如系窃盗，分别贼情轻重惩警。若牌头于保正、甲长处举报而不行转报者，甲长照牌头减一等、保正减二等发落，牌头免坐。其一切户、婚、田、土不得问及保甲，惟人命重情取问地邻保甲。赌博为盗贼渊薮，仍令同盗贼一并查举。再，地方有堡子、村庄聚族满百人以上，保甲不能编查，选族中有品望者立为族正。若有匪类，令其举报，倘徇情容隐，照保甲一体治罪。各等语。是编查保甲定例已极周详，原以稽察奸宄，弭盗安良，法至善也。无如地方官不能实力奉行，以致日久生懈，殊失杜渐防征之意。该将军等所奏系为申明定章，绥靖地方起见，应如所奏，嗣后按照旧章饬令昌图厅同知分防照磨，并新设经历各分界址，照十家为牌、十牌为甲、十甲为保之法编造户册，填给门牌，于偏僻村屯畸零户口，远则独为一甲，近则附于别牌，应设牌长、甲长、保正，饬令民间公举，务期选择得人，遇有死生、迁徙、逃亡，责成牌长记存，按月报官。如有居民曾经为盗隐匿悔过者，准令自新；怙恶不悛者，访拿严办；举首及获盗者，计功论赏；窝留及诬告者，按律重惩。仍按季抽查底薄，以昭核实。严定赏罚章程，以示劝惩。余皆照旧办理，无庸再事更张。该将军等务须督饬所属实力奉行，毋得虚应故事，日久生懈，总期核实办理，庶奸匪无从托是，而闾阎可期安谧矣。

——赌博严行禁绝一条。据该将军等奏称，奉省民鲜务农，赌风甚炽，非严行〔刑〕峻法不足以警冥顽，拟请嗣后如有开场聚赌经旬累月，罗列兵器招集匪徒，即将设局之人照强盗窝主例拟斩立决，同赌匪徒均照马贼之例概拟斩决，同赌讯非匪徒并未出首，均于旧例加一等治罪。倘系愚民无知，贪利聚赌经旬累月，并无马贼混迹其间，仍照刑部议覆。署吉林将军泉保奏准专条，开场聚赌为首之犯，比依棍徒扰害之例发极边，足四千里充军，同赌之人讯无犯法重情，均照旧例办理。如此严加惩创，不独赌风可息，而盗源亦可永清。等语。

刑部查例载，凡赌博财物者，皆杖八十。其开张赌坊之人虽不与赌同罪，又例载赌博不分兵民，俱枷号两个月，杖一百。偶然聚会开场窝赌及存留之人抽头无多者，枷号三个月，杖一百。又开场诱赌经旬累月，聚集无赖放头抽头者，初犯杖一百，徒三年，再犯杖一百，流三千里。存留赌博之人，初犯杖八十，徒二年，再犯杖一百，徒三年。又拿获赌博人犯严追赌具来历，如不将造卖之人供出，即将出有赌具之人照贩卖为从例，杖一百，徒三年。又民人造卖纸牌、骰子为首者，发边远充军，为从及贩卖为首者，杖一百，流二千里。贩卖为从者，杖一百，徒三年。各等语。是开场聚赌及造卖牌骰现行定例，已较本律加重立法，层层周密，无虞疏踪。又同治四年闰五月间臣部议覆，署吉林将军皂（保）奏，吉林赌风之盛甲于三省，请将旗民放头设局并同场聚赌各罪名严加定拟一折，经臣部以赌博各定例奉行已久，既无窒碍，与其多设科条，莫若责成地方官认真查拿，使已犯者尽法严惩，则未犯者自知敛迹。倘因放头设局开场聚赌经年累月，以致奸宄讬迹其间酿成重案，除实犯抢夺、杀人例有治罪专条外，即将放头设局之人比照棍徒扰害例科断。等因。奏准遵行在案。兹据该将军等以开场聚赌经旬累月，罗列兵器招集匪徒，请将设局之人照强盗窝主例拟斩立决，同赌匪徒均照马贼例概拟斩决等语，虽系为严惩赌博安靖地方起见，惟律例各有指归，不得意为转重。如果实犯窝藏强盗并确系马贼倚强肆掠，自应照例概予骈诛，若只系开场聚赌并无窝盗为盗确据，即不得率行牵引，致失情法之平。倘谓该省赌风甚炽，即比照吉林严定赌博章程已足示惩。若如该将军等所奏，开场聚赌、招集匪徒将设局之人照盗窝主例，同赌匪徒照强盗例概拟斩决，设有实犯窝留强盗及抢劫之犯，转致法无可加办，殊多窒碍。臣等公同酌议，嗣后奉天省匪徒倘因开场聚赌经年累月，以致奸宄讬迹其间，除实犯窝藏强盗例有治罪专条外，即将设局开赌之犯从重照吉林严定章程，比照棍徒扰害例科断，他省不得援以为例。其寻常赌博案件，仍照旧例办理，总之严立科条不若认真查办，该将军等务须严饬地方官实力查拿，有犯必惩，庶匪徒咸知敛迹，赌风亦可少息矣！

——团会一律裁撤一条。查该将军等奏称，团首良莠不齐，易滋事端，拟饬旗民地方官于所属各村、堡详查，如系良民与其宗族邻里保卫身家者，除将所存枪炮交出存记外，余听其便。其有招集匪徒藉团会为名骚扰地方者，立即勒令裁撤，倘敢阳奉阴违，即照例严惩。等语。

兵部查此案设立团会时并未据该将军专咨报部，所有一律裁撤之处应由该将军等自行妥为办理。

——军械交官一条。兵部查该将军等奏称，私造军器例禁綦严，嗣因马贼肆扰，乡团固守，始准自行制办。现在贼匪肃清，军械自应查禁。今昌图地方团会器械已令呈交各地方官编号注册存记外，其商会人等如有抗违不遵擅行制造者，一经地方官查出，即行呈缴入官，并将私造匠役及私藏之户照例惩办。等语。系为严禁私造军械起见，应如所奏办理，应令该将军将团会呈交各地方官军械转饬造具名目、件数细册，专案报部备查。倘嗣后再有私藏私造军器者，除该犯照例治罪外，具失察之该管地方官即由该将军奏请交部议处。

——堡寨宜乘时修筑第一条。工部查该将军等奏称，昌图设官未久，诸多草创向仅设栅栏以为屏蔽，不足为守御之资，自应择要扼冲乘时建立，无如库款支绌，不得不借著闾闫〔阎〕，而该厅民鲜殷富，且工匠、木石之需为数浩烦〔繁〕，再三商酌，拟饬该厅传集绅商推诚劝导，令其自行捐办。再查新民一厅亦无城垣，统饬一律劝办，俟有成效再行奏闻等语。应如所请，准其劝捐办理，一俟办有成效，由该将军等一面奏明，一面据实造具册结，送部核办。

——两省会哨一条。查该将军等奏称，昌图厅西北与蒙古旗界毗连，正北与吉林、黑龙江接壤，每交冬令商买络绎不绝，不无匪徒乘间窃发。拟于两省将军、副都统轮流一人前往会哨，以资振慑，并拟每年冬令于昌图所属两省边界紧要适中之地，酌带官兵会哨一次。等语。

兵部查盛京、吉林等处每届三年轮派将军、副都统等一员会同朝鲜会哨一次，每年四季轮派协领一员会哨一次，历经办理在案。今该将军等请每年冬令于将军、副都统之中轮派一员前赴两省边界紧要适中之地，酌带官兵会哨一次，系为操演官兵整饬防务起见，应如所奏办理。该将军等应即实力奉行，以期伏莽潜消，毋蹈有名无实之弊。倘嗣后仍有盗贼潜踪乘间滋事，所有会哨官员均难辞咎，应由该将军等指名奏参并自请交部议处。至与朝鲜每季会哨之处，应由该将军仍照旧章办理。再查各省将军、都统、副都统前往本省所属各城查阅操演，均将起程并差竣回任各日期咨报兵部备核。今该将军等奏称于两省将军、副都统中轮流一人前往会哨，每届会哨起程及会哨完竣回任各日期由该两省将军、副都统比照各省将军等查操报部起程回任日期之案咨报兵部备核。

——地方添设文武一条。查该将军等奏称，昌图地处边外，广袤千有余里，幅员辽阔，政务殷繁，稽察本属难周，奸宄易于混迹。已将原设通判奏改抚民同知，并将厅衙及八面城两处原设捕盗外委二名所带步兵改为马队，复于榆树台地方添设虚衔千总一名，另募马兵四十名分路梭巡。嗣因应给俸饷无款，可筹未能果行，如再添设弁兵，更恐经费莫措，所议武职似可无庸置议，惟审度昌图形势，地广官稀，拟于昌图东北鄙距厅三百二十里之八家镇添设分防经历一员，作为沿边要缺，在于本省现任巡检吏目之内遴员升补，划定管界，以专责成。等因。吏部查昌图系原设理事，于同治三年四月经前任兼管奉天府府尹和等以该厅所属开地日广，招佃愈多，蒙民杂处，习俗刁悍，奏请改为边海抚民同知，其所属原设有昌图厅照磨一员、额勒克巡检一员分司巡缉。兹据该将军等拟请于旧设照磨、巡检外，添设分防经历一员，与该厅并照磨鼎足而峙，作为沿边要缺，系为该厅地旷官稀稽查难周，添设经历以资分辖起见，自应准如所请。添设昌图厅同知经历一员，分驻昌图所属八家镇地方，与该处巡检等分司巡缉，弹压地方，作为沿边调要之缺，以锦州府经历选缺人员调补，或由该省奏请拣发委用人员补授。所请以现在巡检吏目内遴员升补之处，查经历系正八品，非从九品之州吏目、巡检应升之阶，核与定例不符，应毋庸议。至所称划定管界，以专责成，应由该将军等体察地势情形，划定界址，责令就近管辖，所有承缉命盗案件如有疏失，即将该经历按限查参，照承缉官例议处。所请遇有命盗案件，悉听该同知檄委勘验，寻常词讼杖罪以下，准其就近审理。刑部查昌图厅新设分防经历，该将军等奏称，命盗案件悉听该同知檄委勘验，寻常词讼杖罪以下，准其就近审理，余仍送厅讯办，系为分防管辖，使责有攸归，以杜诿卸搀越之渐，应如所奏办理。所有应颁同知、经历印信，礼部查定例，文职官员印信由吏部议准，撰拟字样送部铸造。等语。今奉天添设昌图厅同知经历一员，既经吏部核准，自应添铸同知经历司印一颗，以昭信守。恭候命下，由吏部撰拟字样到部铸造颁发。应领俸薪养廉，户部查例载正、从八品岁支俸银四千两，又载奉天锦州府经历岁支养廉银四十两。等语。今昌图厅添设经历一员岁领俸廉应准查照正八品岁支俸银四十两，并比照锦州府经历岁支养廉银四十两之例核计，在该省地丁耗羡项下动支。至该经历应设夫后需用工食，应由该将军等酌定名数报明户部，再行覆办。应建衙署。工部查该将军等所请添设昌图厅同知分防经历一员应建衙署工程，应如所请，准其建盖。仍俟该员调补，复即饬令酌量营建，撙节估计先行专案造册题估，工竣即将建盖房间数目、丈尺、做法、用过工料银两据实确核，照例造具册结，送部题销。

——学校因时设立一条。查该将军等奏称，昌图所属本为蒙古地方，自嘉庆十二年设官分职，招佃开荒，迄今五十余年，流寓者久经隶籍，耕种者渐识弦歌，生息既繁，文风亦盛，劝学之士往往分附铁岭、开原两县，考试自应早设，庠序教育人材。现查该厅应试文童约三百五六十人、武童五十余人，拟于厅之东南隅原有空地建立圣庙学宫，仿照金州厅之例，添设训导一员，归部选补，未选以前，由奉省候委教谕内遴委经理，每次取进学额酌定八名，另设廪额二名，即由厅籍增附生内考补以便，应毋庸议。至所请添设廪额及照例应行添设增额及出贡年数，应俟该厅考试五届后，由盛京将军奏明，再由臣部详酌情形另行核议。现在该厅初次考试并无廪保识认，应令该生取具族邻甘结、同考互结，赴厅投考院试应由该地方官造册加具印结保送入场，其余一切考试事宜均照定例办理。自应颁训导条记，查定例，文职官员印信由吏部议准撰拟字样送部铸造。等语。今奉天昌图厅添设训导一员，既经吏部核准，自应添铸训导条记一颗，以昭信守。恭候命下，由吏部撰拟字样到部铸造颁发。应领俸薪，户部查奉天金州厅训导岁支俸银四十两，今昌图厅添设训导一员，岁需俸银应准比照金州厅训导岁支俸银四十两之例核计，在该省地丁耗羡顶〔项〕下动支。至该训导应设门斗夫后，应由该将军等酌定名数报明户部，再行覆办。

黑龙江将军衙门为遵照前札将应交钱文从佛尔清阿名下照数追出事致署理呼兰城守尉萨英额的札

同治六年十月初十日

将军衙门为严札遵照事。

户司案呈：据署城守尉呈报，据佐领佛尔清阿禀称，应交钱文可否准其指俸抵补，暨指核销工食抵还。等情呈报前来。

查此案亟应查照佛尔清阿在省呈递亲供，追缴钱文呈报，何得任由狡展滥具呈词，抗违札谕延不呈交，致案久悬殊属非是。应再严饬该署尉遵照前札，即由佛尔清阿名下将应交钱文立即照数追出，迅速呈报，以凭核办，毋得任由狡展再缓时日，致干究办，是为至要。等因。遵奉堂谕严行札饬该署尉遵照可也。须至札者。

右札署呼兰城守尉萨英额准此。

署理呼兰河城守尉萨英额为已拣派精壮马兵查拿流匪事致黑龙江将军衙门的呈

同治六年十一月初二日

署理呼兰河城守尉关防事务副都统衔协领萨英额为迅速详报事。

右司案呈：于十月三十日奉将军衙门札开，户、兵司会案呈，查前经奏派呼兰官兵五十名赴厅巡防缉拿匪徒，并札令该署尉遴派干员分路查探，妥为备兵，以壮声势。等因在案。兹风开〔闻〕该同知所属厅镇、村屯多有持械游匪设局聚赌，肆行无忌，并逸犯杜广详、闫太、右林等仍在山场一带潜藏集匪，尤属怙恶已极，若不上紧严拿剔除奸弊，何以靖地方而安居民。查该尉厅责在地方，亟应严饬所属急行搜捕匪犯、赌匪，严加惩办，并于江之南北时加哨探流匪信息，预为设防，以期有备无患。再查前派赴厅之兵五十名且恐较单，不敷分遣，令饬该署城守尉刻即由该处添派枪箭娴熟精壮马兵五十名，配带军火器械，遴派妥干职官一员带领，连前赴该厅之兵计一百名，均交副管乌林布管带，迅赴巴彦苏荣〔苏〕等处分拨严行搜拿匪犯、赌匪、持械游行之徒，并究查来历不明之人，以清地方。应令乌林布查验前派赴防兵五十名内，倘有软弱或马匹疲乏不能得力者，即行遣回，著该署尉挑换强壮之兵速令前往补额，务期得用。仍严饬乌林布于搜捕匪民时，务将改妆潜匿匪犯设线访获，不得漏网。该副管如将各界查清后，即带兵丁分路入山，无论丛密山林、险崖之处，均须认真概行搜查。如有违禁盖房者，即行折〔拆〕毁，严查违禁，人犯惩办，即将搜捕情形随时呈报，以凭查核。并著严饬各卡官兵上紧巡查，均不准稍有藉端，骚扰地方，勒索平民，及徇情图财卖放匪徒等弊。倘有违者，定行严加重办，决不宽贷。仍饬该署尉随时严密访察该官兵等，倘有怠慢并不实力从事及骚扰平民等弊者，务即呈请加重参办，以示儆戒。仍饬该同知拣派妥干乡约、丁役分巡查访，严拿匪徒、赌匪，务期有犯必惩，不得稍涉疏懒，推诿误事，致干参办，是为至要。等因。遵奉堂谕，严行札饬署呼兰城守尉协领萨英额、理事同知文瑞一体遵照，仍将乌林布管带续派官兵何日起程之处速为呈报，其所需口分钱文著照前派官兵之章，仍在该厅承领，以济食用勿误可也。须至札者。等因前来。

遵即严札沿江一带各要隘口坐卡官兵，一体加意巡访，无时哨探流匪息信，盘诘来往行人，设有形迹可疑，即行拿获送城究办外，当由本处前已备派马兵二百名之内拣派精壮马兵五十名，配带军火器械，指派骁骑校依钦保带领，连前赴巴彦苏苏驻防之兵计一百名，均交副管乌林布管带，遵照札文悉心办理，毋得疏懈。并饬副管乌林布管带续派官兵五十一员名，于十一月初二日起程往赴厅镇去讫之处，另文咨会同知衙门查照。等情。拟合呈请备文一并迅速详报将军衙门鉴核施行。须至呈者。

右呈将军衙门。

署理呼兰河城守尉萨英额为集拉明阿、富崇阿等人患病不能动履前请路引、公文暂行邀回事致黑龙江将军衙门的呈

同治六年十一月二十日

署理呼兰河城守尉关防事务副都统衔协领萨英额为呈报事。

右司案呈：于十一月初五日奉将军衙门札开，兵司案呈，据署呼兰城守尉详称，由城守尉降三级调用集拉明阿请领公文路引回籍都京等情。由将军衙门发给由城守尉降三级调用集拉明阿正白旗满洲都统、兵部、〔兵〕科置〔值〕年旗等衙门咨文四角，山海关法库边门路引二纸，并给前往山海关内省亲去之领催富崇阿、申兵、来顺、常寿等路引一纸，一并札饬前来。遵即分交接领后，兹于本月十六日据由城守尉降三级调用奖赏花翎集拉明阿申诉，前因遵札降级调用，拟欲携眷回籍都京，具情请领路引执照，兹奉将军衙门发给路引二纸、正白旗满洲都统等衙门公文四件递交前来，正在定日起程回籍间，不意向在军营染受潮湿腰腿疼痛，旧疾复发不能动履，延医调治，无稍痊愈，兼之时值冬令，实难立效。是以不揣冒昧具情申诉城守尉衙门请烦查照，仰祈将路引、公文暂行一并邀回，容俟疾症调养稍痊，再行请领回籍。等情。

复查由城守尉降三级调用集拉明阿向在军营染受潮湿腰腿疼痛，旧疾复发不能动履属实。并据左右翼副管等呈称，领催富崇阿、申兵、来顺、常寿均经患病不能前往山海关内省亲，请将路引邀回。各等情。据此，拟合将路引三纸、正白旗满洲都统等衙门公文四角一并附入封筒，呈报将军衙门鉴照查收施行。须至呈者。

右呈将军衙门。

总理各国事务衙门为俄商欲赴满洲以北诸城采买兵粮请妥为筹画事致黑龙江将军的咨
附：照会

同治六年十一月三十日

钦命总理各国事务衙门为咨行事。

所有俄商在阿木〔穆〕〔尔〕省一带百里内任便贸易及往满洲以北诸城买粮接济一事，前据俄使照会，请饬中国边界官员勿再阻制。等因。本衙门当即据理照覆，于十一月二十一日抄录往来照会，咨行贵将军查照在案。据俄国翻译官柏林来署面述，系为俄国兵粮缺乏，远路采买不便起见，自非前赴内地通商可比，恳请允为照办。本衙门核其情节尚属可原，当即先行函致贵将军酌量办理，现在于原给俄使照会尾内续添准其在附近边界地方采买接济，官为经理，以示体恤。惟应先期行文中国官员，将一切采买章程妥筹办法，此系因兵粮缺乏，由官通融接济，仍与边界贸易章程并行不背〔悖〕。相应抄录续添俄使照会，咨行贵将军查照，务希酌派妥员会同两国边界官妥商筹画，切勿任令边界官各就利便存私意，以致肇衅生弊，是为切要，并将办理情形声覆本衙门查核可也。须至咨者。

右咨黑龙江将军。

计开。

附：照会
照录给俄国照会
为照会事。

同治六年十一月初五日准贵大臣照会称：前议阿木〔穆〕尔省一带两界人民在百里之内任便贸易不行阻制，声明已该处官员遵照施行在案。现据本国京都来文乃称，前议尚未施行，中国边界官员仍前不准华民卖给麦面等物，并称阿木〔穆〕尔省一带人稀土旷，物产维艰，而邻封和好之邦，就近各省物产为丰，民情亦愿交易，竟为该地方官勒抑，请由本王大臣仍按照上年四月初七日公文书信，饬催该处官员准许两边人民任便在百里之内贸易，如有俄国封疆大员派人前往满洲以北诸城买粮接济，先行知会该处，毋得再行阻制。等因前来。本王大臣查两国交界处所准许贸易，不过边界地方人民寻常往来，如零星货物互换等，乃原为体恤商民，以敦和好，载在条约，历经照办。嗣因贵国商人持照欲赴内地通商，是以复与贵大臣申明，定议黑龙江等处交界如在百里之内，两国民人按照续约第四款、通商章程第一款按理贸易，不得拦阻，百里以外只准执照游历不准商。并贵国商人从阿巴该推〔图〕卡伦赴阿木〔穆〕尔省贸易，由陆路假道莫〔墨〕尔根、爱〔瑷〕珲等城，准其买取路用所需口粮各等因，均经行文黑龙江等转饬边界官员，凡两民人在边界百里之内照章贸易，务须按理保护，及俄国商人由陆路假道莫〔墨〕尔根、爱〔瑷〕珲等城买取路用所需口粮，均不准暗相阻制。等因照办在案。并非前议尚〔未〕施行，兹据贵大臣照金俄人一名乘坐轮船至苏那里江上流购买麦粮，该处官员仍行多方作难。等情。此次贵国商人乘坐轮船购买麦粮，如在边界百里之内照章贸易，中国官员故不当稍有拦阻，若非边界照章贸易，又非陆路俄道买取路用所需，中国官员亦不能不按约阻制。至于边界处所物产为丰，该处人民情愿在边界百里之内照章贸易，此系条约所载，中国官员亦所素知，断不应故为勒抑，若贵国人民潜赴内地任意通商，本为各国条约所禁，不惟中国官员所当力阻，即贵国边界官亦当严查惩办，方足以符条约。内照支贻，除咨行黑龙江将军等再行申明前议，饬令遵办毋详故违阻制外，相应照会贵大臣，仍希行知贵国边界官，请饬贵国商民务须遵照上年与贵大臣议准各条照章贸易，中国官员自必按理保护，断不故再有阻制。其派人赴满洲以北诸城买粮接济一节，续据翻译面述，系为贵国兵粮缺乏，远路采买不便赴〔起〕见，自非前赴内地通商可比，本王大臣何忍坐视莫〔漠〕不相开〔关〕。惟黑龙江地方生计萧条，从前曾经商酌能否准令粮石出境，该处即因本地尚有不敷，未经应允。此次迭经贵大臣谆嘱，本王大臣自当设法通融办理，嗣后如贵国封疆大员派人前往满洲诸城买粮接济，应预期行文吉林将军、黑龙江将军，酌量在附近边界地方由官派人经理代买接济，其如何运送，令派出之员彼此会商，边界官妥为办理，按照市价采买，以资接济。其未经知照处所，不得任意前往，俾免中国地方官拦阻，致滋遗误，此实本王大臣敦重往来友睦，谅贵大臣必以为然也。所有一切采买章程应由吉林将军等体察地方情形，就近与贵国封疆大员妥筹办理。除咨行黑龙江将军、吉林将军等查照外，即希贵大臣情〔请〕行贵国封疆大员查照办理可也。

兵部为查管带黑龙江官兵前往湖北军营委营总济隆额捏报倒毙马匹一案事致黑龙江将军的咨

同治六年十二月十四日

兵部为咨催事。

车驾司案呈：查咸丰十一年正月二十四日准署河南巡抚黄咨称，据军需局呈，总理粮台咨覆，准河南军需局咨，蒙抚部院札，准兵部咨催，查咸丰八年三月初五日本部奏参管带黑龙江官兵前往湖北军营委营总济隆额沿途捏报倒毙马匹一折，奉上谕：兵部奏请将捏报马匹倒毙之带兵官惩处一折，黑龙江委营总济隆额管带官兵前往湖北军营，行至通州遽称骑马二百四十九匹全行倒毙，显系该兵丁等沿途变卖，带兵官扶同捏饰，若不严加惩办，何以肃军政而儆效尤。著黑龙江将军、湖北督抚饬令该营总将前项马匹勒限赔补，并著官文胡林翼将带兵官就近查取职名，交部议处。钦此。

当经本部行文一体遵照，俟据〔湖〕广总督咨称，黑龙江委营总济隆额所带西丹已经河南巡抚部院截留豫省防剿，查该委营总济隆额应赔前项马二百四十九匹，系钦奉谕旨饬令勒限赔补之案，自当饬令予限赔补。等因到院。札局转办。等因到台。当经移查去后。兹据总理文案处移开，奉钦差帮办军务穆图善札饬，转据统带黑龙江马队官兵乌勒兴阿呈覆，遵查本起官兵由省原骑马二百四十九匹，行至锦州及抵通州沿途陆续倒毙，饬令员弁沿途补买马四十四匹，职自力补买马六十七匹，共一百一十一匹。正在呈请转报兵部间，蒙河南巡抚部院英札留本起官兵，当经查点，已补买马一百一十一匹。今复奉文，饬令买补并查取应议职名送部。今将已补买马一百一十一匹之官兵八十员名，并未能补买马匹余丁一百三十八名旗佐花名，并拨留河南助剿官兵旗佐花名及职应议职名一并造具清册一本，呈请转发。等情。

据此，相应将该营总呈报各缘由理合照造清册咨覆兵部查照办理。等因前来。查此案，黑龙江委营总济隆额应赔该处官兵沿途捏报倒毙马二百四十九匹，据称该处官弁沿途补买马四十四匹，统带马队官兵乌勒兴阿补买马六十七匹，共一百一十一匹。等语。查该官弁等补买前项马一百一十一匹系在何处买补，其时报明何处地方官，札留时该抚是否派员点验属实，原文内均未声明，应咨河南巡抚派员据实查验并出具切实甘结，送部到日再行核办。至尚有未赔马一百三十八匹，应咨该抚查照本部前行奏咨各案，转饬严催飞速如数赔补，毋再迟延，致干重咎，行文河抚知照黑龙江将军并叠次行催各在案。乃迄今仍未据该抚查明该官弁等赔补前项马匹是否属实咨覆本部，其尚有未赔马匹亦未咨报是否赔补，应再由驿行催河南巡抚速即转饬赔补，并前项已赔马匹是否属实一并咨覆本部，以凭查办，并知照黑龙江将军可也。须至咨者。

右咨黑龙江将军。

呼兰理事同知文瑞为具报法国天主教士施若亚敬入境情形事致黑龙江将军衙门的咨
附：执照
同治六年十二月十五日

呼兰理事同知文瑞为呈报事。

本年十二月十一日准城守尉衙门咨开：十二月初十日据查街处报称，法国教士随带习教民夫二名坐驾轿车一辆进城，已寓德胜店。等情。据此，当饬副管等官向询，该教吉〔士〕言称，伊系法国人，传天主教之士施若亚敬，在长春厅北尤家屯设有天主堂屋宇，今由伯都讷一带顺驿路而来，前往巴彦苏苏中兴镇查寻习教之人，并给出执照一纸，暨吉林将军衙门承办处因交涉事宜照覆该教士付文一件，给与阅看查照，载法国钦差驻札〔扎〕中国总理本国事务全权大臣伯发给传天主教之士施若亚敬收得，在吉林、盛京、黑龙江满洲三省来去传教，无论何处不可贸〔留〕难。等语。据此，随即面交即补协领托克通武前至该店好生照料，或有零星货换务须平允交商，并备办烟食、茶叶等物与其礼送，伊未收领，复言将伊执照钤用关防，职未允准，是以出派委官一员随带兵丁跟随照料。该教士施公等前往巴彦苏苏去讫之处备文咨行同知衙门知照，该法国教士于何日抵入厅属，如何行动，或于何日出境，往奔何处，即行随时详省，切莫迟延。等因。准此，旋于十二月十二日，该教士施若亚敬前来厅属，寓开设豆腐房之孙姓家中，当饬巡检陈炳询其到此何事，回称系查寻习教之人而来，次日到署投验执照。今于本月十五日起程前往阿勒楚喀去讫，卑职派差送至交界处所。查该教士在境并无骚扰情事，理合照抄该教士执照并声明入境日期呈报将军衙门查核施行。须至呈者。

右咨将军衙门。

计开。

附：执照

大法钦差驻札〔扎〕中国总理本国事务全权大臣伯为给发执照保护事。

兹因遵行大清国大皇帝、大法国大皇帝特派钦差便宜行事全权大臣于咸丰八年五月十七日及十年九月十二日在天津、顺天两城内设立私约章程第八、第六前后等款，故本大臣将此执照交付本国人传天主教之士施若亚敬收得为据。本大臣因深知施公系我国名士才德兼优者，所以请烦大清执政大臣及各省文武官员、边疆大吏，自此以后传教士施公在吉林、盛京、黑龙江满洲三省内来去传教居住，无论何处租买田地建造天主堂屋宇，均听其便，丝毫不可留难，当以宾礼相待，并望随时照料，切勿袖手旁观，庶臻妥协。为此，本大臣给发此照，俾凡属大清国所辖内外各处，咸宜遵照毋违，以示和约章程永垂不朽，此实本大臣之所厚望也。

右付传家〔教〕士施公收执。

第三百五十一号

同治五年八月初一日由本法国全权大臣公署发，再者无论何处设有叛送，断不准执照之人任意前往，执照人花押本署，护照存册。

署理呼兰河城守尉萨英额为查核吉林伯都讷小场院及阿勒楚喀有无贼匪事致黑龙江将军衙门的呈

同治六年十二月十八日

署理呼兰河城守尉关防事务副都统衔协领萨英额为迅速详报事。

右司案呈：兹于十二月十七日接准双城堡副都统衔总管衙门咨覆内开，于十二月十五日准呼兰城守尉衙门移文内开，右司案呈，兹据管带官兵前往巴彦苏苏一带搜捕去之副管乌林布详称，在于沿江搜捕盘问，由江西返回佃民等声称，于冬月二十六、七日，双城堡南伯都讷属界小场院地方有贼匪四五十名溃散，贼首石林、闫汰在内，有官兵迎剿未能击灭，仍向北窜等情。虽系言语之词，碍难预定实虚，为此详报备防。等情前来。据此，详核该带兵副管乌林布探询小场院地方有贼匪四五十名，官兵迎击未灭，向北窜扰等情，虽系实虚叵测，且遇年节在迩，尤当布置严防，肃靖地方为要。是以当派五品花翎李得住持文赶赴双城堡副都统衔总管衙门投递，请烦查照，希为讷界小场院地方实否有贼匪滋扰之处望速见覆，仍饬探差持回，是为公便可也。等因前来。

查本衙门前经屡派演练官兵分起前往邻城接界要隘处所，不时常川梭巡，探报时届并无盗匪信息，河南讷界虽有三五零匪劫抢道路，业被讷城查缉官兵拿获札办，并未探有小场院地方贼匪四五十名之信。今准咨探，合将敝堡并未闻有成股盗匪窜扰之处呈请咨覆贵城守尉衙门查照可也。须至咨者。等因前来。复据派往阿勒楚喀副都统衙门侦探去之五品花翎奇克兴阿旋报，遵饬前往阿勒楚喀一带探询，并无盗匪信息，均屡安谧。等情。据此，除严札带兵副管乌林布妥密搜捕，悉心访探，具实详报之处，拟合呈请备文一并声明，详报将军衙门鉴照。须至呈者。

右呈将军衙门。

署理呼兰河城守尉萨英额为详报吉林伯都讷剿匪各节及已缉捕余匪事致黑龙江将军衙门的呈

同治六年十二月十九日

署呼兰河城守尉关防事务副都统衔协领萨英额为详报事。

右司案呈：兹于十二月十八日准阿勒楚喀副都统衙门咨开，左司案呈，于同治六年十二月十三日准将军衙门咨开，兵司案呈，本年十二月初八日据伯都讷副都统衙门咨称，案查前派协领衔花翔佐领委营总杜隆阿、署本城巡检事务蓝翎无品级笔帖式庆德等带同兵役，会同前派沿江防探堵御之佐领富尔松阿、捕盗云骑尉索成等各起官兵，往缉抢劫坐守槛梨场官兵衣履并在三家子开设赌局暨率领赌匪抢劫民人冯九财车马、银钱、衣物之总役刘怀等各股匪犯缘由，已于十一月初五日咨报在案。施〔旋〕据该员等因各股匪犯等逃散，会同孤榆树巡检董慈荫仅将赌匪魏振东即魏巴什、匪犯郭茗、案证张振德等拿获送案，随屡札催该员等务将该匪等赶紧搜捕，连在白家面铺屯西抢劫行路车骡、钱衣之各匪犯，以及境内遇有设赌、抢劫、滋扰匪犯，务期按名搜拿解案，以便尽法惩办而靖闾阎去后。于是月二十九日据协领衔花翔佐领委营总杜隆阿、佐领富尔松阿、署巡检庆德等禀称，职等叠奉札催，带同兵役追拿各起匪犯，于二十四日行抵新城局东三十里之遥老鹰嘴子地方，访探得由江西蒙古界窜来匪犯二十余名，在彼设赌绑缚民人刑姓诈索钱文，复聚众结拜弟兄，时常抢劫过往车马之信。随督带兵役驰抵该匪等盘踞之处，正欲进前捕拿，该匪首陈中塘率领伙匪二十余名各持枪炮，从屋内向外放枪诅〔拒〕捕。职等督兵连环放枪捕拿，该匪等支持不住一齐闯出，互放枪炮，拼死拒敌，我兵奋勇直前，生擒匪首陈中塘、伙匪孙有等二名，正值绑缚之际，余匪乘隙骑马逃跑，我兵尾追，该匪等仍放枪炮拒敌，我兵奋不顾命，实力追剿，枪毙匪犯十一名，夺获匪械铁炮二杆、火枪五杆、夹把刀四把、长矛三杆，余匪逃散。彼因日落黑暗撤队，查点兵役内正蓝旗花良阿佐领下披甲同顺顶心、脑后、发际受刀伤三处，左胳肘受矛伤一处，验明伤痕，堪列头等，该兵所骑官马受伤阵毙。番役梁发左手中指受枪子伤一处，系堪列三等。除将拿获匪犯陈中塘等二名连枪械饬差押解送城外，当将职等遇贼打仗获胜各缘由先行禀闻。等情。除将送案匪犯陈中塘等讯明惩办另文咨报外，查该匪等胆敢聚众拒敌官兵，罪不容诛，所有击败余匪理宜赶紧追剿，尽绝根株。除札饬现在添派花翎骁骑校德崇阿、尽先防御蓝翎前锋忠林、佐领衔花翎前锋德庆阿、协领衔佟先、佐领萨音布等遵照驰赴杜隆阿队内协同追剿，并札催佐领委营总杜隆阿遵照督带兵役协同乡地不分畛域，赶紧追剿，务将该匪等按名剿捕净尽，毋使一名兔脱漏网。并札佐领富尔松阿带同兵役驰往沿江要隘处所严密堵御，以截该匪回窜之路。惟该匪等此拿彼窜，难免不无，理合移咨邻城堵缉，除就近飞咨双城堡、拉林、阿勒楚喀各衙门饬派弁兵严加堵缉外，当将佐领委营总杜隆阿等遇贼打仗获胜，现在札催追剿在逃余匪各缘由合并声明，咨报堵缉等情。据此，相应咨报将军衙门，谨请查核咨札所属一体堵缉可也。等因前来。当奉宪批，兵司迅速办咨，札行知喀拉堡各处一体搜捕，免生支〔枝〕节。等谕。遵此，查该匪暨被击败，余者兔脱，惟当江河封固，难免纷踪潜逃，易于窜蔓，亟应赶紧歼擒，务期尽绝根株。相应咨行阿勒楚喀副都统衙门遵照，速即饬派官兵赶紧堵缉，务将此项余匪尽数歼灭，以度患萌可也。等因前来。

  遵查于本月初八日接准伯都讷衙门来咨，本衙门拣派番役前往西路不时侦探外，当即分札所属暨专派云骑尉双德、披甲六品蓝翎存林等带兵前往西路喀拉属界堵缉，飞札拉林协领一体派员带兵前往拉林河与讷界通衢之隘要截缉此股余匪，倘有探明此股余匪奔窜确信，一面跟踪截缉，即飞报衙门添差往捕，即将喀拉练防官兵备齐，佩妥枪马、军火，亲加操演，以备急需，不准稍涉疏懈，任匪兔脱滋蔓。等因在案。兹奉文再行严札所属暨捕盗云骑尉双德等，认真巡查属界，堵缉窜匪，并查拉林河西即系讷界最为设防要路，所有拉林防堵一切事宜飞札拉林协领永海遵照，细心设法布置，防维地面，以期有备无患。仍派妥员带兵协同西路总界官前往拉林河与讷界通衢各隘要，处处严加防堵，务期有匪必获。仍于讷城捕盗各官会哨，侦探此股败匪盘踞下落即行会剿，务将此股败匪歼灭根株，万毋稍分畛域，任匪幸逃干咎。仍将布置防维地面情形，指派某员前往，与讷界接通拉林河隘要堵缉败匪各节先行呈报备核之处，理合备文咨行，为此合咨贵呼兰城守尉衙门查照可也。须至咨者。等因前来。准此，当即严札沿江一带各要隘口坐卡官兵及各团练会勇役，一体加意巡访，严密捕缉，以杜邻城败匪改妆潜入境界，而除混迹余匪隐匿。并札带兵副管乌林布务须合力堵缉，不时梭巡访查，勿致漏网，是为致〔至〕要外，拟合呈请备文详报将军衙门鉴照。须至详报者。

  右呈将军衙门。

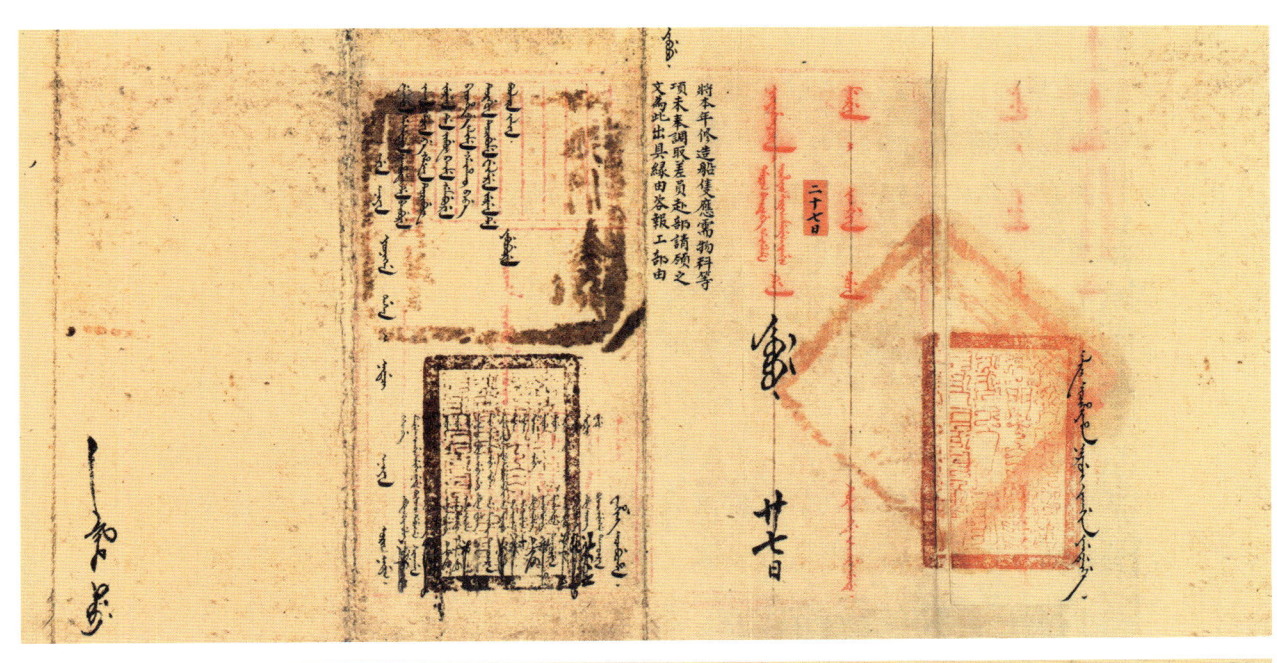

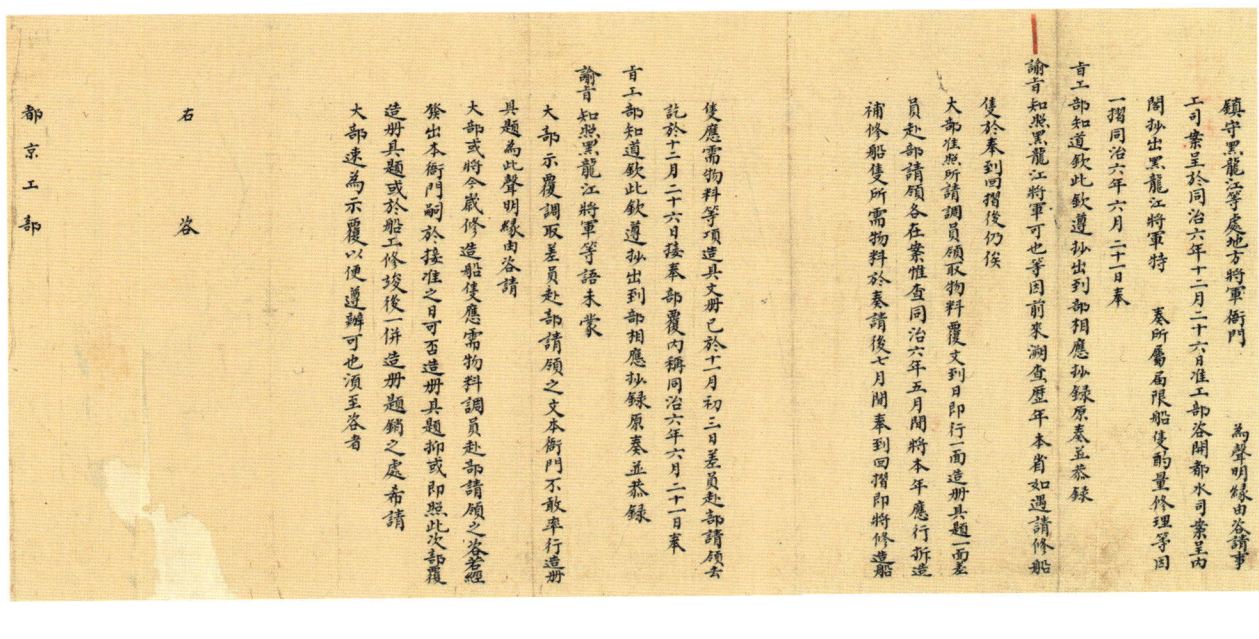

黑龙江将军衙门为请修船只未蒙大部示覆可否造册具题事致都京工部的咨

同治六年十二月

镇守黑龙江等处地方将军衙门为声明缘由咨请事。

工司案呈：于同治六年十二月二十六日准工部咨开，都水司案呈，内阁抄出黑龙江将军特（普钦）奏所属届限船只酌量修理等因一折，同治六年六月二十一日奉旨：工部知道。钦此。钦遵。抄出到部。相应抄录原奏并恭录谕旨知照黑龙江将军可也。等因前来。

溯查历年本省如遇请修船只，于奉到回折后，仍俟大部准照所请调员领取物料覆文到日，即行一面造册具题，一面差员赴部请领，各在案。惟查同治六年五月间将本年应行拆造、补修船只所需物料于奏请后七月间奉到回折，即将修造船只应需物料等项造具文册，已于十一月初三日差员赴部请领去讫。于十二月二十六日接奉部覆内称，同治六年六月二十一日奉旨：工部知道。钦此。钦遵。抄出到部。相应抄录原奏并恭录谕旨知照黑龙江将军。等语。未蒙大部示覆调取差员赴部请领之文，本衙门不敢率行造册具题，为此声明缘由咨请大部，或将今岁修造船只应需物料调员赴部请领之咨若经发出，本衙门嗣于接准之日可否造册具题，抑或即照此次部覆造册具题，或于船工修竣后一并造册题销之处，希请大部速为示覆，以便遵办可也。须至咨者。

右咨都京工部。

特普钦为具奏派员管带遣赴山东壮丁起程日期事致都京兵部、盛京将军衙门等的咨

同治六年

奴才特普钦跪奏，为山东委员到省，钦遵谕旨，将挑备壮丁调省，督饬会同认真拣选遴员管带，酌拟分起程日期，恭折驰奏，仰祈圣鉴事。

窃奴才前奉谕旨招募遣赴山东壮丁，听候丁宝桢委员前来管带赴东训练，当将分饬挑备缘由奏蒙圣鉴在案。兹于六月初九日该委员惠庆、张赞勋等携带整装银两先行到省，奴才随即飞饬各城将前借壮丁克期送省。嗣于七月初一日委员李宗岱将吉林挑〔备〕壮丁分饬起程后，随亦赶紧前来。奴才督饬前派带〔营〕各官会同该委员等按名点验，认真挑选，择其言貌拙樸、年历精壮者。由齐齐哈尔城选得壮丁三百二十五名，由黑龙江城选得壮丁二百七十五名，由墨尔根城选得壮丁二百二十名，由呼伦贝尔选得壮丁三百三十名，由布特哈选得壮丁五百名，共挑选壮丁一千六百五十名，内有挑借顶补余丁一百五十名，并遴选曾历戎行之副都统衔协领绰勇巴图鲁莫尔赓额、副都统记名副都统衔副管额尔奇穆巴图鲁花尚阿、副都统衔佐领苏苏克巴图鲁萨英阿等三员委为领队正员，又由佐领、骁骑校内拣派曾历戎行营伍得力者六员委为管带营员，并由军功顶翎得力兵内委为哨长三十员名、委办文案章京一员、委笔帖式十一员暨随营差遣甲兵三十一名。统计挑选官兵壮丁一千七百三十二员名，分为三队，每队分为两起，统交山东委员李宗岱等督率。该领队营员等管带头起拟于七月十三日起程，续起各间二日前进，仍照向办章程，自茂兴站出境，就近取道，由蒙古草地进法库边门入山海关，以期迅速。所有该官兵、壮丁均系乘骑本马前进，沿途经过地方应备协济车辆，由奴才商同该委员详核实用数目，飞咨盛京将军、奉天府府尹、直隶总督，饬属一体量为备办，以利遄行。至该官兵、壮丁等应领整装银两，奴才与该委员悉心筹商，缘本省向办旧章，每兵丁一名发给整装银二十一两，系连马价银统计在内。该抚臣前奏，因未悉本省旧章向有马价在内，仍拟另为官买马匹，是以每名拟给整装银十两，并准该抚臣函商采办马匹，拟即向应募壮丁买用，择其精骑给与马价，即令该丁乘骑来东，以期简捷。是以奴才与该委员等商定，仍照奴才前奏，每名给银二十一两，饬令该壮丁自

备鞍马乘骑前进，并严饬管兵各员沿途务须小心照料喂养，以免疲乏，庶到营后可期适用。并现派带兵各员应给整装银两亦照向章发给，均由该委员携带来银内照数分领，统归该抚臣军营报销。除另缮清单恭呈御览外，所有奴才遵旨挑选壮丁、派员管带、拟定起程日期，理合恭折驰奏，伏乞皇太后、皇上圣鉴。再查开缺荆州副都统萨萨布伤痕复发，现饬查明不能带队，合并陈明。谨奏。等因具奏之处，相应呈请飞速咨报兵部、户部备核外，并咨行署山东巡抚丁宝桢、盛京将军、奉天府府尹、吉林将军衙门、山东委员李等查照可也。须至咨者。

右咨都京兵部、署山东巡抚丁宝桢、盛京将军、奉天府府尹衙门、吉林将军衙门、山东委员李、山东委员惠。

特普钦为久病难痊请准开缺离任调理可咨调克蒙额暂署将军印务事致都京兵都的咨

同治六年

奴才特普钦跪奏为边疆任重，病久难痊，吁恳天恩，俯准开缺离任调理，以重地方而慎职守，恭折仰祈圣鉴事。

窃奴才自上年九月染患胃痛之症，延至冬暮未能就痊，迭经奏蒙圣恩赏假调理，至本年三月医治稍愈。奴才以〔已〕受恩深重，未敢偷安，随复勉强支持奏请任事。惟以气体衰弱，终未复元，半载以来，仍复时发时止，始而服药尚见微功，继乃医治罔效，病益加剧，每一发作，昼夜痛楚难堪，动辄连日不能理事，近更转成咳逆吐红之症，兼犯怔忡旧疾，以致饮食日减，精气日衰，时复昏瞀，倍行委顿。伏念边疆重地，责任匪轻，奴才一病，几及经年，若复隐忍恋栈，诚恐贻误地方，因而焦急愈甚，病患滋深，辗转筹思，惟有吁恳天恩，垂念边隅重要，奴才病久难痊，俯准开缺回旗调理，简放大员前来接替，以资镇守。倘奴才苟延残喘，缓正首邱，不惟犬马余生，悉出恩赐，而地方重任更替得人，免致他虞即不啻，奴才衔结之报矣。再查墨尔根副都统克蒙额，今春署任两月，尚属稳妥，现在持服假期将满。倘奴才拜折后病再加沉，拟即咨调该员来省暂署将军印务，并陈请伏乞皇太后、皇上圣鉴。谨奏请旨。等因具奏之处相应呈请咨报大部备核施行。须至咨者。

右咨都京兵都。

克蒙额为黑龙江将军病休遵旨到省接署将军印务事的奏折
同治六年

奏为恭报到省遵旨接署将军印务日期，叩谢天恩，仰祈圣鉴事。

窃奴才克蒙额于本年五月间因丁内艰，当经咨报将军特普钦代奏遵例回黑龙江城原籍持服，自五月初五日起至八月十五日服满。以前先准将军特普钦咨会因病奏请开缺，离任调理，嗣后行知。恭奉谕旨：特（普钦）著赏假一个月，毋庸开缺，黑龙江将军著克蒙额暂行署理。钦此。钦遵。行知前来。奴才于是月二十七日到省，看视将军特普钦面容枯槁，步履艰难，病形较重，随准将军印务委员移交前来，奴才当即望阙叩头，恭谢天恩。任事讫，伏念奴才克蒙额边地遇仆，知职浅陋，今春两月署理将军印务，未报涓埃，已增悚惧，兹复蒙恩暂行署理，奴才感激愈深，警惕弥甚，惟有勉策，驽骀于任内一切事宜尽心办理，不敢稍涉怠忽，遇有紧要事件仍与将军特普钦筹商，务于公事有裨，以期仰答高厚于万一。除俟将军特普钦病痊假满，奴才交代回任之时再行具奏外，所有奴才到省遵旨接署印务，叩谢天恩缘由理合恭折具奏，伏乞皇太后、皇上圣鉴。谨奏。

黑龙江将军特普钦为酌拟捐马及解马章程事致多罗醇郡王等的咨呈、咨
附：章程
同治六年

镇守黑龙江等处地方将军特普钦为咨呈事。

兵司案呈：于同治五年十二月二十九日承准神机营咨开，本营前因威远炮队需用驾车马匹甚多，曾经函致吉林将军富明阿，在于黑龙江省之呼伦贝尔、布特哈等处产马之区广为劝捐解京备用，其内地各处或能劝捐，亦须传知承办之人，务当善为劝谕，使之乐于捐输，未可稍有抑勒，倘内地亦未能捐，即照市价采买，应用价银将来解马到京时由本营如数归还。所办马匹如驾辕之马未易多得，或帮套者亦可，总须骨格壮大、膘足口青方堪适用。相应知照饬派妥员赴呼伦贝尔、布特哈等处设法办理，所需马数以多为妙，否则亦须五百匹方能敷用，此项马匹或捐或买均不可扰累地方，是为切要。等因前来。

查前准吉林将军函知，事关急需，当即率属筹拟办法，并拟由省城设局派员董理筹办在案。兹准行饬，复经率属详筹酌拟条款札饬所属各城，并指派该处妥员善为帮办，总期多多益善，不准稍有抑勒。惟所拟各款系属因时制宜，与旧章稍有变通，或咨或奏是否可行，未敢擅即定准，谨将拟办各节开列条款造册，咨请钦命总理神机营事务亲王衔多罗醇郡王鉴核示覆遵行，并咨行钦命督办吉林军务将军查照，暨咨行黑龙江、墨尔根城副都统、胡〔呼〕兰城守尉、呼伦贝尔、布特哈等衙门一体遵办可也。须至咨者。

右咨呈钦命总理神机营事务亲王衔多罗醇郡王。

并咨钦命督办吉林军务将军、黑龙江等五城。

计册一本。

附：章程

现拟遵咨遴派省城堪能筹办劝捐协领爱绅泰等董理筹捐，并指添该处熟习地方、谙练捐务之呼伦贝尔总管三都克多尔济等妥为帮办，内外设局拣员经理，一体广为劝捐，如有堪当辕套马匹各尽先选择，如无堪当辕套

之马，亦务各选择肥壮口轻〔青〕马匹，多多益善，以资急需，谨将筹拟条款开列于后。

——凡捐马匹四匹、二匹者，仍照前章给与六、七品虚衔顶戴。

——凡捐马十四匹者，拟奖五品虚衔顶戴；现有六品虚衔顶戴者，再捐马十匹给与五品虚衔顶戴；现有七品虚衔顶戴者，再捐马十二匹给与五品虚衔顶戴。

——现拟官员、兵等如有情殷报效者，准其各按阶次报捐、升捐，升级实缺仍各考核人材，果系弓马娴熟、材技堪用者，始准呈捐，其材技不及者概不准行。

——由马甲捐马三十匹者，由领催、前锋人等内捐马二十匹者，俱准以实缺骁骑校升用。

——由现任实缺骁骑校捐马五十匹者，准以佐领升用。

——由佐领捐马三十匹者，准以副管升用，因副管之缺既不增俸又不加衔，拟数较减，以示公允。

——由闲散西丹人等捐马五十匹者，亦准以实缺骁骑校升用，其为数不及五十匹者，由本衙门酌加鼓励。

以上拟捐各款本属从权办理，均须考核人材并详核其应升缺分始准报捐，以杜幸进而免混清。现拟饬知各属预为操办，如果准行，拟俟事竣列等缮单，或奏或咨。遇有应拔之缺由本衙门按名选拟正陪送部引见，以昭核实。如此酌拟办理，俾该处官兵人等各知观感，庶可期其踊跃。所拟各节是否允协可否准行之处，统希示覆遵办。并将筹拟解马章程开列于后。

——解马章程若仍由该处送省转解至京，计程四千余里七十站，途长费重，且马匹难免不落膘疲乏，拟俟春融草壮马肥之际由本省局员前往各该处查验捐马膘分数目，务期有赢无绌，勿稍抑勒。于四月间酌量已捐成数，以二百五十匹为一起，计分若干起先期咨报，由各该处陆续按起出派，勘〔堪〕能牧放解送妥员官兵并由省局内每起出派官各一员照料护送，由该处就合水草牧放前进直达古北口，至京约有三千余里，所有经由蒙古喀尔喀等界行走之处，届期预为咨请行饬直隶热河库伦多罗诺尔等衙门及各盟长，饬属各出派官兵各按接界地面接替帮同照料，寻觅水草，缓程牧放前进，以期省费而昭简易。

——官兵解送马匹沿途如有倒毙者，割取耳尾，解官及该蒙古站官员会同出具押结呈报神机营，免其赔补，以示体恤而免赔累。

——捐解马匹沿途牧放，如有丢失及过河淹毙者，即令解马官兵与该站官员均摊赔补，以专责成而免怠玩。

——马匹解至古北口后距京仅止四百余里，连口外无牧场地方核计不过五六日，按照每匹马核计所需草料银不过一两余，若令解马官寻买草料，恐各地方商民高抬价值，即多窒碍。可否仍照定章，由各地方预备棚槽草料，抑或由京派员裹带银两到口接解帮同办买，弹压至京，以期稳便。所有本省解马官兵路费拟由各该处筹画津贴，未便再请领项。以上拟解各条如果准行，似与马匹合宜，亦可节省经费，统希示覆遵行。

黑龙江将军特普钦为准拟照前定捐马章程办理并将实能捐办马匹细册解送事致多罗醇郡王等的咨呈、咨、札

同治六年

镇守黑龙江等处地方将军特普钦为咨呈事。

捐办局案呈：于本年三月十六日承准神机营咨开，本营现准黑龙江将军咨称，神机营炮车所需之马呼伦贝尔地方尚可捐办，惟从前均系给予虚衔顶戴，现在所办其价较昂，若仍给予虚衔顶戴恐生观望，拟定变通给奖章程，请核定咨覆。等因前来。

查本营现办驾车之马必须极为壮大善于驰骋者方可适用，与寻常操马有间，该将军所称价值较昂，若仅给予虚衔顶戴恐生观望，自系实在情形，似应变通办理，惟所拟给奖章程本营无案可凭，应抄录该省现送章程咨部查核。至现办捐马应仿照尚书文（祥）等前在奉天捐马成案，每马一匹按银二十两核计。等因咨行户部去后。现准户部咨覆内称，查同治五年奉省军营捐输战马每匹作银二十两，曾经尚书文（祥）等奏明有案，此次神机营咨令呼伦贝尔捐办马匹自应仿照办理。至抄录咨送黑龙江将军所拟章程各条，查骁骑校一项例有准销明文，该将军所拟由马甲及各项人等报捐骁骑校应收马匹数目核与京铜局兑收实银数目并无短少，自应准如所拟办理。至五、六、七品虚衔顶戴，捐例内虽无专条，而口外捐输曾有特旨允准成案，且该将军所拟捐收马匹数目比照京铜局收捐守备、千总、把总各虚衔折实银数相同，亦应准如所拟办理。惟佐领、副管两项向例不准报捐，应毋庸议。相应分别咨覆，即由神机营自行奏明办理。等因前来。查黑龙江所拟捐马给奖章程既经户部分别核定，应咨行该省查照办理。至现办捐马，本营系按每匹作银二十两核计，于收捐时必须择其极为壮大善于驰骋者，方可适用，不得以瘦弱口老充数。并责成管解官兵妥为喂养，如有中途倒毙及私行更换或疲瘦不勘〔堪〕等弊，即将该解官从严参办，仍责令赔补。相应咨覆贵将军查照，即将实能捐办若干匹先行咨覆本营，仍将收捐姓名、马匹数目及应给何项奖励随时造册，报至本营，以凭查核具奏可也。等因前来。

当即遵照札饬所属各城并承办委员等上紧劝捐妥为办理，除佐领、

副管不准报捐外，其骁骑校等官暨五、六、七品虚衔顶戴均应准照前定章程，报捐马匹务须择其膘足口青、骨格极为壮大善于驰骋堪以适用者，劝办多多益善，不得以瘦弱口老者充数。仍将实能捐办若干匹及收捐姓名、马匹数目先行速为呈报以凭查核，一俟各该处捐有成数查验妥协再行详报外，应请将遵照捐办之处先行咨呈钦命总理神机营事务亲王衔多罗醇郡王鉴核外，并咨行钦命督办吉林军务将军查照暨行令黑龙江、墨尔根城副都统、呼兰城守尉、呼伦贝尔布特哈等衙门、齐齐哈尔城八旗协领、水师营总管、番役处总管、茂兴墨尔根等站站官、官屯屯官等一体遵照来咨各节并前文拟定章程赶紧捐办，益多益善。查此项马匹专为神机营驾运炮车之用，关系紧要，务须悉心选择骨格高大、膘足口青善于驰骋之辕马或套马，方可适用得力，以重京畿操防，不准以瘦弱身小口老充数，有名无实，搪塞推诿误事，致干驳换，是为至要。并饬各该处即将实能捐办若干匹暨报捐人等旗佐花名、籍贯、马匹数目限于四月初十日以内先行造册声报，以备省局委员前往查验，酌拟分起解送日期再行备文知照可也。须至咨者。

右咨呈总理神机营事务亲王衔多罗醇郡王。

并咨督办吉林军务将军、黑龙江等五城。

右札齐齐哈尔城八旗协领、水师营、番役处总管、茂兴、墨尔根等站站官、官屯屯官等准此。

黑龙江将军特普钦为请转送劝捐马匹验收、解送章程事致都京兵部的咨
附：章程
同治六年

镇守黑龙江等处地方将军特普钦为飞速咨报转行事。

兵司案呈：照得本衙门现在咨呈钦命神机营王大臣公文一角，装入封筒，到日希请大部转递可也。须至咨者。

右咨都京兵部。

附：章程

谨拟将劝捐马匹派员验收，分起派员解送章程开列于后。

——拟请各处报到捐得马匹实数即由省局核计马匹共数目，以二百五十匹作为一起，酌拟头起约于何日起程，续起各间二日，均由呼伦贝尔处就合水草牧放前进，直达古北口约计若干日，到口日期请由神机营出派官兵裹带银两，核计马匹到日以前出口，在无牧厂地方等候接解帮同照料，并请饬由各该地方预备棚槽出派民夫沿途帮同牵拉，备买草料喂养，弹压至京，以期爽速。

——马匹现已捐有成数，拟请先行咨行直隶察哈尔、克鲁伦巴尔、西林古〔郭〕勒、乌珠木〔穆〕沁王贝勒等衙门，饬属各派官兵听候续咨马匹起程日期，各在接界地面等候马匹，接替帮同各起，照料护送，寻觅水草，缓程牧放前进，以期先事备妥，免致耽迟。

——拟请由省出派总办局员那逊达赉、成庆、托克托布携带马印同成、乌里善及各起解马局员前往呼伦贝尔，严禁骚扰，会同该处副都统衔总管明并总管三都克多尔济局员等查验马匹数目，果系膘足壮大口青核实烙印，按二百五十匹为一起，分交解马差员领解，该起委员等出具确实承领禀结呈报省局，以凭转咨该处各捐马人等，亦出具交马有无勒索确情，以期允当。其按起起程日期即由派往总办局员随时呈报省局查核，马匹全数起程后由省局将统共捐生人等籍贯、旗佐、衔名、马匹数目一并共造汉册迅速呈报神机营，以备核办奖励。

——拟请将派往呼伦贝尔总办局员那逊达赉、年满仓官托克托布并

呼伦贝尔解马官一员、省城兵四名、写事帖写二名、每该处兵八名，作为头起。二起拟派省员即补佐领骁骑校富色讷、呼伦贝尔教马官一员、解马官一员、省兵三名、该处兵八名。三起拟派省城协领衔佐领色克济扎普、呼伦贝尔教马官一员、解马官一员、省兵三名、该处兵八名。四起拟派总办局员尽先佐领骁骑校成庆、呼伦贝尔总办局员一员、解马官一员、省兵三名、写事帖写二名、该处官八名。各管各起无所推委，惟次〔此〕草地解马事系初创，酌拟总局员那逊达赉、托克托布管带头起马匹先于所经之处，讲求透澈咨明后起遵行，以期络绎无间而免两歧。其末起局员成庆与呼伦贝尔所派总办局员收后，清查前起牧马勤惰，经过之处有无扰累，如有更换倒毙不堪等弊，照章责令该起官兵摊赔，禀明核实严办。

——派委局员向神机营核对，如各起呈交马匹数目均各相符，即由神机营请领如数接收印〔札〕，除拣留解马官兵听用外，余皆赶紧旋回，并留总局委员在京核办捐生给奖功牌一并领回呈缴总局发放。

——此项马匹由呼伦贝尔起程，自牧放将来行至无牧厂地方必须牵拉，应需笼头缰绳一千条，每条需用价钱二百二十文，共用钱二百二十吊，饬令各起办买需用银价八十四两六钱一分五厘。

——劝捐行局坐局应需心红纸张约需银再行核拟。

黑龙江将军特普钦为所解捐马改由张家口行走请饬官兵接解照料事致神机营王大臣的咨呈
同治六年

镇守黑龙江等处地方将军特普钦为迅速咨呈事。

捐办局案呈：查前据总办解马委员等详报，将由呼伦贝尔验收骗马一千一十二匹，烙用官印，头起拟于五月二十六日起程，续起各间二日前进，均照前拟，由蒙古草道径行入古北口。等因。当经本衙门于本年五月二十七日咨呈在案。兹据呼伦贝尔副都统衔总管明通暨总办解马官副都统衔记名协领、佐领那逊达赉等报称，所有前报已捐马匹仍拟分为四起，头起于五月二十六日起程，续起各间二日前进。惟悉心访询该处熟习草地行走人等咸称，若由古北口行走，统计口内、口外无牧厂地方必须牵拉行走之处约有八百余里始能到京，若由张家口行走，统计口内、口外无牧厂之处仅有四百余里即可到京，较之由古北口进京甚为便捷有益，是以未敢拘泥，即令头起马匹改由张家口行走，约于七月初五日前后可到张家口，请咨明神机营出派官兵，于七月初五日以前到张家口等候。等因呈报前来。

详核此项捐办马匹，该委员等前拟由古北口行走进京，因此路草道，该委员等系属初次行走，本衙门亦未有曾经走过之人，是以随据详禀咨呈。兹该委员复经访询，改由张家口前进较为便捷，与接解道路简近，亦与马匹有裨益，并可定有到口确期。等情。应再据情咨呈钦命神机营王大臣，希即饬派官兵裹带银两于七月初五日以前到张家口外之无牧厂地方等候接解，帮同照料备买草料，并请饬各该经过地方预备棚槽，出派民夫帮同牵拉，护送至京，实为公便。除将解马改道行走并起程确期由本衙门再行飞咨直隶察哈尔、克鲁伦巴尔、西林郭勒、乌珠木〔穆〕沁王贝勒等衙门，饬属各派官兵听候各在接界地面等候马匹，接替帮同各起照料护送各就水草丰旺地方牧放前进无致贻误外，相应将马匹改道行走前进之处迅速咨呈钦命神机营王大臣鉴核施行。须至咨呈者。

右咨呈钦命神机营王大臣。

黑龙江将军特普钦为造送遣戍革员人犯报捐马匹数目、犯案缘由情形事致神机营王大臣等的咨呈、札
附：清单

同治六年

镇守黑龙江等处地方将军特普钦为造册咨呈事。

捐办局案呈：查本衙门前准神机营咨，捐威远炮队需用驾车马匹，当经设局派员将拟办各节开列条款咨请核示，嗣准示覆，咨部核覆，准捐五、六、七品虚衔顶戴并实缺骁骑校暨每马一匹作银二十两核计。等因遵办在案。嗣据承办各员详禀，共捐收骟马一千一十二匹，烙用官印，分为四起，头起拟于五月二十六日起程，续起各间二日前进，由张家口取道行走，统俟全数起程再行造具捐输人等花名细册，另文咨请核办。等因各在案。兹据呼伦贝尔副都统衔总管明通暨总办解马委员等报称，各起马匹均已全数起程。并据总办局员协领爱绅泰、依常阿、主事文兴等开造捐马人数等花名呈禀前来。本衙门按册详核，现有遵照议定章程捐五品顶戴者三名，由六品顶戴加捐五品顶戴者一名，报捐六品顶戴者十九名，七、八品顶戴加捐六品顶戴者八名，报捐七品顶戴者二百一十一名，并照章由笔帖式、领催报捐骁骑校者二名，相应分晰造册，咨请酌核，奏请奖励，并请照数发给五、六、七品功牌饬交委员那逊达赉等祗领赍回分发外，并有报捐马匹较多职员、甲兵、回民人等暨遣戍革员人犯报捐马匹数目一并分晰注明统造细册一本，仍缮具清单粘连文尾，拟请核示奖励暨减免罪名之处，并将遣戍革员人犯成瑞等五员名原案另行照录清册各一本，附封咨呈钦命神机营王大臣鉴核施行。仍将咨报神机营捐生花名、马匹数目清册清单一并照录札饬总办解马委员副都统衔佐领那逊达赉等一体遵照候领功牌可也。须至咨者。

右咨呈钦命神机营王大臣。

并札总办解马委员副都统衔佐领那逊达赉等准此。

计开粘单。

附：清单

谨将报捐马匹较多之现在任职官并情殷报效之遣戍废员人等捐输缘由

开列清单，咨请核办。

——呼伦贝尔记名副管佐领迪明，报捐马一百匹，照定章应核价银二千两。查前拟条款并无副管捐升之例，第该员系现任佐领，例应与副管一体升授总管之员，现复情殷报效，踊跃急公，可否以总管遇缺升用之处，本衙门未敢擅拟，应请酌核给奖，以昭鼓励。

——齐齐哈尔城回民牛自兴，报捐马十五匹，应核价银三百两。与原定捐输五品功牌章程马价较多，核与由贡监生捐纳州同核减银数目有赢无绌，可否议给州同虚衔顶戴，以昭激劝。

——已革提督成瑞，报捐马五十匹。查该革员系在甘肃提督任内办理撤匪力主抚议，革职后交刑部定拟罪名，经护理陕甘总督恩麟、委办回务提督雷正绾奏准免罪，后复经总督杨岳斌参奏该革员偏于主抚贻误事机案内奉旨发往黑龙江充当苦差，该革员于同治五年到配，派委在印房并莽鼐卡伦当差，深知愧奋，现经委派帮同劝捐马匹，首先倡捐马五十匹并自备资斧前往呼伦贝尔分起验收，竭力经理，亦属著有微劳，其报捐马匹据称不敢仰邀恩叙，惟未便没其诚悃，可否奏请减免罪名之处，呈请鉴核施行。

——已革巴林王旗公衔四等台吉伯和济雅，报捐马五十匹。查该革员原案因得有公衔，将属下杨得书等私放护卫，复勒派属下人等捐送马匹索借银两，并念诵黑经迹涉咒诅，于奏结后，复起意翻控行贿，作呈添砌情节，审系子虚，照律审拟奉旨发往黑龙江充当苦差，于同治五年到配，尚属安分，现经报捐马匹，可否宽减罪名之处，呈请核示遵办。

——已革训导张尽道，报捐马二十匹。查该革员原案因充当宝丰县安乐寨寨首，于寨内私设公堂，勒罚平民，经河南巡抚奏奉谕旨发往黑龙江安置，遇赦不赦，于同治四年到配以来尚属安分，现经报捐马匹，可否遇赦奏请查办之处，呈请核示遵办。

——已革游击陈开和，报捐马四十匹。查该革员原案系与该营弁聚赌，搜括财物，威逼酿命，经两江总督具奏，奉旨拔去花翎革职，改发黑龙江安置，于同治五年到配，尚属安分，现经报捐马匹，可否宽减罪名之处，呈请核示遵办。

——遣犯丁祥即丁秉忠，报捐马三十匹。查该犯原案系跟随胜保服役，在营充当勇目，得有六品军功蓝翎，并保举以从九品选用，因娶妻之时希图光荣，戴用四品顶戴花翎，经刑部议奏，照例从重发往黑龙江酌量安插，于同治四年到配，尚属安分，现经报捐马匹，可否宽减罪名之处，呈请核示遵办。

克蒙额、特普钦为承办劝捐解马得力官员拟请给奖事致神机营王大臣、吉林将军的咨呈

附：清单

同治六年

暂署镇黑龙江等处地方将军、墨尔根城副都统头品顶戴记录三次库奇勒巴图鲁克蒙额、镇守黑龙江等处地方将军特普钦为咨呈请奖事。

兵司案呈：前准神机营咨覆，前拟捐马给奖章程经户部分别核定，咨行该省查照办理。至现办捐马于收捐时必须择其极为壮大、善于驰骋方堪适用，并责成管解官兵妥为饲养，如有途中倒毙及私行更换，或疲瘦不堪等弊，即将该解官从严参办，仍责令赔补。等情。准咨迅办，嗣因捐有成数，拣派官兵由草道解京验收。旋准神机营咨照，黑龙江劝捐马匹均属壮大、口青、膘足堪用，管解马匹副都统衔佐领那逊达赉等均能妥慎护解，如数交收，洵属堪嘉，分别奖给银两。又于九月二十八日准神机营咨开，所有本省劝捐马匹与部议章程相符人等均经奏明奉旨给奖。等因。先后咨行前来。查本衙门前准大咨，遴选协领爱绅泰、总管三都克多尔济责成总办全局捐务，筹拟解送章程并添派佐领乌里善、主事文兴、屯官佛銮同料理，分途劝办，选择验收。该员等不辞劳瘁，竭力筹捐，设法开导，自开捐之日起未及两月，捐得膘肥、口青、壮大骟马一千一十二匹，均堪适用，办理尚属妥速，且能筹酌布置，由草地径行缓牧解京，节省数千里站途销项，尤属尽心周计。现又遵饬续捐补还革员成瑞等马一匹〔百〕九十匹，所有在事各员均属勤奋急公，始终其事。至总办解马官副都统衔佐领那逊达赉、佐领达尔玛吉尔迪、承解骁骑校成庆、富色勒、候补主事托克托布等帮同办捐，选择马匹，筹解护送，长途跋涉五千余里，牧养合宜，不亏膘分，如数呈缴，亦属操办妥慎，均难没其微劳。查此项劝捐以及解马官兵为数甚多，未便按名请奖，除将其次得力官兵注册存案，遇有升阶随时由本衙门核实酌奖外，谨将在事尤为出力各员缮具衔名清单，酌拟考语，备文咨呈，可否奏请量加鼓励以昭观感之处未敢擅便，拟合咨请钦命神机营王大臣鉴核外，并咨行吉林将军知照可也。须至咨者。

右咨呈钦命神机营王大臣、吉林将军。

计开粘单。

附：清单

谨将承办劝捐得力并解马官员敬缮名单，分别拟请鼓励。

齐齐哈尔厢〔镶〕红旗副都统衔花翎协领爱绅泰，总理全局捐务，尽心筹画，设法护解，督饬各属，未及两月捐马一千余匹，浔属尤为得力。查该员才具明敏，熟习边情，历年办理俄国交涉事件并前署黑龙江副都统印务三年均无贻误，颇堪胜任，拟请以副都统记名。

呼伦贝尔副都统、记名花翎总管三都克多尔济，总办呼伦贝尔等处捐马，竭力选择，尽心劝导，并访询捷便草道，拣派官兵解送，藉省沿站费用，始终其事，均属妥协，洵属尤为得力，拟请加副都统衔。

齐齐哈尔厢〔镶〕红旗副都统衔协领、记名花翎佐领哲尔格图巴图鲁那逊达赍，总解马匹，督催护送官兵长途牧放喂养，并无倒毙、疲瘦、更换等弊，操办有方，尤为得力，拟请遇协领缺尽先即补。

齐齐哈尔厢〔镶〕蓝旗蓝翎佐领乌里善，劝捐各站马匹并前往呼伦贝尔等处精心选验马匹骨格、口齿、膘分，往返奔驰，认真操办，尤为得力，拟请加协领衔。

呼伦贝尔正蓝旗佐领达尔玛济尔迪，帮办捐马，长途获〔护〕解，跋涉辛劳，总司牧放，喂养得宜，请以总管补用。

黑龙江将军衙门堂主事文兴，劝捐省城阛阓商民马匹，并承办一切册，均属得力，拟请加员外郎衔。

齐齐哈尔镶黄旗佐领、记名骁骑校成庆，操办文册，分拨马匹，弹压护解，长途辛劳，尤为得力，拟请遇佐领缺尽先即补。

布特哈厢〔镶〕红白旗佐领、记名骁骑校富色讷，长途护解，跋涉辛劳，尽心牧放，喂养得宜，拟请遇佐领缺尽先即补。

齐齐哈尔年满仓官托克托布，操办文册，分拨马匹，帮办总解诸事，均属妥慎，尤为得力，查该员例应候补主事，拟请先换顶戴。

齐齐哈尔屯官佛銮，捐办各站并所属官屯等处马匹，尽心劝导，洵为得力，拟请加主事衔。

特普钦、克蒙额为递送神机营给捐马人等执照事致黑龙江城副都统衙门等的咨札、札
附：清单
同治六年

镇守黑龙江等处地方将军特普钦、暂署镇守黑龙江等处地方将军、墨尔根城副都统头品顶戴记录三次库奇勒巴图鲁克蒙额为咨送事。

捐办局案呈：于本年十月十六日承准神机营咨文内开，查黑龙江捐马人等既经户部覆准，并填给执照咨送本营转发，相应备文将部照二百五十一张咨送兵部，交驲转递黑龙江将军，转给各捐人等承领。等因前来。

相应将神机营咨送递到给与捐马人等执照如数接收，按城分晰数目开单粘连文尾，并将递到原照一并分送黑龙江城副都统衙门、署呼兰城守尉、呼伦贝尔副都统衙〔衔〕总管、齐齐哈尔番役处总管、茂兴、墨尔根等站站官、官屯屯官一体查照，转饬各捐人等按各承领收存，仍将各处如数接收执照按各发给之处声覆备核可也。须至咨者。

右咨札黑龙江城副都统衙门、署呼兰城守尉、呼伦贝尔副都统总管。

右札番役处总管、茂兴、墨尔根等处站官、官屯屯官等准此。

附：清单

番役处五品功牌一张、六品功牌三张、七品功牌七十七张。

官屯七品功牌二十九张。

茂兴等站六品功牌九张、七品功牌三十张。

墨尔根等站七品功牌七张。

黑龙江城七品功牌三十五张。

呼兰七品功牌十八张。

呼伦贝尔报捐骁骑校功牌二张、五品功牌十张、六品功牌十五张、七品功牌十五张。

番役处功牌交与番役张和领去。

茂兴站功牌交与外郎常顺领去。

墨尔根站功牌交与外郎卫全如领去。

官屯功牌交与外郎王俊领去。

署理黑龙江将军、吉林副都统德英为可否赏给转世达喇嘛罗布桑拉西纳木济勒诺们罕名号事致吉林将军的咨
同治六年

署理镇守黑龙江等处地方将军、吉林副都统德英为咨商会办呈催事。

捐办局案呈：查去岁九月间吉林将军与本衙门会办杜尔伯特旗属前后代为达喇嘛捐办骟马三百匹，按照神机营咨行，由部议定每捐马一匹核计价银二十两章程，共计银六千两之数，即为本旗转世达喇嘛罗布桑拉西纳木济勒转请赏给诺们罕名号，则杜尔伯特旗属官兵感激不尽。等情。

惟查前准神机营咨行捐办马匹系由部议定核覆，援照同治五年尚书文祥在奉天捐马奏定成案，每马一匹合银二十两，核计给奖通行遵照在案。溯查捐马之议原因京营需用紧急而马价又加昂贵，是以权其所急时加优奖，本与寻常捐马之案大相迥异，今杜尔伯特旗属人等为达喇嘛前后捐马三百匹，核计价银共有六千两之多，亦见该旗蒙众同心诚意，急公报效。现理藩院核议，尚与喇嘛米吉特多尔济捐马二千匹奉旨赏给呼图克图名目之案数目悬殊，迨经行文杜尔伯特旗属，又无力再行续捐，驳销革员成瑞等前捐之马均待此项捐马发还，刻下马价愈昂，实难捐办，再三筹议，殊无良策，自应再行会衔呈请钦命总理神机营王大臣鉴核，可否照依杜尔伯特贝子旗属蒙众恳请苦意转请赏给诺们罕名号之处，未敢擅拟，惟有仰乞王大臣垂念该旗属无力再加添捐之情，格外从权，如蒙俯准，不惟达喇嘛罗布桑拉西纳木济勒感戴圣恩优恤蒙藩，而藉免复又开捐，其发还革员马匹亦不至久悬。系为从权办理起见，实属两有裨益，究否可行，再行会衔呈请钦命总理神机营大臣鉴核示覆遵办在案。兹据该革员等禀称，缘因劝捐神机营需用马匹，革员等罄囊输捐，以济急需，本属诚心报效，非敢妄希奖叙，当蒙未经赏收，谕将革员等捐马如数拨还。兹已二载有余未见赏还革员等虽频形竭蹶，何敢妄为聒噪，但异乡远适，人人皆为可悲，朝夕仆赁资藉安，在〔再〕加以乡音断绝，接济无望，一身蚊员，推诿不能，即思倩人称贷，乃家无员，郭开口辄见阻滞，况戍遣之自备无资，釜底之烟火几绝，形不异丧家之犬，困何殊涸辙之鱼，心为形役，苦不堪言。为此公恳鸿慈赏给原款，则感厚德无涯也。等因恳呈转禀前来。

本衙门详查此案，去岁九月间吉林将军与本省将军会请神机营王大臣鉴夺示覆遵办，迄今半载并未奉覆，致有恳呈递禀，相应呈请咨商吉林将军将该革员等禀请发还，前次报捐马项缘由仍请照前主稿，就近会衔，咨呈钦命神机营王大臣鉴夺。如达喇嘛所捐马匹准其赏收，照请给奖，即请速为行知，以便与该革员等照数拨还。倘所请达喇嘛捐马奖叙难以准行，亦请迅即指示，另行筹款发还该革员等承领，免其延望苦累，统祈示覆遵办。等情。希请钦命吉林将军酌核会办见覆可也。须至咨者。

右咨钦命吉林将军。

清代同治朝
黑龙江治边档案选编（下）

黑龙江档案馆 编

五洲传播出版社

为黑龙江、呼兰新建同知衙署大堂等工所用银两二成银在承办之员名下照数追缴事致黑龙江将军的咨

同治七年三月初二日

为咨行事。

山东司案呈：准□称，据黑龙江将军特（普钦）将新建同知衙署□大堂、住房、厢房、科房、仪门、银库、堆拨房大门，巡检衙门大堂、监房、更房，共房五十二间，以及围墙等工共用过工料等四千四十一两七钱五分五厘，每银一两折钱二千五百文，计钱一万一百四千三百八十六文，造具清文册结请销。臣部按册查核，所用工料银两均属与例相符，应准开销，□部查照。等因前来。

查黑龙江修理各项工程向系每两按八折开放。等因在案。今黑龙江、呼兰新建同知衙署大堂等工需用工料银四千十一两七钱五分五厘，未据按八折支给，应咨黑龙江将军即将应减二成银两，在于承办之员名下照数追缴，毋任迟延可也。须至咨者。

右咨黑龙江将军。

黑龙江将军衙门为照数发给墨尔根、呼兰河拆造船只所用物料事致墨尔根副都统衙门暨署理呼兰河城守尉萨英额的咨

同治七年四月

将军衙门为咨行知会事。

工司案呈：于本年四月初五日准工部咨开，都水司案呈，据黑龙江将军请领墨尔根拆造次船四只、渡船一只，呼兰河拆造运粮船五只，共需桐油、颜料、白布、棉线、簹绳、线麻、线麻绳、苘麻绳、好条铁、风竿竹、抱桅竹、棕绳等项，先据该将军专折奏明并经本部抄录原奏知照该将军准其支领在案，应将桐油二千零二十八斤、银硃二斤、漳丹二斤八两、石黄二斤、滕黄一斤八两、大碌一斤十二两、靛花一斤十二两、铜碌一斤八两、官粉四斤、土子一斤八两八钱、水胶四斤、烟子十六斤、红土二十斤、长四丈宽二尺一寸白布八十二匹二丈六尺七寸五分、棉线六斤移咨户部给发。线麻一千三百九十斤、线麻绳四百七十三根、苘麻绳二十五根、好条铁二千八百八十九斤十二两开单移咨盛京工部给发。簹绳五十八根、抱桅竹八十六片现在库内均无收存，不敷发给，应俟江南省解到时，再行知照该将军差员赴部请领应用。又需用棕绳五十四根，现在按照成案奏明折价给发。每桐油一百斤准用有盖油篓一个，每十个准备空油篓一个，共给油篓二十二个，风竿竹一百二十二根，又装载桐油、颜料、白布、棉线共重二千五百二十六斤八两八钱，每一千三百斤装一车，又风竿竹一百二十二根，每四百根装一车，二共车二辆二分四厘八毫，一并照例核银给与，该将军差员云盛、张成均等支领，自行办买雇车运至盛京，由驿站运送该处应用。其护送绿旗官兵出山海关照票移咨兵部给发，仍札行山海兵备道将本部给过油篓、车辆数目查明报部并移咨黑龙江将军可也。等因前来。相应咨行墨尔根副都统衙门查照外，并札知署呼兰河城守尉遵照可也。须至咨者。

右咨墨尔根副都统衙门暨署呼兰河城守尉副都统衔协领萨英额。

黑龙江将军衙门为动用船只所用簦绳、抱桅竹等项俟南省物料解到再行补发事致墨尔根副都统衙门等的咨

同治七年四月

将军衙门为咨行知会事。

工司案呈：于本年四月二十八日准工部咨称，都水司案呈，先据黑龙江将军咨称，齐齐哈尔、黑龙江、墨尔根、呼兰河四处历年拆造、补修船只及运粮动用船只欠给未发棕绳，内除同治五年由部发给同治二、三、四三年旧欠棕绳二百三十七根开除外，仍欠五年齐齐哈尔、呼兰二处运粮船只欠给未发棕绳八十五根。又咸丰六年起齐齐哈尔、黑龙江、墨尔根、呼兰四处拆造、补修船只及运粮船只欠给未发簦绳一千三百四十四根、抱桅竹一千五百二十片、白布五百零二匹二丈一尺八寸、白棉线十六斤八两，各该处造具清册补领。等因。查前项部欠未发棕绳等项均系短欠战船随用及运粮船动用备存之项关系重要，理应补给，以备需用。按城分晰各造具满汉文册，咨请照数给发，由本衙门差往之仓官云盛、委官张成均领回，以归原款。等因前来。随经本部以库存棕毛不敷发给，若俟行令江南省办解到日再行给发恐需时日，应仿照咸丰七、八、九三年并同治二、三、四、五年办过成案，再将同治五年欠给棕绳八十五根并本年现请补领各案内共需用棕绳一百五十根，二共需棕绳二百三十五根，核给正耗棕毛先行折价发给，该差官支领就近采买棕毛，打造绳斤应用。其运送车辆照例核给银两在于本部节慎库照数发给，其造绳工价钱文另行核给外，于同治六年十二月二十四日专折具奏，本日奉旨：知道了。钦此。钦遵在案。

查同治五年欠给棕绳并本年现请棕绳共二百三十五根，二共核给正耗棕二万五千七百零二斤二两七钱九分，每正棕一千三百斤准给车一辆，共准给车十四辆三分七厘八毫，一并照例核给五成实银七百二十二两七分八厘，二共一半票银遵照户部新章停放。垫车稻草实银七钱七分六厘，均具领行节慎库给与，该将军差员仓官云盛、委官张成均支领，如数采买棕毛，打造棕绳二百三十五根，雇车运至盛京，由驲站运送该处应用。其护送绿旗官兵出山海关照票移咨兵部给发，仍札行山海道将本部给过棕绳、车辆数目报部查核。尚欠未发咸丰六年起齐齐哈尔等四处修理船只及运粮

动用船只欠给簪绳一千三百四十四根、抱桅竹一千五百二十片、白布五百零二匹二丈一尺八寸、白棉线十六斤八两，以上所欠各项物料应令该将军俟南省物料解到时，再行知照该处差员一并赴部请领应用。暨知照盛京兵部并咨覆黑龙江将军查照可也。等因前来。相应咨行黑龙江墨尔根副都统衙门，并札署呼兰河城守尉等遵照外，仍札齐齐哈尔水师营总管遵照可也。须至咨者。

  右咨黑龙江、墨尔根副都统衙门、署呼兰河城守尉副都统衔协领萨英额暨水师营总管双喜。

黑龙江将军衙门为在地租项下动支狱房开销已请示报部事致呼兰理事同知的札

同治七年闰四月

将军衙门为札覆遵照事。

刑司案呈：同治七年闰四月十二日据呼兰理事同知呈称，本年二月二十六日卑职以厅署案件渐增，狱房工竣，应领禁卒工食、狱囚衣粮等项数目具文呈请转咨在案。旋蒙将军衙门札知，详查均系事关初创，本处并无成案可循，可否应准，该同知自呈报之日起招募医生、禁卒等役暨拨给制钱，工仓、狱囚衣粮、灯油在于官地租项下动用报销之处，咨请刑部查核示覆。等因。蒙此，卑职除遵札办理外，一面转饬管狱巡检，所有狱内应用物件妥为办理去后。兹据该巡检陈炳申称，查监狱初设，狱内应用器具什物、锅碗缸盆、柴炭、席片、写纸等项现已制〔置〕办齐全，其将来添补更换款项较多，事关非细，辗转思维，无项可筹，无力赔垫，应请明定章程依正报销，以资久远。伏乞转请查照省狱章程，何项应销逐款示知，以便遵照办理。等情。据此，卑职查该巡检所请系属实在情形，理合呈请查核示覆。等因前来。

查该厅前请狱内应需器具什物等项均准开销，前经本衙门指示地租项下动用开销之处，请示报部在案，迄今尚未奉准部覆，俟文到之日准咨开销之处再行札饬遵照办理。等情。据此，相应札覆呼兰理事同知遵照可也。须至札者。

墨尔根城副都统克蒙额为订期会勘杜尔伯特界址恭报起程日期及就近借用将军印信事致黑龙江将军衙门的咨

同治七年六月十四日

钦命勘办齐齐哈尔、杜尔伯特互争界址事宜墨尔根城副都统头品顶戴记录三次库奇勒巴图鲁克（蒙额）为咨行事。

随员处案呈：照得本副都统于同治七年五月初七日恭折具奏，为遵旨前往蒙古杜尔伯特旗界订期会勘地址，恭报起程日期，恭折奏闻，仰祈圣鉴事。窃奴才于本年闰四月初四日准署将军德英咨开，前因杜尔伯特蒙古旗属与省属接壤处所互争界址，奏请钦派大员秉公分断。兹于四月二十八日奉到回折，奉旨：著派克蒙额前往交界处所，会同〔阿〕勒坦鄂绰尔将两界地址秉公覆断具奏。钦此。钦遵。等因知会前来。

奴才钦遵谕旨应即起程，并遵署将军咨文，将副都统印务移交该城协领穆腾额护理。奴才即于闰四月十三日赶紧赴省，并先期咨会扎赉特郡王阿勒坦鄂绰尔，订于五月初一日同至交界处所会。旋于十九日准该郡王咨称，现因患病未痊，拟请改定日期。奴才随复约期于初十日会面，已据该郡王照覆。奴才将前办图案逐一检齐，带同齐齐哈尔省城协领倭和、四品官托克托布、佐领博栋阿以及书写案卷、折奏司员、笔帖式并在司效力废员等，于五月初八日由省起程前往会办。奴才惟有钦遵谕旨将两界地址会同该郡王秉公覆断，会衔具奏所有，奴才遵旨订期会勘地址起程之处理合缮折奏闻，伏乞两宫皇太后、皇上圣鉴。

再，奴才勘办分界处所距省较近，遇有奏咨事件就近借用将军印信，合并陈明谨奏。于本年六月十三日接到回折，军机大臣奉旨：知道了。钦此。钦遵。相应呈请咨行将军衙门知照可也。须至咨者。

右咨将军衙门。

墨尔根城副都统克蒙额、扎萨克多罗郡王阿勒坦鄂绰尔等为遵旨会办黑龙江省属与杜尔伯特蒙古交界情形事致黑龙江将军衙门的咨

同治七年六月二十六日

钦命勘办齐齐哈尔、杜尔伯特互争界址事宜墨尔根城副都统头品顶戴记录三次库奇勒巴图鲁克（蒙额）、由哲哩〔里〕木盟长处派出御前行走扎赉扎特、扎萨克多罗郡王阿（勒坦鄂绰尔）为咨行事。

两造随员案呈：照得本副都统、本郡王于同治七年六月二十六日由行辕恭折具奏，为会勘黑龙江省属与杜尔伯特蒙古交界地方，秉公核断，恭折奏祈圣鉴事。窃奴才克（蒙额）前准署将军德（英）咨会，因杜尔伯特蒙古贝子与本省接壤处所互争界址，奏奉谕旨，饬派奴才克（蒙额）会同奴才阿（勒坦鄂绰尔）秉公覆断具奏。等因。钦遵知会前来。奴才克（蒙额）当即驰赴省城，咨会订期前往交界处所会办，一面检齐图案，选带协领、司员于五月初八日由省起程，业经恭折奏闻在案。初九日行抵适中之温托浑站，次日奴才阿（勒坦鄂绰尔）亦与杜尔伯特贝子棍嘎绰克坦先后到来。奴才等当即会面公同商议，先行会派委员暨同治三年原办满、蒙各员，带同杜尔伯特蒙古及省属旗屯人等前往交界处所周历查丈去后。兹于二十四日据该委员等查竣旋回，奴才等随会同按照图案详加查核，缘黑龙江省城以南旧与杜尔伯特蒙古地方连界，东南相去八九十里不等，西南相去一百一二十里不等，其东南以二十颗〔棵〕树为界，正南以巴勒该冈为界，西南以牌莫多为界。康熙三十一年因安置新编巴尔虎人丁，案内经黑龙江将军奏请，令杜尔伯特让出地界二十里，仍令郭尔罗斯旗属与杜尔伯特议给地界十里，以咨安插新编人丁。嗣奉部咨，将巴尔虎人等移拨开原、义州等处，所有杜尔伯特、郭尔罗斯两处地方各照旧址管理，并未另定界限，迄今已历二百年之久，从无争端。同治二年间，据杜尔伯特贝子棍嘎绰克坦咨请将该旗交界重立封堆，当经前任将军特（普钦）委员会同哲哩〔里〕木盟长派出协理台吉等官三面查勘，除将郭尔罗斯与杜尔伯特地界勘明设立封堆会办完结外，又会勘杜尔伯特与黑龙江连之二十颗〔棵〕树、巴勒该冈、牌莫多等三处旧界，亦与陈案相符。惟历年久远，界址辽阔，查得巴勒该冈以北黑龙江省界内有

杜尔伯特蒙古人等居屯四处，其牌莫多以南杜尔伯特界内有黑龙江省属人等居屯八处，两相互越旧界，所占俱系旷地，且均已年久，无交杂争竞情事。随公同查看，和衷商定，应准各就其所，以安生计。各占草厂地面择要安设界堆，除以东地方仍以二十颗〔棵〕树为南界外，其蒙古越占巴勒该冈以北地方，应将南榆树改为新界，其省属人等越占牌莫多以南地方，应将四方改为新界。共勘立界堆十七处，该委员等互换字图，禀由前任将军特普钦，咨据哲哩〔里〕木盟长核明咨覆照办，经前署将军宝（善）据情奏奉谕旨，着照所议办理，转行遵照在案。嗣于四年九月间复据杜尔伯特贝子咨称，该旗属人等以前立界堆十七处，将蒙古旧有田地、草厂、坟茔归入黑龙江省属界内，以致有碍蒙古生计，复请查办前来。前任将军特普钦未及办结，署将军德英到任，适据哲哩〔里〕木盟长咨派奴才阿（勒坦鄂绰尔）听候省员会办，经德英奏明请旨，饬派奴才克蒙额等会同勘断具奏。现在虽据委员查丈回复，奴才等应即遵旨亲诣交界处所详加勘明定断，方足以照覆宝（善）。奴才等随自温托浑站越程带同协领倭和、四品官托克托布、佐领博栋阿、满、蒙委员并废员吴载勋、彭沛霖暨两造人等由四方山第十七封堆查起，周历亲勘，挨查至二十颗〔棵〕树第一封堆止，计程一百八十余里，将各处原立封堆十七座逐一眼同勘明，均系适中之地，界址分明，并无不合。其四方山封堆旧立山顶据杜尔伯特人等回称，此堆与蒙古庙宇相近，于伊等风水有碍，请改于山北建立。奴才等核其所请尚属可行，当饬将旧堆改筑北面山坡，展给地址一分有余。又勘得塔尔欢屯以东第十、第十一封堆之西，据该蒙古等指有伊等葬坟处所，并旧有陈地房基一处，该蒙古等恳请将此地址归入蒙古界内。奴才等查询所指，该处地址向系蒙古典与省属官屯人等耕种牧放，现在既愿收回，应准如所请，将坟茔、房基给还，并将陈地亦酌量改拨蒙古界内，周围饬令添立封堆十三处，其第十四封堆以外蒙古界内有草甸一处，官屯人等向在该处割草，今既分清封堆，应令各守各界，不准互越割草，以免日后争执。又查得自二十颗〔棵〕树第一封堆至第七封堆距河较远，均应以封堆为界。其第七封堆以西至第九封堆近在河岸，应以河为界。此外，第九至地〔第〕九〔十〕七封堆仍以封堆为界，各清界址。其第七至封封〔堆〕之间河岔较多，现饬于河岸添立封堆四处。其第八封堆系由巴勒该冈改至南榆树为界之处，当日因南榆[树]系在河北，且系高阜，是以将此封堆在北岸一里许修立。今查原议，既以河为界，封堆又在河北，易越争论。奴才会议，在于此堆之河南岸添立封堆两处，此三处封堆以内，三尖地界约一里有余，应听两造之人摆渡捕鱼，不得互相阻挡，其河北三尖以外地面，应听旗屯耕种割草，不与蒙古相干。又勘得二十颗〔棵〕树封堆之南蒙古内有附近旗屯盖有房屋二处，又占草甸一处并所种地亩，询系当初蒙古自愿借给，惟两界现时既已分清，即饬将房屋拆毁，其地址划归蒙古管理。以上旧有封堆十七处，均经饬令培修高固，连现在添设封堆十九处，计共新旧封堆三十六处，界址分明，会询蒙与旗屯、官屯人等各皆允服，毫无异词。会议各议，各处封堆嗣后每届三年，应由黑龙江将军与杜尔伯特贝子各派委员添筑高培，免致坍塌。此奴才等勘断两界封堆之情形也。

至第十六封堆之西、十七封堆之东北适中之有康熙年间设立温托浑驿站一处，嘉庆十九年曾经前任将军富俊等奏奉谕旨，嗣后蒙古不准与各站分界。同治三年原奏亦经声明，应仍遵旧章办理毋庸置议外，惟据杜尔伯特蒙古声称，牌莫多以南省属人等所占蒙古弩肯格尔等处地面较宽，巴勒该冈以北蒙古所占省界地面较少，且前定蒙古越占省界四屯内有砬克、图勒岗等两处本系蒙古地方，道光十六年将军衙门曾经奏借蒙古地方安设官屯，砬克两处即在其内，则蒙古所占地面更少，实为偏枯，恳请查办。等语。奴才等随查询同治三年原办地界，满、蒙各委员据称，当日会查两造分占屯居以及所种地亩，约计大概相苦〔若〕，因两造各占一方，其地址并不相连，无可争竞，且彼时各屯空地低洼之处多有水潦阻隔，不能履亩查看，是以彼此商定，拟请各就其所，以安生计，并未按地丈量，其时蒙古人等亦未争多较少。迨将军衙门咨行哲哩〔里〕木盟长亦即照议咨覆，据以奏办。等语。奴才等核与原案，均属相符，当经会派委员等眼同蒙古官屯诸人将两处屯地以及空旷之处分别丈量统计，牌莫多以南地方较巴勒该冈以北余多地面宽长见方十三里余。奴才克（蒙额）又督饬协领司员检储官粮，案内曾奏借蒙古六屯空地添设官以资耕作，内有砬克、图勒冈两处名目。今检查原奏，因系蒙古现住之地，遂即笼统声叙，未能详细分晰，事亦中止未行。现以档案复加稽考砬克等两处，实系蒙古越界本省地址，该蒙古所引道光十六年未经办定之案，不足为据，应仍以同治三年奏案为准。又查康熙年间巴勒该冈旧界系南榆树之南相去约十四里余，今蒙古以伊等旧图并无巴勒该冈之名，心疑前定并非旧界。奴才等查巴勒该冈界址不但有康熙年间与同治三年勘定图案可查，且三年约计自二十颗〔棵〕树起至巴勒该冈共计七十余里，正与康熙年间旧案相符。况前经委员前往查询，据土人声称，向来此地均呼为八里冈子，据蒙古呼为八朗西纳，大概语音相似，自系年远传述之讹，其为八里冈子，即系巴勒该冈更无疑义，当即明白指示，该蒙古等亦皆省悟，再无异词。此又奴才等查断蒙古争控各节之情形也。

　　以上杜尔伯特蒙古请定交界之处，奴才等均已亲历查勘，详查同治三年所立封堆，均无不合之处，其所控各节亦经确切查明，分别秉公覆断，两造人等亦皆遵服，各无争论。至牌莫多以南官屯旧占蒙古八屯，现经查丈，较之巴勒该冈以北蒙古旧占省界四屯，共余多地宽长见方十三里余，检查原奏当日定议，本系各就其所，俾安生计，并非按亩兑换，原可毋庸再为补给，第该蒙古向以游牧为生，稍得地面亦与伊等生计有益。奴才等公同酌议，应照现丈余多地数量予指拨，惟黑龙江省南旗营、官屯环列地方窄狭，现特生齿日繁，耕种牧放尚嫌不足，断无闲旷之地可以分纷。仅查有二〔十〕颗〔棵〕树封堆之南三十里以外与杜尔伯特接界处所有空地一处，四面并无居人，奴才克（蒙额）前于两次署理黑龙江将军，任内曾经查核，深知该处系空闲地面，与旗屯耕牧均无妨碍，祈恳皇上天恩，准于该处空地内拨出长宽见方十三里余地面一块，照数赏给杜尔伯特蒙古，以示体恤外藩奴仆之至意。奴才等仍令协领倭和等亲往勘明，详定四至，图立封堆四处，用昭遵守，该蒙古均皆心悦诚服。奴才等断定之后，复传集旗屯与蒙古人等覆加查询，彼此均各遵依，再无异议。当即令该旗协理台吉色登并原告台吉人等出具遵服押结，并令杜尔伯特贝子棍嘎绰克坦、齐齐哈尔屯官佛銮加具印结存案备查。奴才克蒙额与阿（勒坦鄂绰尔）亦互换会勘字图，以备稽考。此后省属人等应由将军约束，蒙古人等应由杜尔伯特贝子约束，不得再有越占。至同治三年原办委员分立封堆尚无不合，应毋庸议。该杜尔伯特贝子曾于三年出具印文咨请奏办，今又以有碍蒙古生计咨请复查，本属非是姑念，系因伊等旧图并无巴勒该冈之名，事出怀疑，且因游牧地少起见，尚属可原，亦请免其置议，嗣后应责成该贝子棍嘎绰克坦严束属下人等照界永远遵守，勿再任意纷争，以杜反复。除将会同勘断缘由、照绘地图分咨黑龙江将军暨哲哩〔里〕木盟长查核外，所有奴才等遵旨会办黑龙江省与杜尔伯特蒙古交界情形，理合恭折具奏，伏乞两宫皇太后、皇上圣鉴，训示遵行。再，奴才等拜折后即行起程回任，合并陈明。谨奏。等因具奏之处相应呈请咨行将军衙门查照可也。须至咨者。

　　右咨黑龙江将军衙门。

工部为应准修理呼兰城泰字仓事致黑龙江将军的咨

同治七年六月二十八日

工部为估报事。

营缮司案呈：准黑龙江将军咨称，据呼兰署理城守尉副协领阿奇观等禀称，呼兰城原有土坯仓房六十五所，内有嘉庆十六年所修之泰字仓一所计五间，已逾年限，于本年被风刮倒，现有仓房六十四所，不敷应用，应请将被风刮倒之泰字仓房一所五间见新修理。当委恩骑尉格绷额估需工料银玖拾叁两伍钱玖分伍厘贰毫壹丝，除将旧木变价银柒两伍钱伍分陆毫叁丝贰忽贰微归入新工抵用外，实用银八十六两四分四厘造册呈递。复委佐领伯通额查核相符，覆核无异，其所需银两由齐齐哈尔库存银内动用，造具细册前来，相应将清册先行咨送工部，俟部覆到日再行遵办。等因前来。查呼兰城原设土坯仓房六十五所，据黑龙江将军咨称，本年被风刮倒泰字号仓房一所五间，现有仓房六十四所，实不敷应用，请将被风跨倒之泰字号仓房一所五间见新修理，估需工料银玖拾叁两伍钱玖分伍厘贰毫壹丝，除将旧木变价银柒两伍钱伍分陆毫叁丝贰忽贰微归入新工抵用外，净需银捌拾陆两肆分肆厘，请在于齐齐哈尔库存银内动支，造册咨部示覆。等语。本部查前项工程已逾固限，应如所咨，准其估办。除将送到估册存查外，相应移咨黑龙江将军转饬妥协修理，俟工竣之日将修过丈尺、做法、用过工料银两造具册结送部核销可也。须至咨者。

右咨黑龙江将军。

墨尔根城副都统克蒙额、扎萨克多罗郡王阿勒坦鄂绰尔等为具奏会勘黑龙江省属与杜尔伯特界址秉公核断缘由事致都京兵部、理藩院等的咨

同治七年六月

钦命勘办齐齐哈尔、杜尔伯特互争界址事宜墨尔根城副都统头品顶戴纪录三次库齐勒巴图鲁克（蒙额）、由哲哩〔里〕木盟长处派出御前行走扎赉特、扎萨克多罗郡王阿（勒坦鄂绰尔）为咨报事。

两造随员案呈：照得本副都统、本郡王于同治七年六月二十六日由行辕恭折具奏，会勘黑龙江省属与杜尔伯特交界地方秉公核断缘由之处，相应呈请咨报兵部、理藩院备核外，并分咨黑龙江将军衙门、哲哩〔里〕木盟长、杜尔伯特贝子查照，再，此文借用黑龙江将军印信之处合并声明施行。

右咨都京兵部、理藩院、黑龙江将军衙门、哲哩〔里〕木盟长、杜尔伯特贝子。

黑龙江将军衙门为将已糟朽大、小木植全行变价并嗣后仍循照旧制造报文册事致都京工部的咨

同治七年七月

镇守黑龙江等处地方将军衙门为声明缘由咨报事。

工司案呈：于同治七年七月初五日准工部咨开，营缮司案呈，准黑龙江将军咨称，据仓官庆福呈称齐齐哈尔城现有备用仓四十一所，乾隆二十八年修过陈字六廒一所五间，乾隆十六年修过宙字四廒一所五间，又三十六年修过昆字三廒一所五间，共三所十五间，年久未修，柱木糟朽，均被风雨刮倒。除将堪用木植存收外，其余不堪用旧木照例以三成折变银二十一两七钱三分一厘造册呈递，复查无异，相应将册结报部。等因前来。

查齐齐哈尔城备仓房三所十五间，据黑龙江将军咨报，于乾隆三十六等年修过，年久未修，柱木糟朽，均被风雨刮倒，除将堪用木植存收外，其余不堪用旧木照例按三成变价银二十一两七钱三分一厘造册咨部查核前来，本部按册核算均属与例相符，应准估变。相应移咨黑龙江将军查照，并将挑选木植妥为收存，以备修理时抵用。再查黑龙江将军咨报文册俱系清字，由本部译汉后再行核办，辗转需时，相应移咨黑龙江将军转饬嗣后遇有咨报本部文册，务须书写清、汉文移并造具汉字清册，以凭办理。等因前来。

查齐齐哈尔城原设备仓四十一所内，于乾隆二十八年修过辰字六号仓房一所五间，乾隆十六年修过宙字四号仓房一所五间，乾隆三十六年修过崑字三号仓房一所五间，共三所十五间，均逾年限，前于同治六年六月间被风雨倾倒，查验柁檩柱根等大木如存备下年使用，乃因柁檩两端已逾百年，全行糟朽，柱根亦概朽烂不堪拣用，是以遵照历办成案，将大、小木植全行按三成估。兹奉部覆，除将堪用大木存收外，其余不堪用小木照例按三成变价银两数目，均属与例相符，应准估变。等因前来。查与本衙门原报文册止准估变小木其估变大木一节未经核准，是以复行声明缘由，仍请照例办成案，将已糟朽大、小木植希为全行变价之处，咨报大部查核示覆，以便遵办外，再查此次部覆内称，嗣后遇有咨报文册务须书写清、汉文移并造汉字清册，以凭办理。等语。第查黑龙江省属各城识清字者多，

通汉字者少,且呼伦贝尔、布特哈二处皆系蒙古索伦均不识汉字,若将咨报文册全行译汉难免不无舛错,反与公事有碍无裨,惟希大部嗣后将黑龙江省咨报文册仍请循照旧制造报,庶益案牍而免舛错之处。据此,合并声明缘由咨报大部查核可也。须至咨者。

右咨都京工部。

理藩院为抄出会勘黑龙江省属与杜尔伯特蒙古地方界址一折事致齐齐哈尔副都统的咨

同治七年八月二十日

理藩院为咨行事。

旗籍司案呈：准户部内阁抄出齐齐哈尔副都统克蒙额等奏会勘黑龙江省属与杜尔伯特蒙古地方勘定界址一折，同治七年七月十八日军机大臣奉旨：著照所请，该衙门知道。钦此。知照前来。相应行文齐齐哈尔副都统克（蒙额）查照可也。须至咨者。

右咨齐齐哈尔副都统。

呼兰理事同知文祺为可否将佃民于廷辅集厂地基清丈收租等事致黑龙江将军衙门户司的移

同治七年十月二十六日

呼兰理事同知文（祺）为移查事。

同治六年十一月初六日奉将军衙门札开：户司案呈，据办理荒务委员四品官托克托布等呈称，于十月初八日准拨地委员骑都尉诺们克喜等报称，阿力罕山段内佃民于廷辅于咸丰十一年间承领毛荒六百八十余垧，现在清查该佃由伊原领毛荒内私出集厂地一百五十余垧，均已修盖铺户、街道，请示如何办理。等因前来。职等详核该佃所领荒地已届升科年限，若将私出集厂概行作为升科之地未免不合。随饬覆该委员诺们克喜等再行核覆，除将该佃私出集厂地一百五十余垧外，现在浮出毛荒是否足敷归补升科地数。等因。旋据报称，开除集厂地外，现在浮出毛荒足敷归补升科地数，即将此处私出集厂于毗连册内开除。等情前来。职等伏思该佃于廷辅既经出卖得利于前，现查升科地又足数，何可再任取租于后，若此纷纷效尤，更恐藉端图利者无所底止。职等未敢擅便，相应呈请将军衙门定夺指示遵办可也。等因前来。

查佃民于廷辅前领荒地今已届年限升科，地数已足，现据委员查出该佃原领名下浮多集厂地一百五十余垧，已修盖铺户、街道等情，实属不合，应饬该同知核实查办，不得任由违章，以滋滥占。等因。据此，相应札饬该同知查照可也。等因。蒙此，敝厅遵札差传去后，因于廷辅在吉林被案，其弟于廷杰投案诉称，伊家原领毛荒六百余垧，清丈时缺少毛荒六十六垧，集厂之地系在红照以内。等情。正在查办间，复奉宪札，以届限升科地亩按照吉林夹信沟章程挨次复查清丈。等因前来。敝厅查前项集厂地基虽于毗连册内开除，恐于廷杰恃有复查清丈之文，势必藉此狡展，是以耽延迄今。查丈完竣集厂地基仍在毗邻之外，自应仍遵前札核实办理。其如何查办之处，未蒙明白指示，可否将该集厂地基按丈查清，令商民承领，每年酌收地租，因地属余荒，正赋未便悬虚，拟由敝厅按垧交纳大小租钱作为就地升科，其盈余之款津贴厅署办公经费。相应移付贵司，请烦查核赐覆可也。须至移者。

　　右移将军衙门户司。

黑龙江将军衙门为查核岁修工程是否有侵蚀入己情事即行取供严参事致黑龙江副都统衙门的咨

同治七年十月

将军衙门为咨覆迅速查报事。

工司案呈：据黑龙江副都统咨开，工司案呈，今岁碎〔岁〕修工程派委骁骑校海凌阿修补，于霜降停工后将用过工料银共六十四两六钱八分一厘造具细册呈递，即派镶红旗协领德丰阿查验。据德丰阿呈称，查验骁骑校海凌阿修补仓库等工俱皆坚固，用过物料价值银两均属相符，并无少用多报之处。出具印结呈递后，本副都统复行带同工司协领等官亲历查看，协领德丰阿所查骁骑校海凌阿承委修补仓房工程，苫草浮面一层墁土，均属厚薄不匀草率修理，又收存船只、物料库房二所四间竟未修补而结递坚固，殊与规式不合。详核仓库关系重要，修补草率，难以核销。该司移付户司将先由库内辗转发银三十两，可否由海凌阿名下追出归款之处，咨请指示遵行外，并请将查验不实结递之协领德丰阿、草率修理工程之骁骑校海凌阿等照例查办。等因前来。

查副都统衙门所办自为慎重工程起见，亟应照咨参办，惟未将多销细数及侵蚀入己各节声明，应行查核，将原文咨还，仰副都统衙门饬司询明，如该员有侵蚀入己情事即行取供，另文严参，并将查工不实之协领一并取供咨参设查，无入己情事应由副都统衙门核明酌办，仍将修工草率各情备文咨办。

案关题销限期在迩，望速酌办。咨覆限于十一月初一日以内咨报到省，立待查办，勿稍迟延为要。等因。据此相应咨覆黑龙江副都统衙门查照酌办可也。须至咨者。

右咨黑龙江副都统衙门。

黑龙江将军衙门兵司为人地衔缺不宜者按名查明造册互相调转事致阿勒楚喀副都统衙门左司的移付

同治七年十一月十六日

将军衙门兵司为移付事。

适奉宪谕：查吉林通省内外各城协、佐、防、骁各项人员升、补缺分，近来多有由营此城之人拣补彼城之缺，彼城之人拣补此城之缺者亦属不少，是以本将军、副都统姑念往返充差窎远，着饬兵司迎〔逐〕一查明，无论存营、在营官员，如有此城之人升补彼城之缺，人地衔缺不宜者，务须按名查明造册呈报，互相调转，俾各就近差充，而示体恤。等谕。遵此。相应备文移付阿勒楚喀副都统衙门遵照文内事理，即于文到之日刻即查明，无论有无均属一并升〔声〕报，毋得迟误可也。须至移付者。

右移付阿勒楚喀副都统衙门左司。

盛京工部为黑龙江打仗用过铅丸俟灌造后补解事致黑龙江将军衙门的咨

同治七年十一月三十日

盛京工部为咨行事。

右清吏司案呈：准工部为咨行事。虞衡司案呈，准盛京工部咨称，准工部咨，准兵部，准工部咨称，准黑龙江将军咨，督办吉林军务将军前在各处节次打仗，由本处动用过火药、铅丸、火绳等项均于接仗用完，或由库存防夷项下开销，抑或如数补解归还原额，咨部示覆。应将原文移咨兵部查明数目是否相符、应否准其动用如数补解，即行核明，同原文咨覆过部，以凭核办。等因。查此案用过药、铅等项系防剿官兵应用之件，应准其动用。所有用缺药、铅、火绳应咨该将军即行筹补归额以实军储，并将原文送回。等因。查黑龙江咨报，吉林将军前在各处打仗，由本处动用过库存防夷火药二千斤、烘药一百斤、七两六钱重铅丸十三个、五两重铅丸二百六十三个、一两二钱重铅丸一千个、三钱及二钱八分重铅丸一千个、火绳一千丈，既经兵部准其动用，自应准其如数补解，归还原额，相应咨行该将军查照并咨行盛京工部照数运解，以备操防。等因。

查奉部咨开，黑龙江吉林节次打仗动用防夷项下火药、铅丸等项咨行本部补解前来。且查部咨，火药二千斤、烘药一百斤、三钱及二钱八分重铅丸一千个、火绳一千丈，自应遵照札行火药、铅子库照数发给运送年例火药之员，送往如数补解归款。惟七两六钱铅丸十三个、五两重铅丸二百六十三个、一两二钱重铅丸一千个，现在本部库存无项发给，相应咨请工部或咨该处由防夷项下暂行开销，抑或由本部库存三钱及二钱八分重铅子照依斤重抵给补解，希为示覆，以便遵办。等因前来。查此案打仗动用过黑龙江库存防夷药、铅等项数目既经该侍郎照数发给运送，至所欠七两六钱重铅丸十三个、五两重铅丸二百六十三个、一两二钱重铅丸一千个，现在库存无项发给，咨请或由防夷项下开销，抑或由库存三钱及二钱八分重铅丸照依斤重抵给补解。等语。既据声明无项发给，应咨该侍郎俟灌造铅丸时即将此项铅子照数灌造补解，以清欠款可也。须至咨者。等因前来。查奉部咨覆，黑龙江打仗动用过库存防夷七两六钱重铅丸十三个、五两重铅丸二百六十三个、一两二钱重铅丸一千个，俟本部派员灌造铅丸时即将此项铅子照数灌造补解，相应知照黑龙江将军衙门查照可也。须至咨者。

右咨黑龙江将军衙门。

为赏给在河南打仗阵亡之花连布云骑尉予亲子双寿承袭并准再袭一次的圣旨

同治七年十二月十二日

奉天承运皇帝制曰：朕惟尚德崇功，国家之大典；输忠尽职，臣子之常经。古圣帝明王，戡乱以武，致治以文。朕钦承往制，甄进贤能，特设文武勋阶，以彰激劝。受兹任者，必忠以立身，仁以抚众，智以察微，防奸御侮，机无暇时。能此，则荣及前人，福延后嗣，而身家永康矣。敬之勿怠！

花连布，尔原系蓝翎马甲，因在河南打仗阵亡，赏给云骑尉予亲子双寿承袭，准再袭一次，双寿病故。

黑龙江将军衙门为务必严行查拿贼盗、赌棍及开设烟馆、小压匪徒事致黑龙江等处的咨札

同治七年

将军衙门为严行咨札遵照查拿贼盗、赌棍及开设烟馆、小压匪徒，以肃地方而安旗民事。

刑司案呈：适奉将军堂谕，查得黑龙江省习俗由来质朴，军民久尚真诚，近闻省垣暨各外城有本地不务正业之徒，招聚外来游闲赌棍引诱设赌，渐至偷窃，并有不肖之徒开设小压潜收赃物，或设烟馆引诱吸烟。种种均非正务，日趋下流，罔知悔悟，此等陋习殊堪痛恨。又加以各城八旗营站、番役处各界任意玩懈，不为严禁。前经剀切晓谕，并饬八旗营站、前锋、番役等官各于所属界内率同兵役不时严查，务将各处赌、窃、烟管〔馆〕、小压悉数搜禁，不准再有藏匿赌窃、烟馆、小压等弊。经此次谕后，各城各界官弁、兵役人等果能各巡各界，实力奉行，拿获赌窃、搜禁烟馆、小压者，必为量予鼓励。并饬各旗防御统巡该旗地段，如各界内查无赌窃、烟馆、小压等事，著八旗营站、番役处按四季月终结报，以凭查核。倘各该地面专责佐领等官不能实力搜巡，或徇情掩饰，或各界彼此互相推诿，疏于觉察，或被本宪查出，抑或因事别经发觉，定将该管官兵等从严究办，绝不宽贷。著速为札行所属各城暨饬传八旗营站、官屯、番役各官一体遵照查禁，毋违。切切。等谕。遵此，拟合咨札黑龙江等处并札传八旗营站、官屯、管理番役等官一体遵照，严行查拿，毋违可也。

黑龙江将军衙门为新修呼兰同知、巡检衙署所用物料钱文应准开销事致呼兰理事同知文瑞的札

同治七年

将军衙门为札知事。

工司案呈：于本年三月二十六日准工部咨开，营缮司案呈，准本部具题内开，工科抄出该臣等查得黑龙江将军特（普钦）疏称，呼兰地方招民开垦，人户日渐增多，请添设同知等官专辖，并增修衙署库房工程。等因。奉旨：饬部妥议具奏。嗣准吏部咨开，所有条奏各事件均照所请办理，经六部会议具奏：奉旨依议。钦此。

查工部议定，黑龙江将军奏，呼兰所属地方招民开垦，日渐增多，拟请添设同知一员、巡检一员，以资弹压。所有仓库、监狱、衙署等项应如所奏，准其查照成案，酌核办理，仍照例造册送部估销，以凭核办。遵将酌定同知、巡检衙署等房共二十一所计房五十二间以及墙垣等工，估需工料银肆千余两，由压〔押〕租银内动用。查此工系属初创，工巨料繁，必须详加确估，方期妥善。请俟工竣再行造册报销，应如所咨，将修过丈尺、做法、用过工料银两造册送部核销。等因。当交呼兰城守尉吉〔集〕拉明阿派委副管乌林布、骁骑校霍清额、仓官云升等兴修。兹据呼兰城守尉吉〔集〕拉明阿等禀称，前项衙署等工俱已完竣，需用工料银肆千肆拾壹两柒钱伍分伍厘，遵照部文每银壹两折钱贰千伍百文，计钱壹万壹百〔两〕四千三百八十六文，造具册结呈递，复委署理同知事齐齐哈尔火器营参领松英额查验相符，具结前来覆查无异，相应将册结咨送工部核销，理合具题请销。等因前来。

查前项新建衙署等工先经黑龙江将军奏呼兰所属地方招民开垦，人户渐多，请添设同知等官，应建衙署各工，经臣部会议，准其查照成案，酌核办理，照例造册送部估销奏准在案。嗣据该将军咨，将酌定添建衙署等房共二十一所计五十二间并围墙等工，估需工料银四千余两，由压〔押〕租项下动支，此项衙署系属创设，工巨料繁，务需详加确估，方期妥善，立时赶办估册不及，请俟工竣再行一并造册送部核销，当经臣部核覆，应如所咨，准其工竣将修过丈尺、做法、用过工料银两据实确核，照例造具

册结题销，并知照户部亦在案。今据黑龙江将军特（普钦）将新建同知衙署内大堂三间、二堂三间、住房五间、东西厢房六间、科房六间、仪门一间、银库二间、堆拨房二间、大门三间，巡检衙署大堂三间、二门一间、科房一间、住房三间、大门一间、狱神庙一间、耳房二间、监房六间、更房二间、门房一间共房五十二间以及围墙等工，共用过工料银四千四十一两七钱五分五厘，每银一两折钱二千五百文，计钱壹万壹百〔两〕四千叁百捌拾陆文，造具清文册结请销。臣部按册查核，所用工料银两均属与例相符，应准开销，俟命下之日臣部行文户部查照。等因。同治六年十一月十五日题，本月十七日奉旨：依议。钦此。相应移咨黑龙江将军遵照可也。等因前来。除前已译成满文咨呼兰城守尉查照外，合亟札知呼兰理事同知文瑞遵照可也。须至札者。

右札呼兰理事同知文瑞准此。

黑龙江将军衙门为请修黑龙江、呼兰届限船只请发物料事致都京工部的咨

同治七年

镇守黑龙江等处地方将军衙门为咨报事。

工司案呈：本衙门于同治七年五月初七日恭折具奏，为请将届限应修船只照例修理以重运防，恭折具奏，仰祈圣鉴事。窃查黑龙江通省额设大小船一百二十只，内除前因库款支绌，兵力拮据，并应用南省物料多未解京，曾将已届例限船四十二只节经声明，奏请展缓停修各在案。兹据各属呈报，本年届限黑龙江例应新修江船十只，呼兰例应新修运粮船五只，均已糟朽不堪应用，请于明年拆造，以备运防应用。等因详报前来。奴才详核无异，除上年展缓修理各项船四十二只请仍照前奏，俟库款充裕，兵力稍纾，南省物料解京，奉到部咨准领之日，再请修造归补原额外，现在各城仅存大小船六十三只，如再停缓，实不敷运防差操应用。请将黑龙江、呼兰二处本年届限船十五只于明年照例修理，请旨饬部发给物料，以资应用。如蒙俞允，再行照例造册具题，差员赴部请领。至官兵、匠役、水手应借盘费等银，请俟届期辗转支发，庶于运防无误。所有酌拟缘由理合恭折具奏，伏乞两宫皇太后、皇上圣鉴。谨奏。请旨之处相应咨报大部备核施行。须至咨者。

右咨都京工部。

黑龙江将军衙门为运粮动用船只所用物料造册请照数发给事致都京工部的咨

同治七年

镇守黑龙江等处地方将军衙门为动用船只用过备存物料数目造具细册请领事。

据署呼兰河城守尉事务副都统衔协领萨英额呈册内开：呼兰河于同治七年前往齐齐哈尔城送运粮石一次，动用昃字第一、二、三、四、五号运船五只，因初次动用，除铁、麻、油不领外，每船挽船用粗一寸长三十庹细苘麻绳一条，用粗一寸长十庹箍头苘麻绳一条、粗一寸长十庹掀头苘麻绳一条、粗一寸长四庹吊舵苘麻绳一条，粗一寸二分长二十四庹代揽〔缆〕苘麻绳一条，粗一寸二分长十庹绊条线麻绳二条、粗一寸二分长二十六庹走二线麻绳一条、粗一寸长二十六庹走三线麻绳一条、粗八分长二十庹攸绳线麻绳二条、粗八分长二十九庹都管线麻绳一条、粗三分长十庹绞索细线麻绳三十一条、粗四分长二十庹旗线细线麻绳一条，粗二寸长四十庹树棕锚本绳二条，粗一寸八分长四十庹树棕锚钉绳二条，粗一寸六分长二十八庹树棕代揽〔缆〕绳二条，长六十庹竹簟绳十挂。

以上动用五只运船，共用细苘麻绳五条、箍头苘麻绳五条、掀头苘麻绳五条、吊舵苘麻绳五条、代揽〔缆〕苘麻绳五条，共苘麻绳二十五条。绊条线麻绳十条、走二线麻绳五条、走三线麻绳五条、攸绳细线麻绳十条、都管线麻绳五条、绞索细线麻绳一百五十五条、旗线细线麻绳五条，共线麻绳一百九十五条。树棕锚本绳十条，树棕锚钉绳十条、树棕代揽〔缆〕绳十条，共树棕绳三十条。长六十庹竹簟绳五十挂。补做船蓬〔篷〕需用白布二十四整匹零二丈一尺、棉线二斤、竹枫阻二十五根、竹抱桅二十五块。为此造具细册咨送大部，希请照数发给可也。须至册者。

右咨都京工部。

大荒沟、格木克等地段届限升科地亩应收押租钱清册
同治七年

同治二年出放毛荒，七年届限升科地亩。

大荒沟段内同治七年复加清丈，委员乌尔恭阿、德顺、色勒春、春山：同治二年原放毛荒四十五垧，内扣除三成一十三垧五亩，七成实地三十一垧五亩。现丈熟地四十八垧八亩二分，内扣除三成地一十三垧五亩，净剩实地三十五垧三亩二分，应征现租钱二十三吊三百一十二文，内查出浮多地三垧八亩二分。

格木克段内同治七年丈地委员清山、特克升额二年：原放毛荒一千七百七十七垧，内扣除三成地五百三十三垧一亩，七成实地一千二百四十三垧九亩。现丈熟地二千二百三十一垧四亩九分，内扣除三成地五百三十三垧一亩，净剩实地一千六百九十八垧三亩九分，应征现租钱一千一百二十吊九百三十八文，内查出浮多地四百五十四垧四亩九分。余荒一百六十八垧三亩，内扣除三成地四十八垧三亩九分九厘，净剩七成实地一百一十二垧九亩三分一厘，押租钱二百三十七吊五十六文。拨放毛荒一千六百三十二垧，内扣除三成地四百八十九垧六亩，七成地一千一百四十二垧四亩，押租钱二千三百九十九吊四文。

濠河北津河段内同治七年丈地委员清山特克升额、乌尔恭阿、德顺、色勒春、春山：二年原放毛荒三千八百三十垧，内扣除三成地一千一百四十九垧，七成实地二千六百八十一垧。熟地四千五百一十八垧九亩三分，内扣除三成地一千一百四十九垧，净剩实地三千三百六十九垧九亩三分，应征现租钱二千二百二十四吊一百五十四文，内查出浮多地六百八十八垧九亩三分。余荒一百三十三垧二亩七分，内扣除三成地三十九垧九亩八分一厘，七成实地九十三垧二亩八分九厘，押租钱一百九十五吊九百零六文。拨放毛荒二千七百零七垧五亩，扣除三成地八百一十二垧二亩五分，七成实地一千八百九十五垧二亩五分，押租钱三千九百八十吊二十四文。

大木兰达段内同治七年丈地委员富色讷、巴尔佳布：二年原放毛

荒二百二十五垧，内扣除三成地六十七垧五亩，七成地一百五十七垧五亩。现丈熟地二百二十五垧，内扣除三成地〔六〕十七垧五亩，净剩实地一百五十七垧五亩，应征现租钱一百零三吊九十五文。

阿力罕段内同治七年丈地委员特克升额、清山：二年原放毛荒一百六十七垧，内扣除三成地五十垧一亩，七成地一百一十六垧九亩。现丈熟地二百八十一垧六亩一分，内扣除三成地五十垧一亩，净剩实地二百三十一垧五亩一分，应征现租钱一百五十二吊七百九十六文，内查出浮多地一百一十四垧六亩一分。

拉三泰段内同治七年丈地委员富、恩瑞二年：原放毛荒六十七垧五亩，内扣除三成地二十垧二亩五分，七成地四十七垧二亩五分。现丈熟地六十七垧五亩，内扣除三成地二十垧二亩五分，净剩实地四十七垧二亩五分，应征现租钱三十一吊一百八十四文。

甘木林子段内同治七年丈地委员乌尔恭阿、色勒春、德顺、春山：二年原放毛荒一百四十五垧，内扣除三成地四十三垧五亩，七成地一百零一垧五亩。现丈熟地一百五十六垧五亩五分，内扣除三成地四十三垧五亩，净剩实地一百一十三垧五分，应征现租钱七十四吊六十七文，内查出浮多地一十一垧五亩五分。拨放毛荒二十二垧五亩，内扣除三成地六垧七亩五分，七成地一十五垧七亩五分，押租钱三十三吊六十四文。

以上同治二年共放毛荒六千二百五十六垧五亩内，同治七年复加清丈内扣除三成地一千八百七十六垧九亩五分，应剩实地四千三百七十九垧五亩五分。现丈熟地七千五百二十九垧九亩，内扣除三成地一千八百七十六垧九亩五分，净剩七成实地五千六百五十二垧九亩五分，应征现租钱三千七百三十吊九百四十六文，内查出浮多地一千二百七十三垧四亩。余荒二百九十四垧六亩，内扣除三成地八十八垧三亩八分，净剩七成实地二百零六垧二亩二分，押租钱四百三十三吊六十二文。七年共拨放毛荒六千三百一十四垧五亩，内扣除三成地一千八百九十四垧三亩五分，七成实地四千四百二十垧一亩五分，押租钱九千二百八十二吊三百一十四文。

以上三年通计共放毛荒十七万四千七百三十五垧一亩三分，内除集厂地二百一十六垧三亩五分，短少地三千零四十四垧四亩三分七厘，净剩毛荒十七万一千四百七十四垧三亩四分三厘，内扣除三成地五万一千四百四十二垧三亩二厘九毫，净剩七成实地零十二万三十二垧四分一毫，现丈熟地十九万八千八百零一垧六亩六分二厘，内扣除三成地五万一千四百四十二垧三亩二厘九毫，净剩实地十四万七千三百五十九垧三亩五分一厘，应征现租钱九万七千二百五十七吊一百七十六文，内查出浮多地二万七千三百二十七垧三亩九分。余荒一万二千四百二十二垧八亩二分，内扣除三成地三千七百二十六垧八亩四分六厘，七成实地八千六百九十五垧九亩七分四厘，押租钱一万八千二百六十一吊五百四十四文。

　　七年共拨放毛荒六千三百一十四垧五亩，内扣除三成地一千八百九十四垧三亩五分，净剩七成实地四千四百二十垧一亩五分，押租钱九千二百八十二吊三百一十四文，通共应征押租现租钱共十二万四千八百零一吊三十四文外，有就地升科地一千九百七十垧八亩三分。

黑龙江将军衙门为奏呼兰招垦新荒拟请暂行停放折奉旨允准事致都京户部等的咨、札
附：告示

同治八年二月初三日

镇守黑龙江等处地方将军衙门为咨报事。

户司案呈：本衙门于同治七年十二月十八日恭折具奏，为呼兰招垦新荒，续领未能踊跃，拟请暂行停放，以杜流弊而裕旗丁生计，恭折具奏，仰祈圣鉴事。窃黑龙江所属地面均系沙漠山场，惟呼兰旗营、官庄耕牧地界以东稍有肥腴之荒，原皆封禁，从未招民开垦。咸丰七年御史吴焯条奏，请令招垦纳粮以补经费，经前任将军奕山等派员查勘复奏，部议恐与屯防有碍，仍请照旧封禁。迨咸丰十年，前任将军特普钦等因连年俸饷缺乏，嗣即查得呼兰旗屯各户私招民人二千五百余名，开垦荒地八千余晌，当经酌议变通，奏请将该处约度闲荒一百二十余万晌，仿照吉林夹信沟章程，招民承领开垦，抵充经费，藉免私垦之弊，奉旨准行在案。奴才自上年冬间署任以来，检查呼兰以东蒙古尔山等处荒地，自咸丰十一年议办开垦起至同治七年止，核计八年仅放毛荒二十一万余晌，佃民不下一万余户，佣工散民不可胜计，分占荒段地面既已辽阔，烟户日渐增添，杜渐防微实属不易。现查该处虽有未领闲荒，非关围场，即距深山，若不预筹限制，诚恐滋生弊端。

奴才率属通盘筹计，在前议招垦征租，因系济饷权宜之法，而现时筹顾根本，须图经久不易之规。溯自招佃开垦以来，初虽踊跃，其后已觉稀疏，本年续领荒地者更属寥寥，推原其故，盖呼兰佃户大半由吉林转徙而来，其家业已成者固不肯去而他图，其无业之人亦因吉省现在查放余荒，断无舍近以图远。故此本省近来领地者即行缺少，而所来者大半无业游民，来历实难稽考。以边疆重地而容留无籍之徒，于地方已不相宜，刻下奉、吉两省滋匪虽靖，其隐迹藏形之徒幸而得免者难免不无潜越，而呼兰与阿勒楚喀仅止一江之隔，设或此辈冒充佃民前来领地，混迹其间，日聚月众，贻害大局，尤非浅鲜。且本省原系练养兵丁之地，向来各属旗丁均资耕种牧游养生度日，尤恃驰骋围猎练射精骑，当此旗户增繁，全赖山场、余荒宽阔，得以耕牧自赡，更以游猎任便，得其学习练武之区，若稍

有沃田膏壤之处，日后尽为游佃垦占，旗丁生计日蹙，诚与练习边防大有关碍。奴才蒙古世仆，受恩优渥，既有所见，曷敢不披肝沥胆仰陈于圣主之前。再四筹思，惟有请旨将呼兰未经承领余荒暂行截止停放，以杜后日流弊，而裕旗丁生计。其已放荒段内如有交杂未垦零星余地，止准由从前旧有佃民内分别找领，交租垦种，其未经招放各荒凡与围山有碍者，请即停止，以备将来旗、营、屯、站人丁生齿日繁，藉以为游牧围猎之地。俟命下之日，奴才即当张发告示，晓谕遵照。至从前所放荒地，容奴才详细清查，分别核办咨报外，所有奴才率属通筹酌拟停放呼兰新荒缘由，是否有当，理合恭折具奏，伏乞两宫皇太后、皇上圣鉴训示。谨奏。

于同治八年正月二十三日接到回折，军机大臣奉旨：著照所请，户部知道。钦此。钦遵。当即遵旨张发告示，著饬呼兰城守尉、理事同知等即将未放余荒暂行停放，以杜流弊而裕旗丁生计。等因。遵此，相应咨报大部备核外，理合备文咨行盛京、吉林将军衙门，咨饬该省旗、民知照，并札饬呼兰城守尉暨呼兰理事同知文瑞、总理行局委员托蒙阿等，今将官荒奏请停止，著该员等将现未出放之段即行停止，其已放官荒段内遇有成方之地，准其他人结保承领，设有挨段零星不成片段之地，著准挨近原佃承领，不准任意遗留余荒，以误国课。等因。

据此，相应札饬该同知文瑞暨委员托蒙阿等遵照，据实会同查明周围界限里数，暂立小堆，绘图结报到日，再行派员前往会同挖记大封堆，以清围场深山界限。今颁发告示三张，著城守尉、同知、委员等各张挂通衢，俾各周知。再著同知速为抄录，钤用关防，发给各段张挂，晓谕遵照可以。须至咨者。

右咨都京户部、盛京将军衙门、吉林将军衙门。

右札呼兰城守尉阿克敦、呼兰理事同知文瑞、呼兰委员托蒙阿等准此。

计告示一纸。

附：告示

镇守黑龙江等处地方将军衙门为出示晓谕遵照事。

户司案呈：照得呼兰招垦新荒，续领未能踊跃，奏请将未经招放各荒凡与围山有碍者，暂行截止停放，藉以为将来旗丁人等游牧围猎之地，而裕生计。其已出荒段内，如有交杂未垦零星余地，只准由从前旧有佃民内分别找领，交租垦种。等因。奏奉谕旨：著照所请，户部知道。钦此钦遵。即应札饬呼兰城守尉、理事同知并办理荒务委员等遵照办理外，并请出示晓谕各该段佃户等知悉，此后务即遵章将现未出放之段已经停止者，概不准其擅占承领；其已放荒段内遇有成方之地，准其他人结保承领，设有挨段零星不成片段之地，著准其挨近原佃承领，不准任意遗留余荒，以误国课。将此严饬该同知遵文按段出示晓谕，俾使周知。所有未放荒段既已奏请停止，嗣后务须令该同知、城守尉严查，不准游民私行占垦，倘敢疏懈，抑或吏胥舞弊等情，或经本宪密派查出，或别经发觉，定行照例严劾，并将舞弊暨私行占垦人等一并严加治罪，决不姑贷。

著将此谕张挂通衢，令各该佃民等一体遵行勿违。为此特谕。

黑龙江将军衙门为拟请议定栽种罂粟罪名事致盛京将军衙门等的咨

同治八年二月初三日

  镇守黑龙江等处地方将军衙门为咨照事。

  户、刑司案呈：同治七年十二月初三日本衙门恭折具奏，为边疆重地亟宜整饬，拟请敕部议定东三省栽种罂粟罪名，以儆效尤而培根本，恭折奏祈圣鉴事。窃惟鸦片烟来自外洋，流传内地，凡吸食者如染沉疴，莫不废时失业，其害不可胜言，向来例有明禁。自咸丰九年分别驰〔弛〕禁以来，内地民人渐有栽种罂粟，藉图渔利，以致传染日多。上年经山西巡抚沈桂芬条奏，钦奉上谕：沈桂芬奏请严禁种植罂粟等语，三农畎亩服劳，以生九谷；自宜专务稼穑，藉为仰事俯蓄之资。乃近年山西人民多以种植罂粟为业，遂致产米愈少，粮价增昂，设遇收成歉薄，民间奚田得食？着即刊刻告示，将栽种罂粟严行禁止，并着各直省通饬一律严禁，俾小民服田力穑，共庆有秋，于国计民生均多裨益，将此通谕知之。等因。钦此。仰见我皇上圣虑遐深，务本抑末之至意。

  奴才伏查关东三省地属旗籍，风气质朴，习尚俭勤，素鲜吸食鸦片之人，更无栽种罂粟之辈。缘近年内地民人出关者甚多，相习成风，吸食甚伙，渐有栽种之处。奴才前在吉林阿勒楚喀任内，查有种植罂粟者，立时查拿严办，拔毁花苗，民间颇形儆惧。嗣即抵署黑龙江将军重任，访闻呼兰所属新招开荒民户，亦有偷种罂粟谋利之徒，节经严饬禁止在案。预计关东三省乃国家发祥根本，养兵重地，与内地情形大不相同。奴才赋性愚蒙，仰荷圣恩，畀以边疆重寄，夙夜筹思，首以栽培元气，整饬戎行为目前第一要务。

  伏查近年兵民法轻则无所忌惮，法重则尚可遵循。当此先其所急之际，兴利必先除弊，而澄流尤在清源。若栽种罂粟之风盛行，关东烟价既已日贱于前，吸食之人又复日广于后，势必至关东兵民稍有丰足者化为贫寒，精强者变为孱弱，贻害边疆，诚非浅鲜。其官兵吸食例禁綦严，惟栽种罂粟，虽经查禁，诚恐小民无从周知。而关东根本地方，与内省审拟罪名似宜量加区别。

奴才愚昧之见，拟请敕下部臣将关东三省种植罂粟花罪名与内省分别从重酌定具奏，行知关东三省一体严禁，俾立法昭然咸知炯戒。奴才即当多缮告示，遍行晓谕，于来年春季播种之际，督饬各该地方官员随时严行查禁，务使有犯必惩，倘官弁兵役人等胆敢受贿徇纵，一经访查得实，立即严参治罪，总期力挽颓风，肃清边围，俾人知俭朴，士马精强，以仰副圣主廑念边陲勤求武备之实。奴才为整饬我朝根本发祥边疆地方起见，是否有当，理合缮折具奏，伏乞两宫皇太后、皇上圣鉴训示，谨奏。等因具奏。

兹于同治八年正月初五日接到回折，军机大臣奉旨，刑部议奏。钦此。钦遵前来。除咨报刑部备核外，应请咨照邻省。等情。据此，相应咨行盛京、吉林将军衙门，烦请查照外，仍咨行黑龙江等处查照可也。须至咨者。

黑龙江将军衙门为出示旗屯界内不准续招黑户事致呼兰城守尉阿克敦的札
附：告示

同治八年二月十七日

将军衙门为严札遵照事。

户司案呈：查上年呼兰旗、营、屯、站人等将该处闲荒任意私招民垦，偷收押租，当经前任将军大人节次严札该处，著将此项民户改迁官荒，以清旗界。乃旗屯人等始贪渔利，继迫于房井开垦之费，遂尔不肯令其迁移，民户希图租轻，亦不肯舍置而去，将来必致旗、民互相勾结，难免不无日后滋生事端，所招私户难免不无遗匪隐匿其中，该管各官又复因循疲玩，任其舞弊营私，迭催迁移，虽札罔应，是以前任将军由省派员周历查丈私垦熟地垧数，奏请就地安置此项民户，照章升科。复严札该城守尉转饬该管各官，嗣后断不准再有私招窃垦之弊。等因各在案。

计自咸丰十一年查明升科之后，按年均有续行加开之地，陆续咨部一并归公。由此观之，该处旗屯人等时下仍不免有续行私招偷垦之弊。适奉将军堂谕，呼兰旗丁生齿日繁，该处私垦之弊若不严行禁止，任由旗、民无知之徒希图便宜，仍行续招，以后该处旗丁生计必形疲累，即著查明现在该处升科红户若干、续来黑户若干、系于何年月日私招何人私垦、共开熟地若干、现有剩荒若干、座落何处，按界分晰清楚，不准遗漏。其携眷贸易及佣工散户，亦著一并造具细册呈报，以凭查核。其升科红户固不得驱逐，而落业黑户亦不忍遽令迁徙，即使流离失所，尤恐所招之主先已借使租钱，并契写房井地亩各价者，饬将钱文如数追交私户，再为逐撵，不准借势坑民。嗣后旗屯界内一概不准再有续招新户。至去岁新来喀尔沁蒙古人户，仍应据实催令搬移，不准留住一户。本署俟副都统到任，拟于即日前往亲历该处斟究，倘有不实不尽，即为该管各官是问。将此著拟告示，先行颁发张挂。等谕。

遵此，即应札知该尉遵照宪谕指示各节，饬属一体清查，按户分晰造具细册呈报，毋得遗漏延宕，致干复催，暨严禁胥役人等不准藉端索诈舞弊。等事。并发去告示一张，著张挂通衢，再由该衙门抄录多张，钤用关防，颁示各屯，务使城乡旗、民一体周知，俾得遵照可也。须至札者。

右札呼兰副都统衔城守尉阿克敦准此。

附：告示

将军衙门为出示晓谕严行禁止事。

户司案呈：照得上年呼兰旗、营、屯、站人等将该处闲荒任意私招民垦，偷收押租，当经前任将军、大人节次严札该处，著将此项民户改迁官荒，以清旗界。乃旗屯人等始贪渔利，继迫于房井开垦之费，遂尔不肯令其迁移，民户希图租轻，亦不肯舍置而去，将来必致旗、民互相勾结，难免不无日后滋生事端，所招私户难免不无遗匪隐匿其中，该管各官又复因循疲玩，任其舞弊营私，迭催迁移，虽札罔应，是以前任将军由省派员周历查丈私垦熟地垧数，奏请就地安置此项民户，照章升科，复严札该城守尉转饬该管各官，嗣后断不准再有私招窃垦之弊。等因各在案。

计自咸丰十一年查明升科之后，按年均有续行加开之地，陆续咨部一并归公。由此观之，该处旗屯人等时下仍不免有续行私招偷垦之弊。适奉将军堂谕，呼兰旗丁后来生齿日繁，该处私垦之弊若不严行禁止，任由旗、民无知之徒希图便宜，仍行续招，以后该处旗丁生计必形疲累，即著查明现在该处升科红户若干、续来黑户若干、系于何年月日私招何人私垦、共开熟地若干、现有剩荒若干、座落何处，按界分晰清楚，不准遗漏。其携眷贸易及佣工散户，亦著一并造具细册呈报，以凭查核。其升科红户固不得驱逐，而落业黑户亦不忍遽令迁徙，即使流离失所，有〔尤〕恐所招之主先已借使租钱，并契写房井地亩各价者，饬将钱文如数追交私户，再为逐撵，不准借势坑民。嗣后旗屯界内一概不准再有续招新户。至去岁新来喀尔沁蒙古人户，仍应据实催令搬移，不准留住一户。本署宪俟副都统到任后，拟于即日前往亲历该处斟究，倘有不实不尽，即为该管各官是问。将此著先行出示晓谕。等因。

遵此，亟宜呈请颁发告示，著张挂通衢，俾使旗、民周知。一面饬属赶紧清查，分晰造册呈报，暨严紧〔禁〕胥役人等不得藉端索诈舞弊。等事。仍著抄录多张，钤用关防，颁示乡村，庶得远近人等一体遵行勿违。为此特谕。

黑龙江将军衙门为拟请酌拨呼兰营制事致都京兵部、户部等的咨、札

同治八年二月十七日

镇守黑龙江等处地方将军衙门为咨报事。

兵、户司会案呈：本衙门于同治八年二月十七日恭折具奏，为呼兰厅属烟户日增，地方辽阔，拟请酌拨营制以资捍卫而固边防，恭折奏祈圣鉴事。窃惟文治武功自古并重，凡有府厅州县之处必设营汛分防，定制精详，具有深意。奴才伏思黑龙江省地处极边，武备为先，防维最要。同治五年五月钦奉上谕：黑龙江、吉林等省与俄国壤地相连，土旷人稀，边防最关紧要，防范稍疏，难免不别滋事端，亟应整顿武备以杜敌人觊觎之渐，着就本省情形预筹储饷足兵之计，先为自强之策，以期有备无患。等因。钦此。仰见圣明洞鉴，垂廑岩疆，实深钦感。惟查本省呼兰所属之巴彦苏苏地方与吉林边界毗连，向来荒场山林悉皆封禁，咸丰十年经前任将军特普钦等奏奉谕旨，招民开垦，藉充经费，比年以来先后出放荒地二十余万垧，分占荒场辽阔，正身佃民不下一万余户，其余就耕散户以及外来商贾人数倍多。当试办之初，人民无几，占地有限，是以前将军仅奏设呼兰理事同知暨巡检各一员，未及议设营制。近则开垦地面辽阔，烟户日增，距省窵远，事务纷繁，稽察实属不易，所有该处未放荒地虽经奴才察核情形，业已奏准暂行停放，现在开辟荒场人民既众，良莠不齐，弹压巡防不容疏懈，且该处与吉林、阿勒楚喀仅隔松花一江，地土稍沃，山林稠密，素为匪类垂涎。咸丰年间曾有俄人船只驶至该处，意图窥伺，即经前任将军奕山酌设卡伦派兵驻守。迨同治五年冬间，又有吉省马贼窜入厅属肆行抢掠，因该厅未设官兵无从防守，其新设卡兵为数甚单，势难期其临机堵御，而呼兰城守尉衙门相距巴彦苏苏尚隔一百四十余里，去荒场尤为遥阔，实有鞭长莫及之势，及至派兵前往，贼匪早已远扬。历年每届冬令江水封冻，节经奏派呼兰官兵前往防守，来春开江始行撤回，所需经费均由征收地租项下支销，即此设法筹顾无非暂济一时，委于常年保守地方缉拿奸匪终难得力。奴才前在阿勒楚喀任内，稔知该处最关紧要，须筹经久之策，自抵将军署任，诹谘博采通盘筹计，与其岁派防兵徒滋耗费，莫若

拨营设汛永壮边威。惟经费有常，何敢遽请巨项额外加增，奴才率属筹商，兵少则不足以镇慑地面，兵多则虑夫饷项支绌，同心酌拟于巴彦苏苏地方拨驻马兵二百名，移添佐领一员、防御四员、骁骑校四员、笔帖式二员，以成营制。复查得呼兰前因筹办开荒差防倍繁，曾添副甲二百名，食马甲之半饷，在于新开地租内折钱支给，该副甲止派城内班次，拟请将此项副甲改为马甲二百名，移驻巴彦苏苏新营，其原领之项仅敷马兵一百名之正饷。又查墨尔根所属索伦人丁向称蕃盛，额设十佐领分辖，近因征调频仍，各佐领下遇有甲缺不敷挑补，曾经该处声报有案，其齐齐哈尔所属巴尔虎四佐领下人丁挑补甲缺亦属不敷。以上两处人丁既少，选补维艰，莫若移缓就急，将甲缺改拨需兵紧要之区以归有用。拟请由墨尔根将索伦佐领内暂撤一佐领共甲缺五十二分，齐齐哈尔巴尔虎四佐领下暂撤甲缺四十八分，均匀抽裁，以足改拨巴彦苏苏马甲二百名。饷糈之数，至拨设官员，应请于墨尔根改拨索伦佐领骁骑校各一员，又该城原设防御八员，而协领止有四员，防御例系随同协领办事，该处公事较简，本属多余四缺，应请移拨防御四员，并请额外添设骁骑校三员、笔帖式二员、领催十六名，再拟由领催甲兵内添挑委笔帖式二员、七品顶戴委官四员，以资差委。其佐领一员，拟加协领衔，即办该处协领〔事务〕，旗务防御四员，拟加佐领衔，即办该处佐领事务，均请照衔循例颁给图记，仍食原俸。其新添之骁骑校、笔帖式、领催应得俸饷为数无多，即由巴彦苏苏地租项下动支，无需另筹款项。所有移拨官员先由齐齐哈尔、黑龙江、墨尔根、呼兰四城现任各员内对品拣调，以期得人用资统率，所遗之缺即以改缺之员递补。所添笔帖式二员先由呼兰就近选补，仍责令改拨佐领防御等官教演官兵，弹压地方，帮催租赋，笔帖式办理文案，骁骑校委官领催等率同甲兵守口隘，缉捕奸匪，各专责成，并分别缓急，冬春由公筹给官兵津贴，常川操练，夏秋轮换巡防，藉资农作。将来墨尔根之索伦旗丁与齐齐哈尔之巴尔虎旗丁生齿日增，饷项盈余，再当随时酌量设法拨还现撤官兵额数，俾免偏枯。如此变通办理一转移间，则官兵均归实用，饷费无多，而新开荒场文武兼备，事有专司，耳目既周，稽查较易，兼之严慎边防可免匪夷之窥伺，营伍充足更属有裨于防维，实一举而三善具备。惟事关改设营制，拟合请旨遵行，如蒙俞允，奴才即先行遴派晓畅营伍干练事理之员前往该处相度地势，审察事理，分别详议禀覆核办。奴才溯自军征以来，巡阅旧制久未举行，奴才受恩深重，曷敢以署任稍耽安逸，自负生成，拟俟新任副都统全英到任后商定循例携印亲赴各城周查巡阅，行抵呼兰即当前赴该处履视，再将安设营制衙署一切事务悉心筹议，拟列章程另行分别奏咨，以期仰副圣主足兵绥远之至意。奴才管见所及，是否有当，理合恭折具奏，伏乞两宫皇太后、皇上圣鉴训示祗遵。谨奏请旨。于同治八年三月二十二日接到回折，军机大臣奉旨：该部议奏。钦此。钦遵。相应呈请咨报兵、户部备核外，并咨墨尔根副都统衙门暨饬呼兰城守尉理事同知等遵照可也。须至咨者。

右咨都京兵、户部、墨尔根城副都统衙门。

并札呼兰城守尉、理事同知。

总理各国事务衙门为法国传教士过呼兰境内事致黑龙江将军的咨

同治八年三月十七日

钦命总理各国事务衙门为咨复事。

同治八年三月初八日准员将军咨称：据管理茂兴等站呈称，同治七年十一月二十三日有法国教士施公到境，询系因事前往呼兰、巴彦苏苏，当向索验执照，该教士延于次朝起行去讫。旋经飞饬呼兰城守尉、理事同知等，俟该教士到境查验执照，妥为照料去后。嗣据呼兰理事同知详称：十一月二十九日法国教士施若亚敬由江北路过前赴阿勒楚喀，行走甚速，其有无执照，不待盘问，请咨呈总理衙门照会法国驻京公使，嗣后如有游行过境者，仍照条约，须凭核实等情前来。

查教士施若亚敬于同治五年七月领有印照，前往盛京、吉林、黑龙江满洲三省传教，自非无照洋人可比，且来咨内称，施若亚敬向在吉林所属长春厅界内设立天主堂，并据呼兰同知详称十一月二十九日有上年执票来境传教之法国教士施若亚敬等语。是该教士来盛京等处已历数年，本非新来无照洋人，乃不于该教士未去之先随时验照，忽于该教士既去之后，以其未曾验照，即行起程，遽请由本衙门照会法使，殊可不必。为此，咨复贵将军查照转饬，嗣后遇有游历教士过境，仍须随时取验执照放行，倘实系无照洋人或不服验看，再行咨查可也。须至咨者。

右咨黑龙江将军。

黑龙江将军衙门为奏墨尔根副都统印纽被贼砍窃折奉旨事致都京礼部、兵部等的咨

同治八年三月二十二日

镇守黑龙江等处地方将军衙门为咨报事。

兵、刑司会案呈：本衙门于同治八年二月十三日恭折具奏，为据报墨尔根副都统印纽被贼砍窃，请旨饬部铸造颁发暨将失察之署副都统请饬交部议处，恭折奏祈圣鉴事。案据署墨尔根副都统协领穆腾额详报，同治八年正月十九日，时值开印，当饬看印官兵将副都统印盒请出，解去布袱，瞥见锁被扭坏，随即开验印纽，银虎被贼砍断窃去，其印面满篆文尚无捐〔损〕伤，堪以钤用。等情具详前来。奴才接阅之下，不胜诧异，查该副都统印信系在衙署收存，专派官员带兵看守，今印纽被贼砍毁窃去，何至毫无觉察，是否看守官兵任意疏懈，抑或其中另有别故，必须详查缉拿究办。现已饬令署副都统穆腾额提集值班官兵严讯确供，并札派协领讷勒恒额确查堂印被贼砍窃情形，据实具详，一面通饬各属并飞咨邻省一体缉拿赃贼，务获究办。其印信篆文既无伤捐〔损〕，仍令暂行钤用。相应请旨饬部铸造墨尔根副都统银印一颗，照例颁发开用，以昭信守。俟新印颁到，再将捐〔损〕坏旧印镌字送部缴销。至该副都统印纽被贼砍去，虽与印信被窃不同，惟署副都统协领穆腾额先事失于查察，咎亦难辞，谨随折附参请旨交部议处。除俟该处查明印纽被窃情形，暨讯取官兵供词详报到日，另行分别核办，并饬查捐〔损〕坏旧印原铸年月字号，咨部备查外，理合恭折具奏，伏乞两宫皇太后、皇上圣鉴训示。谨奏。

于同治八年三月十八日接到回折，军机大臣奉旨：穆腾额著交部议处，余依议。该部知道。钦此。钦遵。相应呈请咨报礼、兵部备核外，并咨行墨尔根城副都统衙门知照可也。须至咨者。

右咨都京礼、兵部、墨尔根城副都统衙门。

吉林将军衙门为奏将五常堡垦地旗丁编旗入档及添设协佐等官事致黑龙江将军衙门等的咨

同治八年四月初四日

镇守吉林等处将军衙门为咨报事。

户司案呈：于同治八年四月初四日本衙门恭折具奏，为查明五常堡垦地旗丁遵奉部议编旗入档，仍请添设协领等官弹压稽查以专职守，恭折具奏，仰祈圣鉴事。

窃奴才等查五常堡属夹信沟、凉水泉荒地，于咸丰五年前任将军景奏明招佃开垦，十余年来，已垦熟地十三万余晌，除三成房园井道外，实在七成征租地亩，每年可征地租钱五万余吊，藉充饷需。然该处催征租科虽由委员经理，而人烟稠密，佃户愈集愈多，奴才富于五年三月间到任后，办理军务，整顿地方，密查该堡户口均系沈阳旗籍就亲来堡落户者，多恐有不实，当经咨查奉省，查明相符。然开荒耕种，其中佃户互相争执固所不免，必须设官弹压，方为妥善。该堡荒地开垦已久，既无约束官弁，尤恐滋生事端，现当军务肃静，自应彻底清厘，设法整顿。经奴才富、富等奏请，将此项依亲就食浮丁一千八百余户编旗入档，春种秋操，以实兵额，并请将五常堡添设协领、佐领、防御、骁骑校、笔帖式、副甲等官弁，催征赋科，稽查弹压。嗣奉部议，旗户归旗入档，民户如何安插，亦未定有章程，饬令奴才等会同盛京将军，将该处旗户若干、民户若干详细查明，分晰开单，并将民户如何安排之处，妥议章程，另行奏请恩旨。所有添设官弁、颁发钤记、支用小租、增设税局各事宜，应俟查明奏报到日，再行会同礼、兵各部办理。迅将原奏二十五万余晌尽数一律升科，历年所收押租及大小租各项钱文若干，作何动用，分年分款造报。等因咨行前来。

奴才等当即遵照部议，将沈阳来堡户口咨会详查去后，准盛京将军都兴阿等先后咨复，转饬所属查明前往双城堡依亲就食旗户浮丁一千六百三十五户，详查旗佐均属相符。等情。业已造具花名清册，送部查核在案。其余未准查复者，尚有一百余户，或旗佐不符，或姓名互异，现仍咨会饬查，一俟查复，再行造册送部，陆续入档。此内倘有迁居年久，实无旗佐可查，亦未便含混编入，即应归于堡属民籍管理。

奴才等伏查，此项旗丁实因奉省本籍人稠地穿〔窄〕、连年荒歉，糊口不资，是以迁移双城堡依就〔亲〕就食，经前任吉林将军奏明准留该堡作为浮丁，现因生齿日繁，既不能当差上进，就赴新荒五常堡地方领地输租，以谋生计。奴才等拟请五常堡设署安兵，此项旗丁均系国家世仆，若不收录旗籍，诚恐日久湮没，是以奏恳天恩，俯准编旗入档。其领地佃民为数较多，久已分立社甲，散给门牌，与拉林等处种地佃民一律办理，统归该堡管辖，命案词讼均由该堡详省核办，毋庸另定章〔程〕。惟该堡荒地开垦多年，既无约束官弁，奴才等前已奏请添设协领一员、佐领二员、防御二员、骁骑校四员、无品级笔帖式三员，编为镶黄、正白二旗，每旗各设副甲兵一百名，不独边外多此一项官兵，即该处嗣后可无隐瞒浮地私垦盗种情弊。所请添设各官分旗管理，协领一员总司堡务，而协领衙门照双城堡总管属下设立左右二司，以资办公。第查经征事案，应再由该浮丁内择其公正者，派为领催委官十二名，分在两旗，责令约束。副甲兵各一百名，暨充膺各路界官，以便催科兼查贼匪。并由副甲内择其秀良，派委额外笔帖式六名，俾资贴书。唯因旗、民杂处，不免有口角争控，应在额外雇幕件作二名、皂役四名，籍以差遣。至所请添设协、佐、防、骁、笔帖式等官应支俸饷银米，即照通省官弁领项划一办理，其余由该浮丁内派为〔委〕领催委官及添设之副甲兵内派委之额外笔帖式等，均令支食半饷，领催委官照领催减半钱粮，一年支银十八两，副甲兵及额外委笔帖式每名一年各支银十二两，均拟在本处所收小租、税钱两项内，照以市银核钱发给。但在边外地方银价低微，物价腾贵，所发半饷势必不敷差操，奴才等仍拟请照伯都讷官兵赏给随缺地亩之案，除官员拟给全俸毋庸给地外，其领催委官十二名，于半饷之外各予随缺熟地二十垧，副甲兵及额外笔帖式共二百名，每名各给予熟地十五垧，均令作为随缺官地归旗入册，俟有升迁事故，以备随缺交代。至于所给随缺之地，只准给予领催委官、额外笔帖式、副甲兵等二百十二名，其余食俸官员不得侵占，以杜冒滥。至该堡旗、民人等除所给此项随缺官地外，所有五常堡属凉水泉、夹信沟、乌金密各等处，无论日后何时续垦，并不论其是官是兵何人认领，即由何人输租，辗转开垦，互相稽查。数年之后租赋益增，而经费愈实，但所拨小租钱文并添税试征款项，通共约筹钱七八千吊，核之所添官兵俸饷、办公杂支设有不敷，再请由大租钱内暂行挪垫，一俟将余荒内丈出浮地，或续有开出偏坡陡岗，既经输租，即行归补，断不敢悬款无着，浮糜正款。且修建衙署、办事公所并一切薪红、纸张、人役、工食及操练官兵军火、镇摄地方枪炮，在在需款，奴才等仍当各就地利，通筹款项，俟办理完竣后，再行造册报部核销。如蒙俞允，所有新设五常堡协、佐等官，奴才等先由通省现任人员内遴选调补，创始经理，以期裕如，俾将筹议未尽各事宜赶紧操办。至经征租赋，关领俸饷，以及命盗词讼，悉行归省节制，毋分属外城，以免剥削。至于添设协、佐、防、骁等官各员、无品级笔帖式三员，均请作为公缺，由通省所属满、蒙、汉军人员内照依旧制以次拨补，请由礼部颁发协领关防一颗、佐领钤记二颗，以昭信守。再，查此项地亩自咸丰五年起至同治五年止，共出放地十三万九百五十垧，除三成房园井道外，实在七成地九万一千六百六十五垧，其余未领闲荒地十一万九千五十垧，均系偏坡陡岗，并无隐匿私垦情弊，俟续有佃户认领，征收租赋，仍照旧章抵充俸饷。

除已放熟地收过押租并五年满后征收租钱动存数目业已另行造册送部查核外，所有奴才等遵照部议，咨会查明五常堡落户旗丁与奉省原籍旗佐相符，拟请编旗入档，挑充副甲，以资镇摄地面各缘由，理合恭折具奏两宫皇太后、皇上圣鉴。谨奏。

等因具奏之处，相应呈请咨报。为此，合咨户、兵、吏、礼部查核外，并咨黑龙江将军衙门知照可也。须至咨者。

黑龙江将军衙门为出示不准外来民户入境事致八旗、营等处各官的札

同治八年四月初八日

将军衙门为出示晓谕八旗、营、站、官、屯、管理番役处各官一体严禁遵行事。

户、兵、刑司案呈：照得本省系养兵之区，向来除无眷贸易民人及早年遣犯在此成家遗留子女落户外，携眷外来居民甚少。上年因邻省伯都讷等处不靖，多有携眷避难就居此地者，今据八旗、营、站各官册报，现在城内各界居住民人及回民等四百余户，大小一千九百余口，如不示以限制，势必愈聚愈众，何所底止，殊与边防、旗丁生计有碍。亟应呈请出示严禁八旗、营、站、官屯及管理番役处各官转饬该管各界，除旧居民户之外，随时严加察查，自今而往，断不准仍复再有任令由外续行搬来容留一户，并严饬站官乌密业苏转谕茂兴等站笔帖式、领催等，此后如有携眷民户，不准放行入境，永远截止，以符定制。嗣后，即著旗、营、屯、站、管理番役处各官饬属一体不时严查，其已经落业居住民户，不准藉端勒索，倘有新来之户，不准仍前容留。本宪仍不时派差严查，倘敢徇情隐匿，贿嘱容留新来之户者，一经查出，定将舞弊及失查该管各官一并严加究办，决不姑贷。各宜凛遵毋违。特谕。

总理各国事务衙门为俄人越界私垦事致黑龙江将军的咨
附：照会
同治八年五月十九日

钦命总理各国事务衙门为咨行事。

案查黑龙江右岸江滩俄人越界私垦一案，上年五月间接据俄使照复，已将此事交东悉毕尔总督尽力详查，秉公速定。并据称，俄人常苦地薄，若准其赁一草木繁盛之区任听刈运，于华民亦无亏损。等因。当经咨行贵将军查明赁地刈草，从前边界民人是否愿意通融，如无此事，今始开办，究与旗民有无妨碍，详议咨复。等因。

旋于十一月初十日，准贵将军咨称：俄人赁地刈草并无办过成案，且于旗民有碍，实属难行。惟雅克萨对岸之夹心滩系江省地面，宽阔广二十里许，长三十余里，土脉肥美，拟暂行借给俄国免其交纳赁值，俟俄人生计稍裕，仍将此地退还江省，各清疆域，咨请核复。等因。

本衙门查借给官地较赁给民地易滋流弊，拟准其承买民间用剩有余之草，于十一月二十三日咨行贵将军查照办理在案。兹于本年三月间，俄国驻京公使倭请假回国之时，复谆谆言及前事，本衙门再四熟商赁地一层，终恐日久生弊，而俄民既苦地薄，不得不设法接济，兼以倭使濒行以此为言，只得酌与转圆，以示羁縻〔縻〕之意。上年贵将军来文，既有可令俄人在夹心滩刈草之议，当即给与照会，准其刈割夹心滩之草，毋庸交价，并声明仍不得在彼种地，于四月十一日照会俄使去后。刻下尚未接据照复，相应将所给俄使照会先行抄录，咨行贵将军查照，俟接据俄使照复后，由本衙门斟酌奏明，奉日〔旨〕后再咨行遵照开办可也。须至咨者。

右咨黑龙江将军。

抄单一件。

附：照会

照录给俄国照会

为照会事。

案查黑龙江右岸俄人越界私垦一案，前经倭大臣照复已交东悉毕尔总督尽力详查，秉公速定，并称俄人常苦地薄，若准赁一草木繁盛之区任听刈运，于华民亦无亏损。等情。当经本衙门以俄人既不将地据为己有，拟令准其刈草，照边界百里内贸易章程办理。续据倭大臣照会，坚请赁地刈草，又由本衙门咨行黑龙江将军，确查实与旗民有无妨碍，详议具复。旋准该将军以江右岸人多地少，窒碍难行。惟雅克萨对岸之夹心滩系中国江省地面，拟暂准俄人刈草运用，免交价值，咨请核示。等因。

本衙门查该省江右人多地少，既称窒碍难行，自应毋庸再议。至雅克萨对岸之夹心滩前被俄人越界耕种，已照会倭大臣行知本国交界东悉毕尔总督尽力详查，秉公速定在案。兹值倭大臣请假回国濒行，复谆谆言及前事，本王大臣再四熟商赁地一层，诚恐日久生弊，转生唇舌。惟贵国民人既苦边界地薄，不得不设法接济。所有雅克萨对岸之夹心滩，原系中国江省地面，草木繁盛，应暂准俄民在彼刈草，以资运用，毋庸交价，仍不得在彼种地。如此通融，斟酌办理，既可免往他处购草之烦，亦不生占地之衅，似为妥善。相应照会贵大臣查照见复，以便转行黑龙江将军转饬遵照可也。四月十一日。

新任齐齐哈尔副都统全英为恭报到任日期的奏折

同治八年五月二十四日

奴才全英跪奏，为恭报到任日期，恭折具奏，仰祈圣鉴事。

窃奴才全英仰荷恩命擢升齐齐哈尔副都统，遵即进京陛见，瞻觐天颜，跪聆圣训。于陛辞后随即束装由京起程兼途赴任，行至吉林北界，因江水融化，阻隔月余，于四月十一日行抵齐齐哈尔省城，与署将军德英会晤，当即进署接任视事。伏念黑龙江省会地处极边，近与俄国接壤，操防镇抚均关紧要，奴才顶感圣恩，惟有竭尽驽骀，矢勤矢慎，凡遇地方一切事务，与署将军德英和衷商办，力图整顿，以期仰答高厚鸿慈于万一耳。

所有奴才到任日期，理合恭折具奏，伏乞两宫皇太后、皇上圣鉴，谨奏。

于同治八年五月二十一日接到回折，军机大臣奉旨：知道了。钦此。

呼兰河城守尉阿克敦为查报旗民招来喀尔沁蒙古户口册事致黑龙江将军衙门的呈
附：名单、印结

同治八年六月初五日

　　呼兰河副都统衔城守尉阿克敦为遵札造册并请示复事。

　　左、右司案呈：于三月初一日遵奉将军衙门札开：户、兵司案呈，前闻西边外喀尔沁蒙古人等纷纷迁移南郭〔尔〕罗斯一带地方，盖房垦田，嗣因该蒙古等往往勾结游民、回匪滋生事端，经该公报经吉林将军衙门会同驱逐。等情。当即严饬呼兰城守尉、同知、屯官、站官等，于各该管处所一体搜查，不准该蒙古人等进入本省境界。等因去后。嗣据该尉报呈，查有喀尔沁蒙古四十余户，恳请缓限至来年春间务即逐出境外。等因在案。

　　适奉将军堂谕，现闻复有由吉林逐出喀尔沁蒙古多户，潜入呼兰山林处所私行居住。等情。即应再行严札该城守尉、同知及墨尔根署副都统、布特哈总管、莽鼐依克明安公等，刻即出派妥弁饬赴各该管山林处所挨历严行搜查，倘有此项蒙古人户，即著一面查明户口若干，飞速呈报，一面赶紧逐出境外，断不准容留一户，并著由该往查各官将有无此项喀尔沁人户之处，据实出具押结，该副都统、城守尉、总管、同知、依克明安公等加结呈报，以凭核办，等谕。遵此，严行咨、札墨尔根副都统、呼兰城守尉、同知、布特哈总管、依克明安公等，各派妥干官弁，速行前往各该管山林处所，严加查禁，迅即呈报，勿稍疏懈遗漏，致干究劾可也。等因札饬前来，当即饬派骁骑校恩保带兵前往巴彦苏苏深山密林等处，挨历搜查，又派恩骑尉格绷额带兵前往本处旗、营、屯、站及私垦各界，挨历搜查，仍行札饬该委员等恪遵省札，务将此项蒙古人户据实严加搜查，断不准遗漏徇隐，一面查明户口，一面驱逐，不准容留，仍将有无此项蒙古人户具结呈报。等因札饬去后。该委员等尚未查毕，嗣于五月初七日遵奉将军衙门札开，户司案呈，适据呼兰私垦升科红户喀尔沁蒙古钱保等来省投辕呈控一按〔案〕，当即饬司讯据钱保、白福、艾依、路贵、杨福、才保等供称，小的等系西边外蒙古，因本处荒歉，于咸丰年间听说江北呼兰招民出垦，小的等是以携眷来至呼兰城，有旗人王来、萨音巴牙尔等写给小的等熟地耕种，后于同治元年间，经省员成主事查勘私垦地亩时，将小的等均作为升科红户，每年按晌交租。再蒙古方进才、王有贵、何金保三人，系小的白福等毗地之户，迨至本年四月间，经呼兰衙门派员将小的等一概驱逐，不准容留，以清界址。小的等伏思前已入于升科红户，业经交租数年，现今守业耕种，未滋事端，因何立即驱逐，是以无奈进省恳恩，此外并无别情，为此出具手指押。等供。

查上年该处呈报私垦升科毗连册内，钱保、白福、艾依、路贵、杨福、才保等均系升科之户，已经纳过租赋，该处委员何得任意一概滥行驱逐，致关租赋。溯查前曾札饬该尉派员按界搜查，如有邻境被逐新来喀尔沁蒙古暨外来游民人等，不准入境，以杜滋生事端之渐，并未饬将旧有升科之户驱逐，该城守尉何得任由委员不分旧有新来之户，率行逐撵，漫无觉察，而该委员等毫不顾忌，竟敢藉端希图蒙蔽取巧，致该旧有之户往返奔省，耽误农作，实属不成事体。似此之员若不严加惩办，何以除陋习而成将来？著该城守尉即将该查户委员等职名查取，送省备办。其旧有升科之户喀尔沁蒙古等，仍令守业耕种，交纳租赋，暨毗地之户如升科之户承保，亦著毋庸逐撵，免致流离，以重租赋。嗣后再有续来喀尔沁蒙古及外来游民、回匪人等，一概不准容留，务须分晰新旧，不得仍前任意擅逐，是为至要。等因。据此，相应呈请札饬该城守尉遵照可也。等因前来。

溯查钱保、白福、艾依、路贵、杨福、才保原于咸丰年间来至呼兰租种旗人荒地，于同治元年间将伊等租种地亩就地升科，与官输租，其原升科佃户花名册内并未叙注伊等系属蒙古，均称民户租种升科之地。现奉札文，若有由西边外逃窜及邻省被逐之喀尔沁蒙古人户窜入境界者，挨历搜查驱逐，不准容留。等情。叠行派员赴界严加搜查，始知伊等系属喀尔沁蒙古，现已耕种升科之地，输纳租赋，不敢擅行遽令搬移，本衙门拟候〔俟〕委员查毕之时，另行具文呈请指示，亦据蒙古钱保等在本衙门声诉此情，饬令其听候拟办，本衙门未及请示，该蒙古钱保等趋赴省城控诉前情。今奉札文，饬将搜查驱逐喀尔沁蒙古之委员职名查送备办。等情。详查该喀尔沁蒙古耕种升科之地佃户册内并未叙注蒙古，札饬该差员赴界搜查逐撵之时，并未分晰升科浮户，忆〔以〕为无有蒙古亦有升科之户，是以饬该员将所有喀尔沁蒙古严加搜查驱逐，不准遗漏，故此该差员令其搬移，并无从中勒索舞弊情事。兹据前往旗、营、屯、站、私垦各界搜查驱逐喀尔沁蒙古去之委员恩骑尉格绷额呈称，职奉派带兵前往旗、营、屯、站、私垦各界挨历详加搜查，除升科蒙古十二户外，共查得各界旗、民人等招来喀尔沁蒙古九十二户，现已逐驱出境四十一户，其未搬移蒙古五十一户，现在催令赶紧搬移之际，并无遗漏徇隐情弊，并将各地东花名暨招来喀尔沁蒙古花名户口查明造册，具结呈报前来。复查该委员搜查均属并无遗漏徇隐情弊。谨将该委员查出喀尔沁蒙古户口花名造具汉册一本，加结呈报外，惟前往出〔山〕林处所搜查驱逐喀尔沁蒙古去之骁骑校恩保尚未旋回，俟该员查毕旋回之时，再行呈报外，又据升科户喀尔沁蒙古钱保等呈称，小的等系属耕种升科之地，业已蒙恩不逐，所有由小的等十二户名下分毗、伙种之散户五十一户，原伊等原籍荒歉，携眷来至本处投奔，小的等亦有分毗，亦有伙种之户，现在奉官驱逐，伊等实系无力搬移，恳恩容留，以救蚁命，伊等日后若有滋生事端，小的等永为承保，并将由小的等名下分毗、伙种之散户花名开单具结呈递。等情。呈恳前来。据此，复查钱保等恳称，由伊等名下分毗、伙种之散户五十一户，原遇荒歉，携眷来至本处，均依伊等分毗、伙种地亩就食安生，伊等呈恳容留，可否容留之处，未敢擅专。谨此，呈请或准容留落业安生，抑或仍令搬移之处，伫待示复遵行，并将钱保等保留散户喀尔沁蒙古花名开单粘连文尾，相应一并声明，呈请详报将军衙门鉴核示复遵行。须至呈者。

粘单一纸。

附：名单、印结

韩富贵　布克图莫尔

王　禄　狗不咬

韩　亮　赵同方

何　富　陈　喜

韩有贵　胡　保

双　全　李　富

满　贵　何金保

孟　和　白成富

方金才　张　洁

王　富　白　福

陈万盛　白常朋

陈　有　保　才

才　保　赵青和

刘　才　西水色椤额

杨　发　黄金保

李　福　陈有富

高帽子　巴彦仓

金　常　凌永发

保金亮　纳们图克萨

白金祥　保　林

陈　保　杨　富

贾　富　关　富

乌尔吉图　赵　发

吴　江　丁　佳

白士发　王文武

鲍　富

呼兰河副都统衔城守尉阿克敦为加具印结事。

据前往本处旗、营、屯、站、私垦各界搜查驱逐喀尔沁蒙古去之恩骑尉格绷额呈称：职带同兵丁前往旗、营、屯、站、私垦各界搜查，共查出旗、民人等招来携眷喀尔沁蒙古九十二户，现已逐撵出境四十一户，现未搬移五十一户，并无遗漏徇隐情弊，并将各该地东花名及招来喀尔沁蒙古花名户口造册具结呈递。等因结报前来。

复查该员所查均皆属实，并无遗漏徇隐情弊，为此，相应加具印结是实。六月初五日。

呼兰河城守尉阿克敦为俄船擅入呼兰河事致黑龙江将军衙门的呈

同治八年六月初十日

呼兰河副都统衔城守尉阿克敦为飞速声明呈报事。

右司案呈：于六月初九日，据前派侦探夷船去之恩骑尉班住并沌河及呼兰口子等处坐卡官兵报称，遵饬带领兵丁前往沿江下游侦探夷船，于初九日未刻见该夷轮船经由岔沟江面飞速上驶，于即日酉刻抵至呼兰河下口之北岸下锚停泊。等情。声报前来。

据此，职阿克敦带同副管乌亦布阿奇郭勒，以及左右两司行走司官笔帖式等，前至呼兰河下口，登上夷船与俄人会面。职与副管阿奇郭勒等以清语向上年来过通事滚布业幅询其来由，伊将该国固毕尔那托尔给其清字执照与看，并言来此拿其该国货物银两。购买易换苏油等项，别无他事。职等向其开导，言说苏油之物冬景俱拉载外城出卖。再，呼兰地面亦无他项贵重出产，所有米粮亦属无多，仅可敷本处食用。再和约内并未载有进松花江通商之条，实不敢违负和约。该通事言及夷商倭奇力丁等由该国固毕尔那托尔领来执照，来吉江两省满洲各城通商，设若不准通商，讨要字样回去，好见该国固毕尔那托尔，若不给字样，我们固毕尔那托尔必说我们没到此处。等语。职等向其言说，字样未奉我们将军札文，我们实不能给的。该夷累累求祈字样，以为执照。职等未允，答以呈报本省将军衙门，恳乞转行知该国驻扎黑龙江左岸之固毕尔那托尔，伊未凭信。

职等与通事滚布业幅言及此事，若不行知汝国，下年你若再来，亦难对你颜面。该夷又言，要进城瞧看。职等再四拦阻，不准进城。通事滚布业幅言及上年来此，我们进城并未滋过事非，今如何不让我们进城瞧瞧呢？故此是要进城。职等察看船上夷人有三十余名，并无见有器械，始允其头目数人进城一次，仍不准在城住宿，亦不准久行逗留。该夷言及不能久停，亦未定何往。职即饬派骁骑校依钦保、恩骑尉班住，并坐卡弁兵等在彼防守，不准军民与其交涉。将来该夷船何时移动回帆，抑或上驶之处，再行呈报。谨将该夷清字执照抄录一份呈送外，仍将俄夷轮船一支练拴大船一支停泊呼兰河下口，并一切劝阻缘由一并声明呈报将军衙门鉴核施行。须至呈者。

　　右呈将军衙门。

黑龙江将军衙门为报抽纳呼兰所属蒙古尔山采伐木植税钱数目清册事致都京户部、工部的咨
附：清册
同治八年六月二十三日

镇守黑龙江等处地方将军衙门为咨报事。

户司案呈：同治七年十二月十二日准户部咨开，山东司案呈，内阁抄出黑龙江将军德英奏呼兰所属蒙古尔山采伐木植照旧封禁一折，同治七年七月二十一日军机大臣奉旨：该部知道。钦此。于二十四日准河南司付送前来。相应恭录谕旨，咨行黑龙江将军遵照，即将前收木税钱文若干，造册送部可也。等因前来。

当饬该城守尉务将自同治四年起至七年奏准封禁以前，按年所砍木植抽纳木税及带领进山截查各官兵所需饭食钱文数目，统造细册呈报。旋据该尉报称，除将六年十二月间并无领票进山砍伐木植之人，自四年十一月起至六年八月止共砍伐木植五万六千零六十二根，计照章抽纳大小木植五千六百零八根，按数核计共抽税钱一千三百四十七吊八百四十文，内除照章发给带领进山暨截查官兵饭食钱五百九十八吊八百八十文外，仍剩钱七百四十八吊九百六十文。等因呈报前来。

复查核与部准抽纳章程，每十根抽纳一根变价钱文，其所伐木植五万六千零六十二根，共计抽纳大小木植五千六百零八根，数目尚属相符，按数核计变价，共抽税钱一千三百四十七吊八百四十文，内除发给带领进山截查各官兵等饭食钱五百九十八吊八百八十文外，仍剩钱七百四十八吊九百六十文，即将此项钱文入于下年牛马税课案内咨销，并将所伐木植分别大小根数抽纳税钱暨出派带领截查官兵用过饭食钱文数目造具清册，一并咨报大部备核外，仍报工部知照可也。须至咨者。

右咨都京户、工部。

附：清册

镇守黑龙江等处地方将军衙门为造册咨报事。

今将同治四、五、六等年砍伐木植暨照章抽税并带领进山及截查官兵饭银等项各数目开列于后。

计开：

——同治四年进山砍伐、五年运下大柁木四百零八根，内抽税木四十一根，每根按时价八百文，计卖京钱三十二吊八百文。

——二柁木四百零八根，内抽税木四十一根，每根按时价七百文，计卖京钱二十八吊七百文。

——柱角木八百一十六根，内抽税木八十二根，每根按时价三百六十文，计卖京钱二十九吊五百二十文。

——翏檩木三千八百六十八根，内抽税木三百八十七根，每根按时价三百文，计卖京钱一百一十六吊一百文。

——椽子木四千七百二十根，内抽税木四百七十二根，每根按时价四十文，计卖京钱一十八吊八百八十文。

——桄木八千一百根，内抽税木八百一十根，每根按时价。

共抽纳大小木植三千六百一十五根，计变价京钱八百三十九吊二百四十文。

以上统共砍伐大小木植五万六千零六十二根，抽纳木植五千六百零八根，变价京钱一千三百四十七吊八百四十文。

内除：

——同治四年出派带领进山砍伐木植去之官二员、兵十名，官每员按日应给饭银四分，兵每名按日应给饭银三分，均自同治四年十月二十九日起至五年七月初七日止，内除小建五日外，共计二百四十四日，给过饭银九十二两七钱二分。

——同治五年出派在要口截查木植去之官二员、兵十名，官每员按日应给饭银四分，兵每名按日应给饭银三分，均自同治五年三月初六日起至七月初七日止，内除小建三日外，共计一百一十九日，给过饭银四十五两二钱二分。

——同治五年出派带领进山砍伐木植去之官二员、兵十名，官每员按日应给饭银四分，兵每名按日应给饭银三分，均自同治五年十月二十七日起至六年八月初五日止，内除小建五日外，共计二百七十四日，给过饭银一百零四两一钱二分。

——同治六年出派在要口截查木植去之官二员、兵十名，官每员按日应给饭银四分，兵每名按日应给饭银三分，均自同治六年三月初一日起至八月初五日止，内除小建四日外，共计一百五十一日，给过饭银五十七两三钱八分。

以上共收纳木税钱一千三百四十七吊八百四十文，内开除官兵饭银二百九十九两五钱四分，按制钱折给京钱五百九十八吊八百八十文外，仍剩实存钱七百四十八吊九百六十文。为此，造具清册，咨送大部备核可也，须至册者。

右册咨都京户部。

黑龙江将军衙门为报呼兰厅征收牛马烟麻等税情形事致都京户部的咨

同治八年六月二十四日

镇守黑龙江等处地方将军衙门为声明咨报事。

户司案呈：于同治四年十一月十一日准户部咨开，山东司案呈，同治四年三月二十六日准黑龙江将军咨称，据呼兰理事同知文祺呈称，该处既已安民，所有牛、马、驴、骡均应征课，查本省征收牛、马税课系按三分收纳，今呼兰理事同知所请征收税课，可否各按三分收纳之处，希请核复。等因。于四年十一月奉到部咨，准如所〔请〕办理。又，于七年五月二十二日复准大部咨开，据黑龙江将军咨报，呼兰自同治五年七月初一日起至十二月底止，所收牛、驴、骡、马、烟、麻等税银二百四十五两七钱三分零九毫三丝，合制钱二百四十五串七百三十文，此项钱文俟造报同治六年齐齐哈尔税银时，再行入册题报。等因。经大部查核，所收之税系自五年七月起征收，其七月以前并未造报，著饬补行造报，勿任经征之员侵欺朦混，以重税课。又，于同治八年四月二十二日奉准大部咨开，据黑龙江将军咨称，请在该处所属蒙古尔山添设牛、马税课，按照三分收纳，归入该省牛、马税课案内题报，即应于本部核准文到之日为始，实力征收。令〔今〕查咨报系同治五年七月起〔至〕十二月底止，其七月以前征收数目并未造报。该处征收牛、马税课自同治四年试办以前，亦仅报过同治五年七月起〔至〕十二月止征收税银，业已办有成效，究竟实征数目若干，并未详细声叙，应并令该将军查明登复，毋再迟延，致干参办。等因前来。

查自同治四年十一月十一日奉准试办部咨以后，即饬该理事厅遵照部咨试收牛、马、烟、麻、油、酒等税，该前任同知文祺于奉札后，自五年正月初七日起试办，时值吉省马贼窜扰，厅属商民惊恐逃避，并无买卖牲畜征收税银，旋于五月二十六日另案被参撤任，复交署同知松英额办理，于七月初四日设局征税，以前并无征收税银。等情。其自五年七月起至七年十二月底止试收二年六个月，共征收牛、马、驴、骡税银八百八十八两二钱一分四厘余，均按三分收纳，并无征收在先造报在后，及征多报少情事。烟、麻、油、酒自试办征税以来，迄无办有成效，现奉部咨，复饬该同知文瑞遵照赶紧征收，以重税课。兹据详报暂请展缓，俟至办有成效，再为续行造报，各等情。呈报前来。

除将烟、麻、油、酒等税俟该同知造报到日再行咨报外，所有征收牛、马税课银两，均按制钱折收，除该处动支开销外，其余税钱均已抵入齐齐哈尔税课项下需用，归并税项案内，声明统造清册，咨报大部备核可也。须至咨者。

右咨都京户部。

德英、全英为奏挑选貂皮数目的奏折
附：清单
同治八年六月二十四日

奴才德英、全英跪奏，为挑选貂皮数目恭折奏闻，仰祈圣鉴事。

窃于本年六月间，据布特哈总管诺们德勒和尔等将该处索伦、达呼尔、墨凌阿鄂伦春、雅法罕鄂伦春、毕喇尔官兵牲丁等捕获貂皮四千八百二十四张呈送到省，奴才等督率该总管并协领等官在署遵照奏定章程，核计官兵牲丁数目，除去出征旷缺外，尽数按名由该官兵、牲丁等所捕皮内详加挑选，得头等貂皮七十张、二等貂皮一百七十三张，好三等貂皮四百三张，内秋板貂皮二十一张，寻常三等貂皮二千二百八十八张，共选应进貂皮二千九百三十四张。其挑驳余剩貂皮一千八百九十张，循照旧规，均饬割去貂腿一只，交该总管等分给原捕人等领回，其交纳色好貂皮人等，由奴才等衙门酌量鼓励。仍饬该总管督饬官兵、牲丁等，于下年勤加捕打上色毛厚貂皮，以期应选。

所有本年挑选贡皮数目，谨援照成案先行奏闻，并将该官兵、牲丁人数花名造册，咨报户部备核，仍俟秋后敬谨包裹妥协，遴派布特哈官兵由驿送京交纳暨咨报户部、理藩院、内务府查照外，谨将应进貂皮官兵、牲丁人数并所选皮张数目分别敬缮清单，恭呈御览。伏乞两宫皇太后、皇上圣鉴，谨奏。

计开。

附：清单

谨将布特哈处索伦、达呼尔、墨凌阿鄂伦春、雅法罕鄂伦春、毕喇尔等捕获貂皮内，按丁挑选等第数目，分别敬缮清单，恭呈御览：

——布特哈处索伦、达呼尔共丁二千一百八十七名，捕获貂皮四千二十四张，内挑选得头等貂皮九张，二等貂皮五十二张，好三等貂皮二百三十七张，内有秋板貂皮二十一张，寻常三等貂皮一千八百八十九张。

——墨凌阿鄂伦春共丁一百三十二名，捕获貂皮一百七十九张，内选得二等貂皮一张，好三等貂皮二张，寻常三等貂皮一百二十九张。

——雅法罕鄂伦春、毕喇尔共丁六百一十五名，捕获貂皮六百二十一张，内选得头等貂皮六十一张，二等貂皮一百二十张，好三等貂皮一百六十四张，寻常三等貂皮二百七十张。

以上按照丁数选得貂皮二千九百三十四张，内头等貂皮七十张，二等貂皮一百七十三张，好三等貂皮四百三张，内秋板貂皮二十一张，寻常三等貂皮二千二百八十八张。

计开：

谨查奏定布特哈索伦、达呼尔、墨凌阿鄂伦春额丁三千四百二十八名，暨新袭官一百三十二名，已到年岁官二十四名，由都京旋回官二名，共三千五百八十六名，内除上年升受职任并承袭世职告退、病故官四十三名，又除去空缺职官三十三名，往河南等处出征官四十六名、兵丁一千五百六十七名，净剩丁一千八百九十七名。又加由军营撤回官兵三百四十五名，由军营送回之缺挑补丁数七十七名，现在实有官兵牲丁二千三百一十九名。并雅法罕鄂伦春、毕喇尔丁六百一十五名，共计应交貂皮丁二千九百三十四名，按照丁数，共挑选得貂皮二千九百三十四张，谨查照成案，敬缮清单，恭呈御览。

呼兰河城守尉阿克敦为报俄船擅入属境事致黑龙江将军衙门的呈

同治八年七月初一日

呼兰河副都统衔城守尉阿克敦为详报事。

右司案呈：于六月十九日奉将军衙门札开：据呼兰理事同知详称：前在该厅署界黄泥河口停泊之俄夷轮船一只、大船一只，已于十三日由彼往东下驶去讫。详核该同知前与夷人遵约剖辩，并未准其买卖各节，似属合宜。惟查前据呼兰城守尉报称，曾在呼兰河口停泊夷商轮船一只、大船一只，乃于十一日拔锚开船上驶，此项船只是否往东折回，抑或由江往西上驶？顷查该厅所详往东下驶夷船是否前抵呼兰之船？核其情节两歧，若系另项船只已间三日之久，未据该尉探明夷船确实向往的情切报。事关夷船越境，所系綦重，仍应再饬该尉即将前由呼兰河口上驶夷船究系何往？是否此项轮船、大船折回经过黄泥河口往东下驶？抑或另项船只？着该处速将探明情形据实飞报，以备核办，并严饬沿江各卡官兵务须确切探明，毋得迟漏，总宜加意防范为要。等因札饬前来。

遵即查传沿江各卡官弁，随据报称：前于六月十一日由呼兰河口拔锚从松花江逆流上驶之俄夷轮船、大船驶至哈尔滨地方，即折回顺流下驶，旋抵黄泥河口、木兰达等处，往东下驶去讫。除此并无别项船只。等情。复准阿勒楚喀副都统衙门咨开：俄夷轮船六月十一日由松花江北岸呼兰河口拔锚逆流上驶，于是日至哈尔滨，已经本衙门差员协领喜贵等迎阻，劝令折回下游之处，咨会前来。准此，复行严饬前派恩骑尉班住尾随夷船跟巡确探，暨札饬沌河等处坐卡官兵务须严密巡防该夷轮船于何日出境，究系何往，抑或停止之处确切查报。等情。严札去后。

兹于六月二十六日复奉将军衙门札饬，前在呼兰河口停止夷船拔锚上驶至哈尔滨地方折回下驶，于何月日出境之处确实查报。等因。正在详报间，兹据恩骑尉班住、沌河坐卡委官富尔松阿等呈报，该夷船于六月十三日由巴彦苏苏黄泥河口开船下驶，于当日傍晚经过布雅密河口往东顺流下游而去，至六月十七日经过沌河口，已出本境下驶去讫。等情。据此，拟合备文一并详报将军衙门鉴核施行。须至呈者。

右呈将军衙门。

德英、全英为奏俄轮入境通商按约阻回事致总理各国事务衙门、吉林将军衙门等的咨呈

同治八年七月初九日

奴才德英、全英跪奏，为据报俄夷轮船由松花江上驶，询悉由边界俄官给照，越境要求通商，虽经按约阻回，仍恐该夷复肆要求，可否请旨敕下总理各国事务衙门，迅即照复该国严束夷商，毋得任其越界，以靖疆圉各缘由，恭折奏祈圣鉴事。

窃前据所属呼兰城守尉阿克敦呈报，于六月初九日，据委员、卡官等探报，瞭见俄夷轮船一只、大船一只，由松花江上驶，当经迎拦不住，恃船速捷，即抵呼兰河口停泊。城守尉阿克敦往登夷船，即与该夷面晤，询其来由，据通事答称，领有该国海兰泡固毕尔那托尔清字执照，特来吉林、黑龙江满洲各城买换苏油等项，随将执照递看。当即与其理论，本处遵约并非通商之区，不敢易卖货物，总宜折回，毋得阑入。复据该夷要称，若不准予通商，即讨字据，该城守尉告以既遵和约，究非通商之处，因何又给字据，令其克即回帆，不可久停。查其俄人见有三十余名，并无器械，当时告辞下船，随派官兵照料，视其何往，并照录该夷清字执照，一并飞报前来。

并据巴彦苏苏理事同知暨防卡官弁所报相同。前因详阅照录夷商执照系用清文译得，由伊固毕尔那托尔处雇得轮船，令其商人到处恳求卖给食物、烧柴并换土物。等语。奴才等一面飞饬呼兰城守尉、理事同知所属地方官弁，如遇该夷船到境，即照约剖辩，极力阻拒，勿任停留，并严禁军民不准私相贸易，以绝其通商之望，复由省城遴派妥员，前往松、嫩二江会流处所探望，设遇夷船上驶，即行往迎阻拦，按约剖辩，一面飞咨黑龙江城副都统，查明俄商既由海兰泡领来执照，该国固毕尔那托尔何以违约准其在于满洲各城通商，任令肆行上驶各情，务向该夷酋按约理论，究系是否给予字据，斟核虚实。等因去后。

旋据黑龙江城副都统爱绅泰报称，查海兰泡固毕尔那托尔批挞生科与其国使周查附近属界，即晤代事俄官咨询前情，是否该固毕尔那托尔违约给照，擅入江界，并告以通商事宜定约遵行已久，速将该商人轮船唤回，

撤销执照，永敦和好。随据俄官嘎尔幅声称，批挞生科发给执照属实，俄国内外皆知，不但不能唤回商船，并请代为飞咨一文，保护商人在于各处大开通商，勿得拦阻。随机理论，竟致推托。等因咨复前来。

奴才等正在核办间，先后据呼兰城守尉等报称，该夷商在本境内停泊两日，因无与之通商者，即于十三日开船东下，当派官弁差役侦探，业已出界。等情飞报前来。

奴才等伏查该夷船入境，人船数目无多，亦无器械，到处尚无不驯别情，惟询系由俄官发给执照，前来通商，虽未便遽信以为决计，通商事关违约，给照亦未便置而不论，况夷人贪悍为性，诡诈居心，此次委因防范俄夷尚属周密，以无私换私卖致失该夷通商之望，刻下虽经折回，揆其情势，究非遵约输诚，难免不另有潜谋，或再挟众前来恣意要求，或再借口虚为游历，乘便寻隙，更须加意严防。除饬所属地方暨防卡官弁一体遵照，如遇夷船入境，仍按条约妥为剖辩拦阻，不准轻启衅端，亦毋许任其阑入。奴才等伏思，设遇该夷不遵条约，倘有倔强不驯之类，仅以剖辩恐难制其桀骜之心，可否请旨敕下总理各国事务衙门，赶紧照复该国驻京公使，严禁俄夷官商此后务须恪遵条约，不得滥行越境，致失和好，以靖边疆之处，出自圣裁。奴才等仰承重寄，畀任封圻，若不防其将来，尤恐滋伊幸进，别生事端，有负九重厪虑边疆之至意。

除将该夷船只入境暨抄录清字执照呈报总理各国事务衙门查核外，所有夷船越界率请通商，现虽折回，并询系俄官发照，恐再复来要求各缘由，理合恭折奏闻，伏乞两宫皇太后、皇上圣鉴，谨奏请旨。

等因具奏之处，相应照录该夷清字执照，粘连文尾，咨呈钦命总理各国事务衙门鉴核外，并咨照吉林将军、黑龙江城副都统衙门知照可也。须至咨呈者。

右咨呈钦命总理各国事务衙门、吉林将军衙门、黑龙江城副都统衙门。

吉林将军衙门为俄船擅入松花江事致黑龙江将军衙门的咨

同治八年七月十六日

镇守吉林等处地方将军衙门为咨行事。

承办处案呈：案查前准阿勒楚喀副都统海英咨报：于六月十七日据派阻夷船去之协领喜贵禀报：遵饬带领弁兵前往哈尔滨松〔花〕江地方迎阻夷船，于十一日撞见夷商船只，随即亲与俄商倭奇力丁等晤〔晤〕面，以理拦劝，讵该夷视事不能交通，计穷无策，转船即由哈尔滨折回下游。

惟该夷性情诡诈，进退难测，遂派佐领全保等尾随查探，旋据该员等回称：遵派由哈尔滨尾随夷船跟踪下探，该夷船只已于十三日巳刻由属界淘淇经过，已入姓界，顺江返回去讫。等情，呈据该副都统转报前来，当经本衙门于六月二十二日据情呈报总理各国事务衙门查核在案。

兹于七月十四日据三姓副都统胜安咨报：于六月十四日卯时，据查街官兵报称，该夷轮船折回，由松〔花〕江北岸顺流下往，并未停站。等情。当经副都统转饬沿江各卡，以及坐守黑河口卡伦员弁一体查报去后。兹于七月初一日，据黑河口卡官佐领德林、骁骑校经文图等报称：于六月十七日下晚，据俄商倭奇力丁等轮船带有大船一只折回，在松〔花〕江口停宿。职等登船查询，该俄商等言称，因上江水浅，未能抵省，即行返回，沿途亦未通商登岸肇衅。等语。言毕，职等亦即下船回卡，次日该轮船出口，入于〔黑〕龙江去讫。等情，呈据该副都统转报前来。

查该俄商业经出口入于〔黑〕龙江，今岁谅不致去而复来。惟俄人诡谲多端，反复靡定，自应仍行加意严防，不得稍涉疏懈。除咨复三姓副都统转饬沿江各卡员弁水陆并探，如再遇夷船越界，务当据理剖辩，极力阻止，以靖边圉而守定约外，相应呈请咨行贵将军衙门查照可也。须至咨者。

右咨黑龙江将军衙门。

新任黑龙江副都统爱绅泰为恭报到任日期的奏折
同治八年七月二十三日

奴才爱绅泰跪奏,为恭报奴才到任日期,仰祈圣鉴事。

窃奴才爱绅泰钦奉恩命简授黑龙江副都统,当即缮折叩谢天恩,奏请陛见,并陈明现遵署将军德英奏饬先赴新任,恭候谕旨在案。奴才拜折后,随即束装起程,兹于同治八年四月二十五日行抵黑龙江城,当经护理副都统事务参领金山保将印信案卷移交前来。奴才谨设香案,望阙叩头,祇领任事。伏惟黑龙江城系极边之地,责任綦重,而目下尤以承办俄国交涉事件最为紧要,奴才前次虽经署理,第间隔数年,人事更易,今昔情形不相同,自揣驽骀下质,深惧筹虑难固,惟有失〔矢〕慎失〔矢〕勤,遇事尽心竭力,悉臻妥协,农隙严操官兵以期保固边防,仰报高厚鸿慈于万一。

所有奴才到任日期,理合恭折奏闻,伏乞两宫皇太后、皇上圣鉴,谨奏。

于同治八年七月十六日奉到回折,军机大臣奉旨:知道了。钦此。

黑龙江将军衙门为出示不准领地佃户隐匿地内界边浮多余荒事致理事同知文瑞、办理荒务委员托蒙阿等的札
附：告示

同治八年七月二十八日

将军衙门为严札遵照事。

户司案呈：查巴彦苏苏照得辟荒招垦原为便民领地输租，自系正赋，价既不出定数，地亦无容浮多。查据委员等详报册开，领地各佃大半均有浮多余荒，且原领毛荒间有未能挨靠，致两界中间每多剩荒，虽经清丈准其挨界续领，然此时仍有未经领竣者，难免日久不希图挨边展占，致将荒地亏费，有关正供钱粮。当即禀奉堂谕，嗣后各段领地佃户，凡于所领地内界边或有浮多余荒若干，均准自行报局认领，呈交押租，至续行清丈之年，仍按三七扣除输租。如界边余荒较多，挨界之人不愿承领，并准旁人认领。倘有把持隐匿，不准旁人认领，希图加开浮多，暨将自己地内余荒隐匿，开成熟地作为浮多者，至年清丈，一概不准扣除三成，按坰全行升科，并治以侵隐地土之咎。自经晓谕之后，各宜凛遵毋违。

再，原领荒地多系大户包领，未分毗连，当此清丈之年，无论大小各户，均著各分毗连，各领执照，今令将原领执照收回，换发分辟各户执照，以昭清楚。将此著先行颁发告示张挂，等谕。遵此，即应札知该委员托蒙阿并同知文瑞等遵照宪谕指示各节，即饬各该佃民等务须遵章赶紧承领。再，原领荒地多系大户包领，未分毗连，当此清丈之年，无论大小各户，均著各分毗连，各领执照，以昭清楚。将此即著委员等赶紧造具毗连细册呈报，毋得遗漏延宕，致干复催。并发去告示一张，著张挂通衢，再由该同知抄录多张，钤用关防，颁示各界一体周知，俾得遵照可也。须至札者。

右札理事同知文瑞、办理荒务委员托蒙阿等准此。

计告示一纸。

附：告示

将军衙门为出示晓谕遵行事。

户司案呈：照得辟荒招垦原为便民领地输租，自系正赋，价既不出定

数，地亦无容浮多。查据委员等详报册开，领地各佃大半均有浮多余荒，且原领毛荒间有未能挨靠，致两界中间每多剩荒，虽经清丈准其挨界续领，然此时仍有未经领竣者，难免日久不希图挨边展占，致将荒地亏费，有关正供钱粮。当即禀奉堂谕，嗣后各段领地佃户，凡于所领地内界边或有浮多余荒若干，均准自行报局认领，呈交押租，至续行清丈之年，仍按三七扣除输租。如界边余荒较多，挨界之人不愿承领，并准旁人认领。倘有把持隐匿不准旁人认领，希图加开浮多，暨将自己地内余荒隐匿，开成熟地作为浮多者，至年清丈，一概不准扣除三成，按坰全行升科，并治以侵隐地土之咎。自经晓谕之后，各宜凛遵毋违。

再，原领荒地多系大户包领，未分毗连，当此清丈之年，无论大小各户，均著各分毗连，各领执照。今令将原领执照收回，换发分辟各户执照，以昭清楚。将此即著委员等赶紧造报毗连清册，以便发给执照，永为遵守，特谕。

德英为奏已革布伦托海办事大臣李云麟到省充差的奏折
同治八年七月二十八日

再，奴才接准刑部咨称：同治七年九月初九日奉上谕内开，革布伦托海办事大臣李云麟著发往黑龙江充当苦差。等因。钦此。钦遵。将该革员李云麟出派官兵逐程解送，于同治八年十一月初九日到黑龙江省城。奴才查照成案，将李云麟派令在莽鼐卡伦充当苦差之处，理合附片奏闻。谨奏。

吉林将军衙门为中俄边境贸易事致黑龙江将军衙门的咨

同治八年七月二十八日

镇守吉林等处将军衙门为咨行事。

承办处案呈：本年七月二十四日准黑龙江城副都统衙门咨开，查同治七年十一月十七日接准将军衙门复文，内开：准黑龙江副都统衙门咨开：据与俄国通商各铺头目呈称：请准令该商等前往江左海兰泡俄国所属之业尔固斯克暨下江泥克哩业幅斯克等二处城池地方与俄人通商，可否示复遵行。等因前来。

查该商等所请前往俄国各处通商之处，虽与条约不背，惟向来两国通商均有定所，今本省商民若往该国内地贸易，俄人设或藉词欲来内地通商应如何办理，该副都统衙门能否阻止，自当预为度议。如该商等欲往俄国通商，应令仿照向章，务以黑龙江上下右岸，凡属本省界址抑连吉界，准其前往贸易，办理得有限制，俾免日后生枝。其如何预防俄人不致藉词请来内地通商之处，妥为筹议，以免衅端。事属初创，毋得含混迁就了事贻患为要。相应将原咨与商呈一并发回查销，即照咨文事理，细为详查核议章程，妥慎咨报，以凭核办。等因前来。

查示复情节，于该商等所请悉有裨益，而又无俄人藉口之由，深为周固，洵堪奉行。除将驳文销案外，当将商呈暨示复情节饬交番役处，恺切晓谕该商等去后。

兹据复禀，所有前请往江之上下贸易商人等，恳往上江不越本城界至额尔固讷河口，往下仅至吉界通商处所，顺从右江杂货生理，断不敢越过本国界壤而前往俄国内地通商，致滋藉口，并不贩米面粮石，有碍本城糊口，亦不与沿江俄商互相赊欠，积成讼端，只既蒙准小民等在于吉黑二省界内沿江通商，若无执照，必为巡江坐卡官兵查阻，恳发执照，俾免阻拦。等情。复查该商等恳请通商处所，悉在我国界地，且不贩米面粮石，又不与沿江俄商互有赊欠。惟我东三省之商贾互相来往贩货，原属由来，不但俄人无从藉口，而俱合符将军衙门示复之事理，应即准照恳请往商，不准与所请稍有违悖，并拟令前往江之上下通商去之铺商头目等，各将姓名及带领人夫之数分报番役处核实，呈报本衙门。每铺每年给发护照一纸，以便持带经商，而备途遇两省巡江卡官照验放行之处，拟合呈请咨照吉林将军衙门等情，相应备文咨报贵将军衙门鉴照可也。等因前来。

查俄国续增条约第四条内载，此约第一条所定交界各处，准许两国所属之人随便交易，并不纳税，各处边界官员护助商人按理贸易。其瑷珲和约第二条之事，此次重复申明。等语。兹瑷珲以〔一〕代商人请往吉黑沿江两界贸易通商，自宜照依瑷珲通商条约办理。惟此条系指所定通商交界处而言，非与俄夷所有交界处笼统而论，今瑷珲所请，准令该处华商持照前赴吉黑两省沿江右岸界内贸易通商，本属创始尤难，然于后来地步更不可不预防其渐。所有瑷珲通商早经奏明，准许已久。其于吉林各城，以及沿江三姓、宁古塔、珲春等地向无准令通商之条，以故近年俄夷商船屡行闯卡越姓深入要求通商者，吉省均未准其所请，不过稍微接济目前口食，即行阻其回帆，从未与其通商，以杜后患。

今瑷珲城准令商人持照前往吉江二省沿江上下右岸界内贸易通商，虽与东省商贾互相来往贩货由来不禁，然与俄界相邻，自应明定限制，以防贻患。所有瑷珲商人等行抵吉界，只可准其在沿江右岸一带与中国人民互相货换，两省卡官验照放行，万不准与俄人暗相私行通商，或私入俄界贸易，以引祸端。惟该俄商等唯利是趋，此端一开，该俄人亦可藉词前来通商，更难向阻，自应严饬该商人等仍遵旧章，准与本国人民自行货换，不准与吉省界内俄人通商，以杜后患之处，除咨行三姓副都统衙门遵照转饬黑河口、乌苏里口，以及沿江各处台卡弁兵等一体遵照，俟有瑷珲商民持照抵到沿江右岸吉林境界，务须查验执照，始准放行，仍不准蓦越吉界与俄夷货换。该商民如无江省执照，即行阻回，万不准前进私通，致干查究。并咨复瑷珲副都统衙门查照办理外，相应呈请咨行贵将军衙门查照可也。须至咨者。

右咨黑龙江将军衙门。

总办开垦行局事务委员托蒙阿等为报清丈届限升科地亩毗连汇册事致黑龙江将军衙门的呈

同治八年八月初六日

　　奉委总办开垦行局事务委员副总管托蒙阿、年满屯官奇祥为造具毗连呈送事。

　　谨将咸丰十一、同治元、二等三年分出放巴彦苏苏、阿力罕、大木兰达、小木兰达、拉三泰、甘沐林子、大荒沟、濠河、北津河、格木克等九段毛荒，同治五、六、七年届限清丈升科佃户二千四百七十八名，共原领毛荒十七万四千七百三十五垧一亩三分，内除集厂地一百五十垧，又除欠原领地二千九百零五垧六亩八分七厘外，实剩原领地十七万一千六百七十九垧四亩四分三厘，届限清丈地十九万八千八百八十七垧三亩八分二厘，由实剩原领数内扣除三成地五万一千五百零三垧八亩三分二厘九毫，实以七成升科地十二万零一百七十五垧六亩一分零一毫，浮多熟地二万七千二百零七垧九亩三分九厘，逐一查明，按年按段分晰开写垧数及号头并佃民等花名、联名互保，一并造具四至毗连汇册三本，理合呈送外，再查去岁一年内共拨放毛荒六千三百一十四垧五亩及号头并花名、联名互保造具毗连汇册一本，由职等于去岁十二月二十七日呈报在案。合并声明，呈报将军衙门鉴核施行。须至呈者。

吉林将军衙门为变通双城堡营制事致黑龙江将军衙门的咨

同治八年八月初八日

镇守吉林等处将军衙门为咨行事。

兵、户司会案呈：本年八月初八日，本衙门恭折具奏，为因时制宜酌量变通双城堡营制并调剂京旗生计以资管辖治理，恭折具奏，仰祈圣鉴事。

窃奴才等迭据双城堡总管双福呈称，该堡自经改设总管衙门以来，生聚益繁，若非因时制宜酌变营制调剂京旗生计，难期管辖治理。等因。报经奴才等督饬四司协领堂主事等官，按照陈请各条悉心详核。伏查双城堡原为调剂京旗生计而设，初定移拨京旗三千户，继经改为一千户，吉、奉两省旗丁三千户，由中屯设立协领衙门管理三屯七翼，几经调剂始能渐有规模，各安耕凿已成蕃阜之区。复于咸丰年间历经前任将军固、景先后调〔条〕陈，将原设协领改为副都统衔总管，并将七翼改为六佐，其中左右三屯统归中屯建署理事，并拨增甲缺。等因奏咨，经部议覆，遵行各在案。兹据该总管陈请，改设八旗，以为永久定制。等情。奴才等伏思，我朝兵制胥分八旗管辖户籍，无容混淆，兹该堡止于六旗分辖兵丁户口，核与旧制诸涉未宜。暨其所请调剂京旗生计，亦系因时制宜实在情形，自不得不量为变通，以资管辖治理。是以谨按陈请条款逐细酌核、分晰胪列，敬为我皇太后、皇上陈之：

——双城堡原由七翼佐领改为六佐，今拟改设八旗佐领，除原有实任佐领七员，复有由实任骁骑校内拣委佐领一员，即可分掌八旗佐领钤记，毋庸另行拣委。

——前经改添委协领二员分掌两司两翼关防，今分八旗，自应仍分两翼。其左翼委协领由右翼佐领内拣其能干者委为协领，仍管本佐，令掌理左司左翼关防，仍掌本旗佐领钤记；右翼委协领由左翼佐领内拣其能干者委为协领，仍管本佐，令掌理右司右翼关防，仍掌本旗佐领钤记。如此互相管辖稽查，则于呈递事件庶无窒碍。

——前添设委防御二员，亦系原由实任骁骑校八员内拣委。查委防御二缺，原为稽查街面屯界等事，自应毋庸裁撤。至以原有实任骁骑校八员分布八旗，所有拣委佐领防御之骁骑校共三员，仍令管理本旗事务，毋庸另行拣委。其委佐领之骁骑校一员，由左翼骁骑校内拣其能干者，掌理右翼镶蓝旗委佐领钤记，并由两翼骁骑校内拣选二员委为防御，兼查各翼。由左翼拣委者，兼查右翼四旗事务；由右翼拣委者，兼查左翼四旗事务，以资慎重。

——现经改设八旗，除两司两翼委协领关防均毋庸更换外，其八旗镶黄等七旗佐领钤记七颗，镶蓝旗委佐领钤记一颗，恭拟请旨饬部另行铸颁。一俟部议覆准，再行绘具印模，咨明礼部照例办理。其现有六佐钤记，统俟新颁八旗钤记到时，再行照例咨部缴销。

——现经酌改八旗，前有委协领二员，委佐领一员，委防御二员，均关事繁责重，合无仰恳天恩，均照委衔赏换顶戴不加俸银之处，出自圣主逾格鸿慈，倘蒙俞允，奴才等于挑选后，仍照前章支食佐领骁骑校原俸，毋庸送部引见，以节饷糈。并查阿勒楚喀原有委协领、委佐领各一员，拉林原有委佐领二员，拟即仿照双城堡新定章程一体更换委衔顶戴，不加俸银，以归划一。

——双城堡现既改设八旗，每旗拟设领催三名，共二十四名，分管兵丁。除原有领催十八名，尚缺领催六名，拟即添设分属八旗。所需六名饷银，酌将原设总屯达八名裁撤所节省之饷以为添设领催之需，如有不敷，再由通省俸饷内作正报支。

——该堡初章原有不开甲缺无品级笔帖式十员，嗣经改设总管衙门，分拨两司各三员，印务处二员，仓站各一员。今既改设八旗，除两司前经由阿勒楚喀地方拨往笔帖式二员分布两司办事外，其原有不开甲缺无品级笔帖式十员，酌由两司笔帖式内各改为翻译笔帖式一员，与前设之二员共四员，分办两司事件，并请循照通省章程一体开除甲缺，以免拥挤兵额。至由贡监生员升授者，援照定章分别品级，由领催马甲升授者作为无品级笔帖式，所增俸米统照定章支给。并查该堡租项浩烦，应由此四员内轮派管库笔帖式一员，仍按二年更换一次，以免日久生弊而重库款，其余管辖办事一仍其旧。

——据该总管呈称：该堡京旗生齿日繁，每户熟地三十五垧，实系不敷养赡，未免群情仰望，生计须筹。现届经费支绌，不敢格外请益。惟查有京旗乏嗣及抱骨回京并逃户共二百二十五万户余出，撤回归公之地堪以调剂分拨，以资养赡。等情。查京旗户齿增繁，地仍旧领，核其地之所出不敷糊口，系属实情，若非因时调剂，则窘蹙堪虞，何以仰副我国家安土重迁优恤京旗之至意。检查前案，曾经奏陈，将来京旗生齿日繁，原领地亩不敷养赡，准由界外拨给闲荒量为调剂。兹查所留闲荒均经先后报垦归公输租，是以拟请准将前经归公绝产逃户二百二十五户之地严饬认真查看，拣其户众丁多实系无赡之帮丁秉公均匀顶补拨给，不准稍涉偏枯。惟此项绝产地亩业经归公征租，今因生齿日繁，仍请拨归京旗，作为己产，可否免其纳租之处，出自鸿慈。至以帮丁顶补逃户自非由京移到之比，应毋庸议给治装房价等项，以节浩费。其未到京旗三百零二户，前经奏准实因所需治装等项甚巨，现难筹款，仍请统俟饷源充裕再行调剂。具奏请旨。

—— 该总管呈请将该堡征收各项小租钱六十文，作为催租人役工食薪红纸张运脚。等情。伏思租名既有大小之分，用项自有一定规模。吉林征收各项小租原议皆系归于催租等项之用，以免办公吃累。惟双城堡地租因系由纳粮改征，竟将每垧所征小租钱六十文亦未议及作何开销。兹据声请仍符通省定章办理。等情。查吉林通省小租钱文曾经奴才等拟请作为催租人役工食薪红纸张运脚等项开销，余剩津贴各项要差之需等因。于上年十二月间具陈在案，尚未奉到部覆。今据陈请，自应俯如所请，合无仰祈圣慈一并敕部核议覆准，以凭遵办。

以上九条，奴才等督饬司员按款悉心详核，均为调剂营制生计起见，是否有当，理合恭折具奏。其余未尽各事宜，容俟部办理，合并声明。伏乞两宫皇太后、皇上圣鉴，敕部核议施行，谨奏请旨。等因具奏之处，相应呈请咨报。等情。据此，拟合咨报，为此合咨吏、户、礼、兵部查核外，暨咨黑龙江将军衙门知照可也。须至咨者。

右咨黑龙江将军衙门。

礼部为议复德英奏各省驻防考试均由原隶旗籍送考折奉旨允准事致各省驻防将军、都统等的咨
附：原奏
同治八年八月十九日

礼部为通行事。

本部议复署黑龙江将军德英奏嗣后各省驻防考试均由原隶旗籍送考等因一折，同治八年八月十九日具奏，奉旨：依议。钦此。相应刊刻原奏，通行各省驻防将军、都统等遵照办理可也。须至咨者。

计粘单一纸。

附：原奏

礼部谨奏，为遵旨议奏事。

同治八年四月十二日，内阁抄出署黑龙江将军德英奏原隶旗籍与挑拨当差旗佐两歧，致碍乡试，恳饬定考旗分。等因一折，四月初十日军机大臣奉旨：该衙门议奏。钦此。钦遵到部。查原奏内称，祖籍原系蒙古陈巴尔虎人，国初举族归诚，蒙恩赏入吉林蒙古正蓝旗下，与京外旗仆一体任用，后祖父以及伯叔均挑拨蒙古镶白旗当差，奴才成丁亦即挑拨蒙古镶白旗甲兵。自幼藉习文艺，曾于道光二十年前赴盛京应试，考中文生，嗣届乡试之年，志切观光，因本省武职人员凡赴京考验袭补，均由当差旗分领文，赴京旗呈办，当时亦即循案由当差旗分领文，前赴京城镶白旗蒙古衙门呈投，讵该旗以无本省户口册档可查，难以送考，将原文驳回，以致嗣后未能乡试。后因奉派出征，适有堂弟德凌亦由伊父当差旗佐考入文生，追奴才回籍，始知颠末，胞弟德恒亦习文艺，即饬令仍由原籍正蓝旗送考入学。第原隶旗籍与当差旗佐两歧，若不请定送考旗分，乡试时难免阻滞，请嗣后奴才户旗人丁如有乡试者，应饬令概由原籍蒙古正蓝旗领文，前赴京城正蓝旗蒙古都统衙门呈投送考，以归一律。等语。

臣等查，例开直隶、奉天等处八旗举贡生监等应考乡、会试，均由礼部行取该将军、都统等于文到日查明所属应试士子人数，详细开注满洲、蒙古、汉军字样并旗分佐领、年貌三代，造具清、汉名册，备文分送在京各该旗核实，乡试送顺天府，会试送礼部，一体考试。等语。至是否专由

原隶旗分送考，不准由当差旗分送考之处，臣部例无明文，当经行查值年旗转行八旗满洲、蒙古、汉军各都统去后。兹据陆续复称，外省驻防来京考试，向由各该将军、都统等造具结册，投至本旗，核与旗存丁册相符，方送考试，均系籍隶本旗之人，并未办过由当差旗分咨送成案。等因前来。是驻防考试系由原隶旗籍咨送，并无准由当差旗分送考例案。所有该将军请嗣后本族乡试专由原隶旗分送考之处，核与例意相合。臣等拟明立章程，所有东三省及各省驻防来京考试，均由本隶旗分咨送京旗，其从前由当差旗分捐考生监，一律改归原隶旗籍，以免纷歧。恭候命下，由臣部通行各驻防遵照办理。

所有臣等遵议缘由，是否有当，伏乞圣鉴。

再，此折因行查各旗，是以复奏稍迟。合并声明。为此，谨奏请旨。

呼兰河城守尉阿克敦为报铺商丰顺贞开设烧锅事致黑龙江将军衙门的呈

同治八年八月二十一日

呼兰河副都统衔城守尉阿克敦为声明呈报事。

左司案呈：于八月初七日据总理私垦事务骁骑校霍乡额报称，据稷字界界官富德、乡约孙玉佩报称，本界铺商丰顺贞呈称，因历年讨要账目，得获粗粮甚多，现在急切难以变卖，是以依照向章，在石人城子屯设立烧锅一桶，业于八月初八日开烧，每日需粮五石，得酒六百斤，其应纳课银倘有届限不齐之故，有该铺丰顺利甘愿代纳。等情。呈报前来。

详查前奉札复章程，每烧锅一桶，按年应交课银二百两。等因。蒙此，本衙门谨将札复章程札饬该总理转饬该烧商遵章办理，合将该烧商见酒日期、需粮得酒数目及取妥保之处，一并呈请备文，详报将军衙门鉴核施行。须至呈者。

新授双城堡总管三都克多尔济为奏谢恩及请赏假两月养病的奏折

同治八年九月初六日

  奏为叩谢天恩，仰祈圣鉴事。

  窃奴才适准将军衙门札开：准吉林来咨内〔开〕，于八月初三日接到军机大臣字寄，于六月初三日奉上谕：双城堡副都统衔总管员缺，著三都克多尔济补授。钦此。钦遵。行知前来。奴才跪读之下，感激悚惶，当即恭设香案，望阙叩谢天恩讫。伏念奴才极边愚仆，知识毫无，由笔帖式渐历今职，兹复叨荷圣慈高厚，补授双城堡副都统衔总管，自顾才轻任重，报称时虞。惟以奴才前于八月初间偶感风寒，致患头晕、两耳重听之症，当即呈报将军衙门，请假三个月调理在案。续于八月二十八日接奉恩旨补放斯任，奴才理宜进京陛见，即赴新任，但病躯刻期难以就痊，惟有仰恳天恩，自接奉谕旨之日起赏假两个月，俯准奴才赶紧调理，稍见痊愈，即行奏报，恳请陛见，叩聆圣训后，再行往赴新任，断不敢稍涉耽延，致负生成。

  所有奴才感激下忱，理合恭折叩谢天恩，并恳请赏假两个月，俾得调理缘由，伏乞两宫皇太后、皇上圣鉴。

  再，此折系借用呼伦贝尔副都统衔总管关防，合并声明。谨奏。

吉林将军衙门为巡查属城事致黑龙江将军衙门的咨
同治八年九月初七日

镇守吉林等处将军衙〔门〕为咨行事。

兵司案呈：窃照同治八年九月初七日，本将军恭折具奏，为亲往巡查属城并报酌带随员演练官兵携篆启程日期折，奏闻仰祈圣鉴事。窃奴才富明阿自莅吉林重任，理应巡阅所属各城官兵、军器、技艺，稽察仓库、庶政，以资镇静。时值奴才先剿马贼继办善后，复经清理积年案牍以及各项荒务三载以来，渐有头绪。现在双城堡、五常堡二处均经奴才奏请添设官兵，变通营制，而阿勒楚喀、拉林、双城堡所修城围工程业已报竣，迭经檄委各该副都统查〔验〕次第奏报各在案。奴才亦均应亲往查验，虽奴才创伤自春徂秋从无一日霍痊，但能勉强支持，万不敢稍耽片刻安逸，自负重寄。现届暮秋霄〔宵〕小易生之际，奴才遂于九月初七日裹伤携篆，仍遵成命，肩舆代骑带领司员演练官兵一百余员名，由省启程巡阅五常堡、拉林、阿勒楚喀、双城堡各处，认真查验，藉壮声威，以期核实而资镇静。所有省属地方及一切寻常事件并搜捕零星贼匪，演练官兵均交暂护副都统乌拉总管奴才巴悉心经理弹压，加〔如〕有重大事件仍令包封驿递奴才核办，一俟巡阅事毕伤不大发，拟即赶紧旋回。节近小雪才可整纛带兵举行冬围矣。所有奴才亲往巡查属城并报酌带随员演练官兵携篆启程日期，理合恭折具奏，伏乞两宫皇太后、皇上圣鉴。谨奏。

等因具奏之处，除俟奉到谕旨，另行恭录咨报外，合先照抄原折除咨报兵、户部查核外，呈请咨行贵将军衙门查照可也。须至咨者。

右咨黑龙江将军衙门。

总理各国事务衙门为与俄国新改陆路通商章程事致黑龙江将军的咨
附：原奏

同治八年十月初八日

钦命总理各国事务衙门为咨行事。

同治八年七月二十九日，本衙门具奏俄国新改陆路通商章程一折，本日军机大臣奉旨：依议。钦此。当由本衙门行知三口大臣转行俄国领事官定期开办。兹准三口大臣文称，所有新改陆路通商章程二十二款，除第二款应俟库伦大臣会同库伦领事官查明议定后再行开办外，其余二十一款现定于九月十五日起即行开办，咨行到本衙门。除分别行知各口外，相应恭录谕旨，抄录原奏，并刊刻新订章程四本咨行贵将军钦遵查照，并转饬所属遵办可也。须至咨者。

右咨黑龙江将军。

附：原奏

谨奏为俄国陆路通商章程试办久经期满，现与该使臣酌议更定，谨缮条款清单，恭折奏祈圣鉴事。

窃臣衙门于同治元年二月间奏准与俄国陆路通商章程二十二款，原议试行三年，有应行更改之处再行核办。迨至四年二月，三年期满，即据该使臣照会议改，开列多款迹涉要求，大率唯利是图。而以张家口任便通商为最重。经臣等迭次办驳，仅允其天津免纳复进口半税，余仍展至二年后再为商办。业于五年二月间奏闻在案。

六年夏间，该使复申前说，仍注意于张家口，欲于该处立领事官，开设行栈。臣等当以张家口非边界地方可比，听其留货售卖暂来暂去，尚易稽查。若任其立领事官，开设行栈，则密迩几〔畿〕封之地，又添一口岸，其碍于华商生计者患犹浅，其关于内地边防者患实深。是以该使之情愈坚，臣等之拒愈力，往返争执，舌敝唇焦，两年以来，相持未决。本年三月间，该使臣倭良嘎哩议欲回国，复执前说，与臣等婉商。臣等公同商酌，曾经议定试办年满，即应修改，使逾期仍复不办，则似有意失信，显与原议相背，殊不足以睦邻交，因即允将未便之处酌改。该使随呈递议改章程二十二款。臣等遴派司员详加核对，与旧章不符最为紧要之处，惟俄商路经张家口款内删去不得设立行栈六字；其次则于张家口货物原系酌留十分之二，改为酌留若干；又于俄商赴蒙古贸易，删去小本营生四字，另添出行抵栈中国第一边卡一语；又于绕越偷卖应行罚办之处避重就轻；又于贩买他国之货由陆路回国欲将他国所交之半税存票还给俄商其他字句间删定。总之，有利可图之事无不极力搜求。

臣等伏思俄患不〔在〕商务而在边界，商务所在尚可通融，边界所关尤应杜绝。必有益于该国者可允则允，庶有益于中国者可争则争。如张家口开设行栈，势必此麇集多人，隐患须防不可不慎。臣等因与该使臣再三辨论，不惟不准其删去此款内不得设立行栈六字，并于其上添写不得设立领事官，此较旧章加密者也。至张家口前已准其销售货物，多寡似可不拘，故旧章酌留十分之二，今改为酌留若干，以便商情。其第二款删去小本营生四字，以及应行罚办之处避重就轻，亦无非图得小利之意，不得不为通融。他如张家口酌留之货，复令其交一正税。又于各国税则及俄国续增税则所未载者，概令照英国善后条约值百抽五征收，此又有益于中国税务者也。至贩卖他国之货给还半税存票一节，原恐他国效尤，有碍税饷而未与他国议定，又未便径行拒绝，故于条款内注明作为暂存，俟与各国议改后再为照行。其余字据小有删改之处，均与该使臣斟酌妥协，彼此均于章程内画押。该使倭良嘎哩旋即回国。所有俄商赴蒙古各处贸易款内添写行至中国第一边卡一语，关系出入边界路程，必应加意慎重，当与该使臣议照此款，虽经画押，仍须两国边界大员会定出入卡伦数处，以便稽查。兹据该国署使臣布策照会，所定陆路通商章程，本国今已核准，即希定日盖印择期开办。除复令俟奏奉谕旨定期盖印，并令先饬该国边界官将出入处所与中国边界大臣迅速商定外，相应请旨饬下库伦大臣会同俄国边界官员，将应行出入卡伦处所议定，以便永远遵行。所有与俄使会议改定陆路通商章程二十二款谨缮清单，恭呈御览，伏乞皇太后、皇上训示遵行，谨奏。

同治八年七月二十九日军机大臣奉旨：依议。钦此。

计抄新订章程一本。

附：章程

大清钦命总理各国事务和硕恭亲王、大臣

大俄钦差全权大臣倭

前于同治元年二月初四日两国彼此拟定陆路通商章程，以试行三年为限，今届限满，复经详查商定，拟改如左：

第一款　两国边界贸易在百里内均不纳税，其稽查章程任便两国各按本国边界限制办理。

第二款　俄商准许前往中国所属设官之蒙古各处及该官所属之各盟贸易亦不纳税。其不设官之蒙古地方，如该商欲前往贸易，中国亦断不拦阻，惟该商应有本国边界官执照，内用俄字、汉字、蒙古字钤印，并注商人姓名、货色、包件、驼牛、马匹数目若干，行抵中国第一边卡，应将执照呈官查验，或用戳记，或以画押为凭。如无执照前往，查明除货入官外，将该商按照北京和约第十条被逃获送之法办理。该领事官严查，不准未领执照商民前往贸易。

第三款　俄商运俄国货物前往天津，应有俄国边界官并恰克图部员盖印执照，内用两国文字注商人或随人姓名、货色、包件数目，此项货帮止准由张家口、东坝、通州直抵天津，任凭沿途各关口中国官员迅速点数，抽查验照，盖戳放行。如各口有抽查拆动之处，查毕后仍由各口加封。其拆动件数并于照内注明，以凭查核。该关查验不得过一个时辰，其照限六个月，在天津关缴销。倘有商人遗失执照，即行报明原给执照之官，并呈明日期号头，妥速补给执照，注明补给字样，以便查验放行。一面至就近关口报明，查验相符，暂给凭据，准其执此前往，以免耽误。如在张家口报明请领凭据，应由在口之俄商代出保结，方给字据。嗣抵天津，如所报货色、件数与补给之原照不符，即按第七款办理，唯该行是问。其所失之照作为废纸。

第四款　俄商由恰运俄国货物，路经张家口，按照运津之货总数，任听酌留若干于口销售，限三日内禀明监督验发准单，将酌留之货交纳税项后，方准销售。唯该口无庸设立领事官以及行栈。

第五款　俄商运俄国货物至天津应纳进口正税，按照各国税则三分减一，在津交纳。其酌留张家口之货，仍按各国税则在张家口交一正税。

第六款　如在张家口酌留俄国货物已在该口纳税，领有税单，而货物有未经销售者，准该商运赴通州或天津销售，不再纳税，并将在张家口多交之一分补还俄商，即由该口发给执照内注明。

第七款　俄商所运俄国货物，如至天津，除报明留张家口之货件外，查有原货抽换或与张家口酌留之货数目不符，某商违例，其货全行入官。但沿途实系包箱损坏，必应改装。装毕，行抵就近关口报明，如查验原货色相符，即于单照内注明方可免其议罚。倘或绕越他处，不按第三款之路而行，将原货私行售卖，一经查出某商违例，即将其货全行入官。如仅绕越他处，并未将货销卖，即罚令完交一正税。其罚令入官之货，如果商人情愿将原货变价交官，自应与中国官妥商，按照原货从公估价交官亦可。

第八款　俄商如由天津运俄国货物由水路赴议定南北各口，则应按照各国税则，在津补足原免三分之一税银，俟抵他口不再纳税。如由天津及他口运入内地，均应按照各国税则纳一子税（即正税之半）。

以上进口事例。

第九款　俄商在议定南北各口贩买土货，由水路出口、进口，及由俄国贩洋货由水路进口、出口，仍照各国总例一律办理。

第十款　俄商在他口贩买土货，经津回国，不留在彼销售，如在他口全税交完，有单可凭，至此不再纳税，以免重征。该领事官发给两国文字执照，天津关盖印，注明商人姓名、货色、包件若干，方准起运，赴恰克图不再重征。并饬令遵照第三款之路而行，沿途不得销卖。如违，即按第七款办理。所有经过通州、东坝、张家口查验之例，按照第三款章程办理，其照自起程日为始，限六个月内到恰克图缴销，如遇耽延，应于限期前报明领事官及地方官等，如违罚办。倘有商人遗失执照，按第三款办理。

第十一款　俄商在天津、通州等处贩买从内地所来土货，照第三款之路由陆路回国，均按照各国税则完一正税领取执照，不再重征，沿途不得销卖。

第十二款　俄商在津贩买，复进口土货，由陆路回国，如在原口完清全税，于一年限内出津运往俄国，一切与章相符，不再重征，并将暂存天津复进口半税给还存票，沿途不得销售。领取执照，一切按照第十款办理（嗣后天津复进口纳税章程，中国与各国一行拟改，俄国亦一律改定）。

第十三款　俄商在通州买土货回国，应预先报明东，按各国税则完一正税，由东坝收税，发给执照，注明货色、包件若干，沿途亦不准销卖。

第十四款　俄商在张家口一处贩买土货，回国应交出口税银，按照各国税则交一子税（即正税之半）。在张家口交纳，该口发给执照，以后不再重征，沿途不得销卖。

第十五款　俄商在天津或他口贩买别国洋货，由陆路回国，如别国已交正税、子税，有单可凭，不再重征。如别国只交正税，未交子税，该商应按照各国总例，在该关补交子税。

第十六款　俄商由天津、通州、张家口贩货回国，务须单货相随，以凭查验放行，其销照限期及遗失执照，一切按照第十款办理。

以上出口事例。

第十七款　所有各国税则第二款所载俄商由陆路贩货，亦按照一律办理。

第十八款　俄商如有偷漏及挟带违禁之物，如各国税则第三、第五两条所载各物件，均应将货入官。如该商自备军器护身，应在本国报明，填入执照，每人各带兵器一件。

第十九款　凡有洋货、土货为各国税则未载者，按照俄国天津定议续则办理，如续则及各国税则亦未载，再照各国值百抽五总例办理。

第二十款　俄商不得包庇华商货物运往各口。

第二十一款　凡有严防偷漏诸法，按照各国总例任凭中国官随时设法办理。

第二十二款　此次议定章程，试行五年为限，俟限满或俄国或中国有欲行更改之处，应于限前六个月内照会，如限满未经知照，仍应展至五年后六个月内会议酌改。如有紧要防碍之处，尚未满限，立即会议酌改。

以上各款议定，两国钦命王大臣、钦差大臣画押盖印后，行知各该处遵照办理。

议于中华京都

同治八年三月十六日

吉林将军衙门为俄拟设廓米萨尔官员事致黑龙江将军衙门的咨
附：往来照会
同治八年十月初八日

镇守吉林等处将军衙门为飞咨事。

承办处案呈：本年九月二十七日，准总理各国事务衙门咨开：前准俄国驻京公使照会：乌苏里以南一带，另设廓米萨尔一员，专司边界交涉各事，本衙门当复以所设之员能循理按约，中国官员自乐与和衷共济。其体制应按恰克图廓米萨尔与恰克图部员一律办理，曾于七月二十九日咨行贵将军在案。

嗣又据俄公使照会，新设之廓米萨尔，其品级应与副都统平等，中国大员亦当相与行文，请转行按照办理。本衙门又复以吉林、黑龙江两处边界事务，均由各将军统司其事，该处副都统并无办理交涉之责，若与之往来，行文转多迟滞。且中国边界就近亦有品级与廓米萨尔相等之员与之往来行文，边界大臣总司其事，较为迅速。等语。兹据复称，新设之廓米萨尔并无必与副都统及不论何等官员品级相同，亦无必与中国大宪往来行文之论。不过，嗣后该廓米萨尔每遇因公径直行文中国边界官，勿得推却不答。

本王大臣阅此次俄公使照复之词，意既明显，理亦平允，嗣后务希贵将军转饬该处边界官，如遇有廓米萨尔行来之文，迅即转递贵衙门办理，毋得稍有迟误。倘系边界官可了之事，即就近按照条约与之商办，一面由边界官申详贵衙门，以免耽延。如中国有与俄国商办之事，亦照此办理。相应抄录与俄公使往来照会，行知贵将军查照，妥为办理可也。

同日又准总理衙门王大臣吉字第十七号来函，内开：所有乌苏里一带，俄国新设廓米萨尔一事，业经另由公牍，并抄录往来照会，赍达冰案矣！

查俄国所以另设此员，意在交涉事件期于速办。前两次照会该廓米萨尔直欲与将军往来行文，又云欲与副都统平等，此次照会渐已平允，而词意内仍欲与将军行文。因又与之剖辩明晰，令其不致含混。

总之，本衙门以品级大小与之往来辩论，缘中国体制所在不得不争，须知体制宜严，而凡遇交涉事件切不可稍有怠玩，且舍近求远，往来耽搁，致令得所藉口，务希贵将军即将此意转饬该处边官，如遇有该处廓米萨尔行来之文，迅即转递贵衙门办理，倘系边界官可了之事，即就近商办，一面申详贵将军，以免延误。如中国有遇俄国商办之事，亦照此办理。前张城子二犯及被拿之旗民十五名、被杀之陈天荫二名均可与该廓米萨尔商办，以较从前转有把握。

其前次俄使照会内称，贵将军向有交涉事件不与东海滨省固毕尔那特尔行文，径向东悉毕尔总督赍送，以致事多贻误，究系因何如此，迄今未据声复。此次俄使照会，复又叙及，并希贵将军一并查复为要。等因各前来。查前准总理各国事务衙门咨准驻京俄使照会内开：该国请在乌苏里以南一带另设廓米萨尔一员，专司边界交涉各事，当复以所设之员果能循理按约，中国官员自无不乐与和衷共济，其往来行文应按恰克图边界廓米萨尔与恰克图部员体制一律办理。等因。行文致函照办前来。

当经遵筹议拟吉林边界官员与俄国新设界员品级相等可与廓米萨尔往来行文者。查其珲春协领尚可与其会办，是珲春地处边疆附近俄界，相距俄属亦不甚远，抑且品级尚属合宜，可与该国新设廓米萨尔和衷办理一切交涉各事，所有往来行文自应按照恰克图边界部员体制一律办理，并将现设之廓米萨尔现在驻扎何处，曾于八月初九日分别咨札宁古塔副都统、珲春协领等一体遵照，逐细查明，妥议声复，以凭呈报。等因去后，迄未据该副都统等查报前来。

兹准总理衙门来咨，以新设之廓米萨尔一事往返照会，渐已平允。嗣后每遇因公径直行文中国边界官者，自应责令珲春协领专司其事，如遇有廓米萨尔行来之文，迅即接收转递，毋得迟误。倘有不甚紧要可了之事，即就近按约与其商办，一面呈报，免致耽延。而凡遇交涉事件，切不可稍有怠玩，且舍近求远，往来耽搁，致令得所藉口，如中国有遇俄国商办之事。亦照此办理之处，除照录往来照会，飞咨宁古塔副都统并札饬珲春协领讷穆锦等一体遵照，务须查照前文事理，暨此次咨函，赶紧详筹妥拟迅速声复，立待转报总理衙门，并将俄国现设之廓米萨尔现在是否驻扎摩阔崴、海参崴等处，仍即一并查明，据实声报，以凭转呈，幸勿含混延宕，以俟该副都统等声复到日，再行呈报外，惟准总理衙门咨查不与东海滨省固毕尔那特尔行文，径向东悉毕尔总督赍送，究系因何如此，希令查明声复一节，遵查此案，缘前据三姓咨报乌苏里卡官，盘查至伯力俄官地方，见有本国人被夷人囚禁十数名，随询据该俄官声称，据伊兵在海参崴一带地方拿获中国旗民十五人，内有因病落后一名，解到十四名，现在伯力狱内看押，以俟江水开通，再行解往东悉毕尔总督署究办一语，据报前来。

当因恐其起解，先其所急，以致就与该东悉毕尔总督径行文移，令其停解，或转饬交还，照约审办，是以未能即与东海滨省固毕尔那特尔行文，并因东海滨省固毕尔那特尔不知坐落东海何处，由何处就近，以故未能即径行文，并无别意之原委也。

兹准咨查，相应将径行文移情形并拟令珲春协领专司边界交涉行文事宜各缘由，先行据情呈报总理各国事务衙门，谨请查核外，抄录往来照会，相应呈请咨行贵将军衙门一体查照可也。须至咨者。

右咨黑龙江将军衙门。

计粘单一纸。

附：往来照会

照录俄国照会

为照复事。本国乌苏里以南一带设立廓米萨尔一事，本年七月二十九日接阅贵王大臣照会，并按所请附录行知吉林、黑龙江将军公文一件，本大臣不胜感谢。惟文内尚有一事不便缄默，仍应略为讲求，以利于事。

查七月十一日，本署照会曾述本国设立该员之意，原为便于边界往来之举，该员既专理边界事务，又驻扎相近，自然两国往来较便且速。今据七月十九日照复及行二将军文内皆称，其往来行文应即按照恰克图边界廓米萨尔与恰克图部员体制一律办理，以符旧制。等语。详查附近乌苏里一带贵国有无部员，本大臣尚未知晓，如无其员，或因俄国设有廓米萨尔，贵国亦欲添设此职，令其按照恰克图体制行文商议，则两地各别欲求一致，反至便于恰者或不便于乌苏里。贵王大臣之意似以乌苏里俄员名为廓米萨尔，其责任权势既与恰克图廓米萨尔无异，自与部员同品对职，若存此意，是仅求其外，未得其中意蕴也。盖恰边廓米萨尔部员二官，其权只行一处，又二人同区而处，除彼此行文外，勿庸与他处大员往来商议。乌苏里则不然，其权前以照会不比恰员有所限制，所有乌苏里边界一带统归管辖，遇有交涉不但与附近中国一员商办，所属地界凡事涉中国官员，皆当共事其责，又当随时亲往各处照料，虽离署甚远之区，如北界有事即往北界与附近华官商办，设若有事相涉之副都统等不收其文，复令向远处部员商议，迨至议定，又由部员处所饬复，则设立此官全无用矣！边界往来更加不便，一切安边睦邻应办之事，徒尚往来拘于虚文故事，既误事机又易生隙。若诚欲整顿边界往来，应将此处廓米萨尔不限与一处一城官员，其事必应一体同有统辖之员共事方臻妥协。此说非为该廓米萨尔必须与贵界大宪往来也，实为边疆之事可以秉公速定而言，若往来公文未及该员，先费许多周折，则何益矣！

又查该廓米萨尔本系襄助滨海省巡抚代理边界事务之员，其品级应与副都统平等，然不能因其官较尊，遇有事故与中国部员及他微末之职避不共事，是以贵国官员官品虽尊，亦当相与行文，不当相避也。如此办理，遇事可以速行，界员可以和睦，邻谊可以敦笃，谅贵王大臣意见相同，即请行知贵国官员按照办理，仍希行文后抄录见示。

以上所陈，亦与吉林、黑龙江将军现在行文之法隐相关照。查该将军等虽按庚申和约第九款，应与阿穆尔省及滨海省固毕尔那特尔等行文，或恐降尊不与行文，竟向东悉毕尔总督行文，以致应办之事诸多耽误，已于七月二十三日照会在案。

所惜贵衙门行与将军之文未见饬嘱照约，仅云贵将军等向与俄国交涉事件，自系有应与固毕尔那特尔行文之处，亦有应与东悉毕尔总督行文之处，本难拘定。等语。如果该督与将军相离不远，遇紧要何妨直向行文，便于公事速妥，该督何为回避。今远至数千里，来往需时，即有翻译人员，该督不知事中细情，仍须行该固毕尔那特尔办理，所以不知将军直向固毕尔那特尔行文为善也。此情定约之时，均属明白，所以大书于册，并定约时只愿往来有济两国大员权柄相同，不愿官阶平等与否，缘品级一层实难斤斤较量也。相应仍请贵王大臣明将和约第九条细与将军讲彻，并声明将公文赍送总督反于交涉无益而有损。其如何行知之处，并望见复。为此照会。须至照会者。八月十二日。

照录给俄国照会

为照复事。同治八年八月十一日准贵大臣照会，内称：乌苏里以南一带设立廓米萨尔一事，据本衙门照会及行二将军文内皆称其往来行文，应即按照恰克图边界廓米萨尔与恰克图部员体制一律办理诸多不便，并称恰克图廓米萨尔与乌苏里新设之廓米萨尔其权势品职有同，而不同之处其品级应与副都统平等，中国大员亦当相与行文，请转行按照办理。等因照会前来。

本王大臣查恰克图边界廓米萨尔与恰克图部员往来行文向有定章，无庸再论。刻下乌苏里以南设立廓米萨尔专司边界交涉事件，其与中国边界官行文往来，并非离署甚远之部员可比，断不至展转贻误事机。若云应与副都统平等，查吉林、黑龙江两处边界事务，均由各该将军统司其事，该处副都统并无办理交涉之责，其驻扎之地又非一处，若与之往来行文，更多迟滞。且贵国于边界添设廓米萨尔，中国边界就近亦有品级相等之员与之往来行文。中国边界大臣总司其事，其往来迅速，仍与径直行文无异，非谓两国边界官彼此行文商议，中国边界大臣遂不与问其事也。

照会又称廓米萨尔与中国大宪往来行文，遇事可以速定，免费许多周折。本王大臣查吉林相近俄界藏匿犯张城子、周佩珍延不送回，以及海参崴俄兵拿去旗民十五名，迭经宁古塔副都统委员与俄国界官包果尼屡次索取，日久并无定议。据贵国官员面称，我们将军衙门迄无回文指示，亦属无可如何，非由你们地方官报明上司衙门转咨索取，焉肯交回？细核此言，若非贵国边界官藉词推托，即系并无速定之权柄，不能即时办理。且所称贵国将军不知系何处将军，上司又指何上司，似此纷歧情形，转令中国边界官无所适从。现在既已专设廓米萨尔办理交涉一切，即希贵大臣行文廓米萨尔，令其与吉林、黑龙江就近之中国边界官公同商酌，庶免稽延。至照会内称条约第九款，载黑龙江及吉林将军应与东海滨省固毕尔那特尔往来行文，将军等径向东悉毕尔总督新〔行〕文，以致诸多耽误一节，在该将军等自因贵国既有固毕尔那特尔，又有东悉毕尔总督，更有所称将军衙门，已无一定专管，且行去之文，总无回音。即如张城子一事，据该将军等声称，迭次行文未有一次回复，以致该将军等办理交涉愈无把握。现本衙门已于七月二十九日咨行黑龙江、吉林将军查询，俟声复到日再为奉复。为此，照会贵大臣查照可也。八月二十日。

照录俄国照会

为照会事。本年八月二十日接阅来照，得悉前次本王大臣所陈乌苏里一带新设廓米萨尔与中国界员往来行文，绝非恰克图与廓米萨尔与部员往来行文可比，经贵王大臣意见相同。惟前于七月二十九日接奉照录吉林、黑龙江将军文内，乃称其往来行文应即按照恰克图边界廓米萨尔与恰克图部员体制一律办理。等语。因与今因两歧，应否为免各项辩论，续咨该将军等令其按照尊意及本大臣前照所议办理。请观本大臣八月十二日照内，并无乌苏里廓米萨尔必与贵国副都统及他不论何等官员品级相同，亦无必与中国大宪往来行文之论。所拟不过嗣后该廓米萨尔每遇因公径直行文中国边界官，勿得推却不答，并无庸似与将军行文，独与部员一人行文而已，按此可见本大臣所请与贵王大臣之意原无歧异。至所云贵国吉林将军不知系与东悉毕尔总督，抑系与滨海省固毕尔那特尔行文无所适从之语，本大臣更无可言。北京续约第九款所载其〔甚〕属明白，无从稍生辨论，该将军反若与其适从和约，莫若一问俄国又有将军衙门，便都付之茫昧恍忽为便，或可任其如此，更因贵衙门亦以之为非，但该将军亦不得咎办理数事之缓，缘其若与俄国该大臣行文，则不至耽延如此也。为此照会。须至照会者。九月初五日。

照录给俄国照会

为照复事。同治八年九月初五日，准贵大臣照会乌苏里一带新设廓米萨尔并无必与副都统及不论何等官员品级相同，亦无必与中国大宪往来行文之论，不过嗣后该廓米萨尔每遇因公径直行文中国边界各官，勿得推却不答，并勿庸与将军行文，独与部员一人行文而已。等语。具见贵大臣平情立论事理明〔白〕，似此办理，自征允协。查中国各处边界均有官员，一有贵国来文，断无推却不答之理，果系循理按约之事，亦断无耽延不办之理。惟来往文书体制，均须各按品级。前所谓按照恰克图边界廓米萨尔与恰克图部员体制一律办理者，是谓廓米萨尔之官应与恰克图部员同一体制，非谓廓米萨尔止与部员一人行文也。且中国边界官惟恰克图有部员之称，恰克图之廓米萨尔自与恰克图部员往来行文。若乌苏里之与恰克图，则风马牛不相及，何能令乌苏里新设之廓米萨尔独与部员一人行文？须知贵国乌苏里以南一带中国与之相近之地必有该处界员，新设之廓米萨尔遇有文书径交与该处界员，如系界员能办之事，即与界员办结，如非界员能办之事，即令其将文书转达该处将军酌办，中国有与贵国商办之事亦照此办理。若廓米萨尔径与将军行文，不独于体制有乖，且转恐不免有展转迟延之虑。总之，贵国新设之廓米萨尔每遇因公行文中国边界官，断不致推却不答。本王大臣业经行知吉林、黑龙江将军转饬该处边界官照办，相应照复贵大臣查照可也。须至照会者。九月十三日。

黑龙江将军衙门为出示禁挖黄芪事致所属各城的咨、札

同治八年十月十五日

将军衙门为咨、札所属各城一体严禁事。

刑司案呈：适奉将军、大人堂谕，闻得各城山场产有黄芪，因而牟利之徒各出资本，招聚边外浮民，聚伙成群潜行刨挖，始由无知愚民违例妄为，近则公然刨挖，大车兴贩，凑至数千百斤，载往下城，冀获厚利，若不严行查禁，将来何所底止！查刨挖黄芪，本干例禁，第恐军民人等弗能周知，希图渔利，肆行刨挖，人数聚集愈众，难免不别滋事端，更于地方土脉形势亦有关碍。自应先行晓谕，如有敢犯前项情事者，除将黄芪照例入官外，仍将出有资本以及受雇刨挖之人治以应得之咎，尔军民人等各宜凛遵毋违。并著咨、札所属各城一体严禁属界遇有刨挖黄芪者，立即拿获送官，照例治罪。该巡察官弁务须实力稽察，倘有贿纵情弊，一经查出，即行按例究办，断不宽贷。如系割草人民，不得妄拿，激滋事端，等谕。

遵此，拟合出示晓谕军民人等，各宜恪遵，毋得故违，暨札传旗营、驿站、官屯、前锋、番役等官遵照严禁外，并请咨、札所属各城一体严行查禁可也。须至咨者。

吉林将军衙门为奏请暂照黑龙江抚恤成案发给孤寡旗人仓粮事致黑龙江将军衙门的咨

同治八年十月十七日

镇守吉林等处将军衙门为咨行事。

户司案呈：于本年十月十七日本衙门恭折具奏，为查明例应务恤孤寡旗人，吁恳天恩，请照黑龙江成案暂给仓粮，俾资养赡，以广皇仁而苏〔纾〕旗困各缘由，恭折奏祈圣鉴事。窃奴才富自经莅任吉林削平马贼巨患之后，深以东省旗仆自军兴以来征调频仍，死亡相继，饷艰兵苦，不堪言状。现届军务渐平，经费稍裕，亟宜随时调剂整顿，以期培复元气，当经奏蒙天恩，饬部议准复赏兵丁白事暨节妇建坊银两在案。仰见圣恩浩荡，惠育旗仆无微不至之深意，奴才等体察旗人生计，务期济困救危，以资整顿。当查户部则例，条载吉林鳏寡孤独每名月给养赡银一两，黑龙江孤寡月给养赡仓粮四斗。等语。兹查吉林仅有赏给阿勒楚喀、拉林京旗满洲鳏寡孤独每月养赡银五钱，按年照例支给，其余各处并未照例办理，相沿既久，习而不察，乃国家深仁旷典，孤若〔苦〕无依之贫难旗仆竟致未沾恩惠。向在承平，尚堪倚族糊口，近值军兴饷艰，少壮出征十居八九，家惟老弱，无所依赖，其只身独户无亲无族可就，竟致佣工度日，甚至男妇老弱沿街乞讨，势将转乎沟壑。奴才等目睹心伤，乏术济时，每尝引疚自憾。并查吉林旗兵从前出征在营阵伤亡故，均于大兵凯撤后开其缺饷，归于办理善后之时，汇查殁于王事之兵丁，照依应食饷银给予妻子半分银米，以资养赡。惟自咸丰二年起节次奉调征兵既多，所有在营阵亡伤殁均系随时开缺，知照原旗停支坐饷，从未查办家嗣半饷银米，年复一年，数不胜计，虽仍循旧例只将孀妇应领两季半饷银米发放，然亦不能源源接济，其余应给半分饷米概未发给，此寒微旗人困窘所由来也。

奴才等博访周谘，旗兵中家有养赡能以自存者寥寥无几，何况殁于王事之人家属实系孤苦无依，或致孀妻改适，或致弱子流离，情既堪悯，殊与旗仆根本大有关系。奴才等日夜筹思，非不知经费未充，难遽多增开销，而旗仆生计攸关，亦未便置之漠视。奴才等愚昧之见，所有吉林孤寡旗人合无仰恳天恩，暂照黑龙江孤寡旗人之例，拟请每名月支仓粮四斗，以资养赡，其出征阵伤亡故之兵丁孀妻幼子例给半饷银米，仍俟饬属详细查明，另行筹划，咨部照例办理。如此权宜酌给，核与例载矜恤鳏寡孤独之义相符，倘蒙俞允，奴才等仍当严定章程，饬令管旗协佐等官，据实查明册档，如系孤独另户，但有近支宗族可依，不致流离失所者，仍不给予粮石外，如实系孤寡并无亲近族人，寡母孤子幼小不能自谋生活者，方准加结报请，照例给粮，迨其子嗣年及十六岁成丁后，即行停止。如此拟请，实于矜恤旗仆之中，仍寓撙节经费之意，是以不揣冒昧，仰恳天恩，俯准暂照黑龙江成例办理，所需月给仓粮四斗，在于各该处公仓额存谷内动支，报部开销，一俟库充裕，仍查照每月给银一两吉林本例办理。奴才等为抚恤旗仆孤苦无依起见，是否有当，理合恭折具奏，伏乞两宫皇太后、皇上圣鉴。谨奏请旨。等因具奏之处，除俟奉到朱批，再行恭录知照外，相应呈请先行咨报。等情。据此，拟合咨报。为此合咨黑龙江将军衙门查核可也。须至咨者。

吉林将军衙门为户部等议准五常堡添设协领等官事致吉林将军的咨
附：奏折

同治八年十一月初四日

镇守吉林等处地方将军衙门为咨行事。

户司案呈：于本年十月初九日准户部咨开，山东司案呈，军机处交出吉林将军富明阿等奏珲春地方裁撤副甲，添设官兵一折，同治八年九月十九日军机大臣奉旨：该部妥议具奏。钦此。钦遵。交出到部。查原奏内称，五常堡新荒地面前已奏请设署安兵，迄今尚未奉到部复。等语。查五常堡添设协领等官，经本部会同兵部核议，于九月初一日抄录原奏，咨行该将军遵照在案。兹据该将军原奏内称尚未接到部文，应再抄录原奏，飞咨吉林将军遵照可也。

计粘单内开。

附：奏折

户部等部谨奏，为遵旨议奏事。

吉林将军富明阿等奏，遵查五常堡垦地旗丁编旗入档，并添设协领等官一折，同治八年四月十七日军机大臣奉旨：该部议奏。钦此。钦遵。由内阁抄出到部。臣等伏查，吉林五常堡属夹信沟、凉水泉荒地，自咸丰五年奏请开垦，同治六年八月，将军富明阿等查明该堡户口内有沈阳旗籍浮丁一千八百余户，奏请另编厢黄、正白旗，归旗入档，并以该堡烟户稠密，请添设协、佐各员稽查弹压。等因具奏。当经臣部核议，以该堡旗户既请编旗入档，民户如何安插，饬令详查，分晰妥议章程，另行具奏，俟复奏到日，再行办理。于六年十月咨行该将军遵照在案。七年十一月，据该将军将五常堡旗籍浮丁原隶沈阳旗佐分别查明，造册送部。兹复据富明阿奏称，此项旗丁实因奉省本籍人稠地窄，连年荒欠，糊口不资，实以迁移来堡，依亲就食。准盛京将军都等先后咨复，旗户浮丁一千六百三十五户，详查旗佐均属相符，未准查复者尚有一百余户，或旗佐不符，或姓名互异，仍咨会饬查，一并再行造册送部，陆续入档。倘有迁居年久实无旗佐可查，旗归堡属民籍管理，其已查明之一千六百三十五户，恳恩俯准编旗入档，即为厢黄、正白二旗。至领地佃民为数较多，久已分立社甲，散给门牌，与拉林等处一律办理，统归该堡管辖，民案词讼均由该堡详省核办，毋庸另定章程。等语。

臣等查例载，旗人出外营生，有愿在外落业者，即由该省督、抚分咨部、旗，编为该地方旗籍，系专指京旗而言，详绎例意，原以京旗生齿日繁，饷项不敷养赡，准其自谋生理〔计〕。今沈阳旗人赴堡依亲，开垦荒地，亦因本籍人稠地窄，自谋生计，京外旗分虽殊，情事正同一律，具各该丁户原隶沈阳旗佐，业由富等咨行盛京将军转饬查复。现据声称，前项赴堡浮丁查明旗佐相符者实有一千六百三十五户，恳请编旗入档。臣等公同商酌，仰恳恩施，俯如该将军所奏，将前项五常堡旗籍浮丁一千六百三十五户，准其归旗入档，即编为厢黄、正白二旗，其未经查复之一百余户，统俟复查到日归并办理。至称该堡荒地开垦多年，既无约束官弁，请添设协领一员、佐领二员、防御二员、骁骑校四员、无品级笔帖式三员，另编厢黄、正白二旗，每旗各设副甲兵一百名，分旗营管理。协领一员总司堡务，协领衙署照双城堡总管属下设立左右二司，以资办公。经征事烦，由该浮丁内择其公正者派为领催委官十二名，分在两旗，责令约束副甲兵各一百名暨支应各路界官，以便催科兼查贼匪，并由副甲内择其秀良，派委额外笔帖式六名，俾资贴书。额外雇募仵作二名，皂役四名，藉以差遣。添设协、佐、防、骁、笔帖式等官应支俸饷银米，即照通省官弁领项划一办理，其由浮丁派为领催委官及添设之副甲兵，并由副甲兵内派委额外笔帖式等，均令支食半饷，领催委官照领催减半钱粮，一年支银十八两，副甲兵及额外委笔帖式，每名一年各支银十二两，均拟在本处所收小租、税钱两项内照依市银核钱发给，仍请照伯都讷官兵拨给随缺地亩之案，除官员拟给全俸，毋庸给地外，其领催委官十二名，于半饷之外各给予随缺熟地二十垧，副甲兵及额外笔帖式共二百名，每名各给予熟地十五垧，均作为随缺官地归旗入册，有弁迁事故，以备随缺交代。至于所给随缺之地，只准给予领催委官、额外笔帖式、副甲兵等二百十二名，其食俸官员不得侵占，以杜冒滥。其新设五常堡协领等官，先由通省现任人员内遴选调补，协、佐、防、骁以及无品级笔帖式三员均请作为公缺，由通省所属满、蒙、汉军人员内照依旧制以次拨补。等语。吏部查定例，吉林打牲乌拉等处笔帖式员缺，由该将军、副都统挑取本处应用人员坐名补授，咨明吏部注册。其由领催等项兵丁挑补者，仍食原钱粮；由闲散等项人内挑取者，给与无品级笔帖式钱粮；由监生出身者，照各部院衙门笔帖式之例给与品级食俸，不准与在京笔帖式一体升转，仍由该将军等以本处应升之缺照例拣选升用。等语。

查原奏内称，新设五常堡无品级笔帖式三员，均请作为公缺，由通省所属满、蒙、汉军人员内照依旧制以次拨补，又于浮丁内添派委额外笔帖式六名、领催委官十二名，应如该将军所请添设，至无品级笔帖式升补之处，即照吉林打牲乌拉之例办理。

兵部查吉林补缺章程，除双城堡协领缺出于本处佐领内拣放外，其余各城协领缺出，均于通省佐领内分别满洲、蒙古、汉军应升之员，拟定正、陪咨送部、旗，带领引见补放。其拟陪人员奉旨记名后，无论何城协领缺出，即行奏请坐补。今吉林五常堡请添协领一员，先由通省现任人员内拣调，并请作为公缺，由通省所属满洲、蒙古、汉军人员内拨补，核与定制相符。又，该堡佐领、防御、骁骑校请作为公缺，查五常堡请添佐领仅止二员，防御亦系二员，骁骑校四员，如佐领缺出，以本处防御二员内拣拟正、陪补入，防御缺出，以本处骁骑校四员内补放，诚恐不敷拣选，该将军拟请佐领、防御、骁骑校先由通省现任人员内拣调，并作为公缺，将来出缺，即由通省所属人员内以次拨补之处，所拟亦属周妥，应请均如所奏办理。至由该浮丁内拣其公正者派为领催委官十二名之处，查定例，各省驻防额设委署骁骑校等官缺出，由各该将军、都统、副都统等于前锋领催内拣选差使勤慎、弓马娴熟者，出具考语咨部委署。等语。现在五常堡既无前锋、领催，请于浮丁内派为领催委官，将来委补时，应查照定例，将该浮丁等出具考语咨部委补，以符定制。又，查定制，盛京等处所属旗庄地方被劫，以失事之日起，疏防限满，盗犯不获，将承缉佐领、防御、骁骑校住俸，限一年缉拿；二参不获，降一级留任，再限一年缉拿；三参不获，仍留任，再限一年缉拿；四参不获，降一级调用，俱公罪贼犯交与接任官，照案缉拿。同城协领初参，停升罚俸六个月，限一年督缉，限满不获，罚俸一年，俱公罪贼犯，照案缉拿。等语。此案五常堡既经添设协、佐等官，嗣后该堡遇有失察盗劫限满不获之案，应由该将军将承缉之佐领、防御、骁骑校、督缉之协领各员查取职名，照例咨部议处。至五常堡添设厢黄、正白二旗，每旗各设副甲兵一百名，应准其如数添设，并令该将军由浮丁内择其年力精壮者挑补足额后，造册报部，以备查核。

所有此项新设官员应支俸饷，户部查吉林官兵俸饷，协领岁支俸银一百三十两，佐领岁支俸银一百零五两，防御岁支俸银八十两。又，骁骑校岁支俸银六十两，入于兵饷册内，按月以五两分支。领催月支饷银三两，披甲月支饷银二两。又，东三省武职官员例无俸米，其由领催、披甲内挑委笔帖式仍食原饷。又，道光十一年前任吉林将军富俊奏，伯都讷官兵岁需俸饷，以新城局地租市钱二吊五百文抵银一两开放。又，道光三十年前任吉林将军倭什讷等奏伯都讷官兵俸饷领钱较少，请给津贴地亩一折，于议复清单内开，云骑尉、恩骑尉每员给地二十垧，食饷无品级笔帖式、领催、前锋、披甲、兵役人等每名给地十六垧。等因各在案。

今该将军以五常堡地方人户众多，请添设官弁，催征租赋，稽查弹压，系为慎重地方起见，既据吏部、兵部准其添设，所需俸饷据称除协领、佐领、防御、骁骑校等官请给全俸，毋庸给地外，其余领催委官十二名，每名每年给减半钱粮银十八两，副甲兵二百名，并由副甲内派委额外笔帖式，每名每年各支减半银十二两，均请在于小租、税钱两项核钱给发。等语。查此次五常堡添设协领等官，既无随缺地亩，岁支俸银应照该将军所请给予全俸，计岁需银七百四十两，仍照吉林官俸章程，每两五成八折，实银五成支给银票，每两折实银二钱五分，统共每两折实银五钱二分五厘，其领催委官及副甲兵并由副甲内派委额外笔帖式，据称酌给半饷，核与吉林通省兵饷八成之数有减无增，计岁需银二千六百十六两，应免折扣，以示体恤。以上官兵俸饷，准其在于小租、税课项下照市价核钱给发，仍俟年终造册报部核销。至所称领催委官于半饷之外，照伯都讷官兵每名给与随缺熟地二十垧，副甲兵及额外笔帖式每名给予熟地十五垧，共应拨地三千二百四十垧，亦应如该将军所请照数拨给，仍造具随缺地亩界址细册送部，以备查考。所有雇募仵作二名、皂役四名，月支公食若干，应令酌定数目，报部查核。至所请由礼部给发协领关防一颗、佐领钤记二颗，以昭信守之处，恭候命下之日，由户部知照礼部照例办理。又称现拨小租钱文并添税试增款项，通〔统〕共约筹钱七八千吊，核之所添官兵俸饷、办公、杂支没有不敷，再由大租钱内暂行挪垫，俟余荒丈出，续经输租，即行归补，不致悬款无著。且修建衙署、办事公所并一切薪水、纸张、人役工食及操练官兵军火、镇慑地方枪炮，在在需款，仍当各就地利通筹款项，俟办理完竣，再行造册报部核销各节。户部查，该处每年所收小租钱文应准作正动用，核实造报。其添税试征款项，每年收数若干，未据报部。查同治六年八月该将军请将浮丁编旗入档案内，声明该堡为阿勒楚喀、双城堡、伯都讷、长春厅各城通衢，烟、麻、油、酒、青靛、皮张、山货、木植，每届冬令相屈于道，应在该堡添设税局一处，照依通省征额办理，以资协济。等语，应令该将军将该堡税局设立日期、现收数目造册详报，以资稽考。其支销不敷，请暂挪垫大租钱文一节，查此项大租专抵放各城官兵俸饷之用，该将军务宜实力撙节，不得任意挪用，转致此盈彼绌。至修建衙署、练兵军火等费，工部查，五常堡荒地开垦，请添设协领等官稽查弹压，应修建衙署工程，既经该将军奏请筹款办理，应如所请，准其修建，应令该将军转饬照例先行专案造册题估，工竣，将修建房间数目、丈尺、做法并用过工料银两据实确核，照例造具册结，送部题销。至五常堡操练官兵军火炮械等项，应否准其制造，移查兵部去后，今准复称，查吉林五常堡添设练兵，应需军火等项，系参练官兵应用之项，应准其制造，应令该将军将应用何项军器名目、件数查明，造具细数清册，送部核办。等语。应令该将军查明制造军火等项所需工料银数，造具做法清册，送部核办，统俟办理完竣之日，由该将军核实造销，勿稍浮滥。至该堡已垦成熟地亩并收过押租及升科后每年收租数目，前据该将军造册报部，已由户部另案核议奏复，应令该将军仍遵前奏办理，毋稍牵混。

所有臣等遵旨核议缘由，理合恭折复陈。再，此折系户部主稿，会同吏部、兵部、工部办理，合并声明。伏乞皇太后、皇上圣鉴，谨奏。

同治八年九月初一日具奏。本日奉旨：依议。钦此。钦遵前来。

奉此，核查五常堡地方现既接准部议添官设署，试收税务，请置军火各节，亟应行饬五常堡协领巴林保，务即凛准部议事理，按款核实开报，以便本衙门酌核办理之处，相应呈请咨札遵照。等情。

据此，合亟除五常堡协领巴林保等遵办外，并请咨行盛京户、兵部、将军等衙门知照外，暨咨行黑龙江将军衙门知照可也。须至咨者。

右咨黑龙江将军衙门。

德英为奏操猎情形并回任日期事致神机营王大臣、吉林将军衙门等的咨呈

同治八年十一月初七日

奴才德英跪奏,为督率官兵围猎已毕,并回任日期,恭折奏闻,仰祈圣鉴事。

窃奴才德英前将围猎等情曾经奏闻,即于十月十六日督率省城官兵五百三十余员名,携篆起程。惟自军兴以来,停止围猎年久,概多生疏,奴才于途次悉心选择从前曾经行围老成官兵数员名,指引方略,彷照旧章,连日督率官兵演练围式队伍,教以圈牲行规,渐次就熟。至二十一日行抵北界拉哈站,复令带布特哈官兵五百余员名,前往敖鲁尔一带山场,连打十余围。虽因本年天气严寒,落雪甚厚,然于围猎之际,曾见官兵均尚奋勉,施放枪箭,迎堵截击,人得马力便形矫捷,即择其技艺娴熟,杀牲较多者注册,遇有应升缺出,随时拨补鼓励,俾人皆思奋,益进精强,以期仰副圣训兴围操练官兵整饬戎伍之至意。奴才德英围猎已毕,当饬布特哈总管等官将该处官兵撤回归伍,奴才随于十一月初六日回任,并据黑龙江、墨尔根、呼兰、呼伦贝尔四城陆续详报,各该处官兵一律围猎操练之处,合并声明。

所有奴才操猎情形并回任日期,理合恭折具奏,伏乞两宫皇太后、皇上圣鉴。谨奏。等因具奏之处,相应呈请咨呈钦命神机营王大臣鉴核,并咨报兵、户部备核,仍咨行吉林将军衙门知照外,现由本衙门咨呈钦命神机营王大臣公文壹角,一并附入封筒,咨送大部,希为转行神机营王大臣查核可也。须至咨呈者。

右咨呈钦命神机营王大臣、吉林将军衙门、都京兵、户部。

吉林将军衙门为本属商民赴江省贩买马匹须持票照事致黑龙江将军衙门的咨

同治八年十一月十九日

镇守吉林等处将军衙门为咨行事。

户司案呈：本年十月二十七日，据阿勒楚喀副都统衙门咨开，左司案呈，案查自本年春初以来，迭奉将军衙门咨文，饬将阿勒楚喀、拉林二处每由江省买来牲畜是否在本地贩卖，有无与外夷、盗贼勾通情弊，查明声复。本衙门节于奉文之次照录粘单，随时札饬所属税务处、查街管屯界章京暨拉林协领等一体查禁呈报各在案。

兹据各该处所报，照粘单查传各买主内竟有冒籍并非本处之人，情形参差，词涉含混。惟原其故，究因贩马之人先不报明本管请领执照，径由江省贩来马匹，投赴牲畜价昂之区，希取渔利，是其来去自由，官处无所稽查之所致也。本衙门再四思维，若不予以限制，难免不无奸民私售、盗贼溷迹，假充冒籍等弊，是以拟饬喀、拉军民人等，一有赴江省购买牲畜者，先行报明各本管，转呈衙门请领钤印执照，方准出城往买，经过边卡、关津渡口，验照挂号放行。于到江省时，先将执照呈报税课司查验，挂号取保，方准购买。旋回时，所买马匹若干，发给税票，原照批加回字，赶到本处缴销执照，仍将原领税票牲畜数目并报税务处，买卖两取铺保，始准出售。或有赴别地贩卖，亦必须报请执照。如此予以定章，不惟奸民不得肆其勾通，严禁盗贼私充冒籍之弊，而来往买卖牲畜均有稽查，足可盘查奸究之徒冒籍之渐，应即备文陈明，咨请将军衙门查核，倘蒙准如所请，希即先行咨会黑龙江将军衙门，嗣后凡有喀、拉军民前往江省贩买牲畜，先验执照方准购买，倘无票照，即系冒籍私贩，严行查禁，根究来历，是为公便之处。除分札税务处所属各处、拉林协领等出示晓谕，一体恪遵外，本衙门所拟原为盘查奸究、私与外夷货换销售马匹、严防盗贼假充冒籍购买战马起见，合将所拟缘由报明示遵。据此，拟合备文咨报将军衙门查核示遵可也。等因。当奉宪批：交户司详核妥议，毋使官处另生勒索，等谕。饬交到司。详查商人由邻省贩买马匹，由官发给印照，固为严防流弊、〔盘〕诘奸究起见，尤应裕商便民，毫无勒索侵扰，方为妥善，且可预清私通外夷之端，务期认真奉行，不得有名无实，转致漏税。嗣后喀、拉各城如有商贩欲赴江省购贩马匹，即照所请由各该衙门随时报明，立即发给印照，填写该商伙姓名、现欲贩往何处售卖，方准前往。经过边卡津渡，验照放行，不准勒阻留难。其于到江省时，先将印照呈报购买。俟旋〔回〕时，将所买马匹若干报税给票，将原照批加回头字样，共买马若干，一一注清，庶回赴各处售卖马匹皆有来历可查，亦免偷漏税课。近见各处贩马匹成群结队，累百盈千，既难清其来踪去路，及经买出报税甚属寥寥，皆因官处漫无稽查，始为奸商影射取巧，若非清源竭流，将来私通外夷、勾串资敌亦在势所难免，所关甚重。各该衙门既未可日久生懈，亦不可藉发执照为由，另生勒索弊端，是为至要。等情。据此，咨照黑龙江将军衙门查照，请烦转饬各属遵照可也。须至咨者。

黑龙江将军衙门为奏巡查呼伦贝尔俄罗斯边界折奉旨事致都京兵部、吉林将军衙门的咨

同治八年十二月初三日

镇守黑龙江等处地方将军衙门为咨报事。

兵司案呈：本衙门于同治八年十月十一日恭折具奏，为巡查呼伦贝尔俄罗斯边界并阅看官兵马步事竣，赶紧回省，复拟携篆起程围猎日期，恭折奏闻，仰祈圣鉴事。窃奴才德英前于九月初三日轻骑简从，均各自备资斧，携篆往巡呼伦贝尔，曾经奏闻在案。奴才即于是日就道前往，仍值河道沮洳，饶越迤行，抵至该处，随带同署副都统衔总管额尔德尼等先赴与俄国接壤之额尔固讷河库克多博卡伦，即有俄国玛雨尔先差俄人二名迎接请安，嗣因玛雨尔、帕毕尔带领俄人十余名前来请见，奴才当将玛雨尔唤进帐房相见，该玛雨尔向奴才摘帽躬身行过夷礼，奴才谕以循例查阅本境各卡，甫经到此，尔即来见，足见恭顺天朝，所在两处交界坐卡人等务须各加约束，勿违敦睦为要。该玛雨尔声称，我等仰慕天朝高厚，务当严行弹压，今蒙将军面谕，愈当加意管理。等语。视其形景，尚属谦敬，奴才示以大方怀柔，给赐玛雨尔饭食，并赏给丝绸、布匹、砖茶、干果，及随来夷人亦各赏给肉饭、绸布、砖茶、干果、羊面等物，伊等不胜感激，欢颜拜领。该玛雨尔当面亲呈奴才哈喇六尺、夷糖一包，奴才视其随时诚敬，物件亦不贵重，比即收留，以抚其意。奴才复又赐给江绸二卷、茧绸二正、套布二对、南糖二匣、粳米、白面各一袋，该玛雨尔亦复当面拜领，倍加欢跃辞去。

奴才旋即起程，途次风雪交加，天气寒冷，回至呼伦贝尔，阅看乌〔鸟〕枪，队伍尚属整齐，官兵步射亦可，马上尤为便捷，其马步娴熟中靶者，均令注册，以备选用，并择其技艺稍优者，由奴才自备佩刀、火镰、砖茶等物，亲为分别赏给。内有步射稍觉生疏者，当即责令该管各官勒加演练，暨查验额存银两、存营军装器械、台站牛马均皆如数，并无亏短。仍面饬该署总管等与俄国接壤各卡坐守务须小心，不时严加防维，勿得稍涉怠忽。惟官兵马步枪箭更当实力训练，务使一律精锐，以期仰副我皇上慎重边疆操防之至意。奴才查阅事竣，赶紧旋回，又当本年秋雨连绵，天气较寒，沿途

至省落雪甚大，奴才勉力遄行，于十月初六日到省，即与奴才全英商拟，于十六日携印率领官兵行围，与布特哈官兵会合操练之处，合并声明。所有奴才查阅呼伦贝尔事竣暨起程围猎日期，理合恭折奏闻，伏乞两宫皇太后、皇上圣鉴。谨奏。于同治八年十一月二十七日接到回折，军机大臣奉旨：知道了。钦此。钦遵。相应呈请大部备核外，并咨行吉林将军衙门知照可也。须至咨者。

右咨都京兵部、吉林将军衙门。

黑龙江城副都统爱绅泰为裁撤三处卡伦事致黑龙江将军衙门的咨

同治八年十二月初十日

　　黑龙江城副都统爱绅泰为咨请事。

　　兵司案呈：溯查咸丰十一年十二月十五日接奉将军衙门咨文，内开：据黑龙江副都统衙门报称：本年俄夷往来船支并沿江夷屯居户俱各安静无事，请将续添防夷卡伦十三处内查其无关要隘者，酌量抽撤七处以节兵力等因。准此。查自咸丰四年俄夷人船下驶，陆续添设卡伦十三处，原为防夷起见，额外加增。今即分定界址，夷情照常安静，自应酌量抽撤，以省借银而纾兵力。拟照所请，将无关碍七处卡伦一并抽撤，其余要隘各卡仍著严加巡防，毋稍疏懈等因。奏明咨行前来在案。

　　复加详查所有现在上年添设卡伦六处，皆因俄人初占江左，来去靡定，为联络稽查而设。兹查现有霍络绰卡伦在城以北相距一百二十里，又俄城对过之大黑河屯卡伦距城八十里，其在城之以南，霍尔墨勒金卡伦距城一百二十里，此三卡原为城之南北尽处，并无人烟，或与俄城切近，时加确探俄人上下行踪。设在右岸轮班驻守，均关要隘。惟其补迪音霍呢、因胡尔哈呢、堪托力勒哈达等三处卡伦皆在周城附近五六十里之遥各屯添设，原为加防起见，近来自互定和约，界址分明以来，夷情比前更较安谧无事，即偶有些许事故，于该坐卡官兵呈报之前，各该屯长或百户长、十家长等先为呈报，而坐卡官兵竟自无事。惟值官兵节年出征，库项支绌，每遇差徭，因官兵不敷委用，饷项不济，百计焦融，是以拟将距城百八十里之远，有关探防之霍绰绰、大黑河、霍尔墨勒金等三处卡伦仍照旧章常川坐卡，以重巡防。其距城五六十里之补迪音霍呢、因胡尔哈呢、堪托力勒哈达等三处卡伦无关紧要者，应请裁撤，以节兵力而省借银。所有该各屯有关夷情事件，仍照咸丰九年拟定章程严饬江之左右乡长、百户长等各行飞报本衙门，一面传集所有十家长并各乡人众，协力同心各守各村，保护地方，不准懈怠，具此。可否之处相应呈请咨请将军衙门鉴核示复，遵办可也。须至咨者。

　　右咨将军衙门。

吉林将军衙门为新授墨尔根副都统依克唐阿赴京陛见事致黑龙江将军衙门的咨

同治八年十二月十三日

镇守吉林等处将军衙门为咨行事。

兵司案呈：本年十月二十八日，据黑龙江墨尔根副都统依克唐阿咨呈，窃照本副都统于本年十月十七日恭折具奏，为叩谢天恩，跪聆圣训事。窃于十月初六日接准黑龙江将军衙门咨开，九月十八日奉上谕：墨尔根副都统著副都统衔吉林尽先协领依克唐阿补授。依克唐阿到任以前，墨尔根副都统事务著德英派员署理。钦此。钦遵。咨照前来。

奴才跪读之余，悚愧曷极，当即恭设香案望阙叩谢天恩讫。伏思奴才满洲世仆，由马甲出征，历升佐领、尽先协领，复蒙赏给勇号，由军营撤回，正惭未效寸长，渥荷圣主逾格恩施，简授边疆重任，实系梦寐所未敢期也。惟奴才知识浅陋，赋性庸愚，合无仰恳圣慈，准令奴才来京，泥首宫门，跪聆圣训，俾得奴才有所遵循，以期仰报高厚鸿慈于万一。所有奴才感激下忱，理合恭折叩谢天恩，跪请圣训之处，伏乞两宫皇太后、皇上圣鉴，训示遵行。

再，借用吉林将军印信，合并声明。谨奏请旨。等因具奏之处，于十一月十六日奉到回折，军机大臣奉旨：著来见。钦此。钦遵前来。遵即定于十一月二十八日就近启程赴京。理合照抄原折，恭录谕旨暨启程日期，一并咨报吉林将军衙门查照，祈发印文、过关门票，以便启程，并转咨行黑龙江将军衙门查照可也。等因前来。除本衙门发给该员印文及过关门票，就近启程赴京外，相应呈请咨行黑龙江将军衙门查照可也。须至咨者。

右咨黑龙江将军衙门。

呼兰理事同知文瑞为法国传教士过境事致黑龙江将军衙门的呈

同治八年十二月十八日

　　呼兰理事同知文瑞为呈报事。

　　本年十二月十二日，蒙将军衙门札开，兵司案呈：于本年十二月初七日，据管理茂兴等站站官乌密业苏移称：据查布起尔台领催委官尚津报称：于本月初二日午刻，见有由江南过来乘坐轿车夷人一名，套马二匹，跟随人夫二名，到台觅店打尖，当即询问，索验执照。据称，伊系天主教士施公，从人柏姓、张姓二名，现在吉林所属长春厅设立天主堂，今往巴彦苏苏寻找法国人等传教，因走甚忙，恐其耽延路程，我有执照不能给看，俟到呼兰衙门，再行查看。等因。即于当日未刻由店起身去讫。随派卡伦尚增尾随护送，于是日戌刻行至鄂多尔图台住歇。等情移报前来。

　　相应呈请飞札呼兰城守尉理事同知，茂兴等站站官一体出派妥干官弁、差役，严查该教首行止处，取索验执照，究因何项公事前来本属，到处何不按约验票，以敦和好，详加开导，随处觅店寄宿、买卖食物，务令公允无欺，严禁各该处无知人等一概不准擅与交谈，庶免枝歧为要。如其跟随人夫偶有不循之处，自应驾驭和服，勿令节外生枝，仍将该教首行踪住止于何月日至于何处，住于何属何店几日，如何行状，继于何日起行，奔往何处，一一开写明晰，一面先期径行飞速知照所向前途各衙门，一面呈报省垣以凭查办。倘其并无执照，即应善言开导阻回本处。等情，飞札呼兰理事同知文瑞等遵办可也。等因。

　　蒙此，查该教士施若恶敬于十二月初五日坐小车一辆，随带从人柏姓、张姓二名前来厅属，寓于开设豆腐房之孙姓家中，当饬书役前往查探。据教士回称，因寻习教之人而来，并未带有执照。等语。旋于初九日起程，前往阿勒楚喀去讫。卑职派差送至交界处。所查该教士在境并无不法情事，理合声明入境出境日期，具文呈报将军衙门查核施行。须至呈者。

　　右呈将军衙门。

呼兰河城守尉阿克敦为报升科红户续招黑户加开地数等册事致黑龙江将军衙门的呈

同治八年十二月二十日

  呼兰河副都统衔城守尉阿克敦为遵札查明造册呈复并请指示遵行事。

  左司案呈：于本年二月二十日奉将军衙门札开，户司案呈，查上年呼兰旗、营、屯、站人等将该处闲荒任意私招民垦，偷收押租，当经前任将军、大人节次严札该处，著将此项民户改迁官荒，以清旗界。乃旗屯人等始贪渔利，继迫于房井开垦之费，遂尔不肯令其迁移，民户希图租轻，亦不肯舍置而去，将来必致旗、民互相勾结，难免不无日后滋生事端，所招私户难免不无遗匪隐匿其中，该管各官又复因循疲玩，任其舞弊营私，迭催迁移，虽札罔应。是以前任将军由省派员周历查丈私垦熟地垧数，奏请就地安置此项民户，照章升科，复严札该城守尉转饬该管各官，嗣后断不准再有私招窃垦之弊。等因各在案。

  计自咸丰十一年查明升科之后，按年均有续行加开之地，陆续咨部一并归公。由此观之，该处旗屯人等时下仍不免有续行私招偷垦之弊。适奉将军堂谕，呼兰旗丁后来生齿日繁，该处私垦之弊若不严行禁止，任由旗民无知之徒希图便宜，仍行续招，以后该处旗丁生计必形疲累，即著查明现在该处升科红户若干，续来黑户若干，系于何年月日私招何人私垦，共开熟地若干，现有剩荒若干，座落何处，按界分晰清楚，不准遗漏。其携眷贸易及佣工散户，亦著一并造具细册呈报，以凭查核。其升科红户固不得驱逐，而落业黑户亦不忍遽令迁徙，即使流离失所，尤恐所招之主先已借使租钱，并契写房井、地亩各价者，饬将钱文如数追交私户，再为逐撵，不准借势坑民。嗣后旗屯界内一概不准再有续招新户。至去岁新来喀尔沁蒙古人户，仍应据实催令搬移，不准留住一户。

  本署俟副都统到任，拟于即日前往亲历该处勘究，倘有不实不尽，即为该管各官是问。将此著拟告示，先行颁发张挂，等谕。遵即应札知该尉遵照宪谕指示各节，饬属一体清查，按户分晰造具细册呈报，毋得遗漏延宕，致干复催，暨严禁胥役人等不准藉端索诈舞弊等事，并发去告示一张，著张挂通衢，再由该衙门抄录多张，钤用关防，颁示各屯，务使城乡旗民一体周知，俾得遵照可也。须至札者。等因札饬前来。

当即拣派云骑尉额勒锦布、郭多珲、八品监生丰绅布，带同笔帖式、兵丁等分为三起往赴河之东西私垦各界，详细勘查去讫。旋据云骑尉额勒锦布、郭多珲、八品监生丰绅布等呈称：职等遵饬当将查得稻、梁、菽、麦、黍、稷等界现在升科红户数目、升科加开地亩数目及续行招来黑户数目、何年月日私招何人私垦、共开熟地数目，并该红户等所招携眷贸易、佣工散户名姓，逐一详细造具细册呈递外，惟职等查得稻、梁字二界内现剩零星牧场、夹荒共六万零一百余垧，菽字界内现剩零星牧场、夹荒九千一百五十五垧，麦、黍、稷字三界内现剩零星牧场、夹荒共七千五百余垧，按界分晰，合并呈递。等因前来。

查私垦六界升科红户共一千二百三十七户，共种原升科地三万三千九百垧零二亩七分五厘，四年共加开地二十垧零五亩，五年共加开地三十四垧五亩七分五厘，六年共加开地三百八十二垧六亩七分五厘，七年共加开地三千七百七十三垧六亩二分四厘，八年共加开地二千五百二十二垧四亩三分八厘，共计加开地六千七百三十三垧八亩一分二厘。又旗、营、屯、站人等共续行招来黑户一千零七十二户，四年私垦开成熟地二千六百零五垧四亩二分五厘，五年开成熟地一千一百一十八垧七亩三分九厘，六年开成熟地一千九百零六垧八亩三分九厘，七年开成熟地五千二百七十二垧五亩七分五厘，八年开成熟地一千九百零八垧一亩八分九厘，共计开成熟地一万二千八百一十一垧七亩六分七厘。以上原升科并按年加开及黑户等私垦成熟统计共地五万三千四百四十五垧八亩五分四厘。再私垦六界统计现剩零星牧场、夹荒七万六千七百五十余垧。

惟此项升科红户加开之地并续招黑户开垦之地，红户等雇用携眷佣工、贸易散户如何办理之处，呈请示复遵行外，理合将分晰造具升科红户加开地数所雇佣工名姓细册七本，续招黑户开成熟地垧数细册八本，谨此备文一并呈请呈报将军衙门鉴核示复施行。须至呈者。

黑龙江将军衙门为声明呈控民人岳广太审明拟结缘由事致都察院的咨

同治八年

镇守黑龙江等处地方将军衙门为声明咨报事。

刑司案呈：同治八年四月二十二日承准都察院咨开：照得本院咨交各省案件，向来于每年三月底开单汇催，再于六月终将逾限未结各案查明汇参。嗣奉谕旨，严立章程，复经本衙门议奏，自嘉庆十六年春季为始，定期三个月将已届例限各案行文咨催。迨至半年，如查有尚未核结者，开列清单参奏。统计一年内，咨催两次，汇参两次。至步军统领衙门向来并无行催汇参，应请嗣后一并归入都察院催参案内办理。等因。奉旨：依议。钦此。钦遵在案。

兹查本院咨交各案，除去往返程途已逾定限者黑龙江将军一件，应开列清单注明事由、咨交年月，一并咨催，务即迅速核结，如再稽迟不复，届期即遵照奏定章程办理，其由本院及步军统领衙门咨交户刑等部讯办。或由该衙门转咨各省者，应令自行咨催。俟结案后，仍咨本院备查可也。须至咨者。

粘单。

步军统领衙门咨交黑龙江将军未结控案一件

据黑龙江民岳广太等联名呈控依常阿浮收钱粮等情，同治六年十月咨交。等因前来。

卷查此案，前于同治七年正月二十六日，据本省巴彦苏苏佃民岳广太呈送步军统领衙门咨文，内开：据黑龙江佃民岳广太联名禀控依常阿浮收钱粮，侵吞肥己。等情。

讯据岳广太供：我系黑龙江人，年四十五岁，在所属巴彦苏苏地方居住，种地度日。咸丰十一年间，经本省将军奏明所属地方有毛荒地一片，招佃开垦，每一里地系四十五垧，内扣除沟洼水泡房园井道三成，一里实以七成计算地三十一垧五亩，每垧先交压荒京钱二吊一百文，六年后每垧按京钱六百六十文升科，均系将军衙门委员依常阿承办，发给各佃户执照。同治五年间，各佃户纳粮升科，按三十一垧五亩交纳。不料，依常阿浮收各佃户三成钱粮，侵吞肥己，仍向各佃户逼勒，复派伊胞侄乌老爷等分路任意横催，如不遵谕，要将各佃户收押致罪。我赴同知衙门呈告，并未讯究。各佃户欲要赴将军前呈告，均被依常阿差人在途拘锁刑吓，逼勒认诬告甘结，要将原执照缴销，换给新照。现在本省民等均被依常阿扰害，冤不能伸。无奈联名具呈，粘连执照二纸，我一人来京呈告的。等语。

查岳广太所控将军衙门委员依常阿浮收钱粮，侵吞肥己，曾赴同知衙门呈告，并未讯结，欲赴将军前呈告，复被依常阿差人拘锁刑吓等情，是否属实，亟应详切追究，相应将岳广太并所递原呈甘结咨送黑龙江将军审明办理，仍将如何究结缘由咨复本衙门并都察院可也。须至咨者。等因前来。

随讯据岳广太供：小的今年四十六岁，母亲已故。父亲岳花，现年七十八岁，生小的一人，娶妻杨氏，生有一子，年甫三岁，别无亲人。小的先在阿勒楚喀界内石头河屯居住，种地度日。于咸丰十一年间，听说江北巴彦苏苏等处出放毛荒，小的过来看见将军衙门告示，照吉林夹信沟放荒章程办理。小的遵章踩占巴彦苏苏毛荒一百六十六垧，遵交押租承领，于同治元年七月间取具联名互保，发给执照。照内章程与告示相符。小的即将全家搬来，案下巴彦苏苏居住，希图安居乐业，永守定章，并避江南之乱。于同治五年已届升科之年，清丈地亩，并催官租。小的应纳大小官租钱七十六吊六百九十二文以外，多征小的押租大租钱一百一十三吊一百六十二文。押租大租众佃均是多纳，各有收付执照可凭。小的与众细们因不按章程征收，俱生疑惑，齐赴总办开垦局，据情恳求，委员依太爷斥说上宪不准。以后依太爷回省，托太爷接办。众佃人在托太爷并署同知松太爷案下恳求二位太爷体恤民情会衔呈请，亦未蒙恩准。

去岁二月间，佃民王景、刘俭、刘升、张东怀、王俊、杨德敏们来省跪恳将军，被依太爷传司审讯，令他们出具误告甘结。他们见不准理，无奈回荒与十三牌乡地及众佃们商议联名六十人出呈画押。小的一人赴京先到都察院呈控，当蒙提讯，说呈内六十人联名，因何尔一人出首告状，即路途遥远，至少总得三五人同来才可，因此不准，将原呈发还。小的回到住处，烦人把原呈从新照抄，若仍写六十人联名，又恐不准，是以只写十三牌乡约并小的名字。小的都替他们画了押，就赴步军统领衙门呈控，蒙把小的提讯，小的仍照原呈供称，小的本是黑龙江巴彦苏苏地方人，于咸丰十一年间，经本省将军奏明黑龙江所属有荒一片，招民开垦，每一里见方核毛荒四十五垧，内扣除沟洼水泡房园井道三成，实以七成计算，可垦地三十一垧五亩，每垧先交压荒京钱二吊一百文，六年后每垧按京钱六百六十文升科，均奏明遵奉领照开垦在案。统计十三牌户丁数万姓，共垦地二十余万垧。满拟奉法力田永守定制，讵意将军委员依常阿不遵准章程，私勒佃民，令将原扣三成沟洼水泡地十三垧半补交压租钱二十八吊三百五十文，满按四十五垧升科，共浮收过九万余垧地亩，合计钱文数万余吊侵吞肥己，仍向各佃户逼勤，如有不遵，即将十三牌乡甲治以死地，何虑尔等不遵，哀此茕黎不堪私行虐敛，当赴同知衙门呈诉，署事松太爷漫不为问，小民情急屡趋将军台前喊冤，均被依常阿预伏差人在途罗拘锁押刑吓，愈急勒交，并逼出误告甘结，声言将原照缴销，换给新照，尔等既上我贼船，不怕何处控告。等语。复派伊胞侄乌老爷、哈番二老爷分路横催，任意驱挞，势将激动愚蠢，群起呼天。

伏思开垦原为功垂永久，保惠元元，断不能朝令夕更，使民无措。遽因依常阿私加租税，横敛殃民，擅改定章，弄权悖旨，致令数万生灵求生无路，小民岌岌有性命之忧。为此，联名具呈来京，叩恳鸿恩，俯准代奏，仍遵旧章，以苏民命而靖舆情，则万姓咸感大德矣！为此，合词上呈，等供。蒙将小的交大兴县派役解回备质，小的实因盘费短少，恳祈县太爷施恩，我觅妥保，自抱文书投案的。今蒙审讯，将小的领地执照凯切指示，系与吉林夹信沟出荒章程酌核办理，于领荒六年后复行清丈，按垧一体全行升科，并无扣除三成之语。

小的们这才知道误会照内文义，并知依太爷向小的们所征押租大租钱文俱在呼兰厅库内收存，并无侵吞肥己之事。至依太爷胞侄乌老爷及哈番二老爷在荒催租责打佃民，是小的听闻众佃传说。今据众佃共论催租，乌老爷实非依大爷胞侄。去年佃民王景们六人来省恳恩奉将军堂谕，派官兵在店看管，谕令传司审讯，出具呈告甘结，依太爷并未私自伏差在途罗拘锁押，刑吓逼令之事。王景们回荒向小的并众佃传说，是以京控呈内才写伏差罗拘锁押刑吓等词，亦无缴销原照换给新照之事。以上各情实系众佃民因升科租数与吉林夹信沟章程不符，群心疑惑，才与众乡约佃民联名具呈。当因新出荒地，川资难凑，公举小的赴京在步军统领衙门呈控的。今将众佃民所领之荒，恳照吉林夹信沟扣除章程，按照原领方数扣除三成，永征七成大租。倘原领照外垦有浮多地亩，情愿按垧升科，另行给照，以备永远之据。就是我们佃民生生世世均感大德无极，只求逾格施恩宽宥，所供是实，复结不移。

当据委员协领依常阿呈称：本省招垦呼兰禁荒，系依照吉林夹信沟章程变通办理，奏明于开垦之初，按照扣除沟洼水泡房园井道三成，实以七成按垧交纳押租。至第六年复查所垦地亩，全行升科，按垧征收现租，不准再有扣除，以便照办。至同治五年应行升科地亩未经丈竣，暨变通章程未经示定，该委员等应行补发印照未及呈请，并毗连细册亦未及造报。今岳广太所控将每方四十五垧内原扣三成沟洼水泡地十三垧半补交押租钱二十八吊三百五十文，满按四十五垧升科，共浮收过九万余垧地租，合钱数万余吊。等语。查委员等并未丈量沟洼水泡，亦无补收押租。

复据委员等册开：岳广太原领毛荒，现应升科熟地一百一十六垧二亩，外有浮种熟地二十四垧九亩三分，一体照章按垧升科征收现租钱九十三吊一百四十六文，其浮种熟地并无令伊补交押租。再，查伊代领余荒四十六垧零七分，委员遵照初创，征收押租钱九十六吊七百四十六文，俟至六年升租再领交纳现租，亦无额外多收钱文之事。所控伏差罗拘锁押刑吓等语，均无其事。乌尔清额系呼兰佐领，并非依常阿之族人等情。详查协领依常阿呈递情形，系遵照原奏，初创办理，尚无不合。惟佃民岳广太地〔只〕知升科租数与吉林夹信沟放荒章程不符，而未悉变通办理之言，并因误会照内文义，以浮出升科之熟地暨代领之余荒，应交大租押租钱文作为原扣三成补交押租，而所交之钱又疑委员侵吞，现经凯切指示，始悟并未浮收。查岳广太于伊承领荒内浮出升科熟地暨代领余荒所交租项，疑为补交原扣三成，更因未悉变通之谕，并误会照内文义，是以控告委员侵吞，迨经指示，始悟己属乡愚无知。查其浮出升科熟地暨代领余荒，当因变通章程未定，未经补发印照，致启怀疑呈控，事尚有因，未便按照误告科罪。至该佃民既疑委员浮收，理应赴省声诉，何得联名具呈禀控，实属冒昧越诉，复于呈内牵扯传闻乌有之言，指为委员胞侄分路驱催，暨委员伏差拘锁等词，尤属不合。若仅按越诉律，拟笞五十，殊觉轻纵。岳广太应照不应为重律，拟以杖八十，折责发落，饬交同知严行约管。至其恳减三成另行核办外，所有呈内列名之佃民等俱在巴彦苏苏，距省窎远，时值农时，未便误其耕种，应以勿庸调省，以省拖累。协领依常阿办理大租押租暨与原奏初创相符，应毋庸议，仍令与承办各官将招垦荒地事宜通盘筹划，务期照依奏请邻省章程妥为办理。应查丈者即速一律清丈，应给照者即行补发印照，明白晓示，悉归公允，以照核实而杜猜疑。至咨复都察院之事，希由贵步军统领衙门咨照，以期近便，所有拟结岳广太缘由呈请咨复。等情。

据此，相应咨复贵步军统领衙门查照等因。于七年闰四月十一日咨复在案。再，查此案前经步军统领衙门咨照本衙门，当将岳广太审明拟结咨复，惟未承准贵院咨文，当于已结之时，未经另文声报。且本省向未办过如此成案，是以希请步军统领衙门就近咨照贵院在案。嗣准步军统领衙门咨照，希即仍行另文咨复都察院查照。等因。本衙门正在拟文咨报间，旋准贵院咨催，理合将呈控民人岳广太审明拟结缘由声明咨报贵院备核施行。须至咨者。

德英、全英为酌派赴甘官兵预拟起程日期事致都京兵部、吉林将军衙门的咨

同治八年

奴才德英、全英跪奏：为遵旨酌派赴甘官兵预拟起程日期恭折驰奏仰祈圣鉴事。

窃奴才于同治八年四月初七日午刻承准军机大臣字寄：本年三月二十九日奉上谕，穆图善奏甘省军务吃紧，请由吉林、黑龙江各调马队一千名，拟令副都统温德勒克西、总管双福分起管带起〔赴〕甘，以资剿贼。著德英酌度情形，如能挑选精壮马队千名，即配带军械、马匹，并传谕温德勒克西兼程管带赴甘，听候穆图善调遣。将此由五百里谕令知之。等因。钦此。遵旨寄信前来。

奴才遵查请假回籍之副都统温德勒克西前请展假两个月，已蒙谕允。今甘省军需既属紧要，自应即行前往。现已传知该副都统遵照，赶紧束装，一俟官兵到齐，立速管带起程。再，查黑龙江省六城额设兵一万零三百余名，除派赴各路军营并驻京操练官兵四千二百余名，又甘省现调官兵二百五十名暨神机营奏调换班官兵五百名外，各城实仅存兵五千三百余名，内有出征补甲伤病撤回疲弱者大半，本省地面辽阔，系属极边重地，西南与蒙古、吉林连界，东北与俄国接壤，防范巡查在在均关紧要。加以呼兰等处招民开垦，该处与吉林属境仅隔一江，各该口隘以及附近山林弹压稽查差使尤为繁重。

就各城现有兵数而论，已觉过单，若再挑派官兵一千名，则各城存兵更少，遇有紧要差遣，实属不敷分派。设有贻误，关系非轻。奴才受恩深重，不敢不通筹兼顾，以重边防。惟甘省需兵，亦属紧要，奴才督率各协领等设法辗转计议，拟由齐齐哈尔挑派精兵一百五十名，黑龙江、墨尔根两处各挑派精兵五十名，呼伦贝尔挑派精兵一百三十名，布特哈挑派精兵一百二十名，共派兵五百名，各骑本身马匹，严饬各该处认真挑选，务须精壮，不得以老弱充数，分别勒限饬令赶紧来省听候管带起程，并由曾经出师各官内拣派十二员派委营总参领，俾资弹压。

奴才伏查春雪过大，又值夏令，阴雨连绵，长途泥淖，各外城距省

八九百里或四五百里不等，均需各量马力行走，以免欲速转迟。头起拟于五月初三日由省起程，二起拟于初六日由省起程，仍照向办章程，自茂兴站出境，就近取道，由蒙古草地进法库边门入山海关，以期迅速赴甘。一面飞咨盛京将军、奉天府府尹、直隶总督饬属一体妥为预备，协济马匹车辆，以利遄行。其该官兵应领整装银两，现在库无存款，饬属竭力婉转向铺商通融借垫。

近年俄国交涉事件亦属繁多，夷情叵测，尤难逆料防维，加意严密，以期无虞。兼本省额设军械均经征兵陆续携赴军营，需用无存，拟由捐造防夷箭枝发给该官兵，以资应用，仍俟请有款项补造，以济要需。所有奴才遵旨酌派赴甘助剿官兵预拟起程日期，理合恭折由驿复奏，伏乞两宫皇太后、皇上圣鉴。谨奏。等因具奏之处，相应呈请飞速咨报大部备核外，并咨行吉林将军衙门知照可也。须至咨者。

右咨都京兵部、吉林将军衙门。

黑龙江将军衙门为瑷珲商人拟往吉、黑沿江两界贸易事致吉林将军衙门、黑龙江副都统衙门的咨

同治八年

镇守黑龙江等处地方将军衙门为飞速咨复事。

兵司案呈：于本月初五日准吉林将军衙门咨开，查俄国续增条约第四条内载，此约第一条所定交界各处，准许两国所属之人随便交易，并不纳税，各处边界官员护助商人按理贸易。其瑷珲和约第二条之事，此次重复申明。等语。兹瑷珲一带商人请往吉、黑沿江两界贸易通商，自宜照依瑷珲通商条约办理。惟此条系指所定通商交界处而言，非与俄夷所有交界处笼统而论。今瑷珲所请准令该处华商持照前赴吉、黑两省沿江右岸界内贸易通商，本属创始尤难，然于后来地步更不可不预防其渐。所有瑷珲通商早经奏明，准许已久，其于吉林各城以及沿江三姓、宁古塔、珲春等地向无准令通商之条。以故近年俄夷商船屡行闯卡，越姓深入要求通商者，吉省均未准其所请，不过稍微接济目前口食，即行阻其回帆，从未与其通商，以杜后患。今瑷珲城准令商人持照前往吉江二省沿江上下右岸界内贸易通商，虽与东省商贾互相来往贩货由来不禁，然与俄界相邻，自应明定限制，以防贻患。所有瑷珲商人等行抵吉界只可准其在沿江右岸一带与中国人民互相货换，两省卡官验照放行，万不准与俄人暗相私行通商或私入俄界贸易，以引祸端。惟该俄商等惟利是趋，此端一开，该俄人亦可藉词前来通商，更难向阻，自应严饬该商人等仍遵旧章准与本国人民自行货换，不准与吉省界内俄人通商，以杜后患之处。除咨行三姓副都统衙门遵照转饬黑河口乌苏里口以及沿江各处台卡弁兵等一体遵照，俟有瑷珲商民持照抵到沿江右岸吉林境界，务须查验执照始准放行，仍不准蓦越吉界与俄夷货换，该商民如无江省执照，即行阻回，万不准前进私通，致干查究，并咨复瑷珲副都统衙门查照。等因前来。

查前于七月十八日据黑龙江副都统衙门咨请，该处商人恳请顺江上下右岸在于本省界址抑连吉界通商各节，当由本衙门详核该副都统，虽系因时制宜，裨益通商，而禁贩运米粮，为地又在右岸，惟吉、黑两省和约以来办理最为严紧，难免不无该夷诱通商人自我为始得所藉口，深虑恐

有不肖商人恃有护照任意游行违约远去，借势贸易为名致生事端，均难臆度。然事关两国，设有条约，亦应咨呈总理衙门示复遵办。且本年俄夷商船又先有阑入松花江驶抵呼兰，恃有字据要求通商，虽经按约阻回，仍恐复肆无厌。业经具奏，请旨敕下总理各国事务衙门迅即照复该国驻京公使，严束夷商，毋得任其越界之处，前已咨照该副都统衙门在案。今若令本省商人先往江之上下两省右岸任其贸易，诚恐该夷藉词复有辩论，要求内地通商又应如何办理。所拟发照顺江行商各节，难以准行、著即迅速咨复该副都统衙门妥为严禁商人，不准远出，如已发照即希追回销案，概令仍照向章在于通商处所贸易，务遵和约办理，致免节外生枝。并将原文附封发还，望即查销。等因。当即除一面飞咨黑龙江副都统衙门遵照办理外，一面由本衙门详核该副都统咨报情节，虽在本国两省界内持照贸易，而终恐该夷藉词前来内地通商，更难阻止，转费周章。其该副都统擅为发给执照，复又专自径行吉林将军衙门咨文知照，实于政务体制似有不应之处，且系实属违约创办，未便擅行。相应飞咨贵将军衙门，烦请速饬巡江卡官，如遇前项持有黑龙江副都统衙门护照商船，即行拦阻回行，是为切望。等情。业于七月二十三日声明缘由，飞咨贵将军衙门，希即照办在案。今准来咨内开，所指各节实属深虑周至，虽系准令该商等与本国人民自行货换，不准与吉省界内俄人通商，又承贵将军饬属遵照验照放行。惟该夷等诡谲性成，自我开端难免不有藉词前来。然事属创办，诚如贵将军远虑不可不预防其渐，以免贻患。等情。相应呈请咨复贵将军衙门查照。前咨仍请速饬巡江卡官，如遇持有黑龙江副都统衙门护照商船，希即拦回，更为至望。并飞咨黑龙江副都统衙门仍遵前咨，严禁商人不准远出贸易，以免节外生枝，且与俄界相邻，难免藉词幸进，允宜预杜其渐以防不虞，为是可也。须至咨者。

右咨吉林将军衙门、黑龙江副都统衙门。

黑龙江将军衙门为请酌撤卡伦事致都京兵部、黑龙江副都统衙门的咨

同治八年

镇守黑龙江等处地方将军衙门为咨报事。

兵司案呈：兹据黑龙江副都统爱绅泰报称，检查自咸丰四年俄夷人船下驶，陆续添设防范卡伦十三处，原为防夷起见，续因分定界址，夷情照常安静，咨请酌量抽撤卡伦七处，以纾兵力等情，业由将军衙门奏准遵办在案。近来查勘夷情比前更较安谧无事，兹值官兵历年出征库项支绌，每遇差徭，因官兵不敷委用饷项不济，百计焦融，除将上年抽撤卡伦七处外，所有现时防夷卡伦六处，内有霍络绰、大黑河、霍尔墨勒金等三处卡伦，距城皆在八十至百余里，尤关探防紧要，拟请仍照旧章常川坐守，以重巡防。其补迪音霍呢、音胡尔哈呢、勘托力勒哈达等三处卡伦，距城五六十里，甚为较近，实属无关紧要，拟将此三处卡伦请为酌量抽撤以纾兵力。等因咨报前来。本衙门复查据报酌撤卡伦虽属实在情形，暂为准照所请，拟将补迪音霍呢、音胡尔哈呢、勘托力勒哈达等三处卡伦抽撤以纾兵力，其余要隘各卡除咨该处仍著严加巡防，现拟酌撤三卡即行遵照办理，毋稍疏懈外，相应将据报拟请抽撤卡伦缘由，理合修文咨报大部备核施行，并咨行黑龙江副都统衙门遵照可也。须至咨者。

右咨都京兵部、黑龙江副都统衙门。

德英为奏巡阅属城并与俄人会晤等事致总理各国事务衙门、吉林将军衙门等的咨呈

同治八年

再,奴才德英,前于巡阅属城起行折内,已经声明俟至黑龙江城时,亲赴与俄国接壤卡所详查边情、会晤夷酋。等因奏明在案。

嗣抵该城,即会同副都统奴才爱绅泰先行巡察沿江各卡及左右旗屯,拟于初十日早起程往查之际,适有俄国海兰泡夷酋批挞生科闻信,遣官带领通事前来探望,奴才当即款待去后。随即起程察看沿江一带,与俄国接界居住之各旗屯人等,均能守旧相安。抵至黑河屯卡所,当有俄国巡边大臣萨阔勒阔幅与海兰泡固毕尔那托尔批挞生科带同俄官通事十数员名,乘坐轮船过江,来与奴才会晤,摘帽施礼。奴才当以宾礼接见,茶酒款待。

复据通事传说,送给奴才等哈喇、回绒等物,以为贺敬之礼。奴才等查看所馈物件为数无几,势当遵约议和之际,未便却之,以负其意,致被生疑,转失敦睦之情,是以奴才等商酌各收一、二件,以抚其心。当即回赠绸缎十数卷,米面、果品、布匹等物,用昭厚往薄来,示以大方。该酋等俱各欢忻而散。旋于次日该巡边大臣萨阔勒阔幅率同批挞生科等驾船渡江,复与奴才等会晤。据通事述称,该大臣奉命巡边至海兰泡城,据国商人控诉,前此货船沂流行至呼兰通商,致被拦阻等情。寺以北京续约第四条及天津和约第十二条所载两国通商各节,并称与奴才等会晤便中,祈将因何将该属人等难阻等情答复。奴才等率随员辩以北京所定续约第四条内载,两国交界处所准其随便通商不纳税课等语,其余除交界处所之外,并未载有准其俄国商人随便在各处通商之语。当将呼兰城守尉并委员等前将俄人商船拦阻情形,已由本衙门奏请大皇帝饬下总理各国事务衙门转知俄国驻京公使按约办理,以敦两国久睦之谊,我等何以无故难阻,据理剖切剖辩,该酋等词穷散去。复于次日该国巡边大臣遣贵递到清俄字各一纸,奴才详阅所递字据,与该酋面述情形大略相同,奴才随按约逐层复驳,详给清字答复,遵照去讫。惟查前此该国商船由松花江上驶抵呼兰河口停泊,要求通商,虽经奴才等派员往阻折回,今乘奴才德英阅边便中,该夷酋批挞生科初以会同该国巡边大臣探望,继又纵恿萨阔勒阔幅带同该酋及

通事等前来，仍以夏间拦阻该国商人在呼兰通商未遂，其意复不甘心，向奴才要求，若任如此恣意贪求，将来何所底止。且通商条约内亦并无在交界以内准其通商之语，奴才德英虽已给字力行拒绝，然该夷挟诈已久，难保不无别有要求，除由奴才出示晓谕沿江旗属商民人等务须守分安居、公平交易，不准诈骗赊欠，私相贸易，致滋事端，随面饬卡官严巡弹压，毋稍疏懈外，奴才即回黑龙江城。巡阅事毕，于十四日就道回巡。途次接奉奴才等前奏俄人越境前往呼兰要求通商，请饬总理各国事务衙门知照该国驻京公使按约办理折内，钦奉谕旨，饬下照办。荷蒙训诲周详，无微不烛，奴才谨与奴才全英钦遵谕旨，密咨各城转饬防卡官弁，如再遇俄人入境，即按照条约设法拦阻，毋任其乘隙阑入，肆意要求，以杜其得寸思尺、贪求无厌之心，并严禁本属商民人等不准与其私相贸易而弭衅端，以期仰慰圣主慎重边疆严防外夷之至意。除将此次互给字据咨送总理各国事务衙门备核外，所有奴才察看沿江各卡及接界旗屯并与俄酋等会晤暨奉到回折谕旨遵办情形，理合附片奏闻，谨奏。等因具奏之处，相应将俄臣递到清俄字各一纸装封，并给与俄臣字据照录粘连文尾，咨呈钦命总理各国事务衙门鉴核外，并咨行吉林将军、黑龙江副都统衙门知照可也。须至咨呈者。

右咨呈钦命总理各国事务衙门、吉林将军衙门、黑龙江副都统衙门。

黑龙江将军衙门为俄轮擅入呼兰河事致吉林将军衙门、墨尔根副都统衙门等的咨

同治八年

将军衙门为飞咨遵照事。

兵司案呈：于本年八月初十日承准军机大臣字寄，同治八年八月初一日奉上谕，德英等奏俄人越境要求通商各情，请饬总理各国事务衙门按约办理一折，黑龙江内地各处向无外国通商处所。兹据奏称，俄人轮船由松花江上驶抵呼兰河口停泊，要求通商，经该署将军等派员往阻，俄官嘎尔幅以批挞生科发给执照前来，不能将商船唤回，并请给文保护商人在各处大开通商。该署将军等复查此次人船数目无多，亦未携有器械，现已由呼兰河口开船东下，请饬总理各国事务衙门照复该国驻京公使，严禁俄国官商滥行越境。等语。俄人蓄谋甚诡，往往借通商为名，越界游历。刻下虽经折回，难保不挟众潜至，肆意要求。德英等仍当密饬防卡官弁，如再遇俄人入境，即按照条约设法拦阻，毋任其乘隙阑入，并一面严禁军民私相贸易，以弭衅端。本日已谕知总理各国事务衙门知照该国驻京公使按约办理矣，将此由五百里各谕令知之。钦此。钦遵寄信前来。遵即飞咨黑龙江等处务当钦遵现奉谕旨，密饬防卡官弁如再遇俄人入境，即按照条约设法拦阻，毋任其乘隙阑入，并一面严禁军民私相贸易，以弭衅端，是为切要。等情。

相应飞咨吉林将军衙门查照，并咨黑龙江、墨尔根副都统衙门、呼伦贝尔署总官三都克多尔济、布特哈总管诺们德勒和尔、呼兰城守尉阿克敦、理事同知文瑞遵照办理可也。须至咨者。

右咨吉林将军衙门、黑龙江、墨尔根副都统衙门、呼伦贝尔署总官三、布特哈总管诺、呼兰城守尉阿、理事同知文。

黑龙江将军衙门为俄拟设廓米萨尔官员专司交涉事致吉林将军衙门等的咨、札
附：往来照会

同治八年

镇守黑龙江等处地方将军衙门为飞速咨行事。

兵司案呈：本年八月初十日承准钦命总理各国事务衙门咨开，同治八年七月十一日准俄国驻京公使照会内称，乌苏里以南一带离滨海省固毕尔那托尔公署窎远，今为界员往来行文，拟于该处另设廓米萨尔一员，专司边界交涉各事，就近照应往来之人。该员之责，应与中国附近界员直行往来，嗣后遇有交涉事件，即与互相商议，凡所拟合理合例，该员亦自和衷共济，诸事循理按约，以笃邦交。等因。本衙门当即照复，所设之员果能循理按约，中国官员自无不乐与和衷共济，其往来行文应即按照恰克图边界廓米萨尔与恰克图部员体制一律办理。至该员究系于俄国何处地界，尚须指明，以便本衙门咨行各将军大臣转饬中国边界官遵照办理去后。兹据照复声称，该员应居何处，本国尚未明定，今该员暂居摩阔崴、海参崴等处，此二地相离不远。又据称，吉林将军时有交涉不与东海滨省固毕尔那托尔行文，径向东悉毕尔总督赍送，以致事多贻误。等因。本王大臣查东海滨省固毕尔那托尔与黑龙江及吉林将军往来行文本载在续增条约第九条内，贵将军等向遇与俄国交涉事件自系有应与固毕尔那托尔行文之处，亦有应与东悉毕尔总督行文之处，本难拘定。今俄国公使谓吉林将军不与东海滨省固毕尔那托尔行文，径向东悉毕尔总督赍送，究系因何如此，希即查明声复。至新设廓米萨尔一员，暂住俄界内摩阔崴、海参崴等处，专为往来行文，并就近照应外来之人，果一切均按照条约，中国官员应与和衷共济互相商办，其体制已于所与俄公使照会内声明，按照恰克图边界廓米萨尔与恰克图部员体制一律办理，以符旧制。相应抄录与俄使往来照会，行知贵将军查照，妥为办理可也。等因前来。

相应抄录往来照会二件，飞咨黑龙江副都统衙门、呼伦贝尔暂署总管额尔德呢、呼兰城守尉阿克敦查照遵办。惟摩阔崴、海参崴二处地名，本属境内是否有无，据实派员确切查明结报，深恐俄人情出谲诈，指东说西，任意牵连，自为希冀。应由各该衙门斟查确实该管各地界内有无此等

名目,速为飞查妥速咨报立待核办转咨外,并咨商吉林将军衙门希将此情如何行查拟办情形,望乞速为见复施行。须至咨者。

右咨吉林将军衙门、黑龙江副都统衙门。

并札呼伦贝尔署总管额、呼兰城守尉阿。

附:往来照会

照录俄国照会

为照会事。

近接本国来文内称:本国乌苏里以南一带边疆因离滨海省固毕尔那特尔公署窎远,今为整饬两国界员往来行文,拟于该处另设廓米萨尔一员,专司边界交涉各事,就近照应外来之人,即令转达贵署酌办。等情前来。

查本国设立该员,原望于两界官员共事较便,两国人民睦谊日坚且广,此意谅贵王大臣亦必洞鉴。惟该员之责,时应与贵国附近界员直行往来,方副其任,理应照会贵王大臣查照,转行该处就近边界各员,嗣后该廓米萨尔遇有办理交涉事件,即与互相商议,勿相难阻,凡所拟合理合例,望即照办。想该员确遵本国功令,亦自和衷共济,诸事循理按约,以笃邦交。除俟续接本国公文该员驻扎何处再行奉闻外,相应先行照会贵王大臣查照转行并希赐复可也。须至照会者。七月十一日。

照录给俄国照会

为照复事。

同治八年七月十一日准贵大臣照会内称:近接本国来文,乌苏里以南一带边疆离滨海省固毕尔那特尔公署窎远,今为两国界员往来行文,拟于该处另设廓米萨尔一员专司边界交涉各事,就近照应外来之人,该员之责应与中国附近界员直行往来,嗣后遇有交涉事件即与互相商议,凡所拟合理合例,望即照办,该员亦自和衷共济,诸事循理按约,以笃邦交。等因。本王大臣查续增和约第九条载,向来仅止库伦办事大臣与恰克图固毕尔那托尔及西悉毕尔总督与伊犁将军往来行文。今拟增阿穆尔省及东海滨省固毕尔那托尔与黑龙江及吉林将军往来行文,是东海滨省固毕尔那托尔之与吉林、黑龙江将军往来行文,本系添设,今为两国界员往来行文。贵国又拟于该处另设廓米萨尔一员,专司边界交涉各事,就近照应往来之人,自系因时制宜之法。所设之员果能循理按约,中国官员自无不乐与和衷共济,其往来行文应即按照恰克图边界廓米萨尔与恰克图部员体制一律办理，以符旧制。至该员究设于贵国何处地界，未据声叙明晰，仍希贵大臣照复，以便本衙门咨行吉林、黑龙江将军、库伦大臣，饬知中国边界官遵照办理。相应照复贵大臣查照可也。七月十九日。

黑龙江将军衙门为办理与俄国交涉事件造具清册事致总理各国事务衙门的咨呈
附：清册

同治八年

镇守黑龙江等处地方将军衙门为咨呈事。

兵司案呈：照得同治二年七月二十八日，承准钦命总理各国事务衙门咨开：所有办理交涉各国事件，嗣后每届三个月，各将应办外国之事造具已结、未结清册，咨送本衙门存案，不致互有乖舛，是为至要。等因前来。本衙门当经遵咨，按照三个月将所有办理与俄国交涉奏咨及由本处办理已结、未结各案，分别造册呈送备核在案。

兹自本年四月十二日起至七月十二日止，又届三个月。查此一季本衙门办理与俄国交涉事务内，除上年俄人在夹心滩耕种一案，前遵总理各国事务衙门咨文，照会俄国东悉毕尔总督切实饬禁，不得致复违越，并咨黑龙江副都统与海兰泡俄酋办明将越界私垦俄人全数收回，侵占夹心滩地方一律退出。前据署黑龙江副都统详称，俄国悉毕尔总督路过该处，经署副都统约会查办，推诿托故旋回。今该边界官又称，已转报伊国驻京公使与总理各国事务衙门商办，当已据情咨呈总理各国事务衙门鉴核。又俄人在江左挖坑埋柱，欲设铁线一事，前遵总理各国事务衙门咨文，饬行黑龙江副都统详查挖坑等处究归何国管辖，该夷究否设立，除江左已与俄人占居之处置之无论外，若与该旗屯居住渔猎耕种有碍并非空旷地面可比者，即峻词阻止，如不听从，亟应预为言明，于设立后无论如何损坏丢失，中国一概不管，以免将来狡赖。暨前遵总理各国事务衙门咨文，咨行黑龙江副都统，仍照原议准其俄人于边界百里内承买旗民用剩有余之草，若实系缺乏，俄人自亦不能强买，并严防边界勿任越界私垦外，相应将此三个月内办理与俄国交涉俄人德勒格尔越界身死之逃凶互为停止缉拿之处商办了结。至承缉之员可否停止缉拿，抑或勒限承缉请示咨案一件，并越界俄人认领丢失马匹派员送交边界玛雨尔接收已结咨案一件，再法国教士施若亚敬前来本省游行及到巴彦苏苏境内又未停留迅行出境而去咨案一件，共三件抄录汉字清册一本，呈送总理各国事务衙门备核施行。须至咨呈者。

右咨呈钦命总理各国事务衙门。

计册。

附：清册

谨将本年正月十二日起至四月十二日止，此三个月内由本衙门办理与俄国交涉已结咨案三件查明抄录于后：

——本衙门于同治八年正月十九日咨呈：同治七年十一月二十九日据管理茂兴等站站官乌密业苏呈称：本年十一月二十三日，有夷人一名，随带民夫二名，坐车一辆，到所属察哈和硕台站住店，当即详询。据云，系法国教士施公，向在吉林所属长春厅界内设立天主堂，今因事前往呼兰、巴彦苏苏。等语。当向索验执照，该夷人延于次朝起行去讫。等情呈报前来。本衙门查议定条约，各国人等如往内地游行，应有执照，当经飞饬呼兰城守尉、理事同知等，俟该教士到境查验执照，讯明来意，妥为照料护送，迅即呈报去后。续据呼兰理事同知文瑞详称：十一月二十九日午后，有上年执票来境传教之法国教士施若亚敬由江北路过前赴阿勒楚喀，行走甚速，其有无执照不得盘问。等情。据此，本衙门复查法国教士施若亚敬此次前来本省游行并不告名目，亦不言有无执照，而自言因事前往呼兰、巴彦苏苏，及到巴彦苏苏境内，又未停留，迅行出境而去。是与和约未符，应即呈请咨呈总理各国事务衙门可否照会法国公使，使其所属人等嗣后如有游行别境者，仍照条约，须凭核实，俾地方官员得以随时照料，永敦和好。等情。相应备文咨呈总理各国事务衙门鉴核。等因在案。

——本衙门于同治八年正月二十八日请示呈报，同治八年正月初四日，据呼伦贝尔总管明通呈报，右司案呈，同治七年十二月初八日，据阿普该图坐卡之骁骑校尚那报称，据伊对过卡伦俄人巴什赍前来告称，察罕傲拉卡伦齐里地方被人谋害喀木呢罕得勒格尔之事，报与你们上司衙门会同办理。等情。当经出派副管德平、佐领巴勒丹多尔济等前往商办去后。

兹据副管德平等旋回呈称：伊等奉派于本年十二月十五日行抵阿普该图卡伦，即于次日会见管理俄罗斯阿普该图等四卡之吗雨尔巴壁、勒索玻罗诺普，随向其斟问喀木呢罕得勒格尔之事如何办理。据吗雨尔声称，经我们沙贪大吗雨尔处扎交喀木呢罕得勒格尔虽属被人谋害，惟其身死交界之处并无人居，而且我们国所定例载凡谋杀人之凶犯于一年外不获者，免议。等语。今将此案咱们两国嗣后两边停止缉拿凶犯，不致反悔，会即办结。等语。德平等答称，此事若如此办理，嗣后咱们两边出派之官兵可停止缉拿，随即会合办结，互相易换字据，以凭稽查。等情。据此，将副官德平等所换字据一并呈报前来。

卷查此案，前经札饬该处派员会同夷官商办，未能了结，随将出派承缉六个月限满犯未缉获之该卡值班骁骑校金巴职名查明，于同治七年十月二十八日声明，呈报总理各国事务衙门，并分送理藩院、兵、刑部核议外，于本年十二月初三日承准总理各国事务衙门咨开，此案应如所拟暂缓催询，以免另生枝节，仍饬所属勒限缉凶，俟限满有无弋获再行核办，至承缉不力之武职应否查议，事隶兵部，应由该将军咨报兵部办理。等因在案。今据该总管详报，出派副管德平等会与管卡吗雨尔巴壁勒索玻罗诺普随将谋害得勒格尔身死之逃凶互为停止缉拿之处商办了结。至承缉之员可否停止缉拿，抑或仍照前拟勒限承缉之处，呈请指示遵办。等情。据此，相应将副管德平等所给吗雨尔蒙古字缮写清字一纸、吗雨尔所给蒙古夷字一纸一并附入封筒咨呈总理各国事务衙门，烦请查核，指示遵办。等因在案。

——本衙门于同治八年四月初四日咨呈：查去岁九月二十九日，据署布特哈总管富勒庆阿等报称：据管理鄂伦春佐领胜乡阿呈称：九月十九日在本属恰那莫尔迪音地方见有夷人九名乘马背枪行走，询据声称，系属俄人寻找丢失越界马匹，已由布特哈鄂伦春之手认得一匹，其余四十三匹恳为代找。等情呈报前来。

当由本衙门飞札该总管等派委署总管胡克精额代找，务获认领，以示和好。并询于何月日如何越界丢失，马匹若干，是否报明卡官交踪，有无执照，务须斟询明白，妥为办结。呈报。等因严饬去后。

嗣据该总管等派委署总管胡克精额、骁骑校寿明阿等驰抵恰那莫尔迪音地方，查询该处鄂伦春迪绷阿等，据供系于额尔固讷河以南于本属界内拾得无主之马四十四匹是实。并会见俄人，据称所失之马并未报卡交踪，乃系私行越境寻找，现有执照为据。等语。当即验看执照，一面饬传本属鄂伦春等将收获马四十四匹，全数令俄人照数认领，并派妥干官兵护送至本属珠尔特依卡伦相对地方，会见大玛雨尔斐业塔林旺，将越界俄人以及携带物件，并认领马四十四匹，如数详细妥交，已经接收。该玛雨尔礼貌尚属恭顺，言将牧马疏脱私行越界俄人照例惩办，并互换接收马匹字据，呈报前来。

本衙门除将收获俄人马匹未经报官鄂伦春人等照律拟办完结，并将俄人接收马匹互换字据存收本衙门以备查考，暨严饬该处各卡官兵不时巡查，密加防范，不得致令夷人再有私行越界牧放外，所有据报越界俄人认领丢失马匹派员送交边界玛雨尔接收办理情形，相应声明。咨呈总理各国事务衙门鉴核。等因在案。

呼兰理事同知文瑞为请示商农油榨纳税钱文数目事致黑龙江将军衙门的呈

同治九年正月初九日

呼兰理事同知文瑞为转请事。

案奉将军衙门节次札饬，即将厅属商、农人等自同治五年为始应纳油税迅速查征呈报，立待转咨。等因在案。屡经提集斟询开导，据该商、农人等声称，此处荒芜初辟，人民稀少，伊等自创立油榨以来，年景丰歉不一，其广收之年油粮尚堪买用，而榨油工人均系四乡农民，除冬令之外实难觅雇，是以工作之日无多，至歉收之年油粮所出无多，且往外城拉运，更难采买，致铺户开榨每年不过三个月，每日出油不过七十斤，各屯佃民系己粮己用，开榨不过铺户之半。今铺户情愿无论丰歉，每年每榨按三个月开榨，每日出油七十斤，以价钱每百斤三吊，按三分核计税钱五吊六百七十文，屯户以一个月半核该〔计〕，每年每榨纳税钱二吊八百三十六文，只求转请等语。

卑职覆核，似属可信，案关奉部饬知，未敢擅便，唯有据情请示，如蒙俯顺舆情，卑职即按户查明，核实征收册报。理合据情呈请将军衙门核示遵行。须至呈者。

署理黑龙江将军德英为报副都统全英因病出缺事致都京兵部、吉林将军衙门的咨

同治九年正月

署理镇守黑龙江等处地方将军印务吉林副都统德英为咨报事。

兵司案呈：本衙门于同治八年十二月初四日恭折具奏，为副都统全英因病出缺，恭折具奏，仰祈圣鉴事。窃查齐齐哈尔副都统全英于本年入秋以来，偶患旧日军营染受湿热，致受喘嗽之症，当即延医调治，虽未就痊，尚能力疾办公，嗣于十月间屡经反复，痰气上壅，精神委顿，致将前在军营积劳旧症复发，昼夜咳血，病势难支，当经该副都统陈情仰恳赏假两个月，在任调理。等因。于十一月初七日奏请在案。奴才时往安慰，嘱其静心调养，以冀就痊。该副都统全英公事谙练，庶可得以借助，和衷商办一切，不意医治罔效，讵于十二月初二日午刻因病出缺。奴才随即往看，实属清苦异常，长子年甫四岁，次子年及二岁，与其妻属及家丁二名零丁孤苦，实堪怜悯。奴才当将身后事宜率属协同伊亲四品官倭克吉布妥为料理，暨酌派伊亲四品官倭克吉布妥为照料，酌派兵丁将其灵柩、眷属小心护送吉林原籍。惟念边疆重地，员缺紧要，吁恳天恩迅赐简放，俾资和衷商办，勿误地方为要。为此恭折具奏，伏乞两宫皇太后、皇上圣鉴。谨奏。于同治九年正月十二日接到回折，军机大臣奉旨：另有旨。钦此。钦遵。相应呈请咨报大部备核外，并咨行吉林将军衙门知照可也。须至咨者。

右咨都京兵部、吉林将军衙门。

署理黑龙江将军德英为安设巴彦苏苏旗营事致都京礼部、吏部等的咨

同治九年正月

署理镇守黑龙江等处地方将军印务吉林副都统德英为咨报事。印务处，户、兵、刑、工司案呈：本衙门于同治八年十二月初八日恭折具奏，为遵咨筹议安设巴彦苏苏旗营，俾资责守，以重巡防，谨拟大略章程，恭折陈奏，仰祈圣鉴事。

窃奴才德英前因呼兰所属巴彦苏苏地方，奈因地方辽阔，尤虑稽查难周，当经率属通盘筹计，拟请酌拨营制，用资捍卫，藉以严慎边防。等情，陈奏奉旨：该部议奏，钦此。旋准兵部咨开：遵旨会议奴才德英奏所属巴彦苏苏地方招民开垦，事务纷繁，拟于该处拨设马兵二百名，以成营制，冬春常川操练，由公筹给官兵津贴，夏秋轮换巡防，藉资农作。等情。准将呼兰半饷副甲二百名改为马甲一百名，准由齐齐哈尔、墨尔根、巴尔虎索伦佐领内暂撤甲缺一百分，改拨巴彦苏苏，以足兵数，饷不加增。其移拨佐领、骁骑校各一员，防御四员，额外添设骁骑校三员，笔帖式二员，领催十六名，由领催、甲兵内添挑七品顶戴委官四员，委笔帖式二员。既称地方辽阔，防守、巡缉之责亦属势不可减，均如所奏办理。其移添佐领加协领衔，防御加佐领衔，即责令各该员兼办该处协领、佐领事务，仍食原俸。其余颁给图记、安设营制一切未尽事宜，应俟移添各官奉旨允准后，由部行文该署将军再行筹议，分别奏咨办理。等因具奏奉旨：依议。钦此。钦遵咨照前来。当经奴才德英商明奴才全英携印巡阅呼兰之便，就近前往该处亲加察勘安营地址，以备修建官房。现在奴才率属悉心详核应办事宜，敬拟六条，恭呈御览。唯此折委因奴才德英自夏徂秋巡阅各城，暨冬又值举行围猎，是以稍迟。其有未尽事宜，仍请随时奏咨核办。合并陈明。是否有当，伏乞两宫皇太后、皇上圣鉴，饬部核议施行。谨奏。于同治九年正月十六日接到回折，军机大臣奉旨：该部议奏，单并发。钦此。钦遵。相应呈请咨报大部备核施行。须至咨者。

右咨都京礼、吏、户、兵、刑、工部。

粘单一纸。

——查现设营制，宜先修盖衙署、兵房，俾官员得有办公之所，甲兵得有栖身之地。营制可期速成，地方藉资镇摄。奴才德英前赴该处详加履勘，查得巴彦苏苏距同知厅属附近有平坦地面一处，系属通衢要路，拟建旗营衙署五间，大门三间，档房、军器库各三间，火药库一间，以资委协领等办公之区。并委协领、委佐领、骁骑校住房各三间，各所大门一间，其衙署四围修盖兵房二十间，接修墙院，以便委官、领催、甲兵人等居住。教场厅房三间，堆拨二间，均于附近安设，概以草苫土砌，以期节省。由奴才衙门派员撙节估计报部核覆，赶紧修建。所需钱项，请在于官荒征收地租项下动用，工竣核实报销。

——查现设旗营，改拨墨尔根索伦佐领、骁骑校各一员，原系索伦达呼尔额缺，其防御四员，原系满洲额缺，均由各该本部落佐领、防御、骁骑校内调转移拨新营。续有缺出，仍由各该部落应升人员内拣放，以符定制。惟该委协领、委佐领等系属加衔移拨添委之员，均请免送引见，随案咨部核办。惟此外议添骁骑校三员，拟由呼兰笔帖式、领催内考验拨补，先换顶戴，即办骁骑校事务，照品食棒〔俸〕，俟于营务粗定再行轮换，送部带领引见，庶于新设营务差委不致乏员。惟此项新添骁骑校三员，续有缺出，拟由移设巴彦苏苏新营笔帖式、领催内不论旗翼拣补，以期人地相宜，而裕升途。安设新营即属有缺选补，其别城骁骑校缺出，毋庸该营笔帖式、领催等挑验。其该营笔帖式，仍准挑验仓、屯、学、站等官。惟该营骁骑校，准其各归各部落应升之缺选用，以昭平允。所有议添笔帖式二员，先由呼兰委笔帖式内送省拣放，嗣后缺出，由该委协领以该营委笔帖式内送省拣放。所添领催十六名，现由呼兰城守尉会同新任委协领在该处新拨马甲内认真挑选。所添委笔帖式二员、七品顶戴委官四员，俟于委协领到营，由领催、甲兵内选用。惟现撤墨尔根索伦及齐齐哈尔巴尔虎甲缺，若俟出缺扣齐，再行移送，未免久延，拟将齐齐哈尔，墨尔根两城现出甲缺无论何旗先行借扣，凑足应撤之数，移拨新营，可期无误。其撤拨甲兵及副甲所改正兵甲缺二百分，亦令该委协领会同该城守尉先尽该处副甲内照数拣选。如不得人，即在该处西丹内挑补移拨，以济巡防之用。如此量为变通，则副甲缺额即可随时裁汰，而本城应撤各佐领下遇有缺出，亦可陆续归还借扣之数。嗣后凡有领催、委笔帖式、委官缺出，即责令该委协〔领〕秉公拣放，遇有甲兵缺出，即令该委协领会同城守尉认真挑补，如此酌定章程，庶几日后得以遵循。

——查本省各城存储军械，因节年出征内省官兵带赴军营，现无存项。今既添设官兵,均所必需,甲缺既由齐齐哈尔、墨尔根、呼兰三处改拨,军械等件亦拟由该三城捐造备防军械内酌量分拨应用,毋须筹款另制。仍由省城拨给炮位抬枪,所需铅药火绳等项,按年由省酌定数目,先由备存项内拨给,报部请领,归补原款。至本省甲兵全系马队,以马为先,今该处初设营制,适值巡防吃紧之期,亟需马力,以需急为筹划。所有官员,均令自备,无须另筹。其移拨甲兵,拟请援照道光十六年前任将军哈丰阿奏案,每兵借给马银八两,拟由呼兰厅署所设烧锅课程项下动支银一千六百两,责令官为置买,分给乘骑。此项借银在于该兵丁每年应领饷内分作四年八季扣还,轮换出借,以重操防。

——查巴彦苏苏安营设兵,其要在于巡缉防守,尤在该管官督饬勤加操练,方能得力。该处招集民户既多,每值江冰封冻,时有盗匪潜越滋事。若悉照本省各城春操秋猎章程一体训练,势难相宜,应于秋末、冬初九月底起,至春融开化二月底止,该营官兵齐聚操练五个月,并与呼兰官兵会哨查卡,严加巡防,以期联络声势,保守疆圉。惟此项官兵均系离乡驻守,奔驰当差,兼之冬春常川操练,难顾生计,殊与存城兵丁有间,应请按照部议,每届冬春常川操练之时,仿照近年呼兰出派巡防官兵奏明章程,按日应领工食钱文内撙节核计,减半发给,以资津贴。即由地租项下动支,报部核销。其夏秋之际,均令自备,至应如何酌派官兵轮换巡防、稽查匪类,应令该委协领等详加酌拟,因时制宜,妥议章程,禀请核饬遵办,以期无虞,而收实效。此项津贴总俟大兵一律凯撤,再行随时酌核减撤咨报。

——查巴彦苏苏开垦以来,界内商贾、人民一应争讼暨命盗相验、承审案件,均系理事同知专管,新设营员毋庸干预。如有兵、民交涉之事,会同该同知秉公讯问办理,并营员拿获盗匪,应〔由〕该营讯明,呈报将军衙门办理。其弹压地方、缉捕奸匪、巡察保甲、防守隘口,系该营员专责,其严查禁山暨沿边各卡,应令该营员等会同呼兰官弁认真巡查。所设营兵分为左、右两翼,编立厢黄、正黄两旗,每旗分设两佐,统交委协领总辖。凡有随时应办事件,均令呈报将军衙门,以期无误。至该营衙署办公应需心红、纸张、蜡烛、柴薪等项,仍请照呼兰城守尉署章程一律发给,由该处牛马税课项下动支,报部核销。以昭核实。

——查巴彦苏苏旗营安设,委协领系专有训练营伍、严缉盗贼之责,必须勤干,方克胜任。倘能巡防勤奋,为守兼优,自应核实以其到营予限三年,如果缉捕、训练无误地方,由奴才出具考语,送部带领引见请旨,以应升之缺记名，遇缺补用。所有该管官兵应领俸饷，饬由该处地租项下照章支领，造具细数清册，每年汇于征收地租案内报部核销。查墨尔根索伦佐领、骁骑校各一缺，披甲五十二分，均经移拨巴彦苏苏，其该佐领下原设领催、前锋、匠役、养育兵以及闲幼人等，均令分拨该处本翼索伦、达虎尔佐领下当差挑甲，勿致暴弃。仍将原领图记封固存库，将来人丁繁盛，再行照数奏添。其现拨旗营拟加协领衔之佐领暨拟加佐领衔之防御等，均应循例分别请给图记五颗，应由奴才咨行礼部，照依现定官衔，即为铸造颁发，俾得承领开用。其衙署、住房修建妥备之际，图纪未到之先，预由省城刊给木质钤记，以昭信守。

总办开垦行局事务委员佛尔果春为报巴彦苏苏等段烧锅开火日期事致黑龙江将军衙门的呈
附：清单

同治九年二月二十七日

奉委总办开垦行局事务委员花翎佐领佛尔果春为查明呈报事。

窃职于同治八年十二月二十五日承准将军衙门札文内开：户司案呈，查呼兰同知、城守尉先后呈报，开设烧锅铺户以外，难免不无隐火偷烧之弊，其开设烧锅之家相距数十里或一二百里不等，而该城守尉、同知等亦难周知底确。今札该委员佛尔果春等严密转饬催租委员雅尔吉纳等两起，即著该员等催租之便前往各该界段内密加详查，即将各开烧锅日期、字号、地段名目等情开列清单，并饬查询广泉兴字号，该铺是否一家，或另有在大木兰达开设广泉发字号，著该员等加意密查，该铺如果实有两处开设烧锅字号之处，即饬该员等一面将该私开烧锅之广泉发执事商民拿获，送交呼兰城守尉衙门，派员迅速解省，以凭究办，而杜私冒之弊，不得含混泄露，致干咎处，是为至要。等因。遵奉堂谕，严密札饬该委员佛尔果春等遵照可也。须至札者。等因札饬前来。当将在于大木兰达段落开设广泉发烧锅执事商民耿玉山拿获，解省在案。兹据催租委员云骑尉德勒格尔札普等先后报称，伊等遵照前札，于催租之便随将巴彦苏苏等段开设烧锅商民姓字、地段、地号及见酒、止火日期暨尚未开火者，逐一查明，按段分析开单移报，希请转呈前来。相应将该委员等所查各节抄粘文尾，理合呈报将军衙门鉴核施行。须至呈者。

右呈将军衙门。

附：清单

粘单计开：

——巴彦苏苏中兴镇

开设万增泰字号烧锅，商民李君衡，系于同治五年正月十一日开火见酒。

万顺庆字号烧锅，商民杨芳春，系于同治五年正月十九日开火见酒。续盖造酒房屋一所，尚未开火。

和成义字号烧锅，商民郭永发，系于同治五年八月二十一日开火见酒。续盖造酒房屋一所，尚未开火。

万和源字号烧锅，商民王潮涌，系于同治七年五月初二日开火见酒。

——巴彦苏苏段

开设聚发泉字号烧锅，商民杨芳，系于同治四年十月十三白开火见酒。

福顺泉子号烧锅，商民孟广德，系于同治六年四月二十五日开火见酒。

增盛玉字号烧锅，商民揣凤山，系于同治七年十月十二日开火见酒。

宝盛泉字号烧锅，商民吕永贞，系于同治八年十二月初九日开火见酒。

万泉永字号烧锅，商民张九德，系于同治八年十二月初十日开火见酒。

宝兴隆字号，商民姜圣义，修盖烧锅一处，尚未开火。

——大木兰达段

开设广泉发字号烧锅，商民耿玉山，系于同治八年八月十四日开火见酒。

万兴涌字号小薰一个，商民刘起源，系于同治八年十二月初九日开火见酒。

福兴泉字号，商民魏士荣，修盖烧锅一处，尚未开火。

——阿力罕段

开设源长永字号烧锅，商民王元诚，系于同治三年十一月十九日开火见酒。

全盛隆字号烧锅，商民苏育成，系于同治八年五月初一日开火见酒。

——大荒沟段

开设聚隆恒子号烧锅，商民马万福，系于同治四年九月初一日开火见酒。

永盛泉字号烧锅，商民孔传珍，系于同治五年八月十七日开火见酒。

海源盛字号烧锅，商民姚起，系于同治六年十月初一日开火见酒。

顺发德字号烧锅，商民范清海，系于同治八年二月十一日开火见酒。

——拉三泰段

开设德源昶字号烧锅，商民周成，系于同治四年九月内开火见酒。

万发源字号烧锅，商民吴进明，系于同治四年十月内开火见酒。

合盛泉字号烧锅，商民王永庆，系于同治八年四月初一日开火见酒。于是年十二月二十八日止火。

万发和字号小薰一个，商民闫永和，系于同治八年十二月初一日开火见酒。

恒聚广字号烧锅，商民王荣，系于同治八年十二月初三日开火见酒。

——腰团林子段

开设恒发涌字号烧锅，商民郭惠，系于同治六年六月十三日开火见酒。

——北团林子段

开设德源兴字号烧锅，商民严日厉，系于同治四年六月初一日开火见酒。

福全涌字号烧锅，商民崔振声，系于同治六年七月十三日开火见酒。

——津河段

开设万源广字号烧锅，商〔民〕陈广业，系于同治四年九月十六日开火见酒。

东升恒字号烧锅，商民张日升，系于同治七年七月初一日开火见酒。

兴源德字号烧锅，商民薛振和，系于同治七年十月初三日开火见酒。

德隆涌字号烧锅，商民车世悦，系于同治八年二月初一日开火见酒。于是年五月初五日止火。

福合隆字号烧锅，商民甘世恩，系于同治八年十一月初三日开火见酒。

——弩敏段

开设广泉兴字号烧锅，商民张树屏，系于同治六年九月初九日开火见酒。

万发德字号烧锅，商民孙殿鳌，系于同治八年十二月初一日开火见酒。

德英为呼伦贝尔副都统衔总管布尔和德赴任事致都京兵部等的咨、札

同治九年二月

再，奴才查新授呼伦贝尔副都统衔总管布尔和德，前蒙恩命简放呼伦贝尔副都统衔总管，当即跪聆圣训出都。于去岁十一月间行至齐齐哈尔省城，正值隆冬严寒，触犯旧疾复发，手足疼痛，动履维艰，恳请在省觅医调治。自十二月初一日起恳请赏假两个月，俾资调理。嗣于本年正月三十日接奉回折，奉旨：知道了。钦此。钦遵在案。兹据布尔和德呈称：现在假期已满，病疾痊愈，拟于二月初八日由齐齐哈尔省城起程，前往呼伦贝尔新任供职。等因前来。

奴才查呼伦贝尔与俄国接壤，卡伦边界地方，最关紧要，即饬该总管布尔和德加意管束游牧人等，据实稽查坐卡官兵，严密防范，不准稍有疏懈。随催令起程赴任去讫。理合据情附片奏闻。谨奏。等因具奏之处，相应呈请咨报大部备核外，并札饬新授呼伦贝尔副都统衔总管布尔和德遵照可也。须至咨者。

右咨都京兵部。

并札新授呼伦贝尔副都统衔总管布。

署理黑龙江将军德英为报各站、台额设牛马并无缺短废乏事致都京兵部的咨

同治九年二月

署理镇守黑龙江等处地方将军印务吉林副都统德英为咨报事。

兵司案呈：本衙门于同治八年十一月二十八日恭折具奏，为查验驿站额设牛马足额，并无缺乏，循例年终汇案恭折具奏，仰祈圣鉴事。窃照同治元年，准兵部咨奉上谕内开：兵部奏请整顿马政，以利军需，并酌拟章程。等语。京外各直省驿站额设马匹支应差操及接递公文，均关紧要，并着各该管大臣确切查核，年终具奏。如查有缺额及疲乏等弊，即着从严参办。等因。钦此。钦遵在案。

奴才伏查黑龙江通省〔四〕十四站、台额设牛马，每届春秋二季派员详终报部。兹复遵旨遴派妥员，分路前往呼伦贝尔、茂兴、墨尔根等四十四站台确切查验，各站台额设牛马并无缺短疲乏。等因结报前来。奴才复核属实，兹届年终，理合恭折具奏，伏乞两宫皇太后，皇上圣鉴。谨奏。于同治九年二月初四日接到回折，军机大臣奉旨：兵部知道。钦此。钦遵。相应呈请咨报大部备核实行。须至咨者。

右咨都京兵部。

德英为奏请齐齐哈尔等城添设笔帖式事致都京吏部、兵部的咨

同治九年三月初二日

奴才德英跪奏，为现因边防事务增繁，清查案件乏员，请添笔帖式以专责成，恭折具奏，吁恳天恩俯准，以昭慎重，仰祈圣鉴事。

窃维案牍为要首在清查，欲清案牍，尤在广员专司查办。伏查奴才衙门原设五司总理通省事宜，各有专办奏题折本、粮饷军需、命盗工程等项事件，兼挑协、佐等官在司行走暨遴干练协领责成总理司务，该员等于不辞劳瘁竭力操办，尚不乏人。惟清查案牍，经理文件均系笔帖式专责，印房原设无品级笔帖式二员，户、兵、刑、工四司各设无品级笔帖式仅一员，缘因初设之时事务简少，近逾二百余年，烟户日增，生齿日繁，兼之军务未靖，调遣频仍，并与俄夷接壤毗连，继于呼兰、巴彦苏苏等处招佃开恳〔垦〕，不但征收租赋等事，又加词讼命盗工程各件，案牍较前倍增，各司若不预为筹添笔帖式经理，诚恐后来难免积压贻误之虞，倘有舛错，所关綦重。奴才身膺重寄，曷敢缄默不陈，致负生成，亟应因时制宜，筹酌调剂办理，以期仰答高厚鸿慈于万一耳。奴才正在率属筹商之际，适据黑龙江城副都统爱绅泰、署墨尔根城副都统莫尔赓额等陆续报称，该处原系各立五司，仅户、兵、刑、工各司每司各设无品级笔帖式仅一员，黑龙江城设有委笔帖式九员，墨尔根城设有委笔帖式八员，现因事务增繁，经理乏员，请添无品级笔帖式、委笔帖式，以资查办文案。等因咨请前来。奴才率属详查具报情形均属确实，颇知慎重公事。再查呼兰现在招佃开垦，旗、民杂处，事务给〔纷〕繁，该处两司原设无品级笔帖式仅二员，现在经理案件更属乏员，亦应增添，合无仰恳天恩俯准，齐齐哈尔省城添设无品级笔帖式五员，黑龙江添设无品级笔帖式二员，墨尔根、呼兰各添设无品级笔帖式一员，均由食饷委笔帖式虚衔顶戴内拣选，不开底缺，亦不额外加添饷项，以期撙节。黑龙江、墨尔根各添设七品虚衔顶戴委笔帖式四员，按照归〔规〕章均由兵丁帖写内拣放。如此量为酌添笔

帖式，案牍俾免积压贻误，实于各署各司办理公事大有裨益。

奴才允为边疆厄要，事务增繁，清查案牍在在需员，一举千秋起见，是否有当，理合恭折具奏，伏乞皇太后、皇上圣鉴，训示遵行。谨奏请旨。

等因具奏之处，相应呈请咨报吏、兵部备核施行。须至咨者。

右咨都京吏、兵部。

黑龙江将军衙门为报各城官学义学情形事致都京礼部的咨
附：清册

同治九年四月初七日

　　镇守黑龙江等处地方将军衙门为声明咨报事。

　　户司案呈：于同治八年十月十五日准礼部咨开，仪制司案呈，本部现在重修学政全书，内有官学、义学事宜，历年久远，多经更定，相应行文黑龙江将军，务于文到日，即查明所属设立官学、义学几处，是何年奏准设立，共学舍几所，管学官员几人，由何官派充，每学教习额缺若干，其额缺之内教满洲翻译者几人，教蒙古翻译者几人，教汉文者几人，教清语者几人，教蒙古语者几人，教弓箭骑射者几人，将何项出身之人选充，由何衙门送补，每年应给银米、衣服等项若干，几年期满，如何分别等第，有无引见录用，其学生额缺若干，由何项子弟挑补，年岁若干准挑，每年给公费膏火、纸笔等项若干，习清文者几人，习蒙古文者几人，习汉文者几人，每月清、汉、蒙文、骑射各课程若何，有无定年考试甄别奖赏，肄业几年出学，如何分别有成无成，期满后有无分别录用之处，逐款详查，抄录现行事例及历年以来初定、改定设立、裁汰各原案，声明何年月日奏准、咨准，每学各按年月前后次序造一清册，迅速送部，以凭纂载。事关奉旨修辑书籍，幸勿迟延可也。等因前来。

　　查本衙门所属齐齐哈尔、黑龙江、墨尔根等三处于康熙年间各设官学一所，专交〔教〕满文，其房所均系兵力建修，如有年久糟朽，仍行咨报工部补修开销在案。其管教之人由八旗骁骑校、领催、甲兵内挑选，以资教管。至乾隆九年间经御史唐珠条奏，各设学官一员，各该处皆由无品级笔帖式内选用。再查呼兰于道光十四年间经本衙门奏请设立学官一员，其官学一所乃自行修理，向未开销。至各处学官每年所需心红、柴薪及齐齐哈尔城学生笔墨等项之费，向由税销案内题报。其应给银米、衣服及习蒙、汉文者几人，本处向无设立，亦无改定设立、裁汰各案。唯呼伦贝尔，布特哈二处乃游牧地方，向无设有官学。再查齐齐哈尔城习汉文、汉字，自设义学一处，教习八旗贫穷子弟，仅有学生纸笔费银，并无别项公费。

　　今将额设官学教习及义学各项缘由，遵咨逐层分晰造具细册，声明咨报大部查核施行。

右册咨都京礼部。

附：清册

镇守黑龙江等处地方将军衙门为造册咨送事。

今将齐齐哈尔、黑龙江、墨尔根、呼兰等四城所设官学系何年设立，房间几所，学官、教习并教骑射者各几人，由何项人等派充，期满后如何分别等第，其所教学生额缺若干，每年公费若干，有无定年考试甄别之处，按城按项开列于后。

——查齐齐哈尔、黑龙江、墨尔根等三城设立官学，原于康熙年间官兵自力建修，齐齐哈尔城官学一所五间，黑龙江、墨尔根官学一所三间，管教之人原系由八旗骁射校、领催、甲兵内挑择一名，以资教管。迨至乾隆九年十二月初四日准礼部咨开，经御史唐珠条奏，齐齐哈尔、黑龙江、墨尔根等三城各设学官一员，其缺系由各该城无品级笔帖式内挑选教管，仍食原饷，并每年应给齐齐哈尔官学柴薪银十三两六钱七分五厘，黑龙江官学柴薪银十二两，墨尔根官学柴薪银八两六钱，均由税销案内题报户部在案。

——学官计连闰月三年期满，考核管教严勤者，拟为头等，出具考语，具题报部，俟议覆到日，咨送兵部，带领引见，以骁骑校补用。如拟为二等者，仍令复教三年，以观后效，期满再行出具奋勉情形题报。

——教骑射之缺并无设额，现在每学由八旗兵丁内拣其马步娴熟者，挑选一二名至二三名不等，助教骑射，仍食原饷。

——齐齐哈尔官学生额缺四十名，黑龙江官学生二十六名，墨尔根官学生十七名，均系幼童，年岁不一，在学仅学清字、清文、骑射。并无设有蒙古翻译教习。

——齐齐哈尔城学生课程系由该学官按月递署。黑龙江、墨尔根二城学生设课程两季报省复查，各该处学生如学业有成者，仅〔尽〕先择挑五司充当帖〔贴〕写及八旗外郎差徭，并无定年考试甄别录用章程。

——齐齐哈尔城学生每年应给纸笔银二十五两，由税销案内题报户部在案。其黑龙江、墨尔根二城学生所需纸笔，均各行置备，向无公费膏火。

——齐齐哈尔、黑龙江、墨尔根三城官学房间及墙垣等工，如有年久糟朽，仍行咨报工部开销补修。等因。历办在案。

——齐齐哈尔城自设教习汉文义学一处，其教习由八旗领催、前锋、披甲内择其稍通文艺者，挑选二三名不等，教管八旗贫穷子弟，每年给学生纸笔费银二十五两，由税销案内题报户部在案。义学房间原系自修，向不报销修补。

——查呼兰官学原系八旗自行修建，其教习系由委笔帖式内差派，管教八旗子弟习学清文，因无专责，是以于道光十四年经本衙门奏请设立教习一缺，由无品级笔帖式内拣用，三年期满，考核管教严勤者，拟为头等，具题报部，俟议复到日，咨送兵部带领引见，以骁骑校补用。如拟为二等者，仍令教管三年，以观后效，期满再行出具奋勉情形题报。

——该处学生课程作为两季报省查核。

——该处官学生额缺十六名，均系幼童，年岁不一，仅习清字、清文，并无设有义学，亦无设有蒙古翻译、弓箭骑射教习。

——呼兰自力修建官学一所，向不报部开销，亦无柴薪公费。

为此，将本省各城原建官学各情造具细册，咨送大部查核施行。

德英奏为官兵缺饷旗丁被灾请饬部催解欠饷的奏折
同治九年四月十三日

奴才德英跪奏，为沥陈官兵缺乏俸饷，旗丁被灾艰窘，国帑支绌，赈恤殊难，仰恳天恩，饬部速为催解欠饷，以苏危困而救时艰，恭折奏陈，仰祈圣鉴事。

窃查黑龙江省地处极边，与俄夷接壤，各城官兵操练巡防最为紧要，全赖支领俸饷当差度日。溯自军兴以来，部拨饷银屡经欠解者现计积至一百六十余万两之多，虽偶有各省解到盛京者，仅止数万余两，经奴才派员领到，随时陈新酌量补放，官兵所得无几，拮据依然。刻下各旗官兵穷苦日甚一日，又兼上年秋收被灾，乏食旗户待哺嗷嗷，经奴才奏请，蒙恩赏借银粮，赈恤糊口，暂时尚不致流离失所，但自去岁雨水连绵，江河泛涨，继复雪深数尺，时届春已尽，正当东〔耕〕作之际，所有各屯低洼田地均被浸淹，不能耕种，又于二三月间雨雪交加，忽起瘟疫之灾，旗丁畜牛马羊只倒毙伤损者不可胜数，是于耕作更形窒碍。奴才伏思黑龙江省本属极边穷苦之区，八旗官兵均靠俸饷当差养家，其余闲散旗丁稍资耕种、养牲、佣工糊口，现在低洼田地既被水浸，而耕牛又复多受疫灾倒毙，欲计生活尤属无计谋为，万分困苦，隐忍难安。奴才身膺重寄，署任边疆，焦切弥深，寝食俱废，正在跨踌忧虑间，叠据协领、总管、屯、站等官呈称，详查齐齐哈尔城属八旗、营、站、官庄各屯现在低洼田地均被水浸，今春又值雨雪疫灾，马牛倒毙伤损无数，农户无力耕作，困苦危急，兼之官兵缺乏俸饷，拮居〔据〕窘迫，无法又〔支〕持，呈请接济。等因前来。奴才覆核该员等所呈情形与奴才采访均属无异，若不统顾大局悉心筹度，设有疏虞，所关匪细，奴才稔知库款支绌，曷敢额外请项接济，以渎宸听，惟目击时艰，跨踌无措，再四思维，请将欠解本省俸饷银两内先行解拨四五十万两，赶紧运领，补放官兵，以资糊口，藉可辗转挪借，通融周济被灾农户添置牛只耕作，庶于边地旗仆不致废时失业。奴才委因大局攸关，时势所迫，不得不据实沥陈，叩恳天恩饬部行催各省，迅将积欠本省俸饷一百六十余万两之多赶紧酌筹，先行解送四五十万两，以济急需，并将下欠之数陆续解送，勿任藉词推延，亦不准沿途各省截留借拨。如此通融筹办，官兵即可得以稍苏困苦，而被灾农户亦可藉以资转周恤，俾免旗丁饥荒失所。

奴才实因边方〔防〕紧要，深虑旗仆流离起见，不揣冒昧，谨恭折具奏，伏乞皇太后、皇上圣鉴训示，不胜悚惶延望待命之至。谨奏请旨。

黑龙江城副都统爱绅泰为请筹拨欠饷分借兵丁置买马牛事致黑龙江将军衙门的咨

同治九年五月初一日

　　黑龙江城副都统爱绅泰为咨请筹拨欠饷,分借无力兵丁置买马牛,裨练技艺以重边防,益增牛具而裕食粮事。

　　户、兵司案呈：查本城系山厂地处,本不产蓄牛马,所属兵丁自军兴以来历调出征,将本处所有堪乘马匹俱以骑往军营,兼之俸饷不济,每年应行扣还牛马银两不能按季如数归款,虽遇有扣归者,而因季数不能相合,即随时筹转分借新放未得饷之兵丁,藉充差摇,故比年以来,并未能照章出放牛马银与兵丁置买牛马。查本处额设兵一千五百三名,除出征兵六百四十一名外,现存营兵八百六十二名内,有马者不足二百之数,故每年逢操演,苦无马匹者居多,不能演练马箭,即挑补兵缺,亦仅视其年力堪充,能以步射而拣,奈因无从筹展,迄今已有六年并未操练马箭,旗兵日渐生疏,请筹置给马匹,以资练习。并查本处每年查边坐卡、巡江查河、防夷会哨、捕打诸贡、砍伐箭杆桃皮及修补各工、造船运粮等二十余路差使,计用兵三百余名,兼近省差役及病、孝者百有余名外,仅剩兵三百余名,于一切衙署仓库诸门各讯、看守犯人、递送公文等项班次,俱于向章搏抽人数,尚无轮换,自夏徂秋及至霜降,各路差旋,始有更替,恐此间倘有调遣,即致班次乏人,请暂停调遣,庶免有班无人。再查本城粮行向来平和,谷价总不过京钱两吊上下,自俄人占踞江左,兵丁、西丹历派出征,存城兵少,自夏及秋班无更替,无暇自顾；雇觅无民,农工乏人以来,粮米渐贵,讵客岁秋雨连绵,接连大雪,及至今春雨雪交加,粮价增长已至六吊余数,草料随昂,所有牲畜无处牧放,瘠瘦倒毙不少,废犁停耕者居多,请筹添牛具以济农业。等因。八旗协、佐会同恳请筹转前来。详核本副都统于上年四月二十五日抵任之初,春操已毕,夏差即出,待至秋操,适仅剩兵三百余兵〔名〕,加阅马步尚属平平,竟俟各路差旋补操之间,不竟于九月十六、十七等大雪二尺许,随即差旋,并无立足演练之处,因即遵旨围猎,拣点有力之兵三百名内,竟有无马者大半,无奈勒令该旗佐逼租铺商之套车及磨房之拉磨马匹充差而出，维其兵丁强壮者虽有勇敢，而奈马不进之何。是以今春乘雪稍化，于二月二十五日聚齐官兵严加演练，其有军营补放不会矢箭及马步生疏不堪教习者，革退一百余名，传集西丹合并演练，于四月初四日起，副都统勤加演看，按名点练，勒令雇觅马匹，挨名缓看，连日操演，于十四日始一律看毕，其有差、病、孝者，越十日一补看，迄今所差无几。惟所有现存营兵八百余人内，有马步娴熟者不下二百名，步箭堪视、马箭可教者二百余名，其马箭极生、步箭生疏者四百余名，复察该兵等年力富强，皆堪教习，当即严饬各协、佐时加筹练，不得推托饷亏，致复废驰〔弛〕，有关边防。继于演练西丹内认真挑选马步能矢者挑补缺额。复加详核该司会同八旗协领等呈请筹拨欠饷、置买牛马、暂停调遣情形无异。

伏维副都统责任严疆，职守尤关，何敢避难就易，市好活名，有废操防，贻误农庄，缄默不言耶？谨率司属熟筹，咨请将军怜念边防操耕紧要，代转奏请，于本城欠领俸饷内筹拨一万两，以六千四百两作为八旗兵丁置买马银，以三千六百两作为农户力单之家接济牛银，仍照上年吉省办过之章，在于呼伦贝尔处以市价核实量买牛马，赶赴本城变通分放，裨无马兵丁得马操猎，而力单旗户得添牛条，益加犁具。如蒙准行，其所请拨欠领俸饷先为筹买牛马银一万两，仍循旧章作为四年八季分款代还，即随时补入本处缺支俸饷，作正开销。如此一转移间，一举两益，仰恳将军念切险边重要，兵丁苦甚，可否代为具情恳奏，由本城积欠俸饷银四十余万两内筹拨一万两，先其置买牛马，以资练习，而裨农耕。仍恳今夏秋遇有调遣，暂停本处兵丁出征，庶免要疆临差无人。等情。相应呈请备文咨请将军衙门鉴核，可否之处，希冀指示，俾得遵行可也。须至次〔咨〕者。

呼兰河城守尉阿克敦为请示五台站丁私招民户可否容留事致黑龙江将军衙门的呈

同治九年五月初二日

呼兰河副都统衔城守尉阿克敦为声明情形呈请示覆遵行事。

左司案呈：于二月十四遵奉将军衙门札开，户司案呈，适据城守尉阿克敦呈称，前奉札文派委额勒金布等前往私垦各界详查升科加开地亩，并站丁私垦佣工各户，于十月间始行查竣，比时已属隆冬，是以该副管乌林布未能往查，当已造册，于年前详报在案。现届春融，可否仍令该副管覆查。再查五台站丁私招民户，虽非呼兰所属，究与本处地面毗连，并转据该站领催呈称，缘该站私招之户均系伙种地亩，并未收取押租，可否准其驱逐。等因呈请指示前来。查现届春融，著令该副管乌林布等遵照节咨札文，前往各界复查，有无隐匿，据实呈报。至五台站丁私招民户伙种地亩一节，本系藉地按〔安〕台，据该领催既知该站地面狭窄，当初何以听其站丁等任意私招多户，现今查出始欲驱逐，其中难免希图取巧蒙混之弊，亟应严札该尉转饬副管乌林布往查各界之便，著将该站丁所招之民按户斟查，果系与该站丁等伙种地亩，并无交过押租等项钱文，即著令该民等迁移，倘该站丁等如有指地借使钱文，现在民户自力开成地亩、盖房穿井等项者，著将所借钱文并房井、牛犋等项着由该站丁名下如数追出归还，仍将该民等驱逐，不准容留，仍将该站丁等严加惩办，以示儆戒，而清站界，是为至要。等因。据此，相应严札该尉遵照可也。须至札者。等因。

奉此，当即转饬副管乌林布遵照查办去讫。旋据副管乌林布呈称，职奉札前往五台站，当将招民各站丁并民户等按名传集到案，逐一斟讯明确，即着该站丁等将指地借使押契及民户自力开垦牛犋、房井价值等项钱文迅速凑办，交还民户，其民户短欠站丁租粮者，亦著一并偿还站丁，仍饬该民等赶紧搬移，并将该站招民各丁等按名责治，以示儆戒外，惟据该站众丁等声称，此项钱文甚重，立时实系不能交还，恳祈缓限凑办，并民人张九龄等恳称，伊等已将旧邑房产出卖，今立即逐撵，实系无处投奔，恳祈缓限搬移。等因。据此，详查该站丁并民人等所恳情形似属实情，倘该站丁等钱项不能偿还，遽令迁徙，尤恐致屈平民。等情。除俟将站丁等钱项凑齐，着民人承领搬移后，再行另文呈报外，谨此先行呈报城守尉衙门鉴核施行。等因呈报前来。并据五台站民人张九龄、曹见步等呈称，站丁等欠伊钱项均未交还，今届小满之际，业将地亩耕种大半，恳祈暂为缓限。又据查哈霍朔站领催朴廷林呈称，站丁等恳称，一切站丁原因家计贫寒，故将靠红户界址以内夹荒租给民垦，今短欠民户钱项，兹值青黄不接之时，恳祈秋成再行偿还。等情。据此。详查该站丁并民人等所恳各节虽属实情，其中难免不无虚捏掩饰之弊，复将该站丁并民人等按名拘传到案，一一斟讯，均与所恳无异。再查该站既称此项民户均靠升科红户边界夹荒以内，如若容留，似无窒碍，且站丁又不能将钱项凑还，若逐今〔令〕该民迁徙，尤恐至屈平民，如何拟办之处，未敢擅专。谨将查办缘由呈请外，又据副管乌林布呈称，遵奉衙门札饬，著本副管往查各界之便，著将该五台站丁所招之民按户斟查。等情。职遵即先赴五台站斟查完竣，回旋呈递站丁民户所具情形，正拟前往各界复查之间，适有各界续招民户赴城呈递恳祈落户恳呈，因此本副管未便率行前赴界复查之处，谨此拟合声明，呈递城守尉衙门鉴核施行。须至呈者。等因。据此，谨将民人张九龄等恳呈一分、该站领催朴廷林等恳呈一分，一并附入封筒，相应备文，合并声明呈请详报将军衙门鉴核，指示遵行。须至呈者。

署理黑龙江将军德英为查报俄人在雅克萨对岸之夹心滩种地现尚无碍旗人生计事致总理各国事务衙门的咨呈

同治九年五月十二日

署理镇守黑龙江等处地方将军印务吉林副都统德英为飞速呈覆事。

兵、户司案呈：本年三月二十七日承准钦命总理各国事务衙门来咨内开，案查俄人在黑龙江雅克萨对岸夹心滩种地刈草一事，叠据俄国公使照会，以俄民种地有年，难以遽行撤退，经本衙门往覆辩论，以为窒碍难行。上年贵将军来文本拟将雅克萨对岸之夹心滩暂行借给，本衙门恐滋流弊，仅允准令俄人在夹心滩刈草，毋庸交价，仍不得种地。于八年五月二十九日咨行贵将军查照在案。嗣据该公使以刈草种地于华民实无亏损。等情照覆。本衙门于去年十一月二十一日给与照会，以退卸无期，仍应照案只准在夹心滩刈草，毋庸交价，其已种之地务须定限分段，年退卸，未种之地不得续种，各等因。照覆去后，兹于九年二月二十六日接据照覆内称，俄人在滩上居住不再开垦新地，已种之由〔田〕限十年后全行退卸，但不能分段为每年退卸议定数目。等因前来。本衙门查该使已自认不再开垦新地，是未种之地可不再种，其分段退卸一节虽未照办，所限十年后全行退卸，以开出新田为期，俟俄民预备地亩全行退卸，其中有无窒碍，即希贵将军详察具覆，以便核办，其未开之地如何稽查防范之处，亦应预行筹议。相应抄录往来照会二件，一并咨行贵将军查照迅覆可也。等因前来。当由本衙门咨令黑龙江城副都统，务期遵照来咨事理悉心详察，妥为筹议，一俟咨报到日，再行呈报。等情。于本年四月初一日呈覆鉴核在案。兹据黑龙江城副都统爱绅泰咨报，据协领穆特布等呈称，遵查雅克萨对岸夹心滩距爱城东北八百余里，地属黑龙江右首江滩，值江水消落适露出滩地，宽二十余里，长三十余里，若遇水涨，随势漫淹而小，倘逢江水涨溢，而滩即漫没，覆即撤出，经岁泥淖，不能耕垦，乃因该滩离城属远，旗人现在尚未居垦，及彼待至十年退卸之间，尚无窒碍旗人生计是实。惟本处旗人嗣后江左并无可占空旷之处，江右又无开垦之地，迨经十年后生齿日众，谅必展占该处，彼时若不退出，恐关旗属生计。等因。合并声明。至稽查该滩未开之地如何防范一节，拟令本处每年查边协、佐等官往返经过该处时，详加查勘俄人有无新开地亩，设有新开者，即会见该俄头目开导平毁，符其前言。其有无新开地亩，是否听从开导之处，每于查边差旋，随时呈报该副都统，复查咨报备核。等因前来。

本衙门详查所有据报俄人在夹心滩上已种之田限十年后退卸等情，现在尚无窒碍旗人生计，其新开之地每年责令该查边协、佐等官查勘。等因。相应飞速呈覆钦命总理各国事务衙门鉴核施行。须至咨呈者。

右咨呈钦命总理各国事务衙门。

总办开垦行局事务委员佛尔果春为报应征租钱事致黑龙江将军衙门的呈

同治九年五月十七日

奉委总办开垦行局事务委员花翎佐领佛尔果春为呈报事。

窃查同治八年分应征大小租钱八万三千零五十吊零四百七十八文，浮多熟地租钱一万八千二百一十二吊七百六十四文，分限二年带征租钱二万零一十八吊三百三十文，分限三年带征租钱一万二千一百二十九吊五百八十六文，余荒押租钱七百四十四吊四百零八文，共计应征钱十三万四千一百五十五吊五百六十六文。内同治〔知〕厅收钱十万零九千九百九十三吊零九十四文，呼兰城守尉衙门收钱一万二千九百四十九吊零三十文。自行赴省呈交钱一万一千一百六十四吊七百一十二文，共实收钱十三万四千一百零六吊八百三十六文。佃民于瀛州名下欠交钱四十八吊七百三十文。理合备文呈报将军衙门鉴核实行。须至呈者。

总办开垦行局事务委员佛尔果春为报同治八年弩敏等段佃民领荒毗连册事致黑龙江将军衙门的呈

同治九年五月二十日

奉委总办开垦行局事务委员花翎佐领佛尔果春为造册呈送事。

谨将同治八年出放弩敏、尼尔吉二段佃民二十户，承领余荒五百零六垧四亩，内扣除三成，实以七成计算，可垦地三百五十四垧四亩八分，按段开写发给印照号头、佃户花名、承领垧数、联名互保、四至毗连清册一本，备文呈送外，其应发印照，拟由前存照内如数注写分发之处，合并声明呈报将军衙门备核施行。须至呈者。

右呈将军衙门。

黑龙江将军衙门为饬将呼兰六界续招黑户赶紧驱逐事致呼兰城守尉阿克敦的札

同治九年五月二十三日

将军衙门为札覆遵照事。

户司案呈：据城守尉阿克敦呈称，遵札详查私垦地亩，如将大荒沟北熟地统计核算，亦符三万五千八百七十五垧七亩五分九厘升科之数，现剩夹荒七万六千七百五十余垧，系与旗入并与红户地界交杂，碍难分晰挨靠界址。现据六界续招黑户等恳称，伊等弃故乡来此耕种，今若驱逐，老幼转于沟壑，恳祈落户，以安众生。详查所恳情节虽属实情，惟原招各主内有愿将借使钱文归还，将地抽回自种者，亦有钱项备齐，民户不愿承领退地者，亦有不能将借使钱文归还者。至升科红户加开地亩系自力开垦成熟，或按年找征租赋。并将该民原递恳呈一分，旗、营、屯、站人等能将钱项归还者，造册一本，呈请指示遵行。等因前来。

查该处地面除升科民户耕种地亩之外，所剩无几，故叠次严札，不准再有偷招窃垦，所剩地面留备该处旗户耕牧。等因。节经禁止在案。而旗户人等复行私招千有余户，垦地至一万余垧之多，如不严行禁止，其私招之弊何所底止。应即札覆该尉查照前札指示各节，将原招地主借使钱文照数追出，给还各该民户收领，将民户赶紧驱逐，断不准容留。倘再推缓，定将原招地主并地户一并惩办，并将失查该管各官亦必参处，决不宽贷。其查出升科红户续又加开地六千七百余垧，自应按开地之年为始追找花利，不准拖欠。兹将原册驳回，均着遵照从前严禁私招民垦之案办理，不得违制，而干惩办，是为至要。等因。据此，相应札覆该城守尉遵照可也。

右札呼兰城守尉阿克敦准此。

吉林将军衙门为双城堡副都统衔总管三都克多尔济接任日期事致黑龙江将军衙门的咨

同治九年五月二十五日

镇守吉林等处将军衙门为咨行事。

兵司案呈：本年五月初三日本衙门附片具奏：再查新授双城堡副都统衔总管三都克多尔济于三月二十五日由京旋回到省，前赴新任。兹据报称：已于四月初一日抵双城堡接任视事。奴才等恭查吉林所属凡有新授外城副都统总管等，于到任时应由将军衙门将接任日期随时具奏。兹据该总管呈报接任日期，除该总管三都克多尔济专折叩谢天恩外，合将据报接任日期谨附片奏闻。为此，谨奏请旨。等因。于五月二十日奉到回片，军机大臣奉旨：知道了。钦此。钦遵前来。相应照抄原片，恭录谕旨，呈请咨行贵将军衙门知照可也。须至咨者。

右咨黑龙江将军衙门。

黑龙江将军衙门为地方荒佃税务随时结报事的谕

同治九年五月二十七日

将军衙门为严饬遵照事。

印务处案呈：适于五月二十六日遵奉将军堂谕：照得呼兰、巴彦苏苏旧有私垦并招开辟新荒各节，均属事为初创，诸务纷繁，赖资总办司务局员暨该同知悉心经理，方能裕如。著传谕户司，谕令总办司务局员、同知，嗣后遇有该地方荒佃税务事关题报者，最为紧要，必须随时事按项结报，毋任积压，有迟时日，致滋往返驳查，以误期限，实非官场以公办公之道。自经此次传谕之后，倘再仍前积压迟延，托故推缓者，定将该员等从严究办，决不宽贷。其理事同知更当如期操办速报，俾免迟延究劾之处，专此申行告戒，仰祈毋违为要。特谕。准此，相应移付户司遵照可也。

呼兰理事同知文瑞为巡检陈炳六年俸满报送该员履历事实清册事致黑龙江将军衙门的呈
附：履历、事实清册

同治九年五月二十九日

呼兰理事同知文瑞为遵札验看详报巡检甄别事。

同治九年四月二十五日奉将军衙门札开：兵司案呈，于本年三月二十四日准吏部咨开，文选司案呈，准署理黑龙江将军德等咨称，黑龙江呼兰巡检陈炳自二年六月初九日到任日起，计闰至八年四月初九日，六年期满，查该员年力强壮，办事勤慎，洵属勤职之员。查黑龙江呼兰地方前因招民开垦官荒，奏请初设巡检一缺，该员应于几年报满，以至年满后报部究应候选何缺，如何升用之处，本衙门并无文职选缺专条，从未办有成案可循，似难悬拟。应将该同知呈到出具巡检陈炳六年期满之考语送部，希请照例办理外，查新设同知、巡检各一员，该员俸满如何咨报升用候选例案，一并呈请抄发，以便遵办。等因前来。查定例，各省佐贰杂职，自从六品以至未入流，俱以到任之日准其前后接算历俸，已满六年者，该督、抚调取验看，详加甄别，其中实有人材出众，著有劳绩、堪膺保荐人员，详细确查，计俸扣满六年，准其保荐，出具切实考语，该督、抚照例具题，吏部查明与例相符，准其保荐，毋庸送部引见，俟具题奉旨后，注册入于卓异班内，以应升之缺通较日期先后升用。又满洲品级考各省理事同知、通判应升任各部院衙门员外郎。又各省理事同知、通判推升员外郎，俱试俸三年，各等语。今陈炳顺天监生，祖籍浙江，由候选巡检拣补黑龙江巡检，同治二年六月初九日到任，兹据该署将军等咨称，该员六年俸满，年力强壮，办事勤慎，洵属勤职之员。查黑龙江呼兰地方初设巡检一缺，该员应令几年报满，年满后究应候选何缺，如何升用之处，从未办有成案可循，应将该巡检考语咨部，照例办理。查新设同知、巡检各一员，俸满如何咨报升用候选案例，一并呈请抄发，以备遵办。等因到部。查该员陈炳既经六年俸满，应令该署将军等调取验看，出具切实考语，照例具题，俟具题奉旨到部，本部查照定例办理。至同知俸满应作何办理之处，查黑龙江新设理事同知一员，应照各省理事同知之例，到任后扣满试俸三年，照例按班一体较俸推升员外郎。相应咨复可也。等因前来。查既经六年俸满之巡检陈炳，自应遵咨调省验看，出具考语，具题咨报核办。惟现今该厅事务股繁，该员有守狱之责，未便饬调遽离。相应札饬呼兰理事同知文瑞，遵照部咨验看巡检陈炳，出具切实考语及出身履历、食俸年岁，一并造具清册，呈送将军衙门，以备核办可也。等因。

蒙此，卑职查呼兰巡检陈炳于同治二年六月初九日到任起，连闰扣至同治八年四月初九日，既经六年俸满，查该员年力强壮，办事勤慎，洵属勤职之员。理合出具切实考语，开造该员履历、事实清册，并声明验看缘由，具文呈报将军衙门查核，转咨施行。须至呈者。

右咨〔呈〕将军衙门。

计呈送履历、事实清册二本，内抄档一本。

附：履历、事实清册

呼兰理事同知文瑞呈：今将呼兰巡检陈炳年岁、履历、事实造册呈送。须至册者。

计开：

呼兰巡检陈炳，现年四十四岁，系顺天府大兴县人，祖籍浙江绍兴府会稽县，由监生捐输陕西番务经费，捐职从九品，分发山东，于道光二十七年六月到东，三十年四月咨补武定府利津县丰国镇巡检，连闰扣至咸丰六年二月，初次六年俸满，验看回任。十年二月因丁嗣母忧，回籍守制，不计闰扣至同治元年五月，服满归部选补。是年十一月二十六日经钦派大臣拣补斯缺，十二月初五日奉旨：陈炳着补授黑龙江巡检。钦此。同治二年六月初九日到任视事。同治三年七月初二日恭逢恩诏加一级。同治五年十月马贼滋事，保全衙署并库存押租钱文均未遗失，家〔蒙〕前任将军特保奏，奉旨：陈炳着赏换六品顶戴。钦此。同治七年七月十一日恭逢恩诏加一级。自同治二年六月初九日到任之日起，连闰扣至同治八年四月初九日，六年俸满，任内有恩诏加二级，并无参罚案件，亦无记功记过。须至履历者。

考语：操守清、才具明、年力强、政事勤。

事实：

——该巡检专管监狱，小心勤慎。

——该巡检管理捕务不致懈弛。

——该巡检巡查坊店，窃匪敛迹。

——该巡检并无擅受民词。

——该巡检日用薪菜等物俱给现钱平买。

——该巡检约束书役人等不致作奸舞弊。

署理黑龙江将军德英为报俄国神父入出境日期事致总理各国事务衙门、盛京将军衙门等的咨呈、札

同治九年六月初十日

　　署理镇守黑龙江等处地方将军印务吉林副都统德英为飞速〔咨〕呈事。

　　兵、户司案呈：查前准总理各国事务衙门咨开，俄国巴大神父从京由盛京、吉林、黑龙江往〔阿〕穆尔江本国边界游历，并往乌苏里地方，将来该巴大神父行抵贵处时，由地方官验明护照相符，仍宜严密稽查，暗中防护，庶免滋事生衅，并将该俄人抵境、出境日期随时咨报。等因前来。当即咨饬所属各城遵照，一体派员侦探。等情。本衙门已于三月十三日咨呈在案。兹据管理茂兴等站站官乌密业苏呈称，俄人巴大神父随带跟役俄人一名、华人一名、小车五辆、车夫五名，于五月十四日午刻抵入本境，存宿茂兴站，当即查验护照相符沿途照料护送，甚属安静。于本月十九日行抵齐齐哈尔省城，住歇一日，于二十一日由省起程，前往黑龙江城去讫。续据黑龙江副都统爱绅泰、墨尔根城副都统依克唐阿等陆续报称，俄国巴大神父于五月二十六日行至墨尔根城存宿，即于二十七日起程，于六月初一日抵至黑龙江城，寓在益合兴栈房歇宿之际，有俄酋批达生科差其通事萨哈喇幅前来迎候，该巴大神父一人当日烦〔返〕渡，自城过江，当派骁骑校巴克唐阿照料，渡送江左俄站，乘其四轮车往赴俄城去讫。所有原雇车辆、人夫，自城回旋，并祈由此雇车四辆，同其华、俄跟役，仍由江右径行另派妥弁，从大黑河屯护送过江，该夷人谢答不已。该巴大神父出入本境日期，派员护送江左俄城，沿途照料一切平和，各等因咨报前来。

　　所有据报该巴大神父入境、出境日期，并沿途安静，护送江左一切平和情形，相应飞速咨呈总理各国事务衙门鉴核，并咨行盛京、吉林将军衙门知照外，仍飞咨黑龙江城副都统衙门，派委妥员，不时严密访探俄人巴大神父如何情状，随时呈报，及咨、饬墨尔根城副都统衙门、呼伦贝尔副都统衔总管、布特哈总管诺们德勒和尔，署呼兰城守尉萨英额、理事同知文瑞等知照可也。须至咨呈者。

　　右咨〔呈〕总理各国事务、盛京将军、吉林将军衙门、黑龙江城、墨尔根城副都统衙门。

并札布特哈总管诺、呼伦贝尔副都统衔总管、呼兰城守尉阿、理事同知文。

署理黑龙江将军德英为俄商雅嘎尔布等擅赴墨尔根城贸易事致总理各国事务衙门等的咨呈、札

同治九年六月二十二日

署理镇守黑龙江等处地方将军印务吉林副都统德英为咨呈事。

户、兵司案呈：本年五月二十六日据呼伦贝尔副都统衔总管布尔和德详，据巡卡总管额尔德尼呈称，于五月十七日对岸俄国玛雨尔法毕尔来至库克多博卡伦，声称有该国俄商雅嘎尔布等八人，赶带马一百二十匹，承领执照，由此过界，前往墨尔根城贸易。随即出派总管迪明等前往库克多博卡伦，会见玛雨尔辩论阻止，即以和约并未载有在墨尔根城系通商之处，详加开导，设法阻回，倘恃有执照必欲过界，仍须查票张言词，验明人马数目，弹压放过。等因。先行详报前来。当经本衙门飞饬该总管布尔和德查照条约严行拒阻，不得违约行事，一面咨照各城严饬经过边卡迎探，倘呼伦贝尔阻止不住，经过各处皆当一体开导，拦阻回行，如执意不听，亦应按照票张查验清楚，尾随查看。等情。分咨去后，嗣据总管布尔和德详据总管迪明等旋回报称，于五月二十二日会见俄卡玛雨尔法毕尔，向其辩论欲往墨尔根贸易情形与条约不符之处，按层详加开导，设法阻止。该玛雨尔声称，本属商人雅嘎尔布等八人系承领本国边界官员所发执照，入你们库克多博卡伦，经过墨尔根城，前往爱珲贸易。复又极力剖辨阻拦，该玛雨尔等一味恃有执照不听从，当即查验执照，系蒙、汉、俄字票一纸，〔俄〕商雅嘎尔布等八人，赶带马一百二十六匹，货物六包，小皮搭连一个，口袋八条，皮箱一个，鸟枪二杆，装零星物件包一个，银票纸二百张，银钱六十个，数目相符，即于是月二十三日入界，由查边草道往墨尔根去讫。随派内卡官兵尾随查看行走。等因前来。当即飞咨黑龙江城副都统，一俟俄商行至爱珲，由该副都统处拣派妥员送交海兰泡俄酋，告以嗣后俄国边界领事各官不得似此任意发给执照，有违和约。等因去后。兹据各城陆续咨报，阻拦不回，查验人马数目、物件均与执照相符。经过沿途露宿，未进乡屯，甚属安静。于六月初六日至墨尔根城，该俄人雅嘎尔布等进城竭〔谒〕见兵司各官，礼貌尚恭，欲求零星货贸易，各官告以该城无可贸易，又非通商之区，随即派官弹压，仍出城外暂歇，时出

派委员索验执照，查看马群内沿途倒毙一匹，其余均属相符。于是日拣派记名协领佐领凌福送交海兰泡俄酋，告以此来俄商虽执有票照，核与条约不符，自此以后不准如此违约通商。据该酋答称，从前我们商人由恰克图来时，你们官员讲论虽则应允，嗣后不得如此行商，但此次来者系由我们额尔口城古毕尔那托尔处饬交前来，伊不知情，嗣后有无如此行商，则我们不能主管。等因咨报前来。查俄国陆路通商条约仅止有交界各处准许两国贸易之语，其墨尔根城既非通商之区，亦非交界处所，乃该国边界官任由商人等所指地方，并不详核是否通商之区，即发执照，令其商人持以为据，到处狡执，不听开导。此次由墨尔根草道前赴爱珲，有违条约。又经黑龙江副都统派员前往海兰泡面见该酋，与之理论，而该酋狡词推诿并不主管，嗣后难免该国边界官似此滥发执照，任意游商。等情。

相应呈请咨呈总理各国事务衙门，可否照会俄国驻京公使，严饬该国边界领事各官，此后务须查与条约相符，方准发给执照，庶免该商人等持票滥行，以重条约，而敦和好，暨可免启衅端。为此咨呈总理各国事务衙门鉴核示覆，照办施行。仍严饬总管布尔和德，嗣后遇有交界地方应行禁阻事件，务须悉心详查条约，饬属遵办，毋得稍有违误，草率从事，致干参办外，并咨行黑龙江、墨尔根城副都统衙门，暨札布特哈总管诺们德勒和尔等查照可也。须至咨呈者。

右咨呈总理各国事务衙门、黑龙江、墨尔根城副都统衙门。

并札呼伦贝尔副都统衔总管布、布特哈总管诺。

黑龙江将军衙门为倘有俄船赴松花江上游贸易据约阻回事致黑龙江、墨尔根副都统衙门等的咨、札
附：往来照会

同治九年六月二十八日

将军衙门为飞速咨行事。

兵、户司案呈：于本年六月二十二日承准钦命总理各国事务衙门咨开，前因俄使迭次照会欲来松花江上游贸易，经本衙门与之往复辨论，曾将往来照会于本年二月初六日抄录函达贵将军在案。嗣于二月二十二日复据俄使照会，仍以瑷珲条约为言，本处爰将瑷珲条约第一、第二两条参以续增条约第一、第四两条与之剖辨明晰，令其无可牵混，于三月二十七日照会俄使去后，至今未据照覆。

查俄人觊觎松花江贸易一事已非一日，数年来信函照会哓哓不休，此次照会之后两月有余，未据照覆，是否自知理屈无可再言，抑或别生计议，仍未甘心，均未可定。惟希贵将军随时留意，如遇有松花江上驶之轮船，须婉言开导，设法阻止，倘有俄官复以此事至贵处争论，可即按照本衙门此次所给俄使照会与之辨议。至今该处商民陆续运货于边界百里内，听其自相交易一节，此乃藉此转圜，以弭边衅之一法，亦希贵将军酌度情形，妥为办理。相应抄录此次往来照会，行知贵将军查照可也。等因前来。

亟应抄录往来照会，飞行咨饬黑龙江、墨尔根副都统，呼伦贝尔副都统衔总管、署呼兰城守尉暨理事同知、布特哈总管等一体遵照来文、照会事理。随时留意，如遇有松花江上驶俄人轮船，务须婉言开导，设法阻止。倘有俄官复以此事至各该处争执，即按照总理衙门此次所给俄使照会与之辩论，由各该处务期妥为开导，总宜挽回，是为至要。等情。相应呈请咨饬所属各城遵照办理可也。须至咨者。

右咨黑龙江、墨尔根副都统衙门。

并札呼伦贝尔副都统衔总管、布特哈总管、署呼兰城守尉、理事同知。

计照会一纸。

附：往来照会
照录俄国照会

为照复事。

准贵王大臣二月初二日照会内以本大臣照会及面商之语，复以准二国所属人民在松花江贸易，尊意所有禁止碍难之故，详示细陈原由，是屡次照会倭大臣及本大臣所据之总论也。惜此论本大臣应言于此情毫无可改，且不可令本大臣向本国确陈俄人在松花江贸易于贵国紧要碍难之处实有相连，证以不可准俄人在松花江贸易所讲各缘由之本，乃系贵王大臣推诿瑷珲和约所准俄人之利，不察此约因贸易而定，遂谓外国来中国通商均系约内议定口岸，执定松花江为非，不争松花江非口岸，即如扬子江及如他河亦非口岸也。外国与贵国换约之时，均应允外国商船不进中国所有沿边各口，但进和约内所载口岸，又如扬子江，和约内亦照此议定，外国船不准沿江各处装货卸货，只在议定数处也。查瑷珲和约所准两国船只往来及两国人民贸易，各江河通商船只停泊之地皆无限制，乃黑龙江及松花江、乌苏里河面无所称特开口岸，两国船只可以任便沿江往来及随意停泊贸易。如执谓不可准沿江贸易，因无所称议定特开口岸，是全未查瑷珲和约，方可为此论。贵王大臣又称，遽然欲将内地之松花江从未收税之处作为通商口岸，自易见本国勿庸有如此之款，因瑷珲和约第二款准二国所属人民沿乌苏里河、黑龙江、松花各江互相贸易，若定约之时为筹此贸易立各限制，条约内必将此意详明，贵国所属人民可以在松花江贸易之利，不恃瑷珲和约此条款耳。并此意已经把大臣同治元年九月十六日照会确详贵王大臣，又以贵王大臣同治元年闰八月二十八日照会所请，为须赏该处人民、派往松花江之中国官员，俄国不得拦阻，俄国钦差复文内称；可以令贵国人前赴黑龙江边与该处人交易，绝无俄人拦阻。又照瑷珲和约第一条、第二条，准贵国船只在黑龙江、乌苏里河、松花江行走，并二国人彼此〔贸〕易，云云。倭钦差亦因如此之故，特为指出此和约内之定制，真不解贵王大臣因何谓中国赴松花江采办貂皮系从前议定之事，并非商贾寻常贸易可比，不能一例而论。贵衙门暨俄国各钦差所有往来文内，于应允此意亦绝无踪影，其故甚易明晓，若系和约显然定有此节，其所允亦毫无用处。贵王大臣以瑷珲和约之定船只沿松花江往来行走，所讲也不可应允。和约内称由黑龙江、松花江、乌苏里河但准大清、俄二国船只往来行走，其余他国船只不得沿此江河来往，此外无再提船只来往之言。并所写俄文、满文、蒙文三种，讲此条皆极明确，如何由以上约文可生出按贵王大臣所执只准行船于分界之黑龙江、松花江等语。此语和约诚未载也，行船之制亦不能添入，此意可与该条上下文及全约文相连，倘为添贵王大臣所愿之意，则将贵王大臣所添和约不载之句，应先载入和约。前已再三详陈，贵王大臣面晤时所恃者汗〔汉〕字瑷珲和约耳，奈其译文不符，因该译文与俄文和约全不相合，所以讲和约之时不能引为根据。除以上所言添此和约不载之句外，如松花江行船一事，贵玉大臣言内有海口一语，似与行船之事相连，而和约内只一处有此言属边界事，系第一条起首云黑龙江左岸从额尔古那河起至松花江海口止等语，此海口亦可为汉译文不符之据。查贵王大臣末次照会已可看出，松花江自乌苏里河起至海口止，据尊意为中俄两国边界，而实难口讲，贵王大臣所言是明指两国分界之松花江下游，如此贵王大臣所用与本约不符之译文，与本国绝无可凭之意。前中国船只沿俄国专辖之松花江一段来往行船，商议之时，贵衙门非如今日言沿黑龙江、松花江行船，亦非如今日之讲瑷珲和约也。贵衙门同治元年闰八月二十八日照会把大臣内称，俄国官员不令中国官员往乌苏里河会松花江之下游，与和约不合，并因此故以瑷珲和约所载行船之语录于文内，悉如约文，贵衙门该照会内详称，由黑龙江、松花江、乌苏里河此后只准两国行船，外国船只不准由此江行走，当时贵衙门未想似今日只准沿两国分界之松花江行船，与今日俄人欲恃此同类得爱之利，而贵衙门所讲和约竟不相同也。贵衙门以俄人坐轮船沿松花江行走为非是，贵王大臣末次照会又称，英国欲于内河行轮船，再三坚请，始终未允。据咸丰戊午年所定英国和约第十条，准沿扬子江行船贸易，此条并他各条不但准行篷船，并许轮船来往，皆无所申辩。轮船永沿此江来往，贵国未尝以此故推诿外国人坐轮船沿此江来往，或有言该轮船惊扰，土民纷纷疑虑，及伤与他国和好之交涉，亦未尝为怨，何故将俄国轮船沿松花江来往为不合乎？或者贵王大臣想和约内必应确详准轮船来往乎？然若他和约无分篷船、轮船，何以瑷珲和约必要详明此制乎？本大臣相应陈明俄国轮船至松花江时，从未贵王大臣照会所言致该处人民纷纷疑虑，反见有轮船在松花江停泊，各处之中国人并与俄入毫无疑虑，身上轮船及与俄商款洽。去年俄人前赴松花江，亦复如是，俄商未至三姓城之先，各停泊村庄华商俱上轮船游览，及与言伊有数种货物，其中亦有粮食，若无禁令，伊愿互易，且伊预为俄商防范，大概俄商在三姓城欲试其贸易，亦不得利，因俄商到来之时，似照旧年仍令各铺或为不能俄通事之言，或以值一文之物故十倍索价，三姓及他处俄商听华商言，亦皆如此。而中国官员于俄商呈报之时，执谓此禁未行。给与华商俄人随求晓谕札示一张，准华商任便互易，中国官员谕以因北京来有札饬，吉林将军令中国人勿与所来俄商交涉一切贸易，因和约不准其交涉也。本大臣去年十二月末面见贵王大臣，众位力白贵衙门未曾发给将军此令，以上之令系伊自出，兹贵王大臣执谓俄人沿松花江贸易所遇碍难之处，全系由该处人民而起，非地方官强行札饬，一切掯扯分析何能合一乎？即如同治四年三姓城以下一村庄住一华商，于是夏卖给赴松花江所来俄人麦面无多，由是得罪一节，何能合贵王大臣末次所详乎？去年赴松花江俄人知晓此事，本大臣相应细述，以便贵王大臣查阅。本大臣以禁止俄人沿松花江贸易为由该处人民所出，及该处民人不愿俄人前往，因此为避滋生事端，应不准沿松花江贸易，不允确有故也。按本大臣屡陈本国欲永远照应贵国为难各情，然本国未解松花江贸易一节内有贵国办和约为难之故，及将瑷珲和约所准沿松花江来往贸易必应去之故，或应限制之故，俄人必用此理。贵国一定立此限制，则贵国为违约，由违约之迹因而得咎，则亦归之于贵国也。须至照会者。九年二月二十六日。

照录给俄国照会
为照复事。

同治九年二月二十二日准贵大臣照会复以贵国欲来松花江贸易一事，以本王大臣二月初二日照会所称各情违约，本王大臣办理各国交涉事件无一非照约而行，安肯有违，今贵大臣乃谓论松花江贸易事违约，则本王大臣更有不能已于言者。查瑷珲和约开载第一条，黑龙江、松花江左岸由额尔古讷河至松花江海口，作为俄罗斯国所属之地，右岸顺江流至乌苏里江，作为大清国所属之地，由乌苏里江往彼至海所有之地，此地如同接连两国交界明定之间地方，作为大清国、俄罗斯国共管之地；由黑龙江、松花江、乌苏里河此后只准大清国、俄罗斯国行船，各别外国船只不准由此江河行走；黑龙江左岸由精奇里河以南至豁尔莫勒津屯原住之满洲人等，照旧准其各在所住屯中永远居住，仍着满洲国大臣管理，俄罗斯人等和好，不得侵犯。第二条，两国所属之人互相取和，乌苏里、黑龙江、松花江居住两国所属之人令其一同交易，官员等在两岸彼此照着〔看〕两国贸易之人。此瑷珲和约原文，本王大臣未增添一字，亦未删改一字也。俄文、满文、蒙文虽有三种，而就文翻译自应统归一致，两国换约大臣当日详细看明，画押盖印，以照信守，断无彼此不符之处。第一条即明言至松花江海口，则海口一字断非虚悬无着。贵大臣又谓只准行船于分界之黑龙江、松花江等语和约未载，查瑷珲和约内载，黑龙江、松花江左岸由额尔古讷河至松花江海口，为俄罗斯国所属之地，右岸顺流至乌苏里江，作为大清国所属之地。又载，由黑龙江、松花江、乌苏河此后只准大清国、俄罗斯国行船，各别外国船只不准由此江河行走。又续增条约第一条内载，自乌苏里河而南上至兴凯湖，两国以乌苏里及松阿察二河作为交界，各等语。是黑龙江、松花江、乌苏里河为两国所定之界已无疑义。既为两国分定之界，是以只准两国行船，其别国船只不准行走者，缘此地江河为两国交界，非如他处议定通商之路可以任意往来也。至两国行船独载于瑷珲和约第一条者，以瑷珲和约第一条专论两国边界，其第二条专论边界贸易，第三条专论和约画押，晓谕两国交界人民，三条各有所归，未可牵混。因恐瑷珲和约尚有未尽明显之意，故于续增条约第一条内复申瑷珲和约第一条所论两国边界，续约第四条内复申明瑷珲和约第二条所论边界贸易。本王大臣不过于原约之文译其意而申明之，何尝于原约未载之条随意添入。试观续增条约内瑷珲城所立和约第一条，东界定为由什勒喀、额尔古讷两河会处，即顺黑龙江下流至该江、乌苏〔里〕河会处，其北边地属俄罗斯国，其南边地至乌苏里河口地属大清国。等语。按据原文，其北边只载顺黑龙江下流至该江、乌苏河会处，其南边只载至乌苏里河口，何内约内并不载松花江三字，缘瑷珲定约时，乌苏里河以东赫哲等处尚为两国共管之地，故瑷珲和约不能不载明左岸由额尔古讷河至松花江海口为界，右岸顺江流至乌苏里河为界。至咸丰十年续增条约时，乌苏里河以东之地分给贵国，因系空旷之地，议明中国照常渔猎居住之处均不得占，故续增条约内只载由额尔古讷河顺黑龙江下流，北边至乌苏里河会处，南边至乌苏里河口，并无松花江三字载入约内。据此，则瑷珲和约所载松花江系专指由乌苏里河以东至海口一段而言，其为松花江下游不待辨而自明，如两国行船由额尔古讷河顺黑龙江下流向东至松花江海口，或由松花江海口向西顺黑龙江上游至额尔古讷河往来行走，此系两国边界，准其行船，载在条约，无烦更议，若贵国船只由黑龙江口向南直入内地松花江上游，本王大臣不能不按约论辨。是以前次照会内称，所谓准两国行船，指两国分界之松花江下游而言，非指中国专辖之松花江上游而言，以松花江上游并非两国边界也。即如扬子江贵大臣所援以为说者，试与贵大臣详论之。扬子江准各国通商，但至汉口而上，汉口上游尚有数千里，各国轮船未曾上驶，今松花江下游准两国行船，亦如扬子江下游准各国通商也，扬子江汉口而上不曾通商，亦如松花江上游不曾通商也。贵大臣既以扬子江为言，以彼证此，便知一理。且查瑷珲和约第二条载明乌苏里、黑龙江居住两国所属之人令其一同交易，曰居住则系本地同住之民，而非外来之商人可知，曰两国所属之人则为两国共管之地，而非一国专辖之地可知。三姓城外之松花江两岸皆中国专辖，绝无外国人居住其间，贵国商人以轮船驶入违约乎？非违约乎？和约既明言乌苏里、黑龙江、松花江居住两国所属之人令其一同交易，则指明两国交界处所居住之民互相交易，即两国边界百里内贸易之意。嗣因瑷珲和约第二条只载居住两国所属之人，并未指明边界二字，尚恐含混，故于续增条约第四条内载，此约第一条所定交界各处准许两国所属之人随便交易，并不纳税，各处边界官员护助商入按理贸易。其瑷珲和约第二条之事，此次重复申明。等语。执此以谕，其为专指两国边界贸易而言，又不待辨而自明。

本王大臣与贵大臣共辨事件从无违约之处，今将瑷珲和约并续增条约一一指明，毫无迁就，贵大臣细将瑷珲和约第一、第二两条并续增条约第一、第四两条详阅，可以释然矣。总之，此事中国果可通融，本王大臣断不固执己见，其种种难行之处，已于二月初二日照会内言之既详且尽。至从前本衙门拟令该处商民陆继〔续〕运货于边界百里内，听候自相交易，原系格外通融情义兼尽办法，且与瑷珲和约居住两国所属之人一同交易之语相符，仍望贵王大臣一并曲体而详察焉可也。九年三月二十七日。

总办开垦行局事务委员佛尔果春为报去年大木兰达等段放荒数目事致黑龙江将军衙门的呈

同治九年七月初五日

奉委总办开垦行局事务委员花翎佐领佛尔果春为造册呈送事。

谨将同治八年拨放大木兰达等段佃民五百八十八户，承领毛荒八千四百七十一垧，夹荒九千二百七十一垧七亩四分，共一万七千七百四十二垧七亩四分，内扣除三成，实以七成计算，可垦地一万二千四百一十九垧九亩一分八厘，按段开写发给印照号头、佃户花名、承领垧数、联名互保、四至毗连清册一本呈送外，其应发印照五百三十六张，即请如数饬发，由驿递至职局，以便注写分发之处，理合呈报将军衙门鉴核施行。须至呈者。

右呈将军衙门。

理藩院为转饬所属蒙古汗王各旗造报家谱事致黑龙江将军的咨

同治九年八月初十日

　　理藩院为咨行事。

　　查定例，内、外扎萨克汗王、贝勒、贝子公、扎萨克台吉、塔布囊等家谱十年一次由院具奏修改。等语。惟查一咸丰七年间上届修改蒙古源流家谱告成后，至今已逾十年之久，未据各蒙古扎萨克各旗将源流家谱报齐，本院无凭修办。除外扎萨克图什业图等四部落汗王等八十六旗，内扎萨克六盟、哲里木盟科尔沁等十旗，卓索图盟喀拉沁等五旗，昭乌达盟巴林等十一旗，西林果尔盟乌珠穆沁等十旗，依克昭盟鄂尔多斯等七旗，乌兰察布盟四子部落一旗、乌拉特三旗、喀尔喀右翼一旗，均已将家谱造送到院；其外扎萨克杜尔伯特汗王等十九旗，土尔扈特汗王等十三旗，阿拉善亲王一旗，青海霍硕特郡王二十九旗，旧土尔扈特贝勒一旗，伊克明安公一旗，内扎萨克乌兰察布盟茂明安扎萨克台吉一旗，归化城土默特两翼，均未将蒙古家谱造送前来，本院无凭办理。相应马上飞递咨行黑龙江将军转饬所属蒙古汗王等各旗速将蒙古家谱造报送院，以凭修改，幸勿再迟可也。须至咨者。

　　右咨黑龙江将军。

盛京将军衙门等为挑选官兵由何路驰赴古北口驻扎事致黑龙江将军衙门的咨

同治九年八月十七日

镇守盛京等处将军、奉天府府尹等衙门为咨行事。

右兵司会案呈：本年八月十六日准黑龙江将军衙门咨开：遵旨挑选官兵一千名驰赴古兆北口驻扎，分作四起，头二起于八月初六日、初九等日由省起程进法库边门，其余各起间二日前进。究由何路驰往古北口防所之处，咨行酌定。严饬带兵各官遵照。等因前来。查此项征调古北口驻扎官兵，前准黑龙江将军衙门来咨，头起定于八月初六日起程，仍由山海关取道前进，当即知明前途，备办车马在案。今来咨查询究由何处取道前进之处，本衙门实难酌拟。且此次调赴古北口官兵与前次调赴朝阳道路不同，相应由驿五百里飞咨山海关副都统衙门查核办理，并咨覆黑龙江将军衙门查照可也。须至咨者。

右咨黑龙江将军衙门。

署理黑龙江将军德英为俄人在黑龙江口左岸格勒沁屯附近盖房耕种事致总理各国事务衙门、黑龙江城副都统衙门的咨呈

同治九年九月初二日

署理镇守黑龙江等处地方将军印务吉林副都统德英为咨呈事。

兵、户司案呈：本年六月十四日据黑龙江副都统爱绅泰报称，五月初十日据江左格勒沁屯百家长等禀报，有俄人三十余名，携带牛、马车二十余辆，装载木料，在于格勒沁河南岸搭盖木房一所、窝铺地窨二处。当即委员查看，据报俄人盖房处所系在格勒沁河南岸，离本属江左格勒沁屯以东三十里许，相距该屯田地六里许，北至本属太平沟屯十五里许，当向俄人开导，竭力拦阻，坚不听从，遂声言俄〔我〕们前年在里普肯山一带住居，今年遵奉我们古毕尔那托尔之令，将富户移拨此处空旷地方盖房耕种，并非我们自主私行之事，且于今夏陆续盖房三十余所，设屯开垦，你们若不准盖，即去问我们古毕尔那托尔。等语。随派员弁前往海兰泡会见俄酋，告以今有俄人在本属围场盖房，离格勒沁屯之田切近，实与条约不符，应将房屋拆毁，俄人收回，以敦和好。据该酋答称，里普肯山居住我们人等在彼因无可垦之地，请令准在格勒沁河南岸盖房种地，如果有碍，即行两相派员查勘。等语。当令员弁会同俄官勘毕，复遣会见该酋，告以俄人现在我们围场违例盖房，且与本属之屯所种田地切近，今已查明窒碍属实，即应拆毁，以符条约。据该酋声称，我们人等盖房系在旷处，并非田园，坟墓之地违例建盖，任凭如何讲论，不能拆移。等情呈报前来。该副都统随即亲往会晤俄酋批达生科，告以伊等现盖房所系在本属围场，究与条约不符，又与本属格勒沁屯田地切近，实于该屯人等生计有碍，总宜照例拟办，以敦和好，并指条约据理剖辩。据该酋查看俄例答称，你们条约言语与我们俄例不符，俄人现在设屯处所系照俄例而行，若与原定汉例不符，应将此条约明白译写清文，钤押印信咨照前来，再行核办。等语。揆度该酋之意，似因通事传言不周，难以深信，故言彼此行文，以免通事传说之误。该副都统随将会晤时向通事传说，俄人不应在本属围场田地近处盖房，开导阻止各情，即援引前后条约逐层明晰咨照该酋。去后，旋于七月二十二日据该酋批达生科咨称，这几年在黑龙江左岸设站二处，又于

布迪音河岸等处安设依洼诺斯奇等三屯，似此不为违约，今在格勒沁河岸亦设新屯。等因。照覆前来。当即复派员弁前往，再四按约剖辩，该酋坚不听从。查俄人今在本属围场盖房，相离格勒沁屯田六里许，然与田地、坟茔、牧场尚无窒碍。等因。并将俄字咨送前来。详查条约内载，中国人所占渔猎之地，俄国均不得占，仍准中国人照常渔猎。等语。则条约载之即明，而俄酋毫不遵循，更不听从开导，竟令俄人在于黑龙江左岸本属屯居较近围场盖房，实属违理悖约，且与本属之屯田地亩尤为切近，经该处查勘，刻下虽与田地、坟茔、牧场似觉无碍，惟思俄人性情诡诈，贪占无厌，将来难免不有添盖房间、展开地亩、侵占围牧，日后必与本属屯户生计有碍，以致滋生事端。相应咨呈总理各国事务衙门，可否转行俄国驻京公使，现今俄人相离本属格勒沁屯居之田切近，现在围场地方所盖房屋之外，嗣后不得任便再有添盖房间、展开地亩、争占牧场，严行禁止，免起衅端，以期相安，永敦和好。

除将俄字送回黑龙江副都统衙门存收外，相应呈请咨呈总理各国事务衙门鉴核示覆遵办外，并将俄字咨送黑龙江副都统衙门查存可也。须至咨呈者。

右咨呈钦命总理各国事务衙门、黑龙江城副都统衙门。

黑龙江将军衙门为嗣后与俄国交涉行文用满文书写事致吉林将军衙门等的咨札

同治九年十月初九日

  将军衙门为咨行事。

  兵、户司案呈：于本年九月十七日承准钦命总理各国事务衙门咨开，同治九年八月二十八日接到俄国布公使来函内称，近接东悉毕尔总督咨文，据称满洲地方官员近日常用汉字行文于阿穆尔省巡抚，而该抚署并无汉文翻译官，愿满洲地方大吏嗣后与本国官员行文仅用满文。等因前来。查俄国条约第十二条内载，两国和书用俄罗斯并清、汉字体抄写，专以清文为主，所议条款俱照中国清文办理。等语。此次俄国公使所请嗣后满洲地方与俄国官员行文仅用清文，尚与条约不背。相应咨行贵将军，嗣后遇有与俄国交涉行文，即用清文书写，如仅用清文，字句间恐有讹舛，即配用汉文亦可，总期辞意明白，不至与以口实，俾免辨论，是为至要。等因前来。

  相应呈请咨行黑龙江、墨尔根城副都统衙门、呼伦贝尔副都统衔总管、布特哈总管诺们德勒和尔、署呼兰城守尉尽先协领佐领富隆阿、理事同知文瑞等遵照外，并咨行吉林将军衙门知照可也。须至咨、呈〔札〕者。

  右咨札吉林将军衙门、黑龙江等五城、呼兰理事同知文。

热河都统库克吉泰为驻古北口之吉林、黑龙江马队撤回事致黑龙江将军的咨
附：原奏

同治九年十月初十日

管理热河等处地方都统库克吉泰为飞咨事。

同治九年十月初五日准神机营咨开：为咨行事。本营遵旨酌议将现驻古北口之吉林，黑龙江马队全数撤回原省一折，同治九年九月二十九日具奏，本日奉旨：知道了。钦此。除分行外，相应抄录原奏飞咨热河都统库克吉泰转饬遵照办理可也。等因。准此，除饬各统带官全数撤回外，相应飞咨。为此，合咨贵将军请烦飞饬各起统带官全数撤回施行。须至咨者。

右咨黑龙江将军。

附：原奏

奏为遵旨酌议具奏事。

窃臣营承准军机大臣字寄，同治九年九月二十一日奉上谕，据李鸿章奏称：酌度时势，古北口一带不必驻扎重兵，拟请撤回，以节饷需。等语。即著照李鸿章所请，所有前调东三盟马队著全数撤回，其吉林、黑龙江马队共三千名，据富明阿、毓福、德英先后奏报起程。因思神机营每年本有调拨该处官兵更换操防之事，此项官兵是否可以就近调换，著神机营王大臣酌议具奏。等因。钦此。钦遵到营。伏查臣营前于同治六年十二月间具奏，将吉林、黑龙江两省马队官兵各挑选五百员名留于南苑扎营操练，以备调遣，并声明每届二年更换一次。等因。上年系届更换之期，复经奏调到京，后拨交绥远城将军定安派赴前敌进剿，计至明年冬间方届更换之期。现在钦奉谕旨，此项官兵是否可以就近调换，令臣等酌议具奏。查臣营现练官兵除拨赴绥远城防剿外，存营尚有一万三千余名，足敷操演。此项吉林、黑龙江马队，如无征调之事，似无庸仅令驻京操演，致涉虚糜。臣等会同商酌，拟请旨即照李鸿章所奏，将吉林、黑龙江马队全数撤回，由该将军等督饬所属勤加训练，并将该官兵等所备器械、马匹随时检阅，用备调遣。

所有遵旨酌议具奏缘由，谨率同尚书文崇、副都统总兵荣、侍郎恩恭

折具秦,伏乞圣鉴。

再,将军都兴阿现在所,未经列衔,合并陈明。谨奏。

户部为补放墨尔根城副都统员缺事致黑龙江将军的咨
同治九年十月初十日

户部为钦奉事。

山东司案呈：内阁抄出同治八年九月十八日奉旨：墨尔根城副都统员缺著副都统衔吉林先用协领伊〔依〕克唐阿补放，未到任以前著德英派员署理。等因。钦此。相应恭录谕旨，咨行黑龙江将军遵照可也。须至咨者。

黑龙江将军衙门为报同治八年齐齐哈尔等处收支银两数目清册事的咨

同治九年十月十三日

镇守黑龙江等处地方将军衙门为咨报齐齐哈尔、黑龙江、墨尔根、呼兰、呼伦贝尔、呼兰理事同知等六处一年征收，使用税课、房租等项银两数目册档事。

齐齐哈尔城

旧管：

同治八年六月内报明户部，内税课、房租银无存。

新收：

同治八年正月初一日起至十二月十九日止，壹年买卖马壹千贰百零玖匹，牛叁千肆百零陆条，小马壹拾玖匹，骡陆头，牛犊壹百肆拾陆条，驴伍拾贰头，猪壹千叁百捌拾伍口，羊贰千柒百叁拾贰只，共价银叁万叁千玖百五拾肆两，每两按叁分，核计征收税制钱壹千零壹拾捌串陆百贰拾文。

阖街当铺贰拾叁家，内关闭当铺壹家外，仍剩当铺贰拾贰家，又新开当铺贰家，共当铺贰拾肆家。每家贰两捌钱，核计同治捌年壹年共征收税制钱陆拾柒串贰百文。

齐齐哈尔城现有征租官房贰拾柒间，内于去年报明户部无人租住房贰间外，有人租住官房贰拾伍间，内每月壹两租房壹间、陆钱租房肆间、伍钱租房柒间、肆钱租房壹拾叁间，同治捌年正月初壹日起至拾贰月贰拾玖日止，征收壹年壹拾贰个月房租制钱壹百肆拾伍串贰百文。

由呼伦贝尔解到税银壹千壹百贰拾贰两柒钱零叁厘贰毫。

由呼兰解到拾玖座官庄壮丁等名下满交粮内壹半变价制钱肆百柒拾串零贰百伍拾文。

由呼兰解到税银壹百捌拾玖两壹钱玖分贰厘捌毫，同治捌年陆月内报明户部，入于下年牛马税银册内核销。

呼兰所属蒙古尔山等处木植自肆年起至柒年奏准照旧封禁之年止，抽纳木植变价京钱柒百肆拾捌吊玖百陆拾文，以京钱贰吊折制钱叁百柒拾肆串肆百捌拾文，同治九年捌月内报明户部，入于齐齐哈尔城牛、马税银册内核销。

上年阿力罕山等处捕匪夺获骡马车辆等物,变价银伍拾玖两、京钱贰百捌拾柒吊陆百文,以京钱贰吊折制钱壹百肆拾叁串捌百文,同治玖年捌月内报明户部,入于齐齐哈尔城牛、马税银册内核销。

由呼兰旗人周文佩等名下追出私伐木植变价京钱陆百玖拾陆吊,又由私伐木植抽纳木植变价京钱伍百叁拾柒吊叁百捌拾陆文,共京钱壹千贰百叁拾叁吊叁百捌拾陆文,以京钱贰吊折制钱陆百壹拾陆串陆百玖拾叁文。

以上新收税课等项银共壹千叁百柒拾两零捌钱玖分陆厘,制钱贰千捌百叁拾陆串贰百肆拾叁文。

开除:

(注:中删)

实在:

库内现存税课,房租银柒拾捌两肆钱零贰厘壹毫玖丝贰忽捌微,税制钱陆百贰拾陆串叁百玖拾捌文。

黑龙江城副都统爱绅泰册报内开:

旧管:

同治捌年贰月报明将军衙门核销案内,库内税银无存。

新收:

同治捌年正月初壹日起至拾贰月贰拾玖日止,壹年买卖牛壹百玖拾条,马壹百叁拾玖匹,猪贰百贰拾口,羊玖拾玖只,价银叁千柒百伍拾柒两,每两按叁分,核计征收税制钱壹百壹拾贰串柒百壹拾文。

阛街当铺拾贰家,每当铺贰两捌钱,同治捌年壹年共计征收税制钱叁拾串陆百文。

以上新收税课等项制钱共壹百肆拾陆串叁百壹拾文。

开除:

(注:中删)

实在:

库内税银无存。等因咨送前来。

署墨尔根城副都统印务记名副都统副都统衔协领墨尔赓额册呈称:

旧管:

同治捌年贰月报明将军衙门核销案内,库内税银无存。

新收:

同治捌年正月初壹日起至拾贰月贰拾玖日止,壹年买卖马贰百零玖匹，牛贰百贰拾条，骡玖头，驴柒拾肆头，贰岁牛壹百零陆条，猪叁佰玖拾贰口，羊壹百贰拾玖只，价银叁千肆百伍拾玖两，每两按叁分征收税制钱壹百零叁串柒百柒拾文。

阖街当铺捌家，连新开当铺贰家，共当铺拾家，每当铺贰两捌钱，核计征收税制钱贰拾捌串。以上新收税课等项制钱壹百叁拾壹串柒百拾文。

开除：

（注：中删）

实在：

库内税银无存。等因呈送前来。

呼兰副都统衔城守尉阿克敦册呈称：

旧管：

同治捌年肆月内报明将军衙门核销案内，库内现存税银壹百捌拾肆两壹钱伍分贰厘捌毫。同治捌年柴月内由将军衙门报明户部，将呼兰城核销柒年祭祀先农坛用过银两，先由所收粮内变价需用报销后，又咨销牛马税课册内，复将报销请由开除项下裁撤，归于实存税银数内，收存捌钱，实银伍两零肆分。

新收：

同治捌年正月初壹日起至拾贰月贰拾玖日止，壹年买卖马壹百叁拾叁匹，牛捌拾肆条，骡壹头，驴壹头，羊肆拾捌只，猪叁拾陆口，价银贰仟叁百捌拾捌两，每两按叁分核计征收税

制钱柒拾壹串陆佰肆拾文。

周街当铺伍家，每家贰两捌钱，核计征收税制钱壹拾肆串。

由将军衙门奏准呼兰以东添设网场拾壹座，每座税银贰拾两，核计同治捌年壹年征收税银贰百贰拾两。以上旧管新收税课等项银肆百零玖两壹钱玖分贰厘捌毫，制钱捌拾伍串陆百肆拾文。

开除：

（注：中删）

实在：

库内现存税银贰百零肆两玖钱柒分贰厘捌毫。等因呈送前来。

署呼伦贝尔副都统衔总管关防事务总管额尔德尼册呈称：

旧管：

同治捌年叁月内报明将军衙门核销案内，现存税银壹千壹百贰拾贰两柒钱零叁厘贰毫。

新收：

同治捌年正月初壹日起至拾贰月贰拾玖日止，壹年买卖马伍千壹百捌拾玖匹，牛柒千叁百伍拾玖条，羊叁万柒仟捌百肆拾肆只，价银柒万陆千陆百捌拾贰两捌钱，每两按叁分核计征收税银贰千叁百两零肆钱捌分肆厘。以上旧管，新收税银共盘千肆百贰拾叁两壹钱捌分柒厘贰毫。

开除：

（注：中删）

实在：

现存税课等项银壹千壹百叁拾玖两叁钱柒分伍厘贰毫，等因。呈送前来。

呼兰理事同知文瑞册呈称：

旧管：

同治捌年贰月内报明将军衙门，库内税银无存。

新收：

同治捌年正月初壹日起至拾贰月贰拾玖日止，壹年买卖马伍百伍拾陆匹，牛陆百贰拾陆条，骡拾伍头，驴柒拾叁头，猪柒百捌拾口，价银壹万壹千贰百肆拾陆两玖钱，每两按叁分核计征收税课制钱叁百叁拾柒串肆百零柒文。

新开当铺壹家，征收税制钱贰串捌百文。

试收：

自同治伍年柒月起至拾贰月止买卖烟贰千零玖拾玖斤，价银壹百零伍两，麻伍千捌百陆拾伍斤，价银壹百肆拾柒两叁钱，酒陆拾万零肆千壹百斤，价银玖千陆百陆拾伍两陆钱，苏油叁拾壹万玖千贰百斤，价银肆千柒百捌拾捌两，共价银壹万肆千柒百零伍两玖钱，每两按叁分核计征收税制钱肆拾壹串壹百柒拾柒文。

同治陆年正月起至拾贰月止，壹年买卖烟柒千玖百零伍斤，价银伍百玖拾伍两柒钱，麻柒千肆百陆拾贰斤，价银贰百贰拾玖两陆钱，酒壹百捌拾壹万肆千伍百斤，价银贰万玖千零叁拾贰两，苏油肆拾贰万零捌百斤，价银陆千叁百壹拾贰两，共价银叁万陆千壹百陆拾玖两叁钱，每两按叁分核计，征收税制钱壹千零捌拾伍串零柒拾玖文。

同治柒年正月起至拾贰月止，壹年买卖烟壹万伍千伍百捌拾捌斤，价银柒百贰拾叁两肆钱，麻柒千柒百陆拾叁斤，价银贰百肆拾捌两壹钱，酒壹百捌拾肆万肆千肆百斤，价银贰万玖千伍百壹拾两零肆钱，苏油玖拾捌万玖千贰百斤，价银壹万肆千捌百叁拾捌两，共价银肆万伍千叁百壹拾玖两玖钱，每两按叁分核计征收税制钱壹千叁百伍拾玖串伍百玖拾柒文。

同治捌年正月起至拾贰月止，壹年买卖烟壹万壹千伍百陆拾柒斤，价银陆百伍拾陆两陆钱，麻玖千捌百柒拾陆斤，价银贰百捌拾贰两贰钱，酒贰百贰拾肆万壹千陆百斤，价银叁万伍千捌百陆拾伍两陆钱，苏油捌拾陆万零贰百斤，价银壹万贰千玖百零叁两，共价银肆万玖千柒百零柒两肆钱。每两按叁分核计征收税制钱壹千肆百玖拾壹串贰百贰拾贰文。

以上同治捌年壹年征收牛、马税制钱叁百肆拾串零贰百零柴文，又试收自同治五年柒月起至捌年拾贰月止征收烟、麻、油、酒等项税制钱肆千叁百柒拾柴串零柒拾伍文，共征收税制钱肆千柒百壹拾柒串贰百捌拾贰文。

开除：

（注：中删）

实在：

库内现存税制钱肆千伍百壹拾肆串柒百柒拾肆文。等因呈送前来。

署理呼兰河城守尉富隆阿为报大荒沟以北等处历年私垦地亩垧数清册事致黑龙江将军衙门的呈

同治九年十月二十日

　　署理呼兰河城守尉关防事务升用协领佐领富隆阿为遵扎〔札〕查明造册呈报事。

　　左司案呈：于本年四月十八日遵奉将军衙门扎〔札〕开，户司案呈，查前饬该城守尉将该处所属大荒〔沟〕以北等处共开私垦地亩若干，将各该佃户花名、升科地数分别造具细册呈报，以凭查核发照等因。于同治六年正月二十七日扎〔札〕行在案。兹查该处所属稻字等六界内，共计原开私垦地若干、按年续开若干、佃户若干、内升科之户若干，务期按年按户查明，分别造具细册呈报，以凭查核发给印照。再，其中倘有伙领分动〔种〕之户，情愿分劈各种各地、各纳各租者，亦准将各该户花名、分劈地数一并详查，造具细册，具文呈报，准其各领印照，以清地亩，诚于按年交租实无窒碍，亦不得蒙混，致干究处，是为至要。等因前来。遵即出派云骑尉额勒金布、依吉斯珲、骁骑校依钦保，恩骑尉格绷额等，带同弁兵前往各界分路勘查去后。旋据额勒金布等呈称，于五月初九日奉左司扎〔札〕开，著将稻、梁、菽、麦、黍、稷并大荒〔沟〕以北私垦等界升科地亩以及按年加开垧数并分劈伙种之户数一并造具细册三本，呈递城守尉衙门鉴核施行。须至呈者。等因造册呈递前来。查大荒沟并稻字等六界内，所有升科佃民及伙领徒〔徙〕居转佃分劈之佃民共一千八百四十三户，升科地三万六千零四垧五亩二分七厘，于同治四年加开地二十垧零五亩，五年加开地叁拾肆垧伍亩柒分伍厘，六年加开地肆百贰拾垧零捌亩捌分捌厘，七年加开地肆仟零叁拾壹垧壹亩壹分四厘，八年加开地叁仟贰百贰拾柒垧柒亩叁分陆厘，九年加开地贰仟陆百伍拾陆垧壹亩零陆厘，共加开地壹万零叁百玖拾垧零玖亩一分玖厘。相应照依该差员等所递清册抄录一本呈报，恳请发给印照，以备转给各佃存照外，复奉省扎〔札〕，著将去岁查出升科佃民加开地亩按照册注年限追找花利。等情。详查现递清册地数核比去岁册报加开数目均有余多，况去岁清查九年尚未加开地亩，实难核办，是以声明请照本年查办清册，核其地数、年数，总约其数，全行归公升科，按年分晰征租。其所有加开租项，统归入本年应征租内一体催征租项，随收随报，年终归款作为正项开销。等情。

谨此，理合将委员等查报大荒沟并稻字等六界内所有升科佃民垦种原升科地数及历年加开地亩垧数，按年分晰造册一本，一并备文呈报将军衙门鉴核施行。须至呈者。

右呈将军衙门。

黑龙江将军衙门为征收私垦地租事致都京户部的咨

同治九年闰十月初二日

镇守黑龙江等处地方将军衙门为咨报事。

户司案呈：查本衙门前将私垦归公地亩征收现租钱文抵充正项外，其所剩钱文归入次年征租案内。等因。按款造册，于同治八年五月十九日咨报大部在案。兹查应征同治八年分大荒沟北等处前后查出报部归公升科私垦熟地三万五千八百七十五垧七亩五分九厘，每垧应征现租京钱六百文，计租钱二万一千五百二十五吊四百五十六文；并查出续开私垦地二十垧，应征八年分升科现钱一十二吊，连从前所剩钱二万七千零九十五吊七百六十六文，统计钱四万八千六百三十三吊二百二十二文。内除呼兰副甲月饷、齐齐哈尔城操练幼丁工食等项钱一万五千二百七十吊零四百文外，仍剩钱三万三千三百六十二吊八百二十二文，以备抵充正项。至私垦熟地每垧应征小租钱六十文，计应征小租钱二千一百五十三吊七百四十四文，连从前所剩小租钱一吊九百四十八文，共计钱二千一百五十五吊六百九十二文。内除照章支给催征承办荒务官兵所需工食、心红、纸张等项钱二千一百五十一吊零七十文外，仍剩钱四吊六百二十二文，作为下年之需。所有征收私垦归公地租内动用钱文数目，按项造具细册咨报，希请大部查核施行。

右咨都京户部。

盛京将军衙门等为撤回吉林、黑龙江官兵调赴乌里雅苏台助剿事致黑龙江将军衙门的咨

同治九年闰十月十九日

镇守盛京等处将军、奉天府府尹等衙门为咨行事。

右兵司会案呈，本年闰十月十八日已刻准将军行辕处咨开：为移咨事。兹于本年闰十月十五日申刻在围场那尔珲毕拉营内接准军机大臣字寄，同治九年闰十月初九日奉上谕：前经调赴古北口之吉林马队二千名，黑龙江马队一千名业已全数撤回，兹据福济等奏：贼匪屯踞博克多山推河口额尔德克台一带，欲犯乌里雅苏台等处。台道梗阻，情形万紧，自应添拨马队以资助剿。除前调察哈尔马队一千名已寄谕文盛催令起程外，著都兴阿查明古北口撤回马队现在行抵何处，即行截留，于吉林马队内挑选一千名，并黑龙江马队一千名，一并饬令折回，取道家口迅赴乌里雅苏台，归福济等调遣。所需军装、器械、锅帐等项及沿途需用口粮，均著都兴阿就近先行筹给，俾利师行。刻下天气严寒，并着都兴阿筹备皮袄二千件，为该兵丁等御寒之具。共需经费若干，该将军核实奏明，由部筹给。其吉林挑剩马队一千名，仍令撤回该省。并著德英、毓福行令管带各员迅速遄行，毋稍迟误。将此由六百里各谕令知之，钦此。遵旨寄信前来。

查吉林、黑龙江两省撤回官兵现在行抵何处，本将军远在围内，难知其情。相应飞咨署理盛京将军额先将该二省撤回官兵查明，无论行抵何处，赶紧截留到省，以备挑选官兵二千名，令其驰赴乌里雅苏台听候调遣。其沿途应需口粮并筹给皮袄二千件，先由盛京户部库存项下动用，预为筹备，事竣再行奏销。本将军亦刻即起程回省，以凭会办可也。须至咨者。等因。

查撤回吉林头二起官兵已经过省城，今来咨钦奉谕旨截留挑选一千名，自应催令后六起赶紧来省，以备挑选。其撤回黑龙江一千名，尚无出关确信，若概令调省，未免往返耽延。如已出关，应令全队就近停扎新民屯，听候调遣。如未出关，即暂扎山海关，再行听调。除由驿六百里飞札黑龙江统领萨萨布、吉尔洪阿等，遵将所部撤回官兵如果出关，刻即赴新民屯听候调遣；如未出关，暂扎山海关再行听调，毋得迟误。仍将该官兵

现在行抵何处，先行星飞由驿驰报，以凭核办外，相应飞札吉林统领桂廉、常海、富珠里、兴禄即将后六起官兵带领火速来省，以备挑选，毋得迟误。并飞札巨流河等八路旗民地方官、内城八界协领、承德县知县遵即查明吉林撤回官兵，无论行抵，何处，催令火速来省，听候挑选，毋得耽延，暨知照山海关、锦州副都统查照办理。其应备军装、器械、锅帐，沿途应需口粮并筹备皮袄等项，移付户、工二司查照办理，咨行黑龙江将军衙门查照可也。须至咨者。

右咨黑龙江将军衙门。

德英为谢恩事的奏折

同治九年十一月初八日

奴才德英跪奏，为叩谢天恩事。

窃奴才于本年十月初七日围次接准吉林咨照内开：同治九年十月初一日承准军机大臣字寄，同治九年九月二十二日奉旨：黑龙江将军员缺著德英补授，所遗吉林副都统员缺著毓福补授。钦此。钦遵。等因前来。奴才当即恭设香案，望阙碰头，叩谢天恩讫。伏念奴才一界〔介〕蒙古世仆，知识浅陋，仰蒙圣恩，由吉林副都统简署黑龙江将军已及三年，涓埃未报，兹复渥承圣主格外鸿慈，补授黑龙江将军。恩施愈重，报称愈难，感激弥深，悚惶弥甚。惟思奴才署任三年期满，业已恭折奏请陛见，荷蒙天恩，界以边疆重任，例应奏请陛见。如蒙俞允，请旨简派大员前来接署，奴才即束装赴京，叩觐天颜，跪聆圣训，俾于任内一切事宜有所秉承，得以及时自效，以期仰答高厚深恩于万一耳。所有奴才感激下忱，叩谢天恩暨叩请陛见缘由，理合恭折具奏，优乞皇太后、皇上圣鉴训示。谨奏。

于同治九年十一月初五日接到回折，军机大臣奉旨：毋庸来见。钦此。

德英为奏同治九年边界卡伦处所经过俄商起数事的奏折

同治九年十一月初十日

奴才德英跪奏，为本年内与俄罗斯接壤卡伦并无对交偷窃牛马踪迹之处，循案年终具奏，仰祈圣鉴事。

窃查乾隆二十九年奏定，嗣后遇有俄罗斯鼐玛尔等偷越疆界行走，偷窃马匹之事，将该犯追获，随时具奏，仍将互相交递偷窃牛马踪迹事务咨行办理俄罗斯疆界事务大臣等，照例办理，至年终汇案奏闻等因。节经钦遵办理在案。奴才伏查，本年五月间有俄国商人雅嘎尔布等八名，持照赶马至库克多博卡伦，不听阻止，过往墨尔根，前赴黑龙江，当经送往海兰泡去讫。又于七月间有俄国商人温都里等十二名，携带货物大小包件，持照至阿普该图卡伦，亦不听阻拦，即行过往呼伦贝尔所属新巴尔虎建立寿宁寺喇嘛等诵经聚会处所贸易，数日旋回。等情。当已咨报总理各国事务衙门查核，各在案。兹据呼伦贝尔副都统衔总管布尔和德报称，与俄国接壤卡伦边界地方，本年内除此并无另案与俄人偷窃牛马交〔涉〕事件。惟时值冬令，额尔固讷河封冻之际，奴才除札饬该总管严加管束游牧人等，务将牧放马匹留心看守，并督饬坐卡官兵严密稽查防范，不准稍有疏懈外，所有本年内接界情形，理合循案年终奏闻，伏乞皇太后、皇上圣鉴。谨奏。

黑龙江将军衙门为奏将截留官兵饬赴乌里雅苏台助剿事致都京兵部、户部等的咨

同治九年十一月二十三日

镇守黑龙江等处地方将军衙门为飞速咨报事。

兵司案呈：本衙门于同治九年闰十月二十四日恭折由驿具奏，为遵旨将截留官兵复行饬催，迅速前赴乌里雅苏台缘由，恭折具奏，仰祈圣鉴事。窃奴才于本年闰十月二十一日承准军机大臣字寄，同治九年闰十月十三日奉上谕：锦丕勒多尔济奏，贼匪扑陷乌城，并请饬拨饷银，文盛等奏，催调马队赴乌会剿暨请饬直隶、山西发给征兵饷乾各折、片，贼匪四千余入于十月十九日扑犯乌里雅苏台，官兵未能抵御，旋即失陷，览奏实深愤懑。所有在城各官下洛〔落〕，著锦丕勒多尔济查明具奏。送〔逆〕匪现在盘踞附城游牧地方，亟应原〔厚〕集兵力，迅筹剿办。前调察哈尔马队一千名，著文盛等饬令达尔济克日管带起行，不准稍有迟误，其备调官兵五百里〔名〕，即著饬赴什巴尔泰博罗柴济地方听候调遣。定安仍遵前旨，于绥远城枪队暨东三省马队酌量分拨赴乌助剿。本日谕刘铭传赶紧赴陕，将陕省北路边内边外各要隘派兵扼扎，以便该将军腾出兵力，续行拨兵赴乌援剿，著定安斟酌办理。前令都兴阿等将古北口撤回马队截留二千名，取道张家口赴援乌城，著即饬令迅速前进，毋稍迁延。惟所调各军须有大员统率方能调度合宜，杜嘎尔向来带兵颇能得力，著即统带察哈尔马队先行前进，其绥远城及吉林、黑龙江调到官兵，均著归该副都统统带赴乌，相机调遣。前调宣化、大同镇官兵各一千名前赴库伦防剿，现在乌城既失，库伦情形亦属吃重，著李鸿章、何璟迅即调派，克期前往，该官兵经由军台行走，应需饷乾等项并著宽为筹给，令其自行备办糇粮，裹带前进，需用锅账等项，一并备齐，以免沿途缺乏。直隶、山西北境并著李鸿章、何璟确加侦探，先事豫〔预〕筹，毋稍大意。巴里坤、哈密两处兵虽不多，惟乌城若被久踞，则关外各城愈形孤立，著文麟、景廉、伊勒屯、何琯酌拨得力官兵，星驰赴乌，以资策应。锦丕勒多尔济此次未能拦截贼匪，姑念兵力较单，免其置议，该参赞现在退离数台驻扎，著即调集蒙古官兵，奋力进剿，迅图克复，以赎前愆。此股贼匪究从何来，现在贼势若何，并著迅速奏闻。棍噶扎拉参既愿带兵剿贼，并著

催令前来协同夹剿,以资得力。锦丕勒多尔济已咨库伦先行协解饷银五千两,并请饬部再拨银二万两,著张廷岳于户部前拨银十万两内解到时,拨给银二万五千两应用,如有不敷,并著先其所急,宽为接济。福前请拨银五十万两,已据户部覆奏,由部库拨银二十万两,山东、山西、河〔南〕各拨银十万两,台站如有阻隔,前谕解至库伦,由张廷岳等派员协解此项银两,如到库伦,即著赶紧解往,并将借拨之银扣还,以清款项。文盛等请将茶马厘捐银三万余两归入军需项下支放兵饷,著照所议办理。将此由六百里加紧谕知都兴阿、德英、定安、李鸿章、奕榕、毓福、文盛、杜嘎尔、何璟、锦丕勒多尔济、张廷岳、阿尔塔什达、文麟、景廉、伊勒屯并传谕何琯知之。钦此。遵旨寄信前来。奴才伏思乌里雅苏台城失陷,该处待兵甚急,窃查奴才前奉谕旨,将截留官兵因未入境,咨饬带兵各员无论行抵何处,即行折回,经由盛京将军都兴阿处承领军装、器械、锅帐、口粮、皮被等项,取道张家口,迅赴乌里雅苏台,归福、济等调遣,并咨盛京将军等衙门,无论该官兵行抵何界,即应饬催折回。等因。奏闻后,奴才恭接现奉谕旨,复行饬催该带兵员弁务须迅速折回前进,驰赴该处,均归察哈尔副都统杜嘎尔统带调遣,暨饬不准沿途逗留,仍即飞咨盛京将军等衙门一体复行饬催前进,勿误巡行。所有奴才连奉谕旨,饬催带兵各员迅速前赴乌里雅苏台缘由,理合恭折由驿覆奏,伏乞皇太后、皇上圣鉴。谨奏。于同治九年十一月十六日接到回折,军机大臣奉旨:知道了。钦此。钦遵。相应呈请飞速咨报兵、户部备核外,并咨行直隶总督、盛京、吉林将军衙门知照可也。

右咨都京兵、户部、直隶总督、盛京、吉林将军衙门。

黑龙江将军衙门为吉林将军等奏绅士复恳捐建考棚义学书院事致黑龙江、墨尔根副都统衙门等的咨、札
附：原奏、片
同治九年十二月初八日

镇守黑龙江等处地方将军衙门为咨行事。

户司案呈：本年九月初五日准吉林将军衙门咨开，户司案呈，同治九年七月二十一日本衙门会同奉天学政恭折具奏，为吉林通省绅士复恳捐建考棚、义学、书院一折，又附奏原任西安将军多隆阿请于吉林建立专祠一片，当经照抄折、片，咨报在案。兹于八月二十一日奉到回折，军机大臣奉旨：该部议奏。钦此。又附片一件，奉旨：礼部议奏。钦此。钦遵前来。相应恭录谕旨，呈请咨报。等情。据此，拟合咨报。为此合咨礼部查照外，暨咨黑龙江将军衙门，请烦钦遵查照可也。等因前来。

相应咨行黑龙江、墨尔根副都统衙门、署呼兰城守尉富隆阿、同知文瑞查照外，并札传齐齐哈尔城八旗协领、营站、官屯等一体遵照可也。

右咨黑龙江、墨尔根副都统衙门。

并札署城守尉富隆阿、同知文瑞暨八旗、营、站、官屯等准此。

计原折、片一纸。

附：原折、片

奏为沥陈吉林现在情形，急宜振兴文教，统筹全局，而固根本，恭折覆奏，仰祈圣鉴事。

窃维同治七年春间据吉林绅士呈请捐资建立考棚，奴才等兼权时势，统顾全局，当即会商奉天学臣，据情陈奏，奉旨：该部议奏。钦此。旋据部臣奏称，系为统顾时势起见，自属实在情形，惟圣谕煌煌，理宜遵守，臣部未敢率准更张。等因。奉旨：依议。钦此。奴才等恭读之下，不胜悚惶，亦何敢再为渎请。第吉林现在开辟日广，人民日繁，一切情形迥非昔比，奴才等已于前次折内缕晰陈明。兹阅二年，奴才等无时不以治道人心、思患预防为急务，数年来虽经奴才富将马贼剿洗肃清，然恐根株未净，蠢动堪虞，特派演练官兵常川缉捕，至今仍多拿获，明正典刑。夙夜图维，欲化其梗顽莫如柔以文德，若使学政按临，宣扬圣教，甄拔善

良，俾乡曲愚顽道路观听，必有以鼓其向善之诚，而戢其不驯之气，诚方令〔今〕之急务也。奴才等正在筹策全局，谨拟覆奏之际，复据该绅士庆福等呈称，吉林旗、民文武各童向赴奉天寄棚考试，为读书应考者寒素居多，限于途资艰〔窘〕，每多中废，黑龙江距奉尤称窎远，虽经设额，迄今仍无赴考之人，恳恩再奏，俯准吉林捐建考棚，学政按临，不独嘉惠士林，藉可整齐风化。等情前来。奴才等详查该绅士等所请各情，均关维持世道，潜消乱萌之意。伏思该绅士等捐立学政公署、考棚及一切公费银至三万五千两之多，吉林素称寒若〔苦〕，奴才等一允陈请，不数日间皆能竭蹶，以图毫不亏欠，人心之鼓舞可知也。即〔既〕经部议饬驳，阖省士气顿为消阻。夫为治之道贵乘其机，只此按临与不按临，如所请则欣然倡义，不如所请则嗒然自失其机如此，此奴才等目睹之实在情形也。部臣以圣谕煌煌，理宜遵守饬驳，奴才等至庸极陋，亦知恪遵圣谕，何敢妄议更张，故于上年陈请折内将道光十三年谕旨敬谨备录，恭呈御览。所以陈请变通者，诚以我朝重熙累洽，圣圣相承，吉林士子涵濡圣化，又历三朝，士气文风迥非昔比。奴才等伏查，吉林学校嘉庆年间伯都讷、长春厅均无学额，统归吉林厅额进四名，嗣于道光六年奏加伯都讷、长春厅学额四名，合之吉林旧额共取八名，自时厥后叠有加增，迨至近岁，捐输奖励案内为数益繁，每届考试，合计三厅旗、民文武生员取进者约有六十名之多，较之道光年间几增十倍，若仍附考奉天，远隔千里，资斧不易，殷实之家勉思进取，寒素之士未免向隅，予以额数之宽，而限以道途之远，非所以畅皇仁而作士气。况黑龙江地方去奉更远，学额虽设，应试无人，若吉林设立考棚，不为〔惟〕吉林士子赴试较易，即黑龙江人士亦得就近附考，必不至学额久悬。此今昔情形不同，所宜亟筹变通者也。至于八旗以骑射为本，即应试文童亦必先看其马步箭合式，方准送考，况学政按临，文武并试，其武童应试省城时，八旗子弟亦可藉以观摩，尤于骑射大有神〔裨〕益。且奴才等自到任以来，即认真讲求学校，亲督助教等官教以清文兼演骑射，是以旗童习艺日见加益，而各外城已于上年奏请添设满教习，将见通省八旗子弟不妄〔忘〕根本，而清语骑射蒸蒸日上，即梗化愚民亦可相观而善矣。是吉林建立学棚一事，在昔日恐以长浮华，在今日正以厚风俗，在昔日恐有妨本务，在今日适以系人心，此时势钦惟我宣宗成皇帝在天之灵当亦默为降鉴也。奴才等赋惟最鲁，受恩极渥，但于地方稍有裨益，不敢缄默，矧全局攸关，更不敢不为我国家根本之吉林作亿万年金汤之计。当即咨商奉天学臣，意见相同，是以不揣冒昧，合词吁请，倘蒙皇太后、皇上天恩，俯如奴才等所请，准其绅士捐建考棚，学政按临吉林考试，暨黑龙江旗、民士子亦请准以就近附考，恭候圣裁。至学政按临时，所有各项士子，即照直隶州径行录送学政之例，吉林同知录送，至学臣由驿按临，岁科连考各事宜，自应查照成例办理，所需经费系绅士公捐，应免其报销。

奴才等为统筹全局起见，谨会同奉天学政臣任恭折合词具奏，伏乞皇太后、皇上圣鉴，训示遵行。谨奏请旨。

又片奏，复据吉林绅士庆福等呈请捐建考棚以外，另筹捐资修立义学、书院，并称原任西安将军多隆阿攻克回巢，得银充饷，奏明准与东三省共加文武学额二十名，委系功垂学校，士林感仰，恳乞奏请吉林建立专祠，春秋致祭，以及原任蒙古正红旗副都统伊兴额，蒙恩允准建立专祠，一并捐修。等情。奴才等详查义学、书院核与考棚事同一律，自应捐建。惟原任西安将军多隆阿躬率貔貅，胸罗礼乐，武功已著于西安，文德覃敷于东省，允宜嘉往劝来，风于有位。相应请旨敕部核议吉林捐建专祠，春秋致祭之处，伏祈圣裁。至赐谥壮愍，伊兴额本省专祠，现经奴才等倡率，通省官绅士庶捐建，以风忠荩。合并声明。

奴才等系为褒扬忠节起见，是否有当，谨附片奏闻。谨奏。

黑龙江将军衙门为出放夹荒不准邻靠之人把持事致呼兰委员佐领巴彦诺尔布、理事同知文瑞等的札

同治十年十二月初八日

将军衙门为严饬遵办事。

户司案呈：前饬该局员、同知等遵照前奏，务将各段原领毛荒中间剩有夹荒，无论是否邻靠之人，谁先递领交价，准其承领，照章拨放，不准邻靠之人任意把持，并著将预先大户包领未分毗连各户，无论大小均著各分毗连，各领执照，各交各租，以示清楚。等因。札饬并出示严饬各在案。兹有数佃来省，据控或以本身边界之荒致被旁人包领，意图转为出卖，巧取重价肥己，致累地邻土靠各户未能领垦，并受侵害愚弄各节，殊属不合。应再严饬该委员巴彦诺尔布、同知文瑞等，嗣后各段如有应行续领夹荒，务准地邻土靠各户情愿承领者准领，不准旁人藉势包领，如邻靠之户不能备价，不愿承领者，方准他人递领，倘邻靠之户居心刁诈不领，设词狡展者，随时拘获，照依不法拟办。再查各段佃民从前承领地亩内零星转卖未经分毗者，著各分毗连，各领执照，各交各项，以昭平允，毋任包庇交租，致滋拖累，并免后日轇轕为要。等因。据此，相应札饬该委员、同知等遵照可也。须至札者。

右札呼兰委员佐领巴彦诺尔布、理事同知文瑞等准此。

托克托布等为分设营制事的禀

同治九年十二月十四日

总管托克托布、副都统衔协领依常阿为拟请分设营制事。

窃职等查巴彦苏苏距北团林子地方，南北约二百里许，中间隔河三道，隔荒四段，东靠山林，非但距衙门窎远，且东有腰团林子、津河、格木克，北有弩敏、尼尔吉额、依浑等段，愈形较远。各该处人民厚集，良莠杂处，每多外来闲人聚赌为匪，滋生事端。职托克托布此次奉委查勘地基，亲到各段，目睹各该处游散闲人过多，北团林子为尤甚。非厂〔敞〕胸盘烨，即背手披衣，甚至骑马跨〔挎〕刀，伴伴街上，形景殊属不良。询之土居乡保商农，金称外来无业游民居多。人烟辐辏之地，每以聚赌为事。禁之，则偷摸讹诈平民，无所不至。皆谓其地若安设官兵，振〔镇〕摄弹压，无则匪人不待逐而自去。等语。职等即此观之，北团林子不可无兵者一也。至巴彦苏苏，距北团林子二百里，弩敏等段三四百里不等，倘一朝有事，往返探报，调遣营兵，近需四五日，远须七八日，官兵始克赶到，即至则贼已东审山林，远扬不获。居民受其涂〔荼〕毒，官兵无济于事，甚为可虑。其不可无兵者二也。

职等以现在情形酌核，可否拟请将此项官兵若分拨一半安设北团林子操练，永远振〔镇〕摄，统归该委协领节制，庶与巴彦苏苏等处为犄〔掎〕角之势，以之南、北、东、西，均可兼顾联络策应。如此办理，则与该处有裨。不揣冒昧，管见所及，是否有当，伏祈钧宪裁夺，指示遵行。谨禀。

黑龙江将军衙门为奏查明呼兰同知文瑞被参各节并刑书等诈索缘由按例定拟事致吏部、刑部等的咨、札

同治九年十二月十八日

镇守黑龙江等处地方将军衙〔门〕为咨报事。

户、兵、刑司案呈：同治九年十二月十八日本衙门恭折具奏，为遵旨查明呼兰同知被参各节，并刑书等诈索缘由，按例定拟，恭折奏祈圣鉴事。窃奴才于本年十月二十七日钦奉上谕内开：有人奏黑龙江呼兰理事同治〔知〕文瑞到任后，将双山堡街基址重敛地价，得钱二万余吊，每年复得钱数千吊，经人在该将军衙门呈控，又于同治七八年间向烧商索钱一万余吊，去冬厅属有抢劫重案，该同知派刑书林向荣前往代办，将事主钉指逼索钱文，从此盗案不敢报闻。等语。著德将文瑞被参各节详细查明，据实严参。等因。钦此。遵旨寄信前来。奴才当即遵派协领依常阿等驰赴该处，会同前派委员总管托克托布等详查文瑞被参各节，业经附片奏闻在案。兹据委员协领依常阿、总管托克托布等将挨户清查集场地基、烧商纳钱帐〔账〕目、去冬抢劫案件，取具各该乡、地、烧商铺户执事人等联名画押图书结呈，连访获案犯事主讯取供招，一并呈请核办前来。奴才当即饬司逐层严审，详加斟核，绿〔缘〕去年四月间同知文瑞因阿力罕山界佃民于廷杰等将该处余荒内双山堡地方私设集场，人户稠密，恐有匪类滋扰，呈请官为经理，以资弹压，并因欲建官所无款可筹，劝谕众铺商等各出钱文资助修理，以便派役巡查，当据众铺商等甘愿照伊所占地基每丈帮纳京钱一吊至四吊不等，共收过十二家京钱六百七十二吊，其余未出钱各铺商并未收取。其原秦内称大小租赋加钱，缘因本省属境向皆行使九八市钱，该佃民等均由江南临近吉属一带卖粮，载回现钱纳租，其钱多有短数，搀杂小钱，必须雇觅人夫按数挑补暨按吊另换线麻绳串，所有雇觅人夫清查钱数换串一切工食需费无款可筹，该同知系照前署同知松英额自五年开征，酌按京钱收纳租项，按九八市钱送省入库，每吊余制钱十文，每年得市钱二千余吊，仅敷挑补短数小钱、换串人夫等项之需，并无额外多收。至清省各段烧商账目，每筒按年交纳课银二百两，并收纳油、酒、烟，麻各税钱一百三十

吊，除此亦无额外交厅钱项。去年十一月间，该厅属朱堤河段内有被劫受伤之事主，系阿勒楚喀属民王有、王得禄即二憨，曾在朱堤河夏家店养伤，报经该厅同知文瑞，派刑书林向荣，起意商同乡约毕显廷用皮条将事主脚指拧紧，用鞭敲打脚心，即日钉指，非刑拷打，逼改口供，林向荣锁〔索〕诈该店四邻之民李有林等京钱七十吊，有当时自交者，亦有佃民丁四代为凑交者，遂即朦混了案，同知文瑞并不知情，此项钱文已经该委员等由厅如数追出，分发各主具领。除此以外，去冬并无抢劫之事。等因。质之刑书林向荣、乡约毕显廷、店主夏祯、牌头李有林、事主王得禄即二憨暨被诈钱文民人等供，均与同知文瑞禀诉情形相符，并与委员等查报暨林向荣等供招无异，隔别研讯，矢口不移，案无循饬，事主王有患病未能到案，自应分别按例定拟。此案同知文瑞清查双山堡街基，收取地价京钱六百七十二吊，缘该众铺商甘原助修官所，帮贴差役糜费之需，系属因公，讯无入己勒索情事，其照前章以京钱收纳租项，既系无累于民，以九八市钱解省抵饷，亦属无亏于兵，每年所余钱文仅敷挑补短数小钱并清查钱数换串人夫糜费等项之需，俱属实在情形，惟失察刑书林向荣等铸〔拷〕打事主，逼改口供，并锁〔索〕诈佃民钱文等事，该同知虽非知情徇庇，究属失于觉察，相应请旨将同知文瑞交部议处；刑书林向荣奉派往查被劫受伤之事主，并不据实禀报，乃竟商同乡约毕显廷非刑拷打事主，逼改口供，复又锁〔索〕诈佃民钱文七十吊，林向荣除诈赃轻罪不议外，可否比照差役有因索诈不遂，将奉官传唤人犯私行羁押拷打陵〔凌〕虐者，为首枷号两个月，实发云、贵、两广极边烟瘴充军；乡约毕显廷听从林向荣，非刑拷打事主，逼改口供，搜去事主票钱两吊，系属为从，应于林向荣军罪上减一等，拟以杖一百，徒三年。是否允协，请旨饬部核覆，奴才以凭遵办。佃民丁四于〔与〕林向荣锁〔索〕诈钱文应许代为凑交，合依抑勒诈索取财者与财人及说事过钱人俱不坐例，与出钱之佃民李有林等均免置议，无干省释。事主王得禄即二憨令其自行回籍。抢劫逸犯札令该同知文瑞上紧严拿，务获究办。再，刑书林向荣据供亲老丁单，是否属实，现已行令该同知文瑞详查明确，一俟结报到日，另行咨部核办。除将全案供招并各铺结呈造册暨同知文瑞职名分送吏、刑二部备核外，所有奴才遵旨查参审拟各缘由，是否有当，谨恭折具奏，伏乞皇太后、皇上圣鉴，训示遵行。谨奏请旨。

等因具奏之处，相应报明，并将同知文瑞等供招造册一本，暨应议职名照抄粘单,咨送吏、刑部核议施行,并札知呼兰同知文瑞听候部议,仍移付户、兵司查照可也。

(注:后附供招略)

德英为呼兰厅拟请分设营制事致都京兵部、户部、工部的咨

同治九年十二月十八日

奴才德英跪奏，再奴才呼兰厅属节年招垦，烟户日增，深恐流匪潜匿，请设旗营，拨添职官九员、笔帖式二员、马兵二百一十六名，以资捍卫。等情具奏。经兵部遵旨会议，准照奴才所请办理。等因。奏奉谕旨：依议。钦此。钦遵。咨照在案。奴才拟于春融即行安设营制。兹据派往清查呼兰厅属案件并承办开垦事务之总管托克托布、协领依常阿等票称，巴彦苏苏同知厅署南至松花江二十余里，东至山林三十余里，西至呼兰旗营一百四十余里，北至弩敏等处四百余里，烟户既增，良莠不齐，现在新拨官兵若皆设于巴彦苏苏地方，则与弩敏等处相距窎远，稽查难周，请将此项官兵分拨安设，以资兼顾，庶可弹压。等因。禀请前来。奴才悉心详核，系属实在情形。伏查巴彦苏苏距弩敏等处四百余里，中有〔北〕团林子地方最为冲要，烟户较稠，棍匪易于藏聚滋事，拟应请将新拨官兵二百二十七员名，在于巴彦苏苏安设一百一十四员名，〔北〕团林子安设一百一十三员名，即于明年春融各就地方设立营制，责成该营员等认直〔真〕分巡操练，则厅属远近既可兼顾，并可与呼兰旗营相接，搜缉均能联络，互相应援，巡查棍恶游匪，实与弹压地面俾安民佃大有裨益。所有奴才拟请分设营制、整饬地方缘由，理合附片具奏，伏乞圣鉴，训示遵行。谨奏。

等因具奏之处，相应呈请咨报兵、户、工部备核施行。须至咨者。

右咨都京兵、户、工部。

总办开垦行局事务副总管托蒙阿、年满屯官奇祥为报同治九年巴彦苏苏等段放荒细册事致黑龙江将军衙门的呈

同治九年十二月二十日

奉委总办开垦行局事务副总管托蒙阿、年满屯官奇祥为造册呈送事。

谨将同治九年拨放巴彦苏苏等八段佃民一百八十一户，承领毛荒、夹荒九千七百二十九垧、余荒十垧零三亩七分，共九千七百三十九垧三亩七分，内扣除三成，实以七成计算，可垦地六千八百一十七垧五亩五分九厘，按段分晰开写印照号头，造具佃户花名、承领垧数、联名互保、四至毗连细册一本呈送外，其应发毛、夹、余荒空白印照共一百六十四张，并请备用印照二十张，恳祈将军衙门如数迅速饬发递送职局，以便注写分发。

再，本年拨放勘丈时续领毛荒各佃应交项内，现经查出未经验收钱三千五百五十二吊九百九十文，除移令该厅立即严传如数追收外，理合一并呈报将军衙门鉴核施行。须至呈者。

黑龙江将军德英为补放理刑主事事致都京吏部等的咨、札

同治九年十二月

镇守黑龙江等处地方将军德英为咨报事。

兵司案呈：本衙门于同治九年十一月初十日恭折具奏，为理刑主事缺出，遵咨奏补，恭折具奏，仰祈圣鉴事。

窃查奴才衙门理刑主事桂斌补授员外郎，所遗员缺自应遵咨请补。查同治五年准吏部咨开：嗣后黑龙江省遇有理刑、银库主事缺出，本省如有候补京缺之员，准该将军咨部留补；若无此项人员，仍咨部由京补放。等因具奏奉旨：依议。钦此。钦遵。行知在案。今桂斌所出理刑主事员缺，查有以黑龙江主事遇缺即用之主事衔年满仓官托克托布，前因解送神机营捐马出力，经王大臣保奏，该员系候补京缺主事之员，先换主事顶戴。同治六年十二月二十四日奉旨：依议。钦此。嗣因奴才巡阅属城，该员随差得力，保奏以本省主事遇缺即用。同治八年十二月二十七日奉旨：著照祈请将〔奖〕叙。钦此。复与该员给咨送部，于同治九年八月初二日经该部带领引见，奉旨：托克托布著以黑龙江主事遇缺即用。钦此。钦遵均各在案。惟查奴才前将桂斌所出理刑主事一缺，即照部定章程留于本省，以该员应补之处已经咨部去后。现准吏部咨开：以主事遇缺即用之年满仓官托克托市，经本部于本年八月初二日带领引见，率旨：著以黑龙江主事逃缺即用，钦此。应遇有黑龙江理刑、银库、管档主事缺出，由该将军奏请补放，毋庸再行送部引见。等因前来。奴才伏查该员人尚明白，当差勤慎，相应遵咨将理刑主事一缺以记名主事遇缺即用之年满仓官托克托布奏请补放。

所有遵咨奏补主事缘由，理合恭折具奏，伏乞皇太后、皇上圣鉴，谨奏请旨。于同治九年十二月二十日接到回折，军机大臣奉旨：该部知道。钦此。钦遵。相应呈请咨报大部备核外，并札传正蓝旗协领铁林、水师营总管托克托布查照可也。须至咨者。

右咨都京吏部。

右札正蓝旗协领铁林、水师营总管托克托布准此。

德英为奏整顿差操农务添筹牛马事的奏折

同治九年

奴才德〔英〕跪奏，为据报现因极边扼要，应即整顿差操农务藉以防维生活，添筹牛马，吁恳天恩赏借银两，饬部指拨，预资置备，以防不虞，恭折具奏，仰祈圣鉴事。

窃据黑龙江城副都统爱绅泰报称：该处毗连俄境，附近山场地土寒冷，所产牛马甚稀。溯自军兴以来，历调出征，随将堪乘马匹均各骑赴军营。继因俸饷久缺，每年应行扣还牛马银两为数无几，实系不能随时买补。详查现在存营兵丁，每逢操演围猎之时，缺乏马匹者居多，虽暂辗转应差，深虑无能随时演练。旗丁事小，极边事大，若不速请筹备，必致畸射渐就生疏。伏查俄夷占踞江左，而本城兵丁历派出征，存城兵少丁单，复值经年缺乏饷银，种牛倒毙，废犁停耕，谋食佣工者尤复不少，以致粮价昂贵，旗丁苦累难堪。踌躇至再，惟有拟请转奏，恳恩赏借银一万两，以六千四百两分给八旗无马兵丁，仍照每马核价银八两置买马八百匹，以三千六百两分借旗兵农户力单之家，每牛核价银十二两置买牛三百条。仍循旧章，作为四年八季由各该兵丁关领饷内扣还归款。如此随时操演马队兵丁，俾得马匹之助可期精熟，其力单农户藉增牛犋，亦可慰望收成，老幼男妇群资糊口。仍仿照向章，在于呼伦贝尔处购买。等情资〔咨〕报前来。

奴才率属复加详查，该处原设牛马银一万一百余两，委因俸饷屡经缺欠，未能开放，所有出借牛马银两不能随时扣还补买，以致兵丁积年缺乏牛马，系属实情。且该城地处极边，与俄夷接界，其操防农业更关紧要。本处实属无款可筹，至招垦地租已经该部预行如数指拨俸饷。再四思维，无法指置，亦惟据实佃甸叩恳天恩赏借银一万两，饬部筹款指拨，以济该处兵丁置买牛马，俾得随时操练，不违农作，藉备不虞，以重边防。如蒙恩准，一俟由部咨照到日，奴才即遵向章赶紧派委妥员前往盛京领取，拨给该处分放。仍按四年八季由各该兵丁关领馆内扣还，以归原款外，所有奴才据报拟请筹拨置买牛马银两，兵丁有恃防维，农户永济生活缘由,谨不揣冒昧,恭折具奏,伏乞皇太后、皇上圣鉴,饬部核议施行。谨奏请旨。

德英为奏秋成分数及被灾丁户事的奏折
附：清单
同治九年

奴才德英跪奏，为据报秋成分数及被灾丁户，吁恳天恩，分别接济口粮，并请展缓前借籽种、口粮、银米，以纾丁力，恭折具奏，仰祈圣鉴事。

窃查黑龙江省所属各城本年秋成分数，据各该副都统、署城守尉、总管、协领、同知等陆续详报：呼兰收成六分。齐齐哈尔、黑龙江、布特哈三处自去岁冬际〔季〕雪大，迨至今春，又复大降雨雪，是以牛马牲畜被灾瘟疫倒毙者不堪胜数，且旗营屯户平洼田地均被水占，未能耕种，而高阜之地所种各项田禾虽逢雨水调和，正值籽粒成熟之际，猝于八月初十、十一等日苦降严霜，受冻轻重不一，收成粮石籽粒不等。齐齐哈尔、黑龙江二处仅收成三分余。布特哈处收成三分余、二分，茂兴、墨尔根等二十七站收成六分、五分、四分、三分余、三分不等。墨尔根城所种田禾夏间被旱，据报前来。当经奴才照例声明咨报户部在案。嗣虽得雨，而田禾长发不茂，正在成熟之际，仍于八月初十、十一等日降霜受冻，仅收成三分。又，据黑龙江、墨尔根副都统、齐齐哈尔协领等报称：前借籽种、口粮、银米现因收成歉薄，均请暂行展缓，俟来年秋成后再行如数缴还。至墨尔根副都统、布特哈总管等报称：收成三分、二分，被灾丁户内除力能糊口之外，其实在拮据人丁，拟请照例分别接济口粮。等因。详报前来。奴才当即拣派佐领富僧阿、常升等前往该处确切详查。旋据呈称：墨尔根、布特哈二处被灾田禾收成分数均与各该处原报相符，奴才复加详核，均系属实。

查定例：收成六分者，额粮满交，收成一分至三分者，将额粮全行蠲免，仍行分别接济。等语。现在呼兰收成六分，旧官屯壮丁应满交额粮，照数入仓；新设官屯壮丁满交额粮，内遵照部文一半变价支给布特哈处孤寡口粮外，其余一半照数入仓。其新开荒田满交租钱，随时征收入库。齐齐哈尔、黑龙江、墨尔根三处收成三分余、三分，承种公田养育兵、官屯壮丁应交额粮照例免交。布特哈处被灾十二牛录并茂兴、墨尔根等二十七站内除被灾二站外，其余收成六分、五分、四分、三分余不等，各该处并无公田，向不交粮。墨尔根、布特哈二处收成三分、二分之被灾旗营屯站丁户，实因缺乏口粮，拟请照例分别接济。

查现在墨尔根城公备仓储仅存粮一万三千余仓石，奴才拟请仿照上年成案，将墨尔根被灾丁户接济粮石拟由该处公仓存粮一千四十仓石九斗一合七勺五撮照例全行赏给旗营各丁，仍不敷粮五千七百六十仓石六斗七升七合二勺五撮，由备仓现存粮内动用接济。其布特哈十二牛录及墨尔根、依勒喀二站被灾丁户分别接济粮一千五百三十一仓石三斗七合，拟由就近亦于墨尔根城备仓内动用接济。此项粮石，于明年秋成后照数缴还。再，查齐齐哈尔、黑龙江、墨尔根三处本年收成歉薄，如将前借籽种、口粮、银米依限缴还，难免不无拮据，愈形苦累，惟有吁恳天恩暂行展缓，俟来年秋成后如数缴还，以纾丁力。

除将呼兰新开荒田应征本年租赋并带征同治六年欠租统俟照章收齐，另行咨报户部外，谨将照例应交、应免额粮并请分别接济被灾人户粮石暨展缓前借籽种、口粮、银米各数目敬缮清单，恭呈御览，伏候命下之日钦遵办理，再行造具细册咨送户部备核。所有据报收成分数，理合恭折具奏，伏乞皇太后，皇上圣鉴，谨奏请旨。

附：清单

谨将黑龙江省所属各城秋成分数照例应交、应免额粮并因被灾分别接济粮石暨展缓前借籽种、口粮、银米各数目敬缮清单，恭呈御览。

——呼兰城收成六分，旧官屯壮丁五百一十名，满交额粮一万一千二百二十仓石，全数照例入仓；新设官屯壮丁一百九十名，应满交额粮四千一百八十仓石，内遵奉部文除将一半办〔变〕价抵放布特哈处孤寡口粮外，其一半额粮二千九十仓石一并照例入仓。

——齐齐哈尔、黑龙江城收成三分余，所有承种公田养育兵六百二十五名、官屯壮丁八百一十五名，应交额粮照例免交，亦不接济。

——墨尔根城被灾收成三分，承种公田养育兵一百八十名、官屯壮丁一百五十名，应交额粮照例免交，其被灾各户拟请分别接济口粮者共计一千七百一十户，大口六千五十八名口，小口六百九十三名口，作为一起接济，自明年二月起至七月底止，接济六个月粮，大口每月粮一仓斗七升七合，小口减半，共需粮六千八百一仓石五斗七升九合，内除由该处公仓现存粮一千四十仓石九斗一合七勺五撮照例全行赏给旗营各丁外，仍不敷粮五千七百六十仓石六斗七升七合二勺五撮，由该处备仓粮内赏借。

——墨尔根、依勒喀二站收成三分，被灾各户拟请分别接济口粮者共计九十三户，大口四百一十六名口，小口六十五名口，作为一起接济，自明年二月起至七月底止，接济六个月粮，大口每月粮一仓斗七升七合，小口减半，共需粮四百七十六仓石三斗七合，请由墨尔根城备仓粮内赏借。

——布特哈处收成三分余、二分不等，收成三分余者例不接济；其十二牛录收成二分，被灾各户拟请分别接济口粮者共计一百六十六户，大口四百八十六名口，小口八十三名口，作为一起接济，自本年闰十月起至明年七月底止，接济十个月粮，大口每月粮二仓斗，小口减半，共需粮一千五十五仓石，就近由墨尔根城备仓粮内赏借。

以上呼兰收成六分，官屯壮丁应交额粮共一万五千四百仓石，内除遵奉部文抵放布特哈处孤寡口粮、变价粮二千九十仓石外，实入仓额粮一万三千三百一十仓石。其墨尔根城、布特哈及墨尔根、依勒喀二站收成三分、二分，被灾人户分别接济共需粮八千三百三十二仓石八斗八升六合。

——黑龙江城因咸丰十一年青黄不接，借过籽种、口粮四千仓石；又于同治元年由仓存捐米项内动厍借过接济口米四千仓石。

——齐齐哈尔城同治七年青黄不接，借过籽种，口粮一万六千仓石；又因八年被灾接济粮五万八百八十仓石八斗，银四万五千二百八十三两六钱四分五厘，内由奉雀先行借垫领来银二万两，尚未解到银二万五千二百八十三两六钱四分五厘。乃因被灾各户待哺嗷嗷，需济孔股，万难稍缓，业经具情咨报户部速催解送，俾资接济，以免饿莩在案。

——墨尔根城同治七年青黄不接，借过籽种口粮七千仓石；又由是年被灾接济口粮六千三百五十五仓石八合，请旨哲缓。均俟来年秋成后再行依限如数缴还。

德英为奏挑选貂皮数目事的奏折
附：清单
同治九年

奴才德英跪奏，为挑选貂皮数目，恭折奏闻，仰祈圣鉴事。

窃于本年六月间，据布特哈总管诺们德勒和尔等将该处索伦、达呼尔、墨凌阿鄂伦春、雅法罕鄂伦春、毕喇尔官兵、牲丁等捕获貂皮三千二百四十三张呈送到省，奴才督率该总管并协领等官，在署遵照奏定章程核计官兵，牲丁数目，除去出征旷缺外，尽数按名由该官兵，牲丁等所捕皮内详加挑选，得头等貂皮七十张、二等貂皮一百七十三张，好三等貂皮四百三张，内秋板貂皮二十一张，寻常三等貂皮二千一百六十一张，共选应进貂皮二千八百七张，其挑驳余剩貂皮四百三十六张。循照旧规，均饬割去貂腿一只交该总管等分给原捕人等领回。其交纳色好貂皮人等，由奴才衙门酌量鼓励，仍饬该总管督饬官兵、牲丁等于下年勤加捕打上色毛厚貂皮，以期应选。所有本年挑选贡皮数目，谨援照成案，先行奏闻，并将该官兵、牲丁人数花名造册咨报户部备核。仍俟秋后敬谨包裹妥协，遴派布特哈官兵由驿送京交纳，暨咨报户部、理藩院、内务府查照外，谨将应进貂皮官兵、牲丁人数并所选皮张数目分别敬缮清单，恭呈御览。伏乞皇太后、皇上圣鉴。谨奏。

附：清单

谨将布特哈处索伦、达〔呼〕尔、墨凌阿鄂伦春，雅法罕鄂伦春、毕喇尔等捕获貂皮内按丁挑选等第，数目，分别敬缮清单，恭呈御览。

——布特哈处索伦，达呼尔共丁二千八十七名，捕获貂皮二千四百九十张，内挑选得头等貂皮四张，二等貂皮二十九张，好三等貂皮一百三十六张，内有秋板貂皮二十一张，寻常三等貂皮一千八百九十七张。

——墨凌阿鄂伦春共丁一百二十五名，捕获貂皮一百五十二张，内选得头等貂皮一张，二等貂皮一张，好三等貂皮四张，寻常三等貂皮一百一十九张。

——雅法罕鄂伦春、毕喇尔共丁五百九十五名，捕获貂皮六百一张，內选得头等貂皮六十五张，二等貂皮一百四十三张，好三等貂皮二百四十二张，寻常三等貂皮一百四十五张。

以上按照丁数选得貂皮二千八百七张，内头等貂皮七十张，二等貂皮一百七十三张，好三等貂皮四百三张，内秋板貂皮二十一张，寻常三等貂皮二千一百六十一张。

谨查奏定布特哈索伦、达呼尔、墨凌阿鄂伦春额丁三千四百二十八名暨新袭官一百四十七名，已到年岁官三十一名，由都京旋回官二名，共三千六百八名，内除上年升授职任并承袭世职、告退、病故官四十三名，又除去空缺职官四十三名，留京当差兵丁二名，往河南等处出征官四十七名，兵丁一千四百七十五名，净剩丁一千九百九十八名，又加由军营撤回官兵一百七十七名，由军营送回之缺挑补丁数三十七名，现在实有官兵、牲丁二千二百一十二名；并雅法罕鄂伦春、毕喇尔丁五百九十五名，共计应交貂皮丁二千八百七名。按照丁数，共挑选得貂皮二千八百七张。谨查照成案，敬缮清单，恭呈御览。

黑龙江将军衙门为巡猎事致管理官屯屯官佛銮等的札
同治九年

将军衙门为严行晓谕凛遵事。

兵司案呈：适奉将军堂谕：照得本年奏明秋猎，发给资装，操练官兵，定于十月初三日本将军携篆统率省城官兵启程前往阿奇珠一带地方巡猎，唯思行围官兵到处，恐有骚扰，亟应预先严行晓谕带领出围官兵之总围协领倭和、管理茂兴等站站官乌密业苏等知之，此次行围官兵借资操练，各有领项，自备口粮，各站村屯勿庸预备饭食，到处仅用住房，一宿每人发给柴薪房钱五十文，其喂马羊著每捆作价一十二文，即预为备足，按捆临时发给价值，不准分文托〔拖〕欠，均著各该站领催、屯长头目带领各该家长等照依所住人数草数收领价值，经理明白，仍由兵司务当严禁行围各官兵不准丝毫骚扰驿站村屯。本宪仍密派官弁到处访询，倘有不肖弁兵或不照数给与房钱喂马羊草等价，不惟将该弁兵加重惩办，即该管行围官弁领催等一并从严究刻，决不宽宥，各宜凛遵勿忽。为此预先特谕。等因。奉此，饬传管理茂兴等站站官乌密业苏一体遵照可也。须至札传者。

右札带领齐齐哈尔八旗出围官兵之总围协领倭和、管理茂兴等站站官乌密业苏、管理官屯屯官佛銮等准此。

署理黑龙江将军德英为与俄商议边界事宜事致总理各国事务衙门等的咨呈、札

同治九年

署理镇守黑龙江等处地方将军印务吉林副都统德英为飞速咨呈事。

兵司案呈，本衙门于同治九年二月十七日恭折由驿具奏：为俟俄国委员来省商议边界事宜，到时设或背约要求，务须钦遵谕旨，力为维持禁阻缘由，恭折由驿奏祈圣鉴事。窃奴才于本年二月十四日承准军机大臣字寄，同治九年二月初五日奉上谕，总理各国事务衙门奏俄国拟差员商议边界事务，请饬妥办一折，据称该国东悉毕尔总督欲于本年春间差员前往齐齐哈尔，吉林等处与各该将军面议边界事宜，恐其藉端要挟，请饬该将军等相机妥办。等语。吉林、黑龙江等处本无议定通商口岸，该国意图贸易，屡次坚求。同治五年间已有轮船驶入松花江上游之事，且有在黑龙江夹心滩种地、刈草各情，觊觎之端，不一而足。此次复欲派员往议边界事务，其意必坚持前请，多所要求。如其循理按约，自不妨酌量允行，若系违理背约之求，定当力为维持，严行禁阻。著富明阿，德英体察情形，俟该国委员到时，务须婉言开导，不得稍有迁就。至相待之礼，不妨示以优容，一切相机而行，妥善办理。原折均著抄给阅看，将此由五百里各谕令知之。钦此。遵旨寄信前来。

奴才跪读之下，仰见我皇上轸念边陲之至意，不胜钦感。伏思吉林、黑龙江等处，本无议定通商口岸。该国意图贸易，屡次坚求。上年已有轮船驶入松花江上游，抵至呼兰，欲行贸易，当饬该地方官遵约剖辩，拦阻旋回。且有在黑龙江夹心滩种地、刈草各情。此次复欲派员商议边界事务，其意必坚持前请，多所要求。诚如圣谕：觊觎之端不一而足。奴才身膺重寄，责任封疆，当此夷性诡谲，要求无厌之时，必当竭尽犬马，遇诚相机办理，以期仰答高深于万一耳。

奴才查黑龙江自西北发源向东南流入松花江，汇流入海。其黑龙江左岸俱为俄国边界，是黑龙江城与俄夷接壤，仅隔一江，所以耕种、刈草等事，每多争执狡赖。此次之来，难保不无藉端要挟情事。奴才唯有率属静俟该国委员到日，谨遵谕旨，体察情形，优容相待。若该夷官商议边界

事宜果能循理按约，自应酌量核办；如其违理背约，强欲要求，奴才亦必率属婉言开导，竭力维持禁阻，断不敢稍涉迁就。深虑该夷藉此窥伺，尤当加意防维。奴才现已咨饬黑龙江副都统爱绅泰、署呼伦贝尔总管额尔德尼、呼兰城守尉阿克敦等严饬所属地方各卡员弁留神侦探，如有俄国委员到界时，接待之礼示以优容，不得稍有侮慢，遇事相机办理，加意严防，毋致贻误。等情。飞饬遵办外，所有奴才钦遵谕旨，一俟俄国委员到日相机办理缘由，理合恭折由驿奏闻，伏乞皇太后、皇上圣鉴。谨奏。同治九年三月初九日接到回折，军机大臣奉旨：该衙门知道。钦此。钦遵。相应呈请飞速咨呈总理各国事务衙门鉴核，暨咨报兵部查照外，仍咨行吉林将军衙门并咨饬黑龙江等五城呼兰理事同知文瑞、茂兴等站站官乌密业苏等知照可也。须至咨呈者。

右咨呈总理各国事务衙门、都京兵部、吉林将军衙门、黑龙江等五城。

并札理事同知文。

署理黑龙江将军德英为报送所有副都统清册事致办理军机处、都京兵部的咨呈、咨
附：清册
同治九年

  署理镇守黑龙江等处地方将军印务吉林副都统德英为造册飞速咨呈事。

  兵司案呈：照得同治四年六月初六日承准办理军机处咨所有黑龙江省现署副都统人员，希分晰开单，每月咨报兵部本处。至所保记名之副都统人员，并希将各该员年岁、旗分、籍贯一并开单，知照兵部及本处备查。等因前来。当已遵咨本省各城记名副都统、都统衔副管苏彰阿等十员并续添署副统、记名副都统、副都统衔协领莫尔赓额等七员年岁、旗分、籍贯，并将署副都统、奉旨副都统记名之年、月、日期，现在本处、并在军营之处，于各该名下注明，各造汉字清册一本，按月咨呈备核在案。兹自本年四月初一日起至二十九日止又届一个月，查此月内据本省各城八旗查报案内并无添减人员。查绰勒洪阿一员，系暂行革职，现已撤回之处于册内声明。相应将上月呈送记名副都统、都统衔副管苏彰阿等十七员合并各造汉字请册一本，按月飞速咨呈办理军机处暨咨送兵部备核施行。须至呈者。

  右咨呈办理军机处并咨都京兵部。

  附：清册

  谨将黑龙江省现署副都统、记名副都统等衔名、年岁、旗分、籍贯、现在本处及在军营按名开列于后：副都统记名都统衔即补总管布特哈正白旗副管奖赏花翎法尔沙泰巴图鲁苏彰阿，系布特哈正黄旗和昌佐领下人，现年五十五岁，因在陕西军营打仗奋勇，经钦差大臣多隆阿保奏，于同治二年九月十七日奉旨：交军机处记名，遇有副都统缺出请旨简放。苏彰阿现在布特哈本处。

  副都统记名副都统衔布特哈镶黄旗副管奖赏花翎额尔奇穆巴图鲁花尚阿，系齐齐哈尔城镶蓝旗依兴阿佐领下入，现年四十二岁，因在安徽军营打仗奋勇，经钦差大臣袁甲三保奏，于同治元年三月初五日奉旨以副都统记名简放。花尚阿现在布特哈本处。

副都统记名副都统衔齐齐哈尔城正蓝旗世管佐领奖赏花翎胡尔察巴图鲁富庆阿，系齐齐哈尔城镶蓝旗双德佐领下人，现年四十三岁，因在湖北军营打仗奋勇，经钦差大臣多隆阿保奏，于同治二年二月初十日奉旨交军机处记名，遇有副都统缺出请旨简放。富庆阿现在齐齐哈尔本处。

副都统记名副都统衔头品顶戴尽先即补协领布特哈镶白旗副管奖赏花翎捷勇巴图鲁本福，系黑龙江城正白旗色普吞巴勒珠尔佐领下人，现年四十三岁，因在陕西军营打仗奋勇，经钦差大臣穆图善保奏，于同治三年十月三十日奉旨以副都统记名简放。嗣因甘肃军营打仗奋勇，经钦差大臣穆图善保奏，于同治七年四月十六日奉旨赏给头品顶戴。本福现在甘肃军营。

副都统记名副都统衔呼兰正白旗佐领奖赏花翎讷恩登额巴图鲁绰勒洪阿，系呼兰镶黄旗佛尔果春佐领下人，现年四十七岁，因在陕西军营打仗奋勇，经钦差大臣多隆阿保奏，于同治三年二月初七日奉旨以副都统记名简放。绰勒洪阿现在呼兰本处。前准神机营咨文内开：绰勒洪阿因更换马匹起程迟延，经该王大臣奏准暂行革职，仍责令督队剿贼，以观后效。

副都统记名副都统衔墨尔根城正白旗防御奖赏花翎图鲁巴图鲁库里布，系黑龙江城正白旗巴彦达赉佐领下人，现年四十六岁，因在陕西军营打仗奋勇，经钦差大臣穆图善保奏，于同治三年十月三十日奉旨以副都统记名简放。库里布现在墨尔根本处。

副都统记名副都统衔即补协领布特哈正红旗佐领奖赏花翎铿色巴图鲁山善保，系布特哈正白旗庆明阿佐领下人，现年三十九岁，因在陕西军营打仗奋勇，经钦差大臣穆图善保奏，于同治三年十月三十日奉旨以副都统记名简放。山善保现署宁夏副都统。

副都统记名副都统衔即补协领黑龙江城正白旗防御奖赏花翎博清额巴图鲁依精阿，系黑龙江城镶白旗倭兴额佐领下人，现年五十三岁，因在陕西军营打仗奋勇，经钦差大臣穆图善保奏，于同治三年十月三十日奉旨以副都统记名简放。依精阿现在黑龙江本处。

副都统记名副都统衔即补协领呼伦贝尔镶黄旗庆善佐领下骁骑校奖赏花翎伯勇巴图鲁巴尔佳布，系黑龙江城正红旗多祥佐领下人，现年三十五岁，因在甘肃军营打仗奋勇，经钦命督办军务西安将军都兴阿保奏，于同治四年二月二十一日奉旨以副都统记名简放。巴尔佳布现在甘肃军营。

副都统记名副都统衔即补总管布特哈镶白旗佐领奖赏花翎爱兴阿巴图鲁乌珀讷依，系呼伦贝尔正红旗呢勒杭阿佐领下人，现年三十八岁，因在陕西军营打仗奋勇，经钦差大臣穆图善保奏，于同治三年四月二十六日奉旨以副都统记名简放。乌珀讷依现在甘肃军营。

副都统记名副都统衔头品顶戴墨尔根城镶红旗佐领奖赏花翎坤都巴图鲁索诺木，系呼伦贝尔镶蓝旗固伯里佐领下人，现年四十一岁，因在甘肃军营打仗奋勇，经钦命督办军务西安将军都兴阿保奏，于同治四年八月二十四日奉旨以副都统记名简放。嗣因甘肃军营打仗奋勇，经钦差大臣穆图善保奏，于同治七年四月十六日奉旨赏给头品顶戴。索诺木现在甘肃军营。

副都统补用副都统衔奖赏花翎哈奇祥阿格洪额双巴图鲁布特哈总管萨呢布，系布特哈正白旗松忠佐领下人，现年四十岁，因在河南军营打仗奋勇，经钦命河南巡抚李鸿章保奏，于同治五年五月初七日奉旨以副都统补用。萨呢布现在布特哈本处。

副都统补用二品衔尽先即补协领黑龙江城正红旗佐领奖赏花翎巴德，系黑龙江城正红旗色凌额佐领入下，现年四十岁，因在湖北军营打仗奋勇，经钦差大臣署理湖广总督李鸿章保奏，于同治六年十月初三日奉旨以副都统补用。巴德现在黑龙江本处。

副都统记名副都统衔现署墨尔根城副都统齐齐哈尔城镶蓝旗协领奖赏花翎绰勇巴图鲁莫尔赓额，系齐齐哈尔城镶红旗德勒克呢玛佐领下人，现年五十四岁，因在直隶军营打仗奋勇，经钦差大臣左宗棠保奏，于同治七年六月初六日奉旨以副都统记名简放。又因东省马步兵勇肃清全捻出力，经山东巡抚保奏，于同治七年十一月二十八日奉旨以副都统遇缺尽先题奏。莫尔赓额现在齐齐哈尔本处。

副都统记名副都统衔黑龙江城镶蓝旗协领奖赏花翎苏苏克巴图鲁萨英阿，系黑龙江城镶蓝旗诺们珠拉佐领下人，现年三十六岁，因东省马步兵勇肃清全捻出力，经山东巡抚保奏，于同治七年十一月二十八日奉旨以副都统记名简放。萨英阿现在甘肃军营。

军机处记名齐齐哈尔城正黄旗副都统衔协领依常阿，系齐齐哈尔城正红旗春德讷佐领下人，现年五十岁，于同治六年军政由黑龙江将军衙门荐举卓异，送部带领引见，于同治八年三月初七日奉旨准其卓异，著交军机处记名。嗣因当差勤慎，襄办印务甚属精详，经署黑龙江将军德英保奏遇有副都统缺出请旨简放，并赏加副都统衔，于同治九年正月十六日接到回折，奉旨：著照所请。依常阿现在齐齐哈尔本处。

军机处记名齐齐哈尔城正红旗副都统衔协领萨英额，系齐齐哈尔城正红旗春德讷佐领下人，现年六十三岁，因协领任期满，由黑龙江将军衙门送部带领引见，于同治八年十二月初八日奉旨：萨英额著交军机处记名。萨英额现在齐齐哈尔本处。

以上黑龙江省记名副都统八员，以副都统补用二员。

黑龙江将军德英为请添笔帖式事致都京吏部、兵部等的咨、札

同治九年

镇守黑龙江等处地方将军德英为咨报事。

兵司案呈：本衙门于同治九年三月初十日恭折具奏，为现因边防事务增繁，清查案件乏员，请添笔帖式以专责成，恭折具奏，吁恳天恩俯准，以昭慎重，仰祈圣鉴事。

窃维案牍为要，首在清查，欲清案牍，尤在广员，专司查办。伏查奴才衙门原设五司，总理通省事宜，各有专办奏题、折本、粮饷、军需、命盗、工程等项事件，兼挑协佐等官在司行走暨遴干练协领责成总理司务。该员等于不辞劳瘁，竭力操办，尚不乏人。惟清查案牍、经理文件，均系笔帖式专责。印房原设无品级笔帖式二员，户、兵、刑、工四司各设无品级笔帖式仅一员，缘因初设之时，事务简少。近逾二百余年，烟户日增，生齿日繁，兼之军务未靖，调遣频仍，并与俄夷接壤毗连，继于呼兰、巴彦苏苏等处招佃开垦，不但征收赋等事，又加词讼、命盗、工程，各种案牍较前倍增，各司若不预为筹添笔帖式经理，诚恐后来难免积压、贻误之虞，倘有舛错，所关綦重。奴才身膺重寄，曷敢缄默不陈，致负圣成。亟应因时制宜，筹酌调剂办理，以期仰答高厚鸿慈于万一耳。

奴才正在率属筹商之际，适据黑龙江城副都统爱绅泰、署墨尔根城副都统莫尔度额等陆续报称：该处原系各立五司，仅户、兵、刑、工各司每司各设无品级笔帖式仅一员，黑龙江城设有委笔帖式九员，墨尔根城设有委笔帖式八员，现因事务增繁，经理乏员，请添无品级笔帖式，委笔贴式以资查办文案。等因咨请前来。奴才率属详查具报情形。均属确实，颇知慎重公事。再查呼兰现在招佃开垦，旗民杂处，事务纷繁，该处两司原设无品级笔帖式仅二员，现在经理案件更属乏员，亦应增添。合无仰恳天恩，俯准齐齐哈尔省城添设无品级笔帖式五员，黑龙江添设无品级笔帖式二员，墨尔根、呼兰各添设无品级笔帖式一员，均由食饷委笔帖式虚衔顶戴内拣选，不开底缺，亦不额外加添饷项，以期撙节。黑龙江、墨尔根各添设七品虚衔顶戴委笔帖式四员，按照旧章均由兵丁帖写内拣放，如此量

为酌添笔贴式，案牍俾免积压、贻误，实于各署、各司办理公事大有裨益。奴才允为边疆厄要，事务增繁，清查案牍在在需员，一举千秋起见。是否有当，理合恭折具奏，伏乞皇太后、皇上圣鉴，训示遵行。谨奏请旨。于同治九年五月十三日接到回折，军机大臣奉旨：该部议奏。钦此。钦遵。相应呈请咨报兵、吏部备核外，并咨行黑龙江、墨尔根城副都统衙门，仍〔并〕札饬呼兰城守尉知照可也。须至咨者。

右咨都京吏、兵部、黑龙江、墨尔根城副都统衙门。

并札呼兰副都统衔城守尉。

德英为呼兰城守尉阿克敦呈报开缺请旨简放事致都京兵部等的咨

同治九年

奴才德英跪奏，为胡〔呼〕兰副都统衔城守尉阿克敦呈报，旧疾复发，恭折奏请开缺，并请简放，仰祈圣鉴事。

窃奴才于本年三月三十日接据所属胡〔呼〕兰副都统衔城守尉阿克敦呈报，于去岁十月间带领官兵行围之际，就便入山搜查，不意前在军营积受潮湿腰〔腿〕旧疾复发，当即尚可支持办事，兼投医药调治，迄无见效，愈加沉重，步履维艰。查〔呼〕兰地属与吉省搭界，现在巴彦苏苏一带招民开垦，旗民交杂，关系紧要，曷敢以病躯恋栈，贻误事机，呈请开缺，回旗调理。等情呈报前来。奴才当即委员前往查验，据报该城守尉腰腿旧疾复发，愈加沉重属实。等因。结报前来，相应请旨俯准，将胡〔呼〕兰副都统衔城守尉阿克敦开缺，令其回旗调理。惟该城守尉病势现已沉重，奴才随给路照，饬令回旗，恭候谕旨。至胡〔呼〕兰地属与吉省毗连，仅隔一江，近年以来时有匪徒窜越，兼有俄夷游历，轮船上驶，筹办边防，均关紧要，自应遴派妥员接署。查有前曾委署城守尉印务之齐齐哈尔副都统衔正红旗协领记名副都统萨英额为人老成，办事稳练，应即委令署理，俾专责成。惟城守尉员缺甚重，并请旨迅赐简放，以专职守。

所有副都统衔城守尉因病呈请开缺缘由，理合恭折具奏。伏乞皇太后、皇上圣鉴训示，谨奏。等因具奏之处，相应呈请咨报兵部、兵科备核处，并咨行值年旗正黄旗满洲都统衙门查照可也。须至咨者。

右咨都京兵部、兵科值年旗衙门、正黄旗满洲都统衙门。

德英为奏协领、总管员缺循例调转、拟补事的奏折
同治九年

奴才德英跪奏，为协领缺出，拟请循案调转，其遗出总管员缺，并请照例拟补，以期相宜，恭折奏祈圣鉴事。

窃奴才所属墨尔根城正黄旗协领穆腾额前因病残，呈请休致等因具奏，已蒙允准。所遗协领一缺，奴才伏查由军营借补齐齐哈尔城水师营总管双喜，系齐齐哈尔城右翼巴尔虎部落人，遇有本翼相当协领缺分，应即调转。请将现出墨尔根城正黄旗协领之缺拟以双喜调转本翼。其所遗齐齐哈尔城水师营总管一缺，例应遴员请补。查有齐齐哈尔城水师营总管衔以总管遇缺尽先奏补之四品官托克托布，前因劝捐吉省军需战马出力，经吉林将军富明阿保奏，准以水师营总管尽先升用，先换顶戴，嗣由奴才给咨送部，于同治九年二月二十日经部带领引见。奉旨：托克托布著以水师营总管尽先升用，先换顶戴。钦此。钦遵。由部行知在案。复因奴才巡阅属城，该员随差办事得力，保奏以总管遇缺尽先奏补，奉旨：著照所请奖叙。钦此。

查以总管遇缺尽先奏补之托克托布，骑射优娴，办事稳练，请补总管，堪以胜任。相应请旨，将双喜转出齐齐哈尔城水师营总管员缺以托克托布补授，以符定制。所有循案调转、照例拟补总管缘由，理合恭折具奏。伏乞皇太后、皇上圣鉴，谨奏请旨。于同治九年六月二十日接到回折，军机大臣奉旨：著照所请，该部知道。钦此。

黑龙江将军衙门为承领夹荒事致办理荒务委员佛尔果春、理事同知文瑞的札

同治九年

将军衙门为札饬遵照事。

户司案呈：适奉将军堂谕：照得巴彦苏苏各段原领毛荒中间剩有夹荒，无论是否挨近之人，谁先递领交价，准其承领，照章拨放。不准挨界之人任意强横把持，有误租赋，等谕。遵此，拟定告示，严札该委员、同知等俟接奉之日，著在各该通衢要路张挂，并抄录多张钤用关防颁示各该屯乡一体张挂，俾得周知，庶免把持隐匿等弊。等因。据此，相应严札同知、委员等遵照可也。

右札办理荒务委员佛尔果春、理事同知文瑞。

黑龙江将军衙门为详查续招黑户开成熟地等事致呼兰城守尉阿克敦的札

同治九年

将军衙门为严札遵照事。

户司案呈：适据呼兰城守尉呈称：遵札拣派委员按界周历查勘六界内除原升科熟地三万三千九百垧零二亩七分五厘外，现在查出按年加开地六千七百三十三垧八亩一分二厘。又旗营屯站人等续招黑户一千余户，开成熟地一万二千八百一十一垧七亩六分七厘，统计熟地五万三千四百四十五垧八亩五分四厘。现剩夹荒七万六千七百五十余垧，至升科红户加开之地并续招黑户开垦熟地并佣工贸易散户如何办理，呈请示覆遵办，并造册呈报前来。查该处前后查出报部升科并大荒沟、濠河北共计熟地三万五千八百七十五垧七亩五分九厘，现在呈报原升科地三万三千九百余垧等情，殊与前报数目不敷，事关租课紧要，着即详查，勿稍亏欠，至干参办。惟私招民垦一节，前曾节次严札迁移官荒不准续招，今何得续招黑户一千余户，已开地一万余垧之多，实属不成事体。今严札该尉详查续招累户开成熟地，该原招各主是否先已借使钱文，并契写房井、地亩各价，若有借使并契写等项钱文，现在能否照数归还？其所剩夹荒七万余垧，或系在升科红户熟地界址以内，或在旗营屯站乡村界内之处，着按户查明，速急呈报，以凭核办，毋得延宕，致干复催。等情。据此，相应严札该尉遵照可也。

右札呼兰副都统衔城守尉阿克敦准此。

德英为奏拣选总管员缺事的奏折

同治九年

奴才德英跪奏，为拣选总管员缺，酌拟正陪，循案请旨简放，恭折具奏，仰祈圣鉴事。

窃查呼伦贝尔新巴尔左翼总管巴凌调转右翼，所遗之缺，奴才由应升人员内逐加拣选，得蓝翎副管旺齐克扎普，年五十一岁，食俸饷当差三十四年，出征一次，当差勤勉，管辖严肃，又副管砗德恩多尔济，年五十六岁，食俸饷当差三十七年，出兵〔征〕一次，当差勤谨。奴才援照成案，将现出总管员缺以副管旺齐克扎普拟正，以副管砗德恩多尔济拟陪，谨缮折具奏请旨，简放一员，以重职守。恭候命下之日，饬令该员先换顶戴，仍食原俸，一俟军务告竣，官兵凯撤，再行给咨送部带领引见。

所有总管缺出，奴才酌拟正陪人员，理合恭折具奏，伏乞皇太后、皇上圣鉴，训示遵行。谨奏请旨。

署理黑龙江驻吉林水师营四品官事务额勒和图为报户口清册事致总管衙门的呈

同治十年三月初六日

　　署理黑龙江驻札〔扎〕吉林水师营四品官事务六品官额勒和图为申送册事。

　　今将所属户口依例缮造，理合开呈。须至册者。

　　计开：

　　镶黄旗

　　（注：中删）

　　以上共四十七户，领催一名，水手四十一名，闲散三十八名，幼丁六十五名，逃丁一名，女人八十三口，幼男六十八名，幼女七十六口，寡妇二十二口。

　　正黄旗

　　（注：中删）

　　以上共六十六户，领催委官一员，水手四十名，闲散六十四名，幼丁九十五名，女入一百五口，幼男一百三名，幼女一百二口，寡妇四十一口。

　　正白旗

　　（注：中删）

　　以上共五十八户，六品军功领催一员，水手二十九名，闲散五十名，幼丁八十七名，女人八十五口，幼男七十七名，幼女一百口，寡妇三十一口。

　　正红旗

　　（注：中删）

　　以上共五十八户，六品军功领催一员，水手四十五名，闲散三十五名，幼丁六十九名，女人七十五口，幼男五十九名，幼女六十六口，寡妇二十八口。

　　镶白旗

　　（注：中删）

　　以上共五十九户，六品蓝翎领催一员，水手三十四名，闲散四十八名，幼丁八十名，逃丁一名，废丁一名，女人九十六口，幼男八十五名，幼女九十二口，寡妇二十三口。

镶红旗

（注：中删）

以上共五十八户，六品军功领催一员，水手四十八名，闲散四十四名，幼丁七十九名，废丁一名，女入七十五口，幼男八十五名，幼女七十口，寡妇二十五口。

正蓝旗

（注：中删）

以上共四十九户，七品军功领催一员，水手三十一名，闲散四十二名，幼丁六十七名，女入七十八口，幼男七十四名，幼女八十七口、寡妇十九口。

镶蓝旗

（注：中删）

以上共四十五户，六品军功领催一员，水手三十二名，闲散三十三名，幼丁五十二名，女入五十七口，幼男四十一名，幼女六十九口，寡妇十七口。

以上八旗共四百四十户。领催委官一员，六品蓝翎领催一员，六品军功领催四员，七品军功领催一员，领催一名，六品军功水手一员，七品军功水手十员，水手二百八十九名，闲散三百五十四名，幼丁五百九十四名，逃丁二名，废丁二名，女人六百五十四口，幼男五百九十二名，幼女六百六十二口，寡妇二百六口。

以上八旗共男女大小三千三百七十四名口。

右呈总管衙门。

黑龙江将军衙门为出示严禁旗民承领蒙古荒地事致呼兰城守尉、理事同知文祺等的札

同治十年三月二十八日

　　将军衙门为出示晓谕严禁旗民不准承领蒙古荒地，并饬严拿违禁牟利之揽头等，即照水军不赦之例惩办，以儆奸谋贿串事。

　　户、兵司会案呈：适奉将军堂谕，窃照现准理藩院咨，奉上谕：蒙古荒地向为蒙古旗丁游牧打牲之所，不准招民开垦，例禁綦严，乃杜尔伯特协理台吉等擅将该蒙古旗荒招垦，实属大干例禁，著严饬杜尔伯特贝子，将现在所招民众驱逐出境，妥为弹押，毋许逗留滋事，嗣后不准再有招垦情弊，以靖地方。其擅议招垦之台吉等，并著咨查严参惩办。钦此。钦遵，除咨饬杜尔伯特贝子，将所招民众驱逐出境等因。现遵谕旨，拟将擅议招垦之协理台吉等业经具折严参外，惟思蒙古台吉人众性本直朴，向以牧放打牲为业，重其根本，今轻信奸民揽头等蓄财愚惑，擅将蒙众人等永远生计荒场卖与谋利奸民，虽目前稍觉得利，而日后受害无穷、查揽头人等所为居心险诈，诡谋钻营，诓措荒地渔利私囊，又为百般煽弄愚民，要挟贪占，甚至勾结匪人扰害地方，无犯不作，该蒙古台吉人等不明利害，堕其术中。敬聆圣明洞鉴，严饬禁止，与该蒙众永远生计有益。倘杜尔伯特蒙古人众耕牧牲猎地面设被游民占侵，将来蒙古人众无计为生，必至众蒙困迫难堪，临时追悔无及。亟应出示凯〔剀〕切严禁旗民不准承领蒙古荒地，倘有违者，定即从严惩办，决不宽贷。其现今贿买蒙荒之揽头等播弄串嘱，几致遗害杜尔伯特旗属蒙众于万世，实属大干法纪，迥非寻常作奸犯科者可比，必须严行访拿，从重究治。即饬各该属一体上紧访拿解究，务照永军不赦之例重治其罪，以儆奸顽，而重蒙众地方为要。等因。遵此示谕外，暨札饬省城左、右翼协领、水师营总管番役处、茂兴等站站官、官屯屯官、呼兰城守尉、同知等各饬所属遵照，上紧访拿，并著各抄告示多张，钤押关防图记，悬挂通衢大路以及乡村，一休〔体〕严缉，勿使奸民幸脱法网。倘各该境内有知情容隐失于盘诘，设或别经发觉，定将各该管官究劾。等因。

遵此，拟合札行呼兰城守尉、理事同知、茂兴等站站官、官屯屯官等一体遵照堂谕，严行访拿，勿致脱漏可也。须至扎〔札〕者。

右札呼兰城守尉、理事同知文（祺）。

并札番役处总管、管理茂兴等站站官依兴阿、官屯屯官德色勒布等准此。

黑龙江将军衙门为不准呼兰厅商民姜振铎开设香房事致代行理事同知事务巡检陈炳的札

同治十年六月初八日

　　将军衙门为札复遵照事。

　　户司案呈：适据代行同知事务巡检陈炳呈称，案据商民姜振铎呈称，为恳恩详请给发开设香房磨帖式〔事〕，窃职携带资本欲赴案下之少陵河东西两涯地方开设香房一处。现查吉林厅成案，若有开设香房，按香磨两〔而〕论，每一盘香磨每年应纳课银二两，今职设立香房，拟安香磨四盘，按年共应纳课税银八两，不致违误。理合呈请转详发给执照。为此叩恳。等情。据此，当查卑厅所属向无开设此项生意之家，亦无成规可循，本当不予准理，第事关国课，公私有神，可否准如所请，卑厅末〔未〕敢擅专，理合据请〔情〕呈请宪台查核。倘蒙俯赐准其设立，按例纳课，即请发给执照，以便遵行。为此备由具呈，伏乞照呈施行。等因呈请前来。

　　查设立香房征收课银，本衙门向无例案，应饬该巡检陈炳，将呈请开设香房交纳课银等情著毋庸议，仍将原文驳回。等因。札复该代行理事同知事务巡检陈炳遵照可也。须至札者。

　　右札代行理事同知事务巡检陈炳准此。

署理黑龙江将军托克湍为俄商违约前往瑷珲贸易事致总理各国事务衙门等的咨呈、札

同治十年六月二十三日

暂署黑龙江将军印务齐齐哈尔副都统头品顶戴哈丰阿巴图鲁托克湍为咨呈事。

兵、户司案呈：本年三月初八日，据呼伦贝尔副都统衔总管布尔和德详据巡卡总管额尔德呢呈称，二月二十四日对岸俄国玛雨尔法毕尔来至库克多博卡伦，声称有该国俄商玛雨尔密哈哩普等十一人，赶带马匹，承领报〔执〕照，由此过界，前往瑷珲贸易。等因。先行详报前来。当经本衙门飞饬该总管布以重条约而敦和睦。据马列为乞答称，此事他们古毕尔那托尔不能主管。等因咨报前来。查上年俄国边界官径行发给执照，任令该商人等由库克多博卡伦草道前往瑷珲贸易等因。当经本衙门据情呈报，旋奉总理各国事务衙门咨复，除照会驻京俄使令其转饬该处边界官严行阻止外，并令本衙门严饬该处边界官随时稽查，婉为劝阻，既不可听其任意前往，亦不可因此致启衅端。等因各在案。今该俄国边界各官并不遵办〔施〕行，任意发给执照，令其商人持以为据，到处狡执，不听开导，硬复过界前往瑷珲贸易。既经黑龙江付〔副〕都统派员前往海兰泡面见俄酋与之理论，而该代办俄酋事务之文官马列为乞一味推诿不能主管，惟思俄人狡诈是其惯技，嗣后难免不无再有似此滥发执照，任意游商等事，相应咨呈总理各国事务衙门，可否照会俄国驻京公使，严饬该国边界领事各官，嗣后务须查与条约相符，方准发给执照，以免该国商人等持票滥行，而重和约。等因。

拟合咨呈总理各国事务衙门鉴核施行外，仍严饬总管布尔和德，嗣后遇有交界地方应行禁阻事件，务须悉心详查条约，饬属遵办，毋得稍有违误，草率从事，致干参办外，并咨行黑龙江、墨尔根城副都统衙门暨札饬布特哈总管诺们德勒和尔等查照可也。须至咨呈者。

右咨呈钦命总理各国事务衙门、黑龙江、墨尔根城副都统衙门。

并札呼伦贝尔副都统衔总管布、布特哈总管诺。

黑龙江将军衙门为出示阿里罕山等段商户私设集场照章纳租事致委员总管托克托布、委员副管托蒙阿等的札
附：告示
同治十年七月初八日

将军衙门为札饬遵照事。

户司案呈：查阿里罕山即双山堡段内佃民于廷杰承领荒地内盖房开铺，私设集场一案，去岁已派委员前往该处查清，该同知仅由愿出之民收钱六百余吊，系为建盖公所，差役巡查地面糜费等项之需，委无额外所取情事。其该处私设集场街基地面一百五十垧内，堪盖房间地基七万五千六百余丈，与开垦计垧纳租有间，已建章程，宽其既往，免追原价，拟以每丈见方每年征租京钱二十文，共合计钱一千五百一十余吊，内提出京钱九十九吊文，仍按一百五十垧每垧应征六百六十文之章，归入地租款内，以符定制，余剩钱文，作为津贴省城五司并新设旗营及同知厅署办公心红、纸张等项之需，倘再有如此承领官荒并未开垦，私设集场者，照此一律办理，以杜弊端，而免效尤。等因。于同治九年十二月十八日附片具奏。于十年六月准户部咨开，于同治十年正月二十二日军机大臣奉旨：知道了，钦此。相应咨行该将军遵照，并饬将街基地面所盖房间数目及给过五司、新设旗营等处办公钱文按年按款造具细册，送部查核。等因前来。查前奉将军拣派总管托克托布、防御巴彦孟库前往阿里罕山等处勘查地界，分发印照，今已接准户部咨覆，拟请仍遵前派，应即札饬该总管托克托布等前往各该处勘查，所有原留街基地面内堪盖房间地面若干，现在盖房开铺者若干，有主认领尚未盖房者若干，其余空闲地面是否有主认领，至现已盖房开铺者，该委员等按户查清各占若干丈，暨查照奏定章程，每丈征租二十文，即自同治九年起照章征收，内提出钱九十九吊备抵地租之项外，其余钱文收存该厅，以备分发省城五司等处办公之需。自今以往每年即按二、八月两次由该同知厅照数征收。至南北团林子原留街基地面，去岁已经委员查勘呈报在案，此次自应一律办理，著该委员等将阿里罕山印照放完，即将南团林子地方所有去岁呈报各节准其酌量情形斟核办理。其北团林子地方，除留备建盖旗营衙署房园、兵房地面外，所有林内私盖房间十余处有碍修盖官房地面，著旗营派员眼同酌核驱逐。去年经

委员等酌留南北街基地址，仍著量为从公拟办，不准从前照荒朦混承领，滥行狡执。其原有私设东西街道铺房，仍著照阿里罕章程，自去岁起每文见方征收租钱二十文，共计钱若干，收存同知厅以备公用。至各该铺商照章应交若干，由委员处发给条付，呈交同知厅一概催收，俱照阿里罕章程办理。其北团林子地面内有道人曹彬往往造言生事，该同知本应早为驱逐，以靖闾阎，著委协领额哲通额严行逐撵境外，不准容留，以肃地界，至承领各处街基人户内倘有狡展不遵定制者，即着令同知严办驱逐，另招商户承领。至驽敏、津河两处，前经委员查勘，虽有买卖数家，房间星散，空地尚多，人烟稀少，不成街道，俟将来盖齐，另行办理。兹将街基印照刷印五百张，请用堂印，交该委员等携带荒场，以备分发各该铺民等祗领，并将晓谕阿里罕山等段商户等告示四张，一并饬交该同知，委员等粘挂各该段通衢，俾各悉知。等情。据此，相应札饬该委员总管托克托布、副管托蒙阿、委协领额哲通额、同知文瑞等遵照可也。须至札者。

右札委员总管托克托布、委员副管托蒙阿、委协领额哲通额、理事同知文瑞等准此。

附：告示

镇守黑龙江等处地方将军衙门为出示晓谕遵行事。

户司案呈：照得呼兰阿里罕山即双山堡段内从前奏明招垦出放毛荒，有佃民于廷辅承领荒地内希图渔利，作为集场，去岁经委员查清，将私设街基铺户地面一百五十垧，核与开垦计垧纳租，酌中拟以每丈见方每年征租京钱二十文归公，以示限制，并宽其既往，免追原价，倘再有如此承领官荒并不开垦私设集场者，概行照此办理，以杜弊端，而免效尤。等因。奏明在案。又准户部咨开，著将街基地面所盖铺户房间征收钱文数目按年造具细册，送部查核。等因前来。亟应遵章查办。兹派总管托克托布、防御巴彦孟库携带印照前往按户清查分发，并出示晓谕该街基各户，即应遵章〔照〕奏案定章交纳，毋得违误，致干咎戾。至南团林子留备街基地面，去岁经委员查报在案，今著该委员等酌核出放。其北团林子原留街基之地，内除建盖衙署地基外，所有林内私盖房间十余处，若有碍修盖官房地面，著旗营派员验看，即行驱逐，以备修理官所。至去岁经委员等酌留南北街基地址，不准藉词狡赖，致干严谴，总凭官为秉公断理。其已经占据盖房者，均照阿里罕山章程一律办理其未盖房间者，仍著照南北街面官为出放章程价值承领，如不愿领者，即著另招商户承领，原占者倘有狡执，即著会同该同知严拿惩办。再，北团林子地面有私占盖房道人曹彬，风闻往往造言生事，即应早为驱逐，以靖闾阎，著委员协领额哲通额严行逐撵境外，不准容留。其承领各处街基人户倘有狡展不遵奏明定章者，即著会同该同知严拿惩办，另招商户。至他处私设集场现尚未成街道者，暂停议办，俟将来盖齐，另行办理。其已盖房间商户等，亟宜遵章承领，勿得观望，致干究办。为此特谕。

黑龙江将军衙门为饬呼兰旗丁私招黑户驱逐事致呼兰城守尉乌云布的札

同治十年七月十八日

将军衙门为严札遵照事。

户司案呈：适据呼兰城守尉呈文内开，将八、九年间复经查出私招黑户一千余户，今虽派员屡次严行驱逐，仅连出黑户三百余户，仍剩私招民户七百来户。此项民户有系升科红户，因原种升科地亩过少，不敷耕种，故此另写旗丁熟地者；亦有于元、二年间即来升科界内，与该红户等佣工伙种，因此劈得升科红地数垧耕种糊口，近因家道稍有充余，是以另写旗地者。此等民户虽在私招民户数内，均有升科地亩，其后写之地皆系旗、营、屯、站世守之熟田，并非租生荒者可比，碍难概行驱逐。且兼呼兰自招民以来，屡次升科，旗屯荒地已形狭窄难堪，若再经升科，则荒地追尽，耕牧无所，诚与旗人生计大有关碍。此项情形皆职等管见之事，今正值弊重害极之际，若不早为定拟永远章程，则积弊日深，将来更难整饬矣。今职等悉心熟商，无如派员〔据〕前诣〔议〕各节，将所有陆续升科红户究有若干，据实查清，分名入册，准其各种原有升科地亩，不准再行加开。并将无升科地亩之黑户全行逐出境外，断不准一户容留，以清私招弊端。其余荒地留为旗、营、屯、站分耕糊口，并札饬旗、民该管各官不时严查私招黑户之弊，请有违禁私招黑户者，即行从重惩治，决不宽贷。如此办理，则红户已有定数，而黑户亦碍难混杂其中，庶使官常易守，则旗丁无冻馁之患，民户无奔驰之苦，实与军民均有裨益矣。所陈各情，皆系职等愚昧之见，是否有当之处，理合具文呈请将军衙门鉴核，指示遵行。等因前来。

查该民等若系升科红户，已经有地垦种，断不准另占旗地。今将原文驳回，著该尉遵照节次札文，即将地亩追出，仍归旗丁，追还押契，严行禁止不准另占旗地。倘有私招民垦，即将该地主等严加重惩，以儆贪利不肖之徒，而免效尤。其私招之民着速驱逐，一概不准容留，以清旗地，而重根本，勿稍简隐，致干严参，是为至要。等因。据此，相应严札该城守尉遵照可也。须至札者。

右札呼兰城守尉乌云布准此。

黑龙江将军衙门为巴彦苏苏商民在省呈交售货钱款发照回厅领款事致呼兰理事同知文瑞的札

同治十年七月十八日

将军衙门为札饬遵照事。

户司案呈：适据巴彦苏苏开设"和成义"执事商民常景和进司禀称，伊载货来省，将货已经售卖，情愿在省呈交钱三千吊，愿交省局。等情。查与公事有裨，而节解送之劳，应拟准其在省呈交收库。现发给该商民关防执照一纸，遣赴巴彦苏苏领取，应饬该同知一俟该商民到时，查验执照数目，即由该厅现存租项内照数动钱三千吊，发给该商民领取，并严禁经理人等勿得藉端勒索，积压时日，及掺杂小钱、短数等弊，并发给钱文日期及该商民交回执照一并附入封筒，速急呈报，以凭查验，而昭核实。等因。据此，相应札饬该同知遵照外，并移付库司，即将此项钱三千吊收库，归入地租款内收存可也。须至札者。

右札呼兰理事同知文瑞准此。

托克湍为奏挑选貂皮数目事的奏折
附：清单

同治十年七月十八日

托克湍跪奏，为挑选貂皮数目，恭折奏闻，仰祈圣鉴事。

窃于本年六月间，据布特哈总管诺们德勒和尔等将该处索伦、达呼尔、墨凌阿鄂伦春、雅法罕鄂伦春、毕喇尔官兵、牲丁等捕获貂皮三千九百二十四张呈送到省，奴才督率该总管并协领等官，在署遵照奏定章程，核计官兵、牲丁数目，除去出征、旷缺外，尽数按名由该官兵、牲丁等所捕皮内详加挑选，得头等貂皮七十张，二等貂皮一百七十三张，好三等貂皮四百三张，内秋板貂皮二十一张，寻常三等貂皮二千一百八十张，共选应进貂皮二千八百二十六张，其挑驳余剩貂皮一千九十八张，循照旧规，均饬割去貂腿一只，交该总管等分给原捕人等领回。其交纳色好貂皮入等，由奴才衙门酌量鼓励。仍饬该总管督饬官兵牲丁等于下年勤加捕打上色毛厚貂皮，以期应选。

所有本年挑选贡皮数目，谨援照成案先行奏闻，并将该官兵、牲丁人数花名造册，咨报户部备核。仍俟秋后敬谨包裹妥协，选派布特哈官兵由驿送京交纳，暨咨报户部、理藩院、内务府查照外，谨将应进貂皮官兵，牲丁人数并所选皮张数目分别敬缮清单，恭呈御览，伏乞皇太后、皇上圣鉴。谨奏。

附：清单

谨将布特哈处索伦、达呼尔，墨凌阿鄂伦春、雅法罕鄂伦春、毕喇尔等捕获貂皮内，按丁挑选等第数目，分别敬缮清单，恭呈御览。

——布特哈处索伦、达呼尔共丁二千一百二十九名，捕获貂皮三千一百八十九张，内挑选得头等貂皮五张，二等貂皮二十三张，好三等貂皮二百四张，内有秋板貂皮二十一张，寻常三等貂皮一千八百九十七张。

——墨凌阿鄂伦春共丁一百一十八名，捕获貂皮一百五十一张，内选得二等貂皮一张，好三等貂皮六张，寻常三等貂皮一百一十一张。

——雅法罕鄂伦春、毕喇尔共丁五百七十九名，捕获貂皮五百八十四张，内选得头等貂皮六十五张，二等貂皮一百四十九张，好三等貂皮一百九十三张，寻常三等组皮一百七十二张。

以上按照丁数选得貂皮二千八百二十六张，内头等貂皮七十张，二等貂皮一百七十三张，好三等貂皮四百三张，内秋板招皮二十一张，寻常三等貂皮二千一百八十张。

谨查奏定布特哈索伦，达呼尔、墨凌阿鄂伦春额丁三千四百二十八名，暨新袭官一百七十三名，已到年岁官三十四名，由都京旋回官二名，共三千六百三十七名。内除上年升授职任并承袭世职、告退病故官四十四名，又除去空缺职官三十七名，往河南等处出征官四十五名，兵丁一千五百二十名，净剩丁一千九百九十一名，又加由军营撤回官兵二百一十名，由军营送回之缺挑补丁数四十六名，现在实有官兵，牲丁二千二百四十七名。并雅法罕鄂伦春、毕喇尔丁五百七十九名，共应交貂皮丁二千八百二十六名，按照丁数共挑选得貂皮二千八百二十六张，谨查照成案，敬缮清单，恭呈御览。

黑龙江将军衙门为报同治九年齐齐哈尔等处收支银两数目清册事致都京户部的咨

同治十年七月二十八日

镇守黑龙江等处地方将军衙门为咨报齐齐哈尔，黑龙江、墨尔根、呼兰、呼伦贝尔、呼兰理事同知等六处一年征收使用税课、房租等项银两数目册档事。

齐齐哈尔城

旧管：

同治九年八月内报明户部，库内现存税课房租银七十八两四钱零二厘一毫九丝二忽八微，税制钱六百二十六串三百九十八文。

新收：

同治九年正月初一日起至十二月二十九日止，一年买卖马一千二百一十匹，牛三千四百零五条，小马二十一匹，骡四头，牛犊一百四十七条，驴五十头，猪一千三百八十七口，羊二千七百三十只，共价银三万三千九百五十四两五钱，每两按三分核计征收税制钱一千零一十八串六百三十五文。

阖街当铺二十四家，又新开当铺五家，共当铺二十九家，每家二两八钱，核计同治九年一年共征收税制钱八十一串二百文。

齐齐哈尔城现有征租官房二十七间，内于去年报明户部无人租住房二间外，有人租住房二十五间，内每月一两租房一间，六钱租房四间，五钱租房七间，四钱租房一十三间，同治九年正月初一日起至十二月二十九日止，连闰月征收一年十三个月房租制钱一百五十七串三百文。

由呼伦贝尔解到税银一千一百三十九两三钱七分五厘二毫。

由呼兰解到十九座官壮〔庄〕等名下满交粮内一半变价制钱五百二十二串五百文。

由呼兰解到税银二百零四两九钱七分二厘八毫。

由布特哈处已故领催德楞额之孀妇名下追出叁个月糊口实银八钱九分。

由呼兰同知厅解到税制钱四千五百一十四串七百七十四文。

以上旧管、新收税课等项银共一千四百二十三两六钱四分零一毫九丝二忽八微，制钱六千九百二十串零八百零七文。

开除：

（注：中删）

实在：

库内现存税银二厘三毫四丝四忽八微，税制钱四千五百六十八串九百一十二文。

黑龙江城副都统爱绅泰册报内开：

旧管：

同治九年二月报明将军衙门核销案内，库内税银无存。

新收：

同治九年正月初一日起至十二月二十九日止，一年买卖牛一百八十七条，马一百三十六匹，猪二百三十五口，羊九十五只，价银三千七百六十七两，每两按三分核计征收税制钱一百一十三串零一十文。

阛街当铺十二家，每当铺二两八钱，同治九年一年共计征收税制钱三十三串六百文。

以上新收税课等项制钱共一百四十六串六百一十文。

开除：

（注：中删）

实在：

库内税银无存。等因咨送前来。

墨尔根城副都统依克唐阿册报内开：

旧管：

同治九年三月报明将军衙门核销案内，库内税银无存。

新收：

同治九年正月初一日起至十二月二十九日止，一年买卖马二百零五匹，牛二百四十五条，骡十三头，驴七十九头，二岁牛一百一十二条，猪四百零五口，羊一百二十只，价银三千四百四十三两，每两按三分征收税制钱一百零三串二百九十文。

阛街当铺十家，每当铺二两八钱，核计征收税制钱二十八串。

以上新收税课等项制钱一百三十一串二百九十文。

开除：

（注：中删）

实在：

库内税银无存。等因咨送前来。

呼兰城守尉乌云布册呈称：

旧管：

同治九年四月内报明将军衙门核销案内，库内现存税银二百零四两九钱七分二厘八毫。

新收：

同治九年正月初一日起至十二月二十九日止，一年买卖马一百二十九匹，牛一百零一条，骡二头，驴四头，羊三十八只，猪四十三口，价银二千三百八拾两，每两按三分核计征收税制钱七十一串六百四十文。

阛街当铺五家，每家二两八钱，核计征收税制钱一十四串。

由将军衙门奏准呼兰以东添设网场十一座，每座税银二十两，核计同治九年一年征收税银二百二十两。

以上旧管、新收税课等项银四百二十四两九钱七分二厘八毫，税制钱八十五串六百四十文。

开除：

（注：中删）

实在：

库内现存税银二百零六两二钱五分二厘八毫。等因呈送前来。

呼伦贝尔处副都统衔总管布尔和德册呈称：

旧管：

同治九年二月内报明将军衙门核销案内，现存税银一千一百三十九两三钱七分五厘二毫。

新收：

同治九年正月初一日起至十二月二十九日止，一年买卖马五千一百九十四，牛七千三百五十九条，羊三万七千八百四十四只，价银七万六千六百八十六两八钱，每两按三分核计征收税银二千三百两零六钱零四厘。

以上旧管、新收税银共三千四百三十九两九钱七分九厘二毫。

开除：

（注：中删）

实在：

现存税课等项银一千一百零八两二钱六分三厘二毫。等因呈送前来。

呼兰理事同知文瑞册呈称：

旧管：

同治九年七月内报明将军衙门核销案内，库内现存税制钱四千五百一十四串七百七十四文。

新收：

同治九年正月初一日起至十二月二十九日止，一年买卖马四百九十六匹，牛六百三十一条，骡六十五头，驴六十五头，猪八百九十四口，价银一万零八百六十四两九钱、每两按三分核计征收税课制钱三百二十五串九百四十七文。

阖街当铺一家，又新开当铺一家，共二家，每家二串八百文，计征收税制钱五串六百文。

同治九年正月初一日起至十二月二十九日止，一年买卖烟一万零九百九十九斤，价银六百六十一两九钱五分。麻六千六百三十三斤，价银四百八十七两七钱四分。酒三百零九万九千九百九十五斤，价银四万九千五百九十九两九钱二分。苏油八十四万四千二百斤，价银一万二千六百六十三两，共价银六万三千四百一十二两六钱一分，每两按三分核计征收税制钱一千九百零二串三百七十八文。

以上旧管、新收税制钱共六千七百四十八串六百九十九文。

开除：

（注：中删）

实存：

库内现存税制钱一千九百九十七串五百九十三文。等因呈送前来。

为此，造具细册咨送大部备核可也。须至册者。

右册咨都京户部。

黑龙江将军衙门为奏已革副都统穆腾额到省效力赎罪折奉旨事致兵部、刑部等的咨

同治十年八月初八日

镇守黑龙江等处地方将军衙门为咨报事。

刑司案呈：同治十年五月十八日本衙门附片具奏：再，奴才接准刑部咨称，同治九年三月十六日奉上谕内开，已革副都统穆腾额着发往黑龙江效力赎罪。等因。钦此。钦遵。将该革员穆腾额出派官兵逐程解送，于同治十年四月二十七日到黑龙江省城。奴才查照成案，将穆腾额派令在莽鼐卡伦效力赎罪之处，理合附片奏闻。谨奏。等因具奏之处，咨报兵，刑部在案。兹于同治十年八月初一日接到回片，军机大臣奉旨：知道了。钦此。钦遵前来。相应咨报兵、刑部备核施行外，并知照都京镶蓝旗蒙古都统衙门查照可也。须至咨者。

吉林将军衙门为礼部议复奕榕等奏请吉林举行考试章程折奉旨允准事致吉林将军的咨
附：原奏

同治十年八月十七日

镇守吉林等处将军衙门为咨行查照事。

户司案呈：于八月初五日准礼部咨开，本部议复吉林将军奕等奏请吉林举行考试章程，并黑龙江应试有人，即照本届人数取进一折，于同治十年七月二十六日具奏，奉旨：依议。钦此。相应抄录原奏，知照吉林将军可也。

附：原奏

计原奏内开：

礼部谨奏，为遵旨议奏事。

同治十年七月初三日，内阁抄出吉林将军奕等奏吉林捐建考棚，拟举行考试章程一折，又片奏黑龙江取进士子应归吉林学政就近管束。等因。七月初一日军机大臣奉旨：礼部议奏。片并发。钦此。钦遵到部。查原奏内称，上年九月礼部议复吉林捐建考棚一折，奉旨：依议。钦此。当即转饬遵照，凡属士民靡不欢欣鼓舞，踊跃输将，是以数月之间凡衙署考棚已将一律工竣。惟事属创建，立法不可不周，除考试章程、取进额数、执事员役及学政由驿按临照例遵行外，所有提调官一员，吉林省城仅有理事同知一员，拟即令该员专司其事。至监场受卷等差，吉省仅有学政一员，诚恐不敷差委，而佐杂各官又向不准派入内场，拟请此次暂于奉天调取教职一员，帮同办理。查学政幕友例止不用本省人，惟奉天与吉林壤地相连，并不得以奉天人延作幕友，选拔生员。何〔可〕由学政录取后，会同督、抚、府尹复试。今吉林已届癸酉选拔之期，其拔取之生仍令前赴奉省，会同府尹复试。再奉天至吉林计程将及千里，地处东北边隅，天气早寒，拟令学政于秋间按临，遵照部议岁科连考。等语。又片称，黑龙江应试士子如取进有人，应归何学管束，前经咨请礼部示复，旋据复令查明具奏在案。兹查据黑龙江将军等复称，附近地方止有吉林学政可以就近管束。等因。又同治六年八月奏准黑龙江应试士子以五六名取进一名，历年以来，因彼处地方窵远，并无士子至奉天应试，此次吉林开考，如黑龙江有附考之人，是否照奏准之年按数补进，抑或照本届人数取进之处，应请饬部一并议复，以便遵办。等语。臣等查同治九年八月吉林将军富明阿等奏吉林捐建考棚，请学政按临考试，并黑龙江士子就近附考一折内称，学政按临时，各项士子由吉林同知录送。等语。今复奏称，提调官一员，拟即令同知专司其事，自系吉林省城别无员堪襄试办事，所有吉林所属各项士子以及黑龙江附考各士子，应由吉林同知经〔径〕行录送。其学政按临时之提调官，亦即令吉林同知办理，以专责成。至考试时监场受卷等差，暂由奉天调取教职一员，帮同办理，暨学政阅文幕友不得延请奉天省人，以及吉林选拔生应赴奉天，由学政会同府尹复试之处，均拟如该将军等所请办理。吉林天气早寒，应即以秋间按临为率，仍照奏定章程岁科连考，以期妥速。至黑龙江各属自同治六年奏定进额后，并无应试士子，是以未能取进，此次吉林开考，如黑龙江有附考士子，应即照五六名取进一名定章，就本届人数取进。该将军等所称照奏准之年如数补进之处，恐多滥竽充数，应毋庸议。其黑龙江取进士子，即据该将军等奏称，止有吉林学政可以就近管束，亦应如所请办理。

所有臣等遵议缘由，是否有当，伏乞圣鉴。为此谨奏请旨。等因。奉部议奏，复准前来。相应呈请咨行查照。等情。据此，拟合咨行黑龙江将军衙门查照可也。须至咨者。

右咨黑龙江将军衙门。

署理黑龙江将军托克湍为俄人越界在黑龙江右岸扎克达泡等处垦地事致总理各国事务衙门的咨呈

同治十年八月二十日

暂署黑龙江将军印务齐齐哈尔副都统头品顶戴哈丰阿巴图鲁托克湍为咨呈事。

兵、户司案呈：本年八月初十日据黑龙江副都统爱绅泰咨称，据查边协领穆特布报称，穆特布遵饬前往额尔古讷河口巡查边界，经过雅克萨对面夹心滩地方，查得俄人除上年所种旧田外，又有越界在于本属右岸扎克达泡等十九处种地四十四处，共计六十七垧余，搭盖割草窝铺二十三处，砍木窝铺二处、木房一所。穆特布当遵两国所定条约，并上年俄人越界种地派员平毁成案，即于沿途往来会晤俄官及越界种地、割草、砍木、搭盖窝铺人等，按约理论，即将俄人所种田地、搭盖窝铺全行平毁，眼同俄人均行搬移左岸，内有窝铺两处，房屋一所，亦令俄人自行拆毁。等因。经该副都统派员开载俄人越界地方名目，往见海兰泡俄酋，按约理论，告以俄人违约私行越界搭盖窝铺、种地、割草、砍木，经本处巡边协领查出，按照条约全行平毁，越界俄人均令搬移左岸，应将你们任意越界俄人查明拟罪，饬禁嗣后不准再有越界之事。据俄酋答称，上年叠经本官饬禁雅克萨等处俄官在案，今不意我们远屯人等违约偷种、割草、砍木，经你们巡边协领等官查出，全行平毁，甚属合理。此均系我们未能约束之过，必将私行越界种地俄人全行查明，拟罪重惩，并将该管俄官头目按照隐瞒之例严行查办。嗣后我们俄人如再有越界耕种、割草、砍木、搭盖窝铺房所情事，你们巡边官兵自行烧毁。等因。据情咨报前来。详核据称俄人私行越界，在于黑龙江右岸种地、割草、伐木、并搭盖窝铺房所多处，实属任意违约行事，现经本处巡边协领等官查出，将所种之地、窝铺、房所全行平毁，令其搬移左岸之处，派员面见海兰泡俄酋逐加理论，虽经俄酋承领过失，将伊越界俄人拟罪惩办，再不准如此违约，惟思俄人性情狡诈异常，难保下年不无再有图利越界种地、割草、伐木等事，即应永为饬禁，以清界线，而安边圉。

相应咨呈总理各国事务衙门，可否照会俄国驻京公使转饬边界人等，务遵条约，下年再不准违约越界，在于本属黑龙江右岸垦地、割草、伐木、盖房，以敦和好，而重条约。等因。拟合咨呈总理各国事务衙门鉴核施行。须至咨呈者。

右咨呈钦命总理各国事务衙门。

吉林将军衙门为英国领事雅妥玛由省城往赴宁古塔等处游历事致黑龙江将军衙门的咨

同治十年九月初二日

镇守吉林等处将军衙门为咨行事。

承办处案呈：于本年八月十八日准盛京将军等衙门咨开，据牛庄尉呈准营口海关道移开，本年七月二十一日据英国雅领事函称，敝领事拟赴吉林宁古塔等处游历，合行持照前往，以符条约，乃因原印执照系英民游历所执，敝领事持之有不合款者，是以另备一纸，更易数字，余与原照相同。兹特函送，请盖用关防，以照凭信。等情。据此，除将执照加盖关防，函送该领事收执外，拟合呈请知照前途一体妥为照料，读据步营司协领、承德县知县报称，于八月初九日有英国领事官雅妥玛随带内地人四名，小车六辆到省，在大南门里汇隆店存住。等情。声报前来。除饬所属各处会派兵役妥为照料外，相应咨行吉林将军衙门，希即饬属一体遵照可也。等因前来。本衙门当即咨、札所属各处一体出派兵役在于界址守候，一俟英国领事官雅妥玛抵境，务由地方官验明护照，妥为照料护送，毋得欺凌肇衅。等因。行令去后，嗣于八月二十二日据西路驿站监督报称，于十七日有英国领事官雅妥玛随带内地人四名，小车六辆进边，由蒙古霍罗站经过，赴省去讫。续据吉林理事同知恩禧禀称，该领事雅妥玛于八月二十三日驰抵省城，择在复昌店住歇八日，于九月初二日由省起程，前往宁古塔等处游历去讫。等情禀报前来。

除飞咨宁古塔、三姓、阿勒楚喀副都统等衙门暨札饬珲春额穆赫索罗协、佐领、西路驿站监督等一体遵照文内事理，妥为遵办，希即转饬沿途各营汛、驿站出派兵役逐程更替护送，期勿他虞为要。仍将该领事出入境界日期以及有无要求别事之处，一并随时具报，以凭核转外，相应呈请咨行黑龙江将军衙门查照可也。须至咨者。

右咨黑龙江将军衙门。

托克滈为奏交代署将军印务事的奏折
同治十年十月初七日

奴才托克滈跪奏，为恭报交代署将军印务，恭折具奏，仰祈圣鉴事。

窃奴才托克滈于本年五月初三日因将军德英丁忧，照例扶榇回吉林原籍持服，即将将军印务委员交代奴才接办之处，业五月初六日恭折奉闻在案。兹于本年八月二十二日将军德英眼调回任，奴才当〔将〕军印信暨应办事件即行交代效才德接办。

所有奴才交代署将军印务之处，理合恭折具奏，伏乞皇太后、皇上圣鉴。谨奏。

于同治十年九月三十日接到回折，军机大臣奉旨：知道。钦此。

总办开垦行局事务委员巴彦诺尔布等为报同治十年清丈升科熟地垧数等事致黑龙江将军衙门的呈

同治十年十一月二十日

  委总办开垦行局事务委员花翎云骑尉苏隆阿、花翎佐领巴彦诺尔布、年满屯官业普铿额为声明呈报事。

  兹据两起丈地委员佐领胡松额、兴善等报称：本年清文届限升科之地均已如数丈竣，其交项未拨夹荒现已落雪，难以勘丈，所有已丈熟地、生荒垧数汇册先后移报前来。据此，详查该两起清丈同治五年分各佃原领毛荒共一万八千九百七十七垧一亩，内扣除三成，实以七成计算，应升科地一万三千二百八十三垧九亩七分，浮多熟地一千四百六十九垧五亩五分，既经该两起委员等扫数丈竣，未便久留，已于十月二十四日、十一月初二等日饬令该委员等陆续回省销差。检查前起移交已经领戳未拨夹荒九千五百九十五垧五亩，自应查明注册，一俟下年再行请员拨放。惟本年已丈夹荒四万零七百六十一垧五亩，内有尚未交项之荒一万六千一百五十五垧，职等现在严催该乡、地等饬令各佃务须赶紧依限呈交外，谨将本年清丈升科熟地暨拨放夹荒垧数，合并声明，呈报将军衙门鉴核施行。须至呈者。

  右呈将军衙门。

户部为议复盛京将军都兴阿等奏请领东三省官兵俸饷折片奉旨事致黑龙江将军的咨
附：原奏、片

同治十年十二月初二日

户部为遵旨事。

山东司案呈：本部议复盛京将军都等奏请领东三省壬申年官兵俸饷银两一折，又奏催山东等省积欠东三省甲寅等年俸饷银两附片一件，同治十年十一月二十九日具奏，本日奉上谕一道，相应抄录原奏、附片，恭录谕旨，飞咨直隶总督、山东、河南、陕西各巡抚，饬令藩、运两司于文到日，将本部指拨银两并历年积欠各款，迅速解交奉省交纳，均毋迟误。并抄录原奏、附片，咨行黑龙江将军遵照，俟各省将奉拨银两解到时，按奏定章程核实支放，毋稍浮冒可也。须至咨者。

右咨黑龙江将军。

附：原奏、片
户部奏为遵旨事。

据盛京将军都等奏请领东三省壬申年官兵俸饷银两一折，同治十年十一月初八日军机大臣奉旨：户部知道。单并发。钦此。钦遵。由军机处交出到部。臣等伏查，东三省官兵俸饷向由盛京将军会同盛京户部约计一年所需，预为请领，节经臣部核议，因部库经费支绌，请将东三省应征各款尽数抵充该省俸饷，下短银两于各省盐课、关税、地丁项下酌量凑拨，奏明办理各在案。今该将军等请领壬申年俸饷，据称黑龙江约需银三十五万二千两，制钱一千七百一十串，奏请酌核拨给。等语。臣等详阅原奏，并将该省用项逐加核算，该省官兵俸饷请领银三十五万二千两，按八折计算，约需银二十八万一千六百两，现据咨报，蒙古尔山出放荒地，征收同治九年分地租项下实存钱三万六千四百四十吊，按三吊作银一两，抵银一万二千一百余两；同治九年征收大荒沟地租项下实存钱六万二千一百一十吊零，按三吊作银一两，抵银二万零七百余两；呼兰同知征收同治十年分烧锅、杂税项下提银三千两。以上共抵银三万五千八百余两，应再拨银二十四万五千八百两。其应领制钱一千七百一十串，仍由盛京户部金银库拨给。至该省应拨银二十四万五千八百两，臣等公同商酌，黑龙江壬申年官兵俸饷银两，拟拨长芦壬申年应征盐课银五万五千八百两，山东壬申年应征地丁银五万两，河南壬申年应征地丁银四万两，驿站存剩银五万两，直隶旗租银五万两，以充黑龙江省俸饷之需。恭候命下，臣部行文各该省遴委妥员，按照臣部指拨银数迅速径解盛京户部交纳，毋许迟误。并由盛京户部俟各该省报解到日，即行知照黑龙江派员赴奉关领，俾资散放。仍由该将军按照奏定折放章程，核实放给，毋稍浮冒，及用过银钱各数目，于奏销时照例题报，如有余剩，于下年请领时声明备抵。至各省欠解各该处甲寅等年俸饷银两，另由臣部按照单开附片奏明办理。

所有拟拨壬申年官兵俸饷银两缘由，理合恭折具奏，伏乞皇太后、皇上圣鉴。谨奏。

再，查该将军原奏内称，前准部议拨给甲寅年俸饷案内，山东欠解甘饷改拨奉省银九万六千两，又欠解地丁银二万二千八百五十两，又欠解京饷改拨奉省银八十四两；乙卯年俸饷案内，陕西欠解杂项银二万零一百二十九两七钱，直隶欠解短平余银三十五两一钱，山东欠解京饷改拨奉省银一万两；丙辰年俸饷案内，陕西欠解杂项银四万两，又欠解耗羡并扣半养廉银一万两，山东欠解盐课银一万九千两；丁巳年俸饷案内，直隶欠解旗租银四万零一百七十一两三钱，临清关欠解短平银二百二十九两七钱；戊午年俸饷案内，长芦欠解盐课银五万两，山东欠解京饷改拨奉省银五万两，直隶欠解旗租银五千四百五十一两六钱九分八厘二毫；己未年俸饷案内，直隶欠解旗租银三万两；庚申年俸饷案内，直隶欠解旗租银八万两，长芦欠解盐课银十万两，山东欠解京饷改拨奉省银一万九千三百四十五两四钱；辛酉年俸饷案内，直隶欠解收放长余银八万两，长芦欠解盐课银十四万三千六百六十三两五钱四分五厘七毫零七忽八微二纤；壬戌年俸饷案内，长芦欠解盐课银十万零五千三百九十一两八钱零五厘二毫九丝四忽二微八纤；癸亥年俸饷案内，长芦欠解盐课银五千六百两，直隶欠解旗租银四万两，山东欠解京饷改拨奉省银二万两；甲子年俸饷案内，长芦欠解盐课银一万八千六百三十三两七钱六分四厘八毫一丝八忽二微五纤，山东欠解京饷改拨奉省银四万两，直隶欠解旗租银二万两；乙丑年俸饷案内，河南欠解改拨地丁银三万九千二百两，山东欠解京饷改拨奉省银八万八千零七两一钱五分，直隶欠解旗租银七万两；丙寅年俸饷案内，长芦欠解盐课银二万四千九百三十四两三钱五分九厘七毫三丝三忽三微三纤，山东地丁项下欠解京饷改拨奉省银二万五千四百四十二两，盐课项下欠解京饷改拨奉省银二万两，直隶欠解旗租银五万两；丁卯年俸饷案内，长芦欠解盐课银四万三千二百二十七两零二分三厘，山东地丁项下欠解京饷改拨奉省银三万两，河南地丁项下欠解京饷改拨奉省银五万两，直隶欠解旗租银五万两；戊辰年俸饷案内，河南地丁项下欠解同治五年京馆改拨银十万两；庚午年俸饷案内，山东欠解地丁银二万五千零五十两，河南欠解地丁银三万两，又欠解驿站存剩银五万二千二百九十八两三钱四分二厘九毫，直隶欠解旗租银五万零四十六两二钱；辛未年俸饷案内，长芦欠解盐课银十四万一千七百两，山东欠解地丁银三万两，河南欠解地丁银五万两，又欠解驿站存剩银五万四千一百三十六两，直隶欠解旗租银四万两。以上共欠解银二百一十三万零六百二十七两零八分九厘六毫五丝三忽六微八纤。

臣等查，直隶、山东、河南、陕西等省欠解东三省节年官兵俸饷银两内，据直隶总督奏报积欠俸饷项下起解银二万两，长芦咨报起解吉林、黑龙江并打牲乌拉辛未年俸饷银十四万一千七百两，山东省咨报起解吉林、黑龙江并打牲乌拉辛未年俸饷银十四万一千七百两，山东省咨报起解吉林辛未年俸饷银三万两，又于本年十一月间山东巡抚丁宝桢奏筹解奉省饷银三万两，又筹解东三省俸饷银二万五千两。前项银两一俟解到、即由奉省知照各该将军等派员领取，毋得截留。其余各省欠解银两屡经臣部奏咨飞催，总未报解。东三省官兵俸馆赖将奉拨银两源源报解，以资接济，乃各该省连年积欠俸饷银至一百八十八万余两，屡催罔应，实属延玩，应请旨敕下直隶总督、山东、河南、陕西各巡抚，转饬藩、运各司，将前项欠解银两陆续筹款，委解奉省交纳，以济东三省俸饷要需。经此次奏催后，倘各该省仍复延不解交，臣部即行指名严参，以儆玩误。谨附片具奏。同治十年十一月二十九日具奏，本日奉上谕：户部奏议拨东三省官兵棒饷银两并请饬催各省历年欠解银两各折片，据称奉天壬申年俸饷约需银八十五万两，除该将军奏明应抵用银三十三万三千两外，计需银五十一万七千两，按照章程折放，应拨实银四十一万三千六百两，复将奉天应抵各款详细查核，共抵银三十万五千一百两，尚应拨银十万六千两，即在该省应征海口船规项下提拨，有盈无绌；吉林俸饷约需银四十六万余两，除本省应抵各款外，应拨银九万一千八百两，照章折算，实需银七万三千四百四十两，并打牲乌拉应领银三万六千五百五十七两零，均应全数拨给；黑龙江俸饷应领银三十五万二千两，照章折算，约需银二十八万一千六百两，除应抵各款外，应拨银二十四万五千八百两。其应领制钱一千七百一十串，由盛京户部金银库拨给。等语。著照所议办理。所有吉林应拨银七万三千四百四十两，著提拨长芦壬申年应征盐课银三万三千四百四十两，山东壬申年应征地丁银二万两、河南壬申年应征地丁银二万两；打牲乌拉应拨银三万六千五百五十七两，著提拨长芦壬申年应征盐课银一万两、河南驿站存剩银二万六千五百五十七两；黑龙江应拨银二十四万五千八百两，著提拨长芦壬申年应征盐课银五万五千八百两、山东壬申年应征地丁银五万两、河南壬申年应征地丁银四万两、驿站存剩银五万两、直隶旗租银五万两。即著各该督、抚按照户部指拨银数，遴委妥员迅速解赴盛京户部交纳，毋许迟误，并著瑞联俟各该省解到时，即知照吉林、打牲乌拉、黑龙江派员赴奉天领取，以咨散放。仍由各该将军按照折放章程核实放给，不得稍有浮冒，并将奉省银价按月造报，及用过银钱各数目，于奏销时照例题报，如有余剩银两，于下年请领时声明备抵。至该三省节年俸饷银两，直隶、山东、河南、陕西等省积欠至一百八十八万余两之多，屡催罔应，实属延玩。著各该督、抚严饬藩、运各司，将前项欠解银两陆续筹款，解赴奉省交纳，以济该三省俸饷要需。倘各该省仍复延不解交，即著户部指名严参。

原片著抄给李鸿章、丁宝桢、文彬、李鹤年、翁同爵阅看。钦此。

黑龙江将军衙门为奏擒获邻省巨盗伙匪审明就地正法事致兵司等的咨

同治十年十二月十四日

镇守黑龙江等处地方将军衙门为咨报事。

刑司案呈：同治十年十二月十四日本衙门恭折具奏，为据报屡次擒获邻省巨盗伙匪，审明就地正法各缘由，恭折附驿驰奏，仰祈圣鉴事。

窃奴才等于十二月初三等日接据呼兰城守尉乌云布，驻扎巴彦苏苏委协领额哲通额等详报，拿获盗犯羿洛屋即羿奎、鲁风淋、李风凌、丛风鸣即丛连山、麻清河即麻二、麻清江即麻三等六名，均起有枪炮马匹等物，并于捕拿时烘〔轰〕毙盗首马一曾等五名，击毙伙匪一名。当即提犯严审，缘羿洛屋即羿奎系沈阳人，鲁风淋、李风凌均系山东人，丛风鸣即丛连山、麻清河即麻二、麻清江即麻三均系阿勒楚喀人，该犯等素不务正，俱以赌博为生。鲁风淋于同治五年间随同巨盗王洛七、马傻子等，在于吉林属界劫抢伤人不计次数，后经官兵击散，即与李风凌投入盗首马一曾、王才等伙内，充当匪首，各处抢劫。羿洛屋即羿奎、丛风鸣即丛连山、麻清河即麻二、麻清江即麻三等，先曾随同盗首刘巨、张洛六等纠伙持械抢劫行旅铺商钱物，暨拒伤事主，分赃各散。旋又投入盗首李万银、王殿营、刘幅、马发等股内，一共三十余人，各处寻抢。讵于今年十月间遇见拉林地方押送官租钱文，该犯等抢得租钱五百余吊、马十七匹，逃至伯都讷界，复又裹胁伙匪十余名，前往民人张广幅家复仇寻抢，适遇伯都讷捕盗官常在率领兵役缉捕，乃该匪等胆敢迎前拒敌，枪毙带兵官常在，兵五名，随即放火焚烧房屋，并将官兵尸身抛弃火内，齐到青山堡地方德发当抢掠财物，并将执事商民用火燎毙。旋因追拿紧急，该犯等即与匪首王殿营、伙匪丛连山、丛月子、韩洛屋等逃逸过江各散，先后被获。等情。经该尉、协等于审明后，即将该犯羿洛屋即羿奎、鲁风淋、李风凌、丛风鸣即丛连山、麻清河即麻二、麻清江即麻三等六名，分别派员绑赴市曹监视正法，连烘〔轰〕毙之马一曾等一并枭首悬示。其逸犯王殿营等，饬缉务获。等情，飞报前来。奴才等复加详核，该犯羿洛屋即羿奎、鲁风淋、李风凌、丛风鸣即丛连山、麻清河即麻二、麻清江即麻三等，或在王洛七、马傻子等股内抢劫杀人，或随同盗首李万银等聚集多人各处打劫，并敢抢掠官租、伤毙官兵，铺民，放火焚烧房舍，种种不法，实属罪大恶极。该尉、协等于审明后，将该犯等就地正法，枭首悬示，适足以昭炯戒，俾资镇摄〔慑〕。且核与上年钦奉谕旨，拿获马贼仍照军务省分就地正法，暨强盗杀人放火例案相符。奴才等正拟奏报间，又据驻扎巴彦苏苏委协领额哲通额详报，拿获邻省盗匪卢发一名，会同呼兰城守尉讯明解省。奴才等当即饬司研鞫，缘卢发系伯都讷民，同治五年正月十六日，该犯投入贼首蒋立、卢刚、杨凤林、李振冻、石信等率领伙匪三百余名内，即当匪首，带领蓝旗第五队，于十七、八等日与伙匪等齐到弓棚子等处，劫掠烧锅、当铺及住户银钱车马等物。二十一日，该匪首等率领伙匪闯进双城堡，盘踞扰害，放火杀人，抢劫车马银钱均不计次数。后于二月初四日经黑龙江省官兵前去攻剿，该匪卢发与匪首李振冻、石信、卢刚等即于初五日天明时带领伙匪乘隙逃逸，旋因剿捕严紧，该犯卢发逃至巴彦苏苏属界隐匿，即被拿获。等情。迭加严审，据供前情不讳，矢口不移。案查该犯所供滋事情形暨匪首名姓，核与上年剿办双城堡盗匪案情相符。查该犯卢发前在巨盗蒋立等股内充当匪首，聚众三百余入，杀人放火，抢劫财物，闯入城池，实属法无可贷。卢发一犯应照强盗积至百人以上审决枭示例，拟斩决枭示，于审明后，恭请王命，委员将该犯绑赴市曹监视正法，仍枭首悬杆示众，以昭炯戒。除由奴才等饬复该尉、协严缉逸犯王殿营等，务获法办，不准稍涉玩泄，致干咎查，并行令将起获枪炮存营备用，马匹赃物分别充赏捕盗官兵，以昭激劝外，嗣后奴才等如有据报拿获此等审明就地正法之巨盗，仰恳由驿奏报，以慰宸廑之处，合并陈明。

所有据报拿获邻省盗匪，审明正法各缘由，理合恭折附驿驰奏，伏乞皇太后、皇上圣鉴。谨奏。

等因具奏之处，应请报明刑部，并请咨照吉林将军衙门，札行呼兰城守尉乌云布、委协领额哲通额等查照。

再，该委协领额哲通额所请犯父麻进法并赶车之张大丑等，应如何拟办等情，查麻进法既无图财情弊，应照父兄不能禁约子弟为盗例，杖一百；张大丑虽未同伙，究非安分之徒，着由该委协领酌量责惩，连麻进法等一并逐出本境，毋任逗留滋事。等因札行外，仍移付兵司可也。须至咨者。

巴彦苏苏委协领额哲通额为报法国教士施若亚敬入出境日期事致黑龙江将军衙门的呈
附：执照

同治十年十二月十五日

驻扎巴彦苏苏总辖官兵委协领额哲通额为迅速详报事。

兹于十二月初二日有法国教士施若亚敬乘舆轿车一辆，随带跟役民夫一名、车夫一名，前来本营会面，声言伊是法国教士，执持该国全权大臣执照，由吉林界天主堂前来传教，于十二月初一日申刻抵至巴彦苏苏街面，觅寓习教之民人张永茂店歇宿。等语，给予执照验看。职随即验讫执照，挂号钤记，并谨遵条款宾礼相待，以示和好。除抄录执照备查外，法国教士施若亚敬于本月初八日由巴彦苏苏启程前往阿勒楚喀云〔去〕讫之处，拟合将抄录该教士执照粘连文尾，一并备文迅速详报将军衙门鉴照施行。须至呈者。

右呈将军衙门。

计粘单一纸。

附：执照

大法钦差驻扎中国总理本国事务全权大臣伯为给发执照保护事。

兹因遵行大清国大皇帝、大法国大皇帝特派钦差便宜行事全权大臣于咸丰八年五月十七日及十年九月十二日在天津、顺天两城内设立和约章程第八、第六前后等款，故本大臣将此执照交付本国人传天主教之士施若亚敬收得为据。本大臣因深知施公系我国名士才德兼优者，所以请烦大清执政大臣及各省文武官员、边疆大吏，自此以后传教士施公在吉林、盛京、黑龙江满洲三省内来去传教、居住，无论何处租买田地建造天主堂屋宇，均听其便，丝毫不可留难，当以宾礼相待，并望随时照料，切无袖手旁观，庶臻妥协。

为此本大臣给发此照，俾凡属大清国所辖内外各处咸宜遵照毋违，以示和约章程永垂不朽。此实本大臣之所厚望也。

右付传教士施公收执。

同治五年八月初一日由本法国全权大臣公署发。再者，无论何处设有叛逆，断不准执照之人任意前往。

执照人花〔画〕押：施若亚敬

本署护照存册第三百五十一号

伯都讷副都统衙门同治十年十一月二十九日去讫。

阿勒楚喀副都统衙门同治六年十二月二十三日挂号去讫。

总理各国事务衙门为饬查俄商拟过鄂博图卡伦至尼布楚城如何窒碍事致黑龙江将军的咨
附：往来照会、章程

同治十年十二月二十日

钦命总理各国事务衙门为咨查事。

同治十年十月二十四日准俄国公使照会内称：俄商因恰克图向东居住较远，所有货帮拟走多伦诺尔过鄂博图卡伦至尼布楚城，并非另创新意，拟请改道行走。等因前来。本衙门查，尼布楚城非中国境，无官驻扎，稽查难周。现在西北多事，蒙古惊疑，种种窒碍，难已递〔遽〕改。已将以上各情先行照复。在俄使之意不过为体恤俄商起见，而由多伦诺尔过鄂博图卡伦至尼布楚城，道路既遥，窒碍必多，本衙门难以悬揣。

相应抄录往来照会，咨行贵将军详细查核，转饬所辖之地方官弁将如何窒碍之处逐一声叙，并绘图贴说，迅速详复本衙门以凭核办可也。须至咨者。

右咨黑龙江将军。

计粘单二件。

附：往来照会、章程
照录俄国照会
为照会事。

同治八年改订陆路通商章程后，本国众商因离恰克图向东居住较远，曾在本国具奏呈声称，所有前往贵国货帮，不但恰克图必行之一路准其行走，并勋〔询〕察看边界如〔各〕卡伦离恰克图之远近及如〔各〕地方情形，准其另行别路。本国先因未查明该商所称是否属实，不敢递〔遽〕尔照会贵国。现已查明谙知，以尼布楚一带与中国通商，倘有该处到张家口与天津已有货帮直行之路，则形势便较前宽阔，因茶帮及中国别样货帮不必由张家口向西北到恰克图，又由恰克图以东南至尼布楚城，耽延时日，反可以直向东北行至尼布楚城，队〔除〕剩〔省〕日斯〔期〕又此货价之浪费外，现在所有货帮行走之路如以东另有一股道，则必有大益。既系诸事便宜，而地又飞〔非〕甚旷野，此种情形并飞〔非〕近日所得，康熙年间本国与贵国在尼布楚城第一次立和约之时，已悉其故，和约内立定与贵国通商两处所，正是恰克图与近尼布楚城额尔古纳河之粗卢海推。由此观之，可知彼时已见得尼布楚人民由恰克图与中国贸易及恰克图人民由尼布楚与中国贸易为万不可行之事，并两国通商亦不能茂盛，实缘由恰克图至尼布楚几及二千里之远，当时东悉毕尔人民稀少，而尼布楚为尤甚，且恰克图本系偏西，而本国商人由中国所来之货亦尽向西而去，因而本国贸易此皆大半趋恰克图，似此则粗卢海推之贸易日见其下，正剩恰克图通商一股道路而已。至今二百年之久，虽两国和好如旧，而与贵国连界之悉毕尔各省情形今昔迥异，即如户口增多，道途通畅，而与中国贸易光景倍盛于前，如能两国尽心勘得贸易有益之处，而其室碍贸易推广处随时消队〔除〕，则通商可日增月盛。盖陆路通商比之洋商有一弊病，系因陆路各情形于陆路通商关系较大，即如所来之驼只所此〔吃〕之草多少不均，牲畜患病与经过之处不靖等因。但遇其一，即致拦阻，或致迟误。欲令通商增盛，只有一法，须查得交易所必用必需，此随即疏通货帮新走之路。现张家口与本国中间尽可行货帮，此有由恰克图一股道路，从此股路所行货物内有不必尽向西去此，有反应于东至尼布楚之项，若货帮由张家口直至乌尔再河岸之鄂青图卡伦及尼布楚城，则由恰克图于至尼布楚各货亦可必运往本国西域不问可知，因而由张家口向本国所运各货数目更全行增多矣。并尼布楚一带所有中国各货及茶叶价既便宜，则买此愈多，且或遇此路有不测之事。亦可货帮由彼路行走，通商可不致断绝。

以上各情，本国饬令本大臣转达贵王大臣核准，使货帮由张家口过鄂博图卡伦至尼布楚城行走，按照现在该货帮往恰克图行走之例，实因鄂博图卡伦与粗卢海推相近，其所定并飞〔非〕创新意，不过但将二百年以前旧规重令举行耳。本大臣以出张家口至蒙古地方无关，并不纳税，则似各货或走库伦至恰克图，或走多伦诺尔过鄂博图卡伦至尼布楚城，两无所异。且鄂博图卡伦设有一官，此想该员于恰克图部员按陆路通商章程所办中国所来货帮之事宜，亦易于办理。

本大臣详述前情，惟望贵王大臣详明察核所勋〔询〕之件，以为公允，于贵国各事宜亦无不合，而使本大臣于行本国回文内克以切合前情，庶令本国得悉贵王大臣愿使两国通商愈形推广而倍觉坚固之美意也。须至照会此〔者〕。十月二十四日到。

计开：

照录给俄国照会

为照会事。

同治十年十月二十四日准贵大臣照会称：本国众商因离恰克图向东居住较远，在本国具奏所有货帮不但恰克图必行之一路准其行走，并勋〔询〕查看边界各卡离恰克图之远近及各地方情形，准其另行别路。现已查明验知，以尼布楚一带与中国通商，拟各货帮或走库伦至恰克图，或走多伦诺尔过鄂博图卡伦至尼布楚城，此种情形并飞〔非〕近日所得，康熙年间本国与贵国在尼布楚城第一次和约之时，已悉其故，其和约内立定与贵国通商两处所，正是恰克图与近尼布楚城额尔古讷河岸之粗卢海推，实因鄂博图卡伦与粗卢海推相近，所言并飞〔非〕另创新意，不过但将二百年以前旧规重令举行。等因前来。

本王大臣查，康熙二十八年尼布楚所定和约六条，只于议定黑龙江两国边界并准两国商人在边界贸易，至恰克图通商实始于雍正五年，并飞〔非〕康熙二十八年立定通商两处。且雍正五年所定恰克图通商，亦只准在两国边界贸易，并未准令贵国商人前往天津通商。如现在陆路通商，乃系新约，实飞〔非〕二百年以前旧规。至贵国商人居住恰克图以东，落〔若〕由张家口向西北至恰克图，又由恰克图至尼布楚城，耽延时日，自系实在情形，然陆路章程行之已久，毫无窒碍，若递〔遽〕改旧章另开新道，不惟诸事未便，且尼布楚城为贵国之地，中国并无官员驻扎，一切稽查均属难同〔周〕。况鄂博图卡伦系在车臣汗境内，现在西北正当多事之秋，各蒙古亦当终〔疑〕虑之际，或贵国商人改道前往，倘中途稍有窒滞，转飞〔非〕体恤贵国商人之意。本王大臣再四筹思，未能遽定，既现咨行各处将军、大臣详细查核，如改道行走有无窒碍，是否可行之处，容俟各该将军、大臣等查报到日，再行照会贵大臣酌办。惟此事现在未定，贵国商人未可经〔径〕行政道前往，饬新贵大臣转饬仍按旧章道路行走，以免阻滞，是为至要。十一月二十八日行。

计册二本。

大清钦命总理各国事务和硕恭亲王大臣、大俄钦差全权大臣倭前于同治元年二月初四日两国彼此拟定陆路通商章程，以试行三年为限，今届限满，复经详查商定，拟改如左：

第一款　两国边界贸易在百里内均不纳税，其稽查章程任便两国各按本国边界限制办理。

第二款　俄商准许前往中国所属设官之蒙古各处及该官所属之各盟贸易，亦不纳税。其不设官之蒙古地方，如该商欲前往贸易，中国亦断不拦阻。惟该商应有本国边界官执照，内用俄字、汉字、蒙古字钤印，并注商人姓名、货色、包件、驼牛马匹数目若干，行抵中国第一边卡，将执照呈官查验，或用截〔戳〕记，或以画押为凭。如无执照前往，查明除货入官外，将该商按照北京和约第十条被逃获送之法办理。该领事官严查不准未领执照商民前往贸易。

第三款　俄商运俄国货物前往天津，应有俄国边界官并恰克图部员盖印执照，内用两国文字注商人或随人姓名、货色、包件数目，此项货帮只准由张家口、东坝、通州直抵天津，任凭沿途各关口中国官员迅速照数抽查，验照盖戳放行。如各口有抽查折〔拆〕动之处，查毕后仍由各口加封，其折〔拆〕动件数并于照内注明，以凭查核。该关查验不得过一个时辰，其照限六个月，在天津关缴销。倘有商人遗失执照，即行报明原给执照之官，并呈明日期、号头，妥速补给执照，注明补给字样，以便查验放行。一面至就近之关口报明查验相符，暂给凭据，准其执此前行，以免耽误。如在张家口报明请领凭据，应由在口之俄商代出保结，方给字据，嗣抵天津，如所报货色、件数与补给之原照不符，即按第七款办理，惟该行是问。其所失之照，作为废纸。

第四款　俄商由恰运俄国货物路经张家口，按照运津之货总数，在听〔厅〕酌留若干于口销售，限三日内禀明监督验发准单，将酌留之货交纳税项后，方准销售。惟该口无庸设立领事官以及行栈。

第五款　俄商运俄国货物到天津，应讷〔纳〕进口正税，按照各国税则三分减一，在津交纳。其酌留张家口之货，仍按各国税则在张家口交一正税。

第六款　如在张家口酌留俄国货物已在该口纳税，领有税单，而货物有未经销售者，准该商运赴通州或天津销售，不再纳税，并将在张家口多交之一分补还俄商，即由该口发给执照内注明。

第七款　俄商所运俄国货物如至天津，除报明留张家口之货件外，查有原货抽换或与张家口酌留之货数目不符，某商违例，其货全行入官。但沿途实系包箱捐〔损〕壤〔坏〕，必应改装，装毕行抵就近关口报明，如查验原货色相符，即于单照内注明，方可免其议罚。倘或绕越他处，不按第三款之路而行，将原货私行售卖，一经查出某商违例，即将其货全行入官。如仅绕越他处，并未将货销卖，即罚令完交一正税。其罚令入官之货，如某商人情愿将原货变价交官，自应与中国官妥商，按照原货从公估价交官亦可。

第八款　俄商如由天津运俄国货物，由水路赴议定东北各口，则应按照各〔国〕税则，在津补足原免三分之一税银，候抵他口，不再纳税。如由天津及他口运入内地，均应按照各国税则纳一子税，即正税之半。

以上进口事例。

第九款　俄商在议定南北各口贩买土货，由水路出口、进口，及由俄贩洋货由水路进口、出口，仍照各国总例一律办理。

第十款　俄商在他口贩买土货，经津回国，不留在彼销售，如在他口全税交完，有单可凭，至此不再纳税，以免重征。该领事官发给两国文字执照，天津关盖印，注明商人姓名、货色、包件若干，方准起运，赴恰克图不再重征。并饬令遵照第三款之路而行，沿途不得销卖，如违，即按第七款办理。所有经过通州、东坝、张家口查验之例，按照第三款章程办理。其照自起程日为始，限六个月内到恰克图缴销，如遇耽延，应于限期前报明领事官及地方官等，如违罚办。倘有商人遗失执照，按第三款办理。

第十一款　俄商在天津、通州等处贩买从内地所来土货，照第三款之路由陆路回国，均按照各国税则完一正税，领取执照，不再重征，沿途不得销卖。

第十二款　俄商在津贩买复进口土货，由陆路回国，如在原口完清全税，于一年限内出津运往俄国，一均与章相符，不再重征。并将暂存天津复进口半税给还存票，沿途不得销售，领取执照，一均按照第十款办理。嗣后天津复进口纳税章程，中国与各国一行拟改，俄国亦一律改定。

第十三款　俄商在通州买土货回国，应预先报明东坝，按各国税则完一正税，由东坝收税，发给执照、注明货色、包件若干，沿途亦不准销卖。

第十四款　俄商在张家口一处贩买土货回国，应交出口税银，按照各国税则交一子税，即正税之半，在张家口交纳，该口发给执照，以后不再重征，沿途不得销卖。

第十五款　俄商在天津或他口贩买别国洋货，由陆路回国，如别国已交正税、子税，有单可凭，不再重征；如别国只交正税，未交子税，该商应按照各国总例在该关补交子税。

第十六款　俄商由天津、通州、张家口贩货回国，务须单、货相随，以凭查验放行。其销照限期及遗失执照，一切按照第十款办理。

以上出口事例。

第十七款　所有各国税则第二款所载，俄商由陆路贩货，亦按照一律办理。

第十八款　俄商如有偷漏及挟带违禁之物，如各国税则第三、第五两条所载各物件，均应将货入官。如该商自备军器护身，应在本国报明，填入执照，每人各带兵器一件。

第十九款　凡有洋货、土货为各国税则未载者，按照俄国天津定议续则办理。如续则及各国税则亦未载，再照各国值百抽五总例办理。

第二十款　俄商不得包庇华商货物运往各口。

第二十一款　凡有严防偷漏诸法，按照各国总例，任凭中国官随时设法办理。

第二十二款　此次议定章程试行五年为限，俟限满，或俄国，或中国，有欲行更改之处，应于限前六个月内照会。如限满未经知照，仍应展至五年后六个月内会议酌改。如有紧要防〔妨〕碍之处，尚未满限，立即会议酌改。

以上各款议定，两国钦命王大臣、钦差大臣画押盖印后，行知各该处遵照办理。

议于中华京都

同治八年三月十六日

一千八百六十九年四月十五日

计册：

天津、东坝、张家口、恰克图行用三联执照章程

——此项执照系过一关截下一联，如到此关而前关未经将应截之联截下，或已截下而无前关骑缝印信，即系该商绕越，务即扣留，照章罚办。该商无可狡执，各关亦不可含糊。

——照根及各关应行截留之联。务须从某字第几号字样中间裁截，使号数等字前后联各留一半，以备本衙门凑合比对，不可整字裁去，转教无从稽核。

——此项执照与边界官、领事官原照粘连之处，须将三联照内所载某字第几号字样骑缝填明，并加盖印信一颗，以防更换。如执照由津关发，

即由津关加印；如执照由恰克图发，即由恰克图加印，不可遗漏。

——照内所填货数、税数，须与边界及领事等官原照一律，不可稍有参差。如原照所填只系货物总数，此照内仍应查明细数，分晰开载，但总数不可不与原照相合。

——此项执照除张家口、东坝俱无边界、领事等官，原照可径行发给外，其天津、恰克图均系粘于边界官及领事官所发原照之右，其粘连处务须设法使之坚固，缘俄国照纸明滑，恐粘连不固，该商长途携带。日久或致脱落，转滋意外之弊。

嗣后各关领去此项执照，只须备文请领，本衙门由驿发递，不致迟误，一切使费俱无，各关亦不必专差赴领，以省盘费。

——各关监督满任交卸之时，必须将任内经手所领三联执照若干张，用过若干张，存剩未用若干张，造具清册移交后任，一面申报本衙门查核。后任按数接收，亦即申报本衙门查核。

——查陆路章程第三款内载，各关查验货照，不得过一个时辰。等语。所有俄商经过各关，务须严饬查验员役等人不得刻离该卡，务须随到随查，不得有意刁难，迁延时刻，致令该商藉口。其应盖印信，亦须速为盖用，如无印信之处，即将所用戳记加盖亦可，不必拘泥。

——执照内年月日期，凡发照之关均就发照日期填写某月某日某处发，其经过各关日期，即于发照日期之下接写某月某日经过某处字样，以备查对。

黑龙江将军衙门为报各城同治十年秋成分数事致都京户部等的咨、札
附：清册

同治十一年正月初三日

镇守黑龙江等处地方将军衙门为咨报事。

户司案呈：本衙门于同治十年十月十三日恭折具奏，为据报秋成分数并请展缓借欠籽种、口粮银米，恭折奏祈圣鉴事。窃查黑龙江省所属各城本年秋成分数，据各该副都统、城守尉、总管、协领、同知等陆续详报：呼兰收成六分；黑龙江城夏间雨水尚属调和，秋后雨水连绵，平洼之处田禾被淹，并于八月初间降霜受冻，轻重不一，仅收成四分、三分余不等；墨尔根城夏间田禾被旱，据报前来，当经据情照例声明咨报户部在案，至入秋以来未得透雨，田禾成熟不足，仅收成三分余；齐齐哈尔、布特哈二处，夏间雨水尚属调和，自入秋以来未得透雨，并于八月初间降霜受冻，轻重不一，仅收成三分余。又据黑龙江、墨尔根副都统、布特哈总管、齐齐哈尔协领等报称，前借籽种、口粮银米，现因收成歉薄，恳请展缓，俟来年秋成后再行如数缴还。等因。结报前来。奴才等复核属实。查例载，收成四分者，蠲免额粮十分之六，如收成一分至三分者，将额粮全行蠲免。等语。现在呼兰收成六分，旧官屯壮丁应满交额粮照数入仓，其新设官屯壮丁满交额粮内，遵照部文，一半变价售卖，支给布特哈孤寡口粮外，其余一半照数入仓。黑龙江城收成四分之承种公田养育兵并官屯壮丁应交额粮暨缴还咸丰十一年借给籽种、口粮，一并照例入仓，其收成三分余暨齐齐哈尔、墨尔根二处收成三分余之承种公田养育兵、新旧官屯壮丁应交额粮，照例免交。布特哈处收成三分余，茂兴、墨尔根等二十七站收成六分，四分、三分余不等，各该处并无公田，向不交粮。再查齐齐哈尔、黑龙江、墨尔根、布特哈四处本年秋成歉薄，仅收三分余，将敷糊口，所欠籽种、口粮银米若令依限缴还，难免拮据，仰恳天恩暂行展缓，俟来年秋成后如数缴还，以纾丁力。除将呼兰新开荒田应征本年租赋俟照章收齐，另行咨报户部，谨将照例应交、应免额粮并缴还籽种暨展缓前借籽种、口粮银米各数目，造具细册咨送户部备核外，敬缮清单恭呈御览。所有据报收成分数，理合恭折奏闻，伏乞皇太后、皇上圣鉴。谨奏。

等因具奏。于同治十年十二月二十八日接到回折，军机大臣奉旨：著照所请。该部知道。单并发。钦此。并片奏收成分数汉单内，军机大臣奉旨：览。钦此。钦遵。兹将齐齐哈尔、黑龙江、墨尔根、呼兰、布特哈等五处承种公田养育兵、水手、官屯壮丁等名下，按照各收成分数照例应交，应免额粮，黑龙江城同治元年分由仓存捐米内借过接济口米，齐齐哈尔、墨尔根二处同治七年分借过籽种、口粮，墨尔根七年分因被灾接济口粮，齐齐哈尔八年分因被灾接济银粮，墨尔根，布特哈二处九年分因被灾借过接济口粮，齐齐哈尔十年分因青黄不接借过籽种、口粮，拟请展缓各项数目，造具细册咨送备核外，至前请拨给齐齐哈尔城八年分接济银四万五千二百八十三两六钱四分五厘内，两次领到银四万两，仍未领到银五千二百八十三两六钱四分五厘，希请大部转行咨催，速为解赴盛京户部，即知照本省派员领取。等因。

据此，一并咨报大部鉴核施行外，并扎〔札〕饬呼兰理事同知文瑞知照可也。须至咨者。

右咨都京户部。

右扎〔札〕呼兰理事同知文瑞准此。

计册一本。

附：清册

镇守黑龙江等处地方将军衙门为造具细册咨送事。

今将同治十年分黑龙江省所属各城照例应交、应免粮石暨展缓前借籽种、口粮银米各数目开列于后。

计开：

齐齐哈尔省城

——八旗水师营承种公田养育兵三百二十名，水手二十名，官屯壮丁三百名，新设官屯壮丁一百一十五名，共丁七百五十五名，收成三分余，每名照例免交额粮二十二仓石，共计免交额粮一万六千六百一十仓石。

——同治七年借给八旗、营、站、官屯人等籽种口粮一万六千仓石，拟请展缓，俟来年秋成后缴还。

——同治八年接济八旗、营、站、官屯人等口粮五万八百八十仓石八斗，拟请展缓，俟来年秋成后缴还。又接济口粮银四万五千二百八十三两六钱四分五厘内，已领到银四万两，尚未领到银五千二百八十三两六钱四分五厘。

——同治十年借给八旗、营、站、官屯人等籽种口粮八千仓石。

黑龙江城

——八旗水师营承种公田养育兵二百七十名，水手十五名，官屯壮丁四百名，内收成四分承种公田养育兵、水手一百四十四名，壮丁一百六十名，共丁三百零四名，每名按照十分之内应交四分额粮八仓石八斗，核计应交粮二千六百七十五仓石二斗。又伊等名下每名应免交六分额粮一十三仓石二斗，核计免交额粮四千一十二仓石八斗。收成三分余承种公田养育兵、水手一百四十一名，官屯壮丁二百四十名，共丁三百八十一名，每名照例免交额粮二十二仓石，核计免交额粮八千三百八十二仓石，共计应交额粮二千六百七十五仓石二斗，共计免交额粮一万二千三百九十四仓石八斗。又因咸丰十一年青黄不接，借过籽种口粮四千仓〔石〕，一并照例入仓。

——仓存捐输米石内，同治元年借给八旗、营、站、官屯人等口米四千仓石，拟请展缓，俟来年秋成后缴还。

墨尔根城

——八旗承种公田养育兵一百八十名，官屯壮丁一百五十名，共丁三百三十名，收成三分余，每名照例免交额粮二十二仓石，共计免交额粮七千二百六十仓石。

——同治七年借给八旗、营、站、官屯人等籽种口粮七千仓石，拟请展缓，俟来年秋成后缴还。

——同治七年因被灾，接济八旗、营、站、官屯人等口粮六千三百五十五仓石八斗，拟请展缓，俟来年秋成后缴还。

——同治九年因被灾，接济旗、营、官屯并依勒喀等两站人等口粮七千二百七十七仓石八斗八升六合，内该处公仓现存粮一千四十仓石九斗一合七勺五撮，全行赏给外，仍不敷粮六千二百三十六仓石九斗八升四合二勺五撮，由备仓存粮内动用借给，拟请展缓，俟来年秋成后缴还。

呼兰城

——收成六分旧官屯壮丁五百一十名，每名照例满交额粮二十二仓石，新设官屯壮丁一百九十名，每名照例满交额粮二十二仓石内，内遵奉部文，一半变价抵放布特哈处孤寡口粮，其一半粮照例入仓，核计共交额粮一万三千三百一十仓石。

布特哈处

——同治九年因被灾，接济正红等二旗十二牛录人等口粮一千五十五仓石，拟请展缓，俟来年秋成后缴还。等因。

据此，拟合按项造具细册，咨送大部鉴核施行。须至册者。

右册咨都京户部。

黑龙江将军衙门为驱逐呼兰封禁地界私招民户并查办私招之委官事致呼兰城守尉乌云布等的札

同治十一年二月十七日

将军衙门为严札究讯据实呈报事。

户、兵司案呈：适据巴彦苏苏武营委协领额哲通额呈文内开，据派往访捕盗匪委官领催果尔明阿呈称，奉派捕匪，至广全兴烧锅住宿，访闻呼兰旗丁六十七名招民十余户，距广全兴六里之遥郭家窝铺住宿，并闻将弩敏〔河〕北夹信子、克音等处卖给民人开垦等情。果尔明阿当即派令兵丁至郭家窝铺，传唤该招民之呼兰正红旗托陇阿佐领下西丹德林保并民等数人，果尔明阿当即面讯招民情形，据德林保等数人金称，伊等俱遵正黄旗委官呢尔克德之语，令伊等招户，将弩敏河北克音、夹信子地方卖给民人耕种，并令在该处埋桩标字，以为日后凭据，与我们六十七名每名盘费钱二吊。等情。即将该招民西丹等旗佐姓名粘单呈报前来。查弩敏河北夹信子、克音等处系通肯围界，前经将军衙门已经奏明永远封禁在案，且该呼兰衙门按月结报，出派官兵坐卡巡查之地，今呼兰正黄旗委官领催呢尔克德胆敢纠合各旗西丹等六十七名，并给盘费，随带民人十数名私行越界，将永远封禁之有碍通肯，克音围界地方擅行私自卖给民人，尚敢设立桩橛标字，以为日后凭据，实属妄为之至。详查该委官、西丹等起意已非一日，惟该城守尉暨该管副管、佐领等实难诿为不知，是以据实呈报将军衙门，由省拣员，并令该城守尉会同委协领额哲通额，将案内人证逐一据实究讯，即将为首者从严惩办，以戒将来。可否之处，伏候指示遵办外，倘蒙允行，俟会办拟结后，由两处出派官兵，将现居之民全行驱逐，以净地界。惟查民界辽阔，武营官兵较少，兹将奏明永远封禁有碍围猎地面，现被呼兰官弁，旗丁希图渔利，竟敢违禁任意私行招垦侵占，诚恐呼兰以及本武营官兵访捕盗贼、清查越界私行侵占各情必致贻留后患，无所底止。兹将该呼兰私招地界之委官、西丹等旗佐粘单一并呈报，恳请将军衙门鉴夺，指示遵行。等因前来。

卷查弩敏河北克音、夹信子地方本属通肯围猎地界，前经奏明封禁在案，乃该尉衙门所管领催呢尔克德竟敢纠会七旗西丹等六十余名之多，擅违奏禁，私招民户，尤属胆大妄为，恶习显著。其新营派往捕匪委官果尔明阿致将私招民户之委官、西丹等，尚能查明据实呈报，询属认真，实堪嘉奖。亟应严札该尉乌云布，将纠〔会〕私招民户之领催呢尔克德速即派委弁兵押解送省，立待严行究讯严惩外，并著乌云布带同佐领赓音布会同委协领额哲通额暨省派之佐领成庆，防御巴彦孟库等，前往弩敏河北通肯一带，挨次周查私招各户原系何人，私招盖房若干，现在有无开地之处，开载明确备查，刻即立时概行驱逐境外，不准一户隐瞒私留界内，以期清静封禁有碍围猎之处，仍著将擅招民户驱逐净尽之处加结呈报，并将私招西丹等严加审讯，除呢尔克德之外究否另有主使之人。至呢尔克德纠会多人如此妄举，该衙门暨各管上司等岂能竟同聋聩，未能先期禁戒，任其妄为，实属不成事体，亦著一并逐层研鞫，照例从严定拟，并将该管各官一并举出，据实呈报，以凭核参，毋得稍有徇情，致干究劾，是为至要。据此，相应严札该城守尉乌云布、委协领额哲通额暨省派佐领成庆，防御巴彦孟库等遵照可也。须至札者。

右札呼兰城守尉乌云布、武营委协领额哲通额、委员佐领成庆、防御巴彦孟库等准此。

黑龙江将军德英等为俄商拟改道由本属内地行走至尼布楚城窒碍难行事致总理各国事务衙门的咨呈

同治十一年二月二十八日

镇守黑龙江等处地方将军德英、齐齐哈尔副都统头品顶戴哈丰阿巴图鲁托克湍为据报飞速咨呈事。

户、兵司案呈：同治十一年正月初一日准总理各国事务衙门咨开，同治十年十月二十四日准俄国公使照会内称，俄商因恰克图向东居住较远，所有货帮拟走多伦诺尔过鄂博图卡伦至尼布楚城，并非另创新意，拟请改道行走。等因前来。本衙门查，尼布楚城非中国境，无官驻扎，稽查难周，现在西北多事，蒙古惊疑，种种窒碍，难已遽改，将以上各情先行照复。在俄使之意，不过为体恤俄商起见，而由多伦诺尔过鄂博图卡伦至尼布楚城，道路即〔既〕遥，窒碍必多，本衙门难以悬揣。相应抄录往来照会，咨行贵将军详细查核，转饬所辖之地方官弁，将如何窒碍之处逐一声叙，并绘图贴说迅速详复本衙门，以凭核办可也。等因。当即照录往来照会，行令所属各城详细查明俄商货帮改道行走有无窒碍之处，迅速呈报。等因去后。兹据黑龙江城副都统爱绅泰、墨尔根城副都统依克唐阿、呼伦贝尔副都统衔总管布尔和德、布特哈总管富勒庆阿等分别确查，各具图说呈报前来。本衙门详加复核，查得俄商现因恰克图向东居住较远，所有货帮拟请由多伦诺尔过鄂博图卡伦往尼布楚城，另开新路往来贸易一节，检阅舆图，俄国尼布楚城在黑龙江城西北，地居江之左岸，相去甚远，其南距呼伦贝尔约千余里，自呼伦贝尔至黑龙江城，东西相距亦有千数百里之遥，中间布特哈，墨尔根两处山岭高峻，河道纷歧，冬则冰雪深厚，壅堆阻隔，夏则山水涨发，沟淀沮洳，俄商改道若由呼伦贝尔绕赴黑龙江，再往尼布楚城，则迂道数千里，欲速反迟，其间窒碍情形览图自知，毋庸细叙。惟呼伦贝尔即为俄商改道往尼布楚城必由之路，其中窒碍之处自当详明呈报，查呼伦贝尔北界俄罗斯，西与喀尔喀接壤，东即内兴安岭，所有岭西涌出山泉，并夏秋大雨及冰雪融化之水，皆归该处额尔固〔古〕讷河，汇入黑龙江，是以河道甚多，间有重山叠岭阻隔其间，俄商由多伦诺尔改道，自西而东，必由喀尔喀车臣罕地界入呼伦贝尔境内，再由该处西北过额尔固〔古〕讷河入彼国界，赴尼布楚城。窃意该处山重水复，兼之爱曼人皆游牧野无村屯，货帮经过设有意外之虞，地方官防护难周，反为彼国任咎，此其有碍者一也；又呼伦贝尔素为产马之区，该处爱曼人等别无生产，专以养马为业，其人居无一定，皆择水草之地，忽尔小住，忽尔挪移，俄商货帮若行此地，所有骡驼马匹必须找觅水草之地，沿途喂养，该爱曼人等种类不一，性情各异，瞥见俄商占其水草之地，难保不聚众忿争，甚或俄商失少货物，辄向本处追求，本处短少马匹，或向俄商找索，彼此互相狡赖猜嫌，易于酿争肇衅，此其有碍者二也；又索伦一族同类之人另有鄂伦春、毕喇尔两种，其人秉性犷悍，不知礼义，只以游猎捕貂为生，每岁进贡貂皮皆取诸此，近因江左为俄人屯占，不能过往游猎生计日艰，渐有抢夺为匪之事，上年越界俄人曾被伊等抢〔枪〕毙，并有攘取俄人越界马群之案，至今尚未办结，其人山居野宿，踪迹无定，常散猎于呼伦贝尔、布特哈、墨尔根、瑷珲、呼兰等处，俄商货帮行走设为伊等所见，恐于劫货伤人在所不免，深山旷野出没无常，临时不及防范，事后亦难查拿，此其有碍者三也；又中国与外国交界之处各设卡伦，派兵防守，原以禁止两国匪入不令越界滋事，今若准俄商由呼伦贝尔等处行走，则彼国之人必秉〔乘〕机潜入我境，我国之人亦必乘隙私往彼界，中外杂处，彼此勾结，奸究〔宄〕易于潜藏，官兵难于巡查，此其有碍者四也。以上各节本衙门复核无异，委系实在情形。至俄国照会内称，以尼布楚城一带与中国通商等语，本衙门并无档案可稽，又以粗卢海推等处比之恰克图议为两国大开通商之处，查粗卢海推系俄国地界，在额尔固〔古〕纳河北岸，与中国卡伦相近，该处系旷野荒原，除坐卡官兵之外，亦无村落，两国边界有事，即在该处会办，并非议定通商之所，俄国照会所言，想系商人传闻之误也。

伏思两国既敦和好，所有照会之事如果无甚关碍，自当仰体朝廷柔远之意，彼此通融办理，无如俄商改道行走一节，种种窒碍难行，既据各城详细查明，相应绘图贴说，附封飞送总理各国事务衙门鉴核，希将窒碍各情照会俄国驻京公使，即行阻止俄商，不准改道由本属内地行走，俾免肇起衅端，以敦两国和好可也。须至呈者。

右咨呈钦命总理各国事务衙门。

黑龙江将军衙门为出示不准民户在通肯等封禁段内私垦事致办理荒务委员佐领巴彦诺尔布、署理同知佛尔果春等的札 附：告示

同治十一年二月三十日

将军衙门为札饬遵照事。

户司案呈：查已开巴彦苏苏等段如有夹荒仍准续领外，其界外奏明封禁通肯、克音等段内丝毫不准出放。等因。将晓谕告示二张请用堂印，严密包妥，附封交站，于接准时务饬张挂通衢，俾得咸使知闻，并抄录多张，转饬各该段佃民等遵行毋违。等情。据此，相应札饬委员佐领巴彦诺尔布、署同知佛尔果春等遵照可也。须至札者。

右札办理荒务委员佐领巴彦诺尔布、署同知佛尔果春等准此。

附：告示

镇守黑龙江等处地方将军衙门为严行晓谕禁止事。

户司案呈：照得前经奏明，将现开巴彦苏苏等段内有夹荒准各该佃民照章交租续领，除此界外并未出放之通肯、克音一带荒段关碍围场者，照旧遵旨严行封禁，并由呼兰城守尉按月出派官兵周历查勘结报，该尉加具印结呈报在案。兹据委协领额哲通额报称，有呼兰西丹等胆敢于通肯、克音封禁围场地界内擅行招聚民户，实属胆大妄为，不法已极。除另行严加惩办并派员会同该尉、委协领等将私招民户概行逐撵，以清禁地外，亟应出示晓谕在局委员佐领巴彦诺尔布等知悉，嗣后凡未开巴彦苏苏界外通肯、克音一带封禁之荒，仍照前奏不准丝毫出放。亦不准民户任意踩地垦领，倘有不遵者，即照贿串包荒揽头勾引盗匪例，加重惩办。其已开巴彦苏苏界内如有夹荒，仍准挨荒续领，不准隐匿把持。今闻各段内有将原领荒地界边夹荒巧为掩饰，以图缓领各情，著此后各段佃民自领荒之日起予限一年，各该佃界边若有夹荒，许尽先挨荒续领，呈交押荒钱文，倘逾限并不承领，有别户认领，该佃藉口把持者，即将该佃照依隐匿官荒例，加重严行治罪。其现在已开巴彦苏苏等段界内如有水落地，现林木伐尽堪以开垦者，著饬乡、地报明，一并照章出放，毋任隐瞒。

兹将已开巴彦苏苏等段及奏准封禁不应界外呈请开垦通肯、克音、女

儿城等各段四至粘单开列于后，将此示谕著办理荒务委员佐领巴彦诺尔布会同署同知佛尔果春等张挂通衢，俾各知悉，并抄录多张，转谕各段佃民一体遵行，毋得故违，致干严惩，各宜凛遵。特谕。

兹将巴彦苏苏等段四至界址分明开列于后：

通肯段，东至弩敏河，南至呼兰河，西至通肯河，北至岁楞额山。此段已经奏准封禁。

弩敏段，东至尼尔吉河，南至呼兰河，西至弩敏河，北至阿特噶尔山。

尼尔吉段，东至额依浑河，南至呼兰河，西至尼尔吉河，北至博克托山。

额依浑段，东至依吉密河，南至呼兰河，西至额依浑河，北至博克托山。

濠河北团林子段，东至津河界，南至濠河，西至京旗界，北至呼兰河。

濠河北津河段，东至格木克界，南至濠河，西至北团林子界，北至呼兰河。

格木克段，东至呼拉库河，南至濠河，西至津河，北至呼兰河。

女儿城段，东至京旗界，南至濠河旗界，西至呼兰河，北至呼兰河。此段系奏准留备京旗之地，属呼兰管。

大荒沟段，东至拉三泰，南至大荒沟沟底，西至濠河，北至濠河。

巴彦苏苏段，东至蒙古尔山，南至松花江坎，西至绰罗河，北至包包山。

大木兰达段，东至大木兰达河，南至松花江坎，西至佛特和河，北至蒙古尔山。

小木兰达段，东至布雅密河，南至松花江坎，西至大木兰达河，北至山林。

阿里罕段，东至绰勒河、朱湜河，南至漂河，西至旗界，北至甘沐林子。

朱湜河段，东至绰罗河，南至巴彦苏苏界，西至朱湜河，北至绰罗博奇山。

甘沐林子段，东至朱湜河界，南至阿里罕界，西至漂河，北至拉三泰界。

拉三泰段，东至绰罗河，南至甘沐林子界，西至大荒沟界，北至濠河。

呼兰城守尉乌云布为将拿获偷伐木植把头王才等送省事致黑龙江将军衙门的呈
附：清单

同治十一年三月初三日

呼兰城守尉乌云布为声明派员查清拿获呈送事。

左、右司案呈：职前曾风闻禁山以内仍有偷伐木植等弊，职当即复派领催三品顶戴德喜赴〔认〕真访查，据实呈报。嗣据该领催三品顶戴德喜报称，查得禁山以内并无偷伐木植等弊。职惟恐不实，仍饬该员德喜前赴禁山，帮同查山佐领赓音布一体严查，认真搜巡，具结呈报。等因。于去岁十月初一日据佐领赓音布，三品顶戴德喜等结称，禁山以内并无偷伐木植之弊，是以加结呈报，并派接查之员进山严查去后。于十二月二十九日据查山云骑尉郭多珲报称，安邦河、依吉密河等处河边两岸砍伐木植无数，尽在河内封冻，冰水相连，实难查点明确。再巴彦苏苏驻扎委佐领双成，在北团林子街拿获偷伐木植民人王兴一名，并称山里居民实属凶横。等因呈报前来。职当即严饬该查山云骑尉郭多珲，将禁山以内偷伐木植之人如何凶横，并将安邦河、依吉密河等处停冻系属何色木植，何山砍伐，数目若干，有无原主看守，是否前经查山佐领掌管右司图记赓音布获得不在禁山无主朽烂木植，变卖京钱七百余吊，面回本尉筹入操防官兵工食钱一百六十吊，逐一分晰明确，查清数目，务将偷伐木植之人一并拿获送城，以备详省。等因去后。于二月初九日复据该查山云骑尉郭多珲报称，窃职于正月初七日接奉大人堂谕，查前据查山去之云骑尉郭多珲报称，依吉密等处河口冻有木植并禁山内仍有偷伐之弊，该民甚属凶横，未敢确查实具。等情前来。现届复派接查之际，已据呈报碍难派员接班，仍著札饬该云骑尉郭多珲带兵进山，确查禁山以内偷伐木植之人如何逞横，及依吉密等河口停冻何色木植，数目若干，有无原主看守之处，逐一查明呈报，再行出派接查之员换班，与此项木植若系秋间放下，已经前次查山佐领查清变价，回明本尉筹入本城操防官兵工食项内使用，等谕。职遵饬堂谕，带领官兵进山搜查之际，行至安邦河，拿获偷伐木植民人王才，王会二名，职当时讯问根源，据王才、王会二人供称，于同治九年又十月初十日进山，至依吉密河等处砍伐木植，于同治十年五月起至九月放下，被查山佐领赓章京查出，抽纳依吉密河口木税共合钱九百五十吊，德源兴交七百八十吊，于清交一百七十吊，安邦河抽纳木税钱一千七百四十吊，杨茂枝、武廷栋二人交纳，又抽纳白皮房木钱九百一十五吊，二项共抽纳木税钱三千六百零五吊。复于十年十一月初三日把头王会带领七支人进山，到依吉密河口砍木墩三千个，大河口把头赵发领三支人砍木墩八百个，偶根河口把头王献领五支人砍木墩二千余个，伊等所供是实。职当即带领官兵进山。欲将砍伐木植民入拿获，呈送究办，职伏思兵力稍觉单微，恐有不服捕拿等情，实难前此〔往〕，并将抽纳白皮房木把头钱文数目计开文尾，一并声明呈报城守尉衙门鉴核施行。等情。于初十日准巴彦苏苏驻扎委协领额哲通额咨文内开，查本营拿获偷伐木植民人王兴，讯问供称，伊与富万银、王才、谢幅等合伙进山偷伐木植，由依吉密河口放下，经赓章京查出，向伊三支勒逼钱九百余吊，又向谢幅名下一支勒逼钱一千余吊，现在山里仍有偷伐木植之人二十余支，相应咨会贵衙门，如何办理之处，希请见复可也。等情。咨查前来。

当将郭多珲拿获王才筹饬司审讯，据王才即王有才供：小的今年三十二岁，巴彦苏苏大河北官荒佃民，情因于同治八年间有民人张秉文、袁九年二人领二支人进山，到依吉密河、安邦河口等处砍伐木植，至九年六月间运下，彼〔被〕查山赓章京查出，按截〔核〕计抽纳税课。是以小的等于同治九年闰十月初十日与把头富万银、孙老塔、宁幅并小的等四人，合伙进山至依吉密河口，砍伐木植三千余根，于十年八月间将木植运到拉凌清河，被查山佐领赓章京查出，向小的等名下共抽纳木税钱九百五十吊，此〔北〕团林子德源兴烧锅交钱七百八十吊，疙疸山居住佃民于清交钱一百七十吊。又有把头刘永发、王把头、马青云、徐才、闰喜花、孙连、蓟海、姜把头、魏把头、张把头等十人，砍伐白皮房木四十三排，赓章京向伊等共抽纳税钱九百一十五吊，此项钱文有津河万源德烧锅、女城福盛泉烧锅、佃民于清等与赓章京的，亦有该把头自己交的，小的并未经手。小的等砍伐等项木植业经查山赓章京抽纳税课，是以于十年十一月间，小的带领一支人复又进山，到依吉密河口砍伐墩木一千余根，把头王会带领七支人进山，到依吉密河口砍伐墩木三千根，把头赵发带领三支人进山，到河口砍伐墩木八百根，把头王献带领五支人，到偶根河砍伐墩木一千五百根，把头侯连成带领五支人，到弩敏河口砍伐墩木二千余根，尚未扎排运下，不意于本年正月间即被接查山场差官查出，将小的拿获送案，今蒙审讯，不敢隐瞒，所供是实。王会供：我今年四十二岁，系吉林民人，于道光年间我只身由家出来，在各处佣工。嗣于同治十年间，我来到呼兰，雇了民人七名，于本年十一月十五日小的带领他们由依吉密河口进山，砍伐木植八百余根，小的于今年二月间由山里出来办买口粮，不意被查山官兵将我拿获送案的，今蒙审讯，所供是实。等情。据此，查依吉密河口卖与德源兴、于清木植一节，钱文数目与佐领赓音布所诉俱属相符。惟安邦河木植一节，原因把头脱逃，前经佐领赓音布饬令民人杨茂枝、武廷栋二人看守变卖，尚未串排，零星散放，在河封冻，现因武廷栋已经脱逃，仍着杨茂枝讨保，跟随差派看木之员看守木植，听候指示遵行。其白皮烧柴房木一节，王才即王有才、王会等并未经手。其山里偷伐木植一节，现在遴派佐领勒尔克善加派兵丁带领进山，认〔真〕搜巡查拿把头，容俟旋报到日，再行呈报。其领催德喜身染重病，未能讯供，惟佐领赓音布乃系四品职员，碍难确讯，是以将偷伐木植把头王才即王有才、王会等二名，差派骁骑校保章带兵四名押解送省。恐有诉供不实之处，饬令佐领赓音布随差赴省，以备听候质对。

谨将职派员查出情形并将该佐领赓音布所递诉呈一纸附入封筒，暨郭多珲呈报抽纳白皮房木把头姓名、钱文数目抄粘文尾，合并声明呈报将军衙门鉴核施行。须至咨呈者。

附：清单

刘永发抽分房木钱二百五十吊，福盛泉交。

王把头抽分房木钱二十吊，面交。

马青云抽分房木钱一百三十吊，面交。

徐承本抽分房木钱四十吊，万源德交。

闰喜化抽分房木钱一百零五吊，万源德交。

孙连抽分房木钱一百二十吊，万源德交。

苏海抽分房木钱一百二十五吊，于清交。

姜把头抽分房木钱五十吊，于清交。

魏把头抽分房木钱二十吊，于清交。

张把头抽分房木钱五十吊，于清交。

新授双城堡总管依常阿为奏叩谢天恩并请陛见折奉旨允准事致黑龙江将军衙门的咨呈
附：原奏

同治十一年三月初四日

吉林双城堡副都统衔总管依常阿为呈请转行咨报事。

本总管前由齐齐哈尔原籍恭折具奏，叩谢天恩并请陛见一折，于本年四月初二日接到回折，军机大臣奉旨：著来见。钦此。本总管遵即束装起程，赴京陛见。兹将原折、批旨相应恭录，粘单备文咨呈黑龙江将军衙门查核外，希请转行报部可也。须至咨呈者。

右咨呈黑龙江将军衙门。

计单。

附：原奏

新授双城堡副都统衔总管奴才依常阿跪奏，为叩谢天恩，吁恳陛见，恭折具奏，仰祈圣鉴事。

窃奴才于本年正月十四日奉将军德英等传知，据吉林将军奕榕咨开，正月初五日承准军机大臣字寄，同治十年十二月二十七日奉旨：吉林双城堡副都统衔总管员缺著黑龙江协领依常阿补授。钦此。钦遵。等因知照前来。奴才当即恭设香案，望阙叩谢天恩讫。伏念奴才一介满洲世仆，知识庸愚，前因军政卓异，经兵部带领引见，仰渥鸿慈交军机处记名。兹复蒙荷殊恩，简放双城堡副都统衔总管，倍增悚惕。惟有仰恳天恩，俯准奴才赴京陛见，跪聆圣训，俾资办公有所遵循，以其勉竭驽骀，图报高厚于万一耳。

所有奴才感激下忱，叩谢天恩并恳陛见缘由，理合恭折具奏，伏乞皇太后、皇上圣鉴。

再，此折系借用黑龙江将军印信，合并陈明。谨奏请旨。

军机大臣奉旨：著来见。钦此。

德英、托克湍为奏请拨围猎官兵新陈资装银两事的奏折
附：清单

同治十一年四月初七日

奴才德英、托克湍跪奏，为按年围猎官兵循章应需新陈资装银两，请旨饬部催拨速解，以济演猎之需，恭折具奏，仰祈圣鉴事。

窃奴才等查，前奉谕旨举行冬围，请拨借银，以备官兵衣粮。等情具奏，续准户部议复，黑龙江边陲重地，饬将官兵行围需用资装等项数目核明，专案奏明，由部专款拨发，毋庸在官兵应领俸饷项下坐扣。等因。奴才等筹议黑龙江通省共应出派围猎甲兵二千二百名，职官一百五十九员，核计按年通省行围一次，官兵应需资装共银一万四千八百七十两，以济添修锅帐、置备衣粮等项之用。请旨饬部专款拨发，并请毋庸减扣成数。等因具奏。旋准户部议复，黑龙江省出围官兵员名数目并需用资装银两先期请拨，核与准拨原案相符，自应如数拨给，拟即在于河南实存清查提解银内拨给银一万四千八百七十两，应令该抚赶紧派员径解黑龙江，俾资应用。等因。奏奉谕旨：依议。钦此。钦遵。咨照在案。奴才等伏思，去岁围猎官兵需用资装银一万四千八百六十八两，经部议复指拨河南驿站存剩银内拨给，迄今并无起解信息，奴才等查前因，临期恐误操猎，即向铺商等婉劝再三，始行筹措借垫，以济应需，现在该铺商等屡经禀恳发还，奴才等再四思维，实难推缓，惟有仰恳天恩，饬部速催河南巡抚赶紧筹解，到日以便还商，而示信行。再本年秋后遵旨行围，操练官兵员名数目，即应查照上年经部议准定章，通省应需资装共银一万四千八百七十两，奴才等诚恐临时筹措维艰，惟有先期请旨饬部指拨专款，迅速解送，以济该官兵添修锅帐、置备衣粮等项之需，俾资行围较猎操演官兵，以期仰副我皇上廑念边疆训练武备之至意。并照成案，谨将行围官兵应需资装银两数目敬善〔缮〕清单，恭呈御览。

所有奴才等请催上年围猎资装俾还铺商，以及本年围猎资装银两合并拨解缘由，理合恭折具奏，伏乞皇太后，皇上圣鉴。谨奏请旨。

附：清单

谨将黑龙江通省官兵出围应需资装银两数目敬缮清单，恭呈御览。

甲兵二千二百名，每名应需资装银六两；骁骑校四十七员，每员应需资装银八两；防御、云骑尉四十七员，每员应需资装银十两；副管、佐领四十七员，每员应需资装银十二两；城守尉、总管、协参领十五员，每员应需资装银十四两；副都统二员，每员应需资装银十六两；将军一员，应需资装银十八两。

以上甲兵二千二百名，官一百五十九员，共应需资装银一万四千八百七十两。

内务府为奏各省应进贡品方物花色数目折奉旨允准事致黑龙江将军的咨
附：原奏、清单

同治十一年四月二十七日

总管内务府为移咨事。

本府具奏，各省应进贡品方物花色、数目、尺寸，请由内奏事处分晰开单呈览后，发交内务府通行各省遵办，抑或即将奏准成案毋庸分别准缓，因时制宜，自行酌拟数目及物料花色、尺寸，按期呈进一折，于同治十一年三月初六日具奏。本日奉旨：依议。钦此。当由内奏事处交出历年各省呈进贡品方物各原单。相应抄录交出原单，并本府原奏清单，分晰开列，一并移咨贵将军可也。须至咨者。

右咨黑龙江将军。

计贡单二件。

附：原奏、清单

总管内务府谨奏，为奏闻请旨事。

窃查历年各直省将军、督、抚、盐政、关差、织造等应进万寿、年节、端阳贡品方物，向系各该处专差解京，径由奏事处原封呈交内奏事处呈览。前因各省未能一律呈进，经臣衙门奏请，除云南、贵州、甘肃等省军务未平，江南苏州、杭州织造税务停征，缓俟军务平定及关税开后再行呈进，其余各省仍照常一律呈进。等因具奏。奉旨：依议。钦此。当即咨行各该处遵照办理在案。嗣据原任两江总督管理两淮盐务曾国藩咨称，两淮应进贡品方物花色、数目文案失陷无存，原办各商亦多退散，无从查悉，咨行臣衙门缮发各贡花色、数目清单，再行筹办。等因。复由内阁抄出浙江巡抚杨昌浚奏称，浙省例贡方物向分夏、冬二季呈进，自省城克复后，案卷荡然，物色式样尺寸均无可考，本年应进冬贡赶办不及。等语。又据原任陕西巡抚蒋志章奏称，陕省每年应进贡物向由该府、州、县采办，前因树株砍伐，四境丘墟尽成焦土，刻下军务肃清，渐有复业，而开荒之地培植匪易，是以各种花果仍属寥寥，应进皮张向在各乡收买，近虽地方肃清，无如皮店甚少，更无硝工，委难办解，奏请暂行停办，俟商农归业，货物齐全，再行呈进。先后奉旨：该衙门知道。钦此。正在核办间，复据前任江苏巡抚何璟咨称，应办贡品方物名目、件数无案可稽，咨请查复，各等因前来。臣等查，各省应进贡品方物，臣衙门前于咸丰十一年七月间奏准，援照道光三十年成案，分别准进、缓进单内皆系贡品方物总统名目，并无花色、尺寸详细数目，制经各处解到贡品方物，仍系径由奏事处原封呈交内奏事处，其花色、数目、尺寸，臣衙门未能深悉。现据江南江苏、浙江等省均因案卷失陷，应进各贡花色、数目、尺寸均无可考，请缮发数目清单，再行筹办，而臣衙门成案皆系贡品方物总统名目，并无花色、尺寸、详细数目，实系无从查复。其余各处恐不免亦因案卷无存，未能一律呈进，必至纷纷请发贡物数目、花色、尺寸，若待行查再行随时奏请发给，未免烦渎，且与体制亦有未协。臣等公同酌拟，惟有据实陈明，请旨饬下内奏事处，将各省历年呈进贡品方物花色，数目、尺寸分晰开列清单，呈览后，发交臣衙门，通行各直省将军、督、抚、盐政、关差、织造等遵照办理。抑或即将咸丰十一年七月臣衙门奏准成案，毋庸分别准缓，抄录清单，通行各直省将军、督、抚、盐政、关差等，查照单开款项，因时制宜，自行酌拟数目、各物料花色，尺寸，按期呈进之处，臣等未敢擅便。谨将咸丰十一年七月奏准成案另缮清单，恭呈御览，伏候训示遵行。至陕西省应进贡物，既据该抚查明现在地方情形，奏请暂行停办，可否俯如所请，俟商农归业，货物齐全，再行呈进之处，恭候圣裁，合并声明。谨奏请旨。

内务府援案具奏贡品方物清单

谨将查得咸丰十一年七月奏准各直省督、抚、将军、盐政、织造等呈进方物清单恭呈御览。

黑龙江将军

箭杆、桃枝、火茸等项

同治七年六月初十日，署黑龙江将军德英跪进麦面十袋。

同治七年十一月十九日，署黑龙江将军奴才德英、关保、克蒙额跪进野猪二口，野鸡一百只，树鸡四十只，鳟鱼二十尾、细鳞鱼二十尾。

同治七年十二月二十二日，奴才德英、关保、克蒙额跪进野猪二口、野鸡二百只、鳟鱼三十尾、细鳞鱼三十尾、麦面四十袋、火绒二匣，杨木箭杆二百根，桦木箭杆二百根，红桃皮一千五百根，黑桃皮一千五百根。

同治七年十二月二十二日，署黑龙江将军奴才德英、爱绅泰跪进鳟鱼三十尾、细〔鳞〕鱼三十尾。

　　署黑龙江将军德英等呈进鳟鱼三十尾，细鳞鱼三十尾。

黑龙江将军衙门为查禁栽种罂粟事致黑龙江、墨尔根副都统衙门等的咨、札

同治十一年五月十八日

将军衙门为再为严行咨、札据实查禁事。

户、刑司会案呈：案查前因省属各城旗、民人等罔知利害，致有栽种罂粟之弊，委因江属旗、民淳朴者多，浮华者少，尚不致均为染此沉疴，适以本将军衙门特将东三省种植罂粟罪名与内省分别，从重酌定等因。奏明出示严禁在案。兹闻各属仍有不肖之徒私行偷种，呼兰、巴彦苏苏二处尤甚，以此观察，总由该管各衙门平日并不实力严查，致使旗、民毫无忌惮，以致此害终未净尽根株，倘遇年景歉薄，粮价昂贵，诚恐彼时糊口为艰。今各该处仍有无知旗、民人等栽种罂粟，急于取利，而不知稼穑实为万民之本、身命之源，务各勤力为尚。相应再为咨行黑龙江、墨尔根副都统衙门饬属严行查禁，如有此等贪利栽种罂粟者，无论花苗在田，立即拔毁，勿稍姑息，以除流害，并治该主以应得之重咎。其呼兰、巴彦苏苏各段种植繁多，应著该城守尉乌云布、署同知佛尔果春于奉札后，务须破除情面，饬令认真挨次拔毁，不准颗秸存留。仍著饬该局员巴彦诺尔布等转饬本年丈地委员等，于经过各段落留心访查，遇有栽种者，亦著概行拔除，即将该地东著交同知衙门加重治罪。应再由该委协领额哲通额拣派妥干弁兵复行认真巡查，倘查贿隐不肯拔毁者，查出据实准其加重治以应得之咎。于札到后，仍由省蜜〔密〕派官分前往该处访查，如访有不实不尽之处，蜜〔密〕为呈报，到日即将该管各官照例参劾不货〔贷〕。等因。

据此，相应咨禁〔行〕黑龙江、墨尔根并严札呼兰城守尉乌云布、署同知佛尔果春，局员巴彦诺尔布、委协领额哲通额等遵照查禁外，并札传齐齐哈尔城八旗协领、水师营总管、茂兴、墨尔根等站站官、官屯屯官等一体遵办可也。须至札者。

右咨黑龙江、墨尔根副都统衙门。

右札呼兰城守尉乌云布、署同知佛尔果春、局员巴彦诺尔布、委协领额哲通额、左翼协领、右翼协领等准此。

黑龙江将军衙门为奏戍员遣犯恭逢恩旨可否释免折奉旨事的咨
附：清册
同治十一年五月二十八日

镇守黑龙江等处地方将军衙门为咨报事。

刑司案呈：同治十一年四月二十三日，本衙门恭折具奏，为戍员、遣犯恭逢恩旨，查案分别奏、咨办理，恭折奏祈圣鉴事。窃奴才等于本年三月初十日接准盛京刑部咨称，同治十一年正月初四日钦奉省刑恩旨，经大学士会同刑部酌议章程奏准，内有外遣官常各犯已到配者，应由配所查案，分别造报，统俟刑部核复办理。等因。仰见皇上慎刑恤狱，法外施仁之至意。遵查本省官犯凡系大员发遣者，恭逢恩旨，例应查明犯事案由，具奏请旨，可否释免，恭候钦定，其余官常各犯，录案咨部核议，历经遵办在案。今查本省戍员内，有已革布伦托海办事大臣李云麟、已革都京正蓝旗蒙古副都统穆腾额、已革署处州镇总兵特保、已革湖南副将李作松等，先后奉发到配，当经派往莽鼐卡伦当差。又有已革巴林王旗公衔台吉伯和济雅，派令随旗当差，已革给事中博桂，分拨黑龙江城当差。该革员等自到配后，均各深知愧悔，改过自新。兹谨摘叙案由，另缮清单，恭呈御览，可否释免，伏候圣裁。此外尚有戍员已革参将孙家娘等二十七名，内有到配年分已久者，有当差者，有微劳者，另行备录全案，并遣犯一并造册咨部。惟有仰恳天恩，饬部分别核议具题，咨复奴才等衙门遵办。所有查明遣戍各员以及遣犯分别办理缘由，谨缮折具奏，伏乞皇太后、皇上圣鉴、训示遵行。谨奏请旨。等因具奏之处，报明大部在案。兹于同治十一年五月二十一日接到回折。军机大臣奉旨：著刑部查照成案，核〔议〕具奏。单并发。钦此。钦遵前来。应请咨报。等情。据此，相应咨报大部备核施行。须至咨者。

附：清册

查李云麟现年三十八岁，系已革布伦托海办事大臣，因帮办新疆军务招集民勇不能妥为安置，迨因人数众多，大半遣回，复不知体恤，致前项民勇造言煽惑变乱，滋生事端案内，经刑部照例拟发边远充军，系职官奏

〔奏〕请从重发往新疆效力赎罪。等因。奏〔奉〕上谕改发黑龙江充当苦差，以示惩儆。于同治八年十一月到配，当经奏派坐莽鼐卡伦苦差。李云麟在配三年，当差勤慎，并无贻误。

穆腾额现年五十一岁，系已革都京正蓝旗蒙古副都统，因留营经管制造军器，被参亏短银二千八百七十余两内，抂〔擅〕动银一千五百二十余两，业经拟罪完结。其被参浮冒一节，讯因经手水碓工程耗费过多，现领之银不敷开销，将军器公项银一千三百余两垫发，并无侵吞入己案内，经刑部讯明，仍照挪移库银五千两以下，照例拟以总徒四年，惟以二品大员辄敢将经手库存银两私运回家，弥补别项亏欠，希图朦混，较之寻常挪移情节为重，请旨发往黑龙江效力赎罪。于同治十年四月到配，当经奏派坐莽鼐卡伦苦差。穆腾额在配一年，当差勤慎，毫无怠情。

特保现年四十七岁，系已革署处州镇总兵，因失陷城池革职，发往军台效力赎罪，指派第十一台当差，后与废员黄振镛因钱财细故涉讼，业经讯明断，经复行翻控，抗不遵断，挟制问官，咆哮公署案内，经阿尔泰军台都统奏请，援照成案，改发贵州省安置，到配后枷号一个月。等因。奉上谕从重政发黑龙江，到配后枷号一个月，满日交该管官严加管束，以示惩儆。于同治九年八月到配，当经派坐莽鼐卡伦苦差。特保在配二年，当差奋勉，并无贻误。

李作松，现年三十九岁，系已革湖南副将，因总兵罗章才管带豫字营勇丁五百名前赴贵州黎平、古州一带听候调遣，行抵靖州地方，各勇以索饷鼓噪，杀毙亲兵什长一名，旋移队退回宝庆案内，经湖南巡抚以该员坐视勇丁滋闹，并不妥为弹压，事后随同退走，俱属庸懦无能，奏请改发贵州军营效力赎罪。等因。奉旨即行革职，从重发往黑龙江效力赎罪。于同治九年八月到配，当经派坐莽鼐卡伦苦差。李作松在配二年，当差奋勉，并无贻误。

伯和济雅，现年四十九岁，系巴林王旗已革公衔台吉，因与巴林王挟嫌涉讼，经热河都统秦〔奏〕请革审后，贿买书吏人等代作呈词，赴京翻控，蒙钦派大臣前往查办，讯明各情，按照刑律，以财行求与受财人同科例，拟杖一百，流三千里，奏奉上谕，照拟从重发往黑龙江充当苦差。于同治五年四月到配，拨派随旗当差。伯和济雅在配六年，当差出力，毫无过犯。

博桂，现年五十七岁，系已革给事中，先因得受赃银四十五两，代胡沅泷以寇玉林等不法各情具奏，经刑部讯明所奏不实，将该犯拟流，从重拟发黑龙江，因有热河范帼鼎一案牵连未结，暂缓起解。嗣经集案讯明，该犯复有听许贿嘱情事，惟赃银四十两系被金渭西使用，并未接受，请照前拟罪名杖一百，流三千里，从重发往新疆效力赎罪，改发黑龙江，即行咨送转发。等因。于同治五年七月到配，分拨黑龙江随旗当差。博桂在配六年，当差勤勉，亦无过犯。

黑龙江将军衙门为奏查明奉省前来领地旗户数目请编入旗档折奉旨事致都京户部的咨

同治十一年五月二十八日

镇守黑龙江等处地方将军衙门为咨报事。

户司案呈：本衙门于同治十一年三月初六日恭折具奏，为查明旗户丁口数目，仰恳天恩编入旗档，以资管束，俾期训练，择优挑差，恭折奏祈圣鉴事。

窃奴才德前以本省巴彦苏苏招民开垦，即有奉省旗户增禄等恳称，伊等系属旗人，缘因本处荒欠，陆续奔至荒场，藉民姓名虽得领地垦种，不敢忘旗人根本，恳请编入旗册，当经前任将军特普钦派员前赴荒段挨户查报，并咨行盛京将军饬属详查。旋准咨复，核与委员并增禄等呈册姓名多不相符。奴才委因旗人宗谱綦重，若仅据增禄等一面之词，不惟无可凭信，其中难保无游民假冒情事。曾经奏奉谕旨，饬令盛京将军都兴阿等派员携带三代户口清册，前往黑龙江详细查认，倘此项旗丁内实有正身旗人，委无游民假冒，即由该委员分晰各该部落，按名造册，呈报盛京将军，与该省旗档详细核对，果系清白旗人，仍由该将军等将原管各官出具切结，咨送黑龙江将军衙门，以凭编入该处旗册，令其照章交租，毋许含混。等因。钦此。钦遵在案。嗣据奉省派员携带三代户口清册前来，会同本省前派委员等前往巴彦苏苏等段比户清查，除于旗存底册姓名不符之户开除外，查与底册姓名相符者九百四十七户，计男妇大小四千九百五十名口，委系正身满洲、蒙古、西伯、汉军清白旗丁属实，并无游民假冒，经委员等分晰各该部落造册加结，分送奴才衙门及盛京将军衙门查核去后。兹据盛京将军衙门咨称，将委员查明此项旗户，遵旨复饬该原管各官，又于各存旗档内斟核，均属相符，并无假冒，复行加结咨送前来。奴才等伏思，此项旗户既经奉省委员查明，复经该省原管各官查核加结，委系正身旗人，并无假冒情事，即应遵旨编入旗档。惟此项旗户均各散居巴彦苏苏等段荒场，领地耕种，相距新设武营附近，管束似属较易，惟有请旨将此项旗户统归该营委协领衙门钤辖。详查该旗丁等前此多系奔驰就农耕种为务，久不练习弓马，若遽行挑差，恐于演练缉捕难期得力，拟请嗣后仍由奴才等设法酌令该营委协领等各官加意挑选年力精壮者，预为训练，可备将来择优挑补该营额差。至该旗户等所领荒地，仍令照章纳租，免致有亏赋课。如蒙俞允，其一切分旗编册比丁各事宜，再由奴才等照章随时报部查核办理，并请嗣后遇有续来旗丁，一概不准编入旗册之处，合并陈明。

所有奴才等查明旗户数目，归营管辖缘由，恭折具奏，伏乞皇太后、皇上圣鉴，训示遵行。谨奏请旨。等因具奏。

于同治十一年五月二十四日接到回折，军机大臣奉旨：该部议奏。钦此。等因前来。相应咨报大部备核可也。须至咨者。

右咨都京户部。

署理呼兰理事同知佛尔果春为报同治十年厅属烧商家数等项细册事致黑龙江将军衙门的呈

同治十一年六月初三日

署呼兰理事同知佛尔果春呈：谨将同治十年分厅属旧设、新开烧商家数暨得酒斤数、所卖价值及应征税钱折银数目，逐一分晰造具细册，呈送备核。须至呈册者。

计开：

源长永整年得酒拾万斤。

万顺庆整年贰筒共得酒贰拾万斤。

万增泰整年得酒拾万斤。

和成义整年贰筒共得酒贰拾万斤。

德源昶整年得酒拾万斤。

万发源整年得酒拾万斤。

聚隆恒整年得酒拾万斤。

德源兴整年得酒拾万斤。

万源广整年贰筒共得酒贰拾万斤。

增盛玉整年得酒拾万斤。

福顺泉整年得酒拾万斤。

聚发泉整年得酒拾万斤。

万和源拾壹个月止火，共得酒玖万壹千陆百陆拾柒斤。

广泉兴整年得酒拾万斤。

东升恒整年得酒拾万斤。

永盛泉整年得酒拾万斤。

福泉涌整年得酒拾万斤。

兴源德整年得酒拾万斤。

恒发涌整年得酒拾万斤。

海源盛整年加筒贰个月，拾肆个月共得酒拾壹万陆千陆百陆拾陆斤。

顺发德整年得酒拾万斤。

全盛隆整年得酒拾万斤。

福合隆整年得酒拾万斤。

恒聚广整年得酒拾万斤。

万发德整年得酒拾万斤。

广泉发整年得酒拾万斤。

福兴泉整年得酒拾万斤。

万发广整年得酒拾万斤。

宝盛源整年得酒拾万斤。

合盛兴整年得酒拾万斤。

永发盛整年得酒拾万斤。

万发和小薰叁个月，并更换大筒玖个月，拾贰个月共得酒捌万柒千伍百斤。

万兴涌小薰拾个月，并更换大筒贰个月，拾贰个月共得酒伍万捌千叁百叁拾叁斤。

福德祥小薰拾壹个月，并更换大筒壹个月，拾贰个月共得酒伍万肆千壹百陆拾陆斤。

宝兴隆小薰叁个月止火，共得酒壹万贰千伍百斤。

天德合陆月开市至年底，柒个月共得酒伍万捌千叁百叁拾叁斤。

以上烧商叁拾陆家，按照开烧之日起至年底止，共得酒叁百陆拾柒万玖千壹百陆拾五斤，每百斤以制钱壹串陆百文，核计共卖价制钱伍万捌千捌百陆拾陆串陆百肆拾文，每串按叁分征收税制钱，折银壹千柒百陆拾伍两玖钱玖分玖厘贰毫。

右册呈将军衙门。

户部为议复德英等奏奉省旗户赴黑龙江垦地请编入旗档折奉旨允准事致黑龙江将军的咨
　　附：原奏

同治十一年六月二十一日

　　户部为遵旨议奏事。
　　山东司案呈：本部会议黑龙江将军德英等奏，奉省旗户赴黑龙江垦地，请编入旗档挑差一折，同治十一年六月二十一日具奏，本日奉旨：依议。钦此。相应抄录原奏，恭录谕旨，飞咨黑龙江将军遵照可也。须至咨者。
　　右咨黑龙江将军。
　　计单。

　　附：原奏
　　户部等部谨奏，为遵旨议奏事。
　　黑龙江将军德英筹奏，查明旗户丁口数目，恳请编入旗档，训练挑差一折，同治十一年四月十八日军机大臣奉旨：该部议奏。钦此。钦遵。由内阁抄出到部。臣等伏查，黑龙江巴彦苏苏地方自咸丰十年前任将军特普钦奏准招佃开垦，至同治八年现任将军德英以该处烟户日增，奏请拨驻马兵二百名，并移设佐领、防御等员以成营制。九年六月复准盛京将军咨称，承准军机大臣字寄，同治八年十二月二十七日奉上谕：德英奏奉天旗户承领荒地，请饬核对旗档。等语。著都兴阿、额勒和布、恩锡派员携带该旗丁三代户口清册，前往黑龙江详细查认，由该委员分晰各该部落，按名造册呈报核对，果系清白旗人，仍由该将军等将原管官出具切结咨送黑龙江将军衙门，以便编入该处旗册。等因。钦此。此项佃户应咨黑龙江将军饬属查明，究系满蒙，汉何项人丁，何城何旗佐所属，或系内务府王公门下杂项壮丁，或系民人奉天府何厅、州、县甲社人丁，根究明确，造具细册，与旗存底册核对，如果三代姓名相符，再行派员前往查认。等语。当经户部据文移咨黑龙江将军，行令赶紧饬查奏复，各在案。兹据德英复以奉省派员会同本省委员查明，将与旗存底册姓名不符之户概行开除，其与存册相符者九百四十七户，男妇大小四千九百五十名口，委系正身满洲、蒙古、锡伯、汉军清白旗丁，并无游民假冒，分晰各该部落，造册加结，并由奉省原管各官核明加结咨送，请准编入旗档。等因具奏前来。户部查，同治六年吉林将军富明阿等奏，请将五常堡开荒浮丁编旗入档，当经臣部议复，以例载旗人出外营生，有愿在外落业者，即由该省督、抚分咨部旗，编为该地方旗籍。查沈阳旗人赴堡开荒，同为出外营生，应准令援例办理，行知遵照亦在案。今黑龙江巴彦苏苏地方有奉天各旗户陆续前往垦种荒地，由该将军呈请编入旗册，核与沈阳旗人在吉林五常堡开荒准编入该堡旗籍者事同一律，且前经钦奉谕旨，饬下奉天、黑龙江两省派员会查，如果实系清白旗丁，准其编入该处旗册。现据德英查明底册姓名相符，委无假冒，取具两省委员及原管各官册结复奏，自应准如〔所〕请，即令编入旗档。至所称请归新设五〔武〕营管束及挑选精壮备补额差各节，兵部查，该将军等奏称，请将此项旗户统归委协领钤辖，酌令该协领等加意挑选年力精壮者预为训练，可备将来拨补额差。等语。该将军等系为管束户口，训练旗丁起见，应如所请办理。仍令该将军等转饬该营，将所挑旗丁花名、年貌先期造册送部，以备查核。又原奏内称，所领荒地仍令照章纳租，户部查，咸丰十一年特普钦奏报招佃垦荒折内，声明已放巴彦苏苏荒地七万六千八百余垧，除去沟甸三成，以七成可垦之地按垧纳租，每垧先征押租钱二吊一百文，以二吊归公，一百文作为心红、纸张等用，当年起限，至第六年限满。应令该将军转饬遵照部咨，迅将该处放荒段落四至，佃户花名及历年收支租项各细数造册，专案送部、兵部办理。又所称嗣后续来旗丁一概不准编入旗册之处，亦应准如所奏，以示限制。

所有臣等遵议缘由，谨恭折复陈，伏乞皇太后、皇上圣鉴。再，此折系户部主稿，会同兵部具奏，合并声明。谨奏。

呼兰城守尉乌云布为奉旨赏加副都统衔请代谢恩事致黑龙江将军衙门的呈

同治十一年六月二十五日

呼兰河记名副都统副都统衔城守尉乌云布为恳请代谢天恩事。

于本年五月二十八日遵奉将军衙门扎〔札〕文内开：同治十一年五月十六日接到回折，军机大臣奉旨：著将乌云布交军机处记名，以副都统简放，并赏加副都统衔。钦此。钦遵。等因扎〔札〕饬前来。谨此，理合备文恳请将军大人代为夹片具奏，叩谢天恩，是为至切。谨此呈请将军衙门鉴核施行。须至呈者。

右呈将军衙门。

黑龙江将军衙门为报同治十年齐齐哈尔等处收支银两数目清册事致都京户部的咨

同治十一年七月初八日

镇守黑龙江等处地方将军衙门为咨报齐齐哈尔、黑龙江、墨尔根、呼兰、呼伦贝尔、呼兰理事同知等陆处壹年征收、使用税课房租等项银两数目册档事。

齐齐哈尔城

旧管：

同治拾年柒月内报明户部，库内现存税课房租银贰厘叁毫肆丝肆忽捌微，税制钱肆千伍百陆拾捌串玖百壹拾贰文。

新收：

同治拾年正月初壹日起至拾贰月叁拾日止，壹年买卖马壹千贰百壹拾壹匹，牛叁千肆百零肆条，小马贰拾匹，骡伍头，牛犊壹百肆拾捌条，驴伍拾壹头，猪壹千叁百伍拾柒口，羊贰千柒百陆拾只，共价银叁万叁千玖百伍拾肆两，每两按叁分，核计征收税制钱壹千零壹拾捌串陆百贰拾文。

阖街当铺贰拾玖家，又新开当铺壹家，共当铺叁拾家，每家贰两捌钱，核计同治拾年壹年共征收税制钱捌拾肆串。

齐齐哈尔城现有征租官房贰拾柒间，内于去年报明户部无人租住房贰间外，有人租住官房贰拾伍间内，每月壹两租房壹间，陆钱租房肆间，伍钱租房柒间，肆钱租房壹拾叁间。同治拾年正月初壹日起至拾贰月叁拾日止，征收壹年拾贰个月房租制钱壹百肆拾伍串贰百文。

由呼伦贝尔解到税银壹千壹百零捌两贰钱陆分叁厘贰毫。

由呼兰解到拾玖座官庄壮丁等名下满交粮内壹半变价制钱肆百壹拾捌串。

由呼兰解到税银贰百零陆两贰钱伍分贰厘捌毫。

由呼兰同知厅解到税制钱壹千玖百玖拾柒串伍百玖拾叁文。

扎哈尔氏名下追出赎罪银叁钱。

以上旧管、新收税课等项银共壹千叁百壹拾肆两捌钱壹分捌厘叁毫肆丝肆忽捌微，制钱捌千贰百叁拾贰串叁百贰拾伍文。

开除：

（注：中删）

实在：

库内现存税银玖拾叁两贰钱捌分捌厘壹毫陆丝，税制钱陆千零伍拾柒串陆百柒拾伍文。

黑龙江副都统爱绅泰册报内开：

旧管：

同治拾年叁月报明将军衙门核销案内，库内税银无存。

新收：

同治拾年正月初壹日起至拾贰月叁拾日止，壹年买卖牛壹百玖拾壹条，马壹百肆拾柒匹，猪贰百壹拾玖口，羊玖拾捌只，价银叁千捌百伍拾捌两，每两按叁分，核计征收税制钱壹百壹拾伍串柒百肆拾文。

阔街当铺拾贰家，每当铺贰两捌钱，同治拾年壹年共计征收税制钱叁拾叁串陆百文。

以上新收税课等项制钱共壹百肆拾玖串叁百肆拾文。

开除：

（注：中删）

实在：

库内税银无存。等因咨送前来。

墨尔根城副都统依克唐阿册报内开：

旧管：

同治拾年叁月报明将军衙门核销案内，库内税银无存。

新收：

同治拾年正月初壹日起至拾贰月叁拾日止，壹年买卖马壹百玖拾匹，牛贰百叁拾伍条，骡拾贰头；驴柒拾肆头，贰岁牛壹百贰拾壹条，猪叁百捌拾口，羊壹百贰拾叁只，价银叁千贰百伍拾壹两，每两按叁分，征收税制钱玖拾柒串伍百叁拾文。

阔街当铺拾家，每当铺贰两捌钱，核计征收税制钱贰拾捌串。

以上新收税课等项制钱壹百贰拾伍串伍百叁拾文。

开除：

（注：中删）

实在：

库内税银无存。等因咨送前来。

呼兰城守尉乌云布册呈称：

旧管：

同治拾年叁月内报明将军衙门核销案内，库内现存税银贰百零陆两贰钱伍分贰厘捌毫。

新收：

同治拾年正月初壹日起至拾贰月叁拾日止，壹年买卖马壹百肆拾壹匹，牛陆拾玖条，骡壹头，驴壹头，羊肆拾柒只，猪肆拾肆口，价银贰千叁百捌拾捌两，每两按叁分，核计征收税制钱柒拾壹串陆百肆拾文。

阖街当铺五家，每家贰两捌钱，核计征收税制钱壹拾肆串。

由将军衙门奏准呼兰以东添设网场拾壹座，每座税银贰拾两，核计同治拾年壹年征收税银贰百贰拾两。

以上旧管、新收税课等项银肆百贰拾陆两贰钱伍分贰厘捌毫，税制钱捌拾伍串陆百肆拾文。

开除：

（注：中删）

实在：

库内现存税银贰百壹拾壹两贰钱玖分贰厘捌毫。等因呈送前来。

呼伦贝尔处副都统衔总管布尔和德册呈称：

旧管：

同治拾年叁月内报明将军衙门核销案内，现存税银壹千壹百零捌两贰钱陆分叁厘贰毫。

新收：

同治拾年正月初壹日起至拾贰月叁拾日止，壹年买卖马伍千壹百捌拾玖匹，牛柒千叁百伍拾玖条，羊叁万柒千捌百肆拾肆只，价银柒万陆千陆百捌拾贰两捌钱，每两按叁分，核计征收税银贰千叁百两零肆钱捌分肆厘。

以上旧管、新收税银共叁千肆百零捌两柒钱肆分柒厘贰毫。

开除：

（注：中删）

实在：

现存税课等项银壹千壹百伍拾两零柒钱零叁厘贰毫。等因呈送前来。

署理呼兰理事同知关防事务佐领佛尔果春册呈称：

旧管：

同治拾年肆月内报明将军衙门案内、库内现存税制钱壹千玖百玖拾柒串伍百玖拾叁文。

新收：

同治拾年正月初壹日起至拾贰月叁拾日止，一年买卖马伍百柒拾贰匹，牛陆百柒拾陆条，骡叁拾捌头，驴陆拾贰头，猪捌百捌拾叁口，价银壹万壹千叁百肆拾柒两陆钱柒分，每两按叁〔分〕，核计征收税课制钱叁百肆拾串零肆百叁拾文。

阖街当铺贰家，又新开当铺贰家，共肆家，每家贰串捌百文，核计征收税制钱拾壹串贰百文。

同治拾年正月初壹日起至拾贰月叁拾日止，壹年买卖烟壹万贰千玖百肆拾伍斤，价银陆百捌拾伍两零柒分，麻壹万壹千伍百肆拾捌斤，价银贰百陆拾伍两玖钱陆分，酒叁百陆拾柒万玖千壹百陆拾伍斤，价银伍万捌千捌百陆拾陆两陆钱肆分，苏油捌拾贰万捌千肆百伍拾斤，价银壹万贰千肆百贰拾陆两柒钱伍分，共价银柒万贰千贰百肆拾肆两肆钱贰分，每两按叁分，核计征收税制钱贰千壹百陆拾柒串叁百叁拾贰文。

以上旧管、新收税制钱共肆千伍百壹拾陆串伍百伍拾伍文。

开除：

（注：中删）

实在：

库内现存税制钱壹千贰百柒拾玖串伍百贰拾玖文。等因呈送前来。

为此造具细册，咨送大部备核可也。须至册者。

右册咨都京户部。

德英、托克湍为奏挑选貂皮数目事的奏折
附：清单
同治十一年七月二十三日

奴才德英、托克湍跪奏为挑选貂皮数目恭折奏闻，仰祈圣鉴事。

窃于本年六月间据布特哈总管诺们德勒和尔等将该处索伦、达呼尔、墨凌阿鄂伦春、雅法罕鄂伦春、毕喇尔官兵、牲丁等捕获貂皮四千六十六张呈送到省，奴才等督率该总管并协领等官在署遵照奏定章程，核计官兵、牲丁数目，除去出征旷缺外，尽数按名由该官兵、牲丁等所捕皮内详加挑选，得头等貂皮七十张，二等貂皮一百七十三张，好三等貂皮四百三张，内秋板貂皮二十一张，寻常三等貂皮二千六百八张，共选应进貂皮三千二百五十四张。其挑驳余剩貂皮八百一十二张，循照旧规，均饬割去貂腿一只，交该总管等分给原捕人等领回。其交纳色好貂皮人等，由奴才等衙门酌量鼓励，仍饬该总管督饬官兵牲丁等，于下年勤加捕打上色毛厚貂皮，以期应选。

所有本年挑选贡皮数目，谨援照成案先行奏闻，并将该官兵、牲丁人数花名造册咨报户部备核，仍俟秋后敬谨包裹妥协，遴派布特哈官兵由驿送京交纳，暨咨报户部、理藩院、内务府查照外，谨将应进貂皮官兵、牲丁人数并所选皮张数目分别敬缮清单，恭呈御览，伏乞皇太后、皇上圣鉴。

附：清单

谨将布特哈处索伦、达呼尔、墨凌阿鄂伦春、雅法罕鄂伦春、毕喇尔等捕获貂皮内按丁挑选等第数目，分别敬缮清单，恭呈御览。

——布特哈处索伦、达呼尔共丁二千四百九十名，捕获貂皮三千二百四十八张，内挑选得头〔等〕貂皮七张，二等貂皮五十一张，好三等貂皮一百七十四张，内有秋板貂皮二十一张，寻常三等貂皮二千二百五十八张。

——墨凌阿鄂伦春共丁一百一十六名，捕获貂皮一百六十三张，内选得寻常三等貂皮一百一十六张。

——雅法罕鄂伦春、毕喇尔共丁六百四十八名，捕获貂皮六百五十五张，内选得头等貂皮六十三张，二等貂皮一百二十二张，好三等貂皮二百二十九张，寻常三等貂皮二百三十四张。

以上按照丁数，选得貂皮三千二百五十四张，内头等貂皮七十张，二等貂皮一百七十三张，好三等貂皮四百三张，内秋板貂皮二十一张，寻常三等貂皮二千六百八张。

谨查奏定布特哈索伦、达呼尔、墨凌阿鄂伦春额丁三千四百二十八名，暨新袭官一百七十九名，已到年岁官四十三名，由都京旋回官二名，共三千六百五十二名。内除上年升授职任并承袭世职、告退、病故官四十六名，又除去空缺职官四十名，留神机营当差丁三名，往河南等处出征官四十一名，兵丁一千二百六十八名，净剩丁二千二百五十四名。又加由军营撤回官兵六十五名，由军营送回之缺挑补丁数二百八十七名，现在实有官兵，牲丁二千六百六名。并雅法罕鄂伦春，毕喇尔丁六百四十八名，共计应交貂皮丁三千二百五十四名，按照丁数，共挑选得貂皮三千二百五十四张，谨查照成案，敬缮清单，恭呈御览。

黑龙江将军德英等为俄商违约经墨尔根、黑龙江城等处赴海兰泡贸易事致总理各国事务衙门等的咨呈、札

同治十一年八月初三日

镇守黑龙江等处地方将军德英，齐齐哈尔副都统头品顶戴哈丰阿巴图鲁托克湍为咨呈事。

户、兵司案呈：本年五月初八日，据呼伦贝尔副都统衔总管布尔和德详据巡卡副管砰德恩多尔济呈称，四月二十八日据俄国管理六卡玛雨尔索满等来至库克多博卡伦声称，有该国玛雨尔雅阔普并雅尔米勒等两起共商人十九名，内携幼女一名，赶来牛马，持有执照，由此过界，前往瑷珲阿穆尔省贸易。等因。先行飞报前来。当经本衙门立饬该总管布尔和德亲往该卡会记玛雨尔，遵照条约严行拒阻，一面咨照各城传知各处边卡迎探，倘呼伦贝尔阻止不从，其经过各处仍当一体按约开导，拦阻返回，如不听从，执意往行，即将持带票张查验清楚，尾随侦看，不得因此致启衅端。等情分咨去后。旋于五月二十日据总管布尔和德详称，该总管于本月十五日会见俄国总理楚尔海图等卡玛雨尔西密云等，向其询问该国何职官发给玛雨尔雅阔普等执照，滥行越界任由我们草道前往瑷珲贸易，实与条约不符；逐加开导，善言拦阻，该玛雨尔等声称，该额尔口城吉那拉勒古毕尔那托尔以两国通商可行之处，按约发给执照。等语。复向据理剖辩，该玛雨尔一味恃有执照，坚不允从阻止。当即验看执照，系蒙、汉、俄三项字样票二纸，内写俄目玛雨尔雅阔普并雅尔米勒等共十九名，内带幼女一名，赶来牛三十五条，马二百一十八匹，车十四辆，马鞍十五盘，鸟枪五杆，货物十九包，箱子二个，数目查与执照相符，即于是日硬行越界，由草道前往。随派官兵尾随侦看。等情呈报前来。当即飞咨黑龙江城副都统，一俟俄商抵至瑷珲，拣派妥员送交海兰泡俄酋，告以嗣后俄国边界领事各官不得似此任意滥发执照，有违和约。等因去后。旋据墨尔根咨报，于六月初一日行抵墨尔根城，在野住宿，按约阻拦不回，查看携带物件、牛、马数目相符，于次日起行北上，当派官兵尾随查看，经过地方尚属安静。兹据黑龙江详报，于六月初十日到彼，在野支搭帐房暂歇一宿，随即验看执照，所有马匹、牛条、物件数目均与呼伦贝尔所报无异，即派佐领

富庆等于次日分起送交海兰泡，面见俄国文官马列为乞，告以上年俄人违约由库克多博卡伦草道赶带马匹前来，曾经本衙门派员面见该古毕尔那托尔，嗣后不可如此违约经由本界，乃今复又违约，仍由我们呼伦贝尔卡伦硬行经过，赶带牛马前来，虽然持有票照，核与两国条约不符，此后务须严禁俄商，断不准再由库克多博卡伦草道行走，以重条约，而敦和睦。据马列为乞答称，该古毕尔那托尔现往下江查勘该属被水冲淹乡村未回，署古毕尔那托尔不能主管此事，一俟该古毕尔那托尔旋回之时，务必转达。等因咨报前来。

查上年俄国边界官径行发给执照，任令该商人等由库克多博卡伦草道前往瑷珲贸易之初，当经本衙门据情呈报，旋奉总理各国事务衙门咨复，除照会驻京俄使，令其转饬该处边界官严行阻止外，并令本衙门严饬各处边界官随时稽查，婉为劝阻，既不可听其任意前往，亦不可因此致启衅端。等因各在案。今该俄国边界各官并不遵办，复行任意发给执照，令其商人持以为据，到处狡执，不听开导，硬行过界，前往瑷珲贸易。既经黑龙江副都统派员前往海兰泡面见俄酋与之理论，而该俄国文官马列为乞又以署事为词，推诿不能主管，惟恐俄人狡诈是其惯技，嗣后难免不无再有似此滥发执照，任意越界游商等事，相应据情咨呈总理各国事务衙门，即恳转为照会俄国驻京公使，严饬该国边界领事各官，嗣后务期查与条约相符方可发给执照，俾免该商人等持票滥行，以重和约。等因。

拟合咨呈总理各国事务衙门鉴核施行外，仍严饬总管市尔和德嗣后遇有交界地方应行禁阻事件，务须悉心详查条约，饬属遵办，毋得稍有违误，草率从事，致干参办外，并咨行黑龙江、墨尔根城副都统衙门暨扎〔札〕饬布特哈总管诺们德勒和尔等查照可也。须至咨者。

右咨呈钦命总理各国事务衙门、黑龙江、墨尔根城副都统衙门。

并札呼伦贝尔副都统衔总管布、布特哈总管诺。

黑龙江将军德英等为报俄轮驶抵省城要求通商及回帆下驶情形事致总理各国事务衙门等的咨呈、咨

同治十一年八月二十三日

守黑龙江等处地方将军德英、齐齐哈尔副都统头品顶戴哈丰阿巴图鲁托克滿为飞速咨呈事。

户、兵司案呈：本年七月十三日据巴彦苏苏委协领额哲通额、署理事同知佛尔果春等报称，七月初八日适有俄夷轮船一只，拴练大船一只，小舟一只，由乌苏里江奔入松花江上驶，抵至黄泥河口停泊，当经该委协领等亲往查看，约有男女夷人三十余名，其船所载除货物之外，并有洋炮等械。询据该船俄商声称，伊等奉有古毕尔那托尔执照至此，欲在沿江一带城市贸易，该员等随验执照，按约理论，该夷商慢为回答，即于是日初更后乘风雨开船，逆流上驶，随将箱子九个，口袋六条、洋炮一杆强委江边民房，拨留该国夷人二名，并留所带中华山东民人二名，一同在彼看守，声言由呼兰贸易回时再取。当由武营派拨官兵协同该段乡、地，在附近民居遥为探守。即于十四日据呼兰城守尉乌云布详称，本月初九日见有俄人轮船由松花江上驶，抵至呼兰河口停泊，当派副管乌林布等前往，询据俄商言称，伊等持照欲赴吉林，黑龙江等处购买食粮，易换货物，该员等按照条约向彼婉言开导，复据该夷答称，既不准买粮食易换货物，所有菜蔬可准我们购买。等语。若再不允，恐滋事端，当令弁兵监视，该夷在街市仅买菜蔬等物，惟该夷意欲何往亦未吐露实情，是以仍派弁兵在彼防守，并密禁阖属军民人等不准与俄夷交涉。等情各报前来。本衙门详查现值嫩江涨发，水势甚大，而该夷既称欲赴吉林、黑龙江等词，亟应按约阻拦，当即飞饬该城守尉等必须设法妥为开导，务令夷船回帆，以符条约，如不听从，亦不准激启衅端，并严禁本属旗民人等，断不准私行交易买卖，一俟夷船回帆之时，务将所留物件并看守夷人等均令携回，不准任其推词落后。等因。扎〔札〕饬去后。旋据该城守尉报称，该夷轮船并不听从阻拦，已于本月十一日由呼兰河口停泊处所拔锚开船，仍由松花江上驶，前往伯都讷去讫。续据管理茂兴站站官依兴阿报称，本月二十一日见有俄人轮船由松花江北上，直入嫩江停泊，当即前往，按约理论，阻拦回帆，该

夷并不听从，言称前赴齐齐哈尔省城。又据前派迎探夷船委员等报称，职等于二十三日遇见夷船，实力阻拦，亦不听从，于二十四日驶抵省城对面江岸停泊。等因呈报前来。本衙门复派协领等官前往夷船停泊处所，询其来由，据夷船头目令通事答称，此乃伊国三品职官名巴拉吧什，又有医官阿拉云斯克一名，并有夷商船载货物，伊等奉有古毕尔那托尔执照，由松花江逆流上驶，忽值嫩江水势涨漫，松花江上流旱浅，未能前往，是以商同本船人等径入嫩江上驶前来，恳求推念两国和好，开商交易。该员等告称，尔等闯入嫩江上驶，实与条约不合，且齐齐哈尔省城并非通商之区，亦非交界处所，你们央恳通商，实属违背和约，断不准行。等情。至再至三竭力开导后，该夷人始行无词。该夷复称，即遵条约无庸通商，惟我们轮船所需柴薪已经用完，恳乞代为购买。等语。当查该夷轮船所需柴薪缺乏属实，若不示以和好，量为代购，济其所用，难以回帆，必至该夷藉端砌词，是以代为买得现用木植，俱令锯截劈开，上船后，该夷轮船于三十日拔锚回帆下往去讫。本衙门随即咨会邻省，仍饬呼兰城守尉等分头查探照料，护送出境，并禁止沿江军民人等不准私行通商。等因去后。兹据各该处陆续呈报，该夷轮船回帆沿途尚属安静，于八月初五日抵至黄泥河口停泊，言称前经在此与我们俄人同留之华民通事张福祯系山东民人，在乌苏里河口贸易，该民现因前往江南，拟将前留我们人二名内著留一名，并留箱子四个，等候该通事到时，再为雇觅船只，一同旋回。等语。当据在彼巡守之骁骑校常春向俄目按理剖辩，你们前次既称返回之时全行携带而去，今何得食言，总须一同带回，毋再推留。等情。再三婉言开导，该夷坚不听从，于初六日船已起行，过布雅密河口下往三姓去讫，各等因呈报前来。

详核俄国边界官不论是否通商之区，随便发给执照，令其官商持以为据，不听拦阻，任情游驶，前来省城要求通商，又将夷人、货箱硬留途中，种种各情俱属违约。该夷性情叵测，防范宜密，此次乘嫩江水涨，来省要求通商，未遂其意，该夷虽失通商之望，扫兴折回，揆其情势，究非遵约输诚，难免下年不再闯入游驶，更宜加意严防。除饬所属地方既防卡官弁一体遵照，如再遇夷船入境，仍按条约妥为剖办〔辩〕拦阻，不得任其闯入，亦毋许轻启衅端。惟思俄人狡诈是其惯技，现在巴彦苏苏地方所留夷人一名，未便任其久待，倘生枝节，预难逆料，亟应设法开导，速为旋回，以免衅端。是以复饬该委协领等遴派妥员速赴江南寻觅该民张福祯，务即找回，与所留落后夷人一同催令起程返回，倘或该民他往，无处可寻，务当设法婉为开导，即将该夷人由陆路派员送交瑷珲海兰泡俄酋，以符条约之处，除将巴彦苏苏地方所留俄人一俟起程旋回，再行呈报外，所有夷人背约遣船妄行，要求通商及中途硬留夷人，夷物各等情，先行咨呈总理各国事务衙门，恳请照复该国驻京公使，严禁该国边界领事各官，此后不得滥发执照，令其商人任意越境及中途硬留俄人，倘启事端，致失和好，务须格遵条约，以靖边域。等因。据此，合将夷船入境、出境各情由飞行咨呈总理各国事务衙门鉴核外，并咨行吉林将军衙门查照可也。须至咨者。

右咨呈钦命总理各国事务衙门。

并咨吉林将军衙门。

黑龙江将军德英等为俄人越界在黑龙江右岸霍托玛勒等处种地事致总理各国事务衙门等的咨呈、咨

同治十一年八月二十三日

　　镇守黑龙江等处地方将军德英、齐齐哈尔副都统头品顶戴哈丰阿巴图鲁托克湍为咨呈事。

　　户、兵司案呈：本年七月初九日据黑龙江副都统爱绅泰咨称，据查边副都统衔佐领色凌额等报称，奉派前往巡查额尔古讷河口等处边界，留心踏勘雅克萨对面夹心滩地方，除上年俄人所种旧田外，又有越界在于本属右岸霍托玛勒等三处耕种地亩共计七十余垧，色凌额等即过江左寻见俄目并种地之俄人，曲为开导，具言去岁有你们人越界种地割草，均被我们巡边官员查出，全行平毁，你们古毕尔那托尔曾经承认未能约束之过，并说出嗣后俄人再有越界耕种者，你们查出任凭平毁等语。你们因何不遵你们上司饬禁，今年又来越界种地，实系违约，甚属不合，即应将地亩立即平毁，以敦和好。据俄屯头目并种地俄人等恳称，江左我们所居之地山石林木稠密，不能开垦〔垦〕，无奈偷越右岸耕种，虽与条约不合，恳祈怜念两国和好，辗转宽容，俾我们收成度命，再四哀求。色凌额等悉心商酌，若立时将其地亩平毁，诚恐俄人情急别生枝节，是以复向俄人告说，务将你们所有越界耕种地亩赶紧自行平毁，我们回时查看，如再延缓不平，我们定为全行平毁，以遵条约办理。等情。开导晓谕后，随即上驶。适值黑龙江水涨发漫岸，水势甚大，行抵额尔古讷河口，照旧巡查已毕，即行旋返，抵至霍托玛勒等三处地方，查看俄人所种地亩，已均被水漫淹，深至数尺。色凌额等欲见该处俄官理论，该俄官房舍亦被水冲倒，不知去向，无处往寻。其雅克萨对岸夹心滩地方俄人所种旧田及左岸俄屯三十余处，连地亩均各被水冲淹大半。等情。该副都统若照上年派员会晤海兰泡俄酋按约理论，且忆该酋必以越界俄人所种地亩均被水淹，无凭考查为词，不允查办，徒费唇舌，是以未经派员前往开导理论。合并声明。具报前来。

　　详核俄人私行越界，在于黑龙江右岸种地多处，虽然被水冲淹，现时无凭考查，难保下年不无狡诈俄人再来越界耕种。本衙门除飞咨黑龙江副都统爱绅泰，严饬下年巡边委员等认真稽查，倘有俄人再行偷越界址开垦

地亩等事，随即理论平毁，以清界限，亦不可肇启衅端。等情遵照外，合将据报情形咨呈总理各国事务衙门鉴核外，并咨行黑龙江副都统衙门遵照可也。须至咨者。

　　右咨呈总理各国事务衙门。

　　并咨黑龙江城副都统衙门。

德英、托克湍为奏请旨复催各省筹解新陈欠饷事的奏折

同治十一年九月初五日

奴才德英、托克湍跪奏，为官兵俸饷久缺，地方疲累，奏奉谕旨饬部予限指拨各省银两迄今未能依期清解，官兵困苦较前异常，吁恳天恩饬部迅将部议奉旨批准指拨新陈俸饷复催各省赶紧筹解，以固兵心，保防边境，恭折具奏，仰祈圣鉴事。

窃奴才等前因历年欠解黑龙江官兵陈饷并庚午、辛未等年新饷积至一百七十余万两之多，加以地方连年灾欠，官兵困苦万难，曾经奴才等于去年九月间据实沥陈，奏奉上谕：前据德英等奏，直隶等省欠解黑龙江俸饷银两，请先由部库发给，并恳饬催积欠整装银两，当令户部速议具奏。兹据奏称，部库经费支绌，所请先行垫发本难准行，惟现已冬令，该省官兵情形困苦，俸饷亟需支放，拟请由部库暂行借拨银五万两。等语。著照所请办理。该将军即行派员赴部领取。并著丁宝桢即在该省欠解黑龙江俸饷项下划出银五万两，赶紧解部归款。此次由部库借拨系一时权宜之举，嗣后各省欠解俸饷应由该将军奏、咨严催，不得再请部款，以重帑项。至各省欠解黑龙江庚午、辛未两年俸饷共银三十三万八千余两，除长芦应解银两据称因积水难行，经户部行令俟水势稍退立即起解外，其山东省前解吉林，黑龙江棒饷银五万两，经奉省暂行借用，著瑞联凛遵前旨，即行分别归还。其余欠解庚午、辛未两年俸饷银两，著李鸿章、李鹤年、丁宝桢按照户部指拨原款，严饬藩、运各司迅即筹解，不得再有延缓。至上年户部奏提各该省积欠黑龙江历年俸饷银两，除山东省应归还此次部库银伍万两外，尚应解该省银三万两，长芦应解银伍万两，直隶应解银伍万两，河南应解银十万两，并著该督、抚于年内一律解清。黑龙江地居边要，近年征调频仍，全赖俸饷及时支发，以资振作，该督抚等务当顾全大局、力筹解济，倘有仍前延误，即著户部据实奏参，查取藩、运各司职名，照例议处。等因。钦此。钦遵在案。

奴才等查核，自奉准部议谕旨后，除由都京部库暂行借拨银伍万两并从前由山东拨解银二万两外，其余奉有部议专提节年陈欠饷银二十三万两，迄无咨解信息，而庚午、辛未两年新饷三十三万八千余两内，仅于去岁由奉省

领到银九万三千两，其新欠二十四万五千两，至今毫无咨解之音，适于本年三月间，接据奉省来咨，由直隶拨给本省壬申年俸饷银二万两外，核计仍积欠本省历年陈饷并庚午；辛未、壬申等年新饷共核积有一百八十六万余两之多。缘因各该省久延未解，当经奴才等于本年四月间咨报户部转为严催在案。奴才等伏思黑龙江省为我朝东三省北面极边重地，兼与俄夷接壤，近年屡屡乘隙窥伺，凡在极边官兵尤宜乘时豢养，俾资及时演练，以壮边威，委因连年征调频仍，饷项屡亏，加以节岁灾欠，并以本年春间亢旱，夏秋江水涨发，田禾被淹，秋收尤属欠薄，粮价较前昂贵，该官兵等所得俸饷又属无几，其不能糊口者势难逼迫，以离其心，武备生疏，诚与国家边防大有关碍。惟视出征阵亡病故官兵家属老幼待哺嗷嗷情状，更属堪怜。复据各城该管各官哀词禀请，声明时近严冬，该官兵等冻馁堪虞，恳请速发饷银，可资接济，以免饿莩。等情前来。奴才等目击时艰，焦灼无措，当此需饷孔极，万难支持，虽叠经奴才等据实沥陈，奏奉谕旨饬令各该省勒限拨解，无如各该省视为具文，延不报解，详核专提之陈饷现已三年之久，尚未解运三分之一，而庚午、辛未、壬申等年新饷内，拨解又属寥寥，如此年复一年，延解无期。奴才等深虑涣散兵心事小，贻误大局事大，辗转筹思，万分无策，惟有仰恳天恩俯念边陲官兵穷苦，饬部严催，迅将各该省专提拨解陈欠饷银并庚午、辛未、壬申三年欠解新饷银两赶紧拨解，俾救时艰，藉以慎重边防，其下欠历年陈饷一百七万余两，恳令各该省随年源源拨解，以资周恤。

奴才等身受鸿恩，曷敢数渎，无如官兵窘迫情形日甚，势难安于缄默，亦惟有据情披沥实陈，伏乞皇太后、皇上圣鉴，训示遵行。奴才等不胜悚切待命之至。谨奏请旨。

总办开垦行局事务委员苏隆阿等为报巴彦苏苏等段升科地毗连册事致黑龙江将军衙门的呈

同治十一年十一月初六日

奉委总办开垦行局事务委员花翎云骑尉苏隆阿，花翎佐领巴彦诺尔布、年满屯官业普铿额为造册呈送事。

于八月二十三日接奉将军衙门札开：户司案呈，将自咸丰十一年起已放荒地至同治六年届限升科所有分劈段落佃户花名，四至毗连、垧数赶紧查明造报。等因札饬前来。职等详核所有分劈毗连，即应如数造报。惟查咸丰十一年起至同治六年届限之地现在分劈人户既多，地数更繁，查写核对一切尤需时日。谨将同治九、十、十一等年分劈咸丰十一年分出放巴彦苏苏、阿力罕、大木兰达、小木兰达、拉三太、甘沭林子、大荒沟等七段，佃民二千三百三十一户，原领毛荒十万零二千四百九十一垧二亩五分，内除短地二千五百四十垧零二分七厘，集厂地一百五十垧，实剩原领地九万九千八百零一垧二亩二分三厘，同治五年届限清丈，由原领数内扣除三成地二万九千九百四十垧零三亩六分六厘九毫，实以七成升科地六万九千八百六十垧零八亩五分六厘一毫，丈出浮多熟地一万三千二百八十三垧六亩三分九厘，共计熟地八万三千一百四十四垧四亩九分五厘一毫，发给印照二千二百零八张，逐一按段按户分晰造具垧数，联名互保，四至毗连清册七本，理合备文呈送外，再查同治元、二、三、四、五、六等年分劈毗连，职等现在按年赶紧造办，容俟核对清楚，再行呈送之处，合并声明，呈报将军衙门鉴核施行。须至呈者。

黑龙江将军德英等为奏准齐齐哈尔城协领倭和署理黑龙江副都统事致都京兵部等的咨、札

同治十一年十一月初六日

镇守黑龙江地方将军德英、齐齐哈尔副都统头品顶戴哈丰阿巴图鲁托克湍为咨报事。

兵司案呈：本衙门于同治十一年九月二十五日附片具奏，再查黑龙江城地属极边险要之区，与俄国仅隔一江，该城副都统孤悬一隅，凡有承办外国交涉事件，必须随时随事相机办理，方无贻误。且夷人性情诡异，动静无常，近年以来时有违约要求情事，非得熟悉边情之员难资镇抚。奴才等悉心体察，查有齐齐哈尔城正白旗副都统衔协领倭和于同治十年因协领六年俸满，即于是年十二月初十日曾经送部带领引见，奉旨：著交军机处记名。钦此。嗣因劝捐马匹出力，经奴才等保奏，奉旨：倭和著交军机处记名，遇有副都统缺出，请旨简放。该部知道。钦此。各在案。该员随署当差，委办营伍操防暨俄夷往来事件详慎谙练，胆识兼优，洵属勤能，足胜专间之任。现值副都统爱绅泰因病出缺，若以该员补放斯任，实于极边地方大有裨益。惟有仰恳天恩，俯念黑龙江副都统员缺至要，可否准以记名副都统倭和简放之处，出自逾格鸿施。如蒙俞允，不惟边疆重地整饬得人，即奴才等亦得有指臂之助。而该员感激恩慈，益必勉力以图报效矣。奴才等为慎重边防厄要，事关重大起见，谨不揣冒昧，附片具陈，伏乞圣鉴。谨奏。于同治十一年十一月初四日接到回片，军机大臣奉旨：另有旨。钦此。同日接到清字上谕一道。相应恭录谕旨，粘连文尾，咨报大部备核外，并札传齐齐哈尔正白旗协领倭和遵奉谕旨，赶紧束装前赴黑龙江接署副都统印务，以重职守。仍饬暂署黑龙江副都统参领金山保遵照，一俟该协领倭和抵到署任，即将副都统印务交代明白，及接受日期各行呈报，以备咨部可也。须至咨者。

右咨都京兵部。

并札署黑龙江副都统协领倭、暂署黑龙江副都统参领金。

黑龙江副都统倭和为请代奏谢恩事致黑龙江将军衙门的呈

同治十一年十一月初七日

  正白旗记名副都统副都统衔协领姿和为呈恳代奏，叩谢天恩事。

  接奉将军衙门札开：同治十一年十月十六日奉旨：黑龙江副都统员缺著黑龙江协领吉尔洪额补授。吉尔洪额现在军营到任以前，著倭和署理。钦此。钦遵。札知前来。倭和敬闻恩命，当即望阙叩谢天恩，自宜赶紧束装前赴署任。伏念倭和一介满洲世仆，毫无知识，屡荷鸿慈，涓埃未报，慈〔兹〕复蒙恩署理黑龙江副都统极边紧要员缺，圣恩愈厚，报称愈难，惟有感戴皇仁，于署任一切事宜矢勤矢慎，勉竭犬马愚诚，以期仰答高厚于万一耳。

  所〔有〕感激下忱，理合具陈，恳请将军衙门代为转奏施行。须至呈者。

  右呈将军衙门。

黑龙江将军德英等为奏黑龙江城副都统爱绅泰因病出缺请旨简放折奉旨事致都京兵部等的咨、札

同治十一年十一月十六日

镇守黑龙江等处地方将军德英、齐齐哈尔副都统头品顶戴哈丰阿巴图鲁托克湍为咨报事。

兵司案呈：本衙门于同治十一年九月二十五日恭折具奏，为黑龙江副都统因病出缺，恭折奏请简放，仰祈圣鉴事。窃奴才等于本年八月二十一日接据黑龙江副都统爱绅泰咨称，爱绅泰缘因三年任满，遵旨进京陛见，咨请遴员接署印务前来。奴才等随派奏留该城帮办夷务之花翎二品顶戴火器营参领金山保暂行署理，咨饬去后。兹于九月初二日据该城暂署副都统印务之参领金山保呈称，该副都统爱绅泰于八月下旬忽患晕症，头昏目眩，不能办公，日甚一日，医治罔效，于本月二十八日申刻因病出缺，具报前来。奴才等查，黑龙江副都统爱绅泰自同治八年到任以来，办理地方操防并俄国交涉事务一切周妥，兹闻出缺，实堪悯侧。奴才等随即饬令该署副都统将该员身后事宜妥为料理，并将灵柩拨派兵丁护送回旗，以恤忠荩。惟黑龙江城地处极边，与俄国接壤，副都统员缺最关紧要、非熟悉干练之员难以镇抚，吁恳天恩迅赐简放，俾资治理。所有副都统因病出缺，理合恭折具奏，伏乞皇太后，皇上圣鉴训示。谨奏。于同治十一年十一月初四日接到回折，军机大臣奉旨：另有旨。钦此。钦遵。相应呈请咨报大部备核外，并札暂署黑龙江城副都统参领金山保知照可也。须至咨者。

右咨都京兵部。

并札署黑龙江副都统金。

德英、托克湍为奏同治十一年边界卡伦处所经过俄商起数事的奏折

同治十一年十一月二十三日

奴才德英，托克湍跪奏，为本年内与俄罗斯接壤卡伦有无事故，循案年终具奏仰祈圣鉴事。

窃查乾隆二十九年奏定，嗣后遇有俄罗斯蕭玛尔等偷越疆界行走、偷窃马匹之事，将该犯追获，随时具奏，仍将互相交递偷窃牛马踪迹事务咨行办理俄罗斯疆界事务大臣等照例办理，至年终汇案奏闻。等因。节经钦遵办理在案。

奴才等伏查，本年四月间经呼伦贝尔派员会见俄罗斯玛雨尔，将走失荒火过界焚烧俄人羊草一事，按约讲论办结不赔，再无更改。等因互换字据。又查于五月间有俄国玛雨尔雅阔普并雅尔米勒等两起，共商人十九名，持照赶带牛马至库克多博卡伦，不听阻止，越界经过墨尔根城，前赴黑龙江，当经派员送交海兰泡俄酋去后。嗣于九月间该俄商别什阔幅等五名，复又不听拦阻，硬由原来草道折回本处，已经派员送至俄国楚尔海图卡伦，面交俄目，当经声明咨报总理各国事务衙门均各在据呼伦贝尔副都统衔总管布尔和德报称，与俄国接壤卡伦边界地方本年内除此并无别案事件，惟时至冬令，额尔因〔古〕讷河封冻之际，奴才等除札饬该总管严加管束游牧人等，务将牧放马匹留心看守，并督饬坐卡官兵严加稽查防范，不准稍涉疏懈之处。所有本年内查办与俄国接界情形，理合循案年终奏闻，伏乞皇太后、皇上圣鉴。谨奏。

黑龙江将军衙门为奏请赏给布特哈无饷鄂伦春佐领等官减半俸银折奉旨事致都京户部的咨

同治十一年十一月二十六日

镇守黑龙江等处地方将军衙门为咨报事。

户司案呈：本衙门于同治十一年十月十九日恭折具奏，为请将布特哈无饷鄂伦春佐领等官吁恳天恩，赏给减半俸银，以资管辖，而济艰窘事。窃奴才等伏查，阿喱等五路鄂伦春入等原设鄂伦春世职佐领四员，公中佐领一员，共佐领五员，骁骑校四员，委官五名，向皆游牧山场，捕牲为业，每官每丁岁纳进贡貂皮一张，并无俸饷。近年以来，鄂伦春人等较昔蕃滋，于四外山场游牧捕打进贡貂皮，在在需员稽察钤束。溯查该鄂伦春佐领、骁骑校、委官等，于弹压牲丁，管理该部落人等事务虽属较简，近与俄夷接壤，稽查钤束在在均关紧要，兼与牲丁等一体捕纳进贡貂皮，且复任弹压管束之责，似宜与牲丁等稍加优示区别，俾资驱策，若不酌给饷需资其食用，无以专其责成，而昭实效。查布特哈索伦、达呼尔官员等向食半俸银两，惟有仰恳圣慈，俯念边防，收拾入心，可否将此项鄂伦春佐领、骁骑校等每员拟请赏给半分之半俸银，委官照领催减半酌给饷银，计岁需银二百余两，乃该员领催等当此艰窘之时，虽稍得此俸饷，亦足以仰事俯畜，自必益加感激，而图报效防维边境矣。是否有当，惟有吁恳鸿施格外。谨不揣冒昧，恭折奏陈，伏乞皇太后、皇上天恩，饬下施行。为此谨奏请旨。等因具奏。于同治十一年十一月二十二日接到回折，军机大臣奉旨：该部议奏。钦此。钦遵。等因前来。相应咨报大部备核可也。须至咨者。

右咨都京户部。

总办开垦行局事务委员巴彦诺尔布等为报同治十一年丈地放荒垧数事致黑龙江将军衙门的呈

同治十一年十一月二十九日

奉委总办开垦行局事务委员花翎佐领巴彦诺尔布、花翎云骑尉苏隆阿，年满屯官业普铿额为声明呈报事。

兹据两起丈地委员佐领吉拉闵泰、云骑尉乌拉兴额等报称：本年清丈届限升科之地均已如数丈竣，其交项未拨夹荒现已落雪，难以勘丈，所有已丈熟地、生荒垧数汇册先后移报前来。据此，详查该两起清文同治六年分各佃原领余荒，毛荒八千一百五十九垧六亩八分，内除三成，实以七成计算，应升科地五千七百一十一垧七亩七分六厘，浮多熟地二千三百三十三垧一亩零一厘。又刘文禄、刘果荣、刘均邦等名下丈出浮多熟地一千一百八十六垧八亩五分四厘。既经该两起委员等扫数丈竣，未便久留，佐领吉拉闵泰等一起，于十一月二十一日饬令回省销差，其云骑尉乌拉兴额等一起，遵札前赴大荒沟段，会同委员勘丈孔传珍等省控地亩去讫。

再查已经领截未丈夹荒三万零六百六十二垧四亩，自应查明注册，一俟明年再行请员拨放。惟本年已丈夹荒一万八千五百七十二垧内，有尚未交项者一千四百零四垧，职等现在移厅赶紧严催该乡、地等饬令各佃务须依限呈交外，所有本年清丈升科熟地、拨放夹荒垧数，合并声明，呈报将军衙门鉴核施行。须至呈者。

黑龙江将军衙门为备设京旗界内不准续招民户私垦事致呼兰城守尉乌云布的札

同治十一年十二月初八日

将军衙门为严札遵照事。

户司案呈：适据呼兰城守尉乌云布详称，遵札当即札饬该稽查京旗地方差官爱新布、来喜等先将该京旗界内挨户查清地亩垧数，呈报到日，再行派员复查。等情。据该界稽查差官爱新布、来喜呈称，遵奉札文查得备设京旗界内共有升科红户佃民一百余户，交纳官租熟地二千余地。等因前来。当即遴派五品官金升阿、年满学官乌勒西布前赴该处，认真清查，究有升科红户佃民若干户，交纳官租熟地若干垧，分晰明确，会〔绘〕图呈报，以凭核办。等因去后。旋据该员金升阿、乌勒西布呈称，奉派查得该界升科红户、地亩垧数，与该稽查差官呈报俱属相符。惟查原图仅有升科屯十三处四十五户，计地八百一十四垧三亩余，后于同治三年间经委员清查，各界呈请升科时并未声明分晰京旗地内垧数，仍照原册归入葰字界乡约于来云牌下地亩数内，续添升科佃民一十九户，俱系向外展开熟地七百二十余垧外，有河川漂洼升科佃民四十一户，熟地八百四十余垧，俱于是年追找花利，归入升科册内，历年交纳官租在案。现在查清三项实有升科佃民一百零五户，交纳官租熟地二千三百七十余垧，俱系向外展开夹荒，相与京旗并无关碍，其外并无私招之弊。查勘此荒除现在升科红户占用房井地亩以及漂洼外，实剩可垦闲荒按以六成折扣，仍有三万余垧，足敷原数。等因。会〔绘〕图呈递前来。据此，按图挨户照名查对地数，俱在葰字界交租册内，历年交纳官租在案。惟因上年京旗界并未另分一界，统归葰字界册内交租，该佃等亦归葰字界乡约管理，稽查差官无凭查考，故此同治三年仍照原册归入葰字界，搀混大数以内升科，未能查出。今商酌拟请将备设京旗之地面另行分为一界，以此次查勘图式数目为度，嗣后一户不准续升，仍在该界佃民内拣放乡约一名，就著稽查差员爱新布兼充界官管理。嗣后每年另册交租，各管各界，稽查觉便，布〔不〕不致牵混大数之内。再查京旗荒内现有就地升科户内，多有盛京一带自来就食旗人，且前奉札饬巴彦苏苏等处领官荒种地旗人，统归委协领衙门钞辖在案。是以会同巴彦苏苏委协领额哲通额再四熟商，查京旗界内原有交纳官租旗民各户，每户多有仅种熟地五六垧之家，实系不敷一家糊口之用，可否酌定每丁准其暂开熟地二十垧为度，按年交纳官租，则与京旗界面佃户生计有益，一俟京旗迁移到日，即将此项熟地仍归京旗人等为业。再京旗界内原有升科熟地若干垧，续添升科熟地若干垧，实剩可垦闲荒若干垧，可敷其京旗应用否，容俟明春会同委协领查勘，重复丈量清楚，并将各佃升科熟地边头挖立封堆为限，暨如蒙允准每丁展开二十垧地亩之边，一并挖立封堆，以杜其展开。仍将旧设封堆从高叠垒，仍行另派妥员轮班稽查，按每年春秋二季，城守尉会同委协领会衔加具印结呈报。如此互相稽查，庶免再行加开地亩等弊，似属大有裨益。可否之处，相应呈请呈报将军衙门鉴核查照，指示遵行。等因呈请前来。

溯查上年据委员呈报，丈明备设京旗处所图内毛荒一段、计四万四千三百七十垧，边围挖立封堆，内扣除沟甸、房园、井道三成外，净剩可垦地三万一千零五十九垧，内又扣除已开科民户开成熟地八百一十四垧三亩三分七厘，实剩可垦地三万零一百四十余垧。委因此项地亩系属奏明特为京旗留备之地，最关紧重，诚恐日久永招私占，故严饬该尉出派官弁，按月周查具结，该尉加结呈报，以杜前项之弊。等因。该尉遵札节年按季加具印结声称，并无搭铺偷垦情事，各在案。前据该尉报称，京旗界内将旗人富克锦保偷招民人董文成房业已经焚毁，将其驱逐，所欠该民钱文，可否按年四季追缴。等因。遂饬该城守尉将富克锦保从严惩治，所欠该民钱文著即如数追出偿还，不准分季。仍令出派委员前往认真复行勘丈，除董文成之外。究否另有私招之户。等因。严札去后。兹已延搁一年之久，始行详报，并未将富克锦保如何拟办，欠民钱文是否追还之处声叙，乃称备设京旗处所除原有升科之户外，历年续招民六十户，开成熟地一千五百六十垧，共计先后开成熟地二千三百七十垧。等情。详核该处历年续招民户如此之多，而该尉平素岂竟毫无觉察，任听属员蒙蔽，至于结报文内一味掩饰，概未声明，迨札令清查，始行首报，仍以此荒与菽字界地未分为词，希图牵混声请，实属不成事体。虽据称此项续开之地俱系向外加开，尚与京旗无碍，而原留可垦之地三万余垧足敷其数，且该民等又系历年业已升科交纳官租。等语。显系从前混入菽字界内，今称向外开展，藉分界为词，得以安置续招私垦之户，种种掩饰，遽难凭信。著俟明春仍派妥干职官，将此项所开地亩边头究否在封堆内外，并将旧设封堆从高叠垒，分清界扯〔址〕、另行绘图呈报，再为核办。仍著遵照前札，按月出派委员周查具结，该尉加结呈报，务须认真清查，不得仍前有名无实。倘再有续招情事，不惟将往查之员严参，并将该尉定行参处不贷。至称原有升科各户每户请暂开地二十垧，俟京旗到日归还一节，事关奏案，更属不应，著不准行。仍将富克锦保如何拟办完结之处，著即呈报。等因。相应严札该城守尉乌云布遵照可也。须至札者。

右札呼兰副都统衔城守尉乌云布准此。

户部为奏催各省拨解东三省同治十二年俸饷及历年欠银折片奉旨允准事致黑龙江将军的咨

附：原奏、片

同治十一年十二月十二日

户部为钦奉事。

山东司案呈：本部具奏，据盛京将军都兴阿等奏请领东三省癸酉年官兵俸饷银两一折，又奏催山东等省积欠东三省甲寅年官兵俸饷银两附片一件，同治十一年十二月初十日具奏，本日奉上谕一道。相应抄录原奏，附片，恭录谕旨，飞咨直隶总督、山东、河南各巡抚饬令藩、运两司，于文到日即将本部指拨东三省癸酉年官兵俸饷并历年积欠银两迅速解赴盛京户部交纳，均毋迟误，并令盛京户部俟各该省解到时，即行知照黑龙江派员赴奉请领，毋任截留，暨咨行黑龙江将军遵照可也。须至咨者。

右咨黑龙江将军。

计单。

附：原奏、片

户部谨奏，为遵旨事。

据盛京将军都兴阿等奏请领东三省癸酉年官兵俸饷银两一折，同治十一年十一月十七日军机大臣奉旨：户部知道。单并发。钦此。钦遵。由内阁抄出到部。臣等伏查，东三省官兵俸饷向由盛京将军会同盛京户部约计一年所需，预为请领，节经臣部核议，因部库经费支绌，请将东三省应征各款尽数抵充该省俸饷下短银两，于各省盐课、关税、地丁项下酌量凑拨、奏明办理各在案。今该将军等请领癸酉年俸饷，据称黑龙江约需银三十六万两，制钱一千八百二十一串，奏请酌核拨给。等语。臣等查，黑龙江请拨银三十六万两，按八折计算，实需银二十八万八千两，查该处蒙古尔山并大荒沟应征同治十年分地租项下酌提钱十万吊，按三吊作银一两，约抵银三万三千两；呼兰应征同治十一年烧锅，杂税项下提银三千两。共抵银三万六千两，应再拨银二十五万二千两。其应领制钱一千八百二十一串，仍由盛京户部金银库拨给。臣等公同商酌，黑龙江癸酉年俸饷，拟拨长芦癸酉年应征盐课银五万二千两，山东癸酉年应征地丁银五万两，河南癸酉年应征地丁银五万两，驿站存剩银五万两，直隶旗租银五万两，以充该省官兵俸饷之需，恭候命下，臣部行文各该省遴委妥员按照臣部指拨银数迅速径解盛京户部交纳，毋许迟误，并由盛京户部俟各该省报解到日，即行知照黑龙江派员赴奉关领，俾资散放，仍令黑龙江将军按照奏定折放章程核实放给，毋稍浮冒，并将用过银钱各数目于奏销时照例题报，如有余剩，于下年请领时声明备抵。至原奏内称其各省欠解各该处甲寅等年俸饷银两，另由臣部按照单开附片奏明办理。

所有拟拨癸酉年官兵俸饷银两缘由，理合恭折具奏，伏乞皇太后、皇上圣鉴。谨奏。

再，查该将军原奏内称，前准部议拨给甲寅年起至壬申年止俸饷案内，山东等省共积欠银二百零七万三千六百三十三两零八分九厘六毫五丝三忽六微八纤。等语。臣等查，东三省官兵俸饷全赖将奉拨银两源源报解、以资接济，乃各该省连年积欠俸饷银至二百零七万余两，屡催罔应，实属延玩，除陕西省欠解银两本年三月据该抚奏请缓解，经臣部核准外，其余各省欠解银两，应请旨敕下直隶总督、山东、河南各巡抚转饬藩，运各司将前项欠解银两陆续筹款委解奉省交纳，以济东三省俸铜要需。经此次奏催后，倘各该省仍复延不解交，臣部即行指名严参，以儆玩误。谨附片具奏。

同治十一年十二月初十日奉上谕：户部奏议拨东三省官兵俸饷银两，并请饬催各省历年欠解银两各折，片，据称奉天癸酉年俸饷约需银八十六万两，除该将军泰明应抵用银三十三万七千两外，计需银五十二万三千两，按照章程折放，应拨实银四十一万八千四百两，复将该省应抵各款详细查核，共抵银三十万六千八百三十两，尚应拨银十一万一千五百七十四两，即在该省应征海口船规项下照数提拨；吉林俸饷约需银五十万七千八百十两零，除本省应抵各款外，应拨银十三万二千五百五十两，照章折算，实需银十万六千四十两，并打牲乌拉应领银三万二千八百七十六两零，均应全数拨给；黑龙江俸饷应领银三十六万两，照章折算，实需银二十八万八千两，除应抵各款外，应拨银二十五万二千两，其应领制钱一千八百二十一串，由盛京户部金银库拨给。等语。著照所议办理。所有吉林应拨银十万六千四十两，著提拨长芦癸酉年应征盐课银二万六千四十两，山东癸酉年应征地丁银四万两，河南癸酉年应征地丁银四万两；打牲乌拉应拨银三万二千八百七十六两零；著提拨长芦癸酉年应征盐课银一万两，河南驿站存剩银二万二千八百七十六两；黑龙江应拨银二十五万二千两，著提拨长芦癸酉年应征盐课银五万二千两，山东癸酉年应征地丁银五万两，河南癸酉年应征地丁银五万两，驿站存剩银五万两，直隶旗租银五万两。即著各该督、抚按照户部指拨银数，遴委妥员迅速解赴盛京户部交纳，毋许迟误，并著瑞联俟各该省解到时，即知照吉林、打牲乌拉、黑龙江派员赴奉天领取，以资散放。仍由各该将军按照折放章程核实放给，不得稍有浮冒。并将奉省银价按月造报，及用过银、钱各数目，于奏销时照例题报，如有余剩银两，于下年请领时声明备抵。至该三省节年俸饷银两，直隶、山东、河南等省积欠至二百零七万余两之多，屡催罔应，实属延玩。著各该督、抚严饬藩、运各司将前项欠解银两陆续筹款解赴奉省交纳，以济该三省俸饷要需，倘各该省仍复延不解交，即著户部指名严参。钦此。

巴彦苏苏委协领额哲通额为报户口清册事的呈

同治十一年十二月十九日

驻扎巴彦苏苏总辖官兵委协领额哲通额为呈报户口册籍事。

谨将奏准编入本营左右翼两旗四牛录原籍奉天等城旗丁各户口部落，开列于后：

（注：中删）

以上编入左右两翼四牛录，满洲四百户，闲散一千二百五十八名，妇女八百一十七口，幼丁一百六十七名；蒙古五十八户，闲散一百四十三名，妇女一百零三口，幼丁二十四名；西伯七十八户，闲散二百七十一名，妇女一百七十七口，幼丁四十名；汉军四百一十一户，闲散一千三百五十名，妇女八百五十三口，幼丁二百三十名。统计满洲、蒙古、西伯、汉军九百四十七户，闲散三千零二十二名，妇女一千九百五十口，幼丁四百六十一名。

黑龙江将军衙门为催报呼兰厅现存各现银细册事致署理同知佛尔果春、新授同知郁文等的札

同治十二年正月二十四日

将军衙门为严札遵照事。

户司案呈：查呼兰厅属每年应征现租并油、酒、烟、麻、牛马税课、地基各项银钱数目所关綦重，且前任同知屡有亏欠之虞，继至交代清查，致使后任颇费周章，即如已故同知文瑞亏欠银至二千九百余两，钱六千三百二十余吊之多，虽经奏明京旗追缴，迄无着落，应即严札该署同知佛尔果春即将该厅现存各现银钱及已征各数目，于新授同知郁文抵厅接理任事时按项交代清楚，核实各造细册，分晰旧管、新收、开除、实在各数目先行迅速呈报，以凭核办，毋得遗漏，致干究查。并著新任同知郁文于查点接管后，不准厅库多为存留，延不报解。当此饷项支绌之际，自今以往作为定章，厅库存银不过一千两，钱不过五千吊，其余均着设法随时赶紧雇觅车辆，尽数全行径解省库，以供急需。庶期年清年款，以重租课，而免輲轕。倘若延不径解，托故多为存留，定即严劾不贷。等因。据此，相应严札该署同知佛尔果春、新授同知郁文等遵照可也。

右札署同知佛尔果春、新授同知郁文等准此。

黑龙江将军衙门为催查万宝山屯丁罗得令等私招民人垦荒事致呼兰城守尉乌云布、署理同知佛尔果春等的札

同治十二年正月二十四日

将军衙门为严札遵照事。

户司案呈：前据派查万宝山屯地界佐领胡松阿等呈称，遵委前往该处会同呼兰委员等前赴该屯，自该丁等屯后封推〔堆〕起绳，四围丈量完竣，按宽长核算，共计一千五百余垧，内除原给该屯丁等荒地一千零一十二垧五亩，拨给孔传真荒地二百七十垧外，仍余地二百余垧，并查出该屯丁罗得令等私招民人六户，偷收押契钱一千余吊，并每年每垧收租粮五斗。取具该民等手指押结，并绘图呈递前来。查此项地亩前令三处会同查勘呈报，今乃仅据胡松阿将查勘情形呈递，其各处委员等何以安于缄默，迄未呈报？显有隐匿情弊，亟应严札署同知佛尔果春、委员巴彦诺尔布等即将该段乡约王振远，并民人姜富生、宋振太、孔传珍、孙云、文开涌、鲁玉琛等签传到案，按名究讯，罗得令等系何年月起招垦，共领地若干，给过押租钱若干，按年每垧给过租粮若干，共计各若干，有无文契。除此之外，该丁等是否另有私招民户若干，尚有荒地若干，该民等是否应领，逐层讯明，取录确供。一面呈报，一面将该民等私种之地归入去岁浮多地内升科。应缴租项，饬令一并缴收，归公入库。今〔令〕限于二月以内详省，并将该委员等会勘情形何以并未呈报之处一并声明呈报，以凭核办。据此，相应严札该城守尉乌云布、署同知佛尔果春、在局委员巴彦诺尔布等遵照速办，勿得推故，有干不便可也。

右札呼兰城守尉乌云布、署同知佛尔果春、委员巴彦诺尔布等准此。

黑龙江将军衙门为分晰造报北团林子等处旗丁花名细册事致武营委协领额哲通额的札

同治十二年二月初七日

将军衙门为严札遵照事。

户司案呈：查巴彦苏苏一带设立武营官兵，缘为稽察奸究〔宄〕，查拿匪徒，搜山卡故，奏准该营新设官兵所需俸饷按季由地租项下关领，散放官兵，以资当差，并每年筹给五个月减半工食以资防范，并由烧商课银内筹借马银，以备兵丁轮流置马，而资巡防。第以荒段幅员辽阔，诚恐官兵鞭长莫及，上年奏准，分拨官兵一半在北团林子地方安置，建立公所，以便常川周察。惟查该营官兵每季所需俸饷钱文数目，虽经支过后呈报总数，据报花名细册，碍难复核咨部。兹又届关领俸饷之际，亟应严札该委协领额哲通额转饬各委佐领等官，将该营自设立以后，各旗兵丁已经挑选足额，其内分晰现在分拨北团林子及在巴彦苏苏本营各该旗官兵花名，造具细册，并著该委协领详察各旗设立兵丁内是否有空名支粮之处，著令各委佐领等官出具印结，该委协领加结，予限三月内呈报到省，以凭复核、咨报，而重饷糈，以杜冒滥。毋得延宕时日，致干咎劾，是为至要。据此，严札该委协领额哲通额遵照可也。

右札武营委协领额哲通额准此。

黑龙江将军衙门为呼兰征收牛马等税与同治十一年数目不符事致理事同知郁文的札

同治十二年二月初七日

将军衙门为札饬遵照事。

户司案呈：查前准户部咨开，议覆本将军衙门咨报同治九年分齐齐哈尔等各处照例征收牛马等项制钱内，照章出放各项数目均属相符，应准开销。惟呼兰同知厅征收牛马及烟、酒、油、麻等项数目，比照上年短征二千四百余两之多，显有征多报少情弊。且现经试收已逾三年，应咨该将军转饬该同知，务将短征者补征足数，其应征备历、务须酌量加增定额，专案报部，以凭查核，毋任延宕，致干复催。等因在案。

查上年短征之数，虽前任同知文瑞经理之事现已物故，其新授同知已经莅任。所有接管应理之事责无旁代〔贷〕，亦无所推诿。相应札饬该同知郁文接准此札，著即斟查九年分应征税额，何以短征二千四百余两之多，其书差内究派何人经理，有无冒滥，务遵户部咨查各节，补足亏欠之数外，其所指各项税务试收业逾三年，兹届定额之期，该同知厅每年按各项应增额若干，务须逐层确切著实详查，酌量加增。除每年额征之外，有无冒滥情弊，亦著该同知出具印结，予限三月二十日以内呈报到省，以凭复核咨部。倘敢护庇书差，任听冒滥，有收多报少情弊，仍由省派员复查。或有前项弊窦，定行参劾不贷。等情。据〔此〕，札饬该同知遵照可也。

右札理事同知郁文准此。

黑龙江将军衙门为严催呼兰限期征齐租赋事致呼兰同知郁文、委员巴彦诺尔布的札

同治十二年二月十四日

将军衙门为飞速严札遵照事。

户司案呈：查去岁应征现租自十月开征起，至年底止，按该同知、在局委员十日会详呈文内，核计仅催收现租钱一万三千余吊。详核该厅应征十一年分各段现租钱十万余吊，催租官兵每年均自十月开征起，至下年三月底止，照章支给六个月工食钱文，皆在限内催收齐妥在案。该员等何得如此疲玩，承催不力？且收租赋系该同知任内专责，姑念应理事件纷繁，故由省派员按段催收，帮同经理，该同知不得置身事外。今以催收钱文核计，实属怠懈已极，亟应飞札该同知、委员等转饬各起催租委员等按段上紧严催，务于三月内扫数〔催〕收完竣，作速呈报，倘再耽延逾限，不惟不准开销工食，仍将该催租官及同知、在局委员等一并以承催督催不力之咎，分别严劾，决不宽贷。再此次除收有成数时，著该同知等一面飞速会详呈报，仍遵照前札，该厅存银不过一千两，钱不过五千吊，其余著即照章雇觅车辆，尽数全行运省，以济要需。等因。据此，飞札该同知郁文、委员巴彦诺尔布等遵照可也。

右札呼兰同知郁文、委员巴彦诺尔布准此。

黑龙江将军衙门为将拿获脱逃闲散德林保从严惩治事致呼兰城守尉乌云布的札

同治十二年二月十九日

将军衙门为飞行严札遵照事。

户、兵、刑司会案呈：查前据该尉详称，遵札将尼尔克德供出前在克音河地方偷占荒地，解省中途脱逃之闲散德林保即增泰一名，当饬所属及该旗出派弁兵，各处严密缉捕。嗣据该副管乌林布禀称，遵札将德林保即增泰已经防获，呈请查办前来。随饬司形〔刑〕讯，据该犯供语前情不讳，拟请将德林保即增泰或送省惩治，抑或将该犯照依托林保等八名所得之罪上加一等，照不应重律，拟杖八十，从重枷号三个月，周游城乡，以示惩儆。是否之处，呈请指示前来。详查去岁该处旗人德林保即增泰等胆敢纠约六十余人，前往弩敏河北克音河夹信子封禁地方偷占官荒，被官查出，将该犯等解省，行至中途，德林保即增泰畏罪潜逃。即饬该尉上紧严缉，俟拿获时另行加重惩办。其余各犯均著该尉按名照札严行枷号，责惩发落。等因在案。今据该尉详称已将在逃之德林保即增泰弋获，讯据供认前情不讳。至解省中途脱逃，尤属狡猾已极。除照该尉所请，将德林保即增泰拟照托林保等八名所拟罪上加一等，照不应重律拟杖八十，枷号三个月上从重再加枷号一个月，就彼周游城乡各界，以示众戒，俟枷满之日，杖八十，折责发落。仍将办结之处呈报，以凭查核。至恩骑尉文生押解各犯送省并不谨慎，致将德林保即增泰疏脱，此案久悬，著将恩骑尉文生记大过，六个月停升，以示惩儆。嗣后，著该尉务须严饬所属，将封禁通肯及备设京旗地面不时严行查禁，按月结报，如敢故违，定将该管各官及该尉等一并参劾不贷。等因。据此，相应严札该尉乌云布遵照办理外，并移刑、兵司知照可也。须至札者。

右札呼兰城守尉乌云布准此。

黑龙江将军衙门为呼兰崔凤鸣控李景青一案按例惩办事致呼兰城守尉乌云布的札

同治十二年三月十二日

将军衙门为札饬遵照事。

户司案呈：据该尉详称，遵札将崔凤鸣省控李景青搅乱学馆一案，现据按名讯供，将李景青父子请各照凡殴例上加二等，殴辱师长例杖六十，折责发落。至崔凤鸣原控伊徒弟包士举被李氏亲行掌责嘴巴，并同道之人均被拘锁等情，虽属虚枉，乃因被其搅散学馆，并间传言，恐玷文风，愧忿所致，事出有因，尚属可原。及词无狡展，文内关涉之郝龙耀并伊徒包士举等数名讯无不应，均请免议。等因。拟办完结，可否之处，呈请示覆前来。查此案李景青父子既经供认允服、该尉请按例惩办，以为约束不严者戒。著准照所拟办理完结，而息争端。等因。据此，札饬该尉乌云布遵照可也。

右札呼兰副都统衔城守尉乌云布准此。

黑龙江将军衙门为造具比丁细册报省事致委协领额哲通额的札

同治十二年三月十八日

将军衙门为严札遵照事。

户司案呈：查巴彦苏苏各段荒内由奉省各城来之旗户，前经奏准，编入新设武营旗籍，奉部议覆，嗣后将分旗编册比丁各事宜，并令随时分咨户、兵各部办理。等因。当即札行在案。今查向章，皆以三年汇造比丁一次，现届比丁之年，自应一体遵办，应即札饬该委协领查照前文所指各节，以十六岁者概行填入，毋庸添注年岁，分晰满、蒙、锡伯、汉军各部落花名、三代造具清字比丁细册，钤用图记及不用印之册，分别原系何旗，现在归入何旗，应送何都统衙门，核计各若干本，惟户部统归一本，其册尾仍令委协领并各该委佐领、骁骑校、领催等均各结保画押，著拣派笔帖式一员，限于五月初十日以内，务即呈送到省，以备查核汇报，毋得贻误迟延，致干复催。其后来之旗户，一概不准滥入，以清旗籍，而免混淆，是为至要。等因。据此，相应札饬该委协领额哲通额遵照可也。

右札委协领额哲通额准此。

黑龙江将军衙门为查缉究办擅行出售封禁边荒之乡约恶徒事致同知郁文的札

同治十二年三月十八日

　　将军衙门为札饬查缉呈报事。

　　户司案呈：兹奉宪谕，风闻巴彦苏苏厅属乡约内，竟有将奏明封禁界内边荒串通局员户书等私自售卖，渔利肥已，并有绰号万恶滔天、六大邪屁二人谎称包领，欺压乡民，勒诈蒙哄。此等乡约恶徒若不严饬查缉，加重惩办，实于民间有害，且恐效尤，致启隐匿窜匪勾窝娼赌恶棍种种不法等事。合亟严札该厅速即查明，倘有将封禁之荒擅行出售者，立即拿获，送省究办。其绰号万恶滔天、六大邪屁二名是否有无，亦应实力搜缉重惩，毋任徇纵，有遗后患，等谕。遵此，相应札饬该同知郁文遵照可也。

　　右札同知郁文准此。

黑龙江将军衙门为催征巴彦苏苏等段租赋事致同知郁文、委员巴彦诺尔布的札

同治十二年三月十八日

将军衙门为再行严催遵照事。

户司案呈：详查节年应征巴彦苏苏等段租赋，向自十月开征之日起，至次年三月底止，均经六个月限内催收完竣。等因。屡办在案。兹查该同知、委员等前后会详共已收过租钱三万三千余吊。等情。惟查应征十一年分各段现租、押租，并追找花利等项钱一十五万四千余吊，除该厅仅收钱三万三千余吊，赴省代交租钱六千余吊，核计自去岁十月开征起，至本年三月初旬已逾五个月，始收不足四万余吊之数，仍未收钱一十一万余吊。现值限期将尽，而该同知、委员等若如此催收，三不及一，将来何期蒇事？虽前经严催至再，置若罔闻，实属不成事体，应即飞饬该同知、委员等查照前札，迅急督饬该催征委员等上紧极力设法严催，务于限内扫数完竣呈报。倘再仍前疲玩延不催征齐妥，定将该督催不力之员分别严劾不贷。等因。据此，相应严札该同知郁文、委员巴彦诺尔布等遵照可也。

右札同知郁文、委员巴彦诺尔布准此。

黑龙江将军衙门为饬上紧催征租赋事致呼兰城守尉乌云布的札

同治十二年三月十八日

将军衙门为再行严催遵照事。

户司案呈：查前饬该尉将该处应征十一年分私垦六界升科租赋上紧严催，务于三月内扫数完竣呈报。等因在案。兹查该尉先后呈报共已收过钱一万三千吊整，详核该处应征十一年分租钱三万余吊，若似此尽收钱一万三千吊，将来何期竣事，应再飞饬该尉，督饬该催征委员等刻即上紧催征，务于限内征齐，迅速呈报，以凭查核。如再延宕时日，违误期限，定将该承催，督催不力之员分别参劾，决不姑贷。等因。据此，相应严札该尉乌云布遵照可也。

右札呼兰城守尉乌云布准此。

黑龙江将军德英等为绘图呈报连环炮式样事致都京工部的咨

同治十二年三月二十二日

镇守黑龙江等处地方将军德、齐齐哈尔副都统头品顶戴哈丰阿巴图鲁托为遵咨绘图呈报事。

工司案呈：本衙门于同治十二年二月初十日准工部咨开，虞衡司案呈：准造办处咨称，据工部文称，本部具奏黑龙江将军请更换连环炮二尊，请旨饬交内务府造办处照例办理一折，于同治十一年七月初四日具奏。本日奉旨：依议，钦此。等因。查本处制造过连花底子母铁炮、木靶子母铁炮，此项炮位均系一母五子。各处请领，现已无存。今该将军应请更换之连环炮二尊，本处查照成案，并无此项名目，相应咨覆工部转咨黑龙江将军，将前项应更换连环炮位式样、尺寸，并身质抑或铜铁之处绘具图说，咨送前来。以便本处查照办理。等因前来。相应咨行黑龙江将军查照即将应请更换前项炮位式样、尺寸、斤重，并身质是否铜铁之处赶紧绘具图说，咨送本部，以凭办理。幸勿稍迟可也。等因前来。

案查本省原设亦无此项连环炮位名目。前于同治十年所属之黑龙江城霜降时演放乍〔炸〕坏，即系子母炮二尊，咨部呈请更换在案。现奉部覆饬，将此项炮位式样、斤重、尺寸，并身质是否铜铁之处绘具图说，咨送本部，以凭办理。等因前来。当即札饬署黑龙江副都统印务协领倭和遵照部咨，绘图呈报去后。旋据该署副都统呈称，查验得乍〔炸〕坏子母炮二尊，原系乾隆十七年由部颁发，一母五子，母炮身质系铜铸造，计重九十斤，子炮系铜铸造，计重八斤八两，并将炮位式样、斤重、尺寸确实查明，绘图一分，呈报前来。本衙门据此理合咨报大部查核办理可也。须至咨者。

右咨都京工部。

黑龙江将军衙门为催征呼兰同治十一年应缴各项租钱事致同知郁文、委员巴彦诺尔布等的札

同治十二年三月二十八日

将军衙门为严札遵照事。

户司案呈：查同治五年起，至十一年止，应升科地十四万零四百七十七垧五亩二分一厘一毫，应征现租钱九万二千七百一十五吊一百六十四文。五年起，至十一年止，共丈出浮多熟地三万三千一百七十八垧零四厘，连去岁查出刘张氏等八户浮多熟地均在内，应征现租钱二万一千八百九十七吊四百八十四文。五、六两年、出放余荒，应升科实地八千三百八十三垧三亩零五厘，应征现租钱五千五百三十二吊九百八十二文，统计应征十一年分大小租钱十二万零一百四十五吊六百三十文。核与该委员等呈报应征之数，逾征九百七十文。检查该委员巴彦诺尔布等呈报，去岁清丈同治六年分出放余荒毗连细册与司中所存底册按名核对，内有北团林子佃民张玺一名，原系六年该佃占据街基二垧一亩，现经该局以荒计算，核征租钱恰符九百七十文之数，准其照收。

再查十一年分出放毛荒一万八千五百七十二垧，应征押租钱二万七千三百吊零八百四十文。

又据委员巴彦诺尔布等详称，惟十一年分已拨荒内，有尚未交项者一千四百零四垧。等情。应即著饬该同知委员等赶紧极力严催。如不能及时呈交，即行另佃。

再查刘张氏等八户，查出浮多熟地共一千五百九十垧零七分，自六年起，至十年止，共追找五年花利钱五千二百四十七吊二百三十二文，又追找刘张氏等七户押租钱一千八百四十八吊六百二十八文。

以上通盘计算，应征十一年分现租押租并追找花利等项钱共十五万四千五百四十三吊三百文，均限于三月内，扫数征齐，迅即呈报，断不准该催租委员等藉词延宕，致干究劾。是为至要。等因。据此，相应

严札该同知郁文、委员巴彦诺尔布等遵照可也。

右札同知郁文、委员巴彦诺尔布等准此。

黑龙江将军衙门为呼兰屯丁呈控勘丈不公事致城守尉乌云布等的札

同治十二年三月

将军衙门为严札赶紧呈报事。

户司案呈：适有呼兰官屯壮丁范忠和等在行辕迎舆呈控，以去岁由省出派委员复丈地段每里短绳一回，尺杆小者二寸，其地并不浮多三百余垧。等情。

查前据委员佐领胡松额等呈称，文得此段荒地，除原给该屯丁荒地一千零一十二垧五亩，拨给孔传珍地二百七十垧外，仍余地二百余垧。并查出屯丁罗得令等私招民人六户，已曾按年收取租粮，偷收押契钱文。等情。当以此案原饬三处会同查勘呈报，乃何仅据胡松额查勘情形呈递，其各处委员等并未呈报，显有隐匿情弊，遂饬前署同知佛尔果春、委员巴彦诺尔布等，即传该段乡约，并民人姜富生等六名到案，按名究讯，罗得令等系自何年私招，给过押契钱文若干，租粮若干，除此是否另有私招民户若干、尚有荒地若干，逐层讯明。一面将该民私种之地归公升科，应征租项饬令即行照数追征，并将罗得令等私招各户治以不应之咎，限于二月以内详省。等因。于正月十九日严札在案。迄今两月之久，未据呈报，尤属疲玩已极。该员等何以将札文竟敢置若罔闻，实属不成事体。今复据该屯丁范忠和等呈控委员勘丈不公等情，词出一面，仍属无凭查考。仍饬由该城守尉、同知、局员等会详到日，方足以资定拟。相应再行严催该城守尉乌云布、前署同知佛尔果春、委员巴彦诺尔布，会同该同知郁文等，务遵前札指示各节讯明。今又予限，三月以内，务即呈报，以凭核办。勿得再稍延缓，致干咎处。等因。据此，相应严催该城守尉乌云布、前署同知佛尔果春、同知郁文、委员巴彦诺尔布等遵照可也。

右札城守尉乌云布，前署同知佛尔果春、同知郁文、委员巴彦诺尔布等准此。

黑龙江将军衙门为派员查丈地亩事致委员巴彦诺尔布等的札

同治十二年四月初八日

将军衙门为札饬遵照事。

户司案呈：兹派佐领富勒明阿，荫生依克塔春作为一起，骑都尉乌尔苏、骁骑校德顺作为一起，催令四月初八日启程，前往查丈地亩，亟应严饬该委员巴彦诺尔布与委员吉雅图，未到之先，务饬预令各界乡地等分饬各该佃户在荒等候清丈地亩，并著吉雅图将本年应行清丈各项地亩开载清楚，移交两起委员分拨各段，挨次丈量，务将届限升科熟地认真勘丈，何佃名下浮多熟地若干，余荒若干，按项分晰明确，勿稍隐混。至交前〔项〕未拨地承领夹荒一节，前于同治七年间曾将未经承领官荒停止出放，以杜后日流弊。等因。奏明后，即在于边围挖立封堆，并原有呈进地图，以示限制，及出示严禁各在案。仍著该委员吉雅图等转饬本年文地委员富勒明阿等两起，凡遇拨放夹荒，务须认真详加勘查，果系升科熟地之中封堆以内零星之荒，方准拨放，其界堆以外荒地，以及驽敏河以北、克音河、通肯奏明封禁荒地，一概不准丝毫出放，至干严参，而违奏案。并著将该委员等所丈荒地，务限于本年十月初一日以内，全行查丈完竣，断不准稍有耽延，徒费工食，致干究惩。仍将所丈地数即按十日一报，以备考核勤情，而免耽延查限。

再，前据该委员等呈称，现已收租未经拨丈荒地三万零六百六十二垧四亩。等情。查已交项尚未拨丈如此之多，著在局委员等务于本年十月内，移令两起丈地委员等勘丈完竣，造册呈报。其各段佃户意欲续领者，将此项地亩拨丈完竣，该局委员等务须按图详查，将各段界址斟查明确，实无重复侵占情弊，现领者系在已开段内，夹荒始准出放，断不准草率从事，滥行出放，以致该民等任意越界，蒙混承领，致干严劾，是为至要。等因。据此，相应札饬该委员等遵照可也。

右札委员巴彦诺尔布、吉雅图、富勒明阿、乌尔苏等准此。

黑龙江将军衙门为严行禁止于封禁界内垦荒事致署理黑龙江副都统衙门等的咨、札

同治十二年四月十二日

将军衙门为严行禁止事。

户、兵司案呈：适据屯官德色勒布呈报，巴彦苏苏属长林子屯居住民人克发、王林等十七名，大车四辆，携带铁锅、犁杖等项，于三月初一日在东山新官地李富屯陈家店存宿，当经署领催王莲查讯。据称至双杨沟、玛玛泉子地方开垦。等情，当经拦阻，并不听从，硬行前往。等情。随令王莲等前往玛玛泉子地方认真确查，迅即声覆去后，一面先行具情恳请查禁，以肃境界。等情前来。

查前经奏明，除已开巴彦苏苏等荒段内零星夹荒仍准照章出放，除此之外，所有封禁荒场及齐齐哈尔省属各屯界内，断不准私〔招〕民户占地偷垦。等因。严禁在案。该管旗营屯站各官自应率属认真详查，严禁所属人等偷招窃垦，以杜流弊，乃兹竟敢置若罔闻，并不遵谕详察，任听不肖之徒恣意肆招。如此相率效尤，互相观望，不知将来伊于胡底！即应咨札署黑龙江副都统、墨尔根副都统衙门，布特哈一体饬属严行禁止外，及严札呼兰城守尉乌云布、同知郁文、委员吉雅图等著遵照前札示谕，凡禁止界内，丝毫不准出放，并著该尉、同知等加意严禁各属人民刷后永不准如此越赴省界谋占窃垦。如再有违谕前来省属境界展占荒地，即为该员等是问。除将此次窃垦民人克发等另行查办外，及出示晓谕莽鼐公巴克谟特多尔济及旗营屯站各官等，于所属各屯多为抄录告示晓谕，俾使咸得闻知，免蹈故辙。自经晓谕之后，倘该管各官仍前因循，不加严察禁止，至所属入等仍有偷招之弊，定行严加参劾不贷。等情。据此，相应通行严札遵照可也。

右咨署黑龙江副都统衙门、墨尔根副都统衙门。

右札呼兰副都统衔城守尉乌云布、布特哈总管诺们德勒和尔、同知郁文、委员吉雅图、莽鼐公巴克莫特多尔济、左右翼协领等准此。

黑龙江将军衙门为追缴刘张氏所欠租钱事致委员吉雅图等的札

同治十二年四月十二日

将军衙门为严札赶紧查明呈报事。

户司案呈：适有佃民刘张氏在行辕边舆呈控。该民除原领外，仅浮多地三百余垧，不料委员丈量，捏报八百余垧。等情。查前据委员巴彦诺尔布等呈称，详查前报刘均邦等浮多熟地内，将刘果荣地数归入呈报，致有不符。兹将刘均邦等六户浮多熟地一千二百五十七垧五亩七分均自六年起追找五年花利，共钱四千一百四十九吊九百八十二文，应征押租钱一千八百四十八吊六百二十八文，统计钱五千九百九十八吊六百一十文，移厅照数追缴，其刘张氏等盗卖街基官荒，容俟会同佐领佛尔果春斟核明确，再行呈报。等因前来。

查刘张氏叠次砌词妄控，刁赖肆行，实属不法。至该氏浮多之地八百余垧，系经丈地委员节次认真勘丈明确，并由该局员等核清转详，层层丈查，何致捏报？显系狡赖。无论该氏如何呈控，仍应照依前数追找租价，以惩该氏容心狡执。惟佛尔果春现已交卸，该同知郁文接管任事，亟应严饬郁文悉心样查节次札示各节，并查照在局委员等移文内载姓名。钱数，逐名签拘，按数追缴。其刘果荣名下查出浮多熟地三百三十二垧五亩，应追五年花利钱一千零九十七吊二百五十文，连前项共应追缴钱七千零九十五吊八百六十文，一并刻即追收，不准稍有拖欠。至刘张氏盗卖官荒一千四百余垧，并盗卖私占街基二万八千余丈，前将私买该氏荒地民佃姓名、垧数并街基丈数屡次粘单，札令饬传斟讯录供，按名发照，俾使各交各租，以免牵混舞弊。等因。历历分晰，严札在案。该员等接准前文，即应拘传遵办，何以迁延至今？兹又称容俟斟核明确，再行呈报等情，若此推缓，何期办有端倪？著该委员吉雅图会同同知郁文，查照前札粘单内开姓名，即按名拘传斟录供，仍著委员处按名发照。其买街基各户，亦著讯明由刘张氏之子刘仁幅名下照章按每丈见方征租钱二百五十文，勿任延宕。惟查刘张氏前经委员查办街基时胆敢拦阻，语出不逊，并捏词省控，沧经委员等查出盗卖官荒街基，并浮多熟地，该氏仍不知检束，复叠次正堵大街建盖房间。兹于本宪行辕又复迎奥呈控，晓渎不休。种种刁悍，藐法已极。该员等务须认真惩创，断不准稍从末减。所有应征官项，仍照前札所予限内，按项追比，如敢狡展，即著郁文将刘张氏并其子刘仁幅一并销铐严押，所有该氏产业，由官查明开单，按照时价变卖，抵充公项收库。倘有余浮产业，并其续领未丈河川之地，著与伊夫胞弟刘均治均分，将该氏并其子撤佃逐境，以杜刁风，而免效尤。仍将按名斟查情形，于五月初十日以内呈报到省，以凭查核，不准再有积压遗漏，致干咎处。

再，查前据委协领额哲通额详称，遵札著拆刘张氏堵街建盖房间，该员于奉札后，因会办呼兰旗丁偷占官荒事宜，续因进省军政，以致未能拆毁，请俟春融再行拆撤。等情。兹届春尽夏初，该营一切防捕事务较松，即应遵札赶紧拆毁，予限五月初十日以内呈报到省不准再有藉词，延抗支吾，致干严劾，是为至要。等因。据此，相应严札该委员吉雅图、同知郁文、委协领额哲通额等遵照可也。

右札委员吉雅图。

黑龙江将军衙门为呼兰旗人越界在恒升堡私招民人垦荒事致呼兰城守尉乌云布等的札

同治十二年五月十八日

将军衙门为严札遵照事。

户、兵司案呈：适据署屯官苏扎布呈称：前据驻扎恒升堡署领催王连查明，恒升堡以南堡属界内，有胡〔呼〕兰旗人等招来人陈福荣等数户，及自来之民人王四结巴等盖房、穿井、垦种。等情，呈报前来。苏扎布诚恐尚有不实不尽，当派省城领催傅永昆，带同外郎赵吉魁前往详细复查。兹据回旋禀称，奉派前诣恒升堡，会同该堡领催李永治查勘得与胡〔呼〕兰两搭交界之乾沟北堡属界内，有前次查报之民人王四结巴连年修盖草房四十余间，穿井两眼，周围群墙约有四里余，圈占壕墙，周围约有七里余，开成熟地五垧，现开毛荒三垧余，并有胡〔呼〕兰正白旗幼丁马文秀招来民人陈福荣亦在堡属界内穿井一眼，开成熟地十垧余，现开毛荒五垧。马文秀自开熟地五垧余，居住房屋系在乾沟南胡〔呼〕兰界内，不与堡属界址相干。又有胡〔呼〕兰正红旗幼丁方来，民人蔡玉在堡属界内搭盖大小窝铺三处，穿井一眼，开成毛荒二垧余。民人孙志道搭盖窝铺五处，穿井一眼，开成熟地毛荒约有十五垧余。民人张广修盖草房三间，新开毛荒十一垧余。胡〔呼〕兰正黄旗幼丁吴保成招来民人岳廷在堡属界内，开成毛荒十三垧余。民人刘忠江开成毛荒五垧余。胡〔呼〕兰正黄旗幼丁包顺、长永招来民人任万发，在堡属界内开成熟地毛荒十二垧余。民人张习孟开成熟地毛荒十垧余。以上四户，住房亦在胡〔呼〕兰界内，不与堡属界址相干。胡〔呼〕兰镶白旗幼丁马兆林招来喀尔沁蒙古马贵，在堡属界内搭盖窝铺一处，穿井一眼，开成熟地毛荒十六垧余。喀尔沁蒙古陈才生搭盖窝铺一处，开成熟地毛荒八垧余。胡〔呼〕兰镶蓝旗孟家店奇克唐阿招来民人边福，搭盖窝铺二处，穿井一眼，开成熟地毛荒三十余垧。民人吴美搭盖窝铺一处属实。等因。查明禀报前来。

苏扎布详核民人王四结巴等于上年越占堡交界盖房、穿井，垦种地亩，曾经署屯官乌密业苏具情恳祈转饬胡〔呼〕兰严行逐撵，以清地界。等因呈递在案。今胡〔呼〕兰河城不但不为逐撵，且任令越界之民户陆续添盖房间，圈占壕墙、穿井垦种。若不即早严饬全行逐撵，久而久之，愈积愈众、不独管察难周，且易于盗匪窜入滋扰，实与堡属六屯生计大有关〔碍〕。相应再行具情呈递将军衙门，恳祈转饬胡〔呼〕兰河城守尉将该处旗人马文秀等招来之民人十数户，及自来之民人王四结巴等全行逐撵，以清堡属交界，而慎稽察。再，前据恒升堡署领催王连报称，恒升堡界外之西南，胡〔呼〕兰与将军衙门两搭交界亦有许〔多〕民户穿井、盖房、垦种，络绎不绝。应否饬逐之处，合并声明呈报，为此谨呈。等因呈递前来。

查该处旗人魏老安、马文秀等前曾在于乾沟以北，恒升堡所属界内私招民人王四结巴、陈福荣等数户盖房、穿井并割草。等情。查恒升堡系属齐齐哈尔地界，曾经奏明专为添设屯丁，供纳官粮，处所最为紧要。应该处旗丁等擅行偷招民垦，迭经严饬该城守尉即将私招地主传集，从严惩治，并将该民等搭盖房间拆毁，立行驱逐。著即呈报。等因。于去年九月二十三日严札在案，迄今已逾半年之久，如何拟办之处未据声覆。兹据署屯官苏扎布报称王四结巴、陈福荣等，不惟未经逐撵，且该民等多致添盖房间，远占墙垣开垦，并另有旗丁续行私招，共计查出在于恒升堡界内私招民十余户，开成地一百五十余垧。又称恒升堡界外之西南，呼兰与省城两搭交界处所亦有许多民户盖房穿井。等情。详核该旗丁等如此滥行私招，其该管各官并该尉先事何得毫无觉查，竟同聋聩？迨经札令逐撵，又复一味掩饰，并不实力稽查，容心玩懈，并不实力稽查，任听私招势属显然，已可概见。若不清肃地面，偷招无所底止，更与日后旗丁生计大有关碍。亟应严札该城守尉乌云布于奉札后，即派副管乌林布带同官弁先将该原招旗丁马文秀、方来顺、马兆清、马兆林、奇克唐阿、吴保成、包顺、长永等八名即行拘获，赶紧另行派委员锁铐押解送省，不准一名拖故，亦不得稍有回护，自干重参。并著该副管乌林布，带同官弁即赴恒升堡，等候省派委员到日，会查分立界址。今已由省拣派委员佐领多斯洪阿、色克集扎普、屯官苏扎布等，拟于六月初一日由省起程，前往恒升堡，界址四至究与呼兰及省城何处分立交界，其堡界外省属地面东南与郭尔罗斯搭界之青奇布拉克封堆起，斜向东南至通肯河西岸止，以辰戌方向行绳丈量，挖立封堆，即作省城与呼兰分立交界，以示限制。并著将丈勘两界宽长里数各界址内现有民户盖房开地形势，坐落四至方向一并绘图，粘签声明。即将所招民户逐撵，房间拆毁，不得稍有存留。如该民等不遵情事，著该委员等即行拿获，移调呼兰兵弁解省惩办。统俟该委员等详报到日，再行斟核是否仍由省另委协参等官前往，会同该尉乌云布复行详查，加结呈报。倘有〔不〕实，定为该委员等是问。等因。据此，相应严札该城守尉乌云布、委员佐领多斯洪阿、色克集扎普、屯官苏扎布等遵照可也。

右札呼兰副都统衔城守尉乌云布、委员佐领多斯洪阿、色克集扎普、官屯屯官苏扎布等准此。

德英、托克湍为奏请照例补修墨尔根、呼兰船只事的奏折

同治十二年五月二十二日

奴才德、托等跪奏，为请将届限应修船只照例修理，以重运防，恭折具奏，仰祈圣鉴事。

窃查黑龙江通省额设大小船一百二十只，内除前因库款支绌，兵力拮据，并应用南省物料多未解京，曾将已届例限船四十二只节经声明奏请展缓停修，各在案。兹据各属报称，本年届限，墨尔根例应补修次船四只、渡船一只，前于同治七年新修。呼兰例应补修运粮船五只，前于同治七年新修，已逾例限，糟朽不堪应用，请于明年补修，以备运防差操应用。等因。详报前来。奴才等详核无异，除上年展缓修理各项船四十二只请仍照前奏，俟库款充裕，兵力稍纾，南省物料解京，奉到部咨准领之日，再请修造归补原额外，现在各城仅存大小船六十八只，如再停缓，实不敷运防差操应用。请将墨尔根，呼兰二处本年届限次船四只、运粮船五只，渡船一只于明年照例补修，请旨饬部发给物料以资应用，如蒙俞允，再行照例造册具题，差员赴部请领。至官兵匠役水手应借盘费等银，请俟届期辗转支发，庶于运防无误。

所有酌拟缘由，理合恭折具奏，伏乞皇上圣鉴。谨奏请旨。

黑龙江将军衙门为呼兰绅商恳准捐资设立义塾事致呼兰理事同知郁文的札

同治十二年五月二十五日

将军衙门为札饬遵照事。

户司案呈：前据署同知佛尔果春转据绅商高殿佐（即高秉中）等恳准捐设义学，以振文教而育人才，并称已向合境绅蓄商民参酌，各愿竭力捐资，公请设塾，踊跃输将。至义塾师生每年需费，拟请捐置学田，招佃承种，所收租息念〔除〕完纳课赋外，共余若干，酌定师生膏火名额，量为支给，如此举行，倘蒙俯允，拟再仿照他省设塾向章，因地变通，绘图贴说，要议一应条规，公请宪裁。等因。转请前来。

查所请捐设义学，训迪地方子弟，固属美举，然事属创始，诸所不易。其于一切工程赀费、每年师生膏火，在在需项供应，而各段耕种之民招垦以来，均由四方散聚，虽有十数牌之多，迥非内地土著老民可比，人心或致不齐，事转有始无终，即如上年本省招民开垦，纳租均照邻省从宽章程，按垧升科，复又由熟地内扣除三成，均蒙奏准，已属恩沛有加无已，各该民佃当何以激发天良，照章按限纳租，余以养赡家口，乃近来应纳租赋每致逾限，辗转不齐，由此推之，正供尚尔迟延，似此额外捐赀修设义学，供应膏火，尤不免有参差不齐之虞，且文内声称据各段绅商高殿佐（即高秉中）等十余入联名恳请云云，查仅据高殿佐（即高秉中）一人具禀，其余概未出名。缘事因公，请添捐设议学，有关众佃愿否捐资，碍难仅凭一面空言，率行准照转为咨请，亟应严札该同知郁文查明此项请设义熟〔塾〕究否出自各段绅商公举自〔行〕筹办，抑或会商众佃，挨户情愿竭力捐赀。如果各段绅商商明勿庸会众佃，我们情愿捐赀修建，著将捐设若干处，需费若干项，公议绅商若〔干〕名，段落地亩若干垧，师生膏火、随时需费若干钱，每地每年捐赀若干数，令其逐层声明，取具各绅商公举联名，嗣后永无他议，到日再行酌核。等因。据此，相应札饬该同知郁文遵照可也。

右札呼兰理事同知郁文准此。

黑龙江将军衙门为呼兰民人李会成来省呈控地亩事致呼兰城守尉乌云布的札

同治十二年六月初七日

将军衙门为札饬遵照事。

户司案呈：适据呼兰稻字界民人李会成，来省呈控地亩一案，当经提司讯据供称：小的年五十岁，系呼兰稻字界民，于咸丰十年，在城西写得呼兰站站丁郭连奎毛荒五十垧，当同众人立契，即交过押契钱二十吊。后开成熟地三十九垧，至同治元年间，经省员成主事〔清〕查归公升科时，郭连奎仅报二十九垧，瞒留十垧，每年给租粮五石。官私租赋，小的按年如数呈交，并不亏欠。至同治七年间，郭连奎复欲增租，向小的言说，此地业复卖给正白旗旗人景春才，令小的与景春才交租。等语。以后，景春才连次逐撵，小的向伊言说郭连奎量有卖与你之言，并未同面立契。景春才动怒，领同去之人将小的住房拆毁，小的即在呼兰左司呈控。蒙大司责治伊不应拆毁小的房间之罪完案，其地蒙断与〔予〕景春才纳粮，不与郭姓相干，小的应允，并未换立文契。至去年春间，小的又开地八垧，景春才又在左司呈控小的所种之地浮多若干，当蒙大司派员赴界，将小的之地统行丈量，仅有地四十一垧半，短地五垧半，未蒙如何断理之间，景春才复在武营呈控小的种地无粮，即蒙大人吩咐，将前留十垧之地令小的添纳租粮五石，现开八垧之地，著当年交租。等情。小的即声明，原写毛荒五十垧内有升科二十九垧，其与地主纳粮一十八垧地内尚短五垧半，核计共短地八垧五亩，复蒙大人吩咐，如短地俟将地补足，令小的再行补租，以后景春才并未归补地亩，小的亦未补纳租粮。至今年二月间，景春才言说此地他又转给郎二老爷名下，即有其子保山立撵小的搬家，幸有众人说合，暂准耕种，一俟秋收后，令小的将租粮地亩一并交给与他，以备盖窝铺割草。小的委〔唯〕恐被逐，并无棲身之地，因此来省呈控，所供是实。等情。

查站丁郭连奎愿将已种之地擅为写给该民，本属不应，迨经官为查归升科，该丁又将该民已开熟地三十九垧，仅报地二十九垧，隐留地十垧，希图收取私租，复欲私增租粮，未遂所欲，致启转售地主，藉词逐撵泄忿，实属巧诈已极。惟该处私招一事，自经元年清查归公以后，屡经严禁，不准续招在案，无如该旗丁等终不迁改锢习，偷招愈甚，以致该民等稍有不公，即将升科之户争控纷纷，诚与该处日后生计大有关碍，详核此案，与其任令该旗站人丁如此滥行私招，毫无忌惮，莫若仍照成案，归公升科，庶免争狡，而裕国课，应即严札该城守尉乌云布，除李会成报官升科地二十九垧外，其余与地主纳粮地十八垧内，除亏短五垧半，所余十二垧五亩，无论现在郭连奎转卖何人，即著全行归公升科，而重租赋。其李会成原写地五十垧，核计短地八垧半，今既从宽，概行升科归公，所短地亩勿庸追补，嗣后该佃亦不准展开一垧，并将私收租粮地主严加惩治，以做将来。其李会成原开熟地三十垧，前经委员查丈时，虽该地主隐报十垧，彼时该民亦当出首，今经争控，始行首出，显系从前希图便宜，少交租赋，亦有应得之咎，著加责惩，所有地亩仍归李会成耕种，并著追找花利迅即呈报。兹令该民自行回兰备案，仍将完结之处呈报，以凭查核。等因。札饬该城守尉乌云布遵照可也。须至札者。

右札呼兰城守尉乌云布准此。

黑龙江将军衙门为严行催追北团林子佃民刘瑞应纳租赋事致同知郁文、委员吉雅图等的札

同治十二年六月初七日

将军衙门为札饬严行催追事。

户司案呈：适据委员巴彦诺尔布等详称，本年应征租赋，据两起催租委员先后报称均经扫数齐，惟北团林子佃民刘瑞名下应征钱六百六十八吊九百八十六文并未呈交。讯据该佃声称，以去岁浮多地数不符为词，任情狡展，该委员等未便因一户致将该催租官兵等久留守候，即令其旋省销差，其总收帐目，容候与同知厅核清再行按项呈报。等因前来。查前据委员呈报，十一年分清丈毗连册内，该佃刘瑞名下两项七成升科熟地一百九十九垧五亩，并查出该佃浮多熟地八百二十三垧九亩一分四厘，共计地一千零二十三垧四亩一分四厘，核计应征钱六百七十五吊四百五十四文，今据该委员呈报，该佃应交租钱六百六十八吊九百八十六文，核计短征钱六吊四百六十八文，计地九垧八亩。续据该员等详报征齐总数文内，已将该佃名下短钱六吊四百六十八文算入已收数内，详核该委员仅将该佃名下应交七成升科熟地现租及查出浮多熟地应征一年租项数目开报，其查出该佃盗卖官荒一千四百八十四垧八亩余，街基二万八千零六十余方，应征租价概行删除，并未声复，显有隐匿情弊，办理殊属不合，且又将该佃应交租数先后所报不符，其该员等草率从事已可概见。今该员等即已交代旋省，仍应严饬接办局务委员吉雅图、同知郁文等，详查该佃刘瑞应交租赋究竟若干，及将该佃名下应交租内因何仅先交钱六吊四百六十八文之处查明，赶紧呈报，以凭斟核，并将应追盗卖官荒街基租价，及追找花利等项钱文务遵节次札文，刻即由该佃名下催追，倘敢稍有狡抗，即著照前札，将其产业由公变拆，即令撤佃逐境，仍将拟结之处，予限六月十五日以内呈报到省，以凭查核，毋许仍沿故习，积压事件，致干严劾，是为至要。等因。札饬该同知郁文、委员吉雅图等遵照可也。须至札者。

右札同知郁文、委员吉雅图等准此。

黑龙江将军衙门为私招民户开垦熟地归公升科等事致呼兰城守尉乌云布等的札

同治十二年六月十八日

将军衙门为严札迅速呈报事。

户司案呈：前据委员佐领巴彦诺尔布会同前署同知佛尔果春、同知郁文详称：逻札将呼兰官屯壮丁罗得有私招民人姜福生等六户，偷收押契钱文并按年私取租粮等情，著即录供呈报。等因。遵即拘传到案。即会同按名研讯。

据姜福生等六名供认，自同治四年起至八年止，均自罗得有名下共计写得荒四百二十二垧，给过押契钱三百二十一吊六百文外，有熟地牛具钱四百五十吊，房间碾磨钱一百七十吊，统计交过钱九百四十一吊六百文，届限租粮一百五十五石内，已交者七十五石、未交者八十石。等情，当即知照该尉去后。旋准移称：讯据罗得有供认，私招民人姜福生等六户，偷收押契钱文并私收租粮，均系属实，将罗得有饬令领催罗得龄押送。等因。遂提同质讯，所供均属吻合。其私招民垦之地四百二十二垧，核计应征现租钱二百七十八吊五百二十文，拟请转饬该尉追征入库。其私垦地亩归入十一年分浮多数内。

再，查据委员佐领胡松额呈称：自该丁屯后封堆起绳文量，共计一千五百余垧，内除原给屯丁并孔传珍续领之外，仍余二百余垧。等情，核与前报不符。伏请就近查询等因前来。续又据罗得有至省呈恳此项地亩仍留伊名下耕牧。等情。卷查咸丰十一年经委员等拨留万宝山屯系在大荒沟北岸起挖立封堆，即自封堆起丈量，故将房园井道另除半方在案。今将丈地委员胡松额、倭什洪阿传案质讯，罗得有供认，将万宝山屯界后并开成熟地内一半界址抛除，兴绳丈量。等情。详核原留该屯界址、南自沟沿封堆起，今该屯丁等将原设封堆私行移挪，彼时该员等被其隐瞒，未能查出，即将屯界并将熟地内一半界址抛除丈量，显有瞻徇草率情事。兹既斟查明确，仍应照案自沟沿起计算，以符定章。查该屯界址以内，原系留备该丁等自行耕牧之地，其罗得有胆敢私招民人，偷收押契并牛具钱文九百余吊之多，并按年偷收租粮，仍敢至省妄行呈恳，实属藐法已极。惟呼兰私垦一案，相沿成风，牢不可破。即如此案，将上项情形著查明呈报。等因。节经严札该尉，何以竟同聋聩，任听该司积压已逾一年之久，迄今并不呈报，殊属乖谬延抗之至。且每年纷纷私招之故，皆由该管各官或故意纵容，或通同舞弊。每致省控，虽经严札至再，更不免从中巧为弥缝，或代为开脱，以致同僚瞻徇情面，任意积压，迨至日久，省札不催，即作为无事。此等积习，殊堪痛恨。似此因循疲玩，废驰地方，尚可问哉！若不严行惩创，何以整饬将来。亟应严札该城守尉乌云布查照前局委员等移文各节，将罗得有偷收民人姜福生等六户押契钱文，内除碾磨钱文外，下余钱文并私取租粮，刻即由罗得有名下追出。倘敢狡展，著锁铐严押，务将各项追齐，即照崔吉祥满贯之案定拟解省，呈请遣发，庶可炯戒私招之弊。并著乌云布将此案何以任意积压已逾一年之久，迄未呈报之该司员等查究，是否另有情弊，因何积压缘由，著迅即呈报到日，再行另议。其范忠和前次委员丈地时屡传不到，继至交委员斟讯，又以旗界管辖为词，并不到案情形，殊属可恶，著将范忠和重责三十板，以示惩儆。

再，查上年派委前主事成山，将呼兰旗丁私招民户开成熟地，无论新开旧有，一概归公升科在案。既有前案，拟请无庸另议。今罗得有种种巧诈，仍敢掩饬至省呈恳，实属刁顽已极，既将其租给文开涌熟地五十垧一并归入浮多熟地内，以符前章。并著委员吉雅图会同该同知郁文将现在查出姜福生等私开熟地四百二十二垧，并租给文开涌熟地五十垧，统归十一年分浮多熟地内，应征租项，赶紧补征齐妥，迅速呈报，以凭查核。其该屯界内仍有荒二百余垧，更不免私招偷收之弊，著吉雅图照章出放，以杜争端。所有各节，务须查明，迅速呈报，毋得仍蹈故辙积压事件，致干复催，是为至要。据此，严札该尉乌云布，委员吉雅图、同知郁文等遵照可也。须至札者。

右札呼兰城守尉乌云布、委员吉雅图、同知郁文等准此。

黑龙江将军衙门为呼兰旗丁杨得安等私招民人垦荒事致呼兰城守尉乌云布的札

同治十二年六月二十八日

将军衙门为严札遵照事。

户、兵司案呈：前据管理茂兴等站站官依兴阿详称，在五台以南五里之遥，有呼兰旗丁杨得安、海凌阿、赵寡妇之子达哈布等，招来民人姜廷治等，在彼盖房垦种，拦阻不止。姜廷治之弟姜廷章，将该台闲丁朴廷栋所种之地青苗毁坏，并有打伤情事，遂将旗丁达哈布、民人姜廷章、姜廷发解省，呈请查办前来。当将该犯达哈布等监收看押外，遂即指派该站官依兴阿前往该台详查去后。旋据该员禀称，会同呼兰委员、佐领舒讷布，除将躲避未经传到之海凌阿、杨喜、杨五八、民人姜廷治等外，带同传到之旗丁杨得安、民人卜殿和等。查得呼兰旗丁杨得安，实系在站界内招民开垦，取具该旗丁甘心将地抛弃，房间拆毁，再不复招之押结存案。其海凌阿，达哈布所招民人姜廷治，并姜廷治续招民人十余户均行逃匿，所盖房间、开种地亩亦面同差员一并拆毁，地亩抛弃，并将杨得案〔安〕，民人卜殿和交该差员带回办理，并知照该尉将在逃旗丁海凌阿等获案讯办。等因详报前来。查该处旗丁依吉斯珲、富克吉布等，前在五台界内招民垦种，当经该站官移知该尉，各相派员查清呈报，之次，遂饬该尉站官等务将依吉斯珲、富克吉布，站丁姜贵等各严加重惩，枷号两月，勿稍宽宥，并所招民户，除升科之外，其余续招新户全行逐撵。等因。于去年四月十八日严札在案。迄今已逾一年之久，未据声覆之际，又有该站丁呈控案内声称：依吉斯珲等所招之户，不但未经搬移，依吉斯珲等亦未办理。等语。似此札办之事，竟敢作为不闻不问，殊属疲玩乖谬已极。兹又据该站官详称，复有该处旗丁海凌阿、达哈布、杨得安等，又在该台界内滥行私招。等情。详核该尉，不惟将前事未能查禁，复有任听续招情事。如此漫不经心，一味姑容，私招之弊，终何底止！除旗丁达哈布、民人姜廷章、姜廷发等现已解省，另行惩办外，应再严饬该尉乌云布，于奉札后，务将杨得安，海凌阿及民人姜廷治，并前招地主依吉斯珲、富克吉布等，一并拘传讯取供招，倘使过押契钱文数至满贯，即照不安本分崔吉祥之案即行解省，呈请发遣。其杨得安等亦著量其钱数多寡，分别枷责示惩。所使钱文追出，归还该民收领，即行驱逐境外，勿得再有姑容。倘敢仍前积压，延缓时日，塞责了事，定行严参不贷。仍将办理情形予限闰六月十五日以前迅速呈报，以凭查核。等因。严札该城守尉乌云布遵照可也。须至札者。

右札呼兰城守尉乌云布准此。

黑龙江将军衙门为详查呼兰旗丁等所招红黑各户事致呼兰城守尉乌云布等的札

同治十二年六月

　　将军衙门为严札遵照事。

　　户司案呈：前据管理茂兴等站站官依兴阿呈称，遵札将站丁杨茂柱呈控五台领催朴廷林、卡伦姜成文私招多户，并践踏伊之糜地及勒索钱文等情。遂派笔帖式翰克巴图会同呼兰委员恩骑尉格细额等前往该台，除查明杨茂柱所控各节讯属均无实据，并将该台所招红黑各户统计查出八十五户，现开熟地二千二百九十三垧，内有升科地一千二百五十二垧，下剩未升科地一千零四十一垧，并查得该台东南、东北两面向与呼兰交杂耕牧，惟站西北从前业经呼兰与蒙古分定界址，设立封堆，而站丁人等招各户升科之地，均与蒙古地界无碍。站之西南、正南两面，虽与蒙古接界，并无设有封堆，亦无分定界址，该委员等造册绘图报经该站官依兴阿复核无异。该站官除另行严禁该台不准再行私招外，其杨茂柱招民写荒使过押契钱文暨该台丁等所招红黑各户均应如何查办之处，连委员所递册图一并呈请前来。查所称查清界址一节，除由兵司径行查办外，亟应严札城守尉乌云布、站官依兴阿，将该台丁并呼兰旗丁等所招红黑各户即应详查节次札文。除升科之户外，其与地主纳粮之户应即追退押契，挨户逐撵。其杨茂柱所控各情既属子虚，该站官自应复行究讯明确，即照不安本分，从严惩治，以示儆戒，勿稍徇隐，致干重咎，并将办理情形予限闰六月十五日以前呈报到省，以凭查核。等因。严札该城守尉乌云布、站官依兴阿等遵照可也。须至札者。

　　右札呼兰副都统衔城守尉乌云布、管理茂兴等站站官依兴阿等准此。

黑龙江将军衙门为勘丈界址事致城守尉乌云布等的札

同治十二年闰六月十八日

将军衙门为札饬遵照事。

户、兵司案呈：适据委员佐领色克济扎普呈称，于六月初八日驰抵恒升堡，与副管乌林布会面，遵照札文各节逐层相商。于次日由堡起程，先行履勘恒升堡东南通肯河口后，即由彼前往与郭尔罗斯接界之青奇布拉克，由青奇布拉克封堆起；照札以辰戌方向行绳。据乌林布声称，请委员先行照札勘丈，伊带兵役等踏勘小堆形势。该委员即与屯官苏扎布以辰戌方向详细丈量，拉至七面井以东，原设多罗千胡都克封堆止，计六十五里六分，仍相商分立界址情形。据屯官苏扎布声称，若由青奇布拉克封堆起，拉至通肯河西岸止，将上年原留恒升堡以南乾沟界址，并该堡种地，房所均拉在呼兰界内，实与官屯交纳额粮有碍，伊不敢行绳。据副管乌林布声称，若不由青奇布拉克起绳，丈至通肯河西岸；竟按辰戌方向丈量，不但将呼兰旗屯及所有红户拉在以北，而且将通肯河口向年该处捕打贡鱼最为紧要处所，均拉在该堡界内，伊又不能擅专。等情。

该委员再四思维，莫若酌商，或将通肯河口以北一、二里许，再由西面自岸起，拨留一、二里余，作为呼兰捕鱼界址。其乾沟以北将红户拨出外，仍剩以北地面作为该堡界址。如此呈请丈量，虽与原札不符，且与两界并无窒碍，似属平允。而该副管屯官坚不解绳，各怀狡执，是以未敢擅专。分立界限缘由，并将大概界址坐落形势先行绘图呈报，如何分立界址之处，伏乞速赐示复，再行遵办。

再，查乾沟以北，孟家店以东，旗人马文秀等私招民入十四户内，黑户吴美并无印收，现已脱逃。其余均有升科交租印票，当核其该佃等现开地数，除升科之外，俱有加开浮多或十垧至二、三十垧，亦有数名占开两三处至六、七处不等。除此之外，省属地面，现经呼兰旗人等私招黑户尚多，容俟查清逐尽，另行造册呈报。其黑户房间、马架多有未拆潜匿，现查无踪，惟恐查竣后难免不无复至窃垦等弊。是否概行焚烧之处，一并指示遵行。等因。复据屯官苏扎布呈称，与乌林布会商量文行绳一切，该副管一无所言，率领弁兵、民夫北行。遂派人去请，据称：你们先丈，我去查验封堆。苏扎布即与色克济扎普遵札以辰成方向由青奇布拉克封堆丈至七面井。次日，由彼起绳至乾沟，顺行丈至通肯河西岸秋楷泡子止分断，庶省属及呼兰并蒙古各界均得清楚，内有越界之民亦可按界驱逐。讵乌林布不遵札文辰成之向，率领弁兵，民夫并王四结吧等自行由通肯河西岸官屯壮丁卢珍种地房起，直向西北丈至三十余里，至恒升堡两界止。挖立封堆十处。苏扎布查核，若以该副管封堆核计，不但将恒升堡南界被呼兰占去十五里余，且将越界之王四结吧等民十余户皆在呼兰界内，实与官屯生计有碍。将地方形势绘图贴说呈报，伏乞指示遵行。等因前来。

查呼兰私招之弊已成锢习，旗民勾结，互相展占私招，官则纵容祖护，通同舞弊，故犯屡屡，胆益纵恣，毫无忌惮。现将该处屯界招占殆尽，又复越界在省属恒升堡、乾沟以北展占，节次严札驱逐呈报，该城守尉等置若罔闻，积压年余，非但并未逐撵呈报，反行招聚多户。迫经严札指派副管乌林布会同省城委员斟酌界限，乌林布胆敢藐视札文，并不会同合办，擅行带领弁兵、民夫私立封堆十处，将恒升堡界址展占十五里之多，显有把持地方，实属胆大妄为，不称职守。委员色克济扎普所请乾沟以北将红户拨出外，仍剩以北地方作为该堡界址等情，显有随同之意，办理亦未允协，亟应札饬委员副管乌林布、佐领色克济扎普等接准此札，即行旋回，不准该员等查办。今另派参领成庆、佐领巴彦孟库并札饬城守尉乌云布接奉此札，即著携篆并带该段升科民户册簿，轻骑减从，限于本月二十五日在青奇布拉克地方与该委员等会面。仍遵前札所指各节，自青奇布拉克封堆起，以乾沟南面会商酌核丈量，以南作为呼兰属界，以北作为省属恒升堡界址。其呼兰每年捕鱼，通肯河口西面、北面酌量拨留一里，其余通归省属界址。此内有红户究系若干？系自何年呈报升科？该地方官何以并不声明地界，混入该处界内，捏饰升科？屡次严札，该尉何以置之不闻不问，一味颠顸？

现查，既在省属界内乾沟以北之王四结巴等十余户，并有黑户尚多，究系倚仗何人作主，如此强横越界，硬行展占，盖房开地，现在如何驱逐，房间参如何拆毁之处，著逐层声复。此次办理若不清楚，定即严参不贷，并严饬该尉详查乌林布何以并不遵札会办，率领多人私立封堆十处，其地界究在何属之处，详查明确，该尉出具印结赶紧呈报，以凭查核严参。适据该尉乌云布转据副管乌林布呈称，如照辰成方向丈量，将升科佃民归入堡界太多，是以前往沿途十里、八里不等，其间暂挖封堆数处，以为标记。等因支吾。既有如许私招之户，何不随时驱逐？令其混入升科地内，该城守尉尤属详报迟误，亦难辞咎。现派委员参领成庆，佐领巴彦孟库查照所指各节，悉心会办，毋得回护，致干未便，是为至要。据此，札饬城守尉乌云布，参领成庆、委员副管乌林布、佐领色克济扎普等遵照可也。须至札者。

右札城守尉乌云布、参领成庆、委员副管乌林布、佐领色克济扎普等准此。

黑龙江将军衙门为饬呼兰地方迅速收纳荒价事致呼兰理事同知郁文、委员佐领吉雅图等的札

同治十二年七月十二日

将军衙门为严札遵照事。

户司案呈：适据同知郁文、委员巴彦诺尔布等会详，查于十年、十一年分出放弩敏等段夹荒内，有承领之名无交价之户十数余名，荒价并未呈交，屡传无著。事关库储正款，未便久悬，自应遵札续领。现经职等前后招就妥切佃户二十八名，应由局发戳备价补领，除拘获原佃等追缴原领收付外，理合将补领姓名、地数、段落开单，呈报前来。又，据委员吉雅图呈称，准同知移开，将弩敏等段有名无户之地另行招佃认领。理合将各该佃民投具领呈二十八纸移送该局，查照毗连，发给条付，饬交各该佃具领见复。等情。职等详查，各佃于十年、十一两年所领地段均皆勘丈，已将四至毗连呈报在案。如该厅实力催收押租，秉公核办，何致另佃旁户，从中渔利？而在局接办荒务以来，其间大半赴局恳请交项，亦有亲友代交者甚多。揆其情形，差役未必实力传集，如果实无原领之人，改拨撤佃，事隶在局。现在碍难重复发给条付，是以将原移领呈二十八纸一并移回，仍希该厅迅速饬令乡地等，严行传唤该原佃送局查办去后。旋据移称，敝厅查此有名无户之地，屡经前署厅派差拘传，实无交价承领之名。当商前局委员巴彦诺尔布已另招佃民，姓氏、段落、垧数报明在案，并非敝厅接收领呈，独自招佃，如令原佃承领之处，希即据情呈请核办。等情。职等详核所移饬役传唤一节，尽诿前署厅，另行招佃则又诿之前局，况前局接收领呈均行交代职局接办，而该厅所移领呈，未悉何时接收，存留何处。再，查未经传唤原佃尚有在厅交项者，该厅并不接收，必欲另佃。又有原户将地转售与人，而所买地主已在地内建盖房间，开垦耕种者，势必抛地拆房，不特逐撑非易，将必激起争端。与其该民等恐未必允服，莫若就地改拨，抵充原佃名目，以免争端，而毗连四至均可勿庸改注。兹将原佃交项、亲友代交之户开单一并呈报。等因呈请指示前来。

详查前局委员巴彦诺尔布等，曾于本年四月二十八日已将局务交代下起接办，于五月十三日业已回省销差，呈报在案。且该同知会同委员巴

彦诺尔布会报另佃呈文，系于五月十九日由彼发出，核计先后日期互异。再，单开各户姓名、垧数诸多参差不符，第查荒务改拨撤佃事宜，应隶该局斟查底册垧数核办方为妥确，而该同知何得将委员衔名擅列，会同呈报，又将另佃原递领呈移局发戳，尤属不合。再，查该同知呈报另佃二十八户，现据委员单开二十二户又系两岐。应即严札委员吉雅图等，详查十年、十一年等年各段佃民承领之地，已拨丈未交荒价原佃究属若干名，计地若干垧，逐层查明，均准各原佃认领。著令该厅迅速收纳荒价，断不准勒索。仍将原佃呈交押租钱文是否交清之处，著即一一开单呈报，以凭查核。其另佃之项，概行退还，至嗣后该局允放荒地，应交荒价，立饬各佃勒限赶紧呈交，勿再耽延拖欠。倘该佃等逾期不能呈交者，著移该厅，速急签传到案，不但将该佃严押追比，定行加重责惩，以杜将来顽疲者戒。等因。据此，相应严札同知郁文、委员吉雅图等遵照可也。须至札者。

右札呼兰理事同知郁文、委员佐领吉雅图等准此。

黑龙江将军衙门为饬同知郁文查对同治十一年分牛马烟酒等税销册具文呈报事致理事同知郁文的札
附：清册

同治十二年七月十二日

　　将军衙门为札驳迅速复报事。
　　户司案呈：前据该同知郁文呈报同治十一年分牛、马、烟、麻、油、酒税销册内，按款详核管收除在各数均属不符。详查题销各案，所关匪细，分文不得错误。而此次该厅所报税册四注〔柱〕，诸多舛谬，輘輷不清，殊属非是，本应查议，但念该同知郁文初膺斯任，斟办未能周妥，今暂姑从宽免。仍将原册驳回，所有错谬之处，逐层开写粘单，札指明白。该同知郁文务须赶紧按款详细查对，妥为更正，限于七月十五日以内，飞速造册，具文呈报到省，立待汇题，断不准再行错误，稍延限期，致干查议。至上年所存税钱，系属早应解省之款，该同知于奉札后，即将此项钱文迅急设法解省，立待急需，是为至要。等因。飞札该同知郁文遵照可也。须至札者。
　　右札理事同知郁文准此。
　　计开。

　　附：清册
　　一项旧管应存税制钱三千三百二十八串二百四十九文（查此数应入呈报同治十年分税销册内，实存制钱一千二百七十九串五百二十九文之数，今开注旧管钱三千有余，大相悬殊，应照一千二百有余之数更正为是）。
　　一项新收补收十年分欠交酒税制钱五百七十一串四百九十九文。
　　一项新收补收查出宝兴隆小薰三个月酒税钱六串（查此二项十年分业已入销，此次不应复销，即应裁撤）。
　　一项开除置造铐镣需用价银三十九两六钱。
　　一项开除置买锁头需用价银一十二两九钱一分五厘（查此二项，十年分业已置造在案，仍应遵照向章，俟届限五年时再行核销，应行删除）。
　　一项开除因犯口米钱六百九十八串二百五十文（查此数较比十一年分题销之数短销制钱一串九百文，著即填入，以符奏案）。
　　一项开除归款租项，自同治七年二月二十六日起，至十二月三十日止，囚犯衣粮等项制钱一千零一串四百三十文。

一项开除归款租项，自十一年正月初一日起，至三月十七日止，囚粮、灯油等项制钱一百四十串零三百二十文（查此二项系该处归款之项，此次不应填入，亦著裁汰）。

黑龙江将军衙门为严查刘张氏变卖街基、荒地事致理事同知郁文等的札

同治十二年八月十二日

将军衙门为严札查覆呈报事。

户司案呈：适据同知都〔郁〕部文，委员吉雅图等会详，卷查叠蒙将军衙门札开，户司案呈：著将刘张氏查出浮多官荒八百二十余垧，私占街基二万五千余丈，每丈见方按二百五十文照章追缴，其浮多并私卖官荒均自六年起追找花利，倘该氏任意狡展，即将其子刘仁幅严押，查抄家产，按照时价变卖抵充公项收库，并将私买该氏荒地、街基民佃按名传讯，发给印照，俾使各交各租，以免牵混。等因。蒙此，职等遵即传提该氏母子审讯，该氏仍前狡展，坚不允服，当将刘张氏并刘仁幅分别严行责押，一面选派书役查封，并差传各佃民去后。施〔旋〕据书役禀称，查得刘张氏现在街基共有八段，所盖房屋均系房户自行修造营作生理。内除刘张氏住宅草房三间，所有屋内物件以及租出房间坐落数目，另录粘单呈阅，并私买该氏街基荒地之佃户董景和等先后投案前来。职等当即集讯，各佃民金称伊等分劈该氏街基，价值贵贱不等，现在均已盖房生理。又据刘张氏供称，伊盗卖街基，现蒙查明共计二万五千五百五十方，从前初立集场时，伊原卖价值共得过市钱一千一百六十五吊五百文，并未按照每丈见方二百五十文之数，今蒙追缴，情愿将盗卖钱文如数变产抵补，并追找花利押租等项钱文。职等查该书〔役〕所抄刘张氏家产物件，核计为数无多。又，该氏浮多熟地八百二十三垧九亩一分四厘，每垧按一吊四百七十文核计，共应交押租钱一千二百一十一吊一百五十二文。自同治六年起至十一年止，每垧按六百六十文，五年共应追花利钱二千七百一十八吊九百一十八文。该氏本身未卖街基七十九丈，按每丈见方共应交钱九百八十七吊五百文，又加盗卖街基原价，共应追缴市钱六千零八十三吊零七十文，若再以盗卖街基每丈见方以市钱一吊核算，应再添追市钱五千三百八十七吊五百文。职等将该氏母子再三严讯，并将叠次严札饬令户书逐一宣读，而刘仁幅同伊母刘张氏闻之心存敬畏，俯首无辞，恳求赐恩，不敢再行狡展。哀称伊家所有荒地早已变卖花用，所剩仅止六十余垧，现在查抄家产之外，实无他物，亦无另有

寄顿之处。职等查该氏应交公项共计一万余吊之多，现在查封房产，照价变卖，为数无多，实不足以抵此巨款。辗转思维，殊难筹度。惟有呈报将军衙门，可否仅追该氏押租花利并盗卖街基原价钱文，其追找街基价值，按照札示每丈见方核计市钱一吊之数，再由职等饬传原买各佃民到案，在其名下逐一核算。如该佃民从前向该氏买地一方已付给市钱六百者，再行追找四百文，以归一吊原数，一一核追。除起该氏原卖价值之外，再追找街基钱五千三百八十七吊五百文，同刘张氏之项一并储库。如此设法追找，庶乎公项不致有亏，而该氏变产抵补，亦所差无几矣。如蒙允准，即由职等严行变卖比追，一而饬传各佃民婉为开导。除令原买价值外，每丈见方按一吊之数找交钱文，另发印照，俾得各交各租，永远安业。是否可行，职等未敢擅专，理合会衔据情呈报将军衙门查核札示遵行。等因前来。

查前据出放北团林子街基委员等报称：刘张氏私占街基四十六处，内盗卖三十五处，自己收取价租八处，空闲地基三处，计南北街均长五十丈，宽五百六十余丈，共计二万八千六十余方，应交租项抗不呈交，复至省妄控现占街基系在伊原领荒地界内，如照街基一体纳租，日后升科之地必至亏短，将有包纳空租等因。曾经饬派丈地委员前往该段将挨靠街基四围佃户原领荒地丈量，倘有亏欠，酌量拨补；如有浮多，著自领地之年起追找花利。续据该丈地委员丈出刘文禄等余浮地三五十垧至百八十垧不等，独刘张氏之地现复丈出二千三百六十余垧，内除原领、续领，并据该段乡约单开：该氏盗卖荒地一千四百八十四垧八亩七分外，仍余浮八百二十三垧九亩一分四厘。等情。当经详核，该氏侵占地亩如此之多，若不从严追逼，诚恐难儆效尤，是以酌中核拟，该氏私占街基二万八千六十余方，应照官章每丈见方二百五十文著追地价。其浮多熟地八百余垧，应自同治六年起至十年止，每垧按六百六十文追征现租。其盗卖官荒一千四百余垧，亦著由六年起补征现租，并追缴原卖地价。遂将买伊荒地佃民共计十六名按名开注地数，节经粘单明白札示在案。兹据该同知、委员等详称：按该氏名下应征盗卖街基二万五千余方，原价钱一千一百六十五吊五百文，浮多熟地每垧按一吊四百七十文征纳押租钱一千二百一十一吊一百五十二文，并追征五年花利钱二千七百一十八吊九百一十八文。又该氏本身未卖街基七十九丈，按每丈见方应交钱九百八十七吊五百文，共计钱六千零八十三吊零七十文。若再以盗卖街基每丈见方以市钱一吊文核算，又添追钱五千三百八十七吊五百文。共计应追钱一万余吊，并称查抄产业无多，现在该氏仅有地六十余垧，可否仅追该氏押租花利并盗卖街基原价钱文，其追找街基价值按札示每丈见方核计一吊之数，再由该员讯问原买佃民，如每方交给该氏钱六百者，再行追找四百，以归原数。等情。详核该同知、委员等并不详绎文内所指各节照章催征，竟将该氏盗卖官荒一千四百余垧概行删除，置之不问，其私卖街基又不照章补追租价，任听该氏掩饰，仅征原卖之价，并称若照札示每丈见方按市钱一吊核算，又添追钱五千余吊。当查官定章程，街基每丈见方均系三百、二百五十文、二百文三等价值看地作价，并无一吊之章，该员等何凭援引，试问于何札内示有此等章程？查明即行声覆。其该氏盗卖街基，本系二万八千余方，此次文内声称二万五千余方，又复悬殊如此，张冠李戴，互相混入不清，尤属龃龉。再该氏名下现有街基七十余丈，详查该氏除原卖街基三十余处，即如所请，不追找租价，而现在自行占居者八处，何以止剩七十余丈，且应征此项租钱并未按照方数计征，系按宽一丈、长五十丈之数征收，所收钱数核与该氏转卖他户交纳章程不符。至其名下现剩地六十余垧一节，详查前据局员等报称：该氏应交十一年分租钱共计六百余吊，按此钱数核计，除浮多地八百余垧外，净剩七成升科地一百九十余垧，此系该氏六年续领之地，而元年原领者尚不在内，何以止剩六十余垧，此地或系原领或属浮多，又未分晰声明。以上地数，钱数，诸多参差未符，殊难较对。且据单开：该氏产业本属无多，地亩若此掩饰，将来何所变抵查追？再，查刘张氏故翁刘瑞元年原领两项毛荒七百四十二垧，届限清丈地一千二百二十二垧五亩，内除三成地二百二十二垧七亩五分，七成地五百一十九垧七亩五分，浮多熟地四百八十垧；续于同治六年间承领两项毛荒二百八十五垧，去岁届限清丈地二百八十五垧，内除三成地一十一垧三亩三分，七成地一百九十九垧五亩。去岁应征该佃租内并无元年承领荒地之租，仅按六年续领之数核计，此地谅该佃必须转劈他人。昨据私买刘张氏地户马万禄等十四名来省悬称：该佃等均由刘张氏原领红照内分劈耕种，第因历年将应纳租钱转交该氏代为呈交，刘张氏擅将此钱使用，迫经官为严催，该氏以地户未交之言支吾。该民等受此苦累，恳请各领执照。详核该佃等恳诉，虽属情理，惟核其地数名目并非刘张氏原领荒地数内，系在该氏盗卖官荒一千四百余垧之内，事又两岐，碍难拟办。遂令该佃等先行回里，俟将刘张氏地亩核清，再行由局发照。惟查刘张氏地亩本属繁杂、牵混不清，若不根究底确，难期办理。应即复饬该局员吉雅图等先将该佃元年承领荒地究属劈给何人，有无劈给马万禄等十四名，其六年续领该佃名下升科地一百九十九垧余，何以现剩地六十余垧，此内或有出劈他户，如劈者何等名目，有无单发执照。其六年以后该氏究否另有续领，亦著查明，一并妥粘清单，赶紧呈报。其该氏私占街基二万八千余方，除该氏本身现有七十九丈并转卖他人者二万五千余方，尚短地二千余方，并查出该氏盗卖官荒一千四百余垧，应再著委员成庆，巴彦孟库等于此次出放北团林子集场便中复行斟查。该氏现在自行占居街基究系若干丈，每丈见方仍按二百五十文，究应追征几年租价，计钱若干，浮多熟地究应追找五年现租计钱若干，其盗卖官荒究应由该氏名下找追原卖地价，计钱若干，暨马万禄等十四名是否在该氏原领荒内分劈之户，或系该氏盗卖一千四百余垧荒地内耕种之户，并著详查刘张氏名下现有地若干垧，连买该氏荒地街基民佃花名，应追一切租项，按项分晰明确，开具清单，一面呈报，一面移厅，由该同知都〔郁〕文再行从严变抵追缴，勿任稍有遮饰，以重租项。俟核清后所有买荒佃民及孙春一名，一并应由该局按名传集补发印照，俾使各交各租。

该同知委员等务须逐层详细认真办理，不得稍有忽略，致干严参。兹将买占该氏荒地民佃花名复行粘单知照。等因。札饬该同知都〔郁〕文、委员吉雅图、成庆、巴彦孟库等遵照可也。须至札者。

右札理事同知〔郁〕文，委员吉雅图、参领成庆，佐领巴彦孟库等准此。

黑龙江将军衙门为赶紧判结五台站开垦毛荒案事致站官依兴阿的札

同治十二年八月二十二日

将军衙门为札传赶紧判结呈覆事。

户司案呈：适据民人邹德贵呈控地亩一案，当讯据该佃供称：小的年五十六岁，系呼兰界民。窃于同治三年间写得五台站站丁李天增名下毛荒三百垧，给过荒价钱三百吊，历年以来无力开垦。至今岁四月间，小的雇人穿井开荒，有五台站伯什户朴廷林带领多人，倚仗威势，阻挡犁具填井，并将小的锁到官房，声言五台站界内不应招民开垦，遂将小的并李天增解至省城，经站官公断，著朴廷林追找原交荒价，时下分文未交。

再，站界内既不应招民，朴姓何以招有二三十户，已住数载，界内地垦多半。小的只求将原交荒价钱文如数追回交还，小的情愿立即搬移，不敢狡展。今蒙研讯，所供是实。惟查该佃原写五台站站丁李天增名下毛荒三百垧，给过荒价钱三百吊，讯据该佃既供垦〔恳〕将原交价照数追回，伊情愿搬移等情，应著该站官依兴阿即将邹德贵所交荒价克由李天增名下照数追出，偿还该民，即令赶紧搬移，以清站界，勿得稍沙〔涉〕延缓为要。

再，朴廷林是否在站界内擅招民户，著即一并查明呈报，以凭核办，勿稍含混，致干查咎。兹令邹德贵归案候质。等因。据此，札传该站官依兴阿遵照可也。

右札传站官依兴阿准此。

黑龙江将军衙门为严禁越界私招事致呼兰城守尉乌云布、站官依兴阿等的札

同治十二年八月二十二日

将军衙门为严札赶紧查明妥议详覆事。

户、兵、刑司案呈：查据委员成庆、城守尉乌云布等会报，将恒升堡与呼兰接界处所分定界限，所有占居省属界内黑户搭盖窝铺，概行拆毁，开垦地亩抛弃，将民逐清外，其王永庆等十五户升科地亩按照纳租印收拨给。并将王永庆及各户在界北所开未升科地亩拟请于秋收后一体令其抛弃，下年不准耕种。界北房间如何拟办之处，会请指示前来。除将王永庆另行斟办外，详核私招一事，屡经橄饬该尉率属从严查禁，不得任令该旗丁等滥行越界展占偷招。虽经诫之谆谆，无如听之漠漠，容心玩懈，实堪痛恨。方今界限已定，所有界北之王永庆等十五户升科地亩，查明共若干垧，如何顶补，房间若干处如何迁徙，以清界限之处，即著该尉酌中妥议章程，毋稍回护，迅速详报，以凭覆核。

再，查私招王永庆契内张根柱、祁福兴、梁永坤、都凌阿等四〔名〕现已解送来省，除另行查办外，其前次解省之旗丁内惟齐克唐阿现因在省病故报验，饬其亲侄常喜领棺归葬，除免置议外，其马文秀、马兆清等二名虽非私招王永庆之户，究属越界偷招地户之人，应照不应为杖八十重律拟杖八十，折责发落，交站递回原籍，枷号三个月，以示惩儆。其未经解省之旗丁吴保成、包顺、长永，即〔暨〕包大、德方、来顺等三名，著该尉即照马文秀等一律惩办，毋稍偏纵。仍将枷责满日一面呈报，一面饬交该管各官严加管束，不得任令仍前违禁私招，至干参处。并著该尉嗣后从严查禁。倘该旗丁等如再有似此越界私招等事，定即加等治罪，决不轻恕。仍著定拟妥章，派员设法稽查，以杜偷越私招之弊，是为至要。等因。据此，相应严札该城守尉乌云布查明妥议详报，并札饬站官依兴阿遵照可也。须至札者。

右札呼兰城守尉乌云布、站官依兴阿等准此。

黑龙江将军衙门为严惩私招民户等事致呼兰城守尉乌云布、站官依兴阿等的札

同治十二年八月二十二日

　　将军衙门为严札遵照事。

　　户、兵司案呈：查据该尉呈报，将五台以北界内私招民户之旗丁富克吉布、依吉斯珲站丁姜贵等照札治以不应擅招之罪，枷责示众，退钱完案。其在五台以南界内私招民户之海凌阿、杨得安、赵周氏等前经从严责惩，追找押契钱文，不准在彼招民开垦在案。至今春伊等并不遵办。复行在彼开垦，以致该站将赵周氏之子达哈布并民人姜廷章、姜廷发等拘获送省，今遵札除解省达哈布、姜〔廷〕章、姜廷发等另行惩办外，其海凌阿、杨得安、杨喜、杨五八等四名各已枷号两个月，折责从严惩办，并饬该管各官严加管东来〔束〕，不准再行私招侵占荒厂。惟民人姜廷治、卜殿和现已躲避，容俟拿获时再行惩办。等因。拟结呈报前来。详核此案，前据该站官呈递赵寡妇、海凌阿、杨得安等招来民人姜廷发、姜廷章等侵占站界，硬行开垦搭铺，又复用棍棒将仆廷栋额鬓打伤等情，实属目无法纪，胆大妄为，若不严加重惩，何以杜其越界滥招之弊。今达哈布既供私占之地任由官处查办。等情，应拟将达哈布及私佃姜廷章、姜廷发等饬交该站官由驿解送呼兰衙门，仍严饬该尉务将达哈布、姜廷章、姜廷发等俱照前札归案按名严行枷号，重责发落，以为私招强霸者戒。并将达哈布及赵周氏交伊该管官严加管束，不得仍前越界私招，以无作有，滥行省控。倘赵周氏如再不遵办理，复有上控之事，定为该管上司各官是间〔问〕。其姜廷章等枷号满日，均著逐出境外，不准容留，以清站界。惟在逃姜廷治、卜殿和等赶紧缉获，照此严行枷号责惩，仍将责办完日飞速呈报，以凭查核。仍著该站官将海凌阿等在彼所招黑户姜廷章等数名现在有无迁移之处，详查声覆，勿稍回护。

　　再，前据达哈布之孀母赵周氏呈控各节，既属子虚，应毋庸议。等情。据此，严札该城守尉乌云布、站官依兴阿等遵照可也。须至札者。

　　右札呼兰城守尉乌云布、站官依兴阿等准此。

黑龙江将军衙门为捕打贡鱼事致呼兰城守尉乌云布、官屯屯官苏札布的札

同治十二年九月三十日

将军衙门为飞札遵照事。

户司案呈：适据呼兰城守尉报称，左司案呈，于本月十八日据承捕贡鱼骁骑校宝章呈称，职奉派承捕本年贡鱼差使，于夏间即带同领催，兵丁亲临通肯、弩敏二河，尽心捕打及扎网堵捕，无如二河春间水小，夏秋二季亦未涨发，所有应进鳟鱼、细鳞二色鱼尾永未捕获，明水之鱼似难指望。今届立冬之际，河水尚未封冻，暂时未能冰上钗鱼，又派领催刘住尔分路堵捕购买去后，旋据报称，查通肯上游省属官屯恒升堡二屯包老七招民靳把头，四屯吴庄头招民陈把头，六屯赵云仓招民曹把头，均系采用呼兰封禁之通肯地方所产柳条，拦河扎网三处捕鱼等弊，前已声明矣。屡次阻止，〔随〕意采捕。伏思该屯丁系属省辖，职实难穷究确访，以致各该屯虽捕得堪进鱼尾，仍不免密地偷卖，以掩口舌。如此偷捕之弊，若不常川禁止，则历年贡鱼无所措置。为此，再行声明缘由，恳请转详施行外，职仍星夜沿奔各处江河网场，设法赶紧购买。容俟买得，随时呈送，断不敢稍涉延缓，藉词诿卸，以误贡献要差。须至呈者。等因前来。伏查鱼性入冬以后，顺水下行，而上游已被横河扎网数道，则下游之碍难捕打虽属实在情形，进献贡物最关紧要，限期已迫，断难准其意存诿卸塞责。除仍严饬该差官宝章不分星夜往赴各处采买外，另由司中遣派妥速领催一名，帮同分路前往沿江河口网场，尽力购买，随买随报，不致贻误进贡要物。等情。相应呈请备文，飞速详报将军衙门鉴核施行。等因前来。查应进贡鱼，最关紧要。乃恒升堡屯丁包老七等竟敢希图渔利，私招渔户靳姓民入等，擅在通肯河上游割伐柳条拦河扎网三处，偷捕鱼尾，并不听官阻止拆毁，殊属藐法妄行。将此著饬该屯官苏札布迅速派差妥役，将恒升堡屯丁包老七、吴庄头、赵云仓等拘传，从重严加惩办，不准稍有宽纵。刻将所招渔户靳把头、陈把头，曹把头等全行逐撵，所扎鱼网三处一概拔毁，赶紧呈报，断不准容留，稍有迟滞外，再查该处捕鱼尚有呼兰河数处，非尽弩敏、通肯等河，乃以本年水小藉称未经捕获鱼尾，显有支饰。将此亟应

飞札该尉，严饬该骁骑校宝章，务须设法赶紧捕打足数，依限送省，不得稍有迟误贡进，致干严参。等因。据此，飞札城守尉乌云布迅速赶解外，并札传屯官苏札布遵办可也。须至札者。

右札呼兰副都统衔城守尉乌云布、官屯屯官苏札布准此。

黑龙江将军衙门为严办海凌阿违禁招垦及陈俊强占来成地亩一案事致呼兰城守尉乌云布的札

同治十二年九月三十日

　　将军衙门为严札遵照事。

　　户司案呈：适据呼兰旗丁来成呈控地亩一案，当讯据来成供称：小的年三十九岁，系呼兰河正红旗披甲。因于道光十八年间，红〔经〕小的之父长锁在古尔板花屯以西原置毛荒一段，又以价买之荒与富克精额移换毛荒一段，立有文契可证，共计百垧有奇，当打有井眼，历年耕种。于同治九年春间，有同旗海凌阿所招浮民陈俊带领犁具六七付，将小的毛荒、熟地一并霸垦，并将小的马架草房一间硬行拆毁。小的向阻，伊等倚恃人多，势欲寻殴，小的未敢向伊争辩，含忿而回，即告到本旗。当蒙饬传陈俊，并未到案，又复恣意开垦五十余垧。不意陈俊反在武营驾词呈控。小的到案，诉明缘由，陈俊自觉情虚躲匿，并未到案，以后由旗将此案递司判断。经司屡传陈俊，伊诡称有武营执照，不服呼兰饬传，是以延至去岁冬月间。小的情急，赴省呈控，当蒙批回公断，小的遵即到案。经司派出委员会同本旗等官，验清小的界址，一切据实，随将陈俊传案质讯，当即吩咐令小的认户食租备项，找付陈俊开地资费。陈俊一味狡展不遵，小的亦未承认。伏思小的一家老幼三十余口，指此百垧薄田，自种不敷糊口，何能出租？再，小的之地原系祖遗并价买移换的，并非近年私行展占，且小的地界与海凌阿所招民人陈俊地不连边，中间尚有包金柱、保亮之地相隔，伊便〔硬〕行越界，将小的生熟之地肆行霸垦迨尽，又拆毁房间，小的呈控三年之久，陈俊仍复连年开垦，不能交还，因此，含屈呈控。再，小的所占之地，并不与京旗地面有碍，今蒙研讯，所供是实。等情。

　　详核此案，前已饬令该尉，将陈俊在于海凌阿及来成界内所开地亩，究否在于吉〔古〕尔板花屯界内，抑或在京旗界内，将地退出，不准开垦。如在该屯界内，著即统行归公升科，庶社私占私招之弊。仍将海凌阿并陈俊严行棚责发落。等因。札饬在案。兹又据来成复控陈俊硬行越界，将伊生熟之地霸垦五十余垧，又将伊马架拆毁。并称伊所占之地，并不与京旗地面有碍。等情。惟查古尔板花屯系与京旗地面毗连接界。虽据来成供称，伊所占之地无碍京旗，系属词出一面，不足为据。事关奏明留备地面，不得稍有忽略，应再严饬该尉派员将陈俊在海凌阿及来成界内所开之地，究与京旗地面有无窒碍，认真查明。如与京旗界址有碍，即将所开地亩，立即拨出，设堆标记严禁，不准复开。倘在该屯界内与京旗尚无窒碍，务遵前札著即概行〔归〕公升科，以免互相争占狡执。

再，查海凌阿违禁招垦，是其惯技，各处私占名目屡彰，实属胆大妄为，目无法纪。并民人陈俊硬行越界开地、拆房，尤属不法，将此均著该尉从重严行枷责发落，勿稍姑息，以为贪占不已者戒。仍将查办结案情形迅速呈报，以凭查核。兹令来成回兰备质。等情。据此，严札该尉乌云布遵照可也。须至札者。

右札呼兰副都统衔城守尉乌云布准此。

黑龙江将军衙门为禁止开垦荒地事致水师营总管的札

同治十二年十月初五日

将军衙门为札传一体遵照事。

户、兵、刑司案呈：案照本衙门前经奏陈东省地方情形请及时整顿一折，兹准刑部咨开，该部议奏吉林、黑龙江山场荒地禁止开垦，酌议奸民承揽地亩转售渔利罪名，恭折奏奉上谕：德秦缕陈东省地方情形，请及时整顿一折，盛京为根本重地，吉林、黑龙江实为陪都藩篱。自招垦荒地以来，藏奸匿匪，盗贼肆行，亟应及时整顿以重边防。吉林、黑龙江山场荒地原为旗丁游牧、演猎之区，现在良莠杂处，往往有盗匪窝藏其间，虽经德将呼兰等处开垦之处奏请停止，而奸民、土豪仍有承揽地亩，转售渔利之事。著该省将军再行认真严禁，并著该部明定章程，将访获钻营地亩之揽头，照依土豪、恶棍例从重惩办，并将使费银钱追出充公。其已经开垦之处，该将军等务将户口编册，不时稽查，毋许容留外匪以清盗源。等因。钦此。

臣等查各省山场私招异籍之人搭棚开垦例，应将私招及承租之人，照子孙盗卖祀产，及强占官民山场各律例，分别治罪。兹吉林、黑龙江两省山场荒地为旗丁游牧，演猎之区，即系官场禁地，该将军奏请停止开垦，原为根本重地，免致窝藏盗匪起见。乃仍有奸民希图承揽地亩，转售渔利，自应查照强占官山场律治罪。臣等公同酌议，嗣后吉林、黑龙江山场荒地如有奸民、土豪仍在各处钻营，希图承揽地亩转售与人以渔重利者，一经访获，即照强占官山场，不计亩数，杖一百、流三千里律惩办，为从及承买之人并减一等。如因承揽转售别酿事端，仍各从其重者论，并将打点使费银钱追出充公。其已经开垦之处，应由该将军等责成地方官务将户口编册，不时稽查，仍于年终出具并无私垦印结通送查考。倘有容留外来匪徒，一经查出，即行严参。如此认真核办，庶奸民知所敬畏而地方可期肃清。等因。具奏奉谕旨：依议。钦此。钦遵前来。

除移咨盛京、吉林、奉天府府尹衙门并咨札所属各城，务各钦遵谕旨，部议定章，不时出派官兵在于所属境内认真稽查，遇有奸民、土豪仍在各处钻营，希图承揽地亩转售与人以渔重利者，一经访获，即行照律严办，并将打点使费银钱追出充公。其已经开垦之处，责成地方官将户口编册，不时稽查，仍于年终出具并无私垦印结通送查考。倘有容留外来匪徒，即行严参。等因咨行外，相应札传水师营总管托克托布一体遵照可也。须至札传者。

右札传水师营总管准此。

黑龙江将军衙门为拟定铺商开帖章程出示晓谕事致管理理民厅总管诺蒙额等的札
附：条款
同治十二年十月二十六日

将军衙门为出示晓谕遵照事。

户司案呈：适奉宪谕，查街市铺商开写凭帖本为市间随时使用，实与现钱无异。惟近来每以本号凭帖拥挤不能开发钱项以致关闭者，推原其故，皆缘该铺东伙、执事人等不计资本多寡，任意开帖交易，冀图渔利，一经拥挤，势不能支，随即关闭。俾地方街屯存帖贫穷人等被累不堪，若不严定妥章，示以限制，殊与地方大有关碍，总以事先有备，可期日后无虞。将此著户司、理民厅各官合衷共议，务须妥善为要，等谕。奉此，公同酌拟章程二条张挂通衢，俾各咸知勿违特示外，仍传饬管理理民厅总管诺蒙额等遵照可也。须至札者。

右札传管理理民厅总管诺蒙额等准此。

计条款二条。

附：条款

大小牌铺号并散户字号每有出帖之家，即应先期禀明官处，协令铺首人等查其红账资本多寡，数目核准，照原本一半出帖。并令找出保人出具保帖，如无人承保，即不准开帖。从此为始，将出帖大小、各铺资本数目查明，一并入写出帖账目，均令归送铺首处以凭存查而杜滥行之弊。

一，每年详查一次，以八月朔日为期，准铺首人等报明理民厅，调取各该铺生理账目，查其果有利益增添厚成实在之铺，著准按其获资一半加增开帖，随时著明出帖存账。其支出另立字号者，查明原立红契归赔。

再，该号执事人以本号作保借使他人钱文者，亦著照数赔交。设有赔累亏欠之铺，应即立行阻其开帖，即将早出之帖，速即催令收回，若容待其财货无存，则存帖之人必致受累。亦有市侩奸民将本柜货财转运别处寄顿者，查明追出并将寄顿之家一并严加惩办，以示限制，庶免逭其巧诈以归核实之道。

黑龙江将军衙门为清丈限届之地事致委员吉雅图等的札

同治十二年十一月十一日

将军衙门为严催遵照事。

户司案呈：适据委员吉雅图等呈称，查本年应文届限地一万零二百余垧，前上年文〔交〕项未经拨放及本年出放夹荒共计六万六千余垧。兹查所剩届限未经清丈之地较多，该员等因往返挪移道路弯远，勘拨实未偷安。现在仍催令委员将清丈各地尽力丈拨，如若雪深不能勘丈，再行收绳回省销差。等因呈报前来。

详核本年应丈届限之地，系七年出放毛荒六千三百一十四垧五亩，余荒三百零四垧六亩，共地六千六百一十九垧一亩。兹查所报届限数目大相悬殊。再，本年清丈之地，该局自应催令委员先期清丈，以便核其数征租。今已数月之久，仍称清丈届限之地尚未完竣，尤属轻其所重。每核十日呈报文内所丈地数不但较少，而且已拨者半多夹荒。该局员等何得如此漫无限制，任令丈地之员随绳出放，不以届限地亩为重，显有舞弊情事。应即严饬该局员吉雅图等，务将本年届限应行清丈地亩核计原领之数究属若干查明，一面迅速呈报，一面转催该两起委员等，务将届限之地赶紧清丈完竣，旋省销差，如逾定限，不准发给工食。其现在未拨夹荒，著俟明年再行拨丈。嗣后断不准未见该局印收，辄即随绳拨放，以杜冒滥。

再，本年将已交项未经拨丈地数若干，并上年有无未拨之地若干，一并查明分晰妥协，迅速呈报，立待查核。等因。据此，严催该局员吉雅图等遵照可也。须至札者。

右札委员吉雅图等准此。

黑龙江将军衙门为饬再行勘丈地亩呈报事致办理荒务委员吉雅图等的札

同治十二年十一月二十四日

　　将军衙门为严札复行斟查呈报事。

　　户司案呈：适据委员吉雅图等呈称，遵札出派丈地委员乌尔苏等，一起将佃民杨希爵等地亩复行勘丈。该员等文得杨希爵生熟地一千零四十四垧一亩一分，内除原领续领浮多拨补外，净剩余多地二百二十九地三亩二分，内有熟地一十九垧八亩四分。自应追找六年花利钱七十八吊五百六十六文，已经追出存储厅库。其丈出余荒二百零九垧八亩，应归杨兆春交价续领。并丈出丁耀先等四户，共计地九百零三垧六亩四分三厘。内除原领地数外，共丈出余荒六十一垧零五分三厘。该员等以此项地亩若归补该佃等所亏之地，则不敷其数，若归浮多，该佃等各有亏欠之地，莫若令其各领各地以结此案。并称，若照前此委员所报丁耀先等四户余地一百二十余垧，令其交价续领，实属不足其数，皆缘先前委员包丈时，沟洼水泡未能除清。等因。声明呈报前来。

　　查，前据委员呈报，杨希爵名下丈出余多地五百余垧，当经其子杨兆春声称，其地多系沟洼，内仅有可垦地二百余垧，遂经委员酌令仅数承领其余地，俟可垦时令其随时承领，依限升科。其由丁耀先等名下丈出余多地一百二十余垧，该佃等饰词狡展，不肯承领。等因呈报前来。当以该佃等地亩历经委员勘丈有据，且闻此项地亩该佃等早已开种殆尽，未便任其巧隐。故复札饬该委员吉雅图等转饬本年丈地委员等，再复认真清丈，原望得其确据，并可查其掩饰，无如该员所丈地数，除杨希爵名下余多地仍系二百余垧，其余若干，概未声明，而丁耀先等名下所余之地又复少去大半，即称先前委员包文之误，沟洼水泡未能除清等语。详核委员等如此详称，而从前委员所丈之数皆属不实。但前此勘丈非止一次，该员等未便均为忽略，至滋错误。况本年夏令不至甚涝，所丈地数如此缺少，而从前所丈之数何凭呈报？以此观之，该局员等显有受其朦胧，而丈地委员亦难免不无扶同容隐之弊。应再严饬该委员吉雅图即查照上案呈报之数，务将应交租项即向各佃名下照依前丈地数如数追交，勿再令其狡展，至干植限，并将收齐之处迅速呈报，以备查核。等因。严札该委员吉雅图等遵照可也。

右札办理荒务委员吉雅图等准此。

黑龙江将军衙门为饬查明呼兰城界升科地亩、佃民数目等情形事致呼兰城守尉乌云布的札

同治十二年十二月初五日

将军衙门为札驳详细查明绘图呈报事。

户司案呈：适据呼兰城守尉呈称，遵查呼兰私垦六界，现今不但升科之地不能毗连造册，其升科地数佃民数年展开多寡不同，即如派员勘查，必须按段绳丈，如予三月之限，实难周历。是以再四熟商，将熟悉地界官员等传司细心考核，指说大概四至形势。核计呼兰旗界周环六百余里，所有旗营屯站并扎哈和硕居屯熟地、牧草及备设京旗地方荒厂，同在六字界内，除此之外，并无另有闲荒。谨此先行绘图贴说呈报外，请俟春融再行派员详查。务将呼兰界面绘图及升科地数，按段宽长，里数造具细册呈报。即以此次为准，呈请发给该民红照，以为一劳永逸之计。等因呈请指示前来。

详查备设京旗一段，上年曾据委员查明，计有升科佃民四十五户，开成熟地八百一十四垧余，其余地亩均经奏明封禁，以为留备京旗处所，关系綦重。等因。节经札令从严查禁，按月结报在案。惟此次所绘图内，不但将留备京旗地面同混入六界之内，至图内声明：是段民户一百零五户，开种升科地二千三百余垧，核与上年原查民户数目悬殊，倍加增添，关系奏禁地面，岂容如此滥招？该尉毫无觉查，任听属员朦蔽结报塞责，实属不成事体。兹将原报呈文图式驳回，著俟明春遵照前札各节出派妥靠熟悉界址之员，先将备设京旗一段界内续招黑户若干，开地若干，一面查明呈报，一面认真逐撵，断不准容留。倘有不遵者，即照新例治罪，追价入官。其余稻字等六界边围四至，宽长、里数，连京旗地界一并分晰清楚，绘一总图贴说，仍将各界内共有佃民若干，升科地亩若干，按年分清，造具四至挨靠毗连细册，著委员具结，该尉加结，飞速呈报，以凭查核，断不准稍涉含混，迟延时日，致干参处，是为至要。等因。据此，严札该城守尉乌云布遵照可也。须至札者。

右札呼兰城守尉乌云布准此。

黑龙江将军衙门为添设副甲发给工食钱文并补领巡防口分事致委协领额哲通额的札

同治十二年十二月二十五日

将军衙门为饬札遵行事。

户司案呈：适据委协领额哲通额呈称，查前经奏准在于巴彦苏苏北团林子添设副甲一百名，自挑选之日起，随时一律派往进山各段，轮班稽查匪匿差徭。伊等所领工食，皆按月展转发给。现自十月初一日起，正兵与副甲均已齐集，遣往各段，随时搜捕。其副甲是否应行补领巡防口分之处，呈请前来。溯查此案前已奏明编入该营旗籍，由奉省旗丁内拣选精壮幼丁一百名作为副甲，每月酌给工食京钱三吊，与正兵一律训练差遣，并未陈明副甲应领冬季口分。虽据称该副甲与正兵事同一体防范，但关奏案，碍难任由违章一律领支，此请著不准行。再，此次添设副甲，该营究自何日起照章发给工食钱文，著查明迅速呈报，以凭稽核。等因。据此，札饬该委协领额哲通额遵照可〔也〕。须至札者。

右札委协领额哲通额准此。

黑龙江将军衙门为呼兰呈报各段荒场地图与原图不符重新呈报事致署理同知佐领佛尔果春等的札

同治十二年

将军衙门为札饬遵照事。

户司案呈：查新任同知郁文已抵省垣，饬赴任所，应即札饬该署同知佛尔果春将经手上年所征烧商暨网课、烟、酒、油、麻等税及押荒，并现租钱文按项分晰上任及署任经手各若干，内注明旧管、新收、开除、现存各若干，造具细册，交代新任同知郁文接管。一面造册呈报，以凭查核外，至会衔呈报各段荒场地图与所存图式相对互相参差，且将原查山彦山一段遗漏。查此项地图系于八年间经户部咨令将各段界址详勘，绘图奏明立案。等因在案。当虽饬前同知及前局委员等将前项事宜办理妥确呈报等情，并未据详，该同知物故。前局委员已经更换，去岁复经户部严催两次，是以节经严札赶紧绘画呈报。等因。惟自该部咨令查勘地界奏报，迄今已阅数年之久。今查呈报之图，非但与原存图式不符，且将正段竟至遗漏。事关存案奏报，何得草率从事？兹将所报之图驳回，著署同知佛尔果春会同在局委员巴彦诺尔布等，按照前寄地图绘画清楚，不准稍有遗漏。将每段节年出于荒地若干垧，届限升科若干垧，未届限升科若干垧，沟洼林木占据现在无人认领若干垧，总归各段原查垧数分晰造册，赶紧呈报。

再，查年前佃民徐德财至省呈控伊踩占在蒙古尔山荒段，南至旧户赵希贤等地界。等情。当即严饬委员、署同知等详查徐德财踩占地界究否在蒙古尔山段内。若与禁止地界无碍，著出具画押、甘结，以凭查核。等因在案。查此段荒场既据徐德财供出旧有佃民数户等情，着即详查旧有各户究系若干，于何年月，经何员出给条付，经何员出放，年终将毗连册内入于何段呈报。

以上各项，均关咨报。应核案件碍难避易生手，着将上项事宜办理完竣，着佐领佛尔果春再行回省销差。等情。据此，相应札饬该署同知佛尔果春、委员巴彦诺尔布等遵照可也。

右札署同知佐领佛尔果春、委员佐领巴彦诺尔布等准此。

依克唐阿为具奏接护黑龙江将军印务事致都京兵部等的咨

同治十三年正月十一日

奴才依克唐阿跪奏，为黑龙江将军德英因病出缺，接护印务日期，恭折具奏，仰祈圣监事。

窃奴才于正月初六日接据省城总管等官咨称，将军德英于正月初五日因病出缺，同城副都统托克湍现丁母忧，遵例在籍成服，咨请奴才进省接护印务，并请具奏。等因前来。奴才当将墨尔根城副都统印务委交本处协领讷勒恒暂行守护，即于初八日起程，于十一日抵省，是日即将将军印务并一切事宜移护，暂行接管前来。奴才惟有勉竭愚诚，尽心办理，当即亲往将军德英署内看视，四壁萧然，异常清苦。长子忠清现在原籍，止有妻属带同次子，年甫二岁，及家丁二名，零丁孤苦，殊堪悯侧。并据省城各员禀称，将军德英于年前感受风寒，延医调治，尚能力疾办公。继于正月初间病势渐重，兼之前在军营所受伤病复发，医药罔效，讵于初五卯刻出缺。

奴才伏查，该将军系吉林旗仆，于咸丰二年由生员委笔帖式，出征江南、安微等省，在营多年，打仗受伤，战功素著，仰荷朝廷特达之知，历擢阿勒楚喀副都统，旋署吉林将军。正直〔值〕该处马贼猖獗，该将军筹兵筹饷，剿抚兼施，辛劳倍著，复于同治六年简署黑龙江将军，署任三年，荷蒙实授。该将军正直廉明，旗民爱戴，在任七载，诸事务求持平，及地方镇抚操防一切事件，无论巨细，均系亲裁，昼夜辛勤，不辞劳瘁，以致前在军营所受伤病复发，近加感冒风寒，出缺之日，阖属官弁旗民莫不痛深惜随，将将军德英身德事宜妥为料理，酌派官兵将其灵柩眷属送回原籍。

惟黑龙江省地处极边，与俄夷接壤，将军员缺最关紧要。相应请旨迅赐简放，以重边疆，而慎职守。所有将军德英因病出缺，暂护印务缘由，理合恭折具奏，伏乞皇上圣鉴。谨奏。

等因具奏之处，相应呈请咨报大部备核外，并咨行钦差库伦办事大臣，盛京、吉林将军衙门，哲里木盟长查照。仍札行署呼伦贝尔副都统衔总管恩特恒额，现由将军衙门咨行库伦办事大臣公文壹角，一并装入封简，到日速为转递可也。须至咨者。

右咨都京兵部、钦差库伦办事大臣、盛京、吉林将军衙门、哲里木盟长、署呼伦贝尔副都统衔总管。

黑龙江将军衙门为派员赴盛京请领俸饷事致盛京将军衙门、户司的咨

同治十三年正月十三日

镇守黑龙江等处地方将军衙门为领所〔拨〕银两事。

户司案呈：十二年十二月二十八日准盛京户部咨开，经会司案呈，前据长芦都转盐运使觉罗成孚呈称，案蒙督宪札，准户部奏拨长芦癸酉年应征盐课，吉林俸饷银二万六千四十两，打牲乌拉俸饷银一万两，黑龙江俸饷银五万二千两，共银八万八千四十两，解交盛京户部，以济饷需。等因。今本司动拨第一批银五万两，饬委候补知事丁志平、候补知事沈继坤领解，银五万两，计鞘五十杆。又续拨第二批银三万八千四十两，饬委候补经历朱豫升领解银三万八千四十两，计鞘三十九杆。于同治十二年十一月二十三日起程前赴大部交纳。为此备由具呈，伏乞照验施行。等情，批解到部。当经饬库如数兑收报部，将送到原批二张暂存，俟库报收讫，银两到日，再行批回。等因去后。今据金银库关防等报称，将长芦委员候补知事丁志平等解到盐课银八万八千零四十两，于本年十二月十九日，眼同监收官及库官等开鞘逐平强兑，照数收讫，各随发给库收执照，并取具该解员押结二纸存库备查。理合声明呈部，查核施行。等情呈报前来。查库报收讫长芦委员候补知事丁志平等解到银八万八千零四十两，核与原札数目相符，除将收讫银两日期于原批内注明批回，钤盖本部印信，交付各该委员持回备验外，相应札行长芦都转盐运使司遵照，即将下欠未解历年俸饷银两迅委妥员解交本部存库，以备拨放，万勿再延。并咨报户部。此项解到银内，有拨给吉林癸酉年俸饷银二万六千零四十两，打牲乌拉俸饷银一万两，黑龙江俸饷银五万二千两。除打牲乌拉应领俸饷银两现准该处派员赴部关领，本部另案饬库给发，其余吉林、黑龙江俸饷银两，应飞咨黑龙江将军衙门查照，即行派员出给文〔印〕领，赴本部库领取可也。等因前来。

本衙门遵即出具印领，差派协领衔佐领色克济扎普，佐领富明阿等率领兵丁，携带副平砝码，赶紧前赴贵省请领，一俟委员到日，即希贵部将由长芦解到俸饷银五万二千两照数交付该差员等领来，以济分放。

再，查贵部前次暂借本省俸饷整装等银二万六千五百两，曾已咨请筹疑〔拟〕归补在案。兹乘请领俸饷银两便中，务祈一并发交该差员等领回，以便开放俸饷，并还铺商借垫之款。至各该省如有续行解到应拨本省〔俸〕饷等项银两，亦希贵部交付此次领饷委员色克济扎普等领回，以期简便。本衙门即行补送印领，实为公便。兹将派领银两官兵职衔、花名、马匹数目开写粘单，咨送盛京将军衙门、户部、并请贵部转咨盛京兵部，将装载银两车辆照数发给可也。须至咨者。

右咨盛京将军衙门、户司。

户部为奉旨稽查旗民迁移事致黑龙江将军的咨

同治十三年正月二十八日

户部为咨行事。

山东司案呈：同治十二年十一月二十一日准盛京将军咨称，准户部咨，同治十二年五月初八日奉上谕：德英奏缕陈东省地方情形请及时整顿一折，盛京为根本重地，吉林、黑龙江实为陪都藩篱，自招垦荒地以来，藏奸匿匪，盗贼肆行，亟应及时整顿，以重边防。奉天旗民近年迁移吉林、黑龙江者竟有千余户之多，是否因生计艰难谋生外出，著该将军转饬所属地方旗佐随时稽查，核实办理，勿准无故迁移，漫无限制。等因。钦此。钦遵咨行前来。自应钦遵谕旨，会同严饬旗民各该管官妥为查明，究系因何出边，应如何严禁迁移，酌定章程，以免漫无限制。除会同严饬开原、兴京、辽阳、凤凰城、岫岩、复州、义州、盖州、熊岳、牛庄、广宁、锦州、金州水师营、城守尉、协领、本城满蒙汉十四旗协领及各厅州县等遵照，限文到一月内钦遵谕旨，务将各所属旗民各丁户应如何稽查严禁、不准无故迁移，以免漫无限制之处，著该管各官务须认真查察，妥拟章程，核实办理，加结呈报，以凭奏办，切毋稍涉稽延。并咨行金州、锦州副都统、奉天府府尹，三陵六边内务府、户、礼、兵、工四部一体钦遵谕旨，转饬遵照办理暨咨行吉林、黑龙江将军衙门查照，仍先行咨复户部查照，并移付兵刑工三司、围场处、捷胜营钦遵办理。等因咨行前来。

查此案系钦奉谕旨令该将军等饬属稽查核实办理，应令该将军妥议章程，奏明核办。并知照黑龙江将军查照可也。须至咨者。

黑龙江将军衙门为请领续拨俸饷银两仍由前派委员一并领回事致盛京将军衙门、户部等的咨、札

同治十三年二月初五日

镇守黑龙江等处地方将军衙门为飞速咨行事。

户司案呈：同治十三年二月初二日准盛京户部咨开，经会司案呈，前准直隶总督衙门咨，据布政使孙观呈称，蒙督院札开，同治十二年十一月初三日准户部咨开，直省应解黑龙江本年新饷及庚午、辛未、壬申三年欠解俸饷，飞咨饬司，于年内赶紧委解，其历年欠解银两，亦设法妥筹报解。等因札行到司。蒙此，伏查直省应解东三省俸饷银两，本年已两次筹拨过积欠银二万两，委员解交在案。其应解奉拨本年银两亟应一并接续报解，无如司库旗租一款，每岁所入本不敷出，兼以本年各属又复被水成灾，应征下忙租银多已奏请展缓征解，到司殊形寥〔寥〕，而待支之款不知凡几。现在综核库储情形，几至无款可拨。惟该省现值需饷孔亟，兵心散涣堪虞，既奉部咨行催，何敢以司库拮据稍事延缓，自应竭力设法筹拨，以济要需。除在于司库旗租项下动拨实银一万两，作为同治十二年奉拨东三省俸饷银款，饬委候补知州宋文管解，遵照奏章前赴盛京户部衙门交纳，转解黑龙江将军查收应用。等情。据此，相应咨明，为此合咨贵部查照施行。等因。旋于十三年正月十一日，据候补知州宋文赴部投批，管解实银一万两到部，当即饬库兑收报部。其送到原批一张暂存，俟库报收讫，银两到日，再行批回。等因去后。今据金银库关防等报称，将直隶委员候补知州宋文解到旗租银一万两，于正月十三日眼同监收官及库官等开箱逐平弹兑，照数收讫，随发给库收执照，并取具该解员押〔结〕一纸存库备查。理合声明呈部，查核施行。等情呈报前来。查库报收讫直隶委员候补知州宋文解到银一万两，核与原札数目相符，除将收讫银两日期于原批内注明批回，钞盖本部印信、交付该委员持回备案外，相应移咨直隶总督衙门查照，即将下欠未解历年俸饷银两迅即委员批解本部存库，以资拨用，万勿再延。并咨报户部。再，此项解到黑龙江癸酉年俸饷银一万两，应飞咨黑龙江将军衙门查照，希即派员出给文领，赴本部库领取可也。等因前来。

应请将拨给本省癸酉年俸饷银一万两，如数交付前由本省派往领取俸饷银两去之委员协领衔佐领色克集扎普等一并领回，实为公便。等因。相应飞行咨请盛京将军衙门，户部查照施行外，仍札饬该委员色克集扎普等遵照，即将观〔现〕由奉省拨解银两一并领回，毋稍延误可也。须至咨札者。

右咨盛京将军衙门、户部。

右札领饷去之委员色克集扎普等准此。

总办开垦行局事务委员色勒春等为报征收同治十二年分租赋清单事致黑龙江将军衙门的呈
附：清单

同治十三年二月十四日

奉委总办开垦行局事务委员骁骑校色勒春、佐领吉雅图、年满站官乌密业苏，呼兰理事同知郁文为会衔呈报事。

案蒙将军衙门札饬，著将征收同治十二年分租赋钱文每按十日为限征收若干，依次呈报，陆续运省。等因在案。职现查得自本年二月初二日起，至十一日止，共收过巴彦苏苏等段佃民呈交大小租钱一万五千五百二十七吊零四十文，如数存库，以备提解外，理合将征收各段租赋钱文数目，逐一分晰开具清单，粘连文尾，会衔呈报将军衙门鉴核施行。须至呈者。

计呈送粘单一纸。

附：清单

计开：

巴彦苏苏段共征收租项钱三千四百五十五吊四百四十六文；

木兰达段收租项钱五百八十八吊四百零四文；

阿力罕段共征收租项钱二千三百零五吊八百一拾六文；

甘沐林子段共征收租项钱六百五十二吊七百零六文；

拉三太段共征收租项钱一千九百三十一吊零九十六文；

大荒沟段共征收租项钱一千二百三十五吊二百五十六文；

津河段共征收租项钱三千四百九十五吊零四百二十文；

格木克段共征收租项钱九百二十四吊七百零四文；

弩敏段共征收租项钱七百五十七吊六百六十二文；

额依浑段共征收租项钱一百八十吊零九百零八文。

以上十段，共征收大小租钱一万五千五百二十七吊零四十文。

黑龙江将军衙门为限期催征租赋事致理事同知郁文、委员吉雅图等的札

同治十三年二月二十日

将军衙门为飞札限内极力严催完竣呈报事。

户司案呈：详查巴彦苏苏各段自同治五年起，至十二年止，共应升科地一十四万四千八百九十九垧一亩四分一厘一毫，计征现租钱九万五千六百三十三吊四百三十二文。又自五年起至十二年止，共丈出浮多熟地二万五千八百九十垧零二亩五分六厘二毫，内除止〔上〕年查出刘张氏熟地八百二十三垧九亩一分四厘，此项地数尚在未清暂不计算外，实剩地三万五千零六十六垧三亩四分二厘二毫，计征租钱二万三千一百四十三吊，（注：此处疑有脱字）七百八十六垧五亩二分五厘，计征租钱五千六百七十三吊七百零六文。统核届限实地一十八万八千五百六十二垧零八厘三毫，计应征十二年分大小租钱一十二万四千四百五十吊零九百二十四文。惟查该同知、局员等所报自开征起以至于今，总核所收一万余吊，计所交者十不及一。查催收正供赋课，例有限期，兹计期限仅剩月余，所交尚属寥寥，计未收者十一万余吊。似此国课攸关，蒇事无期，该催征委员等数月之久容缓疲玩，虚耗工食，该同知，局员等显系并不极力督催，已可概见。再查上年各段烧商铺户往往将民佃应交租赋载货进省变卖，就近包纳者络绎不绝，遵行已久，尚属两便。但其间诚恐奸商预收佃民租钱，届时延不赴省代交，意存自相周转，缓纳官租，亦所不免。将此著饬同知郁文会同局员等，转饬催征委员等斟查，如有此等情弊，著严行予限催令进省，断不准违误。并拟将各段佃户作为三等：地至百垧余者，自文到之日起予限（注：此处似有脱字）；五十垧以上者作为二等户予限十日；五十垧以下者作为三等户予限十五日，严追依限完交。倘再逾限不交者，勒限五日一比，枷责示惩，务于三月底扫数征齐呈报。惟催征租赋系该同知专责，断不准置身事外，倘逾限不能催征齐妥，定将该同知及各委员等照依督催、承备不力例分别严劾不贷。等因。据此，飞

札同知郁文、委员吉雅图等遵照可也。

右札理事同知郁文、委员吉雅图等准此。

黑龙江将军衙门为声明续添新安台壮丁等情系援案办理事致都京户部、兵部的咨

同治十三年二月二十日

镇守黑龙江等处地方将军衙门为声明咨复事。

户、兵司案呈：适准大部咨开，车驾司案呈，内阁抄出黑龙江将军德奏新安台站差务较前倍增，额设壮丁牛马不敷支应，拟请酌拨丁户，加添牛马，以纾驿力。奴才据管理茂兴等站站官依兴阿呈称，前因递送巴彦苏苏同知厅署公文，在于呼兰官庄头屯地方添设新安台一台，由该屯闲丁内就居拨入该台十户，拣放壮丁十名，充当站差，每丁按月由地租项下拨给京钱二吊文作为津贴，设立官牛五条，官马五匹，以为厅署递送文报。等因。遵办在案，兹因该处添设武营两处，其一切往来文报以及解送人犯各项差务较前倍加，而该台站额设壮丁牛马为数甚少，每遇公差络绎，实属不敷支应。且原拨之户本系无多，请再由官庄闲丁内就其居舍酌拨数户归入新安台，加添壮丁、牛马，仍照上案由所属各站丁内劝捐筹办。等因。伏查新安台原为递送同知厅署一处公文而设，原立壮丁、牛马本属无多，今该处又复添设武营两处，差务较前倍增，不敷支应，委系实在情形，亟应量为筹拨加添。请仍由该处官庄闲丁内再为拨入新安台五户，择其年壮者添放壮丁五名，并添官牛五各〔条〕、官马五匹，其新添壮丁仍照上案，每丁按月请由地丁租项下拨给京钱二吊文作为津贴。所添牛马需用价银，既据该站官禀恳量力劝捐，应饬该员妥为筹办，并请免其报销。至加添牛马、喂养草豆、补买倒毙所需之项，仍请仿照各站向章一律办理，按年题销。等因一折，十一月初九日奉朱批：该衙门知道。钦此。钦遵。抄出到部，并准该将军咨部前来。

查同治四年正月，前署黑龙江将军宝善奏称，新设同知厅署，请于呼兰官庄头屯地方添设一台，接递公文差务，酌拨壮丁十名充当差役，该屯就近如有私垦归公地亩，酌核拨给作为津贴，并未声明津贴钱文若干，亦未据该将军咨部有案。此次奏称加添该站壮丁五名，仍照上案，每丁按月由地租项下拨给京钱二吊文，作为津贴。等语，本部核与前案不符，相应由驿行文该将军，迅即查明报部查核可也。等因前来。查同治四年间，

因波尔吉哈等六台原设壮丁牛马无多，不敷支应公差，经前署将军宝善奏请每台添设壮丁五名、官牛五条、官马五匹，并请在于呼兰以东添设一台，由官壮〔庄〕头屯闲丁内，就近居舍酌拨十户，拣放壮丁十名、牛五条、马五匹，并由驿站甲兵内挑放领催一名，免增饷银。其该屯就近如有私垦归公地亩，酌核拨给，作为津贴。等因。奏奉谕旨：该部知道，钦此。旋经户部咨，查呼兰以东添设一台，并波尔吉哈等六台事务较紧，请添壮丁牛马，系为慎重公事起见，应准其添设，每年所需草豆、买补倒毙牛马银两若干，亦应撙节动用，专案报部，以凭查核。至称该屯有私垦归公地亩，酌核拨给作为津贴，该处私垦归公地亩究有若干，每年征收租钱若干，应咨黑龙江将军详细查明报部，以凭核办。等因前来，当经行查。旋据呼兰城守尉报称，查得呼兰以东添设一台，系由该处就近官屯闲丁内酌拨十户，补放壮丁十名，充当站差，乃因该丁生计疲累，前拟请由私垦地亩内酌核拨给，作为津贴之需。兹查原有私垦地一万五千余晌，续开私垦地一千余晌，均于同治四年五月间奏明一并归公升科，征收现租在案。今请由归公私垦地租内，每丁按月拨给京钱二吊文，以资生计，而重差务。等因呈报前来。复查该城守尉所称系属实在情形，当经本衙门请将呼兰以东添设一台，新拨壮丁十名，每名按月由归公私垦地租内拨给京钱二吊文，作为津贴差丁生计，曾将此项钱文由征收私垦现租内动支，声明缘由，于同治四年十一月初十日咨报户部，核准在案。嗣按年由征收私垦地租内，照章动支发给津贴钱文，节经咨报户部核销照复各在案。兹查新安台近因差务较前倍增，原设壮丁牛马不敷支应，是以经前任将军德英援案复请在于该台加添壮丁五名、官牛五条、马五匹，仍照上案，每丁按月由地租项下拨给京钱二吊文，以资津贴，而归画一。兹奉大部咨查，合将续添新安台壮丁、月支津贴钱文委系援案办理，据此相应声明，咨报大部鉴核施行，仍咨报户部查照可也。须至咨者。

右咨都京户、兵部。

总办开垦行局事务委员色勒春等为报送同治十二年放荒数目及请领印照事致黑龙江将军衙门的呈

同治十三年二月二十一日

奉委总办开垦行局事务委员骁骑校色勒春、佐领吉雅图、年满站官乌密业苏为造册呈送事。

谨将同治十二年拨放马彦苏苏等八段佃民六百七十九户、承领夹荒二万八千六百一十五垧七亩一分，内除三成，实以七成计算，可垦地二万零三十垧零九亩九分七厘，按段分晰开写印照号头，造具佃户花名、承领垧数、联名互保、四至毗连细册一本呈送外，其应发来夹荒空白印照，共六百三十八张，呈请将军衙门如数迅速饬发递送职局，以便注写分发之处，理合一并呈报将军衙门鉴核施行。须至呈者。

总办开垦行局事务委员色勒春等为报送升科熟地数目清册事致黑龙江将军衙门的呈

同治十三年二月二十一日

奉委总办开垦行局事务委员骁骑校色勒春、佐领吉雅图、年满站官乌密业苏为造册呈送事。

谨将同治七年分出放巴彦苏苏等九段各佃原领毛荒并余荒六千六百一十九垧一亩，同治十二年届限清丈熟地九千三百三十一垧三亩五分二厘二毫，由原领数内扣除三成地一千九百八十五垧七亩三分，实以七成应升科地四千六百三十三垧三亩七分，查出浮多熟地二千七百一十垧二亩五分二厘二毫，逐一按段分晰造具各佃花名、垧数、联名互保，四至毗连细册二本，理合备文呈送将军衙门鉴核施行。须至呈者。

黑龙江将军衙门为报送同治十二年核销齐齐哈尔等四处先农坛存粮数目册档事致都京户部的咨

同治十三年二月二十五日

镇守黑龙江等处地方将军衙门为咨送同治十二年核销齐齐哈尔等四处先农坛存粮四注〔柱〕册档事。

齐齐哈尔城先农坛存：

旧管：（注：中删）

新收：（注：中删）

以上旧管、新收粮一百三十五仓石二斗三升七合六勺五抄。

开除无项。

实在：现存粮一百三十五仓石二斗三升七合六勺五抄。

署理黑龙江副都统印务副都统衔协领倭和册呈称：

旧管：（注：中删）

新收：（注：中删）

以上旧管、新收粮二十五仓石一斗八升五合四勺四抄五撮。

开除：（注：中删）

共需用银九两八钱三分九厘一毫五丝，由先农坛存粮内按照三月时价核计每仓石五钱，共粜出粮十九仓石六斗七升八合三勺。

实在：现存粮五仓石五斗零七合一勺四抄五撮。

等因呈送前来。

墨尔根城副都统依克唐阿册称：

旧管：（注：中删）

新收：（注：中删）

以上旧管、新收粮十一仓石九斗二升七合五勺九抄。

开除无项。

实在：现存粮十一仓石九斗二升七合五勺九抄。

等因咨送前来。

呼兰河副都统衔城守尉乌云布册呈称：

旧管：（注：中删）

新收：（注：中删）

以上旧管、新收粮四十三仓石零八升二合零三抄。

开除无项。

实在：现存粮四十三仓石零八升二合零三抄。

等因呈送前来。

查旧管、新收、开除、实在粮石数目均属相符，为此造册，咨送大部查核施行。须至咨者。

右册咨都京户部。

黑龙江将军衙门为报送同治十二年核销齐齐哈尔等四处备仓存粮数目册档事致都京户部的咨

同治十三年二月二十五日

镇守黑龙江等处地方将军衙门为咨送同治十二年核销齐齐哈尔等四处备仓存粮四注〔柱〕册档事。

齐齐哈尔城：

旧管：（注：中删）

新收：（注：中删）

以上旧管、新收细粮三万七千六百一十六仓石零一合一勺九抄五撮。

并无耗粮。

开除：（注：中删）

以上共开除细粮一千七百九十九仓石三斗九升八合二勺。

实在：仓内现存粮三万五千八百一十六仓石六斗零二合九勺九抄五撮。

并无耗粮。

齐齐哈尔城库存粮价银两数目开列于后：

旧管：（注：中删）

新收：（注：中删）

以上旧管、新收共银四千三百七十八两六钱九分二厘二毫二丝三忽六微。

开除：（注：中删）

以上共需用过银四千三百二十一两三钱零六厘五毫六丝三忽六微。内呼兰移去银九百七十六两三钱六分八厘六毫六丝三忽六微，每两按八钱核计用过银三千二百六十六两九钱三分七厘九毫，内每两减扣六分平余银一百九十六两零一分六厘二毫七丝四忽。此项银两俟咨报六分时再行声明外，实用过银三千零七十两零九钱二分一厘六毫二丝六忽，按六钱用过银七十八两。

实在：库内现存粮价银五十七两三钱九分二厘六毫六丝。

署理黑龙江城副都统印务副都统衔协领倭和册呈称：

旧管：（注：中删）

新收：（注：中删）

以上旧管米一百五十一仓石八斗九升六合六勺，细粮三万二千六百五十八仓石七斗五升六合九勺一抄，耗粮四十仓石。

开除：（注：中删）

以上共开除米三十仓石零七升七合九勺，细粮五千零八仓石一斗九升零八勺五抄零八圭。

实在：仓内现存米一百二十一仓石八斗一升八合七勺，细粮二万七千六百五十仓石零五斗六升六合零五抄九撮二圭。

耗粮四十仓石。

黑龙江城库存粮价银两数目开列于后：

旧管：（注：中删）

新收：（注：中删）

以上新收银四百六十四两七钱二分零一毫七丝二忽七微。

开除：（注：中删）

以上共需用过银四百四十九两五钱一分四厘四毫内，按八钱需用银四百四十一两四钱一分四厘四毫，内每两减扣六分平余银二十六两四钱八分四厘八毫六丝四忽。此项银两俟咨报六分时再行声明外，实用过银四百一十四两九钱二分九厘五毫三丝六忽，按六钱用过银八两一钱。

实在：库内现存粮价银一十五两二钱零五厘七毫七丝二忽七微。

等因呈送前来。查旧管、新收、开除、实在银粮数目均属相符。

墨尔根城副都统依克唐阿册称：

旧管：（注：中删）

新收：（注：中删）

以上旧管细粮六千九百六十三仓石六斗一升七合一勺七抄。

并无耗粮。

开除：（注：中删）

以上共开除细粮三百八十四仓石七斗四升八合八勺。

实在：仓内现存细粮六千五百七十八仓石八斗六升八合六勺七抄。

并无耗粮。

墨尔根城库存粮价银两数目开列于后：

旧管：（注：中删）

新收：（注：中删）

以上新收银六百三十四两零六分四厘七毫七丝五忽。

开除：（注：中删）

以上共按八折需用银六百三十四两零六分四厘七毫七丝五忽，内每两减扣六分平余银三十八两零四分三厘八毫八丝六〔忽〕五微，此项银两俟咨报六分时再行声明外，实用过银五百九十六两零二分零八毫八丝八忽五微。

实在：库内粮价银两无存。等因咨送前来。查旧管、新收、开除、实在银粮数目均属相符。

呼兰河副都统衔城守尉乌云布册呈称：

旧管：（注：中删）

新收：（注：中删）

以上旧管、新收细粮一十二万六千九百一十七仓石八斗五升一合二勺。

耗粮七百三十一仓石四斗。

暂饬官屯壮丁名下存粮二千二百四十仓石。

耗粮六十七仓石二斗。

开除：（注：中删）

以上共开除粮一万零四百三十一仓石五斗四升八合八勺。

实在：仓内现存细粮一十一万六千四百八十六仓石三斗零二合四勺。

耗粮七百三十一仓石四斗。

暂饬官屯壮丁名下实存细粮二千二百四十仓石。耗粮六十七仓石二斗。

呼兰城库存粮价银两数目开列于后：

旧管：（注：中删）

新收：（注：中删）

以上旧管、新收粮价银一千零一十八两六钱三分八厘八毫四丝四忽。

开除：（注：中删）

以上共需用银一千零一十八两六钱三分八厘八毫四丝四忽内，按八钱核计需用银八百三十一两四钱三分八厘八毫四丝四忽，内每两减扣六分平余银四十九两八钱八分六厘三毫三丝零六微四纤。此项银两俟咨报六分时再行声明外，实用过银七百八十一两五钱五分二厘五毫一丝三忽三微六纤，按六钱核计用过银一百八十七两二钱。

实在：库内粮价银两无存。

等因呈送前来。查旧管、新收、开除、实在银粮数目均属相符。

为此，造册咨送大部查核施行。须至咨者。

右册咨都京户部。

黑龙江将军衙门为严禁丈地委员随绳放荒及造报各项清册事致委员吉雅图、同知郁文等的札

同治十三年二月二十五日

将军衙门为札催迅速呈报事。

户司案呈：适据局员等详称，去岁经丈地委员已拨夹荒二万八千六百一十五垧七亩一分，内有随绳出放夹荒三千一百三十垧零五亩，应交押租钱四千六百零一吊八百三十六文，已按名开单移付该厅务于年前追齐外，现在上年交项未拨夹荒共三万二千三百一十一垧五亩二分。等因。分晰呈报前来。

查出派丈地委员原为清查逾限并拨丈上年交项夹荒，均应先期丈竣，免耽楂限为是。兹核该委员等将届限之地延至去冬始行竣事，其拨上年夹荒尚未拨放完竣，该局员并不严催，先尽交项者丈量，任听委员随绳出放至三千一百余垧，已拖欠押租四千六百余吊，实属不成事体。应即严饬该委员吉雅图等查照前札，如再有承领夹荒者，著暂停发戳，俟本年丈地委员到荒将上年出放荒地全行丈竣，造报到日，再行候札出放，断不准丈地委员随绳拨给，以示限制。嗣后出放荒地若干、押租若干，务将荒价随时收齐，并著局员会同同知，即按十日内会衔呈报，以凭查核。至所欠押租四千六百余吊现在是否征齐，除此之外上年押租有无缺欠，并去岁清丈荒地及丈拨夹荒，各毗连细册，务于三月初五日限内逐层查明，迅速呈报，以凭稽核，勿稍延宕，致干严谴。等因。据此，札饬委员吉雅图、同知郁文等遵照可也。须至札者。

右札委员吉雅图、同知郁文等准此。

黑龙江将军衙门为派员稽查蒙古尔山等处荒段并造报清册事致委员佐领吉雅图、委协领额哲通额等的札

同治十三年二月二十五日

将军衙门为严札派员核实稽查迅速呈报事。

户、兵、刑司案呈：查巴彦苏苏招占官荒十一段内除通肯一段封禁外，其余出放各段详核大界四至，南面以松花江北岸为界，西面以漂河、濠河东岸为界，西北以弩敏河东岸、南岸为界。此三面以江河堪为界址。漂河西岸尚有呼兰旗屯堵截越占，其弩敏河北即系克音夹信子，为通肯荒段，呼兰按月派员往查结报，亦可杜其偷占之弊。惟东北并东面虽有大木兰达、拉富克、依吉密等河西岸为界，此系原定限制，然河之东岸皆旷野荒甸，并无入烟，毫无截止之处，而民户本属贪占无厌，恐难保无侵越偷占情事。且闻蒙古尔山现有越占之户，其拉富克、依吉密河东岸亦难免不无偷越。至尼尔吉一段，西自尼尔吉河东岸起，东至依吉密河西岸止，南自呼兰河北岸起，北至尼尔吉河南岸及博克托山阳止，此段为节制东北段落之地，现在民户踩占该段荒地，亦难免不无侵越依吉密河东岸之事。且此段以东系属封禁山场，以北系与墨尔根、布特哈接壤之地，殊关紧要。其蒙古尔山一段，南自蒙古尔山北坡山彦出阳止，西自绰罗河东岸起至东大木兰达河西岸止，此段内究有民户若干，亟应清查。当此清厘界址之际，岂容任听滥行侵占！再查前据呼兰城守尉详报，佃民李太顺由局承领荒地系越占呼兰官庄界内等情，当经严饬该员等勘查，追照退价在案，迄未详覆。由此观之，该局员等疏于觉查，任听朦混捏报，滥行踩占，已可概见。现虽经严饬该员等将各段夹荒暂停出放，除弩敏河北克音夹信子地段另饬呼兰按月巡察结报外，今指派在局委员骁骑校色勒春、武营委佐领乌善，著饬委员佐领吉雅图，委协领额哲通额于奉札之日，转饬该委员等会同带领兵役，催今〔令〕克即起程，前赴蒙古尔山、尼尔吉及额依珲河东岸，按照现指原定界限认真详查，现在究有暮越依吉密河东岸偷占之户若干，如果有偷占之户，一面逐撵，一面据实呈报。倘有刁诈之徒恃强不肯迁移，务令择要拘拿数名解省，照依新定例惩办，以示儆戒。并著该委员详度形势，自小木兰达起，自南湾环向北至依吉密河西岸止，复向西转

至尼尔吉河东岸止，总以五十里添设一卡，约可添设卡伦若干处，著明白绘图呈报。该委协领局员等复行斟查妥确，申详到日，以备酌核设卡派差坐守，梭巡总查，具结加结呈报。如此设法联给〔络〕交相认真稽查，庶杜游民侵越之弊。并著此次文到之日起，予限两个月以内，按项查清造册，具结绘图粘签，该委员佐领吉雅图会同委协领额哲通额复查，加具印结绘图，限内呈报，如有不实不尽，别经发觉，仍以该委员等是问！倘委员乌善、色勒春等意存畏葸或藉端推诿等故，著吉雅图、额哲通额据实呈报到日，即行严参，断不姑宥！据此，相应严札委员佐领吉雅图、委协领额哲通额遵照可也。

右札委员佐领吉雅图、委协领额哲通额等准此。

呼兰理事同知郁文为报旧设烧锅关闭日期事致黑龙江将军衙门的呈
附：清单

同治十三年二月二十九日

呼兰理事同知郁文为呈报事。

案蒙将军衙门札饬：嗣后厅属如有关闭续开烧锅，务须随时呈报，以凭起课销除。等因在案。兹据旧设烧锅德源兴、恒聚广、合盛兴等各家执事商民严德成等三名先后呈报关闭日期前来。

据此，除将止火以前应纳课税如数征收存库外，理合将关闭日期开列粘单，具文呈报将军衙门查核销课施行。须至呈者。

附：清单

计开：

旧设烧锅德源兴，本年正月二十八日止火一筒。

旧设烧锅恒聚广，本年正月二十九日关闭。

旧设烧锅合盛兴，本年二月十五日关闭。

黑龙江将军衙门为杜绝承领余荒弊端、严惩刁民事致同知郁文、委员吉雅图等的札
附：告示

同治十三年三月初五日

将军衙门为严札遵照事。

户、兵、刑司案呈：查前因各段佃民将挨界余荒不肯承领，迨经旁人承领，该佃复又砌词妄控，意图缓领把持之计，曾经迭拟告示晓谕在案。兹闻此等陋习不但未经根除，仍闻有该乡地等知某佃界内有隐匿之荒出首，而该民忿竟敢纠众寻殴，百般凶恶，尤属不法！此等情弊若不严定章程，剀切晓谕，任听肆行无忌，将来何所底止！今将隐匿荒地及该乡地不为斟查出首，或伙同包揽大段闲荒转售，希图重利，各项情事，均照依新定例杖一百，流三千里拟罪，并照例将使费钱文追出入官。现拟告示二张，亟应严札该同知郁文、委员吉雅图等，奉札到日，即行预为张挂同衢要路，并著抄录多张转颁各段，务使一体咸知。等因。严札该同知郁文、委员吉雅图等遵照可也。须至札者。

右札同知郁文、委员吉雅图等准此。

附：告示

将军衙门为出示剀切晓谕遵照事。

户、兵、刑司案呈：查前因各段佃民等将挨界余荒不肯承领，迨经旁人承领，该佃复又砌词妄控，意图把持缓领，曾经叠拟告示明白晓谕在案。兹闻此等陋习不但未经根除，仍闻有乡地等知某佃界内有隐匿之荒，令别佃承领，而该民等竟敢气忿纠众，将该乡地诟詈寻殴，百般凶恶。等情，尤属不法已极！应即再行严定章程，出示晓谕，嗣后凡各段民佃或在原领界内，或在旁边闲荒，内有开成熟地若干，余荒若干，以出示之日起予限五个月内，著自行核实报官查明后，即宽隐匿之咎，酌其地亩，若在一二方者，即令限内照章交租，准其承领；如三方以上余荒较多者，仍准别佃分领，总以先交租者为断。倘逾限自不出首，被他人举出，即令出首之人承领。届限地内或有浮多熟地隐匿不报者，查出照章追找花利，将隐匿荒地之民并代为隐瞒之乡约，均照依新定强占荒场、不计亩数杖一百、

流三千里之例治罪。如有伙同把持包揽大段荒地希图转售与人，以渔重利者，照依强占官山场例核实科罪，仍将打点使费银钱追出充公。其各该乡地将隐匿荒地首举，该民等若敢有气忿寻衅，以及霸占地界，所犯较重者，即照依新定承揽转售、别酿事端例杖一百、流三千里科断，送省办理。其各段民佃等如有将自已承领开成熟地或未开荒地愿为出兑出卖者，即令报明该乡约转报官处，仍由官派差往验明原领四至界限有无展占情事，如有偷占转售之弊，仍照依强占官山例核实究治。

　　自经晓谕之后，该佃等务宜各行凛遵。临期噬脐何及？莫谓告戒之不先也。为此特谕。

总办开垦行局事务委员色勒春等为会衔上报按限征收同治十二年分租赋钱文清单事致黑龙江将军衙门的呈

同治十三年三月初六日

奉委总办开垦行局事务委员骁骑校色勒春、佐领吉雅图、年满站官乌密业苏，呼兰理事同知郁文，为会衔呈报事。

案蒙将军衙门札饬，著将征收同治十二年分租赋钱文，每按十日为限，征收若干，依次呈报，陆续运省。等因在案。职等现查得自本年二月二十二日起，至三月初二日止，共征收过巴彦苏苏等段佃民呈交大小租钱壹万陆千肆百贰拾捌吊零肆拾陆文，如数存库，以备提解外，理合将征收各段租赋钱文数目，逐一分晰开具清单，粘连文尾，会衔呈报将军衙门鉴核施行。

须至呈者。

计呈送粘单一纸。

（注：附件正文略）

户部为具奏议拨黑龙江因灾接济银两奉旨允准事致黑龙江将军的咨
附：原奏

同治十三年三月十六日

户部为钦奉事。

山东司案呈：本部议拨黑龙江因灾接济银两据咨改奏一折，同治十三年三月十六日具奏，本日奉旨：依议，钦此。相应抄录原奏，恭录谕旨，由五百里飞咨两江总督、山东、河南各巡抚遵照，并飞咨盛京户部先行筹垫，一俟各该省银两拨解到日，归还原款，暨咨黑龙江将军查照，即行委员赴奉领银备放可也。须至咨者。

附：原奏

户部谨奏，为核拨黑龙江所属被灾户口应行接济银两，谨据咨改奏，仰祈圣鉴事。

同治十三年三月初二日，据护理黑龙江将军依克唐阿咨称，同治十二年，黑龙江属齐齐哈尔，布特哈二处被灾，收成三分、二分、一分，照例应行分别接济，共计需粮三万五千五百六十九仓石二斗，银七万零五百九十八两八钱七分。所需粮拟由齐齐哈尔、墨尔根两处备仓存粮内动用，其所需银两请暂由盛京部库借拨。等因。秦奉朱批：该部知道。钦此。钦遵。当经分晰造册咨部。迄今月余，未奉指拨咨照。伏查黑龙江地处极边，毫无积蓄，被灾旗营屯站各户虽将粮石照数散放，权济一时，其应行接济银两未能及时发给，待哺情形殊堪悯恻。恳将前请借拨银两，或仍由盛京户部筹款拨解，或另酌项发给。咨部核复前来。臣等伏查上年十一月间原任黑龙江将军德英奏报各城分数一折，于同治十二年十一月初九日奉朱批：该部知道，单并发。钦此。钦遵。由内阁抄出到部。查清单内开：齐齐哈尔城收成三分余，旗营官屯及各站被灾户口作为两起，银粮兼放。头起大口二万八百五十四名口，小口九千六百八十六名口，自本年十一月起；二起大口二万七百八十三名口，小口九千五百五十二名口，自明年二月起，均至七月底止。头起接济六个月银、三个月粮；二起接济三个月银、三个月粮。大口每月银三钱、粮二仓斗，小口减半；扣除小建，共需银六万八千二百三十一两二钱，粮三万七百五十三仓石六斗。又布特哈被灾各户，大口三千六百三十三名口，小口七百六十名，作为一起，银粮兼放，自本年十月起，至明年七月底止，接济四个月银，六个月粮。大口每月银一钱五分、粮二仓斗，小口减半，扣除小建，共需银二千三百六十七两六钱七分，粮四千八百十五仓石六斗。二共需银七万五百九十八两八钱七分，粮三万五千五百六十九仓石二斗。复查正折内称，齐齐哈尔城备仓现存粮三万五千余石，墨尔根城备仓现存六千余石，拟由齐齐哈尔仓存粮内动给粮三万七百五十三石六斗。其布特哈接济口粮四千八百十五石六斗，即由墨尔根城备仓粮内动用，于明年秋收后照数缴还入仓。至接济银七万五百九十八两八钱七分，恳由盛京户部先行照数给发，以备应用，俟由京部指拨归还此项赏借银两，请自明年秋季起，分限四年，按季坐扣，以资抵充本省俸饷。并据声明造具细册咨送户部。等语。

臣等查黑龙江地处极边，上年收成歉薄，其齐齐哈尔、布特哈二处将额粮蠲免外，仍请分别接济，所拟动用仓粮，并拨给银两，核与同治八年该省被灾奏请赈济成案相符。惟查原奏所称造册送部之处，尚未据咨报到部。现既据护任将军咨催拨款前来，自应先行拨给，俾资应用。臣等公商，酌拟在山东地丁项下拨银二万五百九十八两八钱七分，河南地丁项下拨银二万两，淮盐厘项下拨银三万两，共银七万五百九十八两八钱七分，恭候命下，即由臣部飞咨两江总督、山东巡抚、河南巡抚，转饬藩运两司，迅委妥员，赶紧照数解赴盛京户部交纳，一面飞咨盛京户部，查照该将军原奏，先行设法筹款垫放，一俟各该省将前拨银两解到，即行归还原款，以资接济，而期迅速。至所请将此项银两自明年秋季起，分限四年，按季坐扣抵充本省俸饷一节，应令该将军转饬，自明年秋季起，于该省每年请领俸饷册内，按照应扣银数，分年开列，以凭划抵俸饷。其该处备仓内借支粮三万五千五百六十九仓石二斗，并齐齐哈尔、黑龙江、墨尔根、布特哈四处前借未还籽种、口粮及被灾接济口粮，均令俟来年秋后一并催缴全完，毋稍遗漏。

再，此案因候清册未到，谨据咨改奏，合并声明。伏乞皇上圣鉴。谨奏。

总理各国事务衙门为知照俄官照章审理俄人私行过江杀人事致黑龙江将军的咨

同治十三年三月二十日

钦命总理各国事务衙门为咨复事。

同治十三年三月十三日，准黑龙江将军咨称，去岁十月间据副都统呈报，俄人私行过江，殴毙本属永兴号看铺商民二命，当据俄酋咨称将俄犯喀鲁金拿获，照依第八条和约办理，究属未取供招，呈请照会俄使，转令海兰泡俄酋审取该犯供招。拟罪，咨复照办，并将窃去财物照数追出，发还事主。等情。本衙门详核，该酋既有拿获俄犯，按照第八条和约办理之语，即饬署副都统倭和前往会办，并呈报总理各国事务衙门鉴核在案。兹据署副都统呈称，派员前往斟询此案，该酋忽称讯问喀鲁金杀人未招，失物难追，似有推诿等情，相应声明咨呈衙门，可否再行照会俄国驻京公使，转饬海兰泡古毕尔那尔，将该犯喀鲁金杀人窃物审明办理。等因前来。

查此案于去年十二月间由贵将军咨呈到署，本衙门查同治三年间有吉林将军奏报俄人杀毙守卡官兵一案，与此案事同一律，自应由黑龙江就近知照俄官照案办理，业于本年二月初五日将吉林成案抄单附咨查照酌办在案。兹准来咨，俄官意存推诿等情，仍应查照本衙门前次复文，由黑龙江知照俄官严切根究，并饬原委各员，将从前会验实据详与剖明，照依城〔成〕案及议定第八条和约会办，较为真〔直〕捷。或应先行奏明之处，仍希贵将军酌核办理可也。须至咨者。

右咨黑龙江将军。

呼兰理事同知郁文为造报同治十二年分征收烧锅课银清册事致黑龙江将军衙门的呈

同治十三年四月二十一日

呼兰理事同知郁文为造册呈报〔事〕。

窃查卑厅所属同治十二年分旧设、新开、关闭各烧锅，按照起止月期，应征课银共柒千壹百捌拾〔叁两〕叁钱叁分伍厘，除先后解送呼兰转运省库银柒千壹百陆拾陆两陆钱陆分捌厘外，卑厅库内现存十二年分烧锅课银壹拾陆两陆钱陆分柒厘。理合造具清册壹本，备文呈报将军衙门鉴核，备查施行。须至呈者。

计呈送清册壹本。

（注：附件正文缺）

黑龙江将军衙门为造报进奉貂皮等第、数目清单事的奏折

同治十三年六月初八日

谨将布特哈处索伦、达呼尔、墨凌阿鄂伦春、雅法罕鄂伦春、毕喇尔等捕获貂皮内按丁挑选等第、数目,分别敬缮清单,恭呈御览:

——布特哈处索伦、达呼尔共丁二千五百二十三名,捕获貂皮二千七百四十七张,内挑选得二等貂皮二十张,好三等貂皮一百四十六张。内有秋板貂皮二十一张,寻常三等貂皮二千三百五十七张。

——墨凌阿鄂伦春共丁一百一十名,捕获貂皮一百二十九张,内选得二等貂皮一张,寻常三等貂皮一百八张。

——雅法罕鄂伦春、毕喇尔共丁六百三名,捕获貂皮六百八张,内选得头等貂皮七十张,二等貂皮一百二张,好三等貂皮二百五十六张,寻常三等貂皮一百二十五张。

以上按照丁数选得貂皮三千二百三十六张,内头等貂皮七十张,二等貂皮一百七十三张,好三等貂皮四百三张。内秋板貂皮二十一张,寻常三等貂皮二千五百九十张。

谨查奏定布特哈索伦、达呼尔、墨凌阿鄂伦春额丁三千四百二十八名,暨新袭官二百一十四名,已到年岁官六十九名,由都京旋回官一名,共三千七百一十二名。内除上年升授职任并承袭世职,告退、病故官五十四名,又除去空缺职官三十六名,往河南等处出征官四十七名,兵丁一千八百一名,净剩丁二千三百九十四名。又加由军营撤回官兵二百一十二名,由军营送回之缺挑补丁数二十七名,现在实有官兵、牲丁二千六百三十三名,并雅法罕鄂伦春、毕喇尔丁六百三名,共计应交貂皮丁三千二百三十六名,按照丁数共挑选得貂皮三千二百三十六张,谨查照成案,敬缮清单,恭呈御览。

黑龙江将军衙门为严禁私行买卖貂皮及滋生事端事的告示
同治十三年六月初十日

镇守黑龙江等处地方将军衙门为出示严行禁止事。

户司案呈：本年六月初一日聚集敬备拣选进上貂皮。布特哈人等所捕貂皮系进贡之项，攸关甚重，挑选以前，未免有不肖匪徒冀利私行买卖貂皮及滋生事端。等情。相应出示晓谕旗民及各处赴集贸易人等，挑选进上貂皮以前，毋得到布特哈人等驻扎处所私行买卖皮张等物，即拣选貂皮后，亦不得于贸易便中乘间互相饮酒，甚致赌博、斗殴、偷盗，滋生事端。本衙门仍特派官员率领前锋番役等不时察查，倘有故违私行互相买卖及藉端滋事者，致被拿获定行从重治罪外，仍将私行买卖之皮张赏给拿获之人，以示鼓励。

再，布特哈人等马匹牲畜务须看守牧放，毋致践踏田禾，如有践踏田禾者，定行照例治罪，仍按所践踏之田加倍还偿。为此晓谕尔军民人等，务须一体凛遵毋违。特示。

户部为黑龙江打牲丁饷银核销事致黑龙江将军的咨
同治十三年六月二十三日

户部为咨行事。

山东司案呈：同治十三年三月二十九日准黑龙江将军咨称，本衙门接准兵部会议，拣选打牲丁并给月饷，核计同治十二年分春秋二季应给半饷银六千五百两，因无库存银两，俟本省领到俸饷时再将此项银两开放。除咨行盛京户部外，拟将前项饰〔饷〕银入于甲戌年俸饷。等因前来。

查同治十一年十二月黑龙江将军奏打牲无饷牲丁请月给饷银一案，经本部会兵部核议，准其添设在案。令〔今〕据黑龙江将军咨称，同治十二年分拣选打牲丁，应给半饷银六千五百两，俟本省领到俸饷时再行开放之处，相应移咨黑龙江将军，仍将给过饷银造入各该年奏销册内题报核销可也。须至咨者。

盛京户部为催解积欠黑龙江俸饷及由部库暂借饷银事致黑龙江将军衙门的咨
附：原奏

同治十三年七月初二日

盛京户部为咨行事。

经会司案呈：同治十三年六月十二日准户部咨开，山东司案呈，本部速议复护理黑龙江将军依克唐阿等奏黑龙江官兵困苦，暂由部库借拨银十万两，即在河南省欠解该省俸饷内提款归还部库，并饬催直隶等省欠款一折，同治十三年六月初二日具奏，本日奉旨：依议，钦此。相应抄录原奏，恭录谕旨，由五百里飞咨黑龙江将军派员赴部库请领，并飞咨直隶总督，山东、河南各巡抚遵照本部奏案，将应解银两迅速分批委解，毋任迟延。并知照盛京户部。等因前来。相应抄录部咨粘单，移咨黑龙江将军衙门查照可也。须至咨者。

附：原奏

户部谨奏，为遵旨速议具奏事。

护理黑龙江将军依克唐阿等奏极边饷项久缺，官兵困苦异常一折，同治十三年五月二十一日奉朱批：户部速议具奏。钦此。钦遵。由军机处交出到部。臣等伏查上年十一月前任黑龙江将军德英以部拨癸酉年新饷暨庚午、辛未、壬申等三年欠饷及奏拨专提积欠银二十三万余两，各该省丝毫未解，沥陈兵丁困苦情形，当经臣部议复奏令各该省将指拨癸酉年新饷于年内悉数解清，其庚午、辛未、壬申三年欠饷亦限于次年六月以前一律报解。又同治九年五月，臣部专提积欠银二十三万五千两及历年陈欠一百七万余两，并令设法妥筹，源源接济，暨是年十二月核拨东三省甲戌年官兵俸饷案内，黑龙江一省指拨长芦盐课银五万三千六百两、山东地丁五万两、驿站存剩二万五千两，即在各该省欠解黑龙江俸饷项下提款归还。查河南一省地丁及驿站存剩项下共欠解黑龙江庚午、辛未、壬申三年俸饷银二十三万五千两，应即在于该省欠款内拨解银十万两归还部库，以清款项。相应请旨饬下河南巡抚赶紧饬司筹款解京，无任延缓。至部拨该省甲戌年俸饷，现据安徽报解银三万两、山东报解银二万五千两，核计该将军具奏之日尚未接准各该省来咨，是以未经声叙。刻下即由部库筹垫银十万两、并安徽、山东解到银五万五千两，自可将各该官兵俸饷依时散放，藉资整顿。其余各该省应解黑龙江甲戌年官兵棒饷银两，并请旨饬下直隶、两江总督、山东、河南各巡抚赶紧报解、藉资接济，倘再任催罔应，臣部惟有遵照奏案，将各该督抚及藩运各司严定处分，以肃功令。至各该省欠解黑龙江庚午、辛未、壬申、癸酉等四年俸饷暨奉部专提积欠银两及历年陈欠银两，并令设法措筹，源源报解，以济边陲军食，毋得迁延膜〔漠〕视，致误饷需。

所有臣等遵旨速议缘由，理合恭折覆陈，伏乞皇上圣鉴。谨奏。

黑龙江将军衙门为报送齐齐哈尔等六处一年征收使用税课房租等项银两数目册档事致都京户部的咨

同治十三年七月初八日

镇守黑龙江等处地方将军衙门为咨报齐齐哈尔、黑龙江、墨尔根、呼兰、呼伦贝尔、呼兰理事同知等六处一年征收使用税课房租等项银两数目册档事。

齐齐哈尔城：

旧管：（注：中删）

新收：（注：中删）

以上旧管、新收税课等项银共一千五百八十八两零六分六厘九毫七丝一忽二微，制钱一万零一百七十三串八百六十二文。

开除：（注：中删）

以上共应用银三千八百七十五两五钱四分六厘零八丝三忽，内用过税制钱二千一百三十七串四百七十五文外，仍剩银一千七百三十八两零七分一厘零八丝三忽，按八钱、六钱核计银一千三百一十六两四钱五分六厘八毫六丝六忽四微。

实在：库内现存税银二百七十一两六钱一分零一毫零四忽八微，税制钱八千零三十六串三百八十七文。

署黑龙江副都统印务副都统衔协领倭和册呈称：

旧管：（注：中删）

新收：（注：中删）

以上新收税课等项制钱共一百五十五串五百八十文。

开除：（注：中删）

以上共应用银三百八十五两三钱零五厘二毫，内征收税制钱一百五十五串五百八十文全行动用外，仍不敷银二百二十九两七钱二分五厘二毫，每两按八钱核计，实用过银一百八十三两七钱八分零一毫六丝，因库储备用银两无存，由同治十二年扣过六分平余银内移来动用发给。

实在：库内税银无存。

等因呈送前来。

署墨尔根城副都统印务协领讷勒恒额册呈称：

旧管：（注：中删）

新收：（注：中删）

以上新收税课等项制钱一百三十一串二百九十文。

开除：（注：中删）

以上共应用银〔三百〕三十九两零三分五厘四毫二丝八忽，内征收税制钱一百三十一串二百九十文全行动用外，仍不敷〔银二百零七两七钱四分五厘四毫二〕丝八忽，每两按八钱核计，用过实银一百六十六两一钱九分六厘三毫四丝二忽四微，因库送贮备用银两无存，由同治十二年扣过六分平余银内移来动用发给。

实在：库内税银无存。

等因呈送前来。

呼兰河副都统衔城守尉乌云布册呈称：

旧管：（注：中删）

新收：（注：中删）

以上旧管、新收税课等项银四百二十八两四钱九分二厘八毫，税制钱八十八串四百四十文。

开除：（注：中删）

以上共应用银三百一十一两三钱一分六厘八毫，内解送齐齐哈尔城银二百零八两四钱九分二厘八毫开除外，余剩应用银一百零二两八钱二分四厘，内征收税制钱八十八串四百四十文全行动用外，仍剩银一十四两三钱八分四厘，每两按八钱核计，实用过银一十一两五钱零七厘二毫。

实在：库内现存税银二百零八两四钱九分二厘八毫。

等因呈送前来。

呼伦贝尔处副都统衔总管萨克慎册呈称：

旧管：（注：中删）

新收：（注：中删）

以上旧管、新收税银共三千四百五十九两三钱四分七厘二毫。

开除：（注：中删）

以上共应用银二千六百二十七两四钱九分九厘二毫内，解送齐齐哈尔城税银一千一百五十八两八钱六分三厘二毫外，仍剩应用银一千四百六十八两六钱三分六厘，每两按八钱核计，实用过银一千一百七十四两九钱零八厘八毫。

实在：现存税课等项银一千一百二十五两五钱七分五厘二毫。

等因呈送前来。

呼兰理事同知郁文册呈称：

旧管：（注：中删）

新收：（注：中删）

以上旧管、新收税制钱共四千零七十三串一百九十八文。

开除：（注：中删）

以上共用过制钱二千九百一十二串五百零二文内，解送齐齐哈尔城税制钱一千五百九十二串二百零八文外，仍实用过制钱一千三百二十串零二百九十四文。

实在：库内现存税制钱一千一百六十串零六百九十六文。

等因呈送前来。

为此，造具细册，咨送大部备核可也。须至咨者。

右册咨都京户部。

丰绅等为酌拟搭放新陈官兵俸饷以纾营困事的奏折

同治十三年七月十四日

奴才丰绅、托克湍等跪奏，为酌拟搭放新陈官兵俸饷，以纾营困，而资差操，恭折奏闻，仰祈圣鉴事。

窃查黑龙江通省六城官兵俸饷，经前将军奴才德英以积欠过多、营困万分，于同治七年十二月间奏请将节年积欠俸饷，自同治元、七两年相兼搭放，奉旨允准，由户部恭录咨行，历经遵照在案。兹查通省积欠俸饷，依旧章分别搭放，目下始放至同治三、九两年各两个月，尚欠各十个月。其自十年至本届十三年，当差官兵则丝毫不能关领，遇有挑补缺出，相率视为畏途，其承奉差操者，复衣不遮体，食不充腹，鹄面鸠形，在在可悯。奴才丰于本年十月间到任，与奴才托体察现在情形，若缓放陈饷，则以前出征东南甘肃各省阵亡官兵与早年临阵捐躯子孙袭官之孤寡家属，苦于无告，若仍旧不发本年新饷，任其嗷嗷待哺，一兵不能得一兵之用，亦非所以励差操而整戎行。伏思皇上一视同仁，旧卒新兵皆予豢养，初无所厚薄于其间。第边防关重，迩日邻省时有马贼出没，虽经该管文武及时扑剿，尤不可不防窜扰。兼之本属瑷珲一城与俄境一水相隔只数十里，边庭之士马赢弱，亦非所以示富强而大驭抚。现俸鸿慈，逾格轸恤边疆瘠苦，饬由部库暂行借拨银十万两，业经解到，又有由奉省解到银五万四千八百七十余两，奴才等拟请酌用权宜，以此两项共银十五万四千八百七十余两，放陈饷一半，仍自同治三年接续发起，放新饷一半，自本届十三年放起，以后陈饷挨次接放，新饷亦蝉联递发，如此略加变通，新陈搭放，则以前阵亡袭职之家属与现时当差之官兵，不拘多寡，均按年可得俸饷，于差操边防大有裨益，即官兵出差借款，亦大可随时扣还，周转办公，不致库款久悬，以后推行，两无偏枯。奴才等复率属公同采访，据八旗官兵佥称，新陈搭放，实属公允，自应俯协舆情。所有请将新陈俸饷各半搭放，并因瞬届年终，该官兵待饷孔亟，奴才等未敢拘泥，拟一面拜折，一面发饷，俾该官兵早沐恩施，得以度岁各缘由，理合恭折奏闻，伏乞皇上圣鉴。谨奏。

黑龙江将军衙门为宁古塔地方贼匪窜扰飞饬严防堵击事致呼兰城守尉等的札、咨

同治十三年七月十四日

  将军衙门为飞饬严防堵击事。

  兵司案呈：本年七月十三日亥刻，准吉林将军衙门咨开，于本月初九日前后，据报宁古塔地方突有贼匪三百余名窜扰该城等情，当经由省先后出派马队官兵四百五十余员名，饬归宁古塔副都统乌统领，前往剿办，并指令所属各衙门一体派兵备防，各在案。惟该逆匪既经纠集数百名之众，窜扰城池，势甚鸱〔嚣〕张，急应分派大兵前往援剿，以挫凶锋，而杜分窜滋蔓为害。除由省城复行多备精壮马队官兵分拨防剿外，兹拟令乌拉、阿勒楚喀、拉林三处各挑派马队官兵五十名，配齐铅药军械等项，拣派妥员管带，星夜兼程，前往宁古塔，归统领副都统乌队内调遣，仍拟由乌拉另挑备兵一百名，阿勒楚喀另挑备兵五十名，拉林另挑备兵五十名，双城堡挑派备兵五十名，伯都讷挑派备兵一百名，三姓挑派备兵一百名，各派妥靠之员管带，先行操练，听候调遣，毋稍贻误之处，除飞咨阿勒楚喀副都统衙门，札饬拉林、乌拉协领查照文内指饬恪遵办理，并将所挑官兵拣派某员管带，于何日启程往剿之处，先行具报备核，并咨统领宁古塔副都统乌遵照办理，飞咨伯都讷、三姓副都统，照会双城堡总管等衙门一体遵照文内事理，迅即照数挑派官兵，派员演练，听候调遣。事关紧急军情，毋稍迅〔延〕缓干究。仍札珲春协领一面派兵迎头堵击，一面厚集兵力妥为防守地面，毋稍疏虞。及咨署宁古塔副都统双寿，札饬省派营总金福、明升、桂全等合力严行攻击外，惟该匪众既经拨派官兵分往攻剿，势必四散逃窜，理合呈请由六百〔里〕飞咨贵将军衙门查照，一体派兵堵缉可也。等因前来。

  查现在吉属宁古塔地方突出贼匪三百余名窜扰该城，实属罪恶已极，当由该省饬派官兵击剿，惟吉界于本省地面隔江相连，诚恐彼拿此窜之虞。且巴彦苏苏等处所招民佃俱系五方杂聚，不但良莠莫辨，而邻匪潜入隐匿尤所难免，自应厚备兵力，以防不虞。故此由省城备兵四百名，饬令布特哈备兵二百名，以期有备无误，相应飞饬呼兰城守尉、署巴彦苏

〔苏〕委协领、署理事同知、茂兴等站站官等，一体出派官兵丁役，各在接界沿江渡口要路地方不时严密搜捕堵获，应即不分畛域，极力堵剿，倘若该匪猖獗欲行北窜，如果侦探确实，且该处兵力较单，实系不敷分布，速即呈报请调省兵，以期合力助剿，既不得贻误事机，亦不可轻举妄动，虚耗糜费。仍将武营回农兵丁饬令归营遣用，及该城营即将各属兵丁团勇传集操防，俾振声威，以期有备无虞。惟思该匪等倘被击败，抑必分势改装，佯为良民，务令派出堵击弁兵丁役，凡遇携带器械形迹可疑之人，即行严拿究办，设有拒捕，格杀勿论！万不准疏漏，致滋后患。并饬沿江各路要隘卡所官兵一体严加搜获法办，毋任漏网窜越。暨将各路官兵丁役堵截侦探情形，即由各该处随时飞报，以备稽核，毋得贻误事机。且该尉等均系边防责守，总宜严加堵缉，密为防获为要，岂可稍涉疏懈，贻误地方，致干重劾。再前将右翼副管乌林布札调，令其来省，揆度该处刻下乏员，即将由省出派查办禁山木植去之佐领托什那既在该处，著暂署右翼副管，帮同该处办理防缉事宜。等情，飞饬呼兰城守尉。署巴彦苏苏委协领、署理事同知、茂兴等站站官依兴阿、由省出派查办禁山木植去之佐领托什那等一体遵照办理外，并飞咨吉林将军衙门查照可也。须至札者。

右札呼兰城守尉、署巴彦苏苏委协领富、署同知主事德。

并咨吉林将军衙门。

并札管理茂兴等站站官依兴阿、由省出派查办禁山木植去之佐领托什那等准此。

黑龙江将军衙门为邻省通报剿除贼匪情形暨飞饬严防堵击逃匪事致呼兰城守尉等的札

同治十三年七月二十日

将军衙门为飞饬严防堵击事。

兵司案呈：本年七月十八日准吉林将军衙门咨开，于本月十四日据署宁古塔副都统协领双寿报称，左右司会案呈，窃查前禀，据探报由三姓界窜来马步贼匪一百余名扰掠村屯，当已出派防御凌德等四员，带马队兵六十名，催今〔令〕启程，由南路探贼截缉去后，不意该匪闻兵南行，即率马步队及所掳入等二百余名，由北路间〔兼〕程奔至磨刀石叶河街，直扑城池，由新河温春船口设法扎筏渡江。等情。署副都统闻报，急带郭什哈等往该船口望探，一面饬令佐领双福、荣廉等带领步队尾随迎敌。署副都统尚未致渡，该匪已竟扎筏渡江。佐领双福等带队先进，虽经打退三四次，枪毙十数名，奈因贼势猖狂，时逾二更，天色昏暗，道路泥泞，官兵步下难行。该匪趁夜分路进城，肆行焚掠，官兵俱已逃散，当时均归江南岸暂驻，以图归计。等情，前曾具禀陈明在案。且宁古塔城近在牡丹江北岸，所有驻防旗民皆在江南，地面辽阔，道路四通，逃难人民亦归南岸，因将各渡船只调归南岸暂守者，兵力单微，寡不敌众，又恐该匪有南窜珲春之虞，并在南岸得以调集乡村兵勇，相机渡江攻缉。署副都统急饬佐领双福，将所带步队拘齐，调回防御凌德所带马队，暂守南岸，常〔当〕即传集各村乡勇、炮手、旗丁等，延至初九日始行陆续前来，查点计有枪者不过百余名，无枪马者二百余名，内有枪技娴熟炮手三十余名，皆手持刀矛，棍棒等件，饬交佐领双福、防御凌德，摘去顶戴云骑尉玉山，骁骑校春喜莫尔赓额、云骑校庆林、全成、恩骑尉舒成等管带，将渡船四只一并运至城西五里许观音阁对面，旋俟初十日天明，乘便渡江进剿。是日将晚，忽据协领湖图理遣人告称，伊在途次旧街等处，聚集乡民旗兵百余入，枪马备齐，候扎〔札〕相机进剿。等情。当已札饬该员，务于次日辰巳时到队，以便并力攻缉。等因去后。初十日天色将曙，署副都统未敢久候协领湖图喱马队。赶紧督兵到船，正值渡江之际，劝〔观〕音阁显圣，突由渡处烟雾遽起，遮住街市城池，因得奇便渡江上岸，急在街西距城五里许平垣地处，今〔令〕佐领双福，防御凌德等带领马队五十余名在左，云骑尉玉山、舒成，骁骑校春喜莫尔赓额等带马队六十名左右，派云骑尉庆林、奎德等督带步队二百余名居中，约离马队里许之地，正值排列间，烟雾倏然消散，该匪探得官兵已渡江北，突出马队二百五六十名，各持洋枪洋炮，飞奔队伍，枪炮齐施。署副都统亲自督队，佐领双福奋勇当先，枪毙贼首数名，马队官兵随即进攻，自辰初接战，直战一时之久，枪毙贼匪三十余名，该匪势微，斜向西北逃窜。随将步队兵勇留驻城外以防不虞，仍急催今〔令〕佐领双福带领马队尾追，署副都统随队督兵，沿途斩毙马贼三十余名，沿路逃避者大半。直追至西北海棱河沿，计程七十余里，眼见剩匪二三十名浮水登岸北窜，因河水甚大，又无渡船，是以由海棱河撤回。计夺获贼马二十匹，炮五尊，抬枪七杆。回行途次，又闻由城内东街逃出一股马贼，约有一百五六十名，携带大车三辆，径向正北败逃，经云骑尉庆林、金林等二员急带步队赶至葡沟地方，天已午后，步队追赶不及，始遇协领瑚图哩由西路带领马队到城，闻此股马贼北窜，急带马队跟踪追至六十余里石河屯地方，天色昏黑，遇贼接仗，枪毙二十余名，余皆逃散，得获马九匹，抬枪四杆，大炮四尊，因天晚过河逃窜，是以由彼撤回。现在复派佐领双福带领马队五十名，防御凌德带领马队五十名，分路追踪去讫。署副都统回城后，仍督兵遍处搜查，恐有容隐贼匪之虞。所有此股马贼突然闯至城内，彼因兵力单微，马匹无措，不得不任其盘踞数日，期间虽经传集得乡村马步兵勇二百余名，内枪械多不齐备，幸有炮手三十余名，神灵显佑，得获全胜，城池克复。所有受伤官兵，殉难人民、焚毁衙署，以及监狱及旗民住房，容俟稍定查明另文呈报外，合将战败贼匪，克复城池情形，由六百里飞行呈报。等情。据此，拟合呈报宪台衙门查核可也。等因前来。当奉宪谕：查署副都统双寿所报整顿兵勇、克复城池、分兵追击逃匪各情，洵属大快人心。办理尚为迅速。该逆等既经大受惩创，势必四散分逃，急应严饬上紧搜剿，扫数歼除，以净余氛，而清地面。除飞札前派尽先协领花翎佐领委营总金福遵照，星速前进，务将此股滋扰城池击败余匪悉数搜获，毋任幸脱，仍即设法生擒贼匪数名，录取起事确供，并首匪系属何名，在于某处聚伙，种种不法情事，逐一详细讯明，星飞禀报，以凭核办，毋稍延误。暨飞咨统领宁古塔副都统乌遵照，刻即督饬所部官兵迅速前进，分部巡逻，即将此次败逃余匪按名擒获，以净余氛。仍当乘比〔此〕大兵云集之时，该统领务须振刷精神，剿除净尽，塔属一律肃清，以〔一〕劳永逸，慎勿仍前循隐，至酿巨患。并咨复署宁古塔副都统双寿遵照，即行查明该城衙署、仓库、监狱、旗民住房被焚数目，以及受伤官兵、殉难人民名数，并各项款项，逐一详细查明，据实飞报。惟既杀贼多名，量必有生擒伙匪，应即讯取起事供情并首匪目名，一并声报，立待奏闻，毋许迟延外，第该匪等即经官兵击败，势必四散纷逃，急应严饬所属一体堵缉，毋任勾结复逞。除飞札额木和索洛佐领严饬缉捕官兵妥为严防，以遏窜越，勿结为患，并札乌拉、五常堡、珲春、拉林协领暨咨伯都讷，三姓副都统，照会双城堡，乌拉总管等衙门，一体严行堵缉外，相应呈请由六百里飞咨贵将军衙门查照堵缉可也。等因前来。

查该匪等现被该处官兵剿败逃散，虽有该处官兵追捕，难保不无复合窜入本界滋扰及藏匿等事，亟应严饬前派各路要隘官兵、团勇并坐卡官兵，一体加意防范，不时巡查严缉，勿得稍有疏懈，以至阑入本境为害，是为至要。相应飞札呼兰城守尉、署巴彦苏苏委协领、理事同知、管理茂兴等站站官等，一体加意严防堵击外，并札布特哈副都统衔总管讷们德勒和尔等，今该省即将贼匪击败，其势以穷四散，即今〔令〕该处应备官兵暂行停缓可也。须至札者。

右札呼兰城守尉、署巴彦苏苏委协领、理事同知、布特哈副都统衔总管。

户部为题销齐齐哈尔等处同治十年分征收牛马税课等项银两事致黑龙江将军的咨

同治十三年七月二十四日

户部为题销事。

山东司案呈：所有本部具题前事一案，相应抄单行文黑龙江将军遵照可也。须至咨者。

计单：

户科抄出黑龙江将军德英等题齐齐哈尔等处同治十年分征收牛马税课等项银两一案，同治十一年七月初二日奉旨：该部察核具奏。钦此。钦遵。抄出到部。该臣等查得黑龙江将军德英等将齐齐哈尔等处同治十年征收牛马税课房租等项银两照例具题前来，谨将核覆各款开列于后：

——旧管项下，据册开：齐齐哈尔旧管银四千五百六十八两九钱一分四厘三毫四丝四忽八微，呼兰旧管银二百六两二钱五分二厘八毫，呼伦贝尔旧管银一千一百八两二钱六分三厘二毫，呼兰同治〔知〕旧管银一千九百九十七两五钱九分三厘。查前项旧管银两核与上年实存各数均属相符，应毋庸议。

——新收项下，据册开：齐齐哈尔同治十年征收牛马当税银一千一百二两六钱二分、房租银一百四十五两二钱，由呼伦贝尔移取银一千一百八两二钱六分三厘二毫，由呼兰移取粮折银四百十八两，由呼兰移取税银二百六两二钱五分二厘八毫，由呼兰同知移取税银一千九百九十七两五钱九分三厘，又收扎哈尔氏名下追出赎罪银三钱。黑龙江征收牛马当税银一百四十九两三钱四分，又由同治十年扣存六分平余银内移拨银一百八十二两六钱四分三厘八毫八丝。墨尔根征收牛马当税银一百二十五两五钱三分，又由同治十年扣存平余银内移拨银一百六十一两二钱四厘三毫四丝二忽四微。呼兰征收牛马当税银八十五两六钱四分、鱼网税银二百二十两，呼伦贝尔征收牛马税银二千三百两四钱八分四厘。呼兰同知征收牛马当税银三百五十两六钱三分、烟酒等税银二千一百六十七两三钱三分二厘。查乾隆二十六年四月，军机大臣议覆前任黑龙江将军绰尔多奏呼伦贝尔地方买卖牲畜请照齐齐哈尔一体收税，所收税银以充公用。又嘉庆六年四月，钦差刑部侍郎瑚素通阿议奏齐齐哈尔地方征收牛马税课原无定额，每年造报总以五百数十两为率，查其实收之数约有千两，除报银五百三十两外，其余银四百余两向系作为该处因公不能开销各项帮贴之用，嗣后该处牛马税课令其尽收尽解，凡因公动用各项准其一体报销。等因。同治四年三月，准黑龙江将军咨呼兰地方招民开垦，请添设牛马烟酒杂税，复经臣部核准。等因。各在案。今据黑龙江将军、齐齐哈尔等处同治十年征收牛马税课房租，并由呼伦贝尔、呼兰领取系由扣存六分平余移拨共银一万七百二十两七钱一分二厘二毫二丝二忽四微。臣部按册核算新收各数并领取移拨各款，均属相符。至呼兰同知衙门征收牛马当商烟酒税银二千五百八十两九钱六分二厘，臣部查于同治八年征收之数，计短征银二千一百余两，难保无经征之员征多报少情弊。应令黑龙江将军严饬呼兰同知，即将十年分短征各税银两迅速赔补足数，专案报部，毋任迟延。再查呼兰新添牛马税课，前据黑龙江将军咨报，系四年十一月接到部文，于五年七月试办起〔征〕，经臣部行令该将军将同治五年七月以前征收数目详细查明报部查核在案，迄今仍未造报。应令该将军查照前咨，即将同治五年七月以前征收数目造具细册送部，以凭查核。

——开除项下，据册开：支给齐齐哈尔副都统衙门同治十年纸朱笔墨并祭祀等项，共银一千九百十两五钱六分二厘七毫三丝一忽，孤寡口粮银一千八百八十三两五钱，共银三千七百九十四两六分二厘七毫三丝一忽。内除动用税银二千一百七十四两六钱五分原系制钱毋庸折扣外，其余银一千六百十九两四钱一分二厘七毫三丝一忽，每两按八钱六钱扣除撙节银三百九十七两八钱八分二厘五毫四丝六忽二微，计折实银一千二百二十一两五钱三分一毫八丝四忽八微。又支给黑龙江副都统衙门纸朱笔墨并祭祀等项，共银三百七十七两六钱四分四厘三毫五丝，内除动用税银一百四十九两三钱四分原系制毋庸折扣外，其余银二百二十八两三钱四厘三毫五丝，每两按八钱扣除撙节银四十五两六钱六分八毫七丝，计折实银一百八十二两六钱四分三厘四毫八丝。又支给墨尔根副都统衙门纸朱笔墨并祭祀等项，共银三百二十七两三分五厘四毫二丝八忽，内除动用税银一百二十五两五钱三分原系制钱毋庸折扣外，其余银二百一两五钱五厘四毫二丝八忽，每两按八钱扣除撙节银四十两三钱一厘八丝五忽六微，计折实银一百六十一两二钱四厘三毫四丝二忽四微。又呼兰城守尉衙门移拨齐齐哈尔银二百六两二钱五分二厘八毫，又支给纸朱笔墨并祭祀等项，共银九十六两五钱二分四厘，内除动用税银八十五两六钱四分原系制钱毋庸折扣外，其余银十两八钱八分四厘，每两按八钱扣除撙节银二两一钱七分六厘八毫，计折实银八两七钱七厘二毫。又呼伦贝尔总管衙门移拨齐齐哈尔银一千一百八两二钱六分三厘二毫，又支给纸朱笔墨并祭祀等项，共银一千一百二十九两五钱六分六厘，孤寡口粮银三百七两六钱六分，共银一千四百三十七两二钱二分六厘，每两按八钱扣除撙节银二百八十七两四钱四分五厘二毫，计折实银一千一百四十九两七钱八分八毫。又呼兰同知衙门移拨齐齐哈尔银一千九百九十七两五钱九分三厘，又支给纸朱笔墨并祭祀等项，共银一千二百三十九两四钱三分三厘，均系制钱，造册送部。等语。查齐齐哈尔、黑龙江、墨尔根、呼兰、呼伦贝尔等处衙门一切公务所需银两，先于咸丰四年闰七月经臣部议覆黑龙江将军宗室奕格奏该省应放兵饷廉俸杂项银两，每两改放制钱二串。又咸丰七年正月，户部具奏东三省银价低落，请将应放兵饷杂支银两每两改放制钱，二串者折银八钱，一串五百文者折银六钱，行知在案。今给过齐齐哈尔等处各衙门用过纸朱笔墨并祭祀以及孤寡口粮移拨各项，共银一万五百八十四两三分四厘五毫九忽，内除撙节银七百七十三两四钱六分六厘五毫一忽八微，计实用银九千八百十两五钱六分八厘七忽二微。臣部按册核算，应支各项银数均属相符，应准开销。至呼兰、呼伦贝尔并呼兰同知等衙门移拨齐齐哈尔共银三千三百十二两一钱九厘，已据各该处造入本案新收项下，应毋庸议。

——实存项下，据册开：齐齐哈尔实存银六千一百五十两九钱六分三厘一毫六丝，呼兰实存银二百十一两二钱九分二厘八毫，呼伦贝尔实存银一千一百五十两七钱三厘二毫，呼兰同知实存银一千二百七十九两五钱二分九厘。查前项实存共银八千七百九十二两四钱八分八厘一毫六丝，应令该将军一并造入下年报销案内题报查核。

再查该省征收牛马各税银数系关钱粮出入，并令嗣后仍按年造具满汉清册送部核销，以昭慎重。等因。

同知十三年六月初七日题，本月初九日奉旨：依议，钦此。

户部为核复黑龙江同治十一年分公仓粮石动存各数事的咨

同治十三年七月二十四日

户部为咨行事。

山东司案呈：准黑龙江将军咨，同治十一年分公仓粮石动存各数，造册送部核销前来。相应核复各款，开列于后。

计开：

——旧管项下，据册开：旧管实存银二十五两四钱三分七厘四毫五丝四忽六微，粮四千一百六十三仓石五斗二升零七勺四抄。查前项旧管粮银，核与上年实存数目相符，应毋庸议。

——新收项下，据册开：粮石无项，旧木变价银三两七钱三分九厘二毫二丝七忽三微，出粜粮价银一百九十七两八钱一分七厘五毫四丝五忽四微。查前项新收旧木变价银两并粮价银两，按册核算，数目相符，应毋庸议。

——开除项下，据册开：出粜粮三百九十五仓石六斗三升五合零九抄八圭，支给买补牛价银二百零五两二钱九分六厘。查系年例应给之项，应准开销。

——实存项下，据册开：实存粮四千一百六十三仓石五斗二升零七勺四抄，粮价银二十一两六钱九分八厘二毫二丝七忽三微。

查前项实存粮石并粮价银两，应令造入下年旧管项下报部查核可也。须至咨者。

黑龙江将军衙门为严饬堵缉邻匪窜扰事致呼兰城守尉乌云布等的札

同治十三年八月初二日

将军衙门为严饬堵缉事。

兵司案呈：本年七月二十九日，据呼兰城守尉乌云布详报，准阿城咨会本省官兵，已将塔界突出贼匪击败，溃散北窜。又讷界盗匪丛万金聚伙五六十名，有北窜信息。又三姓属界现有金匪百余名盘踞山里太平沟，抗拒官兵。等情，咨照本衙门一体堵缉。等因。详核讷界一带距〔呼〕兰切近，自应妥备截击，免致肆扰。唯在城演练兵丁酌给借银，以资糊口，至会勇口分暂令自备，惟恐日久不胜办理。又据武营署委协领富隆阿报称，已将该营官兵副甲传集到营，分路侦探堵缉，一面不时勤加操防，以壮声威。惟该营官兵夏秋以来本无工食资斧，现今无项继续口分。等情详请前来。查该尉协等随时布置官兵，预防邻匪窜扰。严密堵缉各情，办理尚合机宜。惟邻城文内暨探报情形屡有北窜之说，然呼兰等处迄未拿获一名，或官兵疏于蹑缉，或该匪等究往何处，显系未能竭力，实效全无。相应复饬呼兰城守尉、巴彦苏苏署委协领等再行严饬前派各路官兵实力堵击，认真缉捕，毋得虚应故事，以报塞责。如有零星逃窜变装隐匿者，立即拿获法办，毋任漏网。并饬各卡弁兵严加防捕，毋稍疏懈，总期以靖地方，而安闾阎，既不得粉饰铺张，亦不可疏懈误事。并将搜查缉捕侦探情形随时飞报，以凭查核。其工食一节，均有成章照办，兹该处取请口食可否之处，除移覆户司查核外，且该尉协等身任守土之职，际此邻匪不靖之时，总以设法确探严防、以收实效为是，毋得稍涉懈怠，有误事机，致干重劾，自应勉图保卫城乡而安闾阎为要，饬署同知、茂兴等站站官一体严加堵捕，毋稍疏懈可也。

右札呼兰城守尉乌、署巴彦苏苏委协领富、理事同知德并札管理茂兴等站站官依兴阿准此。

依克唐阿、托克湍为奏请变通轮送官缺章程事致都京兵部的咨

同治十三年八月初八日

奴才依克唐阿、托克湍跪奏，为内地军务肃清，现在西路虽有征兵，尚属无多，请将轮送官缺章程量为变通，以重操防，而免贻误，恭折奏祈圣鉴事。

窃奴才等查黑龙江通省官兵，自咸丰二年军兴以来历经征调，为数甚多，前经拟请定章，每遇本处职官缺出、以一缺拣放存营人员，以一缺奏送军营拣补。续因内地军务渐靖，征兵陆续抽撤归伍，故此于同治七年经前任将军德英奏准，遇有协领以下各官缺出，以一缺遵补引见记名人员，以一缺选用存营应升人员，以一缺将旗翼均不相当人员酌量调转，以一缺分送各路军营拣放。等因。节经遵办在案。

奴才等伏查：现时内地军务肃清，其西路军营仅有本省官兵十之二三，则存营者多，在外者少。又有由军营遣撤归伍官兵，内已蒙奖保人员经各该统兵大臣给咨，就便由部带领引见奉旨。记名候补人员甚多，兼有曾在军营立功，著有劳绩人员等，并在署常川办事勤能得力员弁亦复不少，近来防范俄卡、缉查邻匪，并各项差徭较前尤繁，每遇差遣，必需职官，方足慎重。若不因时变通，则于官缺递出仍拘定章，而记名候补及各项劳绩得力员弁升阶均属向隅。奴才等率属熟筹，核于向章稍加变通，拟请嗣后遇有协领以下各官缺出，将记名人员补用二缺，续将劳绩得力人员选用二缺，再将旗翼不相当人员调转一缺，然后分送军营拣放一缺。如此量为变通，庶于记名候补并劳绩得力人员升阶均无阻滞，且于地方防范稽查一切差徭亦不乏员矣。

所有奴才等体查现在情形，拟将轮送官缺章程量为变通，以重操防，而免贻误缘由，是否有当，谨恭折具奏，伏乞皇上圣鉴，训示遵行。谨奏请旨。

等因具奏之处，相应呈请咨报大部备核施行。须至咨者。

右咨都京兵部。

黑龙江将军衙门为三姓属界贼匪窜扰飞饬严防堵缉事致呼兰城守尉乌云布等的札

同治十三年八月二十一日

将军衙门为飞饬严防堵缉事。

兵司案呈：本年八月二十日，准吉林将军衙门咨开，于本月十六日，据三姓副都统衙门咨报，左司案呈，本月十一日、据管带两起马队官兵委统领花翎佐领承顺报称，据由部队前派变装进山密探，去之社民王才、杨文锦等旋称，奉派进山密探，亲至黑嘴子地方，见有沟中逃出人夫六七名，询悉山内挖金人夫因见张贴副都统告示，哄然尽散，现在沟中贼匪追胁不及，遇有驮马放进不放出，闻说该匪定于节前出巢，前往塔属峰密山子、刀劈河一带窜逃，并闻有奔窜姓城并东北下江之举，约有千余贼，洋炮、洋枪器械俱全，王才等假言找入前进，又遇挖夫逃下，告说贼匪在后查道把恰，势甚凶恶，不可前行，急速返回。此王才、杨文锦二人探悉此情，随即旋报。等情前来。据此，职严饬两起营总整顿所部队伍，加意提备，昼夜出派弁兵常川哨探。尤虑该匪居心计诱，乘空扑扰村屯、随派官兵就近前往下江一带各要隘路口堵其窜路，一面探贼所向伏兵截剿。等情呈报前来。本衙门据此，除派云骑尉贵福管带援兵星速前进助剿，并拨去步队抬枪军火锅帐糇粮等项，刻期启程，解送该营，以膺军需外，查所探挖金入夫均经解散，惟遗真贼，其势甚狂，合亟飞札该委统领承顺等，务须相机调度，整队进剿，本衙门随后拨兵前往援应，以清山场之处，除由五百里飞行咨会阿勒楚喀、宁古塔、伯都讷等衙门，双城堡总管、五常堡协领、呼兰城守尉等衙门，一体严防堵击外，相应备文飞报将军衙门查核可也。等因前来。除咨札所属各处一体出派官兵择要防堵外，相应呈请由六百里飞咨贵将军衙门查照，希为饬属一体严防堵绪〔缉〕可也。等因前来。

详核来咨，该处探得三姓属界山里约有贼匪千余名，洋炮。洋枪器械俱全，定于节前出巢，前往塔属峰密山于，刀劈河一带逃窜，当由该省加派官兵扑剿最严。惟呼兰一带与三姓等处唇齿相连，难免不无彼拿此窜之虞，自应严加堵截，而安地方。相应飞饬呼兰城守尉乌云布、署巴彦苏苏委协领富隆阿、署理事同知德色勒布等，严饬前派官兵丁役认真确探，上紧堵截缉捕，勿得稍有疏懈，致阑入滋蔓，为害难图、总期以重地方，而安闾阎，是为至要，并将此股贼匪究否出巢，成系窜往何处，据实探明，飞行呈报，以备查核，断不得稍涉大意，延误事机，致干重劾。等因。札饬遵照外，并札传管理茂兴等站站官依兴阿一体遵照办理可也。须至札者。

右札呼兰城守尉乌、署巴彦苏苏委协领富、理事同知德并札管理茂兴等站站官依兴阿准此。

依克唐阿、托克湍为上报三个月内与俄交涉案件清册事致总理各国事务衙门的咨呈

同治十三年八月二十五日

暂护镇守黑龙江等处地方将军印务、墨尔根城副都统法什尚阿巴图鲁依克唐阿，齐齐哈尔副都统头品顶戴哈丰阿巴图鲁托克湍为咨呈事。

兵司案呈：照得同治二年七月二十八日承准钦命总理各国事务衙门咨开，所有办理交涉各国事件，嗣后每届三个月，各将应办外国之事造具已结未结清册，咨送本衙门存案，不致互有乖舛，是为至要。等因前来。本衙门当经遵咨，按照三个月，将所有办理与俄国交涉奏咨及由本处办理已结未结各案，分别造册，呈送备核在案。兹自本年五月十二日起至八月十二日止，又届三个月，查此一委本衙门办理与俄国交涉事务内，除上俄人在夹心滩耕种一案，前准总理各国事务衙门咨开，接据俄使照覆，俄人在滩上居住不再开垦新地，已种之田限十年后全行退卸。其中有无窒碍，未开之地如何稽查防范等情，当即咨行黑龙江副都统详察筹议速报去后，旋据黑龙江副都统报称，俄人在夹心滩上已种之田限十年后退卸等情，现在尚无窒碍旗人生计。其新开之地，每年责令该查边协佐等官查勘等情，当已据情咨呈总理各国事务衙门鉴核在案。又俄人在江左挖坑埋柱，欲设铁线一事，前遵总理各国事务衙门咨文，饬行黑龙江副都统详查挖坑等处究归何国管辖，该夷究否设立，除江左已与俄人占居之处置之无论外，若与该旗屯居住渔猎耕种有碍、并非空旷地面可比者，即竣词阻止，如不听从，亟应预为言明，于设立后，无论如何损坏丢失，中国一概不管，以免将来狡赖。暨前遵总理各国事务衙门咨文，咨行黑龙江副都统，仍照原议，准其俄人于边界百里内承买旗民用剩有余之草。若实系缺乏，俄人自亦不能强买。并严防边界，勿任越界私垦外，相应将此三个月内办理与俄国交涉、俄人段毙本属商民二命，当经派员会验明确俄酋将俄犯拿获，咨请该国东悉毕尔总督，示覆到日，再行照办。等情，奏案一件；又，俄人去岁殴毙本属商民，窃去之该铺锡匣，会同俄官已由江内取出，交与俄官携回质讯俄犯喀鲁金。等情，咨案一件；又由呼伦贝尔库克多博卡所越界赶带牛马前往阿穆尔省贸易去之瓦西里等两起俄商，经黑龙江署副都统派

员送交海兰泡缘由，咨案一件。统计奏咨案三件，抄录汉字清册一本，呈送总理各国事务衙门备核施行。须至咨呈者。

右咨呈钦命总理各国事务衙门。

计册一本。

（注：附件正文略）

黑龙江将军衙门为查办孙长发与王福堂互争地亩一案事致署理同知德色勒布、局员巴彦孟库等的札

同治十三年九月初一日

将军衙门为严札照办事。

户司案呈：适据丈地委员佐领巴克精阿等呈称，将孙长发与王福堂互争地亩一案，遵札将孙长发各家人等传集勘丈。委因地势不能方正，从中截开，分为南北段，标立封堆查勘，共丈得孙长发等八户生熟地一千零八十七垧九亩零四厘，内除伊等原领、浮多并续领荒地计三千六百一十七垧四亩九分，仍浮多熟地二百四十三垧一亩四分九厘，毛荒二百二十七垧二亩六分五厘。并查出王福堂割去孙长发等大麦十垧，线麻一垧，又王福堂牧牲践踏田禾十垧，所踏田禾均在界堆以北。等因。绘图呈报前来。复查原饬该委员将孙长发并劈户及王福堂原领、浮多并续领各若干尚余若干查明呈报。兹据该委员仅查得南段孙长发等八户地数，其北段王福堂原领一百三十五垧，图内坐落段之何处，并除原领之外尚余若干，均未声明，尤属含混。当提两造斟讯。王福堂现在染病未痊，不能到案，复讯据孙长发等声称，王福堂所领之地并不在伊等界内，伊等在省候案时，据家中来人告知，王福堂将其南北地段大麦等项割去是实，去岁委员勘查时并未立过封堆分为南北段之事。等语。惟查该民等各执一词，若任其两相争狡，案无结期。当即禀奉堂谕：既据委员丈出孙长发等八户地内除原领，续领并浮多地亩外，仍浮多熟地二百四十三垧一亩四分九厘，著照章由孙长发等名下自六年起追征花利，其浮多生荒二百二十七垧二亩六分五厘现在孙长发地界以内，准其按名交价，各领各界。再北截地段，着丈地委员拨给王福堂原领地一百三十五垧外，其余荒地若干不准该佃承领，孙长发等如愿挨界续领，即令交价，倘其不应，即行另佃别户。着局员巴彦孟库等转饬文地委员巴克精阿等，将此地界务须按名拨丈清楚，劈明小界立堆，各有遵守。并著将应追花利熟地及补领生荒某佃名下各若干，亦令丈地委员分清开单，移付厅局追缴专案会报外，再查王福堂不候官为查办，擅自越界将孙长发等户大麦，线麻硬行收割，实属胆大妄为，目无法纪，着该署同知于王福堂递回后，照依不应为重律拟杖八十，枷号一个月，满日折责

发落，以示做戒。其所割大麦、线麻及践踏田禾等项作价，令其赔还。兹限于九月初十日内呈报查核。等谕。今王福堂递回厅属，并饬孙长发等自行回里投案。等情。据此，札饬该署同知德色勒布、局员巴彦孟库等遵照可也。须至札者。

右札署同知德色勒布、局员巴彦孟库等准此。

依克唐阿等为奉旨预挑防剿邻匪官兵事致都京兵部等的咨、札

同治十三年九月初七日

奴才依克唐阿、托克湍跪奏，为遵旨预挑防剿邻匪官兵，听候咨调，并设防本属缘由，恭折驰奏，仰祈圣鉴事。

窃奴才等于本年八月二十七日午刻承准军机大臣字寄，同治十三年八月十八日奉上谕：奕榕等奏请预调马队以备防剿一折，奉天马贼自清河沟等处窜出后，盘距李家台地方，经奉省官兵击散，分股逃窜。李家台距威远堡边门仅数十里，诚恐该匪被剿穷蹙，窜入吉林边界，奕榕等已添派马队官兵前往堵剿。惟该省存兵无多，恐有大股纷窜，不足以资堵御。著丰绅、依克唐阿即在该省官兵内预选精壮马队五百名，配齐军火器械，听候调拨。奕榕等当就现有防兵，严饬派出各员，认真防剿，倘遇事机紧要，兵力不敷，即知照丰绅等饬令备调马队前往助剿。并著都兴阿等严饬带兵各员，实力剿洗，务将此股贼匪悉数歼除，毋任肆出纷窜，致滋蔓延。将此由四百里各谕令知之，钦此。遵旨寄信前来。窃查奴才丰绅尚未到任，奴才依克唐阿、托克湍等伏思，此次奉旨预挑备兵五百名，系关邻省添调，俾资助剿，自应按距省程途较近各城挑备，以期临时调遣迅速，一面先由齐齐哈尔省城挑备精兵二百名，一面就近饬由所属墨尔根城挑备精兵五十名，布特哈挑备精兵二百五十名，共挑备精兵五百名，其统齐管带官员，奴才等遴派〔谙〕练营务职官一员统带，以资弹压，并由职官内拣派十二员，委为营总、参领，其次防御、骁骑校、笔帖式等官，均由虚衔甲兵内拣委，共挑备官兵五百一十三员名，分为两起，一俟咨调有日，即行催令起程。该官兵应需整装银两，除另行奏闻外，至本省额设军械，均经历次征调官兵携赴军营，现由捐造防夷军械酌核动用，以资应用。再查奴才等前准吉林将军以宁古塔城池被贼窜扰，咨照奴才等派兵堵击。等因。奴才等伏查本属呼兰一带地面辽阔，招垦民佃良莠不齐，且与吉省连界，仅隔一江，刻下该省派兵剿洗该匪等难免不无彼拿此窜、混迹勾结之虞，惟该处兵数无名〔多〕，深虑兵力单薄，不敷分捕，当由省城预派官兵二百名，以备遣用，一面札令该城守尉等饬派官兵分路巡探，一有匪徒窜

扰之信，务即不分畛域，急力堵击，一面调拨省城官兵，以资助剿，而靖地方外，所有奴才等遵旨挑备官兵，听候调遣，并设防本属缘由，理合先行由驿驰奏，伏乞皇上圣鉴。谨奏。等因具奏之处，相应呈请飞速咨报兵部备核，现由本衙门咨报捷报处公文壹角，一并附入封筒，咨送大部，希为转行捷报处查核外，并飞钦命咨督办奉天军务将军都，吉林将军衙门、由京旋回双城堡原籍之新授黑龙江将军查照，仍札行呼兰城守尉、署巴彦苏苏委协领、理事同知等遵办可也。须至咨者。

右咨都京兵部、钦命督办奉天军务将军都、吉林将军衙门、回双城堡原籍新授黑龙江将军。

并札呼兰城守尉乌、署巴彦苏苏委协领富、理事同知德。

依克唐阿等为奉旨挑派马队官兵赴奉剿匪事致都京兵部等的咨

同治十三年九月初九日

暂护镇守黑龙江等处地方将军印务、墨尔根城副都统法升阿巴图鲁依克唐阿、齐齐哈尔副都统头品顶戴哈丰阿巴图鲁托克湍为飞速咨报事。

兵司案呈：本衙门于同治十三年八月十三日恭折由驿具奏，为遵旨挑派马队官兵前赴奉省听遣，预拟起程日期，先行恭折驰奏，仰祈圣鉴事。窃奴才等于本年八月初九日子刻承准军机大臣字寄，同治十三年七月二十八日奉上谕：都兴阿奏随时剿缉股匪，并请调马队一折，奉省地方匪徒未靖，弹压巡防均关紧要，各队兵力未原，且有伤病疲乏，自应添兵更换。著丰绅、依克唐阿挑选精壮马队官兵二百名，派委得力将官管带赴奉。此项马队到奉后，即著都兴阿查明更换疲乏官兵，以资得力。并著督饬各队认真巡缉，毋稍疏虞。将此由四百里各谕令知之，钦此。遵旨寄信前来。窃查奴才丰绅尚未到任，奴才依克唐阿、托克湍等接奉谕旨，当即按照省属存营兵数多寡核计，一面先由齐齐哈尔省城挑选精兵五十名，一面飞饬所属各城，著由黑龙江挑选精兵三十名，墨尔根挑选精兵二十名，呼伦贝尔、布特哈二处各挑选精兵五十名，并遴选谙练营伍得力职官五员，委为营总参领，仍由虚衔弁兵内拣委防御、骁骑校、笔帖式等官，共挑选官兵二百零五员名。惟呼伦贝尔、布特哈二处官兵向系散处游牧，相距各该衙门数百里不等，时值阴雨连绵，道途泥泞，酌核程途远近，勒限来省，一俟各该处官兵到齐，共为一起，拟于九月初九日由省起程，仍照历办成案，自茂兴站出境，由蒙古草地进法库边门，以期捷便。并严饬带兵各官，沿途申明纪律，按程前进，毋得延误。其该官兵应领整装银两，除另行奏闻外，至本省额设军械，均经历次征调官兵携赴军营，现存捐造防夷军器无多，边防备用紧要，此次奉调防剿官兵需用军械，应请旨饬令奉省酌量给发，俾资应用，以免贻误。所有奴才等遵旨挑选官兵、预拟起程日期，理合先行由驿驰奏，伏乞皇上圣鉴。谨奏。于同治十三年九月初五日接到回折，奉朱批：知道了。该官兵所需军械，即著知照都兴阿酌量给发，以资应用。钦此。钦遵。相应呈请飞速咨报大部备核外，并飞行钦命督办奉天军务将军都兴阿,吉林将军衙门、由京施〔旋〕回双城堡原籍之新授黑龙江将军查照可也。须至咨者。

右咨都京兵部、钦命督办奉天军务将军都 、吉林将军衙门、回双城堡原籍新授黑龙江将军。

依克唐阿、托克湍为奏请循例督率官兵行围事致都京兵部、户部等的咨

同治十三年九月初九日

奴才依克唐阿、托克湍跪奏，为循章督率官兵行围携篆起程日期，恭折具奏，仰祈圣鉴事。

窃查前任将军德英于同治七年间遵旨筹议，与同城副都统轮流督率省城官兵围猎，藉以操练，以壮边威。等情，具奏在案。查去年冬间，奴才托克湍率领省城官兵，会合布特哈官兵，在拉哈鄂岳一带围猎操练。兹届本年秋末，奴才依克唐阿亟应照章轮替行围，操练官兵。所有省城寻常事件，奴才托克湍驻守办理，奴才依克唐阿即携篆督率总围副都统衔协领那逊达赍管带省城官兵，于九月初九日起程，前往阿奇珠一带围场操猎。如有紧要事件，奴才率同随行司员即在行程办理，庶不误公，亦不旷废围练。并咨饬所属各该署副都统、城守尉、总管等照章一体认真行围操猎外，奴才等伏查本年行围资装银两前经奏请拨解，现奉谕旨：著户部即行指拨专款，先期咨解。钦此。奴才等既奉谕旨，曷敢以资装未奉解到驰误行围？是以仍向铺商谆谆开导，暂为筹垫，以资演练之处，合并声明。所有奴才依克唐阿携篆督率省城官兵起程围猎，藉资演练缘由，理合恭折具奏，伏乞皇上圣鉴。谨奏。

等因具奏之处，相应呈请咨报兵、户部备核外，并咨行吉林将军衙门知照可也。须至咨者。

右咨都京兵、户部、吉林将军衙门。

黑龙江将军衙门为查办民人王亮与旗丁英山等人争控地亩一案事致城守尉乌云布、署理委协领富隆阿的札

同治十三年九月十五日

将军衙门为札饬遵照事。

户司案呈：适据该尉呈称前次民人王亮省控地亩一案，拣派骁骑校德常阿前往争控地所查勘。旋据德常阿报称：查得旗丁英山租给民人王亮熟地生荒五十垧，今丈量地仅有四十六垧，仍短地四垧，著英山给王亮补地四垧。查关喜原租给王亮荒一百二十七垧五亩，内王亮仅开五十三垧余，其余关喜于去岁私招黑户陈富有、柴富开垦地十三垧，盖马架两所，并占去荒四十余垧。今拟将陈富有等所开地亩，马架作价钱一百一十四吊，秋收后著陈富有等将马架及开熟地，生荒一并交付王亮耕种。再有旗丁博勒公占去地四垧，亦著退归王亮名下。如此拟办，两造俱各允服，具结完案。等情。呈经该尉复行提案斟讯，两造甘愿遵服，当将旗丁关喜等照例杖责，发落完案。并称武营领催委官郭勒明阿迄未到案，应如何拟办，请示前来。查王亮与旗丁关喜、英山争控地亩一节，今据该尉派员查办完结，似属平允，准如所拟办理。惟查前次王亮省控关喜勾同伊族人郭勒明阿将该佃私行锁铐，并逼勒钱六百吊等语，当饬该尉合并彻底究讯呈报。乃该领催又经回获〔护〕，延不到案，事属显然，应即严饬署委协领富隆阿遵札将郭勒明阿即行解送该尉衙门，一俟该领催到案，仍饬乌云布赶紧核实究讯有无锁铐平民及勒逼钱财情事，逐一讯明，详覆到日，再行核办。等因。据此，严札城守尉乌云布、署委协领富隆阿遵照可也。须至札者。

右札城守尉乌云布、署委协领富隆阿准此。

黑龙江将军衙门为严禁开垦京旗荒地事致呼兰城守尉乌云布的札

同治十三年九月十五日

将军衙门为严札遵照查禁事。

户司案呈：详查该处以北原留备设京旗荒地计三万余垧，曾经前饬该尉务将此段派员严行查禁，不准民户展占，以备将来安置京旗屯田。等因。饬札后，叠据该尉遵札派员按月周查结报，并无民户偷开展占情弊。等因各在案。现有民人尚文元在省递呈，伊在巴彦苏苏领荒开垦，伊之地段与京旗地界相连，亦曾展占，其余别佃侵占者甚多。与其侵占，莫若伊备价承领。等情。查此段前经奏明留备京旗地面，以无项安置，暂行停止，何得任由滥占！乃据该民声称，不但伊曾展开、且四外佃民私相侵占者尤多，欲行备价承领，希图从中渔利，尤属不应。当奉堂谕：民人尚文元请领京旗之荒著不准行，仍严饬该尉乌云布即行派员前赴该段，认真挨次详查尚文元等若干名侵开地亩各若干垧，立将所开地亩即行毁弃，并治以侵占之咎，勿稍宽纵。至嗣后务须核实严行查禁，不准任由民户滥行展占，仍著照前按月结报查核，倘再稍涉含混，定即严参不贷！等谕。遵此，相应严札城守尉乌云布遵照可也。须至札者。

右札呼兰城守尉乌云布准此。

吏部为佛銮补授黑龙江理刑主事奉旨允准事致黑龙江将军的咨

同治十三年九月二十八日

吏部为知照事。

文选司案呈：今黑龙江出有理刑主事托克托布病故一缺，据署理黑龙江将军拣选得年满屯官候选京缺主事佛銮拟补，咨送到部。等因。于本年九月二十三日带领引见，奉旨：佛銮准其补授黑龙江理刑主事，钦此。相应知照可也，须至咨者。

右咨黑龙江将军。

署理巴彦苏苏等处委协领富隆阿为整肃街面严防盗匪事致黑龙江将军衙门的呈

同治十三年十月初七日

署理驻扎巴彦苏苏等处总辖官兵委协领事务升用协领佐领富隆阿为声明详请指饬事。

详查时值冬令，封江伊迩，当此邻省贼氛未靖，变妆流匪尤易混迹潜入，致滋患萌，为害非细，若不妥密严防，难期肃靖地方。于是职督饬官兵勤加操练，布置防维，冀图有备无虞外，惟查苏镇街面开设旅店大小伙房不下五十余户，各店宿寓往来行人，实属繁杂，良莠莫辨，亟宜随时查察，俾期免生内患。窃查同治九年将军衙门札示条款，内载刑司议定巴彦苏苏旗营仿照呼兰体制，设立形杖，委派番役巡捕盗贼，严拿赌棍，仍饬将番役数目报明兵司。等因。职仅遵前札，现由本营官兵内拣选精壮甲兵八名，委为巡捕番役，并派领催委官二名，带同昼夜巡逻街面，盘诘来往。仍派委佐领骁骑校管理弹压，尚恐店口伙房较多稍涉秕稽查不尽，拟饬各店伙房按户各置店簿一本，附写到店客商行人姓名、籍隶、人数、出店日期，送赴本营，以便秕〔稽〕查来历不明，形迹可疑之弊，而杜外来流匪混淆。职委因慎重地方，如此办理是否有当，拟合备文声明，详报将军衙门鉴核，敬候指示遵行。须至呈者。

右呈将军衙门。

黑龙江将军衙门为审核色勒春等人所报勘查巴彦苏苏荒段所绘文册图结事致署理城守尉成庆等的札

同治十三年十月初十日

将军衙门为严札遵照事。

户、兵、刑司案呈：查据局员吉雅图、署委协领富隆阿等会报，委员色勒春、乌善等遵札已查巴彦苏苏各段边场大界四至，设立卡堆，绘图具结造报，经该局员武营覆核无异。等因。加结转详前来。

——查呈文内开，该委员等自蒙古尔山北坡起，周查至满天星山绰罗河南岸止，现有同治九、十、十一等年，民入于海等私占、越占后盗卖之户，查有六十七名，计地二千五百八十三垧五亩，俱无印照条付。等因一节。查此段乃关封禁山场，而民人于海、史景和等即〔既〕无印照条付凭据，私在禁荒内盗卖官地，甚至二千五百余垧，藉贪渔利，实属胆大妄为，目无法纪。惟今清厘禁界之际，若不照例惩治，诚恐将来如此偷占盗卖者无所底止。应请饬令武营出派妥员务将私卖首要之民按名严密弋获，会同厅局核实讯明，取录供招，照依新定之例科罪，详省示办。并将有碍封禁房间分别予限拆毁，地亩抛弃，民户概行驱逐。倘逾限内不拆或有逗刁违抗者，立即严拿，亦照新例一律办理，仍将房间全行焚烧，以示儆戒。

——称有执照者俱系阿力罕、大木兰达等段，而有房无人者甚多。等因一节，查此两段既报有房无人，而如何知有执照确据，是否在界址内外？均未详明，尤属含混。将此著局营厅三处就近斟讯原查之委佐领乌善，果有执照，界址以内则准占居，如其界外，亦应酌核办理。若无凭据，立即派员逐撵，以清禁界。

——称向北查至拉富克河东岸起，至无名小河西岸止，内有八、九、十等年已经承领耕种之户共八十四名，计地七千四百九十八垧，俱有印照条付，均注格木克段落字样，已将此段挖堆圈在界内。又自无名小河东岸起，查至呼拉库河西北岸止，约有四十余里，查有房间三所，二所无人，惟一所系韩姓所盖，在此领有毛荒数十方，向其看房赵姓追要条付，声言崔广等争控带省，现无查考，是以将看房人逐撵，并暂行挖立卡堆，饬交乡地看守。等因一节。查拉富克一段乃系不应出放之段，今经委员等查有民人八十余户，开地七千余垧，惟该民等初领之时俱报格木克段内朦混承领，尤属不应，本当逐撵治罪，但此关系已经升科，驱逐有碍赋课，准于该委员等以无名小河截止立堆，均归于格木克段内。其无名小河以东，崔广等在此领地数十方，盖房三所等情，惟查该民省控与陈广澧互争地亩一案前已断明，由陈广澧名下追出印收十张，核地三十方，仍判给崔广承领在案。今据委员等查报，该民所领之荒系在封禁无名小河以东，又系孤户，著令局营厅转饬暂勿拨丈，如该民以一段内别户未逐藉口，务即明白开导，该民虽在拉富克一段领地，且无名小河以西之民已经年久升科，其崔广在小河以东虽经领戳，现未拨丈，时下在彼已经立堆为界，绘图有案，碍难更改。令将荒项存在该厅，准其该佃在于别段无碍封禁之地仅钱踩领，如其不愿将领回，勿许该佃在此盖房开垦，令武营派员往查结报，以示限制。

——称向北查至依吉密河东岸四十余里，有空房五所，询其乡地，声称不知何人所盖。当将房间焚毁四所，其剩一所请作卡房。等因一节。此请尚属可行。但查图内此房距现立封堆较远，且恐将来官兵巡查之后，未免奸民乘隙藉此有房偷占复行开垦，转得易生弊端，更属无益。著武营派员往查焚烧呈报，以示众戒。

——称向西北复又转查至博克托阿特嘎尔山山阳尼尔吉河东岸止，亦无越界之户。等因一节。此次清查并无民户，著呼兰及武营派员常川往查，按月结报，以清荒界。

——称由小木兰达段内自松花江南岸设立卡堆起，湾环向西北转至正西阿特嘎尔山以西止，共设卡堆十处。等因一节。详查图内所立封堆，此次该委员竟将蒙古尔山关系禁止地面圈在界堆以内，核与原奏图案不符，碍难存查。兹将原报文册图结一并驳回，著局员等将局中原图检出，就近会同同知并署委协领等，务期明白指示原查之武营委佐领乌善，令将蒙古尔山关系封禁等处，著其另行设立卡堆圈出界外，复绘地结报到日，以便饬令呼兰及武营出派妥员，按月亲临卡堆以东，确切周查有无民户偷占、越占之弊，著出具加结印结呈报，以凭查核，而重荒务。

以上所拟各节，著局员巴彦孟库会同同知、武营，务各细心参考，此次清厘界址，总期一劳永逸，经久无弊，方为妥善。如有未合之处，著即详明示办，不得空言塞责了事，尤干未便，是为至要。等因。据此，严札署呼兰城守尉成庆、同知郁文、局员巴彦孟库、署委协领富隆阿等遵照可也。须至札者。

右札署城守尉成庆、同知郁文，局员巴彦孟库、署委协领富隆阿等准此。

黑龙江将军衙门为查禁外来民户携眷潜居致妨旗人生计事致水师营总管托克托布的札

同治十三年十月初十日

　　将军衙门为札饬遵照事。
　　户、刑司会案呈：查黑龙江省系边防养兵之地，以务农讲武为重。二百年来，除八旗营站官屯人等以及遣犯子孙并有凭据老民外，仅有晋、燕、齐、鲁并邻省只身商人生理，除此向无民籍，不应外来携眷民户潜居，至妨旗人生计。缘八旗生齿日繁，地土较前窄狭，若不严禁，实于地方大有关碍。本将军、副都统莅任以来，适闻城中竟有外来携眷浮民隐居，省城内外关巷无处不有，及城外村屯亦复不少，揆之均系南省流民避难到此。又因呼兰招垦，而闲杂人民乘间分投四外村屯及城中隐居。甚至本地旗民图其便宜，暗相容留，如〔始〕则租赁房间，继而契典田产，只和〔知〕重价是图，安能远虑大计？殊不知本省原无民土，任令浮民鸠居，致干例禁，若不严行查考，诚恐日久效尤，将来何所底止！合亟札饬八旗协领等官遵照，迅将各汛认真挨查现有民户若干，分晰应留、应遣，造册呈递，以凭八〔分〕别留遣。但此项浮民理应即时令其另居乐土，姑念正值隆冬，暂停迁移，容俟明年春融，陆续准搬呼兰民籍安插。至民户以前置买产业，先尽业主抽赎，如若地东无力，趁早转售他人，以免临时藉口，而干罪戾。相应札饬八旗协领等官一体查禁新来眷民，不准旗丁招留，如敢故蹈前辙，该管未能认真稽查，仍前暗留容隐者，或被查出，或经告发，定即从重惩办，决不如〔姑〕宽！总之，应留应遣，由本将军、副都统上遵国法，下体人情，秉公查办，以期旗籍、汉民两无妨碍。该奉查各官兵毋得藉端讹索，骚扰良民，如敢故违，查出一并重究！各宜凛遵毋违。特札。
　　右札水师营总管托克托布准此。

兵部为通报遣撤黑龙江马队官兵名册事致黑龙江将军的咨

同治十三年十月十二日

兵部为咨行事。

车驾司案呈：内阁抄出穆奏吉林、黑龙江马队随同奴才出征多年，其间伤病残废及年老疲乏者，现在钦遵谕旨，逐加裁撤。查吉林马队内应行遣撤官十一员，兵丁三十四名，所有遣撤缘由，前已奏明请旨，饬令伯都讷副都统双福管带归伍，以资钤束。至黑龙江马队内应行遣撤官四员、兵丁四十五名，现由奴才派令记名副都统穆克德布管带归伍。以上统计遣撤官十五员、兵丁七十九名，均于同治十三年七月二十七及二十九等日分起由营回旗。除将清册咨送兵部、吉林、黑龙江将军查照外。等因一片，同治十三年九月十六日奉朱批：知道了。钦此。钦遵。抄出到部。相应由驿行文黑龙江将军查照可也。须至咨者。

右咨黑龙江将军。

署理呼兰城守尉成庆为拟请添设副甲并拨派设防堵缉逃匪事致黑龙江将军衙门的呈

同治十三年十月十三日

署理呼兰河城守尉关防事务参领成庆为拟请添设副甲，并拨派设防堵缉详请示覆事。

左、右司案呈：查前准省札，塔日界突出贼匪被击溃散；又讷界盗匪丛万金聚伙五六十名，均有北窜信息；又三姓属界现有金匪洋炮洋枪器械俱全，盘踞山里太平沟，抗拒官兵，当由吉属各城出派官兵剿捕。惟呼兰一带地面辽阔，与吉林属界仅隔一江，唇齿相连，诚恐彼击此窜之虞。且巴彦苏苏等处所招佃民俱系五方杂聚，不但良莠莫辨，而邻匪潜入隐匿，哨探勾结，尤所难免。现值江水封冻，道路疏通，防范吃紧之时。等情。职随即饬司整顿前经演练队伍，配齐军械铅丸火药，严加操防，出派弁兵昼夜巡查搜捕，常川哨探，并饬派往各路坐卡官弁，各按接界卡所附近山林实力巡查堵缉，暨饬旗民官庄、村屯、集镇各段界官、会首、乡地，一体认真严查盗贼、赌棍、无业匪民，要路店口盘查奸细，操防会兵练勇，保护村屯，而安地方。所有接界扼要处所，侦探消息，各行飞报，如有零星逃窜，变装隐匿，勾结本地土棍滋扰者，一并严拿究办，毋得瞻徇情面，稍有掩饰，亦不准藉端骚扰良民，致干查咎。等因严饬外，伏查兰城额设职官十八员，兵丁四百八十余名，职到任接署，仅有骁骑校五员，年满仓官云盛一员，署理两翼副管并掌管左右司图记，均系一人经理，存城防兵仅有三四十名，实系空城，疏懈已极，惟恐奸匪乘空滋扰，甚属焦灼，加意昼夜严查，保护城池。现今回围，除调省出差，仅有副管一员，佐领二员，骁骑校六员，袭官数员，兵二百余名，所有出征一切差徭卡所及衙署仓库监狱各处值班，共计需兵三百余名外，仅剩兵一百余名在城。连各处值班共凑操防，将及二百名，实系兵力单薄，不敷分拨派防，惟恐疏虞，贻误匪轻。职率司细心商筹，请由八旗西丹内挑选年力精壮幼丁二百名，援照上年成案，添设副甲，每名按日酌给工食钱一百文，分拨各佐领下，在城与正兵一体充当各项差徭，训练缉捕，不派远差。再兰城内无城垣，外无阻挡之处，深虑防堵尤关重要，若操防官兵均皆存城，倘若境城贼匪聚伙扑扰，外无援兵迎击接应，尤恐迟误事机。拟将在城操防官兵二百名拨派城外沿江一带，距城四围四五十里不等，择其紧要通衢之城南沿江蘑菇岗子、城东呼兰口子、城北杨姜窝铺、城西沙尔霍硕等处，设防驻守，严加〔络〕，方足以资镇慑。查前经操防官兵指借未放饷银，以资盘费糊口，现在库无借款，官兵实形拮据，困若〔苦〕已极，若不筹给口食马乾，实难出派防范堵缉。请由地租项下酌给派防出城官兵口食马乾，官十员，每员每日口食马乾钱五百文；兵二百名，每名日给口食马乾钱三百文。自封江之日起，至开江之日止。在城官兵毋庸请给口分，如此量为筹办操防堵缉，方能得期实效，俾资振作，以壮声威。如蒙恩准添设拨防，不惟可以守获〔护〕地方，而穷若〔苦〕兵丁亦得周恤矣。所有职实为操防缉捕保护地方起见，商酌副管佐领等官，拟请添设副甲，拨兵设防，请给口食马乾缘由，可否之处，相应呈请将军衙门酌夺，示覆遵行。须至呈者。

右呈将军衙门。

委员巴彦孟库等为拟请整顿荒务除弊安民事致黑龙江将军衙门的呈

同治十三年十月十八日

奉委办理行局开垦荒务委员佐领巴彦孟库、年满仓官音德布、年满屯官业普铿额为缕陈荒务情形，亟应随时整顿，以除积弊而安民业事。

职等遵奉前署宪拣派接办行局事务，于八月初旬抵荒以来，留心体察。缘各段民佃均由五方聚积，因久失教化，风俗最称刁悍，稍不称意，即操戈相向。或互相隐匿荒段，未及占领，动辄争讼，一经究讯，概多虚诬。种种不法，曷胜枚举，殊属梗顽，紊乱法纪者也。职等不揣冒昧，谨就管见所及，酌拟四条，请为我上宪敬陈之。

——除奸宄而安善良也。查本省向无土著之民，平原旷野，任旗丁采择耕牧，游猎驰骋，藉以储养边材者，盖有深意也。续因库款告匮，一自议开荒原，招民垦地，藉可上裕国课，下安黎庶，兼可以充饷糈之不足也。原踏勘荒九段，共计一百二十余万垧，内除封禁通肯一段六十余万垧外，仍剩六十余万垧。计自咸丰十一年起，至同治十三年止，共计出放荒地三十余万垧，尚未出放者仍有其半。现查各段所剩夹荒已属无几，揆度所以，乃有奸民原领一方，将四至任意措占四五方地面者，亦有原领四五方，即占据十余方之多者，曾经历次奉准将军衙门示谕，予限令其自行出首，而该民等视同泛常。第时下民佃争讼地亩者，几无虚日，究其所诉情形，诸多子虚，其狡执争赖如出一辙。时下争讼案件，职等揆情度理，并参酌定章，兼公核办。其遵服者，随时结案开释外，其始终狡执不遵者，势不能不解省究治，惟视若辈实形，桀骜不驯，如不绳之以法，安能剔除夙弊矣。总期惩一做百，可期除奸宄而安善良也。

——清厘地界，而免土豪霸占无弊也。查奸民隐匿官荒，匪伊朝夕，已成锢〔痼〕弊，牢不可破，各段皆然，是其掩饰之地一日不清，则互相争讼之端一日不息也。屡经申饬，未见遵行，种种弊端，深堪痛恨。查本省招垦事在初创，其初原议条分缕析，也未尝不备，乃用揽头经理其间，以致百弊丛生，将荒段已经放乱，自下互相争讼，络绎不绝，案牍猬集，情态百端，犹如乱丝也。如不随时整顿，其势愈致鸱张矣。窃查隐匿官荒，奸徒自为奇货可居，竟敢任意私售，或按年潜行偷开，毫无顾忌，倘有别佃确知其界内或在界旁有隐匿余荒，若一照章承领，邻佃动辄驾为弥天之浪，虚捏妄控，继致质讯，仍恃伶牙利齿，雀角公庭。即此一端，互相效尤，业已渐染成风。现查未结案内，即以类此情形呈控，已经数年未辩有端倪者，以致后来民佃觅荒耕种，历遍各段，则夹荒虽有，竟被豪猾霸占。即欲赴官承领，又虑渠辈强横，势必衅构讼连，并虑前有因地亩呈控者，已历数年，迄未判结，倘一成讼，思及守候之苦，尚不知历几许时日，其胜负尤难逆料，故俳徊嗟叹于道路者。亦有物色中人，已寻明某佃地旁有夹荒，代为婉转，或鬻或租，必饱其贪囊，彼此订明过价立约、然后给地，较官章亦多出数倍矣。彼岂甘愿乎？此亦其势迫之使然也。职等伏思霸地侵课，例禁綦严，而且以国家膏腴之田，尽被土豪霸占，胆敢侵蚀租赋，明目张胆，憋不畏法，如此因循疲玩，苟延岁月，彼奸徒意气飞扬，以为得志，愈视为利薮。此系奸徒隐匿官荒觑法营私之原委也。职等既蒙上宪拣派，委以重任，兴利除弊，亟应竭尽心力。惟自念樗栎庸材，殊形汲深绠短，然而亦不敢不勉力图维，庶期仰副委命谆饬之意耳。如仍缄默自处，依样葫芦，其狂浪究竟何所底止矣。如不将其弊窦彻底清除，听其日趋日下，互相攻讦之端，终无了期。欲除其弊，务寻其源，其源未澄而欲清其流者，殊非致治之道也。卷查同治十一年奉准示谕，予限一年；本年三月复奉示谕，予限五个月，屡次剀切申明，令将隐匿之荒自首也，迄今将及三载矣。惟期不为不宽也，仍属观望并不出首承领者，仍欲私鬻私开，利欲熏心，更可概见矣。欲除积弊，惟有仰恳上宪广布惠泽，俯念舆情，方合下情之上达，除舞弊之奸宄，而冀善良之安业。现查各段隐匿夹荒，业经逾限已久，似碍难听其舞弊。拟请除其根源，以清夙弊，莫若改章。其所有夹荒，概不准挨靠邻佃仍前隐匿霸占承领，无论何佃确知某佃地旁有隐匿官荒若干，即令其先行交项踩占，准其承领。倘邻佃仍敢砌词妄控者，即勘丈其地界，如足敷其所领之数，其为霸占官荒，任意舞弊，实无疑意，即照新例科断。如此从严究治，则其弊源可期和盘托出矣。纵令奸徒无所使其诈，彼掩饰之地无所使其隐，则土豪畏法敛迹，希图渔利者，以〔似〕可计穷于术矣。伏请将军衙门复行剀切申明，务使蚩氓家喻户晓，俾得规于正途，其无情之词，不敢妄投分署矣。时下争领地段者，更不乏人，其素无室栖止者，即可有地安居，无田耕种者，即可有荒力农。不数年间，将夹荒即可放竣。如此一转移间，沃田可均，租赋可增，其地界以〔似〕可清楚，夙弊一扫可除，讼端不追禁，亦可自息矣。

——各段隐匿夹荒宜随时拨放，而除积弊也。现查未拨放荒地尚有三十余万垧，惟依吉密，额依珲段落以东系封紧〔禁〕山场，以北系与墨尔根，布特哈接壤之区，拟请暂停出放，以防越界之弊。其余各段隐匿夹荒如不设法查出，令其承领，则互相争讼之端，终属不绝。与其令奸徒多方隐匿，私占偷卖，侵吞租赋，莫若令其全行照章认领。如令其无所掩饰地界，拟请仍照职等所拟前条，倘有隐匿荒段故犯者，即照新例科断。如此严行惩治，其积弊以〔似〕可渐次肃清矣。

——严饬反坐之条，以杜讼端而民业可安也。查原放各段，民佃认领荒地，将荒踩妥，令乡地偕同到局斟明地界，并无重复越界情事，始准交项，并令径赴同知厅户房照数收项。该房将钱收到之处，仍给收钱条单，由局验明，方给戳条，俟丈地委员到段验其戳条，与行局移册核明，即为拨丈地界，将四至挖立封堆，饬交该民自行照管，历办在案。第荒段辽阔，官役不能逐一照料，而民佃贪婪无厌，丈地委员启程后，将封堆私行挪移，任意展占，迨至升科之年，勘丈地界，除原领之外，浮多熟地若干，续领若干，仍有夹荒若干，即为将来窃鬻偷开之举，此即舞弊之源也。查前佃设谋隐匿如许之多，其续来后佃分毫不能承领，实系苦乐不均，未免太较偏枯〔怙〕，所以致有道路兴叹者也。或有旁佃透悉其地界有隐匿之弊，若一踩占，该佃即恃讼师之刀笔，虚捏大题，辄行妄控，甚至有赴省越诉者。继至札交讯办，斟酌一案，则拖累多人，其势亦不免株连无辜。及至讯明，诬妄尤多。似此梗顽谲诈之徒，如不铃〔钤〕束以法，养痈贻患，伊于胡底！拟请此后如有全无影响虚捏妄控，或赴省妄行越诉者，究讯明确，按照反坐及越诉之条加重惩治，如此则弊端可除，争讼可息，民业可安也。

以上四条，系为随时整顿以除奸宄而安善良起见，且所有各情，均经职等目击实在情形也，亦非敷衍见长地步。但职等自受事以来，时值词讼冗繁，自顾菲材，曷能担荷剧〔巨〕任，昼夜思维，用敢殚竭愚忱，直陈所见，恳请上宪烛照隐微，兴利除弊，在此端耳。并请饬司从长核议。刍荛之献，倘蒙采择，恳请札覆职等办理一切，有所秉承，现在未结各案似可次第清厘，殊与公有神而地方幸甚耳。据此，备由缕陈荒务情形，伏乞将军衙门酌夺详核，指示遵办。须至呈者。

黑龙江将军衙门为严禁赌博以靖地方而安善良事致水师营总管托克托布的札

同治十三年十月二十一日

将军衙门为札传严禁赌博以靖地方而安善良事。

刑司案呈：奉堂谕饬禁赌博，除明查暗访、密切拿究外，应请出示严禁。等语。据此，照得四民各有身家，一日不能游荡，欲人心之归正，必习俗之去邪。黑龙江一省统辖五城，旗兵、汉民五方杂处，早年尚知勤操防务恒业，不比匪人，近则放惰便安，游〔手〕好闲之辈相率开场聚赌，渔利抽头，并引诱良家子弟同趋下流，无所不至。欲挽颓风，宜治首恶。查开场抽头之犯，律有明文，拿获充徒，其造具并赌犯分别治罪，必先惩开场者，以肃功令，而昭炯戒。盖无人聚赌，实为正本清源之要道，他若被诱者，其罪稍减，而到案则捶楚不免，拖累不堪，姑以入所共知者反复劝戒，发其天良，冀其省悟。大抵贪赌者，皆欲赢钱，然试问赢者能有几家？即旋赢亦必旋输。况赌具骰有灌铅，宝有转合，一旦上钩，明明白白受人欺哄，你们想想悔乎不悔？！输钱后逼索急若星火，不得已而卖业还债，以祖宗之积财，供子孙之浪费，你们想想安乎不安？！不犯事则好赌，不顾父母之养，世俗谓之不孝；犯事则披枷带锁，忧贻父母，阋起兄弟，一家不睦，骨肉分居，你们想想忍乎不忍？！更有潜取妇人衣服首饰以偿赌债者，其妻劝之不听，阻之不能，反目生衅，或悬梁寻死，或吞烟轻生，青春入土，而憾夫黄口牵衣而泣，毋以堂堂有室之丈夫，竟使恩爱妻子〔分〕离受累，你〔们〕想想羞乎不羞？！甚且因赌迫而为盗与一切冶容诲淫污浊不堪之事，人生俱有颜面，即俱有廉耻，舍正路而不由，甘邪行而自纵，你们想想人乎非人？！况我八旗兵丁受皇家象养二百四十余年，无分远近，俱是朝廷干城之选、将相之种，宜如何自爱自保，以存旗制，而报国恩，而竟甘为不肖不齿人类也，你们想想是也不是？！他若呼兰，巴彦苏苏等处毗连吉省，新开荒厂〔场〕，远来领地谋食者日多。时值封冻，恐败类勾结聚赌，煽惑农民，驱为窃盗。是到处窃盗生于赌博，流毒旗汉，所关匪小。本将军下车伊如〔始〕、副都统在任年久，欲兴利必先除弊，欲安良必先出莠。第尔军民皆吾赤子，又不欲不教而诛。为此剀切晓谕，仰尔军民速宜猛省，从今改过迁善，许以自新，革面洗心、宽其既往。所有以前赌债，赢不许讨，输毋庸还，彼此安分守法，同为盛世良民。本将军、副都统当加意驭抚，不分旗汉，一视同仁。倘再执迷不悟，怙恶不悛，则是无赖顽徒，惟有执法从事，决不姑宽！

除札饬呼兰，巴彦苏苏传谕八旗营站官屯暨前锋番役各界官兵，于各管地面认真稽查，遇有前项赌博窃盗匪类，拿获呈请究治。如敢窝藏分肥，诈索舞弊，一经查出，或被讦告，定将该官兵等一并从重究劾不贷！并札饬呼兰署城守尉事参领成庆、驻扎巴彦苏苏署委协领富隆阿，同知郁文等遵照饬拿惩办，并传谕左右翼营站官屯管理前锋营番役各官一体遵照，严禁查拿可也。须至札传者。

右札传水师营总管托克托布准此。

黑龙江将军衙门为请催解甲戌年饷银以重边防事致钦差大臣太子太保大学士直隶总督李鸿章的咨

同治十三年十月

  镇守黑龙江等处地方将军衙门为飞咨请解饷项以苏〔纾〕兵困而重边防事。

  户司案呈：同治十三年正月初一日，准户部议覆敝省应需甲戌年官兵俸饷核明照章折抵外，应领实银二十五万三千六百两，内拟拨长芦甲戌年应征盐课银五万三千六百两，山东甲戌年地丁银五万两，河南甲戌年应征地丁银五万两，驿站存剩银二万五千两，直隶旗租银二万五千两，江苏厘金银二万两，安徽甲戌年应征地丁银三万两，赶紧遴员批解，以充饷需。等因。奏奉谕旨：依议。钦此。钦遵在案。兹查自准部覆指拨后，将及一年，仅据山东咨解银二万五千两，安徽咨解银二万九千八百余两，余省未解丝毫。其各省积欠饷项叠经咨催，亦无补解确期。一并呈请咨催前来。等情。

  据此，查黑龙江一省统辖五城，地处极边。西南距盛京二千二百余里，距吉林一千三百余里；东北接壤俄境，蔓草荒烟。苦寒甲于天下，旷远亦甲于天下。所由额兵一万二千余名，以资防守，自国初至今，有备无患，良由饷足兵强，绥内靖外，二百余年来获保治安。自东南不靖，帑金支绌，各省挽输势不能不先其所急，以致历年积欠敝省饷项至二百万两之多。即有解到饷项，不过挪新发旧，现在当差之兵仍不能按年支给，否则出征与阵亡各官兵家属环跪辕下，苦求坐粮，哀请恤款，应之无力，挥之不忍。即今甘肃嘉峪关内外，犹留敝省征兵数千名，亟须以时赡其家属，而库空如洗，点金乏术。迩日盛京、吉林等省马贼出没无常，在在须防窜扰。重以瑷珲一城与俄境一水相隔只七十里，中华之士马羸弱，尤非所以示富强而大驭抚。是黑龙江虽系边省，而密迩我朝发祥之盛京、吉林等省，亦即国家根本重地，有关大局。他如时届隆冬，官兵衣不遮体，食不充饥，鹄面鸠形，嗷嗷待哺，惨戚不堪卒述。历经敝前任咨催现年与积欠各饷，而杯水车薪，补救不及；十寒一曝，接济未能。本将军恭膺简命，于本年十月初二日到任视事，练兵筹饷，责无旁贷，而目击营困，心切边防，几乎寝食俱废。与其渎词诉急于朝廷，上烦圣虑，曷若据实先请于邻省速恤边疆。为此备咨加函，沥恳贵督部堂烦查来文事理，迅将准部奏拨敝省甲戌年官兵俸饷银七万八千六百两迄今尚未解到一项，务请于年内饬解前来，以顾年终紧急。其历年积欠俸饷银十七万两为数较巨，同时不敢迫促，但请酌赐通挪，乘拨新饷之便陆续搭解，以纾营困，而固边防。仍先期见覆，以慰士心，则仰叨公便，三军挟纩，本将军、副都统不啻身受德施。临咨不胜呼吁企盼之至。须至咨呈者。

右咨呈钦差大臣太子太保大学士直隶总督部堂世袭一等伯爵李。

粘单计开。

（注：附件正文略）

黑龙江将军衙门为奏请拨给驿站差丁津贴以示抚恤奉旨照准事致都京户部的咨

同治十三年十月

镇守黑龙江等处地方将军衙门为咨报事。

户司案呈：本衙门于同治十二年九月十五日恭折具奏：为钦奉恩诏查明驿站差丁苦累，拟请拨给津贴以示抚恤，恭折具奏，仰祈圣鉴事。窃奴才等前准礼部颁发誊黄，恭逢两宫皇太后崇上微号恩诏条款内开：历年军兴，驿站甚属劳苦，著各省督抚加意抚恤。等因。钦遵咨照前来。奴才等遵即饬属茂兴，墨尔根等站站官务遵谕旨条款，将各站苦累应行抚恤查明核实呈报，以其仰副圣主有加无已抚恤驿站之至意。旋据该站官依兴阿、富庆等禀称：查得茂兴、墨尔根等二十七站台，原设壮丁六百四十三名，向系自力当差。早年文报简少之际，该丁等膺差轮替递送，虽称苦累，尚能蹈暇耕种，以度余生。溯自军兴以来，各省征调频仍，加以呼兰招垦，安设文武衙门暨添边界夷务，一切缓急文报较昔倍增，公差络绎不绝，该差丁等苦累已不堪言。拟请将各站壮丁，每丁每月赏给津贴钱一吊，以资养赡。等情禀恳前来。奴才等详核该站官等恳称，茂兴等二十七站台原设壮丁皆系自力当差，毫无公项资助。向时文报简少，尚能蹈暇耕种，以度余生。一自军兴以来征调频仍，该差丁一应缓急，公差络绎，愈形苦累。现奉恩语，著加意抚恤驿站劳苦各情，奴才等当即饬据各该站站官等查报，差丁苦累，莫可言状，拟请拨给津贴，俾免贻误，自系实在情形。奴才等身任疆圻，惟有据实陈明，仰恳天恩，俯准所请，每站丁一名月给津贴京钱一吊，计每岁需钱七千七百余吊，又请由地租项下拨给，以资津贴，荷蒙俞允，则该丁等膺差得以衣食稍济，其闲散人丁等仰皆观感踊跃，奋勉当差，不致贻误之处，可否恩典，出自逾格鸿慈。

所有奴才等据报遵奉恩诏查明驿站苦累情形应即抚恤，拟请拨给津贴缘由，是否有当，谨恭折具奏，伏乞皇上圣鉴。谨奏请旨。等因具奏。于同治十二年十月二十一日接到朱批，奉旨：著照所请，该部知道。钦此。钦遵。等因前来。相应咨报大部备核可也。

　　右咨都京户部。

黑龙江将军衙门为遵旨发给驿站站丁津贴钱文事致都京户部的咨呈

同治十三年十一月初三日

镇守黑龙江等处地方将军衙门为声明咨呈事。

户司案呈：准大部咨开，山东司案呈，内阁抄出黑龙江将军德英等奏驿站站丁苦累，请每名月给津贴钱文一折，同治十二年十月初五日奉朱批：著照所请，该部知道。钦此。相应抄录原奏，恭录谕旨，咨行黑龙江将军遵照，并令将此项津贴钱文于何年何月起支，专案咨部备查，毋任延缓可也。等因前来。准此，遵查本省原设茂兴、墨尔根等站，共计二十七站台，额设壮丁六百四十三名，每名每月发给津贴钱一吊文，计每岁应需京钱七千七百一十六吊，请由地租项下拨给。查自同治十二年十月初五日奉旨之月起，至十三年岁底止，计十五个月，共发给津贴钱九千六百四十五吊，请由地租项下核销前来。据此，相应备文咨复，为此咨呈大部，谨请查照核销施行。须至咨呈者。

右咨呈都京户部。

盛京户部为拨解黑龙江冬围资装银两事致黑龙江将军衙门的咨
附：原奏

同治十三年十一月初五日

盛京户部为咨行事。

经会司案呈：同治十三年十月初二日准户部咨开，山东司案呈，本部议复护理黑龙江将军依等奏请拨本年冬围资装银两并饬催上年欠解冬围资装银两行令迅速报解一折，同治十三年九月二十日具奏，本日奉旨：依议。钦此。相应抄录原奏，恭录谕旨，飞咨山东巡抚督饬藩司，于文到日，将本部指拨银两并上年欠解银两一并赶紧报解，毋任迟延，并令盛京户部俟该省解到时，即行飞咨黑龙江将军派员请领。等因前来。

相应抄录部咨粘单，移咨黑龙江将军衙门查照，俟该省解到本部收讫之日，即行知照派员赴部领取可也。须至咨者。

附：原奏

户部谨奏，为遵旨拨给黑龙江冬围资〔装〕银两恭折仰祈圣鉴事。

同治十三年八月二十四日奉上谕：依克唐阿等奏围猎官兵应需资装银两请饬分〔别〕催拨一折，据称同治十二年黑龙江围猎官兵应需资装银一万四千八百六十余两，前经户部奏准，在于山东地丁银内拨给，迄今〔今〕日久，尚未报解。该省向铺商借垫，亟应归还等语。著文彬饬令藩司，即将奉拨银两赶紧如数拨解，交丰绅等以清款项。至黑龙江本年围猎官兵应需资装银一万四千八百七十两，著户部即行指拨专款，先期咨解，俾济要需。钦此。遵由军机处交出到部，并将黑龙江将军原奏抄录知照前来。

臣等伏查黑龙江举行冬围所有官兵应需资装等项，向由该将军筹款借给，即在该官兵应领俸饷下陆续坐扣。咸丰五年，以饷项支绌奏明停止。同治七年，神机营王大臣奏请仍行围猎，奉旨饬令举行，经臣部议，令按照吉林章程，由部指拨专款，毋庸在官兵俸饷项下坐扣，并令将官兵应需资装银两先期核明数目，专案奏拨。其拨款未到以前，由该将军先行筹款垫发，俟解到后归还。同治八年以后，历经遵办在案。上年六月，该将军奏拨冬围专款，臣部在于山东地丁项下拨给银一万四千八百六十八两，奏今〔令〕山东巡抚迅速筹解，以资支放，乃迄今一年有余，前项银两尚未报解，殊属玩延。相应请旨饬下山东巡抚，将上年奏拨黑龙江冬围官兵资装银两，钦遵谕旨，起〔赶〕紧如数拨解，以清款项。至本年冬季该省举行围猎应需资装银两、钦奉上谕，著户部即行指拨专款，先期咨解，俾济要需，自应钦遵办理，以期无误操围。臣等公〔会〕同商酌，拟即在于山东地丁项下照数拨给银一万四千八百七十两，伏候命下，臣部即行文山东巡抚遵照，赶紧筹款，委员解赴盛京户部交纳，一面知照黑龙江将军派员领取，核实支放，并今〔令〕该将军〔将〕用过数目专案报部，一俟俸饷复旧之日，即将拨款停止，以符旧制。

所有遵旨拨给黑龙江冬围资装银两缘由，理合恭折复陈，伏乞皇上圣鉴。谨奏。

呼兰理事同知郁文为报开设烧锅事致黑龙江将军衙门的呈

同治十三年十一月初九日

呼兰理事同知郁文为呈报事。

案蒙将军衙门札饬：户司案呈，嗣后厅属烧锅如有续开、关闭之家，务须随时呈报，以凭起课、销除。等因在案。兹据新开烧锅万福德执事入陈兴邦报称：窃小的在津河地方务农为业，历年所收歉色不足粮石碍难出售，意欲开设万福德烧锅一所，拟于十一月初一日开火试烧，请〔情〕愿遵章纳课，不敢违误。又据佃民刘信恳称：窃小的在大木兰达段乡约黄连元牌下谋食为业，现年所得粮石颇多，间有未能成食，碍难售卖，意欲开设万和泉字号烧锅一所，拟于十一月初二日开烧，情愿遵章交纳课税，不致违误。并据佃民孙海凤恳称：窃小的在弩敏段乡约徐振山牌下谋食为业，现年所得粮石颇多，间有未能成食，碍难售卖，意欲开设永发泉字号烧锅一所，拟于十一月初三日开烧，情愿遵章交纳课税，不致违误。各等情。据此，卑职复查无异，理合具文呈报将军衙门鉴核，备查施行。须至呈者。

右呈将军衙门。

黑龙江将军衙门为奏请催解历年积欠俸饷事致都京户部的咨

同治十三年十二月初四日

镇守黑龙江等处地方将军衙门为咨报事。

户司案呈：本衙门于同治十二年十月二十六日恭折具奏：为沥陈极边饷项积欠甚多，官兵困苦，大局攸关，恭折具奏，仰祈圣鉴事。窃维奴才以蒙古世仆，渥荷深恩，膺斯重任，勉竭驽骀，仰酬高厚，每于地方应行调剂及节年冒渎奏催饷糈各事，无不立沛恩施允准，奉旨饬部核办严催在案。无如各该省将积欠俸饷仍属报解寥寥，即如指拨河南、山东、直隶、长芦各处癸酉年官兵俸饷银二十五万二千两，于奉部咨后，自春徂冬，迄今杳无拨解信息。兼以上年奉旨勒限年内清解庚午、辛未、壬申等三年俸饷银四十五万五千八百余两，并勒限本年六月内拨解经部专提积欠历年俸饷银二十三万两及奉旨饬令源源拨解积欠陈饷银一百七万余两，丝毫未经咨解。伏思东三省为我朝国家根本重地，一视同仁，实无厚薄之分，同一紧要。黑龙江省爱曼繁众，接庐俄夷，所系尤重。吉林、黑龙江两省官兵向称得力，其豢养演练，全资俸饷以成劲旅。而盛京俸饷自军兴以来，奴才遥忆按年挹彼注兹，尚不亏短，吉林俸饷按年虽有亏短，亦属无多，随年即可补解。惟黑龙江省欠解历年未解俸饷暨本年指拨未解俸饷，共计银二百万七千八百余两，官兵困苦，情无以堪。况地处极边，时有俄人越界硬行种地割草，虽经按约剖办阻拦，亦不过当时唯诺，揆情度势，终难免其窥伺之心。南与吉属仅隔一江，奉、吉两界马贼未必即靖，设有蠢动，易滋窜扰。奴才空系一身，而〔无〕米之炊临时镇抚无措，捐躯不足蔽辜。自奴才到任，按年官兵所得俸饷遵照拨解领取，每年仅能辗转出放三四个月钱粮，本年俸饷丝毫未解，官兵戍边枵腹，深虑贻误。再查曼人众不一，笼络殊难，其俸饷再不源源催解，奴才实无收拾人心之策，万一涣散，大局攸关，彼时虽将奴才粉碎，亦且无裨于事矣。奴才世为旗仆，目击江省情形，用敢披沥渎陈，不胜悚惶待命之至。谨恭折具奏，伏乞皇上圣鉴。再，奴才围竣回旗省亲，未经列衔，合并声明。谨奏请旨。

等因具奏之处，于同治十二年十一月二十八日接到朱批，奉旨：户部速议具奏。钦此。钦遵。等因前来。相应咨报大部备核可也。

　　右咨都京户部。

呼兰理事同知郁文为报邻境贼匪窜扰选派弁兵巡查防堵事致黑龙江将军衙门的呈

同治十三年十二月初七日

呼兰理事同知郁文为飞速呈报事。

同治十三年十二月初五日戌刻，准阿勒楚喀副都统衙门咨开：左司案呈，兹于十二月初二、三等日，据色勒沃特库站笔帖式双喜、委官雷殿芳等报称，十一月三十日三更时，突由沿江满井窜过盗匪三四十名闯入站街，焚烧官房铺户，抢掠财物站马二十余匹，拒捕伤人，向东南迅窜。当即差丁尾探，该匪现在盘踞新荒横道河一带，裹胁人民，肆扰势甚。等情呈报前来。本衙门当即拣派花翎防御门中余管带练防马队官兵、番役五十名，星夜驰往该处，会合管新荒佐领全保并前派捕盗番役高发所募山夫炮手等，立即扑贼所向实力捕击，尽数剿除，以绝萌患。查该匪由山路南窜，即系拉林、五常堡通衢，并咨札五常堡、拉林协领，一体添兵在于接界山路严加堵御。仍恐该匪此拿彼窜，不无回窜之虞，切查敝城与呼兰所属之巴彦苏苏一江之隔，地界邻封，理合应即咨会一体严防，侦探堵缉，以防分窜是要。据此，相应备文咨会。为此合咨贵呼兰理事同知衙门查照，希为拣派兵役，在于沿江接界一带严加设防堵击，以遏萌窜是要可也。等因。

准此，卑职当即移知武营，令其选派弁兵，分作两起，一赴沿江一带实力防堵，一在本街昼夜巡查。卑职亦派干役分别帮同侦探，以壮声势外，事关邻境贼匪窜扰，理合具文呈报将军衙门鉴核施行。须至呈者。

右呈将军衙门。

署理巴彦苏苏委协领富隆阿为报派员侦探邻境贼匪抢掠情形暨督饬官兵巡防事致黑龙江将军衙门的呈

同治十三年十二月初十日

  署理驻扎巴彦苏苏等处总辖官兵委协领事务、升用协领佐领富隆阿为迅速声明呈报事。

  前因阿勒楚喀属界色勒沃特库站闯入贼匪三四十名，焚烧官房铺户，抢掠财物站马，拒捕伤人，向东南逃窜等情，刻即札令防堵官兵严密截击，并派弁兵不时前往侦探暨妥切备防缘由，飞速详报在案。兹于十二月初九日，据派往侦探去之甲兵七品顶戴依明阿、甲兵富春布等旋回报称，遵饬探至色勒沃特库站，探得该站被贼抢掠情形：于十一月三十日夤夜被贼匪三四十人持械闯入，先行焚烧官房，强抢驿马二十四及抢掠铺商财物，烧毁街面房间，损伤万春店内人四名，嗣后该匪窜往东南逃走。现经阿勒楚喀衙门随时拨兵跟踪，至甬子沟将匪追散，擒获贼匪八名，讯悉匪首吴凤祥、毛发等被获，其余李洪恩率众远扬去讫。等情禀报前来。据此，详查，此股盗匪已经该城官兵追散，擒获匪首吴凤祥，毛发等八名，其余李洪恩率众远扬，余孽未靖，尤虑何隙肆窜，抑或变妆越境，幸脱法网，最关极要。且值节近元旦，防范更应上紧。除札饬沿江一带防堵官兵务须严密守御，不时常川梭查联络侦探外，职富隆阿督饬营伍官兵副甲，按日演练巡防，以重固守，一切缘由，拟合备文声明，迅速呈报将军衙门鉴核。须至呈者。

  右呈将军衙门。

呼兰理事同知郁文为遵札办理法国传教士购买地基事致黑龙江将军衙门的呈
附：白契、印照

同治十三年十二月十六日

呼兰理事同知郁文为遵札飞速呈覆事。

本年十二月初九日蒙将军衙门札开，户、兵司案呈：本年十一月二十九日，据呼兰理事同知郁文详称，遵查法国传教士讷依而然先令教民韩利寻觅修盖天主堂之地，该教民于去岁由韩振清名下兑得地基一段，即赴该厅税局将韩振清原照缴销。改换新照之时，恐"天主堂"字样系交涉外国，必致传询拦阻，故此捏报"天玉堂"以图含混。等因呈报前来。详查前据该厅报称，该教士系由民人韩利名下顺契购买地基一段，今据报称，此段地基系韩利由韩振清名下买得，立有卖契。等情，且韩利既系奉教之人，乃该厅岂有不知，任其朦混，率准韩振清原领印照缴销，改发新照，注写"天玉堂"，显系明知故错，咎所难辞。兹奉总理衙门来咨，内载嗣后法国传教士置买田地，其契据内写明立文契某卖为本处天主堂公产字样，不必专列教士及奉教人之名。等语，当已札饬该厅遵办在案。详核该厅所发误写"天玉堂"印照暨韩振清出兑卖契文义字样，即与总理衙门来咨事理均属不符。今既奉文查询，自应遵咨照办、以昭核实。惟该教士置产建堂事虽创始，未曾经过，究竟交涉外国，亦当详慎，该厅任其蒙混误写，甚属草率已极，相应严加申斥该同治〔知〕遵照，即行会晤该教士，将伊等柏公使早年议定立卖文契情形善为开导，务将误写契照抽回，仍令该民韩振清速即另立出卖文契，总期写明"卖为本处天主堂公产"字样，且韩利系奉教之人，不得列其名目，方合事理。并著该厅复行改发印照，文义亦与卖契划一注写，暨将韩振清所卖情由不得遗漏，而免歧误，以归定章，是为至要。仍将更正契照抄录，予限文到十日内，赶紧飞速呈报，立待核办，每〔毋〕再迟延牵混，致干重劾。等情。据此，合行札饬，札到该同知郁文遵照妥为办理，切速呈覆，毋得延缓可也。等因。蒙此，卑职当即遵照所指各节，会晤教士，将伊等柏公使早年议定立卖文契情形善为开导，令其遵照定章，将前立契照交出，改为划一。该教士慨然允诺，当将"天玉堂"地基卖契印照一并抽换，另行改正，钞用关防，发给收执，原照销毁。

理合将遵札更正缘由，抄录卖契印照字样，具文呈覆将军衙门鉴核施行。须至呈者。

右呈将军衙门。

计粘单白契即〔印〕照二份。

附：白契、印照

计开白契一纸：

立契人韩振清，兹因手乏，今将自置中兴镇德化坊路北向南地基一段，东西宽二十五丈，南北长四十五丈，烦中人税久情愿兑与本处天主堂，作为公产，建修屋字〔宇〕。盲明每文价市钱二十五吊，通计钱六百二十五吊整。其钱笔下交足，并不短欠。四至邻佑开列于后。此系两家情愿，各无返〔反〕每〔悔〕，恐后无凭，立契为证。

计开四至：

东至忠义堂，南至德华坊，西至周广泳、孙幅增，比〔北〕至李存。中见人齐宝善、陈万义、韩汰清、韩治清、沙德成、孙幅增、周广泳、张泳茂、忠义堂。伐字人杨盛枝。

同治十二年四月十一日，韩振清立。

计开印照一纸：

呼兰理事府衙门为给照事。兹据天主堂转兑民人韩振清承领中兴镇西德华坊坐北向南门面地基一段，共计宽二十五丈，长四十五丈，作为天主堂公产，定于每年十月按丈交纳地基市钱二百文，准其永远为此。合行分晰四至，照给天主堂收执。须照。

地邻：南至德华坊，比〔北〕至李存，东至忠义堂，西至周广泳、孙幅增。

同治十二年四月二十一日给。

黑龙江将军衙门为造具同治十二年分应交应免粮石暨展缓前借籽种、口粮、银米等事致都京户部的咨

同治十三年十二月十六日

镇守黑龙江等处地方将军衙门为造具细册咨送事。

今将同治十二年分黑龙江省所属各城照例应交应免粮石暨展缓前借籽种口粮银米并接济人户银粮各项数目开列于后。

计开：

齐齐哈尔省城

——八旗水师营承种公田养育兵一百零四名，水手六名，官屯壮丁九十名，新设官屯壮丁三十五名，共丁二百三十五名。收成三分余，每名照例免交额粮二十二仓石，共计免交额粮五千一百七十仓石。

——八旗水师营承种公田养育兵二百一十六名，水手一十四名，官屯壮丁二百一十名，新设官屯壮丁八十名，共丁五百二十名，收成三分二分，每名照例免交额粮二十二仓石，共计免交额粮一万一千四百四十仓石。

——同治七年借给八旗营站官屯人等籽种口粮一万六千仓石，拟请展缓，俟来年秋成后缴还。

——同治八年接济八旗营站官屯人等口粮五万八百八十仓石八斗，银四万五千二百八十三两六钱四分五厘，拟请展缓，俟来年秋成后缴还。

——同治十年借给八旗营站官屯人等籽种口粮八千仓石，拟请展缓，俟来年秋成后缴还。

——同治十二年因被灾，收成三分二分，拟请照例分别接济旗营宁年等六站官屯人等，共计八千五百九十九户，大口四万一千六百三十七名口，小口一万九千二百三十八名口。作为两起，头起大口二万八百五十四名口，小口九千六百八十六名口，请自十二年十一月初一日起至十三年七月底止，接济三个月粮，六个月银。大口每月粮二仓斗，每日银一分，小口减半，核计共需粮一万五千四百一十八仓石二斗，每大口扣除小建三日银三分，每小口一分五厘外，共需银四万五千四百八十三两六钱九分。二起大口二万七百八十三名口，小口九千五百五十二名口，请自十三年二月初一日起至本年七月底止，接济三个月粮、三个月银，大口每月粮二仓

斗，每日银一分，小口减半，核计共需粮一万五千三百三十五仓石四斗，每大口扣除小建一日银一分，每小口五厘外，共需银二万二千七百四十七两五钱一分。

以上共需粮三万七百五十三仓石六斗，拟由本处备仓现存粮内动用赏借外，共需银六万八千二百三十一两二钱，此项银两尚未领到，惟有希请大部赶紧拨给，以资接济，而救时艰。

黑龙江城

——八旗水师营承种公田养育兵二百七十名，水手十五名，官屯壮丁四百名，共丁六百八十五名，收成三分余，每名照例免交额粮二十二仓石，共计免交额粮一万五千七十仓石。

——仓存捐输米石内，同治元年借给八旗营站官屯人等口米四千仓石，拟请展缓，俟来年秋成后缴还。

——同治十一年接济旗营官屯入等口粮四千四百一十七仓石三斗九升八勺五撮八圭，拟请展缓，俟来年秋成后缴还。

墨尔根城

——八旗承种公田养育兵一百八十名，官屯壮丁一百五十名，共丁三百三十名，收成三分余，每名照例免交额粮二十二仓石，共计免交额粮七千二百六十仓石。

——同治七年借给八旗营站官屯人等籽种口粮七千仓石，拟请展缓，俟来年秋成后缴还。

——同治七年因被灾接济八旗营站官屯人等口粮六千三百五十五仓石八合，拟请展缓，俟来年秋成后缴还。

——同治九年因被灾接济旗营官屯并依勒喀等两站人等口粮七千二百七十七仓石八斗八升六合，内由该处公仓现存粮一千四十仓石九斗一合七勺五撮全行赏给外，仍不敷粮六千二百三十六仓石九斗八升四合二勺五撮，由备仓存粮内动用借给，拟请展缓，俟来年秋成后缴还。

呼兰城

——收成六分，旧官屯壮丁五百一十名，每名照例满交额粮二十二仓石；新设官屯壮丁一百九十名，每名照例满交额粮二十二仓石，内遵奉部文，一半变价抵放布特哈处孤寡口粮，其一半粮照例入仓，核计共交额粮一万三千三百一十仓石。

布特哈处

——同治九年因被灾接济正红等二旗十二牛录人等口粮一千五十五仓

石，拟请展缓，俟来年秋成后缴还。

——同治十二年因被灾，收成二分一分，拟请照例分别接济二十二牛录人等，共计八百七十三户，大口三千六百三十三名口，小口七百六十名口，作为一起，请自十二年十月初一日起至十三年七月底止，接济六个月粮，四个月银。大口每月粮二仓斗、每日银五厘，小口减半，核计共需粮四千八百一十五仓石六斗，就近由墨尔根城备仓现存粮内动用赏借外，每大口扣除小建二日银一分，每小口五厘，开除外，共需银二千三百六十七两六钱七分。此项银两尚未领到，希请大部赶紧拨给，以资接济，而救时艰。等因。据此，拟合按项造具细册，咨送大部鉴核施行。

右册咨都京户部。

户部为遵旨拨给站丁津贴事致黑龙江将军的咨

同治十三年十二月十七日

户部为咨行事。

山东司案呈：同治十二年十一月初三日准兵部咨称，黑龙江将军奏恭逢恩诏，拟请将茂兴、墨尔根等二十七台站壮丁六百四十三名每名月给津贴京钱一吊，岁需京钱七千七百余吊，由地租项下拨给。等因一折，同治十二年十月初五日奉朱批：著照所请，该部知道。钦此。钦遵。抄出到部。查原奏内称壮丁名数，核与例载原设站丁及奏添壮丁数目相符，至每名月给津贴钱文由地丁项下拨给，业经奉旨允准，应由驿行文该将军遵照，并行文户部。等因前来。

查驿站经费事隶兵部，该将军奏请将站丁等月给津贴钱文之处，既经兵部遵旨行文该将军遵照办理，其每年动拨地租钱文，应令该将军转饬按年造册，归入报销案内查核。相应咨行黑龙江将军遵照可也。须至咨者。

委员富隆阿等为报放荒、升科地亩及征收租钱数目清单事致黑龙江将军衙门的呈

同治十三年十二月十九日

奉委办理行局开垦荒务委员协领衔佐领富隆阿，年满仓官业普铿额为遵札呈报事。

十二月初九日准将军衙门札开：户司案呈，查本年丈地委员现在届限旋省，所有该员等勘丈地数尚未据汇报总册，无凭斟核。应请札令该委员富隆阿等，将本年应行清丈之地，该委员等是否丈毕，以及丈出浮多熟地若干，并已放夹荒若干，荒价若干，刻下已经交领未拨地者若干，及已拨地而项尚不齐者若干，并本年应征新租共若干，著该局员等详细查明地数、钱数，一面先行粘单作速呈报，一面将毗连细册赶紧分晰造报，以凭查核。等情查请前来。应即札饬，札到，著该局员富隆阿等迅速遵照呈报，毋得稍有疏玩，致干查究可也。等因札饬前来。

职等遵将本年三起丈地委员清丈同治八年分出放大木兰达等九段佃民原领毛荒内扣除三成，实以七成应行升科地，并查出浮多熟地，共应征大小租钱及已拨夹荒内有未经交项者，其已交项内有未及拨地者，现将各数按款按项，逐一开粘文尾迅速呈报外，其应报毗连细册自应随时造报，乃因局务繁冗，又兼征收租赋之际，仅剩年满屯官业普铿额带同帖书二名，昼夜图维，实属赶办不及，请俟明年事务稍缓，再行分晰造报。

为此先行声明呈报将军衙门鉴核施行。须至呈者。

计开：

——同治八年分出放大木兰达等九段毛夹余荒一万八千二百四十九垧一亩四分，至本年届限，共清丈得地二万三千四百零三垧八亩五分八厘，由原领数内扣除三成地五千四百七十四垧七亩四分二厘，实以七成计算升科地一万二千七百七十四垧三亩九分八厘，浮多熟地五千一百五十四垧七亩一分八厘，二共熟地一万七千九百二十九垧一亩一分六厘，应征大小租钱一万一千八百三十三吊二百一十六文。

——去岁呈报未丈毛荒三万二千三百一十一垧五亩二分，本年发戳毛荒三千三百三十一垧六亩八分，二共毛荒三万五千六百四十三垧二

亩。内除本年已拨丈荒二万零八百六十九垧三亩，内已交押租钱三万零一百九十二吊七百七十二文，未交押租钱四百八十五吊一百文，仍剩未经拨丈毛荒一万四千七百七十三垧九亩，内已交押租钱一万九千六百九十一吊二百三十八文，未交押租钱二千零二十六吊三百九十六文。其未交各户，由职局按名开单移厅，勒限严追在案。

呼兰理事同知郁文为征缴网场课银事致黑龙江将军衙门的呈
同治十三年十二月二十七日

呼兰理事同知郁文为呈报事。

案蒙将军衙门札开：户〔司〕案呈：该厅界内网场八段，每段按年额征课银二十两，共征银一百六十两，就近解交呼兰城守尉汇总解送省库。等因在案。兹卑职将应征同治十二年网课银一百六十两如数征齐，于十二月二十七日弹兑封固、粘贴印花，饬派妥役并移请武营拨派弁兵护送呼兰城守尉衙门去讫。理合具文呈报将军衙门查核施行。须至呈者。

后记

为深入挖掘龙江厚重的历史文化资源，切实为龙江人民不断增强历史自信、文化自信提供源源不竭的精神滋养，发挥档案工作在发展繁荣边疆特色文化、提升龙江文化软实力方面的作用，黑龙江省档案馆根据馆藏清代历史档案史料，点校编纂《清代同治朝黑龙江治边档案选编》上、下卷，以此还原再现清代同治朝时期黑龙江各族人民守边、戍边、兴边的历史进程，为不断丰富龙江社会厚重的历史文化滋养、推动龙江经济社会发展提供档案支撑。

《清代同治朝黑龙江治边档案选编》一书由黑龙江省档案馆编研处全体人员共同点校编纂，经过一年多的努力，终于付梓出版。在编纂过程中，黑龙江省档案馆领导对此项工作给予了高度重视和大力支持，审定了出版规划。馆信息化工作处、档案技术处、档案保管处在档案资料整理、专题目录数据库建设、全文信息库建设及档案数字化加工等方面给予了全力协助，为本书的编纂出版提供了保障和支持。

需要特别指出的是，本书收录的同治八年至同治十三年档案的点校文字形成于20世纪90年代，由黑龙江省社科院及省档案馆的同志完成，参与人员包括刘亚祥、张凤鸣、高晓燕、石岩等，共点校档案260件27.3万字，但因时间较久、当时数字技术未广泛应用等多种因素限制，仅保留下来纸质书稿。在此次编纂过程中，黑龙江省档案馆编研处全体人员对原有纸质书稿进行了数字转换，并按照最新标准与规则，对原有书稿进了修改完善，同时补充了同治元年至同治七年的档案文件257件，使得本书的内容更加齐全完整。在此，对上述各位前辈、专家的辛苦付出表示衷心感谢！

本书编纂出版过程中，黑龙江省档案馆原副馆长付杰审阅了书稿并提出宝贵修改意见，五洲传播出版社工作人员为本书的出版面世付出了辛勤劳动。谨向所有关心、支持和帮助本书编纂出版工作的单位和个人致以最诚挚的谢意！

由于编者水平有限，本书难免存在疏漏及不足之处，敬请方家斧正。

编 者

2024 年 3 月